KB049008

추방된 예언자 트로츠키

TROTSKY

1929-1940

THE PROPHET OUTCAST : TROTSKY 1929-1940 by ISAAC DEUTSCHER

추방된 예언자 트로츠키

TROTSKY

1929-1940

아이작 도이처 지음 | 이주명 옮김

시대의창

추방된 예언자 트로츠키 1929-1940

초판 1쇄 2017년 2월 1일 펴냄

지은이 아이작 도이처
옮긴이 이주명
펴낸이 김성실
표지디자인 씨디자인
제작 한영문화사

펴낸곳 시대의창 **등록** 제10-1756호(1999. 5. 11)
주소 03985 서울시 마포구 연희로 19-1
전화 02) 335-6125 **팩스** 02) 325-5607
전자우편 sidaebooks@daum.net
페이스북 www.facebook.com/sidaebooks
트위터 @sidaebooks

ISBN 978-89-5940-584-8 (04990)
ISBN 978-89-5940-581-7 (전3권)

책값은 뒤표지에 있습니다.
잘못된 책은 구입한 곳에서 바꾸어드립니다.

이 도서의 국립중앙도서관 출판예정도서목록(CIP)은
서지정보유통지원시스템 홈페이지(http://seoji.nl.go.kr)와
국가자료공동목록시스템(http:www.nl.go.kr/kolisnet)에서 이용하실 수 있습니다.
(CIP제어번호 : CIP2016032466)

자료 출처에 관한 설명과 감사의 말

이 책에서 서술되는 이야기는 앞의 두 권에 나오는 이야기보다 훨씬 더 '트로츠키 자료실'에 소장된 문서들, 그중에서도 특히 그가 가족과 주고받은 편지들에 근거를 두고 작성됐다. 여기서 내가 말하는 '트로츠키 자료실'이란 하버드대학 휴턴도서관에 소장돼있고 학생들도 이용할 수 있는 '공개 부분(Open Section)'을 지칭한다. 트로츠키 자료실에 있는 '봉인'된 부분을 가리킬 때는 '비공개 부분(Closed Section)'이라고 부를 것이다. 공개 부분에 대해서는《무장한 예언자》의 '참고문헌'에서 전반적인 설명을 했다. 비공개 부분에 대해서는 이 책의 '참고문헌'에서 설명할 것이다.

비공개 부분에 소장된 2만 건의 자료 중 대부분은 트로츠키가 지지자나 친구들과 주고받은 정치적인 내용의 편지들이다. 트로츠키는 이 자료를 봉인해달라고 요구했다. 1940년 여름에 그가 이 자료를 하버드대학에 넘겨줄 때는 유럽의 거의 전부가 나치나 스탈린에게 점령돼있었고, 유럽 이외 지역 나라들의 미래는 불확실했으며, 따라서 그는 자신의 편지들을 보호해야 한다는 의무를 느꼈기 때문이다. 그러나 그의 편지에 들어있는 정치적 내용 속에는 엄밀하게 말해 비밀이거나 사적인 것은 거의 또는 전혀 없다. 사실 나는 1930년대에 이미 그 가운데 많은 것들에 익숙해졌다(어떻게 해서 그랬는지는 뒤에 곧 설명하겠다). 그래서 나는 1959년에 그것을 다시 읽으면서 놀랄 만한 것을 거의 발견하지 못했다. 반면 비공개 부분에 같이 소장된 트로츠키 가족의 편지와 그가 가정에서 사용한 종이에 남긴 기록들은 그의 가장 내밀한 경험과 감정을 내게 알려주었고, 그의 성품에 대한 나의 상상을 훨씬 풍부하게 해주었다.

앞의 두 권을 평론해준 사람들 가운데 일부는 내가 출처로 인용한 트로츠키 자료실의 자료에 대한 언급이 상세하지 않다며 불만을 표시했다. 나는 트로츠키 자료실에 소장된 문서를 인용할 때마다 본문 안이나 주석에서 그것이 누가, 언제 써서 누구에게 보낸 문서인지를 밝혔다. 그 어떤 연구자라도 그 이상의 상세한 내용은 필요하지 않을 것이다. 보다 자세한 주석은 '학문적 장치'를 강화시켜 줄지는 몰라도 일반 독자나 학자들에게 무용지물이나 마찬가지다. 일반 독자는 트로츠키 자료실에 접근할 수 없고, 학자들은 내가 언급해놓은 것만 가지고도 그것이 어디에 있는지를 쉽게 알아낼 수 있을 것이기 때문이다. 게다가 내가 앞의 두 권을 쓰기 위한 자료조사 작업을 끝낸 뒤에 하버드대학은 트로츠키 자료실을 새로 정리했다. 따라서 앞의 두 권에서 내가 더 구체적인 표시를 해 놓았다 해도 무의미한 것이 되었을 것이다. 예를 들어 문서 X나 Y가 서가 B의 17번 폴더에 있다는 식으로 표시할 수도 있었겠지만, 그동안 서가 A, B, C는 아예 없어져버렸다! 지금 그곳의 자료는 단순한 시간순으로 정리돼있고, 나는 이 전기에 인용한 모든 문서마다 그것이 작성된 날짜를 적어놓았다. 따라서 학생들은 휴턴도서관에 있는 두 권의 훌륭한 색인집에서 찾고 싶은 문서를 단번에 찾을 수 있을 것이다.

트로츠키 자료실에 소장된 자료가 정확히 얼마나 신뢰할 수 있는 것인지, 그리고 트로츠키 본인이나 그의 지지자들이 문서를 조작한 것은 아닌지를 궁금해 한 사람도 한두 명 있었다. 내가 볼 때 트로츠키 자료실에 소장된 자료는 거기에 담긴 증거나 내용이 다른 곳의 자료와 일치한다는 점, 그리고 이 자료실이 트로츠키를 옹호하는 사람들은 물론이고 그를 비판하는 사람들에게도 필요한 자료를 모두 제공해준다는 사실 등에 비춰 그 신뢰도가 충분히 입증된다. 사실 트로츠키는 문서를 위조하거나 왜곡할 사람이 아니었다. 그의 지지자들에 대해 말하자면, 그들은 이 자료실에 대해 흥미를 갖지 않았거나 다른 문제들에 사로잡힌 나머지 자신들의 지도자와 관련된 이 자료실을 들여다본 적이 거의 없다. 트로츠키의 손을 떠나 이 자료실에 소장된 문서들을 제일 처음으로 들여다보며 연구한 학생은 나와 내 아내다. 우리는 1950년에 자료실에 보관된 트로츠키 관련 문서들을 살펴보며 조사했다.

1930년대의 공산주의 내부 갈등과 그 갈등에 관련된 정당, 집단, 개인들을 묘사하고 여러 사상들을 둘러싼 분위기를 서술할 때 나는 무엇보다도 폴란드에서 반스탈린주의 공산주의의 대변인으로서 겪은 스스로의 경험을 참고했다. 당시에 내가 관계를 가졌던 집단은 트로츠키와 긴밀히 접촉하면서 일을 했다. 트로츠키의 국제비서국(International Secretariat)은 우리에게 매우 많은 문서를 제공해주었는데, 그 속에는 회람하라는 표시가 첨부된 트로츠키의 비밀편지 사본 등이 들어있었다. 나는 이 책에 서술된 거의 모든 논의에 토론자나 집필자로서 깊숙이 개입했다. 그 모든 논의 과정에서 나는 스탈린주의, 사회민주주의, 트로츠키주의, 브란틀러주의 등 다양한 정치적 입장의 많은 문건들은 물론이고, 그 밖에도 많은 나라들에서 발간된 팸플릿, 서적, 정기간행물, 전단 등을 접했다. 너무나 당연하게도, 내가 이 책을 쓰는 데는 그 가운데 극히 일부분만을, 내가 갖고 있는 인상과 기억이 정확한지를 점검하고 관련 자료와 인용문을 확인하는 데 충분한 정도로만 이용할 수 있었다. 따라서 내가 이 책에 첨부한 참고문헌 목록과 주석은 이 책의 주제와 관련된 문헌을 총망라한 것처럼 가장돼있지 않다.

나는 트로츠키의 미망인, 트로츠키가 추방당한 시절에 가장 가깝게 지냈던 친구인 알프레드 로스메와 마르게리트 로스메 부부, 트로츠키의 큰아들인 레온 세도프의 글과 편지를 내게 보내준 잔 마르탱 데 파예르, 트로츠키가 프린키포에 체류하던 시기에 그의 비서였던 피에르 프랑크, 트로츠키가 코요아칸에 체류하던 시기에 그의 비서 겸 경호원이었고 죽기 직전의 그의 모습을 가까이서 지켜보았던 요제프 한센, 그리고 이런저런 시기에 트로츠키의 지지자였던 다른 많은 사람들로부터 들은 정보를 통해 트로츠키 자료실과 기타 인쇄물에서 얻은 자료를 보완할 수 있는 행운을 누렸다(여기에 거론된 사람들 가운데 나탈랴 세도바, 마르게리트 로스메, 잔 마르탱은 내가 이 책을 탈고하기 전에 고인이 됐다).

트로츠키의 가족과 지지자 서클에 속하지 않는 사람들 중에서는 트로츠키가 노르웨이에 체류하던 시기에 주거를 제공해준 콘라드 크누센과 그의 아내, 그리고 헬게 크로그와 N. K. 달 부부에게 감사의 뜻을 전한다. 이들은 트로츠키가 억류돼있던 상황과 그가 노르웨이에서 추방당하던 상황에 대한 많은 정보와 생생한 기억을 내게 제공해주었다. 나는 트로츠키를 받아들였다가 나중에는 억류 조치를 취한 노르웨이 정부의 당시 책임자인 트리그베 리 법무장관을 인터뷰했다. 그는 나에게 속마음을 솔직하게 털어놓으면서 길게 이야기를 해놓고는, 기억이 자기를 잘못 이끈데다 자기는 미국 출판업자와의 계약상 그 정보를 자신의 회고록에 쓰는 것 외에 다른 방식으로는 공개할 수 없게 돼있다면서 자기가 한 말을 인용하지 말아달라고 요청했다. 그러나 그는 친절하게도 1937년 초에 자기가 노르웨이 의회에 제출한, 트로츠키 사건에 관한 공식 보고서를 내게 보내주었다. 나는 트로츠키가 노르웨이에 체류하던 시기에 노르웨이의 외무장관이었던 H. 코트 교수를 인터뷰할 기회도 가질 수 있었다. 그는 트로츠키 사건의 진실을 구체적으로 밝히는 데 열의를 갖고 있었다.

나는 트로츠키의 삶에서 또 하나의 중요한 장(章)이었던 시기를 조사하던 도중에 이제는 작고한 존 듀이를 찾아갔다. 그는 나에게 멕시코 반대재판(counte-trial)에 대해 상세한 설명을 해주었고, 트로츠키에게서 받은 인상에 대해 자유롭게 이야기했다. 나이든 미국 철학자인 듀이가 반대재판을 주관하기로 결심하게 된 배경에 대한 가치 있는 정보를 내가 얻을 수 있었던 것은 그의 친구이자 비서인 S. 래트너 덕분이다. 내가 언급하고 싶은 다른 많은 사람들 중에 특히 조지프 버거가 있다. 그는 한때 코민테른 모스크바 본부의 일원이었으나, 후에 스탈린의 강제수용소에서 거의 25년이라는 세월을 보냈다. 그는 1937년에 트로츠키의 작은 아들인 세르게이 세도프를 모스크바의 부티르키 감옥에서 만났던 일을 이야기 해주었다.

나는 러시아연구소와 하버드대학에, 특히 그 시설을 이용할 수 있게 해준 M. 페인소드 교수와 M. D. 슐먼에게 감사를 드리며, 1959년에 내가 트로츠키 자료실의 비공개 부분을 조사하는 동안 쾌적한 숙소가 되어준 '애덤스 하우스' 의 책임자 R. A. 브라워와 그의 아내에게도 감사를 드린다. 윌리엄 잭슨 교수와 휴턴도서관의 C. E. 제이크먼 양은 무한한 인내심으로 나를 도와주었고, 엘레나 자루드나야 레빈 부인은 트로츠키 자료실의 일부 서류를 내가 읽을 수 있도록 도와주었다. 나는 그들에게 많은 신세를 졌다.

존 벨, 댄 대빈, 도널드 티어먼은 나의 원고를 읽고 교정해주었다. 나의 원고를 비판해주고 더 좋은 원고로 개선할 수 있게끔 많은 제안을 해준 그들에게 감사를 드린다.

이 책에 대한 내 아내의 기여는 우리가 트로츠키 자료실을 처음으로 들여다보기 시작한 1950년 이래 여러 해 동안 늘 변함이 없었던 도움과 비판에만 그치지 않았다. 그녀는 이 비극적인 드라마의 분위기를 흡수하고 등장인물들과 예민한 교감을 나눔으로써, 내가 그들의 특성을 그려내고 그들의 운명을 서술하는 과정에 결정적인 도움을 주었다.

머리말

이 책은 내가 쓴 트로츠키 3부작 중 마지막 권으로 그의 드라마로 보면 결말 부분을 다룬다. 대개 드라마의 결말 부분에서는 그 드라마의 주인공이 행동의 주체가 되기보다는 어떤 행동의 대상이 되는 경우가 많다. 그러나 트로츠키는 마지막까지도 그에게 있어 유일하고 시끄러운 상대역인 스탈린에 대항한 적극적이고도 투쟁적인 대립자로 남았다. 이 책에서 다루는 1929년부터 1940년까지 12년간은 소련에서는 스탈린에 대한 반대의 목소리가 나올 수 없었던 시기다. 예전의 강렬했던 투쟁의 외침은 메아리로조차 들리지 않았다. 오로지 스탈린의 적 가운데 많은 사람들이 비굴하지만 어쩔 수 없이 해야 했던 고해성사만이 들릴 뿐이었다. 그래서 트로츠키는 스탈린의 독재에 거의 혼자 대항하는 것처럼 보였다. 마치 거대한 역사적 갈등이 응축되어 두 사람 사이의 논쟁과 결투로 나타난 것 같았다. 전기작가로서 나는, 스탈린은 영웅의 옷을 입고 의기양양하게 걸어다닐 수 있는 반면에 트로츠키는 스탈린주의에 대한 반대의 상징이자 반대의 유일한 대변자가 된 상황과 관계들이 어떻게 해서 초래됐는지를 설명해야 했다.

따라서 나는 트로츠키의 삶에 관한 사실들과 더불어 그 시기에 벌어진 엄청난 사회적, 정치적 사건들, 즉 소련의 공업화와 집단화의 격동, 대숙청, 나치주의의 맹공 아래 벌어진 독일과 유럽 노동운동의 붕괴, 2차대전 발발을 이야기해야 했다. 이런 사건들은 각각 트로츠키의 운명에 영향을 끼쳤고, 그때마다 그는 스탈린에 대항하는 태도를 취했다. 나는 당시의 주요 논쟁들을 살펴봐야 했다. 왜냐하면 트로츠키의 삶에서 이념적 논쟁은 셰익스피어의 비극에 나오는 싸움의 장면만큼이나 중요하기 때문이다. 트로츠키는 파국으로 움직여가는 와중에도 이념적 논쟁을 통해 자신의 특성을 드러냈다.

나는 앞의 두 권보다 이 셋째 권에서 트로츠키의 개인적 삶과 특히 그의 가족을 덮친 운명을 자세히 다룬다. 독자들은 정치적인 서술에서 흔히 '휴먼 스토리'로 불리는 이야기로 거듭 눈길을 돌려야 할 것이다. ('휴먼 스토리'라는 일상용어가 끈질기게 유지되는 것을 보면, '공적인 일'이 우리의 모든 일들 가운데 가장 인간적이고 '정치'라는 것이 그 무엇보다도 인간적인 활동임에도 사람들은 그렇게 생각하지 않는 듯하다. 어쨌든 나도 이 책에서 '휴먼 스토리'라는 표현을 썼다.) 이 시기에서 트로츠키 가족의 삶은 트로츠키의 정치적 운명과 분리될 수 없다. 가족의 삶은 트로츠키의 투쟁에 새로운 차원을 열어주고, 그의 드라마에 엄숙한 깊이를 부여한다. 무척 낯설면서도 감동적인 이야기가 이 책에서 처음으로 소개된다. 그 이야기는 트로츠키가 아내 및 자녀들과 친밀하게 주고받은 편지들을 바탕으로 씌어졌다. 나는 작고한 나탈랴 세도바가 베푼 관대한 아량 덕분에 그 편지들을 자유로이 볼 수 있는 특권을 얻을 수 있었다. 그녀는 죽기 2년 전에 하버드대학 도서관의 트로츠키 자료실에 소장된 남편의 문서들 가운데 이른바 '봉인'된 부분을 내게 공개해줄 것을 도서관 측에 요청했다. 그 봉인된 부분은 트로츠키의 유언에 따라 1980년이 되기 전에는 공개하지 않을 예정이었다.

내가 이 전기를 쓰게 된 정치적 배경에 대해 간략히 언급해두고 싶다. 내가 이 전기를 쓰는 작업에 착수한 1949년 말에 모스크바 당국은 현대 역사에서 유례를 찾을 수 없는 비굴한 태도로 스탈린의 칠순 생일을 축하하고 있었다. 트로츠키의 이름은 무거운 오욕과 망각 속에 영원히 묻혀버린 듯했다. 나는 《무장한 예언자》를 출간한 데 이어 《비무장의 예언자》와 《추방된 예언자》의 초고를 완성하는 데 모든 노력을 기울였다. 그러나 1956년 후반의 소련공산당 20차 대회 결과, 폴란드의 10월 격변, 헝가리의 민중봉기 등으로 인해 나는 어쩔 수 없이 전기를 쓰는 작업을 중단하고 당시의 현안 문제에 몰두해야 했다. 부다페스트(헝가리의 수도—옮긴이)에서는 성난 군중이 스탈린의 동상을 끌어내렸다. 하지만 모스크바에서는 아직 그 우상에 대한 모독행위가 몰래 이루어질 뿐이었고, 그런 모독행위가 벌어진 사실은 지배집단만의 비밀이었다. 흐루시초프는 소련공산당 20차 대회에서 청중에게 "우리는 이 문제가 당 밖으로 나가도록, 특히 언론으로 새어 나가도록 방관해서는 안 된다"고 말했다. "적의 눈앞에서 우리의 더러운 속옷을 빨아서는 안 된다"고도 했다. 그때 나는 이렇게 논평했다. "더러운 속옷을 소련 민중의 등 뒤에서 빠는 일을 오래 계속할 수는 없을 것이다. 그 일은 곧 민중의 앞에서, 그것도 밝은 대낮에 이루어질 것이다. 어쨌든 그 더러운 속옷에 배어있는 것은 그들의 땀과 피다. 그것을 세탁하는 데는 긴 시간이 걸릴 것이고, 아마도 그 일을 시작한 자들이 아닌 다른 사람들의 손에 의해, 다시 말해 보다 젊고 깨끗한 사람들의 손에 의해 완수될 것이다."

《추방된 예언자》는 더러운 속옷을 빠는 일이 공개적으로 어느 정도 이루어진 뒤에, 그리고 스탈린의 주검이 붉은 광장 묘지에서 쫓겨난 뒤에 출간된다. 예민한 통찰력을 지닌 서구의 한 만화가는 스탈린의 주검이 붉은 광장 묘지에서 쫓겨난 사건을 묘사한 만화에서 스탈린이 빠져나가 비게 된 레닌의 옆자리에 트로츠키를 그려 넣었다. 만화가가 표현한 것은 아마도 많은 소련 사람들의 머리에 떠오른 생각이었을 것이다. 그렇지만 나는 트로츠키의 '복권'이 이루어진다면, 그것이 종파, 의식, 원시적 마술과는 무관한 방식으로 이루어지기를 희망한다. 어쨌든 그러는 동안에 흐루시초프와 그의 친구들은 스탈린주의자들이 트로츠키에게 내린 파문 조치를 계속 유지시키기 위해 사력을 다하고 있다. 또 흐루시초프와 마오쩌둥은 논쟁을 벌일 때 서로 '트로츠키주의'라고 비난한다. 마치 양쪽 다 트로츠키와 그의 사상이 제기하는 쟁점들의 생명력에 대한 부정적인 증거를 제시하는 데 골몰하는 듯하다.

이 모든 사건은 내가 채택한 주제가 시의적절하면서 역사적으로도 중요하다는 나의 확신을 재확인해준다. 그러나 그 사건들은, 나를 비판하는 일부 사람들에게는 미안한 일이지만, 이 책의 집필과 관련된 나의 접근법이나 이 책의 구성에는 별다른 영향을 주지 않았다. 이 전기가 그 규모에서 나의 애초 계획을 넘어선 것은 사실이다. 나는 원래 한 권이나 두 권을 쓸 계획이었으나 실제로는 세 권을 쓰게 됐다. 그러는 과정에서 나는 단지, 특히 처음에는 마지못해 이 전기 자체의 문학적 논리와 내 조사연구의 논리에만 충실했다. 그런데 그 문학적 논리와 조사연구의 논리는 예상과 달리 그 규모가 커지고 내용이 깊어졌다. 다시 말하자면 이 전기의 토대가 된 자료들이 나의 두 손 앞에서 나름의 형태와 그 형태에 걸맞은 구성을 갖추려고 하면서, 그러기 위해 필요한 조건을 나에게 부과했다. (물론 이렇게 말한다고 해서 나를 비판하는 이들 중 한 명인 전 모스크바 주재 영국 대사의 눈에 내가 면죄부를 받은 것으로 보이지는 않을 것이라는 점을 나는 잘 알고 있다. 그 영국 대사는 "러시아혁명은 결코 일어난 적이 없다고 늘 생각"하며, 따라서 자기는 왜 내가 그런 실재하지 않는 사건에 많은 지면을 들이는 것인지 의아하다고 말한다.) 내가 트로츠키에 대해 정치적인 측면에서 접근할 경우에는 처음부터 끝까지 늘 그랬다. 나는 이 3부작의 첫째 권을 1952년에 마무리하면서 '승리 속의 패배'라는 제목의 마지막 장에서 권력의 정점에 서있는 트로츠키를 그렸다. 그 첫째 권의 머리말에서 나는 트로츠키의 일생에 대한 서술이 끝나면 '강력한 승리의 요소가 그의 패배 속에 숨겨져 있지는 않은가' 하는 문제를 검토하겠다고 말했다. 바로 이것이 이 책 《추방된 예언자》의 끝 부분에 있는 '패배 속의 승리'라는 제목의 후기에서 내가 논의하는 문제다.

| 차례 |

1장__ 왕들의 섬에서

트로츠키가 러시아에서 추방된 배경에는 그의 앞날에 놓인 세월을 예감하게 하는 요소가 들어있었다. 추방의 방식은 기묘하고 야만적이었다. 스탈린은 여러 주일 동안 그의 추방을 미루었다. 그동안에 트로츠키는 자기를 추방하는 것은 무법 행위라며 정치국에 항의를 해댔다. 스탈린은 아직 최종적인 결심을 하지 못했거나 정치국과 협의를 마치지 못한 듯했다. 그런데 갑자기 쫓고 쫓기는 게임이 끝났다. 1929년 2월 10일 밤에 트로츠키와 그의 아내, 그리고 큰 아들은 오데사 항구로 급히 보내진 뒤 일리치 호에 태워졌고, 곧 배가 출항했다. 호위병과 항구의 관리들은 늦은 시간과 돌풍, 바다의 결빙에도 불구하고 즉각 실행해야 할 엄격한 명령을 받고 대기하고 있었다. 이제 스탈린은 최소한의 지체도 용납하지 않으려 했다. 임무를 수행하기 위해 특별히 파견된 일리치 호와 이 배를 앞에서 유도할 쇄빙선에는 트로츠키와 그의 가족, 그리고 게페우 요원 둘 외에는 아무도 타지 않았고, 화물도 전혀 없었다. 스탈린은 마침내 이미 벌어진 일을 기정사실화하는 단호한 태도로 정치국에 맞서기 시작했다. 그는 모든 망설임을 벗어던지고, 자신이 처음으로 정치국에 트로츠키의 추방을 승인해

달라고 요구했을 때 벌어졌던 장면이 다시 재연되는 것을 막으려고 했다. 그때는 부하린이 총회에서 항의를 하고 비통한 눈물을 흘리면서 리코프 및 톰스키와 함께 반대표를 던졌었다.[1)]

추방은 극비리에 이루어졌다. 추방이 결정됐다는 사실 자체도 그 결정이 실행되고 나서 한참 뒤에야 공개됐다. 스탈린은 여전히 소요가 일어날까봐 두려워했다. 항구에 배치된 병력은 일 년 전, 즉 트로츠키가 모스크바에서 납치되기 전에 반대파가 조직했던 것과 같은 항의시위나 환송행사[2)]가 재연되지 않도록 예방하는 임무를 띠고 있었다. 이번에는 목격자나 목격담이 없어야 했다. 트로츠키와 같은 배에 타서 그가 수동적 저항을 하는 모습을 지켜보게 될 다른 여객들도 없어야 했다. 일리치 호의 승무원들에게도 그들의 구역에서만 일하고 배에 탄 여객과는 일절 접촉하지 말라는 경고가 내려져 있었다. 그 배에는 신경을 곤두세우는 미스터리가 감돌았다. 스탈린은 아직은 자신이 전적으로 모든 책임을 떠안는 부담을 지게 되기를 원하지 않았다. 그는 해외 공산주의자들이 놀라는 반응을 보일 것인지 여부를 지켜보려고 했다. 그리고 그는 미래의 상황전개가 자기의 정적을 다시 불러들이게 할 것인지 여부도 알 수 없었다. 그는 트로츠키의 추방을 애매모호한 형태로 연출함으로써 나중에 필요하다면 발뺌을 하거나 추방 사실 자체를 완전히 부인할 수 있게끔 주의를 기울였다. 그 뒤 며칠 동안 해외의 공산주의 신문들은 트로츠키가 많은 수행원을 거느리고 공적인 임무로, 또는 자발적으로 터키에 갔다고 시사하는 보도를 했다.[3)]

트로츠키는 자신을 태운 황폐한 배가 돌풍을 뚫고 망망대해로 나가고 있음을 곧 알아차렸다. 알마아타에 추방돼 일 년을 보낸 뒤인데도 이번에 그를 둘러싼 공허감은 주위를 어슬렁거리는 두 명의 게페우 요원으로 인해 훨씬 더 불길한 분위기를 띠면서 그에게 좌절감을 안겨주었다. 이것은 어떤 의미일까? 무엇을 예고하는 것일까? 나탈랴와 료바만이 그의 곁에 있었다. 둘의 눈에서 그는 자기가 품은 의문과 똑같은 의문을 읽을 수 있었다. 그들은 돌풍과 공허를 피해 선실로 내려갔고, 배가 항해하는 내내 그곳에 머물렀다. 공허감이 그들의 뒤를 몰래 쫓아다니는 것 같았다. 이건 무엇을 의미하는가? 이 여행의 결말은 어떤 것일까?

트로츠키는 최악의 상황에 대한 마음준비를 했다. 그는 스탈린이 자기를 흑해의 반대편 해안에 내려놓고 마음대로 가도록 놔두는 것으로 만족하리라고 생각하지 않았다. 스탈린이 터키의 대통령이자 독재자인 케말 파샤와 공모해 자신을 겨냥한 음모를 꾸몄고, 그 음모에 따라 케말의 경찰이 배에서 내리는 자기를 붙잡아 억류하거나 콘스탄티노플에서 회합 중인 백계 망명자들에게 은밀하게 넘겨 그들의 앙갚음을 받게 할지도 모른다고 생각했다. 게페우가 트로츠키에게 행한 술수는 그의 이런 걱정을 더욱 고조시켰다. 그는 게페우 요원들에게 자기의 헌신적인 비서이자 경호원이었던 세르무크스와 포스난스키를 감옥에서 풀어주어 자기와 함께 해외로 나갈 수 있게 해달라고 거듭 요청했다. 게페우는 거듭해서 그렇게 하겠다고 약속해놓고는 그 약속을 지키지 않았다. 그들은 그를 지켜줄 친구도 없는 상태로 그를 해안에 내려놓기로 작정한 것이 분명했다. 항해 도중에 그들은 트로츠키를 안심시키려고 했다. 그들은 콘스탄티노플에서 세르무크스와 포스난스키를 만나게 될 것이며, 그때까지는 자기들이 그의 안전을 책임질 것이라고 말했다. 그러나 그는 "당신들은 나를 한번 속였으니 또다시 속일 것"이라고 대꾸했다.[4)]

좌절감과 고뇌 속에서 그는 아내 및 아들과 함께 그들이 같이 했던 마지막 해상여행을 회상했다. 캐나다에서 영국에 의해 억류됐던 상태에서 풀려난 1917년 3월에 그들은 노르웨이 증기선을 타고 러시아를 향해 출발했다. 그때 증기선을 같이 탔던 작은 아들 세르게이는 이번에 일리치 호에 같이 타지 않았다. 하지만 트로츠키는 자서전에서 "그때도 우리 가족은 지금과 똑같았지만 나이가 모두 지금보다 열두 살씩 적었다"고 회고했다. 나이보다 더 본질적인 차이는 그때와 대조되는 상황이었지만, 이 점에 대해 그는 아무런 언급도 하지 않았다. 1917년에는 혁명이 앞으로 다가올 위대한 싸움을 위해 그를 러시아로 다시 불러들였다. 그러나 지금은 그가 혁명의 이름으로 통치하는 정부에 의해 러시아에서 쫓겨나고 있었다. 1917년에 그는 영국에 의해 억류된 채 보낸 몇 개월 동안 매일같이 철조망에 갇힌 독일 해군병사나 전쟁포로의 군중 앞에서 연설을 했다. 그리고 그들에게 독일의 제국의회와 감옥, 그리고 독일 황제와 제국주의 전쟁에 대항하는 참호 속에서 카를 리프크네히트가 취했던 입장에 대해 이야기하고 사회주의에 대한 그들의 열정을 고취시켰다. 그가 풀려나자 독일 해군병사들은 그를 무동 태우고 포로수용소 정문까지 행진하면서 환호하고 〈인터나치오날레(인터내셔널)〉 노래를 합창했다.[5] 그러나 지금 그의 주위에는 공허와 윙윙거리는 돌풍뿐이었다. 스파르타쿠스단이 패배하고 리프크네히트가 암살된 지 10년이 흘렀다. 트로츠키는 자기도 '리프크네히트의 종말'을 맞을 운명이 아닌가 하고 여러 번 생각했다. 하나의 작은 사건이 1917년과 대조되는 상황에 기괴한 양상을 더했다. 일리치 호가 보스포러스 해협에 들어섰을 때 게페우 요원 중 한 명이 그에게 1500달러를 건넸다. 소련 정부가 전쟁인민위원을 지낸 그에게 주는 해외 정착 교부금이라고 했다. 트로츠키는 스탈린의 조소를 떠올렸다. 그러나 가진 돈이 없었기에 모욕감을 삼키고 그 돈을 받았다. 이것은 자기가 창설한 나라로부터 그가 받은 마지막 보수였다.

트로츠키는 이런 종류의 우수에 찬 사건들을 곱씹는 사람이 아니었다. 미래에 어떤 일이 기다리고 있든 간에 그는 그것과 당당하게 대면하고 싸우겠다는 결의를 지니고 있었다. 그는 자신을 허공 속에 흐트러지게 놔두지 않았다. 그 너머에는 아직 개척되지 않은 투쟁과 희망의 지평이 있었다. 지금까지 살아온 과거가 있다면 미래도 있으며, 그 미래 속에 과거와 현재가 계속 존재하게 될 터였다. 그는 역사적 사명을 완수한 뒤 진이 빠져서 "빈껍데기처럼 무너진다"고 헤겔이 말한 바 있는 역사 속 인물들과 자기 사이에 공통점을 느끼지 않았다.[6] 그는 스탈린과 여러 사건들이 자기를 가둬넣은 진공상태로부터 빠져나가려고 애썼다. 당장은 추방에 대한 마지막 항의를 기록으로 남기는 것 외에는 다른 도리가 없었다. 항해가 끝나기 전에 그는 당의 중앙위원회와 소비에트의 중앙집행위원회 앞으로 보내는 메시지를 호위요원에게 전달했다. 메시지에서 그는 스탈린과 게페우가 케말 파샤 및 케말의 '민족적 군국주의' 경찰과 함께 꾸민 '음모'를 비난했다. 그리고 자신을 박해하는 자들에게 이 같은 "배신적이고 수치스러운 행위"를 한 데 대해 책임을 져야 할 날이 올 것이라고 경고했다. 일리치 호가 닻을 내리고 터키의 전선수비대가 모습을 나타내자 그는 그들에게 케말 앞으로 보내는 공식 항의문을 전달했다. 그 항의문의 억제된 공적 어조 사이로 분노와 풍자가 터져 나왔다. 그는 이렇게 썼다. "콘스탄티노플의 관문에서 영광스럽게도 나는 당신에게 내가 터키의 전선에 도착한 것은 나의 자유의지에 의한 것이 아님을 알립니다. 내가 전선을 넘는 것은 오로지 힘에 굴복하지 않을 수 없기 때문입니다. 대통령 각하, 부디 나의 이 적절한 인사말을 받아주시기 바랍니다."[7]

그는 이런 자기의 항의에 케말이 반응하리라고는 거의 기대하지 않았고, 모스크바의 박해자들이 지금 자기들이 하는 일에 대해 언젠가 책임을 지도록 요구받을 수도 있다는 생각에 구애되지도 않을 것임을 잘 알고 있었다. 그러나 이 시점에 정의를 구하는 것이 무익한 것으로 여겨질지라도 그로서는 역사에 기대는 것 외에는 달리 할 수 있는 일이 없었다. 그는 자기 자신이 아니라 침묵을 강요당하고 투옥되고 추방당한 친구와 지지자들을 대변해야 하며, 자기를 희생자로 만든 폭력이 크게 보면 볼셰비키당과 혁명 그 자체에 가해진 것이라고 확신했다. 그는 자기의 개인적인 운명이 어떤 것이라 하더라도 자기가 스탈린과 주고받은 논쟁은 금세기 내내 지속되면서 반향을 불러일으킬 것임을 알고 있었다. 스탈린이 항의를 하고 증언을 할 모든 사람을 억압하는 데 몰두하고 있었다면, 바로 그 시점에 트로츠키는 추방당하고 있으면서도 나서서 항의를 하고 증언도 하려고 했다.

배에서 내린 뒤에 이어진 상황은 거의 익살스러운 것이었다. 트로츠키와 그의 가족은 부두에 내리자마자 곧바로 콘스탄티노플의 소련 영사관으로 보내졌다. 정치범이자 반혁명분자라는 낙인이 찍혀 있었지만 그는 10월혁명의 지도자이자 적군의 창설자로서 적합한 예우를 받았다. 영사관 건물의 한쪽 날개 부분이 그를 위해 비워져 있었다. 내전 때 그의 밑에서 일했던 사람들이 일부 포함된 영사관 관리들은 그가 편안하게 지내도록 하기 위해 애를 쓰는 듯했다. 게페우 요원들은 그의 생명을 보호해주겠다고 한 약속을 지키려는 듯이 행동했다. 그들은 그가 요구하는 것을 다 들어주었다. 그의 심부름을 해주었고, 나탈랴와 료바가 시내를 돌아보러 나갈 때 동행했다. 그들은 그가 알마아타에서 가져온 서류와 기록 등의 자료를 배에서 내려 영사관까지 옮기는 일도 주의 깊게 했고, 그러면서 그 내용을 점검해보려는 생각도 하지 않았다. 그는 곧 스탈린에 대항하는 정치적 탄약으로 그 자료를 이용하게 된다. 모스크바는 여전히 그의 추방을 위장하고 이 추방조처가 공산주의자들의 여론에 미칠 영향을 약화시키려고 노력하는 듯했다. 언젠가 부하린이 점진적 변화와 시기 선택에 있어서 탁월한 스탈린의 재능에 대해 언급한 적이 있는데, 그것은 근거 없는 이야기가 아니었다. 트로츠키를 추방한 일에서도 자기의 목적을 천천히 조금씩 추구해가는 스탈린의 특별한 재능이 그대로 드러났다.

스탈린이 케말 파샤의 협조를 확신하게 되는 과정에서도 이러한 재능이 드러났다. 터키 정부 관리들은 막 도착한 트로츠키에게, 자기들은 그가 추방될 것이라는 말을 들은 적이 없고, 소련 정부로부터 그에게 '건강상의 이유'에 의한 입국허가를 내주라는 요청이 왔을 뿐이며, 자기들은 북쪽 이웃나라와의 친근한 관계를 소중히 여기므로 그런 요청의 동기를 따져 묻지 않고 비자를 내주어야 했다고 알렸다. 케말 파샤는 트로츠키를 직접 보는 것이 껄끄러움에도 불구하고 스탈린의 공범자였기에 트로츠키에게 "터키의 영토에서 당신이 억류되거나 폭력에 노출된다는 것은 생각도 할 수 없는 일"이라며 "당신은 언제든지 터키를 자유롭게 떠날 수도 있고, 원하면 언제까지라도 터키에 머물 수도 있다"고 말했다. 그리고 트로츠키가 터키에 머문다면 터키 정부는 모든 편의를 제공하고 그의 안전을 보장해줄 것이라고 했다.[8] 이런 정중한 배려에도 불구하고 트로츠키는 케말이 스탈린과 공모한 한통속이라는 확신을 버리지 않았다. 스탈린이 케말에게 추가적인 요구를 들이댈 경우에 그가 어떻게 행동할 것인지는 알 수 없는 일이었다. 그럴 경우 그가 추방당한 한 명의 망명자를 위해 자기의 강력한 '북쪽 이웃나라'와의 분규에 말려들 위험을 감수하려고 할까?

트로츠키가 소련 영사관에 거주하면서 벌어진 애매모호한 상황은 오래 지속될 수 없었다. 스탈린은 어쨌든 상황을 종식시킬 구실을 찾고 있었고, 트로츠키에게도 그런 상황은 견디기 어려웠다. 게페우의 '보호'를 받는 한 그는 사실상 그들의 포로일 뿐이었고, 영사관 밖의 백계 망명자들과 영사관 안에서 자기를 보호해주는 자들 가운데 누구를 두려워해야 하는 것인지도 알 수 없는 처지였다. 그는 망명이 정치적 투사에게 부여해주는 유일한 이점, 즉 이동과 표현의 자유를 박탈당하고 있다고 생각했다. 그는 자기의 주장을 밝히고, 자기를 추방시킨 계기가 된 사건들의 내막을 폭로하고, 여러 나라들에 있는 지지자들과 접촉하고, 향후의 행동을 계획하고 싶었다. 영사관에서는 이런 일들 가운데 어느 것도 안전하게 할 수가 없었다. 게다가 그와 그의 아내 둘 다 병든 상태여서 치료를 위한 돈을 벌어야 했는데, 그가 돈을 벌기 위해 할 수 있는 일은 글을 쓰는 것뿐이었다. 그는 어딘가 다른 곳으로 거처를 옮겨 출판사 및 신문사와 연락을 취하고 일을 시작해야 했다.

그는 터키에 도착한 날 곧바로 서유럽, 특히 프랑스에 거주하는 친구와 후원자들에게 편지를 보냈다. 그들은 즉각 회신을 보내왔다. "당신의 몸과 영혼을 우리에게 믿고 맡겨도 좋다고 굳이 말로 할 필요가 있겠습니까. 당신에 대해 신의를 지키며 애정을 갖고 있는 우리의 깊은 마음으로 당신을 환영합니다." 그는 터키에 도착한 지 사흘째되는 날에 알프레드 로스메와 마르게리트 로스메 부부에게서 이런 편지를 받았다.[9] 이 부부는 1차대전 이후 치머발트 운동에 참여하면서부터 트로츠키와 나탈랴의 친구로 지내왔다. 1920년대 초에 알프레드 로스메는 프랑스 공산당을 대표해 모스크바에서 공산주의 인터내셔널(코민테른-옮긴이)의 집행위원으로 일했다. 그러나 그는 트로츠키와의 연대관계 때문에 당에서 축출당했다. "당신에 대해 신의를 지키며 애정을 갖고 있는 우리의 깊은 마음으로"라는 로스메 부부의 표현은 단순히 형식적인 기교가 아니었다. 그들은 비록 나중에 트로츠키와 의견차를 보이고 불협화음을 내기도 하지만, 그가 망명생활을 하는 내내 가깝게 지낸 유일한 친구였다. 프랑스 공산당이 펴내는 이론지의 전 편집자로, 1924년 5월 모스크바에 모인 모든 해외 공산주의자 대표들 가운데 유일하게 나서서 트로츠키를 옹호한 보리스 수바린도 편지로 도움과 협력의 뜻을 전해왔다.[10] 공산당에서 축출되고 훗날 사회주의적 의회주의자로 널리 알려지게 되는 모리스 파즈 변호사와 마그들렌 파즈 기자 부부도 트로츠키의 지지자로서 그에게 호의를 전했다. 이들은 "위대한 벗에게"라는 서두로 시작되는 편지에서 트로츠키가 터키에서 위태로운 상태로 지내는 데 대해 염려하는 마음을 전달하고, 곧 콘스탄티노플로 그를 만나러 가겠노라고 했다. 이들은 트로츠키가 다른 나라로 갈 수 있도록 입국허가증을 받아내기 위한 노력도 기울였다.[11]

트로츠키는 로스메 부부와 파즈 부부를 통해 서구 신문들과의 연락망을 확보했다. 덕분에 그는 일련의 글을 써서 2월 후반에 〈뉴욕 타임스〉 〈데일리 익스프레스〉를 비롯한 여러 신문들에 실을 수 있었다. 이 글들에서 그는 처음으로 최근 몇 년간의 당내 싸움에 대한 대중적인 설명을 했다. 그것은 간결하고 강력하며 공격적이었다. 그는 오래된 적이든 새로운 적이든 자기의 적들을 가차 없이 공격했고, 스탈린에 대해서는 더더욱 그랬다. 그는 "스탈린은 혁명의 무덤을 파는 자"라는 비난을 전에는 정치국에 대고 해댔지만,[12] 이제는 전 세계에 대고 해댔다. 이런 그의 글들이 신문에 게재되기도 전에 그와 영사관 당국 사이에 마찰이 생겼다. 영사관 당국은 그에게 영사관 건물에서 철수해 영사관 직원들이 거주하는 주택으로 옮기라고 요구하기 시작했다. 요구대로 옮긴다면 그는 게페우의 상시적인 '보호' 속에서 생활해야 할 판이었다. 그는 거처를 옮기라는 요구를 거부했다. 그가 쓴 글들이 신문에 게재되면서 그동안 유보됐던 문제가 다시 불거지기 시작했다. 이제 스탈린은 그를 추방했다는 사실을 공개하는 데 필요한 구실을 확보하게 된 것이다. 소련의 신문들은 "트로츠키가 자기 자신을 세계의 부르주아들에게 팔아넘기고 그들과 함께 소련에 대항하기 위해 공모하고 있다"고 보도했고, 그가 2만 5천 달러가 들어있는 돈가방을 안고 있는 만화를 싣기도 했다. 게페우는 더 이상 그의 안전을 책임지지 않겠다고 선언하고는 그를 영사관에서 쫓아내려고 했다.[13)]

나탈랴와 료바는 의심스러운 눈초리를 보내는 게페우 요원들이 동행하는 가운데 며칠간 콘스탄티노플의 외곽지역을 돌며 비교적 안전하고 외진 거처를 찾아다녔다. 그들은 마침내 콘스탄티노플의 시내나 근처가 아닌 마르마라 해(海)에 있는 프린키포 섬에서 적당한 집 한 채를 발견했다. 이 섬은 콘스탄티노플에서 증기선을 타고 가면 한 시간 반이 걸리는 위치에 있었다. 이곳이 트로키의 새로운 거처로 서둘러 선택된 데는 아이러니가 섞여있다. '왕들의 섬(Princes' Isles)'으로도 불리는 프린키포 섬은 과거 비잔틴제국(동로마제국—옮긴이)의 황제들이 왕족의 혈통을 가진 정적이나 반역자들을 감금해두었던 곳으로, 추방된 자들의 망명지였기 때문이다. 트로츠키는 3월 7일이나 8일에 이 섬에 도착했다. 그는 이 섬에서 가장 큰 마을인 뷔위크아다의 해변에 발을 들여놓을 때 자기는 철새처럼 잠시 그곳에 내려앉은 것이라고 생각했다. 그러나 그는 4년 이상의 길고 파란만장한 기간 동안 이곳에 머물게 된다.

트로츠키는 이 기간이 자기 인생의 '세 번째 망명'이었다고 종종 표현했다. 이는 그다지 정확한 표현은 아니지만, 그가 프린키포 섬에 들어가면서 가졌던 어떤 느낌을 드러내준다. 사실 이때 그는 러시아 정부에 의해 세 번째로 추방당해 해외에서 살게 된 상태였다. 1902년과 1907년에는 시베리아 또는 북극지역으로 추방당했지만 그곳에서 도망쳐 나와 서구에서 피난처를 잡았다. 그리고 그때 그는 어디에 가든 망명 중인 혁명적 러시아인들의 거대하고 적극적이며 역동적인 공동체에 속해 있었다. 그러나 이번에는 그 스스로 망명자가 되기를 선택한 것이 아니었고, 그를 자기들 속의 일원으로 받아들이고 그에게 정치활동을 계속해나가는 데 필요한 환경과 매체를 제공해줄 러시아인 망명자들의 공동체도 해외에 존재하지 않았다. 정치적 망명자들의 새로운 정착촌들이 많이 있긴 했지만, 이런 정착촌들에는 반혁명적 러시아인들이 살고 있었다. 그와 그들 사이에는 내전의 유혈이 자리잡고 있었다. 내전에서 그의 편에서 싸운 사람들 중에서도 지금 그와 손을 잡을 사람은 아무도 없었다.

그러므로 그의 세 번째 망명은 이전의 두 차례 망명과는 다른 종류였다. 이번 망명은 이전의 두 망명 중 어느 것과도 연결지을 수 없었다. 정치적 망명의 길고 풍부한 역사 속에서도 어느 한 개인을 이번에 다시 망명하게 된 그에 견줄 만큼의 고독 속으로 추방해 넣은 적이 없었다. 유일한 예외로 나폴레옹이 있지만, 그는 전쟁포로였지 추방된 망명자가 아니었다. 트로츠키는 자신과 가족을 위해서라도 이번의 상황을 혁명 이전의 경험과 연결시켜 생각함으로써 망명의 가혹함을 마음속에서나마 완화시키려고 무의식적으로 노력했다. 사실 이전의 경험에 대한 기억이 그에게 위안을 주었다. 그의 첫 번째 망명은 3년을 채우기도 전에 '경이의 해'인 1905년에 중단됐다. 두 번째 망명은 이보다 훨씬 긴 10년간이나 지속되긴 했으나 1917년의 대승리로 이어졌다. 그리고 두 경우에 역사는 해외에서 쉼 없이 활동하면서 기다린 이 혁명가에게 풍부한 보상을 해주었다. 역사가 다시 한 번 그렇게 해주기를 바라는 것은 지나친 기대일까? 이번에는 앞날이 그리 희망적이지 않은 것으로 드러나고 있고, 다시는 러시아로 돌아가지 못할 수도 있음을 그는 의식하고 있었다. 그러나 그에게 이런 의식보다 더욱 강력했던 것은 분명하고도 고무적인 전망을 갖고자 하는 그의 욕구였다. 스스로 패배를 초래하고 있을 때나 이길 전망이 없는 싸움을 할 때에도 여전히 승리를 내다보는, 싸움꾼다운 낙관주의를 갖고자 하는 그의 욕구였다.

이런 종류의 낙관주의는 결코 그에게서 떠나지 않았다. 그는 자기의 대의가 궁극적으로는 승리할 것이라고 계속 확신했지만, 그렇다고 해서 자기가 살아서 그 승리를 직접 보게 될 것이라고 확신했던 것은 아니었다. 그러나 프린키포 섬에서의 망명생활 초기 몇 년 동안에는 그의 낙관주의 속에 개인적인 희망이 여전히 남아있었다. 사실 그는 자기가 조만간 누명을 벗고 복권되어 러시아로 돌아갈 수 있을 것이라고 기대했다. 그는 소련의 정치상황이 안정적이라고 생각하지 않았고, 집단화와 공업화의 격변 속에서 소련에 일어날 변화가 지배정당도 크게 변화시킬 것이라고 기대했다. 그는 스탈린주의가 공고하게 자리를 잡을 것이라고 믿지 않았다. 스탈린주의는 상반되는 생각들을 얼기설기 모아놓은 것, 또는 당면한 문제에 대응할 생각도 하지 못하는 관료적 주저함일 뿐이었다. 어떻게 그 이상의 것이라고 생각할 수 있겠는가? 트로츠키는 스탈린의 부상이라는 '막간극'은 혁명정신의 부활과 볼셰비즘의 재생으로 이어지거나, 그게 아니라면 반혁명과 자본주의의 복귀로 끝날 수밖에 없다고 확신했다. 이런 뚜렷한 대안의 상황전개가 그의 생각을 지배했다. 물론 그는 이와 다른 상황전개의 가능성도 여러 가지로 생각해보고 있었다. 그는 자기 자신

및 자기와 같은 생각을 하는 사람들이 스탈린에 대항하는 유일하게 진정한 반대파, 즉 10월혁명의 토대 위에 서서 사회주의 행동강령을 제시하고 대안의 볼셰비키 정부를 구성하게 될 유일한 반대파라고 보았다. 스탈린이 그 반대파를 파괴하거나 오랜 기간 침묵하게 만들 수 있을 것이라는 생각은 그에게 떠오르지 않았다. 이런 대목에서도 그의 희망은 혁명 이전의 경험에 대한 기억에 근거하고 있었다. 차르체제는 혁명가들을 투옥하고 추방하고 사형시켰지만, 그 어떤 반대파도 질식시키지 못했다. 그렇다면 아직 반대파를 사형시키지는 않은 스탈린이 차르도 이루지 못한 것을 이룰 것이라고 생각할 수는 없었다. 아닌 게 아니라 스탈린에 대항하는 반대파는 시간이 흐르면서 부침하는 모습을 보이긴 했지만 사회현실에 깊은 뿌리를 두고 있고 프롤레타리아계급의 이익을 대변하는 세력이니 파멸될 수가 없는 것이었다. 과거에 레닌과 함께 망명지에서 지지자들을 지도했듯이 이번에도 스탈린에 대항하는 반대파의 공인된 지도자인 트로츠키는 해외에서 반대파를 지도해야 할 의무를 지니고 있었다. 그때와 달리 이제는 오직 그만이 상대적으로 자유로운 상태에서 반대파를 대변해 발언해야 할 입장이었고, 오직 그만이 널리 울려퍼지는 목소리로 그런 발언을 할 수 있는 상황이었다.

그러나 또 다른 측면에서 보면 그의 위상은 혁명 이전과 달랐다. 혁명 이전에 그는 세계적으로 알려진 인물이 아니었다. 혁명활동을 시작한 사람들 사이에서만 한 명의 러시아 혁명가로 알려졌을 뿐이다. 이제는 달랐다. 더 이상 지하운동의 어둠 속에 있지 않았다. 그가 10월봉기의 지도자가 되고, 적군(赤軍)을 창설하고, 승리를 이루어내고, 공산주의 인터내셔널의 창설을 고무하던 모습을 그동안 전 세계가 지켜보았다. 그는 다시 내려올 길이 없는 높은 곳까지 올랐다. 그는 역사의 스포트라이트를 받으면서 세계무대에서 자기의 역할을 했고, 그 무대에서 다시 내려갈 수가 없었다. 그의 과거가 그의 현재를 지배하고 있었다. 그는 혁명 이전의 망명자 생활이 보장해주었던 익명의 보호막 속으로 되돌아갈 수 없었다. 그의 행동은 이미 세계를 뒤흔들었다. 그도 세계도 그것을 잊을 수 없었다.

그는 러시아의 일에만 몰두할 수도 없었다. 그는 '인터내셔널에 대한 의무'를 의식하고 있었다. 최근 몇 년간의 싸움 중 많은 부분은 독일, 중국, 영국의 공산주의를 위한 전략과 전술, 그리고 인터내셔널을 무력화하기 위한 모스크바의 편의적인 방책에 대한 대응에 집중됐다. 그가 이런 싸움을 더 계속하지 않을 것이라고는 누구도 생각할 수 없었다. 얼핏 보면 추방은 그가 이런 싸움을 계속하는 것을 쉽게 해줄 것으로 보이기도 했다. 그는 국제주의의 주창자이자 스탈린주의 및 부하린주의의 민족주의적 협량에 대한 비판자였기에, 러시아 안에서 대중적인 인기를 상실했다고 해도 러시아 밖의 공산주의자들로부터는 열렬한 반응을 기대할 수 있었다. 어느 한 나라 안에서만의 사회주의에 대항해 국제적 관점의 우위를 내세운 그가 앞으로 나아가는 것은 러시아 밖의 공산주의자들에게는 긴요한 이익이 됐기 때문이다. 모스크바에서는 물론 알마아타에서도 그는 해외의 공산주의자들과 교신을 할 수 없었다. 스탈린은 그가 어떤 입장을 취하고 있는지에 대해 해외 공산주의자들이 잘 모르거나 크게 왜곡된 견해만 들을 수 있도록 조심했다. 그런데 이제 마침내 강요된 해외체류가 그로 하여금 자기의 주장을 해외 공산주의자들 앞에 내놓을 수 있게 해준 것이다.

그는 여전히 '선진 공업국가들', 특히 서유럽의 선진국들이야말로 국제 계급투쟁의 주된 전장이 될 것이라고 보고 있었다. 이 점에서 그는 자기 자신에게는 물론이고, 고전적 마르크스주의의 전통에도 충실했다. 사실 노동운동 사상의 어느 파도, 심지어는 스탈린주의자들조차도 아직은 감히 그 전통을 공개적으로 조롱하지 못했다. 2차 인터내셔널의 주된 활동무대도 서유럽이었고 3차 인터내셔널의 주된 활동무대도 서유럽이었다. 독일과 프랑스의 공산당은 대규모의 대중적 지지기반을 갖고 있었지만, 소련은 아직 공업적으로 저개발 상태인데다 지극히 허약했고, 중국혁명의 승리는 20년 뒤에나 일어날 일이었다. 유럽의 부르주아가 하강기에 접어든 이 시기에도 겉보기에는 그들이 여전히 세계정치의 중심을 차지하고 있는 것과 마찬가지로 유럽의 노동계급은 여전히 프롤레타리아혁명의 가장 중요한 세력, 스탈린주의의 관점에서는 소련 다음으로 중요하지만 트로츠키의 관점에서는 잠재적으로 훨씬 더 중요한 세력으로 보였다.

물론 트로츠키는 유럽 부르주아 질서의 안정성을 믿지 않았다. 그가 프린키포에 도착했을 때는 19세기 말에 서구가 누렸던 번영은 이미 그 종말에 이르고 있었다. 그러나 보수파, 자유주의파, 사회민주주의파는 그 번영의 영구적 지속을 보장하는 듯이 보이는 민주주의, 평화주의, 계급간 협조의 햇볕을 여전히 쬐고 있었다. 의회주의 정부가 공고하게 자리를 잡은 듯했고, 이탈리아에서만 진지를 구축한 파시즘은 유럽 정치에서 예외적인 현상으로 보였다. 그러나 트로츠키는 콘스탄티노플에 도착한 지 얼마 되지 않아 이런 '바보들의 행진'이 종말에 다다르고 있다고 선언했고, 부르주아 민주주의의 퇴락과 파시즘의 팽창을 이야기했다. "전후 유럽 정치에 나타난 이런 경향은 일시적인 것이 아니다. 그것은 새로운 시대를 예고하는 유혈의 서막이다. (…) 전쟁(1차대전)은 우리를 고도의 긴장과 거대한 싸움의 시대로 몰아넣었다. 새로운 큰 전쟁들의 그림자가 드리우고 있다. (…) 우리의 시대는 고전적인 (부르주아) 민주주의가 확장되는 시대였던 19세기의 기준으로는 측정할 수 없다. 근대가 중세와 다른 것보다도 여러 측면에서 훨씬 더 20세기는 19세기와 다를 것이다."[14] 그는 결정적인 역사적 전환점의 전야에, 그리고 사회주의 혁명만이 파시즘에 대한 효과적인 대안을 서구 국가들에 제시할 수 있는 시점에 자기가 유럽으로 돌아가는 것이라고 느꼈다. 서구에서의 혁명은 소련을 고립상태로부터 벗어나게 하고 러시아혁명을 억눌러온 후진성의 중압에 대한 강력한 대항력도 만들어낼 것이라고 그는 믿었다. 이런 희망이 헛된 것은 아닌 듯했다. 서구의 노동운동은 그 대중조직이 손상되지 않았고, 전보다 가라앉긴 했지만 그 투쟁정신도 아직 완전히 죽어버리지는 않은 상태여서 싸움에 나설 만했다. 각국의 공산당도 비록 오류와 도덕적 결함을 안고 있긴 하지만 당 조직 안에 여전히 노동계급의 전위를 갖고 있었다. 필요한 일은 그 전위로 하여금 위험과 기회에 대해 눈을 뜨게 하고, 그들 스스로 책임을 깨닫게 하고, 그들의 양심을 흔들어 깨우고, 그들을 혁명적 행동에 나서도록 하는 것이라고 트로츠키는 결론 내렸다.

자기의 과거와 현재의 상황에 대한 이런 견해는 그로 하여금 망명지에서 특유한 역할을 맡도록 했다. 그는 스탈린주의에 의해 '몇 가지 교리들의 집합이자 관료적 신화'로 강등된 고전적 마르크스주의와 레닌주의의 유산상속인으로 나섰다. 마르크스주의를 복원해서 그 비판적 정신을 공산주의자 대중에게 다시 스며들게 하는 것은 효과적인 혁명적 행동에 필수적인 전제조건이었고, 그는 스스로 그것을 자기의 책임으로 떠맡았다. 레닌을 제외하고는 그 어느 마르크스주의자도 그가 이론가로서, 그리고 혁명에서 승리한 지휘관으로서 행사한 도덕적 권위에 견줄 만한 도덕적 권위를 갖고 이야기를 한 적이 없었다. 그리고 그 어느 누구도 무자비한 적대감으로 사방이 둘러싸이고 혁명에서 생겨난 국가와 갈등에 빠져버린 그의 곤경에 견줄 만한 곤경 속에서 행동해야 했던 적이 없었다.

그는 그러한 역할을 감당해내고 그러한 곤경과 맞서는 데 필요한 용기와 정력을 풍부하게, 엄청나게 풍부하게 갖고 있었다. 그가 겪은 모든 심각한 패배는 그의 투쟁본능을 잠재우기는커녕 오히려 최대한으로 자극했다. 그의 지성과 심성이 늘 비상하게 크고 강렬하게 뿜어내는 열정은 이제 더욱 부풀어 올라 미켈란젤로와 같은 투시력을 가진 예언자나 입법자들까지도 고무할 정도로 강하고 고조된 비극의 에너지로 변했다. 이 국면에서 그가 개인적 비애감에 빠져들지 않은 것은 바로 이런 정신적 에너지 덕분이었다. 아직 그에게 자기연민의 기미 같은 것은 조금도 비치지 않았다. 첫 번째 망명 시절에 그는 "나는 개인적인 비극 같은 건 알지 못한다"는 말로 자서전을 마무리했다. 이 말은 그의 진심이었다. 그는 자기의 운명이 혁명과 반동의 거대한 밀물과 썰물 속에서 나타나는 하나의 사건일 뿐이라고 보았다. 권력으로 완전무장하고 싸우느냐 추방된 자로서 싸우느냐는 그에게 큰 의미가 없었다. 그런 차이는 그가 자기의 대의와 자기 자신에 대해 갖고 있는 믿음에 영향을 주지 않았다. 한 비판자가 트로츠키는 몰락했음에도 불구하고 전 전쟁인민위원으로서 자기 사상의 명료함과 힘을 그대로 유지하고 있다고 호의적으로 말했을 때 그는 "한 인간의 사고력과 그의 관직 사이에서 뭔가 연관성을 보는 사람"이라고 그 속물을 조롱했을 뿐이다.[15)] 그는 자기의 모든 능력을 최대한으로 발휘해서 자기의 이상적인 사상에 봉사할 때에만 삶에 대해 충만감을 느꼈다. 바로 그것이 어떤 일이 닥치더라도 그가 하려고 하는 일이었다. 그의 마음속에서는 혁명과 내전에서의 승리가 그 뒤의 패배보다 여전히 더 생생했고, 바로 그 점이 그의 자신감을 유지시켰다. 그 승리는 불후할 것임을 그는 알고 있었다. 강력한 그 삶의 절정은 좌절을 보지 못하도록 그의 눈을 가렸다. 지구상의 어떤 권력도 그 절정으로부터 그를 끌어내릴 수 없었다. 그러나 어쨌든 비극이 가차 없이 무자비하게 그에게 엄습해오고 있었다.

프린키포 섬은 옛 비잔틴제국 황제들의 버림받은 형제나 사촌들이 해변에서 어슬렁거리며 삶을 소진하고 있었을 때에도 아마 그랬겠지만 1930년 전후에도 황량했다. 자연 자체가 이곳을 황족의 감옥으로 설계한 듯했다. 이곳은 "검푸른 바다 한가운데 떠있는, 붉은 절벽으로 둘러쳐진 섬"이었고, 그 안의 마을인 뷔위크아다는 "선사시대의 동물이 바닷물을 마시려고 웅크린 것" 같은 모습이었다.[16] 황혼에 이 섬을 보면 자줏빛으로 활기차고 도전적으로 솟아오른 것처럼 보였다. 마치 파란 하늘에 불꽃이 피어오르는 것 같았다. 시간이 흐름에 따라 그 불꽃은 고독한 도전의 붉은색 분노로 폭발하면서, 멀리 있어 보이지 않는 세계를 향해 분노의 몸짓을 해대고는 결국 분노를 가라앉히지 못한 채 어둠 속으로 사라졌다. 일부는 어부로, 일부는 양치기로 자연의 붉은색과 푸른색 사이에 거주하는 이 섬의 주민들은 천 년 전에 선조들이 살던 모습 그대로 살아가고 있었다. "마을 공동묘지가 오히려 마을보다 더 생동감 있게 느껴졌다."[17] 이곳의 고요함은 자동차의 경적소리에 방해받을 일이 없었다. 오로지 당나귀의 울음소리만이 멀리 떨어진 절벽과 들에서 마을 안으로 들려왔다. 일 년 중 이삼 주 동안에만 시끌벅적한 비속함이 끼어들었다. 여름철에 휴가를 즐기려는 많은 사람들과 콘스탄티노플의 상인들이 이곳에 몰려들어 해변과 오두막들을 점령하다시피 했기 때문이다. 그들이 떠나고 나면 섬은 다시 조용해졌고, 당나귀의 울음소리만이 고요하고 화려한 가을의 시작을 맞이했다.

트로츠키의 새로운 거처는 뷔위크아다 외곽의 울타리와 바다에 의해 폐쇄되고 마을로부터 차단된 곳에 있었다. 뷔위크아다의 마을이 외부 세계로부터 동떨어져 있는 것처럼 트로츠키의 거처는 뷔위크아다의 마을로부터 동떨어져 있었다. 그 거처는 터키의 고위관리였다가 파산한 사람으로부터 임차한 별장주택으로 널찍했으나 낡고 황폐했다. 새로운 입주자가 도착했을 때 이 별장주택은 여기저기 거미줄이 쳐진 더러운 폐가로 전락한 상태였다. 몇 년 뒤 트로츠키는 나탈랴가 스스로 소매를 걷어붙이고는 남자들에게도 그렇게 하도록 한 뒤 쓰레기와 오물을 치우고 벽에 하얀색 페인트칠을 하면서 보여준 쾌활함과 열성을 회상하게 된다. 뷔위크아다의 집에 입주한 지 한참이 지난 뒤에야 그들은 바닥에 페인트칠을 했는데, 워낙 싸구려 페인트로 칠한 탓에 여러 달 뒤에도 집안을 걸어다닐 때면 신발이 끈적끈적한 바닥에 붙었다 떨어졌다 했다. 집의 한가운데에는 넓은 홀이 있었고, 홀에서 문을 열고 베란다로 나가면 바로 바다가 보였다. 2층에 트로츠키가 일을 하는 작업실이 있었다. 작업실의 사방 벽은 얼마 지나지 않아 유럽과 미국에서 온 책과 정기간행물들로 가득 찼다. 1층에는 료바가 책임지기로 한 비서실이 있었다. 한 영국인 방문자는 "거무스름하게 변색된 대리석 내장재, 우중충한 청동 공작상, 훼손된 금박 장식이 터키인 집주인의 사회적 지위 과시욕과 그의 몰락을 동시에 보여준다"고 이 집의 분위기를 묘사했다. 원래는 은퇴한 터키의 고위관리가 안락하게 살면서 위엄을 과시할 수도 있게끔 꾸며졌겠지만 이제는 빛이 바랜 내부장식은 새로 그 집을 차지하게 된 스파르타적 분위기와 희극적인 대조를 이루었다.[18] 이 집이 비서, 경호원, 손님들로 가득 찼을 때 방문한 맥스 이스트먼(미국의 좌파 언론인—옮긴이)은 "안락함과 미감(美感)이 없다"는 점에서 군대의 병영과 같다고 비유했다. "넓은 방과 발코니에 가구라고는 한 점도, 심지어는 의자 하나도 없다! 그 방과 발코니는 그저 통로일 뿐이고, 양쪽으로 문이 닫힌 작은 방들이 있다. 각각의 작은 방 안에는 누군가의 사무용 탁자나 침대, 또는 둘 다가 있고, 그것에 딸린 의자가 하나씩 있을 뿐이다. 그 가운데 아래층에 있고, 정사각형 모양이며 벽에 흰색 칠이 된, 아주 작아 식탁과 의자를 가까스로 배치한 방이 식당이다." 이 미국인 방문자는 몇 푼만 들이면 매력적인 집으로 꾸밀 수 있을 터인데도 그렇게 황폐한 상태로 집을 놔두고 사는 것을 보고 "그 부부는 미적 감각이 거의 죽어버린 사람들인 게 틀림없다"고 생각했다.[19] 분명 그곳에는 미국의 중산계급 가정에서 느껴지는 안락함이라곤 없었다. 트로츠키나 나탈랴는 정상적인 상황에 있을 때도 몇 푼을 들여 그림도 걸린 매력적인 집을 만든다는 생각을 거의 하지 않았다. 더구나 프린키포에서 그들은 결코 정상적인 상황에 있지 않았다. 그들은 마치 부두의 대합실에서 자기를 싣고 갈 배를 기다리는 사람들처럼 그 집에서 거주하고 있었다. 집을 둘러싼 정원은 아무도 돌보지 않아 잡초만 무성했다. 미국인 방문자는 넓이가 얼마 안 되는 정원이라도 트로츠키 부부가 그 정원을 돌보기를 반쯤은 기대했겠지만, 나탈랴는 그에게 "돈을 절약하기 위해서"라며 정원을 돌보지 않는 이유를 설명했다. 뷔위크아다가 임시본부가 되는 절박한 투쟁을 위해 그들은 노력과 돈을 아껴야 했다. 가구와 장식이 없는 금욕적인 검소함은 투쟁의 임시본부가 돼야 하는 그 집의 목적에 어울리는 것이었다.

트로츠키는 이곳에 도착했을 때부터 고립감을 느꼈고, 게페우와 백계 망명자들에 의해 쉽게 간섭받을 수 있는 위치에 있게 됐다는 점에서 불안감을 떨칠 수 없었다. 집의 문 밖에는 두 명의 터키 경찰이 보초를 서고 있었지만, 그들에게 자기의 안전을 믿고 맡길 수가 없었다. 이곳에 도착한 직후부터 그는 다른 나라들에 비자를 요청하기 시작했다. 이에 대해서는 그의 자서전에 일부 서술돼있다.[20)]

오데사에서 추방당하기 전에도 그는 정치국에 독일의 입국허가증을 얻어 줄 것을 요청했다. 그때 그는 헤르만 뮐러가 이끄는 독일의 사회민주당 정부가 그에게 입국허가증을 내주기를 거부했다는 답변을 들었다. 그는 스탈린이 자기를 속이는 것이라고 절반은 확신했다. 그래서 그 직후 독일 의회의 파울 뢰베 의장이 독일은 그에게 피신처를 제공할 것이라고 선언하자마자 곧바로 비자를 신청했다. 그는 신문들이 "혁명적 독재를 주창하던 사람이 민주주의 국가에서 피난처를 찾을 수밖에 없게 됐다"는 사실을 자세히 보도하면서 내비친 악의적인 만족감에도 구애받지 않았다. 그런 신문들은 이번의 교훈이 "민주주의 제도의 가치를 존중하도록" 그를 가르칠 것이라고 논평했다. 그러나 그들이 말한 교훈은 그를 거의 교화시키지 못했다. 처음에 독일 정부는 그에게 이동의 자유를 제한하는 조치에 순응할 것인지를 물었다. 그는 그 어떤 공적 활동도 삼갈 것이고, 가능하다면 베를린 근처의 어디에서든 완전히 격리된 상태로 살면서 저술에 몰두할 준비가 돼있다고 대답했다. 얼마 뒤 치료를 받는다는 목적으로 단기 방문만 하는 것으로 충분하지 않겠느냐는 질문이 독일 측에서 왔다. 그가 다른 선택의 여지가 없다면 그런 단기 방문을 허가받는 것만으로 만족하겠다는 답변을 보내자 이번에는, 독일 정부에서 보기에 그는 특별한 치료를 받아야 할 정도의 병에 걸린 것은 아닌 것으로 판단된다는 내용의 회신이 왔다. 트로츠키는 이런 글을 남겼다. "나는 뢰베가 나에게 망명의 권리를 주려는 것인지, 아니면 독일에서 매장될 권리를 주려는 것인지를 물었다. (…) 몇 주일 사이에 망명권이라는 민주적인 권리가 세 차례나 축소됐다. 그것은 처음에는 특별한 제약하에서 저항할 권리로 축소됐고, 이어 치료를 받을 권리로 더 축소됐으며, 마지막으로는 매장될 권리로 더더욱 축소됐다. 그렇다면 나는 단지 하나의 시체로서만 민주주의의 이점을 누릴 수 있다는 말이 된다."

영국 하원은 이미 1929년 2월부터 트로츠키를 받아들이는 문제를 논의했다. 영국 정부는 트로츠키의 입국을 허용하지 않을 것임을 분명히 했다. 당시 영국은 선거를 앞두고 있었고, 그 선거에서 노동당이 정권을 되찾을 것으로 예상되고 있었다. 4월이 끝나기 전에 페이비언주의의 두 지도자인 시드니 웨브와 비어트리스 웨브 부부가 콘스탄티노플에 와서 트로츠키에게 정중하게 면담을 요청했다.[21] 과거의 정치적 적대관계에도 불구하고 그는 웨브 부부를 정중하게 환영했고, 영국인들의 경제적, 정치적 삶과 관련된 사실들에 관해 그들이 하는 이야기를 귀 기울여 들었다. 웨브 부부는 다가오는 선거에서 노동당이 승리할 것이라는 확신을 밝혔고, 트로츠키는 그렇게 되면 영국에 비자를 신청하겠노라고 말했다. 시드니 웨브는 유감스럽게도 노동당 정부는 하원에서 어떤 결정을 이끌어내려면 자유당의 지지에 의존해야 할 것이며, 자유당은 트로츠키를 영국으로 받아들이는 것을 반대할 것이라고 말했다. 그로부터 몇 주 뒤에 실제로 램지 맥도널드가 이제는 패스필드 경으로 불리게 된 시드니 웨브를 각료진에 포함시키면서 자기의 두 번째 정부(맥도널드가 구성한 첫 번째 정부는 1924년에 수립된 영국 최초의 노동당 정부—옮긴이)를 구성했다.

6월 초에 트로츠키는 콘스탄티노플의 영국 영사관에 비자를 신청하고 맥도널드 앞으로 공식 비자신청 서류를 발송했다. 그는 비어트리스 웨브에게도 편지를 보내, 우아하면서도 재치가 넘치는 글로 웨브 부부가 프린키포 섬에 왔을 때 자기와 나눈 대화를 상기시키고 자기가 느낀 영국, 특히 대영박물관의 매력을 이야기했다. 트로츠키는 필립 스노든 재무장관에게도 자기가 비자를 발급받을 수 있도록 도와달라고 호소하면서, 자기가 러시아의 관직에 있을 때 그의 러시아 방문을 막지 않았던 것과 마찬가지로 정치적인 견해차가 자기의 영국 방문을 막는 이유가 되어서는 안 된다고 덧붙였다. 그는 조지 랜즈버리(1859~1940, 영국의 정치인, 노동당 지도자—옮긴이)에게도 "당신이 키슬로봇스크(카프카스산맥 북쪽 기슭에 있는 휴양도시—옮긴이)로 나를 찾아왔던 친절한 방문을 이번에는 내가 곧 당신에게 되돌려줄 수 있기를 기대한다"는 전보를 보냈다.[22] 그러나 이 모든 것이 헛수고였다. 그를 받아들이기를 거부한 것은 자유당이 아니었다. 반대로 자유당은 노동당 소속 장관들의 태도에 대해 항의했다. 로이드 조지(1863~1945, 영국 자유당 정치인—옮긴이)와 허버트 새뮤얼(1870~1963, 영국 자유당 정치인, 외교관, 1916년 자유당이 두 파로 분열됐을 때 로이드 조지의 반대파에 가담했다—옮긴이)은 개인적으로 트로츠키에 유리한 방향으로 여러 차례 개입했다.[23] 트로츠키는 "이것은 웨브가 예견하지 못한 이변"이라는 논평을 남겼다. 트로츠키의 영국 입국 문제는 그 후 거의 2년에 걸쳐 영국 의회와 언론에서 간헐적으로 거듭 제기되곤 했다. H. G. 웰스와 버나드 쇼는 트로츠키의 영국 입국이 거부된 데 대한 두 건의 항의성명을 썼다. J. M. 케인스, C. P. 스콧, 아널드 베넷, 해롤드 래스키, 엘렌 윌킨슨, J. L. 가빈, 그리고 버밍엄의 주교를 비롯한 많은 사람들이 영국 정부에 결정을 재고해줄 것을 호소했다. 이런 항의와 호소는 그러나 소귀에 경 읽기였다. 트로츠키는 이렇게 썼다. "만약 버나드 쇼의 혈관 속을 흐르는 페이비언적인 피가 조너선 스위프트의 피보다 5퍼센트만 더 강했더라도 버나드 쇼가 민주주의와 그 원칙들을 주제로 한 이 '단막'의 희극을 글로 썼을지도 모른다."

쇼의 풍자가 지닌 예의 통렬함이 이 경우에는 최고도로 발휘되지 않았을지 모른다. 그렇더라도 쇼는 자기가 할 수 있는 것을 다했다. 그는 클라인스 내무장관에게 보낸 편지에서 "노동당과 사회주의자들의 정부가 가장 반동적인 반대파에게는 허용하는 망명의 권리를 탁월한 사회주의자에게는 허용하지 않는 (…) 역설적인 상황"을 지적했다. 그는 계속해서 이렇게 썼다. "지금 정부가 트로츠키를 배제함으로써 그를 침묵시킬 수도 있다면 또 모르겠다. (…) 그러나 트로츠키는 침묵을 강요당하고만 있을 사람이 아니다. 그동안의 비상한 경력으로 인해 그는 오늘날 전 세계 대중의 상상력을 장악하기에 이르렀다. 이제 그의 예리한 문장력은 그가 자신에게 가해지는 모든 박해를 도리어 이용할 수 있게 해준다. (…) 그는 모든 나라의 극좌파 투사들에게 고무자이자 영웅이 될 것이다." 쇼는 "그를 우리에 갇힌 사자처럼 여기며 막연히 두려워하는 사람들이 그 사자가 갇힌 우리의 열쇠를 수중에 확보해 두려면" 그의 영국 입국을 허용해야 할 것이라는 뜻을 밝혔다. 그는 또 케말 파샤의 태도와 맥도널드의 태도를 대조해본 뒤 "영국은 터키 정부에 의해 설정된 자유의 표본을 받아들이기 어렵다"고 평했다.[24)]

유럽의 다른 나라 정부들도 '사자 우리의 열쇠를 수중에 확보'해두겠다는 의지가 영국 정부보다 더 강하지 않았다. 프랑스 정부는 1916년에 트로츠키에 대해 발했던 추방명령을 다시 끄집어내고 그 명령은 여전히 유효하다고 선언했다. 체코 정부는 처음에는 트로츠키를 환영할 태세였다. 마사리크(1850~1937, 체코의 초대 대통령 — 옮긴이)의 사회주의 각료인 루드비히 체크 박사는 그를 "가장 훌륭한 동지"라고 부르면서 베네시(외무장관 — 옮긴이)의 동의로 비자가 발급됐던 사실까지 그에게 알려줬었다. 그러나 그도 이제는 서신을 냉담한 어조로 끝냈다. 그는 트로츠키를 '동지'가 아닌 '씨'로 호칭하면서 아무 설명도 없이 비자를 교부하지 않겠다는 뜻을 전했다.[25] 빌헬름 황제(독일의 황제 빌헬름 2세를 가리킴—옮긴이)에게 망명처를 제공했던 네덜란드 정부도 트로츠키에게는 망명을 허용하지 않으려 했다. 트로츠키는 마그들렌 파즈에게 보낸 편지에서 자기는 네덜란드의 언어도 알지 못하니 네덜란드 정부는 자기가 자국의 내정에 간섭하지 않을 것으로 믿고 안심해도 되며, 자기는 네덜란드의 농촌 벽지에서라도 익명으로 지낼 준비가 돼 있다고 밝혔었다.[26] 오스트리아 정부도 그를 받아들임으로써 다른 사람들에게 '자유의 표본'을 보여줄 뜻이 없었다. 노르웨이 정부는 그의 안전을 보장할 수 없기 때문에 그의 입국을 허용할 수 없다고 선언했다. 트로츠키의 친구들은 룩셈부르크 공국 통치자들의 의중까지 타진해 보았다. 트로츠키는 유럽에는 비자를 내줄 나라가 하나도 없다는 사실을 깨달았다. 그는 미국에는 비자를 신청할 생각조차 하지 않았다. 미국은 "세계에서 가장 강력한 나라인 동시에 가장 큰 두려움을 가진 나라"라고 보았기 때문이다. 그래서 그는 "유럽에서도 미국에서도 비자를 내주지 않으려 하고 이 두 대륙은 다른 세 개의 대륙을 소유하고 있으니 지구 전체에서 비자를 내줄 나라가 없다"는 결론을 내렸다. "민주주의에 대한 불신이 나의 대죄라는 점이 여러 측면에서 설명됐다. (…) 그러나 내가 간단하게라도 민주주의에 대한 객관적인 가르침을 달라고 요청해도 그런 가르침을 주려는 나라가 전혀 없다."[27]

사실은 트로츠키가 망명 중에도 두려움을 불러일으킨다는 점이 문제였다. 각국 정부와 지배정당들은 그에게 '위대한 혁명을 일으키고, 모든 기존의 권력에 대항하고, 신성한 재산권에 도전하고서도 벌 받지 않고 무사할 수는 없다'는 생각을 심어주려는 것 같았다. 그와 같은 장관(壯觀)을 부르주아 유럽은 놀라워하는 동시에 즐거워하면서 바라보고 있었다. 유럽은 나폴레옹이 몰락한 이래 그런 구경거리를 본 적이 없었다. 나폴레옹이 몰락한 이후 한 개인을 그렇게 많은 정부들이 배척한 적도 없었고, 한 개인이 그렇게 폭넓은 적의와 경계를 불러일으킨 적도 없었다.[28] 보수세력은 볼셰비키에 대항한 '14개국 십자군'을 패퇴시키는 과정에서 트로츠키가 볼셰비키들을 결집시키는 중심의 역할을 한 것을 용서할 수가 없었다. 그들의 생각을 가장 잘 표현해준 것은 14개국 십자군의 선도자였던 윈스턴 처칠이 쓴 의기양양한 조롱의 글 '유럽의 사람 잡아먹는 귀신'이었다. "찌푸린 얼굴로 수천 명에게 죽음을 가져다준 트로츠키가 완전히 누더기가 된 채 절망적인 표정으로 흑해 해안에 좌초해 있다." 처칠은 곧 생각을 다시 가다듬은 듯, 이 글을 《위대한 동시대인들》이라는 에세이집에 포함시킬 때는 '완전히 누더기가 된 채'라는 구절을 '온통 적의를 드러낸 채'라고 바꾸었다. 트로츠키가 '흑해 해안'에서 처음으로 내놓은 정치적 진술들을 보면 그는 기성질서의 적들과 마찬가지로 전혀 동요하지 않고 있었고, 그가 적군을 이끌고 공산주의 인터내셔널의 연단에서 전 세계를 향해 연설을 하던 시절만큼이나 도전적이고 자신감에 차 있었음을 알 수 있다. 그러니 처칠도 그런 그의 모습을 '완전히 누더기가 된 채'라고 표현할 수는 없었던 것이다. 그 모습은 '온통 적의를 드러낸' 모습이었다.[29]

볼셰비즘을 분열시킨 쟁점들에 대한 무지가 증오와 두려움을 더욱 증폭시켰다. 권위 있는 신문들도 트로츠키의 추방이 조작된 것은 아닌지, 그가 해외에서 혁명을 조장하기 위해 스탈린과 밀약을 맺고 러시아를 떠난 것은 아닌지 궁금해 하면서 명확한 판단을 하지 못했다. 〈더 타임스〉는 트로츠키의 추방이 조작된 것임을 확인해주는 '믿을 만한 정보'를 입수했으며, 독일 공산주의자들의 시위에 트로츠키가 배후에서 개입했다고 보도했다.[30] 〈모닝 포스트〉는 나름대로 구체적인 상황적 증거를 제시하면서 스탈린과 트로츠키 사이에 밀약이 존재하며, 그 속에는 트로츠키를 군 통수권자의 지위로 복귀시킨다는 내용도 포함돼있다고 보도했다. 이와 관련해 트로츠키의 누이가 모스크바, 베를린, 콘스탄티노플을 오갔다고 이 신문은 파악하고 있었다.[31] 〈데일리 익스프레스〉는 트로츠키를 "영국 사회주의의 나뭇가지 위에 앉은 까마귀"라고 표현하면서 "날개와 발톱이 짧게 잘렸어도 그는 우리 영국인들이 늘 길들일 수 있다고 생각하는 가금류가 아니다"라고 논평했다.[32] 〈맨체스터 가디언〉과 〈옵서버〉는 다소 흥분한 논조로 정치적 망명의 권리에 대한 트로츠키의 주장을 지지했지만, 이 두 신문의 목소리는 고립된 것이었다. 미국의 신문들은 트로츠키를 '혁명적 선동가'로, 스탈린을 미국이 거래할 수 있는 '온건한 정치인'으로 그렸다.[33] 독일의 우익 또는 민족주의 신문들은 거세고 격렬한 논조를 보였다. 〈베를리너 뵈르젠차이퉁〉은 "독일은 이미 다루기 힘든 곤란한 문제들을 많이 안고 있다. (…) 우리는 가장 강력한 이 볼셰비즘 선전선동가에게 거주의 편의를 제공함으로써 더 많은 문제를 떠안는 것은 무용한 일이라고 생각한다"고 밝혔다.[34] 히틀러의 〈베오바흐터〉(나치스의 기관지인 〈폴키셔 베오바흐터(Völkischer Beobachter)〉 – 옮긴이)는 "소비에트와 유대인들의 경찰견인 트로츠키가 베를린에서 거주하려고 한다"면서 "살인자이자 범죄자인 이 유대인에게서 우리는 경계의 눈을 거두지 말아야 한다"고 보도했다.[35]

사회민주당들, 특히 집권 중인 사회민주당들은 자기들의 민주적 양심에 어느 정도 혼란을 느끼긴 했지만, 다른 당들에 비해 두려움이 덜한 것도 아니었다. 영국의 내각회의에서 조지 랜즈버리가 트로츠키 문제가 처리된 방식에 대해 항의하자 총리, 외무장관, 내무장관이 "그가 콘스탄티노플에 있어 다행이다. 그가 다른 곳으로 이동하는 것은 그 누구에게도 이익이 되지 않는다. 우리는 모두 그를 두려워한다"고 대답했다.[36] 비어트리스 웨브는 트로츠키에게 보낸 편지에서 그의 지성과 영웅적인 성격을 찬양하면서 이렇게 썼다. "남편과 나는 당신이 영국 입국을 허가받지 못하는 것을 매우 유감스럽게 생각합니다. 그러나 나는 혁명의 영구적 지속을 주장하는 사람이라면, 즉 혁명전쟁을 다른 나라들의 정치로 전파하는 사람이라면 누구든 그 다른 나라들에 의해 입국을 거부당할 것이라고 생각합니다."[37] 이 말은 역사적으로 볼 때 사실과 다르다. 카를 마르크스와 프리드리히 엥겔스는 '혁명의 영구적 지속'을 주장하면서도 삶의 대부분을 영국에서 망명자로 살았다. 마르크스와 엥겔스는 트로츠키처럼 무명의 정치적 망명자에서 실제 혁명의 지도자가 된 뒤에 다시 망명자가 되는 행운과 불운을 번갈아 겪지 않았다. 그러나 시대는 변했다. 트로츠키는 자기가 불러일으킨 감정적 반응에 크게 놀라지 않았다. 파즈 부부는 좀 더 외교적인 방법으로 비자 문제를 해결하기 위한 노력을 기울이라고 했지만, 트로츠키를 그것을 거부했다. 그는 배후공작을 하려고 하지 않았고, 대중적인 호소를 하기를 서슴지 않았다.[38] 그는 망명을 도모하는 동안에도 사상 싸움에 몰입했다. 그는 각국의 정부와 지배계급이 자기를 두려워하기에 자기에 대해 찬사를 늘어놓기는 하지만 자기를 개인적인 탄원자로 보지 않고 하나의 기관으로, 그리고 혁명투쟁의 상징으로 다룰 수밖에 없음을 잘 알고 있었다.

트로츠키는 비자를 얻기 위해 여기저기에 부탁하고 신청한 결과를 기다리지 않고 곧바로 일에 착수했다. 프린키포에서는 그가 도착한 직후 몇 주간에 걸쳐 전에 없던 소동이 일어났다. 모든 대륙에서 기자들이 그와 인터뷰하기 위해 몰려들었다. 방문객과 친구들도 찾아왔다. 5월 한 달 동안 프랑스에서만 7명 이상이 찾아와 몇 주간 또는 몇 달간 머물렀다. 젊은 트로츠키주의자들이 트로츠키의 경호원이나 비서로 봉사하기 위해 프린키포로 왔다. 독일과 미국의 출판사들은 그와 출판 계약을 맺으려고 잇달아 방문해 저작권료를 미리 지급하겠다고 제안했다. 도처에서 반체제 공산주의자들이 이념과 정책의 문제에 관해 그에게 질의하는 편지를 보내왔다. 얼마 지나지 않아 트로츠키는 그 모든 질의에 대해 체계적이고 신중한 답변을 해주는 동시에 산더미 같은 서류를 정리해 가면서 새로운 교신(交信) 작업에 몰두하게 된다. 그는 이 교신 작업을 생애의 마지막까지 어떤 상황에서도 계속 해나갔다. 후에 엄청난 양으로 축적되는 그 교신 작업이란 〈반대파 회보(Bulletin Oppozitsii)〉의 발간이었다. 이것은 하나의 작은 정기간행물로서 7월에 첫선을 보였으며, 그 후 당내 문제 논의를 위한 그의 주된 발언대이자 소련 내 반대파와 연락하는 그의 가장 중요한 매체가 된다. 이 회보를 뷔위크아다에서 편집하는 것도 쉽지 않았지만, 처음에는 파리에서, 그 다음에는 베를린에서 이 회보를 인쇄해줄 러시아인 인쇄업자를 찾는 것도 쉬운 일이 아니었다. 이와 동시에 그는 국제적으로 자기의 지지자들을 조직하는 일에도 착수했다.

또한 그는 프린키포 섬에 도착한 직후 몇 달 동안 여러 권의 책을 출판할 준비를 서둘렀다. 그는 '통합반대파의 1927년 강령'을 세계에 적극적으로 알리고자 했다. 이 강령은 《러시아의 실제상황》이라는 제목으로 출간됐다. 그는 소련에서는 공표가 금지된 일련의 서류들을 수집하기도 했다. 이 서류들은 나중에 《날조를 일삼는 스탈린 일당(The Stalinist School of Falsification)》이라는 책으로 출간된다. 그는 '3차 인터내셔널의 강령 초안에 대한 비판'이라는 글과 알마아타에서 6차 당대회에 보낸 메시지를 《레닌 이후의 3차 인터내셔널》이라는 책 발간을 통해 공개했다. 이 글들은 축약되고 짜깁기된 판본으로 이미 해외에 나돌고 있었고, 바로 이런 점 때문에 트로츠키는 원래의 글을 그대로 모두 공개하려고 했던 것이다. 《영속혁명》이라는 작은 책자는 그가 알마아타에서 쓴 원고를 간행한 것이다. 이 책에서 그는 라데크와의 논쟁과 관련해 자기의 이론을 다시 개진하고 옹호했다.

그러나 이 시기에 그가 이룬 가장 주된 문학적 성과는 《나의 일생(My Life)》이다. 그는 알마아타에서 프레오브라젠스키를 비롯한 여러 친구들로부터 자서전을 쓰라는 재촉을 받고는 자기의 어린시절과 청년기에 관한 글, 즉 이 책의 앞부분을 써두었다. 프린키포에서 그는 서둘러 이 글을 이어 쓰면서 장별로 완성되는 대로 독일, 프랑스, 영국의 번역가들에게 원고를 보냈다. 자서전을 써나가는 속도가 어찌나 빨랐던지, 그가 알마아타에서 서두 부분만이 아니라 그 이상으로 많은 분량을 써놓았던 것 아니냐는 의심이 들 정도였다. 뷔위크아다에 온 지 3개월이 채 안 된 시점에 이미 그는 전부터 친하게 지내온 러시아의 혁명적 가족으로 빈에 거주하고 있는 클랴치코 가(家)에 이런 내용의 편지를 써 보냈다. "나는 여전히 자서전을 쓰는 일에 완전히 몰입돼있으며, 한동안 이 일에서 벗어날 수 없을 것 같습니다. 사실 이미 오래전에 자서전을 완성할 수도 있었지만, 짜증나는 학술적 요건을 맞추느라 그러지 못했습니다. 계속해서 참고문헌을 확인하고, 날짜를 다시 점검하고, 어떤 것은 빼고 또 어떤 것은 집어넣고……. 나는 그 모든 것을 난롯불에 던져버리고 보다 진지한 작업을 하고 싶은 유혹을 여러 번 느꼈지요. 그러나 유감스럽게도 지금은 여름철이어서 난로 속에 불이 있을 리 없을뿐더러 여기에는 난로 자체도 없습니다."[39] 5월에 그는 자기 글을 독일어로 번역해줄 알렉산드라 람에게 두툼한 원고뭉치를 보냈다. 몇 주 뒤 그녀는 내전에 관한 장들을 번역하기 시작했다. 그러나 7월에 그 '짜증나는 학술적 요건'이 다시 그를 괴롭히기 시작했고, 그는 책의 첫 부분을 다시 써야 했다. 가을의 초엽에 원고 전체가 책으로 묶여 발간될 수 있었고, 그 내용이 여러 신문들에 연재되기 시작했다. 이때 그는 독일어와 프랑스어로 번역된 원고를 꼼꼼하게 교정하면서 《러시아혁명사》의 집필 준비에 들어갔다. 알렉산드라 람은 이 책의 첫 번째 개요를 11월 말 이전에 받았다.[40]

이런 치열한 활동 속에서도 그는 전선 너머에 남겨둔 아이들과 손자들, 그리고 친구들에 대한 걱정에서 벗어날 수 없었다. 둘째 니나의 죽음으로 인한 슬픔이 여전히 생생한 가운데 맏딸 지나가 병에 걸렸다는 소식까지 들려와 그를 더한 고통 속에 빠뜨렸다. 그동안 파리에 있는 파즈 부부는 소련 대사관의 직원으로 있는 동조자를 통해 모스크바에 있는 트로츠키의 가족과 연락을 취해왔다. 트로츠키는 파즈 부부를 통해 러시아에 있는 지나와도 소식을 주고받았다. 그러던 어느날 지나가 폐결핵에 걸렸다는 소식을 전해온 것이다. 동생의 죽음, 아버지가 당하는 박해, 남편인 플라톤 볼코프의 시베리아 추방, 그리고 자기와 두 아이의 생계를 책임져야 하는 데 따른 어려움 등이 그녀의 정신을 긴장시켜 그 균형을 깨뜨렸다. 그녀는 소련을 떠나 아버지와 같이 살기 위해 공식 출국허가를 받으려고 노력했지만 허사였다. 트로츠키는 그녀에게 경제적인 지원을 해주었고, 그의 지지자들은 그녀에게 출국허가를 내주도록 소련 정부에 촉구했다. 그녀의 어머니인 알렉산드라 소콜롭스카야는 아직 레닌그라드에 살고 있었다. 그녀가 그곳에 얼마나 더 오래 머물 수 있을지는 누구도 알 수 없었다. 그녀는 그곳에서 니나의 아이들을 돌보고 있었다. 그 아이들의 아버지인 만-네벨손도 추방당하고 투옥됐기 때문이다. 이것이 전부가 아니었다. 모스크바에 남은 료바의 아내와 아이는 운명의 손에 내맡겨져 있었다. 이처럼 트로츠키의 가장 가까운 친족 중 적어도 네 가정 이상이 무자비한 정치적 갈등에 의해 파괴됐다. 그리고 거의 매주 친구의 희생, 들어본 적도 없는 곤경, 투옥 중 발병, 굶주림, 간수와의 마찰, 단식투쟁, 자살, 죽음에 관한 새로운 소식들이 전해졌다. 트로츠키는 소련 당국의 부당한 처사에 대한 항의를 불러일으키기 위해 최선을 다했다. 그는 특히 최근까지 서방에 주재한 바 있는 소련 대사들 가운데 가장 널리 알려지고 존경도 받던 인물인 라코프스키가 당하는 박해에 대한 항의를 불러일으키려고 노력했다. 라코프스키는 이리저리 추방당하다가 심장발작을 일으켰고, 벌써 몇 달째 소식이 두절된 상태였다.

트로츠키는 여전히 근심, 걱정, 피로를 능가하는 활력을 발휘했다. 그는 줄기차게 일을 하고 친구나 지지자들과 교류하면서 개인적인 슬픔을 묻어버렸고, 일에서 오는 긴장을 풀기 위해 마르마라의 하늘색 바다에서 보트를 타거나 고기를 잡으며 휴식을 취했다. 그는 휴식을 취하는 동안에도 자기 안의 에너지가 분출되는 것을 멈추게 할 수 없었다. 그는 늘 그 에너지를 무언가에 쏟아 부어야 했다. 알마아타에서와 마찬가지로 여기서도 그의 고기잡이는 보트와 돌멩이, 그물 등을 이용해 주의를 집중해서 하는 일종의 탐험이었다. 그는 어느새 가족의 일원처럼 된 두 명의 터키인 어부와 함께 고기를 잡으러 바다에 나가 그물을 쳐놓았다가 끌어올렸고, 그렇게 해서 잡은 고기를 보트에 가득 싣고 돌아오곤 했다. 휴식에 대한 트로츠키의 관점에 동의할 수 없었던 이스트먼은 "카잔으로 가서 백군을 패퇴시킬 때처럼 성공하기 위해 정신을 집중하고, 재빠르고 체계적이며 조직적으로 행동하는 것이 그가 고기잡이를 하러 갈 때의 마음가짐인 것 같다"고 생각했다.[41] 트로츠키는 육체적으로든 정신적으로든 자기의 힘을 아껴가며 사용하지 못했다. 건강이 만성적으로 좋지 못했던 점도 그의 강건한 민첩성을 훼손하지 못했다. 때로 그는 혼자서도 배를 타고 바다로 나갔고, 오랫동안 돌아오지 않아 가족과 비서들을 긴장시키기도 했다. 바로 그런 상황에서 프린키포에 도착한 트로츠키의 지지자 한 사람은 게페우가 바다 한가운데에 그를 해칠 덫을 설치할 수도 있는데 두렵지도 않느냐고 물었다. 이에 트로츠키는, 게페우는 워낙 막강해서 마음만 먹으면 자기가 어디서 무엇을 하든 해치울 수 있을 것이라고 숙명론적인 어조로 대답했다. 이런 상황 속에서 스스로도 자신을 가두는 간수가 되어 자기에게 남겨진 최소한의 자유, 삶의 색채, 풍미마저 앗아가서는 안 된다고 그는 생각했다.[42)]

그가 터키에 도착할 때 품었던 의혹은 다소 완화됐다. 터키인들은 올바르게 처신했고, 심지어는 그에게 도움이 되기도 했다. 트로츠키는 여전히 미심쩍어했지만, 케말 파샤는 약속을 지켰다. 트로츠키가 거주하는 별장주택의 문 앞에 배치된 호위경찰들은 그들의 임무지역에서 거의 벗어나지 않았다. 어느새 그들도 트로츠키 가족처럼 되어 심부름을 대신 해주기도 하고 집안일을 거들어주기도 했다. 백계 망명자들은 높은 담장과 울타리를 뚫고 침입하려는 시도를 하지 않았다. 게페우도 멀리 있었고, 트로츠키의 거처에 관심을 두지 않는 듯했다. 그러나 이런 겉모습은 기만적인 것이었다. 게페우는 결코 초연하게 멀리 있지 않았다. 게페우 요원들이 돌아가며 한 명씩 열렬한 지지자인 것처럼 가장해 비서나 경호원이 되어 트로츠키의 측근 속에 끼어들곤 했다. 나탈랴는 이렇게 썼다. “프랑크라는 이름의 한 라트비아인이 프린키포에 다섯 달 동안 머물렀다. 나중에 우리는 그가 러시아 정보기관의 첩자라는 것을 알게 됐다. 역시 라트비아인으로 짧은 기간 동안 우리와 함께 지냈던 소볼레비시우스도 알고 보니 첩자였다(소볼레비시우스의 형제인 로만 웰도 파리와 중부 유럽에서 반대파 서클에 잠입해 밀정으로 활동했다)."[43] 문제는 밀정으로 폭로된 사람들 모두가 실제로 밀정의 역할을 한 것은 아니었고, 가장 위험한 스파이는 드러나지 않는다는 점이었다. 예를 들어 소볼레비시우스는 30년 뒤에 소련의 간첩으로 미국에서 체포되어 수감됐는데, 그때야 프린키포 시절에 트로츠키를 염탐했었다고 고백했다.[44] 그러나 그가 트로츠키와 교신한 모든 내용과 둘 사이의 관계가 끊어진 과정의 정황은 그의 고백 중 트로츠키 관련 부분의 진실성을 의심하게 한다. 소볼레비시우스는 정치적 견해의 중요한 차이를 여러 차례 공개적으로 드러낸 뒤에 트로츠키와 절연했는데, 이는 밀정다운 행위가 아니다. 트로츠키는 마지막에는 그를 스탈린주의자라고 비난했지만 그가 밀정이었다고는 생각하지 않았다. 진실이 무엇이었든 간에 트로츠키는 프린키포 시절의 첫 3년 동안 소볼레비시우스 형제를 전적으로 믿었다. 그들은 트로츠키 그룹에서 결코 신참이 아니었다. 소볼레비시우스는 좌파 마르크스주의 매체인 〈작센 아르바이터차이퉁〉의 러시아 주재 통신원으로 일하던 중 1927년에 트로츠키주의반대파에 가담했다. 소볼레비시우스 형제는 나중에 프랑스와 독일에서 매우 활동적으로 일하면서 트로츠키에게 많은 유용한 정보를 알려주었을 뿐 아니라 트로츠키가 책을 쓸 때 참고할 자료도 제공했다. 그들은 트로츠키가 〈반대파 회보〉를 출간하는 일도 도왔고, 트로츠키가 소련 국내와 주고받은 비밀편지, 암호, 화학물질로 쓰인 편지, 주소 표시 등이 상당수 그들의 손을 거쳤다.[45]

지하조직에서는 밀정이 끼어드는 것을 완전히 방지하는 게 거의 불가능하다. 지하조직은 예외 없이 밀정의 표적이 된다. 지하조직에서는 경계를 너무 적게 하기도 쉽지만 의심을 너무 많이 하기도 쉽다. 또 의심을 너무 많이 하는 것이 조직 전체를 마비시키는 오류가 될 수도 있다. 트로츠키에게 설상가상이었던 것은 서구에 있는 그의 지지자들 가운데 단지 극소수만이 러시아어와 러시아에 대한 기본지식에 익숙했다는 점이었다. 그는 바로 그 소수에 과도하게 의존했다. 료바의 도움이 없었다면 그는 거의 아무런 일도 할 수 없었을 것이다. 그러나 료바의 도움만으로는 충분하지 않았다. 트로츠키는 아들의 희생을 받아들이면서도 불편한 마음을 갖지 않을 수 없었다. 20대 초반의 청년이 프린키포에서 은둔자나 마찬가지로 살아야 하는 삶에 자기를 묶어두는 것은 분명 희생이었다. 그렇지만 트로츠키는 료바의 도움만으로는 부족해 늘 러시아인 비서를 찾았고, 이 때문에 그의 주위에 밀정이 숨어드는 것이 쉬웠다. 때때로 친구들이 시기적절하게 경고를 해줌으로써 문제의 발생이 미연에 방지되기도 했다. 예를 들자면 1930년대 초에 멘셰비키 계열의 러시아인인 발렌타인 올베르크가 트로츠키주의자인 것처럼 가장하고 프린키포에 비서로 들어오려고 시도했다. 그러나 베를린에 있는 프란츠 펨페르트와 알렉산드라 람이 그를 의심하게 되어 트로츠키에게 자기들의 우려를 전달했고, 결국 그는 비서로 받아들여지지 않았다. 그는 1936년 모스크바 재판 때 트로츠키, 지노비예프, 카메네프의 반대측 증언자로 법정에 나타났다.[46] 그러나 그와 같은 시기적절한 경고는 아주 드문 일이었고, 트로츠키에게는 밀정의 그림자가 저주와 같이 늘 따라다녔다.

프린키포 시절에 트로츠키의 경제사정은 그가 예상했던 것보다는 괜찮았다. 글을 써서 꽤 상당한 수입을 벌어들였고, 섬에서 생활하는 데는 돈이 그리 많이 들지 않았으며, 그와 가족의 생활은 검소했다. 비서들 외에 오랜 기간 체류하는 손님들이 항상 북적이는데다 진을 친 기자들의 수도 작은 정부부서의 상주 기자단 정도로 늘어나면서 지출규모가 연간 1만 2천 달러, 심지어는 1만 5천 달러까지 커졌다.[47] 하지만 트로츠키에게는 국제적으로 폭넓은 독자층이 있었기에 원고료나 저작권료를 그만큼 많이 받을 수 있었다. 그는 콘스탄티노플에서 쓴 글들에 대한 원고료로 1만 달러를 벌었고, 그 가운데 6천 달러는 〈반대파 회보〉를 발간하고 프랑스, 더 나아가 미국에서 트로츠키주의 신문을 발행할 자금으로 쓰려고 지출하지 않고 보관해두었다. 얼마 뒤에 그는 《나의 일생》의 미국판 저작권료로 7천 달러를 받는 등 이 책의 여러 가지 판본에 대해 상당한 금액의 선인세를 받았다. 1932년에 〈새터데이 이브닝 포스트〉는 《러시아혁명사》를 연재하는 대가로 그에게 4만 5천 달러를 주었다.[48] 콘스탄티노플의 소련 영사관을 떠날 때 그는 모리스 파즈에게서 프랑스 돈으로 2만 프랑을 빌렸다. 일년 뒤에 그는 이 빚을 다 갚았고, 더 이상 남의 돈을 빌릴 필요가 없었다. 1929년 5월에 파즈가 그에게 어려운 점은 없느냐고 물었을 때 그는 어려운 점이 전혀 없을 뿐 아니라 서방의 정치적 친구들에게 자금지원도 할 수 있다고 대답했다. 그가 쓴 편지와 보존된 기록들을 보면 그가 서방의 정치적 친구들에게 실제로 아낌없이 자금을 지원했고, 그중 몇몇은 프린키포에 유폐된 그에게 되레 생계를 의존했음을 알 수 있다.

트로츠키, 지노비예프, 슐랴프니코프는 반대파가 패배하기 훨씬 전부터 해외 공산당원들 가운데 지지자들을 가려내 조직화하려는 시도를 했다. 이로 인해 여기저기서 제명과 추방이 이어졌지만, 그들의 조직화 노력이 처음에는 완전히 헛된 것이 아니었다.[49] 그러나 러시아의 반대파가 취한 전술적 작전과 후퇴는 스탈린주의의 보복이 해외 공산주의자들에게 가한 위협만큼이나 강력하게 해외 공산주의자들 사이에 혼란을 초래했다.

지노비예프파의 최종적인 항복은 해외 지지자들의 사기를 꺾었다. 그러나 트로츠키의 추락과 추방은 그와 같은 영향을 주지 않았다. 스탈린주의자들의 지시에 따를 준비가 아직 완전히 되지 못한 공산주의자들 사이에서는 트로츠키의 도덕적 권위가 여전히 높았다. 그리고 그의 이름을 둘러싼 전설, 즉 불굴의 투지와 승리의 전설은 순교라는 새로운 색채가 가미되면서 더욱 강화됐다. 그러나 코민테른이 이미 트로츠키주의에 대해 워낙 잔혹하게 오명을 뒤집어씌우고 소련 외부에서 맹렬하게 트로츠키주의자들을 축출했기 때문에 어떤 공산주의자도 그 이단과 손을 잡아서 이익을 보리라고 기대할 수 없었고, 트로츠키를 따라 순교의 길에 나설 사람도 거의 없었다.

프린키포에서 트로츠키는 과거와 현재의 지지자들을 다시 끌어 모으기 시작했다. 그는 자기에게는 더 이상 권력이 남아있지 않으므로 그런 노력이 무익하다고 생각하기는커녕 어떤 측면에서는 자기의 처지가 오히려 그런 노력을 더욱 매력적인 것으로 만들어준다고 생각했다. 자기이익만 추구하는 자들과 관료들은 호응해오지 않으리라는 것을 알았던 그는 사려 깊고 사심 없는 사람들에게만 호소했다. 혁명적 조직의 힘은 언제나 구성원들의 수보다는 그들이 지닌 신념의 깊이와 그들의 헌신에서 나오지 않았던가! 1930년대 초로 넘어가는 즈음에는 코민테른에 대한 스탈린의 지배력이 아직 피상적이었다. 공산당에서 그 시절을 보낸 사람이라면 지위고하를 막론하고 거의 모두가 모스크바에서 신성화된 새로운 교리에 적응해가면서 당혹감과 거부감을 느꼈던 경험을 이야기할 수 있다. 그와 같은 적응의 밑바탕, 그것도 거죽의 바로 밑에 있는 바탕에는 불안감, 불신감, 저항감이 깔려 있었다. 그런가 하면 트로츠키의 운명에 의해 끊임없이 도전받는, 오래된 마르크스주의적 사고습관과 불안의식도 거기에 깔려 있었다. 선량한 당원이라면 러시아혁명과의 연대를 실천하는 것이 자기의 최고 의무라고 생각했고, 따라서 모스크바를 지배하면서 혁명의 목소리로 말하는 사람들을 거역하는 행동을 할 수가 없었다. 그런데 바로 그 지배자들이 해외 공산당의 각급 위원회와 세포조직은 트로츠키주의를 단죄하는 결의안에 찬성투표를 하라고 요구하고 있었다. 선량한 당원들은 요구받은 대로 투표를 하긴 했지만, 그 같은 캠페인은 뭔가 석연찮은 느낌을 주는 수수께끼였다. 그 캠페인을 뒷받침하는 독기가 어렴풋하게나마 선량한 당원들의 심기를 건드렸다. 그들은 그 동기를 파악하기 어려웠다. 그리고 때때로 그들은 높은 곳에서 선포되고 두려움을 갖게 하는 파문을 왜 자기들에게 추인하라고 요구하는지 의아했다. 노동계급에 속하는 사람들은 나이가 아주 어리거나 세상물정에 어두운 사람만 아니라면 트로츠키의 절정기를 기억하고 있었다. 그때 그가 세계 자본주의를 공격해 반향을 불러일으켰던 일, 많은 노동자들을 동요하게 하고 그 중 일부를 따라 나서게 했던 그의 열정적인 선언들이 아직도 그들의 기억 속에 남아있었다. 그들은 자신들이 레닌과 가장 가까웠던 동지로 기억하고 있는 트로츠키에 대한 당의 태도 변화를 이해할 수 없었다. 그러나 그런 당의 태도 변화에 대해 그들이 할 수 있는 일은 거의 또는 전혀 없었다. 당의 노선이 이렇게 저렇게 조작되는 데 대해 염증을 느낀 사람들이 여기저기서 탈당하기도 했지만, 대부분은 최고 지도층의 갈등으로 보이는 일에 대해 지나치게 걱정할 필요는 없다고 생각했다. 그들은 러시아는 추상적인데다 이해하기 어려운 것인 반면에 계급의 적은 바로 옆 가까이에 존재하며, 그 적들에 대항해 공산당이 믿음직하고 용감하게 싸우고 있다고 생각했다. 그들은 당에 대한 충성심을 계속 유지했지만, 그 충성심은 스탈린주의에도 불구하고 유지했던 것이지 스탈린주의 때문에 유지했던 것은 아니었다. 그리고 그들은 어느 정도 시간이 흐르기 전까지는, 트로츠키를 가리켜 '반역자이자 반혁명 분자'라고 공격하는 당 간부들의 말을 들을 때마다 당혹스러워했다.

좌파와 급진적 인텔리겐치아의 사고에 대한 트로츠키의 영향력도 아직은 폭넓게 유지되고 있었다. 버나드 쇼가 그를 가리켜 "모든 나라의 극좌파 투사들에게 고무자이자 영웅이 되고 있다"고 한 말은 훗날에는 진실과 멀게 느껴지게 될지 모르지만 이 당시에는 그렇게 진실에서 멀지 않았다.[50] 우리는 자기 나라 정부의 입장을 거슬러 가며 트로츠키를 변호하고 나선 영국의 급진적 명망가들의 인상 깊은 명단을 위에서 보았다. 사실 영국 공산당은 다른 어느 나라의 공산당보다 트로츠키주의의 영향을 덜 받고 있었다. 그러나 프린키포 시절 트로츠키가 한 영국인 공산주의 작가와 주고받은 편지들을 보면, 두 사람 사이의 친근한 분위기와 함께 새로운 사실들을 알 수 있다. 유럽과 미국에서 이미 유명하거나 명성을 곧 얻게 되는 시인, 소설가, 미술가 중에서 특히 앙드레 브르통을 비롯한 초현실주의 작가들, 네덜란드의 여류시인인 헨리에타 롤란드 홀스트, 애잔한 삶을 살다가 혜성처럼 문단에 등장해 마침 작가로서 절정에 이른 파넷 이스트라티, 그리고 디에고 리베라, 에드먼드 윌슨, 젊은 앙드레 말로를 비롯한 많은 사람들이 트로츠키에게 매료됐다. 공산주의의 역사를 연구한 미국의 한 역사학자는 "트로츠키는 공산주의 지식인들의 머릿속에 늘 붙어서 떨어질 줄 몰랐다"면서, 한 예로 유명한 공산주의 작가이자 잡지 편집자인 마이클 골드의 말을 인용했다. 트로츠키가 파문당한 뒤 골드는 자기가 편집한 잡지 〈뉴 매시스(New Masses)〉에서 "트로츠키를 레오나르도 다빈치만큼이나 보편적인 인물이라고 격찬하지 않을 수 없다"고 밝혔다. 1930년대 말에도 골드는 상투적인 비난의 말을 얼마간 붙이면서도 "이제 트로츠키는 위대한 러시아혁명 중 불멸의 부분이자 (…) 사보나롤라(15세기 후반 도미니크회 수도사, 종교개혁의 선구자—옮긴이)나 당통(18세기 후반 프랑스혁명의 지도자—옮긴이)과 같이 인류의 영원한 전설 중 하나가 됐다"고 썼다.[51] 또 다른 미국인 공산주의 학자는 "오직 마이클 골드만이 트로츠키에게서 무한한 탄복을 느낀 게 아니었다"며 "러시아의 상황변화를 지켜본 이 나라(미국—옮긴이)의 극단적 급진주의자들 모두가 그랬다"고 증언했다.

대부분의 유럽 국가들에서는 추방당한 트로츠키주의자나 지노비예프주의자 그룹들이 공산주의 인터내셔널의 창설자들 가운데 일부의 지도를 받으면서 활발하게 움직이고 있었다. 프랑스 공산당의 중앙위원회가 만장일치의 결의로 반트로츠키주의 캠페인에 반대하기로 하고 모스크바에 항의한 지 불과 4년여 만이었다. 1924년부터 1929년까지는 알프레드 로스메, 보리스 수바린 등이 스탈린주의에 대항하는 논쟁을 계속 벌여나갔다.[52] 프랑스 공산당에 참여했다가 분리돼 나온 피에르 모나트의 혁명적 생디칼리슴 그룹에는 트로츠키주의에 대한 동조세력이 살아있었다. 지노비예프주의자들도 그들 나름의 서클을 유지하고 있었다. 독일에는 레닌동맹(Leninbund)과 베딩 반대파(Wedding Opposition, 베를린에서 가장 큰 노동계급 거주구역의 지명이 베딩이라는 점에서 이렇게 불렸다)도 있긴 했지만, 트로츠키주의보다는 아르카디 마슬로프와 루트 피셔가 대표하는 지노비예프주의가 반대파의 주조를 이루었다. 무솔리니에 의해 투옥된 이탈리아의 양대 공산주의 지도자인 안토니오 그람시와 아마데오 보르디가도 스탈린에 대한 반대를 선언했다. 그람시는 감옥에서 모스크바로 자신의 반대선언을 보냈는데, 모스크바의 코민테른 집행부에서 이탈리아 공산당을 대표하고 있던 톨리아티가 그것을 중간에서 차단했다.[53] 스페인에서 가장 유능한 마르크스주의 주창자인 안드레스 닌은 러시아 반대파와 운명을 같이하기로 하고 여러 해 동안 트로츠키와 긴밀한 관계를 유지했다.[54] 홀란트(네덜란드 서부지역—옮긴이)에서는 인도네시아에 최초로 공산주의를 전파한 마링-스네블리트가 스탈린주의에 반대하는 네덜란드 좌파 노동조합 운동가들로 구성된 강력한 그룹을 이끌고 있었다. 벨기에에서는 공산당 대표를 지낸 반 오베르스트레텐과 레소일 두 사람과 샤를르루아의 대규모 광산지역에 진지를 구축하고 있는 두 사람의 지지자들이 트로츠키주의를 받아들였다.

당내 논쟁은 아시아에서도 얼마간의 반향을 불러일으켰다. 중국에서는 모스크바 쑨이셴대학의 학생 출신으로 1927년에 중국 문제를 둘러싼 트로츠키의 투쟁을 지켜본 사람들에 의해 트로츠키주의가 상하이, 베이징, 광둥, 우한에 전파됐다. 이들은 1928년에 중국 반대파의 전국 총회를 처음으로 열었다. 이들 가운데 일부는 마오쩌둥과의 동맹을 추구하고 있었다. 당시 코민테른은 마오쩌둥에 대해 부정적인 입장을 취하고 있었다. 그 이유는 1925년부터 1927년 사이에 그의 태도가 트로츠키의 태도와 종종 일치했고, 혁명의 퇴조기에 국민당에 대항하는 정치싸움을 시작하고 있었기 때문이다. 1927년까지 당의 지도자였던 천두슈는 1929년에 공개서한을 발표해 모스크바, 국민당, 중국 공산당 간 관계와 관련된 더러운 이면의 이야기를 폭로하고 스탈린과 부하린의 정책에 대한 트로츠키의 비판이 충분한 근거를 가진 것이었음을 인정했다.[55] 인도차이나, 인도네시아, 실론에서도 트로츠키주의자들의 움직임이 감지됐다. 거의 같은 시기에 트로츠키는 아메리카 대륙에서도 새로운 지지자들을 얻었다. 아메리카의 지지자들 중에는 미국 중앙위원회의 위원인 제임스 캐넌과 맥스 샤트먼, 캐나다 공산당의 의장인 모리스 스펙터 등이 있었고, 멀리 멕시코에서도 디에고 리베라에 의해 고무된 공산주의자 그룹이 모스크바에서 패배한 이단자들의 대의에 동조해 결집했다.

트로츠키는 이 모든 그룹들과 연락망을 구축했고, 그들을 단일한 조직으로 묶으려고 했다. 트로츠키가 모스크바에서 추방된 이후 그들은 단편적으로만 전달되는 그의 사상에 근거해 활동했고, 소련에서 몰래 빼내온 그의 저작물을 그들의 소규모 신문이나 회보에 게재했다. 그가 콘스탄티노플에 나타난 것은 그들에게 격려와 자극이 됐다. 그의 도덕적 권위는 그들에게 최대의 자산이었다. 그들은 스탈린주의에 대항하는 전 세계 공산주의자들의 반대운동에 그가 활기를 불어넣어주기를 바랐다. 사실 그의 권위는 그에게 불리한 것이기도 했다. 왜냐하면 그들은 그의 사도이자 신봉자를 자처하면서 트로츠키주의를 일정한 틀 안에 가두는 역할에 익숙해져 갔기 때문이다. 하인리히 브란틀러가 지적했듯이 트로츠키주의는 지나치게 커다란 돛을 단 작은 배와 같았다. 물론 러시아의 반대파에서도 트로츠키의 존재는 압도적이었지만, 적어도 거기에는 혁명에서 걸출한 역할을 한 동료들과 독립적인 정신, 강력한 품성, 풍부한 경험을 가진 인물들이 그 주위에 있었다. 그러나 한두 경우를 제외하고는 러시아 밖에는 그런 무게를 지닌 인물이 없었다. 그는 반대파의 이런 취약점이 조속히 시정되기를 원했고, 아래로부터 새로운 지도자들이 떠오르기를 기대했다. 그는 자기가 계속 러시아 반대파의 유일한 망명 지도자로 남으리라고는 생각하지 않았다. 그는 스탈린이 자기 외에도 다른 사람들, 특히 라코프스키와 라데크를 추방할 것이며, 실제로 그런 일이 벌어지면 국제적인 반대파 진영은 강력한 지도의 중심을 얻게 되리라고 기대했다.[56)] 그러나 이런 그의 기대는 실현되지 않았다. 스탈린은 추가적인 추방을 통해 트로츠키 진영을 강화시켜줄 뜻이 없었다.

이 국면에서 트로츠키는 개인적 권위를 갖고 존재하는 것만으로도 발휘한 마력 외에 다른 어떤 것을 또 대변하고 있었을까?

트로츠키가 대변한 것의 핵심에는 혁명적 국제주의와 프롤레타리아 민주주의의 원칙이 있었다. 혁명적 국제주의는 고전적 마르크스주의의 유산에 속하는 것이었다. 2차 인터내셔널에서 혁명적 국제주의가 패배하자 3차 인터내셔널이 한때 그것을 되살려낸 적이 있었으며, 이제는 트로츠키가 2차 인터내셔널은 물론 3차 인터내셔널에도 대항하면서 그것을 지키고 있었다. 그에게 혁명적 국제주의라는 원칙은 단순히 추상적인 개념이 아니었다. 이 원칙은 그의 사고와 정치적 본능 속에 깊숙이 스며들어 있었다. 그는 그 어떤 정책쟁점도 국제주의의 관점이 아닌 다른 관점에서 바라본 적이 없었다. 공산주의에 초국적인 이익이 되느냐가 그에게는 최고의 기준이었다. 따라서 그는 일국사회주의의 교리는 마르크스주의를 국가사회주의적으로 왜곡한 것이며, 국가적 자만심과 소련 관료집단의 오만을 상징하는 것으로 보았다. 그런데 이제는 일국사회주의가 소련만 지배하는 게 아니었다. 소련에서 일국사회주의의 교리는 적어도 심리적 욕구는 충족시켜주는 기능을 하고 있었기에 지배력이 있었다. 그런데 이제 그런 기능을 하지 않는 국제 공산주의의 무대에서도 일국사회주의가 공식적인 기준이 되고 있었다. 코민테른은 스탈린주의 러시아의 신성화된 이기주의에 굴복함으로써 그 자신의 존재이유를 파괴했다. 일국사회주의에 얽매인 국제주의는 용어상으로도 모순이었다. 고립되고 자기 안에 갇힌 사회주의 국가의 개념은, 이론적으로 볼 때 19세기 독일 수정주의자들의 '국가적 개혁주의 이론'에서 유래된 마르크스주의 사상에는 낯선 것이며, 실제적으로 볼 때는 코민테른이 국제혁명을 포기하고 스탈린주의의 편의성에 종속함을 표현하는 것이라고 트로츠키는 지적했다.[57] 그는 국제적 이익이 국가적 이익보다 우위라는 의견을 지지하면서도, 소련이 국가적으로 필요로 하는 것들을 허무주의적인 태도로 무시하거나 소련의 구체적인 외교적, 군사적 이익을 간과하지 않았다. 그는 처음으로 생겨난 노동자들의 국가를 방어하는 것은 모든 공산주의자의 의무라고 주장했다. 하지만 그는 소련의 궁극적인 이익은 고립상태를 극복하고 혁명을 확산시키는 데 있는데, 스탈린주의의 자족성이 소련을 약화시키고 있다고 확신했다. 그러므로 국제 계급투쟁의 결정적인 국면에는 노동자들의 국가가 1925~1927년에 스탈린과 부하린이 중국의 혁명을 막았던 것과 같이 국제적 계급투쟁을 막기보다는 장기적인 관점에서 단기적인 자기이익은 희생시킬 수 있다는 태도를 취해야 한다고 생각했다. 1930년대에는 이 논쟁이 나치즘(독일의 국가사회주의—옮긴이)과 인민전선(Popular Fronts, 스탈린의 통제 아래 있는 코민테른이 파시즘에 대한 대응책으로 제시한 반파시즘 정당 간 동맹 전략—옮긴이)에 대항하는 공산주의의 전략 및 전술과 관련된 쟁점에 대한 논쟁으로 전환된다. 그러나 이 논쟁의 배후에는, 현대 미국 정치에 비유하자면 트로츠키주의의 국제주의와 1920년대와 1930년대에 스탈린이 구사한 정책의 특징인 고립주의 사이의 갈등이 여전히 깔려있게 된다.

얼핏 겉으로만 보면 스탈린보다 트로츠키가 소련 밖의 공산주의자들에게 훨씬 더 우호적이었거나 우호적이어야 했을 것 같다. 무엇보다 트로츠키에게는 그들이 강력하게 반응해올 것이라고 기대할 만한 이유가 있었다. 스탈린주의는 소련 밖의 공산주의자들에게 '노동자들의 조국'에 대해 종속적인 역할만 부여했지만, 트로츠키는 국제적 계급투쟁에서 독립적인 행위자로서 그들을 중요하게 생각했기 때문이다.

트로츠키가 '프롤레타리아 민주주의'를 주창한 목적은 공산주의자들의 정당에서 과도하게 관료적인 조직의 경직성을 씻어내고, 그들 사이에 '민주적 집중주의'를 복원시키는 것이었다. 프롤레타리아 민주주의라는 원칙은 그들의 마르크스주의 전통에 포함돼 있는 것이었고, 아직 그들의 법령에도 들어 있었다. 민주적 집중주의는 사회주의 정당들에서, 그리고 나중에는 공산주의 정당들에서도 규율 속의 자유와 자유 속의 규율을 보존하기 위한 것이었다. 민주적 집중주의는 행동에서는 최대한 엄격한 단합과 통일을 유지해야 한다는 의무를 부과하지만, 당의 강령에 부합하는 한에서는 최대한 다양한 견해를 허용하는 것이었다. 민주적 집중주의는 소수파로 하여금 다수파의 결정을 받아들여 수행하도록 하는 동시에 다수파로 하여금 모든 소수파가 가지는 비판하거나 반대할 권리를 존중하도록 하는 것이었다. 민주적 집중주의는 모든 정당의 중앙위원회에(인터내셔널의 지도부에도) 재임기간 중에는 하부 조직원들을 효과적으로 통제할 권한을 부여하지만, 동시에 그 중앙위원회가 하부 조직원들의 의지와 자유로운 투표에 의존하도록 했다. 그러므로 이 원칙은 공산주의 운동에서 커다란 교육적 가치와 실제의 정치적 가치를 갖는 것이었다. 그것을 버리고 관료적 집중주의로 대체하는 것은 인터내셔널을 불구로 만드는 행위였다. 소련의 정당에서는 획일적인 규율과 과도한 집중화가 볼셰비키에 의한 권력독점의 유기적 진화과정에서 핵심적인 부분이었지만, 이 체제를 코민테른의 해외부문으로 그대로 확장하는 것은 전적으로 인위적인 것으로서 해외 각국의 국가적 환경이나 생존조건과는 아무런 관련성도 가질 수 없는 것이었다.

대부분의 서방 공산당들은 다수의 다른 정당들이 존재하는 체제 속에서 활동하는 데 익숙했다. 그런 체제 속에서 그들은 대체로 자유로운 형식의 비판과 토론을 벌여왔다. 그런데 이제 서방 공산당의 지도자들은 조직 안에서 자기를 따르는 사람들에게 그들이 조직 밖에서 누리는 권리를 조직 안에서는 누리지 못한다고 해야 하는 역설적인 처지가 됐다. 1930년에 이르면 독일과 프랑스를 비롯한 모든 나라의 공산주의자들이 당의 노선과 다른 목소리를 낼 수 없게 된다. 그들은 모스크바에서 나오는 공식 선언만을 마치 복음인 양 그대로 수용해야 했다. 이렇게 해서 모든 나라의 공산당이 혁명적 목표보다는 혁명적 목표와는 아무 상관도 없는 행동규범에 얽매이게 됨으로써 각국의 다른 부분들과 현저하게 격리된 기묘한 엔클레이브(고립지역－옮긴이)와 같은 것이 돼버렸다. 그 행동규범은 구성원들로 하여금 반종교개혁(Counter Reformation, 신흥 프로테스탄트에 대항해 가톨릭교회 측이 벌인 반동적 결집과 대응－옮긴이) 아래의 그 어떤 수도원 조직들에서 실시한 것 못지않은 정신적 단련을 받도록 하는 준종교적인 것이었다. 이런 정신적 단련은 규율에 관한 한 대단한 성과를 올렸다. 스탈린화한 코민테른이 바로 이런 정신적 단련의 결과다. 그러나 이런 형태의 규율은 혁명적 당의 효능에는 파괴적이었다. 혁명적 당은 당 활동의 기반이 되는 인민들 속에 있어야 하고 그들의 것이어야 한다. 혁명적 당은 어떤 밀교집단의 계율에 의해 외따로 격리되어서는 안 된다. 기도와 같은 봉헌의 의식, 제물 바치기, 분향 등의 요소를 나름대로 갖춘 스탈린주의는 단 하나의 교리를 찾던 일부 지식인들을 매료시켰던 게 분명하지만, 그런 지식인들은 나중에 그것을 '실패한 신'이라고 비난하게 된다. 그들을 사로잡은 밀교는 그것이 잘 어울릴 것으로 여겨졌던 '강인한 프롤레타리아', 즉 노동자 대중에게는 거의 아무런 호소력도 발휘하지 못했다. 게다가 당의 선동가들은 자기들의 대의에 동참시키고자 하는 사람들에게 자유롭고 쉽게 접근할 수 있기를 원했지만, 스탈린주의의 기이한 규율과 의식은 그런 선동가들의 손발을 묶어놓았다.

유럽의 공산주의자는 노동계급 대중 앞에 나서서 자기의 대의를 주장하려고 할 때마다 거의 사회민주주의자와 만나게 됐고, 따라서 사회민주주의자의 주장을 반박하고 그 슬로건에 대항해야 했다. 그러나 유럽의 공산주의자는 실제로 사회민주주의자에 맞서 대항할 수가 없었다. 왜냐하면 당 안에서 정치적 토론의 습관을 기르지 못해서 정치적으로 견해를 달리하는 사람을 설득하는 능력이 없어져버렸기 때문이다. 유럽의 공산주의자는 자기가 믿는 교리를 늘 생각하면서 자기가 한 말이 부지불식간에 당의 노선에서 벗어나지는 않았는지를 지속적으로 점검해야 했고, 이 때문에 대적하게 된 상대방 주장의 허점을 적절하게 파고들지 못했다. 그는 기계적인 광기를 가지고 이미 처방돼있는 일련의 주장과 슬로건을 개진할 수는 있었지만, 예기치 못한 반대나 질문공세에 직면하게 되면 곧바로 침착성을 잃고 당황했다. 유럽의 공산주의자는 소련을 겨냥한 비판에 대해 답변을 하라는 요청을 자주 받았지만 그때마다 설득력 있는 답변을 거의 할 수 없었다. 노동자들의 조국에 대한 그의 감사기도와 스탈린에 대한 그의 찬양은 제정신을 가진 청중의 눈에는 조롱거리로 비쳐졌다. 이런 비능률성은 여러 해에 걸쳐서, 그리고 가장 유리한 환경 속에서도 스탈린주의의 선동이 사회민주주의의 개량주의에 맞서 별다른 성과를 거두지 못한 이유 중 하나였다.

트로츠키는 돌처럼 굳어져버린 각국의 공산당들을 흔들어 깨우고, 한때 그들이 지니고 있었으나 하부조직에 자유가 결여된 탓에 되찾지 못한 활력, 자립정신, 투지를 다시 불러일으키는 일에 착수했다. 그는 민주적 집중주의를 이해해본 적이 없거나 그것을 잊어버린 공산주의자들을 위해 민주적 집중주의의 의미를 거듭 설명했다. 그는 각국의 공산주의자들이 무반응 상태로 남아있지 않기를 기대하면서 그들의 이익이라는 관점에서, 그리고 그들의 품위와 미래를 내세워 그들에게 호소했다. 사실 이 문제에서 이성과 마르크스주의 원칙 또는 공산주의의 자기이익에 대한 관심이 조금이라도 작용한다면 그의 주장과 호소가 소 귀에 경 읽기만은 아닐 것으로 보였다.

그 근본적인 원칙들을 제쳐놓고 보면 트로츠키주의는 상황에 따른 다양한 전술 개념들을 한데 모아놓은 것이기도 하다. 트로츠키가 망명 중에 쓴 글 가운데 상당히 큰 비중을 차지하는 것이 바로 이런 전술 개념들에 대한 논평이다. 이 주제는 외부자에게는, 특히 상당한 세월이 흐른 뒤에는 별다른 흥미를 불러일으키지 못할 것이었다. 그러나 전술에 관한 트로츠키의 사상은 그 범위가 넓을 뿐 아니라 그 일부는 지금도 여전히 노동계급의 정치에 참고할 만한 요소를 지니고 있다. 따라서 당시에 그가 전술과 관련해서 해야 했던 말들은 역사적 관심사인 데 그치지 않는다.

코민테른이 온건노선을 추구했던 1923년부터 1928년까지 트로츠키와 그의 지지자들이 코민테른을 보다 좌파의 관점에서 비판했다는 사실을 사람들은 앞으로도 기억할 것이다.[58] 1928년 이후에는 다소 상황이 바뀌었다. 스탈린이 소련 안에서 '왼쪽 경로'로 나아가기 시작하자, 러시아 공산당으로부터 모든 움직임과 변화를 자동적으로 전달받는 코민테른도 똑같이 왼쪽으로 방향을 바꿨다. 인터내셔널은 1928년 여름에 열린 6차 대회에서 이미 그 슬로건과 전술처방을 우파적 형태에서 극좌파적 형태로 바꾸기 시작했다.[59] 그 후 몇 개월에 걸쳐 새로운 노선이 더욱 강화되어 모든 측면에서 예전의 노선과는 정반대로 전환됐다.[60] 코민테른은 그 전 몇 해 동안에는 '자본주의의 상대적인 안정'에 대해 이야기했지만, 이제는 그러한 안정이 끝났다고 진단하고 자본주의의 최종적인 붕괴가 임박했다고 예측했다. 이것이 이른바 '제3시기 이론(Third Period Theory)'

의 핵심이다. 이 이론의 주된 주창자는 부하린을 대신해 코민테른 의장이 된 몰로토프였다. 이 이론에 따르면 전후의 정치사는 서로 구분되는 세 시기로 나뉜다. 첫 번째는 혁명적 긴장과 압박의 시기로 1923년까지 계속됐고, 두 번째는 자본주의 안정화의 시기로 1928년에 마감됐으며, 당시에 막 시작됐다는 세 번째 시기에 자본주의와 제국주의에 죽음의 고통이 온다는 것이었다. 따라서 공산주의가 그동안 수세의 입장이었다면 이제는 공세로 전환할 때이며, 부분적인 요구와 개량을 위한 투쟁에서 벗어나 직접적인 권력쟁취를 추구하는 투쟁으로 나아가야 한다는 주장이었다.

코민테른은 부르주아가 다가오는 경제위기를 관리해낼 수 없을 것이기에 자본주의의 모든 모순이 곧 폭발할 것이라고 주장했다. 코민테른은 또 혁명적 상황이 전 세계에서 이미 분명하게 조성되고 있으며, 특히 노동계급의 새로운 급진주의에서 그런 양상을 발견할 수 있다고 주장했다. 노동계급은 개량주의의 환상을 떨쳐내고 있고, 공산주의자들이 선두에 서서 자기들을 싸움으로 이끌어주기를 사실상 기다리고 있다는 것이었다. 이제는 계급갈등과 관련된 모든 사건이 예측하기 어려운 혁명적 추동력을 갖게 될 것이며 이는 '거리를 장악하는 투쟁', 보다 명확하게 표현하면 무장봉기로 이어질 수 있다는 것이었다. 한 볼셰비키는 1929년 6월에 이렇게 썼다. "자본주의 세계 전체에서 파업의 파도가 고조되고 있다. (…) 강인한 혁명적 투쟁과 내전의 요소들이 파업과 연결되고 있다. 비조직 노동자 대중이 이 싸움에 끌려들고 있다. (…) 불만의 증가와 좌경화 추세는 수백만 농업노동자들과 억압받는 농민들을 이 싸움에 끌어들이고 있다." 몰로토프는 인터내셔널 집행부에 이렇게 말했다. "국제적으로 중대하고 엄청난 혁명적 사건들의 영역 안으로 우리가 두 발을 이미 들여놓았다는 사실을 보지 못하는 자는 아둔한 기회주의자이거나 가련한 자유주의자일 것이다." 이런 말들은 장기적 예측이 아니라 초점을 맞춘 국부적 예측이자 행동지침의 성격을 띤 것이었다. 유럽의 몇몇 공산당들은 1929년의 노동절 행진과 8월 4일로 예정된 반전 시위를 직접적인 '거리를 장악하는 투쟁'으로 전환시키려고 했고, 그 결과 베를린과 파리를 비롯한 여러 도시에서 시위자들과 경찰 사이에 무익한 유혈충돌이 벌어지기도 했다.

위와 같은 '일반노선'에 따라 코민테른은 사회민주당들에 대한 태도도 바꾸었다. 진정한 혁명적 상황에서는 사회민주당들이 반혁명의 편에만 서게 될 것이며, 따라서 그런 상황에서는 공산주의자들이 사회민주당과의 협력이나 부분적 합의를 추구할 근거가 전혀 남지 않게 될 것이라는 얘기였다. 부르주아가 파시즘의 도움을 받아 자기의 지배권을 보존하려고 노력하고 있듯이, 의회정치와 민주적 자유의 시대가 종말에 이르고 있듯이, 의회민주주의 자체가 내부에서부터 파시즘으로 변질되고 있듯이, 사회민주당들도 '사회파시스트(social fascist)', 즉 말로는 사회주의자이지만 행동으로는 파시스트가 되고 있다는 것이었다. 사회민주주의자들은 민주주의와 사회주의라는 외피 속에 자기들의 본성을 숨기고 있기 때문에 단순한 파시스트들보다 훨씬 더 위험하므로, 공산주의자들은 사회파시스트들을 주적으로 보고 그들에게 화력을 집중해야 한다고 코민테른은 밝혔다. 이와 비슷하게 좌파 사회민주주의자들은 공산주의자들과 거의 구분할 수 없는 언어를 구사하지만 사회파시스트의 우파보다도 훨씬 위험하므로 훨씬 더 적극적으로 싸워 그들을 물리쳐야 한다고도 했다. "그동안에는 공산주의자들이 '위와 아래로부터', 즉 지도자들과 일반 당원들이 똑같이 사회민주주의자들과 통일전선(united front)을 형성해야 했다면 이제 코민테른은 그러한 전술을 엄격히 금지한다고 선언했다. '아래로부터'만의 통일전선이라면 그 통일전선은 여전히 실행될 수 있었다. 지도자들과 관계를 끊을 준비가 돼있는 사회민주당의 일반 당원들과 협력하는 것은 허용될 수 있었다. 그러나 '위로부터'의 접촉을 시도하는 행위는 모조리 '사회파시즘'을 돕거나 조장하는 것으로 간주됐다."[61]

이런 개념과 처방은 그 후 인민전선의 시기가 도래하기 전까지 오륙년 동안, 즉 공산당의 행동이 대단히 중요했던 대공황, 나치즘의 부상, 스페인 군주제의 붕괴와 같은 일들이 이어지던 운명적인 시기에 모든 공산당의 정책을 계속 지배했다.

트로츠키는 전에도 "겁먹은 정책들로 혁명적 기회들을 허비하고 있다"고 코민테른을 비판했지만, 이때 코민테른이 보여준 것과 같이 전반적이고 극단적인 방향으로 정책노선을 전환해야 한다고 제안하지는 않았었다. 그는 이때 코민테른이 행한 노선전환을 가리켜 "180도의 반전이며 기회주의로부터 극단 급진주의로의 전환"이라고 비판했다. 코민테른의 새로운 슬로건과 전술처방은 단지 예전의 것들을 뒤집은 것에 불과하며, 그 실패를 호도하는 것이라는 얘기였다. 트로츠키는 제3시기에 관한 몰로토프의 논문에 대해 신랄한 논평을 가하면서, 중국에서 혁명이 일어나고 영국에서 총파업이 벌어졌던 제2시기를 안정화의 시기로 보는 것이 잘못된 시각이라고 한다면, 제3시기에 자본주의의 붕괴가 임박했다고 상정하고 전적으로 공세적인 정책이 필요하다는 결론을 끌어내는 것은 그보다 훨씬 더 현실성이 떨어진다고 지적했다. 그는 코민테른이 예전의 전술 중 무엇이 잘못됐는지 설명도 하지 않고 어떤 토론이나 재평가도 없이 대단히 기계적으로 방향전환을 했다고도 지적했다. 스스로 취했던 정책의 옳고 그름에 대한 토론을 봉쇄당한 공산당들은 하나의 극단에서 다른 극단으로 치닫거나, 지령에 따라 하나의 실수를 다른 실수로 바꾸는 수밖에 다른 도리가 없다는 것이었다. 공산당들의 내부 체제는 단지 조직의 문제에 그치는 것이 아니라 인터내셔널의 정책 전체에 영향을 끼쳐서 그것을 경직적이면서도 불안정한 것으로 만든다. 제3시기의 광적이고 극단적인 급진주의는 모스크바의 공식 조직에서 혁명적 국제주의가 다시 일깨워졌음을 말해주는 것도 아니었다. 그러한 극단적인 급진주의는 이전의 기회주의만큼이나 효과적으로 전 세계 공산주의의 성장을 방해하는 것이었고, 그 밑바탕에는 노동계급의 국제적 이익에 대한 냉소적인 무관심이 똑같이 깔려있다고 트로츠키는 말했다.[62)]

그전처럼 이때도 트로츠키는 1차대전과 러시아혁명에 의해 개막된 시대 전체가 자본주의가 하강하는 시대, 즉 자본주의의 토대가 흔들리는 시대라는 견해를 피력했다. 그는 그러나 그렇다고 해서 자본주의라는 구조물 전체가 곧 무너져 내린다는 말은 아니라고 했다. 하나의 사회체제가 쇠퇴하는 것은 단일한 경제적 붕괴의 과정이나 혁명적 상황의 부단한 연속이 결코 아니라는 것이었다. 따라서 그 어떤 경기침체도 선험적으로 종국적인 것으로 보아서는 안 된다. 자본주의는 쇠퇴하는 가운데서도 상승과 하강(물론 상승은 점점 더 짧고 위태로운 것이 되어가는 반면 하강은 점점 더 가파르고 파괴적인 것이 되어가긴 하지만)을 거듭하는 기복을 보인다. 마르크스가 살던 시대 이후로 경기순환의 양태가 아무리 많이 변했다 하더라도 경기순환은 여전히 그 통상적인 경로를 따르며, 이런 점에서 경기는 호황에서 불황으로 변하기도 하지만 불황에서 다시 호황으로 변하기도 한다. 그러므로 부르주아가 '객관적'으로 마지막 골목에 갇혔다고 선언하는 것은 터무니없는 주장이다. 그 어떤 골목에 갇히든 소유자계급은 빠져나갈 길을 찾으려는 싸움을 할 것이다. 그들의 싸움이 성공하느냐의 여부는 순전히 경제적인 요소들에 의존한다기보다는 정치적 힘의 균형이 어떠한가에 의존하며, 정치적 힘의 균형이 기울어지는 방향은 공산주의가 발휘하는 지도력의 질에 따라 달라진다. '부단히 상승하는 혁명의 조류'를 예상하면서 거의 모든 격렬한 파업에서 '내전의 요소'를 찾아내고 방어적 활동에서 공세적 활동과 무장봉기로 전환할 때가 왔다고 선언하는 것은 아무런 지도력도 제공하지 못하는 것일 뿐 아니라 패배를 자초하는 것이다. 전쟁에서와 마찬가지로 계급투쟁에서도 활동의 방어적 형태와 공세적 형태는 서로 구분되거나 반대되는 것이어서는 안 된다. 가장 효과적인 공세는 보통 성공적인 방어에서 자라나오듯 모든 혁명적 투쟁의 절정인 무장봉기에도 방어의 요소가 존재한다. 경기침체나 불황 중에는 노동자들이 생활수준에 가해지는 위협과 파시즘의 부상에 대항해 스스로를 방어해야 한다. 그들에게 그러한 방어의 시간은 지나갔으니 이제 자본주의에 전면적인 공격을 가할 태세를 갖춰야 한다고 말하는 것은, 아무런 행동도 하지 말라고 혹은 아예 항복하라고 설교하는 것과 다를 바 없다. 이와 마찬가지로 공산주의 정당과 사회주의 정당 사이의 모든 협력을 금지하는 것도 넓게 보아 노동운동에, 그리고 특히 공산주의에 재앙을 불러오는 조치다. 트로츠키는 제3시기라는 개념은 관료적 무모함의 산물이며, '거장 몰로토프'의 후원 아래 "새로 도입된 모든 것"은 "코민테른의 오류의 제3시기"일 뿐이라는 결론을 내렸다.

코민테른에 대한 트로츠키의 이런 비판 속에는 히틀러가 권력자로 떠오르는 시기에 코민테른이 채택한 정책을 둘러싸고 1930년대 초기에 트로츠키가 코민테른과 벌이게 되는 훨씬 더 큰 논쟁의 핵심이 집약돼있었다. 이제 트로츠키주의는 전술적인 문제에서 분명히 오른쪽에서 코민테른에 반대하는 것처럼 보였다. 이는 그동안 그가 왼쪽에서 코민테른에 반대했던 것과는 다른 양상이었다. 트로츠키의 태도가 바뀌어서 이런 변화가 일어난 것이 아니었다. 트로츠키의 태도는 1921년과 1922년에 열린 코민테른의 3차 및 4차 대회에서 레닌이 취했던 태도와 일치했다. 오히려 스탈린의 관료적 집중주의가 오른쪽과 극단적인 왼쪽을 지그재그로 오락가락하는 바람에 트로츠키의 태도가 변한 것처럼 보였을 뿐이다. 그렇다 하더라도 '오른쪽'에서 스탈린을 비판하는 것은 트로츠키에게 불편한 것이었다. 스탈린을 왼쪽에서 비판하는 사람으로 그를 생각하는 데 익숙한 공산주의자들은 이제 그가 일관성과 원칙을 잃었다고 의심하는 경향을 보였다. 사실 공산주의 진영에서 트로츠키주의와 다양한 준(準)부하린주의적인 우익 반대파 사이의 구분이 흐려졌다. 적어도 이 시기의 논쟁에서 크게 부각된 전술적인 문제에서는 분명히 그런 구분이 어려웠다. 유럽에서는 브란틀러와 탈하이머가 당에서 막 축출된 상태였는데, 특히 브란틀러파가 중심적 역할을 하던 유럽의 우익 반대파는 새로 등장한 극단적 급진주의를 가차 없이 비판했다.[63] 그러나 트로츠키주의자들은 다른 반대파들과 달랐다. 트로츠키주의의 비판은 지적인 힘과 공격성, 그리고 포괄성을 지녔다는 점에서 남달랐다. 브란틀러와 탈하이머는 코민테른이 극좌의 편향성을 띠며 오락가락하는 최근의 모습을 폭로하는 데 그쳤지만, 트로츠키는 레닌주의 이후 코민테른이 보여 온 모든 행적을 공격했다. 브란틀러파는 그들이 영향력을 갖고 있는 각국 공산당들의 정책에 주로 관심을 기울였고, 소련의 지도층을 자극할 수 있는 일은 신중하게 피했다. 그들은 소련 내부의 갈등에 대해서는 좋든 싫든 스탈린의 편을 들어 일국사회주의를 추인했고, 스탈린의 관료적 체제는 러시아의 독특한 조건에 부합하는 것이라고 변호하면서 트로츠키주의에 대해서는 모스크바의 비판을 그대로 되풀이했다.[64] 그들은 원칙에서부터 모스크바에 대항하는 공산주의 반대파는 공산당의 일반 당원들 사이에 반응을 불러일으킬 수 없다고 확신했다. 그리고 그들은 조만간 코민테른이 제3시기 정책이 실행 불가능함을 알아차리고 그것을 폐기함으로써 회복 불가능한 분열을 피해온 비판자들과 화해하게 될 것이라고 기대했다. 이에 대해 트로츠키주의자들은 각국 공산당은 자체적으로 정책을 교정하거나 오류를 시정할 수 없다고 주장했다. 왜냐하면 각국 공산당이 '퇴화'하게 된 가장 큰 원인이 모스크바에 있기 때문이며, 따라서 소련의 내부 문제에 대해 긴밀한 관심을 갖고 그 근거 위에서 스탈린주의적 관료주의에 반대하는 것이 모든 공산주의자의 의무라는 것이었다. 소련 내부의 문제에 해외 공산주의자들이 개입해야 한다는 이러한 호소는 트로츠키주의에만 특유한 것이었다. 그것은 하나의 도전으로, 대다수 공산주의자들의 마음속에 공포심을 불러일으켰다.

트로츠키주의자들은 포괄적으로 코민테른을 비판하긴 했지만 스스로 새로운 공산주의 운동을 출범시키려는 생각은 갖고 있지 않았다. 이 당시는 물론 그 후 여러 해 동안에도 트로츠키는 소련 내 노동자반대파와 유럽의 지노비예프주의반대파가 이미 논의했던 4차 인터내셔널 구상에 대해 절대적으로 반대했다. 그는 자기와 자기의 지지자들은 공산주의 인터내셔널에 의해 축출됐음에도 공산주의 인터내셔널에 충성한다고 선언했다. 그들은 일반적인 공산주의 운동 전체 속에서 동일한 사상을 유지하며 자기들의 위치를 되찾기 위해 분투하는 하나의 집단이었다. 박해만이 그들로 하여금 하나의 분파가 되도록 강요했지만, 그렇더라도 그들은 오로지 분파로 남아있었지 지배정당과 경쟁하는 대항정당이 되지는 않았다. 그들의 유일한 목표는 공산주의자들의 여론에 영향을 미쳐서 그들로 하여금 약탈자들이 소련 정부와 코민테른에 대한 통제권을 장악했다는 사실을 깨닫게 하고, 그렇게 함으로써 원래의 순수한 마르크스주의와 레닌주의를 복원시키는 투쟁에 나서도록 유도하는 것이었다. 따라서 그들은 인터내셔널의 개혁을 주장하고 지지했던 것이지 인터내셔널과 영구히 갈라서기를 추구한 것이 아니었다. 트로츠키는 공산당의 모든 결함과 잘못에도 불구하고 여전히 공산당은 노동계급의 전투적 전위를 대표한다고 믿었다. 반대파는 그 전위와 같이 가야 했다. 그와 그의 지지자들이 그 전위에 등을 돌린다면 그것은 스탈린이 자기들을 내몰려고 하는 황야로 그들 스스로 나가는 꼴이 되는 것이었다. 스탈린주의가 인터내셔널에서 반대파의 흐름이 모습을 드러내는 것을 철저하게 막았음은 물론이다. 그러나 그런 상태는 오래 지속될 수 없었다. 소련의 안과 밖에서 일어나는 중대한 사건들이 잠자던 공산주의의 기력을 곧 되살려내고 반대파에게 기회를 줄 것처럼 보였다. 4차 인터내셔널의 창설을 주장하는 사람들에게 트로츠키는 정치에서 실질적인 영향력을 가진 요소가 되기 위해서는 한 그룹의 이반자들이 새로운 깃발을 들고 나서는 것만으로는 충분하지 않다고 경고했다. 혁명운동은 깃발과 슬로건으로 일어나는 것이 아니라, 스스로 대변하고자 하는 사회계급과의 유기적인 관계 속에서 일어나고 성장한다는 것이었다. 각각의 인터내셔널은 노동계급의 역사적 경험과 사회주의를 향한 투쟁의 특정한 국면을 대변해왔다. 그 누구도 2차 및 3차 인터내셔널과 대중 및 그들의 정치적 전통이 지닌 무게의 관계를 무작정 무시할 수는 없었다. 더군다나 3차 인터내셔널은 러시아혁명에 의해 탄생된 것이었고, 정치적 의식을 가진 노동자들은 러시아혁명에 대해 자기들이 느꼈던 연대감을 3차 인터내셔널에 대해서도 그대로 느꼈다. 트로츠키는 스탈린주의가 그런 노동자들의 충성심을 악용하도록 해서는 안 되겠지만, 노동자들이 그런 태도를 갖는 것 자체는 옳은 일이라고 주장했다. 그리고 소련이 노동자들의 국가로 유지되는 한 노동자들이 3차 인터내셔널을 비난하게 되기를 기대하거나, 그들이 그렇게 하도록 촉구해서는 안 된다고 말했다.

트로츠키는 이 점에 대해서는, 즉 아무리 관료적으로 변형됐다 하더라도 여전히 소련은 노동자들의 국가라는 점에 대해서는 자신의 견해를 절대로 굽히지 않았다. 그가 보기에 소련이라는 국가의 사회적 성격을 규정하는 것은 생산수단의 국가적 소유였다. '10월혁명이 성취한 가장 중요한 것'인 생산수단의 국가적 소유가 훼손되지 않는 한 소련은 사회주의적 발전의 토대를 갖고 있었다. 분명 소련의 노동계급은 사회주의를 실현하기 전에 먼저 관료주의에 대항해 자기주장을 하고 나서야 했다. 다시 말하면 공적 소유의 토대 위에 서는 것 이외의 다른 방식으로는 사회주의를 실현할 수가 없었다. 공적 소유의 토대를 보존하고 있다면 소련은 현실적으로는 노동자들의 국가가 아닐지 모르지만 잠재적으로는 여전히 노동자들의 국가로 살아있다고 봐야 한다는 게 트로츠키의 견해였다.

이런 트로츠키의 견해는 다른 누구보다도 그 자신을 따르는 사람들로부터 종종 공격을 받았다. 그러나 트로츠키는 다른 문제에 대해서는 자기 생각을 수정하거나 조정하더라도 이 문제에 대해서만큼은 한 치도 물러서지 않았다. 그렇기에 그는 망명기간의 전반기에 소련 내 혁명이 아닌 소련 내 개혁을 역설했고, 망명기간의 후반기에 가서야 관료적 절대주의에 대한 유일한 해답은 정치적 혁명이라고 주장하게 된다. 망명기간의 후반기에 그는 반대파의 역할에 대한 자기의 생각을 수정하고 새로운 공산당과 새로운 인터내셔널을 선포했다. 그러나 그때도 그는 조금도 망설이지 않고 소련은 노동자들의 국가라고 주장했다. 더 나아가 그는 부르주아 적들에게서 '무조건적으로 소련을 방어하는 것'이 모든 반대파 구성원의 기초적인 의무라고 선언했고, 이런 의무를 받아들이려고 하지 않는 친구

나 지지자와는 관계를 단절했다.[65]

서방에 있는 지지자들을 조직화하려는 트로츠키의 첫 번째 시도의 결과는 실망스러웠다. 트로츠키는 다른 곳에 비해 영향력 있는 지지자들이 많이 존재하는 프랑스에 관심을 집중시켰다. 그는 반대파들의 강력한 기지를 구축할 수 있다는 희망을 갖고 다양한 트로츠키주의자 그룹과 준(準)트로츠키주의자 그룹들을 한데 모으고 그들을 지노비예프주의자들은 물론 생디칼리슴 사상을 지닌 '프롤레타리아혁명 그룹'과도 통합시키려고 노력했다. 로스메는 처음부터 그에게 그런 그룹들의 대부분을 에워싸고 있는 정치적인 무기력증과 저하된 사기에 대해 경고했다. 이때는 프랑스 공산당에서 트로츠키주의가 전성기를 누렸던 시절로부터 5년이나 지난 시점이었고, 코민테른이 프랑스 공산당에 대한 영향력을 회복하면서 모든 이반자들을 추방하거나 당 조직에서 배제한 상태였다. 그들의 고립감과 러시아 안에서 벌어진 반대파의 패배는 많은 반스탈린주의자들의 사기를 꺾어놓았고, 총퇴각의 분위기가 조성됨으로써 그들이 투쟁을 포기하고 '반대파와 아무런 관계도 없었더라면' 하고 생각하기에 이르렀다는 것에 로스메는 주목했다. 이런 분위기에 휩쓸리지 않은 사람들마저도 혼란스러워하면서 서로 갈등하고 있었다. 로스메는 계속해서 이렇게 지적했다. "그 모든 그룹들에게 거대한 불운인 것은 자기들이 어떻게 해도 효과적인 행동을 할 수 없는 처지임을 깨닫게 됐다는 점이다. 이로 인해 그들의 분파적 성격이 결정적으로 강화됐다."[66]

로스메의 관찰이 지닌 진실성은 트로츠키가 그의 조언을 무시하고 수바린 등을 반대파로 다시 끌어들이려고 노력했을 때 분명하게 드러났다. 수바린은 한때 모스크바에서 홀로 트로츠키를 변호하는 목소리를 냈던 사람으로 잘 알려져 있었다. 트로츠키는 언론인으로서 그가 지닌 재능을 높이 평가했고, 그가 프랑스에서 반대파의 가장 분명한 대변자가 돼주기를 기대했다. 그런데 수바린은 참고 봐줄 수 없을 정도의 오만한 태도를 보여서 트로츠키를 놀라게 했다. 그는 트로츠키에게 프랑스 반대파와의 사전합의 없이는, 즉 자기와의 사전합의 없이는 공개적인 성명을 발표하지 말 것을 요구했다. 분열을 피하고 싶었던 트로츠키는 프랑스와 관련된 문제에 대해서는 어떤 발표도 하지 않겠지만, 그동안 자기는 소련이나 중국과 관련된 문제에 대해서는 공개적인 발언을 해왔고, 이런 문제에 대해서는 프랑스 쪽의 동의를 구하지 않고도 발언할 권리가 자기에게 분명히 있다고 밝혔다. 그러자 수바린은 130장이 넘는 엄청난 분량의 서한으로 대답해왔다. 이 서한은 독설과 경구들로 가득했고, 기민한 관찰과 분석의 내용을 담고 있긴 했지만 뒤죽박죽이고 엄청나게 혼란스럽게 느껴지는 표현들도 섞여있었으며, 분열로 가는 게 불가피하다고 여겨질 정도로 독기를 품은 적개심을 풍기고 있었다. 수바린은 서한에서 "볼셰비즘은 러시아 밖에서는 완전히 실패"했으며, 그 이유는 시대의 성격에 대한 잘못된 이해, 부르주아의 힘에 대한 과소평가, 노동자들의 투지에 대한 과대평가에 있다고 주장했다. 그는 또 볼셰비즘이 해외의 공산당들을 자기의 모습대로 짜 맞추려고 하는 치명적 오류도 저질렀다고 주장했다. 이런 그의 주장이 어떤 강점을 지니고 있든 간에 그것은 트로츠키가 자기의 지지자로 유명한 사람에 의해 개진되리라고는 생각지도 못한 견해였고, 받아들일 수 있는 견해도 아니었다. 트로츠키는 수바린이 말한 '치명적 오류'의 책임이 볼셰비즘에 있다는 데 동의하지 않았다. 그는 코민테른의 잘못에 대한 책임은 레닌주의가 아니라 스탈린주의에 있다고 보았다. 그런데 더욱 놀라운 것은 수바린이 퍼부은 다른 비난들의 내용이었다. 수바린은 소련의 '국가자본주의'를 언급하면서 친스탈린주의의 기미를 풍겼다. 이를테면 수바린은 트로츠키와 반대파가 불필요하게 혁명적 비타협성을 길렀고, 이로 인해 소비에트 국가가 구체적으로 필요로 하는 것들에 부응하는 길을 스스로 차단했다고 비난했다. 그는 이런 표현까지 했다. "소련의 국가자본주의는 (…) 제국주의적 자본주의에 비하면 부인할 수 없는 발전이다. 국제적인 노동운동 전체에 있어서 그런 소련의 경제적 성공보다 더 중요한 것은 없다." 계속해서 그는, 트로츠키와 그의 동료들은 당에 자신들을 위한 자리가 없다 하더라도 소비에트 국가에 봉사할 수 있는데도 그렇게 하지 않고 있다면서 그 이유는 그들의 "무익한 영웅주의 때문"이라고 조롱했다. "정치국이나 중앙위원회에 소속돼있지 않더라도, 심지어는 당에 소속돼있지 않더라도 스스로를 혁명에 유익한 사람으로 만들 수 있다." 이런 수바린의 말은 서로 모순되지만 않았더라면 '스탈린에 대한 항복만이 트로츠키에게 당원 자격 없이도 계속해서 혁명에 봉사할 수 있도록 해줄 것이니 스탈린에게 항복하라'는 조언을 뒤늦게나마 한 것으로 들렸을지 모른다. 그러나 수바린은 이런 말을 하는 동시에 노골적으로 비꼬는 어투로 볼셰비즘과 레닌주의에 대한 트로츠키의 충성을 거론하며, 그런 것들로부터 스스로를 해방시키고 "마르크스로 돌아가라"고 촉구했다.[67]

이에 트로츠키는 다음과 같은 답신을 보냈다. "몇 년 전에 우리를 하나로 묶어주었던 연대관계는 이제 완전히 끝난 것 같다." 그는 수바린이 한 말 속에서 "마르크스주의 이론과 (…) 적절한 사실들에 근거를 둔 논증"을 단 하나도 발견할 수 없었다. 그는 이렇게 썼다. "당신을 인도하고 당신에게 그런 역설을 제시해준 것은 좌절하고 불만을 품은 언론인의 펜이다." "당신은 당과 인터내셔널을 마치 시체인 양 취급하고 있다. 당신은 러시아의 반대파가 당에 영향을 끼치고 당직에 복귀하려고 집요하게 노력하고 있다고 크게 흠잡는다. 그러나 다른 한편으로 당신은 소련의 경제를 국가자본주의로 묘사하고 (…) 반대파에게 자신을 낮추고 그 국가자본주의의 종이 되라고 요구한다. (…) 당신은 바리케이드의 반대쪽으로 넘어가고 있다."[68] 이것으로 트로츠키와 수바린 사이의 교신은 끝났고, 그 뒤로 수바린은 계속 트로츠키의 적으로 남는다. 수바린은 1929년에는 트로츠키에게 '진보적'인 국가자본주의에 봉사함으로써 '혁명에 유익한 사람이 되는 방법'을 가르치려고 했지만, 나중에는 정반대의 죄목으로, 즉 소련에 어떤 내용이든 진보적인 요소가 있다고 보는 동시에 수호할 만한 러시아혁명의 유산이 충분히 남아있다고 생각했다는 이유로 트로츠키를 비난하게 된다.

모나트(Monatte)와 루종(Louzon)으로 대표되는 프롤레타리아혁명 그룹의 생디칼리스트들과 화합을 이루기 위한 시도도 무위로 끝났다. 트로츠키는 1차대전 중 한때는 혁명적 마르크스주의 정책을 비롯한 모든 정책에 대한 그들 특유의 편향을 통제하면서 그들에게 강력한 영향력을 발휘했다. 그 이후 그들은 공산당에 가입했다가 반트로츠키 캠페인이 벌어졌을 때 축출됐다. 트로츠키에 대한 그들의 개인적인 애착은 여전히 강했다. 하지만 코민테른과 관련된 경험은 그들로 하여금 오래전부터 자기들이 취해온 정치 혐오의 태도가 옳았다고 생각하게 했고, 총파업으로 귀결되는 전투적 노동조합 활동이 사회주의 혁명으로 가는 고속도로라는 자기들의 믿음을 재확인하게 했다. 트로츠키는 그들을 혁명의 당에 대단히 중요한 레닌주의적 견해로 복귀시키고 자기와 힘을 합쳐 코민테른을 개혁하는 투쟁에 나서게 하려고 열심히 노력했다. 그러나 성과를 거두지 못했다.

트로츠키는 자기의 지지자들과 지노비예프주의자들 사이에서 중재를 하는 일도 그리 잘 해내지 못했다. 지노비예프주의자들은 규모가 작은 분파이긴 했지만, 1924년과 1925년에 걸쳐 프랑스 공산당의 공식 대표였던 알베르 트렝이라는 유명한 지도자를 갖고 있었다. 트렝은 지노비예프가 볼셰비키화(Bolshevization, 코민테른 5차 대회에서 주창된 지도노선으로 우익 기회주의와 좌익 분파주의를 극복하고 원래의 마르크스주의와 레닌주의를 회복하자는 캠페인—옮긴이)를 지도하고 있을 때 온갖 비난과 모욕을 아낌없이 퍼부으면서 트로츠키주의자들을 당에서 축출한 장본인이었다. 이 때문에 트로츠키주의자들은 나중에 트렝이 당에서 축출된 뒤에도 그에 대한 원한을 버리지 않았고, 그와 화해하라는 말은 들으려고도 하지 않았다. 그럼에도 트로츠키는 1929년 5월에 트렝을 프린키포로 초청해 한 달 동안 그와 화해를 하려고 노력했다. 그러나 트렝은 1924년의 자기 행위를 정당화하려는 태도를 보였을 뿐 트로츠키를 달래려는 노력은 하지 않았다.게다가 오래 묵은 원한의 골도 너무 깊었다. 결국 트로츠키는 지지자들의 압력 속에서 트렝과 갈라서지 않을 수 없었다. 그래도 수바린과의 결별에 비하면 트렝과의 결별은 우호적인 분위기를 잃지 않은 가운데 이루어졌다. 트로츠키와 트렝은 서로 멀어지기는 했으나 멀리서나마 우호적인 관계를 유지했다.

수바린, 생디칼리스트, 트렝과의 관계개선 노력에서 잇달아 실패한 직후에 트로츠키는 트로츠키주의자들 내부의 갈등에 대응해야 했다. 이 갈등이 트로츠키의 삶에, 그리고 트로츠키주의가 하나의 운동으로서 결과적으로 실패한 데에 영향을 주지 않았다면 굳이 그 구체적인 내용을 여기서 서술할 필요가 없을 것이다. 파리에서는 〈콩트르 르 쿠랑(Contre le Courant, 역류)〉이라는 제호의 소책자를 정기적으로 발행하는 모리스 파즈와 마그들렌 파즈 부부의 그룹, 로스메 그룹, 젊은 트로츠키주의자 그룹 등 몇 개의 그룹들이 서로 경합하고 있었다. 젊은 트로츠키주의자 그룹은 독자적으로 〈뤼트 데 클라스(Lutte des Classes, 계급투쟁)〉와 〈베리테(Vérité, 진리)〉를 발행하고 있었고, 피에르 나빌과 헤몽 몰리니에가 각각 중심이 된 두 집단으로 나뉘어 서로 적대하고 있었다.

이 모든 그룹들에 소속된 사람들 중에서 오직 로스메만이 상당한 위상을 지닌 대중적인 인물이었다. 그는 1차대전 때 나름의 역할을 하면서 확실하게 부상한 혁명적 국제주의자들로 구성된 소규모 엘리트 집단의 일원이었다. 나빌은 초현실주의자들의 문학적 반란에 참여한 젊은 작가였고, 1927년에 모스크바에서 트로츠키가 전개한 투쟁을 동조적인 입장에서 목격했으며, 그 자신도 당에서 축출된 사람이었다. 그는 마르크스주의에 대한 이론적 교육을 받았지만 정치적 경험은 거의 없었고, 노동계급 운동과도 거의 관계가 없었다. 반면 몰리니에는 활력과 진취적 기상이 넘치는 '활동가'여서 운동 속에 있을 때 마음이 편한 사람이었지만 수단과 방법의 선택의 선택에 있어서 지나치게 까다로웠고, 지적인 측면에서 보면 다소 거친 인물이었다. 유형상 서로 대조적인 이런 지식인과 활동가들은 넓은 범위의 조직을 이루고 있으면서 실제적인 일상 활동을 주로 해야 할 때는 훌륭하게 협조적인 관계를 형성했다. 하지만 그들 사이에 존재하는 적대감으로 인해 소규모 그룹들은 운동의 주류에서 격리되어 모든 활동의 외부에 남아있어야 했다.

1929년 이른 봄에 모리스 파즈와 마그들렌 파즈 부부가 프린키포를 방문했다. 이때 트로츠키는 파즈 부부에게 그들의 그룹을 다른 그룹들과 통합하고 〈콩트르 르 쿠랑〉을 반대파의 목소리로 발언하는 '대규모의 공세적인' 주간지로 전환시키는 동시에 야심적인 인원충원 캠페인에 나설 것을 촉구했다. 그는 파즈 부부와 함께 인원충원 계획을 짰고, 자기도 그 계획이 실행되도록 적극 협력하겠다고 약속했다. 파즈 부부는 주저하는 마음이 전혀 없지는 않았으나 그의 제안을 받아들였다. 그러나 그들은 파리로 돌아간 뒤 생각을 바꾸어 대규모 주간지를 출범시키지 않았다. 그들은 트로츠키가 생각하는 규모의 활동으로는 반대파가 성공할 가능성이 전혀 없다고 본다는 의견을 밝혔다. 그들은 무엇보다도 '로스메가 지도력을 행사'하도록 하려는 트로츠키의 '시도'에 항의했고, 젊은 트로츠키주의자들을 '싸우고 싶어 안달인 한 무리의 얼뜨기와 무식한 자들'이라고 헐뜯었다. 이보다 더 트로츠키로 하여금 그가 모아내고자 한 직업적 혁명가의 요소가 파즈 부부에게는 거의 또는 전혀 없다고 확신하게 할 것은 없었다. 사실 그들은 부르주아적인 직업에서 성공한(어쨌든 모리스는 부유한 변호사였다) '응접실 볼셰비키'로서 그저 취미로 트로츠키주의에 빠졌던 것이다. 트로츠키가 알마아타에 있을 때 파즈 부부는 파리에서 기꺼이 트로츠키의 대변자 역할을 맡으면서 그의 후광을 걸치고자 했다. 그러나 러시아 밖으로 나온 트로츠키가 개인적으로 그들과 만나 까다로운 요구를 하자 그들은 그의 요구를 진지하게 받아들이려 하지 않았다. 당혹스러운 내용의 편지가 오갔다. 트로츠키는 자기가 그들을 속물이라고 생각한다는 걸 그들이 알도록 했다. 트로츠키는 그들에게 보낸 편지에 이렇게 썼다. "혁명가란 교육받은 사람일 수도 있고 무식한 사람일 수도 있습니다. 또한 지적인 사람일 수도 있고 아둔한 사람일 수도 있습니다. 그러나 장애물을 돌파하겠다는 의지가 없다면, 헌신적인 태도가 없다면, 희생정신이 없다면 결코 혁명가일 수 없습니다."[69]

트로츠키의 비난에 상처 입은 파즈 부부는 자기들이 입은 상처에 못지않은 상처로 되갚아주겠다는 의도가 깔린 답장을 보냈다. 그들은 한편으로는 공식적인 공산주의의 강점과 매력에 대해, 다른 한편으로는 반대파의 약점에 대해 이야기하고는 이런 실감나는 대조를 통해 자기들의 미온적인 태도를 변호했다. 파즈 부부는 자기들이 〈콩트르 르 쿠랑〉을 주간지로 바꾸려고 하지 않는 이유에 대해 "이 반대파의 잡지가 실패로 끝나지 않으려면 트로츠키 동지의 재기 넘치는 산문과 전적(戰績) 이외에 다른 것도 이용할 수 있어야 하기 때문"이라고 설명했다. 반대파의 잡지가 성공하려면 물질적, 도덕적 기반을 갖춰야 하고 "독자들 및 적극적인 동조자들과 더불어 생존"해 나갈 수 있어야 한다는 것이었다. 그러나 반대파의 잡지는 그러한 기반을 갖추지 못할 것이며, 그 이유는 트로츠키라는 이름에 큰 의미를 두는 옛 공산주의자들은 무관심해졌고 젊은 세대는 무지할 뿐 아니라 논쟁을 할 줄도 모르기 때문이라는 것이었다. "당신의 이름이 지닌 무게에 대해 너무 큰 환상을 갖지는 마십시오. 지난 5년 동안 공식적인 공산주의 언론이 당신에 대해 워낙 많은 비방을 해왔기 때문에 대중 사이에서 적군(赤軍)의 지도자였던 당신에 대한 기억은 그저 흐릿하고 모호하게만 남아있을 뿐입니다." 이런 식으로 파즈 부부는 트로츠키가 이기심과 허영심에 빠져 있다고 넌지시 꼬집었다. 불과 몇 달 전에 트로츠키에게 "위대한 벗에게"라는 인사말로 시작되는 편지를 보냈던 것과 비교하면 엄청나게 달라진 태도였다. 트로츠키도 자기의 지지자들이 고립됐고, 스탈린의 선전가들이 자기의 이름을 일선 공산주의자들이 혐오하게 만들거나 아예 망각 속에 묻어버리려고 했음을 모르지 않았다. 그러나 그는 바로 이런 점이야말로 자기의 지지자들이 대규모 반격을 시도해야 할 또 하나의 이유라고 생각했다. 오직 대규모 반격을 통해서만 자기의 지지자들이 일선 공산주의자들의 냉담한 태도를 깨뜨릴 수 있을 것이라고 그는 생각했다. 트로츠키는 자기가 러시아에서 추방된 시점부터 파즈 부부가 자기에게 베풀어준 도움과 관심을 생각하면 그들과 결별하는 것을, 그것도 수바린과 관계가 어그러진 직후에 그들과 결별하는 것을 받아들이기 어려웠지만, 결국은 자기가 그들과 같이 할 수 있는 일은 아무것도 없다는 결론을 내렸다.

그 뒤에 이어진 상황은 안쓰러운 정도를 넘어섰다. 트로츠키는 그에게 남은 지지자들을 분열시키는 적대감을 수습해야 했다. 특히 로스메, 나빌 그룹, 몰리니에 그룹의 사이가 벌어졌다. 몰리니에는 대단히 낙관적인 마음가짐은 물론이고 트로츠키주의를 거대한 정치세력으로 만들겠다는 계획을 머릿속에 가득 담고 프린키포에 온 사람이었다. 그는 반대파가 프랑스에서 황금의 기회를 맞고 있다고 확신했다. 공식적인 당은 불만에 휩싸여 있어서 반대파의 호소에 계속 반응하지 않을 수가 없었기 때문이다. 그는 반대파에 필요한 것은 자기확신을 갖고 대담한 이니셔티브를 행사하며 행동에 나서는 것뿐이라고 생각했다. 그는 당, 대중집회, 발행부수가 많은 신문들에 트로츠키주의자들을 침투시킨다는 계획을 갖고 있었다. 그런 계획을 실행하기 위해서는 반대파가 그 구성원들로부터 모을 수 있는 자금보다 훨씬 더 많은 자금이 필요했다. 그도 자금조달 계획을 갖고는 있었으나, 그 내용이 다소 모호하고 실현가능성이 없어 보였다. 그는 모든 종류의 영리사업에 뛰어들 태세였지만, 이와 동시에 기대되는 수익보다 훨씬 더 큰 규모로 자금지출 계획을 짰다.[70)]

로스메와 나빌은 보다 신중한 견해를 취했다. 이들은 몰리니에가 제시한 '대중적 활동' 이 성공할 가능성이 낮다고 보았다. 대신 처음에는 반대파의 구상을 좀 더 온건하지만 꾸준히 지속되는 형태로 명료하게 다듬으면서 좌파 중에서도 성숙한 사람들을 상대로 선전을 하는 정도로 만족해야 한다는 태도를 보였다. 이들은 몰리니에가 벌이려는 영리사업이 자칫 반대파에 대한 불신을 초래하지 않을까 우려했고, 몰리니에 개인에 대해서도 불신했다. 로스메는 "그는 전투적 공산주의자가 아니라 사업가이고 무식하다"고 말했다. 몰리니에와 관련된 불쾌한 이야기들이 파리에 나돌았다. 그중 하나는 그가 과거에 군에서 탈영했는데 군법재판에서 자기는 종교적인 유형의 양심적 병역거부자라고 하면서 공산주의자답지 않은 태도로 자기변호를 했다는 것이었다. 그가 벌인 영리활동의 구린내 나는 성격에 관한 주장과 암시가 터져 나왔지만 그러한 주장이나 암시를 구체적으로 입증할 만한 것은 확인되지 않았다.

트로츠키는 몰리니에의 한계를 일부 인정하면서도 내심 그를 신뢰했다. 그는 몰리니에의 활력, 창의성, 그리고 용기에 매료됐다. 그런 몰리니에의 특성은 그가 자기의 지지자들에게서 보고 싶어 한 것이었다. 몰리니에에게는 모험가의 기질도 있었지만, 진정한 혁명적 열정과 인습에 얽매이지 않는 면모도 있었다. 그의 그런 면모 때문에 속물들이 그에 대해 불쾌하게 생각하고 비방을 하는 것이라고 트로츠키는 그를 변호했다. 트로츠키는 혁명운동에는 그런 사람이 반드시 필요하다는 점을 너무나 잘 알고 있었다. 그런 사람은 사고에 조야함이 있지만 모험에 나서길 좋아하며, 위험을 감수하는 활력과 의지가 사고의 조야함을 일부라도 상쇄시킨다. 혁명과 내전의 시기에 트로츠키는 그런 사람들에게 얼마나 자주 의지했던가? 트로츠키가 몰리니에를 좋아하게 된 것은 그가 트로츠키를 위해 작지만 중요한 궂은일들, 예를 들자면 프린키포에서 트로츠키와 같이 거주하게 된 사람들이 역할분담을 하도록 돕는다든가, 비서실을 설치한다든가, 파리 등지에서 책을 내는 일을 관리한다든가 하는 일을 맡아 했기 때문이다. 실로 그는 트로츠키에게 없어서는 안 될 잡역부와 같은 역할을 해주었다. 아내인 잔과 정치적인 자기과시를 하지 않는 온건한 성향의 기술자인 형제 앙리를 비롯한 그의 가족 모두가 그와 같은 방식으로 트로츠키에게 도움을 주었다. 그들의 '몰리니에적 활력'은 트로츠키를 매우 즐겁게 해주었다. 그들은 파리와 프린키포를 오가며 많은 시간을 뷔위크아다에서 보냈다. 그들은 트로츠키 가족과 가깝고 다정한 사이가 됐다. 그리고 트로츠키는 자기가 몰리니에 가족과 이런 관계를 갖게 된 것이 그에 대한 로스메의 의심과 의혹도 없애는 데 도움이 되기를 바랐다. 트로츠키는 로스메의 성실성과 판단력을 높이 평가했다. 그러나 한편으로 로스메는 조직의 세부적인 일에는 맞지 않을 뿐 아니라 분파 간의 일에서 만나게 되는 작은 갈등에도 너무 쉽게 낙담하는 사람이었다. 로스메와 달리 몰리니에는 그런 일을 쉽게 해냈다. 트로츠키는 나빌이 그런 몰리니에를 거부하는 것을 계속 참고 볼 수가 없었다. 트로츠키는 나빌의 지적 오만과 도식적 사고, 그리고 정치적 소극성과 대중 속에서 일하기를 싫어하는 점을 꾸짖었다. 트로츠키는 당분간은 이렇게 갈등을 조정할 수 있었다. 로스메, 몰리니에, 나빌은 일종의 '절충적 화해'를 받아들였고, 같이 일하기 위해 서로에 대한 개인적인 혐오감은 밀쳐둔다는 데 동의했다. 이런 상태에서 세 사람은 피억압자들의 단순한 국가적 조직이 아닌 국제적인 조직을 구축하겠다는 의도를 가지고 파리로 돌아갔다.[71]

트로츠키는 희망을 품었다. 프랑스에 설립될 '기지'는 사실 그의 기대보다는 협소한 것이 되겠지만, 보다 폭넓은 조직의 핵심이 되는 데는 문제가 없어 보였다. 그리고 사실 이 시점에 반대파에는 하나의 딜레마가 모습을 드러내고 있었다. 그것은 '대중의 행동'을 목표 삼아 나름의 선동을 하고 독자적인 슬로건을 내걸어야 하는가, 아니면 과거에 마르크스주의 선동가들의 소규모 집단이 서서히, 그러나 효과적으로 수행했던 것과 같은 종류의 일에만 국한해 나름의 이론을 끈기 있게 설명하고, 슬로건보다는 구체적인 사고를 중시하는 활동을 해야 하는가 하는 것이었다. 그러나 이 딜레마는 분명하고 뚜렷한 모습으로 부각되지는 않았기 때문에 어느 쪽으로도 결론이 나지 않은 채 그대로 존속됐다. 만약 새로운 정당을 결성하려고 하지 않고 기존의 당을 개혁하는 데 몰두하는 분파로 남아있겠다면, 반대파는 자기의 사상을 이론적으로 선전하는 데 노력을 집중해야 할 상황이었다. 사상가로서의 트로츠키는 분명히 이런 형태의 활동에는 익숙했다. 그러나 활동가로서의 그, 즉 위대한 인민위원이자 반대파의 지도자인 그는 사상의 이론적 선전이 지닌 한계를 답답해했고, 대중적 운동의 넓은 범위와 기동성을 갈구했다.

1929년 여름에 로스메는 독일과 벨기에를 여행하면서 두 나라의 반대파 그룹들을 점검하고 규합했다. 그는 또 이탈리아, 네덜란드, 미국 등지에 있는 트로츠키주의자들과의 연락망을 설치했다. 그러는 동안에 그는 트로츠키에게 자세한 보고서를 보내어 자기가 새로 알게 된 것들을 알렸다. 그가 보고한 내용은 전반적으로 볼 때 고무적이지 않았다. 무위와 나태, 분파적 다툼, 개인적 갈등이 프랑스의 반대파를 대단히 약화시켰고, 프랑스 이외의 다른 곳들에서도 커다란 해악을 초래하고 있다는 내용이었다. 트로츠키가 보기에는 독일만큼 중요한 나라가 없었다. 독일은 유럽 계급투쟁의 주된 무대였고, 수백만 명의 유권자를 거느린, 서방의 그 어느 나라 공산당보다 강력한 공산당이 존재하는 나라였다. 베를린에서 로스메는 독일에서는 몇몇 그룹들이 트로츠키의 권위를 내세우고 있지만 자기들끼리 적대하면서 전체적인 힘을 낭비하고 있다고 보고해왔다. 독일에서 트로츠키주의자들로만 구성된 그룹으로 이른바 베딩그룹이 있지만, 이보다 훨씬 더 영향력이 큰 그룹은 후고 우르반스가 지도자로 있으면서 〈공산주의 깃발(Fahne des Kommunismus)〉이라는 기관지를 발행하는 레닌동맹(Leninbund)이라는 것이었다. 독일에는 이 밖에 코르시주의자들을 비롯해 규모가 작은 극좌파 그룹들도 있었다. 코르시주의자들은 1923년 튀링겐 주의 공산당–사회당 연립 정부에 각료로 참여했던 이론가 카를 코르시의 분파였다. 독일에서는 마슬로프와 피셔를 비롯한 지노비예프주의자들이 가장 강력한 그룹이었다. 역설적이게도 그들의 지도자가 스탈린에게 굴복한 뒤에 그들은 극단적으로 스탈린에 반대하는 태도를 취했다. 이런 그들의 태도는 소련에서 살아남은 노동자반대파들이 취한 태도와 비슷했다. 공식 공산주의에 대한 공격에서 지노비예프주의자들은 트로츠키가 나아갈 수 있는 수준을 훨씬 넘어섰다. 그들은 러시아혁명은 이미 그 수명을 다하고 소련은 반혁명의 시대에 접어들었고, 프롤레타리아 독재는 완전히 사라졌으며, 국유화된 경제를 가진 국가자본주의에 근거를 둔 지배관료가 새로운 착취계급이자 억압계급이 됐다고 주장했다. 한마디로 말하면 러시아판 테르미도르반동이 승리했다는 것이었다. 그들은 스탈린주의의 해외정책도 차르체제의 제국주의가 구사한 해외정책과 구별되지 않게 됐다고 주장했다. 따라서 개혁으로는 노동계급의 지배를 회생시킬 수 없으며, 또 한 번의 프롤레타리아 혁명만이 그렇게 할 수 있다는 것이었다. 또한 그들은 제3인터내셔널은 러시아판 테르미도르반동의 도구로서, 노동자들이 현실을 바로 보는 것을 가로막고 그들의 혁명적 에너지를 반혁명의 엔진으로 삼기 위해 영웅적인 10월혁명의 전설을 이용하고 있다고 보았다. 하지만 그들은 제3인터내셔널의 개혁을 추구하는 것은 가망이 없는 일이라고 주장했다. 이런 견해를 가진 사람들은 소련과 그 어떤 연대도 맺을 필요가 없으며, 특히 소련을 수호해야 한다는 의무감은 더더욱 가질 필요가 없다고 생각하는 것을 당연시했다. 그들은 트로츠키가 추방됐다는 사실을 거론하면서, 이것이야말로 자기들의 태도가 정당함을 보여주는 결정적인 증거라고 주장했다. "트로츠키가 축출된 것은 러시아혁명이 완전히 중단됐음을 알리는 상징"이라는 것이었다.

트로츠키는 자기를 변호하는 사람들의 과도한 열성으로부터 자기를 지키고자 했다. 레닌동맹 및 프롤레타리아혁명 그룹과의 논쟁에서 트로츠키는 소련의 테르미도르반동을 기정사실이라고 생각하는 사람들에 대항해 자기의 기존 주장을 일일이 다시 설명했다. 그는 테르미도르반동은 부르주아의 반혁명이라는 정의를 재확인하면서 그것은 내전 없이는 일어날 수 없다고 지적했다. 하지만 소련은 새로운 내전을 겪지 않았고, 1917년에 수립된 체제는 퇴화하긴 했지만 연속성을 유지하고 있으며, 이런 연속성은 공적 소유에 토대를 둔 사회구조와 볼셰비키 당의 중단 없는 권력행사에서 확인할 수 있다고 했다. 트로츠키는 이렇게 썼다. "20세기의 러시아혁명이 18세기의 프랑스혁명에 비해 범위가 더 넓고 깊이가 있음은 논란의 여지가 없다. 10월혁명의 지지기반이 된 사회계급은 프랑스혁명의 지지기반이었던 도시평민들과는 비교가 되지 않을 정도로 그 수가 많고, 동질적이고, 단합돼 있고, 결의를 지니고 있다. 10월혁명의 지도자들은 모든 경향에서 프랑스혁명의 지도자들보다 더 많은 경험과 통찰력을 갖고 있었다. 마지막으로 볼셰비키의 독재가 불러일으킨 정치적, 경제적, 사회적, 문화적 변화도 자코뱅당이 불러일으킨 변화에 비해 논란의 여지가 없을 정도로 훨씬 더 심대하다. 프랑스에서는 내전 없이는 도시평민들의 손에서 권력을 빼앗는 게 불가능했다. 테르미도르반동이 하나의 내전이었고, 이를 통해서 비로소 상퀼로트(프랑스혁명 당시의 도시평민—옮긴이)가 패배했다. 그런데 러시아에서 프롤레타리아의 손에서 부르주아의 손으로 권력이 평화롭게, 즉 조용하고 얼른 감지되지 않는 관료적 변화라는 방식으로 옮겨갈 수 있다고 그 누가 생각하거나 믿을 수 있겠는가? 이것을 테르미도르반동이라고 이해하는 것은 역방향의 수정주의다." 그는 계속해서 이렇게 썼다. "과거에 자본가들의 것이었던 생산수단이 소련 국가의 것이 됐고, 지금도 소련 국가의 것으로 유지되고 있다. 토지는 국유로 돼있다. 노동착취에 기생하는 자들과 그런 사회요소들은 소비에트와 군에서 계속 배제되고 있다." 테르미도르반동의 위험은 분명히 존재하고 있었지만, 그에 대항하는 싸움은 아직 결말이 나지 않았다. 한편으로는 스탈린의 왼쪽 경로 정책과 네프맨 및 쿨라크에 대한 공격이 테르미도르반동의 위험을 없애지 못했고, 다른 한편으로는 트로츠키의 추방으로 10월혁명이 지워지지도 않았다. 사실에 대해 평가를 하고 이론화를 하는 데는 일정한 균형감각이 필요하다. 자본가들이 존재하지 않는다면 소련의 국가자본주의는 의미가 없는 개념이었다. 그리고 소련의 국가자본주의를 말하는 사람들이 공업부문의 국가소유제를 비난하는 것은 사회주의의 필수 전제조건을 비난하는 것과 같았다. 관료집단은 그 어떤 마르크스주의적 의미에서 보더라도 새로운 착취계급이 아니라 '노동계급이라는 몸에 자라난 병적인 조직'일 뿐이었다. 생산수단에 대한 소유권을 갖지 않은 채 단지 관리의 기능만 하는 집단이 새로운 착취계급이 될 수는 없는 일이었다.[72]

이런 논쟁이 갖는 의미는 1929년 여름에 만주철도에 대한 지배권을 둘러싸고 소련과 중국 사이에 갈등이 불거졌을 때 분명히 드러났다. 소련 정부가 관할권을 갖고 있던 만주철도에 대해 중국이 자국의 권리를 주장하고 나섬으로써 갈등이 생겨난 것이었다. 어느 편을 들어야 하는지가 반대파 내부에서 문제로 대두됐다. 프랑스 생디칼리스트들, 레닌동맹, 그리고 벨기에의 트로츠키주의자들은 만주철도는 차르 치하의 러시아가 만

주로 영토를 확장하는 과정에서 설치된 것이므로 소련 정부는 이 철도에 대한 권리를 포기해야 한다는 견해를 밝혔다. 스탈린은 권리를 포기하지 않으려 했고, 그들은 이런 스탈린의 태도는 그의 정책이 지닌 제국주의적 성격을 드러낸 것이라고 생각했다. 그들로서는 놀랍게도 트로츠키는 만주철도를 고수하는 스탈린의 태도는 옳은 것이며, 반대파는 이 문제에서 중국에 대항해 소련의 편을 들 의무가 있다고 선언했다.[73] 트로츠키의 망명 첫 해에 벌어진 이 논쟁은 그가 자기의 지지자들과 벌인 최초의 큰 논쟁이었다. 트로츠키의 말년이자 소련과 핀란드 간 전쟁이 벌어진 1939~1940년에 그는 다시금 자기의 지지자들과 큰 논쟁을 벌인다. 이 논쟁 역시 소련에 대한 반대파의 태도에 집중된 것이었고, 그는 1929년에 자기가 밝혔던 견해와 근본적으로 동일한 견해를 취했다.

트로츠키는 노동자들의 국가가 장제스(蔣介石)의 정부에 경제적, 전략적으로 중요한 권리를 넘겨줘야 할 이유가 없다고 본다고 말했다. 게다가 장제스의 정부는 만주에 대한 소련의 권리를 인정한 바 있었다. 트로츠키는 중국인들에 대한 스탈린의 대응태도를 가차 없이 비판했다. 그는 스탈린이 소련의 영향에 대한 중국인들의 민감한 반응을 무시하고 있고, 만주에 거주하는 중국인들의 마음을 얻는 데 실패했다고 지적했다. 좀 더 신중하고 사려 깊은 정책을 채택했다면 중국과의 갈등을 피할 수도 있었다는 주장이었다. 그러나 일단 갈등이 불거진 이상 공산주의자들로서는 소련을 지지하는 것 외에 다른 선택이 있을 수 없다고 했다. 스탈린이 만주철도를 중국 국민당에 넘겨주는 것은 중국의 인민들에게 굴복하는 것이 아니라 그들을 억압하는 자들에게 굴복하는 것이었다. 게다가 장제스의 세력은 독립적이지 못했다. 만주철도에 대한 통제권을 갖게 되더라도 장제스는 그 통제권을 지키지 못하고 얼마 지나지 않아 일본에 빼앗기거나 미국 자본이 만주의 경제에 대한 영향력을 가지도록 허용할 것으로 보였다. 오직 소련만이 만주를 일본의 손아귀에 놓이지 않도록 하는 충분한 힘을 갖고 있었다. 비판자들이 제기한 중국의 국권에 관한 이야기는 이 경우에는 적용되지 않는다고 트로츠키는 생각했다. 만주철도를 둘러싼 갈등은 전 세계에 걸친 여러 제국주의 국가들의 세력과 노동자들의 국가 사이의 복잡하면서도 다양한 측면을 갖는 싸움 속에서 벌어진 일이었다. 트로츠키는 베이징에 혁명정부가 수립되는 날이 오면 그때 소련이 역사적 정의를 위해 만주 지역을 중국에 돌려주면 된다고 생각했다. 이런 전망은 중국혁명이 일어난 뒤에 실현될 것이며, 그 전에는 소련 정부가 중국의 혁명세력을 위해 만주라는 자산을 보관해주는 신탁관리자의 역할을 할 의무가 있다는 게 트로츠키의 생각이었다.[74)]

열성적인 반대파들 사이에 트로츠키가 일으켰을 경악의 분위기를 누구나 쉽게 짐작할 수 있을 것이다. 그들은 트로츠키의 비일관성에 혼란을 느꼈고, 스탈린에게 타격을 입힐 좋은 기회를 그가 놓치고 있다고 생각했다. 사실 이때 트로츠키는 자기에게 유리한 점수를 따려고 했던 게 아니었다. 그의 행동은 노동자들의 국가인 소련에 대해 그가 이야기하고 있었던 것들과 부합했다. 노동자들의 국가인 소련에 대해 추방된 자인 그는 예전에 정치국원으로서 느꼈거나 레닌의 정부에 참여한 입장에서 느꼈던 책임감과 동일한 책임감을 느끼고 있었다. 소련의 정책에 대해 독선적인 분노가 표출되고 자기의 지지자들 중에서도 편벽되고 저열한 일부가 그런 분노를 드러내는 모습을 보게 되자 트로츠키는 노동자들의 국가에 대해 비판만 할 뿐 변치 않는 충성은 하지 않는 트로츠키주의자들과 자기는 아무런 공통점도 갖고 있지 않다고 말했다.

트로츠키가 자기의 원칙을 고수하고 그 원칙이 선동정치와 뒤섞임으로써 희석되는 것을 거부하는 데서 보여준 엄격함은 과거에 그를 따랐거나 앞으로 그를 따르고자 하는 많은 사람들에게 분노를 일으켰다. 사실 그가 지지하고 후원하는 세력의 운동은 한편으로는 사상에 대한 그 자신의 철저하고 원칙적인 태도, 다른 한편으로는 스탈린주의자들의 박해가 지닌 원칙 없는 무자비함에 의해 진퇴양난의 처지에 몰려 있었다. 스탈린주의자들의 박해는 트로츠키를 따르며 그의 사상에 공명할 수 있는 유일한 그룹인 유럽의 공산주의자들을 그로부터 격리시켰고, 그들은 그 격리된 거리를 뛰어넘을 수 없었다. 그리고 논쟁에서 활용할 말의 무기를 선택하는 데서 그가 보여준 엄격함 때문에 이전의 당원들로 구성된 반스탈린주의 대중이 그에게서 멀어졌다. 이들 반스탈린주의 대중은 산재해 있는 상태이긴 했으나 그 수가 점점 더 늘어나고 있었다. 그들은 나름의 기반 위에서 스탈린주의자들에 맞서 자기들이 당하는 만큼 그대로 되갚아 주어야 하고, 스탈린주의자들의 비행(非行)에는 당에 대한 충성심으로 대응해야 하며, 스탈린주의자들의 악의에는 적개심으로 대처해야 한다는 충동을 느꼈다. 이들 반스탈린주의 대중은 트로트키의 자기부정적인 지시를 수용할 분위기가 아니었다.

따라서 트로츠키가 일 년 반가량 논쟁을 벌이고 동지들을 규합하는 노력을 기울인 뒤에도 그가 걷는 고난의 길에 따라나서는 사람들은 극히 소수에 지나지 않았다. 여기저기서 새로운 그룹들이 반대파에 가담하고는 있었다. 예를 들어 이탈리아의 정치국에서, 벨기에의 중앙위원회에서, 그리고 체코에서 개인 혹은 집단이 반대파에 새로 가담했고, 심지어는 영국의 활동가들도 희망을 품고 반대파에 가담했다. 그러나 그들이 추가로 가담했다고 해서 반대파의 상황이 바뀐 것은 전혀 없었다. 반대파에 새로 가담한 사람들 가운데 일부는 아주 최근까지도 당에서 영향력을 갖고 있었고, 몇 년간에 걸쳐 노동자계급과의 연대도 구축해온 사람들이었다. 하지만 일단 당에서 그들을 축출하고, 생각해낼 수 있는 모든 중상모략을 들이대면서 그들을 추적하고, 나병환자를 다루듯 그들을 내쫓은 뒤에 그들은 그런 영향력과 연대를 상실해버렸다. 그들을 축출한 사람들은 모스크바의 권위, 당의 위신, 프롤레타리아 전위의 신성한 규율, 일련의 대규모 당대회, 그리고 수많은 선전선동가들을 그들에 맞세웠다. 그들을 비난하고 나선 선전선동가들은 폭력적인 협박자들과 다름없었고, 대부분 자기들 나름의 대의에 열정적이고도 맹목적인 헌신을 하다 보니 예전 동지들에 대한 도덕적 살해를 서슴지 않게 됐다. 트로츠키주의를 새로 받아들인 사람들은 처음에는 자기들이 사랑하는 당을 뒤흔들고, 그렇게 함으로써 자기들이 트로츠키의 저작을 읽으면서 흥분 속에서 발견한 새로운 빛을 당도 볼 수 있도록 하겠다는 결의에 차 있었다. 그러나 얼마 지나지 않아 그들은 자기들이 소규모의 은둔자 집단 속에 갇힌 존재이며, 거기서는 정치적 황무지에서 귀족 출신의 나병환자처럼 살아가는 데 익숙해져야 한다는 사실을 알게 됐다. 자신들을 그 어떤 대중적 운동에도 연결시킬 수 없는 소규모 그룹에서 그들은 금세 좌절감에 빠졌다. 제아무리 뛰어난 지능과 활력을 갖고 있는 사람이라 할지라도 그것을 실제로 활용할 도리가 없음을 알게 되면 현학적인 말다툼과 극심한 개인적 적대감에 사로잡히면서 자기의 강점을 허비하다가 결국은 끝없는 분열과 상호비방으로 치닫게 될 수밖에 없다. 그들 역시 그랬다. 물론 어느 정도의 분파 간 논쟁은 모든 혁명운동의 발전에서 일반적으로 나타났던 특징이다. 그러나 중요한 운동조직과 불모의 분파는 다르다. 중요한 운동조직은 적절한 시기가 되면 말다툼과 분열로부터 진정한 정치적 대중활동으로 유익한 전환을 이룬다. 그러나 단순한 분파는 그런 전환을 이루지 못한다는 차이점이 있다.

트로츠키주의자 그룹에는 두뇌, 성실성, 열정을 지닌 사람들이 없지 않았다. 그러나 그들은 스탈린주의자들이 자행하는 추방에 맞서지 못했고, '울타리 밖'에 추방되어 살면서 내부분열을 제거하지 못했다. 이로 인해 트로츠키가 프랑스 트로츠키주의자들 사이의 분열을 봉합하는 화해를 이끌어낸 지 얼마 안 돼 그들은 곧바로 다시 분열됐다. 로스메와 나빌은 무책임성과 무모함을 이유로 들며 다시 몰리니에를 비난하기 시작했고, 몰리니에는 신념이 너무 부족하고 모든 활동계획을 방해한다는 이유를 들며 로스메와 나빌을 비난했다. 그들은 실제로는 빈약한 조직이었지만, 실제보다 훨씬 더 큰 조직이라는 인상을 풍기면서 나름대로 구조를 갖춰나가기 위해 '전국집행위원회'와 그 하부조직인 '파리위원회'를 두고 있었다. 전국집행위원회에서 다수파를 이루고 있던 로스메와 나빌 측은 몰리니에의 금융적 거래들이 반대파의 평판을 나쁘게 만든다는 이유를 내세워 몰리니에를 축출하자고 제안했다. 그러나 몰리니에는 파리위원회와 트로츠키의 지지를 등에 업고 있었다. 로스메는 트로츠키에게 전국집행위원회의 혼란이 해결되도록 도와줄 것과 더 이상 몰리니에를 보호하지 말아줄 것을 요청했다.[75] 그러나 이때 트로츠키는 몰리니에에 대해 거의 반했다 할 정도의 애착을 갖고 있었다. 그래서 트로츠키와 로스메 사이에 긴장된 관계가 형성됐고, 두 사람이 주고받는 편지에 다소 가시 돋친 말이 들어가기 시작했다. 프랑스 트로츠키주의자들 내부의 이런 갈등은 반대파가 만든 두 개의 은밀한 국제조직인 '국제국'과 '국제비서국'에도 영향을 끼쳐, 두 조직도 서로 대립하게 만들었다.[76] 1930년 여름에 트로츠키는 다시 한 번 프랑스의 트로츠키주의자들에게 프린키포로 와서 서로 간의 의견차를 좁혀보는 게 어떻겠느냐고 제안했다. 그들은 프린키포로 와서 다시 화해를 하고 파리로 돌아갔다. 돌아가는 그들을 보면서 트로츠키는 이번에는 틀림없이 그들이 자기가 큰 기대를 걸고 있으나 오랫동안 지연되고 있는 과제의 수행에 나설 것이라고 확신했다. 그러나 몇 주 뒤에 분쟁이 다시 불거졌고, 몰리니에를 편애하는 트로츠키의 태도에 마음이 상한 로스메가 11월에 사임해버렸다. 그의 사임은 조직 전체에는 물론 트로츠키 개인에게도 타격이었다. 유럽에서 트로츠키를 지지하는 사람들 가운데 로스메가 가장 자질이 뛰어나고 권위도 있었기 때문이다. 그러나 트로츠키는 몰리니에의 활력이 조직을 곤경에서 구해낼 것이고, 그렇게 되면 로스메가 복귀할 것이라고 믿었다. 로스메는 사임하면서 그 어떤 논쟁에도 끼어들지 않았고, 트로츠키와 공개적인 충돌을 하기보다 모든 분파적 활동에서 몸을 빼는 태도를 취했다. 그는 보기 드문 무사무욕의 처신을 통해 트로츠키에 대한 자신의 충성심을 입증해 보였던 것이다. 그렇지만 그는 트로츠키의 태도에 대해 워낙 화가 났기 때문에 그 뒤로 몇 년 동안 트로츠키와의 만남을 일체 거부했고, 심지어는 의견교환도 하지 않으려 했다.

이와 비슷하면서 개인적인 부분과 정치적인 부분을 구분하기가 거의 불가능한 분열이 트로츠키주의자 그룹들의 전부에서는 아니라 하더라도 그 대부분에서 만성적인 질병과 같은 것이 됐다. 파리가 트로츠키주의의 국제적인 중심이 된 상황이었기에 프랑스에서의 갈등 사례가 전염 효과를 냈던 것이다. 그러나 대체로 비중이 낮은 인물들이 분열적인 행동에 나섰고, 그 쟁점은 사소한 것들이었으며, 논쟁의 내용도 지루하고 따분했다. 그 따분함은 트로츠키가 직접 개입한 분쟁과 관련된 당사자들도 트로츠키의 전기에는 등장하지 않을 정도였다. 해를 거듭할수록 분쟁을 중재하기 위한 트로츠키의 개입은 애처롭고 때로는 기이한 형태를 띠어갔다. 거의 모든 분쟁이 조직 전체를 뒤흔들었기 때문에 트로츠키는 분쟁을 해결하는 노력을 하는 데 많은 시간을 소모했고 신경도 많이 썼다. 그는 각각의 분쟁에서 어느 한쪽의 손을 들어주거나 양쪽을 중재하는 역할을 했다. 그는 세계 각지의 그룹들과 연락을 하고 있었기 때문에 그러한 분쟁을 무척 많이 다루어야 했다. 또한 그는 반대파의 다양한 분파들에게 서로 다른 분파의 활동에 관심을 갖도록 권장하기 위해 회보와 편지를 끝도 없이 써야 했다. 예를 들어 프랑스에서 왜 분열이 일어났는지를 벨기에 쪽에 설명하고, 독일의 동지들이 왜 의견을 달리하는지를 그리스 쪽에 설명하고, 벨기에의 반대파나 미국의 반대파에 속하는 서로 다른 여러 분파들 사이에 쟁점이 되고 있는 사안이 무엇인지를 폴란드 쪽에 설명하는 식이었다.[77)]

트로츠키가 이 모든 일을 한 것은 그러한 활동이 공산주의자들의 새로운 부대(部隊)와 혁명의 지도자들을 교육시키고 훈련시키는 일이라는 믿음에서였다. 반대파가 갖고 있는 자원이 대단히 빈약하고 그 조직이 허약하다는 사실도 그의 활동을 저지하지 못했다. 그는 반대파의 운동이 지닌 가치는 궁극적으로 승리하게 돼있는 사상의 힘에 있고, 주된 과제는 마르크스주의 사상의 지속성을 유지하는 것이고, 단일의 조직만이 그러한 지속성을 보장해줄 수 있고, 그 어떤 조직이든 주어진 상황 속에서 가용한 인적자원을 활용해 구축돼야 한다고 생각했다. 그의 지지자들 사이에서 벌어지는 분쟁이 때로는 그를 낙담하게 하거나 자기의 노력이 헛된 것이 아닌가 하고 자문하게 했다. 그럴 때면 그는 망명자들 사이에 분파적 분쟁이 전개되던 시절에 레닌이 회상하곤 했던, 톨스토이 작품에 나오는 한 장면을 떠올리며 스스로를 위안했다. 그 장면은 한 남자가 길 한가운데 웅크리고 앉아서 이해할 수 없는 기이한 몸동작을 하고 있는 모습을 그린 것이었다. 멀찌감치 지나가는 사람들은 그 남자가 미친 사람이라고 생각했다. 하지만 가까이 다가가서 보면 그 남자의 기이한 몸동작은 목적이 분명한 행동임을 알 수 있었다. 그 남자는 숫돌에 칼을 갈고 있었다. 트로츠키는 자기가 지지자들을 다루는 행동도 이와 마찬가지여서 얼핏 보아서는 목적이 없는 것처럼 비칠지 모르지만 사실은 차세대 마르크스주의자들의 정신과 의지를 단련시키고 있는 것이라고 속으로 생각하곤 했다. 그는 위대한 원칙들을 사소한 다툼과 뒤섞는 것을 보며 치밀어 오르는 혐오감을 억눌렀고, 지지자들에 대해 모든 인내심과 설득력을 다 발휘했다. 그러나 그는 자기가 지금 같이 일하는 인적자원은 혁명 이전에 자기나 레닌이 같이 일했던 인적자원과는 크게 다르다는 느낌을 갖지 않을 수 없었다. 혁명 이전에는 망명자들의 정치적 상황이 아무리 비참했다 하더라도 혁명운동에 참여한 사람들은 진정하고 진지한 투사들이었다. 그들은 자신들의 대의에 완전히 헌신했고, 삶에 대한 모든 관심사와 삶 자체를 대의에 희생시켰던 사람들로서 인간의 모습으로 나타난 혁명적 열정의 불꽃이었다. 그러나 지금 서구에 있는 트로츠키의 지지자들은 다른 종류의 사람들이었다. 그들은 하늘을 찌를 듯한 열정과 영웅적 자질은 거의 갖고 있지 않았다. 그들은 '진정한' 볼셰비키가 이미 아니거나 아직은 아닌 사람들이라고 그는 생각했다. 이런 점은 트로츠키와 그들 사이의 심리적 거리가 좁혀지지 않는 이유를 설명해주는 것이었다. 그는 마음속에서는 그들보다는 오히려 우랄지방과 시베리아의 감옥과 유형지 정착촌들에 산재한 상태에서 죽을 때까지 싸우고, 굶주리고, 몸이 얼어붙고, 자신들의 문제들과 씨름하고 있는 친구나 동지들과 같이 있고 싶었다. 그런 곳에 있는 사람들 가운데 가장 평범한 사람이라도 이때의 트로츠키에게는 서구에 있는 지지자들 가운데 어느 누구보다 더 투사로서 가치가 있을 뿐 아니라 자기와 더 가깝게 느껴졌다. 간혹 그는 이런 자기의 감정을 부지불식간에 드러냈다. 예컨대 1931년 초에 사망한 코테 친차체를 위해 그가 쓴 추념의 글이 그랬다. 1903년 이래 볼셰비키로 살아온 친차체는 내전의 시기에는 카프카스 지역 체카(Cheka, 비밀경찰—옮긴이)의 수장이었으나 반대파라는 이유로 추방당하고 투옥됐으며 고문을 당하기도 했다. 그는 결핵에 걸려 폐에 출혈증상이 있으면서도 계속 싸웠고, 단식투쟁을 하다가 감옥에서 죽었다. 트로츠키는 〈회보〉에 게재된 추념의 글에서 자기가 알마아타에 있을 때 친차체에게 받은 편지에서 선견지명을 보여준 다음 구절을 인용했다. "우리의 친구들 또는 우리와 가까운 사람들 가운데 많은, 아주 많은 사람들이 (…) 감옥 또는 추방지 어딘가에서 죽을 수밖에 없을 것입니다. 그러나 종국에는 이런 죽음들이 혁명의 역사를 더욱 풍부하게 해줄 것이고, 새로운 세대가 그로부터 교훈을 얻게 될 것입니다."

트로츠키는 이렇게 말했다. "서구의 공산당들은 아직 친차체와 같은 투사들을 기르지 못했다." 이것이 서구의 공산당들이 극복하지 못하고 있는 약점이며, 반대파에게도 영향을 끼치고 있다고 그는 생각했다. 그는 서구의 반대파 중에도 값싼 야심과 이기주의가 얼마나 많은지를 알게 되어 놀랐다고 털어놓았다. 그가 개인적인 야심을 모조리 다 반대한 것은 아니었다. 사실 스스로 두각을 나타내고자 하는 욕구는 노력과 성취를 촉진하는 자극이 된다. 그러나 "개인적인 야심이 위대한 사상에 봉사하는 일에 완전히, 그리고 전적으로 종속돼야만 혁명가가 탄생한다"고 그는 말했다. 그런데 유감스럽게도 서구에서는 원칙을 진지하게 받아들이는 태도를 배운 사람들은 극히 소수에 지나지 않았다. 사상을 갖고 '장난질'을 하거나 호사가적 취미 수준으로만 마르크스주의와 레닌주의를 이야

기하는 경우가 일반적이라는 것이었다.[78]

트로츠키가 이러한 불만을 표명한 것은 드문 일이었다. 그는 역사에 의해 창출된 인적자원의 한계에 대해 한탄한다는 것은 아무 소용도 없는 일이라고 생각했다. '새로운 친차체'도 바로 그러한 인적자원으로부터만 태어날 수 있는 것이었다.

소련 안에서도 반대파는 해체되고 있었고, 친차체 같은 투사들은 육체적으로 쇠잔해지거나 정신적으로 위축되고 있었다. 그들은 스탈린주의의 테러와 그들 자신의 딜레마라는 이중의 악폐에 갇혀 있었다. 트로츠키가 알마아타에 있으면서 아직 그들의 저항정신을 지탱해주던 1928년 초에 이미 그들은 긴장된 상황을 감당하기 어려워하는 조짐을 보이기 시작했다. 스탈린주의자들과 부하린주의자들 사이의 연대가 종식되고 스탈린의 왼쪽 경로 정책이 시작되는 것을 지켜본 그들 사이에 의견의 분열이 일어나기 시작했다.[79] 소련 내 상황변화는 반대파의 주된 요구와 슬로건을 부분적으로 무용한 것이 되게 했다. 신속한 공업화와 농업의 단계적인 집단화를 촉구해온 반대파는, 농업의 집단화를 방해하면서 부농들 편만 들고 있다고 스탈린을 비난해왔다. 그런데 1928년에 스탈린이 공업화의 속도를 높이고 사적 농업에 등을 돌렸다. 스탈린의 이런 정책변경을 보고 처음에 반대파는 자기들의 주장이 타당했음이 입증됐다는 점에서 자축하는 분위기였다. 그러나 시간이 흐르면서 그들은 자기들의 아이디어와 슬로건이 도용되고 자기들의 정치적 존재이유가 박탈당했다고 느끼게 됐다.

정치적 논쟁이 조금이라도 허용되는 체제에서는 어떤 당이나 정파가 경합관계에 있는 다른 당이나 정파에 의해 자기의 정강정책을 도용당하는 불운에 처하더라도 품위를 지키면서 도용당한 정강정책이 실천될 수 있도록 지원할 수도 있다. 그러나 추방당한 트로츠키주의자들은 자기들의 정강정책이 도용당했음을 자유롭게 알릴 처지에 있지 않았고, 스탈린주의자들이 자기들에게 '과도한 공업화론자'라거나 '농민들의 적'이라는 오명을 뒤집어씌운 것이 얼마나 저열하고 위선적인 행동이었는지를 소련 국민들이 모두 알아들을 수 있도록 지적해낼 자유도 누리지 못하고 있었다. 스탈린의 왼쪽 경로 정책은 반대파의 주장이 옳았음을 입증해주는 것이었지만 실제로는 반대파의 패배를 확정하는 효과를 발휘했다. 반대파는 스탈린에 대한 반대를 계속해야 하는 것인지, 반대한다면 어떤 근거에서 반대해야 하는 것인지를 더 이상 명확하게 알 수가 없었다. 적어도 스탈린이 '완전한 집단화'와 '쿨라크의 해체'를 결정하기 전인 1929년 중반까지는 그랬다. 그때까지만 해도 스탈린의 정책이 반대파가 요구한 내용에 거의 근접하는 것이었기 때문이다. 그 어느 정당이나 그룹이라도 자기들의 정책을 적수인 정당이나 그룹에 의해 도용당하는 것은 분통터지는 경험이겠지만, 자기들 나름의 정책 아이디어를 주장함으로써 스스로 박해와 중상모략의 대상이 된 트로츠키주의자들에게 그것은 엄청난 충격이었다. 트로츠키주의자들 가운데 일부는 무엇 때문에 계속 고통을 받고 가족이나 가까운 친척까지 잔인한 박해를 계속 견뎌야 하는지 의문을 품기 시작했다. 그들은 이제는 투쟁을 포기하고 기이한 박해자들과 화해해야 할 때가 된 것 아니냐고 자문하기까지 했다.

이런 분위기에 굴복한 사람들은 라데크와 프레오브라젠스키의 주장에 적극적으로 찬동했다. 라데크와 프레오브라젠스키는 반대파가 박해자들과 화해를 한다고 해서 비난받을 이유가 전혀 없으며, 다른 무엇인가를 도모하려는 게 아닌 한 그동안의 박해자가 반대파의 사상을 실행에 옮기는 것은 반대파의 사상이 승리했음을 보여주는 것이므로 진정으로 그것을 반가워하고 기뻐해야 한다고 주장했다. 당 안에 프롤레타리아 민주주의를 회복시키라는 반대파의 또 다른 주장에 대해서는 스탈린이 수용할 뜻을 전혀 갖고 있지 않은 것이 사실이라고 두 사람은 말했다. 그러나 스탈린이 반대파의 정강정책 중에서 그렇게 많은 부분을 실행에 옮긴 것으로 봐서는 그가 결국은 반대파의 정강정책 중 아직 실행하지 부분도 차차 실행에 옮길 것이라고 기대할 만한 근거가 있다고 그들은 말했다. 어쨌든 간에 반대파는 실질적인 영향력을 전혀 발휘할 수 없는 유형지에 남아있기보다는 당에 복귀하는 것이 당내 자유라는 대의의 실현을 더 잘 촉진할 수 있을 거라는 얘기였다. 반대파가 추구하는 것이 무엇이든 당으로 복귀해서 당 안에서 그것을 추구해야 하지 않느냐고 두 사람은 주장했다. 트로츠키도 당을 가리켜 사회주의를 발전시키기 위해 "노동계급이 역사적으로 부여받아 갖고 있는 유일한 도구"라고 하지 않았던가? 그러므로 반대파는 오직 당을 통해서만, 그리고 당 안에서만 목표를 달성할 수 있다는 것이었다. 라데크도 프레오브라젠스키도 아직은 반대파의 굴복을 시사하지 않았다. 그들은 단지 반대파에게 보다 유화적인 태도를 취하라고 권고했을 뿐이었고, 그렇게 해야만 반대파가 당에 복귀하는 조건에 대해 협상할 수 있게 된다는 입장이었다.

반대파 중에서 소스노프스키와 딩겔슈테트, 때로는 라코프스키가 대변자로 나선 또 다른 분파는 이런 권유를 거부했다. 이들은 스탈린이 진지한 자세로 공업화 및 쿨라크와 싸우고 있다고 믿지 않았다. 이들은 스탈린의 왼쪽 경로 정책을 '일시적인 작전' 정도로 보았고, 이 정책은 농촌자본주의에 대한 대대적인 양보, 새로운 신경제정책, 그리고 우익의 승리로 이어질 것이라고 보았다. 이들은 실제로 어떤 상황도 반대파의 정강정책을 능가하지 못했으며, 따라서 자기들이 태도를 수정해야 할 이유가 전혀 없다고 생각했다. 좀 더 낙관적인 사람들은 시간은 반대파의 편이라며 그 어느 때 못지않게 희망적이었다. 이런 사람들은 스탈린이 왼쪽 경로 정책을 추구한다면 그 정책 자체의 논리에 의해 그가 결국은 좌파인 반대파에 대한 싸움을 어쩔 수 없이 중단할 수밖에 없을 것이라고 말했다. 또한 스탈린이 새로운 신경제정책을 출범시킨다면 그 뒤에 이어질 '오른쪽으로의 전환'이 스탈린 자신의 입지를 위태롭게 할 것이므로 균형을 되찾기 위해라도 스탈린은 트로츠키주의자들과 화해해야만 할 것이라고 했다. 따라서 반대파가 당으로 복귀하기 위해 원칙을 희생시키는 거래를 하는 것은, 특히 의사표현의 자유와 비판의 자유를 포기하는 것은 어리석은 행동이라고 이들은 주장했다. 넓게 보아 이런 주장이 트로츠키주의자들의 정통적인 견해였다.

하지만 반대파의 정강정책이 쓸모없는 것이 돼버렸다는 생각은 유화적인 태도를 갖게 된 사람들에게만 한정된 것이 아니었다. 반대파 중에서 가장 극단적이고 비타협적인 그룹에 속하는 사람들도 비록 라데크나 프레오브라젠스키가 내세운 이유와는 정반대의 이유에서이긴 했지만 그러한 생각을 오히려 더 강렬하게 품었다. 이들 사이에서는 소련은 더 이상 노동자들의 국가가 아니고, 당은 혁명을 배반했으며, 개혁에 대한 희망을 계속 갖는 것은 무익한 일이니 반대파는 새로운 당을 결성해서 새로운 혁명을 설교하고 준비해야 한다는 것이 공식적인 견해처럼 돼버렸다. 스탈린을 농촌자본주의의 촉진자 또는 '쿨라크 민주주의'의 지도자로 보는 사람들도 일부 있었고, 스탈린의 통치는 사회주의를 전적으로 적대하는 국가자본주의의 부상을 상징하는 것이라고 보는 사람들도 일부 있었다.

1928년 말까지는 서로 교차하는 이러한 흐름들이 반대파의 외견상 단합을 파괴할 정도로 강력하지는 않았다. 유형지에서는 토론이 끊임없이 이어졌고, 트로츠키가 그러한 토론을 주재하는 역할을 하면서 상반되는 견해들 사이에서 균형을 잡아나갔다. 그러나 트로츠키가 콘스탄티노플로 추방된 뒤에는 의견의 상충이 더욱 확대됐고, 의견이 다른 그룹들은 서로 더욱더 멀어졌다. 당으로 복귀하기를 열망하는 유화파는 스탈린과 화해하는 쪽으로 조건을 점점 더 완화해나갔고, 급기야 그들이 언제라도 수용할 준비가 돼있다고 말하는 화해는 사실상 항복과 구분하기 어려울 정도에 이르렀다. 그런가 하면 비타협적인 사람들은 스탈린이 대변하는 모든 것에 대해 광적인 적대감을 품은 나머지 스탈린의 정책에 일어나는 변화에 전혀 관심을 기울이지 않았고, 심지어 소련 안에서 일어나는 전반적인 상황변화에 대해서도 주목하지 않기에 이르렀다. 이런 이들은 이전에 스탈린주의를 향해 퍼부었던 비난을 그대로 되풀이했다. 그 비난이 새로운 사실이든 과거의 사실이든 사실과 부합하는지 여부는 안중에도 없었다. 이런 양 극단의 그룹에 속한 사람들은 서로를 배신자나 반역자로 보았다. 비타협적인 사람들은 유화적인 사람들에게 '스탈린의 하수인'이라는 낙인을 찍었고, 유화적인 사람들은 비타협적인 사람들을 '방향감각을 상실했으며 볼셰비키이기를 포기하고 무정부주의자나 반혁명분자가 되려는 사람들'로 보았다. 이 두 극단의 그룹들이 점점 더 규모를 키우는 동안 '정통 트로츠키주의자'로 남아있는 사람들의 수는 갈수록 줄어들었다.

트로츠키가 추방된 지 3개월이 갓 넘은 시점에 반대파의 외견상 단합은 그 흔적도 남아있지 않게 됐다. 트로츠키가 자기의 지지자들과 차단돼있는 동안 스탈린은 테러와 회유를 통해 쉽사리 반대파를 분열시키거나 그들의 사기를 꺾어놓을 수 있었다. 추방된 트로츠키가 자기의 지지자들과 연락망을 복구하는 데는 몇 개월의 시일이 필요했다. 반대파에 대한 테러는 선별적으로 가해졌다. 게페우는 유화파에 대해서는 눈감아준 반면, 유형지를 이 잡듯 뒤지고 다니면서 가장 완강한 태도를 취하는 반대파를 가려내어 감옥으로 보냈다. 투옥된 반대파 사람들은 가혹한 취급을 받았다. 군인들이 경계를 서고 있는 가운데 이들은 겨울에도 난방이 안 되는 축축하고 어두운 시베리아의 감방 속에 갇힌 채 부패한 음식을 먹으며 힘겹게 버텨야 했다. 읽을 책을 반입할 수도 없었고, 밤에 불을 밝힐 수도 없었으며, 가족과 편지를 주고받을 수도 없었다. 이처럼 이들은 차르체제의 러시아에서도 정치범들에게 허용됐던 권리, 내전 이후에는 볼셰비키가 반볼셰비키 범죄자들에게 허용했던 권리마저 박탈당했다. 이즈음에 스탈린은 이전의 동지들을 더 조롱하겠다는 듯이 극소수의 멘셰비키와 사회혁명당원들을 감옥에서 풀어주라는 명령을 내렸다. 일찍이 1929년 3월에 토볼스크의 중노동 감옥에 갇혀있던 트로츠키주의자들은 자기들의 수감생활을 도스토예프스키의 《죽음의 집의 기록》에 나오는 카토르가(중노동 감옥—옮긴이) 수인들의 모습에 비유했다.[80] 이런 스탈린의 테러는 반대파 중 유화파를 위협하고 그들의 태도를 더욱 누그러뜨리려는 목적도 있었겠지만, 비타협적인 사람들이 현존 체제의 모든 측면에 대한 적개심을 드러내도록 유도함으로써 그들을 손쉽게 반혁명분자로 낙인찍는 동시에 그들과 유화파의 사이가 더욱 벌어지게 하려는 목적도 있었다.

그러나 스탈린은 테러만으로는 반대파를 파괴할 수 없었다. 그가 휘두른 훨씬 더 강력한 무기는 왼쪽 경로 정책이었다. 이와 관련해 라코프스키는 이렇게 말했다. "가혹한 박해가 없었다면 왼쪽 경로 정책은 반대파에 새로운 지지자들이 유입되도록 했을 것이다. 왜냐하면 왼쪽 경로 정책은 초기 스탈린주의 정책의 파산을 의미하는 것이었기 때문이다. 그러나 왼쪽 경로 정책 없이 가혹한 박해만 있었다면 실제와 달리 소기의 성과가 나타나지 못했을 것이다."[81] 트로츠키가 콘스탄티노플에 도착한 지 몇 달 만에 정책과 관련해 스탈린의 주저하던 태도가 끝났다. 트로츠키가 터키로 향하고 있던 2월에 열린 정치국 회의에서 스탈린이 부하린과 결별하려는 움직임이 절정에 달했다. 이 갈등은 4월에 정치국에서 중앙위원회로 넘어갔고, 이어 16차 당대회로 다시 옮겨갔다. 당대회는 소련 국민에게 공업화와 집단화의 급격한 가속화를 촉구하는 경종을 울렸다. 이 경종은 부분적으로는 트로츠키가 이전에 호소했던 내용을 그대로 되풀이한 것이었다.[82] 트로츠키와 일부 트로츠키주의자들은 스탈린의 정책변경이 '일시적인 작전'이라고 여전히 주장하고 있었지만, 그런 주장을 계속해나가기가 점점 더 어려워지고 있었다. 이 점에서는 프레오브라젠스키와 라데크가 현실을 훨씬 더 잘 파악하고 있었던 셈이다. 이들 두 사람은 스탈린은 왼쪽 경로 정책을 장난삼아 추진하는 것이 아니며, 설사 그렇다 해도 상황이 그것을 장난으로 끝나게 하지 않을 것이라고 그동안 줄곧 주장해왔다.

반대파의 딜레마가 극심해졌다. 반대파가 이전의 슬로건을 다시 중시하거나, 더 많은 공업화를 주장하거나, 농촌자본주의에 대한 유화적인 태도에 항의하거나, 새로운 신경제정책의 위협에 대해 이야기하는 것이 거의 터무니없는 일이 돼버렸다. 반대파는 이제 자기들이 해야 할 일을 스탈린이 대신하고 있다고 인정하거나, 아니면 그 이상의 투쟁을 위해 스스로를 재구축하고 정치적 재무장을 해야 할 처지가 됐다. 트로츠키와 라코프스키를 비롯한 반대파의 지도자들은 반대파의 사상을 가장 최근의 상황에 부합하도록 발전시키는 노력을 기울여왔다. 그러나 상황의 변화는 이론가들 중에서 가장 빠른 정신의 소유자도 따돌리고 훨씬 더 빠르게 전개됐다.

공적인 정책의 변화 못지않게 나라의 전반적인 상태도 반대파의 혼란을 가중시켰다. 이때는 가장 심각한 비상상황이었다. 스탈린뿐만 아니라 반대파의 지도자들도 모두 비상상황이라고 말했다.[83] 그러나 반대파 내부에서는 지도자들 사이에 의견차이가 있었다. 프레오브라젠스키는 극적인 과장에 빠지지 않으면서도 1929년 봄의 긴장된 상황을 크론슈타트의 봉기 직전의 상황에 견주었다. 크론슈타트의 봉기는 볼셰비키가 내전의 과정 중 있었던 그 어떤 긴박한 국면의 사건보다 더 위험했다고 생각하는 사건이었다.[84] 라데크는 중앙위원회에서 스탈린주의자들과 부하린주의자들 사이에 전개된 갈등에 대해 언급하면서 "중앙위원회는 마치 테르미도르반동 전야의 자코뱅당 총회처럼 보인다"고 말했다. 이 말은 당시 소련의 상황을 자코뱅주의가 파멸하기 직전의 상황에 비유한 것이었다. 그런가 하면 라코프스키는 당시 상황을 "내전 이후 가장 운명적인 순간"이라고 표현했다.[85] 사실 소련의 상황을 관찰하던 모든 사람이 이 점에 대해서는 완전한 의견일치를 보이고 있었다.

벌써 몇 년째 도시와 농촌의 격차는 넓고도 깊어졌다. 대부분이 소규모이고 낙후한 2500만 내지 2600만 개의 농장들은 급속히 늘어나는 도시의 인구를 먹여 살릴 수가 없었다. 도시 사람들은 거의 상시적으로 굶주림에 대한 공포 속에 살고 있었다. 결국 이런 위기는 비생산적인 소규모 농장을 현대적인 대규모 농장으로 바꾸어야만 해결할 수 있었다. 국토가 넓어 조방농업(粗放農業)에 익숙한 나라에서 현대적인 대규모 농장으로 전환하려면 농촌자본주의를 강력히 촉진하거나, 아니면 집단화를 시도하는 수밖에 달리 방법이 없다. 그런데 그 어떤 볼셰비키 정부도 농촌자본주의의 양부모 노릇을 할 수는 없었다. 만약 그렇게 한다면 자신에게 적대적인 세력을 강화시켜주는 셈이 될 것이고, 계획적인 공업화의 전망을 거둬들여야 할 것이기 때문이다.[86)] 그러므로 단 하나의 길만 남았다. 그것은 바로 집단화였다. 규모, 방법, 속도 등 집단화와 관련된 대단히 중요한 문제들이 아직 풀리지 않았지만, 그렇더라도 그 길을 선택할 수밖에 없었다. 정부는 공식적으로 몇 년 동안 주저주저한 결과로 오히려 상대적으로 더 나빠진 여건에서 집단화 결정을 내리지 않을 수 없는 상황이었다. 스탈린은 부농들과 유화적인 태도로 타협한 다음에 그들의 생산물을 징발하는, 모순된 두 가지 정책의 결합을 추구했고, 이에 농민들은 분노했다. 스탈린이 오랜 기간 동안 공업개발의 확고한 추진을 지연시킨 것도 마찬가지로 재앙적인 결과를 초래했다. 농촌은 도시를 먹여 살릴 능력도 의향도 없었고, 동시에 도시는 농촌에 공업제품을 공급할 능력이 없었다. 농민들은 신발, 옷, 농기구를 아예 구할 수도 없었기에 농산물을 더 많이 팔아야겠다는 유인은 물론 더 많이 생산해야겠다는 유인도 느끼지 못했다. 그 결과 굶주리는 도시와 공업제품을 공급받지 못하는 농촌, 둘 다 동요했다.

공업화와 집단화라는 양면의 정책 추진에 필요한 모든 인적, 물적 자원이 극심하게 부족한 여건에서 공업화와 집단화의 속도와 규모에 대한 결정이 내려졌다. 노동자들은 먹을 빵이 부족했고, 산업계는 숙련된 노동력이 부족했다. 기계도 부족하긴 마찬가지였다. 그나마 있는 기계도 연료와 원자재가 제대로 공급되지 못해 놀릴 수밖에 없었다. 수송시설은 파괴되어 늘어나는 공업의 수송수요를 충족시키지 못하는 상태였다. 거의 모든 재화와 서비스의 공급이 수요에 비해 극심하게 모자랐다. 인플레이션이 만연했다. 통제되는 가격과 통제되지 않는 가격 사이에 아무런 관계도 없었고, 어느 쪽의 가격도 진정한 경제적 가치를 반영하지 못했다.

나라 안 각 부분 사이의 연결망이 단절된 상태였다. 오직 비참과 절망만이 모든 부분에 공통된 요소였다. 도시와 농촌 사이의 경제적 상호관계만 붕괴된 것이 아니었다. 일반 국민과 국가의 정상적인 관계는 물론 당과 국가의 정상적인 관계도 다 파괴돼버렸다. 통치자든 피통치자든 너도나도 기만과 폭력으로 치달았고, 이런 행동이 한도 끝도 없이 이어졌다. 쿨라크는 물론 다수의 중농과 심지어 빈농까지도 인민위원들에게 누구도 달랠 수 없는 증오를 품기에 이르렀다. 농촌에서 당의 요원과 선동가들을 겨냥한 방화와 살인이 일상사처럼 일어났다. 이런 농촌의 분위기는 저절로 노동계급 사이에 전파됐다. 노동계급 중에는 최근에 농촌에서 올라온 노동자들이 많았기 때문이다. 이해는 혁명 후 12년째였는데, 전국적으로 퍼진 빈곤 위에 정부의 무사안일하고 방자한 태도가 겹치면서 민심의 이반이 심각한 수준으로 폭넓게 확산됐다. 뭔가 거대하고 험악한 일이 발생할 것 같은 분위기였고, 그런 일이 일어나는 사태를 막으려면 꽉 차오른 인민의 감정을 억누르거나 방출시키기 위해 뭔가 조처를 취해야 했다. 수면 밑에서는 1956년에 헝가리가 소규모로 전례를 보여준 것과 같은 종류의 거대한 폭발을 일으킬 수 있는 힘이 끓어오르고 있었다. 거의 궁지에 몰린 스탈린과 그의 지지자들은 더욱 광포하게 반격의 싸움에 나서고 있었다.

추방됐거나 감옥에 갇힌 트로츠키주의자들은 "혁명이 위기에 처했다!"고 외쳤다. 정통 트로츠키주의자들이나 유화적인 트로츠키주의자들이나 모두 동일한 불안감에 휩싸였다. 그러나 정통 트로츠키주의자들은 자기들이 처한 여건 속에서 어떤 행동의 가능성이 열려 있는지 알지 못하면서도 다가오는 위기에 대한 대응태세를 갖추어야 한다고 생각한 반면, 유화파는 '즉각적인 행동'을 강요받고 있다고 느꼈다. 그래서 유화파는 "혁명이 위기에 처했다!"고 외치면서 항복의 길로 질주했다. 볼셰비즘과 혁명의 운명이 위기에 처한 상황에서 분파에 집착해 분파적인 이익을 좇고 분파적인 야심을 품는 것은 죄악이라는 마음속의 깊은 신념에서 그렇게 한 일부의 유화파는 최선의 경우였다. 최악의 경우는 지쳐버린 기회주의자들이었다. 이들은 혁명의 위기 속에서 실패한 대의에서 발을 빼기 위해 둘러댈 만한 편리한 명분을 찾았다. 최선의 경우에도 최악의 경우에도 해당되지 않는 보통의 유화파 사람들은 어찌할 바를 몰랐다. 이런 이들은 혼란되고 양면적인 생각과 감정에 빠져 있었다.

1929년 4월에 프레오브라젠스키는 〈반대파의 모든 동지에게〉라는 제목의 호소문[87]을 발표해 유화파를 하나로 모으려 했다. 이것은 특이한 문건이었다. 이 문건에서 유화파인 프레오브라젠스키는 항복이 그의 입을 봉하기 전에 마지막으로 자기의 심정을 솔직하게 드러냈다. 그는 그동안 반대파가 걸어온 길을 회고하고 자기의 앞날에 닥치게 될 고통스럽고 험난한 길로 시선을 돌렸다. 그는 반대파가 사상에서 승리함으로써 오히려 곤경에 몰리게 된 과정을 설명했다. 그는 자기의 동지들 가운데 다수가 곤경을 받아들이기보다는 사상의 승리를 부인할 것이라고 생각했다. 여전히 그들은 새로운 신경제정책과 오른쪽으로의 전환에 관한 자기들의 예측이 사실로 입증됐으며 왼쪽 경로는 존재하지 않는다고 생각하는 듯했다. 사실 스탈린은 그들이 주장했던 방식과는 매우 다른 방식으로 왼쪽 경로 정책을 추진했다. 반대파는 공업화와 집단화가 프롤레타리아 민주주의에 따라 폭넓고 공개적으로 추진되고, 대중의 동의와 아래로부터의 자유롭고 자발적인 추진력에 의해 이루어지길 원했다. 그러나 스탈린은 위로부터의 명령과 강압적인 힘에 의존했다. 그러나 스탈린이 일을 추진하는 방식에 혐오감을 느꼈다 하더라도, 어쨌든 반대파가 그 일 자체를 지지한 것은 사실이었다. 반대파가 이 사실을 인정하지 않는 것은 자기들이 반대를 위한 반대파임을 스스로 증명하는 행위이자 자기정당화를 위해 원칙으로부터 멀어지는 행위였다. 프레오브라젠스키는 반대파의 과거를 부정하지 않았다. "중앙위원회에 대항해 싸우면서 우리는 우리의 의무를 수행했다"고 그는 썼다. 그러나 이제는 당에 가까이 다가가 복귀하는 것이 반대파의 의무가 됐다고 그는 말했다. 이 대목에서 '사회주의적 원시축적'이라는 개념의 이론적 선구자인 프레오브라젠스키는 그 이유를 이렇게 설명했다. "사회주의적 축적 정책과 농촌자본주의에 대한 투쟁이 농촌에서 불러일으킬 수밖에 없는 불만이라는 압력에 함께 대항하기 위해서다."

프레오브라젠스키는 스탈린이 계급상 적(터키 정부)의 도움을 받아 트로츠키를 추방함으로써 반대파 중 유화파에게도 불러일으킨 분노를 거론했다. "반대파는 그것을 용서할 수 없다"고 프레오브라젠스키는 말했다. 그러나 그는 이런 분노로 인해 보다 일반적인 관점을 잃어서는 안 된다고 지적했다. 그는 트로츠키도 스탈린에 대항하는 투쟁을 서방의 부르주아 언론으로 가져감으로써 반대파를 혼란시켰다고 덧붙였다. 그는 유화파를 기다리고 있는 운명에 대한 환상은 거의 품지 않았다. 그는 앞날에 닥칠 힘겨운 위기의 시기에 유화파에 가해질 타격과 그들이 겪을 굴욕을 알고 있었다. 물론 그는 그들이 헤치고 나아가야 할, 그러나 결국은 파멸하고 말 진창과 유혈사태를 모두 내다볼 수는 없었다. 하지만 그는 자기가 권유하는 길이 불안과 고통으로 가득 찬 길임을 동지들에게 알려줄 수 있을 정도의 혜안은 지니고 있었다. 그가 지난해에 품었던 희망, 즉 품위를 지키면서 진정한 화해를 이룰 수 있을 것이라는 희망은 사라졌다. 이제 그는 당으로의 복귀를 사실상의 항복으로 보기 시작했다. 그는 이렇게 결론을 내렸다. "당의 일원으로서 10년간, 20년간, 또는 그 이상의 세월 동안 투쟁해온 우리는 맨 처음 당에 참여했을 때 가졌던 느낌과는 전혀 다른 느낌을 가지고서 당에 복귀해야 할 것이다." 그 자신도 1904년 이래 줄곧 볼셰비키였으니 마찬가지였다. 그들은 초기의 열정을 잃은 채 낙담한 사람으로서 당에 복귀하게 되는 것이었다. 중앙위원회가 어떤 조건으로든 그들의 당 복귀를 수용해줄 것이라고 장담할 수도 없었다. "이번의 복귀와 관련된 모든 상황이 그러하고 당 내부의 상황도 그러하므로, 우리의 당 복귀가 받아들여진다 하더라도 우리는 그동안 우리가 사람들에게 경계하라고 말했던 것들에 대해 책임을 져야만 할 것이고, 우리가 동의할 수 없는 방식들에 순응해야만 할 것이다. (…) 당에 복귀하게 되면 우리는 각자 무거운 십자가를 받아들 듯 당원증을 돌려받게 될 것이다." 그럼에도 사회주의라는 대의에 실질적으로 봉사하기를 원하는 사람으로서 그 십자가를 받아 드는 것 외에 다른 길은 전혀 없다고 그는 말했다.

5월에 프레오브라젠스키는 당과 화해를 시도하고 타결하기 위한 모스크바 방문을 허락받았다. 처음에 그는 테러와 추방 중단, 형법 58조에 따라 반혁명 활동 혐의를 받고 희생양이 된 당원들의 복권, 트로츠키를 추방한 조처의 철회를 호소하는 등 반대파 전체에 유리한 조건을 얻어내려고 노력했다. 트로츠키를 추방한 조처를 철회하라는 호소는 마지막으로 언급됐지만, 그렇다고 해서 다른 사안들에 비해 중요성이 덜한 것은 결코 아니었다. 프레오브라젠스키는 오르조니키제와 야로슬라프스키를 비롯한 중앙위원회와 중앙통제위원회의 위원들과 협상을 했고, 그들은 스탈린의 직접적인 지휘를 받으며 그 협상에 임했다.

반대파 중 커다란 한 부분이 항복해오는 것은 스탈린에게 있어 대단히 의미있는 일이었다. 그것은 당의 사기와 트로츠키의 운세에 영향을 끼칠 게 분명했다. 한편으로는 유화파를 끌어들이고자 하는 열망에서, 다른 한편으로는 유화파의 희망이 일거에 무너지지 않게 하려는 신중함에서 스탈린은, 처음에는 그들의 요구사항들 가운데 일부는 얼마든지 고려할 준비가 돼있는 것처럼 처신했다. 그러나 사실 그는 반대파 내 유화파의 요구사항 중 단 하나도 수용할 수 없었다. 게다가 그는 반대파가 복귀하면서 "당 지도부가 우리가 내세운 강령을 채택했기 때문에 복귀했다"고 말하는 것도 허용할 수 없었다. 반대파가 그런 말을 하도록 허용하는 것은 트로츠키와 트로츠키주의가 옳았고 그들에게 씌워졌던 모든 혐의가 근거를 상실하게 됨을 의미하는 것일 뿐 아니라 그들에게 가해져온 처벌의 불법성을 드러내는 것이기도 했다. 따라서 스탈린은 자기가 트로츠키의 흉내를 냈고 그를 본받았다는 사실을 누구도 입 밖으로 발설하지 못하게 해야 했다. 그런 말을 하게 하는 것은 그동안 자기는 오류를 저지르지 않았다고 한 주장을 스스로 허물어뜨리고 자기의 권력도 스스로 파괴하는 것이 될 터였다. 항복을 하는 자들은 자신들이나 트로츠키가 아니라 스탈린이 옳았다고 선언해야 했다. 그들은 자기들의 과거를 자아비판해야 했다. 그들을 '그동안 오해받았던 개척자'의 모습으로 돌아가게 할 수 없었다. 왼쪽 경로 정책을 사보타주했던 걸 후회하는 모습으로 돌아오게 해야 했다. 복귀한 그들에게 방탕한 행동을 하며 돌아다니다가 참회하고 돌아온 아들에게나 품음직한 감정을 당이 품게 해서도 안 됐다. 그들은 오직 실패한 죄인이나 범죄자에게 베풀어질 수 있는 용서만을 구해야 했다. 따라서 그들은 무릎을 꿇은 자세로 복귀해야 했다. 이를 위해 스탈린은 완강한 태도로 느릿느릿 협상에 임하면서 그들의 정신적인 방어태세를 허물어뜨리려 했고, 그들이 요구사항들을 하나씩 포기해서 결국은 무조건 항복이나 다름없는 상태가 되도록 몰아붙였다. 이런 스탈린의 태도는 사실 놀라운 것이 아니었다. 지노비예프, 카메네프, 안토노프-오브세엔코, 퍄타코프를 비롯한 많은 사람들이 그런 방식을 거쳐 항복했으며, 그 과정이 여전히 모든 사람에게 생생한 기억으로 남아있었다. 그러나 자기기만의 힘이란 강한 것이어서, 모스크바에서 진행된 프레오브라젠스키의 협상을 불안한 마음으로 멀리서 지켜보는 많은 유화파 사람들은 그 전에 항복했던 이들에게 가해졌던 모욕이 자기들에게는 가해지지 않기를 여전히 바라고 있었다. 프레오브라젠스키는 모스크바에서 협상을 진행하는 도중에도 유형지에 있는 사람들과 교신할 수 있도록 허용받고 있었기에 유화파는 이런 기대감을 품은 채 협상 과정을 지켜볼 수 있었다.

프레오브라젠스키의 협상이 어떤 결과를 낳았는지는 한 달 뒤에 프레오브라젠스키와 가장 가까운 친구들의 태도에서 이미 읽을 수 있었다. 6월 중순에는 라데크와 스밀가도 게페우의 호위를 받으면서 모스크바로 가서 프레오브라젠스키와 합류했다. 두 사람이 탄 열차는 시베리아의 한 작은 역에 잠깐 멈췄고, 여기서 그들은 우연히 한 무리의 반대파 사람들과 마주쳤다. 이 만남에 대한 반대파 사람들의 기록이 트로츠키 자료실에 편지의 형태로 남아있다. 스밀가는 병에 걸려 열차 안의 자기 방에 머물러 있어야 했으므로 그들은 라데크하고만 이야기를 나눌 수 있었다. 라데크는 열차여행의 목적이 무엇인지를 설명하면서 그들에게 항복을 해야 한다는 주장을 폈다. 라데크가 주장한 내용은 그들에게 이미 익숙한 것이었다. 전국적인 기근, 모스크바에서조차 느껴지는 식량부족, 노동자들의 불만, 농민봉기의 위협, 중앙위원회의 내부분열(당시 부하린주의자들과 스탈린주의자들은 서로 상대방을 체포하기 위한 음모를 꾸미고 있었다) 등에 관한 이야기가 그의 입에서 흘러나왔다. 지금은 데니킨이 모스크바의 입구에 서있고 유데니치가 페트로그라드를 공격했던 1919년만큼 심각한 상황이라고 라데크는 말했다. 그러니 모두가 당으로 집결해야 한다는 것이었다. 어떤 조건으로 그렇게 해야 하느냐고 그들은 물었다. 모스크바에 가면, 추방당한 사람들에게 형법 58조에 따라 적용된 반혁명의 낙인을 철회하라고 요구할 것인가? 이 질문에 라데크는 그런 요구는 하지 않을 것이라고 대답했다. 반대파로서 계속 활동하려는 사람은 그런 낙인을 지닌 채 살아가는 게 마땅하다는 것이었다. 그는 이렇게 외쳤다. "우리를 망명지와 감옥으로 보낸 것은 바로 우리 자신입니다." 트로츠키를 복귀시키라고 요구할 것이냐는 질문도 나왔다. 프레오브라젠스키가 반대파는 트로츠키를 추방한 조처를 용서할 수 없다고 선언한 지 몇 주일도 지나지 않은 때였다. 그리고 라데크 자신이 〈승리의 조직가 트로츠키〉라는 유명한 논문의 필자로서 중앙위원회에 항의를 한 지 채 몇 달이 지나지 않은 때였다. 그때 라데크는 중앙위원회가 "투쟁하는 혁명의 심장"을 "서서히 죽음에 이르게" 하고 있다면서 "트로츠키 동지의 건강과 생명을 놓고 더 이상 이런 비인간적인 장난을 쳐서는 안 된다"는 말로 항의의 결론을 맺었다. 그러나 최근 몇 주 사이에 스탈린에 항복해야 한다는 논리가 압도하게 됐다. 시베리아의 기차역에서 라데크와 만난 사람들은 놀랍게도 그로부터 이런 답변을 들었다. "나는 레프 다비도비치와 확실하게 결별했습니다. 이제 우리는 서로 정적입니다. 비버브루크 경이 발행하는 신문에 기고하는 그는 나와 아무런 공통점도 없습니다."[88] 그러나 라데크도 전에 비버브루크 경이 발행하는 부르주아 신문에 종종 기고했었고 이후에도 스탈린에게 유리한 글을 써서 이 신문에 기고하게 된다. 라데크는 자기의 답변에 내재된 폭력성을 통해 자신의 죄의식을 드러낸 셈이었다. 그는 계속해서 반대파에 새로 가담하는 사람들에 대한 험담을 늘어놓았다. 반대파에 새로 가담하는 성난 젊은이들은 볼셰비키적인 특성은 전혀 갖고 있지 않으며, 그들이 트로츠키주의자들과 합세하는 것은 순전히 소련 정부에 대한 앙심 때문이라고 그는 주장했다. 그는 역에서 자기에게 질문을 던진 사람들에게 이렇게 호소했다. "최근의 당대회는 훌륭하게 그 타당성이 입증된 우리의 정강정책을 수용해 채택했습니다. 그런데도 아직 당에 반대할 것이 남아있습니까?" 이 물음에 라데크를 호위하고 있던 게페우 요원들이 답변을 내놓았다. 라데크는 하던 이야기를 계속하려 했지만 그들이 중간에 가로막고 나서서 "트로츠키의 추방에 반대하는 선동은 허용할 수 없다" 면서 발길질까지 해대며 그를 열차 안으로 밀어 넣으려 했다. 라데크는 신경질적인 웃음을 터뜨리며 이렇게 말했다. "내가? 내가 트로츠키의 추방에 반대하는 선동을 한다고?" 그리고 그는 하소연조로 변명했다. "나는 단지 저 동지들에게 당으로 복귀하라고 설득하려는 것뿐이오." 그러나 호위요원들은 그의 말을 들으려고도 하지 않고 그를 열차 객실 안으로 밀어 넣었다. 지난해 라데크는 지노비예프와 퍄타코프가 이전의 자기주장을 철회하는 행동을 함으로써 '도스토예프스키적인 악취' 를 뿜어냈다고 조롱했었다. 그런데 이제는 팸플릿 쓰기의 달인으로 여겨지던 라데크 자신이 예전에 자기와 같은 생각을 하고 같이 시련을 겪어온 동지들 앞에서, 마치 도스토예프스키의 작품 속에서 뛰쳐나와 시베리아의 작고 황량한 역에 나타난 스메르자코프(장편소설 《카라마조프 형제》에 나오는 인물—옮긴이)가 된 듯했다.[89]

그로부터 한 달가량 협상이 더 진행된 뒤인 7월 13일에 라데크, 프레오브라젠스키, 스밀가를 비롯해 그동안 추방생활을 해온 400여 명이 결국 항복을 선언했다.[90] 이 항복 선언에서 스탈린이 얻은 이점은 많았다. 1927년 12월의 15차 당대회에서 지노비예프와 카메네프가 항복을 한 이래 그 어떤 사건도 이번만큼 스탈린의 위신을 제고시켜주지 않았었다. 이때 스탈린은 부하린파에 대해 강력한 공격에 나선 상황이었는데, 마침 트로츠키주의반대파가 분열되는 사태가 벌어짐에 따라 두 개의 전선에서 동시에 싸워야 할 필요가 없어졌다. 트로츠키는 '오른쪽으로부터의 위협'이 심각해지면 트로츠키주의자들과 스탈린주의자들이 손을 잡게 될 것이라고 종종 말해왔다. 이제 양쪽이 실제로 손을 잡기 시작한 셈이었지만, 전적으로 스탈린이 원하는 조건에 따라 그렇게 되고 있었다. 스탈린은 트로츠키를 개입시키지 않고, 심지어는 트로츠키에 대항하면서 트로츠키주의자들을 자기편으로 끌어들였다. 이때 스탈린에게 항복한 사람들 가운데는 능력이 뛰어나거나 경험이 풍부한 사람들이 많았다. 스탈린은 그들을 산업계와 행정부의 요직에 앉힘으로써 부하린주의자들을 밀어냈다. 스탈린은 항복자들이 산업계의 사업 추진에 전심전력으로 투신할 것임을 알고 있었다. 산업계에 배치된 항복자들은 그들보다 먼저 항복한 퍄타코프 밑에서 일하게 됐다. 이때 퍄타코프는 중공업 인민위원회의 지도적인 중심인물이었다. 그리고 라데크는 선전가로서 스탈린이 거느린 다른 글쟁이들을 모두 합친 것보다 더 가치가 있었다.

트로츠키는 즉각 '3차로 징집된 항복자들'을 공격했다. 3차로 징집된 항복자들이란 지노비예프와 카메네프 및 두 사람의 추종자들을 1차로 징집된 항복자들로, 안토노프-오브세옌코와 퍄타코프 및 두 사람의 친구들을 2차로 징집된 항복자들로 간주한 표현이었다. 트로츠키는 이렇게 썼다. "그들은 스탈린과 반대파 사이의 차이가 거의 사라졌다고 말한다. 그렇다면 그들은 반대파에 대한 스탈린의 보복행위가 지닌 광포한 성격에 대해서는 어떻게 설명할 것인가? 만약 융화될 수 없는 심각한 차이가 존재하지 않는데도 스탈린주의자들이 볼셰비키를 추방하고 중노동 감옥에 가두는 것이라면 스탈린주의자들은 그 어떤 정치적 이념도 없이 순전히 관료적인 강도행위를 하고 있다는 말이 된다. 이것이 바로 라데크의 관점에서 바라본 스탈린주의 정책의 모습이다. 그렇다면 라데크와 그의 친구들은 어떻게 감히 정치적 강도들과의 통합을 소리 높여 주장할 수 있는가?" 라데크의 관점은 트로츠키가 스탈린주의 정책을 바라본 관점과 다른 것이었다. 트로츠키는 스탈린주의가 반대파에 대한 철저한 적대감을 가질 만한 뿌리 깊은 정치적 동기를 갖고 있다고 보았다. 근본적인 차이가 전혀 누그러지지 않았다고 본 것이다. 라데크와 프레오브라젠스키는 이미 정신적으로 꺾였기 때문에 그러한 차이를 무시하거나 무시하는 척하는 것이라는 게 그의 생각이었다. 혁명은 수많은 등장인물을 잡아먹는 포식가다. 그리고 모든 반동의 시기는 지쳐버린 한 세대의 투사들을 희생시켜 그들로 하여금 항복하게 한다. 하지만 혁명은 조만간 기존의 지쳐버린 사람들을 대신할 젊은 사람들을 등장시켜 그들이 새로운 용기를 갖고 투쟁하게 하고, 심지어는 선배들의 쇠퇴로부터도 교훈을 얻게 한다. "우리의 앞길에는 길고도 줄기찬 투쟁과 기나긴 교육의 노력이 펼쳐질 것이다."[91)]

사실 트로츠키는 라데크의 항복에 관한 첫 소식에 미심쩍어했다. 그래서 그는 라데크의 행위를 "충동적인 성격, 고립, 동지들의 정신적 지원 결여" 탓으로 돌렸다. 그는 라데크에 대해 "사반세기에 걸쳐 혁명적 마르크스주의자로서 펼쳐온 활동"을 바탕에 깔고 있는 사람이라고 동지애를 품고 말했다. 트로츠키는 라데크가 정말로 스탈린주의와 화해할 수 있을 거라고 믿기 어려웠다. "그러기에 그는 너무나 철저한 마르크스주의자이며, 특히 너무나 국제적인 정신을 갖고 있다"는 것이었다. 라데크가 자기의 이전 견해를 철회하는 내용의 편지를 〈프라우다〉에 실은 뒤에야 트로츠키는 "내가 생각했던 것보다 그가 훨씬 더 많이 무너졌다"고 인정했다. 그럼에도 트로츠키는 라데크가 그렇게 무너진 것을 그대로 믿기 어려웠다. 그래서 그는 아마도 라데크와 스탈린의 타협은 일시적인 것이며, 과거에도 라데크가 당 안에서 좌파와 우파 사이를 왔다 갔다 했던 점에 비추어 이번에도 그는 조만간 부하린주의자들과 손을 잡을 것이라고 상상했다. 어쨌든 라데크의 항복은 엄청난 혼란을 초래한 사건임에 틀림없었다. "라데크 및 그와 같이 행동하는 소수의 사람들은 지금이 항복하기에 가장 좋은 시점이라고 생각하는 모양이다. 그 이유는 도대체 무엇인가? 누구나 보듯이 스탈린주의자들이 리코프, 톰스키, 부하린을 매도하면서 죄를 물으려 하고 있기 때문일 것이다. 그렇다면 집권그룹 중 한 부분이 다른 한 부분을 매도하고 죄를 묻는 게 우리가 수행해야 할 과제였던가? 근본적인 정치적 문제를 다루는 방식이 변한 것인가? (…) 공산주의 인터내셔널의 반마르크스주의적 체제가 유지되고 있는가? 미래에 대한 어떤 보장이 있는 건가?" 라데크와 프레오브라젠스키는 1차 5개년계획에서 전적으로 새로운 출발이 이루어지고 있다고 보았다. 이에 대해 트로츠키는 "중심 쟁점은 관료적인 5개년계획과 관련된 통계가 아니라 당의 문제"라고 대답했다. 즉 당을 지도하는 정신이 중심 쟁점이며, 그 이유는 그 정신이 당의 정책을 결정하기 때문이라는 것이었다. 5개년계획이 수립되고 실행되는 과정에서 아래로부터의 통제, 그리고 비판과 토론이 이루어지고 있는가? 이 점이 바로 5개년계획의 결과를 좌우하는 것이었다. "마르크스주의자들에게 당의 내부 체제는 정치적 노선에 대한 대체할 수 없는 통제의 요소"라는 것이 반대파의 근본적인 생각이었다. "그런데 배신자들은 흔히 기억력이 나쁘거나 다른 사람들의 기억력이 나쁘다고 생각한다. 혁명의 당은 노동계급의 기억을 구현한다고 우리는 당연히 말할 수 있다. 혁명의 당이 가장 먼저 수행해야 할 과제는 과거를 잊지 않는 법을 배우는 것이다. 그래야 미래를 내다볼 수 있기 때문이다." 트로츠키는 스탈린의 왼쪽 경로 정책이 반대파의 투쟁과 압력에 따른 부산물이라고 여전히 생각하고 있었다. 트로츠키는 스탈린이 정책을 역전시킬 수도 있으며, 스탈린과 부하린의 갈등은 아무리 심각해 보여도 그저 피상적인 것일 뿐이라고 여전히 생각하고 있었다.

트로츠키의 주장은 가을이 되어서야 소련 내 반대파에 전해졌다. 그러나 그의 주장은 반대파 사람들이 앞 다투어 항복하는 추세를 멈추게 하기에는 역부족이었다. 소련 내 격변은 이미 심각한 수준까지 진행되었고, 그러한 격변이 반대파에 끼치는 영향은 트로츠키가 생각하는 것보다 훨씬 심각했다. 소련 내 반대파 사람들의 글에서, 심지어는 가장 비타협적인 반대파 사람들의 글에서도 상황의 심각함에 대한 인식과 경고의 목소리를 읽을 수 있었지만, 트로츠키의 발언에는 그러한 상황인식을 하고 있다는 느낌이 전혀 없었다. 트로츠키는 1929년의 상황을 여전히 1928년의 프리즘을 통해 보고 있었고, '내전의 전야'와 같은 소련 내 분위기를 제대로 인식하지 못하고 있었다. 왼쪽 경로 정책이 힘을 더해가고 있고 스탈린과 부하린 사이의 갈등의 골이 깊다는 사실이 트로츠키의 시선을 비껴간 것과 마찬가지로 "혁명이 위기에 처했다"는 이구동성의 외침도 트로츠키의 귀를 비껴갔다. 하지만 반대파의 모든 그룹에게는 그러한 문제가 고통의 원인이 되고 있었다.

혁명이 치명적인 위기에 직면했으며, 그 위기를 극복하기 위해서 반대파는 스탈린주의자들과 함께 대처해야만 한다는 인식이 반대파 중 비타협적 그룹의 사람들까지도 프레오브라젠스키와 라데크의 뒤를 따르게 했다. 콜차크(반혁명 쿠데타를 시도한 해군 장성—옮긴이)를 물리치는 데 공을 세웠고 트로츠키의 가장 가까운 협조자 중 하나였던 이반 스미르노프, 전설적인 무용담의 주인공이자 투사인 음라치코프스키, 트로츠키가 1927년 11월에 크렘린을 떠나게 됐을 때 자기 집을 그에게 도피처로 제공했던 인민위원 비옐로보로도프, 그 밖에 테르-바가냔, 보구슬라프스키 등 많은 사람들이 복권을 신청했다. 이들은 전반적인 상황의 변화로 인해 스탈린이 자기들을 보다 덜 굴욕적인 조건으로 복권시켜줄 것이라는 기대를 품고 있었다. 그래서 스탈린주의자들과 협상하러 나설 때 이들은 프레오브라젠스키보다 덜 침울한 분위기였다.[92] 이들의 협상은 6월부터 10월말까지 거의 다섯 달이나 걸렸고, 그러는 동안 스미르노프 그룹은 4개의 서로 다른 정치적 선언문을 준비하기도 했다. 그 가운데 8월에 작성된 것으로 트로츠키 자료실에 지금도 보존돼있는 초기의 선언문 초안에서 스미르노프 그룹은 자기들이 스탈린 쪽과 협상을 하기로 한 이유로 5개년계획에 대한 동의와 '오른쪽으로부터의 위기'를 들었다. 그러면서 그들은 스탈린의 정책에 대해 분명한 비판을 개진하기도 했다. 비판의 내용은 5개년계획이 노동자들의 억압된 생활수준을 제고해야 할 필요성을 충분히 고려하지 않은 채 수립됐다는 것, '당 간부를 선발하는 방식'이 비판적인 의견의 표출을 불가능하게 한다는 것, 지속적인 중농 위주 정책과 일국사회주의론이 '기회주의'를 가려내는 척도가 되는 것은 부당하다는 것이었다. 복권을 신청한 사람들은 이런 모든 점에서 여전히 반대파의 입장을 지지하고 있었지만, 동시에 반대파의 오류를 인정하기도 했다. 중앙위원회가 위기에서 벗어날 길을 찾기 위해 오른쪽으로 방향전환을 함으로써 '테르미도르반동'을 초래할 것이라고 생각한 것은 반대파의 오류였다고 그들은 진술했다. 테르미도르반동이 초래될 것이라는 우려를 뒷받침하는 것은 오로지 극소수인 부하린주의자들의 행동뿐이라는 것이었다. 지금의 심각한 상황에서 당의 지도부는 단지 우익분자들만 이롭게 할 분파적 활동의 자유를 허용해서는 안 된다는 데 그들은 동의했다. 따라서 트로츠키주의반대파는 조직을 해산하고, 수년간 여러 가지 이름으로 존재해온 지도부를 해체하며, 모든 형태의 비밀활동을 중단해야 한다는 것이었다. 그러나 그들은 반대파에 대한 보복도 종식돼야 한다고 요구했고, 트로츠키를 다시 불러들일 것을 강력하게 요청했다. "트로츠키의 운명은 노동계급의 운명과 연결" 돼있으며, 소련에도 국제공산주의에도 트로츠키의 역할과 봉사가 반드시 필요하다고 그들은 주장했다.[93)]

스미르노프와 그의 동료들은 애초의 요구사항을 하나하나 방어하긴 했지만, 그것들이 서서히 삭감되고 축소되는 것을 막을 수는 없었다. 시간이 흐르고 어려운 문제들이 쌓여가면서 스탈린은 새로운 항복자들을 확보해야 할 필요성을 더욱 절박하게 느꼈다. 그는 라데크와 프레오브라젠스키에게 요구했던 만큼의 비굴한 '자기 과거의 부정'을 새로운 항복자들에게는 요구하지 않았다. 스미르노프와 그의 동료들은 스탈린에 대한 비판을 누그러뜨리거나 철회하고 요구사항 중 일부를 포기할 수는 있어도 트로츠키의 복귀를 요구하는 것은 포기할 수 없다고 주장했다. 협상이 다섯 달이나 계속 질질 끌게 된 주된 이유는 바로 이 트로츠키의 복귀가 쟁점이 됐기 때문이다. 그들은 결국 두 손을 들고 말았다. 그러나 그러면서도 트로츠키를 비난하거나 트로츠키에게 등을 돌리라는 요구는 거부했다. 그들이 항복의 뜻을 밝힌 글이 1929년 11월 3일자 〈프라우다〉에 실렸다. 하지만 그 내용은 다른 어떤 항복자의 글이나 행동보다 품위가 있었다.

이제 반대파의 핵심, 즉 가장 신뢰할 만한 트로츠키주의자들에게도 항복의 분위기가 전파됐다. 그러나 중병에 걸려 심장발작을 겪고 있던 라코프스키는 아스트라한(러시아의 남서부 아스트라한 주의 주도－옮긴이)에서 바르나울(러시아 중부 알타이 지방의 도시－옮긴이)로 옮겨진 뒤에도 여전히 그들을 결속시키는 역할을 하고 있었다. 스미르노프를 뒤따른 무리와 거의 같은 수의 반대파 사람들이 스탈린에게 항복하려다가 막판에 라코프스키의 정신적 지도에 영향을 받아 항복을 포기했다. 라코프스키는 "우리는 반대파의 정강정책 전체를 위해 싸우고 있는 것" 이라고 선언했다. 스탈린이 반대파의 정강정책 중 경제적인 부분을 실행하고 있다고 해서, 또는 그가 반대파의 정강정책 중 정치적인 부분도 실행할 것이라고 기대해서 그와 화해를 하려는 사람들은 달성해야 할 과제의 '점진적 실현' 에 만족하던 예전의 수정주의자들과 같은 행동을 하는 것이라고 그는 지적했다. 반대파의 정치사상과 경제적인 요구사항은 서로 분리된 것이 아니라는 것이었다. 라코프스키는 "우리의 정강정책 중 정치적인 부분이 완전히 실현되지 않는 한 사회주의 건설 작업의 결과물 전체가 날아갈 버릴 위험은 늘 존재한다" 고 말했다. 그에게 더욱 중요한 것은 적을 대하는 태도에서 신념과 정직성이 통합돼 나타나야 한다는 점이었다. 반대파 사람들에게서 만들어진 오류에 대한 고백을 받아내려는 당 지도부는 임종을 맞은 무신론자를 개종시키려고 하는 가톨릭교회를 흉내 내는 것일 뿐이라고 그는 말했다. 그러한 지도부는 "존경할 만한 근거를 모두 상실" 할 것이며, "하룻밤 사이에 자기의 신념을 바꾸는 반대파 사람은 당연히 노골적인 조롱의 대상이 될 것" 이라는 것이었다.[94]

라코프스키 그룹이 태도를 결정하는 데는 몇 개월이 걸렸다. 이 그룹은 〈중앙위원회에 보내는 공개서한〉의 작성을 8월 말이 되어서야 완료했다. 쉬운 일은 아니었지만, 거의 90곳에 이르는 유형지들에서 모두 500명의 서명을 받기도 했다. 그러나 서명을 한 사람들 사이에 존재하는 의견의 편차를 공개서한에 모두 반영하기는 어려웠다. 형식으로 보면 복권 신청서이기도 한 이 공개서한은 당시에 유화적인 분위기가 퍼져 있었음을 보여준다. 프레오브라젠스키나 스미르노프와 마찬가지로 라코프스키와 그를 따르는 소스노프스키, 무랄로프, 음디바니, 카스파로바 등도 자기를 중앙위원회와 접촉하도록 재촉한 것은 국가적 위기상황과 1차 5개년계획을 후원하기로 한 당의 결정이라고 선언했다. 이들은 1차 5개년계획이 성공하면 노동계급과 사회주의가 강화될 것이고, 그것이 실패하면 테르미도르반동과 왕정복고와 같은 상황이 이어질 것이라고 보았다. 이들은 "자본주의 세력과 사회주의 세력 사이의 가장 심각한 갈등"에 직면해서 자기들은 당과 의견차를 보이는 쟁점보다는 의견일치를 보이는 쟁점에 대해 더 깊이 생각하겠다고 했다. 자기들에게도 '오른쪽으로부터의 위험'은 절박한 문제이고, 자기들이 당의 정책 중에서 여전히 비판하는 것은 중농들을 달래보려는 욕구가 잔존해있는 점이라는 것이었다. 자기들은 급속한 공업화를 지지하기 때문에 유형지에 있으면서도 공장에서의 노동규율 강화를 요구했고, 반혁명적 목적 달성을 위해 노동자들의 불만을 활용하려고 하는 사람들에 대한 단호한 조처를 요구했다고도 했다. 그러나 자기들은 열악한 생활조건, 고율의 인플레이션, 공적인 약속의 미이행, 관료들의 고압적 태도 등에 대해 분개하고 있는 인민대중의 지지를 얻는 것이야말로 공업화 정책의 성공에 반드시 필요하다고 생각한다고 했다. 이들은 지난 몇 년간에 걸쳐 자기들이 주장해온 정책들이 당에서 채택되는 것을 보고서 자기들이 복권될 자격이 있다고 느꼈다고 말했고, 게다가 자기들은 코민테른의 정책이 '왼쪽으로 선회하는 것'을 환영하며 분파적 활동이 해악을 초래하고 있음을 인정한다는 점에서 복권될 자격이 더욱 충분하다고 말했다. 이들은 반대파와 중앙위원회 사이에 감정이 악화된 것을 유감스럽게 여기고 있는데, 이런 감정의 악화는 트로츠키를 추방한 조처에도 원인이 있다고 지적했다. 이들의 진술문은 이렇게 결론을 내리고 있다. "볼셰비키와 레닌주의자들을 석방하고, 형법 58조의 적용을 철회하고, 레프 다비도비치 트로츠키를 다시 받아들임으로써 우리가 쉽게 당에 복귀할 수 있도록 길을 열어줄 것을 중앙위원회와 중앙통제위원회에 호소합니다."

9월 22일 프린키포에 전달된 이 진술문을 읽은 트로츠키의 마음속에서는 만족감과 걱정이 뒤섞였다. 트로츠키는 여러 달 만에 처음으로 자기의 지지자들이 쓴 선언, 그것도 완전한 체념의 기미를 내비치지 않은 선언이 나온 데 대해 기뻐했다. 그러나 그는 그 선언이 내포하고 있는 취지가 걱정스러웠다. 그동안 베를린, 파리, 오슬로를 통해 소련 국내와의 연락망을 재구축해놓은 그는 라코프스키 그룹의 공개서한을 아직 받아보지 못한 유형지들에 그것을 전달하고자 했다. 그 전에 그는 공개서한 형식의 이 선언에 보다 날카로운 각을 세우기 위해 자기 나름의 글을 덧붙여 보완했다. 이 선언은 비록 그 내용이 온건하기는 하지만 애매모호하지는 않으므로 자기는 그것을 지지한다는 내용이었다. 소련판 테르미도르 반동이 이미 일어났고, 당은 죽었으며, 소련에 필요한 것은 새로운 혁명뿐이라는 의견을 갖고 있는 사람들만이 라코프스키 그룹의 공개서한에 서명하기를 거부할 것이라고 그는 썼다. "그러한 의견이 우리의 의견인 것처럼 이야기된 게 그동안 수십 번도 더 되지만, 사실 우리의 의견은 그것과 전혀 다릅니다. (…) 그동안의 억압과 박해에도 불구하고 우리는 레닌의 당과 10월혁명에 대한 충성심을 한 치의 흔들림 없이 유지하고 있다고 선언합니다." 트로츠키도 역시 '왼쪽으로의 방향전환' 및 스탈린과 부하린의 결별과 더불어 새로운 상황이 전개되고 있다는 점을 인정했다. "그동안 스탈린은 부하린주의 우파로부터 빌린 주장을 내세워 좌파인 반대파와 싸웠지만, 이제는 좌파로부터 빌린 주장을 내세워 우파를 공격하고 있습니다." 이론적으로 보면 이러한 변화는 중도파와 좌파 사이의 화해로 이어져야만 했지만 실제로는 그렇게 되지 않았다. 스탈린이 반대파의 정책을 채택한 것은 피상적이고 우발적이거나 단순한 전술적 조처였다. 근본적으로 스탈린과 반대파는 여전히 극과 극이었다. 스탈린은 일국사회주의의 틀 안에서 5개년계획을 구상한 반면, 반대파는 국제혁명의 맥락 속에서 사회주의 건설과정 전체를 바라보았다. 이 근본적인 차이는 그 어느 때보다도 이 당시에 첨예하게 부각됐다. 그리고 라코프스키와 그의 친구들은 코민테른의 새로운 정책에 연대한다고 선언했지만, 트로츠키는 그것에 대해 간략하지만 단호하게 반대한다는 입장을 밝혔다. 그럼에도 트로츠키는 라코프스키가 "우리의 사상을 위해 벌이는 투쟁을 프롤레타리아 민주주의에 기반을 두는 당의 규범과 규율에 종속시킬" 준비가 돼있다고 한 말에 대해서는 동의했다. 라코프스키 그룹은 당이 우파와 중도파 사이의 연대에 의해 지배되고 있을 때 당의 규율과 규범 안에서 자신들의 의견을 지키고자 했고, 우파가 더 이상 통제되지 않게 됐을 때도 기꺼이 그렇게 할 준비가 돼있었다. 그러나 당의 규율과 규범을 위해서 자신들의 의견을 버리는 것은 정직하지 못한 태도일 뿐 아니라 "마르크스주의와 레닌주의 사상을 지닌 사람들에게 합당한 태도가 아니다"라고 그들은 생각했다.

트로츠키는 내심 라코프스키의 원칙을 지키는 태도와 용기를 신뢰했다. 그러나 트로츠키는 항복으로 치닫는 반대파의 움직임이 라코프스키에게 압력을 가하기도 하고 끌어당기기도 한다는 점을 감지했다. 그래서 그는 라코프스키의 유화적인 어조는 변화된 정치상황 속에서 "당 내부 체제를 공개적으로 검증" 해 보기 위해 구사된 것이라고 변호했다. "최근에 그 모든 교훈을 얻게 된 이후 당의 내부 체제가 과거에 당과 혁명에 끼쳤던 엄청난 해악을 적어도 부분적으로나마 해소시킬 수 있었는가 여부"를 검증해본 것이라는 얘기였다. 스탈린주의의 당 조직이 스스로 개혁하는 게 아직도 가능한가? 라코프스키가 "국제적인 영역에서의 스탈린의 오류에 대해서는 침묵하고, 최근에 스탈린이 왼쪽으로의 방향전환을 한 점에 대해서는 강조한 것"은 스탈린주의 당 조직이 자기개혁을 시작하도록 촉진시키기 위한 계산된 행동이라고 트로츠키는 말했다. 반대파에게 중요한 것은 사물의 형식이 아니라 본질이며, 개인이나 그룹의 야심이 아니라 혁명의 이익임을 라코프스키가 다시 한 번 보여주었다는 것이었다. "반대파는 당 안에서 어떤 지위를 가지느냐에 연연하지 않습니다. 물론 여기에는 반대파가 스스로에게 진실된 태도를 유지해야 한다는 단서가 붙어 있습니다."[95)]

이런 글을 쓰는 동안에도 트로츠키는 라코프스키의 공개서한에 서명을 한 사람들 가운데 상당수가 변절할 수 있다고 생각했다. 그래서 라코프스키에게 화해를 추구하는 그의 행동이 이미 한계선까지 갔으니 "거기서 한걸음도 더 나아가서는 안 된다!"라는 메시지를 은밀히 보냈다. 라코프스키의 공개서한이 게재된 〈회보〉에 트로츠키는 러시아 안에 있는 통신원이 보내온 익명의 편지를 동시에 게재했다. 이 편지에서 익명의 필자는 라코프스키가 반대파에게 항복하도록 사주하고 있다고 비판했다. 아직 남아있는 낙관주의자들 가운데 한 사람인 이 필자는 "1926년에 지노비에프가 그랬던 것처럼 스탈린도 곧 우리 앞에 무릎을 꿇을 것"이라고 확신하고 있었다.

이해(1929년—옮긴이)의 연말에는 반대파 가운데 단지 소수의 사람들만이 항복하지 않은 채 버티고 있었다. 한 보고에 따르면 추방돼 망명 중이거나 감옥에 갇힌 트로츠키주의자들이 전에는 수천 명에 이르렀으나 너도나도 항복의 대열에 끼어들면서 이 시기에는 1천 명도 채 남아있지 않게 됐다. 트로츠키는 중얼거렸다. "우리 편으로 출발한 친구들이 움찔거리다가 태풍에 휩쓸려갔구나!" 그가 이런 말을 한 것은 이번이 처음도 마지막도 아니었다. 11월 말에 그는 소련 내 지지자들에게 편지를 썼다.[96] "신념에 충실한 망명자가 350명이 아니라 35명만 남더라도 상관없습니다. 아니 3명만 남게 되더라도 신념의 깃발은 그대로 남을 것이고, 전략노선도 그대로 남을 것이며, 미래도 그대로 남을 것입니다." 그는 심지어 혼자만 남게 되더라도 투쟁을 계속해나갈 마음의 준비가 돼있었다. 이 시점에 그는 아돌프 요페(소련의 외교관, 트로츠키의 추방과 지노비예프의 제명에 항의해 자살했다—옮긴이)의 작별 메시지를 생각했을까? 요페는 자살하기 직전에 트로츠키 앞으로 보낸 편지에서 이렇게 썼다. "나는 당신에게는 레닌이 지녔던 불굴의 의지와 단호함이 부족하다고 생각했습니다. 레닌은 자신이 옳다고 여기는 길이라면 혼자라도 서있거나 남아있었습니다. 그러나 당신은 그렇지 못했습니다."[97]

스탈린은 항복자들이 모스크바로 몰려듦으로써 많은 덕을 보면서도 한편으로는 불안한 마음이 들었다. 수천 명에 이르는 트로츠키주의자 또는 지노비예프주의자들이 다시 소련으로 돌아와 당의 안팎에 포진되면서 그들 나름의 문화를 형성하기 시작했다. 스탈린은 그들 중 단 한 명이라도 정치적으로 중요한 자리를 차지하는 것을 허용하지 않았다. 그러나 행정관료 출신, 경제전문가, 교육자 출신은 정부의 직위 곳곳에 배정됐고,

그곳에서 영향력을 행사하게 될 게 분명했다. 스탈린은 왼쪽 경로 정책, 특히 공업화에 대한 그들의 열의를 의심할 수는 없었지만, 자기가 이끌어낸 그들의 입장변경에 어느 정도의 가치를 부여해야 하는지는 알고 있었다. 그들은 심정적으로는 여전히 반대파로 남아있었다. 그들은 자기들이 왼쪽 경로 정책의 선구자인데도 그에 합당한 대우를 받지 못하고 있다고 생각했다. 그들은 스탈린을 박해자로서 뿐만 아니라 자기들의 사상을 훔쳐간 사람으로서도 증오했다. 정치적으로 스탈린은 그들을 노예화했다. 그러나 노예의 마음속에 숨겨진 증오는 겉으로 표출된 적개심보다 더 위험할 수 있었다. 노예의 증오는 조용히 숨어있으면서 주인의 일거수일투족을 놓치지 않고 지켜보다가 주인이 미끄러져 넘어지거나 헛걸음질을 하면 곧바로 주인을 덮칠 수 있기 때문이다.

이제 항복자들은 직간접적으로 스탈린주의자나 부하린주의자들에게도 영향력을 발휘할 수 있게 됐다. 스탈린주의자나 부하린주의자들 가운데 일부는 스탈린이 트로츠키와 지노비예프의 사상과 슬로건을 그대로 갖다 쓰는 것을 보고 당황했다. 트로츠키와 지노비예프가 그러한 사상과 슬로건을 내세웠을 때 그들은 진심으로 그것이 해로운 것이라고 믿었기 때문이다. 이로 인해 스탈린은 자기의 적들에게서는 승리를 거두었지만 자기의 지지자들 가운데 일부와는 충돌하게 됐다. 그래서 스탈린은 자기의 지지자들 속에 숨어있는 트로츠키주의자와 부하린주의자들을 찾아내기 시작했다. 그들은 이렇게 말하고 있었다. "급속한 공업화와 쿨라크에 대한 공격을 요구하던 반대파의 주장을 거부하고 트로츠키와 지노비예프에게 노동자와 농민 간 동맹의 파괴자라는 낙인을 찍었던 1925에서 1927년 사이의 우리 입장이 옳았다면 지금 우리는 분명히 잘못된 길로 가고 있는 것이다. 반대로 지금의 우리 입장이 옳다면, 즉 왼쪽 경로 정책

외에는 혁명을 구해낼 다른 도리가 없다고 한다면 우리는 보다 일찍, 즉 반대파가 우리에게 그렇게 하라고 촉구했을 때 그렇게 해야 했던 것이 아닐까?" 그리고 매우 양심적인 사람들은 이런 말도 덧붙였다. "우리가 반대파를 학대하고 탄압하는 것은 비열한 짓이 아닌가?" 이런 의문에 대한 답변은 물론 다양했다.[98] 항복자들이 당에 복귀하고 있었던 1929년의 여름과 가을에 이미 소수의 선량한 스탈린주의자들이 당에서 축출됐고, 그 가운데 일부는 항복자들이 막 떠나온 유형지로 가야 했다. 가장 악명 높은 사례는 모스크바의 당 조직 비서직에 있던 우글라노프와 중앙위원회의 일부 위원들, 그리고 유명한 선전가이자 '청년 스탈린주의자들'의 지도자였던 샤트스킨, 스텐, 로미나제의 경우였다. 우글라노프 등에게는 부하린주의자라는 낙인이 찍혔고, 샤트스킨 등 세 명에 대해서는 준(準)트로츠키주의자라는 정체가 드러났다고 발표됐다.

이런 사건들은 집권그룹 내부에 뭔가 동요가 있음을 드러낸 것이었다. 이미 자기 주위에 많은 항복자들을 두게 된 스탈린에게 이런 집권그룹 내부의 동요는 유리한 것이 아니었다. 항복자들이 아직도 트로츠키를 자기들을 인도하고 고무하는 사람이자 혁명의 진정한 지도자로 보고 있음을 스탈린도 잘 알고 있었다. 항복자들은 각 그룹별로 항복의 조건을 협상할 때, 정책과 규율에 관한 다른 모든 쟁점에 대해서는 양보하면서도 트로츠키를 복귀시키라는 요구는 좀체 거둬들이지 않으려 했다. 그리고 마침내 강요에 의해 트로츠키를 버릴 수밖에 없게 됐을 때 그들은 비애를 느끼며 두 눈 가득 눈물을 보였다. 라데크처럼 양심의 가책을 억누르고 트로츠키에 대해 비난을 퍼부은 사람들은 소수, 아주 극소수에 지나지 않았다. 게다가 라데크의 처신은 오래된 스탈린주의자들에게조차 혐오감을 불러일으켰다. 대부분의 항복자들은 지금보다 더 낫고 자랑스러웠던 시절에 자기들이 지지했던 모든 것을 트로츠키가 대변한다고 생각했다. 그들의 궤멸과 자기경멸의 심리는 트로츠키를 정치적으로 고립시켰지만, 동시에 그의 도덕적 위엄을 더욱 부각시켰다. 항복자들, 부하린주의자들, 그리고 회의적인 스탈린주의자들은 소련 국내로 스며들어온 트로츠키의 말 한마디 한마디에 귀를 기울였다. 중요한 결정을 해야 할 때와 같은 결정적인 순간에는 심지어 스탈린의 측근들 사이에서도 "레프 다비도비치는 이것에 대해 뭐라고 말할까?"라는 속삭임이 들렸다.[99] 트로츠키의 〈회보〉는 모스크바에서 사람들이 돌려가며 읽는 문건이 됐다. 해외에서의 임무를 마치고 돌아온 당 간부, 특히 대사관에서 일하다가 돌아온 사람들이 〈회보〉를 국내에 들여와 집에 보관하고 있다가 친구에게 전달했다. 사실, 이런 식으로 소련에 반입돼 회람된 〈회보〉의 수는 매우 적었다. 이는 〈회보〉가 1천 부 이상 인쇄된 적이 거의 없기 때문이기도 했을 것이다. 그러나 〈회보〉에 실린 트로츠키의 논평과 전망, 그리고 그의 독설 중 선별된 것들이 입에서 입으로 전해지면서 빠른 속도로 전파됐다. 스탈린은 트로츠키가 쓰고 있는 월계관 위에 앉아 안심하고 지낼 수가 없었고, 자기 주위에서 일어나는 동요를 차분하게 바라보고만 있을 수가 없었다.

블룸킨 사건이 스탈린에게 공격에 나설 기회를 만들어주었다. 게페우 해외담당 부서의 고위 관리였던 야콥 블룸킨은 기이한 경력의 소유자였고, 게페우에서의 역할도 기이했다. 혁명 직전에 그는 아직 청소년이었음에도 사회혁명당의 테러리스트 조직에 가담했다. 시인의 기질도 갖고 있었던 그는 낭만적 이상주의자였고, 자기 나름의 대의에 조숙하고 단순우직하면서도 무제한적으로 헌신했다. 1917년 10월에 그는 볼셰비키당과 공동전선을 편 좌파 사회혁명당 소속이었고, 혁명 직후에는 제르진스키가 이끌게 된 체카에서 좌파 사회혁명당을 대표했다. 이리하여 그는 불과 스무 살의 나이에 체카의 창립자들 가운데 한 사람이 됐다. 혁명이 젊은 연인을 얻은 것이었을까? 그런데 브레스트리토프스크 강화협상을 놓고 좌파 사회혁명당이 볼셰비키당과 분열하게 됐다. 이때 블룸킨은 자기의 동지들과 마찬가지로 '볼셰비키가 강화협상을 타결하는 과정에서 혁명을 배반했다'고 굳게 믿었다. 그의 동지들은 레닌의 정부에 대항하고 소련이 독일과의 전쟁에 나서도록 하기 위해 봉기하기로 결정하면서, 모스크바 주재 독일 대사인 미르바흐 백작을 암살하는 일을 두 사람에게 맡겼다. 그 두 사람 중 하나가 블룸킨이었다. 블룸킨은 미르바흐 백작을 암살하는 데 성공했고, 이 암살사건은 트로츠키가 억누르고 있었던 봉기의 시작을 알리는 신호탄이었다. 볼셰비키당은 블룸킨을 체포했고, 그의 신병은 트로츠키에게 보내졌다.

여기서 볼셰비키당 자체가 브레스트리토프스크 강화협상을 놓고 심각하게 분열됐던 사실을 회상할 필요가 있다. 이 때문에 볼셰비키당이 좌파 사회혁명당을 불법화했음에도 많은 수의 볼셰비키들은 미르바흐를 암살한 행위는 비난하더라도 암살 자체에 대해서는 동조하는 심정을 갖고 있었다. 트로츠키는 봉기자들의 혁명적 정서에 호소하면서 그들의 행동이 얼마나 잘못된 것인지를 깨닫게 해서 그들로 하여금 기존의 생각을 버리고 볼셰비키의 견해를 받아들이게 하려고 노력했다. 블룸킨을 심문할 때 트로츠키는 젊고 인상적인 이 테러리스트와 길고 진지한 논쟁을 벌였다. 트로츠키의 뛰어난 설득력에 굴복한 블룸킨은 뉘우치는 태도를 보이면서 자기가 구제되도록 도와달라고 요청했다. 공식적으로 블룸킨은 사형선고를 받았고, 독일 정부에 그에 대한 사형 집행 통보가 가기도 했다. 그러나 실제로는 그는 사면을 받았고, '혁명에 대한 헌신을 입증'할 기회를 부여받았다. 그는 볼셰비키를 위해 가장 위험한 임무들을 맡아 수행했고, 내전의 시기에는 백위대의 전선 너머에 있는 적진 속에서 볼셰비키를 위해 일했다. 좌파 사회혁명당원들은 그를 반역자로 여겨 암살하려고 몇 차례 시도했다. 한번은, 간신히 암살 위기를 모면한 그가 병원에 입원해 있을 때 좌파 사회혁명당원이 다시 수류탄을 그의 병실에 투척한 일이 있었다. 그때 그는 수류탄이 터지기 직전에 그것을 손으로 집어 들어 창문 밖으로 내던짐으로써 가까스로 생명을 보존했다. 볼셰비키에 의해 복권된 그는 트로츠키의 군사분야 참모로 일했고, 군사학교에서 공부하기도 했다. 그는 군사문제에 관한 집필가로서 어느 정도 명성을 얻었고, 코민테른에서 활발한 활동을 하기도 했다. 내전이 끝난 뒤에는 체카의 후신인 게페우에 복귀해 그곳 방첩부서의 고급 간부가 됐다. 트로츠키에 대한 그의 신뢰는 무제한적이었다. 그는 자기의 정서적 기질을 그대로 발휘하며 전쟁인민위원인 트로츠키와 가깝게 지냈다. 그는 또한 라데크를 칭송하면서 그와도 친밀한 관계를 유지했다. 하지만 상대적으로 그는 트로츠키보다 라데크에게 접근하기가 더 쉬웠고, 라데크로부터 더 호의적인 반응을 얻었다. 트로츠키와 라데크 둘 다 반대파가 됐을 때도 블룸킨은 자기가 두 사람에 대해 연대의식을 갖고 있다는 사실을 숨기지 않았다. 맡고 있던 업무의 성격상 그는 반대파의 활동에 참여할 수 없었지만, 자기의 입장을 게페우의 수장인 멘진스키에게 분명히 밝히는 것이 의무라고 생각했고 실제로 그렇게 했다. 그러나 방첩업무에 대한 그의 전문성이 높이 평가됐고, 그 자신은 반대파의 활동에 가담하지 않은데다 당의 규율을 어긴 적도 없었기에 자기의 입장을 그대로 유지한 채 게페우에 계속 남아 일하도록 허용됐다. 이후 그는 반대파가 추방된 뒤에도 당과 게페우의 직위를 그대로 유지할 수 있었다.

1929년 여름에 블룸킨은 업무차 인도에 갔다가 러시아로 돌아오던 도중에 콘스탄티노플에 들른 적이 있다. 트로츠키의 주장에 따르면 블룸킨은 콘스탄티노플의 거리에서 우연히 료바를 만났다고 한다. 이 만남이 실제로 우연한 것이었는지에 대해서는 누구나 의문을 품음직하다. 블룸킨이 트로츠키와 연락을 취하거나 접촉하겠다는 목적도 없이 터키에 갔을 것으로는 여겨지지 않기 때문이다. 우연이든 아니든 료바와 만난 그는 트로츠키를 만날 수 있도록 약속을 잡아달라고 부탁했다. 트로츠키는 처음에는 만남을 거부했다. 위험이 워낙 컸기 때문이다. 그러나 블룸킨이 거듭해서 간절히 만남을 요청하자 결국 그의 방문을 허락했다.

블룸킨은 11년 전에 미르바흐의 암살범으로서 만난 적이 있는 트로츠키에게 자기의 속마음을 털어놓았다. 대부분의 반대파 사람들과 마찬가지로 그도 혼란을 느끼고 있었고, 어디에 충성을 해야 할지를 놓고 갈등을 겪고 있었다. 그는 자기가 게페우에서 일하고 있다는 사실과 반대파에 대해 느끼고 있는 감정 사이에서 균형을 잡기가 어려웠다. 그는 항복한 반대파 사람들과 저항하는 반대파 사람들 사이에서, 그리고 트로츠키에 대한 신뢰와 라데크에 대한 우정 사이에서 갈등하고 있었다. 그는 이렇게 분열된 양쪽 사이의 관계가 복구될 수 없다고 생각하고 싶지는 않았다. 그리고 그 특유의 단순한 심정에서 양쪽 반대파 사람들의 화해를 희망했다. 그는 몇 시간 동안 트로츠키와 밀담을 나누었다. 그는 모스크바의 소식을 트로츠키에게 전해주었고, 반대파의 책임과 의무, 그리고 항복의 무익함에 대한 트로츠키의 주장을 열심히 경청했다.

그는 트로츠키에게 자기의 양심에 걸리는 죄의식을 털어놓고 게페우에서 사임하고 싶다고 말했다. 트로츠키는 그러지 말라고 적극 설득했다. 개인적인 상황이 아무리 힘들더라도 게페우를 위해 계속해서 충성스럽게 일해야 한다는 것이었다. 반대파는 노동자들의 국가를 수호하는 일에 전력을 다할 것이며, 반대파 사람 중 누구도 스탈린주의자 도당의 이익을 위해서가 아니라 넓게 보아 노동자들의 국가의 이익을 위해 일하는 자리인 공적인 직책에서 물러나서는 안 된다는 것이었다. 만주철도에 대한 분쟁에서 반대파는 소련 편을 들지 않았는가? 블룸킨의 일은 전적으로 외부의 적에 대항하는 것이고, 따라서 그가 견지해 나가야 할 반대파로서의 태도에 전적으로 부합되는 것이라고 트로츠키는 말해주었다.

블룸킨은 트로츠키의 충고를 받아들이면서 고국에 있는 반대파 사람들에게 전달할 메시지나 지시가 있다면 달라고 요청했다. 그는 또한 자발적으로 나서서 트로츠키에게 필요한 연락을 주선해주었고, 터키 어부들의 도움을 받으면서 〈회보〉를 국경 너머로 은밀히 전달하는 조직을 짜주기도 했다.

트로츠키는 소련 내 반대파 사람들에게 전달할 메시지를 그에게 주었다. 그 가운데 하나의 사본이 트로츠키 자료실에 보관돼있다. 상상력을 아무리 발휘한다 하더라도 음모로 해석될 만한 것은 이 문서에 들어있지 않다. 사용된 단어들도 워낙 일반적인 것들이고 일부 사소한 것들도 섞여 있는 수준이다. 이런 문서를 트로츠키와 블룸킨이 소련 국내에 전달하는 과정에서 수반되는 위험을 감당하기로 한 것 자체가 무모한 일이었다. 트로츠키는 가을이 되면 스탈린이 심각한 곤경에 처하게 될 것이고, 그때가 되면 항복자들도 자신들의 굴복이 얼마나 무익한 것이었는지를 깨닫게 될 것이라고 예상했다. 따라서 그는 자기의 지지자들에게 계속 버티면서 겁쟁이들에게 조롱을 퍼부으라고 호소했다. 그는 지지자들에게 자기는 라데크에 대한 공격을 준비하고 있다면서 그 요점을 알렸다. 그는 자기가 새로운 당을 결성하려고 한다는 비난, 지금은 라데크도 자기에 대해 퍼붓고 있는 비난을 몇 번째인지도 모르지만 거듭 부인한다고 했다. 그리고 반대파는 기존의 당에 중요한 부분으로 남아있게 될 것이라고 다시 한 번 강조했다. 그는 반대파의 국제조직을 구축하기 위해 자기가 하고 있는 일들을 밝히면서 독일, 프랑스, 오스트리아의 트로츠키주의자들과 지노비예프주의자들 사이에서 벌어지고 있는 논쟁들을 자세히 설명했다. 그는 러시아의 트로츠키주의자들에게 이런 일들에 실망하지 말라고 부탁했다. 그러면서 국제적으로 존재하는 반대파가 결국은 결정적으로 중요한 정치세력으로 떠오를 것이라고 확신해도 좋다고 덧붙였다. 가련한 느낌을 불러일으키는 일이지만 추방된 사람들은 이런 희망을 품고 있었고, 트로츠키는 그런 희망에 대한 확신을 그들에게 심어주어야 했다. 트로츠키가 블룸킨을 통해 소련에 들여보내려 한 메시지에서 그간 밝히지 않았거나 공개적으로, 특히 〈회보〉를 통해 조만간 밝히려고 하지 않았던 것은 없었다.[100] 물론 그가 '구두'를 통해 음모적인 지령을 전달했을 수 있다고 의심하는 것은 가능한 일이다. 그러나 기이하게도 게페우조차도 그가 구두로 그런 지시를 전달했다고는 주장하지 않았다. 그리고 그의 태도, 활동, 편지 등을 살펴보면 사실 그가 자기의 지지자들에게 공개적으로 말하지 않았거나 말할 수 없어서 은밀하게 전달해야 했던 것은 없다. 블룸킨은 고무된 태도로 트로츠키의 메시지를 갖고 콘스탄티노플을 떠났다. 그는 이제 자기가 라데크의 무리들에게 그들이 하는 비난은 근거가 없으며, 트로츠키는 언제나 그랬던 것처럼 여전히 당에 대한 충성심을 갖고 있는 위대한 볼셰비키이며, 반대파는 트로츠키의 지도 아래 다시 단합해야 한다고 말해줄 수 있게 됐다고 확신했다.

그러나 모스크바로 돌아간 직후에 블룸킨은 체포됐고, 반역죄로 처형됐다. 게페우가 그의 행적을 어떻게 알아냈는지는 분명하지 않다. 일부 사람들은 그가 사랑하는 여자에게 자기의 비밀을 털어놓았는데, 비밀 정보요원이었던 그 여자가 자기가 들은 정보를 게페우에 밀고했다고 말했다. 그런가 하면, 블룸킨이 모스크바로 돌아가자마자 곧바로 라데크를 찾아가 트로츠키를 만났던 이야기를 했는데, 의심을 받게 될 것을 두려워한 데다 자기의 입장변경이 진실이라는 확신을 스탈린에게 심어주어야겠다고 생각한 라데크가 친구인 블룸킨을 배신한 것이라는 주장도 있었다. 이 두 번째 주장이 폭넓게 받아들여지면서 라데크는 더욱 경멸과 증오의 대상이 됐다. 그러나 빅토르 세르게(아나키스트 성향의 반대파—옮긴이)가 지지한 또 다른 주장에 따르면 라데크의 역할은 악의적인 것이었다기보다 가련한 것이었다. 세르게는 이렇게 말했다. 모스크바로 돌아간 블룸킨은 자기가 어디를 다녀왔는지를 게페우가 알고 있으며, 게페우 요원들이 자기가 누구와 접촉하는지를 알아내기 위해 미행하고 있다는 느낌을 받았다. 라데크는 곤경에 처한 블룸킨을 걱정해서 그에게 중앙통제위원회의 의장인 오르조니키제를 찾아가 모든 것을 다 털어놓으라고 권고했다. 라데크는 그렇게 하는 것만이 그가 구제될 수 있는 길이라고 말했다. 오르조니키제는 엄격한 규율주의자이긴 하지만 양심적이고 나름대로 관대한 사람이기도 하니 당의 위계질서 속에서 블룸킨의 일을 엄격하게 다루긴 하겠지만 인도적인 태도도 보여줄 유일한 사람이라는 것이었다. 그러나 블룸킨이 체포된 것이 오르조니키제에게 접근하기 이전인지 이후인지는 밝혀지지 않았다.[101] 이 모든 의문은 보다 단순하게 바라보면 풀릴 것 같다. 아마도 콘스탄티노플에 있는 소련 영사관의 누군가가 블룸킨이 배를 타고 프린키포로 가는 것을 목격했거나, 트로츠키의 거처에 잠입해 있던 밀정이 트로츠키와 여러 시간 밀담을 나눈 이상한 방문자의 신원을 알아냈을 것으로 추측해볼 수 있다.

블룸킨은 조사를 받는 동안 "품위를 훌륭하게 유지"했다고 게페우 간부를 지낸 사람이 전해주었다. 그는 "블룸킨은 담대한 태도로 처형장으로 끌려갔으며, 자기의 생명을 끝내는 총탄이 발사되기 직전에 '트로츠키여 영원하라!'를 외쳤다"고 말했다.[102] 이런 외침은 그 후 몇 년간에 걸쳐 처형장의 총성 속에서 점점 더 자주 들리게 된다.

블룸킨의 처형은 그와 같은 종류의 처형으로는 최초의 것이었다. 사실 그 이전에도 굶주리고 탈진한 상태에서도 신념을 지키다 죽은 트로츠키주의자들이 있었다. 예를 들어 한 해 전에는 트로츠키의 비서 중 한 사람이었던 부토프가 장기간 단식투쟁을 하다가 옥중에서 사망했다. 그때까지만 해도 볼셰비키는 자코뱅당이 저질렀던 치명적 오류를 되풀이해서는 절대로 안 되며 목숨을 건 싸움 속에서도 사형이라는 수단을 휘둘러서는 안 된다는 규칙이 적어도 형식적으로는 존중되고 있었다. 그런데 이제 그러한 규칙은 무너졌다. 블룸킨의 처형은 당 내부의 규율위반 행위에 대해 사형이 부과되고 집행된 최초의 사례였다. 게다가 그의 규율위반 행위라는 것은 그저 트로츠키와 만났다는 것뿐이었다.

스탈린은 반대파 사람들의 항복이 반대파와 당 사이의 구분선을 흐리게 하지 않을까 우려하고 있었다. 블룸킨의 행동은 그러한 스탈린의 우려를 더욱 깊게 했다. 스탈린은 게페우의 현직 고위 간부가 동지로서 트로츠키를 방문하고 트로츠키와 항복자들 사이에서 중개자 역할을 한 것을 용납할 수 없었다. 그런 행동을 용납하는 것은 트로츠키에게 공식적으로 씌워진 죄목들을 웃음거리로 만들고 다른 사람들도 트로츠키와 접촉하도록 자극하는 것이 될 터였다. 블룸킨이 하려 했던 일과 반대파 사람들에 대한 트로츠키의 메시지가 그렇게 해로운 게 아니라는 점을 스탈린이 믿지 않았을 수도 있다. 의심에 빠진 스탈린이 미르바흐 백작을 암살한 범인이 단순하고 강력한 정치적 열정을 또다시 테러행위로 표출하지 않으리라고 가정하는 것은 안전하지 못하다고 생각했을 수도 있다. 어쨌든 블룸킨을 처형하는 것은 반대파의 다른 사람들에게 경고를 주는 효과를 발휘할 것이었다. 즉 공식적인 반혁명의 죄목을 가볍게 생각해서는 안 되며 형법 58조는 엄연히 살아있다는 점과, 따라서 추방되어 프린키포에 유폐된 자와 동지적 관계를 갖는 행위는 왜곡된 법률에 따라 가혹하게 처벌될 것이라는 점을 그들에게 보여줄 것이었다. 그러나 대단히 기이하게도 아직은 트로츠키주의자임을 자처하는 사람들에게 사형이 부과되지는 않고 있었다. 감옥이나 유형지에 있는 트로츠키주의자들은 자기들의 지도자인 트로츠키와 교신을 주고받으면서, 10월혁명 기념일이나 노동절에는 그에게 집단적으로 축하의 메시지를 전달했다. 또 〈회보〉에 실리는 글이나 테제(운동의 강령－옮긴이)에는 그들의 이름이 붙어있었다. 스탈린이 발한 경고는 당분간은 당의 간부, 공식적인 직책에서 일하는, 특히 게페우에서 일하는 사람들, 그리고 복권된 항복자들만을 겨냥한 것이었다. 그리하여 당과 반대파 사이의 구분선이 피로써 다시 그어졌다.

트로츠키는 한 익명의 반대파 사람으로부터 블룸킨이 처형됐다는 소식을 전해 들었다. 이 익명의 반대파 사람은 스탈린 정부의 관직에 있는 사람으로 공무로 파리에 왔다가 트로츠키에게 소식을 전했다.[103] 모스크바는 침묵했다. 독일 언론을 통해 블룸킨의 처형에 관한 소문이 퍼졌을 때도 공산주의 신문들은 그런 사실이 없다고 부인했다. 트로츠키는 몇 주일간 추가적인 정보를 기다렸고, 그동안에는 러시아에 있는 지지자들에게 보낸 편지에서도 블룸킨에 대해서는 한 마디도 언급하지 않았다. 그러다가 1930년 1월 초에 모스크바에 있는 반대파가 전해온 메시지가 모든 사실을 분명하게 해주었다. 트로츠키는 자기가 블룸킨과 만났던 상황을 즉각 공개했다. 블룸킨의 처형은 스탈린이 직접 지시했으며, 야고다(스탈린의 신임을 받던 비밀경찰 간부—옮긴이)가 게페우의 명목상 수장인 멘진스키에게는 알리지도 않은 채 스탈린의 처형 지시를 실행했다고 트로츠키는 밝혔다. 〈회보〉는 모스크바에서 보내온 편지들을 공개했다. 그 편지를 쓴 사람들은 블룸킨을 배신한 자가 라데크라고 주장했다. 트로츠키는 이런 주장의 사실 여부를 의심하면서, 설령 라데크가 무책임하고 어리석게 행동했다 하더라도 그것은 선의에서 한 행동이었을 거라는 생각을 내비쳤다. 그는 이렇게 썼다. "블룸킨이 라데크를 믿었고 라데크는 스탈린을 믿었던 것이 블룸킨에게 불운이었다."

트로츠키는 서구에 있는 지지자들에게 '격렬한 항의'에 나설 것을 호소했다. 그는 1930년 1월 5일 로스메에게 보낸 편지에 "블룸킨 사건은 좌파 반대파의 사코-반제티 사건이 돼야 한다"고 썼다. 사코와 반제티는 몇 해 전 미국 보스턴에서 처형당한 이탈리아계 미국인 아나키스트들이었다. 두 사람의 처형은 공산주의자, 사회주의자, 급진주의자, 자유주의자를 망라한, 길이 기억될 만한 전 세계적인 항의를 불러일으켰다. 그러나 블룸킨 사건에 대해 항의하라는 트로츠키의 호소에는 아무런 반응이 없었다. 블룸킨의 운명은 사코와 반제티의 처형이 불러일으켰던 것과 같은 분노를 조금도 불러일으키지 못했다. 좌파의 양심은 노동자들의 국가에서 벌어진 사법살인에 대해서보다 부르주아 국가의 사법부가 잘못 내린 판결에 대해 훨씬 더 쉽게 일깨워지는 모양이었다. 불과 몇 주 지나지 않아 반대파 사람 두 명이 추가로 처형됐고, 라코프스키와 그의 동료들도 가혹한 보복을 당했다. 이에 트로츠키는 지지자들을 향해 스스로를 보호하면서 동시에 다른 사람들에게 항의해 달라고 요청했다. 그리고 다시 한

번 그는 움직여줄 것으로 기대했던 사람들의 돌처럼 굳은 무관심을 깨뜨리는 데 완전히 실패했다.[104)]

소련의 1929년은 모든 예상을 뛰어넘는 폭력성을 여지없이 드러낸 격변으로 끝났다. 이해에 스탈린의 정책은 여전히 망설이고 불확실한 상태였다. 공업화 드라이브는 가속력을 얻고 있었지만 소련 정부는 신중하고 경계하는 태도를 벗어버리지 않았다. 4월에 열린 16차 당대회에서는 보다 신속한 집단화를 요구했지만, 이와 동시에 앞으로 여러 해에 걸쳐 농촌경제에서 사적 농장이 계속해서 지배적인 비중을 유지할 것이라고 선언했다. 5개년계획은 1933년까지 소규모 농지의 20퍼센트만을 집단화할 것이라고 규정하고 있었다. 쿨라크는 세금을 보다 많이 내고 곡물을 더 많이 생산해야 했지만 그 해체에 관한 이야기는 나오지 않았다. 그러나 연말에 이르면서 농촌의 집단화에 관한 이런 계획과 그 배경이었던 신중함이 마치 태풍에 휩쓸려버린 듯 사라졌다. 공업화가 무제한적으로 추진됐다. 공업생산의 목표치는 거듭 상향조정됐고, 5개년계획을 4년 안에, 다시 3년 안에, 더 나아가 2년 반 안에 완수하자는 구호가 잇달아 나왔다. 하지만 결국 트로츠키가 예상했던 대로 스탈린은 곤경에 빠졌다. 농민들이 곡물을 내놓기를 거부하는 사태가 빚어진 것이다. 이에 대응해 스탈린은 혁명 12주년 기념일에 사적 농업에 대해 사형선고를 내렸다. '즉각적이고 완전한 집단화' 명령을 내린 것이다. 그리고 그로부터 불과 넉 달 뒤에 스탈린은 소련 내 모든 농장의 50퍼센트에 이르는 1300만 개의 농장이 집단화됐다고 발표했다. 국가와 당은 권력을 총동원해 쿨라크들을 땅에서 내쫓았고, 수백만 가구의 중소규모 농민들에게 그들이 갖고 있는 모든 재산을 서로 합치고 새로운 생산양식을 수용하라고 강요했다.[105)]

거의 모든 농촌마을이 계급전쟁의 전장으로 변했다. 그 광경은 전례가 없는 것이었다. 이것은 스탈린이 최고사령관으로 있는 집산주의 정부가 벌이는 전쟁이었고, 그 목적은 러시아의 농촌을 정복하고 농촌의 완고한 개인주의를 제거하는 것이었다. 집산주의 세력은 규모는 작았지만 무장이 잘 돼있었고, 기동성이 뛰어났으며, 단일한 의지에 의해 지도되고 있었다. 반면에 농촌의 개인주의는 그 거대한 힘이 여기저기 분산돼 있었고, 기습을 당한 상태였으며, 단지 절망 속에서 집어든 나무막대기가 무장의 전부였다. 다른 모든 전쟁에서와 마찬가지로 이 전쟁에서도 온갖 기동작전, 승패가 분명치 않은 소규모 전투, 혼란스러운 퇴각과 전진 등이 이어졌다. 그러나 결국 전쟁의 승리자가 된 사람들이 전리품을 취하면서 수많은 포로들을 시베리아의 광막한 평원으로, 그리고 북극지역의 얼어붙은 황무지로 보냈다. 그러나 다른 전쟁들에서와 달리 이 전쟁의 승리자들은 자기들이 적개심을 갖고 있다고 인정하거나 속으로 품고 있는 적개심을 모두 다 드러낼 수가 없었다. 그들은 압도적 다수의 동의 아래 러시아 농촌을 유익한 방향으로 전환시키는 과제를 수행하고 있다는 태도를 취해야 했다. 그래서 수십 년 뒤에도 이 전쟁에서 피해를 입은 사람들의 정확한 수를 알 수 없었다. 그 수는 아마도 수백만 명에 달했을 테지만 정확하게는 알려져 있지 않다.

그렇게 급작스럽게 대대적으로 극심한 격변이 일어났기에 목격자들 가운데서도 그 격변을 정신적으로 흡수하고 초점을 맞춰 생각해볼 엄두를 낸 사람이 거의 없었다. 그동안 트로츠키주의반대파는 스탈린이 왼쪽 경로 정책을 출범시킴으로써 왼쪽 경로 정책이 필요로 하는 일을 수행하고 있다고 주장할 수 있었다. 그러나 이때의 대격변은 그러한 수준을 뛰어넘는 것이었고, 그 변화의 규모에 부하린주의자들은 말할 것도 없고 트로츠키주의자들과 스탈린주의자들도 모두 똑같이 숨을 죽였다. 트로츠키주의자들 가운데 유화파는 변화의 규모를 보다 분명히 인식했고, 그간의 상황이 종결됐다고 생각했다. 이에 비해 트로츠키주의자들 가운데 아직 저항하고 있던 사람들은 과거에 형성된 전제들과 추론에 매달리고 있었다. 예를 들어 라코프스키는 쿨라크를 절멸시키라는 스탈린의 명령을 '극좌의 수사' 정도로 취급하면서 "농촌자본주의와의 싸움에 관한 그 모든 이야기에도 불구하고 국가경제에서 부유한 농장이 차지하는 비중은 앞으로 훨씬 더 확대될 것"이라고 주장했다.[106] 혁명 12주년 기념일 직전에 트로츠키도 "농촌경제가 더디게 발달하고 (…) 농촌이 겪고 있는 난점들로 인해 쿨라크의 힘과 영향력이 더 커질 것"이라고 주장했다.[107] 그는 일격에, 또는 단지 몇 년 만에 2500만 개의 소규모 농지가 강제적으로 사라져버릴 것이라고는 상상하지 못했다.

그러나 1930년 초에 이르자 트로츠키는 실상을 제대로 파악하기 시작했다. 그는 5개년계획을 비판하기 위해 쓴 일련의 논문에서 스탈린의 정책에 대한 새로운 공격의 논리를 전개했다. 그가 제시한 새로운 비판의 특징은 두 가지의 상반되는 경향을 가려내고 분석하는 변증법적 논리에 있었다. 그는 소련 안에 존재하는 '사회주의적 진보의 경향'과 '관료주의적 퇴행의 경향'이라는 두 개의 경향을 분명히 구분했고, 둘 사이의 영속적인 갈등을 조명했다. 예를 들어 그는 〈경제적 무모함과 그 위험들〉이라는 논문을 다음과 같이 시작했다.[108]

> 공업의 발달에서 소련이 이루고 있는 성공은 세계적으로 역사적인 의미를 획득하고 있다. 소련경제가 얼마나 빠른 속도로 발전할 수 있는가를 가늠해 보려고도 하지 않는 사회민주당원들은 경멸당해 마땅하다. 소련경제가 입

증하고 있는 발전의 속도는 안정적이지도 않고 확실하지도 않다. (…) 그러나 그 속도는 사회주의 경제방식에 내재한 광대한 가능성을 실증해준다. (…) 소련의 경험에 입각해서 본다면, 만약 1918년의 혁명이 제공해준 힘을 사회민주당들이 실제로 활용해 사회주의적 변혁을 수행했다면 유럽의 중동부와 아시아의 많은 부분을 포괄하는 사회주의 블록이 가질 수 있었을 경제력이 어느 정도였을지 쉽게 알 수 있다. 실제로 그랬더라면 지금쯤 인류 전체의 모습이 크게 달라져 있을 것이다. 그러나 현실은 그렇게 되지 않았고, 사회민주당들이 저지른 배신의 대가를 인류는 앞으로 여러 차례 더 혁명과 전쟁을 겪는 것으로 치르게 될 것이다.

소련의 발전에 나타난 사회주의적 추세를 이처럼 강조해 다시 한 번 이야기하고 나서 트로츠키는 코민테른의 새로운 노선을 비판할 때 사용했던 단어들을 그대로 다시 사용하면서 스탈린의 국내정책을 공격했다. 스탈린의 국내정책은 "이전에는 우파 지그재그였는데 이제는 극좌파 지그재그로 바뀐 것"이라는 비판이었다. 이 비판은 스탈린에 대한 그의 관점을 반영하는 것이었다. 그는 스탈린이 중도주의자로서 우파의 압력과 좌파의 압력에 따라 오락가락한다고 생각했다. 스탈린에 대한 이런 그의 관점은 1920년대의 당내 세력분포 속에서 스탈린이 서있던 위치는 정확하게 포착했지만, 그 뒤에 이어진 시기의 현실과는 딱 맞아떨어지지 않았다. 대체로 보아 트로츠키는 스탈린의 정책에서 집약적인 공업화와 집단화는 단지 과도기적 국면일 뿐이라고 생각했다. 이때 트로츠키는 스탈린이 1929~1930년에 이미 되돌아올 수 없는 강을 건넜음을 인식하지 못했고, 그 뒤에도 완전하게는 인식하지 못했다. 스탈린은 이미 자체적인 추진력을 갖게 된 공업화 드라이브를 멈출 수 없게 됐고, 쿨라크의 기반을 파괴했기 때문에 그들과의 화해를 이루려는 시도를 할 수 없게 됐다. 트로츠키의 판단에 나타나는 이 기본적인 오류는 뒤에서 다시 살펴볼 것이다. 하지만 트로츠키가 이런 기본적인 오류를 저질렀다고 해서 스탈린에 대한 그의 구체적인 비판들이 타당성을 상실하는 것은 아니다. 스탈린에 대한 구체적인 비판을 통해 트로츠키는 1953년 이후 스탈린의 후계자들이 실행한 정책수정의 대부분을 예측했다. 이런 점은 마치 1920년대에 트로츠키가 사회주의적 원시축적을 선구적으로 주장한 것, 그리고 1930년대 초에 그가 몇십 년 뒤에나 실행되는 경제사회적 개혁을 주장한 것과 같은 것이었다.

트로츠키는 5개년계획의 최종안에서 설정된 공업생산 증가율을 처음부터 공격했다.[109] 그는 스탈린이 공업생산 증가율을 '달팽이의 속도'에서 '경주마의 속도'로 바꾸었다고 생각했다. 5개년계획의 초기 안(案)에서는 공업생산 증가율 목표치가 연간 8~9퍼센트였다. 그리고 이 목표치를 두 배로 올려야 한다는 반대파의 제안은 터무니없고 무책임하며 위험하다는 비판을 받으며 비웃음의 대상이 됐다. 그런데 스탈린이 공업생산 증가율을 두 배도 아닌 세 배로 올려버렸다. 트로츠키는 5개년계획의 입안자와 관리자들이 적정한 결과를 추구하기보다 최대한의 속도를 내기 위해 전력질주하라는 지시를 받고 있다고 지적했다. 그와 같은 전력질주는 국가경제를 균형상태에서 벗어나도록 해서 공업화 드라이브의 효과를 감소시킬 수도 있다고 그는 말했다. 생산목표는 가용한 자원의 한계를 훨씬 넘어섰다. 그래서 공산품 생산과 일차생산 사이, 중공업과 경공업 사이, 투자와 사적소비 사이에 불균형이 발생했다. 특히 문제였던 것은 공업의 발전과 농업의 낙후가 분명한 대비를 이룬다는 점이었다. 이와 같은 여러 가지 불균형들에 대해 여기서 자세히 분석할 필요는 없을 것이다. 이런 불균형이 스탈린 시대에 전개된 공업화 과정 전체의 특징이자 결함이었음은 그동안에 자명한 사실로 널리 알려졌기 때문이다. 그러나 어느 한 세대에게는 자명한 사실로 받아들여지는 것이 그 이전의 세대에게는 두려움을 불러일으키는 이단인 경우가 종종 있다. 이 경우가 바로 그랬다. 공산주의자들은 물론 많은 사람들이 트로츠키의 비판을 분개하거나 경멸하는 태도로 대했다.

그러나 세월이 흐른 지금 트로츠키가 당시에 했던 말을 다시 살펴보면 그에게서 논쟁의 열정보다는 정치적 자제를 더 많이 느끼게 된다. 그는 경제발전의 주된 동력은 공업에 대한 국가적 소유와 계획에서 나오는데 스탈린은 소련경제가 지니고 있는 이런 이점을 활용하는 데 그치지 않고 남용하는 수준까지 나아갔다는 주장을 폈다. 그러면서도 그는 거의 모든 비판의 서두에서 자기의 정적인 스탈린의 지도 아래 달성된 발전의 성과를 인정했다. 그는 관료의 채찍질이 공업의 발달을 이미 가속화시켰거나 앞으로 가속화시킬 수 있다고 믿지 않았다. 사실 관료의 채찍질은 공업의 발달을 지연시키거나 중단시키는 원인이 되는 경우가 많았다. 국가적 소유는 중앙에 의한 계획으로 이어졌고, 실제로 중앙에 의한 계획을 필요로 했다. 그러나 과도한 관료적 집중화는 권력을 쥔 사람들이 저지르는 오류도 집중시키면서 증폭시켰고, 사회정책을 마비시켰으며, 인적 자원과 물적 자원을 엄청나게 낭비하게 했다. 무책임하면서도 절대 오류를 저지르지 않는 지도자는 모든 실수와 실패를 분식(粉飾)해서 없애야 하고, 항상 대단한 업적, 전례 없는 기록, 눈부신 통계를 과시해야 한다. 스탈린주의의 계획은 공업화의 양적인 측면에만 초점을 두고 다른 모든 것을 도외시하는 것이었다. 그리고 어떤 가격수준에서든 생산되는 재화의 양을 늘리면 늘릴수록 재화의 질은 떨어질 수밖에 없다. 합리적인 계획을 위해서는 경제변수들 사이의 상관관계 지수를 파악하고 그 지수를 검증할 수 있는 포괄적인 체제가 필요하며, 이런 체제가 생산의 증가율뿐만 아니라 품질, 비용, 화폐의 구매력, 상대적 생산성 등에 일어나는 변화를 부단히 측정해야 한다. 그러나 경제의 이런 모든 측면은 어둠 속에 가려졌다. 스탈린은 '모든 등불을 다 꺼버린 상태'에서, 즉 긴요한 정보들을 완전히 차단한 상태에서 공업화를 추진했다.

집단화에 대한 트로츠키의 비판은 더욱 철저했다. 그는 '쿨라크의 해체'를 극악무도한 정책이라고 비난했다. 이 정책이 공포 정치를 수반한다는 사실이 알려지기 전부터 그는 이렇게 비난했다. 자신이 '농민의 적'이라는 오명을 뒤집어썼던 시기에 그는 부농들에게 더 많은 세금을 부과하고, 농업노동자들과 빈농들을 조직하고, 그들로 하여금 자발적으로 집단농장을 형성하도록 하고, 그렇게 형성된 집단농장에는 농기계, 비료, 금융, 영농기술 등 국가의 자원을 지원함으로써 사적 농업에 비해 집단농장이 경쟁력을 가질 수 있도록 할 것을 정치국에 촉구했다. 이 정도가 트로츠키가 생각하고 있었던 반 쿨라크 정책의 전부였으며, 그 이상으로 그가 나아간 적은 결코 없었다. 농촌 부르주아처럼 그 수가 많은 사회계급이 명령이나 폭력에 의해 파괴될 수 있거나 그렇게 파괴돼야 한다는 생각, 다시 말해 수백만 명의 사람들이 재산을 몰수당하고 사회적으로, 일부는 육체적으로도 사망해야 한다는 생각을 그는 결코 해본 적이 없었다. 물론, 사회주의와 사적 농업은 궁극적으로는 양립할 수 없으며 사회주의를 향해 발전해가는 사회에서 자본주의적 농민은 사라진다는 것은 마르크스주의와 레닌주의의 공리였다. 그러나 트로츠키는, 그 과정은 점진적으로 전개될 것이고, 그 과정에서 소규모 농업은 보다 생산적인 집단적 농업 방식에 굴복할 것이며, 이는 과거에 독립적인 장인과 소규모 농민들이 자본주의하에서 근대적인 공업과 대규모 농업에 굴복했던 것과 비슷하지만 고통은 덜한 과정이 될 것이라고 생각했다. 아주 최근까지만 해도 트로츠키뿐만 아니라 모든 볼셰비키가 다 이렇게 생각했다.

따라서 쿨라크의 해체에 대해 트로츠키가 분노에 찬 비난을 퍼부은 행동에는 정치적 선전의 요소가 전혀 없었다. 그에게 쿨라크의 해체는 마르크스주의와 레닌주의가 지지해온 모든 것을 악의적이고도 잔인하게 왜곡하는 수준에 그치는 것이 아니었다. 트로츠키는 스탈린이 강요하는 콜호스(집단농장－옮긴이)가 생명력을 갖고 존속할 수 있을 것이라고 보지 않았다. 그는 집단화된 농업은 개인영농보다 훨씬 더 우수한 기술적 기반을 필요로 한다고 주장했다. 소련에는 그러한 기술적 기반이 존재하지 않았다. 아직도 트랙터 대신 말이 사용되고 있었다.[110] 트로츠키는 그럴듯한 비유를 들었다. 근대적 기계도 없이 소규모의 사적 농지들을 생존력 있는 집단농장으로 바꾸는 것은 작은 보트들을 합쳐서 원양여객선을 만드는 것과 마찬가지로 불가능하다는 것이었다. 물론 여기에서도 비유가 증명은 아니라는 격언을 거론할 수 있다. 스탈린은 필요한 기계를 연차적으로 공급하겠다는 계획을 세웠고, 실제로 그것을 해냈다. 트로츠키의 주장은 집단화를 그에 필요한 기술적 수단의 공급보다 더 빨리 추진해서는 안 된다는 것이었다. 그렇게 하면 집단화된 농장이 경제적 통합성을 결여할 것이라는 주장이었다. 그런 집단농장은 사적 농업보다 생산성이 높지 않을 것이고, 사유재산을 잃은 농민들에게 보상이 될 만한 물질적 이익을 가져다줄 수 없다는 게 트로츠키의 관점이었다.[111] 집단화된 농장이 기계적으로 통합되기 전에 농민들의 분노가 농업생산의 감소 또는 정체로 나타날 것이고, 결국은 집단농장이 내부로부터 파괴될 위험에 처할 것이라는 얘기였다. 농민들의 마음속을 워낙 세심하게 들여다보고 있었던 트로츠키는 프린키포에서 모스크바를 향해 농민들이 소를 대규모로 도살할 것이라고 여러 차례 경고했다. 스탈린은 실제로 소가 대규모로 도살됐다는 사실을 5년 뒤에야 인정했다.[112] 훨씬 훗날까지도 트로츠키는 농업의 집단화된 구조는 늘 붕괴 직전 상태로 유지될 수밖에 없다는 확신을 버리지 않았다.

이제 와서 돌아보면 트로츠키가 지나치게 비관적인 견해를 가졌던 것으로 보일 수도 있다. 어쨌든 집단농장은 붕괴하지 않았다. 그러나 1930년대에 실시된 스탈린의 농촌정책은 대규모 테러와 사소한 양보의 변덕스러운 결합이었고, 실제로 집단농장의 붕괴에 대한 두려움에 쫓기면서 이루어졌다. 스탈린은 오직 '철의 띠', 즉 완력으로써만 집단농장을 해체되지 못하도록 묶어놓을 수 있었다. 집단농장의 생산이 정체되거나 감소하는 현상은 현실로 나타났고, 이 문제는 25~30년 뒤에 정부정책의 주된 초점으로 떠오르게 된다.

소련의 국내 상황은 국가정책의 모든 측면에 대해 반응하면서 전개됐다. 위험할 정도로 협소하고 파편화된 농업의 기반 위에서, 따라서 식량의 만성적인 부족과 기아 속에서 공업화가 진행됐다. 이 때문에 생활필수품을 확보하려는 거의 동물적인 다툼이 어디에서나 벌어졌고, 불만이 폭넓게 확산됐으며, 노동생산성이 떨어졌다. 정부는 끊임없이 불만을 억눌러야 했고, 위협과 복종의 강요를 통해 생산성을 억지로 끌어올려야 했다. 1929~1930년의 극심한 충격은 소련을 물자부족과 테러의 악순환 속으로 밀어 넣었고, 그 후 오랜 세월에 걸쳐 소련은 이런 악순환에서 벗어나지 못하게 된다.

스탈린은 신경제정책의 종료와 시장경제의 폐지를 선언했다. 신경제정책 초기 단계에 트로츠키가 밝힌 의견에 따르면, 신경제정책에 '그

급작스런 폐지와 명령에 의한 사적거래 금지'를 뒷받침할 만한 요소는 전혀 없었다. 그는 "사회주의적 계획이 하루아침에 신경제정책을 넘어설 수는 없으며, 사회주의적 부문이 지배적으로 되어가면서 점차 사적부문을 흡수하고 변형시키고 제거함으로써 신경제정책의 틀을 넘어설 정도로 성장할 때까지는 혼합경제 속에서 사회주의적 부문이 발전돼야 한다"고 생각했다.[113] 트로츠키는 이런 견해를 여전히 유지하고 있었다. 그는 '신경제정책 폐지'라는 말은 관료들의 머릿속에서 나온 신조어일 뿐이라고 생각했다. 오랫동안 공업화를 경시하고 농민들을 잘못 다룸으로써 시장경제의 힘에 대응하는 데 실패하고 시장경제가 통제를 벗어나도록 방치한 관료들이 명령으로써 시장경제를 아예 없애버리겠다고 나섰다는 것이었다. 그러나 "문 밖으로 내던져진 시장은 창문을 통해 되돌아올 것"이라고 트로츠키는 말했다. 농업이 유기적이면서도 확실하게 사회화되지 않는 한, 그리고 전반적인 재화의 부족 상태가 계속되는 한 공급과 수요의 작용을 제거하고 그 대신 재화의 계획적인 배분을 들여앉히기란 불가능하다는 것이었다. 시장의 자생적인 압력은 우선 농업부문에서 터질 것이고, 그 다음에는 농업과 공업이 겹치는 부문에서 터질 것이며, 마지막으로는 국유화된 경제부문에서도 터져서 계획을 뒤흔들고 왜곡시키게 될 것이라는 얘기였다. 이런 전망에 대한 증거는 특히 1930년대 초에 광범위하게 존재했다. 소비재의 공식적, 비공식적 가격에 나타난 혼란, 암시장의 엄청난 확산, 루블화의 가치 하락, 임금의 구매력 급락 등이 바로 그런 증거였다. 계획자들은 자도 저울도 없이 계획을 했고, 따라서 재화의 진정한 가치와 비용을 측정하고 생산성을 평가할 수가 없었다. "자와 저울을 다시 갖추라"는 것이 트로츠키의 일관된 충고였다. 계획자들은 시장의 압력을 극복한 척하기보다 시장의 압력이 존재한다는 사실을 인정하고 그것을 감안하면서 통제를 시도하는 게 낫다는 것이었다. 이런 그의 비판은 훗날, 즉 1930년대 초의 심각한 인플레이션이 극복되고 난 뒤에도 타당성을 잃지 않았다. 그리고 스탈린이 죽은 뒤 첫 10년간 소련의 경제학자들이 말했던 것들 가운데 많은 부분이 이때 트로츠키가 전개한 주장을 그대로 되풀이하는 것처럼 들리기도 했다.

스탈린주의가 경제정보에 쳐놓은 장막은 다른 중요한 문제들도 가려버렸다. 공업화를 위해 치러야 하는 대가는 누가, 즉 어느 사회계급이 치르고 있으며, 얼마나 많이 치르고 있는가? 그리고 공업화에 따르는 편익은 어느 계급과 집단에게 얼마나 많이 돌아가고 있는가? 1920년대 초에 반대파 지도자들, 특히 프레오브라젠스키는 국유 공업에 대해 가장 많은 투자자금으로 기여하는 사람들은 농민일 것이라고 주장했다. 스탈린은 집단화를 통해 농민들로 하여금 식량과 원자재의 생산과 공급을 늘리게 함으로써 실제로 농민들이 그런 기여를 하게 되길 기대했다. 그러나 농민들은 그의 기대를 저버렸다. 농민들은 각자의 소규모 농지를 떠날 때 "내 영혼을 인민위원들과 더불어 죽게 하라!"고 외쳤다. 농민들은 집단주의 국가의 토대를 허물어뜨릴 수는 없었지만 그 국가가 자기들에게 기대한, 공업화에 필요한 자원의 공급은 거부할 수 있었다. 농촌에서 벌어진 가축 도살과 생산감소가 지닌 현실적인 의미는 바로 이것이었다.

도시의 노동계급에게 지워진 부담은 더욱 무거웠다. 공업부문에 대대적으로 투자되는 자금의 대부분이 사실상 국가의 노동자 임금 예산에서 빼낸 것이었다. 크게 증가한 노동계급 인구가 발전소, 제철소, 공장 등을 새로 짓는 일을 맡아 했다. 하지만 그들은 오히려 종전보다 적은 양의 소비재만으로 생활해야 했다.[114] 10년 전에 트로츠키는 "노동계급은 모든 힘을 다 쏟고 피와 정력을 다 바치는 최대한의 희생을 통해서만 사회주의에 접근할 수 있다"고 말했다. 이제 스탈린이 그러한 노동자들의 희생을 강요하고 있었다. 1923년에 트로츠키는 "정부는 노동자들에게 임금을 전혀 지급하지 못할 때도 있을 것이고, 임금 중 절반만 지급하고 나머지 절반은 국유화된 산업을 발전시킬 수 있도록 노동자들에게서 빌려야 할 때도 있을 것"이라고 말했다.[115] 이제 스탈린이 노동자들의 임금 중 절반을 몰수하고 있었다. 트로츠키는 그런 말을 할 때 전쟁과 내전 이후의 경제적 파탄을 거론하며 노동자들의 양해를 구했고, 그러한 축적방식의 채택에 대한 노동자들의 동의를 얻고자 했다. 그러나 스탈린은 여러 해 동안 경제재건의 활동이 이루어진 뒤에도 그렇게 했고, 그러면서도 노동자들에게 실질소득은 두 배가 됐으며 약속된 사회주의의 땅에 이미 들어서고 있다고 말했다. 일시적으로는, 인플레이션 때문에 노동자들은 경제의 현실을 알아차리지 못했다. 5개년계획의 성공은 그런 상태에 있는 노동자들의 열정과 인내에, 또는 적어도 그들이 일하고자 하는 의욕에 의존하고 있었다.[116]

5개년계획은 평등주의적이지는 않았지만 공동으로 노력하고 공동으로 희생한다는 정신에서 시작됐다. 이 정신은 그 어떤 충격적으로 불평등한 보상에 의해서도 손상되지 않았다. 이 정신은 콤소몰(공산주의청년동맹－옮긴이) 단원들과 우다르니키(표준적인 작업량 이상의 노동실적을 올리는 우수 노동자－옮긴이)들의 열정을 불러일으켜 그들로 하여금 생산현장으로 달려가 광산이나 제철소, 공장을 짓도록 했다.[117] 처음의 흥분이 가라앉고 노동자들의 엄청난 피로가 표면화되기 시작하자 소련 정부는 인센티브 임금, 성과급, 스타하노프제(노동생산성 향상을 보상해주는 제도－옮긴이), 생산실적에 따른 보상제 등을 도입해가며 노동자들이 더 많은 노동을 하도록 자극했다. 일부 노동귀족은 관료나 관리자에 비견될 만한 특권적 지위를 갖게 됐다. 또 스탈린이 '프티부르주아적 평등주의'에 대해 거듭 저주를 퍼부음에 따라 반평등주의의 추세가 크게 강화됐다. 이에 대해 트로츠키는 '노동귀족과 관료적 특권을 반대해온 볼셰비즘의 전통'을 상기시켰다. 그는 절대적인 평등을 설교한 게 아니었다. 그는 이렇게 지적했다. "낮은 생산력 수준에서, 넓게는 낮은 문화 수준에서 보상의 평등을 달성하는 게 불가능하다는 사실에는 논쟁의 여지가 없다." 더 나아가 그는 혁명 초기에 평등주의적 임금정책이 지나쳐 경제발전을 저해했다고 지적하기도 했다. 그러면서도 그는 사회주의 정부는 불평등을 필요한 한도 이내로 억제하면서 점진적으로 완화하고 비특권층인 일반 대중의 이익을 보호해야 할 의무가 있다고 주장했다. "여성 노동자들과 관료집단 간 갈등의 경우, 우리 좌파 반대파는 여성 노동자들의 목을 쥐고 있는 관료집단에 대항해 여성 노동자들의 편에 서야 한다." 트로츠키는 스탈린이 특권의 보호자로 행동한다는 사실 속에서 '혁명이 쟁취한 모든 것에 대한 위협'을 보았다.[118]

이제 트로츠키는 프롤레타리아 민주주의에 대한 견해도 재정립했다. 노동자들이 요구의 표현과 권력자에 대한 비판을 자유롭게 할 수 있어야만 특권이 확대되는 것을 막을 수 있으며, 사회주의의 관점에서 볼 때 "나라의 경제적 상황에 대한 최상의 판단기준은 노동자들의 생활수준과 그들이 나라 안에서 하는 역할"이라고 그는 주장했다. 신경제정책 시기에 트로츠키는 프롤레타리아 민주주의의 힘만이 네프맨, 쿨라크, 보수적 관료의 결합된 힘에 대항할 수 있다고 생각했지만, 이제는 프롤레타리아 민주주의란 계획경제가 완전한 효율성을 달성하도록 하는 '정치적 환경'이라고 생각했다. 프롤레타리아 민주주의가 회복되는 것은 소련에 단지 정치적인 이익뿐 아니라 긴요한 경제적 이익도 되는 것이었다. 사이비 트로츠키주의자들이 꾸며낸 이야기와는 반대로 트로츠키는 '공업에 대한 노동자들의 직접적인 통제', 즉 공장위원회나 노동자평의회에 의한 공장관리를 주장하지 않았다. 그런 형태의 공장관리는 혁명 직후에 러시아에서 실패를 맛보았다. 그 실패 후에 트로츠키는 생산자 대중이 교육을 충분히 받고 강력한 사회적 책임감을 갖춘 뒤에나 공장위원회에 의한 공장관리가 가능해질 것이라고 주장했고, 그렇게 되기 전에는 한 사람의 책임자에 의한 공장관리와 중앙에 의한 통제가 실시돼야 한다고 누구보다도 분명하게 주장했다. 트로츠키는 또한 노동자반대파가 주장한 아나르코 생디칼리스트적인 구상, 즉 공장에 대한 관리권을 노동조합이나 생산자조합에 이관한다는 구상에 절대적으로 반대했다. 그는 반대파가 되고 망명을 하는 동안에도 이런 견해를 크게 바꾸지 않았다. 그는 프롤레타리아 민주주의란 노동자들이 정부에 대해 비판하고 반대할 권리와 자유를 누리는 것이며, 그럼으로써 정부의 정책결정 과정에 참여하는 것이라고 생각했다. 노동자들이 생산에 대해 직접적인 통제를 할 권리는 프롤레타리아 민주주의의 필수조건이 아니라는 게 그의 생각이었다. 그는 중앙에 의한 계획과 지도는 모든 사회주의 경제 또는 사회주의를 지향하는 경제에서 본질적인 조건이라고 생각했다. 그러나 동시에 계획의 과정이 효과적이려면 위에서 아래로뿐만 아니라 아래에서 위로도 그 과정이 전개돼야 한다고 지적했다. 생산목표가 전국적인 사전토론 없이, 자원과 생산여력에 대한 현장에서의 신중한 평가 없이, 노동자들의 심리상태에 대한 사전점검 없이, 계획에 대한 노동자들의 진정한 이해와 그 계획을 수행하겠다는 자발성 없이 상부의 명령으로 하달돼서는 안 된다는 것이었다. 다시 말해, 계획당국이 제시하는 구상이 노동계급의 의견에 의해 점검되고 교정되고 수정될 수 없다면 스탈린 치하에서 소련경제의 특징을 이룬 심각

한 불균형은 해소될 수 없다는 것이었다.[119)]

트로츠키는 스탈린의 경제관리에 토대가 되는 '국가적 자급자족'이라는 가정에 대해 비판을 가했다. 트로츠키에게 일국사회주의는 여전히 '반동적인 국가사회주의적 유토피아'여서, 빠른 속도로 추진되든 느린 속도로 추진되든 달성될 수 없는 것이었다. 그는 소련의 자체 자원과 노력만으로는 발달된 서구 자본주의의 생산성 수준, 다시 말해 사회주의를 실현하는 데 필수적인 전제가 되는 생산성 수준을 능가하는 것은 말할 것도 없고 바로 그런 수준에 도달하는 것도 불가능하다고 강조했다. 이런 그의 강조는 때로는 과장되고 때로는 부적절한 경우도 없지 않았다. 어쨌든 트로츠키의 입장에서는 혁명의 전파가 소련에서 사회주의를 달성하기 위한 필수조건이었다. 스탈린의 고립주의는 혁명과 사회주의적 건설의 전체 전략에는 물론이고 당장 임박한 무역정책의 문제에도 영향을 끼치는 것이었다. 스탈린은 '국제적 노동분업'의 이점을 전혀 고려하지 않고 있으며, 특히 교역조건이 소련에 불리하게 급변한 대공황 시기 이후에 대외무역이 소련의 공업화에 대해 갖는 중요성을 사실상 무시하고 있다고 트로츠키는 지적했다. 이어 트로츠키는 정치적인 방법을 동원해 대외무역에서 소련의 지위를 제고하고, 서구의 수백만 실업 노동자들에게 러시아와 무역을 할 것과 이를 위한 수출신용을 제공할 것을 자국 정부에 요구하고 나서달라고 호소하라고 모스크바에 촉구했다. 러시아와의 무역 및 수출신용 제공은 러시아를 돕는 것인 동시에 서구 자본주의 국가들 내부의 고용창출에도 도움이 된다는 게 그의 생각이었다. 트로츠키는 자기가 이끄는 소규모 조직(트로츠키주의자들의 조직—옮긴이)을 대표해 자기 이름으로 이런 취지의 설득력 있는 성명서를 몇 개 발표했다. 하지만 모스크바는 아무런 반응도 보이지 않았다.[120)]

이런 구체적인 비판들은 공산주의에 대한 도덕적 불신을 초래하는 스탈린의 정책에 대해 트로츠키가 지속적이고도 열정적으로 항의해온 행동의 절정을 보여준 것이었다. 1931년에 스탈린은 소련이 이미 "사회주의의 기초를 놓았다"고, 심지어는 소련이 "사회주의의 시대에 들어섰다"고 선언했다. 스탈린의 선전가들은 환상적으로 밝게 그려낸 소련 사회의 모습을 퇴락하는 자본주의 속에서의 비참한 삶을 과장되게 그린 모습과 대비시키면서 스탈린의 주장을 뒷받침해야 했다.[121] 트로츠키는 그것이 이중의 왜곡이라고 폭로하면서, 소련 대중이 받는 억압은 제쳐놓고라도 그들이 겪어야 하는 기아와 궁핍이 사회주의라는 스탈린의 말은 사회주의에 대한 소련 대중의 믿음을 깨뜨리고 오히려 그들을 사회주의의 적으로 돌려놓을 것이라고 지적했다. 바로 이 점에 스탈린이 저지르는 '가장 큰 범죄'가 있다고 그는 보았다. 왜냐하면 그것은 노동계급이 마음 속 깊이 품고 있는 희망에 거역하는 행위일 뿐 아니라 혁명과 공산주의 운동의 미래를 위태롭게 하는 것이라고 보았기 때문이다.[122]

우리는 앞에서 트로츠키의 비판들이 모든 측면에서 고전적 마르크스주의의 전통에 부합하는 동시에 스탈린 이후 시대의 개혁을 예고하는 것이었다고 말했다. 그렇다면 트로츠키의 비판들이 1930년대의 상황에도 들어맞는 것이었는지, 들어맞는 것이었다면 어느 정도나 맞았느냐는 질문을 던져볼 수 있다. 트로츠키가 내놓은 제안들은 당시의 상황에서 실행가능한 것이었는가? 마르크스주의 이론과 소련혁명의 실천 사이의 단절이 그 시대의 내재적인 특징이 아니었던가? 그리고 현실의 상황이 그러한 단절을 불가피하게 했던 것 아닌가? 역사가가 대답해야 하는 질문들 가운데 이런 질문만큼 역사가로 하여금 자기의 판단을 의문시하게 하는 것은 거의 없다. 트로츠키는 다소 덜 논쟁적인 어조로 소련이 직면한 엄청난 곤경은 빈곤, 후진성, 고립에 뿌리를 둔 것이라고 강조했다. 스탈린의 지배에 대한 그의 주된 비판은 스탈린의 지배가 그러한 곤경을 창출했다는 것이라기보다는 그러한 곤경을 심화시켰다는 것이었다. 그러나 상황의 객관적인 요인과 주관적인 요인을 구분하는 것과, 러시아혁명이 과거로부터 물려받은 비참과 스탈린주의의 전횡과 잔인성이 창출해낸 비참을 구분하는 것은 역사가에게도 마찬가지이지만 트로츠키에게도 쉽지 않은 일이었다. 게다가 이 문제에서는 '반대되는 것들의 통합', 즉 객관적인 것과 주관적인 것의 변증법적 상호작용이 실제로 존재했다. 관료적 전횡과 잔인성이라는 것도 그 자체가 러시아의 후진성과 고립의 본질적인 요소였다. 그것은 혁명의 계승자들이 러시아 사회가 지니고 있던 원래의 후진성에 대해 후진적으로 대응한 것이었다.

소련은 사회주의적 원시축적을 통해서만 급속한 공업화를 달성할 수 있다는 견해는 이제 트로츠키와 스탈린이 공유하는, 적어도 암묵적으로는 공유하는 견해가 됐다. 이 견해는 20세기에 소련과는 다른 기반 위에서 공업화를 추진했던 저개발국들 가운데 그 어느 나라도 소련에 비견될 만한 공업의 발전을 이루지 못했다는 사실에 의해 역사적으로 입증된다. 그러나 원시축적은 경제개발 과정에서 노동자와 농민들이 '정상적인 수준' 이상의 부담을 져야 한다는 전제 위에서만 성립되는 것이었다. 스탈린주의 계획이 내포하고 있던 기본적인 불균형의 요소 중 일부는 바로 이런 상황에 이미 내재된 것이었다. 어떤 경우에도 투자는 소비보다 훨씬 더 빨리 늘어나야 했고, 경공업보다는 중공업이 우선돼야 했다. 반대파 이론가들은 공업화와 더불어 국민소득이 급속히 증가할 것이니 대중의 소비가 투자와 같은 속도는 아니더라도 투자의 증가에 따라 같이 증가할 것이라고 주장했다. 그러나 이런 주장과 달리 1930년대 초의 중대한 시기에 소비는 매년 크게 위축되어갔다. 트로츠키는 공업화가 보다 이른 시점부터 보다 합리적인 방식으로 추진됐다면 긴장과 곤경이 훨씬 덜한 모습으로 진행됐을 것이고, 소비의 위축도 피할 수 있었을 것이라고 주장했다. 이런 주장은 그럴듯하게 들리긴 하지만 사실인지는 확인할 길이 없었다. 이와 반대되는 스탈린주의자들의 논리도, 공개적으로 주장되기보다는 은밀하게 개진된 것이긴 했지만, 그럴듯하게 들리기는 마찬가지였다. 그 논리란 '대변화'가 보다 이른 시점부터 보다 온건하게 추진됐다 해도 그것이 초래한 상황은 마찬가지였을 것이라는 주장이었다. 기근이 혁명 이전에도 주기적으로 발생했지만 혁명 이후에도 거의 늘 러시아의 농촌에 위협을 가했다. 농업이 소규모의 파편화된 상태로 오래전부터 내려온 방식에 의해 그대로 영위되는 한 공업화와 도시인구의 급증은 어쨌든 기근을 더욱 악화시키게 돼있었다. 볼셰비키는 매우 빠른 속도로 확대되는 도시에 식량을 공급해야 할 책임을 자본주의적 농업에 지우기를 피했기 때문에 결국은 농업의 집단화로 나아갈 수밖에 없었다. 만약 볼셰비키가 트로츠키의 주장대로 점진적인 집단화를 시도했다면 소련은 두 세계(자본주의 세계와 사회주의 세계—옮긴이)의 나쁜 점을 모두 드러내보이게 됐을 것이라고 스탈린주의자들은 주장했다. 이는 다시 말해 소규모 농민대중은 어느 정도이든 반감을 갖게 됐을 것이고, 농업의 발전은 자본주의적 농업에서와 마찬가지로 더뎌서 급속한 공업화의 기간에 도시에 식량공급을 제대로 하지 못했을 것이라는 주장이었다. 반면 트로츠키는 농민들을 자발적이고도 경제적으로 건전한 집단화로 유도할 수 있을 것이라고 믿었다. 어떤 형태든 집단화는 사유재산에 대해 무지크들이 갖는 집착의 완강한 불합리성과 충돌하게 되는데, 그 정도를 트로츠키가 과소평가했던 게 아니냐고 생각할 수도 있다. 스탈린은 지배자가 자기의 적을 도발하는 동시에 달래려고 하는 것보다 더 위험한 것은 없다는 마키아벨리적 원칙에 입각해 행동했다. 그래서 스탈린은 자기가 지배하는 사람들을 적으로 돌렸다. 그는 소규모 농업에 대항해 자기가 가진 모든 권력자원을 들이댔다. 한 세대 전체가 그에 따른 경제적 파국의 결과 속에서 노동해야 했다. 그러나 이런 대가를 치르면서 스탈린은 자신의 관점에서 볼 때 엄청난 정치적 이득을 거뒀다. 그는 공업화를 방해하려는 농촌의 오래된 개인주의를 꺾어버렸다. 이런 정치적 이득을 얻게 된 그는 그것을 다시 포기할 수 없었다. 그는 그것을 철두철미하게 방어해야 했다.

트로츠키는 이와 같은 스탈린의 마키아벨리적 성취가 견고한 것이라고 믿지 않았다. 그는 스탈린이 농민들의 개인주의를 극복했음을 끝까지 부인했다. 그는 농민들의 개인주의가 여전히 집단농장을 파괴하거나 자기들의 이익과 욕구에 맞게 집단농장을 왜곡시킬 수 있다고 확신했기에, 콜호스 농민들 속에서 새로운 쿨라크 계급이 생겨나 지배력을 갖게 될 것이라고 예상했다.[123] 여기서 트로츠키는 또다시 현실의 실제 경향을 파악했지만 그 경향의 힘을 지나치게 강조했다. 농민들의 재산욕심이 여러 가지 방식으로 다시 고개를 내밀기 시작한 것은 사실이었고, 스탈린은 콜호스 농민들 속에서 쿨라크가 부상하는 현상에 대항해 싸워야 했다. 하지만 스탈린은 경제정책과 테러의 결합을 통해 사유재산의 재발생을 좁고 매우 한정된 범위 안에 국한시키는 데 성공했다. 그리고 농민들의 개인주의는 스탈린으로부터 치명적인 타격을 받은 뒤로 그 숨넘어가는 소리가 사반세기 동안이나 계속해서 러시아인들의 귀에 들리게 되며, 그 타격을 결코 극복하지 못하게 된다.

망명지에서 트로츠키는 정치국을 향해 야만적인 기도를 철회하고,

미개한 농촌을 상대로 한 미개한 전쟁을 중단하고, 마르크스주의와 레닌주의의 전통이 중시하는 보다 문명적이고 인도적인 정책노선으로 전환하라고 요구했다. 또한 농민들과 화해하는 행사를 벌이고, 집단화를 추진해오는 동안 오류를 저질렀음을 인민들 앞에 선언하고, 원하는 사람은 언제든 자유롭게 집단농장을 떠나 개인영농을 할 수 있도록 허용하라고 촉구했다. 이렇게 하면 집단농장들 가운데 다수 또는 아마도 대부분이 해체되는 결과가 초래될 것이라고 그는 믿어 의심치 않았다. 그가 보기에 집단농장들은 생존력을 갖고 있지 못하기 때문에 해체된다고 해서 잃을 것은 거의 없었다. 단 기계, 금융, 농업기술을 지원 받아 구성원들에게 소규모 농민이 누릴 수 없는 편익을 가져다줄 수 있게 된 콜호스는 생존할 수 있을 것이라고 그는 생각했다. 이렇게 생존하게 되는 콜호스들은 비로소 진정하게 자발적인 집단화 운동을 선도할 수 있을 것이고, 시간이 더 흐르면 농업 전체를 변혁시킬 것이며, 근대적이고 확장하는 경제에서 요구되는 수준까지 생산성을 끌어올릴 수도 있을 것이라고 트로츠키는 생각했다. 이것이 바로 반대파가 권력을 되찾게 되면 하려고 하는 일이라고 그는 선언했다.[124)]

스탈린의 정치국이 농민들과 그런 화해를 하기에는 때가 너무 늦었다. 당과 국가의 모든 세력은 1929년 봄 이후 줄곧 농업의 집단화에 몰두해왔고, 따라서 그들로 하여금 그 일에서 발을 빼고 후퇴하도록 하는 것은 그들에게 자멸하라고 하는 것이나 다름없었다. 워낙 많은 사람들이 처음부터 집단화 정책의 희생자가 됐고, 이로 인해 생겨난 감정의 골이 너무 깊었고, 농촌 주민들에게 너무 많은 폭력이 가해졌고, 이는 강렬한 복수의 충동을 불러일으켰고, 집단화로 인한 농촌의 격변이 워낙 심각한데다 유혈사태까지 거친 마당이었다. 직접 그러한 충격적인 경험을 한 세대가 사회적 영향력을 갖고 생존하고 있는 상태에서 당과 국가에서 그런 일들로부터 발을 뺄 수 있는 합리적인 방법이 있기나 한 것인지도 의문스러웠다. 만약 정부가 농민들에게 자유로이 집단농장을 떠날 수 있다고 선언한다면 농업구조 전체가 붕괴할 것으로 보였고, 살아남는 집단농장은 거의 없을 것이었다. 그럴 경우에는 개인영농이 허용된다 하더라도 다시 자리를 잡고 농민들에게 익숙한 방식으로 작동하기까지는 시간이 걸릴 게 뻔했고, 그 사이에 식량의 생산과 공급은 더욱 축소되고 공업은 심각한 후퇴를 하게 될 수밖에 없었다. 게다가 농민들의 대대적인 집단농장 이탈이 평화롭게 진행될 것으로 보이지도 않았다. 농민들 스스로가 정부와 당에게서 등을 돌릴 권리가 있다고 생각할 터였다. 그런 농민들과 화해를 하기 위해서는 재산을 몰수당한 사람들과 추방당한 사람들에 대한 사면과 배상이 필요할 것으로 보였다. 게다가 기차가 칸마다 가득가득 강제수용소에 추방돼있던 사람들을 태우고 각자의 고향마을로 실어 나를 경우 그 분위기가 어떨지는 누구나 상상할 수 있었다. 탈집단화는 집단화에 수반됐던 폭력만큼이나 거센 폭력을 불러일으킬 수 있었다. 책잡힐 과거의 기록이 없는 반대파로 구성된 정부라면 농민들을 반혁명의 진영으로 몰아내지 않으면서 그들을 달랠 수 있을지도 몰랐다. 이것이 바로 트로츠키가 믿었던 바였다. 스탈린 정부에게 있어서 그런 시도는 자살행위나 다름없었다. 스탈린 정부가 조금이라도 약한 모습을 내비치기만 해도 수백만 농가에 쌓인 증오에 불이 붙을 것이었다. 스탈린으로서는 집단화 정책을 계속 밀어붙이는 수밖에 다른 도리가 없었다. 몇 년 뒤에 스탈린은 처칠 영국 총리에게 당시 상황이 2차대전의 시련보다도 더 두려웠다고 고백했다.[125)]

러시아 농촌의 여건이 공업정책을 합리적으로 변화시키는 것도 방해했음을 우리는 앞에서 보았다. 구체제에서보다 협소해진 농업의 기반 위에 거대한 새 공업구조, 혁명 이전보다 몇 배는 더 규모가 큰 공업구조가 세워져야 했다. 그리고 1930년대 중에만 도시거주자들의 수가 3천만 명에서 6천만 명으로 늘어났음을 우리는 알고 있다. 여러 해에 걸쳐 이처럼 늘어나기만 한 도시거주자들은 부족한 식량에 의존해 생계를 꾸려나가야 했다. 이 같은 불균형을 시정하는 일은 정부의 권한을 넘어서는 것이었다. 보다 정확하게 말하자면 공업화 드라이브를 중단하거나 그 속도를 크게 늦추면서 경제의 침체를 받아들일 준비가 돼있는 정부가 아니고서는 그 어떤 정부도 이런 불균형을 시정할 수 없을 게 뻔했다. 만약 트로츠키와 그의 지지자들이 1929~1930년 중 어느 시점에서든 관직에 복귀했다면 그들도 역시 농산물의 공급과 재고가 파멸적인 수준으로 줄어들 경우에 초래될 결과를 헤아려야 했을 것이다. 그리고 그들도 공업화를 적극 주장했다는 점에 비추어 그들 역시 그와 같은 심각하게 제약적인 여건에 자기들의 정책을 맞춰야 했을 것이다.

몇 년 전에 프레오브라젠스키는 이보다 덜 가혹한 여건 속에서 사회주의적 원시축적이 일어날 것으로 전망하면서도, 그러한 원시축적이 "사회주의 국가가 존재하는 동안의 그 어느 때보다 위태롭고 결정적인 시기"를 열 것이며 "그것은 사느냐 죽느냐는 문제이기에 우리는 그 이행과정을 가능한 한 신속하게 통과해야 할 것"이라고 말했다.[126] 스스로 모든 퇴로를 차단해버린 스탈린에게는 이 '사느냐 죽느냐는 문제'가 얼마나 더 심각했겠는가. 스탈린은 온건한 방향의 경고와 조언에는 전혀 귀를 기울이지 않고 살인적인 속도로 이행과정을 질주해 통과하려고 했다. 프레오브라젠스키는 "우리는 아직 소비자들을 위한 생산의 체제를 갖춘 사회주의 사회에 살고 있지 않기 때문에, 즉 우리는 아직 사회주의적 원시축적의 법칙이 관철되는 시기에 살고 있기 때문에 소비주의의 관점이 아니라 생산주의의 관점을 취해야 한다"고 볼셰비키에게 촉구했다. 그 사회주의적 원시축적의 법칙이 내리누르는 압력이 얼마나 커졌던가? 그리고 스탈린이 실제로 벌어진 그 모든 현상과 자신의 약속에 상관없이 채택해야 했던 생산주의의 관점은 또 얼마나 가혹한 것이었던가? 어떤 경우에도 원시축적에는 소비재가 상대적으로 부족해지는 현상이 수반되고, 그 결과로 행정관료와 노동자들 사이에, 그리고 숙련, 비숙련, 반숙련 노동자들 사이에 경제적 불평등이 발생할 것이라는 사실을 프레오브라젠스키는 이미 예상하고 있었다. 하지만 그는 이런 불평등은 노동의 숙련도와 생산의 효율성을 제고하기 위해 필요하며, 그로 인해 근본적인 계급 간 적대가 새로 발생하지는 않을 것이라고 생각했다. 이런 불평등은 실제로 소비재 부족현상의 심화와 더불어 더욱 심해졌다. 결국 불평등과 소비재 부족은 둘 다 예상 이상으로 악화됐다.

스탈린은 소수의 특권과 다수의 궁핍 사이의 간극을 확대시키면서도 그것을 숨기고 정당화하기 위해 모든 이데올로기적 장치를 다 도입했다. 그러나 이데올로기적 분식만으로는 충분하지 않았기에 테러가 그 간극을 덮는 공포의 감시장치로 활용됐다. 모든 사회적 관계가 긴장도를 높여가는 데 대응해 테러의 강도도 높아졌다. 소련 밖에서 보면 1930년대의 폭력은 내전시기의 테러가 부활한 것처럼 보였다. 그러나 사실은 그 규모와 맹목성의 측면에서 1930년대의 폭력은 내전시기의 테러를 능가하는 것이었을 뿐 아니라 그 성격도 매우 달랐다. 내전시기에는 진정한 혁명적 분노의 뜨거운 숨결이 구체제 세력, 즉 새로운 공화국을 무너뜨리기 위해 구상하고 조직하고 무장하여 싸움을 걸어온 구체제 세력에 타격을 가했다. 체카 요원들은 봉기한 노동자들 중에서 충원되어 노동자계급의 경험에 근거해 활동하고 있었고, 궁핍과 희생을 노동자들과 나누며 그들의 지지를 받았다. 그들의 테러는 내전의 혼란 속에서도 선별적으로 행사됐다. 그 테러는 실제로 존재하고 활동하는 혁명의 적들을 겨냥했고, 그 적들은 '한 줌밖에 안 되는 자들'은 아니었지만 어쨌든 소수였던 게 사실이다. 그리고 전시공산주의의 경직된 분위기 속에서 그 테러는 유토피아적이면서도 스파르타적인 평등을 수호했다.

이와 달리 1930년대의 테러는 불평등을 수호하는 역할을 했다. 이 시기의 테러는 애초부터 반인민적이었고, 잠재적으로는 물론이고 실제로도 다수의 인민들을 겨냥했으며, 무차별적으로 실행됐다. 그러나 이 정도 묘사만으로는 이 시기의 테러가 얼마나 폭넓고 광포하게 이루어졌는지를 충분히 드러내주지 못한다. 차별적인 임금구조를 지키거나 관료의 특권을 보호하는 것만을 위해서였다면 대대적인 처형, 대대적인 숙청, 대대적인 추방이 필요하지 않았을 것이다. 훨씬 더 큰 불평등과 특권도 훨씬 더 온건한 수단을 사용해 보호할 수 있기 때문이다. 대대적인 폭력의 분출이 집단화와 더불어 나타났다. 테러의 지속은 농촌에서의 대변화를 계속 밀고나가야 할 필요성에 주로 기인했다. 농촌의 마을마다 징벌의 임무를 수행하는 군부대와 정치부서를 배치해야만 농민들이 개인영농으로 돌아가는 것을 막을 수 있었다. 경제적인 내적 응집력이 결여된 콜호스를 계속 존재하게 한 것은 노골적인 폭력이었다. 이때는 소련의 전체 인구 중 60~70퍼센트가 농민이었다. 그러니 사실상 국민의 대다수에게, 그것도 논밭을 갈 때, 파종할 때, 수확할 때, 그리고 농민들이 생산물을 국가에 내놓아야 할 때를 가리지 않고 사시사철 그러한 폭력을 가해야 했고, 이는 사회라는 유기체의 대부분에 엄청난 공포를 부단히 주입하는 결과를 낳았으며, 따라서 그 유기체의 전부가 공포에 중독되지 않을 수 없었다. 그동안의 그 어떤 공포 장치보다 거대한 공포 장치가 수립되어 가동됐고, 그것은 그 자체의 예측할 수 없는 추동력을 갖기에 이르렀다. 러시아의 도시들도 농촌이 휘말린 혼란의 전염에서 벗어날 수 없었다. 농민들의 절망과 증오는 도시로도 퍼지면서 노동계급에 전염됐고, 그러한 절망과 증오에 대응하기 위한 폭력이 난무해도 방치할 수밖에 없었다.

1929~1930년에 일어난 변화는 그 모든 비합리적인 경위에도 불구하고 1917년 10월혁명과 마찬가지로 돌이킬 수 없는 사회혁명으로 이어졌다. 물론 그 사회혁명의 성격은 10월혁명과는 전혀 달랐다. 이번의 격변을 통해 트로츠키가 예언했던 혁명과정의 '영속성'이 분명히 드러났다. 그러나 그 모습이 자신이 기대했던 모습과 워낙 달랐기에 트로츠키는 그것을 사실 그대로 인식할 수 없는 입장이었고, 실제로 인식하지 못했다. 여전히 그는 아주 최근까지도 모든 볼셰비키가 생각했던 대로 혁명은 봉건제와 부르주아의 지배체제를 전복하고 토지재산과 대자본을 몰수하는 데에만 필요하며, 그러한 일이 완수됐으므로 이제는 자본주의로부터 사회주의로의 이행이 본질적으로 평화롭고 진화적인 방식으로 전개돼야 한다고 생각했다. 영속혁명론의 창시자인 그가 소련의 국내 문제에 대해서는 어느 면에서 개량주의자적인 면모를 보였다. 사실 다른 누구보다도 먼저 그는 일국적인 틀 안에서는 소련이 내부의 갈등과 문제들을 해결할 수 없을 것이라고 믿었다. 그래서 그는 소련 내부의 갈등과 문제들을 궁극적으로 해결할 수 있는 국제혁명을 기대했다. 국제적 계급투쟁에 대한 그의 혁명적 접근법과 소련 국내 문제에 대한 그의 개량주의적 접근법은 동전의 양면과 같은 것이었다. 반면 스탈린은 1929년까지도 국가 차원의 개량만이 소련사회의 갈등을 다뤄나갈 수 있다고 확신했다. 그러나 그도 사실

은 그렇지 않음을 알게 되자 국가 차원의 개량이라는 틀을 넘어서지 않을 수 없었고, 그래서 또 한 번 국가 차원의 혁명을 연출했던 것이다. 이때 스탈린이 내버린 것은 자기의 정책이 지니고 있던 개량주의적 요소가 아니라 일국주의적 요소였다. 이런 점에서 국제혁명의 관점에 대한 그의 실용주의적인 무시와 그의 국내정책이 지닌 준혁명적 성격도 역시 동전의 양면과 같은 것이었다.

실제 역사는 그 나름의 역설적인 방식으로 트로츠키의 구도에 토대가 된 생각이 근본적으로 진실임을 확인해주었지만, 적어도 부분적으로는 그의 구도에 역행했다. 트로츠키는 20세기 초에 이렇게 썼다. "러시아의 노동계급을 그냥 놔두면 농민들이 그들에게 등을 돌리는 시점에 곧바로 반혁명에 의해 필연적으로 분쇄될 것이다." 트로츠키가 말한 시점은 매우 가까이에 다가온 것처럼 보였다. 처음에는 1921년에, 그 다음에는 1920년대 말에 농민들이 볼셰비키에 등을 돌리자 그 시점이 곧 닥칠 것처럼 보였던 것이다. 트로츠키는 이렇게 쓰기도 했다. "노동자들은 러시아혁명의 운명을 유럽에서의 사회주의 혁명의 운명과 연결시키는 것 외에는 다른 선택의 여지가 없을 것이다." 1917년 이래 그는 러시아가 독자적으로는 사회주의를 달성할 수 없을 것이며, 그렇더라도 러시아혁명의 추동력은 아직 다 소모되지는 않았다는 말을 되풀이했다. 1917년의 혁명은 국제혁명의 전주곡일 뿐이라는 것이었다. 러시아혁명의 충격이 유럽에서 혁명을 일으키지는 못했지만, 그 추동력은 아직 소진되지 않았음이 판명됐다. 그러나 그 추동력이 밖으로 작용하거나 확장되지 못하고 소련 안에서 응축되면서 내부지향적인 것이 되고 다시 한 번 격렬하게 소련사회의 구조를 재편하기 시작했다. 이제는 강제적인 공업화와 집단화가 혁명의 전파를 대체하게 됐고, 러시아 쿨라크의 해체가 해외 부르주아 지배체제의 전복을 대신하는 대용품이 됐다. 트로츠키에게 있어서는 그의 구도가 그의 사상과 분리될 수 없었다. 그로서는 오직 독일과 프랑스에서, 또는 적어도 중국에서라도 '10월혁명'이 일어나는 것만이 러시아의 10월혁명을 진정으로 이어가며 발전시키는 길이었다. 러시아 혁명의 절정은 오직 그 국제화와 더불어서만 달성할 수 있는 것이었다. 역사적인 관점에서는 이런 그의 생각이 여전히 타당했다. 그러나 스탈린이 뜻밖에도 소련 내에서 영속혁명의 대리인으로 행동하기 시작했다. 트로츠키는 이런 스탈린의 행동을 인정하지 않았다. 진정한 것을 대신한 대용품은 받아들이지 않겠다는 것이었다.

트로츠키의 견해는 고전적 마르크스주의의 합리성을 내포하고 있었다. 스탈린이 추진한 '대변화'는 불합리성 투성이였다. 마르크스주의가 상정한 고전적 혁명은 대중의 사회의식과 정치활동이 고조됐을 때 수행되는 것이었다. 혁명은 삶과 삶의 재구성에 대한 대중의 의지가 최고도로 발현되는 것을 가리키는 말이었다. 그러나 1929~1930년의 격변은 러시아 대중의 사회의식과 정치에너지가 가장 낮을 때 일어났다. 그것은 대중의 모든 자발적인 활동이 억압된 가운데 위로부터 수행된 혁명이었다. 그 추동세력은 사회계급이 아니라 당이라는 조직이었다. 고전적 혁명과 관련된 유럽의 풍성하고 다양한 전통을 두루 흡수하고 그것을 자기 생각에 반영하고 있던 트로츠키가 볼 때 1929~1930년의 격변은 결코 혁명이 아니었다. 그것은 단지 역사에 대해 스탈린주의 관료집단이 저지른 강간일 뿐이었다. 그러나 고전적 마르크스주의의 관점에서 '불법적'인 것이었다 하더라도 스탈린이 추진한 '위로부터의 혁명'은 소유관계에, 그리고 결국에는 소련 인민들이 살아가는 방식에도 지속적이면서도 규모의 측면에서 전례 없이 큰 변화를 가져왔다.[127]

앞에서 우리는 국가가 국민에 대해 엄청난 힘을 가졌던 러시아 역사의 특수성을 거듭해서 살펴보았다. 옛 차르체제의 절대주의는 원시적이고 아직 분화되지 않았으며 정형화되지도 않은 러시아의 사회조직으로부터 자기의 힘을 이끌어냈다. 밀류코프는 이렇게 말했다. "서구에서는 계급이 국가를 창출했지만 러시아에서는 국가가 계급을 탄생시켰다." 이 말에 트로츠키는 러시아의 자본주의마저도 '국가의 자식' 으로 태어났다고 덧붙였다. 러시아의 사회계급이 미성숙했다는 점이 인텔리겐치아 지도자들과 소규모 혁명가 그룹들로 하여금 인민을 대신하고 대변하도록 했다.[128] 20세기의 첫 20년 동안 러시아 대중의 에너지가 상대적으로 짧은 기간에 거대하게 용솟음친 뒤 내전과 혁명을 거쳐 사회적 해체가 전개되는 과정에서 그 에너지가 소진됐다는 점도 비슷한 효과를 가져왔다. 1921~1922년에는 노동계급이 자기들의 계급이익을 스스로 지켜내지 못하자 레닌과 그의 동료들이 노동계급의 이익을 대신 지켜주는 수탁자의 역할을 떠맡았다. 이런 대리주의(substitutism)의 논리는 레닌과 그의 동료들로 하여금 볼셰비키 당의 정치적 독점체제를 수립하도록 했고, 이어 그것이 스탈린주의자들의 분파에 의해 훨씬 협소한 독점체제로 바뀌도록 했다. 스탈린과 트로츠키 사이에 벌어진 상황과 두 사람 간의 갈등을 제대로 파악하기 위해서는, 여기서 내전이 일어난 지 10년 뒤에 소련사회에 존재했던 여러 계급들의 여건을 간략하게라도 재검토해야 한다.

1920년대 초의 특징적인 현상이던 노동계급의 축소와 분산은 이제 과거지사가 돼버렸다. 신경제정책으로 공업이 회복되면서 예전의 노동계급과 거의 같은 수의 새로운 노동계급이 생겨났다. 불과 몇 년 만인 1932년까지 공업부문에 고용된 노동자 수가 1000만 명에서 2200만 명으로 늘어났다. 이어 1930년대에 공장과 광산에서 새로운 인력충원이 이루어지면서 1940년경에 이르면 노동계급의 전체 규모가 종전에 비해 거의 세 배가 된다.[129] 그러나 이런 수의 급증에도 불구하고 노동계급은 정치적으로는 스스로의 무게감을 사회에 인식시키지 못했다. 소련의 정치적 삶에 대한 노동자들의 직접적인 영향력은 1917년은 말할 것도 없고 차르 체제의 마지막 몇 년간보다도 훨씬 미약했다. 노동자들은 관료집단에 대항해 자기 목소리를 낼 수 없었다. 이는 소련이 노동자들의 국가이므로 그들이 굳이 목소리를 낼 필요가 없어서였던 게 아니다. 다른 사람도 아닌 레닌이 1920~1921년에 노동자들은 자신들의 나라에 대항해서도 스스로를 방어해야 할 필요가 있다고 주장한 바 있었다. 1921년에 그렇게 해야 할 필요가 있었다면 1931년에는 더더욱 그랬다. 그러나 노동자들은 계속 수동적이고 침묵하는 모습을 보였다.

사회의식의 쇠퇴와 정치의지의 마비가 그렇게 오래 계속된 현상을 무엇으로 설명할 수 있을까? 테러만이 이유가 아니었고, 전체주의적 테러가 이유였다고 말할 수도 없다. 왜냐하면 테러가 효과를 발휘하느냐 못하느냐는 그 테러에 대한 저항이 있느냐 없느냐, 있다면 얼마나 있느냐에 따라 좌우되기 때문이다. 노동계급의 수동성에 책임이 있는 무엇인가가 노동계급 자체 안에 들어있었던 것이 분명하다. 그것은 무엇이었던가?

수백만 명의 새로운 노동자들이 원시적인 상태의 농촌에서 공업부문으로 옮겨갔다. 이들은 처음에는 농촌의 과잉인구에 떠밀려 '자발적'으로 옮겨갔지만, 나중에는 정부가 집단농장을 공업부문을 위한 편리한 인원충원 센터로 활용하면서 시행한 '농장에서 공장으로의 계획적인 노동력 이전'에 의해 옮겨갔다. 그들은 러시아 농촌의 문맹, 무기력, 숙명론적 정신자세를 도시와 공장 주변의 노동자 거주지역으로 옮겨놓았다. 고향을 떠나 익숙하지 않은 환경 속에서 어리둥절할 수밖에 없었던 그들은 즉시 거대한 메커니즘에 갇혔다. 그 메커니즘은 그들을 그동안의 모습과 매우 다른 존재로 변화시켰고, 공장생활의 리듬과 규율에 끼워 넣었고, 그들에게 기계를 다루는 기술을 익히게 했고, 가장 최근에 당에서 내려보낸 지시, 금지명령, 슬로건을 그들의 머릿속에 집어넣었다. 그들은 커다랗지만 매우 붐비는 공동숙소나 막사에서 지내면서 누더기를 걸치고 영양부족 상태에서 일했고, 공장 안에서 괴롭힘을 당했으며, 때로는 군대에서와 비슷한 규율을 강요당하기도 했다. 이런 상태에서는 노동자들이 자기에게 가해지는 압력에 저항하는 게 불가능했다. 기본적으로 그들의 경험은 자본주의의 초기에 고향에서 뿌리를 뽑히고 도가니와 같은 공장으로 내던져진 과거 세대의 경험과 그리 다르지 않았다. 그러나 자유방임주의 시절에는 노동시장 스스로의 작용, 구체적으로는 실업과 굶주림에 대한 공포가 농민들을 공업노동자로 서서히 전환시키고 단련시켰던 것에 비해 스탈린주의의 러시아에서는 국가가 직접 관리하면서 그러한 과정을 압축해 훨씬 짧은 시간 안에 전개되도록 했다.

공업부문으로 동원된 사람들은 워낙 격심한 변화를 겪었고, 워낙 극심한 강도의 훈련을 받았고, 신과 인간들에 의해 버림받았다는 느낌을 너무나 강하게 느꼈으며, 자기의 삶을 규정하는 힘의 거대함에 완전히 압도당했기에 자기의견을 형성하거나 항의의 말을 내뱉을 마음도 갖지 못했고 그럴 힘도 없었다. 간헐적으로 그들은 술에 취해 서로 싸우거나, 몰래 기계를 망가뜨리거나, 공장을 탈출하려 하지만 결국은 이 공장 저 공장을 전전하는 것으로 분노를 표출하곤 했다. 그들은 자기가 속한 계급 전체의 상황에는 신경도 쓰지 않고 각기 혼자서 자기 운명을 개선해보려고 했다. 파업을 금지한 조치에 못지않게 개인주의라는 유전적 성격도 작용해 그들은 서로 연대해 스스로를 보호하지도 못했고 같이 행동에 나서지도 못했다. 스탈린은 노동자들의 고향인 농촌 마을에서는 개인주의를 제거하고 있었지만, 도시의 공장에서는 그러한 개인주의를 조장하고 활용했다. 공장에 적용된 스타하노프주의와 '사회주의적 경쟁'은 노동자의 개인적 욕심을 최대한으로 부추겼고, 작업대에서 서로 경쟁하도록 그들을 압박했다.

이리하여 농민들은 집단화되고 있었지만, 노동계급은 그 전통적인 집단주의적 관점이라고는 거의 남아있지 않은 상태로 전락했다. 추방된 한 반대파 사회학자는 "우리의 농민들은 프롤레타리아화되고 있지만 우리의 노동계급은 농민들의 정신자세에 완전히 감염되고 있다"고 슬픈 어조로 말했다.[130] 그러나 계급적 연대의식과 마르크스주의적 투지가 그들에게서 완전히 제거된 것은 아니었다. '10월세대' 중에서 살아남은 사람들과 1920년대에 성장기를 보낸 소수의 젊은이들 사이에는 그러한 계급적 연대의식과 마르크스주의적 투지가 살아있었다. 이는 1930년경 초기 우다르니키(우수 노동자들—옮긴이)가 거의 맨손으로 우랄산맥이나 동부지역의 황무지에서 자기희생적 열정을 갖고 제철소나 발전소를 짓는 모습을 본 사람이라면 누구나 알 수 있었다. 스탈린주의의 선전은 자기모순이긴 했지만 마르크스주의의 전통을 왜곡하고 조작하면서도 그 전통의 많은 부분을 계속해서 가르치고 있었다. 그 전통을 주입받은 노동자들은 농민들의 개인주의가 공장에 침투하는 것과 그로 인해 임금과 보너스를 더 받기 위한 경쟁이 벌어지는 데 대해 분개했다. 그러나 이렇게 분개하는 노동자들은 소수였고, 대부분은 수백만 명의 프롤레타리아화한 무지크들에 압도당했다. 게다가 국가와 당은 새로 생겨나는 행정관리직과 농민의 집단화를 위한 특별조직에 계급의식이 뛰어나고 교육수준이 높으며 활동력이 있는 노동자들을 뽑아 앉힘으로써 노동계급의 지적, 정치적 자원을 지속적으로 고갈시켰다. 노동계급은 이런 식으로 엘리트들을 빼앗겼을 뿐 아니라 계급 내부의 원심력에 의해서도 더욱 심하게 분열됐다. 게다가 농촌의 집단화와 관련해 극심한 갈등이 빚어지기도 했다. 농촌 집단화는 처음에는 농촌 부르주아를 불신하는 태도를 지니고 있던 도시 기반의 프롤레타리아 사이에 높은 기대감을 불러일으켰다. 그러나 농촌에서 도시의 공장으로 옮겨가게 된 노동자들의 분노와 그들이 퍼뜨린 이야기, 즉 농촌에서 저질러지는 공포스러운 일들에 관한 이야기는 도시 사람들 사이에 꽤 많은 동정심을 불러일으켰다. 앞에서 언급한 사회학자는 1차 5개년계획 기간에 '거꾸로 된 상퀼로트'들이 도시들을 가득 채웠다고 표현했다. 이 표현에 대한 그의 설명은 이렇다. 프랑스혁명 직후에는 상퀼로트, 즉 재산이 없는 사람들이 줄곧 재산을 적대시했지만, 이 당시의 소련에서는 재산이 없는 사람들이 오히려 가장 열렬한 재산의 수호자들이었다는 것이다. 이런 '거꾸로 된 상퀼로트'들의 존재와 그들의 분위기는 볼셰비즘의 가장 오래된 본거지인 곳들에서도 감지됐다. 그러나 예를 들어 1930년대에 도네츠 탄전에서 일하던 광부들 가운데 40퍼센트 이상이 재산을 몰수당한 쿨라크나 일반 농민이었음을 고려하면, 그러한 사실이 별로 놀랍지 않다. 프롤레타리아가 주로 거주하는 지역사회들 가운데 상대적으로 오래된 곳들 중에서는 정부당국에 대해 은근히 적개심을 드러내는 곳도 있었다. 그러나 노동계급의 열망을 대변하는 당과 국가에 반대하는 것은 용납할 수 없다는 생각이 강한 곳도 있는 등 그 분위기가 엇갈렸다. 그러나 어쨌든 '거꾸로 된 상퀼로트'인 대중과 많은 수의 룸펜프롤레타리아가 공업의 환경에 적응하지 못하는 농민들을 밀어내고 도시의 외곽을 채웠고, 그런 곳에는 음주와 범죄가 더불어 늘어났다. 그리고 그들은 그 어떤 테르미도르반동, 반혁명, 또는 파시즘 운동이 일어나더라도 그 먹잇감이 될 준비를 갖춘 거대한 인구를 형성하고 있었다.

이렇게 파편화되고 혼란스럽고 정치적 정체성을 결여한 새로운 노동계급은 부분적으로는, 마르크스의 표현을 빌리자면 '그 자체로서의 계급(즉자적 계급—옮긴이)'이지만 '그 자신을 위한 계급(대자적 계급—옮긴이)'은 아닌, 초기 자본주의 시기의 프롤레타리아와 비슷했다. 그 자체로서의 계급은 사회 안에서 경제적 기능을 수행하지만 사회 안에서 자기들이 차지하고 있는 위치를 의식하지 못하기 때문에 자기들의 공동이익과 역사적 이익을 제대로 파악하지 못하고, 따라서 그 구성원 개개인의 사적인 노력을 공동의 이익과 역사적 이익에 종속시키지 못한다. 마르크스주의자들은 노동계급이 사회적으로 자기통합을 이루고 정치의식을 갖추기만 하면 '자신을 위한 계급'이 되고, 그러한 계급으로 영구히 존재하면서 다시는 미성숙한 모습으로 되돌아가지 않을 것이라고 암묵적으로 가정하고 있었다. 그런데 러시아의 노동계급은 차르체제, 지주, 자본가를 무너뜨리고도 자기들의 이익을 의식하지 못하고 미숙한 계급으로서 열등한 여건에 갇혀버렸다.

물론 농민들의 상태는 더욱 나빴다. 농민들에게 가해진 타격은 그들을 완전한 혼란과 해체의 상태에 빠뜨렸다. 1929년 이전까지 농민들은 과거에 한 번도 달성하지 못했던, 일정한 정도의 내적 응집을 달성한 것처럼 보였다. 그들은 볼셰비키의 집단주의에 반대하고 적대하는 연대를 구축한 듯 보였고, 실제로 어느 정도는 그런 연대를 구축한 게 사실이었다. 당과 국가에 대한 농민 전체의 적대감은 부유한 농민과 가난한 농민 사이의 갈등이라는 내적 분열을 압도하고 덮어버렸다. 쿨라크는 농촌의 지역사회에서 수장 역할을 하고 있었다. 그리고 농장 노동자들과 베드니아크(빈농—옮긴이)들은 여러 해에 걸쳐 볼셰비키가 쿨라크와 화해하려고 애쓰는 모습을 지켜보았으므로 농촌 지역사회에서 쿨라크가 차지하고 있는 위치에 도전하기를 삼가고 그들이 행사하는 지도력을 좋든 싫든 받아들이는 태도를 보였다. 집단화를 추진하기 위해 농촌에 파견된 관리들은 현장에 처음 도착했을 때 농민들의 연대를 깨뜨리기가 어려웠다. 쿨라크들의 자신감은 부풀대로 부풀었고, 그러한 쿨라크들의 모습을 본 빈농들은 쿨라크를 없애겠다는 인민위원들의 위협이 진심이라고 생각하지 않았다. 이에 따라 다수의 빈농들은 인민위원들의 요구에 응하기보다는 쿨라크의 편에 서서 기존의 농업방식을 지키는 것이 안전하다고 생각했다. 그런데 정부가 전혀 퇴각할 분위기가 아니며 쿨라크가 실제로 타파될 것임이 분명해지자 농촌 마을에 존재했던 연대가 깨져버렸다. 오랫동안 억눌려온 부농들에 대한 빈농들의 적개심이 부추겨지면서 겉으로 표출됐고, 농민 대중은 상충하면서 서로 갈등하는 이익, 계산, 감정으로 갈가리 찢어졌다. 정부는 농촌자본주의뿐 아니라 사적인 개인영농 전체를 공격하고 빈농들에게까지 소규모 토지재산을 포기하도록 요구했다. 그러나 그들은 여전히 자기들의 토지재산을 지키기 위해 서로 연대하는 상태를 유지했다. 재산에 대한 본능은 부농뿐 아니라 빈농의 경우에도 강력했다. 게다가 집단화가 자의적이면서도 비인간적으로 추진됨으로써 재산에 대한 농민들의 그런 본능과 더불어 인도주의라는 보편적인 관념이 충격을 받고 들고 일어났다. 그러나 이런 농민들의 감정은 교란되다가 결국은 약해졌다. 빈농들의 입장에서는 자기들이 결국은 부농들이 갖고 있는 것들을 빼앗고 농장을 합치는 것이 이익이라는 냉정한 계산을 하지 않을 수 없었기 때문이다. 그리고 누가 결국 승자가 되는지가 더 이상 의심할 바 없이 분명해지자 많은 농민들이 그 승자의 밴드왜건에 앞다투어 올라탔다.

집단농장이라는 개념은 러시아의 농촌에서 낯선 것이 아니었다. 신은 일부 사람들을 부유하게 만들고 나머지 사람들을 궁핍하게 만들기 위해 토지를 내려준 것이 아니며, 토지는 그것을 경작하는 사람들의 공유재라는 생각은 한때 깊이 신봉되던 믿음이었다. '미르' 또는 '오브시치나'로 불리던 원시적 농촌공동체에서는 그 구성원들에게 토지가 주기적으로 재분배됐다. 이런 농총공동체는 혁명 직전까지도 존속하고 있었다. 스톨리핀 정부가 '힘이 있는 농민'은 미르를 탈퇴해 자기의 재산을 미르의 토지 재분배 대상에서 빼돌릴 수 있게 함으로써 미르의 평등화 효과를 제한시킨 것도 1907년에야 실현된 것이었다. 1917년 이후에는 농민들이 보다 넓은 규모의 자기소유 토지를 경작하는 현상이 크게 늘어났다. 당의 선동가들은 콜호스가 미르를 합법적으로 계승하는 것이라고 하면서 콜호스를 농촌 마을에 권장할 수 있었다. 콜호스는 기존의 제도를 전복하는 혁신이 아니라 토착적인 제도를 변형된 형태로 되살리는 것이라는 그들의 주장이 먹혀들었던 것이다. 토착적인 제도인 미르가 자본주의적 탐욕에 의해 이미 잠식되긴 했으나 농민들의 기억 속에서는 여전히 신성시되고 있었기 때문이다. 이처럼 농민들의 태도를 결정지은 충동과 외부로부터의 영향은 서로 복잡하게 얽히고 모순되는 것이었다. 그 결과 두려움과 신념, 공포와 희망, 절망과 확신이 무지크들의 머릿속에서 갈등을 일으켰고, 그들은 불안해 하고 초조해 하면서도 저항하지 않았고, 결국은 복종을 하게 되면서도 마음속으로는 불만을 키웠다.

이런 상태로 급속히 전락하는 동안에도 농민들은 여전히 격렬하게 자기 재산을 파괴하는 행동을 멈추지 않았다. 집단화가 추진된 처음 몇 달 동안 농민들은 암소와 수소는 1500만 마리 이상, 염소와 양은 거의 4000만 마리, 돼지 약 700만 마리, 말 약 400만 마리를 도살했다. 이런 도살은 농민들이 보유한 가축 수가 종전에 비해 절반 이하로 줄어들 때까지 계속됐다. 농민들은 이런 도살로 생겨난 고기를 자신들의 장례식을 치른다면서 연 마을잔치의 음식으로 소비했다. 쿨라크들이 먼저 이런 식의 가축도살을 시작하고는 다른 농민들에게도 똑같이 하도록 부추겼다. 국가에 식량을 공급하던 쿨라크들이 자기 재산을 모두 빼앗기게 되자 국가에 돌아가야 할 식량을 서둘러 없애거나 빼돌렸던 것이다. 그리고 그들은 집단화를 집행하려는 자들이 자기들의 가축을 마을의 공동우리로 몰고 가도록 놔두지 않고, 적들은 굶어야 한다는 태도로 도축한 고기를 각자 자기의 식량창고에 가득가득 채워놓았다. 처음에 집단화 집행자들은 이런 형태의 '계급전쟁'에 놀랐고, 중농과 빈농들까지 가축도살에 가담하는 모습을 놀란 눈으로 지켜볼 수밖에 없었다. 그러는 동안 러시아의 농촌 전체가 도축장처럼 돼버렸다.

이렇게 절망이 지배하고 분노가 확산된 나머지 고기를 대대적으로 내어놓는 이상한 축제가 시작됐다. 떠들썩한 잔치를 벌이며 포식을 하는 분위기가 마을에서 마을로, 볼로스트(농민들의 전통적인 자치 행정단위—옮긴이)에서 볼로스트로, 구베르니야(제정 러시아의 지방 행정단위—옮긴이)에서 구베르니야로 번져나갔다. 남자, 여자, 아이 할 것 없이 누구나 포식을 하고는 먹은 것을 게워낸 뒤에 다시 고기접시로 달려들었다. 러시아에서 이때만큼 보드카가 많이 주조된 적이 없었다. 거의 모든 오두막이 양조장이 됐고, 과거의 슬라브 방식대로 대취하는 술잔치가 벌어졌다. 사람들이 폭음을 하는 동안 쿨라크는 자기의 헛간이나 마구간에 불을 질러 마을을 환하게 밝혔다. 사람들은 고기가 썩어가면서 내는 악취, 보드카가 증발하면서 내는 술냄새, 불을 지른 자기 재산에서 뿜어져 나오는 연기, 그리고 절망에 숨이 막혔다. 이런 장면이 농촌의 각 마을에 도착한 집단화 집행자들이 맞닥뜨린 광경이었다. 집단화 집행자들은 자기들이 어깨에 멘 기관총의 덜그럭거리는 소리가 침울한 분위기 속에서 법석대는 농촌 마을에 찬물을 끼얹는 효과를 발휘하기를 바랐다. 그들은 포식한 집단화의 적들을 현장에서 총살하거나 어디론가 끌고 갔다. 그러고 나서 나머지 농민들에게 콜호스의 모범적인 구성원으로서 농업에서 사회주의의 승리만을 위해 노력해야 한다고 선언했다. 그러나 쿨라크들과 그들의 협조자인 포드쿨라치니키(농촌 집단화 초기에 쿨라크들의 편에 섰던 사람들―옮긴이)들이 제거된 뒤에도 가축도살과 잔치는 계속됐다. 그런 농민들의 행위를 멈추게 할 방법이 없었다. 사료가 더 이상 남아있지 않다거나 돌보지 않아 병에 걸렸다는 등의 이유를 댄 가축도살이 이어졌다. 콜호스에 들어간 베드니아크들도 자기의 재산을 보존하거나, 그렇게 할 수 없다면 가축을 도살해 오랫동안 굶주렸던 배를 채우는 것이 이익이라고 생각했다. 이런 현상이 벌어진 다음에는 오랫동안 엄청난 기근이 계속됐다. 농장에는 말이 남아있지 않았고, 파종할 씨앗도 남지 않았다. 우크라이나와 유럽 쪽 러시아의 콜호스 농민들이 말을 사러 중앙아시아에 몰려갔다가 거기에도 남아있는 말이 없어 사지 못하고 돌아왔다. 그들은 도살을 피해 아직 남아있는 얼마 안 되는 소를 이용해 경작을 할 수밖에 없었다. 1931년과 1932년에는 경작되지 못하고 노는 땅이 아주 많았고, 무지크들은 굶주린 몸을 이끌고 논밭을 갈아야 했다. 소규모 자작농들은 그동안 살아온 모습대로 가련하게 무기력한 상태로 파멸해갔다. 그들의 최종적인 좌절은 경제적이고 정치적인 것인 동시에 정신적인 것이기도 했다.

집단화를 추진하는 사람들 역시 정신적으로 좌절하긴 마찬가지였다. 우리가 앞에서 이야기했듯이 새로운 농업체제는 앞으로 여러 해 동안 그러한 좌절의 상태에서 노동을 해야 하는 것을 의미했다. 혁명이 추구하는 건설적인 과제는 일반적으로 혁명이 전복시킨 사회계급에 의해 달성되는 게 아니다. 혁명은 자기편에 선 사회계급에 의존해서만 건설적 과제를 달성할 수 있다. 그런데 1929~1930년의 농촌혁명은 그 혁명에 의해 파멸당한 사람들에 의존해 미래지향적인 과제의 실현을 도모했다는 데서 모순을 안고 있었다. 소규모 자작농에서 콜호스 농민으로 바뀐 사람들이 콜호스가 작동되도록 일하겠다는 의사를 보이지 않는데도 집단농장이 번성할 수는 없었다.[131)]

노동자와 농민들이 정신적, 정치적으로 응집되지 않았기에 국가의 힘이 막강한 것으로 보였다. 내전 이후에 경제의 붕괴와 노동계급의 해체를 배경으로 관료적 지배체제가 수립됐는데,[132)] 이제는 그 관료적 지배체제가 그 반대의 배경, 즉 경제의 성장과 확장으로부터 사실상 무한한 권력을 얻기에 이르렀다. 경제의 성장과 확장은 사회에 새로운 구조와 형태를 부여하는 것이어야 했으나, 실제로는 곧바로 사회를 무정형의 구조로 만들고 그 정신적 쇠퇴를 심화시켰다. 이후 여러 해 동안 소련의 모든 에너지는 물질적 발전과 그러한 발전이 요구하는 엄청난 노력에 철저히 집중됐기 때문에 정신적, 정치적 목적을 내세우는 데 필요한 자원은 거의 또는 전혀 남아있지 못했다. 그리고 정치적으로 무기력해진 국민에게 행사되는 국가의 권력이 커지면서 권력자들은 국민을 계속 정치적 무기력 상태로 유지시키기 위해 모든 수단과 방법을 다 동원했다.

그러나 관료들도 공통의 이해관계나 전망에 의해 진정으로 단합된 상태가 아니었다. 다른 계급들의 분열상이 관료집단에도 그대로 반영됐다. 공산주의 관료들과 비공산주의 관료들 사이의 소원한 관계가 예전과 다름없이 그대로 남아있었다. 이런 사실은 사보타주를 한다든가 '파괴자'라는 이유로 '전문가'들을 자주 법정에 세운 기이한 재판들에서 분명히 드러났다. 대부분의 '전문가'들과 그들의 친구들은 신경제정책의 시기 내내 혁명의 동력이 가라앉아 러시아가 다시 '정상적'인 상태가 되리라고 기대하면서 그때가 오기를 기다렸다. 트로츠키주의자나 지노비예프주의자들이 망령에 쫓기듯 우려한 '새로운 신경제정책(Neo-NEP)'과 테르미도르반동이 실현되기를 그들은 기원했다. 그들은 처음에는 트로츠키에 대항해 스탈린과 부하린에게 기대를 걸고 의지했고, 그 다음에는 부하린이든 누구든 '테르미도르반동을 실현할 것으로 믿어지는 자'가 나타나기를 고대했다. 그러나 그들의 희망은 좌절됐고, 그런 희망을 품었던 사람들 가운데 다수는 새로운 상황에 적응할 수 없거나 적응하려고 하지 않은 결과로 혼란에 빠졌다. 관료집단 중 볼셰비키파 안에서는 부하린주의자들과 스탈린주의자들이 서로 싸웠다. 신경제정책 시기에 확고하게 자리 잡았던 부하린주의자들은 결국 추적당하고 행정부에서 축출됐다. 그들이 축출되어 비게 된 자리와 계속해서 새로 생겨나는 자리는 노동계급과 젊은 인텔리겐치아에서 충원된 사람들로 메워졌다. 이 때문에 관료집단의 구성은 대단히 불안정했고, 그 구성원들이 갖고 있는 관점들도 서로 이질적이었다. 관료집단을 하나로 묶어줄 것 같은 최후의 결합요소, 즉 특권이라는 공통의 결합요소도 대단히 취약했다. 왜냐하면 관료들 개개인뿐 아니라 관료집단 전체도 하루아침에 모든 특권을 박탈당할 수 있었고, 실제로 그렇게 박탈당하는 경우가 종종 발생했기 때문이다. 특권을 박탈당한 관료가 하루아침에 부랑자가 되거나 강제수용소로 보내지기도 했다. 그리고 엄격하게 스탈린주의로 무장된 사람들이자 지배그룹을 구성하고 있던 사람들, 즉 당 조직의 기간요원들이나 국유화된 공장의 경영자들 역시 스탈린의 독재 아래서 모두가 두려움에 떠는 위계질서에 상존

할 수밖에 없는 불안전성에서 벗어나는 예외가 될 수 없었다.

이리하여 광적인 경제확장 노력과 그에 수반된 전반적인 동요, 대중의 사회적 의식 약화와 정치적 의지 쇠퇴를 배경으로 해서 이제 단일 분파에 의한 지배체제가 한 개인에 의한 지배체제로 전환되게 된다. 계급들 사이와 각 계급 내부의 다양한 갈등을 사회가 해결할 수 없었고, 따라서 그러한 갈등의 복합성 자체가 부단한 중재를 필요로 했으며, 그러한 중재는 오직 권력의 정점으로부터만 가능한 것이었다. 동요와 불안정, 그리고 혼란이 더 커질수록 권력의 정점은 더욱 안정되고 고정돼야 했다. 모든 사회세력이 더욱더 허약해지고 의지를 결여하게 됨에 따라 권력의 정점에 있는 중재자는 그만큼 더 고집스러워졌다. 그리고 그가 더 강력해질수록 모든 사회세력이 더욱더 무기력해질 수밖에 없었다. 권력의 정점에 있는 중재자는 모든 사회세력이 결여하고 있는 '결정과 행동에 필요한 활력' 을 자기에게 모두 집중시켜야 했다. 그는 국민의 분산된 기력을 모조리 자기 안에 모아야 했다. 사람들이 인간으로서 품을 만한 수준 이하의 희망만을 품을수록 그는 초인처럼 보여야 했다. 그가 지닌 무오류의 정신이 넋을 잃은 듯한 사람들의 정신을 지배해야 했다. 사람들이 인식하지 못하고 방어하지도 못하는 위험으로부터 그들을 보호해주기 위해 그는 잠도 못자고 늘 경계해야 했다. 그만이 유일한 선지자로서 이끌어나갈 수 있는 질서에 모든 사람이 맹목적으로 따라야 했다. 그는 혁명과 사회주의의 유일한 수탁관리자로 선포돼야 했고, 그동안 그와 더불어 그러한 수탁관리의 권리와 의무를 수행해온 그의 동료들은 그런 권리와 의무를 포기해야 했을 뿐 아니라 탄압까지 받아야 했다. 그가 어떤 도전도 극복해낼 수 있는 탁월한 인물로 떠받쳐질 수 있도록 대중은 그를 부단히 찬양해야 했다. 그리고 그는 자신의 탁월한 이미지를 유지하기 위해 최대한의 경계를 하면서 대중의 찬양이 무한히 확대되고 있는지를 확인해야 했다. 헤겔이 말한 '역사의 선민(選民)'인 것처럼 그는 국민 전체, 아니 인류 전체의 삶에서 하나의 위대한 국면을 구현하는 인물이 됐다. 그러나 그의 지위가 심어 넣은 과대망상증으로 인해 그는 이 정도에 머무를 수가 없었다. 초인인 그의 팔꿈치는 그가 사는 시대의 틀을 깨뜨려야 했다. 그의 안에 과거, 현재, 미래가 공존하면서 서로 합쳐져야 했다. 그의 안에 제국을 건설하던 초기의 차르들이 유령으로 떠도는 과거가 들어 있었고, 그 과거가 마르크스와 레닌의 그림자와 어울리지 않는 씨름을 벌였다. 이와 동시에 엄청난 분출력과 창조력을 가진 세력들의 현재와, 인류 최고의 꿈이 실현된 영광의 미래가 그의 안에 존재해야 했다. 이런 기괴한 신격화의 비밀은 스탈린 개인에게 있다기보다는 그가 지배한 사회에 있었다. 사회가 자신의 정치적 정체성과 자신의 운동력에 대한 감각을 몰수당하면서 그 사회의 정체성과 역사의 운동 전체가 지도자인 그에게 인격화됐던 것이다.

스탈린주의 정부가 스탈린의 정부로 변화된 과정은 볼셰비키 당에 의한 지배가 스탈린주의 분파에 의한 지배로 바뀌면서 스탈린주의 정부가 들어서게 된 과정에 비해 훨씬 덜 분명하고 연속성도 없었다. 스탈린주의 분파의 정치적 독점은 처음부터 어느 정도 스탈린의 정치적 독점이었다. 왜냐하면 스탈린의 지지자들은 트로츠키, 부하린, 지노비예프의 지지자들과는 전혀 달리 늘 엄격한 규율 속에 있었기 때문이다. 그럼에도 스탈린은 자기의 모든 적들을 진압한 뒤에는 자기의 지지자들을 완전하게 제압해야 했다. 이제 와서 돌이켜보면 단일 분파에 의한 지배는 단일 정당에 의한 지배에 못지않게 용어상의 모순임이 분명하다. 단일 정당의 체제에서도 그 구성원들이 자유롭게 자기의견을 표출할 수 있다면 생각이 서로 다른 다양한 그룹들이 생겨나 단일 정당의 체제와 양립할 수 없는 다당제의 요소가 그 단일 정당 안에 발생하게 된다. 이와 마찬가지로 단일 분파의 체제 안에서도 그 체제가 억누르는 데 일단 성공한, 생각이 서로 다른 다양한 분파들이 재생산된다. 스탈린은 자기의 지지자들 속에 숨어있는 트로츠키주의자들과 부하린주의자들을 찾아내 제거해야 했다. 그는 자기의 지지자들에게 아직 남아있던 제한적인 자유마저도 없애야 했다. 그제야 스탈린의 지지자들은 자유의 적들을 모두 제거하고 나니 이번에는 자기들의 자유를 빼앗기게 됐음을 알게 됐고, 자기들의 지도자인 스탈린이 자기들을 좌지우지할 수 있게 됐음을 알아차렸다. 당은 획일화돼야 하며 그것이 볼셰비키의 것이어서는 안 된다고 선언했던 스탈린이 이번에는 스탈린주의 분파도 획일화돼야 하며 그것이 스탈린주의의 분파여서는 안 된다고 주장했다. 스탈린주의는 더 이상 어떤 의견의 흐름이거나 정치집단의 표현이어서는 안 된다는 것이었다. 이제 스탈린주의는 스탈린의 개인적인 이익, 의지, 변덕이 됐다.

이런 모든 정치적 관계의 개인적 인격화는 트로츠키에게도 영향을 끼쳤다. 스탈린이 공식적, 정통적으로 유일하게 혁명을 체현하는 사람이 되어가는 동안 트로츠키는 비공식적, 비정통적으로 그 혁명을 대표하는 사람이 되어갔다. 1929년까지는 그렇지 않았다. 트로츠키주의반대파의 가장 두드러진 지도자가 트로츠키이긴 했지만 트로츠키주의반대파 전체가 트로츠키 개인의 영역이었던 것은 결코 아니었다. 트로츠키주의반대파의 지도중심은 강철과 같은 정신과 독립성을 갖춘 사람들, 예를 들어 라코프스키, 라데크, 프레오브라젠스키, 스미르노프, 퍄타코프 등이었고, 그들 중 어느 누구도 트로츠키가 만들어낸 인물이 아니었다. 그리고 당 안에서 자유를 위해 싸우는 당원들이 그들에게 허용된 협소한 세력범위 안에서나마 트로츠키주의를 간직하고 있었다. 통합반대파 안에서 지노비예프와 카메네프는 트로츠키의 우월성을 의식하고 있었지만 자기들의 권위를 지키려는 예민한 입장에서 각각 트로츠키와 동등한 위치에 있다는 태도로 그를 대했다. 트로츠키는 명령을 내리지 않았을 뿐 아니라, 자기의 지지자들은 물론이고 일시적인 동지들과도 의견절충을 하고 양보를 하느라 스탈린에 대항하는 행동을 할 때 방해받는 일도 자주 있었다. 1929년까지는 사상으로서의 부하린주의가 스탈린주의와 트로츠키주의에 대한 대표적인 대안이 되면서 당 안팎에서 많은 사람들을 끌어당겼다. 따라서 스탈린의 수중에 권력이 점점 더 많이 집중되고 스탈린에 대해 순응하는 태도를 취하는 사람이 늘어나는 동안에도 볼셰비키의 희망과 기대는 아직은 단일의 지도자나 단일의 정책에 몰리지 않았고, 오히려 다양한 여러 인물들, 지도자 집단들, 그리고 다양한 입장들에 폭넓게 걸쳐 있었다.

1929~1930년에 일어난 사건들이 이 모든 상황을 변화시켰다. 부하린주의자들은 공개적으로 스탈린에 대항해보기도 전에 궤멸됐다. 부하린주의자들은 '대변화'가 성취한 것들을 부정하는 주장을 계속할 수가 없었다. 그들은 공업화 드라이브에 저항할 수도 없었고, 더 이상 '강한 농민'들에게 의지할 수도 없었다. 부하린주의의 알파와 오메가는 농민에 대한 태도에 있었다. 그런데 이것이 현실적인 타당성을 완전히 잃어버리게 된 것이다. 소규모 자작농들이 사라져버린 뒤로는 우파 반대파는 발을 딛고 설 땅이 없었다. 트로츠키 및 지노비예프의 패배와 부하린 및 리코프의 패배 사이의 본질적인 차이가 바로 여기에 있었다. 스탈린은 트로츠키와 지노비예프를 물리치기 위해 그들의 정치적 무기를 빼돌려야 했지만, 부하린과 리코프의 경우에는 그들 스스로 자기들의 정치적 무기가 구식이라면서 내던져버렸다. 그리고 바로 이런 이유에서 1929년 11월에 부하

린, 리코프, 톰스키가 정치국에서 축출될 때는 어디서도 흐느끼는 소리조차 들리지 않았던 것이다. 이는 지노비예프와 카메네프가 떠날 때만 해도 투쟁의 구호가 들렸던 것과 대조된다.

지노비예프주의자들의 항복과 부하린주의의 죽음으로 인해 볼셰비키의 충성을 얻기 위해 경합하는 분파로 스탈린주의와 트로츠키주의만이 남았다. 그런데 이제 이 두 분파가 다시 대조되는 동시에 비슷하기도 한 변화과정을 거치면서 분열되기 시작했다. 트로츠키주의자들은 끝없이 추방되는 과정을 통해, 그리고 스탈린주의자들은 자기들 내부에 의심과 혼란이 증가하는 것을 통해 각각 나름대로 변화해갔다. 그리고 스탈린주의는 승리 속에서 스탈린 개인의 독재로 축소되어갔고, 이와 비슷하게 트로츠키주의는 패배 속에서 트로츠키 개인과 동일시되어갔다. 항복한 사람들이 많았지만 감옥과 유형지들에는 아직도 '회개하지 않은 반대파'가 남아있었다. 라코프스키가 지도하고 있었던 1930년대 초에는 반대파 진영이 새로운 지지자들의 가담과 뒤늦게 환멸을 느낀 항복자들의 복귀로 보강되기도 했다. 그러나 이런 인원증가에도 불구하고 트로츠키주의는 1928년까지만 해도 누렸던 응집력과 신뢰도를 회복하지 못했다. 트로츠키주의는 기껏해야 각자 고립됐음을 의식하고 미래에 대해 절망하고 있지만 아직은 트로츠키와 트로츠키가 대변하는 것, 또는 트로츠키가 대변한다고 간주되는 것에 대한 충성을 유지하고자 하는 소수집단들의 느슨한 연합을 가리키는 말일 뿐이었다. 그들은 서로 토론하면서 논쟁적인 테제와 논문을 써냈다. 그러나 이런 글들은 오직 감옥의 담장 안에서만 회람될 뿐이었다. 테러가 대숙청의 절정으로 치닫기 전에도 트로츠키주의자들은 과거 차르의 시절에 혁명가들이 했던 것처럼 감옥과 유형지를 정치활동의 기지로 이용할 수 없었다. 그들의 사상은 노동계급과 인텔리겐치아에게 전달되지 못했다. 시간이 흐름에 따라 그들이 트로츠키와 만나는 일은 점점 줄어들어, 1932년이 되면 그들 사이의 서신왕래마저 완전히 중단되고 말았다. 그들은 트로츠키가 무엇을 대변하는지도 더 이상 정확히 알 수 없었다. 트로츠키도 자기의 견해가 자기를 지지하는 사람들의 견해와 일치하는지를 더 이상 확인할 수 없었다. 트로츠키는 반대파 전체를 대변하는 것밖에 다른 선택의 여지가 없었고, 반대파 전체는 트로츠키를 명시적으로든 암묵적으로든 혁명의 유일한 수탁관리자로 인정할 수밖에 없었다. 이제 트로츠키의 목소리는 반대파의 목소리가 됐고, 러시아 반스탈린주의자들 전체의 광범한 침묵은 바로 그의 목소리에 대한 반응으로 여겨지기에 이르렀다.

이리하여 관직에 있는 사람들 사이에서 볼셰비즘의 유일한 수탁관리자로 여겨지는 스탈린에 대항해 그 반대편에서는 트로츠키가 홀로 볼셰비즘의 대변자로 여겨지게 됐다. 스탈린의 이름과 마찬가지로 트로츠키의 이름도 하나의 신화가 됐다. 다만 스탈린의 이름은 권력에 의해 뒷받침되는 권력의 신화가 된 반면, 트로츠키의 이름은 순교자들이 마음속에 간직하는 저항과 순교의 전설이 됐다. 1930년대에 처형당하면서 "트로츠키여 영원하라!" 고 외친 젊은이들도 트로츠키의 사상을 잘 안다기보다는 조금 맛본 정도에 그친 경우가 많았다. 그들은 구체적인 정강이라기보다는 하나의 상징, 즉 자기들을 둘러싼 모든 비참과 억압에 대한 분노, 10월혁명의 위대한 약속에 대한 상기, 혁명의 부활에 대한 다소 모호한 희망을 상징하는 것과 자기 자신을 일치시켰다.

트로츠키의 공공연한 지지자들과 항복한 자들의 대부분만 트로츠키를 그런 식으로 본 것이 아니었다. 트로츠키가 스탈린에 대한 유일한 대안이라는 생각은 조용하게 스탈린의 명령을 수행하는 당원들 사이에도 계속 존재했고, 당 밖에서는 정치적 의식을 가진 노동자와 인텔리겐치아들 사이에 계속 존재했다. 사람들은 스탈린이 자기들을 파국으로 몰아넣고 있다고 느끼면서 두려움을 느낄 때면, 또는 온순하게 스탈린에 순응하다가도 그의 과도한 잔혹성을 보고 격분하게 될 때면 순간적으로나마 트로츠키를 떠올렸다. 그들은 트로츠키가 무기를 내려놓지 않고 외국 땅에서 혁명의 부패에 대항해 고독한 싸움을 계속 벌이고 있다고 생각했다.

스탈린도 이런 사실을 알고 우려하고 있었다. 스탈린은 마치 옛날에 왕이 왕위찬탈을 노리는 위험한 모반자를 다루었듯이, 또는 교회가 분열됐을 때 교황이 교황을 자칭하고 나선 대립교황(기존의 교황 외에 새로운 교리해석 또는 세속의 권력에 의해 따로 선출된 교황－옮긴이)을 다루었듯이 트로츠키를 다루었다. 역사의 아이러니가 트로츠키에게 새로 맡긴 역할은 대립교황과 같은 것이자 고전적 마르크스주의의 유산 상속자였다. 그러나 트로츠키는 그 역할에 전혀 맞지 않는 인물이었고, 그 역할을 할 능력도 뜻도 없었다. 가장 중요하고도 폭발적인 사건들로 가득하고, 소련 사회가 크게 변화하고, 서구 사회는 대공황에 진입하고, 나치즘이 떠오르고, 전쟁이 다가오는 소리가 요란하게 들리던 1930년대 내내 스탈린과 트로츠키의 대결이 소련 정치의 중심에 자리 잡고 있었고, 이것이 다른 모든 쟁점들을 압도하는 경우가 많았다. 스탈린은 한순간도 경계를 늦추거나 자기의 선전가와 경찰이 쉬도록 허락하지 않았다. 그는 소련 내 사상과 활동의 모든 영역에 걸쳐 반트로츠키주의 운동을 펼쳤고, 시간이 흐를수록 그 강도를 점점 더 높여갔다. 잠재적 왕위찬탈자에 대한 공포가 그에게서 잠을 빼앗아갔다. 잠재적 왕위찬탈자의 메시지를 들고 몰래 국경을 넘어와 사람들을 선동하고 음모를 꾸미고 사람들로 하여금 행동에 나서게 하려는 요원들을 그는 경계해야 했다. 스탈린의 머리를 떠나지 않는 의혹이 그로 하여금 자기의 충신들 가운데 가장 복종적인 사람들이 트로츠키에 대해 마음속으로 품을 수 있는 생각까지도 읽어내도록 했다. 그리고 그는 그런 사람들의 가장 무해한 발언 속에서도, 심지어는 충신이 내뱉는 아첨의 말 속에서조차 트로츠키의 주장이 지닌 정당성에 대해 교묘하고도 의도적으로 언급한 부분을 찾아내야 했다. 스탈린이 거대한 인물로 보이거나 그렇게 말해질수록, 그리고 트로츠키의 옛 지지자들이 스탈린의 앞에 굴욕적으로 무릎을 꿇을수록 트로츠키에 대한 스탈린의 강박증은 더욱 심해졌고, 소련 전체가 똑같은 강박증을 갖는 방향으로 계속 움직여질 수밖에 없었다. 스탈린이 자기의 정적을 추적하면서 보여준 광기는 이루 말할 수 없을 정도였다. 스탈린은 소련은 물론 국제 공산주의 운동에서도 트로츠키와 관련된 문제가 가장 우선적인 대응과제가 되도록 했고 정치적, 전술적, 지적인 모든 것과 모든 이익을 상대적으로 부차적인 것으로 만들었다. 모든 역사를 통틀어 그처럼 거대한 권력과 엄청난 선전이 한 개인을 겨냥해 동원된 전례는 거의 없다.

스탈린의 강박증은 병적인 것이긴 했으나 현실적인 근거가 없었던 것은 아니다. 스탈린은 단번에 완벽하게 권력을 장악하지 못했다. 그는 여러 차례에 걸쳐 거듭해서 권력을 장악해야 했다. 그가 최종적으로 권력을 장악하는 데 성공했다 해도 적어도 대숙청이 끝나기 전에는 최고권력자로서 그의 지위가 확실하지 않다는 사실이 가려질 수는 없었다. 그가 더 높이 오를수록 그의 주위에 존재하는 공백은 더 커졌고, 그를 두려워하거나 증오해야 할 이유를 가진 사람들, 거꾸로 말하면 그가 두려워하거나 증오하게 된 사람들의 수가 더 많아졌다. 그는 과거에 자기의 적들을 분열시켰던 우파 볼셰비키와 좌파 볼셰비키라는 구분이 흐려지다가 결국은 사라졌다고 생각했다. 그래서 그는 '좌우파 공모'와 '트로츠키주의자와 부하린주의자의 연대'를 두려워했고, 그의 경찰은 그러한 공모와 공모세력을 거듭해서 찾아내거나 조작해내야 했다. 그러한 공모와 연대는 당시의 상황에 내재된 것이기도 했다. 마지막으로 스탈린이 자기의 분파마저 제압해버리자 골수 스탈린주의자들까지도 트로츠키주의자, 지노비에프주의자, 부하린주의자의 잠재적 동맹세력으로 변했다. 스탈린은 볼셰비키 당 전체의 꼭대기에 올라서자마자 그 당 전체를 자기를 상대로 하는 거대한 하나의 잠재적 연대조직으로 보게 됐다. 이런 그의 시각은 근거가 전혀 없지는 않았다. 그리고 그는 자기의 모든 힘과 기량을 동원해 그러한 잠재적 가능성이 현실화되는 것을 막아야 했다. 만약 그 같은 연대가 실현된다면 트로츠키가 그 부동의 지도자가 될 것임을 그는 잘 알고 있었다. 반대파의 다른 모든 우두머리들로 하여금 자기 앞에서 머리를 조아리게 만듦으로써 그는 자기도 모르는 사이에 트로츠키를 독보적인 도덕적 권위를 지닌 인물로 띄워 올린 셈이었다. 그래서 그는 트로츠키의 그런 권위를 무너뜨리기 위해 자기가 할 수 있는 모든 일, 더 나아가 자기가 할 수 있는 범위 이상으로 모든 일을 다 해야 했다. 그는 점점 더 대담한 수단을 동원했고, 점점 더 터무니없는 비방을 퍼부었다. 그러나 이런 그의 노력은 자기기만적이었다. 그가 자기의 정적을 가리켜 "모든 이단과 반대세력의 유일한 최고의 후견인"이라고 더 큰 목소리로 비난하면 할수록, '러시아 볼셰비키들 사이에 팽배해 있지만 침묵 상태에 있는 반스탈린주의 정서' 는 이미 멀리 추방됐으면서도 압도적인 크기로 우뚝 서 있는 인물 쪽으로 점점 더 흘러갈 뿐이었다.

2장__ 이성과 비이성적 광기

1930년대 내내 트로츠키는 세계정치에서 부상하는 비이성적인 조류에 대항해 싸우는 데 몰두했다. 그러는 동안 러시아 안에 있는 그의 지지자들 가운데 일부는 비록 스탈린 정책에 대한 그의 비판이 정당하고 반박될 수 있는 게 아니라 하더라도 그가 소련의 상황에 내재된 비합리적인 요소들을 고려하지 못하는 게 아니냐고 의심했다.[1] 트로츠키 자신도 몇 해 전에 버트런드 러셀과의 토론에서 "혁명이 가는 길을 미리 합리주의적인 방식으로 그리는 것은 불가능"하며 "혁명은 합리주의적인 방식으로 계급사회를 재구축한다는 것이 불가능하다는 사실의 표현"이라고 주장했다.[2] 혁명 이후 자본주의의 이점을 포기했지만 사회주의의 이점은 아직 활용하지 못하는 체제에서도 합리적인 방식으로 사회를 재구축하는 것이 불가능함이 판명됐다. 계급사회의 불합리성을 야기하는 요소들의 전부는 아니라 하더라도 그 대부분, 즉 기본적인 이익상충, 상품과 돈에 대한 물신숭배, 생산력에 대한 사회적 통제의 부적절함 또는 부재 등이 소련에서 여전히 강력하게 작동하고 있었다. 러시아의 공업화, 교육, 계획경제의 건설, 사회적 혼란에 대한 통제의 실현 등 볼셰비키가 지녔던 열망 자체가 제한된 환경의 불합리성에 의해 오염됐다. 이런 상황은 이론적으로는 설명과 예측이 가능했다 하더라도 워낙 터무니없는 결과를 빚어냈기 때문에 분석적이거나 변증법적인 사고를 하는 사람도 그 속에서 이성과 광기를 구분하려는 시도를 하다가는 혼란에 빠지기 십상이었다.

서방에서는 대공황이 전개되던 시절이었다. 그리고 나치즘의 부상과 승리로 인해 어리석음과 범죄에 관한 역사의 기록이 갑자기 크게 늘어나는 시절이기도 하다. 이제부터는 나치의 승리가 이 책 주인공의 삶에 이런저런 방식으로 그늘을 드리운다. 우리의 이야기를 너무 멀리 건너뛰지 않더라도 여기서 한 가지 말해둘 수 있는 것은, 독일 노동계급에게 그들을 위협하는 위험을 인식시키려 했던 트로츠키의 노력은 망명시절에 그가 한 가장 위대한 정책적 행위였다는 점이다. 어느 누구와도 달리, 그리고 어느 누구보다도 먼저 그는 국가사회주의가 세계에 갑자기 등장시키게 되는 파괴적인 광기를 포착했다. 히틀러가 권력을 장악하기 전인 1930년부터 1933년 사이에 독일의 상황에 대해 그가 쓴 글들은 엄청난 사회적 정신병리 현상과 이것이 국제 노동운동, 소련, 그리고 세계에 끼칠 영향에 대한 냉정하고 객관적인 분석과 전망으로는 발군의 것이었다. 이 시기의 정치적 광기를 더욱 두드러지게 보여주는 것은, 독일의 공산주의와 사회주의의 운명을 책임진 사람들이 이 결정적인 3년 동안에 외딴 섬 프린키포에서 트로츠키가 울린 경보에 반응하면서 보여준 미래에 대한 무관심과 그에 대한 엄청난 적개심이었다. 단순한 역사적인 서술만으로는 트로츠키에게 퍼부어진 비방과 조롱이 어느 정도였는지를 완전하게 묘사할 수 없다. 그는 사실상 자기파괴로 치닫는 듯한 노동운동에 대항해 노동운동 그 자체의 보존을 주장하며 대변하고 있었다. 그는 마치 방탕하고 넋이 나간 자식이 자살하는 것을 보게 된 아버지처럼 두려움, 수치심,

분노 속에서 3차 인터내셔널이 히틀러에게 항복하는 것을 지켜보아야 했다. 그는 자기가 3차 인터내셔널의 설립자라는 사실을 잊을 수가 없었다.

이 시기의 광기가 트로츠키의 측근들까지 잠식해가는 데서도 운명의 잔인함이 섬광처럼 드러났다.

1929년 10월에 월스트리트의 패닉으로 전 세계에 걸쳐 경제위기가 시작되고, 독일 바이마르공화국의 전체 구조가 파괴된 지 이제 겨우 몇 달이 지난 시점이었다. 대공황은 파괴적인 힘으로 독일을 강타했고, 600만 명의 노동자들이 실직했다. 1930년 3월에 사회민주당 총리인 헤르만 뮐러가 사임해야 했다. 뮐러 정부가 근거로 삼았던 사회주의자들과 가톨릭의 동맹은 깨져버렸다. 정부가 실업자들에게 지급하는 수당을 얼마나 삭감해야 하느냐에 대해 합의를 이룰 수 없었기 때문이다. 호엔촐레른 제국의 후손이자 상징이며, 육군 원수 출신 대통령인 힌덴부르크가 의회를 해산하고 하인리히 브뤼닝을 총리에 임명했다. 브뤼닝은 명령에 의한 통치를 했고, 엄격한 디플레이션 정책을 강행했다. 그는 사회보장 예산을 삭감하고, 공무원을 대대적으로 해고하고, 노동자들의 임금을 줄이고, 세금을 무겁게 해 소규모 사업체들을 도산하게 함으로써 경제적 곤경과 국민의 절망감을 더욱 심화시켰다. 1928년 선거에서 80만 표밖에 얻지 못했던 히틀러의 당이 1930년 9월 14일에 실시된 선거에서는 650만 표를 얻었다. 이로써 국민의회에서 가장 작은 당이었던 히틀러의 당이 두 번째로 큰 당이 됐다. 공산당의 득표수도 300만 표에서 450만 표로 늘어났다. 바이마르공화국을 여러 해 동안 지배해온 사회민주당은 이 선거에서 패배했다. 독일국가인민당을 비롯한 전통적인 우익 정당들도 패배했다. 이 선거는 의회민주주의의 불안정성과 이미 첨예화된 위기 상태를 드러냈다.

바이마르공화국의 지도자들은 이런 선거결과가 미래를 보여주는 징조라고 생각하려 하지 않았다. 보수파는 나치 운동의 등장을 복합적인 느낌으로 바라보았다. 그들은 자기들의 패배와 나치즘의 폭력성에 대해서는 당혹해했지만, 모든 노동계급 조직들에 대해 무자비한 전쟁을 선언한 거대 정당의 출현에 대해서는 안도감을 느꼈다. 그들은 같이 좌파에 대항할 동맹자 또는 연정 구성에서 하위 파트너로 삼을 만한 요소를 나치즘에서 발견할 수 있기를 기대했다. 전국을 활보하며 "마르크스주의자들과 유대인들의 목숨은 곧 위태로워질 것"이라고 선언하고 다니는 히틀러의 위협에 두려움을 느낀 사회민주당은 차악의 선택으로 브뤼닝 정부에 대해 '관용'하는 결정을 내렸다. 선거에서 약진한 데 고무된 공산당은 히틀러의 득표수가 크게 증가한 점을 경시했다. 선거 다음 날 당시 유럽에서 가장 중요한 공산주의 신문이었던 〈로테 파네(Rote Fahne, 赤旗)〉는 "어제는 히틀러에게 '굉장한 날'이었다. 하지만 나치의 선거 승리는 그들에게 종말의 시작일 뿐"이라고 논평했다. 이 신문은 몇 주 뒤에 "9월 14일은 독일에서 국가사회주의 운동의 최고 수위를 보여준 날이었다. 이제부터는 그 물이 빠져나가면서 수위가 낮아지기만 할 것"이라고 비슷한 논평을 되풀이했다.

몇 달 뒤에, 그러니까 독일의 각 도시와 마을이 히틀러의 돌격대가 불러일으킨 공포를 맛본 뒤에 공산당 지도자인 에른스트 텔만은 모스크바에 있는 코민테른 집행위원회에 이렇게 말했다. "9월 14일에 국가사회주의자들이 획기적인 성공을 거둔 이후 독일 전역에서 그들의 지지자들이 뭔가 큰 것을 기대했습니다. 그러나 우리는 노동계급 사이에서, 적어도 사회민주당 지지자들 사이에서 모습을 드러내고 있는 패닉의 분위기에 의해 우리 자신이 오도되도록 방치하지 않았습니다. 우리는 냉정하고 진지한 태도로, 9월 14일은 어떤 의미에서 히틀러에게 최고의 날이었지만 이후로는 그에게 더 나은 날은 없고 오로지 나쁜 날만이 계속될 것이라고 말했습니다." 코민테른 집행위원회는 텔만의 이런 견해를 추인하면서 그에게 치하의 말을 전하고는, 공산당은 나치즘에 대항하는 사회주의자와 공산주의자 간 동맹을 일체 거부하고 '사회파시스트들에게 공격의 포화를 집중'해야 한다는 집행위의 제3시기 정책을 재확인한다고 밝혔다.[3)]

우리는 트로츠키가 이미 1929년에 이런 제3시기 정책에 대해 혹독한 비판을 가했던 사실을 알고 있다. 중대한 선거가 실시되기 6개월 전인 1930년 3월에 트로츠키는 소련 공산당에 보내는 공개편지에서 이런 비판을 되풀이했다. 이 편지에서 그는 유럽 전역에서, 특히 독일에서 강화되고 있는 파시즘 세력을 다시 거론하면서 사회주의자들과 공산주의자들이 공동행동에 나서야 할 필요가 있다고 주장했다.[4)] 9월선거의 결과가 알려지자마자 그는 여러 개의 유럽 언어로 발행되도록 신경 쓴 특별 팸플릿을 통해 선거결과에 대해 논평했다. 그는 "진정한 혁명적 당의 첫 번째 자질은 현실을 직시하는 능력"이라는 말로써 코민테른의 자화자찬을 일축하고 공산주의자들이 추가로 얻은 50만 표는 나치가 추가로 얻은 600만 표에 비하면 조족지혈임을 지적했다. 코민테른이 높이 평가한 '대중의 급진과격화'는 혁명보다는 반혁명을 이롭게 했다는 것이었다. 나치즘의 거대한 부상을 설명해주는 것은 하위 중산계급의 정신적 균형을 뒤흔들어놓은 심각한 사회위기와, 이 위기가 제기한 문제들에 대한 공산당의 대응능력 결여라고 그는 지적했다. 공산주의가 노동자들의 혁명적 기대를 표현하는 것이라면 나치즘은 프티부르주아의 반혁명적 절망을 대변하는 것이라고 그는 말했다. 사회주의 혁명의 당이 상승기에 있을 때에는 노동계급뿐 아니라 하위 중산계급의 상당부분도 혁명의 당과 동행했다. 그런데 독일에서 이와 반대되는 일이 일어나고 있었다. '반혁명적 절망의 당'이 하위 중산계급뿐 아니라 노동계급 중 중요한 부분들까지 장악하고 있었다. 코민테른의 분석가들은 나치즘이 1923년의 위기와 그에 이은 사회적 긴장의 후유증이 뒤늦게 나타난 것일 뿐이라는 생각으로 자위하고 있었다. 그러나 나치즘은 어떤 과거의 위기에 대한 뒤늦은 반응을 표현하는 것이 결코 아니고 오히려 미래에 위기를 일으킬 세력을 부추기고 있는 것이라고 트로츠키는 주장했다. 그리고 "혁명적 시기의 종말에서가 아니라 그 전야에 파시즘이 그토록 강력한 출발지점을 차지했다는 사실은 파시즘이 아닌 공산주의에 약점의 원천이 된다"고 했다. 그는 이렇게 결론을 내렸다. "공산당이 의회진출에서 성공을 거두었을지는 몰라도 (…) 프롤레타리아 혁명은 심각한 패배 (…) 결정적인 것이 될 수도 있는 패배를 당했다."[5)]

트로츠키는 이 공개편지에서 이미 국가사회주의에 대한 분석을 요약해 제시했으며, 그 후 얼마 지나지 않아 그것을 일련의 책과 글을 통해 더욱 발전시킨다. 30년 뒤의 시점에서 돌아볼 때 그의 생각은 자명한 것으로 보이기도 한다. 그러나 실제로 발표됐던 당시에는 모두 이단적인 견해였다. 대체로 보아 나치즘에 대한 그의 견해는 신선하고 독창적인 요소를 지니고 있었고, 지금도 여전히 마르크스주의 문헌에서 발견할 수 있는 국가사회주의 또는 파시즘 전체에 대한 분석으로서는 유일하게 일관성 있는 현실적인 분석으로 남아있다. 따라서 공산주의의 전술에 대한 토론의 맥락 속에서 대부분 논쟁적인 형태로 전개됐던 그의 견해를 여기서 요약해보는 것도 나쁘지 않을 것이다.[6)]

트로츠키의 생각에서 핵심이 되는 것은 국가사회주의당을 '반혁명적 절망의 당'이라고 한 표현에 들어있다. 그는 국가사회주의를 '제정신을 잃고 미쳐 날뛰는 소부르주아'의 운동이자 이데올로기라고 보았다. 이 점이 국가사회주의를 다른 모든 반동적인 당이나 반혁명적인 당과 구분시킨다. 전통적인 반동세력은 보통 위로부터, 다시 말해 사회 피라미드의 꼭대기에서 기존의 권위를 방어하기 위해 움직인다. 반면 파시즘과 국가사회주의는 아래로부터의 반혁명으로서 사회의 밑바닥에서 일어난 평민들의 운동이다. 파시즘과 국가사회주의는 사회의 나머지 다른 부분들에 대항해 하위 중산계급이 자기주장을 하고 나서려는 충동을 표현하는 것이다. 보통 억눌려져 있던 이런 충동은 기존의 권위와 전통적인 당들이 제대로 대응하지 못하는 국가적 파국의 시기에 공격적인 모습으로 드러난다. 1920년대 번영의 시기에는 히틀러의 당이 독일의 정치에서 소수의 광적인 주변세력에 지나지 않았다. 1929년의 대공황이 히틀러의 당을 전면에 부각시켰다. 소규모 자영업자와 화이트칼라 봉급생활자들로 구성된 거대한 대중은 그동안에는 전통적인 부르주아 당들을 추종하면서 스스로를 의회민주주의 지지자라고 생각했다. 그런데 그들이 이제는 전통적인 부르주아 당들을 버리고 히틀러를 따르기 시작했다. 그 이유는 갑작스러운 경제적 파멸이 그들의 마음속에 불안감과 두려움을 가득 채워 넣고 그들로 하여금 자기주장의 욕망을 갖게 만들었기 때문이다.

소부르주아는 보통 자기의 사회적 지위에 대해 불만을 품는다. 소부르주아는 자기들이 경쟁에서 종종 무력하게 굴복해야 하는 상대인 대규모 기업들을 선망과 증오의 감정을 동시에 품고 올려다보며, 노동자들에 대해서는 정치조직 및 노조를 결성하고 집단적으로 자기방어를 할 수 있는 그들의 능력을 부러워하면서도 동시에 내려다본다. 마르크스는 일찍이 1848년 6월에 프랑스의 프티부르주아가 봉기한 파리의 노동자들에게 등을 돌리게 만든 것이 무엇인지를 설명한 바 있다. 그에 따르면 노동자들이 거리에 설치한 바리케이드로 인해 자기 가게 앞의 접근로가 막혀버린 가게주인들이 거리로 나가 바리케이드를 파괴했다. 1930년대 초 독일에서는 가게주인들이 그런 식으로 행동할 이유가 없었다. 그들의 가게로 들어가는 접근로를 막는 바리케이드가 없었기 때문이다. 그러나 그들은 경제적으로 파멸당했고, 이 점에서 바이마르공화국을 탓할 이유를 갖고 있었다. 그리고 그들은 바이마르공화국 정부의 최고 직위에 몇 년 동안 계속 사회민주당 사람이 앉아있는 것을 보아왔다. 게다가 그들은 공산주의의 위협을 두려워했다. 그들이 보기에 공산주의는 구체적인 모습으로 자리 잡지 못했다 하더라도, 아니 바로 그렇기 때문에 사회를 지속적으로 선동된 상태로 들끓게 만들고 있었다. 소부르주아의 눈에는 대기업, 유대인의 자본, 의회민주주의, 사회민주당 정부, 공산주의 또는 마르크스주의가 여러 개의 머리를 가진 하나의 괴물로 보였다. 그들은 그 괴물이 자기들의 목을 조르고 있다고 느꼈다. 그 모든 것이 사악한 공모를 해서 자기들을 파멸시켰다고 느꼈던 것이다. 소부르주아는 대기업을 향해서는 마치 자기들이 사회주의자나 되는 것처럼 주먹질을 했고, 노동자들을 향해서는 자기들의 부르주아적 지위, 계급투쟁에 대한 공포, 국가주의자로서의 자부심, 마르크스주의의 국제주의에 대한 증오를 날카롭게 표출했다. 궁핍해진 수백만 명에 전염된 이런 정치적 신경증은 국가사회주의에 힘이 되고 자극이 됐다. 히틀러는 크게 그려졌지만 작은 사람이었고, 스스로가 그 모든 신경증, 편견, 분노를 지닌 소부르주아였다. 트로츠키는 이렇게 말했다. "제정신을 잃고 미쳐버린 소부르주아라고 해서 모두가 히틀러가 될 수 있는 것은 아니지만, 그런 소부르주아는 누구나 히틀러적인 요소를 갖고 있다."

그러나 하위 중산계급은 통상 '먼지와 같은 존재'일 뿐이었다. 그들은 원래부터 가변적이고 원자화돼있어 스스로 조직할 줄 아는 노동자들과 같은 능력을 전혀 갖고 있지 못했다. 그리고 그들은 큰소리를 치고 위협하기도 하지만 진정한 저항을 만나면 겁쟁이의 태도를 보였다. 이는 유럽의 계급투쟁과 러시아혁명의 모든 기록이 입증하는 바다. 소부르주아는 이제 그 어떤 독립적인 역할도 할 수 없을 것이었다. 궁극적으로 그들은 상위 부르주아나 노동계급의 뒤를 따를 수밖에 없었다. 대기업을 상대로 한 그들의 반란은 무력했다. 독점적인 자본주의 과두기업들을 상대로 해서 소규모 장인들이나 가게주인들이 승리할 수는 없었다. 따라서 권력을 쥔 국가사회주의는 자기의 사회주의적 약속을 전혀 지킬 수 없을 게 분명했다. 국가사회주의는 본질적으로 보수세력임을 스스로 드러낼 것이고, 자본주의를 지속시키려고 할 것이며, 노동계급을 탄압하고 자기를 권좌에 올려준 하위 중산계급의 파멸을 촉진할 것이었다. 그러나 그 전에 하위 중산계급과 그 외곽에 포진한 룸펜프롤레타리아가 광적인 행동에 나설 것이고, 히틀러가 그들에게 제시한 사회적, 정치적 우월성의 꿈에 자극돼 흥분할 것이 뻔했다.

'먼지와 같은 존재'는 권력의 자석에 이끌린다. 그들은 그 어떤 싸움에서든 승리의 결의가 가장 강하고 보다 대담하며 대공황과 같은 파국에 대처할 능력을 가진 쪽을 따른다. 이것이 바로 러시아에서 볼셰비즘이 1917년에 노동계급에 대한 지도력을 확보한 뒤 여러 차례의 결정적인 순간에 그동안 주저주저하고 분산돼있던 광범한 농민 대중과 도시의 소부르주아 중 일부까지 끌어당길 수 있었던 이유다. 이와 비슷하게 노동계급도 앞으로 하위 중산계급의 다수를 끌어당길 수 있다고 트로츠키는 보았다. 다만 그게 가능하려면 노동계급이 승리하겠다는 결의와 그에 필요한 힘을 갖추고 있다고 중산계급이 느끼도록 해야 하며, 이런 점에서 사회주의와 공산주의의 정책이 방향성과 목적을 결여해서는 안 된다는 것이었다. 소부르주아의 부풀려진 야망과 나치즘의 힘은 노동계급의 허약함에서 유래된 것이었다. 사회민주당 지도자들은 처음에는 바이마르공화국 아래서 부르주아 국가의 경제관리자로서 활동하는 것을 통해, 나중에는 브뤼닝 체제에 온순하게 굴종하는 것을 통해, 그리고 그 모든 과정에서 기존의 사회적, 정치적 질서를 지키는 것을 통해 하위 중산계급과 상위 중산계급을 포괄하는 중산계급 전체의 비위에 맞추려고 했다. 그런데 하위 중산계급이 반란을 일으킨다는 것은 바이마르공화국에도, 브뤼닝 체제에도, 기존질서에도 거스르는 것이었다. 따라서 사회민주당의 정책은 조직화된 노동계급과 소부르주아 사이의 위험한 분열, 즉 나치즘의 번성에 토대가 된 분열의 발생과 확대에 결정적으로 기여했다. 사회민주당은 절제와 신중함이 다 파괴된 상태에서 절제와 신중함을 계속 설교했다. 그리고 대중이 기존질서의 부담을 더 이상 감내하기 어렵게 되어 기존질서 외에는 그 어떤 것이라도, 심지어는 히틀러가 자신들을 떨어뜨리려고 하는 나락이라도 선택하려고 하는 시점에도 기존질서를 지키는 일을 계속했다.

이런 눈 가리고 아웅하는 식의 행태에서 사회민주당은 자기의 원래 성격을 그대로 드러냈다. 그러나 트로츠키는 사회민주당보다 공산당이 져야 할 책임이 훨씬 더 크다고 지적했다. 공산당의 지도자들은 직면한 위험의 크기와 의미를 인식하지 못하고 있었다. 그들은 극단적인 급진주의의 허울 속에서 파시즘과 부르주아 민주주의를 구분하지 않았다. 그들은 독점자본주의가 부르주아 민주주의를 파시즘으로 변화시키려고 한다면 자본주의의 토대 위에 서있는 모든 당은 똑같은 변화의 과정을 밟을 수밖에 없다고 주장했다. 모두가 똑같다는 것이었다. 히틀러가 파시스트라면 우파든 중도파든 전통적인 부르주아 정당의 지도자들도 다 파시스트라는 것이었다. 특히 이미 명령에 의한 통치를 하고 있는 브뤼닝도 그러하며, '파시즘의 좌익'을 형성하고 있는 사회민주당도 마찬가지라는 것이었다. 이는 단지 논쟁상의 독설만이 아니었다. 왜냐하면 그들의 밑바탕에 잘못된 정치노선과 전략상의 오류가 깔려있었기 때문이다. 공산주의 선전가들은 거듭해서 "독일은 이미 파시즘의 지배 아래 살고 있다"며 "히틀러는 '굶주림의 총리'인 브뤼닝이 초래한 상황보다 더 나쁜 상황을 만들어낼 수 없다"고 주장했다.[7] 그러나 트로츠키는 공산주의 선전가들의 이런 주장에 반대했다. 공산주의 선전가들이 시작되지도 않은 전쟁에서 파시즘이 졌다고 선언한 바로 그날 사실은 파시즘이 이겼고, 그들이 대중에게 히틀러는 브뤼닝보다 나쁘지 않을 것이라고 말함으로써 히틀러 앞에서 대중을 정신적으로 무장해제시켰다고 그는 지적했다. 게다가 노동계급의 정당이 파시즘과 부르주아 민주주의의 차이를 부인하거나 흐리는 것은 어리석은 일이었다. 파시즘과 부르주아 민주주의는 둘 다 자본주의적 지배의 서로 다른 형식이자 방법일 뿐이라는 점은 맞다. 그러나 이 시기의 상황을 고려한다면 그 형식과 방법의 차이는 대단히 중요했다. 의회민주주의에서는 부르주아가 노동계급과의 광범한 사회적 타협을 통해 자기의 지배권을 유지한다. 그리고 이때 사회적 타협은 부단히 계속되는 협상을 필요로 하며, 자율적인 프롤레타리아 조직과 정당, 그리고 노조가 존재해야 한다는 전제가 충족돼야 한다. 혁명적 마르크스주의자의 관점에서 보면 이런 조직들은 부르주아 민주주의 속에 존재하는 '프롤레타리아 민주주의의 섬들'이며, 노동자들이 부르주아의 지배 전체에 대항해 싸우는 근거지로 활용될 요새와 성벽이다. 파시즘은 사회적 타협과 계급 간 협상의 종식을 의미하는 것이었다. 파시즘은 계급 간 협상이 이루어져온 채널을 더 이상 필요로 하지 않으며, 노동계급의 자율적인 조직을 일체 용납하지 않는다. 트로츠키는 파시즘을 분석하기 위해 이탈리아 파시즘의 전개과정에서 교훈을 이끌어냈을 뿐 아니라 볼셰비키에 의한 유일당 체제의 경험으로부터도 틀림없이 필요한 추론을 도출했을 것이다. 그는 히틀러의 전체주의적 권력독점에 대해 미리부터 설득력 있는 묘사를 하면서, 그런 권력독점 아래서는 노동자의 당과 독립적 노조가 들어설 여지가 없다고 설명했다. 이런 이유만으로도 마르크스주의자들과 레닌주의자들은 파시즘의 공격에 대항해 부르주아 민주주의를, 아니 더 정확하게는 '부르주아 민주주의 속에 존재하는 프롤레타리아 민주주의의 섬들'을 방어해야 할 의무가 있다는 게 트로츠키의 생각이었다. 스탈린주의 선전가들은 사회민주당이 파시즘의 우익이 되어 나치스(히틀러의 국가사회주의 독일노동자당—옮긴이)와 거래할 것이라고 말했지만, 그러한 거래가 객관적으로 불가능하다는 점을 간과했다.[8] 사회민주당의 지도자들도 역시 같은 환상을 품었다는 사실을 여기에 덧붙여 말해둬야겠다. 1933년에 그들은 실제로 히틀러와 타협을 이루려는, 자살행위나 다름없는 노력을 기울였다.[9] 어쨌든 트로츠키는 히틀러가 개량주의적인 것이든 공산주의적인 것이든 노동운동의 모든 흔적을 파괴하려고 할 것이라는 점을 조금도 의심하지 않았다. 그의 이런 예측은 국가사회주의가 독일 사회의 완전한 원자화를 목표로 삼을 수밖에 없을 것이라는 견해로부터 도출된 것이었다.

그러므로 브뤼닝 체제가 바이마르공화국의 토대였던 자본과 노동 사이의 광범한 타협이 사실상 종식됐음을 상징하는 것이긴 했지만, 그렇다고 해서 브뤼닝 체제를 파시즘으로 취급하는 것은 잘못이다. 브뤼닝은 국가사회주의에 대항해 자기의 입지를 지킬 수도, 노동운동을 진압할 수도 없었다. 가톨릭중앙당(Catholic Center Party)의 불안정한 지지와 사회민주당의 관용을 제외하면 브뤼닝은 오직 기존의 관료집단이 제공하는 통상적인 자원에만 의지할 수 있었다. 이것만으로는 조직화된 노동계급의 힘을 능가할 수 없었고, 따라서 독일의 정치구조는 그가 총리가 되기 전의 바이마르공화국 시절과 같은 정치구조를 그대로 유지했다. 국가사회주의의 역동적인 힘만이 조직화된 노동계급을 분쇄할 수 있었다. 계급간 타협의 붕괴로 인해 나치즘과 노동운동 전체가 실질적으로 서로 적대하는 내전의 무대가 조성됐다. 브뤼닝 체제는 '피라미드의 꼭대기에 얹힌 공'과 같이 적대적인 두 진영 사이에 순간적으로만 형성되는 균형 위에서 있었다. 그러는 사이에 나치스는 수백만 명의 당원을 충원했고, 집단적인 히스테리를 부추겼고, 엄청난 규모의 타격부대를 갖추었다. 반면 사회주의자들이나 공산주의자들은 똑같이 관망하기만 하면서 자기들의 역량이 히틀러에 의해 동원되는 것에 대해 사보타주를 하는 데 그쳤다. 다음에 인용되는 트로츠키의 몇 마디 말은 그가 얼마나 긴급하게, 그리고 분노하며 자기의 주장을 폈는지를 보여준다.

> 브뤼닝 체제는 파국을 예고하는 일시적이고 짧은 전주곡이다. (…) 아는 체하는 자들이 브뤼닝과 히틀러 사이에 아무런 차이점도 없다고 주장하지만 이는 우리의 조직이 지금 존재하고 있는가, 아니면 이미 파괴됐는가의 사이에 아무런 차이가 없다는 주장과 사실상 같다. 이런 사이비 급진주의의 주장은 가장 저열한 수동적 태도를 숨기고 있다. (…) 모든 생각하는 노동자는 이 점을 인식해야 하며 (…) 브뤼닝과 히틀러는 동일하다는 공허하고 형편없는 이야기의 내막을 들여다봐야 한다. (…) 당신들은 횡설수설한다! 우리

는 이렇게 대답한다. 당신들이 비열하게 횡설수설하는 이유는 미래에 닥칠 난관을 두려워하기 때문이며, 우리가 직면한 커다란 문제들에 대해 겁을 집어먹었기 때문이다. 당신들은 싸움이 시작되기도 전에 항복한다. 당신들은 우리가 이미 패배했다고 선언한다. 당신들은 거짓말을 하고 있다! 노동계급은 분열되고 (…) 약화되긴 했지만, 아직 섬멸된 건 아니다. 노동계급의 힘은 아직 소진되지 않았다. 브뤼닝 체제는 과도체제다. 그것은 어디로 가는 과도체제일까? 파시즘의 승리 아니면 노동계급의 승리로 가는 과도체제일 것이다. (…) 지금 두 진영은 결정적인 싸움을 준비하고 있을 뿐이다. 당신들이 브뤼닝을 히틀러와 동일시하는 것은 그 싸움이 벌어지기 전의 여건과 패배 이후의 여건을 동일시하는 것이다. 당신들은 미리부터 패배를 인정하면서 사실상 싸우지도 말고 항복하라고 호소하고 있다. 노동자들, 그리고 특히 공산주의자들의 압도적인 다수는 그것을 원하지 않는다. 스탈린주의 관료집단도 역시 그것을 원하지 않는다. 그러나 스탈린주의 관료집단이 선한 의도를 갖고 있다고 간주해서는 안 된다. 히틀러는 그런 스탈린주의 관료집단의 의도를 활용해 자기 나름대로 지옥으로 가는 길을 닦을 것이다. (…) 우리는 스탈린, 마누일스키, 텔만, 레멜레의 정책이 수동적이고, 겁쟁이처럼 주저주저하고, 패배주의적이고, 말만 번지르르한 성격을 갖고 있다는 사실을 끝까지 폭로해내야 한다. 우리는 공산당이 여전히 현 상황에 대한 열쇠를 쥐고 있으나, 스탈린주의 관료집단이 그 열쇠를 가지고 혁명적 행동으로 가는 문을 잠그려고 한다는 사실을 혁명적 노동자들에게 알려주어야 한다.[10)]

사회민주당 지도자들은 만약 히틀러가 권력장악을 시도한다면 그때는 대공세에 나설 것이라고 약속하면서, 노동자들에게 그 전에는 조용하고 삼가는 태도를 취할 것을 요구했다. 스탈린주의자들은 히틀러가 권력을 장악한다면 노동자들이 그를 권좌에서 밀어낼 것이라고 허풍을 떨었다. 지도적인 공산주의 의원인 레멜레는 독일 의회에서 "히틀러가 집권하게 하라. 그는 곧 파산할 것이고, 그런 다음에는 우리의 시대가 올 것"이라고 말했다. 이에 대해 트로츠키는 다음과 같이 답변했다.

> 대공세는 브뤼닝이 히틀러에 의해 밀려나기 전에, 노동자의 조직들이 분쇄되기 전에 이루어져야 한다. (…) 히틀러가 권력을 잡으면 노동자들이 그를 권좌에서 밀어낼 것이라고 약속하는 것은 파렴치한 행위다. 그렇게 약속하는 행위는 히틀러가 권력을 장악할 수 있도록 길을 놓아주는 것이다. (…) 독일의 노동계급이 파시즘의 권력장악을 허용한다면, 그들이 그토록 치명적인 맹목성과 수동성을 보인다면, 파시스트가 권력을 장악한 뒤에 노동계급이 곧바로 무기력증을 떨쳐내고 파시스트들을 모두 몰아낼 것이라고 결코 가정할 수 없다. (무솔리니가 등장한 이후) 이탈리아에서도 그런 일은 일어나지 않았다. 레멜레는 (1850~1851년에) 루이 보나파르트가 자기를 공화국보다 위에 올려놓는다면 인민이 들고일어날 것이라고 믿었던 프랑스의 소부르주아 허풍선이들과 같은 태도로 이야기하고 있다. (…) 하지만 루이 보나파르트라는 모험가의 권력장악을 허용했던 인민은 분명히 그 뒤에는 그를 몰아낼 수 없었다. (…) 역사적인 대혼란과 전쟁을 겪고서야 그의 정권은 전복됐다. 히틀러에 대항하는 이번의 '투쟁'도 똑같은 방식으로 끝날 것이다. 게다가 히틀러와 비교하면 무솔리니와 나폴레옹 3세(나폴레옹 1세의 조카로 1852~1870년에 나폴레옹 1세의 제1제정을 승계한 제2제정의 황제—옮긴이)는 '온건하고, 거의 인도적이라 할 수 있는, 소도시의 약장수 같은 사람'들이었다. 레멜레는 독일 의회에서 "우리는 내일의 승리자"라며 "우리는 히틀러의 집권을 두려워하지 않는다"고 떠벌였다. 이 말은 곧 내일의 승

리는 레멜레의 것이 아니라 히틀러의 것이 된다는 뜻이다. 그렇다면 공산주의자들의 승리도 그렇게 일찍 오지 않을 것이라는 점을 명심해야 한다. "우리는 히틀러의 집권을 두려워하지 않는다"고 했는데, 이것이 겁쟁이의 공식을 뒤집어 말한 것이 아니라면 무엇인가? 이는 곧 '우리'는 히틀러의 집권을 막을 수 있다고 생각하지 않는다는 말이고, 더 나쁘게 본다면 관료인 '우리'는 워낙 퇴화한 나머지 히틀러에 대항해 싸운다고는 감히 진지하게 생각할 수 없다는 이야기다. 그래서 "우리는 두려워하지 않는다"는 것이다. 무엇을 두려워하지 않는다는 말인가? 히틀러에 대항해 싸우는 것? 아니다. (…) 그들이 두려워하지 않는다고 한 것은 히틀러의 승리다. 그들은 싸움을 피하기를 두려워하지 않는다. 그들은 자기들의 비겁함을 고백하기를 두려워하지 않는다. 부끄러운 줄 알아라![11)]

트로츠키는 이렇게 경고하면서 아직 시간이 남아있을 때 사회주의자와 공산주의자가 재집결하기를 기대했다. 그들의 여건은 절망적이지는 않았지만 급속히 나빠지고 있었다. 트로츠키는 내전에 대비한 대응태세를 갖춰야 한다고 호소했다. 사회민주당의 유화파 설교자들과 히틀러에게 권력을 잡아볼 테면 잡아보라는 태도를 취한 스탈린주의자들에게는 트로츠키의 이런 호소가 무책임하고 악의적인 도발로 보이거나 기껏해야 돈키호테의 헛소리로 들렸다. 그러나 무책임성, 악의, 돈키호테적 허풍이 과연 어느 쪽에 해당되는 말이었는지는 그 뒤에 실제로 벌어진 상황이 분명히 보여준다. 그 후의 상황은 당시에 독일 좌파에 열려 있었던 행동의 경로들 가운데서 히틀러의 권력장악을 막을 수도 있었을 내전이 실제로는 가장 덜 위험한 경로였음을 입증해주었다. 사실 내전이야말로 독일과 전 세계를 제3제국(나치스의 지배체제－옮긴이)의 테러와 세계대전의 참화로부터 구해낼 수 있는 유일한 길이었다. 트로츠키는 1917년 8월에 볼셰비키와 멘셰비키가 함께 코르닐로프를 몰아냈던 사례를 자주 상기시켰고, 그때처럼 좌파가 연대하기만 하면 싸움을 거의 하지 않고도 나치를 몰아낼 수 있을 것이라고 처음부터 확신했다. 그는 사회민주주의자와 공산주의자가 힘을 합치면 히틀러의 추종자들을 해체시킬 수 있을 것이라고 주장했다. 히틀러의 추종자들은 먼지와 같은 인간들이며, 그들이 엄청난 권력을 쥐게 된 것은 단지 정치적으로 진공상태인 공간으로 들어가는 과정에서 일관성 있는 저항을 만나지 않았기 때문일 뿐이라는 것이었다. 독일의 공업과 금융 부문의 일부 큰손들이 이미 히틀러를 지지하고 있지만 전통적인 우익은 아직 히틀러와 손을 잡지 않고 있다는 사실도 좌파에 어느 정도는 유리한 점이었다. 트로츠키는 모든 전략적, 전술적 상황을 신중하게 살펴보는 글에서 자본주의적 과두지배 체제를 구성하고 뒷받침하는 융커(토지귀족－옮긴이), 군, 철모단(鐵帽團, Stahlhelm, 1918년에 창설된 독일의 재향군인 조직－옮긴이), 경찰에 대해 분석했다. 이들은 모두 나치즘을 이용하려는 욕구와 나치즘에 대한 두려움 사이에서, 그리고 히틀러의 도움으로 노동자들을 분쇄하고자 하는 희망과 히틀러가 결과를 알 수 없는 유혈의 내전으로 독일을 끌고 갈 수 있다는 데 대한 두려움 사이에서 갈등했다. 힌덴부르크(바이마르공화국의 2대 대통령－옮긴이), 공업 부문의 거물들, 그리고 장교단은 모두 궁지에 몰려 있었고, 이 때문에 그들과 나치스 사이에 갈등이 커졌다. 사회민주주의자와 공산주의자는 그들의 곤경을 더욱 어렵게 만들고, 히틀러에 대한 그들의 지지가 지닌 위험성을 모든 보수파 지도자들이 알아차리게 하고, 그들의 동요와 분열을 더욱 심화시키고, 그들 중 적어도 일부는 중립적인 태도를 취하게 하기 위한 행동에 나설 필요가 있었다. 그러나 좌파 쪽은 방향감각을 상실하고 무대응으로 일관해 그러한 위험에 대한 인식을 약화시킴으로써 거대 부르주아, 군, 그리고 힌덴부르크가 나치스와 손을 잡도록 촉진하고 있다고 트로츠키는 지적했다.

따라서 사회민주주의자와 공산주의자 사이에 '통일전선'이 실현된다면 아직은 정치상황을 반전시킬 수 있었다. 양쪽 모두 똑같은 치명적 위협에 직면해 있음에도 그러한 사실을 제대로 인식하지 못했다. 이것만으로도 사회민주주의자와 공산주의자가 힘을 합치기에 충분한 이유가 될 수 있었다. 물론 이런 생각 자체가 사회민주당 수뇌들에게는 불쾌한 것이었다. 1918년 이래 줄곧 사회민주당의 정책은 반공산주의를 주조로 삼아왔다. 그래서 그들은 히틀러에 대항해 공산주의자들과 동맹을 맺기보다 힌덴부르크와 브뤼닝이라는 '차악'에 집착했다. 트로츠키는 그들이 차악에 집착하는 것이 어째서 나치즘이라는 더 큰 악에 문을 열어주는 게 되는지를 거듭 설명했다. 그에게는 이 점이 바로 공산당이 노동계급의 정책에서 통일전선을 중심 쟁점으로 삼아야 하는 하나의 이유였다. 그러나 공산당은 코민테른의 제3시기 정책노선에 이미 얽혀들었기 때문에 그렇게 하지 못했다. 공산당은 수백만의 사회민주당 계열 노동자들에게 그들이 위험에 직면해 있다는 사실과, 그럼에도 그들의 지도자들은 그 위험을 모른 체하고 있다는 사실을 알리려는 노력조차 하지 못했다. 사회민주당과의 협력을 금지시킨 모스크바의 조처로 인해 사회민주당에 대한 공산당의 효과적인 접근이 불가능했기 때문이다. 사회파시스트들에 대해 스탈린주의자들이 매일같이 퍼부은 비방은 노동계급 내부의 분열을 부단히 심화시켰고, 사회민주당 수뇌들에게 반공산주의에 대한 그럴듯한 명분을 제공했으며, 그들이 파멸의 길을 훨씬 쉽게 걸어갈 수 있게 했다. 사회민주주의자의 양심과 자기이익 둘 다에 대한 공산주의자의 진정하고 설득력 있는 호소, 노동계급 전체가 듣는 가운데 끈질기게 거듭되는 호소만이 양쪽 사이에 가로놓인 장벽을 허물어뜨릴 수 있었음에도 말이다.

공산주의자와 사회민주주의자 사이의 통일전선은 1924~1926년의 '영소위원회'와 같은 형태로, 또 하나의 예를 들자면 1936~1938년의 '인민전선'과 같은 형태로 이루어져야 했고, 공허하고 진지하지 못한 외교적 또는 정치적인 우애의 표시가 아니라 공통의 전투를 위해 공동으로 준비하고 조직을 짜는 것이어야 했다. 양쪽은 각각 자기들을 지지하는 노조와 더불어 '행군은 개별적으로 하지만 공격은 통일적으로' 해야 했고, 사전에 '언제 어떻게 누구를 공격할 것인가'에 대해 합의해야 했다. 그렇게 하기 위해 각자 자기들의 원칙을 포기하거나 이념을 수정해야 할 필요는 없었다. 공산당은 사회민주당이 기껏해야 '일시적이며 불확실한 동맹자'일 뿐임을 결코 잊지 말아야 했다. 사회민주당은 의회 밖에서의 행동에 대해 늘 두려워할 뿐 아니라 가장 중요한 시점에 투쟁에서 발을 뺄 수 있었다. 그럼에도 그들이 행동에 나서게끔 가장 강한 압력을 가하는 것이 공산주의자의 의무였다. 이런 압력에 사회민주당이 굴복한다면 좋은 일이지만, 만약 굴복하지 않는다 하더라도 그 과정에서 수백만에 이르는 지지자들은 적어도 양쪽이 각각 어떤 입장에 서있는지를 보게 될 것이고, 따라서 그들은 순수하게 공산주의적인 행동을 호소하는 목소리에 호응하게 될 가능성이 커질 터였다. 1930~1931년에는 노동자와 히틀러의 돌격대 사이에 분산적이지만 유혈적인 충돌이 벌어지지 않는 날이 거의 없었다. 그러나 그런 충돌에서 드러난 노동자의 투쟁의지는 분산돼 있었고 목표의식이 없었다. 사회민주주의자와 공산주의자는 나치의 공격을 공동으로 물리치자는 데 간헐적으로만 동의했다. 그러한 동의의 한 사례에 대해 트로츠키는 이렇게 논평했다. "오, 최고의 지도자들이여! 오, 전략의 일곱 겹

현자들이여! 노동자들에게 배워라. (…) 그들이 하는 대로 하라! 보다 폭넓게, 전국적인 규모로 행동하라." 1931년에 히틀러의 돌격대는 10만 명에서 40만 명으로 그 규모가 커졌다. 트로츠키는 독일의 좌파에게 반나치 민병대를 육성하고 당 간부, 공장위원회, 노조 등의 방어활동이 공동으로 이루어지도록 할 것을 촉구했다. 그는 러시아의 적위대를 염두에 두면서 이렇게 썼다. "모든 공장 하나하나가 자체의 지휘관과 병력을 갖춘 반파시즘의 보루가 돼야 한다. 모든 도시와 모든 구역에서 파시스트의 병영과 진지의 위치를 보여주는 지도를 확보하고 대응해야 한다. 파시스트는 프롤레타리아의 진지들을 포위하려 하고 있다. 그러나 포위당해야 할 자들은 오히려 그들이다."[12)]

독일 노동운동의 수뇌들은 내전의 관점에서 생각하거나 행동할 수 없었다. 그 부분적인 이유는 히틀러의 태도에 있었다. 히틀러는 권력을 장악하는 과정에서 시시때때로 자기는 쿠데타를 도모하거나 폭력을 사용한다는 생각은 전혀 하지 않는다고 말했다. 그는 합헌적인 방식으로 권력을 장악하고 행사할 것이라고 선언했고, 이런 그의 장담은 나름대로 영향력을 발휘했다. 이에 트로츠키는 이렇게 경고했다. "그는 자기의 적들이 잠자는 틈을 타 적절한 시점에 치명적인 타격을 가하기 위해 지금 적들을 잠재우려 하고 있다. 의회민주주의에 대한 그의 공손한 태도는 그가 머지않은 미래에 하나의 정치적 동맹을 구축하고 그 속에서 자기의 당이 가장 중요한 위치를 차지하게 한 다음에 그 동맹을 이용해 쿠데타를 시도하는 데 도움이 될 것이다." "이런 교묘한 군사적 책략은 그것이 아무리 단순하고 간단한 것이라 하더라도 그 속에 엄청난 힘을 숨기고 있다. 왜냐하면 그것은 중간에 위치하면서 모든 것이 평화롭고 합법적으로 해결되기를 원하는 사람들의 심리적인 욕구에 부합하도록 계산된 것이기 때문이며, 이보다 훨씬 더 위험한 이유는 인민대중이 쉽게 잘 속아 넘어가는 측면에 그것이 들어맞는다는 데 있다."[13)]

〈프라우다〉와 〈로테 파네〉는 트로츠키를 '심리적 공황을 불러일으키려는 자', '무모한 모험가', '브뤼닝의 앞잡이'로 부르면서, 그가 공산주의자들에게 프롤레타리아 혁명을 포기하는 대신 부르주아 민주주의를 수호하고 '사회파시즘에 대해 먼저 승리를 거두지 않고는 파시즘을 물리칠 수 없다'는 점을 잊어버리라고 촉구하고 있다고 주장했다.[14)] 트로츠키는 분노하지 않을 수 없었지만 무한히 인내하면서 그와 같은 터무니없는 주장에 대응했다. 논쟁상의 술수에 영향을 받아 생각이 혼란해졌을 사람들에게 자기의 견해를 분명하게 전달하기 위해서였다. 그는 지칠 줄 모르고 '사회파시즘에 대해 먼저 승리를 거두지 않고는 파시즘을 물리칠 수 없다'는 주장의 오류를 깨려고 했다. 그런 주장과는 반대로 파시즘이 패퇴했을 때에만 공산주의자들이 효과적으로 사회민주주의자들에 대항할 수 있으며, 나치즘에 대한 저항에서 성공해야만 독일의 프롤레타리아 혁명을 전개할 수 있다고 그는 지적했다.

그 모든 노력이 허사였다. 히틀러가 총리가 되기 불과 몇 달 전인 1932년 가을에 열린 코민테른 집행위원회에서도 여전히 텔만은 뮌첸베르크(바이마르공화국 시절에 활약한 독일 공산당의 선전가—옮긴이)가 했던 말을 되풀이했다. "트로츠키는 국가사회주의를 어떻게 패퇴시킬 수 있는가에 대해 쓴 팸플릿에서 오직 하나의 대답만 내놓았다. 그것은 독일 공산당이 사회민주당과 손을 잡아야 한다는 것이다. (…) 트로츠키는 그것이 독일 노동계급이 파시즘으로부터 스스로를 구해낼 수 있는 유일한 방법이라고 말한다. 그는 또 공산당이 사회민주당과 손을 잡지 않으면 독일 노동계급은 10년 또는 20년 동안 길을 잃고 헤매게 될 것이라고 말한다. 이것이 바로 완전히 파산한 파시스트이자 반혁명분자인 자의 이론이다. (…) 이것은 트로츠키가 최근 몇 년 동안 펼쳐온 반혁명적 선전의 연장선상에서 만들어낸 가장 형편없고 위험하며 범죄적인 이론이다."[15)]

트로츠키는 이렇게 대답했다. "역사상 결정적인 순간들 가운데 하나가 다가오고 있다. 그것은 혁명적 코민테른이 정치무대에서 사라지는 순간이며, 이후 코민테른은 역사적인 한 시대 전체에 걸쳐 복귀하지 못할 것이다. 눈 먼 자나 겁쟁이들이 이를 알아차리지 못하더라도 할 수 없다. 중상모략꾼이나 고용된 글쟁이들은 우리를 반혁명분자들과 한패라고 비방하려면 하라. 반혁명이 공산주의 관료들의 이해력을 방해하는 것이 된 게 아니라면 (…) 숨겨져야 할 것도 없고 경시돼야 할 것도 없다. 우리는 선진 노동자들에게 가능한 큰 목소리로 이렇게 말해야 한다. 무모하고 허풍스러운 제3시기가 지나고 나면 패닉과 항복의 제4시기가 시작될 것이라고." 트로츠키는 공산주의자들을 일깨우려는 절박하다시피 한 노력의 하나로 자기가 갖고 있는 신념의 모든 힘을 다하여 글로써 다시 한 번 경보를 울렸다. "노동자이자 공산주의자인 그대들이여! 그대들은 수십만, 수백만 명에 이른다. (…) 만약 파시즘이 권력을 장악한다면, 탱크처럼 질주해 그대들의 두개골과 척추를 짓밟고 지나갈 것이다. 그대들은 가차 없는 투쟁을 함으로써만 구원될 수 있다. 사회민주주의 노동자들과 투쟁의 동맹을 맺는 것만이 승리를 가져다줄 수 있다. 공산주의 노동자들이여 서둘러라, 그대들에게는 허비할 시간이 거의 없다."[16)]

이런 시점에 프린키포에서 시간을 흘려보내기만 하고 있다는 사실이 트로츠키를 점점 더 괴롭게 했다. 대륙에서 오는 편지와 신문들은 많이 지연되어 심지어는 두 주일이나 늦게 그에게 도착했다. 그가 보낸 팸플릿이나 성명서가 독일에 도착하는 데는 더 많은 시일이 걸렸다. 독일이 혁명 직전에 있는 듯하던 1923년에 그는 자기의 공식적인 지위를 벗어나 독일 공산당이 요구해온 대로 독일로 가 그곳에서 혁명적 활동을 지도할 수 있게 해달라고 정치국에 요청한 적이 있었다. 향후 수십 년간에 걸친 공산주의의 미래와 세계의 정치적 운명이 결정되고 있던 그 시점에 그는 얼마나 행동의 현장에 더 가까이 가고 싶어 했던가. 1931년에는 그가 강연을 위해 잠시 독일을 방문하는 것에 관한 이야기가 오갔다. 그러나 물론 이는 이야기에 그쳤다. 그가 터키를 벗어날 수 있게 될 가능성은 없었다. 게다가 독일에 있는 그의 지지자들은 아무런 진전도 이루지 못하고 있었다. 그들은 〈영속혁명〉이라는 소규모 신문을 발행하고 있었다. 한 달에 한 번 발행되는 이 신문의 칼럼난은 트로츠키의 글로 채워졌다. 트로츠키의 팸플릿은 상당히 널리 읽히면서 토론의 주제가 되고 있었지만, 막상 그의 글이 실린 〈영속혁명〉은 거의 아무런 영향력도 발휘하지 못하고 있었다. 트로츠키는 베를린에 '국제비서국'을 설치할 계획을 세웠다. 베를린은 소볼레비시우스 형제가 매우 활발하게 활동하고 있는 곳이었고, 〈반대파 회보〉의 본부도 이미 파리에서 베를린으로 옮긴 뒤였다. 트로츠키가 베를린 비서국과 원활하게 연락할 수 있게 하기 위해 료바가 베를린에 가서 체류하면서 자기 아버지를 대변하는 역할, 또는 조직상의 격식에 따른 표현으로 말하면 '좌파 반대파의 러시아 부문 대표자' 역할을 맡는 것으로 결정됐다.

료바는 부모와 함께 망명의 모든 경험을 했고, 트로츠키의 오른팔 역할을 했다. 하지만 부자로서 둘 사이의 관계는 평온하지만은 않았다. 부자는 정치적인 견해에서 완전히 일치했고, 아버지에 대한 료바의 존경은 그 자신의 정체성과 같다고 할 정도였다. 그러나 바로 이러한 정체성이 부자 사이에 긴장을 조성하는 원인이 되기도 했다. 트로츠키는 자기 자신과 자기가 처한 상황이 료바에게 너무 큰 부담이 된다는 점과, 자기가 료바를 아버지의 그늘에 갇혀 좌절하는 아들의 처지에 빠뜨렸다는 점에 대해 늘 불편하게 생각하고 있었다. 그럼에도 트로츠키는 료바가 자기를 잘 따르는 효자로 계속 남아있기를 원했다. 트로츠키는 외로움이 깊어갈수록 아들 료바의 헌신에 점점 더 많이 기댔다. 료바는 그가 자기의 구상과 계획을 털어놓고 자유롭게 토론하고 가장 내밀한 생각을 공유할 수 있는 유일한 사람이었으며, 가장 믿을 수 있는 비판자이기도 했다. 게다가 그는 료바가 자기를 러시아의 젊은 혁명적 세대와 이어주는 연결고리라고 생각했고, 사실 훗날 료바는 그런 연결고리로는 유일하게 그에게 남게 된다. 그러나 때로는 료바의 절대적인 헌신이 그에게 괴로움을 안겨주었다. 그는 아들이 훨씬 더 독립적인 인간이기를 원했고, 아버지인 자기에게 반기를 드는 모습을 보고 싶어했다. 그러나 실제로는 아들이 반기를 드는 낌새만 보여도 화를 참지 못했고, 그러면서 한편으로는 아들과의 관계가 소원해질까봐 두려워하기도 했다. 격리된 생활조건 속에서 서로 부단히 의사소통을 하게 됨에 따라 둘 사이에 깊은 의존관계와 더불어 긴장관계도 형성됐다. 일반적인 부자간의 긴장관계는 부자연스러울 것이 없지만, 트로츠키와 료바 사이의 긴장관계는 하나의 지하 감방에 너무 오랜 기간 같이 갇혀있게 된 두 명의 죄수 사이에 형성될 법한 아주 예민한 긴장관계였다는 특징을 갖고 있었다. 트로츠키는 조수나 비서들에게 까다로운 편이긴 했지만, 그들에 대한 그의 요구는 자기 자신과 아들에 대한 요구만큼 엄격하지는 않았다. 그는 낯선 사람을 새로 만난 자리에서는 늘 정중하고 자기통제력을 발휘했지만, 신경이 곤두선 상태에서 가족과 함께 있을 때면 자기통제력을 더 이상 유지하지 못하곤 했다. 그러면 비서실의 무질서함이나 나태와 부주의함에 대한, 그리고 아버지를 실망시킨 데 대한 거친 책망이 료바에게 쏟아졌다. 이러한 책망은 헌신적이고 부지런하며 양심적인 젊은 청년인 료바의 마음을 상하게 할 수밖에 없었다.[17)]

그러므로 부모와 아들이 따로 떨어져 살기로 합의할 때 슬픔 속에 다소의 안도감도 섞여들었다. 그들이 따로 떨어져 살기로 결정한 데는 또 하나의 이유가 있었던 듯하다. 몰리니에의 아내인 잔이 남편의 곁을 떠나 료바와 같이 살기로 결심했던 것이다. 그럼에도 몰리니에는 여전히 프린키포를 자주 방문하면서 트로츠키에게 도움을 주었다. 료바와 잔이 프린키포를 떠남으로써 셋이 불편하게 서로 대면하는 일은 피할 수 있었다. 처음에는 료바가 독일에서 입국허가를 받을 수 있을지가 의문이었다. 료바는 일 년 전 프랑스 정부에 비자를 신청했지만 발급받지 못한 경험이 있었다. 프랑스 경찰은 료바가 혁명적 활동을 해왔다는 사실을 알고 있으며 그가 파리에 나타나는 걸 원하지 않는다는 답변을 보내왔었다. 그러나 이번에는 료바가 베를린에 있는 공과대학에 먼저 등록한 다음 독일 정부에 비자를 신청함으로써 1931년 2월에 마침내 비자를 받을 수 있었다. 학문적 목적은 그가 베를린에 체류하기 위한 구실만은 아니었다. 그는 공과대학에서 실제로 물리학과 수학 분야의 응용과정 수업을 많이 들었다. 그러나 그가 주로 한 일은 물론 정치적인 것이었다.[18)]

료바가 프린키포를 떠나기 몇 주 전인 1월 중순에 트로츠키 가족 모두의 삶에 영향을 미치는 일이 일어났다. 지나와 그의 다섯 살짜리 아들인 세바가 모스크바를 떠나 프린키포로 온 것이다. 그동안 몇 달간 그녀를 기다렸던 뷔위크아다에서는 이제 그녀가 올 것이라는 희망을 거의 포기한 상태였다. 왜냐하면 소련 정부가 이미 몇 차례에 걸쳐 그녀의 프린키포 행 허가를 거부해왔기 때문이다. 그녀의 남편인 플라톤 볼코프는 추방됐고, 그녀는 반대파에 가담했다는 이유로 두 차례에 걸쳐 감금당했다.

서방의 친구들이 유럽 주재 소련 대사들에게 온정적인 차원에서 그녀에게 관용을 베풀어줄 것을 요청한 뒤에야 그녀는 출국허가를 받을 수 있었다. 사실 그녀의 건강은 말이 아니었다. 동생 니나의 병간호를 해오다가 결국 니나가 죽자 그녀의 건강마저 나빠졌던 것이다. 그녀에게 출국허가는 떨어졌지만 한 가지 조건이 있었다. 두 아이 중 하나만 데리고 모스크바를 떠나라는 것이었다. 그녀는 예닐곱 살짜리 딸아이 하나는 볼모로 남겨둬야 했다. 트로츠키의 첫 번째 아내로, 스탈린 정부로부터 의심의 눈초리를 받으면서 니나의 두 아이를 보살펴온 알렉산드라는 지나에게 남겨진 딸은 자기가 보살피겠으니 어서 아버지에게로 가서 건강을 돌보라고 재촉했다.

지나는 신경증 환자가 되어 프린키포에 도착했다. 하지만 그녀의 신경증은 가족과 재결합하게 된 흥분이 유지되는 동안에는 표출되지 않았다. 트로츠키는 지극히 다정한 아버지의 모습으로 그녀를 맞았다. 그녀는 나중에 레닌그라드에 있는 자기 어머니에게 보낸 편지에 이렇게 썼다. "내가 이곳에 온 첫날부터 아버지가 얼마나 다정하게 신경을 써주시는지 말로는 다 표현 못할 정도예요." 트로츠키가 처음으로 얻은 자식인 그녀는 그를 가장 많이 닮았다. 날카로우면서도 우울해 보이는 외모, 불타는 듯한 눈, 미소, 냉소적인 말투, 깊이 있는 감수성이 아버지와 똑같았고, 길들여지지 않는 정신과 유창한 언변도 아버지와 많이 닮아 있었다. 뿐만 아니라 아버지의 정치적 열정, 투지, 의욕적인 행동력도 물려받은 듯했다. 그녀의 어머니가 말했듯이 그녀는 가족 중심적인 생각보다는 공적인 정신을 더 많이 갖고 있었다.[19]

그녀에 대한 트로츠키의 감정에는 다소의 회한이 섞여 있었다. 트로츠키는 페트로그라드의 서커스 극장에서 연설했던 1917년에 수많은 청중 속에서 자기를 올려다보던, 당시 십대 소녀였던 두 딸의 사랑스러운 눈을 늘 가슴속에 간직해왔다. 그는 지나가 자기에게 강렬한 애정을 갖고 있음을 잘 알고 있었다. 그럼에도 그에게 그녀는 거의 낯선 타인과 같았다. 그가 첫 번째 망명지인 동부 시베리아의 베르홀렌스크 정착촌에 첫 번째 아내와 두 아이를 남겨두고 떠난 이래 거의 30년의 세월이 흘렀다. 그곳을 떠날 때 그는 경찰이 도망치는 자기를 뒤쫓아 오는 데 걸리는 시간을 지연시키기 위해 자기 침대에 인형을 집어넣어 경찰의 눈을 속였다.[20] 그 인형은 그가 첫 번째 아내에게서 낳은 두 아이의 눈도 잠시 속였을 것이다. 그때부터 1917년까지 15년 동안 그는 두 딸을 두 번인가 세 번만, 그것도 잠깐씩만 볼 수 있었다. 1917년 이후에도 그는 두 딸에게 자기의 시간과 마음을 조금씩밖에 내줄 수 없었다. 혁명과 내전, 그리고 잔혹한 투쟁이 이어졌기 때문이다. 알마아타로 추방됐을 때 비로소 그의 마음이 두 딸에게로 향했다. 그러나 이미 너무 늦은 때였다. 니나는 얼마 지나지 않아 죽었다. 지나는 병이 깊어 모스크바에서 알마아타로 올 수 없었고, 그가 러시아 밖으로 추방될 때 기차 안에서 열린 가족의 이별모임에도 참석하지 못했다. 그런 그녀가 슬픔에 잠긴 채, 그러나 아버지에 대한 사랑과 자부심, 아버지를 다시 만나게 된 기쁨을 가득 안고 프린키포에 도착했다. 그녀가 프린키포에 온 것은 병들어 힘겨워하는 딸로서만이 아니었다. 그녀는 헌신적인 지지자로서 아버지를 위해 봉사함으로써 아버지의 신뢰를 얻게 되기를 바라면서 프린키포에 왔다. 트로츠키와 지나는 니나의 죽음을 슬퍼하며 함께 눈물을 흘렸다. 둘은 친구들, 동지들, 추방된 친척들에 대해 이야기하고 정치에 대해 토론했다. 그녀는 그가 하는 말에 도취됐고, 《러시아혁명사》의 원고를 비롯해 그가 쓴 글들을 읽으며 가슴이 뛰었고, 그가 참여하는 논쟁에 익숙해졌고, 그 논쟁의 극적인 요점들을 흡수했고, 그의 풍자와 재치 있는 말투를 즐겼다. 그녀는 '유럽의 귀신'에 관한 처칠의 에세이를 읽고는 터져 나오는 웃음을 참을 수 없었다. 아버지에게 바로 그 '귀신'이라는 호칭을 붙여주면 좋겠다는 생각이 들었기 때문이다.[21)]

가족 모두가 그녀를 다정하게 대했고, 그녀의 고통을 진정으로 함께 나눴으며, 그녀가 편안한 마음을 가질 수 있도록 최선을 다했다. 집안에서 나탈랴 이바노브나의 위치는 분명 미묘했다. 그러나 나탈랴는 트로츠키가 첫 번째 아내에게서 얻은 아이들과 트로츠키보다 더 가까운 관계를 유지해왔다. 나탈랴는 그 아이들과의 소원함을 우정으로 극복하려고 애썼을 뿐 아니라 의붓어머니이면서도 친어머니 같은 태도로 아이들을 보살폈다. 나탈랴는 지나의 건강상태가 좋아진 듯한 겉모습에 현혹되지 않고 그녀를 의사에게 데리고 가 진찰을 받게 했고, 그녀의 건강에 세심하게 주의를 기울였다. 지나는 숨겨진 마음속의 긴장이 완전히 해소될 것이라고 생각하기에는 너무나 예민했다. 그녀는 아버지와 둘만 있고 싶다는 생각이 들 때마다 그런 자기의 마음을 남에게 들키지 않으려고 노력했다. 이런 그녀와 료바 사이에 묘한 긴장이 감돌게 됐다. 둘은 서로 성격이 달랐다. 료바는 아버지보다는 어머니를 더 많이 닮아 말수가 적고 신중하며 차분했다. 그는 지나의 열정적인 활달함에 당황하곤 했다. 한편 지나는 아버지와 가까운 료바에게 질투를 느꼈다. 재회한 가족들이 서로 반가움에 젖어있는 동안에는, 그리고 료바가 베를린으로 가기 위한 준비를 하는 동안에는 지나와 료바 사이의 정서적 긴장이 불거지지 않고 깊숙이 가라앉아 있었다. 가족 모두가 지나의 아이에게 넋을 잃었다. 그 아이의 재잘거림과 재롱은 그동안 엄격하고 근면하게만 살아왔던 트로츠키 가족에게 익숙하지 않은 새로운 것이었다. 이미 다섯 명의 손자손녀를 두고 있었지만 트로츠키가 할아버지로서의 감정에 흠뻑 젖어본 것은 아마도 이때가 처음이었던 것 같다.

지나가 프린키포에 온 지 얼마 안 돼 한밤중에 집에 큰불이 나서 대부분의 가재도구와 트로츠키의 서재를 태워버렸다. 트로츠키는 그동안 보관해온 자료들과 막 완성해놓은《러시아혁명사》1권의 원고를 불길 속에서 어렵사리 빼낼 수 있었다. 모두의 마음속에 그것은 고의적인 방화였다는 의심이 일었다. 트로츠키가 보관해온 자료들을 없애버리려고 게페우가 누군가를 시켜 불을 지른 것 같다는 의심이었다. 조사가 시작되어 증언자들의 말을 대조해가며 확인해볼 수 있었지만, 새로 확인되는 사실은 전혀 없었다. 트로츠키의 비서들 가운데 한 사람이 남긴 기록에는 "우리 모두 낙담하고 크게 당황했지만, 트로츠키만은 그러지 않았다"고 씌어 있다. 가족 모두가 가까운 곳에 있는 여관으로 거처를 옮겼다. 위 비서에 따르면 "우리가 여관에 짐을 풀자마자 트로츠키는 자기가 쓰던 원고들을 책상 위에 올려놓은 뒤 타이피스트를 찾았다. 불이 난 그날 밤에 그는 마치 아무런 일도 일어나지 않았던 것처럼 그동안 써오던 책의 한 장을 추가로 구술했다."[22] 트로츠키 가족은 며칠 뒤에 콘스탄티노플의 동쪽 외곽에 있는 영미식 주거지역인 코디코이로 거처를 옮겼다. 그곳에서 그들은 철조망이 둘러쳐진 목조주택에서 가족은 물론 비서, 경찰, 어부들과 함께 약 반년을 살았다. 뷔위크아다의 집이 다시 들어가 살 수 있을 만큼 개축되자 트로츠키 가족은 뷔위크아다로 돌아갔다.

코디코이로 이사한 지 두어 달 뒤에 코디코이의 집에서도 불이 났다. 트로츠키는 보관해온 자료들을 또다시 황급하게 불길 속에서 끄집어내야 했다. 가족 모두가 가까운 헛간이나 오두막에서 노숙하다시피 했다. 모두가 또다시 고의적으로 불을 지른 방화범이 있다고 생각했다. 그러나 불은 지나의 아이가 나무토막, 천 조각, 톱밥 등이 가득 쌓인 다락방에서 성냥을 갖고 놀다가 일으킨 것으로 확인됐다. 그동안 화재의 원인을 추정하며 공포에 떨던 가족들은 그것이 아이의 불장난 때문에 발생했다는 걸 확인하자 안도감을 느꼈다. 모두가 웃음을 터뜨리면서 그 아이를 '꼬마 게페우 요원'이라고 놀려댔다.

여러 주가 지난 뒤에 지나의 병이 다시 도졌다. 폐에 이상이 생긴 그녀는 몇 차례 수술을 받았다. 그녀는 동부 지중해의 더위를 견디지 못했다. 그리고 모스크바에 남겨둔 남편과 딸에 대한 걱정으로 몹시 고통스러워했다. 질병과 걱정이 불러일으킨 긴장이 그렇지 않아도 불안정하던 신경계의 균형을 깨뜨렸다. 아마도 어린시절의 비참한 삶에서 유래하고 그 후의 경험들에 의해 배양되면서도 그동안 숨겨져 있던 정신적인 긴장과 갈등이 표면화된 모양이었다. 그녀의 행동은 일관성을 잃고 폭발해버렸다. 그녀는 그동안 의식의 문턱 너머에 숨어있던 기억, 욕망, 불만을 분출시켰다. 아버지는 혁명에 생명을 불어넣는 천재이지만 자기는 그 아버지가 원하지 않은 딸일 뿐이라는 생각이 그녀를 사로잡고 놓아주지 않았다. 그녀가 써놓은 글에 따르면, 그녀를 살아있게 하고 그녀에게 자신이 부닥친 문제와 싸울 힘을 주는 것은 아버지에 대한 믿음이었다. 아버지 없는 그녀의 삶은 공허할 뿐이었다. 그렇지만 그녀는 자기와 아버지 사이에 극복할 수 없는 장벽이 가로놓여 있다고 느꼈다. 그녀는 아버지에게 "알아요. 나도 알아요. 자식이란 원해서 얻은 게 아니죠. 자식은 저지른 죄에 대한 징벌일 뿐이에요"라고 쏘아붙였다.[23] 아버지에 대한 이런 질책 속에서는 그녀가 어렸을 적에 아버지의 침대에서 아버지가 아닌 인형만을 발견한 날 받았을 충격이 되살아나 울리는 듯했다.

이런 감정의 혼란 속에서도 그녀는 아버지의 두 번째 결혼에 대해 마음속 깊이 품은 분노를 억누르려 애썼다. 겉으로 볼 때 그녀는 늘 애정과 배려를 품은 태도로 나탈랴 이바노브나를 대했다. 늘 조심스럽게 행동했고, 걱정을 해주기도 했으며, 포옹을 하거나 자기의 잘못을 사과하는 데도 주저하지 않았다. 그러나 그런 그녀의 태도에는 자연스럽지 못한 과장이 들어있었다. 그녀의 마음속에 들어있는 분노가 거의 표면화되기에 이르자 아버지와 의붓어머니도 그것을 눈치 챌 수밖에 없었다. 분노는 종종 터져 나와 아버지와 의붓어머니에게 쏟아졌다. 그들은 그녀의 분노를 무시하거나 달래보려고 무던히 노력했지만, 관계는 갈수록 긴장될 수밖에 없었다. 관계를 더 악화시키지 않기 위해 트로츠키는 자기 안으로 침잠했다. 그러나 그가 그렇게 할수록 그의 신뢰를 얻고 그와 더 가까워지기를 갈망하는 지나의 마음은 더욱더 좌절감에 빠졌다. 그녀는 적어도 아버지의 조수 중 한 명의 역할 정도는 자기가 할 수 있기를 바랐다. 그러나 트로츠키는 그런 그녀의 희망을 부추기지 않으려 했다. 그녀의 건강이 걱정됐을 뿐 아니라 그녀가 자기 아이가 있는 모스크바로 돌아갈 가능성도 염두에 두었기 때문이다. 그는 그녀가 이번에 해외에 체류하는 기간을 건강회복의 기회로 삼기를, 그리고 그동안에 그녀가 정치에 너무 깊이 빠져들지 않기를 원했다. 그러나 그녀는 이미 정치에 깊은 관심을 갖고 있었고, 거기서 발을 뺄 수가 없는 상태였다. 그녀의 병세가 악화되는 것을 본 트로츠키는 그녀에게 더 조심스러운 태도를 유지해야겠다고 생각했고, 그녀와 같이 일을 하는 것은 거의 불가능하다고 판단했다. 트로츠키는 러시아 내 반대파의 문제에 관해서는 그녀에게 속마음을 털어놓지 않았다. 하지만 그녀는 바로 그 문제에 대해 숨 막힐 듯한 흥미를 느꼈다. 이때만 해도 트로츠키는 러시아 안에 있는 지지자들과 상당히 많은 편지를 교환하고 있었고, 그런 편지들 가운데 일부는 공개적으로, 일부는 은밀하게 암호화된 서명과 주소를 이용해 주고받았다. 편지에 이용되는 암호는 극도로 조심스럽게 다뤄야 했고, 특히 병이 들었거나 정신적으로 불안정한 사람을 통해 전달되는 암호는 보안 수준을 훨씬 높여야 했다. 그런 사람들은 러시아로 들어갈 때 검문에 걸릴 가능성이 높았기 때문이다. 이런 안전장치는 지하통신에서는 초보적인 규칙이었다. 그러나 불운한 딸 지나는 자기가 그런 보안조처의 대상이 되는 것을 치욕으로 여겼고, 그것이 자기에 대한 아버지의 불신을 보여주는 신호라고 생각했다. 그녀는 "아버지에게 나는 무용지물"이라는 말을 자주 했다. 그녀의 분노, 불만, 자기질책, 우울증이 더 심해지고 정신적 불안정도 악화되면서 모든 사람을 불편하게 만들었다. 여름에 그녀는 집을 떠나 가까운 요양원에 머물면서 폐 수술을 받은 후 집으로 돌아왔다. 그녀는 육체적 건강을 다소 회복했다. 하지만 그녀 마음속의 비참함은 조금도 줄어들지 않았다.

트로츠키는 지나에 대한 연민으로 상심하고 괴로워하면서 죄의식과 무력감에 빠져들었다. 치유되지 않는 딸의 고통을 줄여주는 방법을 찾는 데 비하면 사회의 거대한 질병에 대항해 어떤 방식으로 싸워야 하는지를 알기란 얼마나 더 쉬운 일인가! 고통에 찌든 지나의 마음속으로 깊이 들어가는 것에 비하면 독일 소부르주아 전체의 집단적인 정신에 일어나는 혼란을 진단하는 것은 얼마나 더 쉬운 일인가! 개인의 심리적 문제를 파악하는 것에 비해 사회심리에 대한 마르크스주의적 이해가 우월하다면 얼마나 더 우월할까? 트로츠키는 지나의 얼굴표정과 두 눈에 정신이상의 그늘이 드리워지는 것을 보았다. 그것은 바로 트로츠키 자신의 얼굴표정이고 두 눈이었다. 남다른 지적 명징성과 자제력을 가진 그는 그토록 횡설수설하고 산만한 딸의 모습을 견딜 수가 없었다. 트로츠키가 그런 딸의 모습을 바라보는 심정은 마치 이성(理性)이 부조리 속에서 자기의 가장 가까운 후손이나 분신을 발견한 것과 같았다. 그의 마음속에서 애정과 두려움, 연민과 반감, 긍지와 치욕이 충돌했다. 그는 마음에 상처를 입었고, 무기력한 느낌을 갖게 됐으며, 점점 더 짜증이 늘어갔다. 때때로 지나의 질투가 겉으로 터져 나와 나탈랴를 할퀼 때면 그는 지나에게 언성을 높여 가며 타인에 대한 배려와 예의를 요구했다. 그가 언성을 높이면 지나는 완전히 기어들어가는 태도로 변했다. 일 년 뒤에 트로츠키에게 보낸 편지에서 지나는 그런 장면을 회상하며 이렇게 썼다. "아버지, 저한테 소리치지 마세요. 그것만은 도저히 견딜 수 없어요. 이 점에서 저는 친엄마와 똑같아요." 그리고 그녀는 이렇게 덧붙였다. "제가 정말로 간절히 바라는 것은, 제게 그럴 힘이 있다면, 제 잘못이 아닌 것이라 할지라도 새엄마에게는 죄스러워할 수 있게 되는 거예요."[24)]

신경이 곤두서면서 병세가 크게 나빠지자 지나는 간헐적으로 정신착란 증세를 보였다. 그녀는 차분한 상태를 유지할 수 없었다. 그녀에게 심리분석 치료가 필요하다고 생각한 트로츠키는 베를린에 있는 펨페르트 부부에게 편지를 보내 이 문제에 대해 상의했다. 지나는 저항했다. 그녀는 잠재의식이라는 '더러운 것'에 자기를 집어넣을 생각이 없다고 말했다. 그녀는 그렇게 많은 장애물을 극복하고, 또 그렇게 많은 희생을 치르고서야 재회한 아버지와 다시 헤어져야 한다는 생각에 참을 수가 없었다. 게다가 베를린으로 간다면 아들과도 헤어져야 했다. 그녀가 직접 아들을 키우기는 어려웠기 때문이다. 하지만 결국 그녀는 설득에 굴복했다. 1931년 가을에 그녀는 아들 세바를 남겨두고 혼자 베를린으로 갔다. 이때의 이별은 아버지와 딸, 둘 다에게 고문과 같았다. 그녀는 이별할 때 트로츠키가 자기에게 마지막으로 한 말을 나중에 료바에게 전했다. 트로츠키가 "너는 나를 놀라게 하는 사람이야. 너와 같은 사람을 나는 만나본 적이 없어"라고 말했다는 것이다. 그녀는 이렇게 덧붙였다. "아버지는 의미심장하고 통절한 목소리로 그렇게 말씀하셨어."

그것은 비이성적인 광기에 저지당해 당황한 이성의 목소리였다.

지나가 독일의 수도인 베를린에 도착했을 때 그곳 사람들의 삶은 혼란스럽고 뒤죽박죽인 상태가 점점 더 심화되고 있었다. 히틀러와 괴벨스의 주도로 국민투표가 실시된 지 몇 주가 지났을 때였다. 국민투표의 목적은 프로이센 지역의 사회민주당 정권을 무너뜨리는 것이었다. 나치스는 '베르사유 강화조약에 의한 노예상태와 굴욕을 수용'한 정당에 대항하는 '인민혁명'을 호소하며 야만적인 국수주의 운동을 전개하기 시작했다. 공산당은 프로이센의 사회민주당 장관인 브라운과 세베링에게 최후통첩의 서한을 보내는 것으로 사태에 대응했다. 이 서한에서 공산당은 자기들이 요구하는 조건을 사회민주당 쪽에서 받아들인다면 그들이 정권을 지키는 데 힘을 보탤 것이지만, 만약 조건을 받아들이지 않겠다면 투표에서 그들에게 반대하는 표를 던질 것이라고 위협했다. 겉으로 볼 때, 그리고 적어도 공산주의자들이 사회민주당 지도자들에게 직접 접근했다는 점에 비추어 봐도 이것은 이른바 '제3시기 전술'에서 벗어난 것이었다. 그러나 프로이센 정부가 자기들이 제시하는 요구를 받아들이지 않자 공산당은, 노동자들에게 사회민주당에 반대하는 투표를 하라고 호소하면서 사회파시스트들에게 공격의 화력을 집중시켰다. 이리하여 공산당은 조건부로든 무조건적으로든 사회민주당과 통일전선을 구축하는 대신, 공표되지는 않았다 하더라도 그야말로 실질적으로, 그리고 무조건적으로 나치스와 통일전선을 형성하게 됐다. 그러면서 공산당은 체면을 살리기 위해 자기들의 행동을 '붉은 국민투표' 라고 불렀다.

이제 공산당의 정책에 치명적이고 심각하게 퇴행적인 모호함이 나타났고, 그 모호함은 히틀러가 집권할 때까지, 그리고 그 뒤에도 존속하게 된다. 공산주의자들의 깃발과 나치스의 깃발에 똑같은 슬로건이 씌어지는 경우가 적지 않았다. 나치스는 '인민혁명'이 금융자본과의 대차관계를 청산할 것이라고 약속했다. 이는 사회적 불만세력과 급진과격 분자들을 자기편으로 끌어당기기 위한 것이었다. 공산당도 프롤레타리아 사회주의 혁명을 호소하기를 꺼려하고, 대신 인민혁명을 이야기했다. 인민혁명이 독일의 사회적, 국가적 해방을 달성하게 해주고, 베르사유 조약의 족쇄를 벗겨줄 것이라는 이야기였다. 독일에서 고조되는 인종적, 국수적 광기를 저지하는 것이 그 무엇보다 긴급한 시점에 국가주의가 점점 더 강하게 공산당의 선전에 끼어들었다. 국민투표는 사회민주당에 유리한 방향으로 굴러갔지만, 그 결과는 노동계급 내 분열을 더욱 심화시키고 혼란을 더욱 복잡하게 만드는 것으로 나타났다.

트로츠키는 최대한의 열정으로 텔만과 코민테른의 '국가공산주의'를 공격하고 '붉은 국민투표'론의 어리석음을 폭로했다. 공산주의자들과 나치스는 여전히 서로 불구대천의 적이며 그럴 수밖에 없다는 점에서 그 모든 일은 더욱 혐오스러운 것이라고 트로츠키는 주장했다. 스탈린주의자들은 나치즘에 길을 열어준 것은 사회민주당이라고 자기정당화의 주장을 폈다. 이 주장은 맞는 말이었다. 이에 대해 트로츠키는 사회민주당이 나치스에 승리의 길을 열어주었다고 해서 공산주의자들이 그 길을 단축시켜줘야겠냐고 물었다. 때로는 혁명의 당과 반혁명의 당이 서로 반대쪽에서 중간세력을 동시에 공격하는 일도 일어난다. 그러나 마르크스주의 당은 상황의 흐름이 혁명에 유리하게 전개될 때에만 그렇게 할 수 있는 것이지, 이때의 독일처럼 그 상황의 흐름이 반혁명에 유리하게 전개될 때는 그렇게 해서는 안 되는 것이었다. 트로츠키는 이렇게 말했다. "전체적인 힘의 균형상 브뤼닝과 브라운의 정부가 오직 히틀러와 후겐베르크의 정부에 의해서만 교체될 수 있는 시기에 '브뤼닝과 브라운의 정부를 타도하자'라는 슬로건을 내세우고 거리로 쏟아져 나가는 것은 무모한 모험이다. 똑같은 슬로건이라도 그것이 노동계급에 의한 직접적인 권력쟁취의 싸움을 예고하는 것이라면 그때는 의미가 완전히 다르다." 이때도 그는 공산당의 선의를 의심하지 않았다. 그는 이렇게 말을 이어갔다. "그러나 유감스럽게도 스탈린주의 관료집단은 (…) 파시즘의 무기를 이용해 파시즘에 대항하려 한다. 그들은 나치즘의 정치적 팔레트에서 색깔을 빌려다 쓰고, 애국주의의 경매에서 나치즘보다 더 높은 값을 부르려고 한다. 이것은 원칙 있는 계급투쟁의 방법이 아니라 하잘것없는 시장경쟁의 술수이고, 마르크스주의에 대한 배반이며, 농축된 관료적 어리석음을 보여주는 것이다." 인민혁명이 베르사유의 족쇄로부터 독일을 해방시킬 것이라고 이야기하는 자들은 "노동계급에게 주된 적은 그들의 나라 안에 있다"라고 말한 카를 리프크네히트의 금언을 잊고 있는 것이다. 공산주의자들의 사고에 국가주의가 스며드는 현상은 스탈린의 '일국사회주의'에서 시작됐고, 그 뒤 텔만의 '국가공산주의'로 이어졌다. 이에 대해 트로츠키는 이렇게 지적했다. "관념은 그 자체로 논리뿐 아니라 폭발력도 갖고 있다. 국가주의 선동에서 코민테른이 히틀러를 능가하려고 하면서 보여준 서슴없는 태도는 '스탈린주의의 정신적 공허'를 그대로 드러냈다."[25)]

트로츠키에 따르면 독일 노동운동이 힘겹게 얻어낸 성취만 중요한 게 아니라 문명의 미래도 중요하며, 이런 관점에서 본다면 나치즘의 부상과 더불어 암흑시대의 그림자가 다시 유럽으로 돌아오고 있었다. 만약 승리한다면 히틀러는 자본주의를 보존하는 데 그치지 않고 야만의 상태로 퇴락시킬 것이라고 트로츠키는 보았다. 아울러 확대된 소부르주아는 "마르크스주의뿐 아니라 다위니즘도 저버릴 것"이며 18세기, 19세기, 20세기의 합리주의와 유물론에 대항해 10세기, 11세기의 신화들, 즉 인종과 피의 신화들을 대치시킬 것이라고 트로츠키는 지적했다. 바로 이것, 즉 소부르주아의 억압된 인종우월주의는 독일의 하위 중산계급이 자만심을 갖도록 부추길 것이고, 그들에게 '비참한 삶으로부터의 공상적인 도피처'를 제공하리라고 그는 내다보았다. 아울러 국가사회주의는 광적인 반마르크스주의의 태도를 취하고 경제적 역사관을 거부하는 가운데 "밑으로, 즉 경제적 유물론에서 동물적 유물론으로 추락할 것"이라고 그는 말했다. 그에 따르면 나치즘은 "국제 정치사상의 모든 찌꺼기들을 한데 모아서 (…) 새로운 게르만적 메시아주의의 지적 보물을 만들어내려고 할 것"이었다. 나치즘은 문명화된 계급사회의 얇은 표피 아래 숨어있는 모든 야만의 세력들을 흔들어 깨워 결집시킬 것이다. 나치즘은 고갈되지 않는 암흑, 무지, 야만의 저장고를 이용할 것이다. 트로츠키는 제3제국의 공개처형 행위와 독가스실 운영을 생생하게 예고한, 잊을 수 없는 글에서 나치즘의 본질을 설명했다. "사회가 정상적으로 (즉, 사회주의 쪽으로) 발전해왔다면 이미 거부되었을 것들이 죄다 (…) 지금 문화의 배설물이 되어 사회의 목구멍을 통해 쏟아져 나오고 있다. 자본주의 문명이 소화해내지 못한 야만성을 토해내고 있는 것이다. 국가사회주의의 생리학이란 이런 것이다."[26)]

1930년대 초에 비공산주의자들은 물론이고 공산주의자들까지도 나치즘에 대한 트로츠키의 이와 같은 철학적, 역사적 견해에 주의를 기울이지 않았다는 사실은 역사가에게 그리 놀라운 일이 아닐 수도 있다. 역사가에게 있어 이보다 더 이해하기 어려운 것은 소련의 지도자들과 전 세계의 공산주의자들이 트로츠키가 말하고 있었던 것, 즉 '소련의 위험'에 대해 도대체 왜 계속해서 귀를 닫고 있었던가 하는 점이다. 모스크바 전투가 벌어지기 10년 전인 1931년 11월에 트로츠키는 "독일에서 파시즘이 승리한 것은 소련과의 전쟁이 불가피해졌음을 의미한다"라고 썼다.[27] 당시만 해도 모스크바는 소련에게 최대의 적이 되는 서구 국가는 프랑스라고 생각하고 있었다. 아울러 모스크바는 막 만주 공략에 나선 일본이 곧 소련을 침략해올 것이라 예상하고 두려워했다. 그러나 히틀러가 볼셰비즘을 쳐부수고 동방을 정복하겠다고 큰소리치고 있었음에도 스탈린과 그의 참모들은 나치즘의 부상에 대해서는 아직 걱정을 하지 않고 있었다. 스탈린은 히틀러의 선언을 반란자의 미친 헛소리 정도로 취급했다. 하지만 총리가 된 히틀러는 라팔로 조약(1922년 4월 독일과 소련 사이에 체결된 협력 조약 — 옮긴이) 아래서 독일이 러시아와의 관계로부터 얻은 이점을 쉽게 포기하려 들지 않았다. 스탈린은 독일을 재무장하려는 히틀러의 노력은 프랑스와의 갈등을 불러일으킬 것이며, 따라서 소련에 대한 그의 적개심은 완화될 수밖에 없을 것으로 예상했다. 코민테른이 독일의 공산주의자들에게 베르사유 체제에 대한 히틀러의 반대운동을 은밀히 지원하라고 고무한 데는 그럴만한 이유가 있었다. 그러한 지원이 히틀러로 하여금 볼셰비즘을 겨냥한 서방의 십자군전쟁을 주도하겠다는 야심을 접어두게 하는 효과를 낼 것으로 계산했던 것이다.

트로츠키는 나치즘의 국제적 의미에 대한 무감함을 깨뜨리기 위해 노력했다. 그는 프랑스가 러시아에 간섭하던 시절처럼 여전히 소련의 주된 적으로 남아있다고 생각하지 않았다. 그는 이렇게 주장했다. "정상적인 의회제 정부들 중에서는 그 어느 정부도 지금 소련과의 전쟁을 무릅쓸 생각을 할 수 없다. 만약 그러한 일을 시도한다면 그 나라의 내부사정이 무한히 복잡해질 것이다. 그러나 일단 히틀러가 권력을 장악하고 (…) 여러 해에 걸쳐 독일 노동계급을 분쇄하고 그 사기를 꺾어놓는다면, 그때는 히틀러의 정부가 소련에 대항해 전쟁을 일으킬 수 있는 정부가 될 것이다."[28] 그는 소련이 일본으로부터 심각한 위협을 받고 있다고 생각하지도 않았다. 일본은 만주를 침략함으로써 이제 중국과의 기나긴 소모전에 말려들게 됐으며, 그 결과로 소련은 일본의 무력행사 대상에서 벗어나게 될 것이고 중국에서 혁명이 촉진될 것이라고 그는 내다봤다. "동방의 기본적인 조건들, 즉 먼 거리, 거대한 인구, 경제적 후진성을 고려할 때 일본의 정복전쟁은 전체적으로 느릿느릿하며 소모적인 형태로 전개될 것이다. 어쨌든 극동지역에는 소련을 위협하는 즉각적이고 심각한 위험이 존재하지 않는다. 앞으로 다가올 시기의 중요한 사건들은 유럽, 특히 독일에서 일어날 것이다." "독일은 정치적, 경제적인 적대적 갈등이 전례 없는 수준으로 첨예화됐고 (…) 그 파국적 결말이 임박한 상황이다." 트로츠키는 이어 이렇게 지적했다. "앞으로 여러 해에 걸쳐서 독일의 운명뿐 아니라 유럽의 운명과 세계 전체의 운명이 독일에서 결정될 것이다." "소련의 사회주의 건설, 스페인혁명의 진전, 영국의 혁명적 상황 강화, 프랑스 제국주의의 미래, 중국과 인도에서의 혁명운동의 운명, 이 모든 이슈들은 (…) 단 하나의 질문으로 요약할 수 있다. 그것은 앞으로 몇 달 동안에 독일에서 누가 승리할 것인가라는 질문이다. 공산주의냐, 파시즘이냐?"[29]

트로츠키는 히틀러가 소련을 대상으로 하는 십자군전쟁에서 세계 자본주의의 지지를 얻을 수 있을 것이라고 가정하고, 그것은 "소련의 끔찍한 고립, 그리고 소련이 가장 어렵고 위험한 조건 속에서 생사를 건 싸움을 해야 할 필연성"을 함축하는 상황이라고 지적했다. "만약 파시즘이 독일 노동계급을 진압하게 된다면, 그것은 소련이 적어도 절반은 붕괴하게 되는 것과 같을 것이다." 노동자들이 히틀러의 집권을 막는 것만이 독일, 소련, 그리고 세계를 파국으로부터 구해낼 수 있는 길이라는 것이었다. 따라서 스탈린의 대독정책은 독일 공산주의뿐만 아니라 소련의 중대한 이익에도 영향을 미치며, 소련의 안보와 국제 프롤레타리아의 이익은 분리될 수 없을 정도로 서로 긴밀하게 연결돼있다고 트로츠키는 보았다. 스탈린과 코민테른은 여러 해에 걸쳐 반소련 십자군전쟁이 임박했다고 외쳐왔다. 그러나 이제 실제 닥친 위기 앞에서 그들은 침묵하고 있었다. 트로츠키는 다음과 같은 점을 명심해야 한다고 말했다. "권력을 장악하려는 나치에 대항해 적군(赤軍)이 동원돼야 한다. 노동자들의 국가에서 이것은 혁명적 자기방어의 문제다. (…) 독일은 단지 독일인 것만이 아니라 유럽의 심장이다. 히틀러는 히틀러인 것만이 아니라 랑겔(러시아의 내전 때 백군의 지휘자—옮긴이)을 능가하는 역할을 할 수 있는 자다. 그런가 하면, 적군은 적군일 뿐만 아니라 세계 프롤레타리아혁명의 도구이기도 하다."[30]

몇 달 뒤인 1932년 4월에 트로츠키는 이와 같은 자기 생각을 훨씬 더 공격적인 어조로 다시 말했다. 틀에 박힌 정치인과 외교관들은 1차대전의 전야에 그랬던 것처럼 지금 다가오는 것을 보지 못하고 있다고 그는 말했다. "현재의 모스크바 정부와 나의 관계상 내가 모스크바 정부를 대신해서 모스크바 정부의 의도를 대변할 수는 없다. 하지만 (…) 독일에서 파시즘에 의한 격변이 일어날 경우에 소련 정부가 어떻게 행동해야 하는지에 대한 나 개인의 관점을 최대한 솔직하게 진술할 수는 있다. 내가 그들의 자리에 앉아있다면 독일에서 그런 격변이 일어났다는 전보를 받는 순간 곧바로 여러 연령층을 아우르는 동원령을 내릴 것이다. 치명적인 적과 대치한 가운데 모든 정황이 전쟁이 불가피함을 가리키고 있는 상황에서, 그 적에게 세력을 구축하고, 자기 위상을 굳히고, 여러 가지 동맹을 체결하고 (…) 침공의 계획을 세울 시간을 주는 것은 무책임하고 용서받을 수 없는 행동이다." 그는 계속해서 이렇게 말했다. "히틀러의 독일과 소련 사이의 전쟁은 불가피하다. 게다가 그것은 가까운 미래의 일이다." 누가 먼저 공격을 할 것인가는 부차적인 문제라고 그는 덧붙였다. 또한 트로츠키는 독일 제국주의를 동쪽으로 향하게 함으로써 서방의 기존질서와 베르사유 체제를 지키기를 바라는 프랑스와 영국의 입장을 고려하면서 이렇게 썼다. "파리에서 어떤 환상을 품든 상관없이 분명한 것은, 볼셰비즘과 파시즘 사이에 전쟁이 일어나면 그 전쟁의 불길에 가장 먼저 타서 없어질 것은 베르사유 체제라는 점이다."[31)]

코민테른의 기관지는 곧바로 트로츠키를 러시아와 독일의 싸움을 충동질하는 '반역적 전쟁광'이라고 비난했다. 코민테른의 바깥에 있는 많은 사람에게도 그의 대담한 주장은 무모하게 여겨졌다. 그러나 1930년대 초에는 독일, 프랑스, 미국이 군비제한을 적용받고 있었기에 소련이 세계 최강의 군사력을 보유할 수 있었다는 사실을 감안할 때 트로츠키의 주장이 그렇게 무모하다고만 할 수는 없었다. 게다가 트로츠키는 독일에 대해서는 물론 나치독일에 대해서도 소련이 전쟁을 벌여야 한다고 촉구하지는 않았다. 히틀러가 총리가 된 뒤인 1933년에 트로츠키는 현 상황에서는 적군을 동원하는 것이 더 이상 소용이 없게 됐다고 선언했다. 자기가 적군을 동원하자고 한 것은 히틀러가 그의 방식대로 권력을 장악하게 될 것이라는 가정 위에서 한 주장이었다고 그는 설명했다. 그는 히틀러가 총 한 방 쏘지 않고 자기들 나라의 주인이 되도록 독일의 노동자들이 허락할 것이라고는 생각하지 못했다. 그가 적군의 개입 의무를 주장했던 것은 독일에서 내전이 일어날 것이라고 가정한 맥락 속에서였다.[32] 분명 그것은 위험한 경로였지만 히틀러의 권력장악과 독일의 재무장을 기다리고만 있는 것보다는 덜 위험한 경로였다. 이런 트로츠키의 태도는 정치적 측면에서 혁명적인 것이었고, 군사적 측면에서는 사오 년 뒤에 윈스턴 처칠이 취한 태도와 유사한 것이었다. 그때 처칠은 병력을 동원하고 전쟁준비에 나서는 방법으로 히틀러의 라인란트(독일의 라인 강 서쪽 지역—옮긴이) 침공을 막아야 한다고 영국 정부와 프랑스 정부에 촉구했다. 그리고 이런 태도로 인해 처칠은 2차대전 중에 영국의 지도자가 되는 데 필요한 독보적인 도덕적 권위를 확보할 수 있었다. 그러나 처칠에 앞서 그런 태도를 취한 트로츠키에게는 비방의 말만이 쏟아졌다.

그 와중에 나치스의 눈사태 같은 세력확장은 계속됐다. 1932년 봄에 독일은 대통령선거를 하게 돼있었고, 히틀러는 스스로 후보로 나섰다. 사회주의자들과 공산주의자들이 연합해 후보를 내면 히틀러는 물론이고 그 어느 경쟁후보보다도 많은 표를 얻게 될 게 분명했다. 같은 해에 실시된 의원선거에서 공산당과 사회민주당은 모두 1300만 표 이상의 고정적인 득표력을 갖고 있음이 확인됐다. 그런데 사회민주당이 아흔이 다 되어 이제 그만 물러나려는 힌덴부르크 대통령을 다시 차기 대통령으로 지지하기로 결정했다. 이전 선거에서는 옛 제국의 상징이라며 힌덴부르크를 반대했던 사회민주당이 이번에는 그 노인의 등 뒤에서 피난처를 찾고 있었다. 공산당은 텔만에게 표를 던지라고 노동자들에게 호소했다. 이 선거에서 힌덴부르크가 재선됐다. 힌덴부르크는 곧바로 의회주의 체제에 최후의 일격을 가하고 사회민주당을 공격했다. 그는 히틀러의 돌격대에 대해 금지 조처를 취하고 동부 프로이센 지역 융커들의 반감을 산 브뤼닝을 해임했다. 힌덴부르크가 새로 임명한 총리 폰 파펜은 돌격대에 대한 금지 조치를 철회했고, 나치스가 국민투표를 통해 전복시키려다 실패한 프로이센의 사회민주당 정부를 1932년 7월 20일 명령에 의해 해체시켰다. 이 사건은 그 희비극적 측면에서 주목할 만했다. 프로이센 경찰의 지휘권을 갖고 있는 프로이센의 총리와 내무장관이 중위 계급장을 달고 불과 1개 소대 병력을 이끌고 나타난 한 장교에 의해 집무실에서 쫓겨났다. 공산당은 총파업을 호소할 것을 사회민주당에 권고하면서 사회민주당 정부에 대한 지지의사를 밝혔지만, 이미 시간적으로 너무 늦은데다가 그 태도 자체도 형식적이었다. 사회민주당은 또다시 왼쪽의 적과 손잡는 것을 거부했고, 폰 파펜과 힌덴부르크의 비밀조직(이 조직의 중심인물은 슐라이허 장군이었다)이 어떻게든 히틀러를 눌러 궁지로 몰아넣을 것이라는 자기기만적인 기대를 품었다. 바이마르공화국의 마지막 몇 달 동안 이런 환상은 널리 퍼져있었다. 폰 파펜은 사회민주당의 프로이센 요새를 아주 쉽게 진압했다는 점에서 매우 강력한 인물인 것처럼 보였다. 그는 히틀러를 따돌린 것처럼 보였고, 나치 운동은 일시적으로 힘을 잃은 것 같았다.[33)]

이때에도 트로츠키의 분석과 예측이 보여준 정확성과 정밀함은 놀랄 만하다. 그는 이렇게 논평했다. "노동자들이 싸울 준비가 덜 돼있을수록 파펜의 정부가 힘이 세다는 인상은 더 커진다." 그러나 파펜의 정부가 들어선 것이 파시즘적 격변인 것은 아니었다. 파시즘적 격변은 나중에 일어난다. 파펜은 히틀러를 능가할 수 없으며 나치의 독재를 막지도 못할 것이라고 트로츠키는 내다봤다. 왜냐하면 파펜은 "브뤼닝이 갖고 있었던 만큼의 제한된 힘도 갖고 있지 못하며, 프로이센의 관료집단에서 가장 노쇠한 사람들의 지지만을 받고 있기 때문"이라는 것이었다. "그는 히틀러를 따르는 수백만의 분노를 통제할 수가 없을 것이다. 그런 일은 오직 수백만 노동자들의 결의와 투지만이 해낼 수 있다. 그러나 프로이센의 사회주의 정부가 콧잔등을 한 대 맞은 정도로 그냥 전복돼버리는 것을 목격한 노동자들이 어떻게 그런 결의를 할 수 있겠는가? 게다가 공산주의자들은 노동자들에게 지난 몇 년간 독일은 이미 파시즘의 나라라고 말해놓고 이제 와서는 파펜의 파시스트 쿠데타에 대항하고 프로이센의 사회파시즘 정부를 지키기 위한 총파업에 나서라고 요구하는 상황이다. 그러나 노동자들이 혼란스러워졌다 하더라도 선택할 수 있는 것은 여전히 나치즘의 승리냐, 아니면 노동계급의 승리냐 하는 것이다. 중간의 다른 선택의 여지는 없다." 파펜은 백 일 이상 버티지 못할 것이고, 그에 이어 총리가 될 슐라이허도 역시 마찬가지일 것이며, 그렇다면 군부와 융커들이 길들일 수 있기를 기대하며 나치스와 연대할 것이라고 트로츠키는 주장했다. 그러나 그런 노력은 모두 소용이 없을 것이라면서 그는 이렇게 지적했다. "히틀러와 함께 하는 한, 생각해낼 수 있는 그 어떤 정부구성도 파시즘이 관료집단, 법원, 경찰, 군을 모두 흡수하는 것으로 이어질 수밖에 없다." 트로츠키는 노동자들이 '통일전선'을 구축하는 것이 아직도 많이 늦지는 않았다고 생각하면서도 이렇게 탄식했다. "그러나 어리석고 수치스럽게도, 그동안 얼마나 많은 시간을 목적의식 없이 허비했는가!"[34)]

이때쯤 트로츠키는 스페인혁명을 놓고도 코민테른과 논쟁을 벌이고 있었다. 프리모 데 리베라(1923년 쿠데타로 집권한 스페인의 군인 출신 독재자—옮긴이)의 독재는 1930년에 종식됐고, 이어 1931년 4월에는 왕정이 무너졌다. 독일은 부르주아 민주주의에서 권위적 독재체제로 넘어가고 있었지만, 스페인에서는 그 반대방향의 변화가 일어나고 있었다. 그럼에도 코민테른은 두 나라에 대해 똑같은 제3시기 정책으로 일관하고 있었다. 이에 따라 독일 공산당은 파시즘과 부르주아 민주주의 사이의 적대는 부적절하다고 선언했고, 스페인 공산당은 왕정과 공화제 사이의 갈등을 대수롭지 않은 것으로 취급했다. 모스크바에서는 프리모 데 리베라의 정권이 무너진 뒤인 1930년 2월에 마누일스키가 코민테른 집행위원회에서 이렇게 말했다. "이런 종류의 변화는 역사의 스크린에 단지 삽화적 사건으로 슬쩍 비치고 마는 것이며, 노동자들의 마음속에 깊은 흔적을 남기지 않는다. (…) 스페인혁명과 같은 혁명보다는 한 번의 파업이 훨씬 더 중요할 수 있다."[35] 거의 10년 동안 세계를 사로잡게 되는 혁명이 아직은 의문부호와 더불어 언급되고 있었던 것이다. 알폰소 왕의 퇴위는 공산당을 경악시켰다. 이어 스페인은 민주적으로 선출되는 의회를 요구하는 목소리로 가득 찼다. 그러나 공산당의 공식 입장은 아나르코 생디칼리스트들과 마찬가지로 노동자와 농민들은 그 어떤 의회로부터도 얻을 것이 없다는 것이었다. 공산주의자들은 선거에 대한 보이콧 쪽으로 기울었다. 그런데 이와 동시에 코민테른은 스페인의 국가적 낙후성을 감안할 때 스페인혁명은 '부르주아 민주주의'의 범위로 제한돼야 하며 "지금은 프롤레타리아 독재가 가능하지 않다"고 선언했다. 여기서 우리는 트로츠키의 영속혁명론에 대항하는 교리로 개발되고 1925~1927년 중국에 적용된 스탈린주의 교리를 엿볼 수 있다. 스탈린주의 교리는 스페인에 대한 스탈린의 정책을 모든 국면에서 뒷받침하게 된다. 1936~1938년에는 공산주의자들이 인민전선의 맥락에서 부르주아 공화파와 연대하는 것을 정당화하고 공산당이 중도적인 입장을 취하면서 마르크스주의통일노동자당(POUM, 1935년 스페인에서 반스탈린주의 공산주의자들이 결성한 당—옮긴이), 트로츠키주의자들, 급진적인 아나르코 생디칼리스트들에 대해 억압적인 조처를 취하는 정책을 정당화하는 데도 이 교리가 동원된다. 그러나 1930년대 초만 해도 이 스탈린주의 교리는 극좌파의 전술과 어울리지 않는 결합을 이루고 있었을 뿐 아니라 제헌의회 소집이나 민주적 자유의 요구, 그리고 부르주아혁명의 고전적 요구들을 거부하는 것과도 연결돼 있었다.

트로츠키는 스페인혁명이 좌절되지 않으려면 러시아혁명이 그랬던 것처럼 부르주아적 국면에서 사회주의적 국면으로 넘어가야 한다고 주장했다. 유럽의 모든 나라 중에서 스페인은 사회구조와 정치세력의 구성에서 1917년 이전의 러시아와 가장 비슷했다. 더욱이 러시아에서와 비슷하게 스페인에서도 '훈타(Junta)'라고 불리는 노동자위원회가 혁명의 추진기관이 될 수밖에 없었다. 트로츠키는 혁명의 '영속'을 주장하면서도 보다 현실적인 전술을 채택하고, 보편적 참정권 부여를 직접 요구하거나 그런 요구를 지지하고, 제헌의회 소집 및 카탈루냐와 바스크 지역의 자결권 보장을 요구하고, 무엇보다 토지에 대한 권리를 지키기 위한 농민들의 투쟁을 지지할 것을 공산주의자들에게 촉구했다. 농민들은 의회가 토지문제를 해결해줄 것이라고 기대하게 돼있었고, 공산주의자들은 의회에서 자기들의 기존 농업정책만 이야기해야 하는 의무에 묶여있었다. 이런 공산주의자들의 태도는 농민들로 하여금 의회 밖에서 행동에 나서도록 촉진하는 것이었다. 공산주의자들은 제3시기 정책 아래서는, 그리고 그들이 의회를 무시하거나 보이콧하는 경향을 띠고 있을 때는 그렇게 할 수도 없었다. 이와 관련해 트로츠키는 "의회의 발육부진도 혐오스러운 질병이지만 반의회주의의 발육부진도 그다지 나을 게 없다"고 말했다. 1917년에 볼셰비키가 만약 제헌의회 소집을 요구하지 않았다면 어떻게 됐을까? 스페인에서는 혁명의 리듬이 러시아에서보다 늦을 것이기 때문에 의회정치가 더 중요해질 수밖에 없었다. 스페인의 공산주의자들은 행동을 할 때 "러시아혁명의 경험보다는 위대한 프랑스혁명의 경험을 더 많이 고려해야 한다"고 트로츠키는 지적했다. 프랑스혁명에서는 자코뱅 독재를 거친 뒤에야 삼원제 의회가 성립됐는데, 스페인에서도 그와 비슷한 일이 일어날 수 있다는 것이었다.[36)]

스페인 공산당은 방향감각을 결여하고 있었을 뿐 아니라 규모가 작고 허약했다. 또한 공식 스탈린주의와 연관된 갈등과 분열로 인해 당의 조직이 와해된 상태였다. 스페인 공산당은 이미 몇몇 트로츠키주의자들과 준트로츠키주의 그룹들, 그리고 당의 설립자로서 한때 당을 이끌었던 안드레스 닌을 축출했다. 이런 분열은 나중에 공화제 스페인에서 발생한 많은 도덕적 타락행위의 원인으로 작용했고, 닌에 대한 탄압은 결국 그의 암살로 이어졌다. 스페인 왕정이 전복되고 며칠 뒤인 1931년 4월에 트로츠키는 모스크바의 정치국에 보낸 비밀편지에서 스페인에서 벌어지는 이단자 사냥에 대해 항의했다. 그는 1917년에 볼셰비키가 어떻게 했었는지를 회상했다. 그해에 볼셰비키는 레닌의 지도 아래 자기들과 가까운 모든 그룹과 과거의 차이를 넘어 손을 잡았다. 트로츠키가 볼셰비키에 입당한 것도 그때였다. 볼셰비키는 자기들의 그런 행동이, 그리고 당내 토론이라는 토대 위에 단합과 규율이 자리 잡도록 했던 것이, 권력을 장악하는 과정에서 자기들의 힘을 결정적으로 강화시켰음을 확인했었다. 트로츠키는 이렇게 물었다. "스페인의 프롤레타리아 전위가 자기들의 사상을 가다듬고 그 사상에 내포된 진리와 정의에 대한 부동의 확신, 즉 그들이 인민대중을 인도해 구질서에 결정적인 공격을 가하게 할 유일한 동기인 이런 확신을 갖게 할 방법이 달리 있겠는가?" 이단자 사냥은 당원들을 혼란시키고 그들의 사기를 저하시킬 뿐 아니라 유럽 전체와 소련에 심각한 영향을 줄 파시스트의 승리를 도울 것이라고 트로츠키는 지적했다. 그는 스페인의 공산주의자들에게 단합대회를 갖도록 권고하라고 정치국에 요청했다. 그러면서 그는 반드시 '권고'를 해야지 '명령'을 해서는 안 된다는 말을 덧붙였다. 정치국이 그렇게 해준다면 트로츠키도 자기 지지자들에게 협조하도록 권고하겠다고 했다. 그는 또 이렇게 썼다. "스페인에서 전개되는 상황은 일선 공산주의자들이 서로 단합해야 할 필요성을 매일같이 확신하게 한다. 분열을 촉진하는 자들에게는 엄중한 역사적 책임이 따를 것이다."[37] 모스크바는 아무런 답신도 보내지 않았다. 결국 칠팔 년 뒤에 스페인혁명이 겪게 되는 좌절의 씨앗이 이때 뿌려진 셈이었다.

이런 논쟁이 절정에 이른 시점에 스탈린은 트로츠키에게서 소련 국적과 더불어 러시아로 귀국할 권리를 박탈했다. 〈프라우다〉는 1932년 2월 20일자에 이런 취지의 명령을 공표하고 그 이유로 트로츠키의 반혁명 활동 혐의를 들었지만, 혐의 내용을 구체적으로 밝히지는 않았다. 이는 전례 없는 보복이었다. 이때까지도 멘셰비키와 사회혁명당 망명자들은 2차 인터내셔널의 지도부에 앉아 있었고, 2차 인터내셔널로부터 물질적 정신적 지원을 받고 있었으며, 아무도 소련 국적을 박탈당하지 않은 상태였다. 이러한 차별을 은폐하고 진짜 표적이 누구인지를 숨기기 위한 조치인 듯 2월 20일자 명령은 멘셰비키 망명자 중 30명의 소련 국적을 박탈했다.

이런 '혼합'에는 의도적인 악의가 깔려 있었다. 트로츠키와 달리 멘셰비키 지도자들은 그동안 추방당하지 않았다. 그들 대부분은 1921~1922년에 박해를 피하려면 출국하라는 '권고'를 받았고, 이런 권고에 응해 러시아를 떠났을 뿐이었다. 멘셰비키 지도자들에게 이런 권고를 한 사람은 레닌이었다. 트로츠키도 그러한 레닌의 결정을 추인했던 게 분명하다. 그러나 트로츠키는 망명 중에도 멘셰비키에 대한 적개심을 누그러뜨리지 못했고, 이로 인해 2월 20일의 명령이 내려지기 몇 달 전에 치명적인 판단착오를 했다. 1931년 모스크바에서 멘셰비키에 대한 악명 높은 재판이 진행될 때 트로츠키는 검찰이 그들에게 제기한 혐의들을 액면 그대로 받아들였다. 수하노프와 그로만을 비롯한 피고인들은 경제적 사보타주를 하고 망명 중인 그들의 동지들과 공모했다는 혐의를 받았다. 이 혐의는 날조된 증거와 '고백'에 근거를 둔 것이었다.[38] 검찰 쪽 주장에 진실의 요소가 일부 들어있긴 했고, 이 점이 트로츠키가 취한 태도에 대한 부분적인 설명은 된다. 검찰은 국가계획위원회의 경제고문을 지냈고 이때의 재판에서 주된 피고인이 된 그로만이 1차 5개년계획을 방해하려고 했다고 주장했다. 사실 그로만은 오랜 세월 스탈린과 부하린의 정책을 뒷받침해오면서 트로츠키의 공업화 정책에 대해 줄기차게 반대해온 사람이었다. 재판이 진행되던 중에 트로츠키는 소련 경제에 대해 그로만과 그의 그룹이 저질렀다는 사보타주는 스탈린도 묵인해왔으며, 이른바 왼쪽 경로 정책이 그러한 묵인을 중단시킴으로써 멘셰비키가 피고인석에 앉게 된 것이라고 지적했다.[39] 이런 상황은 트로츠키가 검찰 쪽의 주장을 받아들인 이유를 설명해주긴 하지만 트로츠키의 태도를 정당화하지는 못한다. 나중에 트로츠키는 그때 자기가 실수를 저질렀다며 공개적으로 후회했다.[40] 당시의 일은 멘셰비키에 대한 트로츠키의 적개심이 얼마나 강하게 남아있었는지를 보여준다. 스탈린이 한 번의 명령으로 트로츠키의 국적과 멘셰비키 사보타주 혐의자들의 국적을 동시에 박탈하면서 그들을 웃음거리로 만드는 과정에서 얼마나 심술궂은 즐거움을 느꼈을지는 누구나 쉽게 상상할 수 있을 것이다.

이런 일이 벌어지기 직전에 다소 불가사의한 '투르쿨 사건'이 있었다. 1931년 10월 31일에 〈로테 파네〉는 내전 당시 백위대를 지휘했던 망명자 투르쿨 장군이 프린키포에 있는 트로츠키의 신변 보호가 허술하다는 점을 이용해 트로츠키를 암살하려고 시도하고 있으며, 암살이 성공하면 그 책임을 소련 정부에 떠넘기려고 할 것이라고 보도했다. 이 보도는 아주 그럴듯하게 들렸다. 그러나 다른 신문도 아니고 〈로테 파네〉가 이런 보도를 했다는 점이 의문을 불러일으켰다. 트로츠키의 요청으로 그의 친구들이 베를린과 파리의 소련 대사관을 찾아가, 소련 정부가 망명 중인 트로츠키의 생명을 보호해주기로 약속했던 사실을 상기시키고 그 약속을 지키기 위해 어떻게 할 것인지를 물었다. 모스크바는 이 질문에 대답하지 않았다. 트로츠키는 〈로테 파네〉의 보도는 단 하나의 목적, 즉 자기에 대해 암살이 시도될 경우에 대비해 스탈린에게 알리바이를 확보해준다는 목적에 따른 것이라는 결론을 내렸다. 트로츠키의 지지자들은 소련 정부에 성명서를 보냈다. 트로츠키의 문체가 분명히 그 흔적을 남기고 있는 이 성명서에서 그의 지지자들은 "스탈린은 백위대 사람들이 그들의 계획을 실행하지 못하도록 막는 데는 신경을 쓰지 않고, 오로지 그들이 자기들의 테러행위에 대한 책임을 스탈린과 그의 요원들에게 떠넘기는 것을 막는 데만 신경을 쓰고 있다"고 지적했다.[41] 이에 대해 스탈린은 코민테른을 통해 간접적으로 답변했다. 이 간접적인 답변에서 스탈린은 자기가 보여준 염려하는 마음을 트로츠키는 악의적인 배은망덕으로 갚으려 한다고 비난했다. 이런 스탈린의 답변은 트로츠키의 생명이 실제로 백위대에 의해 위협받고 있는 상태임을 내비치는 것이었다.[42] 이제 스탈린은 트로츠키를 무국적자로 만드는 동시에 해외에 거주하는 자국 국민에게 제공하는 최소한의 공식적인 보호조처까지 철회함으로써 그의 배은망덕을 징벌하려 했다.

이런 스탈린의 보복은 블룸킨의 처형이 달성하지 못한 것, 즉 트로츠키와 소련 내 트로츠키의 지지자들 사이에 이루어지는 모든 연락을 단절시키는 것을 노린 조치였다. 검열과 중간절취에도 불구하고 트로츠키는 소련의 유형지와 감옥으로부터 많은 편지를 받고 있었다. 베를린에서는 료바가 공무로 그곳에 오는 옛 동지들과 연락망을 복구하면서 그때그때 프린키포에 보고하곤 했다. 료바는 1931년 봄에 이전에 가까운 동지였던 퍄타코프와 우연히 마주쳤다. 료바는 그와의 만남에 대해 이렇게 보고했다. "빨강머리의 그 유다는 고개를 돌리고 나를 보지 못한 척했습니다." 료바는 그 후 7월에는 베를린에서 가장 큰 상점들 가운데 하나에서 역시 우연히 이반 스미르노프를 만났다. 스미르노프는 스탈린에게 항복한 뒤 소련 공업분야의 고위 경영자가 돼있었다. 반가운 포옹을 하고 나서 스미르노프는 트로츠키와 그 가족의 안부를 물었다. 그런 다음 스미르노프는 항복한 자로서의 쓰라린 속마음을 털어놓으면서 소련의 엄혹한 상황과 팽배한 불만에 대해 이야기했다. 스미르노프는 스탈린에게 항복하면서 품었던 기대가 허물어지면서 환멸을 느끼고 있었지만, 스탈린에 대항하는 투쟁을 재개할 마음은 없이 그저 지켜보겠다는 태도였다. 스미르노프는 그러나 자기와 자기의 친구들은 트로츠키 및 트로츠키의 지지자들에게 기꺼이 협력하겠다고 말했다. 물론 여기서 협력이란 말은 당장은 정보교환만을 목적으로 하는 협력을 가리키는 것이었다. 스미르노프는 적어도 트로츠키와의 연락망만큼은 유지하고 싶어 했다. 그는 모스크바로 돌아가서 소련의 경제상황을 점검한 결과를 담은 자료와 소련 내 정치 상황에 관한 자료를 믿을 만한 친구를 통해 보내주겠다고 약속했다. 두 사람은 중간 연락책이 사용할 암호에 대해서도 합의했다. 초가을에 스탈린에게 항복한 옛 볼셰비키 E. S. 골츠만이 스미르노프의 메모를 가져왔고, 이 메모는 일 년 뒤 〈반대파 회보〉에 게재됐다. 이는 농업의 집단화 과정에서 가축과 농산물 재고가 파괴된 실상의 전모, 공업분야의 심각한 불균형, 경제 전체에 대한 인플레이션의 영향 등을 처음으로 소련 외부에 공개한 것이었다. 이 메모는 다음과 같은 의미 있는 결론으로 끝을 맺었다. "경제적, 정치적 곤경을 극복하는 데서 현재의 지도부가 보여주고 있는 무능력을 고려해 당 지도부를 바꿔야 할 필요성이 있다는 믿음이 점점 더 커지고 있다." 료바와 골츠만은 서로 자주 만나 소련 내 상황이 어떻게 변화하고 있는지에 대해 이야기를 나누었다.[43]

스미르노프와 골츠만은 각각 자기의 생각만 이야기하는 데 그치지 않고 다른 항복자들을 대변하는 입장에서도 이야기했다. 항복자들은 아직 조심스럽기는 하나 분명하게 다시 트로츠키 쪽으로 눈을 돌리고 있었다. 그들은 소련 국내의 상황 때문만이 아니라 독일을 엄습할 조짐을 보이는 '폭풍' 때문에도 점점 더 걱정이 심해지고 있었다. 그들은 독일 공산주의가 마비증세를 보이는 데 대해 놀라면서 그에 대한 트로츠키의 대응 움직임에 동조하며 따르고 있었다. 그들은 나중인 1933년에 라데크가 믿을 만한 독일의 한 공산주의자에게 털어놓은 생각, 즉 라데크가 스탈린의 크렘린 청사를 가리키면서 "저기에 히틀러의 승리에 대해 책임을 져야 할 사람들이 앉아있다"고 말하면서 드러낸 생각을 똑같이 하고 있었다.[44] 코민테른의 정책을 변화시킬 방도를 찾아내지 못한 채 분노하고 좌절하게 된 항복자들은 트로츠키주의반대파 쪽으로 조금씩 기우는 모습을 보였다. 이런 흐름을 눈치 챈 스탈린은 그 어느 때보다도 트로츠키가 당에 미치는 영향을 차단하는 데 몰두했다. 이제 스탈린은 트로츠키를 러시아에서 추방한 것을 후회하고 있었다. 트로츠키를 추방함으로써 그가 전 세계를 향해 자기의 사상을 전파할 수 있게 했다는 생각 때문이었다. 스탈린은 자기가 저지른 '오류'를 바로잡기로 결심했다. 그는 트로츠키의 소련 국적을 박탈한 데 그치지 않고 그에게 영원한 추방자의 낙인을 찍기로 했다. 앞으로는 트로츠키와의 교신을 시도한 소련 국민은 그 누구든 실각한 반대파 지도자와 교신한 죄뿐 아니라 해외의 반역 음모자와 공모한 죄를 짓는 게 됐다.

트로츠키는 공식적으로 2월 20일 명령을 내린 기관인 중앙위원회의 최고회의 간부회에 보내는 '공개편지'를 발표하는 것으로 대응했다.[45] 그는 2월 20일 명령은 "테르미도르반동과 같은 형태의 혼합물"이자 "무력하고 가엾기까지 한" 스탈린의 보복행위라면서 그 불법성을 폭로했다. 그는 또 10년간의 당내 갈등에 대해 평가했다. "여러분은 그 같은 그릇된 종잇조각으로 (…) 볼셰비키에 대한 비판의 목소리가 커지는 것을 중단시킬 수 있다고, 우리가 우리의 의무를 수행하는 것을 방해할 수 있다고, 우리와 생각을 같이 하는 사람들을 위협할 수 있다고 생각하는가? (…) 일터로 가던 노동자가 길을 가로막은 웅덩이를 뛰어넘듯이 반대파는 2월 20일 명령을 뛰어넘을 것이다." 트로츠키는 스탈린의 보복이 이번으로 끝나지 않을 것임을 알고 있었다. "우리는 그가 휘두를 수 있는 방법이 어떤 것들인지를 잘 알고 있다. (…) 그리고 내가 스탈린을 아는 만큼 여러분도 그를 잘 알 것이다. 여러분 가운데 다수가 나 또는 나와 가까운 사람들과 나눈 대화에서 그에 대한 의견을 여러 번 말했고, 그 의견 속에는 환상이 들어있지 않았다." 이는 트로츠키가 스탈린의 측근들, 즉 그의 조직원들에게 하는 말이었다. 그러면서 트로츠키는 그들의 양심에는 물론 이익에 대한 그들의 관심에도 호소했다. 트로츠키는 스탈린의 독재 아래서는 그들이 이익을 얻기는커녕 잃기만 할 것이란 점을 설득하려고 했다. 그는 당 전체와 더불어 그들이 스탈린의 치하에서 겪고 있는 굴욕을 설득력 있게 지적했다.

여러분은 옛 볼셰비키 호위대의 깃발 아래서 '트로츠키주의'에 대항해 싸우기 시작했다. 스스로 지어낸 트로츠키의 권력욕이라는 허구에 대항해 여러분은 '레닌주의 중앙위원회의 집단지도체제'라는 것을 대치시키고 있다. 그러나 그 집단지도체제라는 것 중 무엇이 남아있는가? 그리고 레닌주의 중앙위원회라는 것 중 무엇이 남아있는가? 노동계급이나 당과는 무관한 관료 조직이 자기와 무관한 스탈린의 독재가 펼쳐질 무대를 만들어주고 있다. 이제 누구든 '레닌주의 중앙위원회'에 충성맹세를 하는 것은 공개적으로 반란을 호소하는 행위로 취급될 것이다. 그러니 이제부터는 오로지 스탈린에 대한 충성맹세만이 이루어질 것이다. 이것만이 유일하게 허용될 수 있는 공식이다. 대중연설가, 선전가, 언론인, 이론가, 교육자, 운동선수를 비롯한 모두가 자기의 말, 글, 강연 속에 '스탈린의 지도 아래'라는 구절을 끼워 넣어야 할 것이다. 모두가 중앙위원회의 등에 올라탄 스탈린의 무오류성을 주장해야 할 것이다. 중앙위원회와 스탈린 사이에 의견차이가 발생하는 경우에는 정부의 수뇌부에서부터 가장 외딴 곳에 근무하는 사무원에 이르기까지 모든 당원과 관리가 중앙위원회가 아닌 스탈린을 지지하겠다고 맹세해야 할 것이다.

스탈린은 자기가 적을 억압할 수 있도록 그동안 도와왔을 뿐 아니라 여전히 돕고 있는 자기 사람들을 오히려 억압하고 있었다. 게다가 그는 자기 사람들 안에 작은 규모의 자기 파벌을 만들었고, 이 파벌 사람들은 암호 등을 이용해 비밀요원과 교신하며 활동하고 있었다. 스탈린은 자기의 지지자 및 측근들 속에서도 옥석 가리기를 시작하기 위해서는 그 전에 완벽하게 반대파를 파괴시켜야 한다고 생각했다. 2월 20일 명령은 바로 이런 맥락에서 내려진 것이었다. 따라서 스탈린의 조직에 속하는 사람들도 자기 자신을 지키려면 스탈린의 요구대로 행동하기를 거부해야 했다.

> 스탈린의 힘은 언제나 그 자신이 아니라 당 조직에서 나왔다. (…) 당 조직에서 분리된 스탈린은 아무것도 대표하지 못한다. (…) 이제 스탈린 신화와 결별해야 할 때가 됐다. 이제는 여러분이 노동계급의 당인 것처럼 조작된 당이 아닌 진정한 노동계급의 당에 신뢰를 보낼 때가 됐다. 여러분은 스탈린주의의 길을 따라 가려고 하는가? 그러나 그 길은 더 이상 계속되지 않는 끊어진 길이다. 스탈린은 여러분을 막다른 골목으로 몰아넣었다. (…) 이제 소련의 체제 전체를 재검토하고 그 체제를 뒤덮고 있는 오물을 가차 없이 치워버릴 때가 됐다. 이제는 마침내 레닌의 궁극적이면서도 일관된 조언대로 행동해야 할 때가 왔다. 그 조언은 "스탈린을 제거하라!"는 것이다.

여기서 트로츠키가 호소한 대상은 볼셰비키 당의 일반 당원들이 아니라 스탈린주의 관료집단의 수뇌부에 속하는 사람들이었던 게 분명하다. 트로츠키는 당의 전복을 추구하기보다는 개혁을 추구하는 태도를 지키고 있었고, 따라서 그 수뇌부에 호소해야 했다. 스탈린주의자들로만 구성된 중앙위원회만이 합법적인 방식의 개혁에 시동을 걸 수 있었다. 실제로 트로츠키는 옛 스탈린주의 분파의 수뇌부에 속하는 사람들에게 탈스탈린화를 추진하라고 촉구했다. 20여 년 뒤 스탈린이 죽은 다음에 그들 중 일부가 탈스탈린화를 실행하게 되지만, 트로츠키는 1932년에 이미 그러한 탈스탈린화를 호소했던 것이다. 트로츠키의 호소가 그들의 주목을 받지는 못했지만, 그렇다고 해서 정곡을 찌르지 못한 것은 결코 아니었다. 왜냐하면 스탈린의 옛 동지와 지지자들 대부분이 스탈린과의 갈등 끝에 파국을 맞게 되기 때문이다. 트로츠키는 그들 사이의 갈등을 지켜보면서도 대중을 상대로 한 글에서는 그것을 그렇게 중요하게 거론하지는 않았다. 하지만 그는 결코 그들 사이의 갈등을 경시하지 않았다. 우리가 알고 있듯이 이때는 소련 역사상 가장 위험하고 비관적인 시점이었다. 온 국민이 농업의 파탄과 기근의 파장을 절실히 느끼고 있었고, 인플레이션으로 인한 혼란이 힘겹게 쌓아온 공업화의 성과를 허물어뜨리려는 위협을 가하고 있었다. 나는 다른 책에서 이 시점의 상황을 이렇게 묘사한 바 있다. "역경과 실패가 누적되고 있었고, 스탈린의 인기는 바닥으로 떨어진 상태였다. 스탈린은 불만의 파도가 일어나 크렘린의 벽을 치는 것을 긴장 속에서 지켜보고 있었다."[46] 나는 여기서 그 불만의 파도가 크렘린의 벽을 치는 데 그치지 않고 그 벽에 균열까지 내고 있었다는 말을 덧붙여야겠다.

1930년 초에 스탈린이 '성공에서 유래하는 현기증에 대해'라는 성명을 통해 농업의 집단화 과정에서 폭력을 배제하겠다고 밝힘으로써 중앙위원회를 따돌리고 자기만이 마치 농민들의 보호자인 듯한 이미지를 과시했을 때 이미 스탈린과 그의 측근들 사이에 불화가 표면화됐다. 그런 스탈린의 태도에 대해 중앙위원회가 항의했고, 스탈린은 자기 혼자만이 아니라 중앙위원회 전체가 폭력의 중단을 요구한다고 다시 발표해야 했다. 그 다음의 불화는 같은 해에 야로슬라프스키가 일시적인 후퇴를 당한 것으로 인해 불거졌다. 야로슬라프스키는 스탈린파의 중심인물 중 한 사람이었고, 스탈린주의 교리의 열렬한 수호자였으며, 당 역사교과서의 저자이기도 했다. 그가 쓴 당의 역사는 날조된 것이었지만 당내 갈등과 관련된 교리상의 미로를 헤쳐 나갈 수 있게 해주는 믿을 만한 안내서로 평가되면서 당원들에게 주입되다시피 했다. 그런데 바로 이 교과서가 야로슬라프스키에게 치욕을 안겨주는 원인이 됐다. 갑자기 스탈린이 온통 이단의 사상으로 가득 차 있다면서 이 교과서를 금서로 묶어버린 것이다. 야로슬라프스키는 1920년대에 이 책을 썼기에 1931년의 스탈린에게 필요한 수준까지 역사를 날조하지는 못했다. 역사의 날조는 진공 속에서 이루어지는 게 아니다. 날조자가 날조할 수 있는 역사의 범위와 내용은 시간의 흐름, 무관심, 그리고 이전의 날조가 역사를 구성하는 인물과 사건들에 얼마나 폭넓고 무겁게 망각의 그림자를 드리워놓고 있는가에 의존한다. 1920년대에 야로슬라프스키는 자기 책을 읽을 독자들 가운데 다수가 혁명과 내전의 시기를 생생하게 기억하고 있다는 사실을 감안해야 했다. 그런데 1931년의 스탈린에게는 훨씬 더 대대적으로 날조된 역사가 필요했다. 그의 권력이 커질수록 역사는 계속 새롭게 그의 요구에 맞춰져야 했다. 불과 몇 년 전만 해도 스탈린주의 역사교과서는 트로츠키를 볼셰비즘에서 이탈한 자로 비난하고 스탈린을 레닌주의의 믿을 만한 해석자로 부르는 것으로 충분했다. 그러나 이제는 모든 교과서의 필자가 트로츠키를 늘 과격한 반혁명분자였던 자로 낙인찍어야 했다. 페트로그라드 소비에트의 의장과 전쟁인민위원이었던 때의 트로츠키도 반역자로 그리고, 그런 악당이 그렇게 높은 직위에 앉아 있었다는 사실을 사람들이 잊어버리도록 하고, 트로츠키로부터 박탈한 모든 영예를 스탈린에게 부여하고, 마르크스에서부터 엥겔스와 레닌을 거쳐 스탈린으로 이어지는 적통의 승계를 의심할 수 없게 만들어야 했다. 이렇게 조작이 극대화되는 것은 스탈린파 모두의 이익을 위한 것이라기보다는 스탈린의 개인적 독재만을 위한 것이었다. 야로슬라프스키가 쓴 역사책은 스탈린주의자들이 스탈린을 아직 자기들의 수장으로 대할 때에 그들이 갖고 있던 관점을 대변하는 것이었다. 따라서 그의 역사책은 스탈린주의를 찬양하긴 했지만 스탈린 개인을 칭송하거나 스탈린의 '초인적 천재성'을 칭송하지는 않았다. 이 때문에 야로슬라프스키가 한 방 얻어맞은 것이다. 그러나 이 사건은 스탈린의 심복들조차 당황하게 만들었고, 그래서 그에게 씌워진 불명예는 얼마 지나지 않아 벗겨졌다.[47)]

이보다 더 극적인 사건은 랴자노프가 마르크스엥겔스연구소의 소장직을 박탈당한 것이었다. 이 역시 1931년에 벌어진 일이다. 유명한 마르크스주의 학자인 그는 트로츠키와의 오랜 교분에도 불구하고 스탈린에게 완전한 충성을 바치면서 자기의 모든 에너지를 마르크스엥겔스연구소의 풍부한 문헌과 자료에만 쏟아 부었다. 그러나 스탈린이 이 연구소를 자기의 개인적 숭배자 집단의 성소로 전환시키려고 열을 올리는 시기였던 이때에도 랴자노프의 존재는 이 연구소에 고전적 마르크스주의의 학문적 전통을 살아있게 해주었다. 바로 이 때문에 랴자노프는 결국 연구소에서 쫓겨났고, 멘셰비키와 공모해 마르크스의 미간행 저술 중 일부를 은닉했다는 이유로 모스크바에서도 추방됐다.[48)]

〈프롤레타르스카야 레볼루치아(프롤레타리아 혁명)〉라는 잡지의 편집자들에 대한 스탈린의 악명 높은 공격도 위 사건들과 연결된 것이었다. 스탈린은 금지된 트로츠키주의를 소련 국내에 전파하려 했다는 혐의를 이 잡지에 뒤집어씌웠다. 이 잡지는 1914년 이전에 볼셰비키가 로자 룩셈부르크에 대해 취했던 태도에 관한 역사적 평론을 게재했다. 이 평론은 혁명가이자 마르크스주의자인 룩셈부르크가 남긴 공적을 긍정적으로 평가했다. 이 평론의 내용 중 상궤를 벗어난 점은 전혀 없었다. 1919년에 룩셈부르크가 암살된 이래 공산주의자들은 정기적으로 그녀를 정중히 추념했다. 또 1924년 이후에는 레닌과 그녀, 그리고 리프크네히트 등 성이 엘(L) 발음으로 시작되는 세 사람의 죽음을 애도하는 기념행사가 치러져왔다. 그런데 스탈린이 룩셈부르크의 사상이 근본적으로 볼셰비즘에 적대적이고 트로츠키주의와 비슷하다고 비난하고 나섰다. 룩셈부르크의 사상과 트로츠키의 사상이 비슷하다는 것은 부인할 수 없는 사실이다. 그동안 스탈린주의자들은 살아있는 반대파 지도자들에 대항해서는 싸웠지만 죽은 자의 망령과 싸운 적은 없었다. 그러나 스탈린은 죽은 자의 망령에 경의를 표하는 자들이 그런 행위를 통해 교활하게 트로츠키의 복권을 추구하고 있다고 의심했다. 이에 대해 스탈린은 이렇게 썼다.

> 나는 그 잡지의 편집자들이 현재 일부 볼셰비키 사이에 폭넓게 퍼져 있는 부패한 관용주의에 의해 고무됐다고 생각한다. 어떤 자들은 트로츠키주의가 공산주의 안에 있는 하나의 사상이자 분파라고 생각한다. 그 분파는 오류를 저지르기도 했고, 몇 가지 어리석은 행위를 하기도 했으며, 때로는 반소련적 태도를 보이기도 했지만, 그럼에도 불구하고 공산주의의 한 분파라는 점에는 변함이 없다는 것이다. 그러나 트로츠키주의에 대한 이런 견해는 심각한 오류이며 해악이다. 사실상 트로츠키주의는 공산주의에 대항하는 싸움을 벌이는 반혁명 부르주아의 첨병이다. (…) 트로츠키주의는 반혁명 부르주아의 전위다. 트로츠키주의에 대한 관용적 태도는 (…) 범죄이자 노동계급에 대한 배신과 별로 다르지 않다.[49)]

스탈린이 '부패한 관용주의'와만 싸움을 벌인 게 아니었다. 그는 이보다 더 직접적인 도전과도 싸워야 했다. 중앙위원회의 내부와 그 주위에서 새로운 불만세력이 잇따라 생겨났다. 류틴, 슬레프코프, 시르초프, 로미나제의 사건이 2년 넘게 계속되고 있었다. 이들 넷은 차례로 지위를 강등당하고 공개적인 비난의 대상이 됐다가 절반쯤 복권된 상태에서 다시 음모자라는 낙인이 찍혔다. 그런데 스탈린과 중앙위원회는 이들이 얼마나 무거운 죄를 지은 것인지, 그리고 이들에게 어느 정도의 벌을 내려야 하는지에 대해 의견을 일치시키지 못하고 있었다. 1932년에 몇 건의 '음모자 도당'이 새로 발각됐다는 발표가 이어졌다. 우선 농업인민위원회에서 두 건의 음모자 도당이 발견됐다는 발표가 있었다. 그중 하나는 농업부 인민위원을 지낸 A. 스미르노프, 조달부 인민위원인 에이스몬트, 수송부 인민위원인 톨마체프가 이끄는 그룹이었고, 다른 하나는 코노르, 코바르스키, 불프 등의 그룹이었다. 이 밖에 다수의 노조와 인민위원회에 걸쳐 '반대파 조직망'이 결성돼있다는 것이었다.[50] 이들 그룹의 지도자들은 음모라고 할 만한 행위를 하지 않았다. 그들 가운데 중앙위원회 위원인 사람들이 스탈린의 정책에는 해로운 요소가 있고, 그가 권력남용의 죄를 저지르고 있으며, 중앙위원회 서기장의 직위에서 그를 강등해야 한다고 중앙위원회의 다른 위원들을 설득하려 한 것은 사실이다. 그러나 이런 행위는 중앙위원회 위원들에게 부여된 합법적인 권한에 속하는 것이었다. 그들은 다른 위원들을 설득하기 위해 회람문을 작성해 돌렸고, 이전의 반대파 사람들에게서 지지를 얻어내려고 했다. 이런 맥락에서 류틴은 지노비예프와 카메네프의 조언을 구했고, 에이스몬트와 톨마체프는 트로츠키와 리코프에게 지지를 호소했다. 1931년과 1932년에 걸쳐 스탈린은 이런 비판자들을 다루는 문제에 관해 자기에게 전권을 부여해주도록 정치국과 중앙위원회에 압력을 가했다. 그러나 그는 중앙위원회에서 저항에 부닥쳤고, 심지어 게페우도 그의 뜻에 따라 행동하기를 주저했다.[51]

여러 차례 지연된 뒤인 1932년 11월과 1933년 1월에야 스탈린은 몇몇 불만분자들을 추방하고 지노비예프와 카메네프에게 공개적으로 새로이 죄를 묻고는 그들을 모스크바에서 추방해 시베리아로 보냈다. 지노비예프는 두 번째 추방을 당하면서 자기의 일생에서 최대의 실수이자 10월

혁명 때 레닌에 반대한 것보다 더 큰 실수는 1927년에 트로츠키를 저버리고 스탈린에게 항복한 것이라고 말했다고 한다. 그 직후에 프레오브라젠스키, 이반 스미르노프, 음라치코프스키, 무랄로프, 테르-바가냔을 비롯한 다수의 다른 항복자들이 또다시 추방되거나 투옥됐다. 이들은 반대파 중 그동안 항복하지 않은 다른 사람들보다 훨씬 더 가혹한 박해를 받았다. 1932년 연말에는 반대파가 1927년 이래 상실했던 입지를 회복한 것으로 보였다. 항복자들에 대한 박해의 영향에 대해 당시의 한 보고서는 이렇게 서술하고 있다. "예전의 혁명가이자 경험 많은 정치지도자인 그들은 당의 관료들과 의사소통이 되는 공통의 언어를 찾으려고 시도했다. 이런 시도는 몇 년간 계속됐지만 결국 실패로 끝났다. 그들이 항복했을 때 당의 세포조직들은 '예전의 볼셰비키 모두가 반대파와 관계를 끊었다'는 말을 들었다. 이런 말은 당원들에게 깊은 인상을 남겼다. (…) 지금 이루어지고 있는 항복자들의 체포는 그보다 훨씬 더 큰, 그러나 반대 방향의 인상을 남기고 있다. 많은 사람들이 이렇게 말한다. '좌파 반대파를 버리고 떠났던 사람들 가운데 많은 사람들이 다시 좌파 반대파로 복귀하고 있다면 좌파 반대파는 그동안 옳은 태도를 취해왔다는 것 아닌가.'"[52] 그러나 사실 그들은 스스로의 의지로 좌파 반대파에 복귀하고 있었던 게 아니다. 스탈린이 그들을 당에서 밀어냈기 때문에 이루어지는 복귀였다. 당시 스탈린은 자기를 지지하던 사람들과 갈등을 빚기 시작했고, 그의 측근들 내부도 혼란에 빠지기 시작한 상황이었다. 이런 상황에서 스탈린은 좌파 반대파가 당 안에 존재한다는 것 자체를 두려워했다. 지노비예프와 카메네프가 두 번째 추방을 당한 시점에 스탈린의 아내인 나디아 알릴루예바가 자살했다. 남편인 스탈린이 당과 국가를 운영해나가는 방식에 대해 양심의 가책을 느끼게 되어 그에 따른 심적 부담에 짓눌렸던 것이다.

바로 이런 상황 속에서 트로츠키는 스탈린의 측근들에게 레닌의 유언을 실행해 스탈린을 제거하라고 촉구했다. 이런 트로츠키의 촉구는 자기의 국적을 박탈한 스탈린의 명령에 대한 충동적인 반응인 것만은 아니었다. 트로츠키는 독재자가 되려는 스탈린의 야심이 결국은 집권그룹 내부 사람들에게 자극을 주어 그들로 하여금 자기방어를 위한 행동에 나서도록 할 수 있다는 점을 고려했다. 오륙년 뒤에 스탈린은 중앙위원회의 위원 또는 부위원 139명 중 98명과 17차 당대회에 참석한 하위조직 대표 1966명 중 1108명을 처형하라는 명령을 내림으로써 스탈린주의를 뒷받침하던 당 간부의 대부분과 당 하위조직 지도자의 거의 4분의 3을 제거하게 된다. 이런 사실을 고려하면 트로츠키가 당 간부들에게 트로츠키 자신과 반대파 전체를 위해, 그리고 당의 이익뿐 아니라 당 간부들 자신의 생존을 위해 스탈린을 제거해야 한다고 촉구한 데는 그럴만한 충분한 이유가 있었던 것이다. 따라서 트로츠키는 머지 않아 스탈린의 공포정치에 희생당하게 될 스탈린주의자들에게 "스스로를 구하라. 이번이 마지막 기회다!"라고 말한 것이나 다름없었다. 트로츠키는 흐루셰헤프와 미코얀 같은 사람들에게 "소련을 뒤덮고 있는 오물을 치우라"고 촉구했다. 트로츠키가 이런 촉구를 한 것은 그들이 실제로 그 일에 나설 자세를 갖추게 되는 시점보다 24년이나 앞선 시점에서였고, 그때에 비해서는 아직 치워야 할 오물도 훨씬 적을 때였다. 트로츠키는 그들이 스탈린에 대항하기로 결심한다고 하더라도 실제로 그런 행동에 나서기란 쉽지 않을 것이며 수없이 주저주저하는 태도를 보일 것임을 잘 알고 있었다. 그럼에도 트로츠키는 그들과의 '통일전선'을 염두에 두고 그들에 대해 비판적 지지의 태도를 취했다. 트로츠키는 일단 스탈린에 대한 반대운동이 시작되기만 하면 자기와 자기의 지지자들이 전면에 나설 수 있게 될 것이라고 확신했던 것

이다.[53)]

트로츠키는 불만을 품은 스탈린주의자들에게 다가가기 위해 최선을 다했다. 특히 베를린에 체류하면서 모스크바 내부의 격변을 면밀하게 살펴온 료바가 트로츠키에게 그렇게 할 것을 열심히 권했다. 모스크바에서 전달된 보고들은 스탈린주의자들 사이에 분노가 확산되고 있으며 스탈린을 제거해야 한다는 말이 오간다는 점에 집중되고 있었다. 불만을 품은 스탈린주의자들이 트로츠키가 복귀한다는 생각만으로도 두려움에 떨고 있다는 내용도 섞여 있었다. 스탈린주의자들은 "트로츠키가 돌아온다면 우리 모두를 총으로 쏴버릴 것"이라든가 "우리가 그동안 그와 그의 지지자들에게 해온 모든 행위들에 대한 복수로 수천 명을 총살할 것"이라고 말하고 있다고 했다. 스탈린은 그들의 이런 두려움을 더욱 부추기면서 이용하고 있었다. 트로츠키는 료바에게 보낸 편지에 이렇게 썼다. "이는 우리가 어떤 노선을 따라야 하는지를 알려준다. 어떤 경우에도 복수를 하겠다는 의도의 표현으로 해석될 수 있는 슬로건이나 주장으로 사람들이 겁을 집어먹게 해서는 안 된다. 물론 원칙에 관한 한 그 어떤 양보도 해서는 안 되지만, 결전이 가까워질수록 우리가 말하는 태도는 더욱더 부드럽고 유화적이어야 한다."[54)] 트로츠키는 〈반대파 회보〉를 통해서는 물론이고 소련 내부 회람용으로 특별히 제작한 전단을 통해서도 자기가 복수를 할 것이라고 두려워하는 사람들을 안심시키기 위해 노력했다.

한 개인이 모든 사람에게 숭배를 강요하는 나폴레옹적 정권을 종식시켜야 함은 당연하다. 혁명의 당 개념에 대한 그런 식의 왜곡은 종식돼야 한다. 그러나 중요한 것은 체제를 바꾸는 것이지 개인들을 배척하는 것이 아니다. 스탈린주의 도당은 반대파가 손에 칼을 들고 복귀할 것이며 (…) 복귀한 반대파는 가장 먼저 자기 적들에게 가차 없이 복수할 것이라는 소문을 줄기차게 퍼뜨리고 있다. (…) 독이 들어있는 이런 거짓말을 받아들여서는 안 된다. (…) 복수심은 정치적인 감정이 아니다. 볼셰비키 레닌주의자들은 복수심에 이끌린 적이 한 번도 없으며, 우리도 복수심에 이끌려서는 절대로 안 된다. 수많은 당원들을 막다른 골목길로 몰아넣은 것이 무엇인지를 우리는 너무나 잘 알고 있다. (…) 우리는 당을 재구성하고 파국을 막고자 하는 사람이라면 누구와도 손잡고 같이 일할 준비가 돼 있다.[55)]

그러나 이때는 1953년이나 1956년이 아니라 1932년이었다. 스탈린 반대 운동을 예고하는 듯한 조짐에도 불구하고 그 일은 실제로 일어나지는 않았다. 당의 조직에 몸담고 있는 사람들이 그 조직의 우두머리에 대항하기는 어려웠다. 그들이 행동에 나서는 것을 가로막은 가장 중요한 원인은 트로츠키의 복귀와 복수에 대한 두려움이 아니었다. 그들이 행동에 나서지 못하게 한 것은 스탈린파의 내부분열이었다. 스탈린은 그들을 분할하는 방식으로 지배했다. 그는 조직들이 서로 경쟁하게 만들었고, 자기의 친위대를 만들어 운영했다. 스탈린의 친위대에 소속된 사람들은 예전의 동지들에 대한 신의를 저버리고 오로지 스탈린 개인의 지배체제만 강화하려고 했다. 트로츠키는 이 친위대를 가리켜 "암호를 이용"하면서 자체 요원들을 통해 가동되는 "비밀 참모단"이라고 말했다. 흐루시초프에 따르면 스탈린이 정치국과 중앙위원회 안에 심어 놓은 5인조, 6인조, 7인조가 바로 그런 친위대였고, 이들을 통해 스탈린은 중앙위원회를 무력화시켰다. 스탈린의 권력장악을 뒷받침한 기술은 그 권력을 유지하는 데도 이용됐다. 중앙위원회에서 그에게 적대적인 동요가 이미 일어났더라도 그 동요가 확산될 시간을 갖기 전에 그는 그것을 파악했다. 그에게 불만을 품은 그룹에는 가장 영향력이 큰 스탈린주의자들의 그룹도 포함돼 있었다. 하지만 그 어떤 그룹도 비판의 말을 입 밖으로 내어 조직의 위계질서 속에 있는 다른 사람들에게 영향을 끼칠 수가 없었다. 그런 시도를 하려는 사람은 그 즉시 '본모습이 폭로'되고 반역자라는 오명을 뒤집어써야 했기 때문이다.

하지만 스탈린에게 불만을 품은 사람들이 가장 두려워 한 것은 따로 있었다. 그 하나의 두려움, 그동안 모든 반대파도 무력화시켜온 그 두려움에 의해 마비당하지 않았다면, 비밀조직이니 5인조니 6인조니 하는 스탈린의 음모적 장치들도 별 의미가 없었을 것이다. 그들이 두려워한 것은 스탈린에 대항하는 행동이 대중의 불만을 폭발시키는 신호탄이 되어 반혁명이 일어날 수 있는 무대를 깔아주는 결과를 초래하고, 그렇게 해서 일어난 반혁명이 스탈린은 물론 그의 모든 볼셰비키 적들까지 집어삼킬 수 있다는 점이었다. 트로츠키도 이런 두려움에 쫓기고 있었다. 트로츠키는 1920년대에 직면했던 딜레마에 대한 해법을 아직도 찾지 못하고 있었다. 그는 "스탈린을 제거하라"는 결론으로 마무리되는 극적인 호소를 한 직후에 생각을 바꾸었다. 1932년 10월에 그는 아들 료바에게 이런 편지를 써 보냈다.

> '스탈린을 제거하라'는 슬로건은 한정적이고 구체적인 의미에서는 옳다. 즉 레닌이 중앙위원회에 다른 서기장을 선출하라고 권고할 때 그가 그 슬로건을 사용했던 의미에서는 옳다는 것이다. (…) 우리가 지금 강하다면 (…) 이 슬로건을 내세워도 아무런 위험이 없을 것이다. 그러나 지금은 밀류코프, 멘셰비키, 그리고 모든 종류의 반동세력이 '스탈린을 제거하라'는 슬로건을 기꺼이 받아들여 되뇌고자 할 것이다. 몇 달 안에 스탈린이 반동세력

의 압력에 대항해 자기방어를 해야 하는 상황이 빚어질 수도 있고, 실제로 그런 일이 벌어진다면 우리는 일시적으로 그를 지지해야 할지도 모른다. 우리는 아직 이런 국면을 넘어서지 못했다. (…) 그렇다면 '스탈린을 타도하자'는 슬로건은 모호한 측면을 갖고 있다고 볼 수 있다. 따라서 지금 이 시점에서는 이것을 돌격구호로 이용해서는 안 된다.[56]

동시에 트로츠키는 〈반대파 회보〉에 이렇게 썼다. "소련, 즉 스탈린의 지배체제가 보여주고 있는 관료적 균형상태가 지금 당장 흔들리게 된다면, 그런 사태는 반혁명 세력을 이롭게 할 것이 거의 확실하다."[57]

항복자들은 말할 것도 없고 스탈린주의자들 가운데 스탈린에게 불만을 품은 사람들에게도 트로츠키의 이런 완곡한 말은 공격을 유보하라는 권고나 다름없게 들렸다. 트로츠키까지 '스탈린을 타도하자'는 슬로건이 너무 위험하다고 생각했다면 그들에게는 이 슬로건이 얼마나 더 위험한 것으로 들렸겠는가? 그렇다면 그들은 어떻게 해야 했던가? 트로츠키는 3월에 그들에게 이렇게 말했었다. "여러분은 스탈린주의의 길을 따라 가려고 하는가? 그러나 그 길은 더 이상 계속되지 않는 끊어진 길이다. 스탈린은 여러분을 막다른 골목으로 몰아넣었다." 이제 그들은 되돌아나갈 길조차 막혀버린 막다른 골목에서 자기들이 할 수 있는 일이라곤 그곳에서라도 살아남기 위해 노력하면서 시간이 흐르고 나라에 변화가 일어나 자기들을 그곳에서 빼내어주기를 바라는 것뿐임을 깨닫게 됐다. 그때가 오기 전에는 피할 수 없는 것들에 순응해야 한다고 그들은 결론을 내렸다. 그들은 스탈린이 죽을 때까지 20년이 넘도록 그러한 순응을 계속해야 했다.

스탈린은 트로츠키뿐만 아니라 그의 자녀와 손자, 손녀를 포함해 삼대, 사대에게까지 보복하려 할 것이라고 언젠가 지노비예프와 카메네프가 트로츠키에게 말한 적이 있다. 이제 그러한 연좌제적 보복이 트로츠키의 가족에게 실제로 가해지기 시작했다. 트로츠키의 국적을 박탈한 명령은 그와 망명생활을 같이 하는 가족의 국적도 박탈했고, 그들이 소련으로 돌아가는 것도 금지시켰다. 이 명령은 곧바로 지나에게 영향을 끼쳤다. 그녀는 남편과 아이로부터 차단됐고, 그들과 다시 만날 수 있을 것이라는 희망도 박탈당했다.

지나는 독일의 수도에서 넉 달 이상 체류하고 있는 중이었다. 처음에는 그 낯선 도시와 그곳의 정치 드라마가 그녀를 사로잡았다. 때문에 그녀의 정신건강은 의사들이 흡족해할 만큼 회복됐다. 그러나 그 회복은 피상적인 것이었다. 그녀는 환자임에도 너무나 자아가 강해 자기의 혼란스러운 정신상태를 겉으로 드러내지 않았고, 이로 인해 의사들이 잘못 판단했을 수도 있다. 그녀는 정신분석 진료를 완강하게 거부했다. 그녀는 나중에 이렇게 털어놓았다. "의사들은 나를 혼란시키기만 했다. 그런데 나는 훨씬 더 많이 그 가엾은 인간들을 혼란에 빠뜨렸다." 그녀의 정서적 긴장은 완화되지 않았다. 여전히 그녀의 심리 속에서는 아버지에 대한 흠모와 불만이 갈등을 일으키고 있었다. 그녀는 생각을 하거나 편지를 쓸 때면 아버지와 마지막으로 헤어지던 장면으로 되돌아가곤 했다. 그때 그가 보였던 기이한 냉담함과 거리감, 그리고 올림피아 산의 신들처럼 당당했던 그의 높은 권위에 그녀는 화가 났다. 그때 아버지가 자기에게 한 말을 그녀는 곱씹었다. "너는 나를 너무 놀라게 해. 지금껏 나는 너 같은 사람을 만나본 적이 없어." 트로츠키의 이 말에 그녀는 상심했다. 그녀는 편지를 통해 아버지의 따뜻한 정을 느끼고 싶었다. 그러나 그는 드물게만, 어쨌든 그녀의 바람보다는 드물게만 그녀에게 편지를 써 보냈다. 편지에는 그녀에 대한 염려가 가득 담겨있었지만 그녀는 여전히 그가 냉담하고 멀리 있다고 느꼈다.

그녀와 료바의 관계도 버성겼다. 베를린에는 료바만큼 그녀에게 가까운 사람이 없었고, 트로츠키도 어려운 상황에서 서로 도와야 한다고 간청했지만 그녀는 료바와 사이좋게 지낼 수가 없었다. 그녀는 자기의 처지를 알아주지 않는다고 료바를 질책했다. 그를 단지 바라보는 것만으로도 그녀의 마음속에서는 고통스러운 질투심이 고개를 쳐들었다. 그녀는 베를린에 도착한 지 얼마 되지도 않아 "그를 볼 때마다 나는 신경증이 도진다"라고 썼다.[58] 그녀는 료바를 피했고, 료바 역시 정치적 활동과 학업을 겸하느라 너무나 바빴다. 그가 그렇게 바쁜 것도 아버지와 가까운 관계를 갖고 있는 데서 비롯된 결과라는 점에서 그녀의 질투심은 더 커졌다. 그녀는 그런 그의 모습과 자기의 수동적이고 무용한 모습을 비교하면서 자기 자신을 '게으름뱅이'라고 부르며 경멸했다.

그녀에게서 러시아로 돌아갈 수 있는 길을 박탈한 모스크바의 명령은 그녀의 외로움과 불안감을 더욱 가중시켰다. 트로츠키는 그녀에게 소련 대사관에 차분하고 정중하게 항의하라고 권고했다. 그녀가 정치적인 활동을 하지 않고 단지 자기 건강을 회복하려고 한다는 점을 모스크바 당국에서 알게 된다면 그녀에 대한 국적박탈과 귀국금지 명령을 철회할 수도 있지 않겠냐는 것이었다.[59] 그녀가 실제로 아버지의 권고에 따랐는지 여부는 알 수 없으나, 어쨌든 그녀는 국적을 되찾지 못했다. 의사들은 그녀가 건강을 회복하려면 가능한 한 빨리 러시아에 있는 가족에게 가서 그녀에게 맞는 환경 속에서 정상적인 생활을 해야 한다는 결론을 내렸다. 하지만 그것은 불가능한 일이었다. 추방된 자로서 거대하고 낯선 도시에서 겪는 외로움과 더불어 가족 중 절반으로부터 버림받았다는 소외감에 시달리고 다른 절반의 가족은 자기가 저버렸다고 자책하는 가운데 그녀의 신경증과 넋이 나간 듯한 증상이 점점 더 심각해졌다. 그녀는 싫어도 정신분석 의사의 치료실로 돌아가는 수밖에 다른 도리가 없었고, 그곳에서 나온 뒤에는 자기가 운명적으로 거주하게 된 독일이라는 나라를 집어삼키고 있는 거대한 정치적 광기를 응시했다.

그녀는 편지에서 독일이 처한 참상과 고통을 묘사하면서 예리한 정치적 관찰의 결과에 자포자기한 듯 빈정대는 유머를 섞어 넣었다. 아버지에게 처음으로 써보낸 편지에서 그녀는 러시아와 차단되고 그곳에 있는 가족과도 차단되어 자기의 근심이 얼마나 큰가에 대해 이야기하고, 적색국민투표(Red plebiscite, 1931년 8월에 주 의회 해산 여부를 놓고 실시된 국민투표에서 독일 공산당이 취한 투표참여 전략. 이 국민투표에서 독일 공산당은 주의회 해산이라는 목표를 달성하지 못했다—옮긴이)와 독일 노동계급의 혼란 및 그들의 저하된 사기를 보고 크게 낙담했다고 토로했다.[60] 그녀는 독일과 관련해 트로츠키가 추진하는 운동에 적극적으로 참여했다. 그러나 이런 참여가 그녀에게 준 만족감은 트로츠키가 하는 일과 그의 정치적 관심사에서 자기가 배제됐다는 느낌으로 인해 흐려졌다. 그녀가 쓴 한 편지를 보면 이런 내용이 있다. "의심이 많은 사람인 아빠와 편지를 주고받는 것은 보람이 없다. 고차원의 정책 영역에서 아빠는 구름 저 위로 점점 더 높이 올라간다. (…) 그리고 나는 대개 정신분석상의 이상증상에 묶여있다."[61] 베를린의 정치적 격변에 대한 그녀의 관점은 제정신이 아닌 사람에게 발작적으로 나타나기도 하는 통찰력으로 인해 예리해지곤 했다. 그녀가 쓴 편지에는 마치 아버지의 펜 끝에서 흘러나온 것 같은, 내용이 풍부하면서도 냉소적인 구절들이 가득하다. 아울러 굶주리고 술에 취한 채 무거운 군화가 절벅거리는 소리로 가득하고 절망과 피에 굶주린 행위로 터져버릴 듯한 베를린의 모습에 대한 묘사가 노래의 후렴구처럼 이어진다. "베를린은 늘 노래를 부르고 (…) 대부분 숙취와 굶주림으로 거칠어진 목소리로 노래를 부른다. (…) 이곳은 흥겨운, 실로 대단히 흥겨운 도시다. (…) 예전에 크릴로프(18세기 후반~19세기 초에 활동한 러시아의 우화시인-옮긴이)가 그 누구도 굶은 배로는 노래를 부를 수 없다고 한 말은 얼마나 성급했던가."[62]

파멸의 운명에 찌든 도시는 그녀를 매혹시켰다. 그녀는 마치 베를린의 시민이라도 되는 듯 그 도시에 애착을 느끼기까지 했다. 그녀는 베를린의 모든 전율과 열기를 그대로 흡수했다. 히틀러의 돌격대가 브뤼닝의 금지조처에도 아랑곳하지 않고 재부상하는 승리를 거둔 1932년 6월 초에 료바는 그녀에게 베를린을 떠나 빈으로 가서 그곳의 조용한 분위기 속에서 정신분석 치료를 계속 받으라고 재촉했다. 이미 경찰에게 괴롭힘을 당하고 있던 그는 그녀까지 괴롭힘을 당할까봐 걱정이 됐던 것이다. 그러나 그녀는 화를 내며 그의 조언을 받아들이기를 거부하고 프린키포에 편지를 보내 료바가 자기를 좌지우지하려고 하면서 괴롭힌다고 투덜댔다. 그런데 트로츠키도 료바와 똑같은 조언을 하자 그녀는 이상할 정도로 공손한 어조로 감히 항변하려고 하지 않겠다면서도, 자기가 베를린을 얼마나 좋아하는지를 길게 설명한 다음에 아버지의 조언을 받아들이기를 거절한다고 선언했다. 아버지와 남동생의 걱정마저도 그녀에게는 굴욕적으로 느껴졌다. 아버지는 앞으로 수십 년간의 유럽, 아니 인류 전체의 운명이 베를린에서 결정된다고 여러 차례 말하지 않았던가? 바로 이 때문에 아버지는 료바가 그 현장에 있기를 바랐던 것 아닌가? 한 독일인 트로츠키주의자가 트로츠키의 비서실에서 근무하겠다고 했을 때 그는 이 중요한 시기에 자기의 지지자들 가운데 단 한 사람이라도 정치적 전장에서 떠나 있게 하는 것은 두고두고 부끄러운 일이 될 것이라고 말하면서 거절하지 않았던가? 그런데 왜 나에게는 베를린을 떠나야 한다고 말하는 걸까? 지나는 자기가 강등당하고 버림받았다는 느낌이 들었다.[63]

외로움이 그녀를 더욱더 소모시키자 의사들은 프린키포에 남아있는 그녀의 아이라도 베를린으로 데려오라고 권했다. 그녀에게는 마음을 쏟고 책임감을 느낄 대상이 필요하다는 것이었다. 그러나 그 아이의 처지 역시 2월 20일의 명령과 무관하지 않았다. 이제 여섯 살인 세바도 공식적으로 '무국적 정치망명자' 로 기록돼 있었기 때문에 여행허가증과 비자를 받을 수가 없었다. 트로츠키의 가족은 그를 베를린으로 보내기 위해 여행허가증과 비자를 신청했지만, 그의 부모나 조부모 중 한 사람이 동행하는 경우에만 여행을 허가할 수 있다는 이유로 기각당했다. 세바는 엄마가 곁에 없다는 사실 때문에, 그리고 엄마가 자기를 잊지 말라고 하면서 곧 돌아오겠다고 한 약속 때문에 혼란스러웠다. 다른 가족은 세바 앞으로 그런 내용의 편지를 보내지 말라고 그녀를 설득하느라 애를 먹었다. 엄마와 다시 만날 것이라고 기대했는데 그 기대가 계속 실현되지 않자 세바의 정신적 혼란은 위험한 지경에 이르렀다. 그런 세바의 모습에 가족 모두의 신경이 곤두섰다.

비탄에 잠긴 지나는 자신을 돌보는 일도 점점 더 못하게 됐고, 심지어 월별로 자기의 금전적 수지관리도 제대로 못할 지경에 이르렀다.[64] 그녀는 자기가 아버지에게 부담이 되고 있다고 자책했다. 그녀는 싸구려 하숙집으로 거처를 옮겨 부랑자들 속에서 살았다. 그곳에서 그녀는 서로 주먹다짐을 하려는 두 사람 사이에서 싸움을 뜯어말리는 일을 자주 해야 했다. 남동생이나 아버지가 그녀를 그런 상황에서 끄집어내고 그녀를 대신해 그녀의 돈을 관리해주려고도 했다. 하지만 남동생과 아버지의 이런 노력은 오히려 그녀의 화를 돋우고 신경증적인 발작을 불러일으킬 뿐이었다. 언젠가 한 번은 그런 발작을 겪은 그녀가 아버지에게 엽서를 보냈다. 그녀는 자기의 신경증 발작이 아버지 때문이며, 자기가 평온하게 지낼 수 있도록 부디 간섭하지 말고 그냥 놔둬달라고 요구했다.[65]

지나가 겪는 고통과 그로 인한 트로츠키의 정신적 부담은 트로츠키와 료바의 관계에도 좋지 않은 영향을 끼쳤다. 트로츠키는 료바가 좀 더 인내심과 애정을 갖고 지나를 대해주기를 기대했다. 트로츠키가 료바에게 점점 더 많이 기대고 의지하게 될수록 두 사람의 관계는 외석 충격에 취약해지게 됐다. 트로츠키는 료바가 〈반대파 회보〉를 꾸려나가는 방식에 대해 칭찬을 아끼지 않았고, 계속해서 료바에게 자기의 생각을 털어놓거나 의견을 묻거나 비판을 요구했다. 그는 료바가 지닌 자기극복의 힘과 헌신성을 수없이 확인해볼 수 있었고, 감동했다. 그는 료바에게 돈 관리를 그렇게까지 꼼꼼하게 할 필요는 없다고, 자기가 생활비로 써야 할 돈까지 〈반대파 회보〉를 꾸려나가는 데 쓸 필요는 없다고 거듭해서 이야기했다.[66] 그런 와중에도 트로츠키는 자기와 료바 사이에 생각과 의견이 완전히 일치하는 것이 단지 아버지에 대한 료바의 효심에서 비롯된 것 아니냐는 의심이 자꾸만 들었다. 그런 효심은 그에게 만족감을 주면서도 한편으로는 거슬리는 것이기도 했다. 그의 정신적 긴장과 피로가 심해질수록 아들에 대한 그의 요구는 더욱 까다로워졌고, 심지어는 더욱 변덕스러워지기도 했다. 나탈랴에 따르면 트로츠키는 료바의 편지를 기다리면서 종종 초조한 태도를 내보이곤 했다. 그것은 그의 고독과 고립감을 드러내는 것이었다. 단 며칠 동안만이라도 베를린에서 편지가 오지 않으면 그는 크게 화를 내면서 료바의 무심함을 탓하거나 심지어 료바를 욕하기까지 했다. 그러고 나서 그는 그런 자신한테 화를 내면서 아들의 처지를 동정했고, 그 다음에는 훨씬 더 초조해져 짜증을 냈다.[67]

료바의 개인적인 문제들도 만만찮게 무거운 짐이었다. 모스크바에 있는 료바의 아내가 가족의 파괴된 삶과 아이들의 불행에 관한 가슴 아픈 편지를 써 보냈다. 편지에서 그녀는 자기가 눈물을 흘리며 만류했는데도 료바는 부모와 같이 있으면서 아버지를 보호하는 일을 하겠다며 소련을 떠났지만, 지금은 부모와 같이 있지도 못하고 처자식과도 같이 있지 못하는 신세가 돼있음을 상기시켰다. 그녀에게 러시아에 남아있었다면 자기의 운명이 어떻게 됐을지를 설명해주는 것은 소용없는 일이었다. 그녀는 병들고 가난에 시달리고 절망에 빠져 있는 단순한 노동자였다. 그녀는 자살을 해버리겠다고 위협하기도 했다.[68] 료바는 돈을 보내는 것 외에는 그녀의 곤경을 덜어주기 위해 할 수 있는 일이 없었다. 잔 몰리니에와의 은밀한 관계도 그다지 행복하지 않았다. 아버지의 대의에 대한 헌신만이 료바가 사적인 근심과 좌절감에서 벗어날 수 있도록 도움을 줬다. 그는 프린키포에서 전달돼온 무수한 지시들을 불굴의 태도로 수행했고, 여기저기 흩어져 있는 트로츠키주의자 그룹들 모두와 연락을 유지했고, 〈반대파 회보〉가 제 날짜에 발행되도록 하기 위해 러시아의 인쇄업자들을 닦달했고, 아버지가 쓴 논쟁적인 글들이 즉각 독일어로 번역돼 출간되도록 신경을 썼고, 저작권 대리인들과 협상을 벌였고, 출장 나온 러시아 사람이나 러시아로 들어가려는 서구인 관광객 중에서 러시아 국내의 정보를 조금이라도 갖고 있거나 러시아 국내로 메시지를 전달해줄 만한 사람을 만날 수 있기를 기대하면서 굶주린 채로 베를린 거리 여기저기를 몇 시간씩 어슬렁거리곤 했다. 게다가 그는 대학에서 수학과 물리학 강의를 열심히 들었고, 밤에는 자투리 시간을 내어 부모님과 편지로 대화를 나눴다.

아버지가 불쾌한 내색을 비치거나, 자기의 노력이 기대에 미치지 못한다는 꾸중을 할 때면 그는 더없는 비참함을 느꼈다. 그는 아버지의 불쾌함을 씻어드리거나, 자기의 처지를 아버지에게 설명하고 이해를 구하거나, 무엇에 대해서든 용서를 구하는 것을 어려워했다. 그래서 그는 어머니에게만 불만을 털어놓을 수 있었다.

연약한데다 병까지 걸린 나탈랴는 지나의 위험한 정서불안에 휩쓸리기도 하고 남편과 아들 사이에서 어찌해야 할지 모르는 처지에 몰리기도 하면서도 자기가 할 수 있는 일을 다 했다. 나탈랴는 그들 각각이 직면한 곤경이 무엇인지를 명확하게 파악하는 데 충분한 통찰력, 그들 각각과 공감을 나누는 데 충분한 사랑, 그리고 그들 각각의 기운을 북돋는 데 충분한 의연함을 지니고 있었다. 그녀는 편지를 통해 지나가 안고 있는 문제를 료바에게 설명했고, 료바와 지나 둘 다에게 아버지가 적대적인 세계를 상대로 늘 영웅적으로 전선에 서 있으면서 얼마나 참기 어려운 긴장 속에서 지내는지를 알려주었다. 그러니 이따금씩 그가 가족에게 인내심이 꺾인 모습을 보이는 것은 놀랄 일이 아니라고 설명했다. "너희들도 잘 알겠지만 아버지를 괴롭히는 것은 커다란 문제들이 아니라 사소한 문제들"이라고 그녀는 아이들에게 말했다. 아버지가 커다란 문제에 대해서는 무한한 인내심을 발휘하지만 사소한 문제에 대해서는 쉽게 화를 내고 안달하기도 한다는 것이었다. 그렇다고 해서 료바나 지나에 대한 그의 깊고 강한 사랑을 잊거나 의심해서는 안 된다고 그녀는 간절하게 말했다. 그녀는 료바에게 "너의 고통은 우리 셋 모두의 고통"이라면서 아버지에게 좀 더 자주 편지를, 특히 "기운이 나게 하는" 편지를 써 보내고 지나에게 보다 따뜻하게 대하며 신경을 써달라고 부탁했다. 그러나 때로는 아이들로부터 받은 타격이 너무 큰 탓에 남달리 주의 깊고 의연한 나탈랴도 견디기 어려운 경우가 있었다. "이루어져야 할 것들은 많은데 아무것도 이루어질 수 없는 모양이구나"라는 등의 체념 어린 말도 그녀가 료바에게 보낸 편지에서 드물지 않게 볼 수 있다. 한 번은 료바에게 보낸 편지에서 이렇게 고백하기도 했다. "지금 나는 네가 그랬던 것처럼 감정을 꾹 누르고 눈을 감은 채 이 편지를 쓴다."[69]

1932년 늦여름이었다. 이때는 트로츠키가 프린키포에 도착한 지 3년 반이 지난 때였다. 그동안 트로츠키는 다양한 관심사를 추적하고 서신교환에 소홀하지 않으면서도 〈반대파 회보〉를 자기 글로 가득 채우고 10여 개의 작은 책과 팸플릿 외에 《나의 일생》과 두툼한 《러시아혁명사》 세 권을 집필하는 등 열심히 일했다. 그는 6월 29일에 《러시아혁명사》의 셋째 권을 마무리하는 '부록' 원고를 알렉산드라 람에게 보냈다. 이 기간에 그는 엄청나게 많은 일을 했다. 대충대충 글을 쓰는 것을 경멸하는 성격 탓에 집필하는 책 하나하나의 거의 모든 장의 초고를 여러 차례 고쳐 쓰면서 끈기 있게 모든 페이지와 거의 모든 문구를 갖고 씨름했기에 그가 하는 일의 양은 그만큼 더 많았다.

그와 같은 엄청난 노고는 그를 지치게 했지만, 여전히 그의 머릿속은 새로운 집필계획들로 가득했다. 그는 내전의 역사, 레닌의 일생, 마르크스와 엥겔스를 동시에 다루는 전기를 비롯한 다수의 책을 집필하고자 했다. 그러나 그가 큰 작품을 쓰는 데 몰두하기에는 상황이 여의치 않았고, 휴식도 필요한 상태였다. 그 어느 때보다도 그는 프린키포에 유폐돼있는 자기의 처지를 견디지 못했다.[70] 게다가 정치적 상황이 그를 안절부절못하게 했다. 러시아로부터 찔끔찔끔 흘러나오는 뉴스만 해도 그를 화나게 하기에 충분했다. 독일에서는 사회주의자와 공산주의자들이 그동안 걸어온 길로 계속 움직이더니 재앙에 부닥치기 직전의 위기에 몰려 있었다. 그들의 행보를 바꿔보려 한 트로츠키의 노력은 아무런 효과도 내지 못했다. 독일에서는 트로츠키주의자 그룹의 힘이 무시할 정도에도 못 미쳤기 때문이다. 그리고 반대파의 국제조직에서도 문제가 발생하고 있었다. 베를린 비서국에서는 극좌파인 레닌동맹에 대해 트로츠키가 일으킨 논쟁에서 그를 지지했던 소볼레비시우스 형제가 스탈린주의에 대해 유화적인 태도를 취함으로써 말썽을 일으켰다. 마술에 걸리고 저주를 받은 듯한 섬을 떠나 정치적 삶의 주된 흐름이 전개되는 곳, 문명이 있는 곳과 좀 더 가까운 위치에 가 있을 수 있다면 얼마나 좋을까! 트로츠키는 이런 생각이 간절했다.

초가을에 덴마크의 사회민주당 소속 학생들이 트로츠키에게 10월혁명 15주기 기념일에 코펜하겐으로 와서 강의를 해달라고 초청했다. 그는 이전에도 이와 같은 초청을 몇 차례 받은 바 있었다. 그러나 그가 어느 곳이든 유럽에 모습을 나타내는 것이 허락될 가능성은 거의 없었다.[71] 덴마크의 사회민주당 정부가 그에게 비자를 내줄 것인지도 미심쩍었다. 하지만 그는 이번 초청을 받아들이기로 했다. 결국 그는 비자를 받을 수 있었고, 비자를 손에 넣자마자 덴마크로 갈 준비를 했다. 그는 터키로 재입국하는 것을 확실히 보장받아 두는 신중함을 보이면서도 마음속으로는 은근히 터키로 되돌아올 필요가 없게 되기를 바랐다. 그와 나탈랴는 이 기회에 세바를 코펜하겐으로 데리고 가 그곳에서 지나에게 보낼 수 있기를 원했다. 그러나 아이에 대한 여행허가는 받아낼 수가 없었다. 그래서 그들은 비서실의 한 사람에게 세바를 돌봐달라고 부탁하고 떠날 수밖에 없었다.

11월 14일에 트로츠키는 나탈랴와 세 명의 비서를 동반하고 배를 이용해 콘스탄티노플을 떠났다. 그는 '세도프(Mr. Sedov)'라는 이름의 무국적 승객으로 등록하고 배에 올라탔다. 그러나 가명이 대중의 호기심으로부터 그를 숨겨주지는 못했다. 그의 가명 사용은 오히려 그에 대한 신비하고 비밀스러운 느낌과 비방만 더 늘어나게 했다. 〈프라우다〉는 버나드 쇼의 표현을 빌려 '우리에서 탈출한 사자'라고 그를 조롱했다. 그러나 이 조롱은 의도와 달리 오히려 많은 나라들의 정부, 경찰, 언론이 그의 행보를 감시하면서 긴장하고 있음을 널리 알리는 효과를 냈다. 그는 추방된 자로서 그 어느 나라 정부로부터도 보호조처를 거부당한 채 늙고 병든 아내와 열렬한 젊은 지지자 몇 명만 데리고 단지 강연하는 것만을 예정된 목적으로 삼아 코펜하겐으로 여행하는 입장이었다. 하지만 그가 음모자들의 강력한 지도자로서 환호하는 수많은 지지자들을 거느리고 유럽을 횡단한다 하더라도 그만큼 큰 동요가 일어나지 않았을 것이다. 근거 없는 소문이 그보다 먼저 달려갔다. 신문들은 그가 이번의 여행을 하는 진정한 목적이 무엇인지에 대해 온갖 추측을 해댔다. 신문들은 강연하러 간다는 것은 그저 구실일 뿐이라고 확신했다. 일부 신문들은 그가 유럽의 어딘가에서 스탈린이 보낸 사람과 비밀리에 만날 것이라고 보도했고, 일부 신문들은 그가 스탈린에 대항하는 마지막 음모를 추진하려 한다고 보도했다. 중간에 잠시 들른 그리스와 이탈리아의 항구에서 기자들이 그를 에워쌌지만 그는 그들의 질문에 답변하지 않았다. 그는 아테네를 방문해도 된다는 허가를 받지 못했다. 그래서 나폴리에서 잠시 하선해서 경찰의 감시를 받으며 폼페이의 폐허를 돌아보는 데 그쳤다. 프랑스 당국은 마르세유에서 그가 하선하는 것을 금지했다. 대신 프랑스 경찰을 보내어 작은 모터보트로 그를 옮겨 태운 뒤 마르세유에서 벗어난 곳에 있는 외딴 부두에 내려주었다. 그는 곧바로 자동차와 기차에 태워져 프랑스 영토를 통과했고, 도중에 파리에서만 한 시간가량 멈추었다. 그래서 마르세유에서부터 줄곧 그의 뒤를 쫓던 기자들은 그가 케르크(프랑스 북부의 항구—옮긴이)에서 덴마크로 가는 배를 타기 직전에만 그를 만날 수 있었다. 그가 프랑스를 지나는 동안 프랑스 우익 신문들의 욕설이 뒤따랐다. 우익 신문의 논설위원들은 자산소득이나 금융소득으로 살아가는 과부와 고아들의 저금을 훔쳐간 '브레스트리토프스크의 배신자'가 프랑스 땅에 발을 들여놓게 됐다는 생각에 이성을 상실한 듯한 글을 써댔다. 트로츠키는 기자들에게 자기는 "정치적 의미가 전혀 없는 완전히 사적인 여행"을 하고 있다고 말함으로써 프랑스인들의 흥분을 가라앉히려고 했다.[72)]

11월 23일 덴마크 영해에 도착한 트로츠키는 에스비에르그(덴마크 유틀란트 반도의 서쪽에 위치한 항구도시—옮긴이)에서 하선하라는 명령을 받았다. 덴마크의 신문인 〈폴리티켄〉에 따르면, 덴마크 정부가 트로츠키를 에스비에르그에서 하선하도록 한 것은 그를 "뒷문으로 코펜하겐에 들여보내기 위해서"였다. 한 무리의 공산주의자들이 그에게 야유를 해대기 위해 에스비에르그에 몰려왔다. 그러나 〈폴리티켄〉은 "트로츠키가 모습을 드러내자마자 그들 사이에 침묵이 흘렀다. 그 침묵은 그가 역사적 인물이라는 사실과, 지금 자신이 역사적 사건을 목격하고 있다는 사실을 그들이 의식하고 있음을 드러낸 것이었다"고 보도했다.[73)] 기자들은 트로츠키가 '완전한 평정'을 유지하고 있는 것과는 대조적으로 그의 비서들과 그를 초청하고 여행을 주선한 사람들은 불안해하고 있다는 점에 주목했다. 트로츠키가 코펜하겐에 들어서자마자 왕족의 일원인 아게 왕자가 "차르의 가족을 죽인 살인자"라고 그를 비난했고, 언론은 이런 그의 비난을 크게 보도했다. 덴마크 왕실은 마지막 차르의 어머니가 덴마크의 공주였다는 사실을 잊지 않고 있었던 것이다. 소련 대사는 트로츠키의 덴마크 방문에 대한 소련 정부의 우려를 공개적으로 밝혔다. 사회민주당은 트로츠키를 따뜻하게 환영했지만, 그 따뜻함이 오래 가지는 않았다. 덴마크 왕실과 소련 대사관이 계속해서 불쾌감을 표현하는 통에 당황한 사회민주당 각료들이 트로츠키가 조속히 떠나주기를 바라게 됐기 때문이다.

트로츠키는 대중의 눈에 띄지 않으려고 노력했다. 그는 다소 기이한 분위기 속에서 체류했다. 그의 숙소는 몰리니에가 유명한 발레리나에게서 임차한 저택이었고, 집주인인 발레리나는 마침 외지로 여행가 있었다. 이 저택의 방들은 각종 장신구로 가득 차 있었고, 벽은 온통 집주인인 매혹적인 발레리나의 사진으로 뒤덮여있었다. 그런데 한 신문이 이 저택의 사진을 곁들여 트로츠키가 어디에 묵고 있는지를 보도했다. 그래서 트로츠키 일행은 거처를 교외의 하숙집으로 서둘러 옮겨야 했다. 여러 가지 작은 사건들도 이어졌다. 트로츠키가 사용하던 몰리니에의 자동차가 돌연 사라져버렸다. 몇 시간 뒤에 경찰이 아무런 설명도 없이 그 자동차를 돌려주면서 그 소유자인 몰리니에의 지문을 찍어갔다. 트로츠키의 적들이 그가 강연을 하게 될 모임을 방해할 준비를 하고 있다는 소문도 돌았다. 그리고 늘 그는 자기의 지지자들뿐 아니라 경찰의 호위도 받아야 했다. 오직 한두 번만 그는 시내를 드라이브하러 나갈 수 있었다.

강연은 방해나 소동 없이 진행됐다. 트로츠키는 두 시간 동안 독일어로 약 2천 명의 청중에게 강연했다. 주제는 러시아혁명이었다. 당국에서 논쟁을 벌이지 않는다는 조건으로 강연을 허락했기 때문에 그는 다소 학문적인 태도로 강연하면서 청중에게 자기가 막 집필을 끝낸 세 권짜리 《러시아혁명사》의 핵심 내용을 전달했다. 그의 자제하는 태도에도 불구하고 그가 지닌 신념의 깊이와 힘은 감춰질 수 없었다. 그의 강연은 10월혁명의 정당성과 의미를 재확인하는 것이었고, 그가 변명을 하지 않고 부분적인 실패와 오류들을 솔직하게 인정했기에 더욱 효과적인 강연이 됐다. 청중은 25년가량이 지난 뒤에도 이날의 강연을 훌륭한 웅변으로 생생하게 기억하게 된다.[74] 공교롭게도 이 강연은 그가 대규모 대중집회에서 직접 한 마지막 연설이 됐다.

코펜하겐에서 트로츠키가 한 일 중에서 미국인들을 대상으로 영어로 한 인터뷰 방송도 언급해둘 가치가 있겠다. 그는 방송에서 이렇게 말했다. "나의 영어실력, 빈약한 영어실력이 앵글로색슨 문화를 내가 얼마나 찬미하는지를 비례적으로 반영하는 것은 전혀 아닙니다." 소련에서 상황이 거꾸로 가고 있다는 점과 트로츠키의 운명을 보고 10월혁명의 의미를 의심하는 사람들에게 트로츠키는 "창작활동에서와 마찬가지로 비판에서도 전체를 꿰뚫어보는 통찰력이 필요하다"고 지적해주었다. 10월혁명 이후 15년간의 세월은 "역사의 시계로는 일 분"에 지나지 않는다는 것이었다. 미국의 내전인 남북전쟁도 그 당시의 사람들에게는 난폭한 사건이었지만 "바로 그 내전으로부터 무한한 실천적 주도력과 합리적 기술, 그리고 경제적 힘을 갖춘 지금의 미국이 태어났고, 이러한 미국의 성취는 새로운 사회의 토대 중 일부가 될 것"이라고 그는 말했다.[75] 그는 1929년의 대공황이 미국에 심대한 타격을 주었음에도 불구하고 세계 자본주의 전체에서 미국의 지위는 오히려 더 상승했다고 미국의 기자들에게 말했다. 그는 프랑스 기자들에게는 이렇게 말했다. "정치는 개인적 감정도 복수심도 모릅니다. 정치는 실질적인 효과만 알 뿐입니다."[76] 이 말은 소련을 수호하는 데 필요하다면 자기는 스탈린에게 협조하기를 거부하지 않을 것이라는 선언이었다.

4년 뒤 대숙청과 지노비예프, 카메네프 등에 대한 재판이 벌어질 때 검찰은 트로츠키가 바로 이때인 1932년 11월의 마지막 주에 코펜하겐에 머무는 동안 대규모 음모를 배후조종하면서 자기의 지지자들에게 스탈린과 보로실로프를 비롯한 정치국 요인들을 암살하고, 공장 가동을 사보타주하고, 수많은 러시아 노동자들을 독살하고, 자본주의를 회복시키기 위해 러시아의 경제적, 군사적 권력을 파괴하라고 지시했다는 주장을 폈다. 그리고 그들은 바로 이런 내용을 주요 이유로 삼아 트로츠키를 기소했다. 검찰총장인 비신스키는, 피고인석에서 지노비예프와 카메네프의 바로 뒤에 앉은 골츠만, 프리츠 다비드, 베르만 유린 등 세 사람이 코펜하겐에서 트로츠키의 아들이 지켜보는 가운데 트로츠키와 만나서 앞서 언급한 그의 지령을 전달받았다고 주장했다. 우리가 이런 검찰의 주장과 피고인들이 했다는 자백에 대해 여기서 자세하게 반박할 필요는 없다. 스탈린의 후계자들은 이때 검찰이 내세운 주장을 20년간이나 떠받쳤지만 이제는 더 이상 그러지 않고 있다. 소련 공산당의 20차 및 22차 대회에서 흐루시초프는 여전히 트로츠키의 망령에 쫓기면서도 이때의 검찰 쪽 주장이 어떻게 꾸며졌고, 피고인들이 어떻게 자백하게 됐는지를 설명했다. 그리고 이보다 훨씬 전에 진행된 재판에서 이미 트로츠키는 검찰 쪽 주장에 담긴 불합리성과 모순을 폭로함으로써 그 근거를 허물어뜨렸다. 비신스키가 경솔하게도 트로츠키 일당의 코펜하겐 본부로 지목한 '브리스톨 호텔'은 1932년에는 존재하지도 않았다. 이 호텔은 그보다 몇 년 전에 이미 철거된 상태였다. 코펜하겐 주재 참모장 역할을 한 인물로 지목된 료바는 아버지가 있던 그곳 덴마크의 수도에 발도 들여놓지 못했다. 트로츠키는 덴마크로 가는 동안에 벌어진 모든 일들을 체계적으로 기록해 놓았기에 그 기록으로부터 모든 사건을 재구성해낼 수 있었고, 자기를 위해 증언해 줄 목격자도 많이 불러낼 수 있었다.[77]

코펜하겐에서 그를 수행한 사람들의 수는 통상적인 수준보다 많았다. 프린키포에서부터 그를 따라온 비서 세 명 외에 독일인, 프랑스인, 이탈리아인 등 25명의 지지자들이 코펜하겐에 새로 도착해 그를 수행했다. 그중에는 몰리니에, 나빌, 스네블리트, 제라르 로장탈, 그리고 트로츠키의 프랑스인 변호사도 끼어있었다. 또 독일 함부르크에서 한 그룹의 학생들이 트로츠키와 만나고 그를 호위해주기 위해 왔다. 이 밖에 유명한 독일의 법률가이자 카를 리프크네히트의 동료이며 독일에서 트로츠키의 변호사 역할을 했던 오스카 콘도 찾아왔다. 이렇게 많은 지지자들이 모인 기회에 트로츠키는 '비공식 국제회의'를 열고 독일의 상황과 여러 트로츠키주의자 그룹들이 안고 있는 문제들에 대해 토론을 벌일 수 있었다. 무력한 분파이지만 맹렬하게 트로츠키를 지지하는 사람들이 흥분된 기분으로 한자리에 모여 서로 많은 말을 주고받은 이 모임보다 더 음모적이지 않은 모임은 없을 것이다. 영국인으로는 유일하게 자리를 같이한 한 참석자는 이렇게 전했다. "트로츠키만 빼고는 모든 사람이 끊임없이 이야기를 나눴다. 트로츠키는 자기 방에서 무언가를 직접 쓰거나 구술하는 일에 매달려 대부분의 시간을 보냈다."[78] 5년 뒤, 이 모임에 참석했던 사람들 중 나치스의 감옥이나 강제수용소로 끌려간 이를 제외한 나머지 사람들은, 코펜하겐에서 트로츠키의 지시를 받았다고 비신스키가 지목한 이들은 그날 그 자리에 자기들과 함께 있지 않았다고 증언했다. 만약 그곳에 있었다면 그 많은 사람들의 눈에 전혀 띄지 않았을 리 없다고 그들은 덧붙였다. 트로츠키가 만난 사람들 가운데 유일하게 러시아 쪽과 연결된 사람은 세닌 소볼레비시우스였다. 그는 자기가 받고 있는 스탈린의 요원이라는 의혹을 해명하려고 왔다. 그는 트로츠키와 한두 시간 같이 있었고, 트로츠키는 그를 밀정이 아닌 한 사람의 정적으로 대했다. 소볼레비시우스는 그 후 편지를 통해 솔직하면서 일면 타당성도 있는 어조로 트로츠키를 비판했다. 트로츠키가 공업 분야에서 스탈린이 이룬 성취와 농업 집단화의 지속적인 효과를 과소평가했다는 내용의 비판이었다. 계속 이어진 편지들을 근거로 판단해볼 경우 코펜하겐에서 만났을 때 두 사람은 서로 간의 의견차를 얼버무리는 정도에서 대화를 끝낸 것 같다. 어쨌든 소볼레비시우스는 모스크바에서 열린 재판에는 증언자로 나서지 않았다. 그는 또 재판에 그 어떤 기여도 하지 않았던 것이 확실하다. 만약 그가 재판에 기여했다면 아마도 코펜하겐에서 트로츠키가 체류하던 상황에 대해 비신스키가 제시했던 것보다 더 구체적이고 정확한 묘사를 검찰에 제시했을 것이다.

이처럼 트로츠키의 덴마크 체류는 별다른 사건 없이, 다소 싱겁게 이루어졌다. 코펜하겐에서 트로츠키는 공개강연을 제외하고는 오직 단 한 번의 연설만 했을 뿐이다. 그것은 그를 초청한 덴마크의 학생들로 구성된 소규모 그룹을 앞에 놓고 한 연설이었다. 이에 대해 그를 초청한 학생들 가운데 한 명이 다음과 같은 기록을 남겼다.

> 트로츠키를 비롯한 예닐곱 명이 우리 집에 있을 때 내 친구에게서 전화가 왔다. 그는 모스크바에서 지노비예프가 죽었다는 전보가 날아왔다는 소식이 방금 발간된 신문에 실렸다고 말했다. 트로츠키는 큰 충격을 받은 듯 벌떡 일어섰다. (…) 그는 "나는 그동안 지노비예프와 싸워왔습니다"라고 말문을 열었다. "나는 일부 문제들에 대해서는 그와 연대했습니다. 나는 그의 오류가 무엇인지를 알지만 지금은 그의 오류에 대해 더 이상 생각하지 않겠습니다. 나는 그가 줄곧 노동운동을 위해 일하고자 했다는 점에 대해서만 생각하려 합니다." 이어 트로츠키는 유창하고 말로 정적인 동시에 전우였던 고인을 회상하고 기렸다. (…) 그 작은 모임에서 그의 엄숙한 연설을 듣게 되

다니 매우 감동적이었다.[79)]

트로츠키가 코펜하겐에서 얼마나 좌절감을 느끼고 고통스러워했는지는 누구도, 심지어는 그의 친구나 비서들조차 눈치 채지 못했다. 한 번의 강연을 하기 위해 필요한 모든 예방조처를 다 취하고 온통 적대적인 소란 속에서 유럽 대륙을 가로질러 덴마크로 갔다가 다시 프린키포로 돌아가야 하는 것은 그에게 고통스러운 일이었다. 그는 프린키포로 돌아가는 것을 피할 수는 없다 하더라도 늦춰보려는 가련한 노력을 기울였다. 그는 미국 기자들에게 자기가 잠깐 동안만이라도 "뉴욕에서 파노라마처럼 펼쳐지는 세계의 변화를 관찰"할 수 있기를 얼마나 바라는지를 다소 의도적으로 내비치면서, 그렇게 할 수 있게 된다면 "마천루의 꼭대기에서 수평선을 내려다보는 기분일 것"이라고 말했다. 그는 이런 말도 했다. "내가 미국의 커다란 도서관에서 두어 달 책을 보며 연구를 할 수 있을 것이라고 생각하는 것이 환상이냐고 당신들에게 묻고 싶소. 나는 덴마크 정부가 보여준 모범사례를 다른 나라들이 무시하지 않기를 바라오."[80)] 그러나 그 '모범사례'는 다른 나라들이 본받을 만한 것이 결코 아니었다. 덴마크 정부는 그에게 일체의 단기 망명도 허용하지 않았다. 오스카 콘이 자기의 친구이자 덴마크의 사회당 소속 총리인 스타우닝에게 탄원을 해보았지만 소용이 없었다. 트로츠키도 자기와 아내가 코펜하겐에서 치료를 받을 수 있도록 비자의 유효기간을 2주일만 더 연장해줄 것을 스타우닝에게 요청했으나 역시 소용이 없었다. 트로츠키는 스웨덴에도 비자발급을 타진해 보았지만 허사였다. 다른 사람도 아닌 노동자반대파의 지도자였던 소련 대사 알렉산드라 콜론타이가 반대했기 때문이다.

그가 새로이 직면하게 된 은근히 적대적인 분위기보다 그의 마음을 더욱 압박한 것은 지나에 대한 걱정이었다. 지나의 건강은 갈수록 더 나빠졌다. 트로츠키가 비난조의 작별인사처럼 느껴지는 섬뜩한 편지를 받은 것은 아마도 덴마크에 체류할 때였을 것이다. 지나는 편지에 이렇게 썼다. "아버지는 너무나 조바심을 내는 태도로, 그래서 때로는 충동적인 태도로 행동해요. 본능처럼 복잡하면서도 기본적인 것이 갖는 의미를 아버진 아시나요? 그것은 소홀하게 취급할 것이 아니에요. (…) 본능이 맹목적이라고 누가 말하나요? 그 말은 옳지 않아요. 본능은 어둠 속에서도 앞을 볼 수 있는 매우 예민한 눈을 갖고 있고 (…) 시간과 공간을 넘어서요. 본능이 여러 세대의 기억이며, 그것이 삶 자체와 더불어 시작되는 것도 괜히 그런 게 아니에요. 본능은 모든 종류의 목적들로 다 향할 수 있지요. 가장 두려운 점은 본능이 자기를 방해하는 것들을 착오 없이, 그리고 무자비하게 가격한다는 점이에요." 지나는 본능을 돌출시키는 것으로 '예감, 수상쩍은 상상의 산물들, 지독하게 예민해진 감수성'을 강조해 지적했다. 그러고는 계속해서 이렇게 써내려갔다. "그런 무엇인가가 나를 건드렸다는 느낌을 내가 갖는 순간들이 있었다고 말해도 아버진 놀라지 않으시겠죠. 그럴 때면 나는 대단히 발작적으로 그런 싸움에 나를 던져 넣지요. 아무도 나를 지탱시켜주지 않아요. 의사들은 나를 혼란시키기만 해요. (…) 나를 버티게 해주는 것이 한 가지 있는데 그게 뭔지 아나요? 아버지에 대한 믿음이에요. 그렇게 단순하고 명백한 모든 것에도 불구하고, 그 모든 것에도 불구하고…. 이것이 본능 아닌가요?"[81)]

료바는 무엇보다도 지나에 관해 상의하기 위해 코펜하겐으로 가려 했다. 그러나 극복할 수 없는 여권과 비자 문제로 인해 그의 발은 베를린에 묶여 있었다. 그러는 동안에도 그는 지나의 행동에 대해 경보를 울리는 편지를 계속 보냈다. 지나의 정신이 정상적인 상태에서 점점 더 벗어나고 있다, 세바를 지나에게 보내도 지나는 이제 더 이상 세바를 돌볼 수 없을 것이다, 지나는 자기 한 몸 챙길 능력도 점점 더 잃어가고 있다는 내용들이었다. 료바는 지나의 엉뚱하고 종잡을 수 없는 정치활동에 불안감을 느꼈다. 그녀는 독일 공산당과 접촉하기 시작한 게 분명했다. 료바는 그녀가 자기를 노출시켜 경찰의 박해를 자초하지나 않을까 걱정스러웠다. 파펜이 사임한 직후에 그녀는 료바에게 이렇게 말하곤 했다. "독일이 지금 공산주의 혁명으로 직행하고 있다는 걸 모르겠어?"[82] 료바는 부모에게 무슨 수를 써서라도 지나를 오스트리아로 보내라고 권했다. 매일같이, 때로는 하루에 두 번씩도 트로츠키와 나탈랴는 근심에 가득 차서 료바에게 전화해 지나의 상태에 관해 이야기하고, 다른 일은 없었는지를 알아보고, 의사들도 지나가 아들을 돌보는 게 어렵겠다고 생각하느냐고 물으면서, 료바에게 속히 코펜하겐으로 오라고 재촉했다.

이런 상태로 여드레가 지났다. 바로 이 기간에 전 세계는 트로츠키가 소련 정부에 대항해 엄청난 음모를 꾸몄다는 주장을 듣게 된다. 그러나 이 기간에 트로츠키가 실제로 꾸민 음모가 있었다면, 그것은 국적도 집도 없는 그에게 여권과 비자에 관한 규제가 가하는 독재적 방해에 대항하기 위한 음모였을 뿐이다. 트로츠키는 덴마크나 유럽의 다른 곳에서 몇 주일, 아니 단 며칠만이라도 더 체류할 수 있도록 허가받기 위해 자기가 발휘할 수 있는 모든 영향력을 다 동원했고, 이용할 수 있는 모든 우연한 상황을 다 이용했고, 모든 순진한 전략과 대중홍보 전략을 다 구사했다. 그러는 동안 나탈랴는 자기와 트로츠키가 터키로 돌아가는 도중에 프랑스에서 료바와 만날 수 있도록 선처해달라고 프랑스의 에두아르 에리오 총리에게 호소했다. 덴마크 당국으로부터 받은 비자 기간인 여드레가 거의 다 지나자 트로츠키는 타야 할 배를 놓친데다가 자기는 아직 떠날 준비도 끝내지 못했다고 당국에 알렸다. 다음 배를 기다리는 동안에라도 료바가 도착할 수 있다고 생각했던 것일까? 그동안에 지나에게 아이를 돌려보낼 것인지, 돌려보낸다면 어떻게 돌려보낼 것인지에 대해 결정하려고 했던 것일까? 그게 아니라면 어느 나라든 정부 관료의 마음이 흔들리게 되어 자기가 그 매정한 유럽대륙의 어느 곳으로든 갈 수 있게 해줄 비자를 얻을 수도 있다는 기대를 했던 것일까? 덴마크 정부는 트로츠키에게 허가된 체류기간이 다 지났으니 떠나야 한다고 요구했다. 그러고는 서둘러 그를 자동차에 태워서 나라 밖으로 옮겼다. 비자 기간이 완전히 끝나기 전에 그가 터키로 돌아갈 배에 타도록 하기 위해서였다. 이리하여 트로츠키 부부와 그의 비서들은 12월 2일 덴마크를 떠나야 했다. 올 때와 달리 떠날 때는 부두에서 야유를 퍼붓는 사람도 전혀 없었고, 작별인사를 하러 배웅 나온 사람도 전혀 없었다.

배가 안트베르펜 항구(벨기에 북부의 항구—옮긴이)에 들어설 때 부두는 온통 경찰로 새까맣게 뒤덮인 채 차단선이 그어져 있었다. 국경수비대가 배에 올라와 트로츠키를 검문하려 했다. 트로츠키는 벨기에에서 하선할 계획이 없는 자기를 검문하는 것은 불법이라고 항의하면서 질문에 답하기를 거부했다. 밀고 당기는 말다툼이 오갔고, 체포하겠다는 위협도 있었으며, 트로츠키는 물론이고 그의 동행자들 모두에게 하선이 허용되지 않았다.

이때 트로츠키의 머릿속에 10년 전의 기억이 떠올랐다. 레닌을 암살하려고 했던 도라 카플란이 모스크바에서 재판을 받고 있던 1922년에 벨기에의 유명한 사회주의자이자 2차 인터내셔널의 의장인 에밀 반데르벨데가 카플란에 대한 재판을 기회로 소련 법정에서 소련의 정부체제를 공격했다. 그는 트로츠키에게 보내는 공개편지를 통해서도 소련 체제를 공격했다. 트로츠키는 1922년에는 그 공개편지에 대해 답변하지 않았지만, 지금 자기가 탄 배가 벨기에의 수역 안에 있으니 답변을 하자고 결심했다. 그동안 반데르벨데는 벨기에의 총리를 지냈고, 야당 인사가 된 뒤에도 벨기에 정계에서 높은 지위를 유지하고 있었다. 트로츠키는 그에게 다음과 같은 편지를 썼다.

> 내가 참여했던 정부는 당신이 소련에 오는 것은 물론이고 최초의 노동자 국가를 이끄는 지도자에 대한 암살을 시도했던 자들을 위해 법정에서 변호인의 역할을 하는 것도 허락했습니다. 우리의 언론에도 보도된 그 변론에서 당신은 민주주의의 원칙을 거듭 상기시켰지요. 그것은 당신의 권리를 행사한 것이었습니다. 1932년 12월 4일에 나와 나의 동행자들은 안트베르펜 항구에 잠시 기착했습니다. 나는 여기서 프롤레타리아 독재를 설교할 의도도 없고, 내가 알기로는 각료의 목숨을 노린 적이 없는데도 투옥된 벨기에의 공산주의자나 파업 노동자들을 위해 변호인으로 활동할 의도도 없습니다. 그런데도 우리 배가 멈춰 있는 이 항구의 일부분은 완전히 격리된 상태로 차단돼있습니다. 오른쪽과 왼쪽 양편으로 경찰보트들이 경계를 서고 있습니다. 우리는 갑판 위에서 민주주의 경찰들의 행진을 바라보는 기회도 누리고 있습니다. (…) 매우 인상적인 볼거리더군요! 여기에는 수부나 하역부보다도 경찰과 짭새가 더 많습니다. 우리의 배는 일종의 감옥처럼 보이고, 부두 중 우리 쪽에 가까이에 있는 부분은 감옥의 마당처럼 보입니다.[83)]

트로츠키는 자기에 대한 그런 대우와 그로 인해 수반되는 짜증스런 일들은 '전투적인 노동자와 공산주의자들이 공통으로 겪고 있는 박해에 비해서는 사소한 것'이라는 사실을 물론 잘 알고 있었다. 그는 단지 반데르벨데가 1922년에 볼셰비즘과 민주주의를 매도했던 것에 대해 늦었지만 답변을 하기 위해 그런 점들을 거론했던 것이다.

> 나는 벨기에를 민주주의 국가의 하나라고 보는 내 판단이 그르지 않다고 믿습니다. 당신도 참가했던 1914~1918년의 전쟁은 민주주의를 위한 전쟁이었습니다. 그렇지 않습니까? 그 전쟁 이후에 당신은 장관과 총리로서 벨기에의 수뇌부에서 일해 왔습니다. 민주주의를 완성하기 위해 더 필요한 것은 무엇이었습니까? (…) 왜 당신네 민주주의는 옛 프로이센식 경찰국가의 냄새를 이렇게 많이 풍기는 겁니까? 민주주의 국가가 우연히 자국의 전선에 접근하게 된 한 명의 볼셰비키로 인해 신경증적 충격을 받는다면 그 민주주의 국가가 계급갈등을 중화시키고 자본주의에서 사회주의로 평화적인 전환을 보장할 수 있다고 그 누가 생각할 수 있겠습니까?

물론 트로츠키는 게페우에 대해서도, 소련 안에서 벌어지는 정치적 박해에 대해서도 잘 알고 있었다. 그러나 소련 정부는 적어도 민주주의의 덕목을 자기 것이라고 자랑하지는 않았다. 소련 정부는 공개적으로 스스로를 프롤레타리아 독재와 동일시했다. 그리고 소련 정부를 평가하는 유일한 기준이 돼야 할 것은 자본주의로부터 사회주의로의 이행을 확실한 것으로 만드는지 여부였다.

> 독재는 나름의 방법과 논리를 갖고 있으며, 그 방법과 논리는 다소 엄격합니다. 독재를 수립한 혁명가들 스스로가 독재의 논리에 희생당하는 일이 허다합니다. (…) 그러나 계급상의 적들이 나타나기 전만 해도 나는 10월혁명

에 대해서뿐만 아니라 (…) 나를 추방하고 내 국적을 박탈한 소련 정부를 포함해 오늘날 현존하는 그대로의 소련에 대해서도 완전한 책임감을 느꼈습니다. 당신은 민주주의라는 이름 아래 자본주의를 옹호하고 있습니다. 그런데 당신이 말하는 민주주의는 어디로 갔습니까? 어쨌든 안트베르펜 항구에서는 민주주의를 발견할 수가 없습니다.

그 모든 것에도 불구하고 트로츠키는 '조금도 비관하지 않고' 안트베르펜 수역을 떠났다. 그의 눈앞에는 '강건하고 진지한 표정을 한 플랑드르의 부두노동자들이 석탄가루를 두껍게 뒤집어쓴 채 일하는 모습'이 펼쳐졌다. 경찰의 차단선에 의해 트로츠키가 탄 배와 격리돼 있는 그들은 배가 떠나는 광경을 침묵 속에서 바라보면서 배에 탄 사람들이 누구인지 가늠해보고 나름대로 판단했다. 그들은 경찰들에게는 빈정대는 윙크를 보냈지만, 배의 갑판에 나와 있는 위험인물들에게는 모자에 손을 대고 인사를 하면서 친근한 미소를 보냈다. 트로츠키는 이렇게 썼다. "증기선이 안개 낀 스켈트 강을 따라 내려가기 시작할 때, 그리고 경제위기로 인해 가동이 정지된 크레인을 지날 때 부두 쪽에서 누구인지는 알 수 없으나 진실한 친구임이 분명한 사람들이 외치는 작별의 목소리가 메아리쳐왔다. 안트베르펜에서 블리싱겐까지 가는 동안에 대한 기록을 여기서 마무리하면서 나는 벨기에의 노동자들에게 동지애에서 나오는 작별인사를 보낸다."

12월 6일에 트로츠키와 나탈랴는 파리의 북역(北驛, Gare du Nord)에 도착했다. 여기서 트로츠키 일행은 다시 경찰 차단선에 둘러싸여 일반인들과 격리됐다. 그들을 기다린 사람들 중에는 료바도 끼어있었다. 에리오

(프랑스의 총리 - 옮긴이)가 나탈랴의 요청을 받아준 것이었다. 국경을 넘을 때 트로츠키는 콘스탄티노플로 가는 배를 타려면 마르세유에서 아흐레를 기다려야 한다는 말을 들었다. 그는 그렇게 기다려야 한다는 사실이 반가웠다. 몰리니에가 마르세유 근처에 숙소를 임차해 놓았다. 트로츠키는 친구들에게 그곳에 와서 자기와 며칠간이라도 같이 보내자고 요청했다. 그러나 그가 마르세유에 도착하자마자 경찰이 와서 그에게 단 하루도 그곳에 머물 수 없으니 그날 밤에 마르세유를 떠나는 이탈리아 화물선에 타라고 했다. 그는 항의를 하면서도 일단 그 화물선에 탈 수밖에 없었다. 그러나 화물선에 승객을 위한 시설은 전혀 없고 항해가 15일간이나 계속될 것이란 사실을 알게 된 그는 자기를 함정에 빠뜨리려는 것인지도 모른다는 두려움을 느끼고는 화물선에서 내렸다. 시간은 한밤중이었다. 경찰은 그를 다시 화물선에 태우려고 했으나 그의 완강한 거부 때문에 실패했다. 트로츠키 일행은 경찰과 대치한 채 부두에서 야영을 하면서 바람이 휘몰아치는 겨울밤을 보냈다. 트로츠키는 항구에서 에리오 총리, 내무장관, 블룸, 그리고 토레즈에게 항의전보를 보냈다. 그는 또한 이탈리아 정부에 통과비자 발급을 요청하는 전보를 로마로 보냈다. 동이 트기 전에 경찰은 그와 나탈랴를 호텔로 옮긴 뒤, 곧 추방될 테니 그리 알고 기다리라고 경고했다.

날이 밝고 시간이 계속 흘렀지만 에리오는 물론 파리에 있는 그 누구에게서도 답장은 오지 않았다. 그런데 의아하게도 무솔리니의 외무장관은 즉각 통과비자를 내주겠다는 답장을 보내왔다. 경찰은 트로츠키와 나탈랴를 이탈리아로 떠나는 첫 번째 기차에 서둘러 태웠다. 트로츠키와 나탈랴는 경찰의 차단선을 넘어 료바를 끌어안았다. 나탈랴에 따르면, 두 사람은 료바와 단 하루 동안 같이 지냈는데 그 하루라는 것이 너무나 혼란스러운 하루였기에 료바와 그들의 마음을 짓누르는 생각들을 서로 털어놓기는커녕 얼굴도 제대로 들여다보지 못했다. 그런 상황에서 유래한 사소한 짜증과 오해가 그들 사이에 끼어들었다.

기차 안에서 트로츠키와 나탈랴는 그 모든 게 얼마나 터무니없는 상황인가를 곱씹었다. 두 사람은 상심하고 지쳐버렸다. 삶이 주는 부담감, 각국 정부와 경찰의 악의에 찬 괴롭힘, 지나의 불행과 그녀의 아이에 대한 불안감이 모두 한꺼번에 두 사람을 내리누르는 듯했다. 이탈리아 영토에 들어선 뒤에 나탈랴는 료바에게 편지를 써보냈다. "우리는 기차의 어두운 객실에 앉아서 오래도록 눈물을 흘렸다."[84)]

다음 날 아침 눈을 떠보니 베네치아였다. 그곳은 두 사람이 가본 적 없는 곳이었다. 산마르코 대성당의 광채와 위용이 눈물 젖은 두 사람의 눈으로 가득 차들어왔다.

12월 12일에 그들은 프린키포에 도착했다. '우리에서 탈출한 사자'가 다시 '우리'로 돌아온 것이다. 트로츠키는 자기가 프린키포로 되돌아왔다는 사실을 받아들였다. 아마도 그 섬의 아름다운 풍경, 국경을 넘을 때 터키 관리들이 그에게 보여준 예의바른 태도, 그리고 그의 귀환을 애정 어린 태도로 환영해준 뷔위크아다 어부들의 순박한 얼굴이 그의 곤두섰던 신경을 가라앉혀 주었을 것이다. 편지와 논문이 가득 쌓인 그의 서가와 책상이 그에게 다시 일을 하도록 재촉했다. 나중에 그는 일기에 이렇게 썼다. "프린키포에서 손에 펜을 들고 일하는 것은 즐거운 일이다. 섬이 텅 비고 공원에 도요새가 나타나는 가을과 겨울에는 특히 더 그렇다." 창문 너머로 바라다 보이는 바다는 마치 잔잔한 호수와 같았고, 물고기 떼가 해변까지 다가오곤 했다. 최근 몇 주간 그 모든 소란을 겪고 난 그에게 자동차 경적소리나 전화 벨소리의 방해를 받지 않는 그 섬의 정적은 일종의 휴식을 주었고 그로 하여금 사색에 잠기게 했다.

이해의 연말 몇 주간은 조용하고 평온하게 지나갔다. 큰일은 아니었지만 유일하게 그 분위기를 거스른 것은 세닌(소볼레비시우스의 가명)과의 최종적인 결별이었다. 베를린에서 그가 스탈린에 대한 트로츠키의 공격과 반대파의 국제비서국은 무관하다는 주장을 하는 데 앞장섰던 것이다.[85] 트로츠키는 이미 몇 달 전에 소볼레비시우스에게 편지를 보내 "당이 당신을 강하게 포섭할 것"이라고 경고하긴 했지만, 그래도 그가 실제로 그와 같은 행동을 하자 크게 놀랐다. 코펜하겐에서 자기와 그가 합의를 도출했다고 생각했기 때문이다. 트로츠키는 세닌에게 보낸 12월 18일자 편지에서 "당신은 소련을 여행해보고 나서 반대파가 옳다고 확신했다고 내게 말하지 않았느냐"고 물었다. 트로츠키는 그가 자기와의 합의를 어기고 반칙행위를 하고 있다는 의심은 아직 하고 있지 않았지만, 세닌이 '당의 포섭'에 굴복하고 있으며 결국은 그가 항복하게 될 수도 있다고 생각했다. 트로츠키는 세닌에게 "항복은 정치적 죽음"이라고 경고하면서 시간을 갖고 좀 더 생각해 보라고 권했다. 트로츠키는 자기에게 도움이 되는 지적인 지지자를 잃는 것이 싫었던 게 분명하다. 그러나 두 사람은 결국 결별했고, 세닌은 곧바로 트로츠키의 시야에서 사라졌다.[86]

연말 몇 주간의 휴식기간에 트로츠키는 고기잡이가 슬픔을 잊게 하고 불안한 마음을 안정시켜준다는 것을 깨달았다. 그는 프린키포를 떠나기 직전에 쓴 일기 속에 월턴(낚시에 관한 글을 남긴 17세기 영국의 저술가－옮긴이)풍으로 고기잡이에 대해 서술하고 동료 어부들, 특히 같이 자주 고기를 잡으러 나갔던, 글을 거의 읽지 못하는 그리스인 청년 하랄람보스에 대한 정감 어린 인물묘사를 해놓았다.[87] 이 그리스 청년은 타고

난 낚시꾼으로, 그가 기억하는 조상 모두가 대대로 어부였다. 트로츠키는 이렇게 썼다. "그의 세계는 프린키포를 중심으로 사방 사 킬로미터 정도가 다다. 그러나 그는 그 세계를 잘 안다." 청년은 그 안에서 자기의 삶을 가득 채우는 데 충분한 정도의 신비로움을 찾아냈다. 그 신비로움은 부분적으로는 월턴의 경우처럼 그에게도 "시와 같은 것"이었고, 부분적으로는 "완전히 배워지지 않는 수학"과 같았다. "그는 예술가처럼 마르마라해(海)라는 아름다운 책을 읽을 수 있었다." 그리고 그 청년은 나이든 혁명가의 멀리 헤매는 마음을 그 바다로 돌려놓았다. 두 사람은 몸짓과 얼굴표정, 그리고 몇 가지 터키어, 그리스어, 러시아어의 단음절어만을 가지고 대화를 나누었다. 하랄람보스는 그런 것들만 갖고도 트로츠키에게 바다 깊은 곳에서 어떤 일이 벌어지는지, 수평선과 하늘과 계절과 바람의 변화, 그물을 어떻게 쳐야 하는지, 즉 똑바로 쳐야 하는지, 나선형으로 쳐야 하는지, 아니면 반원형으로 쳐야 하는지, 바다가재가 올가미에 걸리게 하려면 추를 어떻게 던져 넣어야 하는지, 그리고 잡은 고기를 주위에 숨어있던 돌고래에게 빼앗기지 않으려면 어떻게 해야 하는지를 얼마든지 이야기해줄 수 있었다. 《영속혁명》의 저자가 이처럼 '수천 년 동안 변화가 없는, 미묘하면서도 원시적인 기술'을 겸손한 태도로 열심히 배웠던 것이다. 트로츠키가 추를 잘못 던져 넣을 때마다 하랄람보스는 '집어삼킬 듯한 눈길'을 보냈다. "그는 친절한 배려에서, 그리고 사회적인 규율을 의식해서, 전체적으로 보면 내가 추를 잘못 던져 넣은 것은 아니라고 말했다. 그러나 내가 해놓은 것과 그가 해놓은 것을 비교해보기만 해도 곧바로 나는 자신감을 잃어버렸다. 어쨌든 하랄람보스에게로 돌아와 그와 함께 마르마라라는 책을 읽고, 또 내가 써야 할 책도 쓰게 된 것은 그리 나쁜 일이 아니었다."

그러나 이 목가적인 휴식은 어느 날 갑자기 가혹하게 끝났다. 1933년 1월 5일에 지나가 자살했다는 사실을 료바가 전보로 알려왔다. 그녀는 아들과 만나기 일주일 전에 자살하고 말았다. 아이의 존재가 그녀의 신경을 안정시키기는커녕 오히려 그녀의 신경을 파괴해버린 것 같았다. 그녀가 남긴 글 중에 독일어로 씌어진 이런 글이 있다. "나는 끔찍한 질병이 도지는 것을 느낀다. 이런 상태에서 내가 내 아이를 제대로 돌볼 수 있을지 자신할 수가 없다. 무슨 일이 있어도 그 아이가 여기로 와서는 안 된다. 그는 매우 예민하고 신경이 날카로운 아이이다. 그는 또 B부인(집주인)을 두려워한다. 그는 K부인과 같이 있다(주소도 적혀 있다). 그는 독일어를 한마디도 못한다. 내 남동생에게 전화를 걸어 달라."[88] 그녀의 정신착란은 점점 더 심하게, 그리고 자주 일어났다. 그녀는 자기 아들에게도 자기가 무용한 존재라고 느꼈다. 그녀에게는 더 이상 싸울 힘이 남아있지 않았다. 이런 상황들만으로도 벅찬 그녀에게 설상가상으로 경찰이 독일을 떠나라고 말했다. 이 모든 일이 슐라이허 장군의 정부가 물러나기 직전 며칠 동안에 벌어졌다. 1월 말이 되기도 전에 히틀러가 총리로 추대됐다. 베를린에서는 무거운 군화가 절벅거리는 소리와 사람들이 술에 취한 목소리로 불러대는 거친 노랫소리가 그 어느 때보다도 크게 울렸다. 그리고 그런 노래들 가운데 하나인 '갈색(나치스를 상징하는 색깔－옮긴이)의 부대에 자유로운 거리'라는 등의 표현이 들어간 거칠고 냉혹한 가사의 노래(나치스의 공식 당가인 '호르스트 베셀 가(歌)'를 말함. 호르스트 베셀은 1930년에 정적과 결투하다가 사망한 나치주의자다. 그는 나치스에 의해 순교자로 떠받들어졌고, 그가 쓴 가사에 곡을 붙인 '호르스트 베셀 가'가 나치스의 공식 당가가 됐다－옮긴이)가 다른 모든 노래를 압도해버렸다. 나치즘이라는 '공포의 탱크'가 밀고 들어와 독일 노동자들을 깔아뭉개고 있었다. 고국은 이미 그녀에게 문을 닫아걸었고, 그녀는 가족으로부터 멀리 떨어진 곳에서 귀를 때리는 호르스트 베셀 가에 시달리다가 독일 정부의 추방령을 받았다. 하지만 그녀는 다른 피난처를 찾기에는 병으로 심신이 너무 허약해진 상태였다. 그녀는 자기 방의 문을 잠그고 주위에 장애물을 설치한 다음에 가스 밸브를 열었다. 그녀가 설치한 장애물이 워낙 단단하고 많아서 그녀를 구해보려는 시도도 불가능할 정도였다. 의사는 그녀가 자살하는 과정에서 보여준 '대단한 에너지'에 놀라움을 금치 못했다. 죽기 직전 마지막 몇 분간 그녀의 얼굴에는 고통으로부터의 해방이 가져다준 희미한 미소가 비쳤다. 그것은 안도감과 평온의 표현이었다. 그녀의 나이는 서른이었다.[89)]

지나의 자살을 알려온 료바의 전보는 짤막했다. 그러나 트로츠키는 이렇게 말했다. "전보의 모든 행간에서 그가 참을 수 없는 도덕적 갈등을 느꼈음을 읽어낼 수 있었다. 그는 누나의 주검 옆에 오로지 홀로 있었다." 지나의 아이에게는 뭐라고 말해주어야 하나? 레닌그라드에 있는 지나의 친모인 알렉산드라 소콜롭스카야에게는 이 소식을 어떻게 전해야 하나? 료바는 모스크바에 있는 자기 동생과 전화통화를 할 수 있도록 허가를 받아내려고 했다. 트로츠키는 훗날 이때의 상황을 이렇게 회상했다. "게페우가 당황했는지 (…) 아니면 도청을 해서 뭔가 비밀을 캐내려고 했는지 (…) 어쨌든 모두의 예상과 달리 료바는 전화통화 허가를 받아냈고 (…) 그 비극적인 소식을 전했다. (…) 그것이 머지않아 죽게 될 우리의 두 아들이 서로 나눈 마지막 대화, 그것도 자기들 누이의 아직 채 식지 않은 주검에 대한 대화였다."[90)]

지나가 자살한 지 엿새 뒤에 트로츠키는 모스크바의 당 지도부에 보내는 공개편지를 썼다. 이 공개편지에서 그는 2월 20일의 명령이 어떻게 지나의 정신을 파괴했는지를 설명했다. 그녀는 "자발적으로 죽음을 선택한 것이 아니라 스탈린에 의해 죽음으로 내몰린 것"이라고 그는 지적했다. "내 딸에 대한 박해에는 정치적으로 이해할 수 있는 구석이 조금도 없다. 맹목적이고 노골적인 복수 외에는 아무것도 찾아볼 수 없다." 그는 비탄이 분노를 억누른 듯한 구절로 공개편지를 마무리했다. "이 정도의 의견전달에 그치고 그 이상의 결론은 내리지 않겠다. 그런 결론을 내릴 시간이 앞으로 다가올 것이다. 그날이 오면 새로 태어난 당이 그런 결론을 내릴 것이다."[91)]

레닌그라드에 있는 지나의 친모가 고통과 책망, 그리고 절망의 외침을 보내왔다. 이제 그녀는 자기가 낳은 두 아이를 모두 잃어버렸다. 두 아이 모두 아버지의 첫 번째 망명 중에 태어났고, 아버지의 두 번째 망명 중에 사망했다. 그녀는 트로츠키에게 보낸 1월 31일자 편지에서 "모든 것을 다 알지 못한다면 나는 미쳐버릴 것"이라며 지나의 죽음과 관련된 모든 상황을 설명해달라고 요구했다. 그녀는 지나가 죽기 몇 주 전에 자기에게 써 보낸 편지를 일부 인용했다. 그 내용은 이랬다. "이제 다시는 내가 아버지에게 돌아가지 못한다고들 말하고 있어요. 아주 어릴 적부터 내가 아버지를 얼마나 존경하고 숭배해왔는지는 엄마도 아실 거예요. 그런데 지금은 아버지와 내가 완전한 불화에 빠져버렸어요. 이것이 바로 내 병의 밑바닥에 깔려 있어요." 지나는 아버지가 자기를 냉담하게 대해 왔다고 불평했다. 지나의 친모는 트로츠키에게 보낸 편지에 이렇게 썼다. "그 모든 것이 당신의 성격에서, 다시 말해 당신이 자신의 감정을 드러내고 싶을 때조차도 그렇게 하는 것을 크게 어려워한다는 사실에서 비롯된 것이라고 그 아이에게 설명해주었어요." 열정적인 웅변가인 트로츠키의 공적인 모습에만 익숙한 사람들은 감정을 드러내지 않던 그의 사적인 성격에 대한 첫 번째 아내의 이런 증언에 놀랄지도 모르겠다. 어쨌든 그 다음에는 그녀의 신랄한 질책이 이어졌다. "당신은 지나의 신체적 상태만을 염려했지만 그 아이는 이미 어른으로 완전히 다 자라서 지적인 교류를 필요로 하고 있었어요." 지나는 아버지의 뒤를 따르고자 했기에 정치활동을 하기를 갈망했고 그렇게 하기 위한 공간을 필요로 하고 있었다. 그렇기 때문에 "아버지인 당신은 그 아이를 구할 수 있었다"는 것이었다. 알렉산드라는 지나가 편지에서 언급한, 그녀와 료바 사이의 갈등은 어떤 배경에서 생겨난 것이냐고 물었다. 또한 그녀는 "지나는 자기 안에 갇혀 있었지만, 그것은 당신이나 나도 마찬가지"라며 트로츠키가 그런 아이에게 심리분석 치료를 고집한 이유가 뭔지를 물었다. "지나에게 자기가 말하고 싶지 않은 것에 대해 말하도록 강요하지 않았어야 했어요." 그녀는 지나의 어머니로서 트로츠키에게 이런 책망을 했지만, 그러면서도 지나가 러시아에 남아있었다 해도 폐결핵으로 죽었을 것이라고 말해 트로츠키에 대한 책망을 완화시켰다. 알렉산드라는 "우리 아이들은 어차피 죽을 목숨이었다"면서 손자손녀들을 바라보며 자기가 느끼는 두려움도 털어놓았다. "나는 더 이상 삶을 믿지 않아요. 저 아이들이 살아서 장성할 수 있다고 믿지 않아요. 나는 언제든 새로운 재앙이 닥쳐올 것이라고 예상하고 있어요." 그리고 그녀는 이렇게 결론을 맺었다. "이 편지를 쓰고 부치는 것도 내게는 힘든 일이에요. 당신에게 잔인한 말을 늘어놓은 것을 용서하세요. 하지만 당신은 우리 아이들에 관한 모든 것을 알아야 해요."[92]

트로츠키가 이 편지에 대한 답장을 보냈는지 여부는 정확히 알 수 없지만, 아마도 그는 이 편지를 받고 너무나 큰 상처를 받아서 아무런 말도 하지 못했을 것이다. 시간이 흐른 뒤에야 그는 친구들에게 문상해준 데 대해 감사의 뜻도 전하지 못했음을 사과하면서, 그동안 자기가 말라리아

에 시달리고 반쯤 귀머거리인 상태로 지냈다고 밝혔다.[93)]

트로츠키는 독일의 노동운동이 나치즘에 대해 아무런 저항세력도 구축하지 못하고, 나치즘의 첫 번째 습격에 무참하게 붕괴할 정도로 자기보존능력이 없다는 것을 끝까지 믿지 않았다. 거의 3년 동안 그는 히틀러가 내전을 겪지 않고도 승리한다는 것은 상상도 할 수 없다고 주장했다. 그런데 그 상상도 할 수 없는 일이 현실에서 벌어졌다. 1933년 1월 30일에 히틀러는 총리가 됐다. 사회주의자와 공산주의자들이 자기들의 자원을 동원해 싸움에 대비하기도 전이었다. 일주일 뒤에 트로츠키는 이렇게 말했다. "히틀러의 권력장악은 노동계급에게 엄청난 타격이다. 그러나 아직은 그 타격이 최종적 결과이거나 돌이킬 수 없는 패배를 의미하는 것은 아니다. 적이 권력의 사다리를 기어오르는 동안에는 우리가 그 적을 패퇴시킬 수도 있었지만 이제는 그 적이 모든 통제고지를 점령했다. 이로써 전투가 시작되기도 전에 적은 이미 커다란 이점을 얻게 됐다." 그는 아직도 시간은 남아있다고 했다. 왜냐하면 히틀러는 아직 모든 권력을 다 장악하지 못했고, 후겐베르크의 독일국가인민당과 권력을 공유해야 하는 처지이기 때문이라는 것이었다. 히틀러를 우두머리로 한 이 연합정권은 불안정했고, 내부모순을 갖고 있었다. 히틀러는 연합정권 파트너에게서 모든 영향력을 제거하고 나라의 모든 자원에 대한 배타적인 통제권을 확보해야 했다. 그렇게 되기 전까지는 히틀러의 위상이 계속 취약할 것이었다. 사회주의자와 공산주의자들은 아직은 반격할 수도 있지만, 실제로 그렇게 하기에는 시간이 절망적으로 늦어버렸다. "지금은 독일 노동계급의 수장, 공산주의 인터내셔널의 수장, (…) 그리고 소련의 수장이 어떻게 하느냐가 가장 중요하다!"[94)]

우리는 수많은 독일의 관련 문서들과 일기 등을 통해 이때 탄생한 히틀러의 첫 번째 정부가 얼마나 취약한 상태였는지를 알고 있다.[95] 히틀러가 베를린에 있는 카를 리프크네히트 기념관을 습격하고 의회에 화재가 발생한 지 한 달 뒤인 3월 5일에 나치의 테러에 대해 무방비 상태인 가운데 실시된 선거에서도 사회주의자와 공산주의자들은 여전히 1200만 표를 얻었고, 히틀러를 반대하는 가톨릭 쪽 반대파도 거의 600만 표를 얻었다. 또한 이 당시 연합정권 내부에서 히틀러와 그 파트너 사이에 말다툼과 소란스러운 갈등, 그리고 서로에 대한 불신이 존재했으며, 사회주의자와 공산주의자들이 행동에 나섰다면 그러한 갈등으로 인해 연합정권이 혼란에 빠졌을 수도 있음을 우리는 알고 있다. 이미 2월 6일에 트로츠키는 "노동계급은 지금 방어전을 수행하는 것이 아니라 퇴각하고 있으며, 이 퇴각은 머지않아 패닉에 휩싸인 패주로 전락할 수도 있다"고 경고했다. 그는 돌연 다음과 같은 심각한 말로 결론을 맺었다.

> 요즘의 며칠, 몇 주간과 같은 상황에서 (…) 당의 결정이 갖는 역사적인 중요성을 보다 분명하게 하기 위해서 (…) 공산주의자들에게 (…) 최대한 예리하고 비타협적으로 문제를 제기할 필요가 있다고 나는 생각한다. 당이 통일전선을 형성하고 훗날 소비에트가 될 각 지역에 위원회를 설립하는 것을 계속해서 거부하는 것은 파시즘에 대한 항복이 될 뿐이며, 당과 공산주의 인터내셔널을 해체하는 것이나 다름없는 역사적인 범죄가 될 것이다. 그러한 재앙이 일어난다면 노동계급은 4차 인터내셔널로 나아가야 할 것이다. 그리고 그 과정에서 노동계급은 산더미 같은 시체들을 밟고 넘어가야 할 것이고, 여러 해 동안 참기 어려운 고통과 고난을 겪어야 할 것이다.[96]

그러나 이런 트로츠키의 말이 전파되기도 전에 독일 노동자들의 당과 노조, 신문과 문화기관, 심지어는 스포츠 조직에 이르기까지 거대한 대중조직이 모두 파괴됐다.

독일 노동계급의 패배는 곧바로 트로츠키 가족의 운명에 영향을 끼쳤다. 베를린에서 〈반대파 회보〉의 발간이 금지됨에 따라 료바는 일단 잠적한 뒤에 국경을 몰래 넘어 독일을 빠져나와야 했다. 3월 24일에 트로츠키는 나치스가 이미 파괴해버린 펨페르트 부부의 집으로 이런 편지를 써 보냈다. "우리는 줄곧 L.L.(료바)에 대해 걱정하고 있습니다. 독일인 친구들은 그가 파시스트들의 손에 잡혔다면 살아나오지 못할 거라고 말했고, 나 역시 그렇게 생각하고 있습니다. 그런데 어제 그로부터 '파리로 가고 있다'는 전보를 받았습니다. 그가 프랑스로 무사히 도피할 수 있기를 바랍니다. 그 외에 추가적인 소식은 듣지 못했습니다."[97]

이 몇 주일 동안에 트로츠키는 3차 인터내셔널과 관계를 끊었다. '독일 프롤레타리아의 비극'이라는 제목과 '독일 노동자들은 다시 일어날 것이다. 그러나 스탈린주의는 결코 다시 일어나지 못할 것이다!'라는 부제가 붙은 글에서 트로츠키는 당시 상황을 이렇게 요약했다. 즉, 독일에서 노동운동은 일시적인 타격을 받았거나 전술적 후퇴를 한 것이 아니라 결정적인 전략적 패배를 당한 것이다. 이로써 노동계급은 앞으로 한 시대에 걸쳐 탈진하고 마비된 상태에 머물러 있게 될 것이다. 2차 인터내셔널과 3차 인터내셔널은 똑같이 이런 사실을 인정하지 않았고 히틀러의 성공은 '일시적인 것'이라고 말해왔고, 시간적으로 너무 늦어버린 지금에 와서 통일전선에 대해 비난의 말을 늘어놓고 있다. 그러나 "독일에서 어떤 형태로든 결정적 투쟁이 다시 한 번 가능하게 되기 전에 노동계급의 전위는 스스로 방향을 재정립하고, 그동안 일어난 일들을 명확하게 파악하고, 패배에 대한 책임을 분명히 하고, 새로운 길을 닦고, 그렇게 함으로써 자신감과 자존의식을 확보해야 한다." 여러 해 동안 '상황을 움직이는 열쇠'는 공산주의자들의 수중에 있었다. 그러나 이제는 그렇지 못했다. 독일에서 공산주의자들이 차지하고 있다가 빼앗긴 자리는 앞으로 여러 해 동안 되찾을 수 없을 것이라고 트로츠키는 전망했다. 중요한 것은 노동운동이 독일을 둘러싸고 있는 다른 나라들, 즉 오스트리아, 체코슬로바키아, 폴란드, 네덜란드, 프랑스에서 자기 진지를 구축하고 투쟁을 전개하는 것이었다. 그중에서 "가장 먼저 파시즘에 의한 격변이라는 위협을 받고 있는 오스트리아가 지금으로서는 전초기지가 돼야 한다"고 트로츠키는 주장했다. 코민테른은 독일의 노동자들이 공산주의자들에게 500만 표를 던졌다는 점으로 미루어볼 때 '그들은 위대한 전투에 나서기 직전의 상태'라고 발표함으로써 무책임함의 절정을 보여주었다. "그렇다. 500만 명의 공산주의 지지자들이 각자 개인적으로 투표소로 갔다. 그러나 공장과 거리에서는 그들의 존재를 느낄 수가 없다. 그들은 길을 잃고 분산된 채 사기가 꺾인 상태다. (…) 날강도 같은 파시즘의 테러가 시작되기도 전에 스탈린주의의 관료적 테러가 공산주의자들의 의지를 마비시킨 것이다."[98]

그는 스탈린주의도 나름의 '8월 4일(1914년 영국이 독일에 선전포고를 한 날—옮긴이)'을 맞을 것이라는 결론을 내렸다. 1차대전이 발발했을 때 1차 인터내셔널이 겪었던 것과 같은 무참한 붕괴가 스탈린주의에도 일어날 것이라는 얘기였다. 1차대전 발발 당시에 레닌, 트로츠키, 로자 룩셈부르크, 카를 리프크네히트, 그리고 그들의 동지들은 2차 인터내셔널의 사망을 선언하고 3차 인터내셔널 설립구상을 선포했다. '8월 4일'이라는 비유는 트로츠키가 4차 인터내셔널 설립구상을 선포하려는 것처럼 비쳤다. 그러나 그는 아직 그렇게 하지 않았다. 그는 단지 독일에 새로운 공산당을 결성할 것을 호소했을 뿐이다. 앞으로 독일의 선진 노동자들은 스탈린주의가 독일의 공산주의를 지배했던 시기에 대해 말할 때마다 얼굴이 화끈거리는 수치감을 느껴야 할 것이라고 그는 지적했다. 이제부터 독일의 공식 공산당은 해체되고 파괴되어 아무것도 아닌 것으로 전락할 것이라고 그는 말했다. 그는 독일 공산당의 패배가 다른 나라 공산당들에게 유익한 충격을 가해 그들로 하여금 그 원인을 탐구해 누구에게 책임이 있는지를 알아내게 하고, 스탈린주의와 결별하게 할 가능성을 여전히 염두에 두고 있었다. 만약 그런 일이 일어난다면 코민테른 또는 그 일부분이 자기의 혁명적 위신과 존재이유를 보존할 수 있을지도 모른다는 게 그의 생각이었다. "독일에서는 어쨌든 스탈린주의 관료체제의 불길한 노래가 끝났다. (…) 적이 엄청난 타격을 가해오는 가운데서도 독일의 선진 노동자들은 새로운 당을 만들어야 한다"는 것이었다. 새로운 공산당을 만들어야 한다는 호소는 비논리적이라는 주장도 있을 수 있겠지만, 새로운 인터내셔널을 만들어야 한다는 호소에 대해서는 비논리적이라고 주장하는 게 불가능했다. 그러나 역사의 전개는 논리학의 규칙에 따라 이루어지지 않았다. 그리고 다른 나라의 공산당들이 독일 공산당의 경험으로부터 교훈을 얻을 것인지는 좀 더 두고 봐야 알 일이었다.[99)]

트로츠키는 조금이나마 희망을 갖고 있었지만 그 희망은 곧 사라져 버렸다. 코민테른 집행위원회는 히틀러가 승리를 거둔 뒤로 처음 연 회의에서 그의 승리는 아무런 의미가 없다고 선언했다. 독일 공산당의 전략과 전술에는 처음부터 끝까지 아무런 결함도 없었다는 것이다. 더 나아가 코민테른 집행위는 독일 공산당의 전력과 전술에 대해 왈가왈부하는 것 자체를 금지했다.[100)] 그 어느 나라 공산당도 감히 이 금지 명령을 어기려 하지 않았다. 공산당들의 그런 모습이 하도 충격적이어서 트로츠키는 이런 말을 하지 않을 수 없었다. "그동안 파시즘의 벼락 소리에도 깨어나지 않던 조직이 이제는 아예 죽어버렸고, 다시는 살아날 수도 없게 됐다." 7월에 그는 독일에 새로운 공산당을 만드는 것만으로는 충분치 않다고 선언했다. 새로운 인터내셔널의 토대를 놓아야 할 때가 왔다는 것이었다.[101)]

이때까지만 해도 그는 새로운 인터내셔널의 활동범위에 소련까지 포함시켜야 하는지에 대해, 다시 말해 소련에 있는 자기의 지지자들이 스스로를 기존 당의 한 분파로 생각해오던 것을 중단하고 그들 나름의 새로운 당을 만들어야 하는지에 대해 결심을 하지 못하고 있었다. 몇 달 동안에 걸쳐 그는 소련에 있는 자기의 지지자들에게 그러한 경로를 취하지 말라고 조언했고, 4차 인터내셔널의 활동은 소련의 국경선에서 멈춰야 한다고 주장했다. 그는 볼셰비키의 권력독점이 비록 스탈린에 의해 남용되고는 있었지만 그래도 혁명의 존속에 필수적인 요소라고 여전히 생각하고 있었다. 반대파가 독립된 당으로 스스로 재편하는 것이 정당화될 수 있는 길은 오로지 기존 소련체제의 개혁에 대한 희망을 모두 버리고 스탈린주의에 대한 혁명적 투쟁으로 방향전환을 하는 것뿐이었다. 그러나 반대파는 그렇게 해서는 안 된다는 것이 트로츠키의 주장이었다. 노동운동의 상황을 타개하는 열쇠가 더 이상 소련에 있지 않기 때문에 새로운 인터내셔널은 소련 안에서는 활동을 하지 않아도 된다는 것이었다. 소련에서는 반대파가 앞으로도 활동을 전개할 기회를 거의 갖지 못할 것이고 특히 가까운 미래에는 더욱 그럴 것이므로 '새로운 공산당'이라는 것은 단지 학문적인 쟁점으로만 머물러 있을 것이라고 트로츠키는 생각했다. 새로운 인터내셔널이 다른 나라들에서 중대한 정치세력으로 성장한 뒤에나 소련 내부 정치세력들의 판도가 달라질 수 있다는 것이었다. 무엇보다도 서구에서의 혁명의 진전, 즉 스탈린의 지도로는 이루어질 수 없는 서구에서의 혁명의 진전이 소련에서 스탈린주의의 장악력을 약화시키고 반대파 공산주의자들에게 새로운 힘을 불어넣어줄 것이라는 게 트로츠키의 관점이었다.[102)]

이런 트로츠키의 입장은 유지될 수 없는 것임이 분명했다. 트로츠키의 새로운 시도에 내포된 논리가 얼마 지나지 않아 트로츠키 자신을 이겼다. 독일에서 새로운 당을 만들어야 한다고 주장하면서도 새로운 인터내셔널의 결성을 주장하지 않는 것은 모순이었다. 그리고 새로운 인터내셔널이 결성된다 하더라도 소련 안에서의 활동은 삼가야 한다는 주장도 모순이었다. 그래서 1933년 10월에 트로츠키는 소련에서도 반대파가 새로운 당으로 재편돼야 한다는 결론을 내렸다.[103)] 이런 결론을 내리기까지 대략 여섯 달이 걸린 셈이었다. 그리고 이런 결론을 내린 이상 그는 지난 10년 동안 불굴의 태도를 견지하는 데 근거가 됐던 자기의 견해 중 일부를 수정해야 했다. 그는 지배정당의 정치적 독점에 대한 지지를 중단해야 했다. 그리고 새로운 당이 만들어질 경우 그 당은 개혁을 하고 스탈린주의 정부를 다른 정부로 합헌적으로 교체하는 것이 아니라 스탈린주의 정부를 혁명적으로 전복하는 것을 목표로 활동해야 했다. 이 시점에 트로츠키는 소련을 여전히 노동자들의 국가라고 생각하고 있었을까? 그렇지 않다면 소련 체제를 테르미도르반동이나 나폴레옹 체제와 비슷한 반혁명의 한 변종이라고 생각하게 됐을까? 그리고 반대파는 소련을 무조건적으로 옹호하는 태도를 계속 유지해야 한다는 생각을 그가 여전히 갖고 있었을까?

트로츠키는 최근 몇 년간의 경험을 한 뒤에도 당대회나 소비에트에서 스탈린을 퇴위시키는 게 가능하다고 믿는 것은 어린아이 같은 생각이라고 주장했다. “저 침묵의 도당을 제거할 수 있는 합헌적인 방법은 이제 전혀 없다. 오직 힘만이 저 관료집단으로 하여금 프롤레타리아 전위의 손에 권력을 넘기도록 강요할 수 있다.” 그러나 프롤레타리아 전위는 이미 분쇄된 상태여서 가까운 미래에는 권력을 쟁취하기 위한 싸움에 나설 수 없을 게 분명했다. 따라서 개혁이냐 혁명이냐 하는 것은 근본적으로 장기적인 방향에 관한 문제일 수밖에 없었다. 반대파는 다수 노동계급으로부터 지지를 얻지 못하는 한 권력을 행사할 수 있는 자리를 요구하지 못할 것이었다. 그리고 국내에서의 사회적 변화와 국제무대에서의 획기적 변화가 선행하지 않는 경우에도, 특히 소련 바깥에서 혁명의 진전이 선행하지 않는 경우에도 마찬가지라고 트로츠키는 생각했다. 그러한 변화가 선행된 다음에야 “스탈린주의는 자신의 조직구조가 진공 속에 떠돌게 됐음을 알아차리게 될 것”이고, 반대파는 대중적 압력의 뒷받침을 받아 혁명이나 내전 없이도 승리를 거둘 수 있을 것이라고 그는 말했다. 만약 스탈린과 그의 지지자들이 고립됐음에도 권력을 지키려고 한다면 반대파는 경찰을 동원해 그들을 축출할 것이라는 얘기였다. 그렇게 되면 스탈린주의는 노동계급 사이에 고양된 정치적 에너지에 직면하게 되어 크게 약화될 것이라고 트로츠키는 주장했다. 왜냐하면 스탈린주의 역시 “다름 아닌 노동계급에 그 뿌리를 두고 있기 때문”이라는 것이었다. 노동자들의 적극적인 지지가 없다면 최소한 그들의 순종이라도 전제돼야만 스탈린은 힘을 가질 수 있으므로, 이런 전제가 충족되지 않는다면 스탈린이 단숨에 무너질 것이라고 그는 생각했다.[104)]

소련은 여전히 노동자들의 국가라고 트로츠키는 재차 주장했다. 소련 사회는 비록 앞으로 나아가는 모든 걸음걸음마다 엄청난 대가를 치러 왔지만 여전히 생산수단에 대한 사회적 소유가 지배적인 가운데 자본주의에서 사회주의로 이행하고 있다는 것이었다. 관료집단이 그 어떤 특권을 누리고 있다 하더라도 그들은 "새로운 소유계급이 아니라 노동계급의 몸체에 자라난 악성 종양" 일 뿐이었다. 특권과 점증하는 사회적 불평등은 급진 과격파가 주장하는 것처럼 새로운 형태의 착취가 아니라 빈곤과 물자부족이 낳은 결과였다. 특권과 불평등은 어느 정도까지는 효율과 생산을 자극하는 유인으로서 "사회주의적 진보의 부르주아적 수단" 이었다. 기생적인 것이든 독재적인 것이든 관료적 지배는 혁명의 모든 성과를 위기에 빠뜨리고 반혁명을 불러일으킬 수 있다. 그러나 관료적 지배도 사회주의적 발전에 하나의 수단, 비록 빈약하면서도 많은 대가를 치러야 하는 수단이기는 하지만 하나의 수단이 될 수 있다고 그는 말했다. "소련의 관료집단은 국민소득 중 압도적인 비중을 낭비하지만, 동시에 나라의 경제적, 문화적 성장을 촉진하는 데 이해관계를 갖고 있다. 국민소득이 높아질수록 관료집단의 특권을 뒷받침하는 자금이 풍부해진다. 그러나 소련 국가의 사회적 기초 위에서 달성된 노동계급의 경제적, 문화적 진보는 관료적 지배의 토대를 훼손한다." 이처럼 스탈린 시대가 끝나기 20년 전에 트로츠키는 이미 스탈린주의가 소련을 공업화하고 인민들 사이에 교육을 확대하는 것이 결국은 스탈린주의 자신을 배양해온 토양, 즉 원시적 빈곤, 문맹, 그리고 야만이라는 토양을 파괴할 수 있다고 내다봤다.[105)]

트로츠키는 소련의 일당체제에 대한 옹호를 거둬들이면서도 "소련에서 지금 당장 관료적 균형이 흔들리는 사태가 벌어진다면, 반혁명 세력이 득을 볼 것이 거의 확실하다" 는 이전의 경고를 되풀이했다. 그는 소련을 무조건적으로 수호해야 한다는 자신의 태도를 재확인했다. "새로운 인터내셔널이 (…) 소련을 개혁할 수 있으려면 그에 앞서 소련을 수호하는 것을 자신의 의무로 삼아야 한다. 소련이 더 이상 노동자들의 국가가 아니라는 구실을 내세워 이런 의무를 저버리는 정치집단은 모두 제국주의에 수동적으로 봉사하는 도구가 될 위험이 있다." 이어 그는 새로운 인터내셔널의 지지자들은 '치명적인 위기의 시기'에는 소련을 지키기 위한 "마지막 바리케이드에서 싸워야 한다"고 덧붙였다.[106)]

트로츠키는 경제적 구조로 판단한다면 소련은 여전히 노동자들의 국가이지만, 국제혁명의 요소로서 소련은 사화산에 지나지 않는다는 견해를 갖게 됐다. "볼셰비키 당은 1차대전이 발발했을 때부터, 특히 10월 혁명 이후로는 보다 분명하게 전 세계의 혁명투쟁에서 선도적인 역할을 수행해왔지만, 이제는 그런 선도적인 위상을 잃어버렸"으며, 당의 서투른 모사품인 공식 볼셰비즘은 물론이고 반대파 볼셰비즘 역시 상황의 어려운 여건으로 인해 "아무런 국제적 지도력도 발휘하지 못한다"는 것이었다. "혁명의 무게중심은 완전히 서구로 옮겨갔고, 그곳에서 새로운 당을 즉시 구축할 수 있는 가능성이 훨씬 높다"고 그는 말했다. 그리고 혁명의 새로운 추동력은 소련이 아니라 서구에서 나올 것이라는 믿음 속에서 4차 인터내셔널 설립구상을 선포했다.[107)]

우리는 앞에서 트로츠키가 3차 인터내셔널에 대한 충성을 포기하기로 결심하기까지 얼마나 망설였던가를 보았다. 그 망설임의 원인을 알기란 어렵지 않다. 왜냐하면 그가 여러 차례에 걸쳐 자기가 결국은 취하게 되는 행동에 대해 그동안 왜 반대했는지를 보여주는 진술을 남겨놓았기 때문이다. 그동안 트로츠키는 모든 나라의 혁명적 노동자들이 자기들을 인도해줄 지도력을 3차 인터내셔널에서 찾고 있고, 3차 인터내셔널이 1차 및 2차 인터내셔널의 정통 후계조직이자 러시아혁명의 사상을 구현한 조직이라고 보고 있으며, 소련이 노동자들의 국가로 남아있고 코민테른이 그런 소련과 연대적 관계를 유지하는 한 노동자들 가운데 계급의식을 지닌 선진 노동자들이 코민테른에 충성하는 것은 정당하다고 주장해왔다. 그는 이런 논리가 타당성을 상실했다고 확신하지 못했었다. 게다가 그동안 자신이 많은 역할을 수행해온 3차 인터내셔널에 최종 결별을 선언한다는 건 쉽지 않은 일이었다. 위대하고 중요한 운동의 주도자가 스스로 나서서 그 운동이 가치가 없다고 선언하는 것은 사실 극히 보기 드문 일이다. 트로츠키로서는 1914년에 2차 인터내셔널을 포기했다면 모르되, 이제 와서 그것에 등을 돌린다는 것이 더더욱 어려웠을 것이다. 아마도 독일에서 코민테른이 충격적인 실패를 보여주었던 것만이 그로 하여금 그런 행동을 쉽게 할 수 있게 했을 것이다. 그는 1914년과 1933년은 다르다고 인정했다. 1914년에는 2차 인터내셔널의 지도자들이 제국주의 전쟁을 지지함으로써 계획적으로 신뢰를 저버린 반면, 1933년에는 코민테른(3차 인터내셔널—옮긴이)이 순전히 무책임하고 맹목적인 태도로 히틀러의 승리를 촉진했다. 그런데 1933년의 파국은 여러 측면에서 1914년의 파국보다 더 심각했다. 1차대전 당시에는 타격을 입은 혁명적 마르크스주의가 곧 회복됐다. 치머발트와 키엔탈에서 열린 대회(2차 인터내셔널의 반전주의자들이 스위스의 치머발트(1915년)와 키엔탈(1916년)에 모여 1차대전의 즉각적인 종전을 호소한 국제대회—옮긴이)와 러시아혁명이 마르크스주의를 '사회제국주의적'으로 왜곡하는 데 대한 강력한 항의로 작용했다. 그러나 1933년의 극악한 상황에 대해서는 그에 비견될 만한 항의가 공산주의 운동 내부에서는 나오지 않았고 나중에도 나올 것 같지 않았다. 코민테른의 정책은 독일 노동자들이 80년간의 투쟁 속에서 획득한 모든 것을 잃어버리도록 하는 데 기여했을 뿐만 아니라, 또 한 번의 세계대전이 일어날 가능성, 아니 그렇게 될 확실성이 실현되도록 했다. 공산주의 운동 전체가 기이하게도 무관심과 냉담한 태도를 보이며 그러한 일이 벌어지는 것을 방관했다. 트로츠키는 거대한 공산주의자 대중의 정치적 양심과 상황인식에 도대체 무슨 일이 일어난 것이냐고 물었다.

그는 개량주의와 스탈린주의가 노동자들의 정신을 우둔하게 만들고 그들의 의지를 파괴했다는 결론을 내렸다. 자기가 그토록 분명하게 큰 목소리로 말한, 그리고 실제로 벌어진 상황으로 확인되기도 한 경고가 아무런 주목도 받지 못했다는 사실이 그로 하여금 이런 결론을 내리게 했다. 왜 그의 경고가 무시됐는지는 누구보다도 그 자신이 잘 알고 있었다. 앞서 1932년 초에 그가 소볼레비시우스에게 보낸 편지를 보면 그것을 알 수 있다. 이 편지에서 그는 독일에서 트로츠키주의반대파가 공장 노동자 열 명도 끌어들이지 못했고, 지식인과 독일에 온 이주자도 단지 극소수만 끌어들였을 뿐이라고 밝혔다.[108] 1차대전 때는 적어도 수천 명의 독일 노동자들이 은밀하게 활동하는 스파르타쿠스단(1차대전 중 독일 사회민주당의 전쟁협력 정책에 반대해 당 내부에서 결성된 그룹 — 옮긴이)에 가입했고, 수감 중인 로자 룩셈부르크와 카를 리프크네히트가 8월 4일(영국이 독일에 선전포고한 날. 여기서는 1차대전의 개전 — 옮긴이)에 대해 퍼부은 비난에 호응하고 나섰다. 그러나 히틀러가 승리를 거둔 뒤인 지금, 전 세계의 공산당들은 무감각한 침묵 속에서 코민테른의 자기정당화와 자화자찬을 그대로 받아들이고 있었다. 어째서 모든 공산당들 중 단 한 부분에서도 지성의 섬광, 국제적 연대의식과 책임감의 섬광이 일어나지 않는단 말인가? 트로츠키는 거듭거듭 이렇게 자문했다. 그렇다면 스탈린주의는 공산주의 운동 전체를 회복이 불가능할 정도로 타락시켰고, 그것을 개혁하려는 시도는 마치 시시포스의 끝없는 헛수고와 같았다. 그는 10년 동안 그런 헛수고를 해왔던 것이고, 이제는 암울한 산 위로 무거운 돌을 밀어 올리는 일은 더 이상 하지 않기로 한 것이다.

그로서는 소련 공산당을 마침내 포기하는 것이 고통스러웠다. 소련 공산당은 레닌이 창건한 당으로서 혁명을 성취했고, 그 안에서 트로츠키는 큰 인물이 됐다. 일 년 전, 그러니까 지노비예프, 카메네프, 스미르노프, 프레오브라젠스키 등이 두 번째로 추방된 뒤에는 1925~1927년의 통합반대파가 복구되는 듯했다. 모스크바에서 전달되는 모든 소식은 전국적으로 동요가 일어나면서 스탈린의 측근들까지도 그를 제거하기를 바라고 있음을 시사했다. 그러나 1932년 이후 스탈린은 권력을 다시 확고히 다잡았다. 그가 그렇게 할 수 있었던 것은 부분적으로는 트로츠키가 주장한 조처들을 채택한 덕분이었다. 스탈린은 1차 5개년계획이 끝나자 경제에 숨 쉴 틈을 부여했고, 2차 5개년계획의 목표를 좀 더 낮게 현실적인 수준으로 설정했으며, 집단화된 농민들의 요구를 일부 받아들였다. 그 결과로 혼란, 동요, 당내 갈등이 가라앉았다. 독일의 파국은 스탈린을 약화시키기는커녕 오히려 그의 입지를 강화시켜주었다. 이런 변화의 의미를 깨달은 사람들은 모스크바 정부의 안정을 허물 때가 아니라고 생각했다. 독일에 전체주의 정권이 수립된 것은 소련에도 전체주의적 경향을 불러오는 새로운 자극이 될 것이었다. "한 명의 지도자, 하나의 당, 하나의 민족!" 이라는 외침이 독일에서 요란하게 울려 퍼지자 소련 공산당 조직의 간부와 일선 당원들 사이에는 단일의 지도자 아래에서만 소련의 생존을 기대할 수 있다는 생각이 확산됐다. 1933년 5월에 지노비예프와 카메네프가 또다시 항복하고 망명지에서 소련으로 복귀했다. 1927년에 처음으로 항복했을 때 그들은 스탈린주의에는 항복하더라도 스탈린이라는 개인 앞에 무릎을 꿇지는 않았다. 스탈린 개인에게 무릎을 꿇는 일은 아무도 상상할 수 없는 일이었다. 1932년에도 그들은 항복을 요구받았지만 거부했다. 하지만 1933년에 그들은 전향을 고백하면서 스탈린의 무오류성과 유일무이한 천재성을 찬양함으로써 스탈린 개인 앞에 무릎을 꿇었다.

트로츠키가 4차 인터내셔널을 창설하는 문제에 몰두했지만 소련에 새로운 당이 만들어져야 한다는 호소는 아직 하지 않고 있는 동안에 이 모든 일이 벌어졌다. 위기에 몰렸던 스탈린의 의기양양한 재부상, 스탈린 주위에 새로이 형성된 독재의 분위기, 그리고 최근에 재연된 반대파 인사들의 항복은 트로츠키로 하여금 이론상으로는 아직 그를 옛 소련 공산당과 묶어두고 있는 연결선을 잘라버리도록 압박했다. 그는 지노비예프와 카메네프의 '비극적인 운명'에 대해 논평하면서 이렇게 썼다. "위대한 격동의 시대가 얼마나 가혹하게 그 등장인물들을 파괴했는가를 설명하고자 하는 미래의 역사가들은 지노비예프와 카메네프를 예로 들게 될 것이다. (…) 스탈린주의의 조직구조는 옛 혁명가들의 등뼈를 부숴버리는 기계가 됐다." 그는 이어 "고골리의 소설 주인공처럼 스탈린은 살아있는 영혼이 없다는 이유로 죽은 영혼들을 끌어 모으고 있다"고 지적했다.[109] 소련 공산당의 쇄신에 대한 트로츠키의 희망은 이제 완전히 무너졌다. 등뼈가 부서지고 죽은 영혼들에게 계속 호소하는 것은 아무 소용없는 일이었다. 그리고 어쨌든 독재자에게 굴복하는 당은 마르크스-레닌주의 전통을 더 이상 갖고 있지 않는 당이었다. 그 당에서 완전히 독립하고 그 당을 넘어서야만 볼셰비즘은 다시 태어날 수 있었다.

이상이 새로운 인터내셔널의 창립을 추진한 트로츠키의 논거를 개략적으로 요약한 것이다. 트로츠키는 새로운 인터내셔널의 창립을 주장하고 토론을 거쳐 모든 지지자 그룹들의 승인을 얻어낸 뒤에도 그 그룹들을 4차 인터내셔널이라고 선포하지 않았다. 그 지지자 그룹들의 취약성을 인식한 그는 4차 인터내셔널이 조만간 더 많은 지지자들을 끌어당길 것이라는 기대를 갖고서 당장은 그 구상을 공개적으로 띄우는 정도로 만족했다. 어떤 측면에서 보면 그는 치머발트 시절의 경험을 반복했다. 그가 치머발트 시절을 생생히 기억하고 있었다는 점은 그의 글과 행동에서 드러났다. 그가 레닌과 함께 3차 인터내셔널의 창립을 최초로 주장한 때는 1915년이었다. 이후 실제로 3차 인터내셔널의 창립대회를 열기까지는 선전과 준비작업 등을 하느라 4년이란 세월이 걸렸다. 이와 비슷하게, 그가 4차 인터내셔널의 창립대회를 소집할 준비를 갖추는 데도 정확하게 4년이 걸린다. "새로운 인터내셔널을 즉각적으로 선포할 가능성은 없고 (…) 오직 준비작업만 요구됐다. 새로 설정된 방향은 (…) 스탈린주의 조직의 개혁에 관한 이야기와 추방된 반대파의 복권에 대한 모든 요구를 단호히 버린다는 것을 의미했다. (…) 좌파 반대파는 더 이상 스스로를 좌파 반대파로 생각하지 않으며 당내의 반대파로 활동하는 것도 중단했다."[110)]

새로운 인터내셔널에 대한 그의 희망은 1933년 당시보다는 그 뒤에 더 강렬해진다. 독일 문제와 관련해 코민테른은 신뢰를 완전히 상실한 반면 트로츠키주의는 눈에 띄는 도덕적 승리를 거두었다. 그동안 유럽 공산주의자들의 여론이 자기의 호소에 거의 반응을 보이지 않았던 이유는 자기가 스탈린과 벌인 논쟁의 주된 쟁점인 소련 국내의 문제와 중국혁명이 유럽 공산주의자들에게는 너무 거리가 먼 쟁점이거나 모호한 이야기로 들렸기 때문일 거라고 그는 생각했다. 둘 사이의 논쟁은 마지막에는 '유럽의 중심'인 독일의 문제에 집중됐다. 히틀러의 등장은 모든 공산당에 즉각적으로 영향을 끼쳤다. 그것은 사느냐 죽느냐의 문제를 제기했고, 전쟁을 가리켰으며, 공산주의에 파멸의 위협을 가했다. 트로츠키도 코민테른도 이 문제에 대해 공개적으로, 그리고 모든 열정을 다 바쳐 토론을 벌였고, 이 토론은 실제 상황에 의해 양쪽의 주장이 검증될 때까지 계속됐다. 현실에 의한 검증의 결과는 명확했다. 이 토론에서 제기된 주장과 반론들은 모든 사람의 기억 속에 생생하게 남아있었을 것이므로 공산주의자들은 모두 그것들을 다시 검토하고 생각해볼 수 있었다. 내려야 할 결론은 두 가지였다. 그중 하나는 서구에서 가장 강력한 공산당을 그토록 수치스러운 파탄으로 이끈 자들은 반역에 가까운 무능이라는 죄를 저지른 것이니 지도자로서의 모든 직위를 박탈당해 마땅하다는 것이었고, 다른 하나는 같은 맥락에서 반대파가 지도자의 권리를 갖게 됐거나 가져야 한다는 것이었다.

이 모든 생각이 스탈린주의 당원들 사이에 부분적으로 스며들었던 것이 분명하다. 코민테른이 트로츠키에게 "도깨비장난으로 위협하는 행위"를 하고, "나치스의 위협을 과장"하고, "사회파시스트들과의 통일전선을 촉구"하고 있다고 공격하면서 그를 조롱하면, 그 조롱은 그대로 코민테른 쪽으로 되돌려졌다. 당혹감과 수치감이 당의 많은 세포조직들에 퍼졌다. 골수 스탈린주의자들조차도 트로츠키의 예견력과 용맹한 태도에 대한 존경심이 마음속에서 일어나는 것을 느꼈다.[111] 히틀러의 테러를 피해 도피한 독일인 망명자들과 폴란드, 체코, 네덜란드, 미국 등의 공산주의자들을 중심으로 트로츠키주의 그룹들과 준트로츠키주의 그룹들이 새로이 형성됐다. 이런 그룹들은 규모는 작았지만 그 영향력은 무시할 수 없었다. 그들은 경계심을 갖게 된 헌신적인 당원들을 끌어당겼다. 그들은 당원들이 공산주의자로서 갖고 있는 양심을 건드렸다. 그들은 스탈린주의를 수세의 위치로 몰아붙였다. 당 지도부는 애당심에 대한 광적인 호소, 추방의 위협, 실제의 추방을 통해서만 당원들 사이에 팽배한 불안한 분위기를 가라앉힐 수 있었다. 그리고 결국은 코민테른이 태도를 완전히 바꾸고, 사회파시즘에 관한 슬로건들을 내던져버리고, 통일전선 전술, 더 나아가서 인민전선 전술을 채택하고서야 그 모든 동요를 없앨 수 있었다.

또 바이마르공화국의 붕괴는 사회민주당들도 뒤흔들었다. 의회민주주의에 대한 사회민주당들의 믿음은 큰 타격을 입었다. 독일의 경험에서 충격을 받은 유럽의 모든 사회민주주의 정당들은 강령 안에 나름대로의 형태로 프롤레타리아 독재의 요소를 엄숙한 태도로 끼워 넣었다. 그런 정당들 내부에서는 급진파 또는 좌파 그룹들이 트로츠키를 다시 보면서 공식 공산주의가 제공하는 모든 것보다 트로츠키의 사상이 훨씬 더 합리적이고 매력적이라고 생각하는 분위기가 형성됐다. 이때가 바로 트로츠키가 망명 기간 중 가장 높은 수준의 정치적 영향력을 발휘할 때였다. 만약 독립된 공산당을 새로 설립할 기회가 그에게 있었다면 이때가 바로 그때였다.

그러나 트로츠키가 이제 취하고 있는 행동에 대해 그 자신이 그동안 그렇게 자주, 그리고 일관되게 개진해온 반대의 논리도 그 힘을 전혀 잃지 않고 있었다. 소련에서 생산수단에 대한 국가소유가 훼손되지 않고 유지되고 있는 한, 그리고 볼셰비즘의 깃발이 모스크바의 하늘에 휘날리고 있는 한 소련과 국제 공산주의 사이의 연결선은 끊어질 수 없다는 것은 여전히 맞는 말이었다. 공산주의에 동조하는 많은 사람들에게 최초의 노동자 국가는 여전히 국제혁명의 보루였고, 소련의 공식적인 공산당 역시 압도적인 흡인력을 발휘하고 있었다. 그들의 눈에는 스탈린주의 지도부가 러시아혁명과 볼셰비키의 전통을 대변하는 것으로 보였고, 그 외에 다른 대안은 존재하지 않았다. 스탈린주의 관료집단은 스스로를 레닌주의, 더 넓게는 마르크스주의와 일치시키는 데 성공한 게 사실이었다. 전투적인 프랑스의 부두노동자들, 폴란드의 광부들, 중국의 유격대 전사들은 모스크바를 지배하는 스탈린주의 관료집단이 소련의 이익에 대한 최선의 판단자이자 세계 공산주의에 대한 신뢰할 만한 조언자라고 생각했다. 그래서 그들은 스탈린의 정책이 아무리 왜곡되고 터무니없는 지시로 강요

되더라도 무비판적인 복종의 태도로 그것을 수용하곤 했다. 독실한 로마 가톨릭 신자들에게 교황청의 적은 곧 기독교의 적으로 보이듯이 그들에게 반대파는 소련과 공산주의의 적으로 보였다.

이 모든 요소들이 트로츠키가 하고자 하는 일에 불길한 그림자를 드리웠다. 그의 구상과 슬로건은 공산주의에 동조하는 사람들만이 민감하게 반응할 수 있는 것이었다. 하지만 바로 그런 사람들은 새로운 인터내셔널로 집결할 의사가 가장 적은 사람들이었다. 그들은 당을 개혁해야 한다는 트로츠키의 호소에 오랫동안 아무런 반응도 보이지 않았고, 이제 그 당과 절연해야 한다는 트로츠키의 촉구에는 더더욱 무반응의 태도를 보였다.

기존의 인터내셔널들이 아무리 신뢰를 상실했다 하더라도 독일의 파국적 상황이 낳은 후유증은 새로운 인터내셔널에 유리하지 않았고, 유리하게 될 수도 없었다. 1차부터 3차까지의 인터내셔널은 각각 노동운동이 최고조에 이르렀을 때 결성됐고, 결성되는 과정에서 기존의 인터내셔널과 경합하지 않았다.[112] 그런데 4차 인터내셔널은 공산주의 운동이 크게 정체된 상황 속에서 이미 자리 잡고 있는 강력한 2개의 기존 인터내셔널에 도전해야 했다. 독일에서는 노동계급이 트로츠키의 예상대로 앞으로도 수년간 정치적인 회생을 할 수 없는 상태였다. 바로 이런 이유 때문에 트로츠키주의는 독일 문제에서 도덕적 우위를 차지했음에도 그로부터 실질적인 이점을 끌어내지는 못했다. 1936년에 프랑스와 스페인에서 노동계급의 에너지가 분출하는 일이 벌어지긴 했으나, 그럼에도 불구하고 1930년대 내내 독일뿐 아니라 유럽의 다른 나라들에서도 노동계급의 퇴각이 계속됐다. 퇴각과 패배가 오랫동안 갑갑하게 이어지면서 사기저하가 일어났다. 그런 상황 속에서는 새로운 인터내셔널에 대한 가장 설득력 있는 호소도 먹힐 수가 없었다. 트로츠키는 퇴각을 중단하고 방어와 역공에 나서기 위해서는 조직을 재구성해야 하고, 그러려면 노동자들에게 새로운 지도력이 필요하다고 주장했다. 그러나 공산주의자와 사회민주주의자 대중은 아직 완전히 낙담하지 않은 사람들까지도 중간에 말을 바꿔 타서는 안 된다는 생각을 갖고 있었다. 이렇듯 두 개의 기존 인터내셔널은 오류를 저지르고 패배를 겪었음에도 여전히 건재했고, 그 지지자들은 나치즘과 파시즘으로부터 빗발치는 타격을 받는 가운데 의심과 불안감을 느끼면서도 새로운 지도자나 새로운 투쟁방법을 찾으려 하지 않았다. 그들은 새로운 깃발 아래 모여들기보다는 익숙한 기존의 깃발 아래에서 계속 허우적거리겠다는 자세였다. 새로운 깃발 쪽에는 거대하지만 불가사의하고 의심스러운 인물이 홀로 깃발을 들고 서 있었다.

트로츠키는 코민테른이 혁명적 조직으로서의 자기 역할을 다했다고 확신했다. 이런 그의 확신이 전적으로 잘못된 것은 아니었다. 10년 뒤에 스탈린은 코민테른이 더 이상 어떤 목적에도 기여하지 않는다고 선언하면서 코민테른을 해산시킨다. 그 10년 동안 코민테른은 독일에서 파국적 상황을 더 심화시키고, 프랑스와 스페인에서 새로운 오류를 저지르고, 특히 1939~1941년에는 스탈린과 히틀러 간 협약(불가침 조약－옮긴이) 아래에서 정책의 모호함만 증폭시키게 된다. 그러나 코민테른을 배후에서 뒷받침해온 운동이 죽어버린 것은 결코 아니었다. 스탈린은 그 운동을 도덕적으로 파괴하기 위해 온갖 방법을 다 동원했지만 끝내 그것을 죽이지는 못했다. 스탈린이 코민테른을 해산시킨 바로 그때 서유럽의 공산당들은 나치스의 점령에 저항하면서 그 저항운동으로부터 새로운 힘을 얻고 있었다. 유고슬라비아와 중국에서 혁명이 성공을 거두게 되는 것도 스탈린주의와의 갈등이 잠재돼있긴 했지만 여전히 스탈린주의의 깃발 아래에서였다. 스탈린이 모든 나라의 공산당들을 장기판의 졸과 같은 존재로 격하시키려고 아무리 애를 써도 유고슬라비아와 중국을 비롯한 일부 나라들의 공산당은 각자 나름대로 생존하면서 싸움을 해나가고 자기 나라와 전 세계의 운명을 변화시키기 위한 활동을 전개해 나가기에 충분한 활력을 갖고 있었다. 게다가 그들은 2차대전에서 소련군이 승리한 데서 신선한 자극과 새로운 혁명적 기력을 얻게 된다.

트로츠키가 4차 인터내셔널을 주창하게 된 이유는 혁명을 위한 새로운 자극이 소련이 아니라 서구에서 나올 거라고 생각했기 때문이다. 그는 스탈린주의가 소련에서는 진보적인 동시에 퇴행적인 이중의 역할을 계속 수행하겠지만 국제적으로는 오로지 반혁명적 영향만을 끼친다고 거듭해서 주장했다. 이 대목에서는 트로츠키가 현실을 제대로 파악하지 못했다. 스탈린주의는 소련에서는 물론이고 국제적으로도 이중의 역할을 계속 수행하게 된다. 스탈린주의는 소련 밖에서 계급투쟁을 자극하기도 하고 방해하기도 한다. 어쨌든 향후 30~40년 동안 서구로부터는 혁명의 자극이 나오지 않는다. 그러므로 트로츠키가 4차 인터내셔널의 창설을 추진하면서 전제로 삼은 주요 가정들은 비현실적이었다고 볼 수 있다. 하지만 코민테른을 개혁하기 위해 시도했던 모든 작업이 실패했기 때문에 그는 그러한 시시포스적인 헛수고를 계속해나갈 수 없었고, 다른 해법을 찾을 수밖에 없었다. 그러나 그의 새로운 과제는 이전의 과제만큼이나 보람이 없는 것으로 드러나게 된다. 시시포스는 암울한 산의 한쪽 기슭에서 반대편 기슭으로 자리를 옮기면서 희망을 품었지만, 옮겨간 쪽에서도 그는 바위를 산위로 밀어 올리는 헛수고를 계속해야 했다.

앞에서 우리는 트로츠키가 코민테른에 등을 돌릴 때 자기의 지지자들에게 마지막까지 소련을 방어하는 태도를 지킬 것을 재차 요구했음을 보았다. 그는 자기가 쓰는 글에서 서구 부르주아의 의견을 언급할 때마다 독일의 제3제국이 세계대전을 예고한다는 점에 주목하도록 유도했다. 일찍이 1933년 봄에 이미 그는 소련과 동맹을 맺을 것을 서구에 촉구했다. 당시는 제3제국이 출범한 직후로, 서구의 정치인들 가운데서는 어느 누구도 그런 생각을 하지 않았다. 히틀러는 평화주의자처럼 행동했고, 국제군축회의에서 오스틴 체임벌린과 존 사이먼의 군축안을 수용함으로써 영국 정부를 안심시켰을 뿐 아니라 기뻐하게 만들기까지 했다. 1933년 6월에 트로츠키는 '히틀러와 군축'에 관해 쓴 글에서 이렇게 지적했다. "가장 큰 위험은 적을 과소평가하는 것이다. (…) 독일 노동운동의 지도자들은 히틀러에 대해 진지하게 생각해보려 하지 않았다. (…) 세계정치의 지평에도 똑같은 위험이 발생할 수 있다." 그는 영국 정부가 히틀러의 이른바 '온건한 태도'와 '평화적 의도'에 얼마나 신속하게 반응하는지를 눈여겨보면서 이렇게 글을 이어갔다. "상황이 익숙한 궤도로 움직일 때는 외교적 관례가 장점을 갖고 있다. 그러나 새롭고도 중요한 사실들에 직면하게 되면 외교적 관례는 곧바로 혼란에 빠진다." 오스틴 체임벌린과 존 사이먼에 대해서 트로츠키는 "히틀러에게서 도끼를 휘두르는 미치광이의 모습을 보게 될 것으로 예상했는데 실제로는 주머니 속에 권총을 숨긴 사람의 모습을 보았으니 얼마나 다행스러워했겠는가?"라고 지적했다. 이는 히틀러가 처음으로 거둔 커다란 외교적 승리였다. 이때 히틀러의 목적은 독일의 재무장이었다. 독일은 베르사유 협정 이후 유럽 최강의 공업국가라는 지위를 회복했지만 아직 비무장 상태였다. 이에 대해 트로츠키는 이렇게 논평했다. "그와 같은 잠재적인 힘과 현실적인 취약함의 결합이 나치스가 추구하는 목적의 폭발적인 성격은 물론 그 목적을 달성하기 위한 히틀러의 첫걸음이 보여주는 극도의 신중함을 낳고 있다." 히틀러는 영국의 군축안을 프랑스가 수용하지 않을 것이란 점을 염두에 두고 그 군축안을 수용했다. 이로써 히틀러는 프랑스에 대항하는 구실로 영국을 이용할 기회를 얻었고, 그 후 이어지는 군비경쟁을 프랑스 탓으로 돌릴 수 있었다. 트로츠키는 "히틀러의 평화 애호는 외교적인 즉흥연기가 아니라 세력균형을 급격하게 독일에 유리한 방향으로 돌리고 유럽과 전 세계에 대한 독일 제국주의의 습격을 준비하기 위해 설계된 커다란 작전의 필수요소"라고 지적했다. 그는 히틀러의 움직임을 저지하지 못하면 그 움직임이 5년 내지 10년 안에 불가피하게 세계대전을 일으키게 될 것이라고 예상했다. "히틀러가 행군하고 싶어 하는 방향은 소련 쪽이다. 하지만 그는 소련 쪽 저항선이 가장 허약하다는 점이 확인되지 않는다면 다른 쪽으로 방향을 틀수도 있다. (…) 동쪽을 향해 이용될 수 있는 무기는 서쪽을 향해서도 이용될 수 있다."[113] 트로츠키는 자기가 "베르사유 조약의 수호자로서 행동하도록 요구받고 있다고는 생각하지 않는다"면서 "유럽은 새로운 조직을 필요로 하고 있지만 그 일이 파시즘의 수중으로 들어간다면 비통한 일일 것"이라고 말했다.

트로츠키는 미국 언론과 한 인터뷰에서 미국 정부는 일본과 독일의 위협에 대처하기 위해서라도 소련과 더 가까워져야 한다고 촉구했다.[114] 러시아혁명이 일어난 지 16년이 지났는데도 미국은 아직 소련을 인정하지 않고 있었다. 그런데 트로츠키가 이런 촉구를 한 지 얼마 되지 않아 미국의 루스벨트 대통령이 모스크바와 외교관계를 수립했다. 트로츠키의 촉구가 루스벨트 대통령의 결심에 조금이라도 영향을 끼쳤는지의 여부는 알 수 없다. 그러나 트로츠키의 의견이 스탈린의 외교에 영향을 주었음은 확실하다. 스탈린은 트로츠키가 위와 같은 촉구를 한 지 얼마 지나지 않아 반나치 동맹을 외교의 주제로 삼기 시작했다. 스탈린은 정권의 안보에 관한 한 적의 충고도 유용하다면 기꺼이 받아들였다. 물론 그는 늘 뒤늦게, 그리고 특유의 심술궂은 방식으로 그렇게 했다.

한편 소련 정부는 독일과 맺은 라팔로 조약의 기간을 연장했다. 이 조처는 반스탈린주의 급진과격파로 하여금 스탈린이 "또다시 배신행위를 했다"고 비난하게 만들었다. 트로츠키는 이 문제는 너무나 중요한 문제여서 그저 토론의 주제로 삼고 말 수는 없다고 생각했다. 그는 히틀러가 권력을 장악하게 된 데는 스탈린과 코민테른의 책임도 일정부분 있다는 사실을 지칠 줄 모르고 폭로했다. 그러나 그는 스탈린이 외교 분야에서는 원칙적이 아닌 편의적인 행동을 할 권리를 갖고 있음을 부인하지 않았다. 2년 전에 트로츠키는 히틀러가 권력을 장악하는 것을 막기 위해 적군을 동원해야 한다고 소련 정부에 촉구한 바 있다. 당시 그는 독일의 좌파가 나치즘에 대항해 무기를 들고 일어설 것이라고 예상했기 때문에 이런 촉구를 했던 것이고, 따라서 적군이 동원되더라도 그 의무는 독일의 좌파를 지원하는 수준에 한정될 것이라고 생각했었다. 그러나 이제 트로츠키는 히틀러가 무혈의 승리를 거두고 독일의 좌파를 완전히 파괴한 것이 소련에 불리한 방향으로 세력균형을 돌려놓은데다 소련 자체도 스탈린주의에 의한 농업 집단화로 인해 내부적으로 취약해졌다고 생각했다. 따라서 소련의 외교는 때를 기다리면서 히틀러와 협상을 하거나, 더 나아가 그와 일시적인 타협을 추구할 수도 있다는 것이었다. 트로츠키는 이 시기와 같은 상황에서는 반대파가 집권한다 하더라도 달리 행동할 수는 없을 것이라고 말했다. 그는 놀라우리만치 이해관계를 초월한 태도로 말하면서 이렇게 지적했다. "반대파도 당장의 실제 행동에서는 기존의 세력균형에서부터 출발해야 할 것이다. 반대파는 특히 히틀러의 독일과 외교적, 경제적 관계를 유지할 것을 강요받게 될 것이다. 이와 동시에 반대파는 복수를 준비해야 할 것이다. 이것은 시간이 걸리는 커다란 과제다. 이 과제는 그럴듯한 몸짓만으로는 완수될 수 없으며, 모든 분야에서 정책의 근본적인 재구성을 요구할 것이다."[115] 여전히 그의 판단은 스탈린에 대한 개인적인 감정에 의해 흐려지지 않았고, 엄격하게 객관적이었다.

이상이 트로츠키의 프린키포 시절 중 마지막 몇 달간의 상황이다. 그동안 그의 프랑스인 친구들, 특히 그의 글을 프랑스어로 옮기는 일을 해온 번역가 모리스 파리자닌은 프랑스에서 트로츠키를 '영구히' 추방한 1916년의 명령을 취소하고 그에게 망명을 허용할 것을 프랑스 정부에 촉구해왔다. 그러나 트로츠키는 회의적이었다. 그는 에두아르 달라디에를 중심으로 막 구성된 급진파 정부는 소련과의 관계를 개선하고 싶어하므로 자기의 프랑스 체류를 허용하지 않을 것이라고 생각했다. 그러나 그는 자기가 할 수 있는 한도 내에서 프랑스인 친구들의 노력을 돕는 데 최선을 다했다. 당시 그는 마르세유에서 한밤중에 경찰들과 실랑이를 한 직후에 써놓은, 에두아르 에리오라는 인물에 대해 객관적으로 연구한 결과를 기록한 원고를 뉴욕으로 보내 책으로 펴내기로 하고 출간준비를 막 마무리한 상태였다. 그는 이 책의 출간이 프랑스에서 자기를 받아들이는 데 대해 반대하는 자들에게 구실을 주게 될지도 모른다는 생각에서 출간작업을 중단시켰다. 또 그는 자기에게 프랑스에서 망명생활을 할 권리가 있음을 주장해준 프랑스 정부의 앙리 게르뉘 교육부 장관에게 편지를 보냈다. 이 편지에서 그는 프랑스에서 최대한 신중하게 처신할 것이며 프랑스 정부에 아무런 곤란도 초래하지 않겠다고 약속했다.[116]

프랑스 정부로부터 아무런 답변도 오지 않는 가운데 여러 주일이 흘러갔다. 그 사이에 트로츠키는 4차 인터내셔널에 관한 구상을 글로 옮기고 프랑스의 정치와 문학에 관한 몇 개의 글을 썼다. 가까운 미래의 불확실성이 그로 하여금 보다 큰 집필계획은 나중으로 미루도록 했다. 그 결과 1929년 이래 신경 쓸 일이 없었던 돈 문제가 그의 고민거리로 떠올랐다. 어느 때보다도 소득이 줄어든 이 시기에, 코펜하겐 여행, 지나의 병, 료바의 프랑스 이주, 〈반대파 회보〉의 파리 배송 등으로 그는 엄청난 지출을 해야 했다. 그의 주된 저작들을 읽는 독자가 가장 많은 독일에서는 나치스가 마르크스주의 및 프로이트학파의 문헌들과 더불어 그의 책도 금지하고 불태웠다. 《러시아혁명사》 셋째 권의 인쇄가 막 끝난 시점이었다. 《러시아혁명사》는 미국에서도 그리 많이 팔리지 않았다. 이미 3월에 그는 한 영국인 지지자에게 이런 편지를 써 보냈다. "세계 금융위기가 어느새 나의 위기가 됐습니다. 《러시아혁명사》의 판매가 보잘것없어서 더 그렇습니다." 그는 〈맨체스터 가디언〉을 비롯한 여러 신문들에 이따금씩 기고했지만, 거기서 받는 원고료는 아주 적었다. 7월 7일에 그는 프랑스 정부의 비자발급 결정을 촉진하기 위해 앙리 몰리니에에게 편지를 보내, 자기는 프랑스의 대도시가 아닌 코르시카 섬에 체류할 수 있는 허가증을 받는다 해도 만족할 것이라고 밝혔다. 코르시카 섬에 있게 돼도 자기는 유럽의 정치계와 연락을 취할 수 있을 뿐 아니라 프린키포에 있을 때보다 게페우로부터 훨씬 멀리 떨어져 있게 되기 때문이라는 것이었다.[117] 그러나 그의 프랑스인 친구들은 그에게 완전한 망명을 허용하라고 프랑스 정부에 요구하고 있었고, 이런 그들의 일관된 요구는 곧 성과를 얻었다. 7월 중순이 되기 전에 트로츠키는 프랑스 비자를 발급받았다. 그러나 그 비자는 조건 없이 체류를 허가하는 내용의 증서가 아니었다. 그는 단지 프랑스 남부지역의 도 가운데 한 곳에서만 머물 수 있으며, 파리 방문은 방문 기간이 아무리 짧더라도 허가하지 않는다는 것이었다. 게다가 신분을 철저히 숨길 것, 경찰의 엄격한 감시를 받아야 할 것 등의 조건이 붙었다.

트로츠키는 그 모든 조건을 다 받아들였다. 프랑스로 갈 수 있게 된 것만으로도 대단한 행운이라고 생각했기 때문이다. 마침내 그는 터키라는 후미진 곳을 벗어날 수 있게 됐다! 그것도 생활방식과 문화가 친숙하며 서구 노동계급 정치의 중심지인 프랑스로 가게 된 것이다. 그는 희망을 품고 프랑스로 갈 준비를 하면서 프린키포 시절을 되돌아보았다. 그는 일기에 이렇게 썼다. "우리가 여기에 온 것은 4년 반 전이었고, 그때는 번영의 태양이 미국에 비치고 있었다. 지금 돌아보면 그때가 마치 역사 이전의 시기 혹은 동화 속 이야기였던 것처럼 아득하다. (…) 거대한 세계로부터 여기 이 조용한 망각의 섬으로 메아리가 들려오지만, 그 메아리는 우리에게 늦게 도착하는 데다 희미하다." 마르마라 해의 장관 및 고기잡이와 이별하게 됐다고 생각하면, 자기에게 잘 대해주던 '뼛속까지 완전히 바다의 소금기가 밴' 어부들, 일부는 마을 공동묘지에 묻히고 아직 살아 있는 일부는 최근의 불경기로 인해 자기가 잡은 고기를 내다파는 데 어려움을 겪어야 하는 어부들을 생각하면, 감정의 복받침이 없을 수 없었다. 트로츠키는 이렇게 썼다. "집은 이미 비었다. 나무상자들이 아래층에 쌓여있다. 젊은 친구들이 그 나무상자들에 못을 박고 있다. 이 집의 오래되고 낡아빠진 마룻바닥은 지난봄에 이상한 페인트로 칠을 하는 바람에 4개월이나 지난 지금도 탁자와 의자는 물론 우리 발에 끈적끈적하게 달라붙는다. (…) 이상하게도 내 발이 마치 프린키포의 흙 속에 어느 정도 뿌리를 내린 것 같은 느낌이다."[118]

운명은 그가 이 섬에 있는 동안 실망과 고통을 피할 수 없게 했다. 죽음의 그림자가 많은 나날에 걸쳐 그를 어둠에 가두었고, 그가 떠나는 날에도 놓아주지 않았다. 프린키포를 떠나기 전에 그가 마지막으로 쓴 글은 터키 정부에 대한 감사 및 작별의 메시지와 스크리프니크에 대한 추모사였다. 스크리프니크는 옛 볼셰비키이자 10월봉기의 지도자 중 한 사람이었고, 나중에는 열렬한 스탈린주의자가 됐다가 스탈린과 갈등을 빚었던 사람인데, 자살로 생을 마감했다.[119]

그러나 그 모든 역경에도 불구하고 트로츠키가 프린키포에서 보낸 세월은 그의 망명생활 중 가장 평온하고 가장 창조적이며 가장 불행하지 않은 시기였다.

3장_ 역사가로서의 혁명가

투키디데스, 단테, 마키아벨리, 하이네, 마르크스, 헤르첸을 비롯한 많은 사상가, 시인들과 마찬가지로 트로츠키도 망명지에서 보낸 기간에 작가로서의 명성을 전부 다 얻었다. 특히나 프린키포에서 지낸 몇 년간이 바로 그런 기간이었다. 후세 사람들은 그를 10월혁명의 지도자로만이 아니라 10월혁명의 역사가로도 기억할 것이다. 그 어떤 볼셰비키도 1917년의 사건들을 그토록 장엄하게 서술하지 못했고, 그렇게 서술할 능력이 있는 사람도 없었다. 그리고 반볼셰비키 당에 속한 많은 작가들 가운데 그 누구도 그의 서술에 필적할 만한 서술을 남기지 못했다. 트로츠키는 이런 자기의 성취를 예고하는 징후를 이미 오래전에 보여주었다. 그는 1917년의 혁명의 총 리허설이라고 할 수 있는 1915년 혁명의 전경을 매우 생생한 필치로 그려냈는데, 지금까지도 이를 능가할 만한 묘사를 한 글이 나오지 않았다. 그는 1917년의 격변에 대해 묘사하고 분석한 첫 글을 10월 봉기가 일어난 지 불과 몇 주일 뒤에 썼다. 브레스트리토프스크 강화회담이 휴회한 동안에 쓴 것이었다. 그리고 그 후 여러 해에 걸쳐서 그는 자기가 주역이었던 사건들을 역사적으로 해석하는 작업을 계속했다. 그는 두 겹의 역사적인 힘을 갖고 있었다. 하나는 역사를 만드는 혁명가로서의 충동이었고, 다른 하나는 그 역사를 묘사하고 그 의미를 파악하려는 욕구였다.

추방당한 사람은 누구나 과거를 곰곰이 되돌아본다. 그러나 그런 이들 중에 단지 소수, 극소수만이 미래를 자기 것으로 쟁취한다. 그렇지만 그렇게 미래를 쟁취한 사람들 가운데 트로츠키가 싸웠듯이 정신적, 육체적으로 목숨을 다 바쳐가며 싸운 사람은 없다. 스탈린은 처음에는 마치 고대 로마인들이 그랬듯이 그에게 추방형을 부과했다. 사형 대신 추방형을 택한 것이다. 그런데 스탈린은 그에게 추방형을 부과한 것만으로 만족하지 않았다. 트로츠키가 육체적인 암살을 당하기 전에 그에 대한 정신적 암살이 여러 해에 걸쳐 진행됐다. 이것은 처음에는 혁명의 연보(年譜)에서 그의 이름을 지워버리는 방식으로, 그 다음에는 반혁명의 원조로 그의 이름을 다시 끼워 넣는 방식으로 이루어졌다. 따라서 역사가로서의 트로츠키는 이중의 공격에 대응하는 방어를 해야 했다. 그는 혁명의 적들에 대항해 혁명을 방어하는 동시에 혁명 안에서 자기의 위치를 방어해야 했다. 그 어떤 작가도 이와 비슷한 상황적 조건 속에서, 즉 열정을 모두 소진하게 하고, 고요하게 생각할 수 있는 시간을 모두 빼앗고, 미래전망을 왜곡시키기 위해 설계된 듯한 상황적 조건 속에서 주요 저작을 쓴 적이 없다. 트로츠키는 모든 열정이 일깨워졌지만 고요한 상태에서 생각했고, 명쾌하게 미래를 전망했다. 그는 "울지도 웃지도 말고 오로지 이해만 하라"는 스피노자의 경구를 종종 회상했다. 물론 그는 울고 웃지 않을 수 없었다. 그러나 그러는 와중에 그는 이해도 했다.

그가 역사가로서 극단적인 당파성을 엄밀한 객관성과 결합했다고 평가하는 것은 그리 정확하지 않다. 그는 그 둘을 결합할 필요가 없었다.

당파성과 객관성은 그가 쓰는 글의 열과 빛이었다. 그리고 실제 열과 빛처럼 그의 당파성과 객관성은 그 자체로 서로에게 속하는 것이었다. 그는 "포위공격을 당하고 있는 도시의 담장 위에 올라서서 포위공격을 하는 자들과 포위공격을 당하는 자들을 동시에 바라보는" 체하는 학자들의 '불편부당성'과 '유화적 정의감'을 비웃었다.[1] 그의 위치는 1917~1922년에도 마찬가지였지만 늘 '포위공격을 당하는 혁명의 도시 안'이었다. 그러나 투쟁 속에서 그의 눈은 흐려지기는커녕 오히려 더욱 밝아졌다. 러시아의 옛 지배계급들과 그들을 자발적으로 또는 마지못해 따르는 자들에 대한 그의 적개심은 그로 하여금 그들의 악덕과 약점도 보게 했지만 그들이 갖고 있는, 무기력해진 미덕도 분명히 볼 수 있게 했다. 그래서 그의 사고에서는 최선의 군사적 사고에서 볼 수 있는 것과 같이, 극단적인 당파성과 신중하고 냉철한 관찰력이 그야말로 병행했다. 훌륭한 병사에게 가장 중요한 것은 희망 섞인 사고나 감정에 의해 흐려지지 않은, 언덕 뒤편의 실제 모습을 파악하는 능력이다. 10월봉기의 사령관인 트로츠키는 바로 이 원칙에 입각해 행동했고, 역사가로서의 트로츠키도 마찬가지였다. 그는 혁명에 대한 묘사 속에서 주관적 요소와 객관적 요소의 통일을 달성했다.

그는 마르크스주의 사상을 가진 여느 역사가들과 마찬가지로 마르크스의 저술방법과 표현양식을 본받아 활용했지만, 변증법적 역사저술에서 그들 가운데 단연 으뜸이었다. 트로츠키의 《러시아혁명사》를 마르크스의 역사적 저술 중 소품인 《프랑스의 계급투쟁》, 《루이 보나파르트의 브뤼메르 18일》, 《프랑스의 내전》과 대비해 보면 마치 축소예술품 옆에 서있는 커다란 벽화처럼 느껴진다. 추상적 사고와 고딕풍의 상상력에서는 마르크스가 그의 제자인 트로츠키를 압도하지만 서사적 예술가로서는, 특히 행동을 하는 대중과 개인들에 대한 생생한 묘사에서는 제자가 스승을 능가한다. 트로츠키의 사회정치적 분석과 예술가적 전망은 서로 완전히 조화되어 그 어떤 괴리의 흔적도 없다. 그의 사고와 그의 상상은 함께 나래를 폈다. 그는 긴장과 힘이 담긴 이야기 서술 방식으로 자기의 혁명론을 개진했고, 그가 서술하는 이야기는 그의 사상으로부터 깊이를 얻었다. 그가 서술한 장면, 묘사, 대화들은 현실성의 측면에서 감각적인 동시에 내면적으로 역사과정에 대한 그의 개념에 의해 조명된다. 마르크스주의자가 아닌 비평가들 가운데서도 많은 사람들이 그의 글쓰기가 지닌 이런 특징에 깊은 인상을 받아왔다. 예를 들어 영국의 역사가인 로스는 다음과 같이 말했다.

> 인물이나 장면을 묘사하는 그의 재능은 훌륭하고 예리해서 끊임없이 칼라일을 연상시킨다. 그러나 그의 역사저술이 지닌 진정한 중요성은 그런 점에 있지 않다. 빠른 빛이 묘사되는 장면을 스치고 지나가고 특이한 삽화가 기묘하게 부각되면서 일반적인 의미를 갖게 된다는 점에서 둘 사이에는 뭔가 동일한 기법과 동일한 틀이 있고, 사건의 전개를 따라가기가 어렵다는 점에서도 공통점이 있다. 스쳐지나가는 빛이 눈을 멀게 할 정도로 강렬하다는 것을 둘 사이의 공통점으로 추가할 수도 있을 것이다. 그러나 칼라일은 자신의 거대한 직관력에만 의존할 수 있었던 반면에 트로츠키는 특정한 역사이론에 통달했고, 그 역사이론이 그로 하여금 무엇이 중요한지를 파악하고 모든 사안들을 하나로 연결할 수 있게 해주었다. 윈스턴 처칠의 《세계의 위기》와 비교해 봐도 똑같은 점을 확인해볼 수 있다. 두 사람은 성격과 재능이라는 점에서는 서로 비슷하지만, 차이점도 가지고 있다. 처칠의 역사저술은 개성, 생생함, 활력에서 트로츠키의 역사저술과 공통점을 갖고 있다. 그러

나 처칠의 역사저술에는 역사철학이 담겨 있지 않다.[2)]

트로츠키와 처칠의 유사점에 대한 지적은 옳다. 두 사람은 서로 반대편의 극단에 위치하고 있지만 현실주의와 낭만주의의 혼합, 호전성, 자기의 계급과 환경 너머로 바라보고 달려가는 성향, 역사를 만드는 동시에 서술하려는 충동을 똑같이 대표하고 있다. 그러나 처칠이 단지 본능적인 역사철학만을 갖고 있었다고 해서 그가 역사철학을 갖고 있지 않았다고 할 수는 없다. 다만, 트로츠키의 역사철학이 완전히 형성되고 정교하게 다듬어진 이론의 성격을 갖고 있다는 점은 부인할 수 없는 사실이다. 중요한 것은 트로츠키의 이론적인 세계관이 그의 감수성에 스며들면서 그의 직관을 증폭시키고 그의 전망을 고양시켰다는 점이다. 그는 강렬하고 눈부신 상상력에서 칼라일과 공통점을 갖고 있었을 뿐 아니라 표현의 간결성과 명료함, 그리고 위대한 고전적 역사가들과 같은 균형감각도 갖고 있었다. 트로츠키는 그동안 마르크스주의가 스스로 낳아 놓고도 거부해 온 천재 역사가로서 유일한 사례다.[3)]

트로츠키가 쓴 두 개의 역사적 저작 중 《나의 일생》은 《러시아혁명사》보다는 덜 야심적인 작품이다. 그는 《나의 일생》을 1929년(트로츠키가 국외로 추방된 해 — 옮긴이)과 그 직후에 썼는데, 만약 이때 쓰지 않았다면 아마도 이 책은 결국 씌어지지 못했을 것이다. 하지만 어떤 의미에서 그는 이 책을 너무 일찍 썼다고 말할 수도 있다. 이 책은 그의 일생 중 절반, 즉 혁명가로서 그가 승리한 이야기를 주로 다루고 있다. 그가 이 책을 쓸 당시에 아직 다 전개되지 않은 나머지 절반의 일생은 그 시작부분만 간략히 서술돼 있다. 그는 망명을 시작한 지 몇 달 만에 이 책의 원고를 완성했다.

그때는 그와 스탈린의 갈등이 본격화된 지 불과 5년 정도밖에 안 된 때로, 둘 사이의 갈등이 본격화됐다는 것 자체가 아직은 새롭게 느껴지는 시점이었다. 따라서 그 갈등을 서술할 때 그는 전술적 고려를 해야 했을 뿐 아니라 전체적인 맥락에서 그 갈등을 바라보기가 어렵다는 제약을 받고 있었다. 그가 그 후 11년을 더 살면서 겪게 되는 모든 일은 그 자체로서도 커다란 중요성을 갖게 되지만, 이전의 경험들에도 새로운 의미를 부여했다. 그의 생애가 엄중하고 암울한 종말을 맞게 됨으로써 생애 전체가 비극의 빛을 띠게 된 것이다. 그는 자기의 비극을 이야기하는 사람들을 반박하는 말로 《나의 일생》을 마무리했다. "나는 그 모든 장면을, 내가 아는 그 장관을 바라보는 게 즐겁다." 그는 프루동을 흉내 내며 이렇게 말을 이었다. "다른 사람들을 움츠러들게 하는 것이 (…) 나를 고무하고 자극하고 강화시킨다. 그런데 내가 어떻게 운명을 한탄할 수 있는가?"[4] 몇 년 뒤에도 그가 이 말을 되풀이했을까? 반드시 주인공의 참회가 포함돼 있어야만 비극이라면 트로츠키에게는 비극이 없었다. 그는 끝까지 참회하지 않았다. 주인공 프로메테우스가 제우스 신 앞에서 자기를 비하하는 것으로 시극 작품을 끝낼 수 없었던 셸리(19세기 초에 활동한 영국의 시인—옮긴이)와 마찬가지로 트로츠키 역시 '연약한 마무리'를 하고 싶지 않았다. 그는 동시대인들과 갈등하는 선구자가 그려진 현대판 비극의 주인공이었다. 트로츠키도 이런 현대판 비극의 선례를 바뵈프(18세기 프랑스의 사상가이자 혁명가—옮긴이)에게서 찾았었다. 다만 바뵈프의 비극보다 트로츠키의 비극이 훨씬 더 거대한 드라마였고, 파국으로 치닫는 힘도 훨씬 더 강했다. 하지만 그의 자서전에는 이런 종류의 비극은 그 전조도 들어 있지 않다. 그래서 그의 자서전은 저자가 자신의 운명을 다소 피상적으로 그리고 있는 듯하다는 인상을 준다. 그 피상성은 사방에서 재앙이 닥치기 직전에 비극의 주인공이 보여주는 특징에서 주로 나타난다.

《나의 일생》에서 가장 설득력이 떨어지는 부분은 그와 스탈린의 싸움이 서술된 마지막 몇 개의 장들이다. 여기에서도 그는 풍부한 통찰력을 보여주며, 탁월한 솜씨로 등장인물들의 성격을 묘사한다. 그러나 그는 문제의 뿌리로 내려가지 않았고, 스탈린의 집권과정에 대해서도 절반만 설명해놓았다. 그는 스탈린을 권력을 휘두르는 악당으로만 그렸다. 그는 여러 해 전에 보았던 관점에서 여전히 스탈린을 바라보고 있었다. 그 관점에서는 스탈린이 자기에게 적수가 될 만큼 중요한 인물이 아니었고, 30년 동안이나 소련과 국제 공산주의를 지배할 만한 인물은 더더욱 아니었다. 스탈린은 널리 알려진 인물이 아니었고, "당 지도부의 눈에는 그가 언제나 이류나 삼류의 하찮은 역할만 맡게 될 자로 보였다." 이어 그는 스탈린이 이제 주역의 역할을 맡게 됐지만 얼마 지나지 않아, 아주 이른 시간 안에 그가 해야 할 역할이 없어지게 될 것이라고 주장했다.[5] 우리는 여기서 레닌이 유언장을 통해 트로츠키와 더불어 스탈린을 "중앙위원회에서 가장 유능한 두 사람"이라고 말하면서 두 사람이 서로 적대하는 것은 혁명에 가장 심각한 위험이 될 것이라고 당에 경고했던 사실을 상기해볼 필요가 있다. 트로츠키는 스탈린의 집권을 설명해주는 다양한 정치적 이유들을 납득할 수 없었다. 그는 스탈린을 권력기구화한 당 조직의 화신이자 권력과 특권을 탐욕스럽게 추구하는 새로운 관료체제의 화신으로 보았다. 그는 볼셰비키 지도자들이 처음에는 스탈린의 집권을 돕고, 그 다음에는 스탈린의 권력체제 안에서 스탈린과 협력하고, 그 결과가 엄청난 당내 갈등으로 나타나는 과정을 설득력 있게 설명할 수 없었다. 반대파의 지도자로서의 트로츠키 못지않게 자서전 작가로서의 트로츠키도 모든 정당에 대한 볼셰비즘의 억압과 스탈린이 주역을 맡은 볼셰비즘 내부의 억압 사이에 존재하는 내적 연관성을 거의 무시했다. 그는 당이 적들을 향해 휘둘렀던 무기를 당 내부를 향해, 그것도 훨씬 더 잔혹하게 휘둘러야 하는 이유를 알지 못했다. 그에게는 이것이 순전한 '공모'의 결과로만 보였던 것이다.[6]

그럼에도 《나의 일생》은 자서전으로서 하나의 걸작이다. 프랑수아 모리스는 이 책의 처음 몇 개의 장들을 톨스토이와 고리키가 각각 자기의 어린시절을 묘사한 글에 견줄 만하다고 했다. 이런 모리스의 견해는 옳다.[7] '어린아이 같은' 신선한 시각, 거의 소진되지 않은 시각적 기억력, 주변환경과 분위기를 되살려내는 능력, 겉보기에 인물과 장면에 생기를 쉽게 불어넣는 솜씨에서 트로츠키는 톨스토이나 고리키와 대등했다. 그는 찡그린 얼굴표정 하나, 몸짓 하나, 눈빛 하나를 묘사하는 한두 마디만으로도 인간의 내면과 정신적 특징을 전달할 수 있었다. 이런 방식으로 그는 가족과 친척, 부모가 집에서 부리던 종복, 이웃사람, 학교선생 등을 모두 그려냈다. 그의 글은 워낙 긴밀한 짜임새를 갖고 있기 때문에 어느 한 구절을 발췌할 경우 그 구절이 전체 글 속에서 갖는 생생함을 조금이라도 유지하기는 어렵다. 하지만 몇 개의 구절을 예로 들어보자. 그는 오데사에서 자기가 다니던 학교의 교장선생님을 이렇게 묘사했다. "그는 대화를 나눌 때 절대로 상대방을 바라보지 않았다. 그는 뒤축이 고무로 된 신발을 신고 학교 복도와 교실을 소리 없이 돌아다녔다. 그는 거칠지만 작은 가성의 목소리로 말했다. 언성을 높이지 않아도 그 목소리는 두려움을 불러일으켰다. (…) 타고난 인간혐오자인 그는 겉으로는 성격이 차분해 보이지만 속으로는 늘 초조와 짜증이 들끓는 상태였다." 선생님들 가운데 한 명에 대한 그의 묘사는 이렇다. "그는 녹색기가 도는 황색 얼굴에 뻣뻣한 콧수염을 하고 있었다. 방금 잠에서 깨어난 듯 그의 두 눈동자는 흐리멍덩하고 몸놀림은 느릿느릿했다. 그는 시끄럽게 기침을 해대면서 교실바닥에 침을 뱉었다. (…) 그는 학생들의 머리 위로 허공을 응시하곤 했다. (…) 그는 시선을 한 곳에 고정시키곤 했다. (…) 몇 년 뒤 그는 면도칼로 자기 목을 그었다." 다른 한 선생님에 대해서는 이렇게 썼다. "그는 젊은 남자다운 구레나룻이 무성하게 감싼 둥근 얼굴 한가운데 있는 작은 코 위에 금테안경을 올려놓고 다녔지만 몸집은 거대하고 당당했다. 미소를 지을 때에만 의지가 약하고 겁쟁이인 그의 본모습이 불쑥 겉으로 드러났다. 그의 내면에는 분열된 자아가 있었다." 또 다른 선생님에 대한 묘사도 보자. "그는 몸집이 큰 독일인으로 머리가 커다랗고 수염이 허리까지 내려왔다. 그는 친절함이 가득 담긴 통처럼 보이는 무거운 몸을 거의 어린아이와 같은 다리 위에 올려놓고 다녔다. 그는 매우 정직한 사람이었고, 자기가 가르치는 학생들이 공부를 잘 하지 못해서 괴로워했다."[8)]

우리는 트로츠키의 글에서 자작농인 이웃의 가족들을 덮치는 '예정된 운명'을 보게 된다. 그들은 "모두 똑같은 방향으로 굉장히 빠른 속도로 나아가고 있었는데 그 끝은 몰락이었다." 그들 가운데 한 가족에 대해 그는 이렇게 썼다. "예전에는 그 일대의 땅을 모두 소유하고 있었다. 그러나 이제 그 후손은 농부들을 위해 청원서, 진정서, 편지 따위를 써주는 것으로 생계를 이어가고 있었다. 그는 우리 집에 올 때마다 소매 속에 담배나 설탕덩어리를 숨겨서 가져갔는데, 그의 아내도 똑같은 짓을 했다. 그녀는 침을 튀기면서 종복과 그랜드피아노와 비단과 향수가 있었던 자기의 젊은 시절에 대해 이야기했다. 그 부부의 두 아들은 장성했지만 문맹이었고, 그중 동생인 빅토르는 우리 집의 농기계 수리소에서 견습공으로 일했다." 유대인 지주에 대한 묘사도 나온다. "그는 일종의 귀족교육을 받았다. 프랑스어를 유창하게 구사했고, 피아노도 칠 줄 알았다. (…) 음악 연주를 할 때 그는 왼손은 좀 서툴지만 오른손은 잘 한다고 말했다. (…) 그는 연주를 하다가 중간에 연주를 멈추고 일어서서 거울 앞으로 다가가곤 했다. 주위에 아무도 없을 때면 그는 거울 앞에서 피우던 담뱃불로 자기 수염을 그슬리곤 했는데, 그것은 수염을 단정하게 유지하기 위한 그만의 방법이었다." 파산한 지주와 벼락부자가 된 농부, 바싹 마른 노동자와 다양한 가족과 친척들에 대한 묘사의 배경에는 늘 우크라이나의 초원이 펼쳐져 있다. "지주이자 '목양업의 왕'으로 불리던 팔츠-페인이라는 사람의 이름은 만 마리의 양들이 움직이는 발소리처럼, 수많은 양들의 울음소리처럼, 초원에서 양치기가 부는 휘파람소리처럼, 목양견이 짖어대는 소리처럼 울렸다. 그곳의 초원 자체가 무더운 여름에나 추운 겨울에나 그의 이름과 더불어 호흡했다."[9)]

트로츠키는 자기가 어린시절을 보낸 환경에서 시작해 니콜라예프의 혁명가 서클로, 오데사와 모스크바의 감옥으로, 시베리아의 망명지로 우리를 데리고 가며, 이어 〈이스크라〉의 거물 편집자들, 2차 당대회에서의 분열, 볼셰비즘의 탄생을 우리에게 보여준다. 이 시기를 묘사한 그 어떤 문헌에서도 우리는 2차 당대회에서의 분열에 대해 트로츠키의 《나의 일생》에서 볼 수 있는 것과 같은 생생함에 비견될 만한 회고담이나 목격담을 단 하나도 찾을 수 없다. 트로츠키는 볼셰비키의 입장에서 자신이 멘셰비키였던 1903년에 대해 글을 썼다. 이 사실은 그 당시의 분위기와 관련 인물들에 대해 그가 묘사하는 관점과 깊은 관련이 있다. 되돌아보면 그는 레닌과 같은 편이었지만 자신과 마르토프, 악셀로드, 자술리치에 대해 공정한 평가를 해야 했고, 왜 그들이 모두 레닌과 다른 길로 갔는지를 설명해야 했다. 볼셰비키나 멘셰비키의 거의 모든 회고록 필자들과 달리 그는 서로 대치했던 모든 그룹 하나하나를 각각 그 내부의 관점에서 묘사했다. 그러고 나서 그는 멘셰비키와 자기 자신을 정치적으로 비판했지만, 그것은 깊은 이해와 공감을 바탕에 깔고 하는 비판이었다. 아래 글에서 보면 알 수 있듯이 그는 우리를 정치적 논쟁으로 이끌고 가기 전에 미리 우리가 관련 인물들 사이의 충돌을 감지할 수 있도록 한다.

> 마르토프는 레닌의 곁에서 가까운 전우로 함께 일하면서도 벌써 불편한 느낌을 갖기 시작했다. 서로 격의 없이 이름을 부르는 사이였지만 둘 사이의 관계에 어떤 냉담함이 스며들기 시작했다. 마르토프는 레닌에 비해 훨씬 더 현재에 초점을 두는 삶을 살고 있었고 (…) 레닌은 현재에 견고하게 발을 딛고 서있으면서도 항상 미래의 장막 너머를 꿰뚫어보려고 했다. 마르토프는 수없이 많은, 그리고 종종 독창적인 추측, 가설, 가정을 전개시키다가도 어느 순간 그것들을 잊어버렸지만, 레닌은 그런 것들을 필요할 때까지 잊지 않고 기억해뒀다가 때가 오기를 기다렸다. 마르토프의 사고가 보여주는 정교한 미세함은 레닌으로 하여금 머리를 흔들게 했다. (…) 서로 갈라서기 전에도 (…) 굳세었던 레닌과는 달리 마르토프는 연약했다. 둘 다 그것을 알고 있었다. 레닌은 자기가 매우 존경하는 마르토프를 비판적이면서 조금은 의심하는 눈초리로 바라보곤 했다. 그런 레닌의 시선을 느낀 마르토프는 눈길을 아래로 떨어뜨렸고, 가냘픈 그의 어깨는 불안정하게 움찔거렸다. 후에, 그 둘이 만나 서로 이야기하는 것을 본 적이 있는 사람들은 누구나 그들이 서로 친근하게 농담을 주고받던 예전의 모습을 그리워했다. 이제 마르토프가 말을 할 때면 레닌은 그의 어깨 너머로 다른 곳을 바라보았다. 그러면 마르토프의 눈은 축 처지면서 그다지 깨끗하게 닦여있지 않은 코안경 속에서 점점 흐려졌다. 레닌이 마르토프에 대해 내게 말할 때는 그의 목소리에 특

이한 억양이 들어갔다. "누가 그런 말을 했어? 율리(마르토프의 본명—옮긴이)?" 이렇게 말하면서 레닌은 율리라는 이름을 약간 강조하는 듯한 특이한 방식으로 발음했다. 그것은 마치 이렇게 경고하는 것 같았다. "그는 좋은 친구야. 그 점에는 의문의 여지가 없어. 그리고 대단한 친구야. 하지만 지나치게 연약해." [10)]

이 글을 읽는 사람은 누구나, 가장 가까운 전우 사이인 두 사람 사이에 닥쳐오고 있던 어떤 운명, 그리고 마르토프의 연약하고 단정치 못한 모습에 드리워진 패배의 예감을 곧바로 느끼게 될 것이다. 트로츠키는 후배로서 자기가 마르토프에게서 얼마나 큰 도움을 받았는지를 잊지 않았다. 그래서 그는 마르토프에 대해 최종적인 판단을 내릴 때도 슬픔이 섞인 애정을 갖고서 그렇게 했다. "마르토프는 (···) 혁명운동에서 가장 비극적인 인물들 가운데 하나였다. 글솜씨가 뛰어나고 독창적인 정치가이며 투시력 있는 사고를 할 줄 알았던 그는 (···) 자기가 지도자 역할을 하며 이끈 운동보다 더 높은 곳에 서있었다. 그러나 그의 사상에는 용기가 결여돼 있었고, 그의 통찰력에는 의지를 결여돼 있었다. 단순한 완강함이 그 대체물이 될 수는 없었다. 새로운 상황에 대한 그의 첫 번째 반응은 늘 혁명적이었다. 그러나 적극적인 의지가 없었기에 그는 다시 생각해보고는 대체로 물러서는 태도를 보였다." 여기서 '적극적인 의지의 결여'는 대담한 정신과 숭고한 성격을 훼손하는 기본적인 약점으로 그려져 있다. 반감이 신중하게 표현된, 플레하노프에 대한 다음과 같은 묘사는 이와 크게 다르다.

그는 무언가를 감지한 것 같았다. (···) 마침내 그는 레닌에 대해 언급하면서 악셀로드에게 이렇게 말했다. "그런 인간들로부터 로베스피에르 같은 자들이 나오는 거지." 플레하노프는 당대회에서 남이 부러워할 만한 역할을 하지 못했다. 나는 그가 최선을 다하는 모습이나 최선을 다해 말하는 것을 보거나 들은 적이 딱 한 번밖에 없었다. 그것은 정강정책위원회의 한 회의 석상에서였다. 그때 플레하노프는 명쾌하고 과학적으로 정확한 정강정책의 구상을 머릿속에 갖고서, 자기 자신과 자기의 지식, 그리고 자기의 탁월함에 대해 확신하는 태도로, 흥겨우면서도 빈정대는 듯한 눈빛을 하고, 긴장한 듯 흔들리는 회색 수염과 더불어 약간 극적이고 활기차며 표현력이 풍부한 몸짓을 하면서, 위원회의 의장으로서 자기의 개성, 마치 박식과 재기의 불꽃놀이와 같은 자기의 개성이 비추는 빛으로 회의 참석자 전부를 조명했다.[11)]

이 글은 얼핏 플레하노프에게 아첨하는 묘사인 것처럼 보이지만, 그의 탁월함에 관한 묘사 사이로 그의 자만심과 허영심이 비어져 나오고 있는데다 어둠 속에 곧 사라져버릴 불꽃놀이의 불꽃에 그를 비유하고 있어 사실은 그에게 파괴적이라 할 수 있는 묘사다.

1914년 이전의 시기에 유럽 사회민주당을 이끈 지도자들에 대한 인물묘사 역시 시사적인 것으로서 기억해둘 만하다. 트로츠키는 아우구스트 베벨, 카를 카우츠키, 장 조레스, 빅토르 아들러, 루돌프 힐퍼딩, 카를 레너를 비롯한 많은 유럽 사회민주당 지도자들에 대한 인물묘사를 해놓았다. 트로츠키는 사소해 보이는 것들을 다룬, 간략하면서도 종종 웃음을 자아내는 글을 통해서 그런 인물들과 그들이 산 시대에 관해 여러 권의 학술서보다도 오히려 더 많은 이야기를 우리에게 전해준다. 그가 1902년에 시베리아 유형지에서 처음 탈출한 뒤 굶주리고 돈도 없는 상태로 빈에 도착해 사회민주당 본부를 찾아갔던 일을 묘사한 글을 한 예로

들 수 있다. 그때 그는 저명한 빅토르 아들러에게 자기가 런던으로 가는 여행을 계속할 수 있도록 도와달라고 부탁하기 위해 사회민주당 본부를 방문했다. 그날은 일요일이었고, 사회민주당 본부는 문이 닫혀 있었다. 본부 건물의 계단에서 그는 그다지 호의적일 것 같지 않아 보이는 노인 신사를 만났다. 그는 그 노인에게 아들러를 만나러 왔다고 말했다. 노인은 무뚝뚝하게 "오늘이 무슨 요일인지 아느냐"고 묻고 "오늘은 일요일"이라고 말한 뒤 그를 그냥 지나치려고 했다. 그래도 그는 "어쨌든 나는 아들러를 만나고 싶다"고 말했다. 이에 노인은 "병력을 이끌고 공격에 나선 지휘관의 목소리로 '일요일에는 아들러 박사와 만날 수 없네'라고 대답했다." 트로츠키는 노인에게 자기가 얼마나 긴박한 일로 그를 만나고자 하는지를 인식시키려고 했다. 그러나 노인은 고함을 지르며 이렇게 대답했다. "자네의 일이 열 배는 더 중요하다고 해도, 알겠나? 차르가 암살됐다는 소식을 자네가 가지고 왔다고 해도, 내 말 듣고 있나? 자네의 나라에서 혁명이 일어났다는 소식을 가지고 왔다고 해도, 내 말 듣고 있는 거지? 그렇다고 해도 자네에게는 아들러 박사의 일요일 휴식을 방해할 권리가 없네." 그 노인은 프리츠 아우스테를리츠였다. 그는 〈아르바이터차이퉁〉의 편집자로 유명한 사람으로 사무실에서 '무서운 사람'으로 통하고 있었고, 훗날인 1914년에 대단히 국수적으로 전쟁을 지지하는 선전가가 된다.[12)]

러시아에서 지하활동을 하다가 방금 도착한 젊은 혁명가는 바로 그 계단에서 유럽 사회주의의 질서정연하고 위계적이며 틀에 박힌 관료주의를 체현하고 있는 사람과 맞닥뜨렸던 것이다. 트로츠키는 결국은 이루어진 아들러와의 만남을 몇 구절만으로 전한다. 그는 아들러의 모습을 "몸을 일부러 구부린 듯 꾸부정하고 키가 작으며 지친 표정의 얼굴에 눈이 부어오른 남자"로 그렸다. 트로츠키는 일요일 휴식을 방해하게 되어 미안하다고 말했다. 그때 아들러가 보인 반응에 대해 트로츠키는 이렇게 써놓았다. "아들러는 엄격한 듯하지만 나에게 겁을 주기보다는 격려하는 어조로 '계속하게, 계속해봐'라고 대답했다. 그의 얼굴에 나있는 모든 주름에서 지성이 뿜어져 나오는 것을 느낄 수 있었다." 트로츠키가 계단에서 만났던 노인에 대해 이야기하자 아들러는 의아해하며 이렇게 말했다. "그게 누구였을까? 키가 큰 사람이라고 했나? 그리고 그가 자네에게 그렇게 말했다는 거지? 고함까지 질렀다고? 아, 아우스테를리츠였던 모양이군. 분명히 고함을 질렀다고 했지? 맞아, 아우스테를리츠야. 신경 쓰지 말게. 만약 자네가 러시아에서 혁명이 일어났다는 소식을 가지고 온다면 한밤중에 초인종을 눌러 나를 불러내도 좋네." 이 몇 줄의 묘사는 우리로 하여금 1914년 이전 유럽 사회주의의 또 다른 측면을 엿볼 수 있게 해준다. 여기서 유럽 사회주의의 또 다른 측면이란 개척자였지만 이제는 늙은 지도자가 된 아들러가 여전히 예민한 지성을 지니고 있었고 당의 '하사관'에 의해 점점 더 예찬을 받지만 '옥에 갇힌 수감자'처럼 돼가고 있었다는 점이다. 트로츠키의 《나의 일생》에는 이처럼 간결하면서도 의미심장한 사건과 대화들이 여기저기에 수없이 많이 담겨있다.

트로츠키는 자기의 삶이 절정에 있을 때인 10월혁명과 내전의 시기를 서술할 때도 최대한 절제하면서, 성글면서도 세밀한 묘사를 곳곳에 삽입해가며 글을 썼다. 무작위로 한 가지 예를 들어보자. 모두가 굶주리고 격동에 휩싸였던 1917년 7월, 즉 반동세력이 잠깐의 승리를 거두고 있는 상태에서 볼셰비즘은 완전히 파멸한 듯하고 레닌은 독일의 간첩이라는 누명을 쓰고 잠적했던 당시에 밑바닥 대중의 정서가 어디로 움직이고 있었는지에 대해 트로츠키는 다음과 같이 썼다. 이 대목에서 트로츠키는 페

트로그라드 소비에트의 구내식당으로 우리를 데리고 간다.

> 구내식당 일을 맡고 있는 병사 그라포프가 다른 사람들에게 주는 것보다 더 따끈한 차나 더 나은 샌드위치를 내게 슬쩍슬쩍 준다는 사실을 나는 눈치챘다. 그는 나와 눈을 마주치지 않으면서 그렇게 했다. 그는 볼셰비키에 동조하고 있는 게 분명했지만, 그 사실을 상관에게 들키지 않아야 했다. 나는 주위를 좀 더 주의 깊게 둘러보았다. 그라포프만이 아니었다. 짐꾼, 우편배달부, 경비원 등 스몰니(1917년 러시아혁명 때 볼셰비키의 본부가 있었던 건물―옮긴이)의 하급 직원들은 모두 볼셰비키의 편인 게 분명했다. 나는 우리의 대의가 이미 절반의 승리를 거두고 있음을 느꼈다. 그러나 아직은 절반의 승리였다.[13)]

어느 어린아이가 한 말, 10월봉기 다음 날 눈에 들어온 레닌의 더러워진 옷깃, 길고 어두컴컴하며 마치 개미집처럼 활기차게 많은 사람들로 붐비던 스몰니의 복도, 결정적인 싸움이 벌어지던 도중에 발생한 기괴한 사건, 짤막짤막한 대화…. 트로츠키는 주로 이런 세세한 것들에 대한 묘사를 통해 역사적인 장면의 특징과 분위기를 전달하고 있다. 너무나 거대해서 자서전에서 정면으로 서술하기 어렵고 허풍을 떨기에도 너무 큰 사건을 이처럼 간접적인 방식으로 다뤘다는 데서 그의 작가적 재능을 엿볼 수 있다.

《나의 일생》이 트로츠키의 '자기중심주의'와 자기 자신을 극적인 인물로 부각시키려는 '자기 극화'의 태도를 보여주는 책이라는 지적도 있다. 그런데 자서전이란 게 원래 '자기중심적'인 글이라는 점에서 그런 비판은 트로츠키가 애초부터 자서전을 쓰는 일에 나서지 말았어야 했다는 말이나 다름없다. 그는 나름대로 마르크스주의자로서의 양심을 가지고 있었고, 그 양심은 이 책에 제목을 붙일 때도 작용하고 있었다. 그래서 그는 이렇게 변명했다. "만약 내가 지금과 다른 상황 속에 있다면 이런 회고록을 아예 쓰지 않았을 가능성이 높지만 어쨌든 다른 상황 속에서 이 회고록을 썼다고 가정한다면 나는 이 책에 써놓은 내용 중 많은 것들을 이 책에 집어넣어야 하는지를 놓고 망설였을 것이다." 그러나 그는 자기 인생에 관한 이야기의 모든 부분을 뒤덮고 있는 스탈린주의의 온갖 날조에 대항해야 했다. "친구들은 감옥에 있거나 망명 중이다. 나는 내 자신에 대해 말해야 할 의무가 있다. (…) 이것은 역사적 진실에 관한 문제일 뿐만 아니라 지금도 진행 중인 정치적 투쟁의 문제이기도 하다." 그는 상상할 수 있는 모든 범죄와 상상할 수조차 없는 범죄까지 다 저질렀다는 혐의를 뒤집어쓰고 법정의 피고인석에 앉아서 자기가 그동안 한 일을 모두 설명함으로써 무죄임을 입증하려고 애쓰는 피고와 같은 처지였고, 그러한 노력이 너무 자기 이야기만 하는 모습으로 비쳐져 결국 발언 중단을 요구받은 꼴이었다.

그렇다고 해서 트로츠키에게 자기중심적 성향이 분명히 존재했다는 사실을 부인하려는 것은 아니다. 그의 자기중심적 성향은 작가적 본성의 일부였고, 혁명 이전에 볼셰비키도 멘셰비키도 아닌 채 홀로 자기 앞길을 열어나가는 과정에서 더욱 발달했다. 스탈린주의자들의 중상모략은 그가 강력한 개인적 자기방어에 나서도록 강요하는 작용을 했고, 이에 따라 그의 자기중심적 성향을 전면에 드러나게 했다. 한편, '자기 극화'라는 비판 역시 설득력이 떨어진다. 자서전이든 전기든 주인공의 일생을 실제보다 더 극적으로 표현한 작품에나 그런 비판이 가해질 수 있다. 그런데《나의 일생》을 쓸 당시에 트로츠키는 자기의 운명이 지닌 비극적 특성을 아직 의식할 수 없는 상태였다. 따라서 이 책에서 그는 자기의 일생을 극적으로 표현하기는커녕 오히려 실제 그의 삶이 지닌 극적인 측면을 제대로 다 드러내지 못했다. 나중에 다시 살펴보게 되겠지만, 혁명에서 자기가 한 역할을 그가 과장해 서술했다고 볼 여지도 전혀 없다. 《나의 일생》에서는 물론 《러시아혁명사》에서도 트로츠키가 묘사한 진정한 영웅은 그 자기 자신이 아니라 레닌이었고, 그는 레닌의 그늘 속에서 조심스레 자기의 자리를 잡아나갔다.

《나의 일생》은 자기성찰을 결여한 책이고 그 저자는 자기의 잠재의식을 드러내지 못했다고 비판하는 사람들도 있다. 트로츠키가 '내적 독백'을 단 한 번도 글로 써서 남지 않았다는 것은 사실이다. 그는 개인적인 꿈이나 콤플렉스에 대해 깊이 숙고해서 길게 설명한 적이 없다. 그리고 그는 성적인 것에 대해서는 거의 청교도적이라 할 만큼 말을 아꼈다. 그러나 어쨌든 이 책은 정치적 자서전이며, 이때의 '정치적'이라는 말에서 '정치'란 아주 넓은 의미에서의 정치를 가리킨다. 그럼에도 불구하고 트로츠키는 심리분석의 합리적인 핵심부분은 존중했다. 이 점은 그가 자기의 어린시절을 묘사한 부분에서 보여준 신중한 태도에서 드러난다. 이 부분에서 그는 유아시절의 경험과 사건, 그때 갖고 놀던 장난감 등 심리분석가에게 단서가 될 만한 것들을 빠뜨리지 않고 기록해놓았다. 이 부분은 이렇게 시작된다. "때로는 어머니의 가슴에서 젖을 빨아먹던 기억이 나는 것 같기도 하다." 그는 또 프로이트적인 자기의 내면 관찰에 대해 경계하는 태도를 무심코 드러내기도 했다. 책 서문에 그는 이렇게 썼다. "기억은 (…) 공평무사하지 않다. 기억은 개인에게 지배적이면서 중요한 본능의 핵심을 거스르는 일생의 사건들을 억압하거나 눈에 띄지 않는 구석진 곳으로 종종 밀어 넣곤 한다. (…) 이것은 그러나 '정신분석적' 비판에 대해 제기되는 하나의 질문일 뿐이다. 정신분석적 비판은 때로는 독창적이고 유용하지만, 변덕스럽고 자의적인 경우가 더 많다." 그는 정신분석에 대해 공감하면서도 그 결함을 인식할 정도로 정신분석이라는 주제를 깊이 이해했다. 하지만 그는 자기의 잠재의식에 대해 '변덕스럽고 자의적인' 추측을 할 시간도 없었고 그럴만한 인내심도 없었다. 대신 그는 가치나 원칙에 충실한 의식과 인간적인 온기가 두드러지게 부각된 자화상을 그렸다.

《나의 일생》은 정치적 저작으로서는 그 직접적인 목적을 달성하지 못했다. 이 책은 타깃 독자층인 공산주의자 대중에게 아무런 영향도 주지 못했다. 보통의 당원들에게는 이 책을 읽는 것 자체가 불경한 행위였고, 그들은 실제로 이 책을 읽지 않았다. 이 책을 읽은 소수의 당원들은 도발을 당했다는 느낌이나 적대의 대상이 됐다는 느낌을 받았다. 그들은 사교 집단처럼 스탈린을 맹종하는 집단의 구성원답게 이 책이 트로츠키의 개인적 야심에 대한 스탈린주의의 문책이 정당했음을 확인시켜준다고 생각했다. 또한 그들은 혁명의 지도자였던 사람이 개인적인 자화상이나 그렸다는 점에서 충격을 받았다고 말했다. "이 책에서 트로츠키는 자화자찬하는 나르키소스(물에 비친 자기 모습에 반했다는 그리스신화 속의 청년. 나르시스라고도 한다 — 옮긴이)적인 모습을 드러냈다"는 게 일반적인 평가였다. 이리하여 공산주의자들은 트로츠키가 그들 앞에 제시한 풍부한 역사적 자료들, 혁명을 꿰뚫어본 트로츠키의 통찰력, 그리고 그들로 하여금 많은 교훈을 이끌어낼 수 있도록 도와줄 볼셰비즘에 대한 트로츠키의 해석을 간과했다. 오히려 이 책은 부르주아 독자들을 폭넓게 끌어당겼다. 그렇지만 그들은 이 책의 문학적 우수성만을 찬양할 뿐 이 책의 메시지는 거의 또는 전혀 필요로 하지 않았다. 트로츠키는 속으로 이런 독백을 했을지도 모른다. "나의 슬픔은 알지 못하는 다중의 마음을 울리고, 그들의 갈채는 나의 마음을 아프게 한다(괴테의 《파우스트》에 나오는 구절-옮긴이)."

《러시아혁명사》는 그의 저작 중 최고의 작품이다. 스케일과 박력에서도 그렇고, 혁명에 대한 그의 생각이 완전히 표현됐다는 점에서도 그렇다. 이 책은 혁명의 주역이 직접 쓴 혁명에 대한 서술이라는 점에서 전 세계 문학에서 독보적인 작품이다.

트로츠키는 '러시아의 발달에서 나타나는 특이한 점들'이라는 장에서 우리에게 1917년의 현장상황을 소개한다. 이 장은 당시의 사건들을 깊이 있는 역사적 관점에서 재배치하고 있다. 이 장에서 우리는 1906년까지 거슬러 올라가는 영속혁명에 대한 트로츠키의 초기 설명을 넘어서는, 보다 내용이 풍부하고 성숙된 영속혁명론을 발견하게 된다.[14] 우리는 또한 러시아가 중세를 떨쳐버리지 못한 채 20세기에 들어섰고, 종교개혁과 부르주아혁명을 거치고서도 근대 부르주아적 문명의 요소들이 여전히 러시아의 옛 생활방식 속에 끼워져 있는 모습을 보게 된다. 러시아는 경제적, 군사적으로 우월한 서구의 압력에 의해 사회적 발전을 강요당한 탓에 서유럽과 같은 '고전적'인 발전의 단계를 모두 밟아나갈 수가 없었다. 트로츠키는 이렇게 썼다. "미개인들이 그동안 쓰던 활과 화살을 집어던지고 곧바로 총을 집어 들었다. 활과 화살에서 총으로 넘어오기까지 과거의 모든 길은 걷지도 않은 채." 근대 러시아는 나름의 종교개혁이나 부르주아혁명을 부르주아의 지도 아래 성취할 수 없었다. 러시아의 후진성이 러시아로 하여금 서유럽이 도달한 지점으로 단번에 나아가게 하고, 그 지점을 넘어 사회주의혁명으로까지 나아가도록 밀어붙였다. 러시아의 허약한 부르주아는 반(半)봉건적 절대주의의 부담을 걷어낼 능력이 없었다. 그래서 규모는 작지만 단합된 노동계급이 결국 봉기한 농민들의 지원을 받아 주도적인 혁명세력으로 전면에 나섰다. 노동계급은 혁명이 부르주아 민주주의 체제의 수립으로 그치는 데 만족할 수 없었다. 그래서 그들은 사회주의의 정책강령을 실현하기 위해 계속 싸워야 했다. 이처럼 '결합발전(combined development)의 법칙'에 의해 최대의 후진성이 최대의 진보성으로 전환되는 경향이 있었고, 바로 이런 경향이 1917년의 폭발로 이어졌던 것이다.

'결합발전의 법칙'은 러시아 사회구조 안에 존재하던 긴장의 압력을 설명해준다. 하지만 트로츠키는 사회구조를 사회상황 속에 존재하는 '상대적으로 고정된' 요소로 취급하면서도 그것 자체가 혁명과 관련된 사건들을 설명해주지는 못한다고 보았다. 포크로프스키(1917년 혁명에 참여했던 러시아의 역사가이자 정치인—옮긴이)와의 논쟁에서 트로츠키는 1917년에도 그 이전에도 러시아의 사회구조에는 근본적인 변화가 일어나지 않았으며, 전쟁은 러시아의 사회구조를 약화시키고 겉으로 노출시키기는 했지만 그것을 변화시키지는 않았다고 지적했다.[15] 1917년의 러시아 국가경제와 사회계급 간 기본관계들은 대체로 보아 1912~1914년은 물론 1905~1907년과도 같았다는 것이다. 그렇다면 2월과 10월의 분출과 그 사이 기간에 전개된 혁명의 격렬한 밀물과 썰물을 직접적으로 설명해주는 것은 무엇인가? 그것은 대중심리의 변화였다고 트로츠키는 대답했다. 사회구조가 고정된 요소라면 대중의 기분과 분위기는 가변적 요소이며, 바로 이 가변적 요소가 사건들의 성쇠와 리듬, 그리고 방향을 결정한다는 얘기였다. 트로츠키는 이렇게 썼다. "가장 의문의 여지가 없는 혁명의 특징은 대중이 역사적 사건들에 직접 관여한다는 점이다. 혁명은 거리로 나오기 전에 이미 그들의 신경조직 속에 들어있다." 이런 이유에서 《러시아혁명사》는 상당한 정도로 혁명적 대중심리학 연구서가 됐다. 트로츠키는 고정요소와 가변요소 사이의 상호관계를 파헤쳐 다음과 같은 결론을 도출했다. 즉 사회정치 제도가 오래전부터 쇠퇴해온 결과 스스로 전복되기를 요구한다는 것만이 아니라 사회정치 제도의 그러한 요구를 수많은 사람들이 처음으로 알아차리게 된 상황도 혁명의 계기가 될 수 있다는 것이었다. 사회구조로 보면 1917년보다 훨씬 전에 혁명이 무르익었지만 대중의 마음으로 보면 1917년에야 비로소 혁명이 무르익었다는 말이었다. 따라서 역설적인 이야기지만, 혁명의 보다 깊은 원인은 사람들의 마음이 변하는 데 있는 것이 아니라 대중의 마음이 지닌 둔한 보수성에 있다는 것이었다. 사람들이 시대에 비해 스스로 정신적으로 뒤처져 있음을 갑자기 깨닫고는 단번에 그런 상태를 시정하기를 원하게 될 때 비로소 그들이 한꺼번에 들고 일어선다는 것이었다. 이것이 《러시아혁명사》가 우리에게 제대로 짚어준 교훈이다. 사회에서 일어나는 그 어떤 커다란 격변도 기존질서의 쇠퇴로부터 자동적으로 발생하는 게 아니다. 사람들은 기존질서가 쇠퇴하고 있다는 사실도 인식하지 못한 채 쇠퇴하는 질서 속에서 여러 세대에 걸쳐 계속 살아나갈 수도 있다. 그러나 전쟁이나 경제붕괴와 같은 파국적 재앙의 충격을 받으면 사람들이 기존질서의 쇠퇴를 알아차리게 되기 때문에 절망과 희망, 그리고 행동의 거대한 분출이 일어나는 것이다. 그러므로 역사가가 기존질서를 전복시킨 강력한 힘의 작용을 느끼고 표현해내기 위해서는 수많은 사람들의 '신경조직'과 마음속으로 들어가봐야 한다.

단 하나의 역사적 사건을 재구성해내기 위해 산더미 같은 문헌들 속에 파묻힌 채 학자연하는 사람들은, 그 어떤 역사가도 수많은 사람들의

'신경조직' 안으로 들어갈 수는 없다고 말할지 모른다. 트로츠키도 그것이 어렵다는 것을 알고 있었다. 대중의식의 발현은 단편적이고 분산적이다. 이로 인해 역사가가 역사적 사건을 자의적으로 해석하거나 직관적인 판단에서 오류를 범하는 것이다. 그럼에도 불구하고 역사가는 엄밀하고 객관적인 점검을 함으로써 대중의식에 대해 자기가 품게 된 생각의 진위를 검증할 수 있다고 트로츠키는 지적했다. 역사가는 사건의 내적 증거를 충실하게 쫓아가야 하며, 자기가 본 대중의식의 움직임이 그 자체로 일관성을 갖고 있는지를 점검할 수 있어야 할 뿐 아니라 반드시 그렇게 해야 한다는 것이었다. 다시 말해 대중의식의 움직임 중에서 어느 한 국면의 움직임이 그 이전 국면의 움직임으로부터 필연적으로 도출되고 그 다음 국면의 움직임으로 분명히 이어지는가를 점검해야 한다는 것이었다. 더 나아가 역사가는 대중의식의 흐름이 역사적 사건들의 움직임과 부합하는가도 고려해야 한다고 트로츠키는 지적했다. 사람들의 심리적 분위기가 역사적 사건들에 반영되고, 역사적 사건들이 다시 사람들의 심리적 분위기에 반영되는가? 혹자는 이런 질문에 대한 답변은 모호하고 주관적일 수밖에 없다고 주장할지도 모르지만, 트로츠키는 마르크스주의자다운 태도로 최종적 판단기준으로서의 실천적 행동을 거론하면서 대답한다. 그는 자기가 지금 역사가로서 하는 일, 즉 분석과 관찰에 근거해 대중의 마음상태와 심리적 분위기에 대해 추측하는 일을 과거에 자기를 비롯한 볼셰비키 지도자들이 혁명을 하는 과정에서도 했다고 회상했다. 혁명의 과정에서 그들이 내린 모든 중요한 정치적 결정들은 그러한 '추측'을 토대로 해서 내려졌다는 것이다. 그리고 비록 시행착오가 있었다 하더라도 전체적으로 보아 혁명의 실제 전개과정은 그러한 추측이 옳았음을 입증해주었다고 트로츠키는 말했다. 혁명가들은 투쟁의 열기 속에서도 수많은 사람들의 정치적 정서와 생각에 대해 대체로 정확한 판단을 해낼 수 있었는데, 역사적 사건이 이미 다 벌어진 뒤에 역사가가 그 사건에 대해 정확한 판단을 하지 못할 이유가 없다는 얘기였다.

트로츠키가 행동하는 대중을 묘사한 방식은 에이젠슈타인(20세기 전반에 활동한 러시아 영화감독－옮긴이)이 이제는 고전이 된 영화 〈포템킨〉에서 보여준 방식과 많은 공통점을 가지고 있다. 에이젠슈타인은 다수의 군중 속에서 소수의 개인들을 골라내어 흥분한 상태 또는 냉담한 상태에 있는 그 개인들을 노출시켜 그들로 하여금 말 한마디 또는 몸짓 하나로 각자의 심리상태를 드러내게 한 다음, 조밀하게 운집한 채 흥분한 모습으로 감정에 이리저리 휩쓸리거나 행동에 나서는 군중 전체를 우리에게 다시 보여준다. 그러면 우리는 곧바로 군중의 움직임이 개인들의 말 한마디나 몸짓 하나로 예고됐던 바로 그 감정이나 행동의 표출임을 알게 된다. 에이젠슈타인은 개인들이 혼잣말을 하게 해서 우리로 하여금 그 혼잣말을 듣게 하고, 그렇게 함으로써 군중 전체가 하는 말을 엿들을 수 있게 하는 특이한 재능을 갖고 있었다. 작품의 구성과 영상에서 그는 일반적인 것에서 특정한 것으로, 그리고 특정한 것에서 다시 일반적인 것으로 끊임없이 이동한다. 그리고 그 이동은 전혀 부자연스럽거나 억지스럽지 않다. 여기서 트로츠키와 칼라일 사이의 비교를 상기해볼 수 있다. 그러나 그 비교는 서로 유사한 점보다는 대조되는 점을 부각시키는 것이었다. 두 사람이 지은 역사책의 기본적인 성격은 대개 대중이 등장하는 장면에서 규정된다. 두 사람 모두 봉기한 사람들의 기본적인 힘을 느끼게 해주므로, 우리는 마치 눈사태나 산사태가 일어나는 것을 바라보고 있다는 느낌을 갖게 된다. 그러나 칼라일이 그리는 군중은 오직 감정에 의해서만 움직이는 데 반해 트로츠키가 그리는 군중은 생각하고 반추한다. 두 사람이 그리는 군중은 소박하면서도 인간적이다. 칼라일의 대중은 신비주의의 자줏빛 안개에 휩싸여 있다. 이는 프랑스의 혁명적인 사람들은 죄를 지은 지배계급에게 신이 내리는 인과응보의 무차별적인 징벌이라는 점을 시사한다. 칼라일의 대중은 우리를 매혹시키면서도 밀쳐낸다. 칼라일은 대중의 신경조직 안으로 들어가지만, 그 이전에 먼저 그 자신부터 신경이 곤두서고 환각적인 열기에 빠졌다. 트로츠키도 결코 덜하지 않은 상상력을 발휘해 대중이 등장하는 장면을 그렸다. 그러나 그가 그린 장면은 칼라일이 그린 장면과는 달리 수정과 같이 명료하다. 트로츠키는 사람들이 스스로 자기들의 역사를 만들고 있으며, 그것도 '역사의 법칙'에 맞게, 자기들의 의식과 의지에 따른 행동을 통해 만들고 있다고 우리가 느끼게 해준다. 그는 그러한 사람들이 비록 문맹이고 세련되지 못해 거칠다 하더라도 그들을 자랑스러워한다. 그리고 그는 우리도 그들을 자랑스러워하기를 기대한다. 그에게 혁명이란 비천하고 짓밟히던 사람들이 마침내 발언권을 갖게 되는, 짧지만 새로운 것을 잉태하는 시간이다. 그가 볼 때 그 순간은 오랜 세월 유지돼온 억압을 벗겨내는 시간이다. 그는 향수에 젖은 듯 그 시절로 되돌아가 그 시절을 생생하고 뚜렷하게 재현한다.

그러나 트로츠키는 대중의 역할을 과장하지 않는다. 이를테면 그는 위대한 아나키스트이자 프랑스혁명의 역사가인 크로포트킨이 혁명의 모든 진전은 대중의 자발적인 행동 때문이며 혁명의 모든 퇴보는 정치인들의 음모와 정략 때문이라고 말하면서 그랬듯이 대중을 당이나 지도자와 대립시키지 않는다. 트로츠키는 대중을 격변의 원동력으로 보면서도, 그 원동력은 집중화되고 지도돼야 할 필요가 있다고 생각했다. 그리고 그들에 대한 지도는 당만이 할 수 있다는 게 그의 관점이었다. "지도하는 조직이 없다면 대중의 에너지는 마치 피스톤 통 속에 가두어놓지 않은 증기처럼 흩어져버리지만, 그렇더라도 사물을 움직이는 것은 피스톤이나 통이 아니라 증기"라는 것이었다. 1917년에 일어난 두 개의 혁명을 그가 분명히 구분하고 대조시킨 것은 바로 이런 생각에 근거한 것이었다. 2월혁명은 근본적으로 대중이 스스로 만든 작품이었고, 그때 대중의 에너지는 차르에게 퇴위하도록 강요하고 소비에트를 성립시킬 만큼 강력했지만, 큰 문제들 가운데 그 어느 것도 해결하기 전에 흩어지면서 르보프 공이 정부의 수장이 되도록 허용했다. 이에 비해 10월혁명은 주로 대중의 에너지를 집중시키고 그들을 지도한 볼셰비키의 작품이었다.

계급과 당의 관계에 대한 트로츠키의 설명은 기계적 비교만으로는 파악되지 않을 만큼 복잡하다. 그는 많은 객관적, 주관적 요소들의 미묘한 상호작용을 이야기한다. 당의 행동을 지도하는 것은 근본적으로 특정한 계급적 이익이다. 그러나 계급과 당의 연결관계는 종종 뒤얽혀 복잡하고 때로는 모호하며, 혁명적 시기에는 고도로 불안정하다. 당의 행동은 궁극적으로는 어느 한 특정 계급과의 유대관계에 의해 지배되지만, 당이 그 특정 계급과는 다른 계급, 심지어는 잠재적으로 적대적인 계급으로부터 지지자들을 끌어 모을 수도 있다. 그런가 하면 당이 사회환경의 발전단계 중 어느 한 단계만을 대변할 수도 있다. 이런 경우에는 당의 지도자들 가운데 일부가 그 단계에 정신적으로 고착돼있는 반면에 사회환경은 그 단계를 넘어 훨씬 앞으로 나아갈 수 있다. 또는 당이 자신과 관계를 맺고 있는 계급보다 더 앞질러 나가, 그 계급이 아직 받아들일 준비가 돼있지 않지만 상황상 어쩔 수 없이 받아들이게 될 정책강령을 개진할 수도 있다. 계급과 당의 관계는 이 밖에도 여러 가지 경우를 더 상정해볼 수 있다. 혁명의 과정에서는 전통적인 기존의 정치적 균형이 무너지고 새로운 질서가 갑자기 형성된다. 트로츠키의 《러시아혁명사》는 이런 모든 과정들의 동학에 대한 거대한 탐구다.

우리는 앞에서 트로츠키가 10월혁명의 적들에 대한 적대감을 숨기지 않았음을 보았다. 보다 정확하게 말하자면 그는 검찰 측 입장에서 10월혁명의 적들을 역사의 법정에 세운다. 그리고 페트로그라드의 거리에서 그들에게 입힌 패배를 역사의 법정에서 다시 한 번 부과한다. 이는 보통은 역사가에게 어울리지 않는 역할이다. 그러나 법률적으로나 역사적으로나 트로츠키는 10월혁명과 관련된 사건들에 대해 최대한의 진실을 말할 수 있는 입장에 있었다. 즉 그가 피고석에 앉은 자들에 대해 그들이 실제로 저지른 죄를 거론하지만 그 죄를 과장하지는 않을 때, 그가 그들의 여건과 동기 안으로 들어가 그들의 죄질을 완화해주는 상황을 적절히 고려할 때, 그가 모든 기소의 내용을 많은 타당한 증거들로 뒷받침할 때, 그리고 피고들이 그 증거들에 대해 반론을 펼 자유를 충분히 보장받고서도 유효한 반론에 실패할 뿐 아니라 피고석에 앉은 자기들끼리 큰소리로 말다툼을 벌임으로써 오히려 그 증거들을 입증시켜줄 때 그는 최대한의 진실을 드러내는 것이다. 그의 《러시아혁명사》가 출간됐을 때와 그로부터 여러 해 뒤에도 밀류코프, 케렌스키, 체레텔리, 체르노프, 단, 아브라모비치 등 반볼셰비키 당의 지도자들은 여전히 살아서 망명자로서 활동하고 있었다. 그러나 그들 중 누구도 트로츠키가 제시한 사실들의 구조에서 단 하나의 중요한 결함도 찾아내지 못했다. 그리고 밀류코프만을 부분적인 예외로 제쳐놓으면 어느 누구도 다른 설명을 진지하게 시도한 적이 없다.[16] 또 소련에서는 그동안 역사라는 이름에 걸맞은 역사서가 집필된 적이 없기 때문에 10월혁명 이후 50여 년이 지난 지금까지도 트로츠키의 이 작품이 10월혁명에 대한 전면적인 역사서로는 여전히 유일하다. 이는 우연히 그리 된 것이 아니다. 다시 밀류코프만을 부분적인 예외로 제쳐놓으면 10월혁명에서 주된 역할을 했던 사람들은 모두 스스로 모순을 일으키고 좌절했기에 10월혁명에 대해 나름대로 일관성 있는 역사서를 집필할 수가 없었다. 그들은 역사가의 입장에서 그 운명적인 전장(戰場)으로 돌아가 보기를 거부했다. 그 전장의 두드러진 지형지물과 그곳의 모든 땅 조각들이 자신의 치욕을 상기시켰기 때문이다. 그러나 트로츠키는 투명한 양심을 갖고 떳떳한 태도로 그 전장을 다시 찾아갔다.

그런데 그가 하는 이야기 속에 전적으로 악당인 자는 등장하지 않는다. 대체로 그는 볼셰비즘의 적들을 부패하고 타락한 자로 그리지 않는다. 그는 그들의 장점이나 명예를 벗겨내지 않는다. 그럼에도 불구하고 그에 의해 유죄의 선고를 받는 자가 있다면 그는 방어될 수 없는 명분을 계속 방어하려고 했거나, 시대의 흐름에서 뒤처졌거나, 정신적 또는 도덕적으로 감당할 수 없는 높이까지 상황에 의해 떠밀려 올라갔거나, 말과 행동이 계속 일치하지 않았기 때문일 것이다. 그가 발견한 악당은 각 개인이 아니라 낙후한 사회체제 속에 있었다. 그가 갖고 있는 결정론적 역사관은 그로 하여금 적들의 잘못을 봐주도록 하지는 않지만, 공정하고 때로는 관대한 태도로 그들을 대하도록 한다. 그는 권력의 자리에 앉아 있는 적을 그릴 때는 자만하고 허풍을 떨며 거들먹거리는 모습으로 그린다. 또 적이 과거에 이룬 업적과 원칙적 태도, 그 적의 영웅적 품성을 칭송하다가, 더 나은 운명의 주인공이 될 가치가 충분히 있는 그 인물이 퇴락한 것에 대해 한숨을 쉬는 경우도 종종 있다. 좌절한 적을 그릴 때 그는 이미 일어난 일의 필연성에 대해 숙고하고, 그 일의 역사적 정당성에 대해 기뻐한다. 그러나 때로 그는 그런 기쁨이 가라앉으면 좌절한 희생자에게 동정의 시선, 대개는 마지막인 시선을 보내기도 한다.

그는 혁명의 적들이 자기들끼리 서로 그려낸 모습보다 그들을 더 나쁘게 그리지 않는다. 그가 이렇게 하는 이유는 그들이 서로에 대해 품은 적개심과 질투심의 내막을 간파하고 그들이 서로 주고받은 잔인한 모욕의 말 속에 들어있는 과장을 감안하기 때문이다. 그는 위테, 밀류코프, 데니킨은 물론 이들보다 훨씬 더 정통적인 왕정주의자들이 차르를 다루었던 것보다 더 무자비하게 차르를 다루지는 않는다. 그는 차르가 시기적절하게 왕위를 내놓았다면 파멸은 피할 수 있었을 것이라고 생각하고 차르를 그렇게 비판한 자유주의자들로부터 차르를 '방어'해주기까지 한다. 니콜라이 2세는 극히 일부나마 양보를 하긴 했지만 자기를 보존할 수 있을 만큼의 양보는 하지 못했다고 트로츠키는 주장한다. 톨스토이의 《전쟁과 평화》에서와 마찬가지로 트로츠키의 《러시아혁명사》에서도 차르는 '역사의 노예'다. 그는 이렇게 썼다. "니콜라이 2세는 자기의 선조로부터 거대한 제국뿐 아니라 혁명까지 물려받았다. 그러나 그의 선조들은 그에게 제국은커녕 주나 군 단위의 작은 지역이라도 다스릴 수 있을 만한 자질은 물려주지 않았다. 역사적 홍수가 일어나 그 물결이 궁전의 문으로 점점 더 가까이 다가오는데도 로마노프 황족의 마지막 황제인 그는 그저 무감각한 무관심으로 대응했다."[17] 트로츠키는 니콜라이 2세와 루이 16세(프랑스혁명 당시의 프랑스 왕—옮긴이), 그리고 찰스 1세(의회와 대결함으로써 청교도혁명을 촉발한 영국 왕—옮긴이) 등 결국 처형된 세 왕과 왕비들에 대해 주목할 만한 비교분석을 한다. 니콜라이 2세의 주된 성격은 잔인함과 어리석음뿐 아니라 "내적인 힘의 미미함, 안절부절못하는 약점, 정신적 토대의 빈곤"도 드러내고 있었다고 그는 분석한다. "니콜라이 2세와 루이 16세는 왕위에 짓눌린 듯한 인상을 주지만, 이와 동시에 둘 중 누구도 자기가 이용할 수도 없는 권리를 조금도 포기하려고 하지 않았다"고 트로츠키는 지적했다. 둘 다 "자기 머리에 왕관을 꾹 눌러쓴 채 나락으로 떨어졌다"는 것이다. 그러면서 트로츠키는 이렇게 덧붙인다. "그러나 두 눈을 똑바로 뜬다 해서 헤어날 수 없는 나락으로 떨어지는 게 (…) 더 쉬웠겠는가?" 그는 세 왕이 각각 자기의 운명에 휩쓸리는 결정적인 순간에는 서로 너무 비슷해서 각각의 특성은 사라진 것처럼 보인다고 지적했다. "사람들은 원래 가벼운 자극에는 서로 다르게 반응하지만, 뜨겁게 달구어진 쇠몽둥이에는 똑같이 반응하기 때문"이라는 것이다. 니콜라이 2세의 황후와 마리 앙투아네트에 대해서는 둘 다 "야심적이지만 닭의 머리를 갖고 있었고, 늪에 빠져서도 무지개와 같은 꿈을 꾸었다"고 트로츠키는 지적했다.[18)]

그는 카데트(입헌민주당—옮긴이), 멘셰비키, 사회혁명당에 대해서는 이렇게 묘사했다. "밀류코프는 역사학 교수이자 중요한 학문적 저작물의 저자로 (…) 러시아에서 정치적으로 자유주의적 성향을 가진 사람들 대부분에게서 보이는, 절반은 귀족적이고 절반은 지적인, 참고 봐줄 수 없는 정치적 딜레탕티슴으로부터 완전히 벗어나 있다. 밀류코프는 자기의 직업을 대단히 진지하게 받아들였으며, 이 점만은 그를 돋보이게 했다." 러시아의 부르주아는 그를 좋아하지 않았다. 그 이유에 대해 트로츠키는 이렇게 썼다. "그는 단조로우면서도 냉정하게, 아무런 수식도 하지 않고 러시아 부르주아의 정치적 본질을 표현했다. 밀류코프의 거울을 들여다본 러시아 부르주아는 거기에 머리카락이 세고 이기적이며 겁쟁이인 자기의 모습이 비친 것을 보고는 화를 내곤 했다." 2월체제의 지도자 중 한 사람이 된 차르의 궁내장관 로쟝코는 기괴한 인상의 인물로 그려졌다. "음모자, 반역자, 폭군 살해자들에게서 권력을 넘겨받은 그는 불안하게 쫓기는 표정을 하고 (…) 혁명의 칼날 주위를 발끝으로 조심스럽게 걸어 다니면서 그 혁명의 연기에 목이 멘 채 '이것이 다 타서 석탄이 되면 우리가 요리를 해 뭔가를 만들어낼 것'이라고 말했다."[19)]

트로츠키가 그린 멘셰비키와 사회혁명당의 모습은 스탈린주의 문헌에서, 심지어는 스탈린주의가 퇴조한 뒤의 문헌에서도 흔히 발견되는, 얼굴 없는 반혁명의 유령과는 공통점이 거의 없다. 트로츠키가 그린 그들의 모습은 각자 나름대로의 부류에 속하면서도 각자 개인적인 성격상의 특징도 갖고 있다. 트로츠키는 페트로그라드 소비에트의 멘셰비키 의장이었던 치헤이제에 대해서는 이렇게 간략하게 묘사했다. "그는 교묘한 익살로써 지속적인 자기불신의 감정을 숨긴 채 자기의 직책에 모든 성심을 다하려고 애썼다. 그는 지워지지 않는 고향의 흔적을 몸에 지니고 다녔는데 (…) 그의 고향은 그루지야의 산악지대로 (…) 그곳은 러시아판 지롱드파(프랑스혁명 당시에 상공업 부르주아를 대변한 온건 공화파－옮긴이)의 본거지였다." 여기서 거론된 러시아판 지롱드파에서 가장 두드러진 인물이었던 체레텔리는 여러 해 동안 시베리아의 강제수용소에 수감돼 있었다. 트로츠키는 체레텔리에 대해서는 이렇게 썼다.

> 그는 여전히 남부 프랑스인 유형의 급진파였다. 통상의 의회적 관행이 관철되는 여건 속에서라면 그는 물을 만난 고기와 같았을 것이다. 그러나 그는 혁명의 시대에 태어났고, 젊은 시절에는 일정하게 마르크스주의에 중독됐다. 어쨌든 모든 멘셰비키 중에서 체레텔리는 (…) 가장 넓은 시야를 갖고 있었고, 일관된 정책을 추구하려는 욕구도 가장 강했다. 무엇보다 바로 이런 점 때문에 그는 2월체제를 파괴하는 데 지속적으로 기여했다. 치헤이제는 체레텔리에게 전적으로 복종했으나, 어제까지 강제수용소에 죄수로 갇혀 있던 혁명가인 체레텔리가 보수적인 부르주아 대표와 연대하면서 보인 직

설적 교조주의에 때로는 놀라기도 했다.[20)]

한때 트로츠키의 제자였던 스코벨레프는 "가설무대에서 정치인의 역할을 맡아 연기하는" 대학생처럼 그려졌다. 그리고 리베르에 대한 트로츠키의 묘사는 이렇다.

> 오케스트라의 제1바이올린 연주자가 (…) 체레텔리였다면, 날카로운 클라리넷 소리는 리베르가 허파를 한껏 부풀리고 눈을 충혈시키면서 연주해 내는 것이었다. 리베르는 분트(Bund), 즉 유태노동자동맹의 멘셰비키로, 과거에 오랜 세월 혁명가로 활동한 사람이었다. 그는 대단히 진지했으나 동시에 대단히 변덕스러웠고, 달변가였으나 대단히 편협했고, 남들에게 자기를 불굴의 애국자이자 철의 정치인으로 보이게 하려는 열렬한 욕구를 갖고 있었고 (…) 볼셰비키에 대한 증오로 제정신이 아니었다.

치머발트 운동에 참여했다가 케렌스키 정부의 장관이 된 체르노프에 대한 트로츠키의 묘사는 다음과 같다.

> 체르노프는 교육받은 사람이라기보다는 독서를 많이 해 상당한 양의, 그러나 잘 통합되지 않은 지식을 가진 사람으로서, 적절히 인용할 수 있는 구절을 언제든지 써먹을 수 있도록 엄청나게 많이 기억해두고 있었다. 그가 기억해둔 구절들은 러시아의 젊은이들에게 많은 것을 가르쳐준 것들은 아니었지만 오래전부터 그들의 상상을 자극해온 것들이었다. 구사할 수 있는 어휘가 풍부한 이 지도자도 대답할 수 없는 하나의 질문이 있었다. 그것은 "당신은 누구를 어디로 지도하고 있는가?" 였다. 도덕적 경구와 시구로 장식된

체르노프의 절충적 공식은 중대한 시기에 다양한 방향에서 모여든 다양한 대중을 일시적으로 통합시켰다. 체르노프가 당의 결성에 관한 자기의 방식과 레닌의 '분파주의'를 대조시키면서 스스로 흡족해한 것도 무리는 아니었다. (…) 그는 모든 쟁점을 피해가기로 작정했고, 투표를 하지 않는 것이 정치생활의 한 형태였다. (…) 서로 증오한 체르노프와 케렌스키의 모든 차이점에도 불구하고 이 두 사람은 똑같이 혁명 이전의 과거에, 그 옛날의 무기력한 러시아 사회에 뿌리를 두고 있었고, 대중의 말에 귀를 기울이지도 못하고 대중을 이해하지도 못하며 대중으로부터 배우지도 못하면서 대중을 가르치고 대중의 수호자이자 은혜를 베푸는 사람이 되려는 열망에만 불타는, 창백한 안색에 가식적인 태도를 가진 인텔리겐치아에 속하는 사람들이었다.[21)]

트로츠키가 그린 볼셰비키가 다른 볼셰비키의 모습들과 다른 점은 대중을 가르칠 능력뿐 아니라 대중으로부터 배우는 능력도 갖고 있다는 점이었다. 그러나 볼셰비키가 대중으로부터 배우고 그들의 과제에 부응하는 것은 기피적인 태도나 내적 저항이 전혀 없는 가운데 이루어지지는 않았다. 또한 트로츠키는 혁명과 혁명의 당을 이상화(理想化)하는 결론을 제시함으로써 우리로 하여금 도대체 볼셰비키는 얼마나 더 오래 대중으로부터 배워야 하는가 하는 의문을 갖게 한다. 그가 우리에게 보여주는 당의 모습은 공식적인 전설로 전해진 '철의 밀집대열'로서의 당, 즉 모든 인간적 약점을 벗어던지고 예정된 목표를 향해 견고하고 완강하게 진군하는 당의 모습과 매우 다르다. 이는 트로츠키가 그린 볼셰비키가 '철'의 특성, 다시 말해 결의와 대담성을 결여하고 있기 때문이 아니다. 이보다는 그가 그린 볼셰비키가 그러한 특성을 각 개인의 특수한 성격에 알맞게 적절한 양으로 갖고 있는데다 지도자와 일반 당원들 사이에 그러한 특성이 고르게 분산돼있기 때문이다. 볼셰비키가 가장 순수한 본모습을 드러내는 순간에, 즉 그들이 고립되거나 모욕을 당하거나 탄압받으면서도 그들 자신의 희망을 버리지 않고 계속 투쟁하고 있을 때 우리는 그런 볼셰비키의 모습을 보게 된다. 어떤 대의에 무사무욕의 태도로 헌신한다는 측면에서는 그들의 적들 가운데 어느 누구도 그들에 견줄 수 없다. 트로츠키가 그린 그들의 모습에는 목적의 위대성과 개별 인물의 위대성이 병존한다. 그러나 동시에 우리는 그들이 혼란에 빠져 우왕좌왕하는 모습도 본다. 이럴 때 그들의 지도자들은 근시안적 태도를 취하고, 일반 당원들은 어둠 속에서 열심히, 그러나 어색한 태도로 길을 더듬어 찾는다. 바로 이런 묘사 때문에 트로츠키는 볼셰비즘을 희화화했다는 비난을 들었다. 그러나 이런 비난은 진실과 너무 동떨어진 것이다. 그가 그린 볼셰비키의 모습이 진실한 것은 바로 그가 볼셰비즘의 약점, 의구심, 동요를 모두 노출시켰기 때문이다. 결정적인 순간에는 주저함과 분열이 가라앉거나 극복되고, 의구심 대신 자신감이 생겨난다. 당이 자기의 역할을 제대로 해내기 위해 적뿐 아니라 자기 자신과도 싸우는 것은 당의 업적을 손상시키는 것이 아니다. 그것은 오히려 당의 업적을 더욱 위대한 것으로 만든다. 트로츠키는 위대한 10월의 도약으로부터 몸을 사린 지노비예프, 카메네프, 리코프, 칼리닌 등의 명예도 훼손하거나 덜어내지 않는다. 그들에 대한 트로츠키의 서술에 불신이 드러난 부분이 있다면, 그것은 단지 그들이 상황이 다 끝난 뒤에 마치 자기가 철의 대열을 이끈 불굴의 지도자였던 듯이 행동했기 때문일 것이다.

트로츠키의 《러시아혁명사》는 혁명의 해에 볼셰비즘 안에 존재했던 두 개의 커다란 '내부 위기'를 조명한다. 첫 번째 내부 위기 때는 방금 스위스에서 돌아온 레닌이 4월 테제를 발표하고, 2월체제에 대항하는 전쟁에 대비해 당을 정치적으로 재무장시킨다. 그리고 두 번째 내부 위기 때는 혁명이 마지막 국면에 접어들기 직전에 봉기를 주장하는 사람들과 봉기에 반대하는 사람들이 볼셰비키 중앙위원회에서 서로 격돌한다. 이 두 번의 위기 때 똑같이 몇몇의 지도자들에게만 오랫동안 눈길이 쏠렸다. 그런데 보다 폭넓은 2월봉기와 10월혁명의 장관, 그리고 그 중간에 운동이 최저점으로 가라앉았던 7월의 침울한 나날들만큼이나 두 번의 위기 때이 몇몇 지도자들이 보여준 장면들도 우리의 마음에 깊은 인상을 남긴다. 두 번의 위기 때 우리는 혁명의 운명이 중앙위원회의 소수 위원들 손에 의해 좌우되게 됐다는 느낌을 받게 된다. 대중의 에너지가 흩어져버려 패배하게 되느냐, 아니면 승리로 인도되느냐가 바로 그 소수 위원들의 투표에 의해 결정되는 상황이다. 대중과 지도자의 문제가 극도로 첨예하게 부각된다. 그리고 곧이어 무대조명은 훨씬 더 좁게, 집중적으로 단일의 지도자, 즉 레닌에게 맞춰지게 된다.

4월에도 10월에도 레닌은 자기를 지지하던 사람들에게 오해를 사고 배신도 당하면서 거의 홀로 서있었다. 중앙위원회 위원들은 봉기를 준비하라고 촉구하는 레닌의 편지를 곧 불태워버릴 태세였다. 레닌은 그들에 대항해 싸움을 벌이기로 하고, 필요하다면 당의 규율을 무시하고서라도 일반 당원들에게 직접 호소하기로 결심한다. 트로츠키는 "레닌은 자기가 빠진 중앙위원회를 불신했다"면서 "그런 레닌의 불신은 아주 틀린 것은 아니었다"고 논평한다.[22] 어쨌든 레닌은 각각의 위기 때마다 결과적으로는 당을 설득해 자기의 전략을 따르도록 했고, 당이 전장으로 나가도록 했다. 트로츠키의 서술 속에서 레닌의 기민함, 현실감각, 집중된 의지력은 역사적인 과정에서 결정적인 요소로, 적어도 수백만 노동자와 병사들이 자발적으로 전개한 투쟁과 동등하게 중요한 요소로 부각된다. 혁명에서 노동자와 병사들의 에너지가 '증기', 볼셰비키 당이 '피스톤'이었다면 레닌은 '기관사'였다.

이 대목에서 트로츠키는 역사와 개인이라는 고전적 문제를 다루지만, 그 결과는 가장 덜 성공적이다. 레닌의 활동에 대해 그가 사실에 입각해 전개한 설명은 흠잡을 데가 없다. 레닌을 비롯한 볼셰비키의 실제 활동이나 행동은 트로츠키가 그들이 했다고 책의 여기저기에 써놓은 활동이나 행동과 다르지 않았다. 그는 레닌이 혼자서 사건들을 만들어나갔다고까지 말하지는 않는다. 다만 그는 우리에게 "레닌은 밖에서 당에 반대하지 않았고, 오히려 그 자신이 당의 가장 완전한 표현이었다"고 장담한다. 그리고 그는 거듭해서 레닌은 일반 당원들을 선동한 사상과 심리상태를 명쾌한 공식과 행동으로 변화시켰을 뿐이며, 바로 이런 역할로 인해 그가 결과적으로 승리를 거두었다고 설명한다. 레닌이 중앙위원회와 의견이 달라서 갈등을 빚을 때조차도 그와 당 사이에는 완전한 일치가 이루어져 있었다는 것이다. 볼셰비즘이 역사에 등장한 것이 우연이 아니었듯이 레닌도 우연하게 자신의 역할을 맡게 된 것이 아니었다. 레닌은 "과거 전체의 산물이며 (…) 그 과거 전체에 깊이 뿌리를 두고 있었다"고 트로츠키는 말한다. 레닌은 '혁명과정의 창조자'가 아니라 객관적인 역사적 원인들의 사슬 속에 있는 '연결고리, 아니 커다란 연결고리'일 뿐이었다는 것이다.[23)]

레닌을 이처럼 연결고리라고 해놓고 나서 트로츠키는 그 '연결고리'가 없었다면 '사슬' 전체가 산산조각 났을 것이라고 암시한다. 트로츠키는 만약 1917년 4월에 레닌이 러시아로 돌아올 수 없었다면 어떻게 됐겠느냐고 묻는다. "그가 없었어도 당이 가야 할 길을 찾았을 것이라고 확언할 수 있는가? 우리는 결코 그렇게 대담하게는 말할 수 없을 것이다." 그는 또 이렇게 덧붙인다. "방향감각을 잃고 분열된 당이 혁명적 기회를 여러 해 뒤까지도 포착하지 못하고 흘려보냈을 수도 있다." 트로츠키는 이런 견해를 《러시아혁명사》에서는 조심스럽게 표현하는 데 그쳤지만 다른 곳에서는 매우 분명히 했다. 알마아타에서 프레오브라젠스키에게 써 보낸 편지에서 그는 이렇게 썼다. "1917년 4월에 레닌이 페트로그라드에 올 수 없었다면 10월혁명은 일어나지도 않았을 것이라는 점을 당신이 나보다 더 잘 알 것입니다." 트로츠키는 《프랑스 일기(French Diary)》에서 이런 견해를 단정적으로 못 박아둔다. "1917년에 내가 페트로그라드에 있지 않았다 해도, 레닌이 그곳에 있으면서 지휘를 맡고 있었다면 10월혁명은 일어났을 것이다. 만약 레닌도 나도 페트로그라드에 있지 않았다면 10월혁명은 일어나지 않았을 것이다. 볼셰비키 당의 지도부가 10월혁명이 일어나는 것을 막았을 것이기 때문이다. 이에 대해 나는 조금도 의심하지 않는다!"[24] 그럼에도 레닌이 '역사의 창조자'가 아니었다는 말이 성립한다면, 그것은 레닌이 무(無)에서 혁명을 만들어내지는 않았다는 의미에서일 뿐이다. 사회구조의 쇠퇴, 대중의 에너지라는 '증기', 레닌 자신이 설계하고 만든 것이긴 하지만 볼셰비키 당이라는 '피스톤'…. 레닌이 자기 역할을 할 수 있기 위해서는 이 모든 것이 있어야 했다. 그러나 그 모든 것이 있었다 하더라도 레닌이 없었다면 볼셰비키들은 "혁명적 기회를 여러 해 뒤까지도 포착하지 못하고 흘려보냈을 것"이라고 트로츠키는 우리에게 말한다. 그렇다면 여기서 '여러 해'는 구체적으로 몇 년을 이야기하는 걸까? 5년 내지 6년? 아니면 30년 내지 40년? 우리는 그것을 알 수 없다. 어쨌든 레닌이 없었다면 러시아 인민들은 자본주의 질서 아래에서, 또는 복원된 차르체제 아래에서 아마도 무한정 살아가야 했을 것이다. 그리고 적어도 20세기의 역사는 실제의 20세기와는 매우 다른 것이 됐을 것이다.

마르크스주의자로서는 놀라운 결론을 내린 셈이다. 그리고 그 논증은 약간의 교조적인 태도를 느끼게 한다고 말할 수도 있다. 그러나 역사가는 이 문제를 경험적 증거에 비교하는 방식으로 풀 수 없다. 역사가는 혁명을 재현시켜 볼 수가 없다. 다시 말해 레닌을 혁명의 장면에서 제외시킨 다음에 무슨 일이 벌어지는지를 관찰할 수가 없는 것이다. 그럼에도 우리가 여기서 이 문제를 좀 길게 다룬 것은 어떤 결론을 주장하기 위해서가 아니라 이 문제에 대한 검토가 우리의 주인공이 지닌 어떤 측면을 새롭게 조명해 주기 때문이다. 이 점에서 역사가로서의 트로츠키의 견해는 패배한 반대파의 지도자로서의 트로츠키가 겪은 경험과 그의 마음상태에 의해 긴밀한 영향을 받았다고 말할 수 있다. 그의 일생 중 보다 이른 시점이었다면 과연 그가 마르크스주의 지적 전통의 핵심에 어긋나는 견해를 이때처럼 강력하게 개진할 수 있었을까.

이런 문제와 관련해 마르크스주의 지적 전통에 속하는 저작들 가운데 가장 대표적인 것을 꼽으라면, 플레하노프의 유명한 논문인 〈역사에서 개인의 역할〉을 들 수 있다. 그의 다른 이론적 저작들과 마찬가지로 이 논문도 러시아 마르크스주의자들에게 여러 세대에 걸쳐 형성적(形成的)인 영향을 끼쳤다. 이 논문에서 플레하노프는 필연성과 자유 사이의 고전적인 이율배반 이론에 따라 역사 속 개인의 역할을 논의한다. 그는 개인의 주체적 역할을 부인하지 않는다. 그는 "위대한 인물은 창시자"라는 칼라일의 금언을 받아들인다. "이는 딱 들어맞는 말이다. 위대한 인물은 다른 사람들보다 더 멀리 내다보고 무엇인가에 대해 더 강렬한 욕구를 갖는다는 점에서 창시자인 게 틀림없다." 역사에서 위대한 지도자가 '커다란 중요성'을 갖고 '엄청난 힘'을 발휘하는 것도 이 때문이라는 것이다. 그러나 지도자는 '역사의 요구' 또는 '필연성'의 도구일 뿐이며, 필연성은 자기가 필요하면 그 도구를 만들어낸다고 플레하노프는 주장한다. 따라서 대체할 수 없는 위대한 인물은 없다는 것이다. 그 어떤 역사적 추세도 그것이 충분히 깊고 넓은 추세라면 한 개인을 통해서뿐만 아니라 일정한 수의 사람들을 통해서도 자기 스스로를 표현해낸다는 것이다. 프랑스혁명에 대해 논의하는 과정에서 플레하노프는 러시아혁명과 관련해 트로츠키가 제기한 질문과 유사한 질문을 던진다. 로베스피에르나 나폴레옹이 없었다면 프랑스혁명이 어떻게 전개됐겠느냐는 것이다.

> 로베스피에르가 그의 당에서 절대적으로 필요한 힘의 요소였다고 가정해보자. 그렇다 하더라도 그가 유일하게 그런 인물은 아니었을 것이다. 예를 들어 1793년에 머리 위에서 떨어진 벽돌이 그를 죽게 했다면 그의 자리는 당연히 누군가 다른 사람이 차지했을 것이다. 그리고 로베스피에르의 자리를 대신 차지한 사람이 모든 면에서 그보다 열등했다 하더라도 상황의 전개는 로베스피에르가 존재하는 경우와 똑같은 경로를 밟았을 것이다. (…) 지롱드파는 아마도 그에 의해 패배를 면치 못했을 것이다. 그리고 로베스피에르의 당 역시 실제보다 다소 일찍 또는 늦게 권력을 잃었을지는 모르지만 파멸은 분명히 피하지 못했을 것이다.[25)]

이에 견주어 트로츠키가 하고자 했던 말을 풀어보면, 1917년 3월에 머리 위에서 떨어진 벽돌이 레닌을 죽게 했다면 그해에는 물론 여러 해 뒤까지도 볼셰비키 혁명은 일어나지 않았을 것이라는 얘기다. 그렇다면 머리 위에서 떨어진 벽돌이 역사의 큰 조류를 실제와는 다른 어떤 방향으로 돌려놓았을 것이라는 얘기가 된다. 결국 개인의 역할에 관한 논의는 역사 속에서의 우연적인 사건에 관한 토론이 되고, 이런 토론은 마르크스주의 철학과 밀접한 관계를 갖는다. 플레하노프는 "상황의 전개과정 속에서 일어난 우연적인 변화가 어느 정도는 그 후 유럽의 정치적 삶에 영향을 끼쳤다"면서 "그러나 어떤 경우에도 혁명운동의 최종적 결과는 실제 결과의 반대가 되지는 않았을 것"이라는 결론으로 논의를 마무리한다. "영향력 있는 개인들은 그들 자신의 정신과 개성이 지닌 특징으로 인해 역사적 사건들의 개별적 성격과 그 각각의 결과를 변화시킬 수는 있지만 그 사건들의 일반적인 추세는 변화시키지 못하며, 일반적인 추세는 이와는 다른 힘들에 의해 결정된다"는 것이다. 그러나 트로츠키는 레닌이라는 한 개인이 '역사적 사건들의 개별적 성격'뿐만 아니라 일반적 추세도 변화시켰다는 의견을 내비쳤다. 레닌이 없었다면 당시에 추세를 만들어냈거나 추세에 기여한 사회적 힘의 요소들이 효력을 발휘하지 못했으리라는 것이다. 트로츠키의 이런 결론은 그 자신의 세계관은 물론 그의 다른 많은 생각에도 부합하지 않는다. 역사상 가장 위대한 혁명이 어느 특정한 지도자가 없었다면 일어나지 않았을 것이라는 의견이 맞는다면, 일반적으로 말해 개인 지도자에 대한 숭배가 터무니없는 것이 아니게 된다. 아울러 마르크스에서부터 트로츠키에 이르기까지 역사적 유물론자들이 개인 지도자 숭배를 비난해온 것도, 모든 진보적 사상이 그런 개인 지도자 숭배에 대해 혐오감을 보이는 것도 무의미한 일이 된다.

오직 나폴레옹만은 다른 어느 누가 그의 자리에 대신 앉아 있었어도 동등하거나 비슷한 결과가 실현되지 못했을 인물이라는 이유로 나폴레옹의 역할이 결정적이었다고 주장하는 역사가들에 대항하는 논의에서 플레하노프가 말한 '착시현상'에 트로츠키가 걸려든 게 분명하다. 어느 한 지도자가 자기의 자리를 잡은 뒤에는 다른 사람이 그 자리를 대신 차지하는 것이 어렵기 때문에 그 지도자가 마치 대체될 수 없는 독보적인 인물인 것처럼 보인다는 점도 착시현상을 일으키는 한 가지 원인이다.

> 나폴레옹이 '질서의 구세주'로 전면에 부각되자 (…) 그 외에는 다른 어느 장군도 그런 역할을 하는 게 불가능해졌다. 이렇게 되지 않았다면 다른 장군들 가운데 일부는 나폴레옹이 했던 방식과 동일하거나 거의 같은 방식으로 그런 역할을 수행할 수 있었다. 그러나 강력한 군인 지도자에 대한 대중의 열망이 일단 충족된 뒤에는 사회조직이 (…) 다른 모든 군인이 그런 역할을 수행할 수 있는 위치로 가는 길을 막아버렸다. (…) 우리는 나폴레옹을 전면에 부각시키고 그 전면의 위치에 고정시킨 사회조직의 힘이 그에게 있다고 생각하기 쉽다. 이 때문에 나폴레옹이라는 개인의 힘이 엄청나게 증폭된 형태로 우리 눈앞에 나타난다. 우리에게 나폴레옹의 힘은 매우 예외적인 것으로 보인다. 그의 힘과 유사한 다른 힘들은 잠재된 상태에서 실현된 상태로 전환되지 않았기 때문이다. 그리고 '나폴레옹이 없었다면 어떤 일이 일어났겠는가'라는 질문을 받게 되면 우리의 상상력은 혼란에 빠져서, 그가 없었다면 그가 지닌 힘과 영향력의 밑바탕이 된 사회적 변화가 일어날 수 없었을 거라고 생각하게 된다.[26)]

이와 비슷하게 레닌의 경우에도 그가 일단 지도자의 자리를 차지하게 된 뒤에는 다른 사람들이 그 자리를 대신 차지할 수 없게 됐기 때문에 역사적 사건에 대한 그의 영향력이 우리에게 크게 증폭된 형태로 보이게 됐다는 주장이 가능하다. 그가 없었다면 누가 그의 자리를 차지할 수 있었겠는가를 꼭집어 말하기란 물론 불가능하다. 트로츠키였을 수도 있다.

루나차르스키, 우리츠키, 마누일스키와 같은 중요한 혁명가들이 1917년 여름에 레닌과 트로츠키의 상대적인 장점을 논의했던 것도 이유가 없지 않았다. 그들은 레닌이 논의의 현장에 있었음에도 트로츠키가 레닌을 능가한다는 데 동의했다. 그리고 볼셰비키 당에 대한 레닌의 영향력이 결정적이었음에도 10월봉기는 사실상 레닌의 계획이 아닌 트로츠키의 계획에 따라 실행됐다. 만약 그 자리에 레닌도 트로츠키도 없었다면 누군가 다른 사람이 전면에 부각됐을 것이다. 볼셰비키 중에 레닌과 트로츠키에 비견할 만한 평판을 듣는 인물이 없었다고 해서 두 사람 다 존재하지 않았을 경우에도 그런 인물이 등장하지 않았을 것이라고 입증되는 것은 아니다. 역사에서 위대한 지도자나 지휘자의 자리는 그 수가 제한되고, 그 제한된 자리가 다 채워지고 나면 그 자리를 차지할 만한 잠재적 후보자들은 '자기실현'을 추구하고 성취할 기회를 더 이상 갖지 못한다. 그렇다고 해서 그들이 어떤 조건 속에서도 자기실현을 할 수 없다고 봐야 할까? 레닌이나 트로츠키보다 인물됨에서 뒤처지는 다른 지도자들은 애초부터 두 사람이 한 역할을 해낼 수 없었을까? 이런 차이 때문에 그 지도자들은 운명이 자기들을 인도하게 하지 못하고 운명에 끌려 다녔던 것일까?

위대한 지도자나 독재자의 대부분이 살아있는 동안에는 다른 사람으로 대체될 수 없는 것처럼 보이는 게 사실이다. 그러나 그가 죽으면 곧바로 누군가가 그의 자리에 대신 앉는다. 보통은 죽은 지도자나 독재자의 동료들에게는 그를 대체할 수 있는 후보자로서 가장 적절치 않게 보이던 사람이거나 '2류나 3류의 역할' 만 맡게 돼있는 것 같던 '평범한 자'가 그렇게 되는 것이다. 스탈린이 레닌의 후계자가 되고, 이어 흐루시초프가 스탈린을 승계하는 것을 보게 된 사람들이 놀랐던 것도 이와 같은 맥락에서 이해된다. 사람들이 느낀 놀라움은 대체불가능한 거인이 일으킨 착시

현상에서 유래된 것이다. 트로츠키는 오직 레닌의 천재성만이 러시아혁명의 과업을 수행할 수 있었다고 주장했고, 다른 나라에서도 혁명을 성공시키려면 볼셰비키 같은 당과 레닌 같은 지도자가 있어야 한다는 생각을 내비쳤다. 레닌이 탁월한 능력과 품성을 지니고 있었고, 볼셰비즘이 그런 레닌을 지도자로 삼을 수 있었던 것은 다행이라는 점에는 논박의 여지가 없다. 그러나 우리 시대에 중국과 유고슬라비아에서는 1917년의 볼셰비키와는 크게 다른 당으로, 그리고 레닌보다 작은, 아니 훨씬 작은 인물을 지도자로 해서 혁명이 승리를 거두지 않았던가? 각각의 경우에 혁명적 추세는 이용할 수 있는 인적자원 속에서 자기의 도구를 발견해내거나 만들어냈다. 레닌이 없었어도 10월혁명은 일어났을 것이라는 가정이 그럴듯해 보이지 않는다고 하더라도 그 반대의 가정, 즉 1917년 초에 취리히에 있는 한 집의 지붕에서 벽돌이 하나 떨어졌다면 20세기 인류의 운명은 달라졌을 것이라는 가정보다는 그래도 설득력이 있다.

이처럼 개인의 역할에 관한 트로츠키의 견해가 혁명에 대한 그의 기본적인 철학과 관념에 워낙 부합하지 않았기에 그는 그런 견해를 일관되게 유지해나갈 수 없었다는 점을 여기서 지적해 두고자 한다. 이런 맥락에서 트로츠키는 몇 년 뒤에 쓴 《배반당한 혁명》에서는 이렇게 주장한다.

> 물론 지도자의 자질은 아무래도 상관없는 문제가 결코 아니다. (…) 그러나 그것은 유일한 요소가 아니며, 최종적인 분석에서 결정적인 것도 아니다. (…) 볼셰비키는 (…) 그 지도자들의 개인적인 탁월성을 통해서가 아니라 사회적 힘들의 새로운 상관관계를 통해서 승리를 거두었다. (…) 프랑스혁명에서도 미라보, 브리소, 로베스피에르, 바라, 보나파르트의 순서로 권력이 넘어가는 과정에서 역사적 주역들 각각의 특수한 장점들보다는 객관적인

법칙에 대한 순응이 비교할 수 없을 정도로 훨씬 더 집권에 효과적이었다.[27)]

앞에서 보았듯이 레닌에 대한 트로츠키의 '착시현상'은 레닌을 조명해준다기보다는 이즈음의 트로츠키 자신, 특히 그의 심리상태를 조명해준다. 트로츠키는 스탈린주의의 개인숭배 광란이 시작된 뒤에《러시아혁명사》를 썼다. 레닌에 대한 그의 견해는 스탈린주의 개인숭배에 대한 반작용이었다. 그는 '대체불가능'한 스탈린에 대항하기 위해 '대체불가능'한 레닌에 호소했던 것이다. 정치적으로 냉담하고 유동적이었던 당시의 소련 사회 분위기까지 고려한다면, 나라 전체가 정치적 에너지와 활동으로 들끓던 1917년에 비해 개인 지도자의 존재가 이전과는 비교할 수 없을 정도로 크게 부각됐다고 말할 수 있다. 한편에서는 스탈린이 독재자로 부상하고 있었고, 다른 한편에서는 트로츠키가 반대파의 유일한 대변자로서 불가피하게 일종의 이상형으로서의 도덕적 독재를 행사하고 있었다. 패배 속에 있는 그 역시 한 개인으로, 더 나아가 독보적인 개인으로 크게 부각되고 있었다. 역사가로서 그는 지도자의 거대한 유령을 1917년의 장면으로 되돌려 투사했고, 그렇게 함으로써 다음 글에서 볼 수 있는 것과 같은 자기방어적 교훈을 이끌어냈다. "레닌이 모스크바에 도착한 것이 엄청난 중요성을 갖게 됐다는 점으로부터 이끌어낼 수 있는 결론은, 지도자는 우발적으로 창출되는 것이 아니라 수십 년에 걸쳐 서서히 선택되고 단련될 뿐 아니라 변덕스럽게 대체되지도 않으며, 투쟁에서 지도자를 기계적으로 배제하는 것은 당에 치명상을 입히고 많은 경우 오랜 기간에 걸쳐 당을 마비시킬 수도 있다는 것이다."[28)] 일기에서 그는 이보다 훨씬 더 명확하게 교훈을 도출한다.

내가 지금 몰두하고 있는 작업(스탈린에 대한 반대와 4차 인터내셔널의 창립)은 극단적으로 불충분하고 단편적이라는 성격에도 불구하고 나의 일생에서 가장 중요한, 즉 1917년의 일보다 더 중요하고 내전의 시기를 비롯해 그 어느 때의 일보다 더 중요하다. (…) 나는 내가 수행한 작업에 대해, 심지어는 1917년부터 1921년까지 내가 수행한 작업에 대해서도 그것이 '필수불가결'했다고 말할 수 없다. 그러나 지금 내가 수행하고 있는 작업은 '필수불가결'이라는 말의 완전한 의미에서 필수불가결하다. 이런 나의 주장에는 오만함이 전혀 들어있지 않다. 두 개의 인터내셔널의 붕괴는 그 지도자들 가운데 누구도 풀어낼 수 없는 문제를 제기했다. 파란만장한 나의 개인적 운명이 나로 하여금 그 문제에 직면하도록 했고, 그 문제를 푸는 데 필요한 중요한 경험으로 나 스스로를 무장할 수 있게 했다. 이제 나 외에는 어느 누구도 새로운 세대를 혁명적 방식으로 무장시키는 사명을 수행할 수 없다. (…) 그러한 혁명적 방식의 승계를 확실히 하기 위해 나는 적어도 5년 이상 부단한 작업을 해나가야 한다.[29)]

그로서는 1917년의 레닌이든 1930년대의 자신이든 지도자는 대체불가능하다는 생각을 해야 할 필요가 있었다. 그는 바로 이런 신념으로부터 고독하고 영웅적인 노력을 계속 해나갈 힘을 이끌어냈다. 게다가 볼셰비키의 세대 전체에서 유독 그만이 홀로 스탈린에 대항하는 발언을 하고 있었으니, 다른 어느 누구도 그의 자리를 넘볼 위치에 있지 않았다. 그러나 바로 이점, 그가 홀로였고 대체불가능했다는 점이야말로 그의 노고가 쓸모없는 것이 돼버리게 하는 데 크게 기여했다.

레닌에 대한 트로츠키의 주장을 놓고 찬반양론을 장황하게 설명하기보다는 레닌에 대한 트로츠키의 감정을 좀 더 자세히 살펴볼 필요가 있다. 이와 관련해서는 두 사람과 같은 시대를 살았던 다른 두 사람의 의견을 인용할 수 있겠다. 1923년에 반트로츠키 공작이 막 시작됐을 때 루나차르스키는 이런 글을 썼다. "트로츠키는 지나치게 예민하고 권위적이다. 하지만 그는 레닌과 결합한 뒤 레닌과의 관계에서만은 항상 감동적이고 부드러운 태도로 존경심을 드러냈다. 그는 진정으로 위대한 사람의 특징인 겸손한 자세로 레닌의 우월성을 인정했다."[30] 크루프스카야도 1930년대 초에 자기가 하는 말이 도청되어 스탈린에게 보고된다는 사실을 아는 상태에서 공산주의자가 아닌 어느 외국인 유명인사와 이야기할 때 트로츠키의 '위압적이고 까다로운 성격'에 대해 언급했다. 그러면서 그녀는 이런 말을 덧붙였다. "그는 블라디미르 일리치(레닌-옮긴이)를 매우 깊이 사랑했지요. 그는 레닌이 죽었다는 소식을 듣고 실신했고, 두 시간 동안이나 실신한 상태에서 회복되지 못했어요."[31] 레닌에 대한 그의 이러한 애정, 그리고 레닌의 우월성에 대한 그의 인정은 혁명 이후에 그가 레닌에 대해 한 모든 말에서도 분명히 드러난다. 1918년 9월에 도라 카플란이 레닌의 암살을 기도한 뒤에 트로츠키는 부상당한 지도자에 대한 경의를 이렇게 표시했다.

> 이전 시기의 혁명적인 러시아 지식인들에게서 볼 수 있었던 최고의 품성, 즉 그들의 자기희생 정신, 그들의 대담성, 압제에 대한 그들의 증오가 모두 이 사람에게 집중돼있다. (…) 러시아의 혁명적인 젊은 프롤레타리아의 뒷받침을 받고, 전 세계 노동자들의 운동이 축적해온 풍부한 경험을 활용하면서 그는 완전한 모습으로 (…) 우리의 혁명적 시대의 가장 위대한 사람으로 우뚝 서있다. (…) 우리 중 그 누구의 삶도 지금만큼, 다시 말해 우리 시대의 가장 위대한 사람의 목숨이 위기에 처한 이 시점만큼 중요성에서 부차적인

것으로 여겨진 적이 없었다.[32]

이 글에는 아첨의 흔적이 전혀 없다. 레닌은 아직 그 어떤 숭배자 집단에도 둘러싸이지 않은 상태였다. 뿐만 아니라 트로츠키는 그 후 두 번 이상 레닌에게 강력한 이의를 제기하기도 했다. 1920년에 레닌의 50회 생일을 기해 트로츠키는 러시아적 성격 중 최선의 것들을 구현한 '국민적 모범형'으로서의 레닌에 관해 보다 억제된 논조로 쓴 글을 발표했다.[33] 망명 중 프린키포를 떠난 뒤에는 레닌에 관한 본격적인 전기를 쓰기 시작했지만, 처음 몇 장을 쓰는 데 그쳤다. 따라서 그 전기는 완성되지 못했다. 하지만 1920년대 초반에 그가 쓰고 출간한 많은 양의 전기적 묘사로 그 미완의 전기를 보완해볼 수는 있을 것이다. 그것은 레닌의 일생에서 결정적이었던 두 시기, 즉 1902~1903년과 1917~1918년을 다룬 글들이었다. 트로츠키는 삶으로 고동치고 루나차르스키가 말한 '부드러운 태도'가 가득 배어있는 그 글들을 통해 레닌의 모습을 묘사했다.[34]

트로츠키가 레닌에 대해 찬탄한 것은 그의 결의, 위대한 목표에 대한 완전한 준비, 목표를 향한 긴장만이 아니었다. 고상한 정신이 삶에 대한 열망에 의해, 목표의 무게가 풍부한 유머에 의해, 원칙에 대한 열렬한 헌신이 사고의 유연성에 의해, 행동에서의 가차 없음과 기민함이 섬세한 감수성에 의해, 고도의 지성이 단순함에 의해 균형을 이룬 레닌의 개인적 품성도 트로츠키의 찬탄을 끌어냈다. 트로츠키는 그 '우리 시대의 가장 위대한 인물'을 오류도 저지를 수 있는 사람으로 그림으로써 스탈린주의가 세워놓은 레닌의 우상을 무너뜨린다. 그러다가도 자신이 레닌에게 다가갈 때는 말 그대로 모자를 벗어들고 공경하는 태도를 취한다. 그러나 그는 무릎까지 꿇지는 않는다. 그는 우상에게가 아니라 그가 알고 있는 레닌이라는 인간에게 남자답게 경의를 표시한 것이다. 그는 레닌의 영웅적 성격을 묘사할 때도 레닌을 신격화하지 않는다. 그는 장엄한 동상이 아니라 실제 인간과 같은 크기의, 보통 인간과 같은 용모의 레닌을 보여준다. 그는 가장 호흡이 짧고 단명한 글의 종류인 신문기사체로 오래도록 남을 불후의 묘사를 해낸다. 레닌에 대한 그의 묘사는 같은 시대의 유명한 두 소설가인 고리키와 웰스의 묘사보다 훨씬 더 예술적이다. 그는 모든 각도에서 열심히 레닌을 관찰한다. 그는 움직이는 레닌의 마음, 레닌이 논리적 주장을 구성해내는 방식, 연단에 서있는 레닌의 모습과 태도, 레닌의 손짓과 몸짓, 레닌이 내는 웃음소리의 음색, 심지어는 레닌의 짓궂은 장난까지 일일이 관찰한다. 우리는 그런 트로츠키의 눈을 통해 분노와 노여움으로 그늘진 레닌의 안색을 보게 되고, 중대한 문제에 대해 결심하는 극적인 순간에도 개와 가볍게 노는 레닌의 모습을 관찰하게 되며, 동료 인민위원들에게 홍겨운 장난을 치기 위해 어린 학생처럼 크렘린 광장을 가로질러 정부 건물의 회의실로 달려가는 레닌의 모습을 보게 된다. 레닌을 묘사하는 화가의 탐색하는 눈 속에서는 '산문적인 혁명의 천재'에 대한 애정의 빛이 늘 반짝인다.

그 화가의 눈 속에서 회한의 빛도 깜박인다. 트로츠키가 레닌의 곁에서 가까운 동지의 관계로 보낸 기간은 단지 6년뿐이었지만, 그 기간은 그에게 가장 획기적인 시기였다. 그는 그 이전에 13년 내지 14년 동안 레닌에 대항하는 입장에서 분파 싸움을 벌이면서 잔인한 개인적 모욕을 퍼부으며 레닌을 공격하기도 했다. 그는 레닌을 "칠칠찮은 변호사", "심술궂고 도덕적으로 혐오스러운, 로베스피에르의 가증스러운 희화", "러시아의 후진성을 이용해먹는 자", "러시아 노동계급의 사기를 꺾는 자" 등으로 표현하며 공격했다. 그가 내뱉은 이런 모욕의 표현들에 비하면 레닌의 응수는 절제된 것이었고, 거의 부드럽다고도 할 수 있었다. 이런 모욕에 대해 1917년 이후 레닌이 언급한 적은 전혀 없지만, 그 표현들이 워낙 상처를 입히는 것들이어서 레닌의 마음에 아무런 상흔도 남지 않았을 리가 없다. 두 사람이 가장 가까운 정치적 동맹관계를 맺고 있었던 1917년부터 1923년 사이에도 두 사람의 관계에 개인적 친밀함은 들어있지 않았다. 레닌 쪽에서 일정하게 삼가는 태도를 보였기 때문이다.[35] 그러나 트로츠키가 레닌에게 '감동적인 존경의 태도'를 취하면서 조용하면서도 요령 있게 관계를 개선시켰다. 레닌이 죽은 뒤에도 트로츠키는 글을 통해, 아마도 절반은 무의식적으로, 지난날 자기가 레닌에게 가했던 모욕을 보상해 주려고 애썼다. 그는 레닌과 갈라선 1903년에 자기에게는 혁명이 아직 대체로 '이론적이고 추상적인 것'으로 남아있었지만, 레닌은 이미 혁명의 현실적인 측면을 완전히 파악하고 있었다고 인정했다. 트로츠키는 자기가 레닌 쪽으로 움직여가는 동안 극복해야 했던 내면의 저항에 대해 여러 차례 언급했다. 그러나 그러한 내면의 저항을 극복하고 레닌과 다시 결합한 뒤에는 늘 자기를 레닌의 그늘 속에 위치시켰다. 그는 역사가로서도 그러한 자기의 위치를 유지했다. 그는 둘 사이의 차이를 모두 다 솔직하게 이야기한다. 그러나 그의 기억이 과거를 원래 그대로 복원하지는 않는다. 그의 기억은 본능적으로 결별의 시간을 단축시키고, 적대행위의 가혹함을 완화시키고, 우정을 나누던 시기를 즐기면서 그 시기에 오래 머물 뿐 아니라 그 시기를 앞뒤로 더 길게 늘인다. 때로 그는 레닌과 지속적이고 동요하지 않는 조화를 이룬 상태를 공상하면서 그 속에서 구원을 찾는 것처럼 보이기도 했다. 그는 마르크스와 엥겔스가 나눈 친밀하고 보람도 있는 평생의 우정에 관한 책을 쓰려고 생각했다. 그에게는 마르크스와 엥겔스의 우정이야말로 이상적인 우정의 모습이었지만, 그 자신은 평생 그런 우정을 나누어보지 못했다. 레닌이 죽은 지 11년 뒤에 그는 자기의 일기에 이렇게 썼다.

> 간밤에 (…) 나는 레닌과 대화를 나누는 꿈을 꾸었다. 주위 배경으로 미루어 보건대 어떤 배의 3등급 승객이 이용하는 갑판이었던 것 같다. 레닌은 침상에 누워있었고, 나는 그의 곁에 앉아있거나 서있었다. (…) 그는 걱정스러운 표정으로 나의 병에 대해 물었다. "피로가 쌓인 것 같네. 휴식을 취해야겠어." 나는 늘 피로에서 신속하게 회복되지만 (…) 이번에는 어딘가 더 깊은 곳에서 문제가 생긴 것 같다고 대답했다. (…) "그렇다면 의사들(몇몇 의사들의 이름을 대면서)에게 가서 진지하게(이 단어를 그는 강조해서 말했다) 진찰을 받아야지." 나는 이미 의사들의 진찰을 많이 받았다고 대답했다. (…) 그런데 레닌을 바라보는 동안 그가 이미 죽은 사람이라는 사실이 머릿속에 떠올랐다. 나는 곧바로 머릿속에서 그런 생각을 몰아내려고 했다. (…) 1926년에 베를린으로 치료여행을 갔던 일을 그에게 얘기해주고 나서 나는 "그 일은 당신이 죽은 뒤"라는 말을 덧붙이고 싶었다. 그렇지만 나는 "당신이 병든 뒤"라고 말했다.[36)]

심신이 취약해진 트로츠키는 꿈과 공상 속에서 레닌의 보호를 받았다. 꿈과 공상을 통해 그는 레닌의 보살핌과 애정을 받는 자기의 소망을 실현했다.

레닌에 대한 '착시현상'은 《러시아혁명사》에서 엿볼 수 있는 주관적 사고의 유일한 사례다. 그것을 제외하면 트로츠키는 시종일관 객관적인 사고를 하는 사상가의 태도로 역사적 사건들을 서술한다. 그 역사적 사건들 속에서 직접 행동을 했거나 현장에서 그 사건들을 목격한 사람만이 그 모든 사실과 장면의 내면적 의미, 빛깔, 냄새를 그처럼 가깝게 느낄 수 있을 것이다. 그러나 역사가로서의 그는 직접 행동한 사람으로서 또는 목격자로서의 그를 넘어선 곳에 서있다. 우리는 카이사르에 대해서는 할 수 있는 말을, 즉 저자인 그는 지휘관이자 정치가인 그의 그림자일 뿐이었다는 말을 트로츠키에게는 적용할 수 없다. 그는 자기가 쓴 글을 가장 엄밀한 검증절차에 회부하고 자기가 하는 이야기를 가장 엄격한 증언으로 뒷받침한다. 이때 그가 증언으로 삼는 말은 자기의 친구들이 한 말보다는 적들이 한 말 중에서 선택된 것이다. 그는 자신의 글 속에 자신의 권위를 담지 않는다. 극중 등장인물로 자기를 등장시키는 경우도 매우 드물다. 예를 들어 그가 페트로그라드 소비에트의 의장 직위에 오른 것은 그 시대의 위대한 장면이나 중대한 사건들 가운데 하나였던 게 분명하지만, 그는 이 사건을 그저 간략하고 무미건조한 한 문장으로 처리한다.[37] 이런 점이 《러시아혁명사》의 결함이라고 말할 수도 있다. 왜냐하면 이 책만을 근거로 해서 혁명에서 트로츠키가 한 역할이 얼마나 중요했던가를 알아내려고 하는 사람은 잘못된 견해를 갖게 될 것이기 때문이다. 그가 쓴 글에서보다는 오히려 〈프라우다〉나 반볼셰비키 신문들의 지면과 소련 정부나 당의 기록들에서 1917년 당시의 트로츠키가 비교될 수 없을 정도로 더 크게 부각된다. 자신의 넓고 활기찬 캔버스 속에서 그의 모습은 거의 보이지 않는 하나의 점일 뿐이다.

해즐릿(18세기 말부터 19세기 초까지 활동한 영국의 수필가이자 비평가—옮긴이)은 연설의 천재와 문필의 위대함은 양립이 불가능하다고 생각했다. 그러나 트로츠키는 연설가에게 필요한 신속한 지각력, 즉흥적인 언변, 청중에 대한 대응에서 완벽한 능력을 갖추고 있었을 뿐 아니라 깊고 지속적인 사고력, 일시적인 만족에 대한 무관심, 그리고 진정한 작가에게 반드시 필요한 '영혼의 인내'에서도 동일한 능력을 가지고 있었다. 역시 매우 뛰어난 연설가인 루나차르스키는 트로츠키를 가리켜 "우리 시대의 첫째가는 연설가"이며 트로츠키의 글은 "응결된 말"이라고 했다. "그는 연설에서조차 문학적이고, 문학에서도 연설가적"이라는 것이었다.[38] 루나차르스키의 이런 견해는 트로츠키의 초기 저작에 특히 잘 들어맞는다. 루나차르스키가 위와 같은 말을 한 시점은 트로츠키가 문필가로서 최고조에 이르기 전인 1923년이었다. 《나의 일생》과 《러시아혁명사》에서는 서술과 해석의 필요성에 의해 수사적 요소들이 엄격하게 규율되고 있다. 그리고 그 글은 서사적 리듬을 갖고 있다. 그러면서도 그 안에 모든 서술이 담겼다는 의미에서 '응결된 말'이라는 얘기다.

수십 년 동안 트로츠키의 주요 저작들은 번역본으로만 읽혔다. 망명 중이었기에 그의 문학적 재능도 외국어의 영역으로 추방당했던 것이다. 그는 맥스 이스트먼, 알렉산드라 람, 모리스 파리자닌이라는 숙련되고 헌신적인 번역가들을 만났으며, 이들은 유럽과 미국의 대중이 그의 주요 저작들을 접할 수 있게 해주었다. 트로츠키는 유럽의 문학적 전통을 상당히 많이 흡수했을 뿐 아니라 러시아의 문필가들 중에서 가장 세계시민적인 사람이었다. 그렇더라도 번역은 그의 정신과 문체를 다 살리지 못했고, 그가 가장 깊이 들이마신 것은 러시아적인 것이었다. 그는 러시아어의 활력, 섬세함, 색채, 유머를 흡수했다. 그와 같은 세대에서는 바로 그가 러시아 산문의 최고 거장이었다. 영국인들의 눈에는 콜리지(1772~1834, 영국의 시인, 평론가, 철학자—옮긴이)가 독일, 아니 유럽대륙 전체에서 최선의 문체라 하더라도 그 문체가 어쩔 수 없이 갖고 있는 결함이라고 지적한 '과잉됨'을 트로츠키의 문체도 때로는 갖고 있는 것으로 보일 수도 있다. 그러나 이것은 기호의 문제이거나 문체에 관한 기존의 기준과 관련된 문제다. 그런 문제라면 나라마다 다르고, 같은 나라 안에서도 시대에 따라 다르다. 정서적 활력과 강력하고 반복적인 강조는 혁명의 시대, 즉 연설가나 문필가가 생사를 거는 싸움의 주제가 되는 사상을 거대한 대중에게 전달하는 시대에 특징적인 문체다. 그리고 전쟁터나 혁명의 현장에서 사람들이 의사소통을 위해 주고받는 높고 큰 목소리는 성 안의 조용한 난롯가에 앉아있는 영국인들로서는 참을 수 없는 것일 게 분명하다. 하지만 트로츠키의 《나의 일생》과 《러시아혁명사》는 '과잉됨'과는 무관하다. 두 책에서 트로츠키는 고전적인 '표현의 절제'를 실천한다. 두 책에서 그는 '객관적으로 글을 쓰는 작가'로서, 글의 의미나 분위기의 미세한 차이를 최대한 정확하게 구현하려고 노력한다. 문필 분야의 중노동자인 셈이다. 그는 예술적 통합성에 대한 불굴의 감각을 갖고 글의 구조 전체와 각 부분의 비율에 신경을 쓰면서 작품을 주조해냈다. 그는 이론적 주장을 이야기의 서술 속에 대단히 긴밀하게 짜 넣었기에 그것들을 분리하려고 하면 그 결과 무늬가 훼손된다. 그는 이야기를 서술하는 사람들 중에서는 보기 드물게 자기가 하는 이야기를 어디에서 줄이고 어디에서 늘여야 하는지를 알고 있었다. 글의 속도와 리듬은 실제 사건의 맥박에 맞춰졌다. 그리고 글 전체는 혁명을 서술해 전달하는 데 적절한 격렬한 흐름을 갖고 있다. 글의 리듬은 오랫동안 평온하고 규칙적인 상태로 유지되다가 사건의 절정에 이르면 열정적이고 격렬하게 고조된다. 그래서 동궁(冬宮)을 공격하는 적위대, 네바 강에서 전함이 사이렌을 울리는 소리, 소련에서 여러 정당들이 벌인 마지막 격투, 기존 사회질서의 붕괴, 혁명의 승리 등이 마치 교향곡과 같은 음악효과를 내면서 재현된다.[39] 그 모든 거대한 흐름 속에서도 그는 객관적인 태도를 잃지 않는다. 그의 독창성은 바로 고전적인 장엄미와 냉정한 현대성의 결합에 있다.

그는 자기가 쓰는 글 속에 화려한 유추와 은유를 여기저기 뿌려놓는다. 그런 유추와 은유들은 그의 상상력에서 그때그때 즉각적으로 튀어나온 것들이긴 하지만, 통제력을 갖추고 있다. 그가 상상해낸 이미지는 그 생생함 만큼이나 개념적으로 정확하다. 그는 분명한 목적, 즉 생각을 촉진하거나, 어떤 상황을 조명하거나, 두 개 이상의 생각을 긴밀하게 결합시킨다는 목적을 갖고 은유를 사용한다. 그런 이미지가 단 하나의 문장 속에서 빛을 낼 수도 있고, 한 단락에 걸쳐 서서히 모습을 잡아갈 수도 있으며, 한 장 전체에 걸쳐 마치 나무처럼 처음에는 싹이 트고 몇 페이지 뒤에 꽃이 피고 그 장의 마지막 부분에 가서 열매를 맺기도 한다. 예를 들어 2월혁명의 시작을 묘사한 다음과 같은 구절에서 우리는 그가 어떻게 은유를 사용했는가를 눈여겨볼 수 있다. 시위에 나선 2500명의 페트로그라드 노동자들이 오랫동안 대중반란을 진압하고 처벌하는 작업을 해온 카자크 부대와 좁은 장소에서 마주친 장면을 묘사한 대목이다.

> 말 위에 올라탄 장교들이 처음에는 말의 가슴으로 사람들을 밀어내어 길을 내면서 군중 속을 뚫고 지나갔다. 그들 뒤로 카자크 기병들이 까맣게 달려오고 있었다. 결정적인 순간이었다! 그런데 장교들이 군중 속에 방금 낸 길로 들어선 카자크 기병들은 고삐를 느슨하게 쥐고 조심스러운 태도로 말을 몰고 있었다. "어떤 친구들은 미소를 지었고, 그중 한 친구는 노동자들에게 선의의 윙크를 보내기도 했다" 고 카유로프는 회상한다. 그 기병의 윙크에는 어떤 의미가 담겨있었다. 노동자들은 자기들에게 적대적이기는커녕 오히려 우호적인 그 윙크에 안심하고 용기를 낼 수 있었고, 그런 노동자들의 분위

기가 카자크 기병들에게 전해졌다. 노동자들에게 윙크를 보낸 기병은 자기를 따라 윙크로 답하는 노동자들을 보았다. 장교들이 다시 카자크 기병들을 채근했다. 그러나 그들은 겉으로는 규율을 어기지 않았지만 군중을 해산시키지 않으면서 그저 그 속을 지나다니고만 있었다. 이런 일이 서너 차례 반복되면서 양쪽은 점점 더 가까워졌다. 카자크 기병들은 개별적으로 노동자들의 질문에 대답하기 시작했고, 심지어 노동자들과 잠시 대화를 나누기도 했다. 규율은 거의 속이 다 들여다보이는 껍데기만 남았다. 장교들은 서둘러 정찰병들을 노동자들로부터 떼어내려 했고, 군중을 해산시키겠다는 생각은 포기한 채 거리를 가로질러 카자크 기병들을 세워놓았다. 시위대가 시내 중심지로 들어가는 것을 막기 위한 장벽을 설치한 것이었다. 그러나 이런 조처도 소용이 없었다. 카자크 기병들은 완전히 규율을 지키는 태도로 서있긴 했지만 꼼짝도 하지 않았다. 그들은 자기가 타고 있는 말의 배 아래로 노동자들이 지나가는 것도 막지 않고 그냥 놔뒀다. 혁명은 따로 길을 낼 필요가 없었다. 혁명은 카자크 기병들이 탄 말의 배 아래로 승리를 향한 첫 걸음을 내디뎠다.[40]

카자크 기병들이 탄 말의 배 아래로 혁명이 돌진했다는 일반적인 묘사는 그런 상황에 대해 서술한 구절들로부터 자연스럽게 나온다. 이 일반적 묘사는 뜻밖의 새로운 상황, 희망에 찬 기대감, 상황의 불확실성을 모두 조명해준다. 이 시점에서 우리는 노동자들의 상황이 아직은 확실하지 않지만 짓밟히지는 않을 것임을 느낄 수 있다. 몇 페이지 더 넘기면 봉기가 진전되는 과정을 서술하는 대목이 나온다. 거기에 위의 은유가 수정된 형태로 다시 등장해 혁명이 그동안 얼마만큼의 거리를 걸어왔는지를 상기시킨다.

> 즐거운 승리의 보고가 이어졌다. 무장한 우리 차도 모습을 나타냈다! 적기를 휘날리면서 그들은 곳곳에서 아직 항복하지 않은 자들 모두에게 공포감을 심어주고 있었다. 이제는 더 이상 카자크 기병들이 탄 말의 배 아래로 기어갈 필요가 없었다. 혁명은 몸을 다 일으켜 꼿꼿하게 섰다.[41)]

이에 못지않게 특징적인 묘사의 예로, 하나의 특이한 장면에 대한 강렬한 묘사를 들 수 있다. 이 묘사로 인해 묘사된 장면 자체가 사람들의 뇌리를 떠나지 않는 상징이 된다. 그것은 무너지는 차르의 군대 안에서 장교들과 사병들이 서로 적대하는 장면을 묘사한 것이다.

> 맹목적인 싸움은 고조됐다가도 가라앉곤 한다. 장교들은 변화된 상황에 대처할 준비를 하고, 사병들은 다시 때가 오기를 기다리고 있었다. 그러나 이 일시적인 휴식의 시간에, 휴전이 유지된 몇 날 몇 주 동안에 구체제의 군을 해체시키는 역할을 하는 사회적 증오가 점점 더 강렬해졌다. 그 증오는 점점 더 자주 마른번개처럼 번쩍거리며 터져 나왔다. 모스크바의 한 원형극장에서 부상당한 장교와 병사들의 회의가 소집됐다. 한 상이군인이 연설자로 나서서 장교들에 대한 비난을 늘어놓기 시작했다. 발, 지팡이, 목발로 바닥을 구르며 항의하는 소리가 시끄럽게 일어났다. "그러나 장교님, 당신이 채찍과 주먹으로 병사들에게 모욕을 가했던 게 얼마나 오래된 일인가요?" 부상당하고 포탄 공포증에 걸리고 팔다리가 잘린 그들은 마치 두 개의 벽처럼 갈라서서 서로 마주보고 서있었다. 다리가 잘린 병사가 역시 다리가 잘린 장교와, 다수가 소수와, 목발을 짚은 병사가 목발을 짚은 장교와 맞서고 있었다. 원형극장에서 벌어진 이 악몽 같은 장면은 앞으로 닥칠 내전의 격렬함을 예고해주는 것이다.[42)]

이 엄격하게 사실적인 르포르타주는 감정의 폭발을 대단히 간결하게 전한다. 이 장면은 또박또박 끊어지고 거친 몇 개의 문장으로 씌어졌다. 단지 몇 개의 단어들이 우리를 원형극장으로 데리고 가서 발, 지팡이, 목발로 바닥을 구르며 항의하는 소리가 우리의 귓전을 때리게 한다. 평범한 비유들이 그 장면, 즉 상이군인들이 '마치 두 개의 벽처럼 갈라서서 서로 마주보고 서있는' 장면의 평범하지 않은 성격을 강조해준다. 이 몇 개 안 되고 기교도 부리지 않은 문장들 속에 얼마나 많은 비극적인 비애감이 응축돼있는가?

그의 모든 저작에는 풍자, 역설, 유머가 스며있다. 그가 기존질서에 등을 돌린 것은 단지 분노와 이론적 신념 때문만이 아니라 그 질서가 우스꽝스러울 정도로 불합리하다는 느낌 때문이기도 했다. 가장 긴장되고 무자비한 싸움의 와중에서도 그의 눈은 기괴하거나 우스운 장면을 잡아낸다. 그는 인간의 허약한 정신, 비열함, 위선과 거듭해서 새롭게 마주친다. 《나의 일생》에서 그는 일찍이 1917년에 뉴욕에서 러시아계 미국인 사회주의자들이 '러시아혁명은 차르체제뿐 아니라 부르주아의 지배도 종식시키는 것으로 귀결될 것' 이라는 자기의 예측에 대해 어떤 반응을 보였는지를 회상한다.

> 나와 대화를 나눈 거의 모든 사람이 내 말을 조크로 받아들였다. '가치 있고, 가장 가치 있는' 러시아인 사회민주주의자들이 모인 특별회의에서 나는 강연을 하면서 러시아혁명의 다음 국면에서는 프롤레타리아 당이 필연적으로 권력을 장악할 것이라고 주장했다. 그 결과는 마치 배를 잔뜩 부풀린 무기력한 개구리들이 가득 차있는 웅덩이에 돌을 던져 넣은 경우와 같았다. 잉거맨 박사는 곧바로 내가 정치산술의 기초도 모른다고 지적하고 나의 허황

된 꿈을 반박하는 데 5분의 시간도 낭비하고 싶지 않다고 말했다.[43)]

트로츠키는 자기의 적들을 비웃어줄 때 바로 이런 종류의 흥겨운 경멸의 태도를 취했다. 그는 아주 드문 경우 외에는, 다시 말해 아직은 순진하게 웃을 수 있었던 자기의 어린시절이나 청년기를 회상할 때를 제외하고는 호의적이고 친절하게 웃지 않았다. 그 시절 이후 그는 워낙 치열한 싸움에 워낙 깊이 몰입해 있었다. 그는 사람들이 자기에 대항하도록 만들기 위해 사람들과 제도를 조롱했다. 위의 인용문에서 트로츠키는 사실은 이렇게 말했던 것이다. "뭐라고? 우리가 배를 부풀리고 무기력한 저 개구리들이 하고 싶은 대로 하도록, 우리를 위해 우리의 일을 관리하도록 허락해야 한다고?" 그의 풍자는 억압받는 자와 짓밟히는 자들이 힘센 자들을 오히려 내려다볼 수 있게 해준다. 그럴 때 그 힘센 자들은 채찍 아래서 꿈틀거리며 기어 다닌다. 하이네의 유명한 묘사에서 그려진 레싱처럼 트로츠키는 적의 머리를 베기만 하는 게 아니라 '그렇게 베어낸 적의 머리를 땅에서 주워 올려 그 속이 텅 비었음을 사람들에게 보여줄' 정도로 심술궂었다. 그리고 그의 이런 심술은 클레이오(그리스 신화에 나오는 역사의 여신—옮긴이)와 함께 위대한 10월의 전장에 다시 찾아갔을 때 최고조에 달했다.

4장_ 인민의 적

"위대한 사건들에 참여하는 것이 나의 운명이었다는 바로 그 이유 때문에 이제는 나의 과거가 나를 행동의 기회로부터 차단하고 있다"고 트로츠키는 일기에 썼다. "나는 역사적 사건들을 해석하고 그 사건들의 미래 경로를 예측해보는 처지가 됐다."[1] 이것은 그가 자기 자신에 대한 관찰의 결과를 글로 남긴 유일한 경우로 보인다. 이 구절은 그가 말하고자 했던 것 이상을 드러낸다. 이 구절의 맥락에 비추어 판단해보건대, 그는 마음속으로 자기가 추방당함으로써 그 어떤 대규모 정치활동에도 참여할 수 없게 됐다고 생각했던 것 같다. 그런데 사실은 이와 다른, 보다 깊은 의미에서도 그의 과거는 '그를 행동의 기회로부터 차단'했다. 그의 사상과 방법론, 그리고 정치인으로서 그의 특성은, 그가 추방당해 있던 '현재'가 적대시하는 '과거'에 속하는 것이었다. 이 때문에 그의 사상과 방법론, 그리고 정치인으로서의 특성은 더 이상 효력을 발휘하지 못했다. 그의 사상과 방법론은 고전적 마르크스주의의 그것이었으며, 서구의 '선진' 자본주의 사회에서 혁명이 일어나리라는 전망과 연결된 것이었다. 정치인으로서 그의 특성은 러시아 마르크스주의와 국제 마르크스주의를 배양한 아래로부터의 혁명과 프롤레타리아 민주주의의 분위기 속에서 형성됐다. 그러나 두 번의 세계대전 사이의 기간에는 격렬한 계급갈등이 존재했음에도 국제혁명은 정체됐다. 서구 자본주의의 생존력은 고전적 마르크스주의의 예상보다 훨씬 더 강한 것으로 드러났다. 게다가 사회민주주의적 개량주의와 스탈린주의가 노동운동을 정치적, 정신적으로 무장해제시킴에 따라 서구 자본주의의 생존력은 더욱 강화됐다. 2차대전 이후에야 국제혁명이 다시 힘을 회복하게 된다. 그러나 그때는 동쪽의 저개발 지역이 국제혁명의 주된 무대가 되고, 그 형태, 그리고 부분적으로는 그 내용도 고전적 마르크스주의의 예측과는 매우 달라진다. 동유럽에서는 혁명이 주로 '위와 밖으로부터', 즉 정복과 점령에 의해 이루어지게 된다. 그런가 하면 중국에서는 혁명이 프롤레타리아 민주주의로 일어나서 도시에서 농촌으로 확산되는 것이 아니라 농촌에서 형성된 거대한 농민반군이 도시를 정복하는 방식으로 일어나고, 그런 다음에야 부르주아 민주주의의 단계에서 사회주의의 단계로 이행하게 된다. 어쨌든 마르크스주의자의 관점에서 보면 트로츠키가 망명하던 시기는 혼란의 시기였고, 역사적 단절의 시기였으며, 고전적 사회주의 혁명을 내세우고 주장하는 사람들이 발을 딛고 있던 토대가 허물어지는 시기였다. 1930년대에 이어진 격동적인 사건들에 대해서는, 특히 소련 밖에서 일어난 사건들에 대해서는 트로츠키는 근본적으로 '거대한 국외자'였다.

그러나 '그에게서 행동의 기회를 차단한' 그의 과거는 그가 행동하지 않고 가만히 앉아만 있도록 놔두지 않았다. 10월혁명의 지도자, 적군의 창설자, 그리고 무엇보다도 공산주의 인터내셔널의 고무자인 그는 국외자의 역할에 편안히 머물러 있을 수가 없었다. 그러한 역할이 마르크스주의자로서 그의 관점과 양립할 수 없었다는 이야기는 아니다. 마르크스와 엥겔스도 오랜 세월을 '실천적' 정치에서 떨어져서 근본적인 이론작업에 몰두하면서 사건들을 '해석'하는 데 만족하면서 보냈고, 그 기간 동안 그들은 어떤 의미에서 국외자였다. 그들이 아닌 라살레가 독일 최초의 사회주의 대중운동을 이끌었고, 그들이 아닌 프루동과 블랑키가 프랑스 사회주의를 고무했으며, 영국 노동운동에도 그들은 멀리서 피상적인 수준의 영향만 끼쳤을 뿐이다. 그들은 '이론과 실천의 통합'에 관한 자신들의 철학적 공리를 공식적인 정치활동에 언제나 참여해야 한다는 의무감과 직결되는 편협한 공리로 간주하지 않았다.[2] 그들은 자기들의 당을 구축하고 권력을 장악하기 위해 싸울 기회를 가질 수 없을 때는 사상의 영역으로 물러났다. 그들이 사상의 영역에서 한 작업은 당장은 아니지만 역사적으로 대단히 중요한 것이었다. 왜냐하면 그 작업은 사회적 투쟁의 풍부한 경험에 뿌리를 두고 미래에는 어떻게 행동해야 하는지를 가리켜 보여주는 것이었기 때문이다. 그런데 트로츠키의 경우에는 그의 성격도 환경도 그로 하여금 공식적인 정치활동에서 물러나 있도록 허용하지 않았다. 그는 매일매일의 싸움에서 몸을 빼내려 하지도 않았고 빼낼 수도 없었다. 그가 추방당해 있던 시기는 마르크스가 《자본론》을 집필했던 1848년 이후 몇십 년간과 같은 정치적 사건의 휴지기가 아니었다. 그 시기는 전 세계적으로 사회적 전투와 파국적 사건이 이어지는 기간이었고, 트로츠키와 같은 활동의 전력을 가진 사람이 따로 떨어져 있을 수 없는 기간이었다. 게다가 그는 부단히 이어지는 스탈린과의 잔혹한 결투에서 잠시라도 벗어나 있을 수가 없었다. 그의 과거는 그로부터 행동의 전망을 차단한 만큼이나 무자비하게 그를 행동하도록 몰아댔다.

그의 망명 중 행적에는 바로 이런 행동의 필연성과 행동의 불가능성 사이의 갈등이라는 특징이 새겨져있다. 그는 이런 갈등을 어느 정도 감지하고는 있었지만 그것을 명확하게 의식한 적은 전혀 없다. 행동의 불가능성을 눈치 챘을 때도 그는 그것이 외부적이고 일시적이며 박해와 육체적 고립에서 유래한 것으로 보았다. 이처럼 자기의 보다 깊은 곤경을 의식하지 못했다는 점이 그 어느 역사적 인물이 상대했던 적보다 더 무서운 적에 대항해 승산 없는 싸움을 계속해나갈 힘을 그에게 주었다. 필연성은 그를 공식적인 정치활동으로 내몰았다. 그는 거듭해서 뒷걸음질했다. 그런데 그 뒷걸음질이 그의 의식 속에서 이루어졌다면 좋았으련만 실제로는 무의식적인 심리와 본능적인 반응 속에서 이루어졌다. 그의 의지는 이런 심리적 작용에 저항했고 결코 굴복하지 않았다. 그러나 이런 갈등은 너무도 격렬하고 필사적이어서 진을 빼는 것이었다.

프린키포에서 지내는 동안에는 육체적 고립이 그가 안고 있는 딜레마의 압력을 완화시켰다. 그는 정치활동의 현장에 보다 가까운 곳으로 가게 되기를 초조해하며 갈망했다. 그렇게 되면 자기가 효과적으로 정치에 관여할 수 있게 될 것이라고 확신했기 때문이다. 그러나 그때 그에게는 역사를 저술하는 일에 몰두하는 것 외에는 다른 선택의 여지가 없었다. 그는 완전히는 아니지만 이론적 사상의 영역으로 물러나 있었다. 이제 그의 지속적인 영향력이 그 이론적 사상의 영역에서 발휘되는 상황이었다. 그가 프린키포에 있었던 4년간이 그의 망명기간 중에서 가장 창조적인 기간이었던 것은 바로 이런 이유에서다. 그러나 그는 프린키포를 떠남으로써 더욱 심화되고 첨예화된 딜레마에 빠지게 된다. 프린키포에 고립돼 있을 때 그는 부분적으로나마 적대세력으로부터 보호됐다. 그러나 이제 곧 그는 그 적대세력에 완전히 노출된다. 뿐만 아니라 정치활동의 현장과 가까워지자 그의 내면에 있던 행동을 향한 열정이 강한 자극을 받는데, 그 열정에서 그의 약점이 드러나게 된다. 그는 사건의 흐름이 계속 자신을 지나쳐버린다는 것을 깨닫고는 그 사건의 흐름을 바꿔보려고 온힘을 다 쓴다. 생애 마지막 8년간에도 그는 손에서 펜을 놓지 않았다. 그럼에도 이 기간에는 《러시아혁명사》나 자서전만큼 비중 있는 불후의 저작을 단 하나도 쓰지 못했다. 그는 프린키포를 떠날 때 내전의 역사에 관한 책을 쓰리라 마음먹었다. 내전에 대한 트로츠키만의 고유한 권위를 생각해볼 때 만약 그 책이 실제로 완성됐다면 《러시아혁명사》만큼 중요한 저작이 됐을 것이고, 그 이상으로 러시아 역사의 한 시기를 훌륭하게 조명해주었을 것이다. 그는 레닌에 대한 본격적인 전기도 쓰기 시작했다. 그는 맥스 이스트먼과 빅토르 골랑즈에게 그 전기가 자기 일생의 최고 저작이 될 것이며 변증법적 유물론 철학에 대한 '긍정적이면서도 비판적인' 해설을 포괄적으로 할 기회가 될 것이라고 얘기했다.[3] 그러나 그는 이것을 포함한 여러 가지 계획들을 실행하지 못했다. 떠돌이 생활과 박해로 인해 정신적인 집중을 할 수 없었던 탓도 있지만, 가장 주된 이유는 그가 집필계획을 희생시키면서 공식적인 정치활동에 나서고 4차 인터내셔널을 위해 전력투구한 데 있었다.

이렇듯 그는 행동의 필연성과 불가능성 사이에서 갈등했다. 프린키포를 떠나는 시점에야 그는 이런 자기의 갈등이 지닌 무게를 예감했다. 프린키포를 떠날 때 그는 희망과 기대로 꽉 차 흥분된 상태였지만, 동시에 존재의 내면 깊숙한 곳에서는 오싹한 두려움도 느끼고 있었다.

1933년 7월 17일 트로츠키는 나탈랴, 맥스 샤트먼, 그리고 반 헤이예노르트, 클레멘트, 사라 웨버 등 세 명의 비서와 함께 속도가 느린 이탈리아 선박 불가리아 호를 타고 프린키포를 떠났다. 마르세유까지 가는 데는 꼬박 일주일이 걸렸다. 비밀유지를 위해 다시 한 번 모든 예비 보안조처가 취해졌다. 덴마크에 갈 때와 마찬가지로 이번에도 그는 아내의 이름으로 여행에 나섰고, 남의 눈에 띄지 않기 위해 최선을 다했다. 그러나 배가 피에레푸스(그리스 동남부의 항구—옮긴이)에 도착했을 때 많은 기자들이 이미 그를 기다리고 있었다. 트로츠키는 기자들에게 "이번 여행은 전적으로 사적인 것"이며 자기와 아내는 몇 달간 치료를 받는 데 몰두할 것이라고 말했고, 정치적인 발언을 유도하면 답변을 거부했다. "우리의 여행은, 특히 세계가 훨씬 더 중요한 문제들과 씨름하고 있는 이 시점에, 대중으로부터 주목받을 만한 게 아니다"라고 그는 말했다. 그러나 언론은 다시 한 번 의심에 가득 찬 눈으로 그의 여행을 관찰하면서 그 목적을 추측해보기 시작했다. 사람들 사이에는 스탈린의 주도 아래 그가 소련의 외무인민위원인 리트비노프를 만나 자기의 러시아 복귀를 논의하기 위해 프랑스로 가고 있는 것이라는 소문이 떠돌았다. 이 소문은 워낙 폭넓게, 그리고 끈질기게 퍼져나갔기에 독일의 진지한 신문인 〈포시셰 차이퉁〉은 그에게 소문의 진위를 밝혀줄 것을 요구했고, 소련은 전신국을 통해 공식적으로 이 소문을 부인했다.[4)]

그는 마르세유까지 가는 동안 대부분의 시간을 자기 방 안에서 4차 인터내셔널에 대한 생각을 가다듬으며 보냈다. 그는 〈스탈린 및 그 일당과는 하나의 '인터내셔널'에 같이 있을 수 없다〉는 글을 쓰기도 했고, 자기를 지지하는 이탈리아 청년인 이그나지오 실로네가 최근에 발표한 소설 《폰타마라》에 대한 간략하면서도 긍정적인 평론을 쓰기도 했다.[5)] 그는 며칠간을 이렇게 열심히 일하다가 배가 프랑스 근처에 다다를 즈음 병에 걸려 앓아누웠다. 심각한 요통이 도졌던 것이다.[6)] 나탈랴는 나중에 이렇게 회상한다. "무더운 날씨였다. 통증이 그를 괴롭혔다. (…) 그는 일어서지 못했다. 우리는 배에 동승한 의사를 불렀다. 증기선은 목적지에 다가가고 있었다. 우리는 하선해야 한다는 생각에 두려워졌다." 마르세유 항구에서 상당히 멀리 떨어진 해상에서 배가 갑자기 멈추었을 때는 그동안 숨 쉬는 것조차 힘들게 하던 그의 통증이 조금 가라앉아 있었다. 그때 프랑스 경찰이 나타나 비서들은 배에 그대로 탄 채 마르세유 항구로 들어가도록 하고 트로츠키와 나탈랴에게만 작은 예인선으로 옮겨 타라고 요구했다. 그는 비서들과 떨어져야 한다는 데 불안감을 느껴 항의하려고 했다. 바로 그때 예인선 안에서 료바와 몰리니에가 자기를 기다리고 있는 것을 본 트로츠키는 고통으로 숨을 헐떡거리면서 천천히 예인선으로 내려갔다. 그가 부두에 몰려온 기자들과 대중의 시선을 피할 수 있게 하려고 료바가 꾀를 낸 것이었다. 부두에 모여 있는 기자들 속에는 게페우 요원들이 숨어있을 게 뻔했다. 트로츠키는 마르세유에서 가까운 카시(Cassis)에 조용히 내렸다. 보안청에서 나온 한 관리가 그에게 공문서를 건넸다. 그 공문서는 1916년에 그를 프랑스에서 '영구히' 추방한 명령을 취소하는 것이었다. 트로츠키는 "공적인 문서를 그렇게 크게 즐거워하며 인정하고 받아들인 것은 아주 오랜만의 일이었다"고 썼다.[7]

그러나 그 즐거움은 그를 입국시킨 프랑스 정부의 조처를 비난하는 현지 우익 신문들 때문에 곧바로 망가졌다.[8] 그가 프랑스에 도착한 7월 24일에 아이러니컬하게도 〈위마니테〉(프랑스 공산당의 기관지—옮긴이)는 1916년에 차르의 마지막 대사인 이스볼스키 백작의 부추김을 받은 프랑스 정부가 반전활동에 대한 보복으로 트로츠키에게 내렸던 추방명령을 취소한 데 대해 반대하는 항의의 글을 실었다. 〈위마니테〉는 프랑스 공산당원 전원에게 트로츠키의 동태를 계속 감시하라고 촉구하는 내용의 프랑스 공산당 정치국의 결의문도 같이 게재했다. 료바가 우려 속에서 사전 대비조처를 취한 것이 잘한 것이었음이 입증됐다. 트로츠키 일행은 몇몇 젊은 프랑스인 트로츠키주의자들과 함께 차를 몰고 카시에서 보르도로 간 다음 북쪽으로 더 달려 대서양 해안의 로양(Royan)에서 가까운 생팔레(St. Palais)에 도착했다. 생팔레에 몰리니에가 임차해놓은 별장주택이 있었던 것이다. 그사이 트로츠키의 비서들은 마르세유 항구에 도착해 트로츠키의 책과 자료, 그 밖의 짐들을 배에서 내린 다음 파리로 발송하고는 자신들도 파리로 출발했다. 게페우 요원들은 비서들의 이런 행동을 보고 트로츠키도 파리로 갔을 것이라는 결론을 내렸다. 바로 이 추측을 주된 근거로 삼아 비신스키(1930년대 대숙청 기간의 소련 검찰총장－옮긴이)는 4년 뒤 모스크바에서 열린 재판에서 트로츠키가 프랑스에서 테러 활동을 벌였다는 주장을 펼친다.

트로츠키 일행은 로양을 향해 천천히 이동했다. 트로츠키가 계속 통증에 시달렸기 때문에 일행은 지롱드 주에 있는 한 마을의 여관에 잠시 머물렀다. 밤에는 료바와 프랑스인 청년 한 명이 트로츠키의 방문 앞에서 보초를 섰다. 다음 날 오후에야 그들은 생팔레의 별장주택에 도착했다. 도착하자마자 트로츠키는 고열로 침대에 드러누웠다. 그러나 한 시간도 채 안 되어 그는 다시 서둘러 옷을 껴입고 그 별장주택을 빠져나와야 했다. 화재가 발생했기 때문이다. 방마다 연기가 자욱하게 찼고, 베란다와 정원, 그리고 담장이 온통 불길에 휩싸였다. 트로츠키가 프랑스에서 처음으로 당한 이 사건은 상징적인 것이었다. 트로츠키는 프랑스에 머무는 동안 적어도 두 번 이상 난데없는 화재를 겪었다. 그중 생팔레의 이 첫 번째 화재는 우연한 사고였다. 여름 햇볕이 너무 뜨거워 적지 않은 나무와 집들에 불이 붙었다. 프랑스에서 그는 신분을 감춰야 한다는 의무조건에 묶여있었다. 그래서 별장주택에 불이 났을 때 그는 몰려든 사람들의 눈을 피해 거리를 가로질러 길가에 서있는 몰리니에의 차 안으로 몸을 숨겼다.

차 안에 숨은 채 그는 아내, 아들, 친구들이 불어오는 바람의 도움을 받아 진화를 끝낼 때까지 기다렸다. 사람들이 그에게 다가오기도 했으나 그는 미국인 관광객인 척하면서 프랑스어는 거의 입 밖에 꺼내지도 않았다. 그는 자기의 영어 억양이 예전 그대로인 것을 알고 안도의 한숨을 내쉬었다. 다음 날 그 지방 신문들은 화재사고에 대해 보도하면서 막 도착한 '나이 든 미국인 부부'가 별장에 들어가자마자 불이 났다고 전했다.

트로츠키는 7월 25일부터 10월 1일까지 생팔레에 머물렀다. 그는 집 안에만 있으면서 대부분의 시간을 침대에 누워서 보냈다. 그의 건강이 시시각각 더 악화되는 걸로 보아 무언가 탈이 난 게 분명했다. 그는 불면증, 두통, 발열 등의 증상을 보였다. 나탈랴에 따르면 "그는 자기 몸을 일으켜 정원을 내다보지도 해변에 나가지도 못했다." 병세가 조금 나아지자 그는 방문객을 만났다. 그러나 그는 빨리 지쳤다. 그는 집안의 소파나 정원의 의자에 앉아서 여러 시간을 보내곤 했다. 이 당시 그를 방문했던 사람들은 그가 15분 내지 20분 이상 대화를 계속할 수 없었고, 땀을 너무 많이 흘려서 거의 실신할 정도였다고 회상한다. 그래서 그를 방문한 사람들은 그와의 대화를 여러 번으로 나눠 이어나가기 위해 며칠씩 생팔레에 머물러야 했다.[9)]

그럼에도 생팔레에 머문 두 달 동안 그는 적어도 50명 이상의 방문객들을 만났다. 프랑스 국내외의 트로츠키주의자들 외에도 아노이린 베번(영국의 노동운동가이자 정치인—옮긴이)의 아내인 제니 리, 영국 독립노동당의 A. C. 스미스, 독일 공산당과 사회주의노동자당의 지도자였던 야콥 발허와 파울 프뢸리히, 한때 코민테른의 대표로 인도네시아와 중국에 주재했다가 이제는 네덜란드의 의원이자 독립사회주의당의 지도자가 된 마링-스네블리트, 이때 벨기에 사회주의청년당의 지도자로서 트로츠키를 경외하면서 그에게 열렬하면서도 공손한 태도를 취해 그의 '사도'라 할만 했으며 훗날 북대서양조약기구(나토)의 사무총장이 되는 폴-앙리 스파크, 루트 피셔(독일 공산당의 지도자—옮긴이), 이탈리아의 유명한 반파시스트인 카를로 로셀리, 그리고 앙드레 말로(프랑스 작가—옮긴이) 등이 생팔레를 찾아왔다.

대부분의 방문자들은 8월 말 파리에서 열린, 새로운 인터내셔널의 구상에 관심을 가진 정당과 단체들의 국제회의와 관련해 그를 찾아왔다. 트로츠키는 이 국제회의에 직접 참가할 수는 없었지만 회의를 준비하는 과정에 적극적으로 참여했고, 회의에 제출할 테제와 결의안을 작성했으며, 조직의 세부사항에도 관심을 가졌다. 그는 기존의 인터내셔널 밖에 있는 사람들을 새로운 인터내셔널이 많이 끌어들이기를 바랐다. 그러나 회의에 대표를 보낸 14개의 작은 정당과 단체들 가운데서 단지 세 개, 즉 독일 사회주의노동자당과 두 개의 네덜란드 단체만이 트로츠키주의자들과 손을 잡고 4차 인터내셔널을 위한 일에 가담하기로 했다. 이들을 제외한 다른 모든 정당과 단체들은 트로츠키가 개량주의와 스탈린주의에 맹렬하게 반대하는 것을 보고 두려움을 느꼈다. 게다가 4차 인터내셔널을 위한 일에 가담하기로 한 세 개의 정당 또는 단체도 머뭇거리는 자세로 행동했다. 그들은 새로운 인터내셔널을 결성하기보다는 단지 그 준비조직을 만드는 데 그쳤다. 겉으로 보면 트로츠키는 이런 정도의 시작도 반기는 듯했고, 그것을 치머발트 회의처럼 의미 있는 사건이라고 여기는 듯했다.[10)]

그러나 그는 그것이 얼마나 미약한 시작인지를 느끼지 않을 수 없었다. 이런 느낌은 그를 더욱 낙담하게 했던 게 분명하다. 이즈음 몇 주간의 심정을 보여주는 그의 내밀한 표현을 우리는 그가 나탈랴와 주고받은 편지에서 발견할 수 있다. 나탈랴는 의사의 진찰을 받기 위해 9월 초부터 파리에 가 있었다. 슬픔과 애정이 교차하는 두 사람 사이의 편지들은 매우 쓸쓸하다. 또 편지에는 나탈랴에게 정신적으로 의존하던 그의 모습이 담겨있는데, 그것은 그가 보다 활동적이었던 이전의 시기에는 거의 보이지 않던 모습이었다. 나탈랴가 파리에 가 있다는 사실은 그에게 둘이 함께 파리에서 살던 옛 기억을 되살렸다. 그는 기력이 쇠잔해지고 나이가 들어간다는 통절한 느낌에 빠졌다. 나탈랴가 파리로 떠난 지 하루 또는 이틀 뒤에 그는 그녀에게 이런 편지를 썼다. "당신의 옛날 사진들, 우리가 함께 찍었던 그 사진들을 내가 얼마나 고통스럽게 보고 싶어 하는지 아오? 그 사진들은 아주 젊었을 적의 우리 모습을 보여줄 텐데. (…) 당신은 지금 파리에 가 있고 (…) 당신이 떠나던 날 (…) 나는 몸이 안 좋았지. (…) 나는 당신 방에 들어가 당신의 물건들을 만져보았소." 그는 둘의 젊었을 적 모습을 정확하게 떠올리려고 거듭 애를 썼고, "최근 몇 년 동안 겪은 고통 때문에 생긴" 불면증, 무력감, 감퇴된 기억력에 대해 불평했다. 그러나 그는 자기의 지적 능력이 아직 손상되지 않았다고 느끼고 있으며, 파리에서 찾아와 자기 곁에 머물고 있는, 훌륭한 의사인 동지가 자기를 잘 보살펴주고 있다면서 나탈랴를 안심시키려 했다. 9월 11일에 쓴 편지에는 이렇게 씌어있다. "사랑하는 당신에게. 프린키포에 있을 때는 훨씬 조용했지. 얼마 지나지도 않은 과거가 벌써부터 그때보다 더 좋게 여겨진다오. 그런데도 우리는 아주 커다란 희망을 품고 프랑스 생활을 고대했었지. 이제 우리는 분명 노년에 접어든 것일까? 아니면 급격한 하락이긴 하나 일시적인 것이어서 다시 벗어날 수 있는 하락일까? 두고 보면 알겠지. 어제는 두 명의 나이든 노동자와 교사 한 분이 나를 찾아왔었소. 나빌도 같이 있었지요. (…) 나는 대화에서 별다른 의미를 찾을 수 없었고, 지치는 느낌이 들었소. 하지만 호기심을 갖고 이 지역의 그 나이든 노동자들을 관찰했소."[11)]

일주일 뒤에 그는 건강을 조금 회복했다. 그는 나탈랴에게 보낸 편지에서 자기가 침대에 누운 채로이긴 했지만 한 무리의 지지자들을 만나서 그들과 열렬한 토론을 벌인 과정을 설명했다. 그리고 료바가 그들을 배웅하고 돌아와 자기가 덮고 있는 담요 위로 자기를 껴안고 키스를 하면서 "아버지, 사랑해요"라고 말한 얘기를 들려주었다. 아들과 몇 년간 떨어져 산 뒤여서인지 그는 아들이 보여주는 그런 애정과 존경의 표현에 감동했다. 그러나 며칠 뒤에 쓴 편지에는 젊은 방문객들 사이에서 자기가 많이 늙었다고 느끼게 되고 밤에는 잠에서 깨어나 "마치 버림받은 어린아이처럼" 나탈랴를 불러보곤 한다면서 "노년이 우리를 급습하고서야 우리는 스스로 어린아이임을 발견하게 된다고 괴테가 말하지 않았던가?"라고 썼다. 나탈랴는 이런 답장을 보내왔다. "당신은 결코 노년이 아니에요. (…) 창백하고, 지치고, 울적한 당신의 모습, 그런 모습은 대단히 낙담스러운 것이에요. 그런 모습은 당신에게 전혀 어울리지 않아요. (…) 당신은 스스로에게 초인적인 요구를 하고 있어요. 당신은 자신이 얼마나 많은 것을 어깨에 짊어질 수 있는가에 대해 사람들이 당연히 놀라야 할 때에 노년을 이야기하고 있군요." 그는 자기가 해야 할 일을 하지 못하는 상태에서 자기 안으로 움츠러들었다. 사람들의 방문, 대개의 경우 원을 그리며 제자리만 뱅뱅 도는 대화, 그리고 소규모 조직들의 책략 등은 그의 원기를 거의 북돋우지 못했다.[12)]

10월 초에는 그의 건강이 상당히 좋아졌다. 그래서 그는 보다 완전한 휴식을 취하기 위해 나탈랴와 함께 피레네 산맥에 있는 바그네르 드 비고르(Bagneres de Bigorre)로 갔다. 그들은 그곳에서 3주간 머물며 루르드

(프랑스 남서부의 작은 도시. 1858년에 이곳에 살던 열네 살짜리 소녀가 한 동굴에서 성모 마리아를 열여덟 차례나 보았을 뿐 아니라 신성한 메시지도 들었다고 알려진 이후 해마다 수많은 사람들이 찾아오며, 동굴 속에 있는 샘물은 성수여서 병 치료에 효험이 있다고 알려짐－옮긴이)를 여러 차례 방문했다. 이 도시는 그를 즐겁게 해주었지만, 한편으로는 인간의 얄팍한 신앙을 상징하는 장소였기에 그를 화나게도 했다. 그는 원기가 회복되어 다시 일로 복귀할 수 있기를 간절히 원했다. 바그네르 드 비고르에서 그는 그동안 레닌의 전기를 집필하라고 재촉해온 골란츠(영국의 출판인－옮긴이)에게 편지를 써 보냈다. 《적군의 역사(History of the Red Army)》를 쓰고자 했던 계획은 뒤로 미루고 이제부터는 레닌의 전기 집필에 몰두하려고 한다는 내용이었다.[13)]

그가 프랑스 땅을 밟은 지 3개월이 지났다. 그의 프랑스 입국에 반대하던 항의의 목소리는 그새 가라앉았다. 그는 자기의 신분을 감추고 지낼 수 있었고, 그의 소재는 언론에 알려지지 않았다. 생팔레를 방문한 친구나 지지자들 중에서도 그의 정확한 주소를 아는 사람이 거의 없었다. 료바가 그들의 방문을 매우 신중하게 준비했기 때문이다. 스탈린주의자들은 트로츠키의 프랑스 체류에 대해 항의하는 시위를 계획했으나, 그의 소재를 알아내지 못해서 실행하지 못했다. 트로츠키에게 동조하면서도 여전히 당에 몸담고 있는 트로츠키주의자 한 명이 로양으로 와서 이곳의 당 조직에서 무슨 일이 진행되고 있는지를 알아보고 필요하다면 생팔레 지부에 경고도 하려고 했지만, 막상 이 지역에 거주하는 스탈린주의자들은 트로츠키가 그곳에 있다는 사실조차 눈치 채지 못하고 있었다. 트로츠키의 이런 신중한 처신에 안심한 프랑스 정부는 트로츠키에 대해 취한 이동의 자유 제한 조치를 일부 완화해, 파리와 센 데파르트망(데파르트망은 프랑스의 지방행정 단위–옮긴이)만 제외하고는 프랑스 국내의 어느 곳에든 거주할 수 있도록 허용했다. 그래서 그는 11월 1일에 파리와 가까운 곳에 위치하고 있고 유명한 화파(바르비종파–옮긴이)의 이름이 되기도 한 소도시 바르비종으로 이사했다. 그는 그곳의 마을에서 조금 떨어진 퐁텐블로 숲 가장자리의 한 주택에 자리를 잡았다. 그 주택은 감시의 눈길이 미치지 않는 곳이었고, 보초와 감시견에 의해 보호되고 있었다. 그곳에서 그는 파리에 있는 지지자들과 긴밀히 연락을 취했다. 연락 담당자가 정기적으로 바르비종과 파리를 오갔고, 트로츠키는 겨울에 경호원을 데리고 파리를 두어 번 다녀오기도 했다. 그는 바르비종에서 적어도 일 년 동안은 아무런 방해도 받지 않고 레닌 전기를 집필할 수 있기를 바랐다.

트로츠키가 최근까지 느꼈던 무기력한 권태감은 흔적도 없이 사라진 듯했다. 그는 습관적인 일상으로 되돌아갔다. 집안의 모든 사람이 아직 잠에서 깨어나지 않은 새벽 여섯 시에 그는 이미 일을 시작한 상태였다. 그는 아침식사를 하기 위해 잠시 쉬고는 곧이어 정오까지 일을 계속했다. 그리고 점심식사에 이어 한 시간가량 휴식을 취한 뒤 다시 일에 달라붙었다. 오후 4시가 되면 그는 나탈랴와 비서들과 함께 선 채로 차를 마셨고, 그런 다음에는 저녁식사 시간까지 모든 사람이 그의 일을 도왔다. 저녁에는 집안 식구들과 방문자들이 토론회를 열었다. 토론회는 당연히 트로츠키가 이끌었다. 그는 다시 엄격한 조사와 집필 작업에 들어갔다. 레닌 전기를 쓰기 위한 자료를 모았고, 울랴노프(레닌의 본명–옮긴이)의 가계, 어린시절, 청소년 시절을 파고들었다. 또 1870년대와 1880년대의 러시아와 레닌의 지적인 성장과정 중 초기의 형성국면을 연구했다. 이 부분은 그가 쓰기로 한 레닌 전기의 맨 앞부분을 차지할 예정이었고, 결과적으로 레닌 전기 중 유일하게 완성된 부분이 된다. 그는 레닌의 철학적 저술들을 다룰 준비도 해야 했고 자기의 부족한 지식도 채워야 했기에 논리학과 변증법의 고전들, 아리스토텔레스와 데카르트, 그리고 특히 헤겔로 되돌아갔다. 그는 다른 일들이 자기의 주의를 산만하게 만들도록 허용하지 않았다. 이즈음 해럴드 래스키가 트로츠키에게 '미국은 어디로 가고 있는가?'를 주제로 한 책을 써보라고 재촉했다. 트로츠키가 그전에 썼던 《영국은 어디로 가고 있는가?》와 같은 글을 미국에 대해서도 써보라는 것이었다. 영국 노동당의 정신적 지도자이자 미국의 헌정사와 정치에 대한 권위자로 유명한 래스키는 이렇게 썼다. "이 주제에 관해 그보다 더 영국과 미국 대중의 흥미를 불러일으킬 책을 쓸 만한 사람을 나는 알지 못한다."[14] 그러나 트로츠키는 관심의 방향을 돌리려 하지 않았다.

이제 그는 그 어느 때보다도 애정을 갖고 프랑스의 정치인들과 문필가들을 관찰했다. 그는 기분전환을 위해 브리앙, 밀랑, 푸앵카레, 에리오에 대한 인물 스케치를 쓰고 또 고쳐 쓰고 했으며, 몇 개의 프랑스 소설들에 대한 평론을 쓰기도 했다. 이와 같은 그의 부차적인 저술들 가운데 셀린의 《밤의 끝으로의 여행》과 푸앵카레의 《회고록》에 대해 쓴 글은 간략하게 요약해볼 가치가 있다.[15] 셀린이 《밤의 끝으로의 여행》을 발표하면서 문단에 데뷔한 것에 대해 트로츠키는 이렇게 썼다. "다른 사람들이 각자 자기 집으로 들어갈 때 셀린은 위대한 문학가로서 문단에 들어갔다." 트로츠키는 사회적 관습과 평판에 대한 초연함, 폭넓은 경험, 듣는 귀의 예민함, 대담한 언어구사에서 셀린이 뛰어나다고 칭송했다. "그는 프랑스 문학이 구사하던 어휘들을 뒤흔들어 놓고, 학문적 순수주의에 의해 오랫동안 추방당했던 단어들을 복귀시켰다. 라블레에서 유래한 풍부한 전통에 뿌리를 두고도 그는 마치 프랑스어 단어들을 처음으로 사용하는 듯이 《밤의 끝으로의 여행》을 썼다. 또한 셀린은 푸앵카레가 완벽하게 구현한 프랑스 부르주아의 인습에 도전했다." 여기서 트로츠키는 셀린과 푸앵카레를 대조시킨다. 이는 푸앵카레가 개 품평회에서 개막연설을 한다는 이야기에서 힌트를 얻은 결과였다. 이 이야기는《밤의 끝으로의 여행》의 서두에 나온다. "프랑스 부르주아에 대한 불후의 공증인" 이자 프랑스 제3공화국의 수호성인이라고 할 수 있는 푸앵카레는 "자신의 고유한 특징은 단 하나도" 갖고 있지 않다고 그는 썼다. 그의 모든 속성은 관습적이거나 모방된 것이며, 그의 연설과 회고록에 나타나는 대로 푸앵카레라는 개인은 "종이꽃과 반짝이는 금속조각으로 치장된 철조망" 과 같다고 트로츠키는 지적했다. 푸앵카레는 "나는 부르주아이며, 부르주아적인 것이라면 그 어떤 것도 내게 낯설지 않다" 고 얼마든지 말할 수 있었다는 것이다. 패배한 독일을 상대로 배상을 받아낸 데서 볼 수 있는 그의 약탈성과 "워낙 완벽하여 진지한 것처럼 보이는" 그의 위선은 전통적인 프랑스 합리주의를 가장하고 있지만, 사실 "그 고도의 철학적 전통에 부르주아 프랑스의 논리성과 명확성을 대비시키는 것은 마치 아리스토텔레스 철학에 중세 스콜라철학을 대비시키는 것과 같다" 고 트로츠키는 지적했다. 그는 부르주아 프랑스는 "현실의 3차원에서가 아니라 문서의 2차원에서 세계를 바라본다" 라고도 했다. 프랑스인들이 갖고 있다고 알려진 균형감각이 푸앵카레의 경우에는 "좁은 범위의 균형감각" 으로 축소됐다는 것이었다. 프랑스의 부르주아는 조상으로부터 "과거의 전통적인 옷들이 많이 들어있는 옷장" 을 물려받았고, 그 옷들을 자기들의 완고한 보수주의를 가리는 데 사용하고 있으며, 그들에게는 합리주의에 이어 "애국주의라는 종교" 가 마치 앵글로색슨 중산계급에게 종교가 의미하는 것과 같은 것이 됐다는 것이었다. 푸앵카레는 "자유로운 사고를 하는 프랑스 부르주아" 를 대변한다고 하지만, 그 프랑스 부르주아는 다른 사람들이 성부,

성자, 성신에 귀속시키는 모든 특성을 자기 나라에 투사한다"는 것이었다. 그래서 "애국주의적 의식이 정치행사의 필요불가결한 부분이 되었다"고 트로츠키는 지적했다.

셀린의 장점은 이렇게 신성시되는 것들의 실상을 폭로하고 거부한 데 있었다. 셀린은 작은 이익을 위한 살인이 거의 자연스럽게 일어나는 삶의 모습을 그렸는데, 이는 그런 살인이 드물게만 발생하는 예외 또는 극단적 현상인 체하는 관습적 도덕과는 다른 관점이었다. 셀린은 그 자신이 지치고 절망한 부르주아였다. 그는 "거울에 비친 자신의 모습에 너무나 혐오감을 느낀 나머지 자기 손에 피를 흘리면서까지 손으로 거울을 쳐서 깨뜨린다"고 트로츠키는 썼다. 그러나 트로츠키는 거짓을 강렬하게 증오하고 진리라고 하는 모든 것을 불신하는 셀린이 《밤의 끝으로의 여행》과 같은 책을 또다시 쓰지는 못할 것이라는 결론을 내렸다. 셀린의 내부에서 뭔가 근본적인 변화가 일어나지 않는 한 그는 어둠 속으로 가라앉을 것이라는 얘기였다. 얼마 지나지 않아 셀린은 나치즘의 조류에 매혹돼 이끌려 들어갔다가 그 조류와 더불어 휩쓸려 가버렸다.

말로에 대한 트로츠키의 언급도 주목할 만하다. 트로츠키는 말로의 작품 《인간의 조건》을 최초로 비평한 유일한 사람은 아니었지만 가장 먼저 비평을 한 여러 사람들 가운데 하나였다. 트로츠키는 이 작품이 위대하고 독창적인 작가의 재능을 보여준다고 칭송했다. 트로츠키는 다음과 같은 말로 이 책을 추천하면서 뉴욕의 한 출판업자에게 그 번역본을 미국에서 출간하라고 재촉했다. "자기의 목숨을 내놓을 만큼 위대한 초인적 목적만이 인간의 실존에 의미를 부여한다. 이것이 바로 철학적 교훈주의로부터 벗어나 있고 처음부터 끝까지 진정한 예술작품인 이 소설이 지향하는 궁극적인 의미다."[16] 그러나 트로츠키는 이전의 비평에서는 말로에게 "값싼 마키아벨리즘"의 흔적이 있음을 지적했었다. 말로는 혁명과 진정한 혁명의 투사들보다는 사이비 혁명가인 모험가들과 노동계급을 지배하고 그 위에 군림하려고 하는 "관료적 초인"에 매료됐다는 것이었다. 오늘날의 우리는 알고 있는 사실이지만, 그와 같은 종류의 초인에 매료됨으로써 말로는 처음에는 스탈린주의와, 그 다음에는 드골주의와 쉽게 관련을 맺었다. 그러나 트로츠키가 비평할 당시에 말로는 자기의 스탈린주의적 경향과 트로츠키에 대한 동조 및 찬양을 조화시키려고 노력하고 있었다.[17)]

바르비종에서 트로츠키는 서구에 있는 자기 지지자들, 특히 프랑스 안에 있는 지지자들을 가까이에서 관찰할 수 있었다. 그리고 그는 4차 인터내셔널을 위해 지지자들을 규합하는 과정에서 자기 분파의 협소한 한계를 넘어서고자 했다. 트로츠키는 프랑스에 거주하고 있던 망명자들인 루트 피셔와 마슬로프를 끌어들임으로써 품을 넓혔다. 피셔는 바르비종으로 트로츠키를 종종 방문했고, 트로츠키는 그녀를 국제사무국의 일원으로 추천함으로써 독일의 트로츠키주의자들을 분개시켰다. 트로츠키는 마리아 레제가 작성한 소책자에 그 내용을 극찬하는 서문을 쓰기도 했다. 독일의 공산주의자로 의원을 지낸 레제는 1933년에 독일 공산당이 봉착한 혼란과 패닉의 실상을 폭로하고 트로츠키주의에 대한 지지를 선언했다. 그러나 그 직후 레제는 트로츠키주의자들의 곁을 떠나 독일로 돌아가서 국가사회주의를 지지한다고 선언했다.[18)] 새로운 지지자들의 규합은 어렵게 진행됐다. 새로운 인터내셔널을 위해 손잡고 같이 일하겠다고 동의했던 소수의 그룹들은 서로 갈등을 빚었다. 닌 및 그의 친구들과 같은 일부 오래된 트로츠키주의자들은 따로 떨어져나가 카탈로니아에서 마르크스주의통일노동자당(P.O.U.M.)이라는 독립된 정당에 가담했다. 프랑스의 트로츠키주의자 그룹들의 구성원 수는 모두 더해봐야 100명 정도가 고작이었고, 〈베리테〉의 발행부수는 3천 부에도 못 미쳤다. 로스메는 거리를 두는 태도를 취했다. 그는 이렇게 말했다. "트로츠키가 프랑스에 체류해온 지난 2년 동안 나는 그와 한 번도 만나지 못했다. 아마도 그는 내가 먼저 자기를 방문하기를 기다리고 있는 것 같은데, 나는 그가 먼저 나를 방문해주기를 기다리고 있다."[19] 이때 트로츠키는 로스메가 몰리니에와 손을 잡기를 거부해온 이유를 알아차렸다. 프랑스에 있는 동안 트로츠키는 몰리니에의 가족으로부터 많은 도움을 받았다. 하지만 그는 가까이서 본 몰리니에의 '정치적 무책임성'에 놀라지 않을 수 없었다. 트로츠키는 또한 나빌이 보여준 '오만함'과 '혁명정신 및 주도력의 결여'에 화가 나기도 했다.[20] 트로츠키는 이 당시 트로츠키주의자이던 시몬 베유와 많은 시간을 들여가며 토론을 했지만, 결국은 그녀가 "얼간이"이며 "노동계급의 정치와 마르크스주의를 이해하지 못하는 사람"이라고 생각하게 됐다. 베유는 훗날 가톨릭과 신비주의로 철학적 개종을 한 사람으로 유명해진다. 자신을 지지한 프랑스 지식인 대부분에게서 트로츠키가 받은 인상은 2년 뒤 빅토르 세르게에게 보낸 그의 편지에 잘 나타나 있다. 이 편지에서 트로츠키는 그들을 "속물들"이라고 표현했다. "나는 그들의 집에 가본 적도 있는데 그곳에서 프티부르주아의 냄새를 느꼈다. 나의 코는 나를 속이지 않았다." 소수의 열렬한 청년 노동자들과 학생들 외에는 그가 믿을 수 있는 사람이 없었다. 그러나 그들은 정치적인 지식과 경험을 갖고 있지 않았고, 노동운동의 바깥에 머물며 무기력한 나날을 보내고 있었다. 트로츠키는 이런 결론을 내렸다. "우리는 노동자들에게로 가는 길을 찾아야 한다. 그리고 그 과정에서 예전의 혁명가들을 피하거나, 더 나아가 그들

을 무례하게라도 밀어내야 한다." [21)]

마침 스타비스키 사건이 한창일 때였다. 이 사건은 프랑스의 제3공화국과 그 각료들, 의원들, 그리고 경찰 수뇌부와 언론에 걸친 충격적인 부패의 실상을 노출시킨 스캔들이었다. 제3공화국의 의회 다수당인 급진당(급진사회당-옮긴이)이 이 사건에 깊이 연루돼 있었고, 정부는 이 사건이 피워 올린 연기에 거의 질식할 지경이었다. 파시스트와 준파시스트 성향의 동맹세력, 특히 드 라 로크 대령이 이끄는 '불의 십자가(Croix de feu)' 또는 '카굴라르'라고 불리는 조직이 대중의 분노를 흡수하면서 의회주의 체제를 전복시키겠다고 위협했다. 이들은 1934년 2월 6일 봉기에 나섰고, "달라디에(당시 프랑스 총리-옮긴이)를 처형하라"는 구호와 함께 의회를 공격했다. 그러나 이 쿠데타는 실패했고, 그로부터 일주일이 채 지나기도 전에 파리 노동자들의 총파업을 불러일으켰다. 이 총파업에서 사회주의자들과 공산주의자들은 자발적으로 여러 해 만에 처음으로 통일전선을 형성했다. 이런 일은 마침 코민테른이 '극좌' 전술을 포기하려고 할 때 벌어졌다. 이 2월 12일의 통일전선은 하나의 선례가 된다. 7월에는 사회주의자들과 공산주의자들이 공식적으로 "파시즘의 공격에 대항해 공동으로 공화국을 방어한다"는 합의를 하기에 이르렀다. 급진당은 이 합의에 참여하지 않았다. 급진당이 참여하게 되는 인민전선은 그 다음 해에나 결성된다. 그러나 이때 하나의 새로운 장이 열렸다. 통일전선에 의해 구조된 달라디에 정부는 점점 더 통일전선의 지지에 의존하게 됐다. 프랑스의 정치적 세력균형에 변화가 일어났고, 노동자들의 에너지가 분출했으며, 계급투쟁이 다시 가열됐다.

이런 상황에서 트로츠키는 자기의 지지자들이 대중운동 속으로 들어가는 것이 점점 더 긴급한 과제라고 생각했다. 그런데 트로츠키주의자들이 그동안 자기들을 무자비하게 박해하고 비방해온 공산당으로 돌아갈 수는 없는 노릇이었다. 그래서 트로츠키는 지지자들에게 사회주의 정당, 즉 국제노동자 프랑스지부(SFIO, Section française de l'nternational ouvrière)에 참여하라고 권고했다. 이때 SFIO는 레옹 블룸이 이끌고 있었고, 노동자들 가운데 다수에게 영향력을 끼치고 있었다. SFIO는 2차대전 뒤에 화이트칼라와 프티부르주아의 정당이 되지만, 이때는 그렇지 않았다. 트로츠키가 자기의 지지자들에게 SFIO에 참여하라고 권고한 것은 그 사상을 받아들이도록 하기 위해서가 아니라, 반대로 그 본거지 안에서 수정주의에 도전하고 자기들의 혁명적 정강정책을 대중에게 전달하도록 하기 위해서였다. SFIO는 집중화된 조직이 아니라 여러 다양한 그룹과 분파들이 각자의 영향력을 확대하기 위해 공개적으로 경합하는 연합체였다. 그러한 조직 속에서는 트로츠키주의자들이 사람들을 4차 인터내셔널의 구상을 지지하도록 만드는 게 가능했다. 이것이 바로 1934년과 1935년에 걸쳐 세계의 모든 트로츠키주의자 그룹들이 토론했던 '프랑스 선회(French turn)'다. 결국 트로츠키는 거의 모든 트로츠키주의자 그룹들에게 각자의 나라에서 이와 비슷한 경로를 밟으라고, 즉 별도로 구별되는 그룹으로서 사회민주당에 참여하라고 권고했다.[22)]

이런 권고를 하게 됨으로써 트로츠키는 새로운 인터내셔널에 대한 자기의 계획이 비현실적이었음을 암묵적으로 인정하는 셈이 됐다. 아울러 '프랑스 선회'는 새로운 인터내셔널 설립 계획을 구해내려는 절박한 시도였다. 그러나 그것은 성공할 수가 없었다. 트로츠키주의는 일시적으로만 사회민주당의 당원들에게 호소력을 발휘했을 뿐이다. 트로츠키주의는 사회민주당원들의 습관화된 사고와 뿌리 깊은 수정주의 전통에 워낙 배치되는 것이었다. 트로츠키는 블룸이 자신의 본거지에서 행사하는 영향력을 제거하는 일에 간접적으로 나섰지만 그렇게 할 수가 없었다. 트로츠키의 지지자들은 미리부터 SFIO의 기존 지도부와 교리에 대한 적대감을 드러내면서 SFIO에 입당했다. 물론 아무런 권한도 권위도 없는 소수파 그룹으로 입당한 것이었다. 그들은 젊은층 중에서 소수를 끌어들였지만 곧바로 적개심의 벽에 부닥쳤다. 게다가 '프랑스 선회'는 트로츠키주의자들을 공산주의자 대중으로부터 더 멀리 격리시키는 동시에 스탈린주의자들의 선전에 좋은 재료를 제공했다. 일반 공산주의자들에게는 단지 "수정주의에 도전하기 위해" SFIO에 입당한다는 트로츠키주의자들의 주장이 얄팍한 구실로 들렸다. 공산주의자들의 눈에는 사회민주당은 트로츠키주의자들의 입당으로 일시적인 정치적 이득을 취하고, 트로츠키주의자들은 사회민주당을 무대로 삼아 스탈린주의를 맹렬히 비난하려는 것으로 보였다. 트로츠키주의에 대한 그들의 오래된 불신은 이제 '배신자이자 반역자'인 트로츠키주의자들에 대한 맹목적인 증오로 변했다. 얼마 안 돼 그들은 트로츠키주의자들이 사회민주당의 지도자들 및 정책을 공격하다가 SFIO로부터 축출당하는 모습을 보게 된다. 이런 일은 인민전선의 시기에 일어나며, 그때 공산당은 트로츠키주의자들을 축출하는 SFIO의 조처를 지지하고 더 나아가 부추기기도 한다. 여하튼 '프랑스 선회'는 프랑스의 일반 공산주의자들이 트로츠키주의에 대해 느끼던 반감을 강렬한 적개심으로 변화시키는 데 기여했다. 이런 변화는 미묘하고 작은 것이었지만 그 중요성에 있어서는 결코 사소한 것이 아니었다. 서구 공산주의자들이 트로츠키주의에 맹렬한 혐오감을 품게 되면서 대숙청을 받아들이게 된 것도 바로 이처럼 눈치 채기 어려울 정도로 미묘하고 작은 변화 탓이었다.

트로츠키가 바르비종에 도착한 지 여섯 달도 지나기 전에 바르비종 체류가 주던 상대적 평온함이 깨졌다. 트로츠키는 다시 신분과 소재를 숨기고 잠적했다. 그의 잠적은 워낙 완벽한 것이어서 친구들도 그가 어디에 있는지 알지 못했고, 그에게 편지를 보낼 때는 그가 보낸 편지 겉봉에 적힌 주소로만 보내야 했다. 그가 보낸 편지 중에 바르비종에서 보낸 것은 하나도 없었다. 비서 한 명이 편지를 들고 바르비종과 파리를 오가며 배달꾼 역할을 하기도 했다. 그러나 한 작은 사건으로 인해 이런 모든 신중한 연락방법도 더 이상 유지될 수 없게 됐다. 4월의 어느 저녁에 경찰관이 사소한 교통법규 위반을 이유로 트로츠키의 전령을 멈춰 세웠다. 그 전령은 독일인 정치망명자인 클레멘트였다. 경찰관은 그의 모호한 답변과 외국어 억양에 놀라 추궁한 끝에 트로츠키가 바르비종에 있다는 사실을 알게 됐다. 프랑스의 경찰 본부가 트로츠키의 소재에 관한 정보를 신중하게 비밀로 유지하고 있는 상황에서 그의 소재를 알아낸 지방 경찰서는 그것을 자기들의 공적이라고 생각해서 떠들썩하게 발표했다. 지방 검찰관이 파리에서 온 기자들 및 헌병 1개 소대를 데리고 트로츠키를 심문하러 왔다. 우익 신문들은 즉각 떠들어대기 시작했고, 〈위마니테〉도 다시 그런 우익 신문들과 보도경쟁을 벌였다. 프랑스 정부는 경악했다. 파시스트 동맹세력은 정부가 트로츠키의 망명을 받아들인 데 대해 이미 공격에 나서고 있었다. 그들은 트로츠키에 대한 망명 허용은 스타비스키 사건에서 진면목을 드러낸 "부패하고 타락한" 정권의 범죄행위라고 외쳤다. 베를린에서 괴벨스가 이끄는 선전부는 트로츠키가 공산주의 봉기를 준비하고 있다는 이야기를 퍼뜨렸다. 경기침체에 겁을 먹고 제3공화국에 분노하고 있던 프티부르주아는 트로츠키가 은밀한 공작을 하고 있다는 선정적인 보도를 접하자마자 '유럽의 식인귀'가 자기들을 뒤쫓고 있다고 믿어버렸다. 〈위마니테〉는 트로츠키가 프랑스의 국가이익을 저해할 음모를 꾸미고 있다고 주장했다. 프랑스 정부 당국은 적개심에 가득 찬 아우성을 누그러뜨리기 위해 트로츠키를 곧 추방할 것이라고 발표했고, 실제로 그에게 추방명령을 내렸다. 그러나 프랑스 정부 당국은 실제로 그 명령을 강요하지는 않았다. 왜냐하면 다른 어떤 나라도 그를 받아들일 준비가 돼있지 않았기 때문이다.

4월 16일 또는 17일에 경찰은 트로츠키에게 바르비종을 떠나라고 요구했다. 그의 집은 군중에 둘러싸인 상태였고, 카굴라르나 스탈린주의자들의 습격이 우려되는 상황이었다. 트로츠키는 수염을 다 깎아버리고 그 밖에도 자기 신분을 숨기기 위해 할 수 있는 모든 준비를 다 한 다음 집을 빠져나갔다. 파리로 간 그는 가난한 학생들이 이용하는 다락방에서 아들과 함께 며칠을 보냈다. 그러나 파리는 그가 거주할 수 없게 돼있는 곳인데다가 너무 위험했다. 그래서 그는 나탈랴를 남겨두고 파리를 떠났다. 그는 몰리니에, 헤이예노르트와 함께 정처 없이 남쪽으로 차를 몰았다. 그는 이때부터 14개월간 유랑을 하거나 알프스 산맥 속의 외딴 마을에 숨어 생활하면서 프랑스에 머물렀다. 그리고 그러는 동안 숨기기 어려운 자기의 신분을 애써 숨기며 지내야 했다.

트로츠키는 경찰의 밀정에 쫓기면서 이곳저곳, 이 여관 저 여관으로 옮겨 다니다가 샤모니에 도착했다. 곧바로 그 지역의 한 신문이 그의 도착을 긴급뉴스로 보도했다. 트로츠키는 "아마도 경찰은 내가 스위스나 이탈리아와 관련된 어떤 의도를 갖고 있다고 의심하고 나의 소재에 관한 정보를 흘린 것 같다"고 추측했다. 트로츠키는 그곳에 오래 머물 수가 없었다. 경찰은 그에게 접경지역에는 머물 수 없다면서 파리에서 적어도 300킬로미터 이상 떨어진 작은 도시나 마을로 거처를 옮기라고 명령했다. 이때 나탈랴가 트로츠키가 있는 샤모니로 왔다. 몰리니에와 헤이에노르트가 트로츠키의 새로운 거처를 물색하며 돌아다니는 동안 트로츠키는 나탈랴와 함께 하숙집에서 지내야 했다. 하숙집을 구해 들어가는 것 자체가 '매우 복잡한 작업'이었다. 왜냐하면 그는 자기의 이름을 밝힐 수 없는 처지였는데 경찰은 그가 가명을 쓰는 것을 허락하려고 하지 않았기 때문이다. 결국 그는 외국인 혈통의 프랑스 시민인 척하면서 '세도프'라는 호칭을 댔다. 신분을 완벽하게 은닉하기 위해 그와 나탈랴는 상중인 체하면서 식사도 방 안에서만 했다. 조카로 위장한 헤이에노르트는 주변을 경계하며 감시했다. 공교롭게도 트로츠키가 든 하숙집은 그 지역 왕정주의자들이 주로 회합을 하는 곳이었다. 그래서 트로츠키를 계속 호위해온 '충성스런 공화주의자'인 경찰 요원이 식탁에서 그 왕당파들과 가시 돋친 설전을 벌이는 희비극이 연출됐다. "식사를 마치면 언제나 '조카'가 우리에게 와서 식탁에서 벌어진 그 몰리에르적인 장면을 전해주곤 했다. 그의 이야기를 들으면서 우리는 30분가량 비록 웃음소리는 억눌러야 했지만(우리는 상중인 체했기 때문에) 흥겹게 웃을 수 있었다. 이는 그곳에서 지내면서 감수해야 했던 불편함을 일부나마 보상해주었다. 일요일이면 나탈랴와 나는 미사에 참례한다는 구실을 내세우고 외출했는데, 실은 산보를 하기 위해서였다. 우리의 '미사 참례'는 하숙집 안에서 우리 위상을 높여주기도 했다." 트로츠키는 하숙집에서 나와 시골의 한 오두막집으로 거처를 옮겼다. 그런데 오두막집의 주소를 알게 된 그 지역 경찰서장이 하소연했다. "당신은 가장 부적절한 집을 골랐소! 그 집은 교권주의자들의 온상이고, 그곳 읍장은 나의 개인적인 원수요." 이미 그 오두막집을 몇 달간의 일정으로 임대한 상태인 트로츠키는, 자기는 지금 파산상태이기 때문에 지방신문에서 부주의한 보도를 해서 어쩔 수 없이

급히 떠나야 하는 상황이 빚어지지 않는 한 거처를 당장 옮길 수는 없다면서 버텼다.[23)]

이와 같은 유랑생활을 약 3개월가량 한 뒤인 7월 초에 마침내 트로츠키는 그르노블 근처의 도멘(Domesne)이라는 곳에 도착했다. 트로츠키와 나탈랴는 이곳 마을교사인 보 씨의 집에 머물렀다. 트로츠키와 나탈랴는 비서도 경호원도 하나 없이 완전히 고립된 상태로 거의 11개월 동안 이곳에서 지냈다. 그동안에 해외에서 특별히 두어 명 정도가 도멘을 찾아왔고, 여러 주일 만에 한 번씩 파리에서 비서가 왔을 뿐이었다. 다만 이웃에 사는 학교선생 몇 명이 종종 보 씨를 만나러 왔고, 그럴 때면 트로츠키와 나탈랴도 그들이 보 씨와 학교문제를 상의하는 자리에 동참했다. 트로츠키는 이렇게 기록했다. "여기에서 우리의 생활은 감옥에 갇혀있는 것과 거의 다르지 않다. 우리는 집안과 마당에 갇혀 지내고 있고, 감옥에서 면회객을 만나는 정도로만 다른 사람들을 만나고 있다. (…) 우리는 라디오를 하나 구했다. 근데 라디오 같은 것은 아마 일부 교도소에도 있는 것일 게다." 매일 하는 산보도 감옥의 마당에서 운동을 하는 것과 같은 느낌을 주었다. 트로츠키와 나탈랴는 사람들을 피하기 위해 마을을 우회해서 산보를 했지만, 이웃마을에 들어가지 않으려고 했기에 그리 멀리 갈 수도 없었다. 파리로부터는 한 달에 두 번씩만 우편물이 도착했다. 민주주의의 나라라는 프랑스에서 그들은 프린키포는 물론 알마아타에 있을 때보다도 훨씬 더 적은 자유만 누릴 수 있었다.[24)]

트로츠키는 전보다 일을 적게 했고, 그나마 일의 성과도 적어졌으며, 레닌 전기를 쓰는 작업은 거의 아무런 진전도 이루지 못했다. 10월에 그는 〈프랑스는 어디로 가는가?〉라는 제목으로 인민전선이 구축되기 직전의 프랑스 정치에 관한 팸플릿을 썼다. 이 팸플릿은 훌륭한 구절을 많이 담긴 했지만 제목으로 제기된 물음에 대한 제대로 된 답변을 내놓는 데는 실패했다. 아니, 오히려 잘못된 답변을 내놓았다고도 볼 수 있다. 그는 자기가 독일의 상황을 바라본 관점을 그대로 프랑스의 상황을 바라보는 데 적용했다. 그런데 독일의 상황을 바라볼 때 그에게 히틀러의 집권을 명쾌하게 볼 수 있게 해주었던 그 관점이 프랑스의 앞날을 바라보는 그의 시야를 흐려놓았다. 그는 이번에 또다시 부르주아 민주주의가 위기에 처했다고 진단했고, 이런 그의 진단은 옳은 것이었다. 그러나 이번에도 역시 하층 중산계급이 '미쳐 날뛰고', 이로 인해 파시즘의 역동적인 대중운동이 일어나며, 노동계급이 그들의 폭력에 직면하게 된다고 보았는데, 이는 잘못된 전망이었다. '불의 십자가'에 의한 2월 쿠데타는 그런 그의 견해를 어느 정도 뒷받침하는 듯했다. 그러나 결국 드 라 로크 대령은 히틀러의 프랑스판이 되지 않으며, 프랑스의 프티부르주아는 인민전선의 구축에 의해 방해를 받아서인지, 그들의 관점과 전통이 독일의 클라인뷔르거툼(프티부르주아의 독일 말—옮긴이)과 달라서인지는 모르겠지만 국가사회주의와 같은 운동을 일으키지 않았다. 대중운동을 일으키려는 파시즘의 시도가 반복됐음에도 그런 시도가 거듭 실패로 끝났던 것 자체가 1930년대, 1940년대, 1950년대에 걸쳐 프랑스 정치사가 보여준 특이한 점이다. 1940년에 제3공화국이 붕괴한 것은 독일의 침공이라는 돌풍을 맞아서였고, 제3공화국이 붕괴한 뒤에도 파시즘이 아닌 페탱의 경직적인 독재체제가 허약한 모습으로 들어섰다. 그로부터 18년 뒤에는 제4공화국도 군사 쿠데타에 굴복했다. 프랑스에서는 부르주아 민주주의에 대한 반동이 19세기에도 그랬듯이 준보나파르티즘 또는 사이비 보나파르티즘의 형태를 띠면서 '검의 지배(군정을 의미—옮긴이)'로 귀결됐으며, 그 지배는 방식과 효력에서 전체주의적 파시즘과 크게 달랐다.[25)]

트로츠키는 자기 나름의 전제 위에서 프랑스 노동운동의 전략과 전술에 관한 구상을 전개했다. 그는 토레즈와 블룸이 실행한 통일전선을 비판했다. 그것은 의회 내 활동과 선거에서의 제휴에 국한된 것일 뿐 노동자들을 일깨워 그들로 하여금 의회 밖에서 반파시즘 투쟁에 나서게 하지는 않는다는 비판이었다. 의회 밖에서 노동자들이 반파시즘 투쟁을 벌이게 되어야만 그 과정에서 사회주의 혁명의 전망도 생겨난다는 것이었다. 트로츠키는 코민테른에 대해서도 조롱을 퍼부었다. 독일의 사회주의자들과 공산주의자들에게 공동으로 히틀러의 집권을 막도록 촉구하는 자신을 비난했던 코민테른이 이제는 천연덕스럽게 통일전선을 채택하고는 그것을 오로지 발뺌, 의회주의적 왜곡, 기회주의의 전술로 전락시키고 있다는 것이었다. 역설적이게도 이번에는 토레즈가 블룸에게 "프티부르주아를 노동계급의 반파시즘 투쟁과 결합" 시키기 위해 급진당(급진사회당—옮긴이)으로도 동맹의 범위를 넓히자고 촉구하고 있었다. 그러나 그런 인민전선은 하층 중산계급을 노동자들과 결합시키기는커녕 오히려 둘 사이의 간극만 벌려놓을 것이라고 트로츠키는 지적했다. 하층 중산계급이 원래 그들의 당이었던 급진당에 등을 돌리고 있기 때문이라는 이유였다. 트로츠키는 공산주의자들과 사회주의자들에게 노동자들의 민병대를 조직하고 필요하다면 파시즘에 대항하는 무장투쟁을 준비해야 한다고 호소했다. 그리고 그는 1935년 3월에 쓴 〈다시 한 번 묻는다: 프랑스는 어디로 가는가?〉라는 팸플릿에서도 위와 똑같은 견해를 되풀이했다.

나중에 인민전선이 결국 실패한 것은 트로츠키가 이때 전개한 비판의 대부분이 옳았음을 입증해준다. 그러나 당장은 사회주의자들과 공산주의자들의 공동행동이 파시즘 동맹세력을 밀쳐내는 것에 성공하며, 패배한 파시즘 동맹세력은 다시는 세력을 회복하지 못한다. 그리고 인민전선이 얼마 동안은 노동계급을 분기시키고 그들의 운동을 활성화시켰던 것도 부인할 수 없는 사실이다. 인민전신의 정책이 노동자들의 에너지를 파괴하고 프티부르주아를 소외시킴으로써 나라 전체를 반동과 굴종의 분위기로 몰아넣고, 그런 상황에서 2차대전이 발발하게 되는 것은 그 다음 단계의 이야기다. 어쨌든 1934년과 1935년에 걸쳐 파시즘의 위협이 퇴조하자 의회 밖에서의 행동과 노동자들의 민병대 조직에 관한 트로츠키의 주장은 시기적으로 맞지 않는 것처럼 보였고, 그래서 그의 주장은 아무런 반향도 불러일으키지 못했다. 트로츠키는 알프스 산맥 속 거처에서 인민전선의 초기 움직임을 지켜보면서 일기에 이렇게 썼다. "이 진용은 절망적일 정도로 자기의 근거를 스스로 허물어뜨리고 있다. 그들은 결국 악취를 풍기며 붕괴할 것이다."[26] 인민전선이 승리를 거둔 시점으로부터 불과 몇 년 뒤인 1940년에 실제로 인민전선은 거대한 악취를 풍기며 붕괴하게 된다.

1932년 말까지는 트로츠키가 소련 안에 있는 자기의 지지자들과 연락을 취할 수 있었고, 소련 안의 많은 유형지와 감옥들로부터 오는 편지나 회보 등을 받기도 했다. 편지는 대부분의 경우 물건을 싸는 데 쓰는 거친 종이에, 그리고 때로는 담배종이에 러시아어, 프랑스어, 독일어로 정치적인 문제나 이론적인 문제를 다루거나 개인적인 안부를 전하는 내용이었다. 이런 편지는 믿을 수 없을 정도로 교묘한 수법으로 전달됐다. 예를 들어 한 번은 성냥갑 하나가 트로츠키의 책상에까지 도착했는데, 그는 그 안에서 깨알 같은 글씨로 쓴 정치 논문의 전문을 발견했다. 트로츠키 자료실에 보존돼 있는 이런 편지들은 시베리아나 북극 인근지역의 바람결, 토굴의 냄새, 가혹한 투쟁의 메아리, 죽을 운명에 처해 절망한 사람들의 울부

짖음뿐 아니라 때로는 명징한 사상과 불굴의 희망까지도 프린키포에 있는 트로츠키에게 전달해주었다. 그와 같은 편지가 그에게 전해지는 한 그는 소련의 현실이 내는 맥박소리를 들을 수 있었다. 그러나 그에게 전해지는 편지는 갈수록 줄어들다가 그가 프린키포를 떠나기도 전에 이미 완전히 끊어졌다.

프랑스에서 트로츠키는 소련 내 반대파와 아무런 연락도 주고받지 못했다. 트로츠키가 러시아에서의 운동은 혁명적 주도력을 상실했으며 새로운 인터내셔널만이 그런 주도력을 복구해낼 수 있다고 말했을 때 그는 끝없이 이어지는 항복자들의 전향선언에 의해 더욱더 굳어버린 반대파의 침묵을 염두에 두고 있었다. 그가 아직 바르비종에 있던 1934년 2월에 라코프스키가 항복했다는 소식이 그에게 전해졌다. 이 소식이 그에게 어떤 충격을 주었을지는 충분히 상상해볼 수 있다. 라코프스키는 그 누구보다도 친구, 투사, 사상가로서 그와 가까웠다. 라코프스키는 많은 나이에도 불구하고 박해에 꺾이지 않았고, 반대파 지도자들 거의 모두가 항복한 뒤에도 홀로 스탈린에 반대하고 저항하는 태도를 유지했다. 감옥이나 유형지들에서는 트로츠키를 제외하고는 그의 도덕적 권위가 가장 우선적으로 인정되고 있었다. 트로츠키는 〈반대파 회보〉의 거의 모든 호에 라코프스키가 직접 쓴 글이나 다른 사람이 그에 관해 쓴 글을 실었다. 그 가운데는 현안에 대한 논문도 있었지만 편지, 오래전에 그가 한 연설 중에서 발췌한 구절, 그에 대한 박해에 항의하는 성명서 등도 있었다. 반대파의 패배와 일련의 항복이 일단락됐을 때 트로츠키는 라코프스키를 가리켜, 반대파가 아직 살아있음을 보여주는 빛나는 실례이자 증거라고 말했다. 그런 라코프스키였기에 그의 변절은 트로츠키에게 커다란 슬픔을 안겨주었다. 트로츠키에게 그의 변절은 한 시대가 끝났음을 의미하는 것이기도 했다. 트로츠키는 이렇게 썼다. "나에게 라코프스키는 사실상 옛 혁명세대와의 마지막 접점이었다. 그가 항복한 뒤에는 아무도 남아있지 않다."[27] 트로츠키는 그와 같은 옛 투사도 마침내 지쳐버렸기 때문에 무너진 것일까 하고 생각했다. 그게 아니라면, 소련이 독일 제3제국의 위협을 받게 되자 그도 스탈린을 중심으로 뭉쳐야 한다고 생각하게 된 것일까 하고 트로츠키는 자문했다. 어느 쪽이 맞는 이야기이든 이제 스탈린의 승리는 그야말로 완벽한 것이 됐다. 그 후 몇 달 동안에도 당은 당원들 가운데서 불충한 자들을 가려내 축출하는 작업을 계속 해나갔지만, 스탈린과 많은 수의 회개한 반대파 사람들 사이의 화해는 그 어느 때보다 진지하게 이루어지는 것처럼 보였다.

그런데 이런 화해의 겉모습은 이해(1934년—옮긴이)가 다 가기도 전에 갑자기 파괴됐다. 9년 전에 레닌그라드 조직과 정치국의 수장 자리를 지노비예프로부터 넘겨받았던 세르게이 키로프가 12월 1일 암살당했다. 이에 대한 첫 공식 발표의 내용은, 암살자인 니콜라예프가 백위대 음모단체의 지원을 받아 일을 저질렀고 배후조종은 라트비아의 영사가 했다는 것이었다. 당내 반대파가 개입된 흔적은 발표 속에 전혀 없었다. 그러나 그 다음에 나온 두 번째 공식 발표는 암살자가 지노비예프와 카메네프를 추종하는 자라는 것이었고, 이번에는 백위대에 대한 언급이 없었다. 니콜라예프를 비롯해 15명의 젊은이들이 이 사건에 연루되어 처형됐는데, 그들은 모두 콤소몰(공산주의청년동맹—옮긴이)의 단원이었다. 지노비예프와 카메네프는 당에서 세 번째로 축출당하고 투옥되어 감옥에서 군법회의의 재판을 기다리는 처지가 됐다. 신문과 라디오는 트로츠키가 지노비예프 및 카메네프와 연결돼 있다면서 트로츠키야말로 진정한 배후 교사자라고 공격했다. '키로프를 암살한 자들'로 지목된 트로츠키주의자,

지노비예프주의자, 그리고 스탈린주의자 중 불만분자에 대한 대중적 테러가 마구 자행됐고, 수천 명이 강제수용소로 보내졌다. 레닌그라드 게페우의 고위관리 몇 명이 '임무태만' 혐의로 기소되기도 했지만, 이들에게는 놀라울 정도로 관대한 2~3년의 징역형만 내려졌다.

알프스 산맥 속의 오두막집에서 트로츠키는 무선전신 장치에 달라붙어 모스크바에서 전송되는 소식에 귀를 기울이며 사태의 진전상황을 추적하면서 나름대로의 논평을 메모했다.[28] 그는 모스크바에서 일어나는 아우성 속에서 키로프 사건 자체보다 훨씬 거대하고 불길한 사건들을 예고하는 징후를 즉각 식별할 수 있었다. 그는 지노비예프와 카메네프는 키로프의 암살에 관여하지 않았을 것이라고 확신했다. 두 사람은 오랜 세월 마르크스주의자로 살아왔다. 그런 그들에게 있어 체제의 변화와는 아무 상관도 없이 단지 한 개인일 뿐인 관리를 죽이는 음모를 꾸몄다는 이야기만큼 어울리지 않는 이야기도 없었다. 트로츠키는 스탈린이 반대파에 대해 새로운 공격을 가하기 위한 구실로 키로프 암살사건을 이용하고 있다고 확신했다. 레닌그라드 게페우의 책임자들에 대한 재판이 열리기 2주일 전인 12월 30일에 트로츠키는 공식 발표에 내재된 증거에 비추어 게페우는 키로프에 대한 암살기도를 사전에 알고 있었음에도 그들 나름의 이유에서 눈감아준 게 틀림없다고 주장했다. 그들 나름의 이유가 무엇이었을까? 니콜라예프는 반대파에 대한 탄압이 실행된 뒤에 성장한 세대에 속하는 콤소몰 단원으로서 현실에 대해 환멸을 느꼈지만 합법적으로 자기 의사를 표출할 방법을 모두 박탈당한 상태인데다 마르크스주의의 전통에 의해 억제되지도 않은 탓에 폭탄과 권총을 들고 항의하려 했던 것이라고 트로츠키는 생각했다. 따라서 책임을 져야 할 사람들은 반대파가 아니라 집권하고 있는 지배그룹이며, 게페우는 니콜라예프의 의도를 미리 알았음에도 그를 인질인 것처럼 이용했다는 것이었다. 그렇다면 그들이 추구한 목표는 무엇이었을까? 니콜라예프는 라트비아의 영사가 자기에게 트로츠키와 접촉하고 트로츠키에게 편지를 쓰도록 요구했다고 고백한 것으로 전해졌다. 트로츠키는 라트비아의 영사가 바로 게페우의 앞잡이라고 주장했다. 그 영사는 니콜라예프가 트로츠키와 교신했다는 '증거'를 먼저 확보한 다음에야 니콜라예프의 음모를 '적발'할 계획이었다는 것이다. 그와 같은 '증거'를 확보하기 전에는 니콜라예프를 대체로 방치해 놓은 상태에서 그를 긴밀히 감시하면서 그의 모든 행동을 자기들이 원하는 대로 유도할 수 있다고 그들은 자신했다. 그러나 이런 그들의 계산은 들어맞지 않았다. 니콜라예프는 게페우가 증거를 확보한다는 목적을 달성하기도 전에 키로프에게 권총을 들이댔다. 때문에 사건에 대한 여러 차례에 걸친 공식 발표의 내용이 서로 엇갈렸고, 니콜라예프에 대한 재판이 비밀에 붙여졌고, 게페우 관리들이 임무태만 죄로 재판에 회부됐고, 그들에게 내려진 형량이 가벼웠던 것이다.

트로츠키는 자기에게 불리한 거짓 정보를 니콜라예프로부터 얻어내지 못한 게페우가 지노비예프나 카메네프로부터 그런 정보를 얻어내려고 할 것이라고 판단했다. 지노비예프와 카메네프는 각각 10년과 5년의 징역형을 받긴 했지만 니콜라예프와는 아무 관계도 없다고 공개적으로 진술할 수 있었다. 따라서 이들 두 사람에게 책임을 돌리기 위해서는 간접적인 혐의, 즉 스탈린주의에 대해 두 사람이 과거에 행한 비판이 테러 행위자인 니콜라예프에게 영향을 끼쳤다는 혐의가 필요했을 것이다. 그런데 법원은 니콜라예프와 무관하다는 두 사람의 주장을 받아들였고, 이에 트로츠키는 지노비예프 및 카메네프와 스탈린 사이에 모종의 막후협상이 이루어진 것이라는 결론을 내렸다. 트로츠키를 테러의 주모자로 낙인찍는 데 동의하는 조건으로 스탈린이 두 사람의 복권을 약속했을 가능성이 있었다. 트로츠키는 이렇게 썼다. "나의 판단으로는 키로프의 주검을 앞에 놓고 스탈린이 구사한 전략은 그에게 득이 된 게 전혀 없다." 키로프 암살사건에 대한 발표가 앞뒤가 맞지 않았던 탓에 스탈린과 그의 추종자들에게 화살을 돌리는 논평과 소문이 잇따랐다. "바로 이 때문에 스탈린은 멈추지도 못하고 물러서지도 못한다. 그는 이 협잡의 실패를 더 넓은 규모, 즉 세계적인 규모의 새로운 협잡으로 (…) 성공적으로 덮어버려야만 한다."[29] 트로츠키는 키로프 사건을 분석하면서 훗날 실제로 '세계적인 규모'에서 벌어지게 될 거대한 재판을 예측했다. 그 재판에서 스탈린은 라트비아의 영사 정도가 아니라 히틀러를 트로츠키의 동맹자로 내세우게 된다.

키로프 사건은 즉각 트로츠키 가족의 운명에 영향을 끼쳤다. 트로츠키의 사위로 1928년에 추방됐던 네벨손과 볼코프가 다시 체포됐다. 이들에 대한 추방 또는 감금 조치 기간이 재판도 거치지 않은 채 연장됐다. 트로츠키의 첫 번째 아내 알렉산드라는 예순이 넘은 몸으로 레닌그라드에서 추방돼 톨보스크로 보내졌다가 다시 옴스크 주에 있는 외딴 정착촌으로 보내졌다. 그녀가 돌보던 트로츠키의 손자손녀 셋은 연로한 알렉산드라의 자매인 친척 할머니에게 보내졌다. 이들은 사실상 운명의 손에 내맡겨진 셈이었다. 알렉산드라는 료바에게 보낸 편지에 이렇게 썼다. "그 어린 것들에게서 오는 편지를 받기는 하지만 그 아이들이 어떻게 사는지에 대해서는 분명히 알 수가 없어. 그 아이들을 맡아준 할머니는 계속 나에게 안심하라고 하지만 (…) 그러는 자기도 어렵게 살아나가고 있을 거야. 내 건강은 그저 그래. 이곳에는 의사가 없어서 내가 알아서 건강을 지켜야

해."[30] 이번에는 트로츠키의 막내아들이자 우리가 알기로는 과학자이며 정치를 외면했고 아버지인 트로츠키와의 접촉을 피했넌 세르게이에게까지 테러의 위협이 가해졌다. 세르게이는 1929년 이후로는 어머니인 나탈랴에게만 편지를 보냈고, 자기의 건강과 학문적 성취 같은 것에만 몰두했으며, 편지에서도 가족들이 잘 지내는지만 물었다. 그가 써 보낸 편지나 엽서에는 정치적인 문제에 대한 언급이 전혀 들어있지 않았다. 키로프가 암살당한 지 불과 며칠 뒤에 세르게이가 어머니에게 편지를 보냈는데, 이 편지에서도 그는 모스크바 고등기술학교에서 자기가 강의한 다양한 주제들, 그리고 그런 주제들을 강의하기 위해 기울여야 하는 노력 등을 설명하는 등 전공분야에 관한 이야기에 치중했다. 다만 이 편지의 끝부분 몇 줄에 걸쳐 이런 구절이 들어가 있을 뿐이다. "뭔가 유쾌하지 않은 일이 벌어지려 하고 있어요. 아직 소문에 불과하지만, 이 모든 것이 어떻게 귀결될 것인지는 알 수가 없어요." 일주일 뒤인 12월 12일에 세르게이는 자기의 학문적인 일에 관해 쓴 편지를 또 보냈는데, 이 편지는 놀랍게도 이렇게 마무리되어 있었다. "저의 전반적인 상황이 대단히, 누구도 상상할 수 없을 정도로 좋지 않아요."[31] 트로츠키 부부는 게페우가 세르게이를 인질로 붙잡아두려고 하는 것은 아닌가 하는 생각에 고통스러웠다. 그 후 여러 주일 동안 트로츠키 부부는 세르게이의 다음 편지를 기다렸다. 그러나 세르게이의 편지는 더 이상 오지 않았다. 트로츠키 가족의 오랜 친구인 L. S. 클랴치코프의 미망인으로 제네바에 사는 부인이 모스크바를 방문해 세르게이의 안전을 확인해보려고 했으나 곧바로 아무런 설명도 없는 출국명령을 받았다.

트로츠키 부부는 여러 주일, 여러 달 동안 밤잠을 못 이루며 아들 세르게이를 걱정했다. 확인되지 않는 아들의 근황이 두 사람을 괴롭혔다.

아들의 문제가 정치적인 것이 아니라 개인적이고 사적인 것은 아닐까? 게페우가 아들을 모스크바에서 추방했을 뿐 그를 감금하지는 않았을 수도 있겠지? 아들이 정치적인 면에 전혀 관심이 없다는 점을 저들도 결국은 알게 되지 않았을까? 저들이 스탈린도 모르는 사이에 아들을 감금한 것은 아닐까? 나탈랴는 이렇게 물었다. 비록 입 밖에 내지는 않았지만, 스탈린에게 호소하면 아들의 안전에 도움이 되지 않을까 하는 일말의 희미한 기대도 품는 모습이었다. 절대 그렇지 않을 거라고 트로츠키는 대답했다. 저들이 아들을 감금했다면 그건 분명 스탈린의 명령이 있었기 때문일 것이며, 오직 스탈린만이 그러한 보복행위를 할 수 있는 사람이라는 것이었다. 혹시 저들이 세르게이로부터 자기 아버지를 비난하는 자백을 받아내려고 하나? 그러나 그렇게 하는 것이 스탈린에게 무슨 이익이 될까? 저들도 그건 별로 득이 안 되는 생각임을 알지 않을까? 그렇다면 도대체 무슨 이유로 세르게이를 잡아갔을까? 저들이 그에게 고문을 가할까? 그의 심신이 망가지지는 않을까?[32)]

여러 날 여러 밤에 걸쳐 트로츠키 부부는 심문관들 앞에 앉아있는 아들의 환영에 쫓겼다. 정치적으로 무고한 아들이 그런 박해를 견뎌내지 못할 것이라는 걱정이 들었다. 당황하고 짓밟힌 아들의 모습이 눈에 선했다. 두 사람은 세르게이에게 같이 망명하자는 요구를 계속하지 않은 것을 자책했다. 그렇지만 두 사람 역시 자기들의 앞날을 알지 못하는 상태에서 어찌 세르게이를 그의 학문적 관심사로부터 떼어놓을 수 있었겠는가? 료바의 경우는 달랐다. 료바의 정신과 열정은 정치적 투쟁에 완전히 몰입된 상태였다. 트로츠키 부부는 지나가 생각났다. 지나와 해외에서 결합해 같이 지냈지만 그 아이를 구해내지 못하지 않았던가? 트로츠키 부부는 세르게이의 명랑했던 어린시절, 아버지와 형에 대한 그의 반감, 정치를 혐오하던 그의 태도, 불안하면서도 즐거워 보이던 그의 사춘기시절, 그리고 결국은 그가 진지하고 헌신적으로 과학에 집중하던 모습 등을 떠올렸다. 그런 그에게 아버지의 일에 관여하라고 요구할 수는 없었다. 이제 그 아이는 부모가 자기를 버리고는 아예 잊어버렸다고 생각하고 있을지도 몰랐다. 트로츠키 부부는 아들에 관한 이야기가 혹시 보도됐을까 싶어 러시아의 신문들을 샅샅이 훑었다. 지노비예프주의자, 트로츠키주의자, 예전의 왕족과 귀족, 군과 경찰에 대한 비난을 점점 더 산더미같이 퍼붓는 신문들의 지면 속에서 친척과 친구들의 이름은 간간이 만날 수 있었지만 세르게이의 이름은 도저히 찾을 수가 없었다. 트로츠키는 스탈린에 대해 이렇게 썼다. "그는 오늘날에도 내가 자기와 자리를 바꾸려 하지 않으리라는 것을 알 정도로는 똑똑하다. (…) 도덕적, 정치적으로 내게 엄청난 보복을 하지 못할 경우에 그는 나와 가까운 사람들을 타격하는 것으로 그것을 대신하려 할 것이다. 하지만 그는 결코 나에 대한 도덕적, 정치적 보복에 성공하지 못할 것이다."[33]

자기에게 직접 보복하지 못하는 스탈린이 아들 세르게이에게 손을 댔다는 생각이 들자 트로츠키는 죄책감에 빠졌다. 트로츠키는 세르게이에 관해 쓴 일기에 차르와 차르 가족의 처형에 관한 이야기를 끼워 넣었다. 얼핏 보면 뜬금없는 이야기처럼 들리지만, 그는 자기와 스탈린의 갈등으로 인해 세르게이가 희생될지도 모른다는 근심을 하다 보니 차르의 자식들이 아버지의 죄 때문에 무고하게 희생됐다는 생각까지 하게 됐던 게 분명하다. 트로츠키는 차르의 처형에 관한 결정에서 자기는 아무런 역할도 하지 않았다고 썼다. 그 결정은 주로 레닌이 내렸으며, 자신은 차르의 가족에게 닥친 운명을 처음 알게 됐을 때 놀랐다는 것이다. 그러나 그가 일기에서 이런 회상을 한 것이 레닌과 자기를 분리시키거나 자기변명을 하려는 것은 아니었다. 차르와 차르의 가족에 대한 처형이 집행된 지 17년이 지났을 때 트로츠키는 레닌이 당시에 내린 결정은 혁명의 이익을 위해 꼭 필요했던 것이었다며 그 결정을 옹호했다. 차르의 자식은 그 누구라도 백군(白軍)을 집결시킬 상징이 될 수 있었다. 내전의 와중에서 볼셰비키는 백군을 모이게 할 게 뻔한 그 '살아있는 깃발'을 그냥 놔둘 수 없었다. 따라서 차르의 자식들은 "왕정의 축을 형성하는 원칙, 즉 왕가의 왕위승계라는 원칙에 의해 희생된 것"이었다. 그러나 세르게이는 왕가의 왕위승계 원칙과는 아무런 관련도 없는 자식이라고 트로츠키는 지적했다. 트로츠키가 이런 이야기를 한 이유는 분명하다. 그는 설령 스탈린이 정적들을 다 죽일 수 있는 권한을 부여받았다 할지라도 정적의 자식들까지 박해하는 것은 정당화할 수 없다는 것을 말하려 했다. 물론 트로츠키는 스탈린에게 정적들의 죽일 수 있는 권한이 있다는 것도 결코 인정하지 않았다. 차르 가족의 처형에 관한 이야기를 한 뒤에 트로츠키는 곧바로 이렇게 썼다. "세료자(세르게이의 애칭—옮긴이)에 관한 소식이 전혀 들려오지 않고 있다. 아마도 앞으로 꽤 오랜 기간 동안 그럴 것이다. 기다림이 길어지면서 처음에 가졌던 근심이 무디어져 간다."[34)]

그러나 근심은 트로츠키의 몸에 영향을 끼쳤다. 그는 울적해졌고, 자기의 나이와 죽음에 대한 생각에 빠져들었다. 그는 아직 쉰다섯이 채 되지 않았지만 레닌의 경구, 아니 투르게네프의 경구를 거듭 머리에 떠올렸다. "최고의 악덕이 무엇인지 아는가? 그것은 쉰다섯을 넘기는 것이다." 일말의 질투심까지 내비치며 트로츠키는 이렇게 썼다. "하지만 레닌은 그런 악덕을 갖게 될 정도로 오래 살지 않았다." 그는 또 이렇게 썼다. "나의 여건도 고무적이지 않다. 질병이 점점 더 자주 나를 공격했다. 그 증상은 점점 더 뚜렷해지고 있으며, 질병에 대한 내 몸의 저항은 점점 더

약해지고 있다." "물론 일시적으로는 몸의 상태가 호전될 수도 있을 것이다. 그러나 전반적으로 보아 나는 죽음이 다가오고 있음을 느낀다." 앞으로 닥칠 일에 대한 명쾌한 선견지명으로 트로츠키는 이렇게 썼다. "이제 스탈린이 나를 추방한 결정을 철회하기 위해서는 많은 것을 포기해야 할 것이다. (…) 전쟁의 위협이 있을 경우와 그 자신의 지위가 크게 약화될 경우, 이 두 가지 경우에는 그가 테러적 행동에 의지할 것이라는 데 의문의 여지가 없다. 물론 이 두 가지 경우 외에도 세 번째 경우와 네 번째 경우가 있을 수 있고, 그중 어떤 경우가 현실이 될지는 두고 볼 일이다. 우리가 그 상황을 목격하지 못한다 하더라도 누군가는 목격할 것이다." 그는 자살을 생각하기 시작했고, 육체적 힘이 소진되어 더 이상 투쟁을 계속할 수 없게 된다면 자살해야 한다고 생각했다. 자기가 자살을 하면 세르게이를 구해낼 수 있을지도 모른다는 생각도 했다. 그러나 이는 잠시 해보는 생각일 뿐이었다. 에너지가 약화됐음에도 그는 이 시점 이후에도 여러 해 동안 이전보다 훨씬 직접적으로 자신을 향해 돌진하는 사건들에 맞서서 놀라운 활력과 정력을 보여준다. 그러나 한편으로 그는 보통 사람들과 마찬가지로 중년의 위기 같은 것을 겪고 있었다. 그는 자기의 건강에 대해 걱정하곤 했고, 고립되고 수동적인 생활을 오래 계속해온 데서 비롯된 피로감에 시달렸다.[35]

트로츠키는 절망의 구렁텅이에 빠졌다. 터키를 떠날 때 품었던 야심찬 계획과 낙관적인 기대는 정체된 상태에서 벗어나지 못했다. 히틀러에 대한 스탈린주의자들의 굴복에 맞서 전개한 싸움은 그에게 아무런 정치적 보상도 가져다주지 않았다. 스탈린주의는 히틀러에 대한 굴복을 새로운 정치적 자본으로 이용하기까지 했다. 스탈린주의는 나치즘에 대해 널리 퍼진 공포심에 편승해 유럽 좌파의 환심을 샀다. 트로츠키는 4차 인터내셔널이 유산되고 말 것이라는 걸 인정하기 싫었지만, 그렇게 되어가고 있음을 감지했다. 그는 자기가 처한 상황에서 벗어나지도 못했고, 그 상황과 타협하지도 못했다. 그래서 그는 4차 인터내셔널의 설립이라는 '역사적 사명'을 열렬하게 생각하고 추진하는 데서 얼마간의 위안을 얻었다. 이런 맥락에서 그는 레닌과 자기가 없었다면 러시아혁명이 어떻게 전개됐을까를 생각해보았고, 10월봉기와 내전에서 자기가 한 역할 이상으로 새로운 인터내셔널의 실현을 위한 자기의 작업이 '반드시 필요한 것'이라고 주장했다. 그는 이렇게 썼다. "이런 나의 주장에 오만함은 전혀 없었다. 이전의 인터내셔널 두 개가 붕괴한 것은 그 지도자였던 사람들 중에서는 누구도 풀어내지 못할 문제 하나를 제기한다. (…) 2차 및 3차 인터내셔널의 지도자들이 생각했던 수준을 넘어 새로운 세대를 혁명적 방법론으로 무장시키는 사명을 수행할 사람은 이제 나밖에 없다. 그리고 (…) 최고의 악덕은 쉰다섯 살을 넘기는 것이다! 하지만 그와 같은 승계를 확실히 하기 위해서는 나는 적어도 5년은 더 집중적으로 일을 해야 할 필요가 있다." 그가 하고자 한 일은 노동계급을 혁명으로 이끌 수 있는 인터내셔널을 새로 구축하는 것이었다.[36)]

트로츠키는 절망의 구렁텅이에서 다시 운명에 도전하기 시작했다. 그 운명은 그에게 정확히 '5년'을 더 허용하지만, 그가 '승계를 확실히' 하도록 허용하지는 않는다.

도멘에서의 11개월은 트로츠키와 나탈랴가 함께 산 33년 중 가장 외로운 시기였다. 고독과 고통이 두 사람을 더욱 긴밀하게 묶어 놓았다. 비극적인 상황을 겪을 때마다 "나탈랴의 품성이 지닌 너비"에 늘 놀라게 된다고 트로츠키는 썼다. 두 사람의 사랑은 승리와 패배를 모두 견뎌냈다. 이 기간의 우울함 뒤로는 두 사람이 과거에 느꼈던 행복의 후광이 비치고 있었다. 나탈랴의 얼굴은 근심과 걱정으로 인해 생긴 주름 때문에 거칠어졌다. 트로츠키는 밝고 명랑하며 도전적이었던 그녀의 젊은 시절을 고통스럽게 회상했다. "산책 길에 언덕을 오르는 중이었다. 나탈랴가 지쳤는지 갑자기 마른 낙엽 위에 주저앉았다. 그녀의 얼굴은 매우 창백했다. (…) 얼마 전까지만 해도 그녀는 피로한 기색 없이 아름답게 걸었다. 걸음걸이는 물론이고 그녀의 용모 전체에 젊음이 넘쳤다. 그런데 지난 두 달 사이에 그녀의 심장이 점점 나빠졌다. 너무 많은 일을 한 탓이다. (…) 그녀가 갑자기 주저앉고는 더 이상 걸을 수 없는 게 분명한 모습으로 미안하다는 듯 미소를 지어 보였다. 그녀의 젊은 시절을 생각하면 가엾은 생각에 내 마음이 얼마나 고통스러운지…." 나탈랴는 조용하나 담대한 태도로 자기의 운명을 받아들였다. 그녀의 삶은 트로츠키의 삶과 완전히 융합됐다. 트로츠키를 거쳐 간 모든 폭풍이 그녀도 흔들어 놓았고, 트로츠키의 감정이 겪어 온 모든 흐름이 그녀의 존재에도 스며들었으며, 트로츠키의 생각에 일어난 모든 변화가 그녀의 생각에도 투영됐다. 크루프스카야가 레닌에게 정치적 동지였던 것과 같은 의미에서 나탈랴가 트로츠키에게 정치적 동지였던 것은 아니다. 아이가 없던 시기에 크루프스카야는 몸소 정치 활동을 했고, 당 중앙위원회의 구성원이기도 했다. 나탈랴는 크루프스카야보다 덜 적극적이었고, 정치적인 관심도 상대적으로 적었다. 트로츠키는 이렇게 썼다. "나탈랴는 정치의 조그마한 일상사에는 관심을 갖고 있었을지 몰라도 그런 것들을 하나의 일관성 있는 그림으로 결합시켜내지 못했다." 아내를 사랑하는 남편으로서 트로츠키가 이보다 더 분명하게 아내의 정치적 판단력에 대한 의구심을 표현할 수는 없었을 것이다. 그러나 그런 게 중요한 것은 아니었다. 트로츠키는 이렇게 썼다. "정치가 깊이

가라앉으면서 완벽한 대응을 요구할 때면 나탈랴는 자기 내부의 음악 속에서 올바른 음을 찾아냈다."[37)]

트로츠키는 나탈랴에 대해 이야기할 때면 바로 이 '자기 내부의 음악'을 종종 언급했다. 게다가 트로츠키가 일기에서 나탈랴를 묘사해 놓은 부분을 보면 대부분이 음악을 듣고 있는 그녀의 모습에 대한 것이다. 그녀의 개인적인 관심은 늘 예술에 가 있었다. 그녀는 투시, 관찰, 표현에서 비범한 재능을 갖고 있었다. 이런 점은 그녀의 일기에서도 두드러지게 나타난다. 트로츠키의 지지자들은 가끔 그녀의 정치 관련 발언을 듣고 놀라는 표정을 지었는데, 그럴 때마다 트로츠키는 이런 식으로 말하곤 했다. "예민한 사람들은 (…) 그녀가 지닌 자질의 깊은 맛을 느낀다네. 그녀 속에 숨겨진 힘을 알아차리지 못한 채 무관심하게 또는 예의만 차리면서 그녀를 스쳐지나가는 사람이라면 그는 피상적이고 별 볼일 없는 사람인 게 거의 확실하다고 말할 수 있지. (…) 그녀는 사소한 인간적 악덕에 대해서는 대단히 관대하지만 속물근성, 상스러움, 비겁함은 절대로 못 본 척 그냥 지나치지 못한다네." 나탈랴가 '내적 힘'을 갖고 있었다는 것에는 의문의 여지가 없다. 트로츠키가 인내의 한계에 이른 최악의 시점에 그를 다시 일으켜 세우고 그가 해야 할 일을 할 수 있도록 힘을 불어넣어준 것은 바로 그녀였다. 도멘에서도 그녀는 세르게이에게 닥친 불운한 일에 대해 트로츠키를 질책한 적이 결코 없었고, 자기의 고통을 그에게 드러내 보이지도 않았다. 트로츠키는 이런 점을 고마워하는 마음으로 기록해 놓았다. 아주 예외적으로 그녀가 심적 고통을 드러내는 말을 한 적은 있다. 그것은 이런 식이었다. "저들은 세르게이를 추방하지 않을 거예요. (…) 저들은 그 아이에게서 무언가를 얻어내기 위해 고문을 하겠죠. 그런 다음에 저들은 그를 파괴해버릴 거예요." 나탈랴는 집 안팎의 일에서 자기의 감정을 드러내지 않으면서 트로츠키의 저술작업을 도왔고, 그와 함께 프랑스와 러시아 소설을 읽고 토론했다. "그녀의 목소리가 갑자기 내 마음을 아프게 했다. (…) 약간 쉰 목소리, 그런 목소리가 그녀의 가슴속 깊은 곳으로부터 흘러나왔다"고 트로츠키는 기록했다. "몸이 안 좋을수록 그녀의 목소리는 더 깊은 곳에서부터 흘러나오는 것 같았다. 마치 그녀의 영혼이 직접 말을 하는 것 같았다. 애정과 고통이 뒤섞인 그 목소리를 나는 잘 안다." 한 번은 나탈랴가 여러 날 동안 세르게이보다 트로츠키의 첫 번째 아내인 알렉산드라를 더 걱정하는 걸 트로츠키가 알게 됐다. 세르게이는 아무런 문제도 없는 상태일 가능성도 있지만 알렉산드라는 나이도 많아서 추방을 견뎌내지 못할 것이라고 걱정했던 것이다.[38)]

나탈랴는 세계의 양심에 호소하면 세르게이를 구할 수 있을지도 모른다는 실낱같은 희망을 품고 세르게이를 변호하는 '공개편지'를 써서 〈회보〉에 실었다.[39)] 그녀는 세르게이의 결백을 호소했다. 그녀는 아버지에 대한 반감에서 비롯된 세르게이의 정치적 혐오감에 대해서도 밝혔는데, 이는 그녀 자신의 자존심에 스스로 상처를 입히는 행동이기도 했다. 최근의 상황이 세르게이의 태도를 변화시켜 그로 하여금 반대파에 가담하도록 했을까? 나탈랴는 이런 질문을 던져놓고는 이렇게 써 내려갔다. "그렇게 생각할 수 있다면 나는 대단히 행복할 것이다. 만약 그렇다면 세료자가 자기에게 가해진 타격을 견뎌내기가 훨씬 더 쉬울 것이기 때문이다." 그러나 안타깝게도 이런 가정은 비현실적인 것이었다. 그녀는 다양한 사람들로부터 들은 말이 있었기에 세르게이와 연락이 두절되기 직전의 몇 년간에도 그가 예전과 다름없이 정치와 담을 쌓고 지냈음을 알고 있었고, 이 점에 대해서는 "어떤 증거도 필요하지 않다"고 생각했다. 이 점은 게페우와 대학당국도 알고 있었을 것이다. 그들은 분명히 세르게이를 감시해왔을 것이고, 스탈린의 아들이 세르게이의 방에 자주 찾아갔었다고 하니 스탈린도 세르게이의 무고함을 알고 있을 것이라고 나탈랴는 생각했다. 나탈랴는 로맹 롤랑, 앙드레 지드, 버나드 쇼와 같은, 인도주의자이면서 '소련의 친구'인 유명인사들에게 세르게이 문제에 대해 목소리를 높여 발언해달라고 호소했다. 그녀는 키로프 사건 이후 이어진 대규모 보복에 대해 국제적인 위원회에서 조사를 해줄 것도 제안했다. "소련 관료집단은 세계 노동계급의 여론을 넘어서는 위치에 서 있을 수 없습니다. '노동자들의 국가'의 이익도 그 국가의 행위에 대한 진지한 점검을 해야만 지켜질 것입니다. 나는 (…) 나의 아들에 관한 모든 정보와 자료를 제공할 것입니다. 내가 오랜 망설임 끝에 세르게이 문제를 공개적으로 거론하는 것은 그가 나의 아들이기 때문이 아닙니다. 그가 나의 아들이라는 사실은 어미인 내가 지금 그를 걱정하는 이유가 될 수는 있지만 (…) 내가 이와 같은 정치적 행동을 하는 이유는 아닙니다. 세르게이의 경우는 의도적이고 범죄적인 권력남용임이 분명한, 단순하며 논박의 여지가 없는 사건이므로 매우 쉽게 조사할 수 있습니다." 이 호소는 그러나 아무런 반응도 불러일으키지 못했다.

나탈랴가 이런 호소를 한 때와 기묘하게도 같은 시점에 트로츠키는 '격동의 시기(Time of Trouble, 러시아의 왕조가 교체되는 과정에서 정치적, 종교적 격변이 거듭됐던 17세기 벽두의 10여 년간—옮긴이)' 이후에 살았던 아바쿰 사제의 자서전을 다시 읽고 있었다. 아바쿰 사제는 널리 알려진 인물로 다채로운 삶을 살았으며, 구교의 수석사제이자 설교자로서 니콘 대주교에 대항해 '진정한' 그리스정교를 지켰다. 아바쿰이 격렬하게 맞선 상대방인 니콘 대주교는 세속적인 이유로 교회의 예식과 기도

서를 변경했다. 아바쿰은 교회와 성직자들의 부패상을 폭로하고 피억압 농민들을 대변하는 대의를 내세웠나. 그는 사제직을 박탈당하고 투옥됐다가 처음에는 시베리아로, 그 다음에는 몽골 국경지대로 추방당해 굶주리며 살았고, 고문을 당하기도 했다. 그러나 그는 자기 신념을 버리지 않았다. 그의 가족도 그와 함께 고통을 당했다. 다정한 남편이자 아버지인 그는 잠시 자신의 투쟁을 포기하고 가족의 생명을 구해야 하는 것 아닌가 하고 생각했다. 그의 자식들은 망명 중에 질병과 굶주림으로 죽어갔다. 그는 시베리아에 있을 때 자서전을 썼고, 이 자서전은 러시아 문학에서 획기적인 것이 됐다. 그는 설교를 계속했고, 결국은 농촌지역에서 '영웅이자 진리의 순교자'로서 명성이 높아졌다. 그는 성직에 앉아있을 때보다도 추방당한 뒤에 오히려 더 적들에게 위험한 인물이 됐다. 적들은 그를 다시 모스크바로 데려가 화형에 처했다.[40] 몇 세기에 걸친 시간적 간극과 이념적 차이에도 불구하고 트로츠키는 자기가 이 전설적인 반역자와 비슷하다고 느끼며 몸을 떨었다. 러시아는 그동안 많이 바뀌었다고 하지만 사실상 달라진 것이 전혀 없지 않은가! 트로츠키는 아바쿰의 아내가 보여준 정신이 나탈랴에게 다시 체화된 듯하다고 생각했다.

"우리의 운명에 가해진 타격들을 생각하면서 나는 나타샤(나탈랴의 애칭―옮긴이)에게 아바쿰 수석사제의 삶을 상기시켰다. 반역자인 사제와 그의 헌신적인 아내는 시베리아에서 휘청거리는 걸음을 옮기고 있었다. 두 사람의 발은 눈 속에 푹푹 빠졌다. 아바쿰의 가엾고 지친 아내는 눈 속에서 넘어지기 일쑤였다. 아바쿰은 당시 상황에 대해 이렇게 써놓았다. '내가 다가가자 그 가엾은 여자는, 도대체 이 고통은 얼마나 더 지속되는 거예요? 하고 물으며 나를 책망했다. 나는, 마르코프나 그건 우리가 죽을 때까지 계속될 거요, 하고 대답해 주었다. 그러자 그녀는 한숨을 내쉬면서 이렇게 대답했다. 그렇다면, 페트로비치, 우리가 가던 길을 계속 가도록 해요.' "[41]

트로츠키와 나탈랴의 경우도 마찬가지였다. 두 사람의 고통도 '죽을 때까지' 계속된다.

트로츠키와 나탈랴는 이제 도멘에 더 머물러 있을 수 없었다. 정치적 조류가 오른쪽으로 기울어져 파시즘 동맹세력이 전면에 부각되든, 아니면 정치적 조류가 왼쪽으로 기울어져 공산당의 힘이 강화되든 간에 상관없이 모든 상황이 트로츠키가 그동안이나마 누려온 위태로운 거처마저 앗아가 버릴 수 있었기 때문이다. 이때 정치적 조류는 왼쪽으로 기울어지고 있었다. 키로프 사건 이후 '세계적 반혁명의 지도자'를 겨냥한 스탈린주의자들의 선동이 매우 격렬하고 잔혹하게 강화된 탓에 언제든 테러행위가 발생할 가능성이 컸다.[42] 트로츠키는 알프스 산맥 속의 외딴 마을에서도 안전을 확신할 수 없었다. 트로츠키는 이 시기에 자기와 나탈랴가 오두막집에서 잔뜩 긴장해서 숨을 죽인 채 두 명의 남자 방문객이 하는 말에 귀를 기울이던 모습을 글로 남겼다. 그 두 명의 남자는 트로츠키가 사는 오두막집으로 걸어오면서 〈인터내셔널〉 노래를 불렀다. 전에는 그 노래를 부르며 다가오는 사람은 다 친구였다. 그러나 이제는 그가 적일 수도 있었다. 트로츠키와 나탈랴는 자기들이 마치 옛 나로드니키인 것처럼 느껴졌다. 두 세대 전의 옛 나로드니키들은 무지크들을 계몽하고 해방시키기 위해 농촌으로 들어갔지만, 그곳에서 바로 그 무지크들에게 몰매를 맞았다.

프랑스 정부는 스탈린주의자들의 요구를 더 이상 무시할 수 없었다. 1935년 5월에 라발(프랑스의 정치인－옮긴이)은 모스크바로 가서 스탈린과 소련-프랑스 간 동맹을 협상한 뒤 스탈린이 달라디에와 라발의 방위정책에 대한 지지를 선언했다는 소식을 갖고 돌아왔다. 그동안 달라디에와 라발의 방위정책에 대해 원칙적으로 반대해오던 프랑스의 공산당 지도자들은 곧바로 '애국주의' 노선으로 돌아섰고, 이에 따라 인민전선이 구축됐다. 이제 트로츠키는 프랑스 정부가 지난해에 그에게 내린 추방명령을 곧 실행에 옮길 것이라고 생각할 수밖에 없게 됐다. 그런데 다른 어느 나라도 그를 받아들이려 하지 않았다. 트로츠키는 자기가 이제 프랑스의 머나먼 식민지로, 아마도 마다가스카르로 추방될 것이라고 염려했다.

1935년 봄에 트로츠키는 노르웨이에 망명을 신청했다. 마침 노르웨이에서 선거가 치러졌고, 노동당이 막 집권한 상태였다. 노르웨이의 노동당은 사회민주주의 정당이긴 했지만 다른 사회민주당들과 한 가지 점에서 달랐다. 노르웨이의 노동당은 코민테른에 참여했다가 1923년에 코민테른과의 관계를 단절했지만 2차 인터내셔널을 지지하지는 않았다. 그런 정당이라면 망명처를 제공해줄 수 있을 것이라는 트로츠키의 기대는 자연스러운 것이었다. 이때 오슬로에 망명하고 있던 독일의 트로츠키주의자인 발터 헬트가 노르웨이 노동당의 뛰어난 지도자이자 급진파를 이끌면서 트로츠키를 적극 지지해온 올라프 슈외플에게 접근했다. 공식 답변이 오기까지 여러 주일이 걸렸다. 트로츠키는 노르웨이 노동당이 집권했을 때 그들이 공화주의 전통을 버리고 왕과 타협하려 한다고 조롱하는 글을 썼었는데, 그 글이 노르웨이 노동당 사람들의 심기를 불편하게 했을 것이라고 생각했다. 그러나 6월 10일에 노르웨이 노동당 정부가 그에게 망명을 허용한다는 통지를 보내왔다. 트로츠키는 바로 그날로 도멘을 떠나 파리로 가서 노르웨이 비자를 신청했으나 난관에 부딪쳤다. 정부의 결정에 불만을 품은 노르웨이의 고위 관리들이 방해를 하고 나섰기 때문이다. 트로츠키는 비자를 받지 못했고, 노르웨이로 가는 계획을 포기해야 했다. 트로츠키가 이 기회에 아예 파리에 정착하려 한다고 의심한 프랑스 경찰이 그에게 즉각, 정확히는 24시간 안에, 불가피할 경우에는 늦어도 48시간 안에는 프랑스를 떠나라고 명령했다. 트로츠키는 파리 체류를 포기하고 도멘으로 돌아가겠다고 했지만, 허용되지 않았다. 트로츠키는 파리의 사설 병원에서 오슬로의 최종 답변을 기다리겠다고 제안했다. 그러나 트로츠키가 자기들을 속이려 한다고 의심한 경찰은 이 제안도 받아들이지 않았다. 트로츠키는 파리의 유명한 외과의사인 로장탈 박사의 집에서 하루 또는 이틀을 보냈다. 6월 12일에 트로츠키는 노르웨이 총리 앞으로 항의의 전보를 보냈다. 노르웨이 총리를 믿고 살던 곳을 떠나 왔는데 "프랑스 정부는 내가 속임수를 쓴다고 생각하고 나에게 24시간 안에 프랑스를 떠나라고 요구하고 있다. 나도 나의 아내도 병들었다. 절망적인 상황이다. 곧바로 우호적인 결정을 내려주기를 바란다"는 내용이었다.[43] 설상가상으로 트로츠키는 무일푼이었고, 여행을 계속하려면 누군가에게 돈을 빌려야 했다. 노르웨이 관리들은 트로츠키에게 프랑스 재입국 비자를 먼저 발급 받으라고 요구했다. 그러나 노르웨이가 트로츠키에게 입국을 허용하지 않는 한 프랑스가 그에게 재입국 비자를 발급할 가능성은 전혀 없었다. 마침내 슈외플의 노력 덕분에 트로츠키는 노르웨이 정부로부터 비자를 발급받았다. 단지 6개월만 노르웨이에 머물 수 있는 단기체류 허가증 수준의 비자이긴 했지만. 여하튼 트로츠키는 프랑스의 지지자들과 급히 작별인사를 나누었다. 트로츠키는 이렇게 썼다. "나는 파리의 많은 동지들을 만날 수 있었다. 존경스러운 의사의 아파트가 예기치 않게 볼셰비키와 레닌주의자 그룹의 본부로 변했다. 방마다 회의가 열렸고, 전화벨이 계속 울렸으며, 찾아오는 친구들이 점점 더 많아졌다."[44] 트로츠키는 파리에서의 상황을 1928년에 모스크바에서 자기가 추방당할 때를 상기하는 방식으로 묘사했다. 그러나 이 묘사는 서로 다른 것들을 혼합한 것이었다. 모스크바를 떠나던 상황은 그의 투쟁에서 위대한 한 시기를 마감하고 새로운 시기를 여는 것이었지만, 이번에 파리를 떠나는 상황은 하나의 마감이기는 했지만 새로운 시기를 여는 것이 전혀 아니었다.

트로츠키는 1916년 프랑스에서 추방당하기 직전에 그랬듯이 이번에도 프랑스 노동자들에게 보내는 '공개편지'를 썼다. 이 공개편지에서 트로츠키는 프랑스에 머무는 동안에 침묵을 강요당했지만 이제는 침묵을 깰 때가 됐다고 밝히면서 이렇게 썼다. "가장 민주적이라는 각료들이 가장 반동적인 각료들과 마찬가지로 자본주의적 노예제를 지키는 것이 자기들의 임무라고 생각하고 있습니다." 트로츠키는 스탈린주의자들도 공격했다. "2년 전에 〈위마니테〉는 '파시스트 달라디에가 사회주의 파시스트인 트로츠키를 불러들여 그의 도움을 받아 소련에 군사적 개입을 조직하려고 한다' 고 매일같이 보도했습니다. 그런데 그런 보도를 한 사람들이 오늘날에는 파시스트 달라디에와 반파시즘 인민전선을 형성하고 있습니다. 그들은 소련에 대한 프랑스의 제국주의적 개입에 대해서는 더 이상 말하지 않습니다. (…) 이제 그들은 프랑스 자본과 소련 관료집단의 동맹 속에서 평화를 보장받으려 하고 (…) 트로츠키의 정책이 에리오와 달라디에가 아니라 히틀러에게 봉사하는 것이라고 말하고 있습니다." 트로츠키는 스탈린주의가 이제 노동운동의 '곪은 상처'가 되었으니 '붉게 달군 쇠' 로 지져 없애야 하며 노동자들은 마르크스와 레닌의 기치 아래 다시 집결해야 한다고 결론지었다. 트로츠키는 이어 이렇게 썼다. "나는 프랑스 인민들에 대한 깊은 사랑과 노동계급의 미래에 대한 불굴의 신념을 가지고 떠납니다. 프랑스의 부르주아는 나를 환대하지 않았지만, 프랑스의 인민과 노동계급은 조만간 나를 환대해줄 것입니다."[45] 트로츠키는 프랑스에서 우울하고 소모적인 2년을 보내고 떠났다. 그리고 다시는 프랑스로 돌아오지 못하게 된다.

트로츠키가 노르웨이에 체류한 이야기는 입센이 쓴《인민의 적》의 확대판 같다. 이 희곡에 나오는 스토크만 박사는 훌륭한 인격으로 동료 시민들의 존경을 받는 인물이다. 그런데 그는 바로 그 동료 시민들에게 부의 원천이 되는 것(온천-옮긴이)에 독이 들어있다는 진실을 공개함으로써 동료 시민들의 번영을 파괴하려고 위협하는 자의 입장이 된다. 스토크만 박사의 형제인 시장과 '급진파'라는 친구들은 그에게 냉담하게 등을 돌리고 격심한 분노를 표한다. 트로츠키와 함께 우리는 이제 입센의 나라에 들어선다. 그러나 이번의 '인민의 적'은 해외에서 온 망명자이고, 독에 오염된 노르웨이 휴양지의 수도관에 대해서가 아니라 왜곡돼 버린 혁명에 대해 이야기한다. 연극의 내용과 무대는 본질적으로 똑같고, 배역의 특징, 특히 입센의 희곡에 나오는 사이비 급진파의 특징은 그 후손들에게도 똑같이 나타난다. 심지어는 늙고, 하루아침에 다른 편으로 넘어가고, 여론을 조작하는 '인민의 전령'도 실제로 존재한다. 이런 실제의 배역들 가운데서 우리는 '인민의 적'에 대항하는, 온건하면서도 용감한 호르스터의 후예도 하나둘 발견할 수 있다. 다른 점이 있다면 시대가 다르고, 이번에는 연기의 배후에 작용하는 힘이 훨씬 더 강하고 갈등이 더 잔혹하다는 것뿐이다.

처음부터 조짐이 좋지 않았다. 노르웨이는 트로츠키에게 마지못해 망명 허가를 내주었을 뿐 아니라, 그의 거처를 수도에서 얼마간 떨어진 곳에 고정시키겠다는 등 프랑스에서와 별로 다를 게 없는 제한을 가했다.

6월 18일에 트로츠키가 노르웨이에 도착하자마자 전국농민동맹이 그의 망명에 항의하는 시위를 벌였다. 6월 22일에 의회는 이 항의시위에 관한 토론에 들어갔다. 후속조처가 곧 나오지는 않았지만, 야당들이 트로츠키가 노르웨이에 거주하게 된 것을 이용해 정부를 곤경에 빠뜨리려고 하는 게 분명했다. 보수파 부르주아는 '식인귀(트로츠키 – 옮긴이)'를 두려워했다. 트로츠키가 거처할 집을 구하는 것도 불가능했다. 누구도 감히 트로츠키에게 방을 임대해주려고 하지 않았다. 노르웨이 정부는 트로츠키에게 정치활동을 삼가겠다는 서약을 하라고 요구했다. 트로츠키는 이 요구를 노르웨이의 국내정치에 간섭하지 말라는 것으로 이해하고 서약을 했다. 그러나 나중에 노르웨이 정부는 이때의 요구는 모든 정치활동을 일절 삼가야 한다는 것이었다고 주장한다. 여전히 스스로를 공식 공산주의에서 분리된 한 분파라고 생각하는 사람들이 트로츠키를 이런 식으로 다루다니, 그들의 태도는 얼마나 저열한가.

여하튼 트로츠키가 도착하자 노르웨이의 정부와 노동당은 관대함을 한껏 과시했다. 그들의 신문인 〈아르바이더블라데트(Arbeiderbladet)〉는 트로츠키를 이렇게 환영했다. "이 나라의 노동계급과 올바르게 생각하며 편견을 갖고 있지 않은 사람들은 모두 정부의 결정을 반길 것이다. 망명의 권리는 사문화된 것이 아니라 현실이어야 한다. 노르웨이의 인민은 (…) 트로츠키가 우리나라에 거주하게 된 것을 영예롭게 생각한다." 그들은 트로츠키와 스탈린 사이의 논쟁에 대해서는 확고한 견해를 갖고 있지 않았기에 시시비비를 가리는 말은 전혀 하지 않았다. 그러나 그들은 "러시아혁명의 역사에서 레닌과 어깨를 나란히 해온 레온 트로츠키와 같은 인물을 박해하고 추방할 권리"를 스탈린이 갖고 있지는 않다는 입장을 밝혔다. "불후의 위대한 봉사에도 불구하고 자기 나라를 떠나 망명을 하게 된 그에게 피난처를 제공하는 것은 민주주의 국가라면 당연하게 기꺼이 자기 의무로 간주해야 한다"고도 했다.[46] 노르웨이 노동당의 창설자이자 지도자인 마르틴 트란멜은 개인적으로 트로츠키를 환영하고 나섰다. 그리고 여러 각료들이 트로츠키에 대한 망명허가의 조건, 즉 6개월이라는 시한과 이동의 자유에 대한 제한이 과도하게 형식적인 조처임을 은근히 지적하기도 했다. 노르웨이 정부는 사회주의자이자 신문 편집인인 콘라드 크누센에게 트로츠키의 거처를 마련해주라고 했다. 집을 따로 임대하는 것이 불가능하다고 본 크누센은 트로츠키와 나탈랴를 자기 집에서 지내도록 했다.[47]

세 명의 당 지도자들, 즉 트란멜, 법무부 장관인 트리그베 리, 그리고 〈아르바이더블라데트〉의 편집인이 트로츠키를 공식적으로 방문했다. 이 만남은 다소 어색했다. 방문자들은 1921년에 자기들이 모스크바를 방문해 트로츠키, 레닌, 지노비예프와 노르웨이 노동당의 코민테른 참여 조건에 대해 협상을 벌였던 일을 상기시켰다. 그런데 트리그베 리가 중간에 말을 자르고는 트로츠키가 모든 정치활동을 삼가야 한다는 의무조건을 숙지하고 있는지를 확인하려 했다. 트로츠키는 노르웨이의 내정에 간섭할 의도는 추호도 없다고 대답했다. 훗날 트리그베 리는 바로 이 자리에서 자기가 트로츠키에게 "노르웨이 정부에 우호적인 모든 나라 정부에 대해서도 적대적인 행동을 삼가야 한다"고 요구했다고 주장한다. 이와 달리 한 목격자는 "트로츠키는 정치적인 논의를 하지 않으려 했으며 오로지 날씨 이야기만 했다"고 회상했다. 어쨌든 방문자들은 방문의 공식적인 목적을 달성하기 위해 동지애를 드러낼 수 있는 대화로 넘어갔다. 그들은 정치적인 이야기를 나누면서 자기들이 피난처를 제공한 이 사람의 위대함을 후광으로 이용할 수 있게 되기를 바랐다. 그러나 바로 위에 인용한 목격자에 의하면, 트로츠키는 법무부 장관이 자기에게 그 어떤 형태의 정치활동도 금지하지 않았느냐고 냉랭하게 대답했다. 방문자들은 어깨를 으쓱하고 웃으면서 그건 야당들을 달래기 위해 형식적인 절차상 그렇게 해야 했던 것으로 그저 눈가림수일 뿐이라고 말했다. 법무부 장관은 트로츠키에게 자기 의견을 밝히는 것은 노르웨이에 거주하는 조건을 위반하는 것이 결코 아니라고 확인해주었다. 법무부 장관은 이때 언론인의 태도로 돌아가 트로츠키를 인터뷰하고자 하는 열망을 드러냈다. 그래서 트로츠키는 그의 질문에 길게 답변해주었고, 이 답변의 기회를 이용해 스탈린의 정책과 키로프 암살사건 이후 저질러진 테러에 대해 비난했다. 이때의 인터뷰는 〈아르바이더블라데트〉 7월 26일자에 실렸다. 이 기사에는 편집자의 부연설명이 많이 덧붙여졌다. 이 기사를 읽은 독자들은 법무부 장관이 직접 나서서 트로츠키가 밝힌 견해들을 최대한 이용하려 했음을 분명히 알 수 있었다. 이렇게 해서 트로츠키가 노르웨이에 도착하자마자 가졌던 의혹들은 사라진 듯했다. 사실 노르웨이 노동당은 트로츠키를 망명자로서 마지못해 받아들인 것이 아니었고 실제로 그를 걸출한 손님으로 대했다. 의원들과 언론인들은 트로츠키에게 존경을 바치는 경쟁을 벌이는 듯했다. 그리고 한동안 오슬로의 좌파 그룹들 사이에서는 위대한 망명자가 자기의 방문을 받아주었다고 말하는 것이 최고의 자랑거리가 됐다.

6월 말이 되기 전에 트로츠키와 나탈랴는 오슬로에서 북쪽으로 48킬로미터쯤 떨어진 호네포스 근처의 벡스홀(Vexhall)이라는 마을에 있는 크누센의 집에 정착했다. 조용하고 평화로운 농촌마을에서 온화하고 다정한 크누센 대가족들 속에 섞여 살면서 트로츠키와 나탈랴는 최근에 겪었던 괴로움에서 벗어날 수 있었다. 크누센은 온건하고 세련된 사회민주주의자로 트로츠키주의와는 상당히 거리가 먼 사람이었다. 그가 10월혁명의 주역을 자기 집에 머물도록 한 것은 그저 그의 감수성과 자기과시욕에서였다. 트로츠키와 크누센은 암묵적인 합의 아래 서로 정치적 견해차는 결코 건드리지 않았다. 크누센은 이렇게 썼다. "그가 우리 집에 머물던 기간에 사소한 오해로 인한 문제도 전혀 발생하지 않았다. 트로츠키는 자기 일에 워낙 집중했기에 무익한 토론에 낭비할 시간이 없었다. 그는 매우 열심히 일을 했다. 나는 그만큼 정확하고 시간을 잘 지키며 학구적인 사람을 만난 적이 없다. 그는 병에 걸리지 않았을 때는 아침 5시 20분에서 5시 30분 사이에 일어나 부엌에서 대충 밥을 먹은 뒤 곧바로 일하기 시작했다. 그는 모든 일을 매우 조용히, 마치 발꿈치를 들고 걷는 듯이 했다. 다른 사람들에게 방해가 되지 않기 위해서였다. 그가 우리 집에 사는 모든 사람들을 얼마나 잘 대하고 배려했는가는 말로 다 표현할 수가 없다. 나탈랴의 태도도 똑같았다. 우리는 나탈랴에게 '큰 집의 작은 부인'이라는 애칭을 붙여주었다. 트로츠키와 나탈랴가 우리에게 요구하는 것은 아주 적었다."[48)]

1917년 이후 처음으로 트로츠키는 동지의 경호를 받거나 경찰의 감시 아래 신분을 감추고 살지 않아도 됐다. 대문은 밤낮 없이 활짝 열려 있었고, 마을사람들이 언제든 집 마당으로 들어와 다정한 대화를 나누곤 했다. 때때로 해외에서 방문자들이 찾아왔다. 방문자들은 스칸디나비아 반도에 거주하는 독일인 망명자나 프랑스, 벨기에, 미국에서 온 사람들이었다. 이때 트로츠키를 방문한 미국인들 중에 해롤드 아이작스도 있었다. 중국에서 몇 년간 살다가 돌아온 지 얼마 안 된 그는 트로츠키에게 중국과 중국의 공산주의 운동에 관한 유용한 정보를 제공해주었다. 그는《중국 혁명의 비극》이라는 책을 쓰고 있었고, 나중에 트로츠키는 이 책의 서문을 써주게 된다. 트로츠키주의자 그룹에 가담한 미국의 유명한 사회주의자인 샤트먼과 머스티도 벡스홀에 찾아왔다. 프랑스 사람들은 여러 번 그들 나름의 논쟁거리를 그대로 들고 찾아와 트로츠키에게 심판의 역할을 요청했다. 그들은 SFIO를 떠나 독자적인 정당을 결성해야 할 것인지 여부에 대해 내부합의를 이루지 못하고 있었다. 몰리니에는 다른 정파와의 제휴를 거부하는 독립주의를 표방하며 〈라 코뮌〉이라는 신문을 창간했다. 몰리니에의 이런 행동으로 인해 논쟁이 공개화되면서 가열됐고, 결국 트로츠키는 몰리니에와 결별하게 된다. 굳이 이런 일을 언급하는 것은, 이와 관련된 논쟁이 여러 해에 걸쳐 계속 이어질 뿐 아니라 트로츠키 가족의 운명과도 기괴하게 얽혀들게 되기 때문이다. 이 모든 일이 벌어지는 와중에서, 그리고 프랑스에서는 제대로 못하다가 노르웨이에 와서 재개한 지지자들과의 편지교환이 엄청나게 늘어나는 가운데 트로츠키는 새로운 책《배반당한 혁명》의 집필에 착수했다.[49)]

여름이 끝날 무렵인 9월 19일 트로츠키는 발열이 계속되고 몸이 전체적으로 쇠약해져 오슬로 시립병원에 입원했다. 고요한 병실에서 트로츠키는 우수 어린 명상에 빠졌다. 그는 이렇게 썼다. "마드리드의 감옥 침상에 누워서 '도대체 내가 왜 이곳에 와있지' 하고 생각하며 놀라고 의아해했던 때로부터 대략 20년이 흘렀다. 나는 그때 잠이 들 때까지 계속 웃음을 터뜨렸었다. 이제 나는 또다시 도대체 내가 왜 오슬로의 병원에 입원하게 됐는지를 생각하며 놀라고 의아해하고 있다."[50)] 병상 옆의 탁자에 놓여있는 성경은 그의 생각을 더 먼 과거로 돌려보냈다. 37년 전에 그는 오데사의 감옥에서 여러 나라 언어로 된 성경을 이용해 외국어 공부를 했다. "유감스럽게도 나는 이 오래되고 익숙한 책과 이렇게 새로이 만난 것이 내 영혼을 구하는 데 도움이 될 것이라고 확언할 수 없다. 그러나 노르웨이어로 된 복음서를 읽는 것이 나를 환대해준 나라의 언어를 배우는 데는, 그리고 어릴 때부터 내가 좋아했던 이 나라의 문학에 가까이 다가가는 데는 도움이 될지도 모른다." 진찰과 검사를 여러 번 받은 뒤에야 그는 퇴원할 수 있었다. 그러나 그의 영혼은 구제되지 않았고, 그의 몸도 건강을 회복하지 못한 상태였다. 그는 12월의 대부분을 침대에 누워서 보냈다. 훗날 그는 이때를 "내 인생에서 최악의 달"이었다고 말한다.

오래된 걱정과 근심, 그리고 새로운 걱정과 근심이 트로츠키의 건강이 회복되는 것을 방해했다. 그는 자기가 벌여온 '조직화' 작업이 아무 소용이 없었다는 생각에 낙담했다. 그는 프랑스의 트로츠키주의자들이 자기들끼리의 논쟁거리를 들고 와 괴롭히자 짜증이 났다. 그는 료바에게 보낸 편지에 이렇게 썼다. "적어도 4주간의 휴가를 내고 그동안에는 분회들로부터 아무런 편지도 받지 않는 게 좋을 것 같다. (…) 그렇게 하지 않고서는 건강을 회복할 수 없을 것 같다. 일을 하려면 무엇보다도 건강이 필수다. 그런데 구역질나는 이 모든 잡사들은 보다 진지한 문제들에 몰두할 능력을 나에게서 앗아가고 불면증과 신열만 가져다준다. (…) 이 문제에 대해 네가 아주 단호한 태도를 취해주기 바란다. 그러면 나는 네가 하라는 대로 하겠다. 2월 1일까지는 답장을 보내거라."[51] 그는 그 후에도 여러 주일, 여러 달에 걸쳐 료바를 거듭 책망했다. 료바가 '잡사들'을 가지고 자기를 괴롭히고 있다는 것이었다. 그는 또한 '프랑스 파당들'의 '어리석은 술수'에 대한 절망감을 털어놓았다.[52] 트로츠키의 편지들을 보면, 그가 추진하는 4차 인터내셔널의 프랑스 분회뿐 아니라 다른 대부분의 분회들도 사정이 마찬가지였던 게 분명하다. 게다가 러시아 국내의 상황과 세르게이와 관련된 불확실성이 그에게 고통을 더해주었다. 세르게이 문제에 대한 모스크바의 분위기를 간접적으로 타진해본 결과, 모스크바의 공식적인 설명은 세르게이를 투옥한 것이 아니라 그가 자기 아버지와 교신하는 것을 막기 위해 경찰의 감시를 받게 했다는 것이었다. 나탈랴가 모스크바에 있는 며느리, 즉 세르게이의 처에게 보낸 돈이 주소불명이라는 메모와 함께 오슬로의 은행으로 반송됐다. 설상가상으로 트로츠키는 자금 부족으로 곤란을 겪고 있었다. 출판사들에서 받은 선인세는 노르웨이에 정착하고, 몰리니에에게 진 빚을 갚는 데 다 써버렸다. 트로츠키는 몰리니에와 결별하기 전에 그에게 진 빚을 다 갚기를 원했던 것이다. 이때 트로츠키가 얼마나 심각한 금전적 곤경에 처해 있었는지는 그가 오슬로 병원에서 해롤드 아이작스에게 보낸 9월 29일자 편지에 잘 나타나 있다. 이 편지에서 그는 자기가 "금전적 파산상태"라면서 도움을 요청했다. 병원에 계속 있으려면 하루에 10크로네를 지불해야 하는데 수중에 100크로네밖에 남아있지 않다는 내용이었다.[53)]

크리스마스 직전에 트로츠키는 크누센 및 몇 명의 노르웨이 젊은이들과 함께 호네포스의 북쪽에 있는 산악지대로 갔다. 며칠간 야외에서 육체적인 활동을 하는 것이 건강회복에 도움이 될 것이라는 기대에서였다. 우리는 이 여행이 이루어진 시점에 주목할 필요가 있다. 그로부터 1년 뒤 라데크 및 퍄타코프에 대한 재판에서 비신스키가 바로 이때 퍄타코프가 극비리에 트로츠키를 방문했다고 주장하기 때문이다. 이 주장에 이어 퍄타코프는 자기가 베를린에서 비행기를 타고 오슬로까지 갔고, 오슬로의 공항에서 곧바로 자동차를 타고 트로츠키를 만나러 갔다고 말한다. 이런 주장들은 노르웨이 당국에 의해 부인됐다. 노르웨이 당국은 1935년 12월 말에는 물론 그 전후의 몇 달간에도 오슬로 공항에 독일 비행기가 착륙한 적이 없음을 확인했다. 그리고 트로츠키와 여행을 같이 한 사람들은 자기들이 트로츠키와 같이 있었던 장소는 자동차로는 올 수 없는 곳이었다고 말했다. 그들은 이렇게 증언했다. "그해 겨울은 날씨가 무척이나 궂었다. 길도 없는 그곳 농촌은 눈 속에 갇혔고, 극지방의 얼음으로 뒤덮여 있었다. 우리는 이런 사실을 잘 기억한다. 왜냐하면 여행 중에 한 번은 트로츠키도 눈과 얼음에 갇혀버린 적이 있기 때문이다. 우리는 스키를 타고 여행했다. 그런데 트로츠키가 스키를 잘 타지 못해서 우리는 주기적으로 구조팀을 구성해야 했고, 트로츠키의 안전에 대해 늘 노심초사했다."[54)]

여행을 마치고 돌아온 트로츠키의 건강이 급작스럽게 회복했다. 그를 진찰했던 의사들을 놀라게 했던 몇 번의 급격한 그의 건강상 변화 중 한 경우였다. 그래서 그는《배반당한 혁명》의 집필을 재개했고, 이 책을 탈고할 때까지 6개월 동안 매우 바쁘게 지냈다.

《배반당한 혁명》은 트로츠키의 저작 중에서도 특별한 위치를 차지한다. 이 책은 그가 완성할 수 있었던 책들 가운데 마지막으로 집필된 것이고, 어떤 의미에서는 그의 정치적 유언장이라고 말할 수도 있다. 이 책에서 그는 소련사회에 대해 마지막 분석을 했고, 스탈린 집권기 중반까지의 소련사회에 대한 역사적 개괄을 해놓았다. 그가 쓴 책들 가운데 내용이 가장 복잡한 이 책에는 그의 사고가 지닌 약점과 강점이 모두 결집돼있다. 이 책에는 사회주의, 프롤레타리아 혁명이 극복해야 할 어려움들, 노동자들의 국가에서 관료들이 해야 할 역할에 관한 새롭고 독창적인 생각이 많이 들어있다. 또한 이 책에서 트로츠키는 2차대전 이전에 소련이 국제사회에서 차지했던 위상을 살펴보았고, 대담하지만 부분적으로는 잘못된 예측으로 미래를 투시해보기도 했다. 이 책은 깊이 있는 이론적 논문이자 당시의 현실에 대한 선전 팸플릿이다. 또한 이 책은 고전적 마르크스주의 견해의 창조적 재진술이며, 소련에서의 혁명을 촉구하는 '새로운 트로츠키주의' 선언이기도 하다. 트로츠키는 이 책에 자신의 모든 권위와 능력을 다 쏟아 부었다. 그는 독립적이고 엄밀하게 객관적인 사상가로서, 패배한 반대파의 지도자로서, 열정적인 팸플릿 필자이자 논객으로서 이 책을 썼다. 그 가운데 논객으로서 그가 말하는 부분이 이 책의 비전(秘傳)적인 부분을 형성하면서 그가 전개한 객관적이고 분석적인 주장들을 압도하는 경향을 보인다. 풍부한 구상과 상상력으로 인해 이 책은 20세기의 획기적인 책들 가운데 하나가 됐다. 또한 그 내용이 교훈적이면서도 여러 가지 의미로 해석될 수 있어 다른 어떤 정치적 저작보다 더 자주 의외의 용도로 이용됐다. 이 책은 그 제목부터가 우리 시대의 특징을 대변하는 단어들 가운데 하나가 됐다.

《배반당한 혁명》은 스탈린 시대가 다다른 중대한 국면에 대한 트로츠키의 비판적 대응이었다. 이 책이 씌어진 때는 소련이 이미 사회주의를 달성했다고 모스크바 당국이 공식으로 선언한 직후였다. 당시 소련 당국의 이런 태도는 단지 "사회주의의 토대"만 놓아졌을 뿐이라는, 그 후 최근까지 소련 당국이 취해온 태도와 대조된다. 스탈린으로 하여금 사회주의가 실현됐다는 선언까지 감히 할 수 있게 했던 것은 공업화의 진전, 집단농장이 확고하게 자리 잡았음을 보여주는 듯한 최초의 외견상 징후들, 그리고 1930년대 초의 기근과 학살에서 벗어났다는 전국적인 안도감 등이었다. '세계에서 가장 민주적'이라는 새 헌법은 새로운 시대의 상징이 될 터였다. 새 헌법은 예전의 자산소유 계급에 대한 차별을 철폐했고, 모든 사람에게 보편적이고 동등한 참정권을 부여했다. 이는 무계급 사회가 사실상 이미 실현됐기 때문에 프롤레타리아 독재를 위한 특별한 헌법적 보호장치가 더 이상 필요하지 않게 됐다는 뜻이었다. 그러나 새 헌법은 동등한 투표권을 부여하긴 했어도, 누구에게 표를 던질 것인가를 스스로 결정할 선택의 권리는 박탈했다. 또한 새 헌법은 옛 헌법과 달리 일당제를 공식으로 신성화했다. 소련의 선전가들은 일당제와 그 유일한 당이 획일적인 성격을 갖는 것이 사회주의 공동체의 본성에 부응하는 것이라고 주장했다. 다당제는 부르주아 사회에 내재된 적대적 갈등을 반영하는 것이며, 사회주의 공동체는 계급이익의 갈등에 의해 분열되지 않기 때문에 다당제를 필요로 하지 않다는 것이었다.

그러나 이때는 불평등이 심화되는 시기이기도 했다. 고소득자와 저소득자 사이의 격차가 급속히 확대되고 있었고, '사회주의적 경쟁'이 이권과 생필품을 차지하기 위한 무질서한 쟁탈전으로 전락하고 있었고, 스타하노프운동이 그러한 쟁탈전을 소련 내 모든 공장의 작업대와 모든 탄광의 갱도로 확산시키고 있었고, 소수의 풍요로움과 다수의 곤궁함이 매우 뚜렷하게 대비되고 있었다. 스탈린은 이른바 '수평파(급진적인 평등주의자들—옮긴이)'에 대해 광포한 공격을 가하면서 스스로 신흥부자들의 두목이 되어 그들의 소유욕을 부추겼고, 희미하게나마 남아 그런 소유욕을 억제하던 양심을 조롱했고, 새로이 등장한 불평등을 사회주의의 성취로 미화했다. 새로운 조직적 위계질서도 형성되고 있었다. 그것은 직위, 직함, 특권을 분명하게 차별화하고, 권위의 사다리를 가파른 형태로 여러 개 설치하고 그런 사다리 각각의 모든 계단을 다시 아주 세밀하게 구분함으로써 정교하게 서열화된 구조였다. 초기의 프롤레타리아 민주주의적 방식으로부터 이러한 새로운 권위주의 체제로의 역전이 가장 두드러지게 나타난 곳은 군대였다. 군대에서는 차르시대의 계급구분이 그대로 다시 도입됐다. 사회주의의 도래를 찬양하는 와중에 한편에서는 이처럼 과거로 복귀하는 분위기가 확산됐다. 이런 분위기는 교육제도와 국민의 정신생활에도 깊은 영향을 끼쳤다. 해외의 교육 전문가들로부터 칭송을 받았던 1920년대의 진보적인 학교개혁은 이제 극좌 경향의 일탈로 매도됐고, 그 대신 무거운 국가주의적 전통과 구태의연한 가부장적 규율이 학교의 교실과 강연장에 스며들어 젊은 세대의 정신을 질식시키고 있었다. 과학과 문학, 예술에 대한 관료적 지도가 참을 수 없을 정도로 압제적인 성격을 강화하고 있었다. 모든 분야에 걸쳐 국가가 사회에 대한 최고의 수호자로 자처하면서 도발적이고 뻔뻔스럽게 절대권력을 행사했다. 그리고 전제적 권력자가 인민의 아버지, 모든 지혜의 원천, 인류에게 은혜를 베푸는 사람, 그리고 사회주의의 조물주로 찬양됐다.

트로츠키는 스탈린의 주장에 대한 반박에 나섰다. 그는 고전적 마르크스주의의 개념을 들이대며 스탈린주의의 현실을 비판했다. 그는 소유의 사회적 형태가 지배적인 사회형태가 되는 것이 사회주의에 긴요한 조건이긴 하지만 그것만으로 사회주의가 실현되는 것은 아니라고 지적했다. 사회주의는 풍요로운 경제가 전제될 때에야 비로소 완성되는 것이므로, 소련 사회에 만연한 현저한 불평등을 더욱 악화시키는 결핍과 빈곤 위에서는 사회주의를 구축할 수 없다는 것이었다. 스탈린은 공산주의의 두 단계에 관한 마르크스의 경구를 상기시켰다. 공산주의의 두 단계란 사회가 그 구성원들에게 '각자가 일한 만큼' 보상을 하는 낮은 단계와 '각자가 필요한 만큼' 보상을 하는 높은 단계를 말한다. 스탈린은 이 가운데 낮은 단계에서 소련이 출범했다고 선언했다. 이에 대해 트로츠키는 스탈린이 자기가 심화시키고 있는 불평등을 정당화하기 위해 마르크스의 권위를 악용하고 있다고 지적했다. 마르크스가 사회주의의 초기 국면에서도 불평등이 지속될 것이라고 예측했던 것은 사실이지만 스탈린의 지배체제에서처럼 불평등이 확대되리라고는, 그것도 그토록 큰 폭으로 확대되리라고는 생각하지 않았을 것이라는 얘기였다. 소련 사회는 자본주의와 사회주의의 중간지점에 아직도 머물러 있다고 트로츠키는 지적했다. 소련 사회는 사회주의를 향해 앞으로 나아갈 수도 있지만 뒤로 물러나게 될 수도 있으며, 앞으로 나아가기 위해서는 반드시 불평등을 극복해야만 한다는 것이었다. 그런데 소련에서는 불평등이 계속 확대되고 있었고, 이는 바로 소련 사회가 후퇴하고 있음을 드러내는 것이라고 트로츠키는 보았다.

스탈린주의적 전제주의의 향연은 그와 같은 퇴행적인 추세의 핵심이었다. 레닌은 저서 《국가와 혁명》에서 '국가의 점진적 소멸'이라는 마르크스주의 개념을 방삭 속에서 끄집어내어 볼셰비즘의 일상적 개념으로 만들었다. 트로츠키는 스탈린주의의 조작에 대항해 바로 이 개념을 방어하려고 했다. 트로츠키는 국가의 점진적 소멸 없이는 사회주의란 생각할 수도 없다고 주장했다. 국가는 계급갈등으로부터 탄생했고, 계급지배의 도구로서 존재한다. 낮은 단계에서도 사회주의는 계급 간 적대와 정치적 강제의 소멸을 의미하는 것이며, 사회주의에서도 존속하게 되는 국가의 기능은 순전히 행정적인 기능, 즉 "사람에 대한 관리가 아니라 사물에 대한 관리"에 국한될 것이다. 레닌이 생각한 프롤레타리아 독재는 파리코뮌을 모델로 한 '준(準)국가'이며, 그런 체제에서는 인민으로부터 격리된 관료집단이 형성되지 않도록 인민이 관리들을 투표에 의해 선출하거나 면직시킬 수 있어야 한다. 후진적이고 고립된 러시아에서는 이런 구상이 현실에서 작동되지 않는다는 점이 입증됐다. 그렇지만 사회주의로의 진보는 국가의 강제력이 어느 정도 약화됐는가에 의해 측정될 수밖에 없다. 대대적인 정치적 박해가 자행되고 국가 그 자체가 신성화되는 것은 사회주의가 달성됐다고 하는 스탈린주의자들의 주장에 반하는 것이다. 스탈린은 어느 한 나라 안에서는 국가가 소멸될 수 없다고 주장했다. 그러나 트로츠키에게 스탈린의 이런 주장은 어느 한 나라 안에서는 사회주의가 달성될 수 없다는 점을 간접적으로 인정하는 말일 뿐이었다. 게다가 국가의 권력이 강화되고 '국내의 적들', 즉 좌익 반대파를 주로 겨냥해 스탈린주의자들의 테러가 자행되는 주된 이유가 '자본주의 포위'에 있는 것도 아니었다.

마르크스주의자가 아닌 사람들에게는 트로츠키의 이런 비판 중 많은 부분이 '교조적'인 것으로 비칠 것이다. 그러나 마르크스주의자들에게 이런 비판은 대단히 중요한 것이었다. 왜냐하면 비판의 내용이 스탈린주의의 이념적 가식을 벗기고, 스탈린이 실제로 한 일들에서 마르크스주의를 분리시키는 것이었기 때문이다. 트로츠키는 마르크스주의 사상을 갖고 있는 사람들을 위해 하나의 입장을 정립하려고 했던 것이다. 그가 정립하고자 한 입장은 스탈린주의로 인해 생겨난 도덕적 부채를 마르크스주의자들이 짊어져야 한다는 생각을 거부할 수 있게 해주고, 십계명과 산상수훈이 종교재판에 대한 책임을 져야 한다고 말할 수 없는 것처럼 마르크스주의 사상이 스탈린의 테러 통치를 책임질 필요가 없다고 선언할 수 있게 해줄 입장이었다. 이런 주장이 도덕적이고 역사적인 의미만 갖는 것은 아니다. 왜냐하면 이런 주장은 지금도 여전히 공산주의 사상과 깊은 관련성을 갖고 있기 때문이다. 흐루시초프가 1950년대 말과 1960년대 초에 주장한 개념, 즉 소련은 사회주의에서 공산주의로 이행하고 있다고 한 주장은 1930년대에 사회주의를 달성했다는 스탈린주의자들의 주장에 근거를 둔 것으로 그때의 주장만큼이나 비현실적이다. 트로츠키의 관점에서 보면 소련 사회는 커다란 전진을 이루긴 했지만 아직도 사회주의의 달성과는 거리가 매우 멀다. 소련의 이데올로그, 경제학자, 사회학자, 철학자, 역사학자 등은 지금도 여전히 사회주의가 완성됐다는 주장과 관련된 계율 속에 갇힌 채 사고하고, 그 계율을 중심으로 구축된 허구의 범위 안에서만 움직인다. 반면 트로츠키의 기준을 현재 소련의 현실에 적용한다면, 스탈린 사후 10년 동안 소련에서 스탈린의 유산을 교정했던 것보다 훨씬 더 철저하게 스탈린의 유산을 교정해야 할 것이다.

《배반당한 혁명》은 관료집단에 대한 트로츠키의 고전적 고발장이다. 예컨대 '보통의 여성 노동자와 그 여성 노동자의 목을 조르는 관리 사이의 갈등'에서 트로츠키는 '여성 노동자'의 편에 섰다. 트로츠키는 스탈린주의의 주된 동인(動因)은 특권 방어에 있다고 보았고, 이것이 스탈린의 정책이 지닌 여러 상이한 측면을 모두 하나로 통합시켜 준다고 보았다. 이런 관점에서 봐야만 스탈린의 정책이 지닌 테르미도르반동적인 정신을 스탈린이 전개한 외교 및 그가 코민테른을 퇴화시킨 조처와 연결시켜 볼 수 있다는 것이다. 트로츠키는 소련의 집권그룹이 국내의 대중적 불만과 해외 계급투쟁의 충격에 대응해 탐욕적인 소수의 이익을 지켜주고 있다고 보았다. 그는 이 당시 소련 인구의 12~15퍼센트에 이르던 관리자 집단, 당 기구, 공무원, 장교단의 사회적 구성을 분석했다. 그 결과 이들이 자기들의 비중을 스스로 의식하고 있는 거대한 사회계층을 구성하고 있고, 자기들이 누리는 특권으로 인해 보수화됐으며, 자기들의 모든 힘을 다 기울여 국가적으로나 국제적으로나 기존질서를 유지하려고 하는 것으로 파악됐다.

관료집단에 대한 고발만으로 만족할 수 없었던 트로츠키는 그들이 소련에서 어떻게, 왜 권력을 획득할 수 있었는지, 그리고 관료집단이 압도적인 지위를 차지하는 것이 사회주의 혁명에 일반적으로 내재하는 현상인 것은 아닌지를 검토했다. 이런 문제들에 대해 그는 이전에 자기가 내놓았던 대답을 넘어, 소련에서 결핍과 빈곤이 만연한 가운데 불평등이

다시 확대되는 객관적인 원인들을 대담하게 추출해냈다. 그러나 이와 동시에 그는 그러한 요인들이 모든 사회주의 혁명에서 거듭해서 나타난다는 것도 강조했다. 그 이유는 어디에서도 불평등을 즉각적으로 없애지는 못하기 때문이라는 것이었다. 세계에서 가장 부유한 공업국가인 미국도 아직은 노동에 대해 '필요에 따른' 보상을 해주기에 충분한 정도의 생산을 하지 못하고 있다고 트로츠키는 지적했다. 미국도 아직 상대적인 물자 부족의 고통을 겪고 있고, 따라서 미국에 공산주의 정부가 들어선다 해도 차별화된 임금 및 봉급 체계를 유지할 수밖에 없을 뿐 아니라 저개발국에서보다는 정도가 덜할지 몰라도 긴장과 사회적 갈등이 계속될 것이라고 그는 지적했다. 그러므로 "관료주의의 경향은 (…) 프롤레타리아 혁명 이후에도 도처에서 그 모습을 드러낼 것"이라고 그는 보았다.[55] 마르크스와 레닌도 이 점을 인식하고 있었다. 마르크스는 재화의 불평등한 분배를 보호하는 '부르주아 법률'이 "공산주의 사회의 첫 단계에서 불가피"하다고 말했다. 레닌은 소비에트 공화국이 프롤레타리아 민주주의의 정신으로 운영된다 하더라도 어떤 의미에서는 그것이 "부르주아 없는 부르주아 국가"가 될 것이라고 설명했다. 그러나 이런 문제가 전면적으로 부각된 것은 스탈린 시대의 경험을 하고 나서였고, 그 경험이 자본주의 이후 사회의 모순에 대한 진정한 통찰력을 갖게 해주었다. 혁명정부는 불평등을 유지할 수밖에 없으나, 동시에 그 불평등에 대항해 싸워야 한다. 그리고 불평등을 유지하는 것과 불평등에 대항해 싸우는 것 둘 다 사회주의를 위해서 해야 한다. 혁명정부는 경제가 적절한 기능을 발휘하고 급속한 성장을 할 수 있도록 보장하기 위해 기술자, 숙련노동자, 관리자 등에게 인센티브를 제공해야 한다. 그러나 동시에 혁명정부는 특권의 축소와 그 궁극적인 폐지를 목표로 삼아야 한다.

결국 이런 모순은 인류가 그동안 꿈꿔온 모든 것을 능가할 정도로 사회적 부를 증대시키고, 동시에 육체노동자와 지식노동자 사이의 간극을 없앨 정도로 수준 높고 보편적인 교육을 실현함으로써만 해소할 수 있을 것이다. 이런 조건이 충족되기 전에는 혁명적인 국가가 "그 시작단계에서부터 이중적인 성격을 갖는다"고 트로츠키는 지적했다. 즉 초기의 혁명적인 국가는 생산수단에 대한 사회적 소유를 방어한다는 점에서는 사회주의적이지만, 재화가 사회구성원들에게 불평등하고 차별적으로 분배되도록 한다는 점에서는 부르주아적이라는 것이다. 이처럼 트로츠키는 사회주의로의 이행기에 내재되는 모순과 이중성을 명쾌하게 정식화했다. 이 점은 당대의 마르크스주의 사상에 트로츠키가 중요하게 기여한 부분이다.[56)]

트로츠키는 다시 소련 사회에 대한 분석으로 돌아가, 레닌과 자기는 '부르주아 없는 부르주아 국가'는 진정한 소비에트 민주주의와 부합하지 않으리라는 점과, 소수의 특권집단을 조장하고 뒷받침하기 위해 시종일관하게 국가의 존재가 요구되는 한 국가는 소멸될 수 없다는 점을 예견하지 못했다고 인정했다. 따라서 소비에트 민주주의가 붕괴한 것은 스탈린의 음모 때문만은 아니라고 했다. 스탈린의 음모는 보다 폭넓은 객관적 과정의 주관적 측면일 뿐이라고 트로츠키는 설명했다. 그는 이어 스탈린주의 정부는 모든 혁명정부가 가지고 있는 '이중성'을 보존했을 뿐이긴 하지만, 그 가운데 부르주아적 요소가 사회주의적 요소를 희생시키면서 엄청난 비중과 힘을 획득했다고 지적했다. 관료집단은 그 본성상 "불평등의 파종자이자 보호자"이며, 식료품점 앞에 많은 사람들이 줄을 서게 하는 극심한 식품부족의 시기에는 '질서를 유지하는 경찰'로 행동하지만 식품이 풍부하게 공급돼 식료품점 앞의 줄이 없어지면 불필요한 잉여의 존재가 된다는 것이었다. 그러나 "분배할 부를 갖고 있는 자 중에서 자기 자신을 분배에서 빼놓는 이는 아무도 없다"고 트로츠키는 지적했다. 그는 이어 이렇게 썼다. "따라서 사회적 필요에서 생겨난 하나의 기관이 사회적으로 필요한 기능에 적합한 수준 이상으로 커지면서 그 자체가 하나의 독립된 요소가 됐고, 이로 인해 전체 사회유기체에 커다란 위험을 초래하는 원천이 됐다. (…) 대중의 빈곤과 문화적 낙후는 손에 커다란 곤봉을 든 악의에 찬 지배자의 모습으로 다시 구현됐다."[57)]

소비에트 국가의 부르주아적 요소가 사회주의적 요소를 파괴하기에 충분할 정도의 힘을 획득했는가? 트로츠키는 이런 질문을 던졌다. 그러나 그는 관료집단이 '새로운 계급'이라거나 소련의 대중이 '국자자본주의'에 의해 착취당하고 있다는 견해에 대해서는 또다시 단호하게 반대했다. 마르크스주의자들에게 자본가 계급이 없는 국가자본주의는 용어부터 모순이다. 관료집단은 생산수단에 대한 소유와 통제를 통해 사회 안에서 자기의 위치를 갖게 되는 자본가 계급과는 달리 사회적 동질성을 결여하고 있다. 소련의 공업과 국가를 지도하고 감독하는 자들이 관리행정의 기능을 수행한다고 해서 그런 기능만으로 그들이 하나의 계급이 되는 것은 아니라는 것이었다. 그들이 국가와 공업을 마치 자기들의 사적인 영역으로 다루고 있다고 해도 마찬가지였다. 스탈린주의가 촉진한 불평등은 아직 사적인 소비의 영역에 국한돼 있었다. 그리고 특권집단들은 생산수단을 자기들의 소유물로 만들 수 없었다. 다른 착취계급들과 달리 그들은 다른 사람의 노동에 대한 통제력을 획득하고 노동으로부터 더 많은 부를 뽑아내는 형태로 부를 축적할 수 없었다. 그들의 특권과 권력도 생산적 자원에 대한 국가적 소유와 연결돼 있었다. 따라서 그들로서는 그러한 국가적 소유를 지켜야 하고, 이로 인해 그들은 비록 사회에 엄청난 비용을 초래하는 방식을 취하긴 하지만 사회주의적 관점에서 보면 필요하고도 진보적인 기능을 수행한다는 것이었다.

그러나 스탈린주의 국가의 사회적 균형은 불안정하다고 트로츠키는 덧붙였다. 장기적으로는 사회주의적 요소와 부르주아적 요소 중 어느 하나가 다른 하나를 압도할 것이 틀림없다. 따라서 불평등의 지속적인 확대는 위험의 신호라는 것이었다. 관리자 집단은 소비자로서의 특권에만 무한히 만족하지는 않을 것이다. 조만간 그들은 국가를 사적으로 이용하고 각종 기업의 주주가 됨으로써 스스로 자산소유 계급으로 변신하려고 할 것이다. "관료들이란 어떤 재산이든 그 재산이 자기에게 필요한 수입만 보장해준다면 재산의 지배적인 형태가 어떤지에 대해서는 신경을 쓰지 않는다고 주장하는 사람도 있을 수 있다. 이런 주장은 관료들도 자기 권리의 안정성뿐만 아니라 후손의 문제에도 신경을 쓴다는 사실을 무시하는 것이다. (…) 특권이 자식에게 승계될 수 없다면 그 특권은 반쪽의 가치밖에 지니지 못한다. 그러나 유증되는 권리는 재산권과 분리되지 않는다. 기업에 대한 감독자가 되는 것만으로는 충분하지 않다. 주주가 될 필요가 있다. 이런 결정적인 영역에서 관료집단이 승리하는 것은 그들이 새로운 자산소유 계급으로 전환하는 것을 뜻한다." 스탈린은 이런 '전환'을 주재할 수 없다고 트로츠키는 지적했다. 스탈린의 체제는 국가적 소유와 계획경제에 토대를 두고 있기 때문이라는 것이었다. 따라서 관료집단은 새로운 부르주아 계급으로 전환하는 과정에서 필연적으로 스탈린주의와 갈등을 빚을 수밖에 없으며, 스탈린은 관료집단의 소유욕을 부추기는 것을 통해 부지불식간에 자기 자신의 지배체제뿐 아니라 혁명으로 얻은 모든 성과물을 훼손하게 된다. 트로츠키는 이런 위험이 임박한 것으로 보았기에 1936년의 헌법이 "새로운 자산소유 계급을 탄생시킬 정치적 전제조건을 창출"할 것이라고 서둘러 지적했다. 1920년대와 마찬가지로 1930년대에도 트로츠키는 관료집단의 전체 또는 일부가 자본주의적 복고를 촉진하는 역할을 할 가능성이 있다고 생각했다. 다만 예전에는 관료집단이 쿨라크와 네프맨들을 위한 보조자의 역할을 한다고 보았지만, 이제는 쿨라크와 네프맨들의 계급이 해소된 뒤이니 관료집단이 독자적인 하나의 행위집단이 됐다고 본다는 점이 달랐다.[58)]

돌이켜 보면 이런 트로츠키의 견해는 완전히 잘못된 것처럼 여겨지기도 한다. 소련의 관료집단은 생산수단에 손을 대고 그것을 사적으로 이용하기는커녕 그 후 몇십 년간 공적 소유를 수호하는 역할을 계속했다. 그러나 트로츠키는 관료집단이 새로운 부르주아 계급으로 변신하는 것을 여러 가지 가능성 중 하나로만 이야기했다는 사실에 주목해야 한다. 그는 그러한 잠재적 가능성이 현실성으로 오해돼서는 안 된다고 지적하는 신중함도 보였다. 그는 스스로 강조했듯이 초기 볼셰비즘에 대항한 스탈린주의의 반평등주의 및 반동화가 극에 달한 시점에 전례가 없고 복잡하며 불가사의한 현상을 다룬 셈이었다. 이론가로서 트로츠키는 그 어떤 것도 당연시할 수가 없었다. 그는 자기가 다뤄야 하는 추세가 사회주의에 매우 해롭고 강력하면서도 독립적인 힘을 분출시킬 가능성을 배제할 수 없었다. 스탈린은 정통 레닌주의와 혁명의 원칙에 대한 반역을 애매모호하게 결합시키는 태도로 러시아를 과거로 되돌리려는 것처럼 보이곤 했다. 물론 트로츠키는 스탈린이 실제로 러시아를 과거로 되돌리지는 못할 것이라고 확신했다. 그러나 그는 스탈린이 아닌 다른 사람들이 그렇게 할 가능성을, 심지어는 스탈린이 죽은 뒤에 다른 사람들이 그렇게 할 가능성을 두려워했다.[59)]

스탈린도 똑같은 두려움에 쫓기고 있었다. 그가 자기의 관료집단에 대해 분노를 표출하면서, 일련의 숙청 과정에서 트로츠키주의나 부하린주의에 대적한다는 구실로 관료집단 속의 불순분자를 솎아낸 것도 바로 이 때문이었다. 관료집단이 하나의 사회계층으로 굳어지는 것을 저지했다는 점은 숙청의 효과들 가운데 하나였다. 스탈린은 관료집단의 소유욕을 자극한 뒤에 그들의 목을 비틀었다. 이는 그동안 가장 덜 알려지고 논의도 가장 덜 이루어진 사실들 가운데 하나이지만, 지속적인 테러가 낳은 중요한 결과였다. 스탈린의 테러는 한편으로는 옛 볼셰비키인 당 간부들을 몰아내고 노동계급과 농민들로 하여금 겁을 집어먹게 했지만, 다른 한편으로는 관료집단을 끊임없이 재구성하는 과정을 통해 그들이 원형질이나 아메바 같은 단세포 동물의 수준을 넘어 그들만의 사회정치적 정체성을 갖춘 옹골차고 정교한 몸체로 자라나는 것을 허용하지 않음으로써 관료집단 전체를 계속 유동적인 상태로 유지했다. 이런 상태에서는 관료집단이 스스로 새로운 자산소유 계급이 되고자 해도 그렇게 될 수가 없었다. 그들은 공직과 강제수용소 사이를 오가야 했기에 자기 소유의 자본을 축적할 기회를 갖지 못했다. 스탈린은 쿨라크들을 없애버린 것처럼 새로운 부르주아 계급의 싹도 없애버렸다. 이런 측면에서 그는 트로츠키가 암묵적으로 수용한 전제들에 입각해서, 그러나 스탈린 그다운 야만적인 독재의 방식으로 행동한 셈이었다. 어쨌든 '부르주아가 되려는 관료'는 트로츠키의 상상이 낳은 허구가 아니었다. 그러나 트로츠키는 부르주아가 되는 데 필요한 관료집단의 활력과 능력을 명백히 과대평가했다. 이는 그가 쿨라크들의 힘을 과대평가했던 것과 같은 태도였다. 아울러 트로츠키는 스탈린의 교활함, 집요함, 잔혹함을 또다시 과소평가했다. 스탈린이 국가조직 속에 존재하는 부르주아적 요소를 촉진한 데 이어 억압한 방식은 트로츠키에게는 완전히 낯설고 불가해하기도 했다. 트로츠키는 늘 그랬듯이 적극적이고 의식을 지닌 노동계급만이 국가조직의 반사회주의 경향을 견제할 수 있다고 생각했다.

그러나 트로츠키는 소련의 노동자들이 관료집단에 대항해 들고일어나려 하지 않는다는 사실도 잘 알고 있었다. 노동자들 가운데 압도적인 다수가 관료집단에 대해 적대감을 품고 있었지만, 그들은 "관료집단을 쓸어내는 것은 자본주의로 회귀하는 길을 여는 게 되지 않을까"하는 두려움을 갖고 있었던 것이다. 이 당시 노동자들은 관료집단이 혁명의 성과물을 지키는 '파수꾼'으로서 필요한 기능을 수행하고 있다고 느꼈다. 트로츠키는 이렇게 썼다. "노동자들은 다른 가능성을 보게 되기만 하면 곧바로 불성실하고 건방지며 믿을 수 없는 파수꾼을 반드시 몰아낼 것이다." 참으로 역설적인 이야기였다. 새로운 자산소유 계급으로 변할 수 있고 혁명을 파괴할 수도 있는 사회집단이 어느 정도는 혁명의 보호자이기도 하다는 것이었다. 트로츠키는 상황에 대한 자기의 평가를 교조주의자들이 불만스러워할 것이라는 점을 잘 알고 있다고 했다. "그들은 그러냐 아니냐 하는 식의 단순명쾌한 공식을 좋아"하기 때문이라는 것이었다. "사회적 현상이 늘 완성된 최종적인 성격만을 갖는다면" 사회학적 분석이 물론 간단할 수도 있다고 그는 인정했다. 그는 그러나 현실을 어떤 산뜻한 도식에 억지로 짜 맞추거나 "논리적 완벽성을 위해 이미 정해진 개념을 아직 완성되지도 않은 과정에 적용"하는 것을 거부했다. 이론가로서 트로츠키는 완전히 새롭고 역동적인 사회형성의 움직임에 대해 설명이 가능한 가설들을 제시하기만 했고, 그런 가설들에 대한 검증은 현실에서 전개되는 상황에 맡겼다.[60]

그런데 이미 1930년대에, 더욱 두드러지게는 2차대전이 벌어지는 동안과 이 전쟁이 끝난 뒤에 현실에서 실제로 전개된 상황은 관료집단이 새로운 자산소유 계급으로 전환될 것이라는 가설이 오류였음을 입증해주었다. 전쟁의 기간과 그 직후에는 국가방위의 필요성과 동유럽 및 중국에서 전개된 부르주아적 질서의 파괴가 국유화된 소련 경제구조를 한껏 강화시켰다. 스탈린주의 국가는 국내적인 이유에서 동유럽과 아시아에서의 혁명을 촉진하고 지원함으로써 국내의 부르주아적 경향에 대한 강력한 견제장치를 창출했다. 전후의 공업화, 소련 노동계급의 엄청난 팽창, 대중교육의 확대, 노동자들의 자신감 회복 등이 국가구조 내부의 부르주아적 요소들을 가라앉혔다. 그리고 스탈린이 죽은 뒤에도 관료집단은 대중의 평등주의적 요구에 밀려 양보에 양보를 거듭할 수밖에 없었다. 국가구조 내부의 부르주아적 요소와 사회주의적 요소 사이에 계속 긴장이 존재했던 것은 분명하다. 그리고 그러한 긴장은 자본주의 이후의 사회구조에 예외 없이 내재되는 것이고 당장 없어지기보다는 매우 오랜 기간에 걸쳐 계속 존속하게 되는 것이었다. 관리자, 행정가, 기술자, 숙련노동자 등은 특권집단으로 계속 유지됐다. 그러나 1950년대 중반부터 1960년대 초반까지는 이들과 대부분의 노동자 대중 사이의 격차가 좁혀졌다. 이 때문에 트로츠키가 《배반당한 혁명》을 쓸 때에 비해서는 국가구조 내부에서 상반되는 요소들 사이의 상대적 균형이 많이 달라졌다. 트로츠키는 이런 변화도 예견했다.

> 소련체제의 깊숙한 곳으로부터 두 개의 상반되는 경향이 자라 나오고 있다. 쇠퇴하는 자본주의와 달리 생산력을 발달시킨다는 측면에서 소련 체제는 사회주의의 경제적 토대를 준비한다고 말할 수 있다. 반면 상위 계층에 이롭도록 분배의 부르주아적 기준을 점점 더 극단적으로 표출한다는 측면에서 소련 체제는 자본주의로의 회귀를 준비하는 것이다. 그러나 재산형태와

분배기준의 대치는 무한히 확대될 수 없다. 필연적으로 부르주아적 기준이 어떤 형태로든 생산수단으로 확산되거나 분배기준이 사회주의적 재산제도에 부합하게 될 것이다.[61]

20~25년 뒤에 실제 상황은 분배기준이 사회주의적 재산제도에 부합하는 경로를 밟게 된다. 스탈린의 후계자들이 인색한 태도로, 그러나 분명하게 분배기준을 사회주의 재산제도에 보다 가깝게 부합시키기 시작한 것이다. 이 때문에 새로운 자산소유 계급의 부상에 관한 트로츠키의 가설은 사회주의적 요소에 반대되는 방향으로 강하고 위험스럽게 치우친 당시의 상황을 반영한 것이기는 했으나, 지나치게 비관적이었던 것처럼 보이게 된다. 그러나 그러한 '비관'에도 불구하고 혁명 이후 국가의 동태적 모순에 대한 트로츠키의 분석은 그 다음에 이어지는 사회변화를 가늠할 수 있게 해주는 최선의 단서를 제공해주는 것이었다.

트로츠키가 소련 내부를 겨냥한 '정치혁명'의 강령을 작성한 것은 "탐욕스럽고 거짓말을 잘 하며 냉소적인 지배자 계급", 즉 자산소유 계급이라는 병원균에 대항하기 위해서였다. 그는 이렇게 썼다. "평화로운 결말은 없다. 소련의 관료집단은 싸움을 거치지 않고는 자기들의 지위를 포기하려 하지 않을 것이다. (…) 지금껏 자기 발톱을 스스로 잘라낸 악당은 한 명도 없었다." "후진국(러시아—옮긴이)의 프롤레타리아가 운명적으로 최초의 사회주의 혁명을 성취했다. 이런 특권을 부여받는 대신 그 후진국의 프롤레타리아는 모든 증거로 미루어볼 때 관료적 절대주의에 대항해 2차로 보완의 혁명을 해야 한다." 트로츠키는 "사회혁명이 아닌 정치혁명", 즉 스탈린주의 정부체제를 전복하되 기존의 재산소유 관계를 변화시키지는 않는 혁명을 이루어야 한다고 설교했다.[62]

이런 트로츠키의 견해는 완전히 새로운 전망이었다. 마르크스주의자들은 사회주의 혁명 이후에 자기들이 또다시 노동자들에게 봉기하라고 촉구하리라고는 전혀 생각해본 적이 없었다. 왜냐하면 그들은 노동자들의 국가는 프롤레타리아 민주주의 국가일 수밖에 없음을 당연시했기 때문이다. 역사는 그렇지 않음을 보여주었다. 또한 역사는 부르주아적 질서가 군주제, 공화정, 입헌공화정, 독재정부 등 여러 가지 정부형태를 만들어냈던 것과 마찬가지로 노동자들의 국가도 관료적 절대주의에서부터 민주적 소비에트 체제에 이르기까지 다양한 정치적 형태로 존재할 수 있음을 보여주었다. 아울러 프랑스 부르주아가 1830년과 1848년의 정치혁명으로 1789~1793년의 사회혁명을 보완했던 것과 마찬가지로 이제 노동계급도 10월혁명을 보완해야 할 것이라고 트로츠키는 주장했다. 그는 1830년과 1848년의 정치혁명에서 프랑스의 지배집단과 통치방법은 바뀌었지만 사회의 경제구조는 바뀌지 않았다고 보았다. 부르주아는 절대주의 지배자에 대항해 자기들의 주장을 내세울 때 일관되게 계급이익의 범위 안에서 그렇게 행동해왔다. 그리고 이제 노동계급은 노동자들의 국가를 전제적 속박으로부터 해방시키는 과정에서 합법적으로(즉, 노동자들의 국가인 소련의 기존 법에 부합하는 범위 안에서—옮긴이) 행동할 것이라고 트로츠키는 주장했다. 그는 이런 종류의 정치혁명은 테러적 행동과는 아무런 관계가 없다면서 이렇게 썼다. "개별적 테러는 참을성이 없고 절망한 개인들의 무기로서, 관료집단 내부의 젊은 세대에 의해 가장 흔하게 이용된다." 마르크스주의자들에게는 혁명이란 대다수 노동자들의 공개적인 지지에 입각해서만 수행될 수 있다는 것이 공리처럼 받아들여졌다. 마찬가지로 트로츠키도 즉각적인 행동을 호소하지는 않았다. 관료집단이 혁명의 성과물을 지켜준다고 생각하는 한 노동자들은 관료집단에 대항해 봉기하지는 않을 것이기 때문이다. 트로츠키는 혁명의 사상을 개진한 것이지 슬로건을 제시한 것이 아니었다. 즉 그는 스탈린주의에 대항하는 투쟁을 위한 장기적인 방향을 가리켜 보여준 것이지 직접적인 행동 지침을 제시한 것이 아니었다.

트로츠키는 혁명의 강령을 아래와 같이 정식화했다.

> 그것(혁명－옮긴이)은 하나의 지배도당을 다른 지배도당으로 대체하는 문제가 아니라 경제를 관리하는 방법과 나라의 문화를 계도하는 방법을 변화시키는 문제다. 비판의 권리와 진정한 선거의 자유를 복구하는 것은 나라를 더욱 발달시키는 데 필요한 조건이다. 이를 위해서는 우선 볼셰비키 당을 위시한 소비에트 정당들에 활동의 자유를 되살려주고 노조를 부흥시켜야 한다. 공업 분야에 민주주의를 도입하는 것은 노동자들의 이익에 맞게 계획들이 근본적으로 수정됨을 의미한다. 경제문제에 대한 자유로운 토론은 관료집단에 의한 오류와 시행착오가 초래하는 비용을 줄여줄 것이다. 궁전, 새로운 극장, 과시적인 지하철 등 비용이 많이 드는 시설을 설치하는 일은 노동자들의 주거시설 확충을 위해 포기될 것이다. '부르주아적 분배기준'은 꼭 필요한 범위 안으로 국한될 것이고, 사회적 부의 증가에 따라 사회주의적 평등에 의해 밀려날 것이다. 군대의 서열화를 위한 계급은 즉각 폐지될 것이다. 금속으로 만들어진 훈장은 모두 용광로로 들어갈 것이다. 청년들은 자유롭게 호흡하고, 비판하고, 실수를 저지르고, 성장할 기회를 갖게 될 것이다. 과학과 예술은 속박에서 벗어날 것이다. 그리고 마지막으로 대외정책은 혁명적 국제주의의 전통으로 돌아갈 것이다.[63]

트로츠키는 예전에 자기가 개혁을 위해 싸울 때 제시했던 개혁의 목록을 다시 열거했다. 그가 새로이 추가한 것은 오직 한 가지였다. 그것은 '진정한 선거의 자유'에 대한 요구였다. 그러나 이것과 관련해 그는 딜레마에 부닥쳤다. 그는 유일 당의 원칙을 버렸지만, 무조건적인 정당활동의 자유를 주장하지는 않았다. 그는 1921년의 공식 이전으로 되돌아가 "소비에트 정당들에게 활동의 자유를 되살려주어야 한다"고 말했다. 여기서 그가 말한 '소비에트 정당들'은 "10월혁명의 지반 위에 서있는" 정당들을 가리키는 것이었다. 그러나 어떤 정당이 소비에트 정당들에 속하고 어떤 정당이 그렇지 않은지를 누가 결정한다는 말이었을까? 예를 들어 멘셰비키에게 그러한 정당활동의 자유를 누릴 수 있도록 허용해야 하는가? 그는 이 문제에 대한 결론을 유보했다. 이 문제에 대한 결론은 상황의 변화와 상관없이 미리 내려질 수 없다고 생각했던 게 분명하다. 이와 비슷하게 그는 평등에 대한 논의에서 신중한 태도를 취했다. 그는 부르주아적 분배기준을 '폐지'하자고는 하지 않았다. 부르주아적 분배기준은 유지하되 "꼭 필요한 범위로 국한"해야 하며 "사회적 부의 증대에 따라" 점진적으로 제거해야 한다고 했다. 그렇다면 정치혁명은 관리자, 행정가, 기술자, 숙련노동자 등에게 일부의 특권을 남기게 되는 셈이었다. 트로츠키가 논쟁적인 발언에서 관료제를 '전복'해야 하는지 '폐지'해야 하는지를 분명하게 말하지 않았던 것과 마찬가지로 특권에 관한 말을 얼버무린 것도 보다 현실적인 관점에서 문제를 바라볼 수 있게 해주었다. 그가 생각한 것은 관료 또는 관리자의 특권을 크게 축소해야 한다는 것이었지, 그것을 완전히 없애야 한다는 것이 아니었다.

트로츠키가 정식화한 혁명의 강령은 그 후 사반세기 동안 현실적인 타당성을 유지했다. 그 안에 들어있던 대부분의 구상이 스탈린주의 개혁운동 이후에 다시 부상했다. 그러나 트로츠키가 소련에서 정치혁명이 필요하다고 주장하는 과정에서 너무 독단적인 전망을 하지 않았는가, 그리고 그 자신이 했던 조언대로 "아직 완성되지 않은 과정에 미리 정해진 개념을 과도하게 적용"하지 않았는가 하는 질문이 제기될 수는 있다. 《배반당한 혁명》의 논조를 보건대 그는 위로부터의 개혁이 이루어질 가능성은 전혀 없다고 보았던 게 분명하다. 사실 그가 살아있는 동안에, 그리고 스탈린 시대의 남은 기간 중에 위로부터의 개혁이 이루어질 가능성은 없었다. 그러나 같은 기간 중에 소련에서 어떤 형태로든 정치혁명이 일어날 가능성도 없었다. 그 기간은 교착상태의 시기였고, 스탈린주의라는 고르디아스의 매듭을 누군가가 자르거나 풀어내는 것도 불가능했다. 혁명적인 것이든 개혁적인 것이든 변화의 강령은 모두가 환상이었다. 그럼에도 그런 상황이 트로츠키와 같은 투사가 돌파구를 탐색하는 것을 막을 수는 없었다. 하지만 그의 탐색은 악순환 속에 머물렀고, 그가 갇힌 악순환은 여러 해 뒤에 세계를 뒤흔든 사건들에 의해서야 비로소 깨진다. 그리고 그런 사건들이 실제로 일어났을 때 소련은 일단 위로부터의 개혁을 통해 스탈린주의로부터 벗어나기 시작했다. 그와 같은 개혁을 강요했던 요인들은 트로츠키가 기대했던 것들, 즉 경제적 진보, 대중의 문화적 부상, 소련의 고립 중단 등이었다. 스탈린 시대의 마지막 시기에는 혁명적인 방식으로 행동할 수 있거나 행동할 의지를 가진 정치세력이 존재하지 않았고 존재할 수도 없었기 때문에 스탈린주의와의 결별은 점진적으로만 이루어질 수 있었다. 게다가 스탈린이 죽은 직후의 10년 동안에는 아래로부터는 혁명은커녕 개혁을 지향하는, 자율적이고도 정교한 대중운동이 전혀 나타나지 않았다. 소련 국내적으로도 국제적으로도 스탈린주의가 시대착오적인 것이 되고 스탈린주의와의 결별이 소련의 입장에서 역사적으로 필요한 일이 됐기 때문에 지배그룹 스스로가 그와 같은 결별을 주도하기에 이른 것이다. 이리하여 역사의 아이러니에 의해 스탈린의 후계자들이 스탈린주의를 해소하는 작업에 나섰다. 그리고 그들은 자신도 모르는 사이에 트로츠키가 남긴 정치적 유언의 일부를 수행했다.[64]

그러나 그들이 그런 일을 계속해나가 결국 완수할 수 있을까? 또는 정치혁명이 여전히 필요한가? 얼핏 보기에 혁명의 가능성은 트로츠키가 살아있던 당시만큼이나 지금도 희박한 데 비해 개혁의 가능성은 훨씬 더 현실적인 듯하다. 레닌이 지적했던 대로 그 어떤 혁명이든 혁명이 일어나기 위해서는 ①지배자들이 그동안 지배해오던 대로는 더 이상 지배를 할 수 없게 되고 ②피지배자늘이 비참, 절망, 분노에 빠져 그동안 살아온 대로 살아가기를 거부하고 ③기회를 포착하겠다는 결의를 갖고 있고 그럴 능력도 갖춘 혁명의 당이 존재한다는 조건이 충족돼야 한다. 그런데 경제가 활기차게 성장하면서 사람들의 생활수준이 높아지는 가운데 교육을 받을 기회를 전례 없이 폭넓게 누리게 된 대중이 사회 속에서 개인적인 발전의 전망을 갖게 된 나라에서는 위와 같은 혁명의 조건이 실현되지 않을 것이다. 그러한 나라에서는 대중의 열망과 지배집단의 이기주의 사이의 갈등이 혁명적 폭발보다는 지속적인 개혁을 요구하는 압력을 발생시킬 가능성이 더 높다. 그리고 소련 사회는 대중의 열망과 지배집단의 이기주의 사이의 갈등으로 여전히 곤란을 겪고 있다. 결국 역사는 혁명을 설교하던 마지막 5년간의 트로츠키보다는 개혁을 위해 투쟁하던 12~13년간의 트로츠키가 옳았다는 판정을 내릴지도 모른다.

그러나 이런 생각은 단지 잠정적인 결론일 뿐이다. 노동자들의 국가에서 나타난 관료제의 문제는 사실 새롭고도 복잡한 문제여서 확실한 판단을 거의 또는 전혀 할 수 없게 한다. 우리는 관료집단이 어느 정도까지 특권을 늘려나갈 것인가, 유일 당 체제에서 개혁에 대한 대중적 압력이 얼마만큼의 힘과 효력을 발휘할 수 있을 것인가, 그리고 획일적인 체제가 점진적으로 해체되면서 그 체제가 사회주의적 토대 위에서 표현과 결사의 자유를 허용하는 체제로 과연 변형될 것인가를 미리 단정할 수 없다. 자본의 축적이 원시적이고 강제적이며 적대적인 성격에서 벗어나면 '사회주의적 원시축적'에 수반되어 나타났던 사회적 긴장은 얼마나 완화될 것인가? 대중의 복지와 교육기회의 개선이 관료집단과 인민들 사이의 적대적 관계를 어느 정도나 해소할 것인가? 그 어떤 철학에서 꿈꾼 것보다도 더 놀라운 일들이 얼마든지 벌어질 수 있는 실제의 경험만이 이런 질문들에 답변을 해줄 것이다. 어쨌든 이 책의 저자인 나는 정치혁명에 관한 트로츠키의 생각에 대한 최종적인 판단을 다음 세대의 역사가들에게 넘기고 싶다.

여기서 《배반당한 혁명》의 내용 중 '소련판 테르미도르반동'이라는 개념에 트로츠키가 가한 수정에 관해 이야기해야겠다. 앞에서 나는 1920년대에 이 이해하기 어려운 역사적 비유가 볼셰비키 당에 불러일으킨 감정의 폭발과 격렬한 소동을 묘사했다. 그리고 그것이 "죽은 자가 산 자를 사로잡은 경우"라고 말했다.[65] 그로부터 10년 뒤에 트로츠키는 노르웨이의 한 마을에서 여전히 1794년의 프랑스 유령과 씨름하는 모습을 보였다. 트로츠키는 소련 내부의 개혁을 추구하던 시기 동안에는 노동자반대파가 갖고 있었던 견해, 즉 러시아혁명은 이미 테르미도르반동 또는 테르미도르반동 이후의 국면으로 퇴락했다는 견해를 받아들이지 않았다. 테르미도르반동은 스탈린의 정책에 가득 들어있는 위험이긴 하지만 아직 실현된 사실은 아니라고 트로츠키는 주장했다. 그는 추방당한 뒤 처음 몇 년 동안에는 친구에 대해서든 적에 대해서든 자기의 그런 입장을 견지했다. 그러나 반대파가 독립된 당이 돼야 한다고 결심한 뒤부터는 생각을 바꿔서, 소련은 오래전에 이미 테르미도르반동 이후의 시기에 들어섰다고 말했다.[66)]

트로츠키는 테르미도르반동에 빗댄 역사적 비유가 우리의 이해력을 강화시켜주기보다는 오히려 흐려놓는다고 인정했다. 그럼에도 그는 그런 역사적 비유를 계속 전개했다. 그는 자기와 자기 친구들이 테르미도르반동이 반혁명과 구질서의 복구와 같다고 생각하는 데서는 오류를 저질렀지만, 그렇게 규정한 뒤에 러시아에서는 테르미도르반동이 일어나지 않았다고 판단한 데서는 옳았다고 주장했었다. 그러나 그런 규정은 잘못이며 비역사적인 것이었다. 원래의 테르미도르반동은 반혁명이 아니라 단지 '혁명 속의 반동 국면'일 뿐이었다. 테르미도르반동 세력은 프랑스혁명의 사회적 토대, 즉 1789~1793년에 형성된 새로운 부르주아적 재산관계를 파괴하지 않았고, 오히려 그것을 토대로 삼고 그 위에 자기들의 반인민적 지배체제를 구축하고 총재정부와 제국의 시대를 열었다. 소련에서는 이에 견줄 만한 상황이 1923년 초에 전개됐으며, 그때 스탈린은 좌파 반대파를 억압하고 10월혁명의 사회적 토대 위에 자기의 반프롤레타리아 체제를 수립했다고 트로츠키는 설명했다. 트로츠키는 프랑스혁명의 연대기를 눈앞에 펼쳐놓고는 스탈린의 지배가 보나파르티즘의 성격을 띠게 되면서 소련은 그 집정관(스탈린—옮긴이)의 치하에 들어갔다고 주장했다. 이런 관점에서 볼 때, 그리고 프랑스의 경우 테르미도르반동에서 부르봉 왕가의 복귀까지 20년이 걸렸다는 점에서 볼 때 구질서 복구의 위협은 대단히 현실적인 것으로 여겨졌다. 그리고 트로츠키가 새로운 혁명과 소비에트 민주주의로의 복귀를 호소한 것은 프랑스에서 평등파 음모단(Conspiracy of Equals)이 제1공화국으로의 복귀를 주장했던 것과 비슷하다고 볼 수 있었다.

이처럼 트로츠키는 마르크스가 부르주아혁명의 고유한 특징이라고 본 '과거의 유령 불러내기'에 점점 더 깊이 몰입했다. 영국의 청교도들은 구약의 예언자들을 불러냈고, 자코뱅당은 공화정 로마의 영웅과 성인들을 불러냈다. 그렇게 함으로써 그들은 과거를 서투르게 흉내 내는 데 그치지 않고 "진정으로 혁명의 정신을 재발견하려고 애썼다"고 마르크스는 말했다.[67] 마르크스는 사회주의 혁명은 자기의 성격과 목표에 대한 명확한 인식을 갖고 있으므로 과거로부터 걸칠 옷을 빌려올 필요가 없을 것이라고 확신했다. 그리고 실제로 1917년에 볼셰비키들은 그러한 옷을 걸치지 않았고, 이전의 여러 혁명들로부터 겉치장과 상징들을 가져올 필요가 없었다. 그러나 나중에는 볼셰비키들도 자코뱅주의로부터 그들의 모든 악몽과 공포를, 즉 숙청과 테르미도르반동의 악몽을 끌어왔고, 자신들의 행위와 상상력으로 그것을 더욱 증폭시켰다. 그들은 순전히 모방하려는 생각에서 그렇게 한 것이 아니라 실제로 유사한 곤경과 싸우게 됐지만, 그 곤경을 뭔가 다른 방식으로 극복하려 했기 때문에 그렇게 했다. 다시 말해 그들은 과거의 음울한 경험을 되풀이하지 않기 위해 그 과거의 경험을 참고했다. 그리고 볼셰비키들은 자기들끼리 싸움을 벌이는 것에서는 벗어나지 못했지만, 자코뱅주의가 파멸하고 프랑스혁명이 종말을 고하게 되는 것과 같은 치명적인 상황전개는 피할 수 있었다. 볼셰비키들을 뒤쫓아 다니던 테르미도르반동에 대한 공포는 자기방어와 자기보존의 노력을 동반했다. 그러나 그러한 노력들은 종종 비합리적으로 이루어졌다. 이제 트로츠키는 반대파가 과거의 테르미도르반동이 내포하는 의미를 분명히 인식하지도 못한 채 10년 이상이나 테르미도르반동에 대한 경종을 울렸다는 점을 인정했다. 그러면 트로츠키는 이제 그것을 보다 명확하게 파악하게 됐을까?

원래의 테르미도르반동은 근대 역사에서 가장 복잡하고 다양한 측면을 갖고 있고 수수께끼 같은 사건들 가운데 하나였다. 게다가 이런 점은 테르미도르반동을 둘러싼 혼란을 부분적으로만 설명해줄 뿐이다. 테르미도르반동은 자코뱅당 내부에서 거듭된 유혈의 갈등을 거쳐 로베스피에르를 무너뜨렸으며, 그 과정에서 로베스피에르는 자코뱅당의 중도파를 이끌면서 우익과 좌익, 즉 당통파와 에베르파를 제거했다. 로베스피에르의 통치가 끝난 것은 그의 파당이 붕괴된 것을 의미하는 동시에 더 넓게는 자코뱅당의 붕괴를 의미하는 것이었다. 테르미도르반동 직후에 자코뱅 클럽은 해체되어 사라졌다. 테르미도르반동을 주도한 사람들은 로베스피에르가 실시했던 '공포정치에 의한 통치'를 '법과 질서'에 의한 통치로 바꾸었고, 이미 많은 타격을 당해온 파리의 평민들에게 최종적인 패배를 안겨주었다. 그들은 로베스피에르가 최고가격제 실시를 통해 유지해왔던 평등한 식량분배 제도를 폐지했다. 그 후로 부르주아는 자유롭게 이익이 남는 장사를 해서 부를 축적하고 사회적 영향력을 확보했다. 이때 확보된 부르주아의 사회적 영향력은 이후에 이어진 제국의 시기에도 유지됐다. 이리하여 혁명적 에너지의 퇴조와 대중의 환멸, 그리고 대중이 보여준 냉담한 태도를 배경으로 혁명정권은 인민적인 단계에서 반인민적인 단계로 넘어갔다.

원래의 테르미도르반동이 지닌 여러 측면들을 이렇게 간단하게나마 개괄해보는 것만으로도 러시아가 1923년에 테르미도르반동을 거쳤다고 했던 트로츠키의 주장 중 어느 대목에 오류가 있었는지를 아는 데 충분하다. 1923년에 반대파가 패배한 것은 어느 모로 보나 자코뱅당의 붕괴와 해체에 비견할 만한 것이 결코 아니었다. 그것은 오히려 테르미도르반동보다 훨씬 전에 일어난 자코뱅당 좌파의 패배에 상응하는 것이었다. 트로츠키가 《배반당한 혁명》을 쓰던 시기의 소련은 거대한 숙청재판의 전야였다. 프랑스에서는 숙청이 자코뱅당이 집권한 시기의 가장 중요한 요소였고, 로베스피에르가 무너진 뒤에야 단두대가 작동을 멈추었다. 사실 테르미도르반동은 계속되는 숙청으로 인한 절망감의 표출이었다. 그리고 테르미도르반동의 주동자들은 당통파와 에베르파 중 숙청의 학살을 피해 살아남은 사람들이었다. 이런 과정에 비유할 만한 소련의 상황전개를 머릿속에 그려본다면, 1936~1938년의 재판 이후에 부하린주의자나 트로츠키주의자인 반대파 중 살아남은 사람들이 스탈린에 대항하는 쿠데타를 일으켜 성공시키는 것이었을 게다.

더 중요한 또 하나의 차이가 있다. 테르미도르반동은 프랑스 사회의 혁명적 변환과 재산제도의 격변을 중단시켰다. 이에 비해 소련에서는 스탈린이 집권하는 과정에서 그런 일이 일어나지 않았다. 오히려 그와 반대로 농업의 집단화라는 매우 격렬한 변화가 스탈린의 치하에서 수행됐다. 그리고 농업의 집단화는 1923년에는 물론 스탈린 시대 내내 반인민적 형태를 띠긴 했지만 그렇다고 해서 '법과 질서'에만 의거한 조처는 아니었다. 1920년대 초의 소련과 테르미도르반동 시기의 프랑스 사이의 공통점은 인민의 혁명적 에너지가 퇴조하고 대중의 환멸과 냉담한 태도가 확산됐다는 점이다. 바로 이런 배경에서 로베스피에르는 자코뱅당의 잔당을 권좌에 유지시키려 했으나 실패했지만, 스탈린은 볼셰비키의 잔당, 즉 스탈린의 파당에 의한 독재를 보존시키는 데 성공했다.

스탈린의 반평등주의에 테르미도르반동의 요소가 짙게 배어 있었던 것은 사실이다. 그러나 그런 요소는 레닌의 신경제정책에도 있었다. 기이하게도 1921년에 멘셰비키가 신경제정책을 '소련판 테르미도르반동'이라고 불렀을 때 레닌도 트로츠키도 항변하지 않았다. 오히려 두 사람은 테르미도르반동과 비슷한 것을 평화롭게, 즉 자신들의 당을 해체하지 않고 권력도 잃지 않으면서 수행할 수 있다는 점을 자축했다. 트로츠키는 1921년에 이렇게 썼다. "그런 진단을 한 것은 그들(멘셰비키)이 아니라 오히려 우리 자신이다. 더 중요한 점은, 프롤레타리아 독재를 유지한다는 목적을 위해서는 프티부르주아의 테르미도르반동적 분위기와 경향에 대한 양보가 필요한데, 체제에 장애를 초래하거나 주도적 지배력을 잃지 않으면서 공산당이 그런 양보를 해냈다는 것이다."[68] 스탈린도 자기의 관료집단이나 관리자집단의 테르미도르반동적 분위기와 경향에 대해 매우 폭넓은 양보를 했으며, 그 과정에서 체제에 장애를 초래하거나 주도적 지배력을 잃지 않았다. 어쨌든 1921년에 트로츠키는 역사적 비유를 통해 자기와 레닌이 테르미도르반동과 비슷한 일을 수행했다고 자랑할 정도였다. 그러나 그 이후 그는 생각을 뒤집어서 소련에서는 테르미도르반동이 일어나지 않았다는 결론을 내렸다. 그러다가 다시 1935년에는 자기 자신은 알아차리지 못했지만 소련은 20년 동안이나 테르미도르반동의 시기를 거쳐 왔다고 주장했다. 이런 식의 비유는 사실 이해력을 강화시키기보다는 오히려 흐려놓는 것이었다.

만약 트로츠키가 스탈린이 로베스피에르의 공포정치와 같은 것을 도입했을 뿐 아니라 실제로 공포정치에서 로베스피에르를 크게 능가했다고 비판했다면, 그 비판은 역사적인 비유로 훨씬 더 그럴듯했을 것이다. 그러나 트로츠키 자신의 과거와 볼셰비키의 전통은 그에게 이런 비판을 하도록 허용하지 않았다. 1903~1904년에 트로츠키가 처음으로 볼셰비키와 결별했을 때 레닌을 자코뱅주의자라고 비난했던 것을 기억할 필요가 있다. 그리고 그런 비난에 대한 답변에서 레닌은 자기가 20세기의 '프롤레타리아 자코뱅'임을 자랑스럽게 인정했다.[69] 레닌이 생각한 로베스피에르와 트로츠키가 생각한 로베스피에르는 달랐다. 레닌은 지롱드 당에 대항해 혁명의 승리를 확고히 한 로베스피에르를 생각했지만, 트로츠키는 자기의 동지들을 단두대로 보낸 로베스피에르를 생각했다. 레닌뿐 아니라 대부분의 서구 마르크스주의자들이 보기에 '숙청의 집행자'로서의 로베스피에르는 한 세기의 세월이 흐르면서 혁명의 신전에 봉헌된 위대한 '부패할 수 없는 자(The Incorruptible, 로베스피에르가 자기는 순수하게 공화국의 이익에 맞게 행동한다고 한 주장에서 유래한 그의 별칭—옮긴이)'로서의 로베스피에르에게 밀려났다. 트로츠키는 레닌을 로베스피에르주의자라고 비난했던 것 자체를 후회했다. 그리고 이제 트로츠키는 같은 비난을 스탈린에게 가하는 것을 경계했다. 그동안 자코뱅주의를 찬양하게 된 볼셰비키의 태도를 수용한 트로츠키는 자기 자신을 로베스피에르와 동일시하기에 이르렀다. 이로 인해 그는 자기의 적들을 테르미도르반동 세력으로 간주하게 됐지만, 이는 사실과 달랐다. 그가 울린 경종은 스탈린주의자를 비롯한 볼셰비키들로 하여금 경계심을 갖도록 하는 데 그다지 성공적이지 못했다. 게다가 소련에는 테르미도르반동의 분위기가 여전히 살아있었고, 테르미도르반동의 분위기는 '부르주아적 요소'와 '부르주아적 분배기준'과 마찬가지로 그 어떤 노동자들의 국가에서도 존재할 수 있는 것이었다. 여하튼 1940년대와 1950년대에 러시아혁명이 프로메테우스적인 힘을 한껏 과시하고 규모와 추동력에서 프랑스혁명을 훨씬 능가하던 모습을 목격한 우리로서는 테르미도르반동의 유령이 러시아에 나타나 역사적인 한 시대 내내 거기 머물렀다는 기이한 현상에 의아한 느낌이 들 뿐이다.

《배반당한 혁명》의 밑바탕에 깔린 비관주의가 실제적인 것이었든 겉만 비관주의였든 간에 트로츠키가 이 책에서 2차대전이 소련에 가할 충격효과를 예상해보려고 쓴 부분에서도 똑같은 비관주의가 모습을 드러낸다. 트로츠키는 새로운 사회체제가 옛 러시아는 꿈도 꿀 수 없었던 강점을 국가방위에 활용할 수 있게 해주고, 계획경제에서는 민수용 생산에서 군수용 생산으로 전환하는 것과 새로운 공장을 짓고 그 공장에 설비를 갖추는 과정에서도 국가방위에 이롭게 하는 데 초점을 맞추기가 상대적으로 쉽다고 지적했다. 그는 소련의 군대가 현대적 무기를 갖추게 된 점을 강조하고 "적군(赤軍)의 생활상태와 기계적 힘 사이의 연관관계는 서구에서 가장 훌륭한 군대와 대체로 같은 수준이라고 생각할 수 있다"고 진술했다.[70] 이는 1936년 당시에 서구의 군사전문가들이 일반적으로 수용할 만한 견해가 아니었다. 그가 자기의 이런 견해를 강조하는 투로 밝힌 것은 서구열강 각국의 정부와 군 참모단에 강한 인상을 주기 위해 일부러 그런 것이었다. 사실 그는 소련군 장교단의 테르미도르반동적 정신, 혁명적 민주조직을 대체한 군의 엄격한 위계조직, 그리고 특히 스탈린의 외교정책에서 소련의 국가방위에 내재된 약점을 보았다. 그는 스탈린이 처음에는 독일 제3제국이 제기하는 위험을 무시한 데 이어 이제는 독일 제3제국에 대항하는 일을 주로 서구 부르주아 정부들과의 동맹, 국제연맹, 그리고 집단안보에 의존하고 있고, 이런 점에서 볼 때 스탈린은 전쟁이 일어날 경우 교전국의 무장한 노동자와 농민들에게 진정으로 혁명적인 호소를 하지 않을 것이라고 주장했다.

트로츠키는 "소련이 다가오는 큰 전쟁에서 패하지 않고 발을 뺄 수 있으리라 기대할 수 있는가?"라고 묻고 계속해서 이렇게 썼다. "솔직한 이 질문에 대해 우리는 마찬가지로 솔직하게 답변하자. 전쟁이 단지 전쟁이기만 하다면 소련은 반드시 패할 것이다. 기술적, 경제적, 군사적으로 볼 때 제국주의 세력이 비교할 수 없을 정도로 더 강하다. 서구가 혁명에 의해 마비되지 않는 한 제국주의 세력은 10월혁명으로 탄생한 체제를 휩쓸어버릴 것이다."[71] 지금은 분열돼 있지만 결국 서구는 "소련의 군사적 승리를 막기 위해" 다시 단합할 것이라고 트로츠키는 지적했다. 뮌헨위기(체코슬로바키아의 수데텐 지역을 병합하려는 나치독일의 계획을 놓고 독일, 영국, 프랑스, 이탈리아 등 4개국 대표가 1938년 9월 독일 뮌헨에서 만나 회담을 연 것을 가리킴—옮긴이)보다 훨씬 전부터 트로츠키는 프랑스가 이미 소련과의 동맹관계를 휴지조각으로 간주해왔고, 스탈린이 아무리 인민전선을 통해 프랑스와의 동맹관계를 확고히 하려 애쓰더라도 프랑스는 계속 그런 태도를 취할 것이라고 보았다. 스탈린이 프랑스, 영국, 미국의 경제적, 정치적 압력에 더 많은 양보를 하는 경우에만 동맹관계가 이루어질 수 있을 것인데, 그런 경우에도 동맹국들은 소련이 전쟁으로 인해 겪는 곤경을 활용해 소련 경제의 사회주의적 토대를 잠식하고 자본주의 쪽으로 향하는 광범한 양보를 얻어낼 것이라고 트로츠키는 지적했다. 이와 동시에 전쟁으로 부추겨진 농민들의 개인주의는 집단농장에 해체의 위협을 가하리라는 것이었다. 트로츠키는 이와 같은 대내외적 압력은 소련에 반혁명과 구질서 복구의 위협을 더욱 긴박한 것으로 만들 것이라는 결론을 내렸다. 그러나 전쟁은 유럽을 혁명 쪽으로 더 가까이 다가가게 할 것이므로 희망이 없는 것은 아니라고 그는 지적했다. 따라서 전체적으로 보면 "소련의 체제는 그 적이 될 수 있는 나라들의 체제보다 더 안정적일 것"이라고 트로츠키는 결론지었다. 예를 들어 "폴란드의 부르주아는 전쟁을 앞당기고 그 속에서 (…) 확실하게 사망할 것"이며 "히틀러는 빌헬름 2세보다 전쟁에서 승리할 가능성이 낮을 것"이라는 얘기였다.

유럽의 혁명에 대한 트로츠키의 자신감은 유럽에서 혁명이 일어나지 않을 경우의 소련에 대한 전망에서 그가 느낀 낙담만큼이나 강했다.

전쟁이 일어나고 소련이 패배할 위험이 있는 것이 현실이지만, 혁명 역시 현실이다. 혁명이 전쟁을 예방하지 않는다면 전쟁이 혁명에 도움을 줄 것이다. 보통 첫 번째 출산보다 두 번째 출산이 더 쉽다. 새로 전쟁이 발발한다면, 1914년에 전쟁이 발발한 뒤처럼 첫 봉기가 일어날 때까지 2년 6개월이나 기다릴 필요가 없을 것이다. 게다가 이번에는 혁명이 일단 시작되기만 하면 도중에 멈추지 않을 것이다. 소련의 운명은 길게 보아 군 참모들의 지도(地圖) 위에서가 아니라 계급투쟁의 지도 위에서 결정될 것이다. 유럽의 부르주아에 굽힘 없이 대항하는 유럽의 프롤레타리아만이 (…) 파괴로부터, 또는 '동맹'의 배반으로부터 소련을 보호해줄 수 있다. 다른 나라들에서 프롤레타리아가 승리를 거둔다면 소련의 군사적 패배도 일시적인 에피소드에 불과할 것이다. 반면 해외에서 제국주의 세력이 계속 유지된다면 그 어떤 군사적 승리도 10월혁명의 유산을 지켜주지 못할 것이다. (…) 적군(赤軍)이 없다면 소련은 중국처럼 분쇄되고 해체될 것이다. 미래의 자본주의 적에 대항한 적군의 완강하고 영웅적인 저항만이 제국주의 진영 내부에서 계급투쟁이 확대되는 데 유리한 여건을 창출할 수 있다. 따라서 적군은 대단히 중요한 요소다. 그러나 그렇다고 해서 적군이 유일한 역사적 요소라는 말은 아니다.

1930년대에 스탈린의 정책이 옹호한 현상유지라는 기치 아래서는 유럽의 노동자들과 식민지 인민들이 봉기하지 않을 것이다. (…) 유럽 프롤레타리아의 과업은 국경을 그대로 유지시키는 것이 아니라 오히려 그 반대로 국경을 혁명적으로 없애는 것이며, 현상유지가 아니라 사회주의 유럽합중국을

건설하는 것이다.[72]

트로츠키가 제시한 이런 대안의 전망에 비해 2차대전의 결과는 훨씬 덜 명확했다. 또한 《배반당한 혁명》에서 트로츠키가 저지른 진단착오의 목록을 뽑아내는 일보다 더 쉬운 일은 없을 것이다. 그러나 그가 저지른 오류들은 하나하나가 중요한 진실의 요소들을 담고 있고, 쭉 타당성을 잃지 않는 전제들로부터 도출된 것들이다. 따라서 대부분의 다른 정치적 저술가들의 옳지만 진부한 글보다는 그의 오류로부터 우리는 더 많은 것을 배울 수 있다. 이 점에서 트로츠키는 마르크스와 다르지 않다. '산술적' 결론이 잘못된 곳에서도 '대수적(代數的)'으로는 그의 생각이 옳다. 그의 예측에서 오류로 드러난 것 중 많은 부분이 2차대전을 1차대전의 관점에서 바라보았기 때문에 비롯됐다. 그러나 전쟁과 혁명의 관계에 대한 그의 전반적인 통찰은 깊이가 있고, 2차대전 직후의 혁명적 상황을 이해하는 데 긴요하다.[73]

《배반당한 혁명》은 기이하고 때로는 자기파괴적인 방식으로, 즉 읽기에 따라 달라지는 방식으로 영향을 끼쳤다. 이 책은 옛 볼셰비키들에 대한 학살이 한창 진행되던 중에, 그리고 라데크, 퍄타코프, 소콜니코프에 대한 재판이 열리기 직전인 동시에 투하체프스키를 비롯한 장군들이 처형되기 직전인 1937년 5월에 발간됐다. 스탈린의 처형집행 부대가 내는 일제사격 소리가 이 책의 제목으로 하여금 특이한 울림을 갖게 만들었다. 책 제목이 절박하고 날카로운 항의의 외침으로 들렸다. 트로츠키의 온갖 비극적인 독설이 집중적으로 표현된 이 책 제목은 10월혁명이 그 최종적이고 돌이킬 수 없는 파탄에 이르렀고, 트로츠키와 그의 지지자들은 소련에 대한 충성심을 모두 버렸음을 시사하는 것이었다. 이리하여 '배반당한 혁명' 이라는 말은 놀랍고 기념비적인 동시에 공허한 슬로건이 됐다. 그리고 오랜 기간 이 책의 표지가 그 내용보다 더 강력한 인상을 주었고, 이는 트로츠키가 복잡하고 미묘하게 전개한 주장에 사람들이 주목하는 것을 방해했다. 새로운 자산소유 계급이 부상할 가능성에 대한 트로츠키의 예측은 독자들의 눈길을 끌었다. 그러나 독자들은, 그런 예측을 하면서 트로츠키가 부연한 전제조건들과 그 반대 방향으로 트로츠키가 제시한 생각들에는 주목하지 않았다. 그의 지지자들 가운데 일부는 그가 단지 잠재적인 가능성만을 본 곳에서 현실적인 실재성을 보았다. 트로츠키의 논쟁적인 문체의 뛰어남 자체가 이런 왜곡된 반응을 불러일으키는 데 일조했다. 왜냐하면 그의 문체가 재능이 다소 모자라는 다른 많은 저술가들로 하여금 그의 독설을 흉내 내도록 부추겼기 때문이다. 그의 독설을 흉내 내는 것은 그의 사상을 비판적으로 천착해 들어가는 것보다 훨씬 쉬운 일이었다. 《배반당한 혁명》은 훗날 트로츠키주의자들의 분파와 그들만의 예배당에서 성경처럼 되었고, 트로츠키가 죽은 뒤에도 오랫동안 트로츠키주의자들이 모인 자리에서 경건하게 읊조려졌다. 물론 이 책의 실제 영향은 이보다 훨씬 더 넓은 범위에서 감지됐다. 특히 공산주의자였던 서구의 작가나 저술가들이 1940년대와 1950년대에 써낸 환멸의 문학과 저작들에서 그 영향이 느껴졌다. 그들 가운데 일부는 트로츠키가 차려놓은 풍성한 식탁에서 최선의 음식이 아니라 단지 부스러기에 불과한 것들을 집어 먹는 데 그쳤다. 그런데도 그들은 각자 자기 나름의 양념을 추가하는 것만으로도 독창적인 작가 또는 독창적인 저술가라는 명성을 얻었다. 1930년대에 트로츠키주의자였던 제임스 버넘은 트로츠키의 이론에서 그 전후 맥락과 상관없이 떼어낸 단편적인 조각들을 토대로 《관리자 혁명(Managerial Revolution)》을 저술했다.[74] 이그나지오 실로네(이탈리아의 소설가—옮긴이)와 아서 쾨스틀러(영국의 소설가, 언론인—옮긴이)의 초기 작품들에서도《배반당한 혁명》의 메아리를 느낄 수 있다. 조지 오웰도《배반당한 혁명》에서 깊은 감명을 받았다. 오웰의《1984년》에서 여러 페이지에 걸쳐 등장하는 '그 책(The Book)'은 바로《배반당한 혁명》을 비유한 것이었고, '빅 브라더(Big Brother)'의 수수께끼 같은 적수인 이매뉴얼 골드스타인의 모델은 바로 트로츠키였다. 그리고 마지막으로, 그러나 덜 중요하다고는 말할 수 없는 것을 들자면, 1940년대와 1950년대에 지적인 야심을 갖고 있었던 수많은 소련연구자 또는 소련학자들과 냉전의 선전가들도 직간접적으로《배반당한 혁명》에서 자기들의 주장과 구호를 뽑아냈다.[75)]

《배반당한 혁명》은 엉뚱한 용도로 이용되기도 했지만 여전히 마르크스주의 문헌 중 고전으로 남아있다. 그런데 이 책은 트로츠키의 저작들 가운데 가장 읽기가 어렵다. 전부를 한꺼번에 받아들이거나 거부하지 않고 분별력을 발휘할 줄 아는 독자만이 이 책을 읽는 게 도움이 될 것이다. 괴테는 레싱에 대해 이렇게 말한 적이 있다. 레싱은 동시대 사람들 중에서 가장 위대한 사상가였지만 그와 같은 시대를 산 사람들에게 그가 끼친 영향은 미미했고 부분적으로는 해롭기도 했는데, 그 이유는 레싱과 같은 수준의 지적 능력을 갖춘 사람만이 복잡한 그의 사상을 충분히 흡수할 수 있었기 때문이라는 것이다. 그래서 레싱은 죽은 뒤에야 비로소 간접적으로만 독일의 정신을 움직였다는 것이다. 이런 괴테의 말은《배반당한 혁명》의 저자에게도 해당되며, 서구에서 이 책의 영향이 거듭해서 왜곡됐던 현상을 설명해준다. 그러나 우리의 시대에 와서는 트로츠키의 저작들이 여전히 금서로 묶여있는 소련 국내에도 이 책에 담긴 사상이 널리 확산돼 있다. 오늘날 소련에는 자기도 모르게 트로츠키가 쓴 구절을 말하는 사람들이 많다. 대학, 공장, 문학클럽, 콤소몰 조직 등에서는 물론 지배집단에서도 그런 사람들을 만날 수 있다. 예를 들자면, 스탈린 시대는 "예술적 창작의 역사에서 무엇보다 평범한 사람들, 상을 받은 사람들, 그리고 아첨꾼들의 시대로 전락할 것"이라는 트로츠키의 단언은 이제 일반적으로 받아들여지고 있다. 스탈린주의 아래에서 "문학적 유파들이 하나하나 교살당하고 있다"는 그의 주장에 동의하지 않을 사람이 어디 있겠는가. 트로츠키는 이렇게 썼다.

> 박멸의 과정이 모든 이념적 영역에서 전개됐다. 그것은 절반 이상이 무의식적으로 이루어졌기 때문에 그만큼 더 심각한 수준으로 전개됐다. 현재의 지배계층은 정신적 창조활동을 정치적으로 통제하는 일뿐 아니라 정신적 창조활동이 나아가야할 길을 처방하는 일도 하라는 소명을 받았다고 생각하고 있다. 항법은 없고 통제의 지령만 있는 방식이 강제수용소, 과학적 농업, 그리고 음악에 같은 정도로 적용되고 있다. 철학, 자연과학, 역사는 말할 것도 없고 농업, 문학, 연극예술, 발레에 대해서도 당의 중앙조직이 익명의 지령을 쏟아내고 있다. 관료집단은 자기들이 이해할 수 없는 것에 대해서는 물론이고 자기들이 직접 하는 일이 아닌 것에 대해서도 그게 무엇이든 두려워하는 미신적인 태도를 취하고 있다.[76)]

이런 지적들이 지금도 모두 사실인 것은 아니라는 점은 다행스럽지만, 그 가운데 많은 지적들은 여전히 사실이다. 그리고 스탈린주의의 유산에 대한 비판자로서의 '죽은 트로츠키'가 '살아있는 탈스탈린주의자'들보다도 훨씬 더 강력하게 발언하고 있다. 이는 다음 구절에서 알 수 있다.

학교생활과 학생들의 사회적 삶은 형식주의와 위선으로 가득 차 있다. 아이들은 죽을 지경으로 따분한 수많은 회의에 참석해 끝까지 앉아 있도록 배우고, 그런 회의에는 반드시 고귀한 간부단이 있으며, 그 간부단은 회의에서 자기들의 친애하는 지도자를 찬양하는 노래를 부르거나 자기 선배들이 하는 방식 그대로 이런 말을 하고 저런 생각을 하며 미리 암기된 토론을 벌인다. (…) 당국이 강요하는 낙관주의에도 불구하고 보다 생각이 깊은 선생들과 아동작가들은 억압, 거짓, 지루함을 바라보며 느끼게 되는 공포감을 계속 숨기고 있을 수만은 없는 처지다. (…) 독립적인 사고도 그렇지만 독립적인 성품도 비판 없이는 발달될 수 없다. 그러나 소련의 젊은이들은 생각을 교환하고, 실수를 저지르고, 뭔가를 시도해 보는 과정을 통해 자기의 오류든 남의 오류든 오류를 시정해볼 초보적인 기회를 갖는 것조차 금지당하고 있다. 모든 문제들이 다른 어느 곳에서 미리 결정된 상태로 소련의 젊은이들에게 주어진다. 그들이 할 수 있는 일이라곤 오로지 이미 내려진 결정을 수행하는 것과 그런 결정을 한 사람들에 대해 찬양하는 것뿐이다. (…) 수백만 명이나 되는 젊은 공산주의자들 가운데 위대한 인물이 단 한 명도 배출되지 않는 이유가 바로 여기에 있다.

요즘 젊은이들은 공학, 과학, 문학, 스포츠, 체스 등에 몰입하고 그런 분야에서 이를테면 공적을 세우고 이름을 날림으로써 미래의 성공을 얻고자 한다. 이런 분야에서는 젊은이들이 준비가 거의 안 돼 있는 윗세대와 경쟁해서 동점을 얻거나 윗세대를 꺾고 있다. 그러나 정치와 접촉하기만 하면 젊은이들이 혼이 난다.

트로츠키의 예언자적 분노, 신념, 비전이 얼마나 생생하고 영감을 불러일으키는지는 다음과 같은 구절을 보면 알 수 있다.[77]

소련 정부가 의존하고 있는 후진적인 자본주의의 이런 치욕적인 조처들에 의해서가 아니라, 그리고 무엇보다도 관료제의 채찍 아래서가 아니라, 해방된 인간성에 합당한 가치를 지닌 방법들에 의해서만 사회주의 사회를 실제로 수립할 수 있을 것이다. 특히 관료제의 채찍이야말로 가장 구역질나는 구세계의 유산이다. 부끄러움 없이 사회주의를 말할 수 있으려면 먼저 관료제의 채찍을 산산조각으로 부수고 나서 그것을 공개적으로 모닥불에 태워 없애야 한다.

트로츠키가 《배반당한 혁명》을 쓰던 몇 달간은 집중적으로 일을 한 시기이긴 했지만 휴식기간이기도 했다. 벡스홀에서의 생활은 별다른 사건 없이 평온했다. 방문객에 의해 일상을 방해받는 일이 거의 없었고, 풀 하나 없이 바위만 있는 북쪽의 야외로 소풍을 나가는 일도 거의 없었다. 크누센 가족과 함께 일주일에 한 번씩 호네포스에 있는 극장에 가서 오래된 미국영화를 보는 게 다였다. 그래서 트로츠키는 집필을 원활히 진전시킬 수 있었다. 그는 《배반당한 혁명》의 집필을 끝내고 레닌 전기의 집필에 곧바로 착수할 수 있기를 바랐다. 그는 진정한 의미의 망명이 보장해주는 안전함을 비로소 느낄 수 있게 됐다고 생각했다. 그러나 때때로 작은 구름이 나타나 그림자를 드리웠다. 우선 가을에 선거가 예정돼 있었고, 이 때문에 이미 여름에 친나치스 당인 국민연합당(National Sammling)이 트로츠키를 보호해줌으로써 평화와 번영을 위협하고 있다는 이유를 들며 정부를 공격하기 시작했다. 이 당의 지도자는 크비슬링 소령이었다. 그는 몇 년 뒤 독일이 노르웨이를 점령하게 되자 괴뢰정부의 총리가 됐다. 이로 인해 그의 이름은 점령자에게 협조하는 자를 가리키는 은어가 됐다. 아무튼 당시에 그를 추종한 사람들은 극소수인데다가 광신도 집단과 같았기 때문에 별로 주목을 받지 못했다. 물의를 일으키며 주목을 끈 것은 공산주의 신문인 〈아르바이데렌(Arbeideren)〉에 실린 글이었다. 독자 수가 적긴 했지만 이 신문은 트로츠키를 비난하는 소련 대사관의 입장을 대변했다. 트로츠키가 "소련과 그 지도자들, 특히 이 시대의 가장 위대한 세계 프롤레타리아의 지도자인 스탈린을 겨냥한 테러활동을 꾸미는 근거지"로 노르웨이를 이용하고 있다는 소련 대사관의 주장을 지지했던 것이다. 이 신문은 이렇게 묻기도 했다. "노르웨이의 노동자들은 이런 것들을 얼마나 오랫동안 참아야 하는가? 노르웨이 노동당의 중앙사무국은 이에 대해 뭐라고 할 것이며, 또 노르웨이 정부는 뭐라고 할 것인가?" 트로츠키가 "테러활동의 근거지로 노르웨이를 이용하고 있다"는 주장이 나온 것은 이때가 처음이었다. 몇 달 뒤에는 비신스키가 바로 이 주장을 다시 끄집어내게 된다.

노르웨이 노동당은 이런 주장을 단호히 부인했다. 슈외플은 이렇게 답변했다. "목적이 무엇인가? 노르웨이의 노동자들로 하여금 거짓말을 믿게 하려는 것인가? (…) 노동당 정부가 트로츠키를 체포하게 만들려는 것인가? 그러나 여러분, 그런 일은 일어나지 않을 것이다. 노르웨이의 노동자들이나 노르웨이의 노동당 정부를 그렇게 쉽게 조롱하지는 못할 것이다." 노르웨이 노동당의 다른 대변자들도 같은 취지의 답변을 했다.[78)]

그럼에도 노르웨이의 경찰은 트로츠키를 계속 감시하면서 자기들이 발견한 것들뿐 아니라 벨기에의 경찰과 프랑스의 경찰로부터 넘겨받은 정보들까지 정기적으로 법무부 장관에게 보고했다. 브뤼셀에서 활동 중이던 한 탐정이 트로츠키가 4차 인터내셔널의 실질적인 고무자이자 지도자라는 정보를 입수했다고 보고해왔다. 오슬로 경찰본부의 신중한 경찰관들이 이 심상찮은 정보가 맞는 것인지를 확인하는 작업에 들어갔다. 프랑스 경찰은 그것이 맞는 정보라고 확인해주면서, 모두 4차 인터내셔널의 요원들로 보이는 트로츠키의 비서들이 노르웨이를 들락날락하는 데 대한 우려도 전달했다. 노르웨이 정부의 각료들은 이런 정보를 확인하게 된 것을 기뻐했다. 하마터면 자신들 중 일부나 모두가 체제전복 활동을 하는 조직에 가담하는 셈이 될 뻔했다는 생각이 들었기 때문이다. 어쨌든 법무부 장관은 경찰들을 위무하기 위해 트로츠키의 비서들 가운데 한 명인 잔 프렝켈에게 추방명령을 내렸다. 그가 하던 일은 어윈 볼프가 대신 맡았다. 볼프는 벡스홀에서 아무런 방해도 받지 않고 일 년가량 머물고 있었고, 그 사이에 크누센의 딸과 결혼까지 했다. 불필요한 말썽이 빚어지는 것을 피하기 위해 트로츠키는 지지자들에게 4차 인터내셔널의 '국제집행위원' 명단에서 자기 이름을 뺄 것을 요청했다. 그리고 국제 트로츠키주의자들과 관련된 문제에 대해서는 익명이나 필명으로 글을 썼다.[79] 그는 또 해외 신문들과의 인터뷰를 거부하고, 노르웨이의 정치에 대해서는 아주 조그만 개입이라도 신중하게 피했다. 의원선거에 출마한 크누센이 트로츠키에게 자기의 선거운동 모임에 방청객으로 참석해달라고 요청했을 때도 그는 거절했다. 그는 크누센을 따라가기는 했지만 모임 장소 밖의 차 안에서 모임이 끝나기를 기다리곤 했다.[80] 경찰은 이런 점에서는 트로츠키의 행동에 책잡을 일이 없다고 충실하게 보고했다. 외무장관인 코트는 이렇게 말하기도 했다. "물론 우리는 트로츠키가 국제문제에 관한 논평의 글을 계속 쓰고 있다는 것을 압니다. 그러나 그가 그런 일을 하는 것은 민주적 원칙에서 망명자가 누릴 수 있는 당연한 권리에 속하며, 그런 권리를 존중하는 것이 우리의 의무라고 생각합니다."[81] 노르웨이 정부는 트로츠키의 처신에 만족해서 그에게 아무런 질문도 하지 않고 두 번이나 거주허가를 연장해주었다.

그럼에도 불구하고 1936년 여름에 코트가 모스크바를 공무로 방문해서 소련 정부로부터 극진한 대접을 받자 트로츠키는 의심을 품고 그의 귀국을 기다렸다. 트로츠키는 크누센에게 "그들이 크렘린에서 내 목을 놓고 협상을 벌이고 있다"고 말했다. 크누센은 놀라면서 믿을 수 없다는 표정으로 "우리 노르웨이 노동당 정부가 당신의 목을 팔아치울 준비가 돼있다고 생각하는 것이냐"고 물었다. 트로츠키는 자기를 집에 묵도록 해준 크누센의 감정을 고려해 "그런 건 아니지만 스탈린으로서는 내 목을 살 준비가 돼있을 것"이라고 답변했다.[82] 코트는, 자기는 단지 외교관례상 예방의 목적으로만 모스크바를 방문했으며, 그 전에 폴란드 정부의 초청으로 바르샤바를 방문했던 것과 관련해 자기가 폴란드 쪽과 '음모적 결합'을 했다는 인상을 모스크바가 갖지 않기를 바랐다고 말했다. 그는 모스크바를 방문했을 때 트로츠키의 망명 문제는 거론되지도 않았다고 말했다. 자기는 단지 제네바에서 국제연맹 회의가 열렸을 때 리트비노프(소련 외교관—옮긴이)가 사적인 대화에서 트로츠키의 망명 문제를 무심하게 거론하는 말을 들었을 뿐이라고 했다.[83] 코트의 이런 증언은 받아들일 만한 것이다. 스탈린이 트로츠키의 목을 놓고 코트와 협상을 벌였을 것 같지는 않다. 코트는 온건한 신사인데다 다소 비세속적인 학자형 외교관이었다. 스탈린은 그보다는 성격이 거친 인물을 찾아야 했을 것이다.

트로츠키가 의심을 품은 이유는 소련 안에서 반트로츠키주의 테러가 크게 늘어났기 때문이다. 그는 이런 정보를 소련의 감옥이나 강제수용소에서 나온 지 얼마 안 되는 세 명의 지지자들로부터 직접 들었다. 그 세 명은 러시아의 노동자이자 옛 볼셰비키인 A. 타로프, 유고슬라비아 공산당 정치국의 위원이었던 안톤 실리가, 러시아의 반대파에서 수행한 역할이 이 책에서 종종 언급된 바 있는 빅토르 세르게였다.[84] 세르게가 풀려난 것은 로맹 롤랑(프랑스의 작가—옮긴이)이 스탈린에게 직접 청원해준 덕분이었다. 실리가는 서유럽에 있는 친구들의 탄원에 힘입어 석방됐고, 타로프는 국경을 몰래 넘었다. 타로프는 나치즘이 부상하는 데 놀라 스탈린주의자들과 화해할 마음의 준비를 했었고, 실제로 항복 조건에 대해 게페우와 협상을 벌이기도 했다고 밝혔다. 게페우 요원들은 타로프에게 "트로츠키가 부르주아적 반혁명의 전위대를 이끄는 수괴라는 것을 인정하느냐"고 물었다. 이런 질문에 답변을 하는 것은 항복자들에게 요구되는 공식 절차였다. 타로프는 마음속에서 스스로에게 이렇게 답변했다. "트로츠키는 세계 프롤레타리아의 대의에 가장 헌신적으로 봉사하는 사람이자 불굴의 혁명가다. 나는 그를 같은 대의를 가진 친구이자 동지로 생각한다." 밤마다 그는 심문을 받는 과정에서 트로츠키를 비방하라는 압력을 받았다. 그러나 그는 도저히 그렇게 할 수가 없었다.[85]

세 사람 모두 파국적인 테러의 폭력이 새로이 전개되는 상황을 전해줬다. 소련 전역의 곳곳에 거대한 규모의 강제수용소들이 설치되고 있고, 감옥이나 강제수용소에 수감된 사람들은 키로프 암살사건 이후에 무자비하고 잔혹하게 다루어지고 있으며, 게페우가 자백을 이끌어내기 위해 고문과 기만을 일삼는다는 것이었다. 트로츠키는 스탈린을 맹렬하게 비판해왔지만, 소련 내 상황이 얼마나 변하고 있는지는 완전히 알지 못했다. 다른 모든 정치적 망명자들과 마찬가지로 그도 자기가 알고 있었던 고국의 모습을 어느 정도 마음속에 보존하고 있었다. 그 고국은 실제보다 테러가 자행되는 범위가 훨씬 좁고 테러의 내용도 온건한 모습이었다. 앙드레 지드가 막 발간한 《소련 기행》을 비롯해 소련의 모습에 대한 새로운 묘사들을 접하면서 그의 마음은 수치심과 분노로 가득 찼다. 그리고 그는 모든 '수정주의적 환상'을 버리고 코민테른과 결별한 사실을 분명하게 알리기로 한 자기의 결정이 옳았다는 확신을 갖게 됐다.

소련의 상황에 대한 새로운 보고들로 인해 반대파에게는 희망의 빛이 거의 다 시라졌다. 그 보고들은 소련 지배집단의 타락을 이야기하고 그에 대한 증오와 경멸을 드러내고 있었지만, 이와 동시에 대단히 암울한 어조로 소련 내 반대파의 완전한 해체와 무기력함을 전하고 있었다.[86] 트로츠키는 타로프와 같은 사람들이 지하감옥과 수용소에서 자기의 명예를 여전히 지키고 있다는 사실을 알게 됐고 그런 소식에 위안을 받긴 했지만, 그것은 참담한 심정에 더해지는 위안일 뿐이었다. 그런 사람들은 반대파의 '마지막 모히칸 족(미국 뉴욕 주 일대에 살았던 인디언 부족—옮긴이)'인 것 같았다. 1935년이 다 가기 전에 소련 공산당에서 또다시 대대적인 반대파 축출을 실시한다는 소식이 들려왔다. 12월 30일에 모스크바위원회의 비서인 흐루시초프가 모스크바에서만 1만 명이 축출됐다고 밝혔고, 레닌그라드에서는 주다노프(레닌그라드의 당 조직 책임자—옮긴이)가 7천 명이 축출됐다고 보고했다. 소련 전국에서 모두 4만 명이 당원 자격을 박탈당했고, 이보다 더 많은 사람이 콤소몰에서 축출됐으며, 그 대부분에게 트로츠키주의자나 지노비예프주의자라는 낙인이 찍혔다. 그들 중 진짜 반대파인 사람들은 절반 또는 3분의 1 정도에 지나지 않았지만, 그런 정도도 1927년에 '통합반대파 강령'에 서명했던 4천~6천 명보다 훨씬 많은 수였다.[87] 트로츠키는 이것이 새로운 조류는 아닌가 하고 생각해보았다. 소련 내 상황에 대한 세르게와 실리가의 비관적인 설명에도 불구하고 트로츠키는 낙관적인 메시지를 만들어냈다.

> 스탈린주의 언론 및 루이스 피셔(미국의 언론인—옮긴이)나 그와 비슷한 스탈린주의 대변자들의 영향을 받아 우리의 적들뿐만 아니라 서구에 있는 우

리의 친구들 가운데서도 많은 이들이 소련 안에 볼셰비키이자 레닌주의자인 사람들이 여전히 존재한다면 그들은 이미 중노동형에 처해진 사람들일 것이라는 생각을 부지불식간에 갖게 됐다. 아니다, 그렇지 않다! 경찰력을 동원해 마르크스주의의 정강정책과 위대한 혁명의 전통을 제거하는 것은 불가능하다. (…) 교리로서가 아니라면 분위기, 전통, 기치로서 우리의 운동은 소련에서 여전히 대중성을 가지고 있고, 새롭고 신선한 세력을 흡수하면서 커가고 있다. 지난 몇 달간 축출된 1만 내지 2만 명의 '트로츠키주의자들' 가운데 구세대, 즉 1923~1928년의 반대파 사람들은 수십 명, 더 많게 봐도 수백 명을 넘지 않는다. 대부분은 새로 충원된 사람들이다. (…) 사악함과 잔인함에서 유례를 찾을 수 없는 괴롭힘, 중상모략, 박해가 30년간이나 지속됐음에도 불구하고, 그리고 박해보다도 더 위험한 항복과 변절이 수없이 많았음에도 불구하고 4차 인터내셔널은 이미 가장 강력하고 수가 많으며 강고한 지부들을 이미 소련 안에 가지고 있다.[88]

이 글은 소련으로부터는, 심지어는 소련 안에 있는 자기의 지지자들로부터도 혁명의 리더십이 발휘되리라는 기대를 전혀 품을 수 없다고 했던 그의 이전 진술과 배치되는 것으로 보인다. 어쨌든 조직적인 당으로서는 아니지만 '분위기, 전통, 기치'로서의 트로츠키주의는 예전과 마찬가지로 여전히 살아있었다. 그리고 상황이 유리하게 변하면 그러한 '분위기와 전통'은 쉽게 정당으로 응집될 수 있다는 점을 트로츠키는 물론 스탈린도 알고 있었다. 그래서 스탈린은 트로츠키주의에 대한 마지막 공격을 준비하고 있었다. 그 준비 기간이던 1936년의 봄과 초여름에는 불안한 소강상태가 이어졌다.

이 시기는 서유럽에서는 인민전선의 전성기였다. 프랑스에서는 인민전선에 참여한 정당들이 선거에서 압승을 거두었다. 이런 선거결과는 노동자들로 하여금 요구의 수준을 높이고, 대대적으로 노조에 가입하고, 공장을 점거하고, 전국적인 파업과 시위를 벌이도록 부추겼다. 트로츠키는 미국의 매체인 〈네이션(Nation)〉에 기고한 글의 제목으로 "프랑스의 혁명은 시작됐다"고 선언했다. 보수적 매체인 〈르 탕(Le Temps)〉도 '혁명의 거대한 움직임'이라는 표현을 사용했다. 트로츠키는 프랑스 경제의 붕괴를 보라고 했다. 모든 계급 간 적대가 첨예화하고, 자산소유 계급과 그들의 정당들에 공황심리가 확산되고, 대중운동의 추동력이 강화되고 있었다. 트로츠키는 이렇게 썼다. "노동계급이 일제히 움직이기 시작했다. 거대한 대중은 말만으로는 멈춰지지 않을 것이다. 투쟁은 최고의 승리가 아니면 가장 끔찍한 패배로 끝나게 될 것이다." 인민전선의 지도자들은 패배를 자초하는 태도를 취하고 있었다. 그들은 노동자들의 에너지와 자신감을 위축시키고 부르주아를 안심시키기 위해 전력을 다했다. 이에 대해 트로츠키는 이렇게 썼다. "사회주의자와 공산주의자들은 에리오가 이끄는, 그리고 최악의 경우에는 달라디에가 이끄는 정부부서를 위해 자기들의 온힘을 다 기울여 일했다. 그런데 대중이 원한 것은 무엇이었나? 대중은 그들에게 블룸의 부서를 뒷받침하라고 요구했다. 이것은 인민전선에 반대한다는 의사표시가 아니었던가?" 반혁명은 당장은 낮은 수위에 머문 채 폭풍이 몰아치기를 기다리면서 고개를 다시 치켜들 준비를 하고 있었다. 이에 대해 트로츠키는 "그런 계산이 근거가 없다고 주장하는 것은 경솔한 일일 것이다. 블룸, 주오(프랑스의 노동운동 지도자—옮긴이), 카섕(프랑스의 공산주의자—옮긴이)의 도움을 받는다면 반혁명이 목적을 달성할 가능성이 아직 남아있다"고 지적했다. 공산당은 여러 해 전부터 모든 곳에 소비에트를 구성하자는 주장을 외쳐왔다. 그러나 이제 말을 행동으로 옮겨 노동자들을 집결시키고 무장시키면서 노동자위원회를 구성해야 할 시점이 오자, 모든 곳에 소비에트를 구성하자는 슬로건은 시의적절하지 않다고 선언했다. 트로츠키는 자기의 지지자들에게 이렇게 경고했다. "현재의 파업운동에서 발판을 찾지 못하거나 투쟁하는 노동자들과 견고한 유대관계를 맺지 못하는 정당이나 그룹은 혁명조직이라는 이름에 걸맞지 않다." 그러나 이때가 처음도 아니었고 마지막도 아니었지만 그의 지지자들은 그러한 '발판'을 찾아내지 못했다.

트로츠키는 《배반당한 혁명》의 서문을 출판사에 우송한 직후인 8월 4일 크누센과 함께 휴가여행을 떠났다. 두 사람은 피오르드 만의 남쪽에 있는 외딴 작은 섬에서 휴가를 보낼 작정이었다. 두 사람은 자동차로 여행을 떠났다. 도중에 크누센은 크비슬링의 추종자로 보이는 몇 사람이 뒤쫓고 있다는 사실을 눈치 채고는 부두에서 그들을 따돌렸다. 기분이 좋아진 크누센과 트로츠키는 배로 피오르드 만을 가로질러 건너서 목적지인 섬에 도착했고, 그곳 어부의 오두막에 여장을 풀었다.

다음 날 아침 벡스홀에서 온 긴급전보가 두 사람을 깨웠다. 밤 사이에 크비슬링의 추종자들이 경찰이라고 속이고 크누센의 집에 난입해 수색명령을 수행해야 한다면서 트로츠키의 방에 들어가려고 했다. 그들을 수상하게 여긴 크누센의 딸이 그들의 행동을 막는 동안 그녀의 오라비가 이웃사람들에게 도움을 청했다. 침입자들은 탁자 위에서 몇 장의 원고만 집어 들고 도망쳤다. 경찰에 체포당한 그들은 트로츠키가 없는 틈을 타서 그 집에 침입한 것이며, 사전에 크누센의 전화를 도청해 그와 트로츠키가 집을 비우는 날이 언제인지를 알아냈다고 털어놓았다. 그렇다면 트로츠키의 목숨을 노린 것은 아니었다. 그들의 목적은 트로츠키가 정치활동을 한다는 증거, 다시 말해 트로츠키가 노르웨이에 체류하면서 지켜야 할 조건을 위반했다는 증거를 확보하는 것이었다. 크비슬링의 정당은 그런 증거를 입수해 선거에 이용하려 했던 것이다. 침입자들은 목적한 대로 그런 증거를 입수했다고 주장했다.

이 사건은 우스꽝스러운 것이었다. 트로츠키는 자기가 저지르지도 않은 체류조건 위반의 증거를 크비슬링의 추종자들이 입수한다는 것은 불가능한 일이라고 확신했다. 트로츠키가 갖고 있는 자료 가운데 중요한 것들이 그들의 수중에 들어갔을 리도 없었다. 중요한 자료들은 휴가여행을 떠나오기 전에 크누센이 예비조처로 이미 은행에 안전하게 보관해뒀기 때문이다. 잠깐 흥분했던 트로츠키와 크누센은 마음을 가라앉히고 다시 바위산 등반과 낚시에 몰두했다. 일주일 뒤인 8월 13일 또는 14일에 작은 비행기가 그 섬에 착륙했다. 비행기에서 내린 사람은 노르웨이 형사경찰부 책임자였다. 그는 트리그베 리의 명령에 따라 다가오는 크비슬링의 추종자들에 대한 재판과 관련해 트로츠키를 심문하러 온 것이었다. 그가 트로츠키에게 던지고자 한 질문은 크비슬링의 추종자들이 크누센의 집에서 가지고 나온 문서들에 대한 것이었다. 그 문서들은 트로츠키가 프랑스에 있는 지지자에게 사적으로 보낸 편지의 사본과 우리가 앞에서 보았던 '프랑스의 혁명은 시작됐다'는 제목으로 트로츠키가 쓴 글이었다. 트로츠키는 찾아온 경찰간부가 던진 모든 질문에 대답해주었다. 그 경찰간부는 돌아가서 나치스가 말하는 트로츠키의 혐의들은 아무런 근거도 없음을 확인했다고 언론에 밝혔다.[89)]

다음 날 아침 일찍 크누센은 평상시와 다름없이 뉴스를 듣고 있었다. 섬에 전기가 들어오지 않았기에 그는 조그만 휴대용 무선방송 수신기만 갖고 있었는데 방송수신 상태는 그다지 좋지 않았다. 하지만 그가 들은 소식은 그로 하여금 숨 쉴 틈도 없이 곧바로 트로츠키에게 달려가게 하기에 충분했다. 그것은 모스크바 당국이 지노비예프와 카메네프를 포함해 모두 16명의 피고인들을 반역, 음모, 그리고 스탈린 암살 기도의 혐의로 곧 재판에 회부한다는 소식이었다. 이와 함께 그들을 선동한 배후인물로 트로츠키를 기소하는 내용에 관한 보도가 길게 이어졌다. 크누센은 세부적인 내용은 알아듣지 못했지만, 지노비예프와 카메네프가 테러행위를 하고 게슈타포와 담합했다는 혐의를 받고 있다고 생각했다. 트로츠키는 기가 막혔다. 그는 "테러행위? 테러행위?"라고 계속 뇌까렸다. "글쎄, 테러행위라는 혐의는 그래도 이해할 수 있겠어. 하지만 게슈타포와의 담합이라니? 그들이 게슈타포까지 거론했단 말입니까? 그렇게 들은 게 분명해요?" 경악한 트로츠키가 물었다. 크누센은 "맞습니다. 바로 그렇게 그들이 말했습니다"라고 대답했다. 그날 두 사람은 트로츠키가 노르웨이에서 소련으로 테러리스트와 암살자들을 파견했다는 내용도 기소장 안에 들어있다는 사실을 알게 됐다. 두 사람은 고요하던 섬의 바위들이 갑자기 불길과 용암을 쏟아내며 튀어 오르는 듯한 느낌이 들었다. 두 사람은 급히 벡스홀로 돌아왔다.

같은 날인 8월 15일에 트로츠키는 언론을 통해 기소장의 혐의 내용을 부인하고, 그것은 "세계 정치 역사상 최대의 날조"라고 밝혔다. "스탈린은 불만과 반대를 억누르기 위해 이 재판을 연출하고 있다. 소련을 지배하는 관료집단은 모든 비판과 모든 형태의 반대를 음모로 다루고 있다." 트로츠키는, 저들은 자기에게서 망명처뿐 아니라 자기방어를 할 수 있는 모든 기회를 빼앗기 위해 자기에게 노르웨이를 테러 기지로 이용하고 있다는 조작된 혐의를 뒤집어 씌우려 한다면서 이렇게 말했다. "나는 노르웨이에 오고 난 뒤로 소련과는 아무런 관계도 갖지 않았다. 소련으로부터 단 한 통의 편지도 받지 않았고, 직접적으로든 다른 사람을 통해서든 소련 안에 있는 그 누구에게도 편지를 보낸 적이 없다. 소련 안에서 과학자로 고용돼 일하고 있으나 우리와는 그 어떤 정치적 연관관계도 없는 아들과도 나와 아내는 단 한 줄의 편지도 주고받지 못했다." 트로츠키는 그 같은 혐의에 대한 조사를 실시해줄 것을 노르웨이 정부에 제안하면서, 자기는 모든 필요한 서류와 자료를 노르웨이 정부에 제출할 용의가 있다고 밝혔다. 그리고 모든 나라의 노동자 조직들에 객관적이고 국제적인 조사위원회를 구성해줄 것을 호소했다.[90)]

이로써 트로츠키가 수없이 예측했던 최악의 테러가 시작됐다. 실제 상황은 그가 예상했던 것보다 더 섬뜩하고 위협적이었다. 그는 무선방송에 다시 귀를 갖다 대고 8월 19일부터 24일까지 재판에 관한 소식들을 하나도 빼놓지 않고 들었다. 시간이 흐를수록 검사, 판사, 피고인들이 인간의 상상력을 뛰어넘는 마조히즘과 사디즘을 드러내며 환각적인 장관을 연출하는 것을 알게 됐고, 그 재판을 에워싼 공포의 분위기를 그대로 느낄 수 있었다. 애초부터 피고인 16명의 목숨은 물론이고 그들과 더불어 트로츠키와 료바의 목숨도 달려있는 재판인 게 분명했다. 기소장은 료바를 자기 아버지의 수석 조수로 언급하고 있었다. 재판이 진행되면서 이 재판은 한 세대의 혁명가들 모두에게 파멸을 안겨주기 위한 전주곡일 수 있다는 사실이 분명해졌다. 가장 흉악한 점은 피고인들을 다루는 방식이었다. 피고인들은 말로 다 표현할 수 없을 정도로 역겨운 비난을 듣기도 하고 자아비판을 하기도 했다. 마치 진창 속에서 질질 끌려 다니거나 그 속에서 죽을 때까지 기어 다니는 것과 같은 처지였다. 그들의 처지에 비하면 프랑스혁명 당시에 벌어졌던 모든 악몽과 같은 일들, 즉 사형수 호송차, 단두대, 자코뱅당 내부의 피비린내 나는 싸움 등은 정신이 말짱하고 진지한 품위를 갖춘 연극으로 보일 정도였다. 로베스피에르도 정적들을 도둑이나 강도들과 함께 재판에 회부하고 그들에게 허구의 혐의를 뒤집어씌웠다. 그러나 그는 그 정적들이 각자 자기의 명예를 스스로 지키고 투사로 죽는 것까지 방해하지는 않았다. 당통은 적어도 "나 다음에는 당신 차례요, 로베스피에르!"라고 외칠 정도의 자유는 누렸다. 그런데 스탈린은 이미 파멸한 정적들을 깊이도 잴 수 없는 굴욕의 구렁텅이에 밀어 넣고 있었다. 스탈린은 볼셰비즘의 지도자나 사상가들을 마녀사냥의 대상으로 만들어 그들이 자기의 모든 마녀적 행위는 물론 악마와 벌인 방탕한 행위까지 시시콜콜 심문관에게 말해야 하는 중세의 여자처럼 굴도록 만들었다. 전 세계가 듣는 가운데 진행된 재판에서 비신스키가 카메네프 및 지노비예프와 주고받은 말을 예로 들어보자.

비신스키: 당에 대한 충성을 표현한 당신의 글과 진술에 대해 어떤 평가를 해야 할까? 그건 기만이었소?

카메네프: 아니오. 그건 기만보다 더 나쁜 것이었소.

비신스키: 그럼 배신이었소?

카메네프: 그보다 더 나쁜 것이었소.

비신스키: 기만보다도 더 나쁘고, 배신보다도 더 나쁘다? 다른 표현을 찾아보지요. 반역이었소?

카메네프: 그렇소.

비신스키: 지노비예프 피고, 당신도 이 표현이 맞는다고 인정하오?

지노비예프: 그렇소.

비신스키: 반역이자 배신이고 속임수라고 인정하오?

지노비예프: 그렇소.

카메네프는 자기의 잘못을 인정하는 발언의 마무리를 다음과 같이 했다.

나는 두 번 죽을 고비를 넘겼습니다. 그러나 모든 것에는 한계가 있습니다. 프롤레타리아의 아량에도 한계가 있습니다. 우리는 그 한계에 도달했습니다. (…) 우리는 외국 비밀경찰 부서의 요원들과 나란히 여기에 앉아있습니다. 우리의 운명이 이곳 피고인석에서 서로 얽히기 전에도 우리의 무기는 똑같은 것이었고, 서로 얽혀 있었습니다. 우리는 파시즘에 봉사했습니다. 우리는 사회주의에 대항해 반혁명을 조직했습니다. 우리는 그런 길을 걸었고, 그러한 가증스러운 반역의 함정에 빠졌습니다.[91)]

그런가 하면 지노비예프는 이렇게 말했다.

나는 스탈린, 보로실로프, 그리고 그 밖의 다른 지도자들을 암살하는 것을 목표로 하는 트로츠키주의자와 지노비예프주의자 집단에서 트로츠키 다음의 2인자로서 조직화 활동을 하는 죄를 지었습니다. (…) 나는 키로프의 암살을 조직한 주범으로서의 죄를 인정합니다. 우리는 트로츠키와 동맹을 맺었습니다. 결함이 있던 나의 볼셰비즘은 반볼셰비즘으로 바뀌었고, 트로츠키주의를 통해 나는 파시즘에 이르렀습니다. 트로츠키주의는 파시즘의 한 변종이고, 지노비예프주의는 트로츠키주의의 한 변종입니다.[92)]

내전 때 콜차크를 패퇴시켰고 혁명군사위원회에서 트로츠키의 바로 옆에 앉아 있었던 이반 스미르노프는 이렇게 진술했다.

우리나라는 지금 걸어가는 길 외에 달리 갈 수 있는 길이 없고, 역사가 우리에게 준 지도자 외에 다른 지도자가 있지도 않고 있을 수도 없습니다. 테러리즘에 관한 지시를 보내고 우리나라를 파시즘 국가로 여기는 트로츠키는 우리의 적입니다. 그는 바리케이드 건너편에 있는 사람입니다.[93)]

트로츠키의 오랜 동료이자 내전의 영웅이기도 한 음라치코프스키는 이렇게 말했다.

내가 왜 반혁명의 길을 걸었을까요? 트로츠키와의 관계가 나를 이 길로 이끌었습니다. 그와 관계를 맺은 뒤로 나는 당을 속이고 당의 지도자들을 속이기 시작했습니다.[94)]

내전 때 대담무쌍하게 레닌그라드 체카를 이끌었고 1927년 반대파 시위의 지도자이기도 했던 바카예프는 이렇게 고백했다.

이 법정에서 드러난 사실들은 이 반혁명 테러리스트 집단을 조직한 자이자 그것을 움직이는 사람이 트로츠키임을 전 세계에 보여줍니다. (…) 나는 지노비예프와 카메네프를 위해 여러 번 거듭해서 내 목숨을 걸었습니다. 내가 그들의 순종적인 도구, 반혁명의 공작원이 되어 스탈린에 대항했다는 생각에 마음이 무겁습니다.[95)]

옛 멘셰비키 출신으로 내전 이후에 볼셰비키의 부상에 편승해 지위가 높아졌고 이때는 검찰총장이었던 비신스키는 흥분을 가장하며 여러 시간에 걸쳐 분노를 터뜨렸다.

이들 자본주의의 미친개들은 우리 소련 땅에서 최선의 최선인 것들을 갈기갈기 찢어놓으려고 기도했습니다. 이들은 혁명의 인물들 가운데 우리가 가장 친애하던, 입가에 늘 밝고 쾌활한 미소를 지어 우리의 새로운 삶도 밝고 쾌활하게 해주던, 저 찬양할 만하고 훌륭했던 사람을 죽였습니다. 이자들이 우리의 키로프를 죽인 것입니다. 그렇게 해서 이자들은 우리의 가슴을 아프게 했습니다. (…) 우리의 적은 교활합니다. 그 교활한 적을 용서해서는 안 됩니다. (…) 전 인민이 분노로 치를 떱니다. 검찰을 대표해서 나는 그런 분노의 목소리와 나의 분노를 합쳐서 수백만의 우레와 같은 목소리로 말합니다. (…) 미친개들을 하나하나 모조리 사살할 것을 요구합니다![96]

거친 욕설과 저속한 모욕이 난무하는 가운데 닷새가 지났다. 그 닷새 동안 검찰은 단 하나의 증거도 제출하지 않았다. 그러나 법원은 피고인들 모두에게 사형을 선고하면서 이렇게 덧붙였다.

레프 다비도비치 트로츠키와 그의 아들 레프 르포비치 세도프는 (…) 소련 내 테러활동 조직을 직접 조직하고 지도했으므로 (…) 소련 영토 안에서 발각될 경우 즉각적으로 체포되어 소련 대법원 군사자문위원회로 넘겨질 것입니다.[97]

스탈린은 히틀러가 라인란트로 진군한 직후이자 프랑스에 인민전선 정부가 들어선 직후로 이 재판의 시점을 맞추었다. 이렇게 함으로써 히틀러에 같이 대항할 동맹의 대상으로 자기를 바라보는 서구의 노동운동과 좌파 인텔리겐치아에 협박과 압력을 가한 것이었다. 다시 말해 그는, 자기가 전개하는 숙청에 대해 서구에서 항의를 제기한다면, 인민전선을 해체시킴으로써 서유럽이 소련의 지원 없이 홀로 독일 제3제국을 대면하도록 방치하는 방식으로 보복하겠다는 협박을 한 셈이었다. 그는 재판의 음산한 불합리성을 활용해 자기 목적을 추구했다. 이 재판이 파렴치한 것임을 알고 항의의 목소리를 높일 수도 있었던 사람들도 이 재판의 음산한 불합리성으로 인해 혼란스러워했다. 사람들은 어둠에 가려진 채 피 냄새가 나는 의혹덩어리인 재판에 대해 항의하기를 극도로 기피했고, 그런 태도를 취함으로써 각자 자기도 모르게 이 재판을 주도한 자들과 한패가 되어버렸다.

재판과 처형이 트로츠키의 마음을 짓누르기도 했지만, 한편으로는 그의 마음에 투지를 한껏 불러일으키기도 했다. 그는 내전 초기에 전투를 지휘하던 때와 같이 확신을 갖고 모든 힘을 다해 자기에 대한 도전에 맞서겠다는 결의를 다졌다. 지노비예프와 카메네프에 대한 재판에서도 사실상의 주된 피고인은 트로츠키였다. 게다가 앞으로 재판이 추가로 여러 차례 열릴 것이며, 그 재판들에서 훨씬 더 터무니없는 혐의들이 자기에게 더욱더 무겁게 씌워질 것임을 트로츠키는 알고 있었다. 그는 자기의 목숨과 명예, 아직 살아있는 자식들, 그리고 스스로 방어할 능력이 없는 불운한 옛 볼셰비키들의 명예를 지키기 위해 싸웠다. 그는 재판에 가득 끼어있는 모순과 불합리성을 지적했다. 그는 온 신경을 다 기울여 재판과 관련된 거짓을 폭로하고 조작된 신화를 깨뜨렸다. 그는 스탈린의 거대한 권력과 그 권력에 봉사하는 수많은 선전가들에 대항해 홀로 싸워야 한다는 사실을 알고 있었다. 다행히 적어도 그는 얼마든지 반박의 발언을 하고 대응행동을 조직할 수는 있었다. 그리고 그런 자유를 최대한 활용하기로 결심했다. 재판 이틀째 날에 그는 〈아르바이더블라데트〉와 긴 인터뷰를 했다. 이 인터뷰는 그 다음 날인 8월 21일에 이 신문의 1면에 실렸다. 제목은 '트로츠키, 모스크바가 제기한 혐의는 사실이 아니라고 주장하다' 였다. 이 인터뷰 기사의 내용은 그것을 읽은 독자라면 누구나 트로츠키의 주장에 동조하지 않을 수 없게 만드는 것이었다. 트로츠키는 미국, 영국, 프랑스의 전신국으로, 그리고 오슬로로 몰려드는 수많은 기자들에게 전달할 성명서를 작성했다. 그는 치열한 전투를 하고 있었고, 그 전투에서는 시간과의 싸움이 가장 중요했다. 그는 경악하고 충격을 받은 세계의 감정이 둔탁해지기 전에 스탈린이 제기한 혐의들을 부인할 수 있어야 했다. 이를 위해 그에게 필요한 것은 스스로를 방어할 자유였다.

그런데 트로츠키는 바로 그 자유를 갑자기 교활한 방식으로 박탈당했다. 트로츠키에게서 자유를 박탈한 자들은 얼마 전까지만 해도 그에게 우애를 말하고, 존경을 말하고, 망명처를 제공한 것을 자랑스러워하던 사람들이었다. 모스크바 재판이 끝난 다음 날인 8월 26일에 두 명의 고위 경찰간부가 법무부 장관의 명령에 따라 트로츠키를 방문해 그가 거주 조건을 위반했다고 말했다. 그들은 트로츠키에게 '다른 나라들에서 현안이 돼있는 정치적 문제에 대해 직접적으로든 간접적으로든, 그리고 말로든 글로든 관여하지 않을 것이며, 저술가로서도 특정한 나라를 겨냥하지 않는 역사적 저작과 일반적인 이론적 관찰에 해당되는 글만 쓰겠다'는 내용의 서약서에 서명하라고 요구했다.[98] 이런 요구는 그를 조롱하는 것이나 다름없었다. 스탈린이 그를 히틀러의 공모자이며 파괴자와 암살자들의 수괴라고 비난하고 있는 상황에서 그가 어떻게 '다른 나라들에서 현안이 돼 있는 문제들'에 대해 자기 의견을 표명하지 않을 수 있단 말인가? 그리고 그가 어떻게 '특정한 나라를 겨냥하지 않는 이론적인 관찰에 해당되는 글'만 쓸 수 있단 말인가? 그가 침묵한다면 스탈린이 세계인의 귀에 집어넣는 그에 대한 모든 중상이 사실인 듯한 색채를 띠게 될 게 뻔했다. 그는 서약서에 서명하기를 분명히 거부했다. 그러자 경찰은 곧바로 그에게 가택연금 조치를 내리고 대문 앞에 보초를 세웠고, 그 어떤 공개적인 진술도 하지 못한다는 발언금지령을 내렸다.

노르웨이 정부의 태도가 이렇게 돌변한 것은 무엇으로 설명할 수 있을까? 8월 29일 오슬로에서 소련 대사인 야쿠보비치가 트로츠키의 추방을 요구하는 공식 통첩을 노르웨이 정부에 전달했다. 이 통첩에는 트로츠키가 노르웨이를 '음모의 기지'로 이용하고 있다는 주장이 담겨 있었다. 이는 모스크바 대법원의 선고를 상기시키는 것이었다. 통첩은 다음과 같은, 약간 가려진 위협으로 마무리돼 있었다. "소련 정부는 노르웨이 정부가 트로츠키에게 계속해서 망명처를 제공하는 것은 (…) 소련과 노르웨이 사이의 우호적인 관계를 해칠 것이며 (…) 그 자체가 국가 간 교류를 지배하는 규칙을 위반하는 것임을 말해두고자 한다."[99] 트로츠키에게 가택연금 조치가 내려진 것은 이 통첩이 전달되기 사흘 전이었고, 이런 시간적 순서는 트리그베 리로 하여금 자기가 트로츠키에 대해 취한 조치는 소련의 개입 때문이 아니라고 주장할 수 있는 여유를 주었다. 그러나 소련 대사는 그보다 며칠 전에 이미 구두로 트로츠키를 추방하라고 요구했었다. 이 문제에 대해 코트는 이렇게 말한다. "소련 대사가 우리에게 트로츠키의 망명을 거부하라고 처음으로 요구한 날이 정확하게 언제였는지를 확인하기란 어렵다. 이는 소련 대사가 구두로 그런 요구를 전달해왔고 그에 관한 기록은 존재하지 않는 것 같기 때문이다. 나는 그때 오슬로를 떠나 멀리 북쪽에 있는 나의 지역구를 돌아보고 있었고, 외무부에서 트리그베 리가 내 역할을 대신하고 있었다."[100] 〈아르바이더블라데트〉가 모스크바 재판에 대해 트로츠키와 가진 인터뷰를 게재한 직후에 소련 대사가 트리그베 리를 만난 것은 사실이다. 이 자리에서 소련 대사가 노르웨이의 여당지에 트로츠키의 인터뷰 기사가 실린 것에 대해 항의하고 트로츠키에 대한 망명 허가를 철회하라고 요구하지 않았을 것이라고 생각하기 어렵다. 소련이 노르웨이와 무역을 단절할 수도 있다고 위협했다는 소문에 오슬로가 온통 술렁거렸다. 선박업계와 수산업계는 불경기로 인해 실업자가 늘어나는 마당에 자기들의 이익을 해치는 일을 하지 말라고 정부에 압력을 가하고 있었다. 코트는 이렇게 말한다. "정부에서 나와 같이 일하던 동료들은 러시아 사람들이 경제적 보복조처를 실행하겠다고 말하지 않았음에도 경제적 보복조처를 두려워했다. 나는 러시아 사람들이 그런 상업상의 보이콧이라는 방법을 동원할 것이라고는 생각하지 않았다. 그리고 나는 어쨌든 우리의 주된 수출품목이라야 청어 정도인데 러시아와의 무역 규모는 우리가 그런 두려움을 가져야 할 만큼 크지 않다고 생각했다. 따라서 나는 트로츠키를 감금해야 한다는 제안에 반대했다. 그러나 나는 내각 안에서 다른 각료들에게 압도당했다."[101)]

노르웨이의 각료들은 러시아와의 관계가 단절될 수 있고, 그럴 경우 선거에서 패배할 수 있다는 점을 두려워했다. 그래서 그들은 트로츠키가 노르웨이를 테러활동의 기지로 이용하고 있다는 주장이 순전히 협잡이라는 사실을 알고 있을 뿐 아니라 소련의 통첩에 대한 답변에서도 그 같은 주장의 타당성을 부인했음에도 소련의 압력에 굴복해야 했다. 그러나 그들은 트로츠키를 추방할 수는 없었다. 그 어떤 나라도 트로츠키를 받아들이려 하지 않았기 때문이다. 그렇다고 트로츠키를 소련 정부에 넘길 수도 없었다. 트로츠키가 스탈린에게 자기를 소환하려면 해보라고 대들었음에도 소련 정부는 노르웨이 정부에 그를 송환하라고 요구하지 않았다. 만약 소련 정부에서 그를 송환하라고 요구했다면 노르웨이 법원에서 청문회가 열렸을 것이고, 그랬다면 트로츠키는 자기에게 씌워진 혐의들을 부인할 기회를 갖게 됐을 것이다. 트로츠키에게 공개적인 자기변호의 기회를 허용하는 것은 모스크바를 자극할 것이라고 우려한 노르웨이 각료들은 트로츠키에게 가택연금 조처를 취하기로 결정했다. 그들이 위협에 굴복하는 과정에서, 그리고 자신들도 무고하다고 인정했을 뿐 아니라 그동안 위대한 인물이라고 칭송하기도 했던 인물에게 자국 영토 안에서 피난처를 제공할 수 있음을 부인하는 과정에서 그들의 민주적 양심과 정부 각료라는 지위에 대한 자부심은 별다른 영향력을 발휘하지 못했다. 그래서 그들은 트로츠키의 무고함에 흠집을 냈다. 그렇지만 그들은 감히 비신스키가 제기한 혐의들까지 인정할 수는 없었다. 그들은 진실을 위해 정직한 태도를 취할 용기도 없었고, 거대한 거짓을 받아들일 만한 대담함도 없었다. 그들은 그저 작은 거짓말 정도나 할 수 있는 소인배에 불과했다. 그들은 트로츠키가 다른 나라 정부를 비판하고 4차 인터내셔널에 관여함으로써 자기들이 베푼 신뢰를 악용했다고 비난하기로 했다. 그러나 이 두 가지 행동이 불법이 아님은 그들도 인정하는 바였다. 어쨌든 그들은 이제 트로츠키가 비행을 저질렀다는 증거를 찾아 나섰다. 그러나 그런 증거가 어디서 발견되겠는가? 오슬로의 법정에서 크비슬링의 추종자들은 크누센의 집에서 훔쳐간 〈프랑스의 혁명은 시작됐다〉는 트로츠키의 글이 담긴 종이 몇 장을 의기양양하게 흔들었다. 그들은 말했다. 트로츠키가 이 글에서 프랑스의 인민전선과 블룸의 부서를 공격하지 않았는가? 이것은 "노르웨이에 우호적인 외국 정부를 겨냥" 한 활동이 아닌가? 그러나 은밀하거나 불법적인 요소는 전혀 없었다. 이 글은 이미 미국의 〈네이션〉과 트로츠키주의자들이 펴내는 정기간행물인 〈베리테〉와 〈운저 보르트(Unser Wort)〉에 게재된 것이었다. 게다가 크비슬링의 추종자들이 트로츠키의 책상에서 훔친 문서를 법정에서 이용하는 것은 노동당 정부의 각료들에게 어울리지 않는 짓이었다. 법무부 장관은 자기의 서류파일 안에 트로츠키의 4차 인터내셔널 접촉과 관련된 경찰의 보고서들을 갖고 있었다. 그러나 노르웨이 정부는 그동안 그런 접촉을 문제 삼지 않았고, 불과 얼마 전인 6월에 경찰에서 올린 관련 보고서를 일축해버리고 트로츠키에 대한 거주 허가의 기간을 기꺼이 연장해준 바 있었다. 그들은 트로츠키에게 부여한 망명 허가를 철회하는 데 필요한 그럴듯한 이유를 어디에서도 찾을 수 없었다.

그러나 합법적인 이유를 찾지 못했다 하더라도 그들은 트로츠키의 망명허가를 철회해야 했다. 시간이 흐르면서 모스크바의 분노가 점점 더 커져갔고, 그에 따라 그들은 자기들의 처지가 고래싸움에 낀 새우와 같이 되는 것을 보면서 점점 더 큰 두려움을 느꼈다. 그들은 '인간 산더미'와 같은 트로츠키를 자기 나라에 들어오도록 허용한 과거의 결정을 저주했다. 여하튼 트로츠키는 그들의 수중에 있었고, 따라서 그들은 얼마든지 그를 감금할 수 있었다. 그들은 스탈린과 공범이 되는 것을 부끄러워하면서도 서투르게나마 트로츠키를 감금했다. 노르웨이의 한 작가는 이렇게 썼다. "죄의식과 수치심이 비행을 저지른 자를 뉘우치게 만드는 경우는 거의 없다. (…) 비행을 저지른 자는 자기의 비행을 정당화시킬 수 있을 만한 이야기를 꾸며낸다. 그리고 그가 자기의 비행으로 인해 피해를 입게 된 사람을 증오하게 되는 경우도 드물지 않다."[102] 노르웨이의 각료들은 '레닌과 가장 가까웠던 동지'에게 거처를 제공하는 집주인의 역할을 맡았을 때 자부심을 한껏 올려 세웠던 사람들이었다. 그래서 그들은 입장을 바꿔 트로츠키가 감금된 감옥의 간수 역할을 할 수밖에 없게 되자 짜증을 내거나 조바심을 드러냈다.

8월 28일 트로츠키는 경찰의 호위 속에 오슬로의 법정에 출석해 크비슬링의 추종자들과 관련된 사건에서 두 번째로 증언했다. 그는 자기가 증언자라기보다는 피고인의 처지에 놓여 있음을 곧바로 알아차렸다. 크비슬링의 추종자들은 자기들이 한 일은 트로츠키가 노르웨이에서 불충한 행위를 했음을 폭로한 것이라고 주장했다. 이어 판사는 트로츠키에 대한 신문 절차로 넘어갔다. 노르웨이에 있는 동안 해외에 있는 동료들과 서신교환을 했는가? 그들에게 정치적 지도를 해주었는가? 글을 통해 외국 정부를 비판한 적이 있는가? 이런 질문들은 지금 법정에서 다뤄지고 있는 사건, 즉 피고석에 앉아있는 자들이 경찰로 위장해 크누센의 집에 침입함으로써 사기와 주거침입 및 강도 죄를 저지른 혐의에 대한 재판과는 법률적으로 아무런 관계도 없는 것이었다. 그럼에도 트로츠키는 그 모든 질문에 대해 그렇다고 대답했다. 여하튼 판사는 트로츠키가 스스로도 인정했듯이 노르웨이 정부로부터 망명 허가를 받을 때 부과된 조건을 위반했다고 선언했다. 이에 트로츠키는 그런 조건을 제안 받은 적도 없고, 그런 의무를 받아들인 적도 없다고 대응했다. 또 그는 그 어떤 불법적이거나 음모적인 활동에도 가담한 적이 없다는 사실을 입증할 준비가 돼있다고 말했다. 그러나 판사는 트로츠키의 발언을 중단시키고 그에게 증언대에서 내려가라고 명령했다.

경찰은 트로츠키를 법정에서 곧바로 법무부로 데려갔다. 법무부 장관은 다른 관리들에 둘러싸인 채 그에게 다음과 같은 진술서에 즉석에서 서명할 것을 요구했다.

> 나 레온 트로츠키는, 나와 나의 아내와 나의 비서들은 노르웨이에 있는 동안 노르웨이에 우호적인 다른 나라를 겨냥하는 정치적 활동에 절대로 관여하지 않겠다고 서약한다. 나는 노르웨이 정부가 선정하거나 승인한 장소에

서 거주하고 (…) 나와 나의 아내, 그리고 나의 비서들은 노르웨이의 국내에서든 해외에서든 현안이 돼있는 정치문제에 결코 관여하지 않고 (…) 나의 저술활동은 역사적인 저작, 전기, 그리고 회고록의 집필에 국한시키고 (…) 이론적인 저술에서도 외국의 정부를 일체 겨냥하지 않을 것임을 서약한다. 나아가 나는 나와 나의 아내, 그리고 나의 비서들이 보내거나 받는 모든 우편물, 전보, 전화를 노르웨이 정부가 검열하는 것에 동의한다.[103]

그 현장을 목격한 한 사람은 그로부터 20년 뒤에 당시 트로츠키의 눈가에 떠오른 경멸의 표정과 그가 서명하기를 거부하면서 내던 천둥 같은 목소리를 여전히 기억한다고 말했다. 이 목격자는 법무부 장관이 어떻게 감히 그런 수치스러운 문서를 트로츠키에게 내밀 수 있었던 것이냐고 말했다. 법무부 장관은 트로츠키와 같은 위대한 업적의 소유자가 그런 서약서에 서명할 것이라고 진정 믿었던 것일까? 법무부 장관이 트로츠키에게 요구한 것은 정치적 견해를 표현할 권리를 완전히 포기하는 것, 즉 완전한 굴복이었다. 만약 그런 요구조건을 받아들일 준비가 돼있었다면 트로츠키는 망명을 하지도 않았을 것이고 노르웨이의 미심쩍은 환대에 의존하지도 않았을 것이다. 트리그베 리는 트로츠키로부터 스탈린도 얻어내지 못한 것을 얻어낼 수 있을 만큼 자기의 힘이 세다고 믿었던 것일까? 노르웨이 정부는 트로츠키를 받아들였을 때 이미 그가 누구인지를 알고 있었다. 그런데 어떻게 그들이 감히 그의 이론적인 저술까지도 외국 정부를 일절 겨냥해서는 안 된다고 요구할 수 있었을까? 설령 그가 노르웨이의 국내문제에 사소한 정도로라도 관여했다고 해도 과연 그들이 그것을 이유로 그를 조금이라도 질책할 근거를 갖고 있었을까? 법무부 장관은 노르웨이 정부가 그럴 만한 근거를 전혀 갖고 있지 않다는 걸 인정했다. 그렇다면 그들은 트로츠키가 실제로 노르웨이를 테러활동의 기지로 이용했다고 믿었던 것일까? 그것도 아니었다. 노르웨이 정부는 분명히 그런 혐의를 믿지 않았다고 트리그베 리는 밝혔다. 그러면 트로츠키가 외국 정부에 대항하는 음모적이거나 불법적인 행동을 했다고 보았던 것일까? 이에 대해서도 법무부 장관은 그렇지 않다고 답변했다. 트로츠키가 음모를 꾸미거나 불법적인 활동을 했다고 의심할 구석은 전혀 없다는 것이었다. 노르웨이 정부가 주장한 것은 단 하나, 트로츠키가 일체의 정치활동도 하지 않겠다고 했던 서약을 위반했다는 것이었다. 그리고 그들은 그에 대한 증거로, 트로츠키가 '프랑스의 혁명은 시작됐다'는 글을 쓰고 4차 인터내셔널과 접촉한 것을 들었다. 트로츠키는 그런 서약을 한 적이 없다고 말했다. 공산주의자나 사회주의자라면 누구도 모든 정치활동을 삼간다는 약속은 할 수가 없다는 것이었다. 법무부 장관은 사회주의와 사회주의자의 도덕이 무어라 생각했던 것인가? 프랑스에 대해 쓴 글이 대체 어떤 측면에서 〈아르바이더블라데트〉에 실린 인터뷰보다 더 문제가 될 수 있다는 것인가? 〈아르바이더블라데트〉에 실린 인터뷰는 트리그베 리가 직접 했던 것으로, 인터뷰 당시 리는 단지 정치적 견해를 밝히는 것은 거주 조건을 위반하는 행위가 아니라는 말로 트로츠키를 안심시키지 않았던가? 그런데 노르웨이 정부는 어떻게 감히 나치스의 도둑들이 제공한 문서를 근거로 해서 트로츠키에게 거주 조건을 위반했다고 주장할 수 있었는가? 그들은 자기들이 해야 할 행동에 대한 결정을 히틀러의 졸개들에게 맡기려 했던 것인가?

트로츠키는 언성을 높였다. 그의 목소리가 법무부의 사무실들과 복도에 쩌렁쩌렁 울렸다. "이것은 당신네 나라에서 처음으로 저질러진, 나치즘에 대한 굴복행위요. 당신들은 그 대가를 치르게 될 것이오. 당신들은 정치적 망명의 문제를 멋대로 다뤄도 문제될 게 없다고 생각하는 모양이오. 그러나 잘 기억해두시오! 나치스가 당신네 나라에서 당신들을, 기도 못 펴는 당신네 총리와 함께 당신들 모두를 쓸어내 버릴 시간이 임박했다는 것을." 트리그베 리는 이 기이한 예언을 대수롭지 않게 들어 넘겼다. 그러나 그로부터 4년이 지나기도 전에 노르웨이 정부 각료들은 나치스가 침입하기 직전에 노르웨이 밖으로 도피하게 된다. 그때 각료들과 그들의 늙은 왕 하콘은 해변에 모여 자기들을 영국으로 데려가줄 배를 애타게 기다리면서 트로츠키가 예언자처럼 내뱉었던 저주가 현실이 됐음을 깨닫게 된다.[104]

트리그베 리는 트로츠키와 만난 뒤에 그에 대해 더욱 엄격한 연금조처를 취했고, 트로츠키의 비서 두 명을 추방했으며, 크누센의 집에 경호병력을 주둔시켰다. 이는 트로츠키가 크누센과 의사소통하는 것까지도 막기 위한 것이었다. 트리그베 리의 이런 명령은 그의 권한을 넘어서는 것이었다. 노르웨이 헌법에 따르면 그는 법원에 의해 유죄판결을 받은 사람 외에는 그 누구의 자유도 박탈할 권한이 없었다. 보수당을 비롯한 많은 사람들이 분노를 드러내며 항의했다. 그러자 트리그베 리는 트로츠키에 대한 체포 명령을 내린 지 사흘 뒤에, 예외적인 경우 법무부 장관에게 초헌법적인 권한을 부여한다는 왕의 칙령을 받아냈다. 그리고 9월 2일에 그는 트로츠키와 나탈랴에게 크누센의 집에서 나와 오슬로에서 남쪽으로 32킬로미터 떨어진 피오르드 만에 있는 후룸(Hurum) 지역의 순비(Sundby)로 거처를 옮기라고 명령했다. 순비로 간 트로츠키와 나탈랴는 법무부에서 두 사람을 연금시키기 위해 임대한 작은 집에 갇혔다. 두 사람은 밤낮없이 보초의 감시를 받았고, 군화를 신고 쿵쿵거리며 걷고 파이프담배를 피우고 카드놀이를 하는 20명의 경찰관들과 한 집에서 살아야 했다. 노르웨이인 변호사 한 명 외에는 누구도 트로츠키를 방문할 수 없었다. 트로츠키를 돕는 프랑스인 변호사도 그를 방문할 수 없었다. 게다가 일반적으로 수감된 죄수들에게도 허용되는 육체운동이나 옥외산책도 허용되지 않았다. 신문을 보려면 특별허가를 받아야 했다. 모든 편지는 검열을 받아야 했다. 검열관은 크비슬링이 이끄는 당의 당원이었다. 트로츠키를 감시하는 역할을 맡은 두 명의 경찰간부 중 한 명인 요나스 리도 검열관의 역할을 했다. 그는 나중에 크비슬링 정부에서 경찰총수가 된다. 나중에 크누센은 이렇게 회상한다. "트로츠키는 매우 엄격하게 격리됐다. 트리그베 리는 내가 의원이 된 뒤에도 나의 후룸 방문을 여러 차례 막았다. 나는 많은 번거로운 절차를 거치고 오래 지연된 뒤에야 트로츠키에게 무선 방송수신기를 보낼 수 있었다. 처음에는 그가 라디오를 듣는 것도 허용되지 않았다."[105)]

이 모든 조처는 트로츠키가 스탈린이 제기한 혐의에 대해 대응하지 못하도록 방해하려는 것이었다. 그러나 트로츠키는 굴복하지 않았다. 그는 지노비예프와 카메네프에 대한 재판의 내용을 폭로하는 글을 썼고, 자기의 지지자들과 료바에게 편지를 보내 숙청에 대항하는 활동을 어떻게 해야 하며 비신스키의 기소 내용을 부인할 수 있는 사실적 증거를 어떻게 수집해야 하는지를 알렸다. 그는 검열에 항의하면서도 어쩔 수 없이 검열관에게 자기가 쓴 글이나 편지를 제출하고 나서 여러 주일 동안 초조하게 답변이 오기를 기다리곤 했다. 그러나 답변은 전혀 오지 않았다. 검열관은 그에게 알리지도 않고 그가 쓴 모든 글과 편지를 몰수했다. 그러는 동안에도 트로츠키와 나탈랴는 매일같이 라디오를 통해 모스크바의 방송에 귀를 기울였다. 모스크바의 방송은 스탈린이 제기하는 혐의들을 계속 쏟아냈고, 그것이 마치 종말을 예고하는 불협화음처럼 전 세계에 울려 퍼지게 했다. 이제는 얼마나 많은 사람들이 처음의 충격으로 인한 경악에서 벗어나 그동안 믿을 수 없었던 일들을 믿기 시작할까? 트로츠키는 궁금했다. 모스크바에 피어오른 거대한 독먼지 구름이 사람들의 마음속에 가라앉아 딱지처럼 굳기 시작한 것은 아닐까? 노르웨이 정부가 그를 연금하기로 결정했다는 사실은 자연스럽게 많은 사람들로 하여금 그에 대한 편견을 갖게 했다. 많은 사람들이, 만약 그가 정말로 무고하다면 그의 친구인 노르웨이의 사회주의자들이 그의 자유를 박탈하지는 않았을 것이라고 생각했다. 침묵할 수밖에 없는 상황도 그에게 대단히 불리한 효과를 낳았다. 그리고 그의 적들은 강요된 그의 침묵을 최대한으로 이용했다. 연금당한 지 두 주일이 되기도 전에 비신스키는 〈볼셰비크〉를 통해 트로츠키가 자기방어를 위해 말할 게 있다면 목소리를 높일 텐데 그렇게 하지 않는 것을 보니 말할 게 아무것도 없는 게 분명하다고 주장했다.[106)]

덫에 갇혀 애를 쓰던 트로츠키는 노르웨이의 신문 편집자 두 명을 명예훼손으로 고소하려는 시도를 했다. 한 명은 나치, 다른 한 명은 스탈린주의자인 두 신문 편집자는 각각 자기의 신문인 〈브리트 볼크(Vrit Volk)〉와 〈아르바이데렌〉의 지면을 통해 비신스키가 트로츠키에 대해 제기한 혐의를 기정사실화하는 내용의 기사를 실었다. 10월 6일에 트로츠키의 노르웨이인 변호사 푼테르볼이 소송을 제기했다. 정부가 이 재판의 진행을 중단시키기 전에 법원은 이미 소환장을 발부한 상태였다. 재판이 10월 말 이전에 열리게 돼있었기 때문이다. 트로츠키가 자기에 대한 스탈린의 혐의 제기에 대응하는 것을 막기 위해 그를 연금시켜 놓은 노르웨이 정부로서는 그가 법원을 자기의 주장을 밝히는 장소로 활용하도록 허용할 수 없었다. 그러나 법률상 정부는 그의 행동을 막을 수 없었다. 감옥에 자주 드나드는 상습 범죄자라 하더라도 자기에 대한 중상모략에 대해 법정에서 스스로를 변호할 권리가 있었다. 그러나 트리그베 리는 시시콜콜한 법규에 구애받지 않으려 했다. 그는 트로츠키를 연금시킨 뒤에 그 연금조처를 정당화하기 위해 왕의 칙령을 받아냈던 것과 마찬가지로 10월 29일에 또다시 왕의 임시칙령을 받아냈다. 이 칙령은 "1936년 8월 31일 칙령에 의해 연금된 외국인은 법무부 장관의 동의 없이는 노르웨이의 법정에 원고로 나올 수 없다"는 내용이었다. 8월 31일의 칙령에 의해 연금돼있는 외국인은 트로츠키밖에 없었다. 물론 법무부 장관은 칙령에 전제조건으로 돼있는 '동의'를 해주지 않았고, 두 명의 신문 편집자를 상대로 트로츠키가 제기한 소송에 대해 법원이 심리하는 것도 금지했다.

그러자 트로츠키는 프랑스인 변호사에게 프랑스, 체코슬로바키아, 스위스, 벨기에, 스페인에서 스탈린주의 신문 편집자들을 명예훼손으로 고소해달라고 요청했다. 자기가 증인으로 소환되지 않는다 하더라도 적어도 법률 대리인들을 통해 자기의 입장을 법정에서 진술할 수는 있지 않겠느냐는 기대에서였다. 노르웨이가 이것까지 반대할 수 없을 것으로 여겨졌다. 트로츠키가 외국의 법정에서 자신의 명예를 지키는 것까지 방해할 수 있을 만한 법적 근거를 노르웨이 정부는 갖고 있지 않을 게 분명했다. 그러나 이즈음에는 스탈린의 환심을 사려는 노르웨이 정부의 열망에 제약이 전혀 없었다. 트리그베 리는 이렇게 선언했다. "법무부는 정부의 다른 부서들과의 협의를 거쳐, 트로츠키가 노르웨이에 있는 동안에 외국의 법원에 소송을 제기하는 것도 금지하기로 결정했다."[107] 이에 더해 그는 트로츠키가 외국에 있는 그 어느 변호사와도 교신하지 못하게 했다. 마침내 트리그베 리는 트로츠키를 완전히 덫에 가두고 그의 입에 재갈을 물렸다.

11월 19일에 트로츠키는 프랑스 변호사인 제라르 로장탈에게 이렇게 알렸다. "어제 나는 해외에서조차 아무도 고소할 수 없다는 공식 발표문을 받았습니다. 나는 이 편지가 당신에게 확실하게 도착하도록 하기 위해 여기에는 그 어떤 논평도 쓰지 않겠습니다." 료바에게는 이런 편지를 써 보냈다. "내가 나를 방어하는 일과 관련된 모든 편지들이 법무부에 의해 몰수되고 있다는 사실을 기억해라. 나는 지금 나를 비방하는 자들, 사기꾼들, 무뢰한들 앞에 완전한 무방비 상태로 서 있다. (…) 네가 알아서 판단해서 행동하고, 이런 사실을 우리의 모든 친구들에게 말해주어라." 그 다음 편지에서 그는 훨씬 더 강력한 분노를 표출했다. 그는 〈아르바이더블라데트〉가 유명한 급진주의 작가인 오시에츠키를 나치스의 강제수용소에서 석방시키기 위한 캠페인은 벌이면서 노르웨이에서 연금돼 있는 자기에 대해서는 아무런 언급도 하지 않고 있다며, "오시에츠키는 적어도 그를 가둔 자들로부터 중상모략을 당하고 있지는 않다"고 지적했다. 트로츠키는 이렇게 썼다. "틀림없이 이 편지 역시 절차(검열)를 거치겠지만, 나는 이제 그런 것에는 더 이상 신경 쓰지 않겠다. 나는 파리에서 악한들에게 쫓기고 있는 나의 아들에게 사적인 편지를 쓰고 있는 것이다. 내가 감금되어 손과 발이 묶여 있는 동안 그의 생명이 위험에 처해 있을지도 모른다. (…) 육체적, 정신적 존재의 발판 자체가 흔들리고 있다. 그래서 나는 소리를 내어 말해야 한다."[108)]

이런 편지들 속에 어떤 전략이 숨어 있을지도 모른다고 의심한 트리그베 리는 트로츠키가 자기 아들과 불법적인 방법으로 교신했다고 주장했다. 트로츠키가 특수한 화학잉크로 편지를 썼고, 허가를 받아 시내의 치과에 가면서 지지자들과 몰래 접선했고, 그때 지지자들이 케이크 속에 편지를 숨겨서 그에게 전달했다는 것이었다. 한번은 이런 혐의 제기가 사실에 근거한 것처럼 보이기도 했다. 20년 뒤에 그와 같은 주장이 사실이냐는 질문을 받은 나탈랴는 뭐라고 대답해야 할지 자기는 모른다고 말했다. 하지만 감금된 정치범들이 동지들과 은밀하게 연락을 주고받기 위해 그와 같은 방법들을 사용하곤 했던 것은 사실이다. 갖은 폭력과 속임수, 책략에 직면해 있던 트로츠키가 그런 방법들을 사용하지 않았다고 한다면 그게 오히려 더 이상한 일일 것이다.

트로츠키가 침묵을 강요당하고 있었기에 모스크바 재판에 대한 대중적 저항활동은 일단 료바의 몫이 됐다. 수줍고 표현력도 다소 부족하며 아버지의 그늘 속에 있는 데 익숙한 료바가 갑자기 이 거대하고 가혹한 사건에서 전면에 부각됐다. 비신스키는 료바를 테러음모의 중심인물이자 자기 아버지의 대리인 겸 참모장으로 지목했다. 료바가 주요 옛 볼셰비키들에게 소련 국내에서 그들이 어떻게 행동해야 하는지에 관해 지시를 내리고 있다는 것이었다. 법원의 선고에서도 그는 아버지인 트로츠키와 같은 수준의 범죄자로 취급됐다. 실제로 그는 이제 아버지를 대신해 활동할 수밖에 없었다. 지노비예프와 카메네프에 대한 재판이 열린 지 몇 주일 뒤에 료바는 《모스크바 재판에 관한 붉은 해설서(Livre Rouge sur le proces de Moscou)》를 출간했다. 이 책은 스탈린주의자들이 트로츠키에게 씌운 혐의들에 대해 최초로 사실에 입각해 반박한 문건으로 스탈린주의자들의 주장에 내포된 모순을 구체적으로 폭로했다. 그는 코펜하겐에서 자기 아버지와 같이 있었던 적이 없으며, 자기가 음모자들을 만났다고 하는 브리스톨 호텔은 존재하지도 않는다면서 그 증거를 제시했다. 그는 피고인들의 고백을 둘러싼 의혹을 파고들면서 이렇게 썼다. "사실이나 증거에 전혀 근거하지 않은 자기고발의 진술들, 검찰의 주장을 문구 그대로 되풀이한 발언들, 자아비판을 하던 그들의 열띤 어조 등을 고려할 때 피고인들은 사실상 전 세계를 향해 '우리를 믿지 말라. 이 모든 것이 거짓임을 모르겠느냐. 이것은 처음부터 끝까지 모두 다 거짓이다'라고 말한 것이다."[109)]

그러나 료바는 옛 볼셰비키들의 불운과 자기비하의 태도를 보고 크게 흔들렸다. 그는 어린시절부터 그들을 알고 있었고, 크렘린 광장이나 건물 복도에서 그들의 자녀들과 함께 놀았고, 청소년 시절에는 그들을 위대한 혁명가이자 아버지의 친구 분으로 존경했다. 그들에 대한 이런 감정이 생생하게 살아있기에 그는 그들의 명예를 지켜주려고 이렇게 썼다. "지노비예프와 카메네프가 지닌 도덕적 힘이 비록 지금과 같은 예외적인 상황에서는 미흡하다는 사실이 판명됐지만, 그렇더라도 그들의 도덕적 힘은 보통사람들이 지닌 도덕적 힘보다는 훨씬 강하다. 대부분의 사람들은 지노비예프와 카메네프를 비롯한 많은 피고인들에게 지속적이고 무자비하게 가해진 압력의 백분의 일도 견뎌낼 수 없을 것이다." 이어 그는 이렇게 썼다. "스탈린은 트로츠키의 목을 원한다. 그것이 그의 주된 목적이다. 목적을 달성하기 위해 그는 가장 극단적이고 흉악한 날조를 하게 될 것이다. (…) 그는 트로츠키를 10월혁명의 사상과 전통을 몸으로 구현한 인물로 보고 증오하고 있다." 게페우는 소련 국내에서의 승리에 만족하지 않고 해외에서도 트로츠키주의를 사실상 절멸시키려고 했다. 게페우는 스페인의 트로츠키주의자들이 인민전선을 파괴하고 그 지도자들을 암살하려 한다고 비난했고, 폴란드의 트로츠키주의자들은 폴란드 정치경찰의 요원들이며 독일의 트로츠키주의자들은 게슈타포의 앞잡이라고 주장했다. 이에 대해 료바는 이렇게 썼다. "스탈린은 노동운동 내부의 모든 정치적 차이들을 '게페우냐 게슈타포냐?'라는 공식으로 축소시킨다. 게페우 소속이 아니면 게슈타포 소속이라는 것이다." "오늘 그는 이런 수법을 주로 트로츠키주의와의 싸움에 적용하고 있지만, 내일이면 그가 그 수법을 노동계급의 다른 집단들에게도 적용할 것이다. (…) 세계의 노동운동이 이런 치명적인 독소에 대항해 스스로를 지킬 수 없게 된다면 참으로 끔찍한 일이 될 것이다."[110)]

트로츠키는 후룸에서 《붉은 해설서》를 받아보고 느낀 위안을 이렇게 기록했다. "모든 것을 보고 듣고 이해할 수 있으면서도 치명적인 위험을 피하기 위해 손가락을 들어 올릴 수는 없는 형태의 마비증상이 있다. 노르웨이의 '사회주의' 정부는 우리에게 그런 마비증상을 강요했다. 이런 상황 속에 있는 우리를 위해 료바는 이 책에서 대단한 재능을 발휘해주었다. (…) 처음 몇 페이지를 넘길 때는 생기가 없다고 느꼈다. 이미 익숙한 정치적 평가를 반복했기 때문이다. (…) 그러나 저자가 재판에 대한 자기 나름의 독립적인 분석을 시작한 순간부터 나는 완전히 빠져들었다. 모든 장이 그 앞의 장보다 더 나은 것 같았다. 나와 나의 아내는 서로에게 외쳤다. '우리의 용감한 료바, 이제 그가 우리를 변호하게 됐다'고."[111)] 고통과 불안, 애정이 가득한 편지들을 통해 료바는 숙청에 대항하는 운동을 일으키기 위해 자기가 하는 일들을 설명했고, 이제는 소수만 남은 지지자들로부터 들은 위로와 격려의 말을 하나도 빼놓지 않고 트로츠키와 나탈랴에게 전달했다.

그러나 료바가 휘말려든 가공할 만한 상황은 그의 감수성이 견뎌낼 수 있는 수준을 넘어선 것으로 보였다. 게페우는 그를 트로츠키에 이어 두 번째로 중요한 목표물로 삼고 있었다. 그는 자기가 늘 염탐당하고 있고 자기의 편지도 누군가가 도중에 가로채고 있다는 느낌에서 벗어나지 못했다. 그는 자기가 납치당할 수도 있다고 우려했다. 그는 외로웠고, 자기를 방어할 힘이 없었으며, 주위에 아직 남아있는 적은 수의 트로츠키주의자들이 베푸는 동지애에 완전히 의존하는 상태였다. 그는 알프레드 로스메와 마르게리트 로스메의 우정에서 얼마간 위안을 얻었다. 로스메 부부는 과거의 모든 오해와 불만을 잊어버리거나 용서하고 트로츠키를 지키는 일에 나서고 있었다. 그러나 좁은 범위에 국한된 동지들 중에서 료바가 가장 믿고 의지한 사람은 마르크 즈보로브스키였다. 그는 잘 교육받은 청년으로 의학과 철학을 공부했고, 에티엔이라는 가명으로 조직에서 일하면서 〈회보〉의 발간을 도왔으며, 소련 내 반대파 문제를 다루기로 돼있는 러시아의 한 작은 위원회에 위원으로 참여하고 있었다. 폴란드계 우크라이나인인 그는 러시아어를 구사할 줄 알았고, 소련 문제에 대해 개인적으로 친숙한 감정을 갖고 있었다. 그는 트로츠키를 위해 자잘한 일들을 많이 해주었고, 이로 인해 료바의 신뢰를 얻었다.

이 잘 교육받은 열성적인 '친구'는 그러나 스탈린주의자들이 보낸 밀정이었다. 그는 자기의 정체를 감추는 실력이 워낙 뛰어나 료바나 트로츠키에게 한 치의 의심도 사지 않았다. 료바는 그를 완전히 신뢰했고, 덕분에 그는 료바의 우편함 열쇠를 갖고 있으면서 배달된 편지들을 우편함에서 꺼내어 료바에게 갖다 주는 역할도 했다. 료바의 편지를 중간에서 가로채곤 했던 의문의 인물은 바로 에티엔이었다. 그는 트로츠키가 갖고 있는 문서들 가운데 가장 은밀한 문서들을 관리하는 책임도 맡고 있었다. 그는 그 문서들을 자기 집에 갖다 놓았다.[112]

연금당하기 몇 달 전에 트로츠키는 료바에게 자기의 문서들 가운데 일부를 네덜란드 사회사연구소에 옮겨놓으라고 부탁했다. 이런 부탁을 한 것은 부분적으로는 돈이 떨어진 그에게 이 연구소가 문서들을 제공해주면 그 대가로 1만 5천 프랑을 주겠다고 제안했기 때문이었지만, 더 큰 이유는 게페우가 그 문서들을 몰수하려 할 것이므로 그 문서들을 안전한 곳에 보관시켜 놓아야겠다고 생각한 데 있었다. 11월 초에 료바와 에티엔은 많은 문서들을 미슐레 거리 7번지에 있는 네덜란드 사회사연구소 파리지부에 전달했다. 이 지부는 보리스 니콜라예프스키가 관리하고 있었다. 니콜라예프스키는 널리 알려진 멘셰비키이자 한때 모스크바에 있는 마르크스엥겔스연구소에서 일하기도 한 인물이었다. 이때의 문서 전달은 시험 삼아 이루어진 것이었다. 트로츠키의 문서들 가운데 가장 은밀한 것들을 비롯한 대부분은 에티엔의 수중에 남아있었다.[113)]

트로츠키의 문서들이 전달된 직후인 11월 6일 또는 7일쯤에 네덜란드 사회사연구소 파리지부에 도둑이 침입해 전달된 문서들 가운데 일부를 가지고 달아났다. 게페우의 소행이라는 의심이 당장 일어났다. 도둑은 귀금속이나 돈에는 전혀 손대지 않고 오로지 트로츠키의 문서들만 가지고 갔다. 게페우 요원 외에 누가 그런 짓을 하겠는가? 프랑스 경찰은 도둑의 침입기술에 혼란을 느꼈다. 프랑스 경찰은 그 도둑행위가 프랑스의 일반 범죄자의 소행이 아니라 어떤 강력한 국제 범죄조직의 소행이라고 보았다. 경찰은 료바를 심문했고, 료바는 게페우의 짓이라고 답변했다. 그러자 경찰은 문서들이 미슐레로 옮겨졌다는 정보를 게페우가 어떻게, 그리고 누구로부터 그렇게 빨리 입수할 수 있었다고 보느냐고 물었다. 문서를 옮기는 일을 아는 사람은 누구누구인가? 료바는 자기 외에는 오직 세 사람만이 그것을 알고 있었다고 대답했다. 그 세 사람은 니콜라예프스키와 그의 밑에서 일하는 에스트린 부인, 그리고 에티엔이었다. 료바는 세 사람 모두 믿을 수 있는 사람이라고 단언했다. 다만 그는 니콜라예프스키가 자기도 모르는 사이에 부주의하게 말을 흘려 게페우에 단서를 제공했을 수는 있다고 생각했다. 경찰은 에티엔의 경우는 어떠냐고 물었다. 료바는 에티엔은 의심할 만한 사람이 절대로 아니라고 대답했다. 도둑이 든 시점에 가장 중요한 문서들은 바로 그의 집에 보관돼 있었다는 사실이 바로 그 증거라고 료바는 말했다.[114] 게페우가 도대체 누구로부터 문서를 옮긴다는 정보를 전해 들었느냐는 문제는 영원한 미스터리로 남을 것 같았다.

도둑이 가져간 것은 오려낸 신문기사들과 상대적으로 중요성이 덜한 것들뿐인 것으로 드러났다. 도둑맞은 문서들이 그리 중요한 것들이 아니라는 점에 안심한 탓인지 게페우가 훨씬 더 중대한 시도를 다시 할 것이라고 의심하는 사람은 아무도 없었다. 트로츠키는 죽을 때까지 자기 자신의 안전에 대해서 만큼이나 자기 문서들의 안전에 대해서도 염려했다. 그러나 게페우는 그의 문서들을 몰수하려는 시도를 다시는 하지 않았다. 이것은 또 하나의 수수께끼였다. 그러나 앞에 서술한 사실들을 종합해 보면 게페우가 굳이 트로츠키의 문서를 몰수하려 하지 않은 이유를 알 수 있다. 게페우는 필요하면 언제든지 즈보로브스키를 통해 트로츠키의 문서를 가져가거나 복사할 수 있었던 것이다. 파리의 도난사건도 에티엔에 대한 트로츠키와 료바의 신뢰를 더욱 강화시키기 위해 게페우가 고의적으로 연출한 것이었던 게 분명하다. 게페우가 트로츠키의 문서들을 훔쳐내려고 갖은 짓을 다 하는 동안에 에티엔이 믿음직스럽게 중요한 문서들을 자기 집에 안전하게 보관하고 있었다는 사실보다 더 그에 대한 의심을 가라앉히고 의심의 방향을 다른 데로 돌릴 수 있는 것은 없었다.

트로츠키는 후룸에서 갑갑하고 단조로운 몇 달을 보냈다. 그를 가둔 덫이 풀리거나 느슨해질 전망은 전혀 없었다. 미국의 트로츠키 지지자들은 그를 위해 멕시코 정부로부터 망명 허가를 받아내려고 애쓰고 있었다. 그러나 성공하리라는 보장은 없었다. 트로츠키는 노르웨이를 벗어나야겠다는 생각은 절실했지만, 대단히 중요한 시점에 멕시코처럼 지리적으로 멀리 떨어져 있고 음모정치로 악명이 높은 나라로 망명처를 옮기는 것은 내키지 않았다. 료바는 트로츠키에게 멕시코는 "단돈 몇 달러에 암살자를 고용할 수 있는 나라"임을 상기시키기도 했다.[115] 트로츠키는 노르웨이에 그냥 있더라도 자기의 발언을 세상 사람들이 듣게 할 수 있을 것이라는 기대를 갖고 있었다. 12월 1일에 그는 호네포스의 자기 집에 침입했던 크비슬링의 추종자들에 대한 지연된 재판에 증인으로 다시 출두할 예정이었다. 그는 정부가 이 재판은 중단시키지 못할 것이라고 생각했다. 그러나 법무부 장관이 또다시 개입했다. 이번에는 재판을 중단시킨 게 아니라 비공개로 심리를 진행하도록 했다. 그래서 트로츠키가 경찰관들의 호위 속에 출두해 증언대에 섰을 때 방청객과 기자들은 법정 밖으로 나가야 했다. 트로츠키의 증언이 노출되지 못하게 하는 데 필요한 모든 조처가 취해진 뒤였으므로 이전과 달리 이번에는 판사가 예를 갖추어 그를 대했다. 그는 여러 시간에 걸쳐 의견을 개진하고 스탈린주의자들이 제기해온 혐의들에 대해 반박했다. 그의 강력하고 진지한 증언은 마치 전 세계의 청중을 대상으로 하는 것 같았다. 그가 노르웨이 법무부 장관을 스탈린의 공모자라고 공격했을 때도 판사는 그의 발언을 제지하지 않았다. 트로츠키는 폐쇄되고 텅 빈 법정에서 사소한 사건에 대한 심리과정의 하나로 자기가 그러한 발언을 하고 있다는 사실에 기괴한 느낌이 들었다. 그러나 미래는 불확실했고, 자신에게 앞으로 다시는 발언 기회가 주어지지 않을지도 모르는 상황이었기에 그는 비록 기록용에 지나지 않더라도 이번 기회를 최대한 활용하려고 발언에 나섰던 것이다.[116]

소수의 목격자들이 연금돼 있던 트로츠키의 모습을 생생하게 전하고 있다. 경호업무를 담당했던 경찰간부들 가운데 한 명인 아스크비크는 미발간 회고록에서 트로츠키의 조용한 위엄, 자부심, 자기규율에 대해 묘사했다. 아스크비크는 트로츠키가 자기의 자유를 제한하는 모든 규제조처에 대해 정확하고 유창한 노르웨이어로 항의하고 자기의 권리를 단호하게 주장하면서도 경호원들을 괴롭히지 않았다고 전한다.[117] 노르웨이의 변호사인 푼테르볼은 트로츠키가 노르웨이의 선거가 진행되는 과정을 매우 주의 깊게 추적했다고 회상한다. 트로츠키는 보수적인 유권자들이 많이 사는 선거구에 출마한 크누센이 자기에게 거처를 제공했다는 이유로 공격을 받는 것을 보면서 혹시 그가 선거에서 패배하지 않을까 마음을 졸였다. 크누센이 의외로 압도적인 표차로 당선됐다는 소식이 전해졌을 때 푼테르볼은 후룸에 있었다. 그때 트로츠키는 펄쩍펄쩍 뛰면서 대단히 기뻐했고, 나탈랴를 끌어안고 친구의 당선을 축하하며 춤까지 추었다고 한다. 크누센의 당선은 노르웨이 정부에게는 체면이 깎이는 타격이기도 했다. 암울했던 이즈음의 여러 달 동안 크누센의 변함없는 우정은 트로츠키에게 남은 몇 안 되는 위안거리 중 하나였다. 크누센의 우정과 같은 수준의 위안거리로는 급진파 작가인 헬게 크로그가 오슬로의 자유주의 신문인 〈다그블라데트(Dagbladet)〉의 지면을 통해 트로츠키를 방어하는 캠페인을 훌륭하게 전개해준 것뿐이었다.[118]

트리그베 리는 두세 번 후룸으로 트로츠키를 만나러 갔다. 첫 방문일은 12월 11일 혹은 13일이었다. 그때 그는 트로츠키에게 후룸을 떠나 외지고 사람들의 접근이 어려운 북쪽 지역으로 옮겨질 것이라고 알렸다. 법무부는 트로츠키를 후룸에 거주시킴으로써 "경호를 위해 경찰을 대규모로 배치해야 하는 데서 초래되는 비용을 더 이상 감당할 여력이 없다"는 이유에서였다. 이에 트로츠키는 친구들이 자기를 멕시코로 데려갈 생각을 하고 있다고 말하면서, 자기는 노르웨이 북쪽 끝의 황무지보다는 멕시코로 가는 게 더 좋을 것 같다고 했다. 이때 트로츠키는 자기를 멕시코로 데려가려는 친구들 가운데 한 명으로 디에고 리베라를 대기도 했다. 트로츠키와 이런 이야기를 나누던 리가 우연히 탁자 위에 놓여 있는 입센의 작품집을 보았다. 리는 "여기서 입센의 작품을 읽고 있느냐"고 물었다. 트로츠키는 대답했다. "그렇소. 나는 그의 작품을 다시 읽고 있소. 입센은 어린시절에 내가 좋아했던 작가요. 지금 나는 그에게 다시 돌아가 있소." 이어진 두 사람의 대화에는 입센의 작품 내용이 오르내렸다. 트로츠키는 《인민의 적》의 내용이 자기와 리가 처해 있는 상황에 부합된다고 말했다. 리는 회피하는 태도로 "입센은 여러 가지로 다양하게 해석된다"고 대답했다. 그러자 트로츠키가 말했다. "당신이 어떻게 해석하든 간에 입센은 당신에게 반대하는 증언을 하고 있습니다. 등장인물 중에 스토크만 시장을 기억하나요?" 리는 자기 자신의 권위와 이익을 지키기 위해 형제를 파멸시킨 사악한 스토크만을 자기와 비교하는 의도가 무엇이냐고 물었다. 트로츠키는 대답했다. "스토크만 시장과 비교했다고요? (…) 장관, 그런 비교는 오히려 양호한 거요. 당신네 정부는 부르주아 정부의 미덕은 전혀 갖추지 못하고 단지 그 악덕만을 모두 갖춘 정부요." 이 말에 놀란 리는 트로츠키의 '배은망덕'에 분개하면서 트로츠키를 노르웨이로 오도록 허락한 것은 "어리석은 실수였다"고 말했다. 트로츠키는 "그렇다면 지금 당신은 범죄적 행위로 그 어리석은 실수를 덮어버리려고 하는 거냐"고 물었다. 그리고 그는 입센의 희곡을 펴들고 스토크만 박사가 그의 형제와 만나는 장면에서 내뱉은 말을 낭독했다. "저열함과 비겁함이 자유롭고 정직한 사람으로 하여금 입을 다물게 할 만큼 강한 것인지는 두고 볼 일이다." 이것으로 두 사람의 대화는 끝났다. 리는 일어섰고, 그 집을 떠나

기 전에 돌아서서 트로츠키에게 손을 내밀었지만 트로츠키는 악수를 거부했다.[119)]

일주일 뒤에 리가 다시 방문해 멕시코가 트로츠키의 망명을 허락했다는 소식을 전했다. 아울러 그는 바로 다음 날 트로츠키 부부가 타고 갈 배를 대기시켜 놓았으며, 후룸 경찰 경호대의 지휘관인 요나스 리가 호위할 것이라고 알렸다. 트로츠키는 리가 자기를 그토록 신속하게 내보내는 것과 출국절차에서 불길한 예감을 느꼈다. 트로츠키는 리에게 멕시코로 가는 여행을 준비할 시간으로 겨우 스물네 시간만을 허용하는 이유는 무엇이며 자기를 연금에서 풀어주지 않는 이유는 무엇이냐고 물었다. 트로츠키는 자유인으로 노르웨이를 떠날 수 있도록 해달라고 요구했다. 자유로운 신분이 되어 친구들과 상의하고, 노르웨이에서의 일과 자료를 정리하고, 멕시코 정부와 연락을 취해보고, 멕시코로 가는 여행경로와 안전조처를 스스로 결정하겠다는 것이었다. 트로츠키는 이런 말도 했다. "스탈린이 알게 되면 어쩔 거요? 우리가 해상에서 어뢰 공격을 받아 영국해협에도 도착하지 못할 수 있소." 트로츠키는 대기시켜 놓은 배가 자기방어를 위한 무장이 돼있느냐는 질문도 던졌다. 그러나 리는 그의 모든 요구를 거절했다. 다만, 이번 여행에 대해 아는 사람은 자기와 선주밖에 없다면서 여행의 안전성에 대해 그를 안심시키려고 했다. 트로츠키는 프랑스를 경유해 멕시코로 갈 수 있도록 허락해줄 것을 요청했다. 멕시코가 망명을 허용했으니 프랑스가 통과비자를 내줄 것이라고 기대했던 것이다. 리는 이 요청도 거절했다. 그는 의회에서 트로츠키를 내보내는 문제에 대한 갑론을박이 시작되기 전에 서둘러 트로츠키를 내보내고 싶었다. 서두르는 리의 모습에서 트로츠키는 심한 불길함을 느꼈다. 트로츠키는 이렇게 말했다. "물론 당신은 우리를 육체적으로 파괴할 수 있는 위치에 있소.

그러나 도덕적으로는 독일의 사회민주주의자들이 카를 리프크네히트와 로자 룩셈부르크의 문제를 놓고 자기들의 목을 스스로 부러뜨린 것과 마찬가지로 당신은 자기의 목을 스스로 부러뜨리게 될 것이오." 트로츠키는 또다시 예언을 했다. "삼 년 내지 오 년 안에 (…) 당신들은 모두 망명자 신세가 될 거요." 트로츠키는 이번에도 리의 악수를 거부하고 그에게 등을 돌렸다.[120)]

트로츠키는 자기가 하나의 덫에서 또 다른 덫으로 옮겨가고 있다고 느꼈다. 또한 그는 여행길에 자기와 나탈랴에게 어떤 일이 일어날 것인지 몰라 불안했다. 나탈랴가 짐을 꾸리는 동안 트로츠키는 화학잉크로 '수치!'라는 제목의 글을 썼다. "이것은 '중상모략을 하는 자들'에게 보내는 편지다. 특히 지노비예프와 카메네프에 대한 재판에 법률적 정당성을 부여하는 보증을 서준 영국과 프랑스의 저명한 법률가들에게 이 편지를 보낸다." 여기서 지목된 영국의 법률가는 왕실 고문변호인단 소속이었고, 프랑스의 법률가는 인권옹호연맹 회원이었다. 이들은 모스크바의 법원이 트로츠키가 결석한 법정에서 그에게 사형선고를 내리지 않은 것을 찬양했다. 이에 대해 트로츠키는 이렇게 논평했다. "혁명의 역사와 인간의 심리 (…) 그리고 재판에 관련된 사람들의 경력을 조금이라도 아는 사람이라면 누구든 순간적으로나마 트로츠키가 게슈타포와 손잡은 자라고 인정하기보다는 (…) 이들 법률가가 스탈린을 위해 봉사하는 자들이라고 생각할 근거가 수천 배는 더 많다는 데 동의할 것이다. 트로츠키가 게슈타포와 손잡은 자라는 주장은 이 세계의 그 어떤 인권옹호연맹도 입증하지 못할 것이다. (…) 나에게 죄를 묻는 사람들과 그들의 추종자들에 대한 나의 최종적인 대답은 멕시코에서, 내가 만약 멕시코에 무사히 도착한다면, 그곳에서 해줄 것이다." 트로츠키는 여행길에 오르기 전에 이 편지를 써서 '마치 난파선의 선원이 바다에 술병을 하나 남겨두듯' 남겨두고자 했다.[121] 그는 료바에게는 이런 편지를 써놓았다. "내일이면 우리가 멕시코로 보내질 것 같다. 그러니 이것이 우리가 유럽에서 네게 쓰는 마지막 편지다. 우리가 여행 도중에, 또는 어느 곳에서라도 불미스러운 일을 당하면 너와 세르게이가 나의 상속자다. 이 편지는 유언장과 같은 의미를 갖는다. (…) 이게 무슨 소리인지 너도 알겠지만, 내가 쓴 책들에서 앞으로 나올 인세 수입을 염두에 두고 하는 말이다. 이것 외에는 내가 가진 것이 없다. 만약 세르게이를 만나게 된다면 (…) 우리는 그를 결코 잊은 적이 없으며 앞으로도 한순간도 잊지 않을 것이라고 전해다오."[122] 이 편지를 쓸 때 그의 의사, 변호사, 세금징수관 등이 청구서를 보내왔다. 그들은 자기들의 청구권을 확실히 하기 위해 트로츠키의 은행계좌에 가처분 조처를 취했다.[123]

12월 19일에 트로츠키와 나탈랴, 그리고 호송경찰들만 태운 유조선 루트 호가 노르웨이를 출발했다. 이 추방조처는 매우 은밀하게 이루어졌다. 그로부터 며칠 뒤까지도 트로츠키가 연금됐던 후룸의 집 바깥에서는 경찰이 계속 보초를 섰다. 트로츠키가 아직 그곳에 머물고 있다는 인상을 풍기기 위해서였다. 바닷길은 처음에는 험했다. 선실 안의 트로츠키와 나탈랴는 앞날에 어떤 일이 닥칠지 알 수 없는 상태에서 멕시코에 관한 책을 읽으며 시간을 보냈다. 언젠가부터 바다의 풍랑이 가라앉았다. 그러자 트로츠키는 지노비예프와 카메네프에 대한 재판을 분석하는 글을 일기 형식을 섞어가며 쓰기 시작했다. 이때 작성된 글은 그의 책《스탈린의 범죄》에 삽입됐다. 배가 바람에 따라 이리저리 항로를 바꾸고 정상적인 경로를 벗어나 항해하는 3주일 동안 트로츠키는 집필 작업에 몰두했다. 그동안 노르웨이가 트로츠키를 추방했다는 소식이 전 세계에 전해졌다. 언론은 무선전신기로 트로츠키와의 인터뷰를 시도했다. 그러나 루트 호의 선장은 이미 오슬로에서 트로츠키에게 무선전신기를 사용하지 못하게 하라는 명령을 받은 상태였다. 텅 빈 배에서도 트로츠키와 나탈랴는 연금된 상태로 지냈다. 두 사람은 식사를 할 때도 호위경찰에 둘러싸여 있었다.

트로츠키의 1936년 12월 31일자 일기는 "지난 한 해는 카인의 해였다"로 시작한다. 그 다음 날 루트 호는 사이렌을 울리며 새해를 맞았다. 그러나 신년인사에 응답하는 소리는 들려오지 않았다. 새해의 소망 같은 것도 있을 리 없었다. 단지 파시스트 경찰간부가 식탁으로 와서 자기의 사회주의자 장관으로부터 받은 신년인사를 과시적인 태도로 전달했을 뿐이다. 세계는 부조리 속에 이미 다 잠겨버린 듯했다.

여기서 우리는 트로츠키의 일생에서 거듭 나타나곤 하던 기이한 우연의 일치 중 하나를 또 하나 확인하게 된다. 이때로부터 정확하게 20년 전에도 트로츠키는 일시적으로 망명처를 제공해주었던 나라에서 추방당해 배를 타고 유럽을 떠났었다.[124] 그때, 즉 1917년에는 세계가 전쟁 중이어서 바다에 잠수함들이 많았지만, 이번에는 전쟁이 없는 시기여서 바다에 잠수함이 숨어있지 않았다. 그러나 트로츠키가 탄 유조선에는 거의 전쟁 때와 같은 긴장이 감돌았다. 트로츠키는 선장과 선원들이 내놓고 한 것은 아니지만 게페우를 거듭 언급하는 말을 주고받았다고 일기에 써놓았다. 그런 그들의 태도는 마치 "바다 속의 암초를 이야기하는 듯한 것이었다."[125] 20년 전 여행길에서 트로츠키는 이렇게 썼다. "오래된 쓰레기 같은 유럽을 바라보는 것도 이번이 마지막일 것이다." 그러나 그때 그는 불과 3개월 만에 다시 바닷길로 서둘러 유럽에 돌아가야 했다. 이제 그는 그 '오래된 쓰레기'를 진짜로 마지막으로 바라보았다. 유럽과 헤어지는 그의 머리와 마음은 유럽의 지옥 같은 격랑으로 가득 차 있었다. 그리고 그의 생각은 유럽에 남기고 온 무덤들, 즉 자기의 두 딸이 묻힌 무덤, 많은 친구와 지지자들이 묻힌 무덤, 그리고 그토록 많았던 희망들이 묻혀버린 무덤을 배회하고 있었다.

5장__ 지옥같이 컴컴한 밤

루트 호는 1937년 1월 9일에 거대한 석유항인 탐피코에 도착했다. 트로츠키와 나탈랴는 멕시코의 해안에서 무엇이 자기들을 기다리고 있을지 몰라 두려웠다. 그래서 그들은 친구들이 마중 나오기 전에는 배에서 내리지 않겠다고 버텼다. 노르웨이 경찰은 그들을 강제로 하선시키려 했다. 그때 작은 배 한 척이 루트 호 곁으로 다가왔고, 거기서 멕시코의 한 장군이 장교들에게 둘러싸인 채 앞으로 나서더니 멕시코 대통령인 라자로 카르데나스가 보낸 환영의 메시지를 내보였다. 카르데나스 대통령은 트로츠키와 나탈랴를 모셔오도록 대통령 전용열차를 탐피코에 보내 대기시켜 놓았다. 부두에서 조지 노박과 맥스 샤트먼 등 두 명의 미국인 트로츠키주의자가 손을 흔들며 환영하고 있었다. 그리고 디에고 리베라의 아내인 프리다 칼로가 트로츠키와 나탈랴를 환영하기 위한 준비를 해놓고 기다리고 있었다. 멕시코의 이런 따뜻한 환영은 노르웨이의 냉랭한 추방 조처와 극명하게 대조되어 어리둥절할 지경이었다. 대통령 전용열차에 올라탄 트로츠키와 나탈랴는 호위경찰이 보이자 반사적으로 몸을 움츠렸다. 나탈랴는 이렇게 썼다. "또다시 감금될 장소로 보내지는 것 아닌가 하는 두

러움이 머리를 스쳤다." 멕시코시티 근처의 한 작은 역에서 디에고 리베라가 활달한 몸짓으로 그들을 환영했다. 그는 그들을 수도의 외곽에 있는 코요아칸으로 데리고 가 자기 소유의 '블루 하우스(Blue House)'를 구경시켰다. 이때부터 2년 동안 트로츠키와 나탈랴는 이 집에서 살게 된다. 이 집은 마치 두 사람의 지친 신경을 쉬게 하려고 설계된 듯했다. 널찍한데다 햇볕이 잘 들었고, 벽은 수많은 그림들로 덮여 있었으며, 꽃과 멕시코 공예품, 인디언 공예품도 많았다. 트로츠키와 나탈랴는 한 걸음 옮길 때마다 멕시코와 미국의 친구들이 자기들을 위해 안전하고 일하는 데 편하도록 미리 배려하고 준비를 해놓은 정성을 느끼고는 비로소 안심했다. 멕시코에서 처음 며칠간 두 사람은 예상 못한 휴식을 취할 수 있었다. 잠시 목가적인 분위기가 두 사람에게 감돌기도 했다.[1)]

멕시코의 정치상황도 눈길을 끌었다. 멕시코혁명의 절정이 여전히 계속되고 있었다. 카르데나스 대통령이 라티푼디움(사유 대농장—옮긴이) 중 일부를 빈농들에게 고르게 분배하라는 명령을 내린 지 얼마 되지 않은 때였다. 그는 이어 미국인이나 영국인 소유의 석유회사와 철도회사의 국유화를 추진하고 있었다. 이에 외국인투자자, 토착지주, 가톨릭교회가 대항하고 있었다. 미국과 멕시코의 관계가 긴장됐다. 그러나 카르데나스는 농민들, 그리고 갑자기 거대한 정치세력이 된 멕시코노동자동맹의 지지를 받고 있었다.

카르데나스는 측근들의 의견과 리베라의 요청에 따라 트로츠키를 받아들였다. 그는 혁명적 연대감을 바탕으로 트로츠키를 대했고, 단순히 망명처를 제공하는 데 그치지 않고 정부의 손님으로 트로츠키를 초청해 멕시코에 머물게 하는 것이라고 선언했다. 처음부터 그는 몰려드는 증오의 폭풍으로부터 손님을 보호하기 위해 최선을 다했고, 끝까지 그런 자세를 유지했다. 그러나 그가 처한 상황이 다소 미묘했다. 그의 정적들은 트로츠키가 그의 혁명적 정책을 고무하는 배후의 역할을 하고 있다고 은근히 말하고 다녔는데, 이런 발언이 미국 신문들에 실리기 시작했다.[2] 그런가 하면, 그의 지지기반인 멕시코노동자동맹은 스탈린주의자들의 근거지가 됐다. 멕시코노동자동맹의 지도자인 롬바르도 톨레다노와 공산당은 트로츠키의 망명을 받아들인 조처에 맹렬하게 항의했다. 그들은 카르데나스 대통령에게 '반혁명 전위의 수괴'가 추방될 때까지 항의를 계속할 것이라고 경고했다. 카르데나스는 영국인과 미국인 투자자들의 재산을 몰수하는 것이 트로츠키의 사주에 의한 것이라는 비난에 힘을 실어줄 빌미를 잡히지 않으려고 신중하게 처신했다. 그리고 격앙된 멕시코노동자동맹의 분위기를 가라앉히려고 애를 썼다. 정치적으로 볼 때 카르데나스는 그 어떤 형태의 트로츠키주의와도, 그리고 그 어떤 형태의 공산주의와도 거리가 먼 사람이었다. 빈농의 아들인 그는 농민적 급진주의에 의해, 그리고 외국인의 지배에 대항하는 애국적 투쟁의 과정에서 축적한 경험에 의해 움직였다. 따라서 그는 자신이 공산주의의 내부갈등에 말려들지 않게끔 경계했다. 이런 어려운 상황에서도 그는 트로츠키를 받아들인 데 대한 스탈린주의자들의 항변을 위엄 있게 물리쳤다. 그러나 그는 트로츠키와도 일정한 거리를 유지했다. 이런 이유들로 인해 카르데나스와 트로츠키는 한 번도 직접 만난 적이 없다. 카르데나스는 트로츠키에게 멕시코의 국내문제에 관여하지 않겠다는 서약을 해달라고 요청했다. 트로츠키는 곧바로 그런 서약을 했다. 그러나 노르웨이에서 겪은 고통스러웠던 경험에서 배운 바가 있는 트로츠키는, 스스로를 보호하기 위해서, 자기에 대한 혐의의 제기나 중상모략에 대해서는 공개적으로 답변할 권리를 갖겠다는 단서를 명확하게 붙였다.[3] 카르데나스는 만족했다. 그는 트로츠키에게 정치활동을 삼가라는 요구를 할 생각이 전혀 없었다. 그리고 그는 스탈린주의자들의 공격에 대항해 트로츠키가 스스로를 방어할 권리를 갖는다는 데 동의했다. 그는 트로츠키에게 혜택을 베풀면서도 일정하게 거리를 두고 예민한 균형감각을 유지했다. 트로츠키는 이런 태도를 취해주는 카르데나스에 대해 종종 감사의 표시를 했고, 자기가 한 서약을 엄격하게 지켰으며, 사적인 자리에서도 멕시코의 국내정치에 대해서는 결코 의견을 말하지 않았다. 하지만 혁명의 '부르주아적 단계'를 넘어서지 못한 카르데나스의 정책에 대한 트로츠키의 견해는 어느 정도는 멕시코에 중요한 영향을 끼쳤던 게 분명하다.

트로츠키가 멕시코에서 첫 일 년을 보내는 동안에 가장 헌신적인 친구이자 보호자가 되어 준 이는 디에고 리베라다. 훌륭한 화가인 리베라는 예술에서는 물론 정치에서도 일종의 반란자였고, 멕시코 공산당의 창립자 중 한 사람이었으며, 1922년 이래 공산당 중앙위원회 위원으로 활동하고 있었다. 1927년 11월에 그는 모스크바에서 트로츠키주의자들의 시위와 소련의 반대파 추방을 목격하고는 큰 혼란을 느꼈다. 그래서 그는 공산당과 결별했고, 가까운 친구이자 정치적 동지이며 역시 멕시코의 훌륭한 화가인 알파로 시케이로스가 스탈린의 편에 서자 그와도 결별했다. 트로츠키의 운명에 내포된 극적인 파토스가 리베라의 상상력을 뒤흔들었다. 그에게 트로츠키는 자기가 그릴 거대한 서사적 프레스코화의 중심으로 삼을 만한 영웅이었다. 리베라는 실제로 뉴욕의 록펠러 센터에 계급투쟁과 공산주의를 찬양하는 내용의 유명한 벽화를 그리면서 그 중심에 트로츠키와 레닌을 집어넣어 미국인들 사이에 공포감을 불러일으키기도 했다. 바로 그 계급투쟁과 공산주의의 지도자이자 예언자인 사람이 기이한 운명으로 인해 자기 집에서 거주하게 됐으니, 리베라로서는 참으로 갖기 어려운 숭고한 기회를 갖게 된 셈이었다.

트로츠키도 오래전부터 리베라의 작품을 높이 평가해왔다. 그는 1차 대전 중에 파리에서 리베라의 그림을 처음 접했다. 1928년에 알마아타에서 그가 쓴 편지에도 리베라의 그림에 대한 언급이 들어있다.[4] 새로운 예술적 표현방식을 찾으려는 리베라의 부단한 노력은 트로츠키의 견해에 상응하는 것이었다. 트로츠키는, 현대 미술의 병증은 미술이 건축 및 공적인 삶과 격리된 데 그 뿌리를 두고 있으며, 부르주아 사회에서 불가피하게 나타나는 이런 격리는 사회주의에 의해서만 극복될 수 있다고 보았다. 그림, 건축, 공적인 삶을 재결합하려는 노력이 리베라의 예술작업에 생기를 불어넣었다. 그의 작품 속에는 르네상스의 전통과 고야 및 엘 그레코의 영향이 인디언의 민속예술 및 큐비즘과 융합돼있었다. 이런 전통과 혁신의 상호작용은 트로츠키의 감각에 들어맞았다. 트로츠키는 리베라의 도전적인 용기에 매료됐고, 러시아혁명과 멕시코혁명이라는 모티프를 기념비적인 벽화로 그려내는 데서 리베라가 보여준 치솟는 듯 열정적인 상상에 매료됐다. 트로츠키는, 자신을 자기 그림에 등장하는 환상적인 형상들과 마찬가지로 반역적이고 고함을 지르는 듯한 괴물로 만드는 리베라의 기본적인 기질, 그의 몽유병, 그리고 그의 '거대한 체구와 식욕'에 매료당하면서도 동시에 혼란을 느꼈다. 그런 그와 정반대 맞은편에 그의 아내인 프리다가 있었다. 프리다는 섬세한 애수의 분위기가 깔린 그림을 그리는, 내향적이고 상징주의적인 성향의 화가이자 세련된 아름다움을 지닌 여성이었다. 다양한 색조와 자수로 장식된, 길게 흘러내리는 멕시코 전통 옷을 입고 돌아다니는 그녀에게서는 이국적인 고상함과 환상적인 분위기가 뿜어져 나왔다. 트로츠키와 나탈랴는 여러 달 동안 음울한 연금 상태에 있다가 그런 친구들 곁에 피난처를 갖게 된 것이 무척 만족스럽고 흥분되기까지 했다.

사람들의 성격에 대해 어느 정도의 통찰력을 가진 관찰자라면 트로츠키와 리베라가 과연 서로 잘 어울려 지냈는지, 혹 둘이 충돌을 일으키지는 않았는지를 궁금해 할 것이다. 리베라는 자기의 뛰어난 예술적 능력에 만족하지 않고 자신이 정치적 지도자라는 자의식도 갖고 있었다. 이는 그만의 예외적인 태도가 아니었다. 멕시코의 정치에서는 화가와 조각가들이 대단히 큰 역할을 담당했다. 멕시코의 공산당 정치국 위원들의 대부분이 화가였다. 글을 읽을 줄 모르는 문맹이지만 예술적 감각이 뛰어난 멕시코의 농민이나 인디언 내중에게는 화가의 붓과 조각가의 끌에 의해 수행되는 정치적 선동이 다른 어떤 형태의 선동보다 더 직접적인 호소력을 발휘했을 수 있다. 그러나 정치가로서의 리베라는 아마추어라고 하기에도 미흡한 수준이어서 자기 자신의 불안정한 기질에 의해 스스로 희생당하곤 했다. 그런 리베라가 트로츠키와 같이 있게 되자 적어도 처음에는 자기의 정치적 야심을 억누르고 겸손하게 트로츠키의 사도 역할을 떠맡았다. 그런가 하면 트로츠키는 예술가들의 정치적 변덕에 대해 늘 애정에 기반을 둔 이해심을 갖고 있었다. 이런 트로츠키의 태도는 재능이 좀 떨어지는 예술가나 자기가 신세를 지지 않은 예술가에 대해서도 마찬가지였다. 트로츠키는 리베라에 대해서는 더욱더 "천재는 해야 할 일을 한다"고 얼마든지 말할 용의가 있었다.

따라서 트로츠키가 갑작스레 자기의 엄중한 투쟁으로 되돌아가도록 이끌리지만 않았다면 새로 얻은 피난처가 주는 온갖 혜택에 의존하고 그것을 누릴 수도 있는 분위기였다. 그런데 그는 멕시코의 스탈린주의자들과 모스크바로부터 매일같이 위협을 받는 처지였다. 카르데나스 대통령은 블루 하우스 주위에 경찰 호위대를 배치하라고 명령했다. 블루 하우스

안에서는 트로츠키의 비서나 경호원으로 봉사하기 위해 찾아온 미국인 트로츠키주의자들이 보초를 섰다. 미국인 지지자들은 트로츠키를 경호하는 조직을 짜고 그가 모스크바 재판에 대항해 벌이는 활동을 정성껏 도왔다. 그들은 소수이고 가난했지만, 전 세계에 퍼져있는 트로츠키의 친구나 지지자들과의 연락망을 복구하고 그가 일을 재개할 수 있도록 최선을 다했다. 1937년 2월 1일 트로츠키는 료바에게 보낸 편지에 이렇게 썼다. "모스크바에서 새로운 재판이 시작되기 직전에 우리가 멕시코로 올 수 있게 된 것이 참으로 다행스럽구나."[5)]

모스크바에서 새로 열린 재판은 트로츠키가 탐피코에 도착한 지 두 주일이 지나기도 전에 시작됐다. 라데크, 퍄타코프, 무랄로프, 소콜니코프, 세레브리아코프를 비롯한 17명이 피고석에 앉았다. 그리고 이번에도 트로츠키는 피고인들의 수괴로 지목돼 궐석재판을 받았다. 피고인들에게는 터무니없는 혐의들이 점점 더 많이 씌워졌다. 이제 비신스키는 트로츠키가 히틀러 및 일본 천황과 공식 협정을 맺었다고 주장했다. 트로츠키가 스탈린에 대항하기 위해 히틀러 및 일본 천황으로부터 지원을 받는 대가로 소련의 군사적 패배와 내부분열을 촉진하는 일을 해주기로 하는 협정을 맺었다는 것이었다. 그 일환으로 트로츠키는 우선 우크라이나를 독일의 제3제국에 할양하기로 약속했다는 주장이 제기됐다. 또한 비신스키는 트로츠키가 소련 내 공장들의 사보타주를 조직하고 지도하고 있다는 주장도 했다. 트로츠키가 소련 내 광산, 공장, 철도를 파탄시키려 하고 있고, 소련 노동자들에 대한 대규모 독살을 추진하고 있으며, 스탈린과 정치국 간부들을 암살하려는 시도를 거듭하고 있다는 것이었다. 피고인들은 검사의 주장을 그대로 반복했고, 심지어는 부연설명하기도 했다. 피고인들 중 프랑스에서 〈이즈베스티야〉의 통신원 일을 했던 롬은 1933년 7월에 파리에서 트로츠키를 만났고, 그때 트로츠키로부터 테러활동에 관한 지시를 받았다고 고백했다. 퍄타코프는 1935년 12월에 오슬로로 트로츠키를 방문했으며, 거기서 트로츠키의 지령을 받았다고 말했다.[6)]

나탈랴는 이렇게 썼다. "라디오를 듣고 편지를 읽고 모스크바에서 발간된 신문을 보면서 우리는 노르웨이에 있었을 때와 마찬가지로 여기 멕시코에 있으면서도 광기, 어리석음, 폭력, 사기, 유혈이 우리에게 밀려들고 있음을 느낀다. (…) 레프 다비도비치는 손에서 펜을 놓지 않고 엄청나게 긴장한 상태로 과로하다가 고열에 시달리기도 하지만, 그래도 지칠 줄 모르고 날조된 혐의들의 목록을 작성하고 있다. 날조된 혐의들은 엄청난 수로 늘어나 이제는 그것들을 일일이 반박하기도 어려워지고 있다."[7)] 모스크바의 재판은 일주일간 계속됐고, 재판이 끝나자 곧바로 피고인들에 대한 처형이 집행됐다. 그러나 라데크와 소콜니코프는 각각 10년 징역형을 받는 데 그쳤다.

트로츠키가 자기에게 씌워진 혐의들을 반박하는 일은 악몽 속에서 거대한 괴물과 싸우며 자기주장을 하는 것과 같았다. 재판은 공포 분위기 속에서 현실성을 점점 더 상실해 갔고, 비현실성 속에서 공포 분위기가 더욱더 짙어져 갔다. 재판은 비판적인 사고를 모두 마비시키고 사실과 논리에 근거한 모든 변론을 부적절한 것으로 만들도록 설계된 듯했다. 그런데 트로츠키가 사실을 제시하고 변론에 나서기도 전에 검찰이 제기한 혐의들 가운데 일부가 사실이 아닌 것으로 드러났다. 노르웨이 외무부는 1935년 12월에 베를린 발 비행기를 타고 오슬로에 도착해 트로츠키를 만났다는 퍄타코프의 주장에 대해 조사했다. 그 결과 1935년 12월 중에는 물론이고 퍄타코프가 오슬로에 도착했다는 날을 중심으로 전후 몇 주일 동안에 오슬로 공항에 도착한 비행기들 가운데 베를린에서 날아온 비행기는 단 한 대도 없었다는 사실이 확인됐다. 오슬로 공항 당국은 이런 사실을 곧바로 공표했다. 트로츠키는 모스크바 법정에 전보로 이런 질문을 보냈다. "정확하게 어느 날 몇 시에 퍄타코프가 오슬로 공항에 도착했는가? 그리고 언제 어디서, 그리고 어떤 상황에서 내가 퍄타코프를 만났다는 것인가?" 트로츠키는 자기와 만났다는 롬의 주장에 대해서도 비슷한 질문을 보냈다.[8] 소련의 검찰과 판사들은 트로츠키의 이런 질문들을 그냥 무시해버렸다. 트로츠키의 질문에 피고인들이 답변하게 한다면 피고인들 스스로 모순에 빠져 재판의 신뢰도가 실추되리라는 점을 잘 알고 있었던 것이다. 재판이 끝나기 직전인 1월 29일 트로츠키는 스탈린에게 자기를 소련으로 소환하라고 다시 한 번 요구했다. 아울러 트로츠키는 국제연맹에 보낸 호소문에서 소련의 주도 아래 국제연맹이 설치하려고 하는 '정치적 테러행위에 관한 위원회'에 자기의 입장을 전달할 준비가 돼있다고 밝혔다. 그가 국제연맹에 이런 호소를 한 것은 노르웨이에 있을 때에 이어 이번이 두 번째였다. 국제연맹은 답변을 하지 않았고, 스탈린은 또다시 자기를 소환하라는 트로츠키의 요구를 무시했다.[9] 트로츠키는 자기를 범죄자로 만들려는 자들과 맞서 싸우기 위한 또 하나의 노력으로 뉴욕에서 열린 한 공개적인 회의에 참석해 다음과 같이 말했다.

> 나는 공개적이고 공정한 조사위원회가 구성된다면 서류, 사실, 증언들을 가지고 그 위원회에 출석해 (…) 모든 진실을 다 밝힐 준비가 돼있습니다. 나는 선언합니다. 그렇게 구성된 위원회가 내게 유죄판결을 내린다면, 그것이 스탈린이 내게 씌운 범죄혐의들 중에서 가장 사소한 범죄혐의에 대한 것일지라도, 나는 자발적으로 게페우의 처형을 받을 것임을 미리 약속해둡니다.

(…) 나는 전 세계를 향해 이 선언을 합니다. 나는 나의 이 선언을 지구의 가장 구석진 곳에도 전달해주기를 언론에 요청합니다. 그러나 만약 그렇게 구성된 위원회가, 잘 들으십시오, 그 위원회가 모스크바의 재판은 고의적이고 계획적인 조작임을 입증한다 해도 나는 나를 범죄자로 만들고자 한 자들에게 자진해서 사형대에 서라고 요구하지는 않을 것입니다. 나는 그렇게 하지 않을 것입니다. 앞으로 세대를 이어가며 영구히 인류의 기억 속에 불명예로 남는 것만으로도 그들은 충분한 대가를 치를 것입니다! 크렘린에서 나를 고발한 자들은 내 말을 듣고 있는가? 나는 그들에게 나의 이 선언을 던졌으니, 이제 그들의 답변을 기다리겠습니다![10)]

이때쯤 트로츠키의 두 아들이 마침내 아버지의 시련과 얽혀들었다. 이들의 이야기는 현대판 라오콘 전설(라오콘은 그리스신화에 신을 모시는 사제로 나오는 인물. 그리스인들이 남기고 간 '트로이 목마'를 성 안에 들여놓지 말라고 트로이의 시민들에게 권고했지만 시민들이 자기 말을 믿지 않자 창으로 목마의 배를 찔러 그 안에 무엇이 들어있는지를 시민들에게 보여주려고 한다. 그러나 그는 그리스를 지원하는 신 포세이돈의 분노를 샀고, 포세이돈이 보낸 바다뱀에 의해 두 아들과 함께 목이 졸려 숨진다—옮긴이)이다. 게페우가 자기 뒤를 쫓고 있다고 느낀 료바는 만약 자기가 갑자기 죽게 된다면 그것은 스탈린의 짓임을 온 세상이 알 것이라는 내용의 글을 써서 프랑스의 한 신문에 실었다. 사실 그는 건강상태가 좋았고 자살할 생각을 전혀 하고 있지 않았으므로 그가 갑자기 죽게 된다면 그 밖의 다른 설명이 가능하지도 않았다. 러시아 신문의 보도에 따르면 세르게이는 시베리아에 있는 크라스노야르스크에서 체포됐고, 아버지의 명령에 따라 여러 공장들에서 노동자들을 대규모로 독살하려고 했다는 혐의를 받았다. 트로츠키는 이렇게 썼다. "스탈린은 내 아들에게서 나에게 불리한 고백을 억지로 뽑아내려고 한다. 게페우는 세르게이를 미치광이로 만든 다음 총으로 쏴 죽이는 짓도 주저하지 않을 것이다." 이때 나탈랴는 또 한 번 '세계의 양심' 앞으로 호소문을 발표했으나 소용이 없었다.[11] 훗날 나탈랴는 이렇게 회고했다. "레프 다비도비치가 깊은 좌절감을 느끼고 자신이 여전히 살아있음을 고통스러워한 적이 몇 번 있었다. 한번은 그가 '내가 죽어버리면 세르게이를 구할 수도 있지 않을까?'라고 나한테 말했다."[12] 트로츠키가 그런 모습을 보인 순간들은 나탈랴만이 알고 있었다. 세계의 눈에는 트로츠키가 여전히 굽히지도 물러서지도 않는 태도를 유지하고 있고 불굴의 에너지를 갖고 있는 것으로 보였다. 그는 지칠 줄 모르고 지지자들로 하여금 행동에 나서게 했고, 축 늘어진 친구들에게는 힘을 북돋워주었다. 치머발트 시절에 그의 동료였던 안젤리카 발라바노프가 모스크바에서 벌어지고 있는 재판으로 인해 깊은 비관주의에 빠졌다는 소식을 듣고 그가 그녀에게 보낸 편지를 예로 들 수 있다. "분노, 노여움, 혐오감이 일어나나요? 그렇겠지요. 일시적으로 피로함도 느끼겠지요. 그 모든 게 인간적인 것, 그야말로 인간적인 것일 뿐입니다. 나는 당신이 비관주의에 굴복했다고는 믿지 않겠습니다. (…) 그것은 수동적으로, 그리고 가련한 태도로 역사에 대해 불쾌해하는 것과 같습니다. 어떻게 그런 식의 태도를 취할 수 있겠습니까? 역사는 역사 그 자체로 보아야 합니다. 그리고 역사가 그런 비정상적이고 추악한 비행을 허용한다면 우리는 우리의 주먹으로 맞서 싸워서 그 역사를 물리쳐야 합니다."[13] 트로츠키는 그렇게 역사에 맞서 싸웠다.

트로츠키는 자기에게 씌워진 혐의들에 대한 완전한 알리바이를 내세우고자 했다. 스탈린주의자들이 자기에게 씌운 혐의들 가운데 그 어느 것도 사실이거나 사실일 수가 없다는 점과 그들의 거대한 조작이 지닌 정치적 의미를 분명히 밝히고자 했던 것이다. 많은 사람들이 보기에 그것은 불가능했다. 그는 추방된 이래 자기가 그동안 어디에 있었고 어떤 활동을 해왔는가를 일일이 되짚어보아야 했고, 여기저기 흩어진 엄청난 양의 자료들과 언어가 다른 다양한 신문들로부터 증거를 수집해야 했으며, 예전의 비서와 경호원 들뿐만 아니라 지지자들, 더 나아가 각국의 각료, 영사, 경찰본부, 여행사, 지주, 집주인, 여관주인, 심지어는 각국에서 우연히 만난 사람들에게서도 증언과 진술을 받아내야 했다. 어떤 의미에서는 이런 광범하고 비용이 많이 드는 작업이 무익한 것일 수도 있었다. 진실을 알고자 하는 사람이라면 세세한 증거들이 그렇게 많이 제시되지 않더라도 무엇이 진실인지를 어렵지 않게 파악할 수 있겠지만, 무관심한 사람이나 마음의 문을 닫고 있는 사람이라면 어떻게 해도 설득당하지 않을 것이기 때문이다. 후손들이 나름의 자기 의견을 갖는 데도 그렇게 많이 축적된 정보가 필요할 것 같지 않았다. 뛰어난 논쟁가인 트로츠키는 재판에서 제기된 혐의들의 행간에 내재된 행간의 반대증거만 갖고도 그 부당성을 폭로해낼 수 있었다. 실제로 료바와 몇몇 친구들, 그리고 버나드 쇼는 그렇게 하라고 재촉했다.[14] 그러나 트로츠키는 꼼꼼한 성품을 갖고 있었다. 일단 모든 기록을 올바르게 교정하겠다고 결심하면 어느 것 하나도 우연에 맡기지 않고, 단 하나의 관련 사건도 문서화 작업에서 누락시키지 않고, 문서철을 살펴볼 때 단 한 장의 진술서도 빠뜨리지 않는 것이 그다운 태도였다. 그는 스탈린의 날조가 매우 오랜 세월에 걸쳐 유지될 가능성을 계산에 넣은 듯이 행동했다. 그는 그 오랜 세월 동안에도 훼손되거나 파괴될 수 없는 알리바이를 만들어 놓으려 했다.

신경을 온통 곤두세워야 하는 이런 작업이 몇 달간 계속됐다. 트로츠키는 이 작업에 모든 에너지를 다 쏟았을 뿐 아니라 비서와 지지자들도 가차 없이 몰아쳤다. 특히 파리에서 이 작업의 중요한 부분을 맡은 료바에게 집중적인 요구가 쏟아졌다. 트로츠키는 일이 조금이라도 지연되는 것을 허용하지 않았고, 수집된 자료에 모순이 있거나 누구라도 변명하는 것을 용서하지 않았다. 그는 조금이라도 느슨한 태도를 보이는 사람에게는 "모든 관계를 끊어버리겠다"고 위협했다. 처음에는 샤트먼에게 그랬고, 다음에는 나빌에게 그랬다. 두 사람은 트로츠키를 돕기 위해 최선을 다했음에도 불구하고 그로부터 사보타주를 한다는 말은 물론이고 그보다 더한 비난까지 들었다. 멕시코에서 료바에게 처음으로 보낸 편지에서부터 그는 불만을 터뜨렸다. 멕시코에 도착하자마자 볼 수 있으리라 기대했던 증언서 철을 아직도 받지 못한 데 대한 불만이었다. 두 주일가량 더 지체되자 그는 조바심을 참지 못했다. 그가 료바에게 보낸 모든 편지에는 질책이 가득했다. 내가 코펜하겐에 갔던 것과 관련된 자료는 왜 아직 보내지 않느냐, 이렇게 늑장을 부리는 것은 '범죄'다, 일부 증언서들에는 왜 법적 공증이 돼있지 않으냐, 서명이 무슨 글자인지 읽히지도 않게 돼있는 것은 왜냐, 날짜가 정확하지 않은 이유는 무엇이냐, 왜 특정 장소의 지명을 써넣지 않아 의심의 가능성을 남겼느냐는 식이었다. 시간이 흐르면서 질책이 늘어나고 어조도 점점 더 험악해졌다. 료바에게 보낸 2월 15일자 편지에 그는 이렇게 썼다. "오늘 네 편지를 받았다. (…) 늘 보던 변명과 (…) 늘 보던 약속이 들어있더구나. 변명은 이미 들을 만큼 들었고, 약속은 믿지 않게 된 지 오래다." 심지어 그는 "엉성하게 일하는 것은 배신행위"라면서 이렇게 쓰기도 했다. "최근 몇 달 동안 오늘만큼 암담한 날은 단 하루도 없었다. 진술서가 들어있으리라 생각하고 열어본 네 편지에는 변명과 약속밖에 없었다." "모스크바에서 오는 타격과 파리에서 오는 타격 중 어느 쪽이 최악의 타격인지 모를 지경이다."[15] 그는 봄이 오면 반대소송을 개시할 계획이었는데 그 전에 필요한 서류들이 다 준비되지 못할까 봐 우려했다. 이 시기의 블루 하우스는 마치 착취공장처럼 보였다. 트로츠키는 비서들과 함께, 그리고 나탈랴까지 동원해서 서류들을 끊임없이 번역하고 복사하고 타자했다. 이와 동시에 트로츠키는 미국의 신문들에 글을 잔뜩 써 보내 실리도록 했고, 멕시코 언론을 통해 자기의 견해를 분명하게 알렸으며, 여러 나라들에서 '조사위원회'가 구성되도록 작업을 벌였다. 그는 자기가 하고 있는 일이 대단히 중요하다고 생각해 신경을 곤두세웠고, 일이 장애에 부닥칠 때마다 의심을 품었고, 게페우의 방해를 걱정했고, 이번 작업을 끝낼 수 없을 수도 있다는 생각에 낙담하기도 했다. 그는, 한 치의 거리낌도 없이, 자기 자신만큼이나 이 작업에 생명과 명예가 달려 있는 료바를 꾸짖고 재촉해댔다. 거대한 바다뱀이 라오콘과 두 아들의 몸을 휘감으려 할 때 라오콘도 자기의 두 아들을 혼내고 몰아대면서 그들로 하여금 온갖 신경을 곤두세워 바다뱀과 맞서 싸우게 했을 것이다.

료바는 아들로서 아버지를 도우면서도 마음에 상처를 입었다. 트로츠키가 노르웨이에서 연금당했을 때 료바는 용감하게 아버지를 돕는 일에 뛰어들었다. 그러나 그가 대적한 악마는 그보다 더 강했다. 료바는 아버지가 연금에서 풀려나 그의 넓은 두 어깨로 직접 자기 짐을 짊어질 날이 오기를 기대했다. 그런데 이제 료바는 아버지가 그토록 흥분하고 화를 내는 모습을 보게 되자 괴로웠다. 료바는 그 모든 작업이 그럴 만한 가치가 있는지에 대해 의심하고 있었다. 료바는 나탈랴에게 보낸 편지에서 트로츠키가 멕시코로 가는 동안 쓴 얇은 책 《스탈린의 범죄》가 그 어떤 반대소송이나 조사위원회 구성보다 훨씬 더 효과적인 대응이라는 생각을 밝혔다. 그러나 아버지가 알리바이를 확고히 세우기로 이미 결심했으므로 료바는 아버지가 하는 일을 돕는 데 온힘을 다 쏟았다. 작업이 더디게 진행되고 오해가 생겨난 것은 그의 잘못이 아니었다. 예를 들어 후룸에서 트로츠키는 료바에게 스위스에서 반대소송을 준비하라고 지시했다. 그런데 반대소송을 준비하는 일을 유보한다는 결정이 미국에서 내려졌다. 그런 사실을 알지 못한 료바는 스위스에서 반대소송을 준비하는 일을 계속했다. 이로 인해 료바는 트로츠키로부터 심한 질책을 받았다. 트로츠키는 돈을 보내는 것을 중단하고 료바가 해오던 일을 앞으로는 나빌에게 맡기겠다고 위협하기까지 했다. 트로츠키는 여전히 나빌을 거의 믿지 않았음에도 그렇게 말했던 것이다.[16] 증언서를 수집하는 작업은 트로츠키주의 분파들 사이의 반목으로 인해 지연됐다. 료바는 트로츠키가 관계를 단절한 몰리니에 그룹에 속하는 사람들에게서 많은 진술서를 받아내야 했다. 이를 위해 료바는 나름대로 방책을 강구하고 외교적 수완도 발휘해야 했다. 료바는 과로하다가 지쳐버렸다. 그는 언론을 상대로 모스크바의 재판에 항의하는 홍보활동도 해야 했다. 료바가 쓴 글들이 〈맨체스터 가디언〉에 여러 차례 실리기도 했다. 게다가 료바는 아버지가 쓴 책의 출판과 관련된 일도 처리해야 했다. 료바는 출판사들로부터 인세를 받아내어 정기적으로 멕시코에 송금했고, 노르웨이와 프랑스에 남아있는 부모의 빚을 갚아나갔으며, 그러고 나서 남는 돈으로 〈회보〉를 펴냈다. 그는 트집만 잡는 아버지에게 화가 났고, 게페우의 덫에 걸려들고 있다는 느낌으로 불안했으며, 가족의 삶이 온통 불행하게 여겨졌다. 이로 인해 서른 살에 이미 료바는 만성적인 불면증에 시달리기 시작했다. 그는 피로했고, 갈수록 더욱더 지쳐갔다.

늘 그랬듯이 료바는 어머니에게만은 마음을 열었다. 한번은 이런 편지를 쓰기도 했다. "사랑하는 어머니, 어머니만은 침묵하고 있다는 이유로, 아니 그 밖의 다른 어떤 이유로도 제게 화를 내지 않으시리란 걸 저는 믿어 의심치 않아요." 료바는 아버지의 질책에 대해 따끔한 반박을 하기도 했다. "저는 아버지에게 부담이 될 수도 있는 일의 일부를 힘든 조건 속에서 대신 수행하고 있어요. 그런 일을 하는 데는 아버지가 갖고 계신 권위와 아버지가 받고 계신 지원과 같은 것이 필요한데, 저는 그런 걸 전혀 갖고 있지 않아요. 때때로 우표 살 돈조차 없을 정도랍니다. 그래도 저는 아버지의 지원을 받을 수 있을 거라 기대했어요. 하지만 아버지는 저를 질책의 대상으로 삼고 저의 부주의를 '범죄적'이라고 몰아세우며 꾸짖기만 하시는군요. (…) 코펜하겐 관련 자료를 모으는 일이 늦어진 데는 제 책임도 일부 있습니다. (…) 그러나 그것이 저를 대하시는 아버지의 태도를 정당화해주지는 못합니다."[17] 지치고 낙담한 료바는 에티엔을 점점 더 믿고 의지했다. 정직과 근면, 그리고 정치적 대의에 대한 헌신에서 에티엔만 한 사람이 없는 것 같았다.

처음에 트로츠키는 자기에 대한 스탈린주의자들의 도발에 상응하는 규모로 반대소송을 벌여나갈 수 있기를 바랐다. 그래야 국제 노동운동의 양심을 흔들어 깨울 수 있는 방식으로 반대소송이 진행될 것이라는 생각에서였다. 그는 이 일과 관련해 2차 인터내셔널 및 이른바 '암스테르담 노조 인터내셔널'과 제휴하고자 했다. 그의 권고로 료바가 프리드리히 아들러에게 접근했다. 아들러는 2차 인터내셔널의 서기장으로, 모스크바의 숙청을 "중세적 마녀사냥"이라고 비난한 바 있었다. 아들러는 나름 최선을 다했지만, 실제로 해낸 것은 한참 뒤에 2차 인터내셔널 집행위로 하여금 모스크바의 숙청을 비난하는 성명서를 하나 발표하도록 한 것뿐이었다. 2차 인터내셔널 집행위는 그 어떤 조사나 반대소송에도 관여하지 않으려 했다. 암스테르담 노조 인터내셔널도 마찬가지였다. 2차 인터내셔널과 암스테르담 노조 인터내셔널의 독일 지부와 오스트리아 지부는 각각 히틀러와 돌푸스(오스트리아의 독재정치가－옮긴이)의 탄압을 받고 있었고, 두 조직 모두 레옹 블룸의 영향력 아래 있었다. 그런데 블룸은 인민전선 정부의 수장으로서 스탈린의 지지에 의존해야 했다. 블룸은 모스크바의 숙청을 비난하는 인터내셔널의 비현실적인 성명에 당혹감을 느꼈다. 그래서 그는 자기의 영향력을 이용해 자기의 당이나 자기에게 우호적인 그룹들이 더 이상 추가적인 행동을 하지 못하도록 막았다. 이리하여 보통은 공산주의에 대항해 '개인의 자유와 권리'를 열렬히 방어하던 서유럽의 사회민주주의자들이 이때는 외교적 침묵을 선택했고, 더 나아가 스탈린을 변호하기까지 했다. 이때 트로츠키는 "인터내셔널이 자신의 서기장(아들러－옮긴이)을 보이콧했다"고 지적했다. 인터내셔널의 그런 태도는 트로츠키가 벌여나가려는 반대소송의 효력을 미리부터 위축시켰다. 사회주의 정당과 노조들이 가담해주지 않는다면 그 어떤 운동도 노동계급의 주목을 받을 수가 없었다.[18]

그래서 트로츠키의 지지자들은 다음 단계로 저명한 좌파 지식인들의 지지를 유도해내기 위한 노력을 기울였다. 이는 트로츠키에게는 어울리지 않는 일이었다. 트로츠키는 스탈린주의자들이 기라성 같은 문학계 및 학계의 스타들을 끌어 모아 벌인 '평화위원회'니 '평화회의'니 '반파시즘 행진'이니 하는 것들을 조롱해왔다. 트로츠키는 특히 코민테른이 노동운동에 의거한 견고하고 단합된 행동을 하는 대신에 그런 것들을 이용하는 시점에, 무대효과를 겨냥한 과시적인 속물행위를 하는 이들을 경멸해 마지않았다. 그래서 그는 '트로츠키 방어위원회'에 지식인이 아닌 노동자들을 끌어들이지 못한 미국인 지지자들을 책망하기도 했다. 그랬던

그도 이제 다른 선택의 여지가 없었다.[19)]

그러나 지식인들의 반응도 실망스러웠다. 프랑스, 스페인, 영국, 미국에 있는 스탈린주의자들이 좌파 지식인들에게 강력한 영향력을 행사했기 때문이다. 그들은 모스크바의 숙청에 대해 아주 작은 항의의 목소리도 내지 못하도록 좌파 지식인에게 온갖 정신적 압력을 가했다. 문학과 예술의 꽃들이 다 뽑혀버린 모스크바에서 고리키, 숄로호프, 에렌부르크의 목소리가 들려왔는데, 그 목소리는 모스크바의 대기를 가득 채운 "미친개들을 총살하라!"는 외침에 합창하는 것이었다. 시어도어 드라이저, 리온 포이히트바그너, 바르뷔스, 아라공과 같은 서구의 저명한 작가들도 똑같이 합창했고, 폭력의 적인 간디를 숭배하는 당대의 '인도주의적 양심'이라던 로맹 롤랑 같은 사람도 복음을 전하는 듯한 그다운 감미로운 목소리로 러시아에서 벌어지는 학살을 정당화하고 '교수형 집행대 대장(스탈린―옮긴이)'을 찬양했다. 특히나 롤랑이 워낙 열렬하게 그런 태도를 취한 탓에 트로츠키는 그를 명예훼손으로 고소할까도 생각했다. 고리키와 롤랑이 선두에 나서자 수많은 인도주의자들과 도덕주의자들이 거의 또는 전혀 주저하지 않고 그들의 뒤를 따랐다. 스탈린을 지지하는 그들의 선언과 호소들은 기이한 방향으로 번져나갔다. 예를 들어 미국에서는 존 듀이(미국의 철학자―옮긴이)의 주관 아래 설립된 조사위원회에 대한 보이콧 선언이 나왔다. 이 보이콧 선언을 주도한 사람들은, 모스크바의 재판을 비판하는 것은 소련 국내문제에 개입하는 것이자 파시즘을 지원하는 것이며 "진보세력에 타격을 가하는 것"이라면서, "선의를 지닌 모든 사람들"은 조사위원회를 지원해서는 안 된다고 주장했다. 시어도어 드라이저, 그랜빌 힉스, 콜리스 라몬트, 맥스 러너, 레이먼드 로빈스, 애너 루이즈 스트롱, 폴 스위지, 너새니얼 웨스트를 비롯한 많은 대학교수와 예술가들이 이 보이콧 선언에 서명했다. 이들 가운데 몇몇은 1940년대와 1950년대에 반공산주의 운동의 전면에 나서기도 한다.[20] 인기 있는 소련문제 전문가였던 루이스 피셔와 월터 듀런티는 지노비예프, 카메네프, 퍄타코프, 라데크로부터 고백을 이끌어내는 과정에서 스탈린은 떳떳했고, 비신스키는 정직했으며, 게페우도 인도적으로 문제가 없는 방법을 사용했다고 장담했다. 공산당에서 오래전에 축출된 '러브스톤주의 반대파(트로츠키를 지지한 미국의 공산주의자 제이 러브스톤이 이끌던 반대파—옮긴이)'의 일원인 버트럼 울프도 스탈린이 트로츠키주의자와 지노비예프주의자들의 음모로부터 혁명을 구해내는 공적을 세웠다고 인정했다.[21] 유대계 미국 언론에서는 그동안 '트로츠키 숭배자'라고 자처하던 집필자들이 트로츠키가 "모스크바의 재판에 반유대주의의 기조가 깔려 있다"고 발언한 시점부터 그에게 등을 돌렸다. 이런 신문들 가운데 한 신문의 편집자는 이렇게 썼다. "유대계 언론에서 일하는 우리도 그러한 비난은 처음 들어본다. 반유대주의에 관한 한 우리는 소련이 우리에게 유일한 위안이라고 생각해왔다. (…) 스탈린에 대해 그런 근거 없는 비난을 하는 것은 용서할 수 없다."[22]

위선과 아집, 그리고 스탈린을 비판하는 것은 히틀러를 돕는 결과를 낳는다는 단순한 공포가 그 모든 태도의 유일한 동기였다. 일부 지식인들은 트로츠키가 아무리 반박해봐야 소용이 없다고 지적했다. 미국의 유명한 역사학자인 찰스 비어드는 이렇게 말했다. 트로츠키에게는 "자기가 할 수 있는 일, 즉 적극적인 증거로 부정을 증명하는 일을 해야 할 책임이 없다. 그를 고발한 사람들이 고백 이상의 보강증거를 제시할 책임을 져야 한다."[23] 버나드 쇼도 반대소송이라는 구상에 이의를 제기하면서 이렇게 썼다. "나는 트로츠키가 자기를 고발한 사람들을 마음대로 다룰 수 있는 곳인 독자대중이라는 법정보다 협소한 그 어떤 다른 법정에도 나가지 않기를 바란다. (…) 그의 펜이야말로 굉장한 무기다." 한 달 뒤에 쇼는 트로츠키에게 다소 덜 동조하는 태도로 이런 글을 썼다. "트로츠키 사건에서 트로츠키가 갖는 강점은 그를 고발한 내용이 믿기 어렵다는 점이었다. (…) 그러나 트로츠키는 똑같은 방식으로 스탈린을 공격함으로써 자신의 강점을 모두 파괴하고 있다. 나는 세 시간 가까이 스탈린과 같이 있으면서 예민한 호기심으로 그를 관찰해 보았다. 트로츠키가 암살자라는 걸 믿기 어려운 것과 마찬가지로 스탈린이 저열한 깡패라는 것도 믿기 어렵다는 생각이 들었다."[24] 여기서 쇼는 문제의 핵심을 우회한 게 분명하다. 왜냐하면 트로츠키는 "똑같은 방식으로 스탈린을 공격"한 적이 없기 때문이다. 그러나 롤랑과 달리 쇼는 스탈린에 대한 우정을 확장시켜 숙청을 정당화하지는 않았다. 쇼는 옳은 것과 그른 것 사이의 갈등을 본 게 아니라 옳은 것과 옳은 것 사이의 갈등, 즉 트로츠키가 처음으로 축출당할 때쯤 쇼 자신이 쓴 《성녀 존(St. Joan)》에 묘사된 것과 같은 역사적 드라마, 또는 미래를 위한 혁명적 투쟁이 현재의 합법적 이익을 방어하는 기존 권력과 빚는 충돌을 본 것이었다. 그와 비슷하게 앙드레 말로는 이렇게 선언했다. "트로츠키는 세계적으로 위대한 도덕적 힘이고, 스탈린은 인류에게 존엄성을 부여한다. 종교재판이 기독교의 근본적인 존엄성을 훼손하는 게 아닌 것처럼 모스크바의 재판도 공산주의의 근본적인 존엄성을 훼손하는 게 아니다."[25]

베르톨트 브레히트의 반응도 비슷했다. 트로츠키주의에 어느 정도 동조해오던 브레히트는 숙청에 관한 소식으로 흔들렸지만 스탈린주의와 결별하는 데까지는 나아갈 수 없었다. 그는 소련 내부의 항복자들이 그랬듯이, 스탈린주의에 굴복하긴 했지만 마음속에는 적지 않은 의심을 남겨두었다. 그는 항복자들과 자기가 처한 곤경을 《갈릴레오 갈릴레이》에서 예술적으로 표현했다. 그는 갈릴레오가 종교재판에서 무릎을 꿇은 역사적 사건을 볼셰비키의 경험이라는 프리즘을 통해 바라보았다. 갈릴레오가 굴복한 것은 당시 사람들의 정신적, 정치적 미성숙 때문에 '역사적으로 불가피'했다는 것이었다. 이 희곡에서 갈릴레오는 역사적 배경을 달리해 나타난 지노비예프 또는 부하린, 라코프스키였다. 갈릴레오는 자기가 조르다노 브루노(16세기 이탈리아의 철학자—옮긴이)의 헛된 순교를 되풀이할지 모른다는 걱정에 사로잡혀 있었다. 브루노의 끔찍한 전례는 갈릴레오로 하여금 종교재판에 굴복하게 했다. 이는 트로츠키의 운명이 많은 공산주의자들로 하여금 스탈린에 굴복하게 한 것과 같았다. 브레히트가 작품 속에서 남긴 유명한 대사 "그러한 영웅을 탄생시킨 국가는 행복하다"와 "그러한 영웅을 필요로 하는 인민은 불행하다"는 르네상스 시대의 이탈리아에서 갈릴레오가 처했던 곤경보다는 트로츠키와 스탈린주의 러시아의 문제를 더욱 분명하게 상징한다.[26)]

스탈린을 옹호하거나 스탈린 쪽으로 넘어간 사람들에게 트로츠키는 분노로 대응했다. 그 분노는 아무리 정당한 것이었다 하더라도 다른 사람들에게는 자기의 구린 구석을 가리기 위한 과잉대응으로 비쳤고, 이로 인해 미온적인 태도로 일관하던 '진실의 방어자들'에게 침묵할 구실을 제공했다. 시드니 웨브와 비어트리스 웨브가 항의에 동참하기를 거부한 것도 놀라운 일이 아니었다. 웨브 부부는 이때 이미 스탈린을 칭송하는 사람들이 돼있었다. 처음에는 반대소송을 지지해야겠다는 충동을 느꼈던 앙드레 지드와 H.G. 웰스와 같은 사람들조차도 결국에는 거리를 두는 태도를 취하기로 결정했다. 이렇게 해서 스탈린에 대항하는 트로츠키의 운동은 좁은 범위로 국한됐고, 트로츠키를 방어하기 위해 결성된 많은 위원회들도 그 대부분이 반스탈린주의자임을 선언한 사람들이나 오래전부터 반공산주의자였던 사람들로 구성됐다. 이로 인해 그들의 행동이 발휘할 수 있는 효과는 더욱더 제한적인 것이 돼버렸다.

1937년 3월에 미국, 영국, 프랑스, 체코슬로바키아의 위원회들이 반대소송을 실행하기 위한 공동의 조사위원회를 구성했다. 알프레드 로스메, 1914~1915년에 카를 리프크네히트 외에는 유일하게 전쟁에 반대하는 투표를 했던 독일의 저명한 의원인 오토 륄레, 독일의 공산당 소속 의원이었던 벤델린 토마스, 널리 알려진 아나르코 생디칼리스트인 카를로 트레스카, 급진주의자이지만 강력한 반마르크스주의자이기도 한 미국인 작가인 수전 라폴레트, 언론인인 벤저민 스톨버그와 존 R. 체임벌린, 위스콘신대학의 교수인 에드워드 A. 로스, 대학강사인 칼턴 빌스, 좌파적 라틴아메리카 작가인 프란시스코 자모라 등이 이 위원회에 참여했다. 이들 중 로스메를 제외하고는 누구도 그동안 트로츠키와 관계를 맺었던 적이 없는 사람들이었고, 대부분은 정치적으로 볼 때 트로츠키의 반대편에 서있는 인물들이었다. 이 위원회의 권위는 의장을 맡은 존 듀이에 바탕을 두고 있었다. 존 듀이는 미국의 저명한 철학자이자 교육학자로서 '소련의 친구'로도 널리 알려진 사람이었다. 이 밖에 미국에서 열린 중요한 정치적 재판들에서, 특히 톰 무니에 대한 재판과 사코 및 반제티에 대한 재판에서 변호인단에 참여했던 것으로 유명한 존 F. 피너티가 이 위원회의 법률고문 역할을 맡았다.

참여한 사람들의 명단을 처음 받았을 때 트로츠키는 이 위원회가 임무를 잘 수행할 것이라고는 거의 또는 전혀 믿을 수 없었다. 트로츠키는 의장인 듀이에 대해서도 의구심을 갖고 있었다. 듀이는 여든 살이 거의 다 된 노인이었다. 트로츠키는 듀이가 의장 직을 맡기에는 너무 늙었고,

위원회가 다뤄야 할 문제와도 거리가 먼 인물이 아닌가 하고 걱정했다. 청문회 도중에 그가 졸지는 않을까? 엄청난 분량의 증거문서를 그가 소화해낼 수 있을까? '소련의 친구'인 그가 스탈린을 결백한 사람으로 탈바꿈시켜주지는 않을까? 트로츠키의 이런 의심은 위원회를 조직하는 일에 적극적으로 참여한 제임스 버넘에 의해 사그라졌다. 버넘은 트로츠키에게 보낸 편지에 이렇게 썼다. "듀이는 노인입니다. 하지만 그의 정신은 여전히 예리하고, 그의 정직한 품성도 의심할 나위가 없습니다. 당신도 아시다시피, 사코 및 반제티 사건에 대해 가장 탐구적인 분석의 글을 썼던 사람이 바로 그입니다. 그는 아마 정치가의 관점에서 증거를 판단하지 않고 (…) 과학자와 논리학자의 관점에서 증거를 판단할 것입니다. 청문회 도중에 졸 사람도 아닙니다. (…) 그를 과소평가하는 것은 커다란 실수가 될 겁니다. (…) 물론 듀이는 마르크스주의자가 아닙니다. 그리고 그의 개인적 품성과 지성은 그가 정치적 중립의 위치에서 벗어나게 하지 못할 겁니다. 이런 의미에서라면 그를 '완전히 신뢰' 할 수 없겠지요."[27]

듀이가 위원회에 참여한 것은 거의 영웅적인 행동이었다. 정치적으로 보면 그는 트로츠키의 적이었다. 얼마 지나지 않아 그와 트로츠키는 변증법적 유물론에 관한 공개토론에서 서로 충돌하게 된다. 급진주의적 성향에도 불구하고 듀이는 미국식 생활방식과 의회민주주의를 지지했다. 실용주의자인 그는 '교조적 마르크스주의자'인 트로츠키보다는 '비교조적'이고 '실용적'인 스탈린이 더 마음에 들었다. 그는 많은 나이에도 불구하고 위원회의 조사활동을 주재하는 일을 떠맡음으로써 오래된 인간관계를 깨뜨리고 옛 친구과들의 우정을 포기해야 했다. 스탈린주의자들은 위원회에 참여하지 말도록 그를 설득하려고 했다. 설득에 실패하자 그들은 그에 대한 비방과 중상을 서슴지 않았다. 그가 노망이 들어 트로츠키에게 말려들었다는 비방이 그나마 가장 온건한 것일 정도였다. 그가 창간작업에 참여했고 거의 사반세기 동안 편집위원회 위원으로 활동하던 〈뉴 리퍼블릭(New Republic)〉은 그에게 등을 돌렸고, 그는 결국 이 매체의 편집위원 직책을 사임했다. 그와 가까운 친지들은 그런 음침하고 저열한 일에 참여해서 자기 명성에 먹칠을 하지 말라고 간청했다. 그러나 그의 결정을 되돌리려는 음모나 괴롭힘은 그의 결의를 더욱 굳어지게 만들 뿐이었다. 공개적으로 또는 은밀하게 그의 행동을 방해하려는 움직임이 많다는 사실이 그에게는 오히려 자기의 결정이 옳다는 생각을 갖게 하는 계기가 됐다. 그는 자기의 대표적 저작이 될 것으로 생각해온 〈논리학: 탐구의 이론〉이라는 제목의 논문을 집필하는 일을 미루고 그 대신 구체적인 탐구를 할 수 있는 실제 경험에 뛰어들기로 했다. 여러 주일, 여러 달에 걸쳐 그는 모스크바의 재판에 관한 유혈 낭자한 공식 보고서들과 트로츠키가 쓴 많은 양의 저작 및 편지들은 물론 그 밖의 다른 많은 문서들도 읽었다. 그러면서 그는 사건의 모든 측면을 다 파악할 때까지 메모를 하고 사실과 날짜, 여러 주장들을 서로 대조했다. 그는 거듭해서 협박과 위협에 저항해야 했다. 그 어떤 협박이나 위협도 그의 평정심을 흔들거나 그의 에너지를 약화시키지 못했다. 위원회는 최우선적인 증언자인 트로츠키의 증언을 듣기로 했다. 그런데 트로츠키가 뉴욕에 오는 것을 미국 정부가 허용할 리 없었다. 듀이는 직접 멕시코로 가서 트로츠키를 만나 증언을 듣고 조사를 하기로 결정했다. 멕시코 노동자연맹이 자기들은 반대소송이 이루어지는 것을 허용할 수 없다고 듀이에게 경고했다. 듀이와 동행자들은 국경에서부터 적대적인 시위에 부닥치게 될 것이며 공격을 당할 수도 있다는 경고를 들었다. 그러나 나이든 철학자 듀이는 흔들리지 않고 제 갈 길을 갔다. 그는 마음이 열린 사람이었다. 그는 모스크바의 재판에서 트로츠키의 죄가 입증되지 못했다고 확신했지만, 아직 트로츠키가 무죄라고 확신하지는 않았다. 불편부당의 중립적 태도를 지키는 것뿐 아니라 그러한 중립성을 모든 사람들에게 알리기 위해 그는 위원회에서 여는 공식 회의 석상에서만 트로츠키를 만났다. 비공식적인 자리에서 인간 대 인간으로 트로츠키와 만나 이야기를 나누고 싶었을 수도 있었을 텐데, 그는 결코 그러지 않았다.[28)]

위원회는 4월 10일에 청문회를 열었다. 위원회는 원래는 멕시코시티의 한가운데 있는 건물의 커다란 강당에서 청문회를 열려고 했다가 포기했다. 불상사를 피하고 비용을 줄이기 위해서였다. 대신 블루 하우스에 있는 트로츠키의 서재에서 청문회가 열렸다. 이런 목격담이 남아있다. "긴장된 분위기였다. 집 밖에서는 경찰이 경비를 서는 가운데 트로츠키의 무장한 비서 한 명이 방문자들의 신원을 확인하고 혹시라도 총을 휴대하지 않았는지도 확인하기 위해 몸수색을 했다. 청문회가 열리고 있는 방에서 거리 쪽으로 난 프랑스식 창문들에는 모두 차양이 내려졌고, 그 각각의 창문 안쪽에는 시멘트가 발라진 벽돌과 모래주머니들로 180센티미터가 넘는 바리케이드가 설치됐다. 이 벽돌 바리케이드는 전날 밤에 설치된 것이었다." 그 방에는 취재기자와 사진기자들을 포함해 모두 50명이 있었다. 청문회는 미국의 법절차에 따라 진행됐다. 듀이는 소련 대사관, 멕시코 공산당, 미국 정부에 참관인을 파견해 대질조사에 참여하게 해달라고 요청했다. 그러나 이 요청은 무시됐다.[29)]

간략한 개회사에서 듀이는 청문회를 연 위원회는 법원도 배심원단도 아니며 단지 조사기구일 뿐이라고 밝혔다. "우리 위원회의 기능은 트로츠키가 우리에게 하는 모든 증언을 듣고, 대질조사를 하고, 조사결과를 우리 위원회의 전체회의에 전달하는 것입니다." 그는 '레온 트로츠키를 변호하기 위한 미국 위원회'라는 위원회의 공식 이름은 위원회가 트로츠키를 지지하거나 편든다는 의미가 아니라는 말도 했다. 위원회는 '그 누구도 자신을 방어할 기회를 갖지도 못하고 유죄판결을 받아서는 안 된다'는 신념 위에서 '미국의 전통'에 따라 활동한다는 것이었다. 위원회의 활동목적은 고발당한 사람이 공정한 재판을 받지 못했다는 의심이 드는 사건에 대해 공정한 재판을 보장하는 것이라고 했다. 트로츠키의 사건은 무니의 사건이나 사코 및 반제티의 사건과 비교할 수 있었다. 다만 무니와 사코 및 반제티는 합법적인 법정에서 자기변호를 할 수 있었던 반면에 트로츠키와 그의 아들은 궐석 상태에서 소련의 최고법원에 의해 유죄판결을 받았다는 점이 달랐다. 게다가 트로츠키는 거듭해서 소련 정부에 자기를 소환해줄 것을 요구했다. 이 요구가 받아들여졌다면 그는 자동적으로 노르웨이나 멕시코의 법정에 서게 됐겠지만, 이 요구는 무시됐다. 듀이는 이렇게 말했다. "트로츠키가 자기의 주장을 개진할 기회를 갖지도 못한 채 유죄판결을 받은 것이 본 위원회와 전 세계의 양심이 가장 염려하는 부분입니다." 듀이는 자신이 위원회 활동에 참여하게 된 동기를 설명하는 과정에서 자기는 사회적 교육에 일생을 바쳐왔으며 이번 위원회의 일도 하나의 거대한 사회적 과업이자 교육적 과업이라고 본다며 "내가 달리 행동했다면 내 일생의 노력에 비추어 그릇된 행동이었을 것"이라고 말했다.

청문회는 일주일 내내 모두 열세 번에 걸쳐 계속됐다. 듀이, 피너티, A. 골드먼, 트로츠키의 변호사 등이 트로츠키의 혐의와 증거의 모든 세부적인 내용에 관해 트로츠키를 조사했다. 때로는 조사가 정치적 논쟁으로 발전하기도 했다. 조사위원들 가운데 몇몇은 트로츠키와 레닌이 스탈린주의에 대한 도덕적 책임을 져야 한다고 주장하기도 했다. 이에 대해 트로츠키는 책임전가라고 반박했다. 트로츠키는 단 하나의 질문에도 답변을 거부하거나 발뺌하지 않았다. 간간이 논쟁이 불거지기도 했지만 청문회는 전반적으로 순조롭게 진행됐다. 오직 단 한 번 청문회가 혼란에 빠졌는데, 이른바 빌스 사건 때문이었다.

위원회의 일원인 칼턴 빌스가 두드러지게 친스탈린적 편향성을 띠고 대단히 도발적인 방식의 부적절한 질문을 거듭 트로츠키에게 던졌다. 트로츠키는 침착하게 요점에 맞춰 대답했다. 4월 16일에 길게 이어지던 회의가 끝날 무렵 빌스는 정치적 주장을 하기 시작했다. 그는 일국사회주의의 주창자인 스탈린은 볼셰비즘의 성숙한 정치력을 대변하는 반면 트로츠키는 세계혁명을 조장하는 데 치중하는 일종의 선동꾼이라고 주장했다. 이에 트로츠키는 모스크바의 재판에서는 자기가 혁명의 선동자로서가 아니라 반혁명의 선동자이자 히틀러의 동맹자로 지목됐음을 상기시켰다. 그러자 빌스는 스탈린이 중국에 보낸 사절이자 장제스의 고문이었던 보로딘을 아느냐고 물었다. 트로츠키는 물론 그를 알지만 개인적으로 만난 적은 없다고 답변했다. 이때 빌스가 트로츠키에게 1919년 또는 1920년에 멕시코 공산당을 창건하기 위해 보로딘을 멕시코로 파견하지 않았느냐고 물었다. 이 질문은 트로츠키가 위원회에 거짓말을 하고 있으며, 현재 망명처를 제공해준 나라에서조차 혁명을 선동하려 했던 사실이 있다는 주장을 부각시키기 위한 것이었다. 두 사람 사이에 공방이 달아올랐다. 노르웨이에서의 경험이 아직 생생한 트로츠키는 그와 같은 질문은 멕시코의 여론을 자기에게 불리한 방향으로 돌리고, 자기로부터 망명처를 빼앗고, 반대소송을 방해하려는 의도를 드러내는 것이라고 생각했다. 트로츠키는 자기는 언제나 세계혁명에 희망을 걸어왔지만, 외국에서 쿠데타를 일으키는 방식이 아니라 정치적으로 정당한 방법으로 그것을 촉진하려고 노력해왔다고 말했다. 또 자기가 1919~1920년에 보로딘을 멕시코에 파견했다는 주장은 허구라고 말했다. 그 시기는 러시아의 내전이 최고조에 이른 때였기 때문에, 자기는 군용열차를 떠날 수도 없었을뿐더러 전선의 지도를 들여다보느라 '세계지리'에 대해서는 거의 모두 잊고 지냈다는 것이었다.

그러나 빌스는 단호하게 자기의 주장을 되풀이하고는, 보로딘이 트로츠키가 자기를 멕시코로 보냈으며 1919년에 이미 소련 공산당은 정치가들과 혁명의 선동자들로 분열됐다고 진술했다고 덧붙였다. 트로츠키가 "그런 놀라운 정보는 어디서 얻었는지 물어봐도 되겠느냐"며 "언론매체에 실린 거냐"고 묻자 빌스는 "그렇지 않다"고 답변했다. 그러자 트로츠키는 "나는 귀 위원에게 그런 정보를 제공한 사람을 다시 만나서 '당신은 거짓말을 했다' 고 말해주라고 조언할 수밖에 없다"고 말했다. 이에 빌스는 "고맙소, 트로츠키, 당신이 말하는 거짓말쟁이는 바로 보로딘"이라고 말했고, 트로츠키는 "바로 그가 거짓말쟁이일 수도 있다"고 대꾸했다. 청문회가 끝나기 직전에 트로츠키는 빌스가 "고의적으로 스탈린주의적 경향을 드러내고 있다"고 항의했다. 참으로 기괴한 일이었다. 보로딘 사건은 모스크바의 재판과는 아무런 관계도 없는 것이었다. 빌스가 보로딘 사건을 끌어들인 것은 자기와 멕시코 정부를 혼란에 빠뜨리기 위한 것이라고 트로츠키는 생각했다. 그래서 다음 회의가 열리자마자 트로츠키는 빌스의 주장을 또다시 부인하고 위원회에 빌스가 어디에서 그런 정보를 입수한 것인지 밝히도록 해줄 것을 요구했다. 빌스가 그 정보를 보로딘으로부터 직접 들은 것이라면 언제 어디서 들었는지를 밝히도록 해달라는 것이었다. 그리고 만약 빌스가 그 정보를 간접적으로 전해들은 것이라면 어떤 방식으로, 누구를 통해, 그리고 언제 전해들은 것인지를 밝히도록 해달라고도 요구했다. 그는 이 문제에 대해 조사를 벌이면 반대소송을 방해하려는 모의가 드러날 것이라고 지적했다. 트로츠키는 이렇게 말했다. "만약 빌스가 이 새로운 음모에 의식적으로 또는 직접적으로 관여되지 않았다면, 물론 나는 그가 관여되지 않았기를 기대합니다만, 위원회에서 그 음모의 진원지를 밝혀낼 수 있도록 빌스는 서둘러서 모든 필요한 설명을 제공해야 합니다." 빌스가 구체적인 설명을 하기를 거부하자 위원회는 따로 비공개 회의를 열어 그를 징계하기로 결정했고, 그는 위원회에서 사임했다. 빌스 사건은 이것으로 종료됐으며, 더 이상의 후유증은 없었다.[30)]

이 청문회의 결과는 4월 17일에 트로츠키가 한 최후진술에 요약돼 있다.[31)] 이날 그는 긴장과 피로의 기색을 드러내면서 진술서를 앉아서 읽을 수 있도록 허락해달라고 요청했다. 그는 모스크바의 고발인들이 주장한 대로 자기와 레닌의 정치국원들 모두가 소련과 공산주의에 대한 반역자들이거나, 그게 아니라면 스탈린과 그의 정치국이 사실을 날조한 것이라고 지적하는 것으로 최후진술을 시작했다. 중간이 없는 양자택일의 상황이라는 것이었다. 이 문제(모스크바의 재판—옮긴이)를 파고드는 것은 소련의 국내문제에 개입하는 것이라고 하는데, 이는 곧 '세계 노동자들의 조국'이라는 나라가 자국의 문제에 대해 노동자들이 논의하는 것을 허용하지 않는다는 말이니 그렇다면 그 조국은 '괴상한 조국'이 아니냐고 그는 말했다. 그리고 자기와 자기의 가족은 소련 국적을 박탈당했기 때문에 '국제여론에 의한 보호'를 받는 것밖에는 다른 선택의 여지가 없다는 말도 했다. 입증의 책임이 트로츠키 자신이 아니라 스탈린에게 있으며 "명확한 증거를 제시함으로써 자기에게 씌워진 혐의를 기각시키는 것은 불가능"하다고 말하는 찰스 비어드와 같은 사람들에게 트로츠키는, 알리바이라는 법률적 개념은 그와 같은 기각의 가능성을 전제로 하는 것이며, 자기는 알리바이를 확고히 제시할 수 있을 뿐 아니라 스탈린이 '역사상 최대의 날조'를 했다는 것을 '명확한 사실'로 입증할 수도 있다고 대답했다.

이 사건에 대한 사법적 조사는 '날조의 본질이 아닌 그 형식'에만 치중해 이루어졌다고 트로츠키는 지적했다. 스탈린이 자행한 날조의 본질은 숙청의 정치적 배경, 즉 혐의자, 증인, 판사, 자문자, 심지어는 검찰까지 모두 종속시키고 있는 전체주의적 억압과 분리해 생각할 수 없다는 것이었다. 그러한 억압 속에서는 재판이 사법적 절차이기를 포기하고 "모든 배역이 사전에 정해진 연극"이 된다는 것이었다. 그런 연극에서는 "여러 차례의 사전연습을 통해 피고인들이 자기들에게 주어진 배역의 한계를 넘어서지 않을 것이라고 감독이 완전하게 확신하게 된 뒤에야 비로소 피고인들이 무대에 등장한다"고 트로츠키는 말했다. 그리고 그런 연극에서는 검사와 피고인 사이에 공방이 벌어질 여지가 전혀 없으며, 주연배우는 자기에게 겨눠진 총구 앞에서 연기를 한다는 것이었다. "연극이 잘 될 수도 있고 잘 안 될 수도 있지만, 그것은 정의의 문제가 아니라 심문기법에 달린 문제"라고 트로츠키는 지적했다.

이 사건에서 피고인의 혐의를 평가하려면 그 피고인의 정치적 기록을 고려해야 한다. 보통 범죄는 범인의 성격에서 유래하거나, 적어도 범인의 성격과 부합한다. 그러니 이 사건에서도 혐의자에 대한 심문은 볼셰비키 당에서 그가 한 일과 혁명에서 그가 담당했던 역할을 반드시 고려하는 가운데 이루어져야 했다. 그러나 이 사건의 피고인들에게 씌워진 범죄 혐의는 그들의 성격과 부합하지 않는다. 스탈린이 피고인들의 기록을 조작해야 했던 이유가 바로 여기에 있다. '누구에게 이익이 되는가?'라는 고전적인 기준이 적용돼야 한다. 그렇다면 키로프의 암살이 반대파에게 이익이 되거나 이익이 될 수 있었는가? 아니면 스탈린에게 이익이 됐는가? 키로프가 암살된 것은 스탈린에게 반대파를 절멸시킬 구실을 제공하지 않았는가? 광산, 공장, 철도에서 벌어진 사보타주 행위에서 어떤 방식으로든 반대파가 이익을 얻을 가능성이 있었는가? 과도하게 빠른 공업화를 고집하는 데 그치지 않고 관료적 부주의까지 저지른 결과 많은 산업적 재앙을 초래한 스탈린의 정부가 그 재앙에 대한 책임을 반대파에게 씌움으로써 발뺌하려고 한 것이 아닌가? 반대파가 히틀러나 일본 천황과 동맹을 맺어서 무슨 이익을 얻을 수 있겠는가? 오히려 히틀러와 동맹을 맺었다고 한 피고인들의 자백을 스탈린이 자기의 정치적 자산으로 삼지 않았던가?

이런 범죄혐의들 가운데 어느 것 하나라도 반대파가 실제로 저질렀다면 그것은 반대파가 스스로 자기 목숨을 내놓는 어리석은 행위였을 것이다. 검찰이 그 어떤 타당한 증거도 제시하지 못한 것은 혐의가 비현실적이었기 때문이다. 비신스키는 '음모'가 여러 해에 걸쳐, 그리고 소련과 해외에서 폭넓은 범위에 걸쳐 계속됐다고 했다. 하지만 그 음모의 지도자들과 가담자들로 지목된 사람들의 대부분이 게페우의 수중에 들어 있었다. 그런데도 게페우는 그 거대한 음모에 대해 어떠한 현실적인 자료나 단 하나의 명확한 증거도 제시하지 못하고 오직 자백, 자백, 끊임없이 자백만 들이대고 있다. 음모라는 것의 줄거리에는 구체성이 결여돼 있었다. 자백했다는 피고인들도 음모와 관련된 구체적인 사건이나 활동을 이야기한 게 아니라 음모에 관해 주고받은 대화만 이야기했다. 그러니 재판절차가 대화에 관한 대화에 그치고 있다고 트로츠키는 지적했다. 심적으로도 공감이 가지 않고 사실적인 내용도 없다는 점은 특별히 준비된 각본에 따라 연극이 무대에 올려졌음을 보여준다는 것이었다. 트로츠키는 이렇게 썼다. "그 대규모의 조작극은 가장 강력한 경찰력으로조차도 그것을 뒷받침해낼 수 없을 정도다. (…) 너무나 많은 인물, 상황, 날짜, 이해관계, 자료 등이 (…) 미리 준비된 각본에 들어맞지 않는다!" "예술적 관점에서 이 문제를 본다면, 그렇게 수많은 사람들과 상황들을 하나의 연극으로 꿰맞추는 일은 셰익스피어에게도 힘겨운 작업일 것이다. 그런데 게페우는 자기 마음대로 부릴 수 있는 셰익스피어를 갖고 있지 않다." 소련 국내에 한정된 조작의 경우에는, 그들이 아귀를 맞출 수 있었다. 심문 과정에서 가해진 폭력이 피고인과 증인들로 하여금 허구의 이야기라도 아귀를 맞추도록 할 수 있었을 것이다. 그러나 음모의 내용이 외국으로까지 확장되면서 상황이 바뀌었다. 게페우는 '공공의 적 1호'인 트로츠키를 사건에 연루시키기 위해 음모의 줄거리를 외국으로 확장시켜야 했다. 그러나 해외에서 사실, 날짜, 상황을 입증하는 단계에 들어서면서 음모의 줄거리가 산산조각 났다. 음모의 줄거리 가운데 트로츠키를 연루시킨 부분은 어느 것 하나도 사실로 입증되지 못했다. 트로츠키의 아들이나 다른 누군가가 지켜보는 가운데 트로츠키로부터 테러활동을 직접 지시받았다고 주장한 몇몇 피고인들, 즉 다비드, 베르만 유린, 롬, 퍄타코프는 각자가 말한 날짜와 장소에서 트로츠키나 그의 아들을 실제로는 만나지 않았거나 만날 수 있는 사정이 아니었음이 드러났다. 그 날짜, 그 장소에는 트로츠키나 그의 아들 또는 피고인 자신이 있지 않았거나 있을 수가 없었던 것이다. 트로츠키와 만났다는 주장이 이런 식으로 부인되면 음모의 혐의 전체가 근거를 잃고 무너질 수밖에 없었다. 왜냐하면 트로츠키가 롬을 통해 라데크와 연결됐다는 주장과 트로츠키가 퍄타코프와 접촉했다는 주장이 이른바 '음모'가 성립되는 데 대단히 중요한 근거였기 때문이다. 다른 모든 고발과 증언은 퍄타코프와 라데크의 자백, 즉 자기들이 트로츠키의 주된 대리인으로, 다시 말해 음모의 두 기둥으로 활동했다는 주장에 근거를 두고 있거나 그로부터 도출된 것이었다. 라데크 자신이 법정에서 "기소된 다른 사람들의 모든 증언이 우리의 증언에 근거를 두고 있다"고 진술했다. 그런데 파리와 오슬로에서 트로츠키와 접촉했다는 주장을 중심으로 한 퍄타코프와 라데크의 증언은 전혀 근거가 없는 것이었다. 트로츠키는 이렇게 지적했다. "건물을 떠받치는 가장 중요한 두 기둥이 무너지면, 그 건물 전체를 무너뜨리기 위해 벽돌을 하나하나 뜯어낼 필요가 없다." 그럼에도 그는 벽돌을 하나하나 뜯어내는 방식으로 건물을 무너뜨리는 작업도 계속 해나갔다.

트로츠키는, 자기가 하는 이야기는 모스크바의 주장에는 분명히 결여돼있는 심리적, 역사적 사실성을 충분히 갖추고 있고, 자기가 제출한 문서들은 여러 해에 걸친 자기 삶과 활동을 풍부하게 반영하고 있으므로 만약 자기가 죄를 지었다면 아무리 그 사실을 숨기려고 해도 제출된 문서들의 여기저기에서 그 죄상이 드러날 수밖에 없을 것이라는 점을 고려해 줄 것을 위원회에 요청했다. '하루살이는 걸러내고 낙타는 삼키는 자(마태복음에 나오는 구절. 작은 것에 구애되고 큰 것을 소홀히 하는 사람을 가리킴 — 옮긴이)'들은 트로츠키가 진짜 계획을 숨기기 위해 자기의 문서와 편지들을 다 손봤을 것이라고 말하고 있었다. 그러나 무언가를 숨기기 위해 5개, 10개, 아니 100개 정도의 문서는 조작할 수 있겠지만, 수백 명의 다른 사람들에게 보낸 수천 통의 편지를 조작하거나 언론매체에 게재된 수백 편의 글과 자기가 쓴 수십 권의 책을 모두 조작할 수는 없는 일이다. 그럴 수는 없는 일이다. 그는 "죽은 쥐 한 마리를 숨기기 위해 마천루를 짓지는 않는다"고 말했다. 디에고 리베라가 가톨릭교회의 비밀요원이라고 누군가가 선언했다고 한다면, 그런 고발을 조사하는 법관이면 누구라도 리베라의 프레스코화를 점검해보지 않겠는가? 그런데 그의 프레스코화에서 분명히 드러나는 열정적인 반교권주의가 순전히 자기의 신분을 가리기 위한 것이라고 누가 감히 말할 수 있겠는가? 예술작품, 역사, 혁명정치에서 단지 세계를 속이기 위해 '심장 속의 피와 신경조직 속의 진액'을 쏟아낼 사람은 없을 것이다. 트로츠키는 자기가 제출한 문서들에 비하면 비신스키의 문서들은 얼마나 공허한지를 보라고 했다. 비신스키가 제출한 문서는 트로츠키의 편지들뿐이었다. 그중 두 통은 음라치코프스키, 한 통은 퍄타코프, 그리고 또 한 통은 무랄로프에게 보낸 편지였다. 그러나 그것들은 모두 위조된 것이었다!

그렇다면 피고인들은 왜 자백이라는 것을 했을까? 게페우의 심문 기술에 관한 정밀한 정보를 트로츠키가 고발하기는 어려웠다. 트로츠키는 이렇게 지적했다. "우리가 여기서 예조프(대숙청 당시에 내무인민위원이었던 소련의 정치인－옮긴이), 예조프로부터 심문을 받고 있는 야고다(예조프에 앞서 내무인민위원을 지낸 소련의 정치인－옮긴이), 비신스키, 스탈린, (…) 또는 이미 그들에 의해 총살당한 희생자들을 심문할 수는 없다." 그러나 위원회는 게페우의 심문 기술의 맛을 당해본 러시아와 유럽의 공산주의자들이 보내온 진술서들을 갖고 있었다. '자백'을 한 사람들은 반대파 지도자로서 적극적으로 활동했던 사람들이 아니라 여러 해 동안 스탈린 앞에 무릎을 꿇고 있었던 항복자들이라는 사실을 사람들은 흔히 잊고 있다. 그들의 마지막 자백은 길게 이어진 항복행위의 절정이자 기하급수적으로 증가하는 거짓혐의의 귀결이었다. 13년 동안 스탈린은 그들의 도움으로 중상모략의 바벨탑을 세웠다. 거침없이 테러수법을 구사하고 '감자가 들어있는 자루를 사듯 양심을 살 수 있는' 독재자는 그러한 일을 얼마든지 할 수 있다. 그러나 스탈린은 자기가 세운 바벨탑에 두려움을 갖게 됐다. 왜냐하면 그는 단 하나의 금이라도 생기는 날엔 바벨탑 전체가 무너질 것이라는 점을 잘 알고 있었기 때문이다. 그리고 트로츠키는 그 바벨탑에는 금이 생길 수밖에 없다고 지적했다.

트로츠키는 최후진술의 끝 부분에서 다음과 같이 10월혁명과 공산주의를 찬양했다. 그는 스탈린 치하에 있다 할지라도, 그리고 그 모든 숙청의 공포에도 불구하고 여전히 소련 사회는 인류가 그동안 성취한 사회조직들 가운데 가장 위대한 진보를 보여주는 사회조직이라고 말했다. 볼셰비즘의 비극적인 퇴락에 대한 책임은 혁명에 있는 것이 아니라 혁명이 러시아를 넘어 더 넓게 확산되지 못한 데 있다는 것이었다. 당장은 소련의 노동자들이 히틀러와 스탈린 가운데 어느 한 쪽을 선택해야 하는 입장에 처해 있었다. 그들은 스탈린을 선택했고, 이 점에서 그들은 옳았다. 즉 "스탈린이 히틀러보다는 낫다"는 것이었다. 다른 대안을 발견하지 못하는 한 소련의 노동자들은 스탈린주의에 의한 지배라는 괴물 앞에서도 무감각한 태도를 유지할 것이라고도 했다. 그러나 해외에서 사회주의가 새로이 승리할 것이라는 전망을 갖게 되는 순간 그들은 그런 무감각한 태도를 버릴 것이라며 트로츠키는 이렇게 덧붙였다. "바로 이 점 때문에 나는 낙담하지 않습니다. (…) 나는 인내할 것입니다. 세 번의 혁명이 나의 인내심을 키워주었습니다." 그는 또한 다음과 같이 말했다.

> 성공도 없지 않았고 실패도 없지 않았던 나의 인생경험은 맑고 밝은 인류의 미래에 대한 나의 신념을 파괴하지 않았을 뿐 아니라 오히려 반대로 그와 같은 나의 신념이 파괴되지 않는 성질을 갖게 해주었습니다. 나는 열여덟 살 때 이성, 진실, 인류의 연대에 대한 신념을 갖게 됐고, 그것을 니콜라예프

라는 러시아의 지방도시에 있는 노동자 거주 지역으로 갖고 들어갔으며, 그 이후 지금까지 그러한 신념을 완전하게 유지하고 있습니다. 그러한 신념은 좀 더 성숙해졌을 뿐 그 열정이 줄어들지는 않았습니다.

이런 말과 더불어 위원회와 의장에 대한 감사의 말로써 트로츠키는 자기 생명을 지키기 위한 변론을 마쳤다.

위원회의 위원들은 깊은 감동을 받았는지 오랫동안 침묵 속에 앉아 있었다. 듀이는 공식적인 태도로 청문회 결과를 요약하고 마무리 발언을 하려고 했다. 그러나 그는 그렇게 하지 못하고 대신 짤막한 한 마디로 청문회를 종료시켰다. "내가 입을 열면 분위기가 깨질 것 같군요."[32)]

이 청문회의 기록은 트로츠키가 스스로에게 부과한 제약조건을 고려하면 더욱 주목할 만하다. 그는 멕시코 정부를 부당한 곤경에 빠뜨리지 않기 위해 자제하는 태도를 취했다. 그는 자기와 스탈린 사이에서 제기된 쟁점들에 대해 설명할 때면, 자기에게는 익숙하지만 자기가 하는 말을 듣는 청중에게는 이해되지 않을 수도 있는 마르크스주의의 용어보다는 실용적 사고를 하는 자유주의자의 언어를 구사하려고 노력했다. 이런 식의 번역이 얼마나 어려운지는 그것을 해본 사람만이 알 수 있다. 그는 청중에게 보다 가까이 다가가고 싶은 마음에서 모국어가 아닌, 심지어는 독일어나 프랑스어도 아닌 영어로 진술했다. 그는 제한된 어휘의 영어만 구사할 수 있었고, 문법과 관용적인 표현에도 서툴렀다. 그는 자기의 힘찬 웅변이 뿜어내던 광채를 박탈당한데다 평범한 연설가라도 모국어를 사용할 경우에 누릴 수 있는 이점을 스스로 포기한 채 대단히 다양하고 복잡하며 예기치 못한 질문들에 즉석에서 영어로 대답했다. 시간이 흐르고 청문회가 거듭되는 동안 그는 적절한 영어 표현을 탐색하면서 익숙하지 않은 언어의 저항과 싸워야 했고, 자기도 모르게 말을 머뭇거리게 되거나 우스꽝스러운 문장으로 말하기도 했다. 때로는 자기가 말하고자 하는 것과 거의 반대되는 말을 하기도 했고, 자기에게 던져진 질문을 알아듣지 못하기도 했다. 마치 데모스테네스(고대 그리스의 정치가이자 웅변가—옮긴이)가 말더듬이증을 고치지도 않고 입에는 자갈을 가득 문 채 자기의 생명을 구하기 위한 싸움을 벌이러 법정에 나온 형상이었다. 이런 식으로 그는 자기의 오랜 경력 속에서 일어났던 여러 사건들에 대해 이야기했고, 신념을 설파했고, 소련체제에 일어난 많은 변화들을 설명했고, 자기를 스탈린이나 부하린은 물론 지노비에프나 카메네프와도 구분시키는 쟁점들을 분석했고, 각 개인의 특징을 묘사했고, 무자비한 갈등과 투쟁의 모든 국면을 일일이 설명했다.

청문회가 끝날 무렵에는 답변되지 않은 질문은 더 이상 없었고, 중요한 쟁점들은 그 어느 것도 흐릿한 상태로 남아있지 않았으며, 의미 있는 역사적 사건들 중에 조명되지 않은 것이 없었다. 13년 뒤에 듀이는 인생의 많은 부분을 학문적 토론에 쏟았고 트로츠키의 세계관에 여전히 반대하는 입장이었음에도 "트로츠키가 그 많은 증거와 논증을 모아 조직화하고 관련되는 모든 사실을 우리에게 전달하면서 보여준 지적인 힘"을 열렬하게 찬양하는 태도로 회상하게 된다. 트로츠키가 제시하는 논리의 예리함이 그가 구사하는 영어의 어색함을 이겼고, 그의 사상이 지닌 명쾌함이 그의 서투른 영어를 뚫고 밝은 빛을 쏘아냈다. 그의 재치도 죽지 않았다. 그의 재치 있는 발언들은 주제의 음울함을 덜어주곤 했다. 무엇보다도 그가 하는 주장의 일관성 있는 진실됨이 그로 하여금 모든 외적 제약과 한계를 극복하게 했다. 그는 말쑥하게 단장하지도 화려하게 치장하지도 않았고, 무장하지도 방어벽을 치지도 않았음에도 장엄하면서도 정복당하지 않는 태도로 마치 진실 그 자체인 것처럼 자기가 서 있던 곳에 그대로 서 있었다.

듀이위원회가 결론을 내리기까지는 여러 달이 더 지나야 했다. 그 사이에도 트로츠키는 위원회에 제출했던 증거들을 보완하느라 한 집에서 같이 지내는 모든 사람들을 바쁘게 만들었다. 청문회에서 신문을 받고 이와 관련된 일을 처리하는 작업이 그를 지치게 했다. 시골에서 짧은 휴식을 취했지만 건강이 회복되지 않았다. 봄부터 여름까지 그는 심한 두통과 어지럼증과 고혈압에 시달렸고, 자기를 '갑자기 덮친' 노년에 대해 불평했다. 반대소송을 위한 그의 노력에 대한 반응은 미미하기 그지없었다.[33] 트로츠키 가족의 긴장은 조금도 줄어들지 않았다. 4월 말에 료바는 이런 편지를 써 보냈다. "사랑하는 아버지, 아버지는 저를 계속 따돌리시네요. (…) 아버지의 편지를 받은 지 벌써 한 달이 넘었습니다." 〈회보〉를 관리하는 료바의 방식을 여전히 불만스러워하고 있던 트로츠키는 〈회보〉의 관리를 뉴욕으로 넘기라고 다시 한 번 권고했다. 이에 대해 료바는 〈회보〉는 그 주요 독자들이 거주하는 유럽에 남아있어야 한다고 차분하게 지적했다. 그러나 료바는 어머니에게는 아버지가 자기를 다루는 거친 태도에 대한 불만과 고통을 다시 한 번 털어놓았다. 트로츠키는 료바를 달래는 어조의 긴 편지를 써 보내 문제를 원만하게 풀어보려고 했다.[34] 그는 자기가 노르웨이에서 여러 달을 지내는 동안에 반대소송을 준비할 수 있는 시간을 많이 잃어버렸기 때문에 준비작업이 더 지연되자 화가 나기도 했고, 듀이위원회에 완벽하게 갖추어진 자료를 제출하고 싶은 마음도 간절했다고 설명했다. 그렇지만 반대소송 준비가 지연된 데는 료바가 동지들과 협력하기를 꺼린 탓도 있다고 확신한다는 말도 덧붙였다. 트로츠키는 료바에게 휴식을 취하면서 곤두선 신경을 가라앉히라고 권했다. "아직 우리 둘 앞에 큰 재판이 남아있다"는 것이었다.

료바에게 휴식을 취하라고 한 트로츠키의 권유는 시기적으로 적절했다. 료바도 두통과 발열 증세로 고통을 겪고 있었다. 그리고 그는 아버지만큼 쉽게 건강을 회복하지 못했다. 료바는 편지로 어머니에게 "예전에 내가 갖고 있던 힘이 모두 어디로 갔는지 모르겠다"면서 자기가 곧 '작은 수술'을 받게 될 것임을 암시했다. 그는 빈곤하게 살면서도 공장에서 노동자로 일하거나 장학금을 받아서 부모에게 금전적인 도움을 주어야 한다고 생각했다. 나탈랴가 그에게 그러지 말고 차라리 신문에 글을 쓰라고 권고하자 그는 좌절감을 내비치는 답변을 보내왔다. "글을 쓴다는 것은 (…) 제게는 어려운 일이에요. 글을 쓰려면 책을 읽고 연구도 하고 생각도 해야 하는데, 그렇게 하는 데는 시간이 걸려요. (…) 게다가 저는 망명을 시작한 이후로 거의 언제나 기술적인 일과 온갖 잡일을 짐처럼 져왔지요. 저는 짐을 짊어지고 운반해주는 짐승일 뿐, 그 외에는 아무것도 아니에요. 저는 무언가를 배우고 있지도 않고, 책을 읽고 있지도 않아요. 저는 글을 쓰는 일은 도무지 할 엄두도 못 내겠어요. 부족한 지식을 부분적으로라도 대신해줄 재치나 재능도 제게는 없어요."[35] 이런 그의 좌절감은 주위 사람들에 대한 애정 및 헌신과 어우러져 있었다. 그가 프랑스의 출판사들로부터 받아내 보내준 돈을 트로츠키와 나탈랴가 되돌려 보내자 그는 그 돈 가운데 조금만 자기 몫으로 떼어놓고 나머지는 곤궁한 동지들에게 나눠주거나 조직의 기금에 집어넣었다. 그는 아버지가 자기 힘을 무리하게 소모하다가 신경쇠약에 걸리지나 않을까 늘 걱정했다. 그는 나탈랴에게 두 분은 왜 멕시코에서 자동차를 한 대 사서 사냥이나 고기잡이 여행을 다니시지 않느냐, 그리고 아버지는 당신이 좋아하는 크리

켓을 왜 하시지 않느냐고 물었다. 그는 어머니가 보낸 조금 슬픈 내용의 편지에 대한 답장에 이렇게 쓰기도 했다. "사랑하는 어머니, 스탈린이 아버지를 추방하는 '실수'를 저지르지 않았다면 어떻게 됐을까를 생각해보세요. 그랬다면 아버지는 이미 오래전에 돌아가셨을 거예요. (…) 또 제가 1929년에 소련으로 돌아갈 수 있도록 허용됐거나, 세르게이가 적극적으로 정치에 참여했거나, 아버지가 노르웨이, 아니 더 험악한 곳인 터키에가 있었다면 어떻게 됐을까를 생각해보세요. 아버지가 터키에 있었다면 아마도 케말이 아버지를 소련에 넘겼을 거예요. (…) 그랬다면 상황은 훨씬 더 좋지 않았을 것 아니에요?"[36] 이는 물론 위로의 말로는 빈약하긴 했지만, 그가 할 수 있는 최선이었다.

이때쯤 트로츠키 가족의 삶에 다소 희비극적인 사건이 일어났다. 온갖 우울한 사건들과 혼자만의 고뇌에 빠진 나탈랴가 남편에 대한 질투에 시달리게 됐다. 정확하게 무슨 이유에서였는지는 분명하지 않다. 나탈랴는 이 문제에 대해서는 남편에게 보내는 편지에서도 조심스러운 태도를 유지했다. 다만 한 가지만은 분명한데, 그것은 나탈랴가 이때 처음으로 남편에 대해 질투심을 느꼈다는 것이다. 그녀보다 자신감이 덜한 여자였다면 훨씬 더 전에 질투심을 느꼈을 것이다. 드문 일이기는 했지만 트로츠키가 여자를 의식할 때도 있었기 때문이다. 그럴 때 그는 남자로서 그 여자를 주목하며 정중하게 대하는 태도를 분명하게 보여주었다. 이런 트로츠키의 태도는 자기를 흠모하는 여자에 대한 남자로서의 허영심과 예민함에서 크게 벗어난 것이 아니었다. 어쨌든 여자와 같이 있을 때 트로츠키는 가끔 충동적으로 여자를 유혹하기라도 하려는 듯 자기의 활력과 재기를 과시하곤 했다. 옛날식의 기사도와 예술적 기교가 내재된 트로츠키의 이런 '바람기'는 그의 진지한 품성이나 금욕적인 생활과는 다소 거리가 먼 것이었다. 그동안 나탈랴는 그의 사랑을 확신했기에 그런 태도를 나쁘게 생각하지 않았다. 그런데 코요아칸에서 그녀는 자기가 쓴 편지에 '에프(F)'라는 이니셜만으로 언급한 어떤 한 여자에 대해 예민한 질투심을 갖게 됐다. 상황상의 증거로 판단해보건대 그 여자는 프리다 칼로였던 것 같다. 같은 집에서 함께 지내는 다른 사람들은 두 여자 사이에 불협화음이 생겨났고, 두 여자의 남편들 사이에도 약간의 냉각기류가 형성됐음을 곧 알아차렸다. 프리다의 비범하고 미묘한 아름다움과 예술적 재능이 트로츠키의 마음속에 일반적인 호감 이상의 감정을 불러일으켰는지 여부나 이제 쉰다섯이 된 나탈랴가 중년의 여자에게 흔히 찾아드는 질투심의 먹이가 된 것인지 여부는 명확히 알 수 없다. 다만 이 시기에 '위기'가 발생했고, 이로 인해 트로츠키와 나탈랴가 둘 다 불행하고 비참한 느낌을 갖게 됐다는 점만은 분명하다.[37)]

7월 중순에 트로츠키는 경호원과 함께 코요아칸을 떠나, 운동을 하기 위해 산악지역으로 갔다. 거기서 그는 거대한 농장에서 농사일도 하고 말을 타거나 사냥을 하기도 했다. 트로츠키는 매일, 심지어는 하루에 두 번씩도 나탈랴에게 편지를 써 보냈다. 그는 나탈랴가 화를 내고 있는 점에 대해서는 편지에 언급하지 않겠다고 약속했지만 "그 약속을 깨뜨릴 수밖에 없다"고 했다. 트로츠키는 자기에게 모든 것인 나탈랴가 자기에게 "거의 아무런 의미도 없는" 여자와 겨룰 필요가 없다면서, 그런 경쟁을 중단하라고 간청했다. 트로츠키는 스스로 "수치심과 자기혐오"에 가득 차 있다고도 했고, 편지에 "당신의 오랜 충견"이라고 서명하기도 했다. 트로츠키는 편지에 이렇게 썼다. "내가 당신을 얼마나 사랑하는지 아오? 나타, 내 유일한 사람, 내 영원한 사람, 내 충실한 사람, 내 사랑, 나의 희생자." "아, 내가 지금이라도 당신의 삶에 조그마한 행복이라도 불어넣어줄 수 있다면 얼마나 좋겠소. 이 편지를 쓰면서 나는 두세 줄 넘어가면 일어나서 방 안을 왔다 갔다 하다가 당신에 대한 고마움과 자책감을 동시에 느끼며 눈물을 흘리곤 한다오. 또한 나는 우리를 갑자기 덮친 노년을 슬퍼하고 있소." 그가 나탈랴에게 보낸 편지에서 거듭 튀어나오는 이런 자기연민의 감정은, 낯선 손님은 물론 그와 같은 집에서 살고 있던 사람들 가운데 그 누구도 전혀 감지하지 못했던 일면이다. "여전히 나는 우리의 과거, 우리의 고통과 기억들, 그리고 내가 겪은 고통이 가해오는 고문과 더불어 살고 있소." 그러다가 그는 원기를 회복하고, 심지어는 삶에 대한 행복감까지 드러내기도 했다. "나타, 모든 게 다 잘 될 거요. 당신이 건강을 되찾고 더욱 강해지기만 한다면 모든 게 다 좋아질 거요." 트로츠키는 한 번은 나탈랴를 놀리듯, 산속에 있는 자기를 찾아온 한 무리의 남자, 여자, 아이들을, 그 가운데 특히 여자들을 어떻게 매료시켰는지를 써 보내기도 했다. 그는 여전히 자기는 정력이 끓어오르고 있고 나탈랴를 향한 성적 열망을 느끼고 있다고도 했다. 그는 또 톨스토이의 회고록을 다시 읽었는데 거기에 톨스토이가 일흔 살의 나이에도 말을 타다가 갑자기 아내를 향한 욕망에 가득 차게 되어 서둘러 집으로 돌아오곤 했다고 써놓았다면서, 쉰여덟인 자기도 긴장하면서 말을 타다가 톨스토이와 똑같은 기분이 된 상태로 숙소로 돌아오곤 한다고 했다. 나탈랴에 대한 열망을 표현하다가 그는 섹스와 관련된 은어를 불쑥 써놓고는 "내 생애에 이런 단어를 처음으로 종이에 써놓고 보니 부끄럽소"라거나 "마치 젊은 사관생도와 같은 행동을 했군"이라고 덧붙이기도 했다. 그러다가 마치 '인간적인 것은 무엇이든 나와 무관하지 않다'는 격언을 증명이라도 하려는지 기묘한 부부싸움을 하는 듯한 태도를 취하기도 했다. 그는 나탈랴가 아주 오래전인 1918년에 했던 연애 이야기를 끄집어내고는 자기는 그 일로 그녀를 조금이라도 질책하기는커녕 그동안 그 일을 거론하지도 않았다면서, 그러니 그녀도 자기에게 너무 가혹하게 대해서는 안 될 뿐 아니라 자기는 그녀에게 질투를 불러일으킬 만한 이유를 제공하지도 않았다고 했다. 이에 대한 답장에서 나탈랴는 1918년의 연애라는 것에 대해 설명했다. 그것은 그녀가 교육인민위원회 박물관국의 국장으로 임명된 직후의 일이었다. 당시에 그녀는 자기의 직무를 어떻게 해야 하는지를 몰랐는데 자기를 보조하는 직원들 가운데 한 명이 도와주었고, 알고 보니 그 직원이 자기에게 반했음을 알게 됐다는 것이었다. 그녀는 일을 도와준 데 대한 고마운 마음에서 호감을 갖고 그를 대하기는 했지만, 자기에 대한 그의 감정에 호응해주거나 그에게 친밀한 관계를 허용하지는 않았다고 했다. 약간은 희극적인 이런 부부 사이의 맞비난에도 불구하고 35년 동안 같이 살아온 부부가 이런 것 외에는 서로를 질책할 만한 다른 부정행위를 찾지 못했다는 사실은 오히려 트로츠키 부부의 사랑이 견고했음을 보여준다.[38]

나탈랴는 트로츠키에게 보낸 편지에서 말을 조심스럽게 하는 듯했다. 그녀는 그의 갑작스런 감정분출에 다소 당황했고, 그가 자기 안으로 파고들면서 과장되게 자기를 드러내는 태도에서 벗어나 원래의 자기 모습으로 돌아오기를 바랐다. 트로츠키가 노년을 불평할 때마다 그녀는 늘 이런 답변을 해주었다. 사람은 미래에 대한 전망을 갖고 있지 않을 때에만, 그리고 더 이상 아무것도 추구하지 않을 때에만 늙는 것인데, 트로츠키는 거기에 해당되지 않는다는 것이었다. 나탈랴는 이렇게 썼다. "기운을 차리고 다시 일을 시작하세요. 그렇게 해야만 당신은 건강을 되찾을 수 있을 거예요." 얼마 지나지 않아 나탈랴는 다시 자기의 감정을 다스릴 수 있게 됐다. 자기도 병들었고 긴장을 풀지 못하고 있었음에도 그녀는 가족 모두의 질병, 발열, 불운, 그리고 고투를 돌보는 데 몰두했고, 가족 중 그 누구보다 더 침착하면서도 강했다. 트로츠키는 그녀가 지닌 불굴의 정신력을 잘 알고 있었고, 그런 그녀에게 의지했다. 그녀에게 보낸 트로츠키의 한 편지에는 이런 암시적인 구절도 들어있다. "나타, 지금까지 내 인생의 버팀목이 되어준 것처럼 앞으로도 나를 당신의 두 어깨로 지탱해 주오."[39]

한편 소련에서는 인간학살 없이 지나가는 날이 거의 없었다. 5월 말쯤 게페우는 또 다른 음모를 적발했으며 이번 음모의 수괴는 부국방인민위원이자 현대화론자이며 적군의 실질적인 총사령관인 투하체프스키 장군이라고 발표했다. 그와 함께 적군의 수석 정치인민위원인 가마르니크를 비롯해 야키르, 우보로비치, 코르크, 푸트나, 프리마코프 등 뛰어난 장군들이 반역혐의로 기소됐다. 자살한 가마르니크를 제외한 전원이 처형됐다. 이들에 대한 사형선고에 서명한 보로실로프, 부디에니, 블루처, 예고로프 등 네 명의 장성 가운데 블루처와 예고로프도 얼마 지나지 않아 총살당했다. 이들은 모두 트로츠키가 전쟁인민위원일 때 지휘관의 지위에 오른 사람들이었다. 하지만 그중 어느 누구도 반대파에 속한 적이 없었고, 대부분은 트로츠키가 추방당한 뒤로는 트로츠키와 접촉한 적도 없었다. 그런데도 이들 모두에게 트로츠키와 히틀러를 추종했고 소련의 군사적 패배와 그 와해를 겨냥한 활동을 해왔다는 혐의가 씌워졌다. 이들에 대한 처형은, 2만 5천 명의 장교들에게 영향을 미치고 2차대전 직전에 적군의 수뇌부를 제거하게 되는 숙청의 전주곡이었다. 25년 뒤, 즉 투하체프스키를 비롯한 장군들에 대한 공식 복권 조치가 취해진 뒤에도 이 숙청의 배경은 조명되지 않는다. 반스탈린주의 진영의 여러 정보통에 따르면 테러정치가 나라의 사기와 방위력을 약화시키는 데 대해 경각심을 갖게 된 투하체프스키가 스탈린 정권을 전복하고 게페우의 권력을 무너뜨리기 위해 쿠데타를 계획했다고 한다. 그러나 만약 그게 사실이었다 하더라도 투하체프스키는 히틀러나 다른 해외의 세력은 물론이고 트로츠키와도 아무런 연관 없이 쿠데타를 계획했을 것이다. 트로츠키는 이 사건의 배후에 어떤 계략이 숨어있다고는 생각하지 않았다. 하지만 그는 투하체프스키의 추락은 스탈린과 장교단 사이의 갈등을 보여주는 징후라고 여겼고, 그러한 갈등이 존재한다면 군사쿠데타가 일어날 수도 있다고 보았다.[40]

이때쯤 게페우는 이미 리코프, 부하린, 톰스키, 라코프스키, 크레스틴스키, 야고다가 주역이 되는 '21인 재판'이라는 연극을 준비하고 있었다. 이들 가운데 톰스키는 자살함으로써 공개재판을 받고 자백을 해야 하는 수모를 피했다. 이 연극의 막이 오르기 전에 스탈린주의 그룹에도 테러가 가해졌다. 루즈타크, 메즈라우크, 코시오르, 추바르, 포스티셰프, 예누키제, 엘랴바, 체르비아코프, 그리고 정치국 위원 및 모스크바, 우크라이나, 벨로루시아, 조지아의 당 비서국 간부들, 노조 지도자들, 국가계획위원회와 국가경제최고회의의 수뇌부 인사 등 대부분 오랜 기간 스탈린주의자였던 사람들이 대거 반역자나 외국의 스파이로 몰려 처형당했다. 30년 이상 스탈린을 위해 헌신적으로 봉사했으나 양심에 가책을 느껴 그에게 반대하기 시작한 오르조니키제도 의문의 죽음을 맞았는데, 일부 사람들은 그가 자살했다고 주장했다. 트로츠키주의자, 지노비예프주의자, 부하린주의자들은 치욕스러운 것이긴 했지만 그래도 공개재판을 거친 반면, 숙청당한 스탈린주의자들은 공개재판도 없이 비밀리에 처형됐다. 스탈린의 분노가 그들에게 얼마나 큰 재앙을 초래했는지는 제대로 다 알려지지 않았다. 테러는 볼셰비키 당의 테두리를 넘어서서, 각자 자기의 고국에서 감옥이나 강제수용소에 수감됐다가 소련으로 망명한 수많은 독일인, 폴란드인, 헝가리인, 이탈리아인, 발칸인 공산주의자들도 덮쳤다. 그런 다음에는 '트로츠키주의 척결운동'이 외국으로 확대됐다. 스페인에서는 게페우가 내전의 초기단계에 입지를 굳히고 마르크스주의통일노동자당(POUM)에 대한 공격에 나섰다. POUM의 지도자인 안드레스 닌은 트로츠키와 정치적 견해가 달랐다. 트로츠키는 그가 카탈로니아의 왕당파 정부에 참여하고 혁명에서는 "겁먹은 반(半) 멘셰비키적인 태도를 취하고 있다"고 비판했다. 그렇다 하더라도 닌의 정책은 인민전선 시기의 스탈린주의 관점에서는 지나치게 급진적이고 독립적이었다. 그래서 닌과 그의 당은 프랑코의 제5열(Fifth Column, 적진 속에서 은밀하게 활동하는 세력—옮긴이)이라는 중상을 당했고, 닌는 결국 납치되어 살해됐다. 누구든 감히 항의하고 나서려는 사람은 게페우의 보복을 무릅써야 했다. 스탈린이 스페인혁명을 이용해 자행한 마녀사냥, 암살, 냉소적 태도는 공화파 진영의 사기를 떨어뜨려 그들을 패배로 이끌었다. 그리고 스탈린은 마치 조롱하는 듯이 예전에 트로츠키주의자였고 1917년의 영웅이기도 한 안토노프-오브세옌코를 POUM의 본거지인 카탈로니아에 파견해 그곳의 숙청을 지휘하는 역할을 맡도록 했다. 그러나 안토노프-오브세옌코가 임무를 완수하자 스탈린은 그를 파괴자이자 스파이로 몰아 처형시켰다.

모스크바에서는 이제 누구도, 심지어는 심문관이나 처형 집행자도 안전하지 않았다. 야고다가 체포된 뒤에는 게페우와 게페우의 모든 비밀요원도 숙청의 대상이 됐다. 유럽에서 활동하던 게페우의 요원들도 소련으로 소환된 뒤에 같은 처지가 됐다. 이들 요원은 소련에서 어떤 일이 자기를 기다리고 있는지를 보통은 알고 있었거나 추측할 수 있었는데도 마치 최면에 걸린 것처럼 소환명령에 순응했다. 그러나 소환에 응하지 않고 자본주의 국가로 망명한 사람들도 많았다. 이런 상황에 비추어 유럽에서 소련이 운영한 비밀 첩보조직망의 책임자였던 이그나츠 레이스가 숙청에 대한 항의로 사임한 것은 놀라운 사건이었다. 그는 모스크바의 소환명령도 받지 않은 상태에서 사임을 결심하고 실행했다. 숙청에 놀란 그는 네덜란드의 트로츠키주의자이자 의원인 스네블리트에게 접근하고 그를 통해 료바와도 접촉했다. 스탈린이 소련 국내에서 트로츠키주의를 파괴하면서 사용한 수법을 그대로 동원해 해외의 트로츠키주의 조직을 해체시키기로 결심했다고 트로츠키에게 경고해주기 위해서였다. 레이스는 게페우가 모스크바의 재판에서 피고인들로부터 자백을 얻어내기 위해 자행한 악독한 학대행위와 공갈협박, 그리고 길고 끔찍한 심문의 실상은 물론이고 옛 볼셰비키 세대가 종말을 맞는 과정에서 겪어야 했던 정신적인 고통과 혼란에 대해서도 설명했다. 또한 그는 스탈린에게 굴복하기를 거부한 젊은 세대의 공산주의자들이 감옥과 처형장을 가득 채우면서 "트로츠키여 영원하라!"고 외치고 있다고 전했다.[41)]

7월 18일에 레이스는 파리에서 모스크바의 중앙위원회에 서신을 보내 자기는 스탈린주의와 결별하고 4차 인터내셔널을 따르겠다고 선언했다. 그는 이렇게 썼다. "지난 10년 동안 저질러진 모든 범죄에 대해 국제사회주의가 심판을 내릴 날이 멀지 않았다. 그 어느 것도 잊혀지지 않을 것이고, 그 어느 것도 용서받지 못할 것이다. (…) '천재적 지도자, 인민의 아버지, 사회주의의 태양'은 자기의 모든 행위에 대해 책임을 져야 할 것이다. (…) 나는 1928년에 받은 적기훈장을 돌려보낸다. 이 훈장을 달고 있는 것은 (…) 나의 인격적 존엄성을 훼손하는 것이다."[42)]

그로부터 6주 뒤인 9월 4일에 레이스는 로잔 근처에 있는 스위스의 한 도로 위에서 시체로 발견됐다. 그의 주검에는 총탄자국이 나있었다. 게페우는 그가 파리에 있는 소련 대사관의 한 관리에게 사직서를 전달하기 전에 이미 그의 결심을 알고 있었다. 레이스는 비밀 첩보조직에서 같이 일했던 자기의 옛 동료들 사이에도 숙청에 대한 혐오감이 퍼져 있음을 알게 되자 그런 옛 동료들 중 일부에게 자기와 같이 행동하자고 설득하려고 했다. 이런 목적을 마음에 품고 그는 거의 20년간 가까이 지내온 친구이자 이탈리아에서 거주하며 활동하고 있는 소련의 여성 비밀요원 게르트루드 실트바흐를 로잔에서 만났다. 두 사람이 만났을 때 실트바흐는 레이스의 뜻에 동조하는 태도를 보였다. 대화가 끝나자 그녀는 레이스를 로잔의 교외로 유인했다. 그곳에는 그를 잡기 위해 게페우가 설치한 덫이 있었다.

스위스와 프랑스의 경찰은 레이스가 암살당한 경위와 상황을 곧 밝혀냈다. 경찰은 핏자국이 남아있는 상태로 버려진 차와 호텔에 남겨진 짐 속에서 발견한 단서들을 이용해 암살자들의 신원을 알아냈다. 암살자들은 소련 대사관의 지원을 받는 '파리 거주 러시아인 망명자들의 본국송환을 위한 협회' 소속이었던 것으로 드러났다.

경찰은 레이스를 살해한 범인들이 오래전부터 료바도 감시를 해왔음을 확인했다. 핏자국이 남아있는 차의 임차인 명의는 한 여성의 이름이었고, 그녀는 료바를 그림자처럼 미행하는 임무를 부여받아 수행하고 있었다. 료바는 일 년 전에 짧은 휴식을 취하기 위해 프랑스 남부에 갔을 때 그녀가 그곳까지 따라와 자기가 묵고 있는 여관에 짐을 풀고는 같이 보트여행을 가자는 이상한 요구를 계속 했던 일을 기억해냈다. 경찰의 조사가 더 진행되면서 새로운 사실이 드러났다. 레이스를 살해한 자들은 1937년 1월 스위스의 국경 근처에 있는 뮐루즈에 료바를 겨냥한 덫을 설치해놓고 있었다. 그때 료바는 스위스의 스탈린주의자들을 상대로 한 소송 준비로 스위스인 변호사와 협의하러 뮐루즈에 갈 계획이었다. 그러나 건강이 나빠지는 바람에 뮐루즈로 가려던 계획을 취소함으로써 그들이 설치해 놓은 덫을 피할 수 있었다. 그러나 그들은 같은 해의 상반기 내내 료바를 미행했고, 료바도 자기가 미행을 당하고 있음을 느꼈다. 7월과 8월에 료바는 자기를 감시하는 행위가 거의 중단됐음을 알아차리고 의아해했다. 료바를 추적하던 사람들이 그때는 레이스를 쫓아다니느라 바빴던 게 분명했다. 이제 레이스가 제거됐으니 그들은 다시 료바를 뒤쫓는 일을 시작할지도 몰랐다.[43]

료바는 경찰의 조사 결과를 보고 자기의 계획과 움직임에 대한 정보를 게페우 요원들이 얼마나 신속하고 정확하게 입수하는지를 알고는 소스라치게 놀랐다. 그들은 도대체 누구에게서 그런 정보를 얻는가? 레이스의 계획에 관해 그들에게 정보를 준 자는 누구인가? 트로츠키주의자들 가운데 일부는 료바의 가장 가까운 친구들 속에 밀정이 숨어있는 것 아니냐는 의심을 품었다. 그들의 의심은 에티엔에게 집중됐다. 에티엔은 얼마 전까지도 '러시아인 망명자들의 본국송환을 위한 협회'를 위해 일한 적이 있었다. 스네블리트는 에티엔을 매우 불신했고, 에티엔이 레이스를 만난 뒤에는 그가 파리에 있는 트로츠키주의자 그룹의 중심조직과 접촉하지 못하게 하려고 했다.[44] 그러나 료바는 '제일 좋은 친구이자 가장 믿을 만한 동지'인 그를 향한 그 어떤 의심도 받아들이지 않았다.

료바는 어떤 올가미가 은밀하게 자기 목을 조여오고 있다는 느낌 속에서 〈회보〉에 레이스를 추념하는 글을 썼다.[45] "'인민의 아버지'라는 사람(스탈린－옮긴이)과 그의 '예조프들(숙청을 주도한 예조프와 같은 스탈린의 부하들－옮긴이)'은 레이스의 뒤를 이을 수 있는 사람들이 주위에 얼마나 많은지를 잘 알고 있다. (…) 스탈린의 계획은 패배할 것이다. (…) 그 누구도 총으로 역사를 멈추게 할 수 없다. 스탈린주의는 패퇴할 운명을 갖고 있다. 스탈린주의는 우리가 보는 앞에서 부패하고 있고 해체되고 있다. 그 악취 나는 시체가 역사의 하수구에 던져질 날이 얼마 남지 않았다." 그러나 레이스의 운명은 그의 뒤를 따르려던 사람들을 머뭇거리게 했다. 레이스 사건 이후 두 주일 동안에는 단지 두 명만이 레이스의 뒤를 따랐다. 그중 한 명은 간부급 비밀 첩보요원인 발터 크리비츠키였고, 다른 한 명은 아테네에 주재하고 있던 소련의 대사급 외교관이었다. 이들 두 사람도 소련 정부와 결별한 뒤에야 트로츠키를 만나려고 했다. 이는 그동안 두 사람이 트로츠키의 지지자였던 적이 없었기 때문이기도 했지만, 크리비츠키에 따르면 트로츠키주의에 대항하는 일을 맡고 있는 게페우 요원들이 보기에도 트로츠키는 "주위가 밝은 빛으로 둘러쳐져 있기 때문"이었다.[46] 두 사람은 낯선 인물이었다. 크리비츠키는 트로츠키와 그의 지지자들이 스탈린에게 오랜 세월 봉사해온 자기를 불신하고 멸시할 것이라고 두려워했다. 그래서 그는 자기의 과거와 결별하는 순간에 그 과거를 정당화하려고 했다. 레이스의 미망인은 자기 남편을 암살한 자들과 공범이라며 크리비츠키를 비난했다. 그는 고개를 숙이고 자기가 결백하지는 않다고 고백했다.[47] 그는 숙청에 관한 진실을 폭로하는 것으로써 자기 죄를 씻고 싶어 했다. 그러나 그는 소련 군대의 안전과 관련된 많은 비밀정보들을 자기만 아는 것으로 유지하고 싶어 하기도 했다. 료바는 다소의 혐오감을 지닌 채 그가 털어놓는 고통스런 속마음을 들었다. 료바는 그에게서 들은 정보를 아버지에게 전달하는 것이 자기의 의무라고 생각했다. 또한 료바는 스탈린주의와 결별한 소련 시민이라면 그가 누구든 도움을 주고, 위로하고, 가능한 보호해주는 것도 자기의 의무라고 생각했다. 그러나 트로츠키는 크리비츠키와 바르민에게 각자 자신의 안전과 정치적 투명성을 위해 모호하지 않고 분명하게 공개적으로 스탈린에 대항하는 태도를 보이라고 촉구했다. 트로츠키는 그들의 떳떳하지 못하고 비틀린 태도에 불안감을 느꼈고, 허술한 태도로 그들을 대하는 료바에게 짜증이 났다. 이로 인해 아버지와 아들 사이에 다시 언쟁이 일어났다.[48]

한편 료바의 동료들 속에 밀정이 숨어있다는 의혹이 점점 더 커지면서 혼란을 일으켰다. 크리비츠키는 트로츠키주의자들에 대한 암살이 곧 시도될 것이라고 했던 레이스의 경고는 근거있는 것이라고 말했다. 그러면서 그는 파리에 있는 트로츠키주의자들의 중심 그룹 안에 게페우의 '눈과 귀'가 들어있다고 말했다. 그러나 그도 게페우의 밀정을 구체적으로 식별해내지는 못한 채 빅토르 세르게가 밀정이 아닌가 하고 의심할 뿐이었다. 세르게가 게페우를 위해 트로츠키주의자들을 염탐해줄 것이라는 확신이 없었다면 게페우가 세르게를 석방하고 소련을 떠나도록 허용하지는 않았을 것이라고 크리비츠키는 말했다. 그러나 세르게만큼 그런 밀정 역할에 어울리지 않는 사람도 없었다. 세르게는 일찍부터 트로츠키의 지지자였고, 정치적으로 순진하기는 했으나 재능이 있고 마음이 너그러운 학자풍의 인물이었다. 세르게에게 할 수 있는 최악의 비난은 그가 허영 섞인 잡담을 즐기는 성향을 갖고 있다는 것이었다. 이런 그의 성향은 게페우에 대항해 조직의 비밀을 보호해야 하는 조직원으로서는 심각한 결점이었다. 어쨌든 무차별적으로 모든 사람에 대해 의심이 제기되기 시작했고, 심지어는 료바까지 의심을 받기도 했다. 그러는 동안에도 진짜 밀정은 계속해서 트로츠키의 편지를 중간에서 전달하는 역할을 하면서 그 편지를 읽었고, 료바의 비밀을 공유했으며, 나름대로 계략을 써서 불신의 시선이 다른 사람들에게 가도록 함으로써 자기에 대한 평판을 좋게

유지했다.[49)]

레이스 사건에 대한 조사를 계속해온 프랑스 경찰은 암살자들 가운데 한 명이 멕시코에 비자를 신청하고 자세한 멕시코시티 지도를 구해 갖고 있다는 사실을 알아냈다. 료바는 즉각 코요아칸에 경고의 메시지를 보냈다. 또한 경찰은 료바의 목숨이 위험하다고 판단하고 그에게 특별경호원을 붙여주었다.[50)] 료바의 동료들 가운데 한 명은 료바가 처한 곤경을 심각하게 걱정해서 트로츠키와 나탈랴에게 편지를 보내 료바로 하여금 즉각 프랑스를 떠나 멕시코로 가서 부모와 결합하게 하라고 간청했다. 그는 '아돌프'로 불린 클레멘트였던 게 거의 확실하다. 그는 트로츠키와 나탈랴에게 보낸 편지에서 료바가 병들었을 뿐 아니라 거의 탈진한 상태이며 늘 위험에 노출돼있다고 경고했다. 그리고 료바는 파리에서 자기가 하는 일을 대신해줄 사람이 없으며 따라서 자기는 파리에 그대로 남아있어야 한다고 스스로 확신하고 있지만, 사실은 그렇지 않다고도 했다. 그의 동료들이 그가 하는 일을 대신할 수 있다는 것이었다. 료바가 파리에 계속 머물러 있게 된다면 "게페우에게 그야말로 무력하게 노출되는 처지"가 될 것이라는 경고였다. 그러니 최소한 부모가 료바에게 잠깐만이라도 멕시코로 와서 휴식을 취하면서 건강을 돌보라고 요구해야 한다는 것이었다. 이 편지에는 이렇게 씌어있다. "그는 유능하고 용감하며 정력적입니다. 우리는 그를 구해야만 합니다."[51)]

감동적인 염려의 편지였으나, 이 편지를 보낸 사람이 기대한 효과는 내지 못했다. 물론 트로츠키는 료바의 목숨이 위험에 처해 있다는 것을 잘 알고 있었다. 트로츠키는 료바에게 신중하게 행동하고 게페우에게 약점을 잡힌 사람들, 특히 향수병에 걸린 러시아인 망명자들과는 절대로 접촉하지 말라고 끊임없이 주의를 주었다. 레이스 사건이 일어나기 직전에 트로츠키는 료바에게 이런 편지를 보냈다. "만약 너의 목숨이나 나의 목숨을 노리는 일이 일어난다면 스탈린이 그 배후로 지목될 것이다. 그러나 그는 명예는 잃을지 몰라도 그 외에는 아무것도 잃을 게 없다." 그러면서도 트로츠키는 료바를 프랑스에서 철수시키자는 제안은 받아들이지 않았다. 료바가 편지를 보내, 일을 대신 맡아 해줄 사람이 없어서 자기는 프랑스를 떠날 수 없으며, 안전을 위해 전에 트로츠키가 바르비종에서 했던 것처럼 신분을 숨기고 활동하고 있다고 알려왔을 때도 트로츠키는, 프랑스를 떠나도 별 뾰족한 수를 찾지 못할 거라고 답장했다. 미국이 료바를 받아줄 것 같지도 않고, 멕시코는 프랑스에서만큼의 안전도 보장해주지 못할 것이라는 얘기였다. 트로츠키는 자기의 아들이 절반은 감옥과 같은 코요아칸에 갇히는 것을 원하지 않았다. 게다가 부자 사이의 버성기는 관계도 아마 두 사람 다에게 결합에 대한 부정적인 생각을 심어주었을 것이다. 이 문제에 대한 트로츠키의 마지막 편지는 화가 섞이고 긴장된 다음과 같은 문장들로 마무리돼있다. "이제 그만하자, 아들아. 내가 네게 말할 수 있는 건 이것뿐이다. 당연한 말이지만, 이게 다다. (…) 출판사들로부터 지급받을 수 있는 돈은 모두 지급받아 잘 보관하도록 해라. 너는 그 돈이 필요하게 될 거야. 너를 포옹하며, 아버지가."[52] 이 편지에는 지원군의 손길도 닿지 않는 전선에서 결국 질 수밖에 없는 전투를 벌이면서 자기 위치에서 버티고 있는 병사에게 보내는 메시지와 같은 요소가 들어있다. 불과 몇 달 뒤에 트로츠키는 쓰디쓴 자책 속에 자기가 료바에게 보낸 이 편지를 회상하게 된다. 그러나 이 편지를 보낼 때 트로츠키가 멕시코는 프랑스보다도 료바에게 덜 안전하다고 생각한 것은 근거가 있는 것이었다. 많은 수의 게페우 요원들이 스페인에서 온 난민인 것처럼 가장하는 등의 방법으로 멕시코에 들어와 있었던 것이다. 게다가 트로츠키를 멕시코에서 추방하라고 요구하는 목소리도 집요하게 점점 더 커지고 있었다. 해가 바뀌기 전에 이미 멕시코시티 시내의 담벼락은 트로츠키가 반동적인 장군들과 공모해 카르데나스 대통령의 정권을 무너뜨리고 멕시코에 파시즘 독재정권을 세우려고 한다는 비난의 글로 뒤덮였다. 그와 같은 중상모략이 어떤 결과를 초래할 것인지는 누구도 알 수 없었다.

몇 달간 계속되던 우울한 분위기가 9월에 잠깐 걷혔다. 듀이위원회가 그 나름의 반대재판을 마무리하고 최종 판결을 내렸다. 듀이위원회는 핵심을 짚으며 이렇게 밝혔다. "모든 증거를 토대로 (…) 우리는 1936년 8월과 1937년 1월의 재판(모스크바의 재판)은 조작된 것이었음을 발견했다. (…) 본 위원회는 레온 트로츠키와 레온 세도프가 무죄임을 선언한다."[53] 트로츠키는 이 판결을 받아들고 기뻐했다. 그러나 그 효과는 무시할 수준은 아니었지만 미미했다. 듀이의 목소리는 미국에서는 얼마간 주목을 받았지만, 유럽에서는 무시됐다. 이때 유럽의 여론은 뮌헨협정 체결을 앞두고 전개되던 그해의 중요한 사건들과 프랑스 인민전선의 부침, 그리고 스페인내전 등에 집중돼 있었다. 트로츠키는 다시 낙담했다. 그런데다가 듀이위원회의 평결을 게재하기로 한 〈회보〉의 발간이 늦어지자 화가 잔뜩 나서 '범죄'니 '정치적 맹인'이니 하는 말을 써가면서 료바를 질책했다. 트로츠키는 료바에게 보낸 1938년 1월 21일자 편지에 이렇게 썼다. "나는 〈회보〉가 운영되는 방식에 완전히 실망했다. 〈회보〉의 발간작업을 뉴욕으로 옮기는 문제를 다시 거론해야겠다."

이즈음 료바의 체력이 약해지고 있었다. 세르게의 표현에 따르면, 료바는 '지옥 같은 삶'을 살아왔다. 그는 자기의 신념과 긍지에 타격을 입기보다는 빈곤과 개인적인 좌절을 참아내는 쪽을 택했다. 세르게는 이렇게 썼다. "우리는 여러 번 같이 몽파르나스의 거리를 새벽녘까지 거닐면서 모스크바 재판의 얽힌 실타래를 풀어내려고 했다. 간간이 우리는 가로등 밑에 멈춰 섰고, 둘 중 하나가 '우리는 순전한 광기의 미궁 속에 있는 거야!'라고 소리쳤다."[54] 료바는 늘 과로한데다 돈은 없고 아버지가 걱정되기도 하는 등 미궁 속에서만 살아왔다. 그는 계속해서 아버지의 주장, 규탄, 그리고 희망의 말을 그대로 되풀이했다. 그러나 재판이 거듭되면서 그의 내면에서 무엇인가가 닫히는 소리가 났다. 그가 간직하고 있는 어린 시절과 사춘기 시절의 기억 중 가장 즐거웠던 것은 모스크바 재판의 피고인들과 연결돼 있었다. 카메네프는 아저씨였고, 부하린은 다정한 놀이친구나 다름없었다. 라코프스키, 스미르노프, 무랄로프, 그 밖의 많은 사람들은 그보다 연상이었지만 친구이자 동지였고, 그는 그들의 혁명적 인품과 용기를 부러워했다. 료바는 그들의 퇴락한 모습에 대해 곰곰이 생각해보았지만, 아무래도 그렇게 된 그들의 모습을 이해할 수가 없었다. 그들 모두가 하나하나씩 다 꺾이고 그 많은 수모를 당하고 피를 흘리는 일이 도대체 어떻게 가능했는가? 그들 가운데 적어도 한 명은 피고석에서 벌떡 일어나 자기가 한 자백을 철회하고 모든 거짓되고 가증스러운 혐의들을 산산조각 내려고 하지 않을까? 료바는 실제로 그런 일이 일어나기를 기다렸으나 그것은 헛된 소망이었다. 레닌의 미망인이 모스크바의 재판을 지지하고 나섰다고 보도됐을 때 료바는 충격과 고뇌에 빠졌다. 료바는 새로운 자산소유 계급이 되기를 열망하는 스탈린주의 관료집단이 마침내 혁명을 배반한 것이라고 수도 없이 생각하고 또 생각했다. 그러나 그런 해석도 그 모든 유혈과 폭력을 설명해주지는 못했다. 그랬다. 그것은 순전한 광기의 미궁이었다. 아버지가 지닌 천재적 선견지명은 이 미궁을 빠져나갈 길을 발견해낼 수 있을까?

마음의 병, 절망, 열병, 불면증이 이어졌다. 자기의 '자리'를 지키고 싫었던 료바는 심한 통증이 간헐적으로 오는데도 불구하고 맹장수술을 미뤘다. 그는 식사를 거의 하지 않았고, 낙담해서 축 늘어진 채 배회했다. 그러면서도 그는 2월 초에 마침내 듀이위원회의 평결이 게재된 〈회보〉를 발간했다. 그는 기쁜 마음으로 〈회보〉를 동봉한 편지를 코요아칸으로 부쳤다. 그는 자기의 건강상태에 대해서는 한 마디도 언급하지 않고 앞으로 자기가 하려는 일의 개요만을 알렸다. 이 편지는 그가 부모에게 보낸 마지막 편지가 된다.

2월 8일에 료바는 일을 하고 있었다. 이날 그는 온종일 아무것도 먹지 않은 채로 에티엔과 많은 시간을 같이 보냈다. 저녁 때 다시 통증이 밀려왔다. 그 어느 때보다 심한, 최악의 통증이었다. 수술을 더 이상 미룰 수 없었다. 그는 편지를 한 통 써서 봉한 뒤 그것을 아내에게 건네주면서 자기에게 무슨 일이 일어날 경우에만 개봉하라고 말했다. 그러고 나서 그는 에티엔과 다시 이야기를 나누었을 뿐 더 이상 아무도 만나지 않았다. 료바가 프랑스인이 운영하는 병원에 가서 자기 이름으로 입원하지는 말아야 한다는 데 두 사람의 의견이 일치했다. 그렇게 하면 게페우가 그의 소재를 금세 알아차릴 것이라는 이유에서였다. 그는 망명 중인 러시아인 의사가 운영하는 소규모의 사설 병원으로 가서, 마르탱이라는 이름의 프랑스인 기술자 행세를 하며 프랑스어만 쓰기로 했다. 그렇게 하면 프랑스인 동지들도 그가 어디에 있는지 모를 것이고, 따라서 문병을 오지도 못할 것이었다. 이 모든 사항에 합의를 본 뒤 에티엔이 앰뷸런스를 불렀다.[55]

얼핏 보아도 이런 식의 조처는 믿을 수 없을 만큼 터무니없었다. 망명 중인 러시아인은 료바가 프랑스인으로 위장해서 자신의 신분을 속여 넘기기가 가장 힘든 부류였다. 몸에 열이 나거나 마취가 된 뒤에 료바가 모국어를 내뱉을 가능성도 대단히 높았다. 파리 전체에서 료바가 갈 수 있는 유일한 병원이 레이스의 암살 이후에 그가 그토록 철저히 피했던 부류의 사람이 일하는 병원뿐이라는 것 자체가 황당한 발상이었다. 그럼에도 료바는 그런 병원에 입원하겠다고 곧바로 동의했다. 아내와 에티엔에 이끌려 병원으로 향할 때 그는 환각상태에 있지도 의식을 잃지도 않은 상태였다. 그럼에도 그는 순순히 입원했다. 비판적 감각과 자기보존 본능이 둔해진 게 분명했다.

바로 그날 저녁에 료바는 수술을 받았다. 그 후 며칠간 그의 건강은 빠르게 회복되는 것처럼 보였다. 아내 외에는 에티엔만이 그를 보러 왔다. 에티엔의 방문은 그의 기분을 좋아지게 했다. 두 사람은 정치와 조직의 문제에 대해 이야기를 나눴다. 에티엔이 돌아갈 때면 그는 늘 가능한 한 빨리 또 오라고 부탁했다. 몇몇 프랑스인 트로츠키주의자들이 료바를 방문하겠다고 하자 에티엔은 적당하게 은밀한 분위기를 풍기면서 안 된다고 말했다. 료바가 입원한 병원이 어디인지를 게페우가 알지 못하도록 하기 위해서는 그들에게도 그것을 비밀로 유지할 수밖에 없다는 것이었다. 프랑스인 동지 한 명이 놀라워하며 보안을 위한 경계가 지나치다고 말하자 에티엔은 료바와 상의해보겠다고 약속했다. 그러나 어느 누구도 료바를 만날 수 없었다. 나흘이 지났다. 료바의 병세가 갑자기 악화됐다. 고통 속에서 료바는 의식을 잃었다. 2월 13일 밤에 료바는 거의 벌거벗은 채 환각상태 속에서 병실과 병원 복도를 왔다 갔다 했으나, 어떤 이유에선지 그런 료바를 주목하고 돌봐주는 사람이 없었다. 그는 러시아어로 헛소리를 해댔다. 다음 날 아침에 의사가 그의 상태를 보고 놀라더니 잔에게 남편이 혹시 자살을 시도하지는 않았느냐고 물었다. 잔은 그런 적 없다고 대답하고 울음을 터뜨리면서 게페우가 그에게 독을 주입한 게 틀림

없다고 말했다. 료바는 긴급히 또 한 차례의 수술을 받았다. 수술에도 불구하고 그의 건강은 회복되지 않았다. 환자는 엄청난 고통에 시달렸고, 의사들은 수혈을 거듭하며 그의 생명을 구하기 위해 노력했다. 그러나 소용이 없었다. 1938년 2월 16일에 료바는 서른두 살의 나이로 사망했다.

료바의 미망인이 주장한 대로 그는 게페우의 손에 죽임을 당한 것일까? 많은 상황적 증거는 그게 사실임을 시사한다. 모스크바 재판에서 그는 자기 아버지의 가장 적극적인 보조자이자 트로츠키주의자들과 지노비예프주의자들의 음모에서 참모장의 역할을 수행한 자로 지목받았다. 레이스와 크리비츠키의 증언에 따르면 모스크바에 있는 게페우의 본부에서는 "젊은 친구가 일을 잘 한다. 그가 없다면 노인네가 일하기가 훨씬 더 어려웠을 것"이라는 말이 종종 오갔다고 한다. 트로츠키에게서 그렇게 도움이 되는 아들을 빼앗는 것은 무엇보다도 스탈린의 복수심을 만족시켜줄 게 분명했으니 게페우에 득이 됐을 것이다. 게페우는 료바의 바로 곁에 자기들이 믿을 만한 정보원이자 첩보요원인 자를 붙여놓았고, 바로 그가 료바를 사지로 데려갔다. 게페우는 료바가 제거되기만 하면 트로츠키주의 조직의 러시아 지부에서 료바가 담당했던 자리에 게페우 요원들을 앉힘으로써 트로츠키와의 직접적인 교신망을 확보할 수 있을 것이라는 기대를 품었다. 료바가 입원한 병원은 의사와 간호원뿐 아니라 요리사와 짐꾼도 온통 러시아인 망명자들로 채워져 있었고, 그들 가운데 일부는 망명자 본국송환 협회의 회원이었다. 게페우가 그들 중에서 자기를 위해 일을 해줄 요원들을 확보하는 것만큼 쉬운 일은 없었을 것이고, 그런 요원들 가운데 누군가가 료바에게 독을 주입했을 것이다. 양심에 거리낄 만한 살인을 그토록 많이 저지른 게페우가 료바를 독살하면서 양심의 가책 같은 것을 느끼기나 했을까?

그러나 확실한 증거는 없었다. 잔의 요구에 따라 검시가 이루어졌지만 타살의 증거는 나오지 않았다. 경찰과 의사들은 독살은 물론 그 밖의 다른 타살의 가능성도 단호하게 부인했다. 그들은 장폐색이라는 수술 후 합병증과 심장마비, 저항력 감퇴 등이 료바의 사인이라고 했다. 트로츠키 가족의 친구인 저명한 의사도 사인에 대한 그들의 의견을 수용했다. 그런데 트로츠키와 그의 며느리인 잔이 제기한 다수의 질문들은 명쾌한 답변 없이 방치됐다. 료바가 러시아인이 운영하는 병원에 가게 된 것은 그저 우연일 뿐이었을까? 훗날 에티엔은 자기가 앰뷸런스를 부른 직후 게페우에 료바의 입원 사실을 알렸다고 고백했지만, 이때만 해도 트로츠키는 그런 사실을 알지 못했다. 병원의 의사와 직원들은 료바의 신분과 국적을 알지 못했다고 주장했다. 그러나 목격자들은 료바가 러시아어로 헛소리를 해대고 심지어는 정치문제에 관해 말하는 것도 들었다고 주장했다. 의사가 료바의 상태가 악화된 원인을 다른 자연스러운 이유가 아닌 자살기도로 보려고 한 것은 무엇 때문이었을까? 료바의 미망인에 따르면 문제가 커지자 그 의사는 공포에 질린 듯 침묵에 빠졌다고 한다. 그리고 그는 직업상의 비밀을 지켜야 한다는 의사로서의 의무를 내세운 뒤에 잠적해버렸다. 잔은 조사 나온 검사관으로 하여금 이런 모호한 상황들에 주목하게 하려고 애썼으나 소용이 없었다. 트로츠키가 통상적인 검시절차는 '완벽하고 알려지지 않은' 게페우의 암살기술을 고려하지 않았다는 점을 지적했으나, 이 역시 소용이 없었다. 트로츠키는 프랑스 경찰이 자기들의 무능과 실책을 가리기 위해 료바 문제를 쉬쉬하며 덮어버린 것이 아닐까 하고 추측했다. 그게 아니라면 인민전선 정부가 무언가 강력한 정치적 영향력을 행사해 철저한 조사를 할 수 없게 했던 게 아닐까? 어쨌든 가족으로서는 검시를 다시 하라고 요구하는 것 외에는 달리

할 수 있는 일이 없었다.[56)]

료바가 사망했다는 소식이 멕시코에 전해졌을 때 트로츠키는 코요아칸에 없었다. 며칠 전에 리베라가 블루 하우스 주위를 배회하거나 집 안을 관찰할 수 있는 지점에서 그 집에 사는 사람들을 감시하는 낯선 사람을 발견했다. 놀란 리베라는 트로츠키가 그 집을 떠나 당분간 차풀테펙 공원에 있는 안토니오 히달고의 집에 머물도록 조처했다. 히달고는 혁명가이자 리베라의 친구였다. 2월 16일에 트로츠키는 히달고의 집에서 〈그들의 도덕과 우리의 도덕〉이라는 평론을 쓰고 있었다. 그런데 그날 저녁신문에 료바의 사망 소식이 실렸다. 신문을 읽은 리베라가 사실이 아니기를 바라며 파리로 전화를 걸어보았으나, 사실이었다. 리베라는 곧바로 차풀테펙 공원으로 달려갔다. 트로츠키는 료바가 죽었다는 소식을 믿지 않으려 했다. 그는 화를 내며 리베라를 방에서 내쫓았다. 그러나 결국 그는 리베라와 함께 코요아칸으로 돌아가 그 뉴스를 나탈랴에게 알렸다. 이때의 상황에 대해 나탈랴는 이렇게 써놓았다. "나는 (…) 옛날사진들, 아이들의 사진들을 정리하던 중이었다. 초인종이 울렸고, 다비도비치가 온 것을 알고 놀랐다. 나는 문밖으로 나가 그를 맞았다. 그가 방안으로 들어섰다, 고개를 숙인 채로. 난생 처음 보는 모습이었다. 그의 얼굴은 잿빛이었고, 몸 전체가 갑자기 노쇠해 보였다. 나는 놀라서 물었다. '무슨 일이에요?' '어디 아파요?' 그는 낮은 목소리로 대답했다. '료바가 죽었소. 우리의 가엾은 료바가.'"[57)]

여러 날 동안 트로츠키와 나탈랴는 고통에 짓눌려 방안에 틀어박혀 지냈다. 비서들을 만나지도, 찾아온 친구들을 맞지도, 위문에 응하지도 않았다. 나탈랴는 이렇게 썼다. "아무도 그에게 말을 건네지 못했다. 그의 비통함이 워낙 깊어 보였기 때문이다." 여드레 만에 방 밖으로 나온 그는 눈이 퀭했고, 수염이 덥수룩하게 자란 상태였으며, 소리를 내어 말하지도 못했다. 몇 주 뒤에 그는 잔에게 보낸 편지에 이렇게 썼다. "나탈랴는 아직 네게 답장을 보낼 수 있는 상태가 아니다. 그녀는 네가 보낸 편지들을 읽고 또 읽으면서 울고 또 울고 있다. 손에서 일을 놓을 때면 나도 그녀와 함께 운다."[58] 그의 비탄 속에는 지난해 자기가 아들을 가차 없이 거칠게 질책했던 것과 아들에게 파리에 계속 눌러앉아 있으라고 조언했던 것에 대한 회한이 섞여 있었다. 자식을 먼저 떠나보내며 슬퍼하는 것이 벌써 세 번째였다. 하나하나 떠나보낼 때마다 더 큰 회한이 몰려왔다. 1928년에 니나가 죽었을 때 그는 자기가 니나를 충분히 편안하게 해주지 못했던 점과 그녀가 죽기 직전 몇 주일간 편지를 써 보내지 않았던 점을 뉘우치며 스스로를 책망했다. 지나는 아버지와의 관계가 소원해진 상태에서 자살했다. 그리고 이제 료바는 트로츠키가 그대로 눌러앉아 있으라고 요구한 곳에서 죽었다. 어떤 자식보다도 료바는 트로츠키와 삶과 투쟁을 함께 나눈 자식이었다. 그 어떤 손실보다도 료바의 죽음은 그로 하여금 고독하고 버림받은 느낌을 갖게 했다.

상중에 트로츠키는 료바를 추념하는 글을 썼다. 이 글은 세계문학에서 독보적인 만가(輓歌)라고 할 수 있다.[59] "지금 나는 레프 세도프의 어미와 함께 이 글을 쓴다. (…) 우리는 아직도 이 상황을 믿을 수가 없다. (…) 그가 우리의 충실하고 헌신적이며 사랑스러운 아들이었기 때문이 아니라 (…) 누구와도 달리 그가 우리의 삶 속으로 들어와 뿌리를 내리고 성장했기 때문이다." 그리고 다음과 같은 글이 이어진다.

우리가 혁명의 길에 오를 때 함께했던 옛 세대는 (…) 무대에서 쓸려났다. 차르체제에서 겪었던 그 모든 추방, 투옥, 중노동, 망명생활의 궁핍, 내전, 질병도 해내지 못한 일을 혁명에 최악의 재앙인 스탈린은 최근의 불과 몇 년 만에 다 해냈다. (…) 1917년에 일깨워져 혁명의 전선에 있는 24개 군부대에서 훈련을 받았던 (…) 중간세대도 대부분 파멸됐다. 료바와 같은 연배인 젊은 세대의 대부분도 (…) 역시 짓밟히고 깔아뭉개졌다. (…) 우리는 여러 해 동안 망명생활을 하면서 새로운 친구들을 많이 사귀었다. (…) 그들 중 일부는 우리의 가족이나 다름없게 됐다. 그러나 그들은 모두 우리가 노년기에 접어들었을 때 처음으로 만난 사람들이다. 젊은 시절의 우리를 아는 사람은 료바뿐이었다. 료바는 나름의 자의식을 갖게 됐을 때부터 우리의 삶 속에 들어왔다. 그는 젊은 채로 우리 세대와 거의 같아졌다.

트로츠키는 애정을 담아 간단하게 료바의 짧은 생애를 묘사했다. 그 아이는 아버지를 감금한 자들과 싸웠고, 감옥으로 음식꾸러미와 책을 가져다주었고, 혁명적 행동에 나선 뱃사람들과 사귀었고, 레닌이 혁명을 어떻게 이끄는지를 직접 보기 위해 소련 정부의 회의실에 들어가 의자 밑에 숨어있기도 했다. 위대했지만 배가 고팠던 내전의 시기에 그는 청소년이었다. 그때 그는 정치적 선동을 하면서 같이 지내던 빵가게의 견습공들로부터 얻은 빵을 너덜너덜한 잠바의 소매 속에 숨겨 집으로 가져왔고, 관료가 누리는 특권을 혐오했기에 아버지와 함께 자동차를 타고 여행하기를 거부했고, 크렘린 안에 있는 부모의 집을 프롤레타리아 학생들을 위한 숙박시설로 제공했고, 노동자들의 자발적인 봉사팀에 참여해 모스크바의 거리에서 쌓인 눈을 치우고 열차에서 빵이나 목재를 내리는 일을 했고, 기관차를 수리하고 문맹을 퇴치하는 일에도 나섰다고 트로츠키는 설명했다. 또한 그 젊은 반대파는 한 치 망설임도 없이 처와 자식을 놔두고 추방당한 부모와 함께 망명 길에 나섰고, 게페우의 감시 속에서 살던 알마아타 시절에는 아버지가 외부세계와 연락을 주고받을 수 있도록 돕기 위해서 때때로 비가 내리거나 눈폭풍이 몰아치는 한밤중에 교외의 숲으로 가거나 낮에 붐비는 시장, 도서관, 공중목욕탕에 가기도 했다고 트로츠키는 회상했다. 트로츠키는 이렇게 썼다. "그때마다 그는 눈에 작은 투지의 불꽃을 튀기고 외투 안에 귀중한 전리품을 품은 채 활기차고 행복한 표정으로 돌아오곤 했다." "그는 나보다도 반대파 사람들을 더 많이 알고 있었고 (…) 사람들을 잘 파악했다. (…) 혁명적 본능이 그로 하여금 조금도 망설임 없이 진실과 거짓을 분간할 수 있게 했다. (…) 나보다 아들을 더 잘 아는 그의 어미는 아들에 대한 자부심에 눈을 빛내곤 했다."

트로츠키는 아버지로서 갖고 있었던 회한의 감정도 표출했다. 그는 자기가 료바에게 까다로운 요구를 했었다고 말하고, 변명하는 듯한 어조로 그것은 자기의 지나치게 꼼꼼하게 일하는 습관과 가장 가까운 사람에게 최대한의 역할을 요구하는 습성 때문이었다고 설명했다. 사실 료바 말고 누가 자기에게 가장 가까운 사람이었겠느냐는 것이었다. 트로츠키는 이렇게 썼다. "우리의 관계는 일정하게 가혹하고 소원했다. 그러나 그 밑바탕에는 (…) 혈연의 관계로 설명될 수 있는 것보다는 훨씬 더 큰 어떤 것들, 즉 공통의 견해, 공감과 증오심의 공유, 같이 겪어온 즐거움과 고통, 똑같이 품고 있는 커다란 희망으로부터 나오는 깊고 뜨거운 애착의 감정이 살아있었다." 어떤 사람들은 료바가 '위대한 아버지의 아들'일 뿐이었을 거라고 생각한다. 그러나 그런 사람들은 오랫동안 카를 리프크네히트에 대해 그렇게 생각했던 사람들과 마찬가지로 잘못 생각하는 것이다. 료바가 처한 상황만이 그를 실제의 그로 만든 것은 아니었다. 료바가 자신의 저술작업에 얼마나 기여했는가에 대해 트로츠키는, 다소 과장일지는 모르지만, 이런 글을 남겼다. "1929년 이래 내가 쓴 거의 모든 책에는 내 이름 다음에 그의 이름이 적혔어야 했다." 료바의 부모는 노르웨이에서 연금돼 있을 때 료바가 쓴 《모스크바 재판에 관한 붉은 해설서》를 받아 보고 크나큰 위안과 기쁨을 느꼈다. 그 책은 크렘린에 있는 중상모략꾼들에 대한 최초의 파괴적인 대응이었다. "젊은 친구가 없었다면 노인네가 일하기가 훨씬 더 어려웠을 것"이라고 말했던 게페우 사람들의 말은 옳았다. 그 젊은 친구가 실제로 없어졌으니 트로츠키가 일을 해나가기가 얼마나 더 어려워졌겠는가!

트로츠키는 "감수성이 매우 예민하고 섬세한 아이"인 료바가 견뎌내야 했던 시련들을 돌이켜 보았다. 끝없이 쏟아지는 거짓과 비방, 길게 이어지는 옛 친구와 동지들의 이탈과 항복, 지나의 자살, 그리고 결국은 그의 도덕적 정신구조를 심각하게 뒤흔든 재판들에 이르기까지 그는 그 모든 것을 견뎌내야 했다. 그의 사인에 숨은 진실이 무엇이든 간에, 그가 그런 시련들 때문에 탈진해서 죽게 됐든, 아니면 게페우가 그를 독살했든 간에, 그 어느 쪽이든 "그들(게페우와 스탈린주의자들 – 옮긴이), 그리고 그들의 주인은 유죄다"고 트로츠키는 지적했다.

트로츠키가 쓴 이 거대한 탄식의 추념사는 처음 시작된 부분으로 다시 돌아가 이렇게 끝을 맺는다.

> 이 세계에서 그 누구보다도 그와 가까웠던 그의 어미, 그리고 나는 그런 끔찍한 세월을 그와 함께 살아왔기에 그의 모습을 세세히 기억하고 있다. 우리는 그가 더 이상 존재하지 않는다는 것을 믿고 싶지 않지만, 그럴 수 없기에 울고 있다. (…) 그는 우리의 일부, 즉 우리의 젊은 부분이었다. (…) 우리의 아들과 더불어 우리 안에 젊은 상태로 남아있던 모든 것이 죽어버렸다.

(…) 네 어미와 나는 운명이 우리에게 너를 추념하는 이런 글을 쓰게 하리라고는 결코 생각해본 적도 없고 예상한 적도 없다. (…) 그러나 우리는 너를 구하지 못했구나.

이때쯤에는 세르게이도 이미 사망한 게 거의 분명했다. 물론 그의 죽음에 관한 공식적인 정보는 없었고, 25년이 지난 뒤에도 그런 정보는 없었다. 그러나 1937년 초에 모스크바에 있는 부티르키 감옥에서 그와 같은 방에 갇혀 있었던 한 정치범은 이런 이야기를 전해주었다.[60] 1936년에 게페우는 세르게이에게 아버지는 물론이고 아버지가 대변하는 모든 것과의 관계를 공개적으로 단절한다고 선언하라는 압력을 여러 달에 걸쳐 가했다. 세르게이는 이를 거부했고, 때문에 강제수용소에서 5년간 강제노동을 해야 하는 처지가 되어 보르쿠타로 보내졌다. 세르게이 외에도 다른 강제수용소들에 수감됐던 트로츠키주의자들이 이해 말에 보르쿠타로 옮겨졌다. 철조망이 쳐진 보르쿠타의 강제수용소에서 세르게이는 처음으로 트로츠키주의자들과 만났다. 세르게이는 이때도 자기가 트로츠키주의자라고 생각하지 않고 있었다. 그는 깊은 감사의 마음과 존경심을 품고 아버지를 지지하는 사람들, 특히 거의 10년 동안 항복하지 않고 버텨온 사람들과 대화를 나누었다. 세르게이는 그들의 단식투쟁에 동참했다. 단식투쟁은 3개월 이상 계속됐고, 세르게이는 거의 죽음 직전에 이르렀다.[61]

1937년 초에 세르게이는 추가 심문을 받기 위해 모스크바로 이송됐다. 우리에게 세르게이의 마지막 순간을 이야기해준 수감자가 그를 만났던 것은 바로 이때였다. 세르게이는 아버지의 모든 지지자들과 더불어 자기도 죽임을 당할 것이 틀림없다고 생각하고 있었기에 모스크바로 이송

되면서도 자기가 풀려나거나 형량이 줄어들 것이라는 기대는 갖지 않았다. 그럼에도 그는 자기 내면의 지적, 도덕적 기반으로부터 힘을 짜내며 냉정하고 침착한 태도를 유지했다. 증언자는 이렇게 말했다. "그는 게페우가 심문을 하는 방법에 관해 이야기하면서, 교육을 받은 사람이라면 누구나 그들과 맞대응할 수 있을 것이라는 의견을 피력했다. 그는 한 세기 전에 발자크가 심문의 모든 속임수와 기법을 매우 정확하게 묘사해 놓았는데, 지금도 그것은 거의 같다고 말했다. (…) 그는 자기에게 닥친 상황을 완벽하게 침착한 태도로 맞았고, 어떤 상황에서도 그 자신이나 다른 누구를 조금이라도 연루시킬 만한 진술은 하지 않으려 했다." 그는 끝까지 버텼던 게 분명하다. 그렇지 않았다면 게페우가 그로부터 어떤 자백이든 끌어냈을 것이고, 그랬다면 그들이 그가 무언가를 자백했다는 사실을 전 세계에 떠들썩하게 알렸을 것이기 때문이다. 그는, 틀림없이 부모님은 '비정치적인 아들' 인 자기에게는 운명을 견뎌내는 데 필요한 신념과 용기가 결여돼 있을 가능성이 크다고 여기고 걱정할 것이라고 생각했다. 증언자는 이렇게 말했다. "그는 무엇보다도 자기 부모, 특히 어머니에게 자기 내면에서 일어난 변화에 대해 대신 이야기해줄 사람이 없을 것이라는 점을 유감스러워했다. 왜냐하면 자기가 투옥된 뒤에 만난 사람들 가운데 그 누구도 살아남아 그런 이야기를 전해줄 수 없을 것이라 생각했기 때문이다." 이 증언자는 얼마 지나지 않아 세르게이와 헤어졌고, 다른 감옥에서 세르게이가 처형됐다는 말을 전해 들었다고 했다. 한참 뒤인 1939년에 한 미국인 기자를 통해 트로츠키에게 전달된, 출처가 의심스러운 메시지에는 세르게이가 1938년 말까지는 살아있었다는 내용이 실려 있었다. 그 후로는 세르게이에 관한 소식이 더 이상 들려오지 않았다.[62]

트로츠키의 자손들 가운데서는 이제 지나의 아들로 열두 살이 된 세바만이 소련 밖에서 살아있었다. 트로츠키의 다른 손자, 손녀들에게 어떤 일이 일어났는지에 대해서는 아무것도 알려지지 않았다. 그동안 세바는 료바와 잔의 손에서 자랐다. 자기 아이가 없었던 잔은 세바에게 친엄마나 다름없었다. 잔은 세바를 끔찍이 사랑했다. 트로츠키는 료바가 죽은 뒤 처음으로 잔에게 보낸 편지에서 세바를 데리고 멕시코로 오라고 했다. "잔, 나는 너를 매우 사랑한다. 그리고 나탈랴에게 있어서 너는 (…) 오직 그녀만이 할 수 있는 다감하고 세심한 방식으로 사랑하는 딸일 뿐 아니라 료바의 일부분, 즉 그의 가장 사적인 삶을 간직하고 있는 사람이다." 트로츠키와 나탈랴는 잔과 세바가 멕시코로 와서 함께 살기를 간절히 원했다. 그러나 멕시코에서 살고 싶지 않다면 그저 방문만이라도 해달라고 잔에게 간곡히 부탁했다. 그러면서 트로츠키는 덧붙였다. "어쩌면 너는 세바와 헤어질 수 없다고 생각할지도 모르겠다. 충분히 이해한다."[63]

그러나 이 슬픈 이야기는 차츰 기묘하게 일그러지면서 파리의 트로츠키주의자들 사이에 이미 벌어지던 다툼과 얽혀들게 된다. 료바와 잔은 소속된 그룹이 달랐다. 료바는 정통 트로츠키주의자들의 그룹에 소속돼 있었고, 잔은 몰리니에 파에 소속돼있었다. 료바는 유언서 대신 남긴 편지에서 그런 차이에도 불구하고(제3자의 입장에서는 '둘 사이의 순탄치 않았던 결혼생활에도 불구하고'라는 말을 여기에 덧붙일 수도 있겠다) 자기는 잔을 최고로 높이 평가하며 무제한으로 신뢰한다고 밝혔다. 이런 사실은 잔을 세심하게 배려하던 그의 태도와 더불어 그의 성품을 말해주는 것이었다. 그러나 파리의 두 트로츠키주의자 그룹 사이의 격렬한 경쟁은 료바의 주검마저 가만 놔두지 않았고, 그의 어린아이에게도 영향을 끼쳤으며, 트로츠키를 황당한 상황에 처하게 만들었다.[64] 절박한 심정으로 료바의 주검에 대한 재검시를 실현시키려고 애쓰던 잔은 프랑스의 관리들과 경찰에 대항해 가족의 이익을 대변하고 지키는 역할을 몰리니에 파에 소속된 한 변호사에게 공식 위임했다. 정통 트로츠키주의자들과 트로츠키의 변호사인 제라르 로장탈은 잔에게는 그렇게 할 권리가 없다면서 료바의 부모만이 가족 전체를 대변하는 발언을 할 권리를 갖고 있다고 주장했다. 이런 상충되는 주장 속에서 프랑스의 관리들과 경찰은 재검시 요구를 보다 쉽게 무시할 수 있게 됐다.[65)]

료바가 보관해오던 트로츠키의 자료들을 두고도 한바탕 소동이 벌어졌다. 이 자료들은 료바가 죽은 뒤 잔의 소유가 됐고, 따라서 자동으로 몰리니에 파의 수중에 들어갔다. 트로츠키는 정통 트로츠키주의자 그룹을 통해 자료들을 돌려달라고 요구했다. 그러나 잔은 그 요구를 거부했다. 이로 인해 잔과 시부모 사이의 관계가 갑자기 냉각됐으며, 시간이 흐르면서 적대적인 성격까지 띠게 됐다. 결국 트로츠키는 한 미국인 지지자를 파리로 보내 직접 자료들을 챙기도록 하고서야 그 자료들을 돌려받을 수 있었다. 잔은 아이를 데리고 같이 멕시코로 오거나 아이만이라도 멕시코로 보내라는 시부모의 거듭된 요구에도 응하지 않았다. 그녀는 신경이 날카로워졌고, 심적 불안정이 심해졌다. 그녀는 자기를 보호해준다고 여겨지는 사람들과 잠시도 떨어져있으려 하지 않았다. 이 문제를 놓고도 파리의 두 트로츠키주의 그룹은 언쟁을 벌였다. 트로츠키는 며느리를 달래보려고 무진 애를 썼지만, 두 그룹 간의 갈등으로 인해 아무런 합의도 도출해낼 수 없었다. 자식들을 모두 잃고 나서 유일하게 거둘 수 있는 손자인 세바만이라도 자기 곁에 두고 싶어서였는지, 극심한 우울증과 슬픔에 휩싸여 위태로운 잔에게 세바를 돌보게 하는 게 불안해서였는지, 아니면 이 두 가지가 다 이유였는지는 모르지만, 트로츠키는 이 문제의 해결을 법에 맡기기로 결심했다. 보기 흉한 소송과 재판이 일 년 넘게 이어지면서 선정적인 신문들과 당파적인 신문들에게 좋은 기삿거리를 제공했다.[66] 잔은 세바를 잃을까봐 절망적인 심정이 된 나머지 트로츠키의 첫 번째 결혼은 물론 두 번째 결혼도 합법적인 것이 아니라고 주장함으로써 세바에 대한 트로츠키의 친권을 근거없는 것으로 만들려 했다. 별수 없이 트로츠키는 두 번에 걸친 자기의 결혼이 모두 합법임을 증명해야 했다. 이런 도발을 당하고서도 트로츠키는 법원에 보낸 편지에서 자기는 잔의 위태로운 감정을 이해할 수 있으며, 비록 잔이 세바에 대해 법률적인 권리를 갖고 있지는 않지만 정신적이고 도덕적인 권리는 갖고 있다고 인정했다. 트로츠키는 잔에게 여행 경비는 자기가 댈 테니 아이를 데리고 멕시코로 오라고 다시 한 번 요청했다. 트로츠키는 자기와 세바가 같이 있을 기회만 갖게 해준다면 나중에 세바를 다시 돌려보낼 수도 있다고 밝히기도 했다.[67] 법원은 두 차례에 걸쳐 트로츠키에게 유리한 판결을 내렸고, 수탁인단을 지정해 세바를 자기 할아버지에게 보내는 역할을 맡겼다. 그러나 잔은 법원의 판결을 거부하고 세바를 파리 밖으로 데리고 나가 아무도 모르는 곳에 숨겼다. 오랜 시간에 걸쳐 수색이 이뤄졌고, 겨울에 보주 지역(프랑스 북동부 지역—옮긴이)을 뒤진 뒤에야 마르게리트 로스메가 아이가 있는 곳을 알아내어 잔의 손에서 세바를 빼내 왔다. 그런데 문제는 여기서 끝나지 않았다. 잔의 친구들이 세바를 유괴하려 했기 때문이다. 결국 1939년 10월이 되어서야 비로소 로스메 부부가 세바를 코요아칸으로 데리고 갈 수 있었다.

트로츠키는 세바에게 비감에 젖은 편지를 보내 자기가 왜 세바를 멕시코로 데려오려고 고집을 부렸는지를 설명했다. 그러나 트로츠키의 설명은 어색했고 설득력도 약했다. 잔에게 험담이 되는 말을 피하려고 한 탓에 주된 이유를 세바에게 밝힐 수 없었기 때문이다.

나의 어린 세바에게. (…) 레온 외삼촌은 이제 이 세상 사람이 아니란다. 그러니 사랑스런 세바야, 우리는 이제 직접 만나야 한다. 네 아버지가 지금 어디에 있는지, 아니 살아있기나 한지도 나는 모른다. 네 아버지는 4년 전에 나한테 마지막으로 보낸 편지에서 네가 러시아어를 잊어버리지 않았는지를 강조해 물었다. 언젠가 너를 다시 만나게 됐을 때 서로 의사소통이 안 되면 어쩌나 하는 생각이 들자 두려웠던 게야. 네 아버지는 매우 명석하고 교육도 잘 받은 사람이지만 외국어는 못하기 때문이지. 그건 네 누이도 마찬가지일 거야. 다시 만난 여동생과 말로 의사소통을 할 수 없다면 얼마나 슬플지를 상상해보렴. (…) 너도 이제 다 컸으니, 나는 네게 대단히 중요한 다른 것에 대해서도 얘기해주고 싶다. 그것은 너의 어머니와 아버지, 레온 외삼촌, 그리고 이 할아버지, 할머니가 모두 똑같이 갖고 있는 사상에 관한 이야기야. 우리 가족이 이토록 고초를 겪고 있는 것도 바로 그 사상 때문이란다. 그것의 드높은 가치를 네게 설명해주고 싶구나. 나 자신을 위해, 네 아버지가 살아있다면 네 아버지를 위해, 그리고 너를 위해서도 나는 너에게 나의 책임을 다하고 싶단다.

트로츠키는 아이에게 보내는 편지에는 어울리지 않게 딱딱하고 뜬금없어 보이는 말로 끝을 맺었다. "이런 이유에서 나는 네가 멕시코로 오는 여행은 번복될 수 없다는 결정을 내렸단다."(68)

한편 게페우는 음모 작업을 계속 해나갔다. 에티엔은 파리 트로츠키주의자들의 조직에서 료바가 차지하고 있던 자리를 자기가 대신 차지하는 데 아무런 어려움도 겪지 않았다. 에티엔은 이제 〈회보〉를 발간하는 책임을 맡았고, 유럽에서 트로츠키의 가장 중요한 연락창구가 됐으며, 스탈린주의 테러를 피해 유럽으로 온 망명자들 가운데 트로츠키와 접촉하려는 사람들과 만났다. 트로츠키주의자 조직의 '러시아 지부'가 파리에 두고 있는 조직원은 서너 명에 불과했는데, 그들 가운데 에티엔만큼 소련의 사정에 정통하고 지식과 근면성을 갖춘 사람은 없었다. 트로츠키는 료바가 에티엔을 가장 친밀하고 믿음직한 친구로 여겼다는 점을 알고 있었다. 게다가 밀정 에티엔은 자기에 대한 그런 평가에 대해 트로츠키가 확신할 수 있게끔 최선을 다했다. 에티엔은 료바의 죽음으로 트로츠키가 느끼게 된 아버지로서의 비통한 감정을 최대한 이용해, 자기에게 방해가 되는 사람들을 트로츠키가 신뢰하지 않도록 유도했다. 료바가 죽은 지 일주일이 되기도 전에 에티엔은 트로츠키에게 편지를 보내 짐짓 분노하는 듯한 어조로, 스네블리트가 레이스의 죽음에 대한 책임이 료바에게 있다는 '중상모략성 소문'을 퍼뜨리고 있다고 전했다. 또한 그는, 마치 지나가는 듯한 어조로, 료바가 우편함 열쇠를 늘 자기에게 맡기고 편지를 찾아오도록 했다고 적음으로써 료바가 자기를 완전하게 신뢰했었다는 점을 트로츠키에게 상기시켰다.[69] 트로츠키는 자기와 정치적 입장을 달리하는 스네블리트를 가리켜 "중상모략꾼"이라면서 분노를 터뜨리는 내용의 답장을 보냈다.[70] 에티엔은 밀정으로서는 당연한 일이었지만 정통 트로츠키주의자의 모범으로서 트로츠키와 다른 의견을 절대로 드러내지 않으면서도 무조건적인 예스맨도 아닌 체했다. 에티엔은 트로츠키에 대한 헌신적인 태도를 분명히 보여주면서도 그것이 과시적이라고 느껴지지 않도록 주의하면서 감동을 일으키는 어조로 트로츠키의 건강은 어떤지, 생활에 불편함은 없는지를, 그것도 트로츠키에게 직접 물어보지 않고 그의 비서들 가운데 한 명에게 물었다. 대신 트로츠키와는 정치적인 문제와 〈회보〉에 실을 내용에 관해 직접 의논했다. 〈회보〉는 그동안에 비해 정기적으로 보다 자주 발간됐다. 에티엔은 트로츠키에게 레이스의 사망 기념일에 맞춰 〈회보〉에 그를 추념하는 글을 게재하고 싶다면서 원고를 청탁했다. 에티엔은 료바의 사망 1주기 때도 료바에 대해 적절히 칭송하며 추념하는 글이 〈회보〉에 게재되도록 신경을 썼다. 이어 에티엔은 멕시코에서 게페우 요원들이 벌이는 활동을 폭로하는 내용의 글이 '트로츠키의 생명이 위기에 처했다'는 제목으로 게재된 〈회보〉가 곧 발간될 것임을 알려오기도 했다. 에티엔은 트로츠키가 《스탈린》이라는 책을 쓰기 위해 필요한 자료와 인용문을 러시아의 신문들 또는 아무나 쉽게 접근할 수 없는 발간물이나 문서 등에서 수집해서 보내주었다. 한마디로 그는 트로츠키에게 거의 료바만큼이나 없어서는 안 될 보조자가 됐다. 그러면서도 그는 늘 트로츠키주의자들의 분파 간 분쟁과 트로츠키와 잔 사이의 분쟁을 더욱 부추기는 일을 은밀하게 하고 있었다. 잔과 트로츠키 사이를 이간질하는 그의 은밀한 노력은, 료바가 죽게 된 상황에 대해 공식적인 조사를 새로 해달라고 잔이 당국에 제기한 요청을 트로츠키가 지지하지 않을 때까지 계속됐다. 에티엔도 그러한 조사를 방해하기 위해 최선을 다했다. 에티엔은 '레온 세도프의 가장 가까웠던 친구' 자격으로 프랑스 경찰에 출두해서, 료바의 죽음은 체질상 질병에 대한 저항력이 약했기 때문에 비롯된 것으로서 타살의 의혹이 전혀 없다고 진술했다.[71)]

4차 인터내셔널의 창립총회를 열기 위한 트로츠키주의자들의 준비작업에서도 밀정 에티엔은 중심적인 위치에 있었다. 이 준비작업이 한창이던 1938년 7월 13일에 바르비종에서 트로츠키의 비서로 일했고 인터내셔널 예비조직의 비서이기도 했던 독일인 망명자 루돌프 클레멘트가 파리에 있는 자택에서 갑자기 사라졌다. 그로부터 거의 두 주일 뒤에 트로츠키는 클레멘트가 쓰고 서명한 것으로 돼있는 편지를 한 통 받았다. 발신지가 뉴욕인 이 편지에는 트로츠키가 히틀러와 동맹관계를 맺고 게슈타포와 협력했다는 등의 비난이 들어있었다. 이와 함께 스탈린주의자들이 트로츠키에게 뒤집어씌운 혐의들이 그대로 반복된 뒤에 트로츠키와 관계를 단절한다고 선언돼있었다. 트로츠키의 몇몇 프랑스인 지지자들도 이 편지의 사본을 한 통씩 받았는데, 그 발신지 주소는 페르피냥(프랑스 남부의 도시—옮긴이)으로 돼있었다. 이 편지는 터무니없거나 사실과 다른 내용들로 가득 찬, 클레멘트 본인이 쓴 것이라고는 도저히 볼 수 없는 것이었다. 트로츠키는 이 편지가 순전히 날조된 것이거나 게페우 요원이 겨눈 총구 앞에서 어쩔 수 없이 쓴 것이라고 결론 내렸다. 트로츠키는 이렇게 썼다. "클레멘트가 만약 살아있다면, 그로 하여금 직접 나서서 법정, 경찰, 또는 중립적인 위원회에서 자기가 알고 있는 모든 것을 말하도록 하라. 그러나 게페우는 결코 자기들의 수중에서 클레멘트를 내놓으려고 하지 않을 것이다."[72] 얼마 후 클레멘트는 끔찍하게 사지가 절단당한 시체로 센 강변에서 발견됐다. 레이스를 암살한 자들이 클레멘트도 죽여놓고, 마치 그가 트로츠키에게 환멸을 느껴서 결별을 선언한 것처럼 조작한 것이 분명했다. 2년 뒤에 트로츠키를 암살한 자도 자기는 트로츠키의 지지자였으나 환멸을 느끼게 됐다는 태도를 취했다.

게페우가 왜 클레멘트를 선택했던 것일까? 트로츠키주의자들 속에서 클레멘트는 어떤 특별한 능력으로 눈에 띄는 사람이 아니었다. 그는 겸손하고 사심 없는 일꾼이었고, 트로츠키주의자들의 조직 안에서 일어나는 일을 주의 깊게 관찰하는 사람일 뿐이었다. 그가 게페우의 비밀 중 뭔가 중요한 것을 알게 됐던 걸까? 그가 게페우의 밀정을 추적해오다가 그 밀정의 정체를 폭로하려고 했던 건 아니었을까? 바로 이런 가능성들이 게페우로 하여금 그를 갑자기 납치하고 그토록 잔인하게 복수하듯 살해한 이유를 설명해준다고 트로츠키는 추측했다.[73)]

이때쯤 에티엔에 대한 스네블리트의 의심이 확신으로 굳어졌다. 스네블리트는 세르게와 함께 에티엔에 대한 의심을 공개적으로 밝히기 시작했다. 에티엔은 대담하게도 자기가 어떻게 대응해야 하는지를 트로츠키에게 물었다. 트로츠키는 에티엔에게 유능한 위원회를 구성하고 스네블리트와 세르게로 하여금 자기들이 에티엔에 대해 갖고 있는 의심들을 그 위원회에 전달하고 위원회로 하여금 조사하게 하라고 대답했다. "에티엔 동지는 이런 조처를 취해야 하오. 가급적 일찍, 더 단호하게 이런 조처를 취할수록 좋을 것이오." 트로츠키는 이와 다른 조언은 할 수가 없었다. 의심을 받게 된 에티엔이 직접 그 의심의 내용에 대한 조사를 요구하는 것을 통해 자기의 결백을 증명하는 것이 또 하나의 통상적인 방법일 수 있었다. 그러나 트로츠키는 에티엔에 대한 스네블리트와 세르게의 의심이 근거 있는 것이라고 믿지 않았다.[74)]

그로부터 한 달이 채 지나기도 전에 트로츠키에게 전해진 경고의 메시지가 이 기이한 이야기를 더욱 기이하게 만들었다. 메시지는 게페우의 고위 관리였다가 이제는 미국에서 망명 중인 사람으로부터 전달된 것이었다. 그런데 이 사람은 게페우를 두려워해서 신분을 밝히기를 거부한 채 러시아 출신의 유태계 미국인인 척했고, 자기가 전달하는 메시지도 자기의 메시지가 아니라 게페우 요원이었다가 일본으로 도망간 자기의 친척이 보내는 것으로 가장했다. 이 사람은 트로츠키에게 파리에 '마르크'라는 이름으로 불리는 위험한 첩자가 있으니 그를 조심하라고 했다. 자기는 마르크라는 이름만 알 뿐 그의 성은 모른다고 했다. 그러면서도 그는 마르크라는 인물의 개인적 특성, 출신배경, 료바와의 관계 등을 자세하고도 명확하게 이야기했는데 그 내용은 에티엔의 신상정보와 똑같았다. 트로츠키는 그가 말하는 사람이 누구를 가리키는 것인지를 금세 알아차렸다. 메시지를 전달해준 사람은 파리에 있는 트로츠키주의자들이 얼마나 부주의하게 다른 사람을 쉽게 믿는지를 알고는 놀랐다고 했다. 마르크가 악명 높은 '러시아인 망명자들의 본국송환을 위한 협회'에서 일했다는 사실까지 다 알려졌는데도 불구하고 파리의 트로츠키주의자들은 그를 의심하지 않고 있다는 것이었다. 그는 유심히 관찰하면 그 첩자가 여전히 소련 대사관의 관리들과 만나고 있다는 사실을 확인할 수 있을 거라고 장담했다. 자기는 마르크가 료바의 죽음에 연루됐는지 여부에 대해서는 잘 모르지만, 이제는 트로츠키를 암살하려는 계획이 추진되고 있으며, 그 계획은 마르크에 의해 직접 시도되거나 트로츠키주의자를 가장한 어떤 스페인 사람에 의해 시도될 것이라는 경고도 했다. 이것은 중요한 경고였다. 그는 이어 이렇게 촉구했다. "레프 다비도비치, 최선의 방법은 당신 스스로 자신을 방어하는 것입니다. 그 첩자가 당신에게 보내거나 추천하는 사람은 남자든 여자든 일절 믿지 마십시오."[75]

트로츠키는 이 경고를 전적으로 무시하지만은 않았다. 트로츠키는 한 트로츠키주의 신문에 끼워 넣은 메모를 통해 경고의 메시지를 보내온 사람에게 뉴욕에 있는 자기의 지지자들과 접촉해 달라고 요청했다. 이 사람은 자기의 신분이 트로츠키의 지지자들에게 노출되는 것을 꺼려하며 뉴욕에서 전화로 직접 트로츠키와 통화를 하려고 시도했다. 하지만 그는 트로츠키와 전화통화를 하는 데 실패했다. 경고의 메시지가 전달된 방식이 이상했던 데다가 그로부터 아무런 응답도 오지 않자 트로츠키는 그의 신뢰성을 의심하기 시작했다. 다만 코요아칸에서 그의 경고와 관련해 조사를 하기 위해 소규모의 위원회를 구성하긴 했다. 그러나 이 위원회는 에티엔에 대해 제기된 의혹을 입증하는 증거를 찾지 못했다. 트로츠키는 에티엔에 대한 의혹 제기가 게페우의 공작이 아닌가 하는 의구심을 가졌다. 러시아어를 읽고 쓸 줄 알 뿐 아니라 소련 문제에 정통하고 〈회보〉의 편집도 맡아 하고 있는, 가장 유능하고 헌신적인 보조자인 에티엔에 대한 자기의 신뢰를 깎아내리려고 게페우가 공작한 것은 아닌가 하는 생각에서였다. 규모가 작은 파리의 트로츠키주의 조직에서는 서로를 의심하는 말들이 오가고 있었다. 그 모든 의혹들을 다 진지하게 다룰 필요는 없었다. 하지만 첩자를 추적하기로 한다면 그 작업은 한도 끝도 없이 계속될 수밖에 없는 상황이었다. 트로츠키는 그 어떤 조직에도 첩자가 있다는 점을 잘 알고 있었고, 끝없는 의심과 마녀사냥이 초래할 수 있는 결과가 첩자보다 오히려 더 위험할 수 있다는 점도 잘 알고 있었다. 트로츠키는 명료하게 제기되고 구체적으로 파악되는 의혹이 아닌 한 그 어떤 의혹에도 귀를 기울이지 않겠다고 결심했다. 그는 심각한 위험일지라도 감수하기로 했다. 불신, 위협, 의혹을 퍼뜨려 지지자들의 사기를 꺾어놓느니 차라리 자기를 극단적인 위험에 노출시키는 편이 더 낫다고 생각했기 때문이다. 이리하여 첩자 에티엔은 전쟁이 일어날 때까지 파리에서 트로츠키의 모든 궂은일을 대신 해주는 역할을 계속할 수 있었다.[76)]

료바가 죽은 지 두 주일도 채 안 돼 부하린, 리코프, 라코프스키, 크레스틴스키, 야고다가 모스크바 법정의 피고석에 앉았다. 이전에 열린 재판들에서 이미 무대연출자가 발휘할 수 있는 상상력이 한계에 이르렀다고 여겨졌었다. 그러나 이때 환등기를 돌리듯 펼쳐진 새로운 재판에 비하면 이전의 재판들은 사실을 적당히 바탕에 깔고 씌어진 수필과 같은 것이었다.

다시 한 번 검찰과 피고인들이 한 목소리로 트로츠키를 음모의 수괴라고 비난했다. 게다가 이번에는 트로츠키와 숙적 관계인 부하린주의자들까지 음모에 가담했다는 혐의를 받았다. 이번의 기소장에서는 이전에 비해 트로츠키의 공모자로서 료바의 위치가 훨씬 더 크게 부각됐다. 크레스틴스키는 자기에게 씌워진 혐의를 부인하려는 노력을 미약하게나마 하다가 말고 자기가 트로츠키와 여러 차례 공모를 했으며, 료바와도 베를린과 유럽의 여러 휴양지에서 여러 차례 만나 음모를 꾸몄다고 자백했다. 그는 또 독일군 최고위 장군인 제크트와 함께 료바를 직접 만났으며, 음모를 돕기 위해 200만 마르크, 즉 100만 달러에 가까운 금액의 돈을 건네주는 등 여러 번 자금지원을 했다고 말했다. 트로츠키와 피고인들은 이제 히틀러나 일본 천황의 앞잡이일 뿐만 아니라 영국군 방첩대와 폴란드군 제2국(참모본부 소속의 폴란드군 정보부서—옮긴이)의 앞잡이이기도 한 것으로 그려졌다. 스탈린, 보로실로프, 카가노비치의 목숨을 노린 암살기도와 열차 파괴, 탄광 폭파, 노동자들에 대한 대규모 독살 기도 등의 익숙해진 이야기들 외에 이번에는 고르키, 멘진스키, 쿠이비셰프, 심지어는 이미 1919년에 사망한 스베르들로프에 대한 암살까지 시도했다는 이야기가 추가됐다. 모두 트로츠키가 꺼림칙하게 여겼던 사람들이었다. 피고인들의 자백이 이어지면서 음모의 범위는 더욱 확장됐고, 이성의 한계를 넘어섰으며, 점점 더 과거로 거슬러 올라가 결국에는 소련 체제가 성립된 첫 몇 주간으로, 심지어는 그 이전으로까지 음모의 시작 시점이 소급됐다. 한때 좌파 사회혁명당의 지도자였던 캄코프와 카렐린은 마치 유령처럼 법정에 나타나 자기들이 최초로 반볼셰비키 봉기에 나섰던 1918년에 이미 레닌을 암살하고자 했던 부하린과 은밀하게 공조하며 활동했다고 자백했다. 10년간에 걸쳐 트로츠키주의자들을 박해하고 대규모로 추방하는가 하면 감옥과 강제수용소에 고문을 도입하고 지노비예프와 카메네프에 대한 재판을 준비하기도 했던 야고다가 이번에는 그 모든 세월 동안 자기는 트로츠키의 손에 의해 움직여진 도구에 불과했다고 주장했다. 과거에 정치국원, 중앙위원회 위원, 각료, 대사 등을 지낸 사람들 옆에 한 무리의 저명한 의사들이 나란히 앉아 있었다. 그들 중에 혁명 이후 레닌과 스탈린의 주치의였고 이제는 칠십대 노인인 레빈 박사가 들어 있었다. 그는 야고다의 명령에 따라 고르키와 쿠이비셰프를 독살했다는 혐의를 받고 있었다. 그를 포함해 피고석에 앉은 의사들은 여러 번의 공판에서 많은 시간을 들여가며 자기들이 크렘린 안에서 어떻게 사람들을 독살했는지를 이야기했고, 자기들이 빠져들었다는 가학적인 독살의 방법들을 설명했다.[77]

트로츠키는 이 재판을 라스푸틴 사건과 비교하면서, 똑같이 "부패한 독재의 냄새"를 풍긴다고 말했다. 이런 그의 비교는 그가 이 재판에 대해 얼마나 경악했는지를 명확하게 보여준다. 물론 이 재판에 비하면 라스푸틴 사건은 규모도 작았고 내용도 악의적이라고 할 수 없었다. 그리고 이 재판은 스탈린에게 수치와 불명예의 그림자를 드리우긴 했지만 스탈린의 붕괴를 앞당기지는 않았다. 그럼에도 트로츠키는 라스푸틴 사건 외에는 다른 전례나 유사한 사례를 찾아내지 못했다. 그런 전례나 유사한 사례가 존재하지 않았기 때문이다. 어떤 의미에서 스탈린은 모든 역사적 경험과 상상력을 넘어섰다고 말할 수 있다. 스탈린은 전례 없는 규모로, 그리고 새로운 차원에서 테러를 자행했다. 재판이 진행될수록 재판에 대한 합리적인 대응은 점점 더 효력을 상실했다. 트로츠키는 알리바이를 정교하게 다듬어 제시함으로써 제크트 장군을 포함해 그 어떤 피고인도 지목된 시간에 지목된 장소에서 자기나 료바를 만나 음모를 꾸밀 수가 없었음을 입증하면서, 재판의 황당한 부분들을 폭로해나갔다.

> 이 재판이 대상으로 삼은 범죄활동의 내용을 보면 총리들, 각료들, 장군과 제독 들, 대사들이 모두 다 한 곳으로부터, 다시 말해 그들 각각의 공식적인 상위 지도자로부터가 아니라 자기 나라에서 추방당한 한 개인으로부터 명령을 받은 것처럼 보인다. 혁명에 참여했던 역전노장들이 트로츠키의 눈짓 한 번으로 히틀러나 일본 천황의 앞잡이가 됐다는 것이다. 타스(소련의 공영 통신사—옮긴이)를 통해 가장 먼저 신속하게 전달된 트로츠키의 '지시'에 따라 공업, 농업, 수송 분야의 지도자들이 국가의 생산적 자원을 파괴하고 그 문명을 파괴하고 있다는 것이다. 노르웨이와 멕시코에서는 '인민의 적'이 보낸 명령에 따라 철도 노동자들이 극동지역의 군사수송을 마비시켰고, 크렘린 안에서는 크게 존경 받던 의사들이 환자들을 독살했다는 것이다. 이런 것들이 바로 비신스키가 그려낸 (…) 놀라운 그림이다. 그러나 이 그림에는 한 가지 이해할 수 없는 점이 들어있다. 전체주의 체제에서는 조직, 다시 말해 당이나 국가의 조직이 독재를 실행한다. 나의 하수인들이 그러한 조직의 중요한 부분들을 차지하고 있다면, 스탈린은 크렘린에 있고 나는 망명 중인 사실을 어떻게 설명할 수 있겠는가?[78]

트로츠키는 국제적 배경과 재판의 결과에 대해서도 언급했다. 이때는 히틀러의 군대가 오스트리아를 의기양양하게 장악한 뒤 추가적인 정복에 나설 태세를 갖춘 상태였다.

> 스탈린은 여전히 무대 뒤에서 만족스럽게 웃고 있다. 이런 예기치 못한 상황변화가 아직도 스탈린을 놀라게 하지 않았다는 말일까? 그렇다. 그는 무

지와 비굴의 벽에 의해 세계와 차단돼있다. 그렇다. 그는 세계여론은 아무것도 아니고 게페우가 모든 것이라고 생각하는 데 익숙해져 있다. 그러나 그런 그에게도 상황변화의 위협과 여러 가지 늘어나는 징후들이 결국은 보이게 될 것이다. 세계의 노동대중은 극심한 불안감에 사로잡혀 있다. (…) 파시즘은 연전연승하고 있고 (…) 스탈린이 자기들의 최대 지원자임을 확인해주고 있다. 끔찍한 군사적 위험이 사방에서 소련의 문을 두드리고 있다. 스탈린은 이번 기회에 군대를 파괴하고 국민들을 억압하고 있다. 티플리스(그루지야공화국의 수도−옮긴이) 출신인 이 악당도 (…) 앞으로 만족스럽게 웃기가 어려워지고 있음을 알게 될 것이다. 그의 주위에서 거대한 증오가 일어나고 있고, 엄청난 분노가 그의 머리 위에 떠돌고 있다. (…)
나라의 가장 훌륭한 두뇌들을 제거해버린 정권이라면 (…) 결국은 순전히 테러적인 탄압에 나설 가능성이 아주 높다. 그런 정권이 그렇게 하지 않는 것은 모든 역사의 법칙에 어긋나는 일이 될 것이다. (…) 그러나 4차 인터내셔널의 지지자들에게 그런 절망과 복수의 테러리즘은 낯선 것이다. (…) 개인적인 복수는 (…) 우리에게는 너무도 작은 것이다. '천재적'인 관료라면 누구든 어려움 없이 '카인 쥬가슈빌리(스탈린−옮긴이)'의 역할을 대신할 수 있다. 그런 인물을 암살하는 데서 노동계급이 과연 어떠한 정치적, 도덕적 만족감을 얻을 수 있겠는가? 스탈린의 개인적 운명에서 그래도 우리가 관심을 가지는 부분이 있다면, 그것은 그의 체제가 붕괴할 때 그가 개인으로나마 살아남을 수 있느냐는 것이고, 우리는 그가 살아남기를 바랄 뿐이다. 그날은 멀지 않았다.

트로츠키는 "또 하나의 재판이자, 이번에는 진정한 재판", 즉 노동자들이 스탈린과 그의 공모자들에게 판결을 내리는 재판을 예고했다. "그때는 그동안의 역사에서 발견할 수 있는 모든 '카인'들 가운데 가장 악랄한 '카인'인 그를 변호하는 데 필요한 단어를 인간의 언어에서는 결코 찾아낼 수 없을 것이다. (…) 그가 자기 자신을 위해 세운 기념비들은 모두 철거되어 박물관으로 보내진 다음 그곳의 '전체주의 체제의 공포에 관한 전시실'에 보관될 것이다. 그리고 승리한 노동계급이 모든 공개재판과 비밀재판의 내용을 수정하고, 스탈린주의자들로부터 중상모략과 비방을 당한 모든 불운한 피해자들을 위한 기념비를 해방된 소련의 광장에 세울 것이다."[79]

트로츠키의 이 예언도 현실화됐다. 하지만 현실화된 기간은 그리 길지 않았다. 어쨌든 숙청은 규모와 강도 면에서 마치 거대한 자연재해와도 같았다. 그것에 대항한 모든 대응은 효력을 발휘하지 못했다. 테러는 두뇌를 억눌렀고, 의지를 꺾어버렸고, 모든 저항을 진압했다. 트로츠키가 말한 거대한 증오와 분노는 실제로 존재하고는 있었지만 철저히 억눌려진 채 미래를 기약하며 바닥에 깔려있을 뿐이었고, 스탈린의 시대가 끝날 때까지 분출구를 찾지 못했다. 트로츠키주의자들을 비롯해 그러한 감정이 정치의식과 연결돼있고 스스로 대중에게 제시할 사상과 행동강령도 갖고 있는 이들은 모두 다 체계적으로 무자비하게 제거됐다.

스탈린은 트로츠키주의자들을 10년 이상 감옥이나 철조망 속에 가두어두었다. 그 기간 동안 스탈린은 그들에게 비인간적인 박해를 가했고, 그들 중 다수의 사기를 꺾어놓았고, 그들이 서로 분열하도록 이간질했고, 그들을 사회로부터 차단시키는 데 성공했다. 1934년경에는 트로츠키주의가 완전히 궤멸된 것처럼 보였다. 그러나 그로부터 이삼 년 뒤에도 스탈린은 트로츠키주의를 두려워했다. 역설적이게도 키로프의 암살 뒤에 이어진 대숙청과 대규모 추방이 트로츠키주의에 활력을 불어넣었다. 새로이 추방된 수만 명, 수십만 명이 주위에 포진하게 됨에 따라 트로츠키주의자들은 고립상태에서 벗어날 수 있게 됐다. 항복자들 가운데서도 다수가 가세했다. 이들은 자기들이 항복하지 않고 트로츠키주의자들과 함께 버텼다면 상황이 이렇게까지는 되지 않았을 것이라고 후회했다. 젊은 세대의 반대파들, 트로츠키주의가 스탈린에게 패퇴하기 훨씬 전에 이미 스탈린에 등을 돌렸던 콤소몰 단원들, 당의 노선에서 이탈한 다양한 그룹들, 사소한 노동규율 위반으로 추방당한 노동자들, 철조망 속에 갇힌 뒤에야 비로소 정치적인 사고를 하기 시작한 불만분자들…. 이런 사람들이 기존의 트로츠키주의자들에게 대규모의 새로운 청중이 됐다.[80] 강제수용소의 내부체제는 점점 더 잔혹해져갔다. 강제수용소의 수감자들은 하루 열 시간 내지 열두 시간에 걸쳐 노예노동을 해야 했고, 굶주렸으며, 질병과 이루 말할 수 없는 참상 속에서 쇠약해져갔다. 그럼에도 강제수용소는 다시 한 번 트로츠키주의자들이 독보적인 교사 역할을 하는 반대파의 학교이자 연병장처럼 되어갔다. 수감자들이 강제수용소의 행정관들을 상대로 수용소 내부 여건의 개선을 요구하며 벌인 파업과 단식투쟁의 선두에는 늘 그들이 있었다. 그들은 대담하고 영웅적인 태도를 취함으로써 다른 수감자들이 계속 버틸 수 있도록 고무했다. 강제수용소는 철조망이 둘러쳐진 곳임에도 나라 전체에서 거대한 한 부분을 차지하기에 이르렀다. 긴밀하게 조직되고 자기규율과 정치적 식견도 갖추었던 트로츠키주의자들은 강제수용소 내의 엘리트들이었다.

스탈린은 박해를 계속하는 것으로는 더 얻을 게 없다는 사실을 깨달았다. 고문과 탄압의 강도를 더 높이는 것은 거의 불가능했다. 그것은 트로츠키주의자들에게 순교의 후광만 더욱 두텁게 입혀줄 뿐이었다. 그러나 살아있는 한 그들은 스탈린에게 위협일 수밖에 없었고, 전쟁 및 전쟁과 관련된 위기가 다가오고 있었기에 그러한 잠재적인 위협은 현실화될 가능성이 있었다. 우리는 앞에서 스탈린이 처음 권력을 장악한 뒤에도 그 권력을 거듭해서 다시 확고히 하는 작업을 벌여야 했음을 보았다. 이제 그는 계속해서 그런 식으로 권력을 다시 확고히 하는 작업을 벌여야 할 필요성을 아예 없애버리기로 결심했다. 그는 자기의 권력을 모든 위협으로부터 영구히 안전한 것으로 만드는 작업에 착수했다. 이렇게 하는 데는 단 한 가지 방법밖에 없었다. 그것은 반대파, 특히 트로츠키주의자들을 완전히 제거하는 것이었다. 이런 구상의 실행을 정당화하기 위해 일련의 모스크바 재판이 열렸던 것이고, 법정이 아닌 소련의 동쪽 지역과 북쪽 지역에 산재한 감옥과 강제수용소에서도 그 구상 중 중요한 부분이 실행됐다.

트로츠키주의자는 아니었지만 거대한 보르쿠타 수용소에 수감돼 있었던 한 목격자는 트로츠키주의자들의 마지막 활동과 그들이 전멸해간 과정을 다음과 같이 전한다.[81] 그가 수감돼 있던 수용소에만 약 1천 명의 나이 든 트로츠키주의자들이 있었고, 그들은 스스로를 '볼셰비키 레닌주의자'라고 불렀다. 그들 가운데 대략 500명이 보르쿠타 탄광에서 일했다. 페초라 지역에 있는 강제수용소들에는 모두 수천 명의 정통 트로츠키주의자들이 수감돼 있었다. 그들은 1927년 이후 수용소 생활을 해왔고, 끝까지 자기들의 정치사상과 지도자들에게 충실했다. 이 목격자는 항복했음에도 추방된 사람들까지 정통 트로츠키주의자로 합산한 것 같다. 정통 트로츠키주의자의 숫자에 대한 그의 추정치가 크게 과장된 것으로 보이기 때문이다.[82] 어쨌든 그는 계속해서 이렇게 말한다. "진정한 트로츠키주의자들 외에도 이때쯤에는 보르쿠타 등지의 수용소들에 모두 10만 명 이상이 수감돼 있었다. 그들은 당원 또는 콤소몰 단원으로서 트로츠키주의반대파에 가담했다가 서로 다른 시점에 여러 가지 이유로 '자신의 실수를 후회하거나 인정'하고 반대파에서 발을 빼도록 강요당한 사람들이었다." 당원인 적이 없었던 다른 많은 수감자들도 스스로를 트로츠키주의자라고 생각하고 있었다고 한다. 목격자에 따르면, 강제수용소에는 이 밖에도 다양한 부류의 반대파들, 심지어는 리코프나 부하린의 지지자들과 젊은 세대도 다수 수감돼 있었다.

이 목격자는 "어쨌든 수용소에서는 말 그대로의 트로츠키주의자들, 즉 트로츠키의 지지자들이 가장 숫자가 많은 그룹이었다"고 말한다. 그들을 이끄는 지도자는 V. V. 코시오르, 포스난스키, 블라디미르 이바노프, 그리고 오랜 세월 공인돼온 트로츠키주의자들이었다고 한다. "그들은 1936년 여름에 탄광에 도착했고, 두 개의 커다란 오두막집에 배치됐다. 그들은 탄갱 속에서 일하기를 단호하게 거부했다. 그들은 탄갱 입구에서만 일했고, 하루에 열 시간이나 열두 시간은, 즉 여덟 시간 이상은 일하지 않았다. 사실 규정이 그렇게 돼있었고, 다른 수감자들도 그런 규정에 따라 일했다. 그러나 그들은 이것 이외의 규정들은 공공연하게, 그리고 조직적인 방식으로 거부했다. 그들 중 대부분은 처음에는 감옥에서, 그 다음에는 솔로프키 제도에 있는 수용소를 거쳐 보르쿠타에서 수감생활을 하는 등 모두 10년가량 사회와 격리된 삶을 살아온 사람들이었다. 트로츠키주의자들은 수용소에서 스탈린주의의 일반적 노선을 비판하고 공개적이고 조직적인 방식으로 간수들에게 저항한, 유일한 정치범 집단이었다." 그들은 해외에서 트로츠키가 취한 태도와 마찬가지로, 전쟁이 일어난다면 자기들은 무조건 소련을 지키는 일을 하겠지만 스탈린의 정부는 전복시켜야 한다는 태도를 취하고 있었다. 사프로노프의 지지자들 같은 '극좌파'들도 비록 단서를 달기는 했지만 기본적으로 이런 트로츠키주의자들의 태도와 같은 입장이었다.

1936년 가을 지노비예프와 카메네프에 대한 재판이 끝났을 때 수용소의 트로츠키주의자들은 처형당한 동지들과 지도자들을 기리는 집회와 시위를 벌였다. 이어 10월 27일에 그들은 단식투쟁에 돌입했다. 앞에서 인용한 설명에 따르면, 트로츠키의 작은 아들인 세르게이는 바로 이때 단식투쟁에 참여했다. 이 투쟁은 페초라 지역의 수용소들에 수감돼 있던 트로츠키주의자들이 모두 참여한 가운데 132일간이나 계속됐다. 이 투쟁에서 트로츠키주의자들은 자기들이 이전의 유형지에서 페초라 지역의 수용소로 이송된 것과, 공개적인 재판도 없이 처벌된 것에 대해 항의했다. 이들은 하루 8시간 노동제를 준수할 것, 할당된 생산량을 채웠는지 못 채웠는지에 상관없이 모든 수감자에게 동일한 식량을 배급할 것, 정치범과 일반 형사범을 분리해 따로 수용할 것, 여성과 노약자를 북극 근처의 지역에서 좀 더 온화한 기후대의 지역으로 옮길 것 등을 요구했다. 단식투쟁에 들어가기로 한 결정은 공개적인 집회에서 내려졌다. 노약자들은 단식투쟁에서 제외하기로 결정됐지만 "당사자들은 그러한 결정을 단호히 거부했다"고 한다. 거의 모든 수감자들의 거처에서 트로츠키주의자가 아닌 사람들도 호응했지만 "트로츠키주의자들만 있는 거처에서 단식투쟁이 가장 완벽하게 이루어졌다"고 목격자는 전한다.

수용소 행정관들은 단식투쟁이 확산될 것을 두려워해 트로츠키주의자들을 수용소에서 40킬로미터 떨어진, 거의 무너지고 버려진 오두막집들로 옮겼다. 단식투쟁에 참여한 1천 명 가운데 몇몇은 사망했다. 도중에 이탈한 사람은 단 두 명이었는데, 둘 다 트로츠키주의자가 아니었다.

1937년 3월에 모스크바에서 하달된 명령에 따라 수용소 행정당국은 요구사항을 모두 받아들였고, 그제야 단식투쟁이 끝났다. 그 후 예조프의 테러가 최고조에 달하기 직전까지 몇 달 동안에 트로츠키주의자들은 스스로 쟁취해낸 권리의 혜택을 누렸다. 단식투쟁이 이런 결과로 이어짐에 따라 다른 모든 수감자들의 사기가 높아졌고, 그들 가운데 다수가 10월혁명 20주년 기념일에 부분적인 사면조처가 내려질 것이라는 기대를 품게 됐다. 그러나 곧이어 테러가 광포하게 몰아닥쳤다. 식량 배급량도 하루당 빵 400그램으로 줄어들었다. 게페우는 일반 형사범들을 곤봉으로 무장시키고는 그들로 하여금 반대파들을 공격하도록 부추겼다. 무차별적인 총격도 벌어졌다. 모든 정치범이 고립됐다. 마치 수용소 안의 수용소에 갇힌 꼴이었다. 그들은 철조망에 둘러싸였고, 100여 명의 중무장한 병력이 그들을 지켰다.

1938년 3월 말경의 어느 날 아침, 대부분 주도자급 트로츠키주의자인 25명이 불려나갔다. 수용소 관리들은 그들에게 각각 1킬로그램씩의 빵을 건네주면서 행군을 해야 하니 짐을 꾸리라고 했다. "그들은 친구들과 따뜻한 작별인사를 나누고 오두막 숙소를 나섰다. 점호를 받은 뒤 그들은 행군을 시작했다. 15분이나 20분쯤 지났을 때 숙소에서 500미터쯤 떨어진 곳에서 일제사격이 실시됐다. 그들이 보르쿠타 강 상류의 작은 지류 가장자리에 있는 가파른 강둑을 지날 때였다. 일제사격에 이어 몇 발의 불규칙적인 총성이 울리더니 사방이 다시 조용해졌다. 조금 뒤 그들을 호위하고 나갔던 병력이 수용소로 다시 돌아와 숙소 옆을 지나갔다. 수용소에 수감돼있던 사람 모두가 25명의 행군이 무엇을 의미하는 것이었는지를 알아차렸다."

다음 날은 40명 이상이 같은 방식으로 불려나갔다. 그들에게도 빵이

지급됐고 행군준비를 하라는 명령이 내려졌다. "몇몇은 너무 지쳐서 도저히 걸을 수 없을 지경이었다. 그런 사람들에게는 곧 마차를 타고 갈 수 있게 해주겠다는 약속이 주어졌다. 숙소에 있는 사람들은 숨을 죽인 채 행군 나간 사람들의 발 밑에서 얼어붙은 눈이 부서지는 소리를 귀 기울여 듣고 있었다. 어느 사이엔가 모든 소리가 다 사라졌는데도 모든 사람이 계속해서 귀를 쫑긋 세우고 있었다. 한 시간가량이 지났을 때 갑자기 천지를 뒤흔드는 총소리가 들려왔다." 숙소에 있던 사람들은 이제 자기들 앞에 닥칠 일이 어떤 것인지를 분명히 알게 됐다. 그러나 지난해에 오랜 기간 벌였던 단식투쟁의 후유증과 그보다 훨씬 더 오랜 기간 겪어온 동상과 굶주림으로 인해 그들에게는 저항할 기력이 남아있지 않았다. "4월 내내, 그리고 5월 중에도 눈 덮인 툰드라에서 처형이 계속됐다. 매일 또는 하루 걸러 30명 내지 40명씩 불려나갔다." 확성기에서 당국의 발표가 흘러나왔다. "반혁명 선동, 사보타주, 도적행위, 노동 기피, 도주 기도로 인해 아래 거명되는 사람들이 처형됐다"는 것이었다. "한번은 한꺼번에 많은 사람들이, 대부분이 트로츠키주의자인 100명 정도의 사람들이 불려나갔다. (…) 그들은 행군을 시작하면서 〈인터내셔널〉 노래를 불렀다. 그러자 숙소에 있던 사람들도 일제히 그 노래를 따라 불렀다." 목격자는 반대파의 가족들이 처형되던 상황도 자세히 전했다. 한 트로츠키주의자의 아내는 목발을 짚고 처형장으로 걸어갔다. 그녀의 아이들은 아직 열두 살이 안 됐다는 이유로 처형을 면하고 살아남았다. 이런 식의 학살이 페초라 지역의 모든 수용소에서 5월까지 계속 이어졌다. 보르쿠타의 상황에 대해 목격자는 이렇게 말한다. "100명이 조금 넘는 수의 사람들만이 살아남았다. 두 주일 정도는 조용했다. 생존자들은 다시 탄갱으로 일하러 나갔다. 그곳에서 그들은 예조프가 쫓겨나고 대신 베리야가 게페우의 책임자가 됐다는 이야기를 들었다."

이때쯤에는 진정한 트로츠키주의자나 지노비예프주의자 중에서 살아남은 사람이 거의 없었다. 2년 정도 뒤에 폴란드, 라트비아, 에스토니아 등에서 수십만 명이 추방당해 수용소로 보내졌을 때는 남아있는 수감자들 가운데 다수가 쫓겨난 스탈린주의자들이었고 부하린주의자들도 일부 있었지만, 트로츠키주의자나 지노비예프주의자들은 전혀 없었다. 수용소에 오래 갇혀 있었던 한 수감자는 우리의 목격자에게 속삭이듯 낮은 목소리로 간접적인 표현을 섞어가며 수감자들이 학살당하던 상황을 설명해주었다. 그가 그렇게 쉬쉬 하며 이야기를 한 것은 트로츠키주의자들에 대해 동정심을 품고 있다는 사실을 발각당하는 것보다 더 위험한 일은 없었기 때문이다.[83)]

예조프가 전횡하던 시기의 테러는 대규모의 정치적 학살이나 다름없었다. 그것은 반스탈린주의 볼셰비키의 씨를 말리려는 것이었다. 그 후 15년 동안 소련 사회에는 스탈린에게 도전할 만한 그룹이 단 한 그룹도 없었다. 심지어 감옥이나 수용소에도 그런 그룹은 존재하지 않았다. 독립적으로 정치적 사고를 하는 중심 인물이나 그룹은 생존이 허락되지 않았다. 소련의 국가 의식 속에 커다란 균열이 생겨났고, 집단적인 기억은 무너졌고, 혁명전통의 지속성은 깨졌고, 굴종 이외의 다른 관념을 형성하거나 벼릴 능력은 파괴됐다. 결국 소련에는 현실의 정치에서뿐만 아니라 겉으로 보이지 않는 정신적 활동의 영역에서도 스탈린주의를 대체할 만한 것이 전혀 남아있지 않게 됐다. 대중심리라는 것은 워낙에 변화무쌍한 것이어서, 스탈린이 죽은 뒤에도 아래로부터, 다시 말해 소련 사회의 밑바닥으로부터는 그 어떤 반스탈린주의 운동도 일어나지 않았다. 그래서 스탈린주의 체제에 내재된 가장 시대착오적인 특징을 개혁하는 일도 위로부터, 즉 예전에 스탈린의 하수인이었거나 동조자였던 사람들에 의해 수행됐다.

모스크바의 재판은 경악한 세계인들의 주목을 받았지만, 동시에 진행된 강제수용소에서의 대규모 학살은 거의 아무런 주목도 받지 못했다. 강제수용소에서의 학살은 극비리에 진행됐기 때문에 그 사실이 밖으로 새어나오기까지 여러 해가 걸렸다. 트로츠키는 재판을 통해 겉으로 드러나는 것은 테러의 전체 내용 중 아주 작은 일부분에 불과하다는 점을 누구보다도 잘 알고 있었다. 그러나 그도 배후에서 어떤 일이 벌어지고 있는지에 대해서는 추측만 해볼 뿐이었다. 제아무리 트로츠키라 해도 모든 진실을 추측하거나 상상해낼 수 없었다. 그리고 설령 그가 진실의 전체를 알았다 하더라도 자기에게 남겨진 짧은 기간 동안 그 엄청난 실제 상황과 그런 상황이 내포한 의미를 정신적으로 온전히 흡수해내기 어려웠을 것이다. 여전히 그는 반스탈린주의 세력이 곧 정치적으로 뚜렷하게 전면에 나서게 될 것이며, 그들이 전쟁 중에 스탈린을 몰아내고 전쟁을 혁명적인 승리로 이끌 수 있을 것으로 생각하고 있었다. 그는 여전히 옛 볼셰비즘의 회생에 기대를 걸고 있었다. 스탈린의 무모한 행동은 자기도 모르게 옛 볼셰비즘의 폭넓고 깊은 영향력에 바쳐지는 공물이 될 것이라고 생각했던 것이다. 그는 반스탈린주의 세력이 모두 제거됐다는 사실을 알지 못했다. 트로츠키주의, 지노비예프주의, 부하린주의가 모두 피바다에 빠져 아틀란티스 섬처럼 정치의 수평선에서 이미 사라졌다는 사실을 알지 못했다. 그리고 자기가 그 아틀란티스 섬에서 빠져나온 유일한 생존자임을 알지 못했다.

1938년 여름 내내 트로츠키는 새로운 인터내셔널의 강령 초안을 준비하고 창립총회의 결의문을 작성하는 일로 바빴다. 실제로 1938년 9월 3일에 열린 창립총회는 파리 근처의 페리뉘라는 마을에 있는 알프레드 로스메의 집에서 트로츠키주의자들끼리 모인 소규모 회의였다. 11개 나라의 조직을 대표한다고 주장하는 21명이 여기에 모였다.[84] 최근의 암살 및 납치 사건들이 회의의 분위기를 지배했다. 회의에서 료바, 클레멘트, 어윈 울프 등 세 명의 순교자들이 명예대표로 추대됐다.[85] 새 인터내셔널 예비조직의 비서였던 클레멘트의 죽음과 더불어 여러 나라들에서 트로츠키주의자들이 활동한 내용을 정리한 보고서와 4차 인터내셔널의 각종 규약 초안을 비롯한 많은 관련 자료들이 소실됐다. 게페우의 방해공작을 피하기 위해 창립총회는 하루 동안 단 한 차례의 중단 없는 회의로 열렸으며, 카탈로니아의 POUM과 프랑스의 사회주의노동자농민당의 참관은 거부됐다.[86] 이 창립총회를 '극비'로 유지하기 위해 폐회와 더불어 발표된 성명서에도 회의 개최지가 로잔으로 표기됐다. 에티엔은 인터내셔널의 러시아 지부 대표 자격으로 회의에 참석했다. 그리고 두 명의 초청인사도 참석했다. 그중 한 명은 뉴욕에서 온 여성 트로츠키주의자인 실비아 아겔로프였다. 아겔로프는 통역을 맡아 회의진행을 도왔다. 그녀는 조금 일찍 유럽으로 건너와 파리에서 자크 모르나르라는 이름의 남자를 만났다. 나중에 실비아의 남편이 되는 모르나르는 4차 인터내셔널 창립총회가 열리고 있는 방 밖에서 서성이면서 이 극비회의에 대해서는 아무런 관심도 없다는 태도로 그저 실비아가 나오기만을 기다렸다.

이 회의에서는 맥스 샤트먼이 사회를 보는 가운데 여러 위원회들로부터 제출된 보고서들과 대부분 트로츠키가 써서 보낸 결의안들을 채택하기 위한 투표가 실시됐다. 이 회의에서 처리돼야 할 공식 의안들만 해도 아주 많았고, 보통의 정상적인 회의라면 그 많은 공식 의안들을 처리하는 데만 열심히 해도 일주일은 걸렸을 것이다. 나빌은 '경과보고서'를 제출했다. 이 보고서는 그동안 4차 인터내셔널을 조직해온 사람들이 이 인터내셔널의 창립을 선언하기로 한 결정을 뒷받침하고 정당화하기 위한 것이었다. 그러나 나빌은 자기도 모르게 이 보고서에서 4차 인터내셔널은 하나의 허구에 지나지 않는다는 현실을 드러냈다. 이른바 집행위나 국제국의 이름을 가진 각국의 조직들 가운데 지난 몇 년간 실제로 가동될 수 있었던 것은 전혀 없었다. 인터내셔널의 지부 조직은 단위 지부마다 몇십 명, 많아봐야 몇백 명 정도의 인원으로 구성돼 있었다. 가장 회원 수가 많은 것으로 알려진 미국 지부도 마찬가지였다. 미국 지부가 밝힌 공식 회원 수는 2500명이었다.[87] 그러나 이때의 회의를 4차 인터내셔널의 명실상부한 창립총회로 만든다는 회의 참석자의 결의는 조금도 흔들림이 없었다. 이런 태도는 트로츠키가 권고한 바이기도 했다. 다만 폴란드 대표 두 명만이 "폴란드 지부는 4차 인터내셔널의 선언에 반대한다"며 항의했을 뿐이다. 이들은 '극심한 반동과 정치적 침체기' 여서 노동자들의 운동이 전반적으로 가라앉은 시점에 새로운 인터내셔널을 창립해봐야 희망을 가질 수 없다고 지적했다. 이전의 인터내셔널들이 성공을 거둔 데는 혁명적인 분위기가 고양된 시점에 창립됐다는 점이 어느 정도 기여했다는 것이었다. "이전의 인터내셔널 창립은 하나하나가 부르주아의 지배에 분명한 위협이 됐다. (…) 4차 인터내셔널의 창립은 그런 위협이 될 수 없을 것이다. 노동계급 중 중요한 부분은 우리의 선언에 호응하지 않을 것이다. 좀 더 기다릴 필요가 있다." 폴란드 대표들은 2차 및 3차 인터내셔널이 "도덕적으로 사망" 했다는 트로츠키의 견해에 동의하면서도 그 두 인터내셔널이 많은 나라의 노동계급을 장악하고 있다는 점을 과소평가하는 것은 경솔한 태도라고 경고했다. 이들은 트로츠키가 작성한 강령 초안을 추인하면서도 회의에 참석한 다른 나라 동지들에게 "헛된 몸짓"만 하거나 "어리석은 짓"을 해서는 안 된다고 거듭 호소했다.[88]

이는 무게가 있는 반대였다. 폴란드 대표들은 소련 밖에서는 유일하게 견고한 배경을 가진 트로츠키주의자 그룹을 대변하고 있었다. 그들은 다년간의 혁명적 활동 경험과 로자 룩셈부르크로 거슬러 올라가는 마르크스주의 사상의 견고한 전통을 갖고 있었다. 폴란드 대표들의 반대에 대한 논의가 회의의 상당부분을 차지했다. 그러나 그들의 주장을 진지하게 반박하려는 시도는 없었다. 나빌은 새로운 인터내셔널을 창립하기에는 "지금이 독보적으로 적합한 시점"이라고 선언하며 이렇게 말했다. "지금의 불확실한 상황을 종식시켜 하나의 확정된 강령, 확실하게 조직된 국제적 지도부, 분명하게 짜인 국별 지부를 갖추는 것이 매우 중요합니다." 샤트먼은 폴란드 대표들이 제기한 주장의 역사적 관점은 "부적절하고 잘못된 것"이라고 일축하고 그들을 "우리 내부의 멘셰비키"라고 표현했다. 멘셰비키가 아니라면 조직의 중요성에 대한 이해와 인터내셔널의 미래에 대한 신념이 그토록 부족하지는 않을 것이라는 얘기였다. 투표 결과 19 대 3이라는 압도적인 비율로 4차 인터내셔널의 창립을 즉각 선포한다는 결론이 내려졌다.

회의에 참석한 대표들은 다른 모든 결의안들도 거의 만장일치로 서둘러 채택한 다음 집행위원회를 구성할 위원들을 선출하는 절차로 넘어갔다. 이때 '러시아 문제'에 대한 주된 대변자 역할을 해온 에티엔이 러시아 지부에 집행위원의 자리가 할당되지 않은 것에 대해 항의하고 나섰다. 회의 참석자들은 그의 의견을 받아들여 트로츠키를 집행위원회의 '비밀' 명예위원으로 위촉했다. 이로써 첩자인 에티엔이 계속해서 러시아 지부를 대표할 수 있게 됐다. 왜냐하면 트로츠키는 집행위원회의 업무에 실제로 참여할 수 있는 처지가 아니었기 때문이다.

폴란드 대표들이 경고한 대로, 트로츠키는 새로운 인터내셔널의 창립이 아무런 파급영향도 일으킬 수 없는 시점에 새로운 인터내셔널을 창립하기로 결정한 셈이었다. '4차 인터내셔널의 지부들 가운데 가장 강력한 지부'를 구성해야 할 소련 내 트로츠키 지지자들은 이미 전멸당한 뒤였다. 유럽과 아시아에서도 트로츠키 지지자들의 세력이 위축되고 있었다. 라인 강의 동쪽과 알프스 산맥의 남쪽에 위치한 거의 모든 나라들에서 노동운동이 파괴됐다. 독일과 오스트리아에 이어 이제는 체코슬로바키아도 히틀러의 지배를 받게 됐고, 이들 세 나라에서는 그 어떤 마르크스주의 조직도 체계적인 비밀활동을 수행하지 못하는 상태였다. 프랑스에서는 인민전선 정부에 실망한 대중이 냉담한 태도로 돌아섬에 따라 이 정부의 기반이 무너지고 있었다. 스페인에서는 내전이 끝나가는 가운데 좌파가 군사적으로 패배하기 전에 이미 정신적으로 자멸하는 양상을 보이고 있었다. 유럽대륙 전체가 정치적인 무기력 상태에 빠진 채 히틀러의 군대가 진군해오기를 기다리고 있었다. 여러 해에 걸친 나치스의 점령과 억압, 굴욕을 거친 뒤에야 몇몇 나라들에서 노동계급이 정치적 활동을 재개하거나 저항운동에 다시 나섰다. 그러나 이때 노동자들은, 적어도 프랑스와 이탈리아의 노동자들은 스탈린주의 정당에 이끌렸다. 노동자들이 보기에 소련과 연결된 스탈린주의 정당은 히틀러에 대한 최대의 저항세력이자 1941년 이후로는 가장 효과적인 저항세력이었다. 상황이 어떻게 더 변하든 앞으로도 트로츠키주의의 영향력은 계속해서 무시할 수 있을 정도의 미미한 수준에 머물게 될 것으로 보였다.

혁명적 열기가 가득한 아시아에서도 트로츠키주의의 전망이 밝지 않기는 마찬가지였다. 트로츠키는 중국, 일본, 인도, 인도차이나, 인도네시아의 사회적, 정치적 상황전개에 대해 많은 시간을 들여 관찰하고 있었다. 이들 아시아 국가에서도 공산주의 계열의 일부 지식인 및 학생들로 구성된 소규모 그룹들에는 트로츠키의 영향력이 미치고 있었다. 그러나 특이한 예외인 실론을 제외하고는 아시아의 어느 나라에서도 트로츠키의 지지자들이 영향력 있는 정당을 결성하지 못하고 있었다. 1925~1927년에 트로츠키가 스탈린의 정책에 반대한 것이 커다란 인상을 심어주었을 것으로 기대되던 중국에도 4차 인터내셔널의 지부라는 이름에 걸맞은 지부는 존재하지 않았다. 중국의 트로츠키주의자들은 혹심한 가난의 압박 속에서 국민당과 스탈린주의자들로부터 탄압을 받으면서도 은밀하게 활동하고 있었지만, 그 수는 상하이의 이십여 명과 홍콩의 이삼십 명 정도였고, 그 외에 중동부 지역 여기저기에 소규모의 트로츠키주의자 서클이 흩어져 있을 뿐이었다. 천두슈가 트로츠키주의를 받아들인 뒤에도 중국의 트로츠키주의자들은 고립상태에서 벗어나지 못했다. 천두슈는 감옥에서 6년을 보냈고, 출옥하자마자 충칭 지역에 있는 외딴 마을에 유폐됐으며, 정치에 관여하거나 글을 발표하는 것을 금지당했다. 그는 1927년의 패배에 대한 책임을 뒤집어쓰고, 트로츠키주의자들로부터도 불신당하고, 마오주의자들로부터 비난을 듣고, 첩자들에 둘러싸이고, 장제스 경찰의 암살 위협을 받으면서 기아와 공포 속에서 살았다. 장제스의 경찰은 결국 1943년에 천두슈를 감금, 살해한다. 1938년과 1939년에 트로츠키는 천두슈를 중국에서 빼내오려고 노력했다. 3차 인터내셔널에서 가타야마(일본의 노동운동가—옮긴이)가 했던 역할을 4차 인터내셔널에서 천두슈가 해줄 수 있을 것이라는 기대에서였다. 게다가 천두슈가 그런 역할을 실제로 해준다면 가타야마보다도 훨씬 더 혁명의 대의에 도움이 될 것이라는 기대도 있었다. 그러나 과도한 긴장으로 심신이 쇠약해진 천두슈는 이미 심각한 비관주의에 빠져들고 있었다. 그러면서도 그는 때때로 대단히 명철한 시각으로 중국의 상황변화를 관찰했고, 트로츠키주의가 어느 대목에서 왜 문제가 있는지를 지적해냈다. 예를 들어 그는 4차 인터내셔널이 선포된 지 두 달 만에 쓴 글에서 중국에서의 혁명운동이 어째서 트로츠키나 그 자신의 생각처럼 도시의 노동자들에 기반을 두기보다는 농민들에 기반을 두어야 하는지를 설명했다. 일본은 중국에서 가장 많이 발전한 지역들의 공업을 해체시켰다. 그 결과로 "중국의 노동계급은 수적, 물질적, 정신적으로 30년 내지 40년 전의 상태로 돌아갔다"고 그는 지적했다. 따라서 중국의 혁명이 도시에서 그 중심을 발견할 수 있을 것이라고 가정하는 것은 헛된 생각일 뿐이라는 것이었다. 그는 이렇게 썼다. "우리가 미래의 정치적 상황이 어떻게 될지를 지금 파악하지 않는다면, 그리고 중국의 프롤레타리아와 프롤레타리아 당의 조건이 취약함을 인정하지 않는다면, 우리는 우리 자신을 좁은 구멍 속에 가두고, 우리에게 주어진 기회를 허비하고, 자기만족에 빠지게 될 것이다." 그는 이어 트로츠키주의자들이 분파적 오만, 마오주의에 대한 부정적인 태도, 일본에 대항한 전쟁의 필요성에 대한 무감각한 태도를 취함으로써 정치적 현실로부터 스스로를 격리시키고 있다고 지적했다. 그는 4차 인터내셔널의 선포가 트로츠키주의자들 사이에 "자만심과 환상"만을 부추기고 결국은 파탄으로 끝날 수 있다고 우려했다. 천두슈는 국민당이나 마오주의와 화해하는 쪽으로 기울고 있긴 했지만, 둘 중 어느 쪽과도 화해할 수 없거나 화해할 의지를 확고히 갖지 못하고 있었다. 그래서 그는 자기 생애의 마지막 몇 년간을 좌절한 사람으로 살았다. 그의 경고와 그의 운명은 세계의 한 부분인 중국에서 트로츠키주의가 처한 곤경을 요약해 보여준다.[89)]

트로츠키주의가 어느 정도라도 반향을 일으킨 유일한 나라는 미국이었다. 미국에서는 여러 가지 분열과 통합의 과정을 거쳐 1938년 1월에 사회주의노동자당(Socialist Workers' Party)이 결성됐다. 이 당은 4차 인터내셔널의 '가장 강력한 지부'라는 명성을 얻었고, 노조와 공장에서 전투적인 활동을 벌였으며, 〈더 뉴 인터내셔널(The New International)〉이라는 '이론적 월간지'와 〈더 밀리턴트(The Militant)〉 등 두 개의 정기간행물을 펴냈다. 미국의 기준으로는 경험이 많고 유능한 지도자들로 구성된 꽤 큰 규모의 팀이 사회주의노동자당의 수뇌부를 이루었다. 그 가운데 가장 널리 알려진 사람들은 제임스 캐넌, 맥스 샤트먼, 제임스 비넘이었다.[90] 트로츠키는 이 당에서 초청하면 언제든 달려가 조언, 비판, 칭찬, 자극을 하거나 내부분쟁을 조정하고 해결했다. 이 당의 밀사가 늘 뉴욕과 멕시코 사이를 오갔다. 블루 하우스의 비서와 경호원들은 거의 모두 미국인들이었기에 밀사가 트로츠키와 접촉하는 것이 더욱 쉬웠다. 이제 파리보다는 뉴욕이 트로츠키주의의 중심지가 됐다. 그러나 사회주의노동자당은 자양분이 너무 적은 토양에 뿌려진 너무 연약한 씨앗이었다.

그렇다면 트로츠키는 왜 그토록 불길한 조짐 속에서 4차 인터내셔널의 선포를 강행했던 것일까?

이때는 트로츠키가 "스탈린, 마누일스키 및 그들의 동료들과 같은 인터내셔널에 앉아 있는 것"은 불가능하다는 판단을 처음 내렸던 때로부터 5년이 지난 시점이었다. 그동안 3차 인터내셔널이 훨씬 더 악화되고 타락했다고 생각한 트로츠키는 자기 자신과 지지자들을 3차 인터내셔널과 가능한 한 분명하고 극적으로 분리시켜야 한다는 충동을 느꼈다. 예전에 2차 인터내셔널에 대해 반감을 갖게 된 레닌은 볼셰비키들에게 사회민주주의의 "더러운 옷"을 벗어던지고 스스로를 공산주의자로 부를 것을 촉구했다. 이제 트로츠키는 "스탈린주의라는 매독"이라는 표현을 쓰기도 하고 스탈린주의를 "뜨거운 쇠꼬챙이로 노동운동에서 태워 없애야 할 암세포"라고 부르기도 했다. 그는 앞으로 다가올 혁명적 계급투쟁에서 결정적인 역할을 하게 될 조직을 자기가 탄생시키고 있는 것이라고 믿었다.[91)]

트로츠키가 가까운 미래에 자기의 시도가 성공할 것으로 기대했는지, 아니면 그런 기대 없이 그저 '역사를 위해' 그런 일을 했는지는 분명하지 않다. 이에 대한 그의 진술 자체가 엇갈린다. 한번은 그가 자기의 지지자들 수가 적은 점을 지적하면서 이렇게 썼다. "모든 위대한 운동은 이전의 운동에서 갈라져 나온 소수그룹에서부터 시작했다. 기독교도 처음에는 유대교에서 갈라져 나온 소수그룹이었고, 신교는 퇴화한 기독교인 구교로부터 갈라져 나온 소수그룹이었다. 마르크스와 엥겔스의 그룹은 헤겔주의 좌파에서 갈라져 나온 소수그룹으로 시작했다. 공산주의 인터내셔널은 지난번 전쟁의 시기에 사회민주주의 인터내셔널 내부의 소수그룹에 의해 준비됐다. 이런 운동들을 주도한 사람들은 고립을 두려워하지 않았기에 결국 대중의 지지를 받을 수 있었다." 이런 구절은 역사적 낙관주의를 드러내고는 있지만, 트로츠키도 가까운 미래에 결정적인 승리를 거둘 수 있다고 기대하지는 않았음을 시사한다. 그런가 하면 4차 인터내셔널을 위해 트로츠키가 작성한 강령 초안은, 원칙을 서술한 것이라기보다는 노조의 투쟁과 일상의 정치에 관여하면서 실제적인 지도력을 곧바로 획득하기를 바라는 정당에나 적합한 전술적 지시를 담고 있었다. 창립총회에 관한 메시지에서 그는 이렇게 밝혔다. "이제부터 4차 인터내셔널은 대중운동의 과업에 직면하게 된다. (…) 이제 4차 인터내셔널은 이 시기의 추동세력에 대한 명확한 인식뿐 아니라 권력장악을 위한 혁명적 투쟁을 위해 대중을 결속시킬 수 있는 일상적인 요구들의 목록도 갖고 있는 조직으로서는 유일한 조직이다." 그는 계속해서 이렇게 썼다. "오늘 우리의 힘과 내일 우리가 해야 할 과업 사이의 불균형은 우리를 비판하는 자들보다 우리가 더 잘 안다. 그러나 우리 시대의 엄혹하고 비극적인 변증법은 우리에게 유리하게 작용한다. 전쟁으로 인해 극심한 절망과 분노로 이끌리게 될 대중은 4차 인터내셔널이 제시하는 지도력을 제외하고는 다른 어떤 지도력도 발견하지 못할 것이다." 그는 미국인 지지자들을 상대로 한 연설에서는 거의 신비로운 어조로 자신감을 드러내며 "앞으로 10년 동안 4차 인터내셔널의 강령은 수백만 명의 지지자들을 확보할 것이며, 이들 혁명적인 수백만 명이 천지를 뒤흔들 수 있을 것"이라고 말했다. 뮌헨위기 때도 그는 4차 인터내셔널은 다음 전쟁이 시작될 때는 미약할지 모르지만, "세월은 우리의 편일 것이니 (…) 전쟁이 시작된 뒤 처음 몇 달간에 쇼비니즘의 불길에 대항하는 폭풍과 같은 반작용이 노동대중 사이에서 일어날 것이다. 그때 파시즘과 더불어 2차 및 3차 인터내셔널에 참여하고 있는 정당들이 희생될 것이다. 그들의 몰락은 4차 인터내셔널에 의해 인도되는 공개적인 혁명운동에 필요불가결한 조건으로 실현될 것이다." 1937년에 방문한 킹슬리 마틴에게 트로츠키는 이렇게 말했다. "4차 인터내셔널은 앞으로 3년 내지 5년 안에 세계적으로 거대한 세력이 될 겁니다."[92]

이와 같은 그의 예상은 두 가지 전제에 토대를 둔 것이었다. 그중 하나는 1차대전 뒤에 일어난 일들과 비슷하겠지만 규모와 힘에서는 그보다 훨씬 더 큰일들이 앞으로 닥칠 세계대전 뒤에 벌어진다는 것이었고, 다른 하나는 스탈린주의 정당들이 사회민주당들과 마찬가지로 혁명의 조류를 막기 위해 자기들이 가진 힘을 다 소모해버린다는 것이었다. 그 어느 때보다도 이때 트로츠키는 서구의 선진공업국들이 사회주의의 주된 전장이 될 것이고, 선진공업국들의 노동계급으로부터 러시아혁명의 손발을 묶어버린 일국사회주의와 관료독재의 악순환을 깨뜨릴 수 있는 유일한 혁명적 지도력이 형성돼 나올 것이라고 생각하고 있었다. 그는 1930년대의 경기침체와 공황으로 이미 파탄상태에 이른 서구 자본주의가 다가오는 파국을 극복하고 살아남을 것이라고는 생각하지 못했다. 그는 히틀러가 독일 제국주의 아래 유럽을 통합하려는 노력을 기울일 테지만 그 노력은 실패할 것이라는 데 대해 조금도 의심하지 않았다. 그러나 어쨌든 유럽은 통합을 필요로 하며, 프롤레타리아 혁명만이 유럽을 통합시키고 사회주의 유럽합중국을 실현시킬 수 있을 것이라고 생각했던 것이다. 마르크스주의의 유산을 지닌 독일과 혁명의 전통을 갖고 있는 프랑스와 이탈리아뿐만 아니라 북미도 사회적 격변에 이끌려들 것이라고 그는 예상했다. 그는 1939년에 펴낸 《카를 마르크스의 살아있는 사상(Living Thoughts of Karl Marx)》의 서문에서 루스벨트 식의 뉴딜정책을 비롯해 자본주의를 회생시키고 개혁하려는 모든 시도를 "반동적이고 무익한 사기행위"라고 일축했다. 그는 미국의 경제가 지닌 문제들에 대해 《자본론》이 얼마나 적절한 해석을 제시해주는가를 지적하고 미국에 새로운 마르크스주의 시대가 열리고 있다고 주장했다. 마르크스주의의 관점에서 보아도 "미국은 몇 번의 도약으로 유럽을 따라잡고, 더 나아가 유럽을 능가할 것"이라면서 그는 이렇게 썼다. "진보하는 기술과 진보하는 사회구조가 교리의 영역에서도 새로운 길을 열 것이다. 최고의 마르크스주의 이론가들이 미국의 토양에서 생겨날 것이다. 마르크스는 미국에서 선진 노동자들의 교사가 될 것이다."[93]

트로츠키는 저개발국들, 특히 중국에 존재하는 혁명의 거대한 잠재력을 간과하지 않았다. 1930년대의 어느 문필가보다도 그는 이 문제를 더 많이 생각했다. 그러나 그는 저개발국에서의 혁명에 대한 전망을 서구에서의 혁명에 대한 전망에 종속시켰다. 그는 이렇게 썼다. “사회주의 혁명은 일단 시작되기만 하면 지금 파시즘이 확산되고 있는 것보다 훨씬 더 거대한 힘으로 이 나라에서 저 나라로 확산될 것이다. 저개발국들은 선진국들의 선례에서 도움을 얻고 선진국들의 지원도 받으면서 사회주의의 주된 흐름에 편입될 것이다.” 그러나 그는 ‘진보하는 기술과 진보하는 사회구조’를 사회주의 혁명의 토대로 보는 고전적 마르크스주의의 논리를 극단적으로 적용함으로써 자기도 모르게 이론과 현실 사이의 괴리를 드러냈다. 선진공업국들이 고전적 마르크스주의에 의해 이론적으로 부여된 역할을 실제로 수행한다면 미국이 마르크스주의와 사회주의에 가장 친화적인 나라가 될 터였다. 트로츠키는 그 후 수십 년간에 걸쳐 저개발국들이 ‘사회주의의 주류’를 형성하고, 서구 선진국들은 사회주의의 흐름을 억제하거나 되돌리려고 할 것이며, 특히 미국은 최신의 마르크스주의를 발전시키기는커녕 마르크스주의에 대한 세계 최대이자 가장 강력한 대항진지가 될 것이라고는 예상하지 않았고, 그렇게 예상할 수도 없었다.[94]

트로츠키는 서구의 노동계급이 1848년, 1871년, 1905년, 1917~1918년에 그랬던 것처럼 봉기할 것이라고 예상했다. 그는 중국에 대해서도 전통적인 마르크스주의 개념을 적용했고, 따라서 마오쩌둥의 ‘농민군’을 불신의 시선으로 바라보았다. 중국의 과거 역사에서 늘 그랬듯이, 중국의 노동자들이 혁명의 주도력을 확보하지 못할 경우 마오쩌둥의 농민군이 반동의 도구가 되고 노동자들과 갈등을 빚을 것으로 우려했던 것이다. 천두슈의 경고에도 불구하고 트로츠키는 중국에서도 노동계급이 정치력을 회복하고 혁명을 주도하는 세력이 될 것이라고 믿었다. 그는 현대의 모든 계급투쟁에서는 필연적으로 도시가 주도적인 역할을 맡게 된다는 생각을 하나의 공리로 여기고 있었다. 반역의 운동이 도시의 외부에서부터, 즉 농촌에서부터 시작돼 도시를 장악할 수 있다는 생각은 비현실적이며 퇴행적인 것이라고 그는 여겼다. 그는 서양에서든 동양에서든 혁명은 진정한 의미에서 프롤레타리아적인 것이거나, 그게 아니라면 전혀 프롤레타리아적이지 않은 것이 될 것이라고 생각했다. 2차대전 이후에 서양과 동양에서의 계급투쟁이 똑같이 처음에는 스탈린이 지배하는 러시아와 서구 사이의 동맹, 그 다음에는 세계적으로 그 둘 간의 적대에 의해 지배당하게 되는, 어떤 의미에서 왜곡된 상황이 전개될 것이라는 생각은 그의 머리에 전혀 떠오르지 않았다.

트로츠키는 자기 나름의 전제 위에서 '누가, 즉 어느 정당이 앞으로 다가올 혁명투쟁을 지도하게 될 것인가?'라는 질문을 던질 수밖에 없었다. 그가 볼 때 2차 인터내셔널은 구질서를 떠받치고 있는 썩은 기둥이었고, 3차 인터내셔널은 스탈린의 수중에 들어있는 도구였다. 스탈린은 필요에 따라 3차 인터내셔널을 버릴 수도, 자본주의 열강들과 거래를 하는 창구로 이용할 수도 있었다. 스탈린과 그의 관료집단은 해외에서 혁명이 일어나는 것을 두려워했다. 해외에서의 혁명은 소련 내 노동계급을 일깨울 수 있고, 그렇게 되면 소련의 관료집단이 위험해질 수 있어서였다. 사회적 격변의 시기에 접어들었는데도 소련의 노동자들은 자기들을 지도할 혁명적 마르크스주의 정당을 갖고 있지 않았다. 1920년대와 1930년대에 걸친 오랜 기간 동안 소련의 노동자들이 계속 패퇴한 원인도 이런 지도력의 결핍에 있었다. 혁명적 지도력이 없다면 그들은 앞으로 훨씬 더 많은 고통을 겪고 파국적인 패배에 직면할 것이 분명했다. 마르크스주의가 오류가 아니라면, 노동계급이 사회주의의 역사적 추동세력이라면, '전위'에 의해 지도되지 않는 한 노동자들은 승리할 수 없다고 주장한 레닌주의가 옳다면, 오래 지속되고 있는 '지도력의 위기'는 새로운 공산당과 새로운 인터내셔널의 창설을 통해서만 극복될 수 있는 것이었다. 볼셰비키로 거듭나기 전에는 트로츠키도 로자 룩셈부르크를 비롯한 다른 마르크스주의자들과 마찬가지로 노동계급의 자발적인 운동에 의존했고, 레닌의 관심과 역할에서 중심적인 위치를 차지한 바 있는 지도와 조직화라는 당의 기능을 무시했다. 볼셰비키가 된 뒤에 그는 자기가 그런 태도를 취함으로써 정치적 활동에서 중대한 오류를 저질렀음을 깨달았다. 이제 그는 혁명의 자발적인 흐름을 믿는 일은 더 이상 없을 것이라는 확신을 갖고 있었다. 그리고 그의 모든 추론으로부터 어떤 하나의 과업이 부여된다면, 그는 그 과업을 수행하기 위해 어떤 어려움 앞에서도, 심지어는 절망 앞에서도 위축되지 않을 태세였다. "2차 및 3차 인터내셔널은 죽었다. 4차 인터내셔널이여 영원하라!" 트로츠키는 바로 이런 선언을 하는 것이 자기의 의무라고 생각했다. 그 외의 다른 것들에 대해서는 미래가 알아서 돌보도록 놔두자는 생각이었다.

이 시기에 하나의 환경 속에서는, 즉 미국의 급진적인 지식인들, 특히 그들 중 문필가들의 서클에서는 트로츠키주의가 약진하는 모습을 보였다. 대공황의 충격, 나치즘의 부상, 스페인내전의 충격 속에서 많은 미국 지식인들이 공산당으로 이끌렸다. 그리고 그들 중 가장 비판적인 정신을 갖고 있는 사람들은 공산당으로 하여금 루스벨트 대통령의 비위를 맞추고 뉴딜정책을 환영하도록 만든 인민전선의 기회주의에 대해 거부감을 갖고 있었다. 그들은 모스크바의 재판, 그리고 스탈린주의의 애매모호한 책략과 기괴한 의식에 충격을 받고 혐오감을 느꼈다. 그들에게 트로츠키주의는 좌파 진영의 숨 막히는 분위기 속으로 불어 들어오는 신선한 바람이었고, 이 바람이 새로운 지평을 열어줄 것으로 여겨졌다. 문필가들은 트로츠키가 투쟁에서 보여준 극적인 열정, 웅변과 글쓰기에서 보여준 재능에 호응했다. 트로츠키주의는 하나의 유행처럼 번졌고, 이로 인해 미국 문학에 트로츠키주의의 흔적이 많이 남게 된다. 트로츠키주의의 영향을 받은 문필가들을 비평가 중심으로 일부 열거해 보면 다음과 같다. 에드먼드 윌슨, 시드니 후크, 제임스 패럴, 드와이트 맥도널드, 찰스 맬러머드, 필립 라브, 제임스 포티, 해럴드 로젠버그, 클레먼트 그린버그, 메리 매카트니.[95)]

〈파티전 리뷰(Partisan Review)〉가 '트로츠키주의 문필가들'의 중심이 됐다. 필립 라브와 윌리엄 필립스가 편집을 담당한 이 잡지는 존 리드 클럽(John Reed Clubs, 《세계를 뒤흔든 10일》이라는 저서로 유명한 미국의 좌파 언론인 존 리드를 기려 그의 이름으로 결성됐던 단체로, 미국의 여러 곳에서 클럽 형태로 활동하며 주로 젊은이들의 재능을 함양하는 역할을 했다—옮긴이)의 후원 아래, 간접적으로는 공산당의 후원도 받으면서 발간됐다. 그러나 문학활동에 대한 공산당의 간섭에 짜증이 나고, 공산당의 정치적 태도가 자꾸 변하는 데 대해 불안감을 느끼게 되고, 모스크바 재판에 충격을 받은 편집자들이 잡지의 발간을 중단시켰다. 1937년이 다 가기 전에 잡지가 복간됐는데, 이때 잡지의 지향이 바뀌었다. 〈파티전 리뷰〉는 이제 혁명적 사회주의를 지지하고 스탈린주의에 반대하는 잡지가 됐다. 편집자들은 트로츠키에게 기고해줄 것을 요청했다. 트로츠키는 처음에는 이 잡지의 청탁을 거절하고 지켜보는 태도를 취했다. 트로츠키는 드와이트 맥도널드에게 보낸 편지에서 "〈파티전 리뷰〉의 편집자들은 유능하고 교육도 많이 받았고 지적이지만 그 지향이 분명하지는 않은 것 같다는 게 내가 받은 전체적인 느낌"이라고 밝혔다.[96] 트로츠키는 혁명적 사회주의를 지향한다는 〈파티전 리뷰〉의 편집방침이 얼마나 진지한 것인지를 의심스러워했다. 사회주의노동자당의 지도자들도 이 잡지에 트로츠키의 권위가 얹히는 걸 원하지 않았다. 이 잡지에 기고하는 필자들은 대부분 스탈린주의에 의해 왜곡된 형태의 마르크스주의와 볼셰비즘만을 알고 있었다. 그런 그들이 이제 스탈린주의에 대한 환멸을 갖게 됐다면 마르크스주의와 볼셰비즘에 대해서도 반대하는 반응을 나타내지 않을까 하는 우려를 트로츠키는 갖고 있었다. 트로츠키는 이 잡지가 모스크바 재판에 대해 너무 미약하게 대응한다고 편집자들을 비판했고, 모스크바 재판에 대해 옹호하거나 모호한 태도를 취한 〈뉴 매시스(New Masses)〉 〈네이션(The Nation)〉 〈뉴 리퍼블릭(The New Republic)〉과 우호적인 관계를 유지하려고 하는 태도에 대해서도 비판을 가했다. 트로츠키는 라브에게 보낸 편지에 이렇게 썼다. "부정확한 이론에 대항하는 투쟁을 위해, 콜레라와 같은 전염병을 퇴치하기 위해 무언가 조처가 필요합니다. 이 투쟁은 강렬하고 철저하고 무자비해야 합니다. 그 투쟁에 '광기'의 요소가 일부 들어가는 것도 (…) 유익할 것입니다."[97] 이해의 나중에 〈파티전 리뷰〉가 반스탈린주의의 목소리를 더욱 분명하게 내기 시작하면서 이 잡지와 트로츠키 사이의 관계에 돌파구가 열렸다. 브르통과 리베라가 트로츠키의 권유에 따라 기고한 '선언'이 게재된 것을 계기로 이 잡지와 트로츠키는 긴밀한 협력관계를 맺게 됐다. 브르통과 리베라의 '선언'은 예술의 자유를 주장하고, 문학과 예술에 대한 전체주의적 간섭에 저항하기 위해 '혁명적 작가와 예술가들의 국제연맹'을 결성하자고 호소하는 내용의 글이었다.[98]

프랑스의 초현실주의 시인인 앙드레 브르통이 1938년 2월에 코요아칸에 도착했다. 그는 오래전부터 트로츠키의 열렬한 지지자들 가운데 한 사람이었다. 그가 멕시코를 방문한 뒤 프랑스로 돌아가는 배 안에서 써서 트로츠키에게 보낸 편지만큼 트로츠키에 대한 그의 감정을 더 잘 보여주는 것은 없다. 그는 이렇게 썼다. "친애하는 레프 다비도비치. 당신 앞에서서 이렇게 당신을 부를 때보다는 지금 글로 이렇게 당신을 부르는 것이 주눅감에서 오는 고통을 덜 느끼게 하기에 저로서는 편합니다. 당신을 이렇게 부르고 싶은 때가 종종 있었습니다. 이런 사실을 당신에게 말하는 것은 내가 당신에게 다가가려고 노력할 때마다, 그리고 내가 다가가는 것을 당신이 보게 하려고 할 때마다 내가 느끼곤 하던 주저함을 당신이 알아야 하기 때문입니다." 브르통의 '주저함'은 트로츠키에 대한 '무한한 존경심'에서 나온 것이었다. 그것은 일종의 '코델리아 콤플렉스(셰익스피어의 희곡《리어 왕》에 나오는 리어 왕의 세 딸 중 막내로 그녀만이 끝까지 아버지에게 충실했다 – 옮긴이)'였다. 브르통은 트로츠키와 얼굴을 맞대고 만날 때마다 코델리아 콤플렉스를 느꼈던 것이다. 브르통은 위대한 사람들을 만날 때만 이런 주저함을 느꼈다. 브르통은 이렇게 쓰기도 했다. "당신은 (…) 내가 범접할 수 없는 사람은 아니라고 나 스스로를 설득하기 위해서는 기나긴 적응과정을 필요로 하는 인물들 가운데 한 사람 (…) 아니 그런 사람들 가운데 유일하게 살아있는 사람입니다." 이 편지에 대한 트로츠키의 답장도 특이하다는 점에서 다르지 않았다. 트로츠키는 이렇게 썼다. "당신의 칭찬이 너무 과해서 우리 관계의 미래에 대해 다소 불안을 느끼게 되는군요."[99)]

브르통이 코요아칸에 머무는 동안 그와 트로츠키, 그리고 리베라는 같이 오랜 시간 산책을 하거나 농촌여행을 하면서 정치와 예술에 대해 이야기했고, 때로는 열띤 논쟁을 벌이기도 했다. 프랑스에서는 초현실주의자들이 트로츠키주의자들, 특히 예전에 초현실주의자였던 나빌과 갈등을 빚고 있었다. 그러나 트로츠키는 다른 예술적 혁신가들에 대해서도 마찬가지였지만 초현실주의자들과도, 비판을 가하지 않은 건 아니지만, 대체로 우애를 유지했다. 트로츠키는 초현실주의자들이 꿈과 잠재의식의 경험에 '준프로이트적'으로 초점을 맞추는 입장을 수긍했다. 그러나 트로츠키는 브르통과 그의 친구들이 쓴 작품 속에 들어있는 '신비주의적 성향'에 대해서는 고개를 저었다. 이 문제는 그러나 이때 트로츠키의 우선적인 관심사에 속하지 않았다. 브르통이 멕시코를 찾아온 시점 자체가 료바의 죽음 및 부하린에 대한 재판과 겹쳤기 때문이다. 그럼에도 트로츠키는 공산주의와 예술, 그리고 마르크스주의 철학과 미학에 관해 브르통 및 리베라와 오랜 시간 토론했다. 바로 이 토론에서 작가와 예술가들을 대상으로 하고 그들의 국제연맹도 언급한 '선언'이 구상됐다. 트로츠키가 공동 필자로 참여한 이 '선언'은 〈파티전 리뷰〉에 브르통과 리베라의 서명과 함께 실렸다.[100] 트로츠키는 브르통에게 보낸 편지에서 이 일에 대해 이렇게 언급했다.

> 나는 진정으로 혁명적이고 진정으로 독립적인 예술가들의 국제연맹을 창설하는 일에 주도적으로 나서는 당신과 리베라의 노력을 진심으로 환영합니다. 이 국제연맹에 진정한 예술가(혁명적이라거나 독립적이라는 수식어가 붙지 않은 '진정한 예술가'도 존재한다는 뜻임-옮긴이)를 추가하지 못할 이유는 없습니다. (…) 우리의 지구는 더럽고 악의 냄새가 나는 제국주의의 병영으로 전락하고 있습니다. 민주주의의 영웅들은 (…) 파시즘의 영웅들을 닮기 위해 자기들이 할 수 있는 모든 일을 다 하고 있습니다. (…) 그리고 무

식하고 우둔한 독재자일수록 과학, 철학, 그리고 예술의 발전을 자기가 지도해야 한다고 생각합니다. 지식인들의 떼거리 본능과 비굴한 태도도 우리 시대에 사회가 타락했음을 보여주는 또 하나의 커다란 증거입니다.

'선언'에 담긴 내용은 트로츠키가 문학과 예술을 감독하려는 스탈린주의자들의 기도를 저지하려고 노력하던 15년 전에 〈리터리처(Literature)〉와 〈레볼루션(Revolution)〉에 기고했던 글에서 밝힌 생각과 기본적으로 같은 것이었다. 그리고 그는 이제 스탈린주의에 아첨하는 아첨꾼들을 공격했다. 공격의 대상은 "아라공과 에렌부르크 같은 부류와 그 밖의 야바위꾼들", "바르뷔스와 같이 예수의 전기와 스탈린의 전기를 동일한 열성으로 지어내는 작자들", 그리고 앙드레 말로였다. 그가 볼 때, 말로가 얼마 전 독일과 스페인의 상황을 서술한 글에 내재된 '거짓'은 "그 거짓에 예술적 형태를 부여하려고 했다는 점에서 더욱 혐오스러운 것"이었다. 그에게 말로의 태도는 "모든 부류에 걸친 한 세대의 작가들 대부분이 취하는 태도, 즉 10월혁명에 대한 '우정'으로 거짓말을 한다는 태도, 마치 혁명은 거짓말을 필요로 한다는 식의 태도를 전형적으로 보여주는 것"이었다. 그들에게는 예술적 진실과 자기 자신에 대한 불굴의 충성을 위한 투쟁이 혁명 이념을 위한 투쟁에 하나의 필요한 부분이 돼버렸다는 것이었다. 트로츠키는 〈파티전 리뷰〉에 보낸 편지에 이렇게 썼다.

> 예술에서 인간은 (…) 계급사회가 예술가에게 허용하지 않는 (…) 조화와 완전한 실존을 향한 예술가의 욕구를 표현합니다. 바로 이 때문에 모든 진정한 예술적 창조에는 의식적으로든 무의식적으로든, 적극적으로든 수동적으로든, 낙관적으로든 비관적으로든 현실에 대한 항의가 내재되는 것입니다.

(…) 퇴락하는 자본주의는 우리 시대가 요구하는 것들을 어느 정도라도 충족시켜주는 예술의 흐름에 필요한 최소한의 조건도 제공하지 못합니다. 퇴락하는 자본주의는 미신에 사로잡혀 모든 새로운 표현을 두려워합니다. 피억압 대중은 그들 나름의 삶을 살고 있습니다. 보헤미안적인 예술가들은 스스로의 편협함 속에 갇혀버렸습니다. (…) 큐비즘, 미래파, 다다이즘, 초현실주의 등 최근 이삼십 년간 존재했던 예술사조들은 그중 어느 것 하나가 완성되어 열매를 맺기도 전에 다른 것에 의해 밀려나곤 했습니다. (…) 예술적 수단만으로는 우리가 이런 교착상태에서 벗어나기가 불가능합니다. 이것은 문명 전체의 위기입니다. (…) 오늘날의 사회가 스스로를 재구축하는 데 성공하지 못한다면, 노예문명의 폐허 속에서 그리스 예술이 몰락했듯이 오늘날의 예술도 필연적으로 몰락할 것입니다. (…) 우리 시대에는 예술의 기능이 혁명에 대한 태도에 의해 좌우됩니다.

바로 이 지점에서 역사는 예술가들 앞에 커다란 덫을 설치해 놓았습니다. 한 세대의 좌파 지식인들 모두가 (…) 동쪽으로 눈을 돌리고는 혁명적 노동계급보다는 승리한 혁명에 자신의 운명을 걸고 있습니다. 그런데 혁명적 노동계급과 승리한 혁명은 동일한 것이 아닙니다. 승리한 혁명 속에는 혁명적 노동계급도 있지만 새로운 특권계층도 있으며 (…) 그들은 전체주의적 간섭을 통해 예술적 창조의 숨통을 죄고 있습니다. (…) 전제군주정 치하의 궁정예술도 군주를 이상화하기는 했지만 허위조작에 근거를 두지는 않았습니다. 하지만 소련의 공식 예술은 공식적 정의와 운명을 같이 하면서 '지도자'를 찬양하고 공식적으로 영웅적 신화를 만들어내는 것을 목적으로 삼고 있습니다. 그리고 소련에는 이런 공식 예술 외에 다른 예술은 존재하지 않습니다.

소련에서 공식 회화의 양식은 '사회주의적 사실주의'로 설명되고 있습니다.

그러나 '사회주의적 사실주의'는 소련 정부 내 예술부서의 책임자 자리에 앉아 있는 관료들에 의해 규정돼온 것일 뿐입니다. '사실주의'는 19세기의 3분기에 유행한 다게레오타이프(1839년에 발명된 은판사진 기술—옮긴이) 사진술을 흉내 내는 것이고, '사실주의적' 양식이란 가식적인 사진 찍기를 통해 실제로는 일어나지도 않은 상황들을 그려내는 것입니다. 펜, 붓, 끌로 무장한 공식적인 예술가들이 총을 든 관리들의 감시를 받는 가운데 천재성이나 위대함은 조금도 없는 '천재적인 위대한 지도자'를 찬양하는 내용으로 만들어낸 시와 소설을 읽거나 그런 내용의 그림이나 조각을 바라보면서 혐오감이나 공포감을 느끼지 않을 도리가 없습니다. 스탈린 시대의 예술은 프롤레타리아 혁명에서 가장 심각하게 퇴락한 부분을 가장 극적으로 드러내 보여줍니다.

그리고 그러한 문제점이 소련에만 국한된 것도 아니라고 트로츠키는 지적했다.

서구의 좌파 지식인들은 10월혁명의 의미를 늦게나마 인식하게 된 척하면서 소련의 관료집단 앞에 무릎을 꿇었습니다. (…) 모든 종류의 센터와 서클들, 로맹 롤랑이 쓴 사도서한들, 보조금을 지급받아 발간된 잡지들, 각종 연회들, 예술과 게페우가 개입한 부분을 구분하기 어려운 각종 회의들이 잇따르면서 새로운 시대가 열렸습니다. 그러나 광범위한 소동에도 불구하고 그런 군사적인 활동은 예술가 자신이나 크렘린의 선동가들을 뛰어넘어 계속 살아남을 수 있는 예술작품을 단 하나도 창출해내지 못했습니다.
예술, 문화, 정치는 새로운 관점을 필요로 합니다. 새로운 관점을 갖지 못한다면 인류는 더 이상 앞으로 나아가지 못할 것입니다. (…) 하지만 진정으로

> 혁명적인 당은 예술에 대해 지배는 물론 '지도'도 할 수 없고 하려고 하지도 않습니다. (…) 자의적인 권력을 휘두르는 무지하고 뻔뻔한 관료집단만이 예술을 지배하겠다는 야망을 품습니다. (…) 예술은 그 자신에게 충실한 상태로 존재해야만 혁명의 위대한 동맹자가 될 수 있습니다.[101]

이런 자극적인 호소에도 불구하고 작가와 예술가들의 국제연맹은 실현되지 못했다. 유럽에서는 전쟁의 소용돌이가 예술의 자유를 옹호하는 호소를 집어삼켜버렸고, 미국에서는 '트로츠키주의 문학'이 전성기를 누리긴 했지만 아주 짧은 기간밖에 지속되지 못했다. 트로츠키가 우려한 대로 스탈린주의에 대한 지식인들의 반감은 마르크스주의 전체와 볼셰비즘에 대한 반감으로 전환됐다.

트로츠키가 자신의 지적 지지자들 사이에 불러일으킨 정서가 거쳐 간 기이한 변화의 흐름을 우리는 몇 번이라도 되짚어볼 수 있다. 지적 지지자들 대부분은 커다란 존경심을 품고 트로츠키를 바라보았고, 트로츠키는 그들 대부분에게 브르통이 가졌던 것과 같은 '코델리아 콤플렉스'를 심어주었다. 그러나 시간이 흐르면서 그들은 트로츠키가 살아나가고 생각하는 방식이 자기들로서는 도저히 감당할 수 없는 정신적 긴장을 요구한다는 점을 알게 됐다. 자기들이 도달할 수 있는 범위를 넘어선 곳에 트로츠키가 있다고 여겼다. 그들의 '리어 왕(트로츠키—옮긴이)'이 여전히 가장 견고한 혁명가로 남아 있음을 발견했다. 트로츠키가 자기 주위에 모으고자 한 이들은 감미로운 칭찬을 바치는 수행원들이 아니었다. 그는 달성 불가능한 대의를 위해 투쟁하는 투사들을 자기 주위에 모으려고 노력했다. 그는 자기가 그랬듯이 자기의 지지자들도 세계의 모든 권력들에 대해, 즉 파시즘, 부르주아 민주주의, 스탈린주의, 모든 종류의 제국주의,

사회애국주의, 수정주의, 평화지상주의, 종교, 신비주의, 심지어는 세속적 합리주의와 실용주의에 대해서도 대항하기를 원했다. 그는 지지자들에게 스탈린의 존재에도 불구하고 "무조건 소련을 방어"하라고 요구했고, 자기가 공격하는 것과 같은 수준으로 격렬하게 스탈린주의를 공격하라고 요구했다. 그는 스스로 자기의 원칙에서 조금도 물러서지 않았고, 지지자들이 원칙에서 물러서는 태도를 보이는 것도 용납하지 않았다. 그는 지지자들에게 흔들림 없는 신념, 대중여론을 완전히 초월한 태도, 언제든지 희생할 태세, 프롤레타리아 혁명에 대한 뜨거운 믿음을 요구했다. 그는 프롤레타리아 혁명의 숨결을 끊임없이 느꼈지만, 그의 지지자들은 그렇지 않았다. 한마디로 그는 자신을 구성하는 요소들이 그대로 자기 지지자들을 구성하는 요소가 되기를 기대했다.

트로츠키의 지지자들은 멈칫거렸다. 그들이 트로츠키에 대해 품었던 커다란 존경심은 처음에는 불편함과 의심, 아직은 경외심이 섞여 있는 피로감으로 바뀌었다가, 다음에는 트로츠키에 대한 반대로, 결국은 은밀하거나 노골적인 적대로 탈바꿈했다. 지적 트로츠키주의자들은 하나씩 처음에는 조심스럽게, 그러나 나중에는 분노를 터뜨려가며 예전에 자기들이 트로츠키에 대해 품었던 존경심을 버리고 그의 결점을 들추기 시작했다. 흠집잡기가 일단 시작되자 그들은 트로츠키의 실수와 오류는 무엇이든, 그것이 사실이든 상상의 산물이든 짚어내기 시작했고, 결국은 그를 광적이고 교조적인 몽상가라고 비난하기에 이르렀다. 그리고 그들은 트로츠키와 스탈린 둘 중 하나를 선택하는 것 외에는 다른 길이 없다고 생각하기에 이른다.

트로츠키에 대한 그들의 이런 환멸과 우정 파기가 끈질기게 이어진 배경에는 서구의 급진적 지식인들이 러시아혁명의 경험과 마르크스주의에 대해 갖게 된 분노가 자리 잡고 있었다. 이는 한 시대의 급진파나 혁명가들이 다음 시대에는 중도파나 보수파, 또는 반동세력으로 바뀌곤 하는, 역사적으로 반복되는 정치적 전향의 과정을 보여주는 하나의 사례였다고 말할 수도 있다. 1930년대의 트로츠키주의 문필가들 가운데 1940년대와 1950년대에 공산주의에 대항하는 선전가들의 앞자리에 나서지 않은 사람은 극히 적은 수에 불과했다. 그들은 공산주의에 대한 자기들의 지식, 공산주의의 취약점에 대한 예리하기는 하나 일면적인 이해, 공산주의가 아닌 스탈린주의를 표적으로 해서 트로츠키가 자기들에게 심어준 증오를 반공산주의 신전에 그대로 이선시켰다. 트로츠키주의를 받아들이지 않고 스탈린주의자로 남았던 사람들 중에도 1940년대와 1950년대에 반공산주의 선전에서 두각을 나타낸 사람들이 있지만, 그들은 이념적 선전가로서보다는 깊이 없는 정보제공자 정도의 역할을 담당한 경우가 많았다.

이와 같은 전향의 발단은 중요성이 덜한 몇 가지 혼란스러운 논쟁들에 의해 절반은 보이지 않게 가려졌다. 1937년 겨울부터 1938년 초에 걸쳐 이스트먼, 세르게, 수바린, 실리가 등은 1921년의 크론슈타트 봉기 진압과 관련해 트로츠키의 책임을 물었다. 이들의 이런 문제제기는 볼셰비즘이 언제 어디서 치명적 결함을 드러냄으로써 스탈린주의가 배태되도록 했는가를 알아내기 위한 시도의 하나였다. 이스트먼 등은 크론슈타트 봉기를 진압한 데서 볼셰비즘의 치명적 결함이 드러났다고 보았다. 말하자면 이것이 볼셰비즘의 몰락을 초래한 결정적인 계기, 즉 원죄라는 것이었다! 그는 그 크론슈타트 봉기를 진압한 책임이 트로츠키에게 있지 않느냐고 물었다. 바로 그가 그 무대 위에서 스탈린주의 테러를 예고하는 역할을 하지 않았느냐? 이런 비판을 가한 사람들은 크론슈타트 봉기를 매우 이상적인 그림으로 그려놓고서, 그것이 '혁명의 배반자들'에 대항한 최초의 진정한 프롤레타리아의 항의였다고 칭송하고 있었다. 트로츠키는 그들의 그림은 사실과 다르며, 볼셰비키가 크론슈타트 봉기를 진압하지 않았다면 반혁명의 흐름에 물꼬를 터주었을 것이라고 답변했다. 트로츠키는 크론슈타트 봉기를 진압하기로 한 정치국의 결정에 대한 자기의 정치적 책임은 모두 인정했다. 자기도 그 결정을 지지했다는 것이었다. 그가 부인한 것은 크론슈타트에 대한 공격을 자기가 개인적으로 지도했다는 주장이었다.[102]

이 논쟁은 불합리한 열기를 띠고 진행됐다. 크론슈타트 봉기와 관련해 트로츠키를 비판한 사람들은 이 봉기의 중요성을 과장했고, 그것을 역사의 흐름과 그 흐름에 대한 수많은 역류들로부터 떼어내고 보았다. 이런 점을 알기 위해서는 굳이 트로츠키의 설명까지 들을 필요도 없다. 그들의 눈에는 서구 공산주의의 패배, 소련의 빈곤과 고립, 노동대중의 피로, 도시와 농촌 사이의 갈등, 일당체제의 '논리' 등 스탈린주의에 유리했던 보다 근본적인 요인들보다도 스탈린주의의 전주곡으로서의 크론슈타트 사건이 훨씬 더 크게 보였다. 상대적으로 먼 과거의 일인데다 그 내용도 모호한 이 사건을 둘러싼 논쟁이 때로는 독기까지 뿜어내자 트로츠키는 이렇게 말하기도 했다. "사람들은 크론슈타트 봉기가 17년 전의 일이 아니라 바로 어제 일어난 일이라고 생각하는 것 같다." 트로츠키는 하필이면 모스크바 재판에 항의하는 운동을 한창 벌이고 있는 시점에 자기에게 호의적이라는 사람들이 크론슈타트 봉기와 관련해 자기를 괴롭히는 것에 화가 났다. 게다가 트로츠키가 반스탈린주의자의 처자식들이 처형당하는 작금의 상황에 대해 스탈린주의자들을 비난하고 있는 시점에 세르게와 수바린은 내전의 시기에 트로츠키가 포로들을 총살했다고 비난하고 나섰다. 이런 그들의 행동은 스탈린에 대한 측면지원이 아닌가? 그들은 과거 내전의 시기에 트로츠키가 행사한 폭력과 지금 스탈린이 휘두르는 테러의 도덕적, 정치적 차이점을 보지 못한다는 것인가? 그들은 1918~1921년의 볼셰비키 정부가 스스로를 방어하고 규율을 부과할 권리를 가져서는 안 되는 것이었다고 주장하려는 것인가? 트로츠키는 이렇게 썼다.

> 크론슈타트에서 무고한 희생자가 발생했는지 여부를 나는 알지 못한다. (…) 그 사건이 일어난 지 오랜 세월이 지난 지금에 와서 내가 그 사건과 관련해 누가 어떤 방식으로 처벌돼야 했는지를 결정하는 일을 할 수는 없다. (…) 무엇보다 나는 그런 일을 하는 데 필요한 자료를 갖고 있지 않다. 나는 내전이 인간적인 행위를 가르치는 학교는 아니라는 데 대해서는 수긍한다. 이상주의자와 평화주의자들은 언제나 혁명을 '과잉행동'이라고 비난해왔다. 이 문제의 핵심은 그 '과잉행동' 이 그 자체가 역사의 '과잉행동'인 혁명의 본질에서 유래한다는 점에 있다. 대중매체에 실릴 조잡한 글에서 그들이 그런 관점으로 혁명을 거부하고 싶다면 거부하도록 놔두자. 그러나 나는 그런 관점에서 혁명을 거부하지 않는다.

비판자들은 '예수회적'이라든가 '레닌주의적 부도덕성'이라는 표현을 써가면서 트로츠키를 비난했다. 이런 비난의 표현들은 결과가 수단을 정당화한다는 태도를 트로츠키가 취하고 있다는 뜻이었다. 트로츠키는 〈그들의 도덕과 우리의 도덕〉이라는 글로 답변했다. 이 글은 공산주의의 윤리에 대한 공세적이고 웅변적인 진술이었다.[103)] 이 글은 반동세력이 승리하고 있어서 "다른 사람들은 두려움 속에 땀을 평소의 두 배로 흘리고 있을 때 자기는 평소의 두 배에 이르는 양의 도덕적 악취를 풍기면서" 박해를 가하는 강자들이 아니라, 박해를 받는 혁명가들에게 도덕을 설교하는 '좌파'의 민주주의자와 아나키스트들에게 독설을 퍼붓는 것으로 시작된다. 트로츠키는 그 어떤 절대적인 도덕의 원칙도 인정하지 않았다. 그와 같은 절대적인 도덕의 원칙은 종교 이외의 분야에서는 아무런 의미도 가질 수 없다는 것이었다. 교황은 적어도 신의 계시로부터 그런 원칙을 이끌어낼 수 있겠지만, 교황을 비판하는 '미미한 속세의 성직자'들은 어디에서 영원한 도덕적 진리를 이끌어낼 수 있단 말인가? '인간의 양심', '도덕적 본성', 기타 이와 유사한 개념들을 들이댈 수도 있겠지만, 이런 개념들은 신의 계시를 에둘러 지칭하는 형이상학적 간접표현일 뿐이라는 것이었다.

도덕은 역사와 계급투쟁 속에 내재돼있는 것이며, 그 자체로 불변의 실체를 갖는 것은 아니다. 도덕은 사회적 경험과 사회적 필요를 반영한다. 따라서 도덕은 언제나 수단을 목적에 연결시킨다. 이렇게 지적한 트로츠키는 한 놀랄 만한 구절에서 예수회에 대한 도덕주의적 비판에 맞서 예수회를 옹호하기도 했다. "예수회는 수단이 '목적'으로 이어지기만 한다면 (…) 그 어떤 수단도 (…) 심지어는 범죄적인 수단도 허용된다고 가르친 적이 결코 없다. (…) 오히려 그것은 자기들의 목적을 달성하기 위해서는 그 어떤 수단이든 양심의 거리낌 없이 채택해 사용한 프로테스탄트와 일부 가톨릭이 예수회를 적대하면서 예수회에 악의적으로 뒤집어씌운 교리다." 예수회 신학자들은, 모든 수단은 그 자체로는 도덕적인 차이가 없다 하더라도 그 수단이 쓰이는 목적의 성격에 따라 정당화될 것인지 아니면 비난받아야 할 것인지가 결정된다고 하는, 어찌 보면 당연한 교리를 내세웠다. 총을 쏘는 행위 자체는 도덕성에 대해 왈가왈부할 대상이 아니다. 그러나 어린아이를 위협하는 미친개를 향해 총을 쏘는 것은 좋은 행동인 반면, 살인을 위해 총을 쏘는 것은 범죄가 된다. "실천적인 도덕률에서 예수회 소속 성직자들은 다른 교파의 성직자들에 비해 결코 더 나쁘지 않았다. (…) 오히려 그들은 다른 교파의 성직자들보다 더 나았다. 적어도 그들이 더 일관성이 있었고, 용감했으며, 통찰력이 있었다. 그들은 호전적이고 폐쇄적이며 엄격하게 중앙집중화되고 공세적인 조직을 대변하고 있었고, 적들에게만이 아니라 동맹자들에게도 위협적인 존재였다." 그들은 볼셰비키와 마찬가지로 영웅적인 시기와 퇴화의 시기를 거쳤다. 그들은 교회의 전사들이었다가 관료집단으로 변질됐다. 그들은 "선량한 관료집단이었지만 동시에 대단한 사기집단이기도 했다." 그러나 영웅적인 시기에는 예수회 소속 성직자들이 다른 보통의 성직자들과 달랐다. 그것은 교회의 전사들이 교회 안의 상인들과 다른 것과 같았다. 트로츠키는 이렇게 썼다. "둘 중 어느 쪽도 이상화할 필요는 없다. 그러나 둔감하고 게으른 가게주인의 눈으로 열광적인 전사를 바라보는 것은 무익한 일이다."

트로츠키는 결과가 수단을 정당화한다는 사고방식은 모든 도덕의 개념에 내재돼 있다고 주장했다. 이런 사고방식은 예수회와 볼셰비키의 '부도덕성'에 대한 공격의 대부분을 뒷받침하는 앵글로색슨적인 공리주의에도 내재돼 있다고 트로츠키는 지적했다. '최대 다수의 최대 행복'이라는 공리주의의 이상도 바로 그러한 목적을 달성하기 위한 행동이 도덕적이라는 생각을 내포하는 것인 한 목적과 수단에 관한 예수회의 관념과 일치한다는 것이었다. 모든 국가의 정부들이, 심지어는 '인류애'를 가장 중시하는 정부도 전시에는 가능한 한 최대로 많은 수의 적들을 제거하는 것이 자국 군대의 의무라고 선포한다. 그렇다면 모든 국가의 정부들이 목적이 수단을 정당화한다는 원칙을 받아들이는 것 아닌가? 하지만 목적도 역시 정당해야 할 필요가 있다. 목적과 수단이 서로 자리가 바뀌어 지금 목적으로 보이는 것이 나중에는 새로운 목적의 수단이 될 수도 있다. 마르크스주의자들에게 있어서 자연에 대한 인간의 통제력을 증대시키는 동시에 인간에 대한 인간의 권력을 없앤다는 목적은 정당한 것이다. 또 이런 목적을 달성하기 위한 수단인 사회주의와 사회주의라는 목적을 달성하기 위한 혁명적 계급투쟁도 정당한 것이다. 마르크스-레닌주의의 도덕은 혁명의 필요성에 의해 지배된다. 그렇다면 혁명의 이익을 증진시키는 것이라면 아무 수단이나 다, 심지어는 거짓말, 배반, 살인까지 이용해도 된다는 말인가? 트로츠키는 "진정으로 인류의 해방에 기여하는 것이라면 모든 수단이 허용될 수 있다"고 답변했다. 그러나 수단과 목적의 변증법상 어떤 특정한 수단은 그러한 목적에 기여하지 못할 수도 있다. 트로츠키는 이렇게 지적했다. "혁명적 노동자들을 연대시키고 단합시키는 수단, 그들에게 억압에 대한 비타협적인 적개심을 가득 불어넣는 수단, (…) 그들에게 역사적 임무에 대한 의식을 고취하는 수단, 그리고 그들의 용기와 자기희생 정신을 고양시키는 수단만이 허용될 수 있고, 또 그런 수단들만이 이용돼야 한다. (…) 따라서 결국은 모든 수단이 다 허용되는 것이 아니다." 트로츠키는 목적이 수단을 정당화한다고 말하고서는 목적은 그 자신과 양립 불가능한 특정한 수단들을 '거부'한다고도 말한 셈이었다. 이에 대해 그는 "밀알은 밀이 제대로 자랄 수 있도록 뿌려져야 한다"고 설명한다. 사기와 기만, 그리고 대중에게 굴욕감을 안겨주는 지도자 숭배에 의해 사회주의를 촉진해서는 안 되며, 노동자들의 의지를 거역해가며 그들에게 사회주의를 강요해서도 안 된다는 것이다. 이런 점을 라살레는 다음과 같은 시구로 이야기했다.

목적지만 가리키지 말고 경로도 보여다오.
목적지와 경로가 분리할 수 없게 뒤엉켜
둘 중 하나가 바뀌면 다른 하나도 바뀌고
새로운 길에 들어서면 새로운 목적이 생겨난다.

노동대중을 대하는 태도의 진실성과 정직성은 혁명적 도덕에 긴요한 요소다. 이것이 없는 길은 사회주의가 아닌 다른 목적지로 우리를 데리고 가기 때문이다. 영웅적인 시기에 볼셰비키는 "역사 전체에서 가장 정직한 정파"였다. 물론 그들은 적들을 속였다. 특히 내전의 시기에는 더더욱. 그러나 그들은 노동하는 인민들에게 진실한 태도를 취했고, 그들로부터 일찌기 다른 어떤 정파도 얻은 적이 없는 수준의 신뢰를 얻었다. 레닌은 윤리적 절대주의를 일절 거부하면서도 자기의 일생을 모두 피억압 인민들의 대의에 바쳤고, 사상에서는 최고로 양심적이고 행동에서는 최고로 대담했으며, 보통의 노동자들이나 자기방어력이 없는 여성과 아이들에게 조금도 우월한 자의 태도를 보이지 않았다. 트로츠키는 백위대 장교들의 가족을 인질로 잡아두도록 한 자기의 명령에 내포된 부도덕성과 관련해 모든 책임을 받아들였다. 그러한 조처가 내전의 시기에 필요해서 취해진 것이었고, 그가 아는 한 인질이 된 백위대 장교의 가족 중 처형된 사람은 전혀 없었음에도 그는 자기의 책임을 순순히 받아들이는 태도를 취했다. 그러나 그는 "혁명이 애초부터 지나친 관대함을 덜 보였더라면 수많은 생명을 구할 수 있었을 것"이라고 지적했다. 그는 또 미국의 내전 때 링컨 대통령이 보였던 무자비함에 대해서와 마찬가지로 자기가 취한 행동과 태도에 대해서도 후세가 판단해줄 것이라고 믿었다. 그는 이렇게 썼다. "미국 북부군의 잔혹성과 남부군의 잔혹성에 대해 역사는 상이한 잣대를 갖고 있다. 속임수와 폭력으로 노예에게 족쇄를 채우려는 노예주인과 속임수와 폭력으로 족쇄를 벗어던지려는 노예를 생각해보자. 오직 경멸스러운 환관들만이 도덕의 법정에서 이 두 가지 경우가 동등하다고 우리에게 말할 것이다!"

10월혁명과 볼셰비키의 '부도덕성'을 스탈린주의의 잔혹성 탓으로 돌리는 것은 진실의 왜곡이라고 트로츠키는 지적했다. 스탈린주의는 혁명이나 볼셰비즘이 낳은 것이 아니라 과거사회에서 살아남은 것들이 낳은 것이다. 바로 이런 점이 옛 볼셰비키에 대한 스탈린의 무자비한 투쟁을 설명해준다는 것이었다. 스탈린의 이 투쟁을 통해 러시아의 원시적인 야만성은 1917년에 최고조에 이른 진보세력과 진보적인 열망에 복수를 가했다. 게다가 스탈린주의는 모든 계급적 지배와 일반적인 국가의 작동기제를 만들어내는 '거짓됨, 잔인성, 그리고 저열함'을 상징적으로 보여주었다. 따라서 부르주아 민주주의나 계급사회를 옹호하는 자들은 자기들이 스탈린주의보다 도덕적으로 우월하다고 생각할 자격이 거의 없다고 트로츠키는 지적했다. 부분적으로는 왜곡된 모습이긴 하지만, 그들 자신을 비춰주는 거울을 스탈린주의자들이 그들 앞에 치켜들고 있기 때문이라는 것이었다.

〈그들의 도덕과 우리의 도덕〉에 대한 많은 반응 중에서 특히 존 듀이의 반응은 여기에 언급해둘 가치가 있다.[104] 듀이는 수단과 목적의 관계 및 도덕적 판단의 상대적이고 역사적인 성격에 관한 트로츠키의 견해에 수긍했다. 듀이는 또 "수단은 그 목적에 의해서만 정당화될 수 있다. (…) 그리고 목적은 그것이 자연에 대한 인간의 통제력을 증대시키는 동시에 인간에 대한 인간의 권력을 없애는 데 기여하는 경우에만 정당화된다"는 트로츠키의 견해에도 동의했다. 그러나 듀이는 그러한 목적을 추구하는 수단이 주로 또는 전적으로 계급투쟁이어야 할 필요는 없다고 생각한 데서 트로츠키와 달랐다. 듀이의 눈에는 다른 모든 마르크스주의자들과 마찬가지로 트로츠키도 계급투쟁을 목적 그 자체로 다루는 것으로 보였다. 듀이는 트로츠키에게서 '철학적 모순'을 발견했다. 트로츠키가 한편으로는 목적, 즉 사회주의의 본질이 그 수단의 성격을 결정한다고 주장하면서, 다른 한편으로는 '계급투쟁의 역사적 법칙'으로부터 수단을 도출해내거나 그러한 '법칙'에 근거해 수단을 정당화한다는 것이었다. 듀이는 사회발전 과정을 지배하는 고정된 법칙을 가정하는 것은 터무니없다고 보았다. 듀이는 이렇게 썼다. "역사의 법칙이 실제 계급투쟁의 구체적인 방식을 결정한다는 믿음은 다른 모든 방식들은 배제하고 오직 특정한 한 종류의 계급투쟁 방식에만 열광적인 태도로, 또는 불가사의한 태도로 몰두하는 경향을 갖는 게 분명하다. (…) 정통 마르크스주의가 정통 종교우선주의나 전통적인 이상주의와 공유하는 믿음이 있다. (…) 그것은 인류의 목적은 존재의 짜임새와 구조 속에 얽혀 있다는 관념에 대한 믿음이다. 마르크스주의는 이 관념을 아마도 헤겔로부터 물려받은 것으로 보인다."

이런 듀이의 결론은 트로츠키의 지지자나 친구들이 곧 트로츠키에게 가하게 될 거의 모든 공격의 주된 논거가 된다. 그들이 트로츠키에게 가하는 공격은 모두 다 마르크스주의의 헤겔적 유산, 변증법적 유물론, 그리고 볼셰비즘의 종교적 광신성을 겨냥했다. 예를 들어 맥스 이스트먼은 '사회주의에 대한 꿈'의 궁극적인 붕괴를 거론하면서 "나는 우리가 그러한 유토피아적, 절대적 이상을 버려야 한다고 주장한다"고 말했다. 이스트먼이 보기에 마르크스주의는 이제 "오래된 종교" 또는 "독일식의 낭만적 믿음"일 뿐만 아니라 스탈린주의의 선조임은 물론 파시즘의 선조이기도 했다. 그는 이렇게 썼다. "스탈린이 사회주의자였다는 점을 잊지 말라. 무솔리니도 사회주의자였다. 수많은 히틀러 추종자들이 사회주의자 또는 공산주의자였다." 그와 비슷하게 시드니 후크도 프롤레타리아 독재의 사상을 부정하고 마르크스주의를 버리면서 실용적 자유주의로 돌아섰다. 그 외에 에드먼드 윌슨, 벤저민 스톨버그, 제임스 로티 등도 마찬가지 태도를 보였다.[105)]

40년 동안 '이념적'인 논쟁을 벌여온 트로츠키가 볼 때 이와 같은 주장들은 전혀 새롭지도 독창적이지도 않았다. 이런 주장들을 접하면서 트로츠키는 옛 나로드니키인 티호미로프가 혁명운동을 그만두고 기성질서와 타협하면서 쓴, 전향의 글로서는 거의 고전이 된 〈나는 왜 혁명가이기를 그만두었는가?〉를 머릿속에 떠올렸을 게 분명하다. 티호미로프 이후에도 모든 세대와 시대에 걸쳐 혁명운동에 지쳤거나 환멸을 느낀 사람들은 투쟁에서 발을 빼거나 전향을 하는 과정에서 똑같은 질문에 답변을 해야 했다. 다만 이번에 새로운 점은 그 환멸의 격렬함이었다. 스탈린주의가 신념 또는 환상에 가한 무자비한 타격만큼이나 격렬한 환멸이 일어났다. 사람들이 혁명적 투쟁에서 발을 빼면서 이번만큼 깊은 감정의 동요와 큰 분노를 드러낸 적은 없었다. 그리고 이번에 트로츠키를 버리는 대학교수, 작가, 비평가들에게 있어서 트로츠키의 대의만큼 절망적으로 보이는 대의는 그동안 존재하지 않았다. 그들은 자기들이 공연히 트로츠키주의를 선택했다가 러시아혁명이라는 거대하고, 멀리 있고, 애매모호하고, 위험한 일에 불필요하게 말려들었다고 느끼기 시작했다. 그리고 그렇게 말려듦으로써 자기들이 일하는 대학, 편집실, 문학서클 안의 지배적인 삶의 방식이나 사상적 분위기와 갈등하게 됐다고 느꼈다. 트로츠키 변호위원회에 이름을 빌려주고 숙청에 대해 항의하는 것과 4차 인터내셔널의 선언에 서명하고 다가오는 전쟁을 세계적인 내전으로 전환시키자는 트로츠키의 호소에 응하는 것은 완전히 다른 일이었다. 이스트먼과 세르게 같은 오랜 친구나 동료들마저 자기에게 등을 돌리는 모습을 보게 된 것은 트로츠키에게 그 무엇보다도 화나는 일이었다. 트로츠키는 그들 및 그들과 유사한 자들을 겨냥해 아낌없이, 스스로 새로이 논쟁의 대가가 된 듯이, 상대방을 신중하게 가릴 생각도 하지 않고 조롱을 퍼부었다. 마치 사람들이 호박 속에 곤충을 화석으로 보존하는 것처럼 그는 이렇게 해서 자기의 글 속에 자기가 거론하지만 않았다면 이미 오래전에 잊혀졌을 몇몇 삼류 분필가들의 이름을 보존시켰다. 트로츠키가 쓴 논박의 글들 가운데 수바린을 겨냥한 글을 예로 들어보자.

> 예전에 평화주의자이기도 했고, 공산주의자이기도 했고, 트로츠키주의자이기도 했고, 민주적 공산주의자이기도 했고, 마르크스주의자이기도 했던 (…) 거의 모든 입장을 넘나들던 수바린은 (…) 자기가 원하는 것이 무엇인지를 알지 못하게 되면서 (…) 갈수록 오만방자하게 프롤레타리아 혁명을 공격하게 됐다. 이 인물은 (…) 서류, 발췌문, 의문부호, 쉼표를 모아 배열하는 것을 좋아하며, 날카로운 펜을 갖고 있다. 한때 그는 평생 이런 도구들만으로도 충분하다고 생각했다. 그런데 그는 생각할 줄도 알아야 한다는 점을 깨닫게 됐다. (…) 그가 스탈린에 대해 쓴 책은 흥미로운 인용과 사실들을 풍부하게 갖추고 있음에도 불구하고 자신의 지적 빈곤을 입증해주고 있다. 그는 혁명에 대해서도, 반혁명에 대해서도 제대로 이해하지 못하고 있음을 드러냈다. 그는 보잘것없는 소품을 해설하는 데 적용할 기준을 역사적인 과정에 적용했다. (…) 그의 비판적 성향과 창조적 능력 결여 사이의 불균형이 마치 산성 용액처럼 그의 정신을 부식시키고 있다. 이로 인해 그는 끊임없이

짜증을 부리고, 어떤 생각이나 사람, 사건을 평가할 때 기본적으로 기울여야 할 주의를 기울이지 않으며, 모든 것을 무미건조한 도덕론으로 덮어버린다. 인간을 혐오하는 자나 냉소주의자가 모두 그렇듯이 그는 반동적인 방향으로 이끌린다. 그렇지만 그가 공개적으로 마르크스주의와 결별한 적이 있는가? 그랬다는 이야기를 우리는 들어본 적이 없다. 그는 애매하게 얼버무리기를 좋아한다. 그것이 그의 타고난 본질이다. 〈그들의 도덕과 우리의 도덕〉이라는 나의 팸플릿에 대한 비평에서 그는 이렇게 썼다. "트로츠키는 또다시 계급투쟁이라는 그의 목마에 올라탔다." 하지만 예전에 마르크스주의자였던 그에게는 계급투쟁이 이미 '트로츠키의 목마'였다. 그런데 그 자신, 즉 수바린은 영원한 도덕성이라는 죽은 개에 올라타기를 좋아한다.[106]

트로츠키의 지지자인 제임스 버넘과 맥스 샤트먼은 처음에는 트로츠키의 논쟁적인 비판에 가세했다. 두 사람은 '퇴각하는 지식인들'에게 맹공을 퍼부었다. 퇴각하는 지식인들은 "스탈린을 두려워하게 된 자들"이며 "노동계급과 마르크스주의에 대한 반역자들"이라는 것이었다. 그러나 얼마 지나지 않아 이 두 사람도 트로츠키를 버리고 퇴각하는 지식인들의 대열에 가담하게 된다.[107]

트로츠키는 2년간 우정을 유지해온 리베라와도 사이가 틀어졌다. 두 사람 사이의 갈등은 예술의 자유에 관한 선언이 〈파티전 리뷰〉에 게재된 직후에 돌연히 불거졌다. 여름에 트로츠키는 리베라가 4차 인터내셔널 창립대회에 참석해줄 것을 기대하면서 파리에서 이 대회를 준비하고 있던 사람들에게 이런 편지를 보냈다. "그에게 (…) 직접 (…) 초청장을 보내고, 4차 인터내셔널은 우리 시대의 가장 위대한 예술가이자 불굴의 혁명가인 그가 참여하는 것을 자랑스러워한다는 뜻을 분명히 해야 합니다. 적어도 마르크스가 프라일리그라트(1810~1876, 독일의 시인 – 옮긴이)를, 그리고 레닌이 고리키를 주목했던 것만큼 우리는 디에고 리베라를 주목해야 할 것입니다. (…) 프라일리그라트가 동조적 프티부르주아였고 고리키는 다소 모호한 동반자였던 데 비해 리베라는 진정한 혁명가입니다."[108] 그런데 리베라가 그해가 다 가기도 전에 카르데나스 대통령을 "스탈린주의자들과의 공모자"라고 격렬하게 비난하면서 대통령선거에서 카르데나스의 경쟁 상대방이자 "노조를 무릎 꿇리고 좌익을 다스리겠다"고 공언한 우익 장군인 알마자르를 지지하고 나섰다. 이런 리베라의 행동에 트로츠키는 경악했다. 리베라도 '스탈린 공포증 바이러스'에 감염된 것이었다. 그러나 그의 정치적 행동은 원래부터 변덕스러웠다. 그로부터 불과 몇 년 뒤에 그는 회개하는 태도로 스탈린주의자들의 진영으로 들어간다. 트로츠키는 멕시코의 정치에 자기가 관여되지 않도록 주의를 기울였다. 아울러 트로츠키는 리베라가 취한 반스탈린주의적 태도와 같은 것과는 무관한 입장을 지키려 했고, 카르데나스에 대한 리베라의 반대운동과도 거리를 두려 했다. 트로츠키는 그런 태도를 취하지 말라고 리베라를 설득하려고 했으나 실패했다. 그런데 대중의 눈에는 트로츠키가 화가인 리베라와 매우 긴밀한 관계를 맺고 있는 것으로 비치고 있었다. 이로 인해 트로츠키는 리베라와 공개적인 결별을 하지 않고는 리베라의 변덕스러운 정치적 행동에 대한 책임을 면할 수 없게 됐다. 트로츠키는 특별성명을 발표해 대통령선거와 관련해 리베라가 취한 입장에 대해 개탄하는 동시에 자기는 더 이상 리베라와 그 어떤 '도덕적 연대감'도 가질 수 없으며, 그가 자기에게 베푸는 편의도 거절할 것이라고 밝혔다.[109] 그러나 스탈린주의자들이 리베라를 가리켜 "반동에 몸을 판 자"라고 공격했을 때 트로츠키는 리베라를 옹호해주었다. 트로츠키는 리베라가 매수당했다는 비난에 대해 반론을 폈을 뿐 아니라 "그가 정치적 오류를 저질렀다 하더라도 그것이 그의 예술이나 그의 개인적 정직성을 의심하게 하지는 않는다" 면서 리베라의 천재적 재능을 여전히 높이 평가했다.[110)]

리베라와 결별하고 블루 하우스를 떠나기로 결정함으로써 트로츠키는 금전적 곤경에 빠졌다. 수입이 줄어든 지는 이미 오래였지만, 거처가 있는 상태에서는 별 문제가 없었다. 그러나 이제는 소득을 늘리기 위해 할 수 있는 일을 다 해야 할 처지가 됐다. 당장 따로 거처를 마련하기 위해 친구들에게서 돈을 꾸어야 했다.[111)] 트로츠키는 이미 스탈린 전기 집필을 시작한 상태였지만 다른 일로 집필이 거듭 중단된 탓에 지지부진했다. 출판사들은 레닌 전기의 원고가 지연되고 있는 데 실망한 나머지 트로츠키에게 선인세를 지급하려 하지 않았다.[112)] 트로츠키는 돈도 벌고 저널리즘적인 글을 써야 하는 부담에서도 벗어나기 위해 베스트셀러가 될 만한, 분량이 적고 대중적인 책을 쓸 생각도 했다. 그러나 그러지 못했다. 그는 자기가 갖고 있는 문서와 자료들을 뉴욕 공공도서관이나 하버드대학, 또는 스탠퍼드대학에 유상으로 넘기기 위해 협상을 벌이기도 했다. 그는 무엇보다 그 문서와 자료들을 안전한 곳에 보관해둬야 한다는 생각이 절실했기에 유상으로 넘기더라도 그 대가는 터무니없을 정도의 적은 금액만을 요구했다. 그러나 그가 접촉한 도서관이나 대학들로서는 서두를 이유가 없었기에 협상은 1년이 넘도록 지연되고 있었다.[113)] 언론 쪽에서도 트로츠키가 쓰는 글의 인기가 크게 떨어졌다. 중간 에이전시들은 트로츠키의 글을 게재해줄 매체를 찾는 데 어려움을 겪었다. 트로츠키가 뮌헨협상, 소련군의 상태, 미국의 외교, 다가올 전쟁에서의 일본의 역할 등 쟁점이 되는 현안들에 대한 글을 써도 사정은 마찬가지였다.[114)]

금전적 곤경으로 인해 트로츠키는 잡지 〈라이프〉와 기묘한 갈등을 빚기도 했다.[115] 1939년 9월 말에 버넘의 주선으로 〈라이프〉 편집자들이 코요아칸을 방문했다. 그들은 트로츠키에게 스탈린에 대한 인물묘사와 레닌의 죽음에 관한 글을 써달라고 청탁했다. 트로츠키는 이때 스탈린 전기 중 스탈린이 레닌을 독살했을 가능성을 시사하는 내용이 포함된 장을 막 완성한 상태였다. 그는 이 부분을 나중에 〈라이프〉에 전달한 두 번째 글에 반영했다. 트로츠키가 보낸 첫 번째 글이 10월 2일자 〈라이프〉에 실렸다. 이 첫 번째 글은 스탈린에 대한, 그다지 도발적이지 않은 내용의 회고담이었지만 친(親)스탈린주의 자유주의자들은 이 글에 분개하며 들고 일어나 〈라이프〉에 격한 항의의 글을 보냈다. 〈라이프〉는 항의의 글 중 일부를 게재했다. 트로츠키는 이런 〈라이프〉의 처사에 화를 냈다. 트로츠키는 그런 항의의 글을 보낸 자들은 뉴욕에 있는 게페우 요원들의 사주를 받은 것이 분명하며, 항의의 글 내용이 자기의 명예를 훼손하는 것이라고 생각했다. 그럼에도 트로츠키는 예정대로 두 번째 글을 〈라이프〉에 보냈다. 이 글은 레닌의 죽음에 관한 글이었다. 그런데 〈라이프〉는 이 두 번째 글을 게재하기를 거부했다. 〈라이프〉의 편집자들이 이 글을 게재하지 않으려고 한 이유는 충분히 납득할 만했다. 편집자들은 스탈린이 레닌을 독살했을 거라는 트로츠키의 추측이 설득력이 없다고 판단했다. 그래서 그들은 트로츠키에게 "추측을 줄이고, 의문의 여지가 없는 사실을 더 많이 반영해달라"고 부탁했다. 이에 불끈한 트로츠키는 계약 위반으로 〈라이프〉를 고소하겠다고 편집자들에게 알렸다. 그러고 나서 그는 글을 〈새터데이 이브닝 포스트〉와 〈콜리어스〉에 보냈지만, 이들 두 매체도 게재를 거부했다. 결국 이 글은 〈리버티〉에 실리게 됐다. 트로츠키가 말년에 이 문제에 관한 편지를 주고받으면서 많은 시간을 소모적이고 무익하게 보내야 했던 점은 참으로 애석한 일이다. 〈라이프〉는 게재하지 않은 글에 대해서도 원고료를 지불했다. 트로츠키는 이런 식으로 마련한 돈으로 친구들에게 연락을 취하면서 몇 달간이나마 버틸 수 있었고, 자기가 갖고 있는 문서와 자료들을 매각하는 협상을 좀 더 오래 계속할 수 있었다.

1939년 2월 또는 3월에 트로츠키는 코요아칸 외곽의 아베니다 비에나(Avenida Viena)에 있는 집을 임대했다. 이곳은 거리 양쪽에 원주민의 오두막들이 드문드문 서있을 뿐 인적이 드물고 도로에는 돌과 먼지가 쌓인 외진 곳이었다. 트로츠키가 임대한 집은 오래되고 거칠게 지어지긴 했지만 상당히 견고하고 내부가 널찍했으며, 두꺼운 벽에 의해 도로와 주변환경으로부터 격리돼 있었다. 트로츠키가 이 집으로 이사하자마자 게페우가 이 집을 사려고 한다는 소문이 퍼졌다. 트로츠키는 자기가 사는 집이 게페우의 수중에 들어가는 것을 막기 위해 아예 그 집을 사버렸다. 그로서는 첫 번째 부동산 거래였다. 이를 위해 그는 또다시 돈을 빌려야 했다. 스탈린주의자들이 육체적 폭력의 위협을 계속하고 있었기 때문에 집을 요새처럼 보강할 필요가 있었다. 그래서 그는 집 입구에 감시를 위한 망루를 세웠고, 문에 단단한 빗장을 설치했고, 벽에 모래주머니를 쌓았고, 경보장치도 설치했다. 집 밖 도로에서는 5명의 경찰관들이 밤낮으로 경계근무를 섰고, 집 안에서는 8명 내지 10명의 트로츠키주의자들이 보초를 섰다. 이들 트로츠키주의자는 집 안에 살면서 돌아가며 문간에서 보초를 서다가 임무교대가 되면 트로츠키의 비서로 일하면서 집안일도 도왔다. 이들은 매일 저녁 열리는 토론에 참여했다. 간혹 방문자가 있을 경우에는 낮에 토론이 벌어지기도 했다.

이 집을 방문한 사람들 중에는 유럽에서 온 정치적 망명자들도 있었지만 대개는 미국인, 급진적 교육운동가, 자유주의 학자, 언론인, 역사학자 등이었다. 미국에서 소수의 하원의원이나 상원의원들과 그 밖의 트로츠키주의자들이 찾아오기도 했다. 방문객들과 벌이는 토론의 주제는 변증법과 초현실주의에서부터 미국 흑인들의 상황, 군사전략, 토착 인디언의 농업방식, 브라질과 페루의 사회문제에 이르기까지 다양했다. 트로츠키에게는 모든 방문자가 다 새로운 지식의 전달자였다. 트로츠키는 방문자의 말을 귀 기울여 들으면서 질문을 하고 메모를 하기도 했으며, 토론을 하다가 질문을 던지곤 했다. 트로츠키의 호기심과 습득력은 한도 끝도 없는 듯했다. 경호를 담당한 사람들은 트로츠키가 낯선 방문자를 선뜻선뜻 받아들이는 것에 불안감을 느꼈으나 어쩔 도리가 없었다. 한번은 집 주변의 이웃들에게 호기심을 느낀 트로츠키가 길 건너 오두막에 들러 그들의 생활상과 토지개혁에 대한 그들의 생각을 알아보려고 했다. 그러나 이때만큼은 경호원들이 트로츠키를 막아섰다. 경호원들은 트로츠키가 그렇게 바로 집 주변을 돌아보는 것보다는 자기들의 경호를 받으면서 먼 시골로 긴 여행을 떠나는 것이 더 안전하다고 생각했다.

물론 여행은 철저한 보안 속에 예고 없이 이루어져야 했다. 트로츠키는 주로 나탈랴와 친구 한 명, 그리고 경호원을 데리고 자동차로 여행을 했다. 일행이 멕시코시티를 통과할 때면 트로츠키는 차 안에서 몸을 숙이고 얼굴을 가리고 있어야 했다. 그렇게 하지 않으면 거리의 군중이 그를 알아보고 환호성을 지르거나 야유를 퍼부을 터였다. 알마아타와 프린키포에서 그랬던 것처럼 이곳에서도 트로츠키의 여행은 '군사적 원정'이나 다름없어 장시간 행군, 산 타기, 장애물 돌파하기를 해야 할 경우가 많았다. 낚시나 사냥을 할 기회는 그리 많지 않았기에 트로츠키는 피라미드처럼 생긴 바위산에서 자라는 희귀하고 커다란 선인장을 수집하는 것을 새로운 취미로 삼았다. 그는 병을 앓지 않을 때는 여전히 대단한 육체적 힘을 과시했지만, 머리카락이 희어지고 얼굴에 주름이 깊게 패어 나이에 비해 늙어보였다. 그는 군인으로서의 자세도 여전히 유지하고 있었다. 그가 가시가 돋친 선인장 무더기를 등에 지고 가파른 산길을 올라갈 때면 수행 경호원들 가운데 가장 튼튼한 사람도 그와 보조를 맞추기가 쉽지 않았다. 한 비서는 이렇게 말했다. "언젠가 한 번은 특별한 종류의 선인장을 찾아 코요아칸에서 약 380킬로미터 떨어진 타마준찰레로 몇몇 친구들과 같이 간 적이 있다. 찾고자 했던 선인장은 찾아내지 못했지만, 멕시코시티 근처에서 트로츠키가 무리지어 서있는 비즈나가스(선인장의 일종—옮긴이)를 발견했다. 어두워진 지 한참 됐음에도 트로츠키는 가던 길을 멈추고 비즈나가스를 캐내어 차에 가득 채우기로 했다. 상쾌한 밤이었고, 그는 쾌활한 기분이었다. 그는 비즈나가스 무리의 주위를 재빠르게 돌면서 자동차 전조등 불빛을 이용해가며 선인장을 캐냈다."[116] 사람들은 자주 타는 듯한 햇볕을 받으면서 언덕을 오르는 트로츠키를 뒤쫓아 가곤 했다. 프랑스 농민들이 흔히 입는 파란 재킷을 걸치고, 숱 많은 머리카락을 바람에 휘날리며 바위를 타는 그의 모습이 주위의 바위들과 뚜렷하게 구분됐다. 이때의 여행을 두고 나탈랴는 "형벌 같은 노동의 나날들"이었다고 농담하곤 했다. 그녀는 이렇게 회상했다. "그는 광적으로 몰입했다. 해야 할 일이 생기면 누구보다 먼저 그 일에 착수했고, 가장 늦게 일에서 손을 뗐다. (…) 해야 할 일이 있다면 그것을 완수해야 한다는 충동에 사로잡힌 모습이 마치 최면에 걸린 사람 같았다."[117]

시간이 흐르면서 스탈린주의자들의 테러 위협이 거세짐에 따라 여행을 하는 것도 점점 더 위험하게 느껴졌다. 트로츠키의 삶은 절반은 감옥인 집 안에 점점 더 갇혔다. 운동을 하거나 취미생활을 하는 것도 마차가지였다. 그는 기이한 종류의 선인장들을 정원에 심기 시작했고, 안마당에서 닭과 토끼도 키웠다. 이런 우울한 취미에서도 그는 조직적으로 행동했다. 그는 매일 아침 안마당에서 '엄격하게 과학적인 공식'에 따라 닭과 토끼들에게 먹이를 주거나 우리를 청소하면서 여러 시간을 보냈다. 나탈랴는 이렇게 말했다. "건강이 나빠졌을 때는 닭과 토끼에게 먹이를 주는 일도 그에게 힘겨웠다. 그럼에도 그는 그 일을 중단하지 못했다. 그 작은 동물들을 가여워했기 때문이다."

격동했던, 세계를 뒤흔들었던 그의 과거는 이제 그에게서 먼 곳, 무한히 먼 곳으로 사라져버렸다. 이제 그와 나탈랴에게는 고통스러운 고독만 남았다. 아주 드물게 그 과거로부터 낯익은 얼굴이나 목소리가 그를 찾아오기도 했다. 하지만 그 얼굴, 그 목소리는 그로 하여금 지나간 과거는 그 무엇도 재생시킬 수 없음을 절실하게 느끼도록 할 뿐이었다. 1939년 10월에 알프레드 로스메와 마르게리트 로스메 부부가 마침내 코요아칸으로 왔다. 로스메 부부는 1차대전 시기에 트로츠키와 친구로 지낸 사람들 가운데 이때까지도 남아있는 유일한 친구였다. 로스메 부부는 1940년 5월 말까지 거의 8개월 동안 아베니다 비에나에서 머물면서 트로츠키 부부와 친밀한 대화를 나누고 과거를 회상하며 많은 시간을 보냈다. 트로츠키와 로스메는 과거의 자료들을 함께 살펴보면서 분류하거나 오래된 문서들을 검토하고 논의했다. 또 다른 노장 오토 륄레도 두 사람과 종종 자리를 같이 했다. 륄레도 망명자로서 멕시코에 거주하고 있었다. 륄레는 1차대전 개전 초기에 독일 의회에서 전쟁에 반대하는 투표를 한 단 두 명의 사회주의자 가운데 하나였다. 전쟁반대 투표를 한 다른 한 명의 사회주의자는 카를 리프크네히트였다. 뤨레는 독일 공산당의 창립멤버 중 한 사람인 동시에 최초로 독일 공산당에 반기를 든 사람들 가운데 하나였다. 그는 망명생활을 시작한 뒤에는 마르크스주의 이론 연구에 몰두하고 정치적 활동은 멀리했지만 듀이의 조사위원회에 참여해달라는 요청은 수락했다. 반대재판 때부터 그는 블루 하우스에 이어 아베니다 비에나에 있는 트로츠키의 거처를 자주 찾았다. 그의 학식을 높이 평가한 트로츠키는 그와 따뜻한 우정을 나누었고 최대한 그에게 도움을 주었다. 두 사람은 《카를 마르크스의 살아있는 사상(The Living Thoughts of Karl Marx)》이라는 책을 함께 펴냈다.[118)]

자연스러운 일이었지만, 전쟁 초기에는 세 사람의 생각이 전쟁에 대한 혁명적 반대 활동을 하던 시기, 즉 치머발트 운동의 시절로 돌아가곤 했다. 〈치머발트 선언〉의 필자인 트로츠키는 두 차례의 세계대전에서 혁명적 태도가 갖는 연속성을 주장하고 상징화하기 위한 새로운 선언을 작성할 것을 제안했다. 이에 대해 로스메는 찬성했으나, 뤨레는 다른 의견을 냈을 뿐 아니라 어쨌든 자기는 정치활동에 다시 휘말려들고 싶지 않다고 했다. 그래서 새로운 치머발트 선언에 대한 구상은 무산됐다. 그러나 그런 과거는 이미 메아리로도 대답하기 어려울 정도로 멀어진 상태였다.

로스메 부부와 함께 세바도 코요아칸으로 왔다. 트로츠키와 나탈랴는 되찾게 된 손자를 끌어안았다. 트로츠키 부부가 프린키포에서 세바를 떠나보낸 뒤로 거의 7년의 세월이 흘렀다. 그동안 세바는 독일, 오스트리아, 프랑스에서 살면서 보호자, 학교, 언어를 계속 바꿔야 했기에 러시아어를 거의 잊어버렸다. 할아버지의 거대한 드라마가 그 아이의 작은 삶을 굴절시킨 셈이었다. 그는 요람을 벗어나자마자 아버지와 헤어져야 했고, 베를린에서 어머니와 다시 같이 살게 되자마자 어머니의 자살을 겪었다. 이후 아버지 역할을 해주던 료바마저 돌연 의문사한 뒤에 세바는 집안다툼의 대상이 됐으며, 할아버지에게 보내지기까지 유괴되고 숨겨지고 납치되는 경험을 반복했다. 세바는 할아버지의 모습을 거의 기억할 수 없었지만, 할아버지를 존경하도록 길러졌다. 이제 고아 세바는 낯선 분위기의 성채 같은 집으로 와서, 이미 죽음의 그림자가 드리워진 그 집을 어리둥절한 표정으로 바라보았다.

이 집에서 가장 환영받는 손님인 로스메 부부에게 불길한 그림자가 따라붙었다. 그것은 '잭슨', 즉 라몬 메르카데르의 그림자였다. 이 사람은 로스메의 집에서 열린 4차 인터내셔널 창립회의에 참석했던 미국인 트로츠키주의자 실비아 아겔로프의 '친구'였다. 바로 이때 또는 그 직후에 잭슨이 로스메 부부에게 소개됐다고 일부 사람들은 주장한다. 이런 주장을 하는 사람들에 따르면 잭슨은 조심스럽게 로스메 부부에게 다가서면서 별다른 뜻이 없는 듯한 태도로 이런저런 도움과 편의를 제공했다. 로스메는 이런 주장에 대해 사실과 다르다고 부인하면서, 자신은 잭슨을 멕시코에서만 만나봤을 뿐이라고 반박했다. 이런 로스메의 주장은 당사자인 잭슨에 의해서도 확인됐다.[119)] 알고 보면 당연한 일이었지만, 잭슨은 정치에는 관심이 없는 사업가, 스포츠맨, 미식가로 처신했다. 로스메 부부가 멕시코시티에 도착했을 때 그도 그곳에 있었는데, 한 석유회사를 대리해 사업상의 업무를 처리하기 위해서였다고 했다. 그는 티나지 않도록 조심스럽게, 여러 달에 걸쳐 서서히 아베니다 비에나의 요새화된 트로츠키의 집에 접근했다. 무시무시한 임무를 수행할 준비를 해나가며.

이 시기에 트로츠키가 쓴 본격적인 책은 오직 《스탈린》뿐이었다. 그의 마지막 저서가 된 이 책은 그가 사망한 뒤에 출판됐다. 출판 과정에서 7개 장의 완성된 원고들 외에 수많은 단편적인 글들이 한 편집자에 의해 합쳐지고 배열되고 보완되고 서로 연결됐는데, 이 편집은 트로츠키가 가졌던 생각의 흐름과 완전히 일치하지는 않는다. 따라서 이 책이 트로츠키의 다른 저작들이 지닌 완성도와 균형미를 갖추지 못한 것은 놀랄 일이 아니다. 그러나 그가 더 오래 살면서 이 책의 원고를 마지막까지 다듬어 초고에 많이 들어있던 임시적이거나 과장된 서술들을 제거했다 하더라도《스탈린》은 아마 그의 가장 초라한 저작으로 남았을 것이다.

트로츠키는 경쟁자이자 적이었던 인물을 묘사하는 역할을 떠맡음으로써 자신의 위상을 다소 낮추었다는 점을 전혀 의식하지 않았다. 그는 책을 저술하는 일이든 언론매체에 기고하는 일이든 스스로 정성을 다해 해낼 수 있는 일이라면 그게 무엇이든 자신의 위신에 어울리지 않는다는 생각을 결코 하지 않았다. 출판사들이 트로츠키에게 스탈린의 전기를 써볼 것을 강력히 권유하자 돈이 궁했던 트로츠키가 그 권유를 받아들인 것으로 이야기되고 있다. 그러나 이는 증거에 의해 입증된 이야기가 아니다. 출판업자들은 트로츠키가 완성하겠다고 약속한《레닌의 일생》에 대한 관심 이상은 아니지만 거의 비슷한 정도로는 스탈린의 전기에 대해 예민한 관심을 갖고 있었다.[120] 돈이 궁했다는 점이 그로 하여금 스탈린의 전기를 쓰는 일을 먼저 하도록 하는 부분적인 이유가 됐을 수는 있다. 하지만 그가 스탈린 전기를 먼저 쓴 가장 큰 이유는 문필적 동기에 있었다. 그는 새로 격렬하게 전개된 숙청의 과정에 비추어 스탈린의 성격을 재평가해보려는 열망을 갖고 있었다. 그에게 있어 이 일의 매력은 그가 스탈린의 전기 작가가 되는 것을 방해할 만한 그 어떤 자부심이나 허영심보다 더 강력했다. 그 전기의 주인공은 최고의 카인(성서에 나오는 아담의 큰

아들로 동생 아벨을 죽임—옮긴이)으로 제 모습을 드러냈는데, 그 모습은 트로츠키에게도 약간은 낯선 것이었다. 트로츠키는 스탈린의 특성을 새롭게 관찰하고 관련 자료를 섭렵했고, 이제 새로운 측면과 의미를 갖게 된 듯한 특정한 장면, 사건, 인상들에 대한 자신의 기억들을 되살려 재검토했다. 그는 스탈린의 그동안 행적의 모든 세세한 점들에 대해 부단한 의문을 품고 파고들었고, 그러는 동안 도처에서 하나의 동일한 악당을 발견하고 또 재발견했다. 트로츠키는 이런 결론을 내렸다. 그래, 대숙청의 카인은 스탈린 안에 늘 존재하고 있었던 거야! 정치국 위원으로서의 스탈린, 1917년 볼셰비키 혁명 이전의 스탈린, 선동가였던 1905년의 스탈린, 심지어는 티플리스의 신학교 학생이었을 때의 스탈린과 '소소'라는 이름으로 불리던 어린시절의 스탈린에게도 대숙청의 카인은 숨겨져 있었던 것이라고 트로츠키는 생각했다. 트로츠키는 그 사악하면서도 원숭이처럼 남을 속이는 인물이 아무도 눈치채지 못하게 슬그머니 최고의 권좌 앞으로 다가가 그 위에 올라앉는 그림을 그렸다. 이 그림은 거칠고 편향적인데다 비현실적인 구석도 적잖이 내포하고 있지만, 그것을 뒷받침하는 열정의 힘에 의해 예술적으로 보였다. 그것은 끔찍한 괴물의 토르소(머리와 팔다리가 없이 몸통만으로 표현된 조각—옮긴이)였다.

이 일에서도 트로츠키가 특유의 역사적 진실성을 유지하며 사실과 날짜, 인용 등을 다루었음은 말할 필요도 없다. 그는 실제 일어난 사실과 논리적 추론, 추측, 풍문을 서로 분명하게 구분했고, 따라서 엄청난 양의 전기적 자료들을 걸러 가며 읽다 보면 독자들은 나름대로의 의견을 갖게 된다. 탐구 및 서술의 방식이 대단히 반복적이고 지루하다고 느껴질 정도로 트로츠키는 엄밀함을 추구했다. 트로츠키는 스탈린에게 아부하거나 그를 추종하는 사람들에 대해 많은 양의 발언과 문서를 인용하면서 길게 비판을 가했다. 이렇게 하는 과정에서 자신의 비판이 아이로니컬하게도 그 비판 대상자들의 영예를 더 높여주는 효과를 낳기도 했지만, 정작 그 자신은 인식하지 못했다. 그런데 그가 그림을 그리는 과정에서 사용한 자료에는 추론, 추측, 소문에 의해 만들어진 자료들도 허다했다. 그는 젊은 시절의 쥬가슈빌리(스탈린—옮긴이)가 잔인한 특성을 갖고 있음을 보여주거나 모반행위를 저지를 가능성을 내재하고 있음을 시사해주는 것이라면 쑥덕공론이나 소문도 인용했다. 그는 스탈린의 어릴 적 학교친구였다가 나중에 스탈린의 정적이 된 사람들의 증언을 신뢰했다. 이런 사람들은 망명지에서 30년 이상 과거의 일들을 회상하면서 소소가 "친구들의 기쁨이나 슬픔에 대해 조소했을 뿐"이었다거나 "민중이나 동물에 대한 동정심을 전혀 갖고 있지 않았다"거나 "어렸을 적부터 보복의 음모를 꾸며 실행하는 것이 주특기였다"는 등의 글을 써놓았다. 트로츠키는 스탈린의 정적들이 스탈린에 대해 남긴 묘사들, 즉 스탈린이 어렸을 적에나 성장한 뒤에나 한결같이 밀정과 같은 사람으로 그려진 묘사들을 인용했다. 물론 트로츠키는 이런 묘사들을 그대로 다 수용하지는 않았다. 하지만 그는 과거 스탈린의 친구들이 스탈린이 어떤 일을 저지를 수 있는 사람으로 보았는지를 시사해주는 것으로서 그런 묘사들에 중요성을 부여했다.[121)]

이런 접근방식을 보여주는 수많은 사례들을 더 자세히 소개할 필요는 없을 것이다. 이 책에서 가장 주목되는 부분은, 앞에서도 이야기했듯이, 스탈린이 레닌을 독살했다는 트로츠키의 암시다. 레닌은 1923년 2월에 몸이 마비되고 말을 제대로 할 수 없게 되자 자살하기 위해 스탈린에게 독을 달라고 요구한 적이 있으며, 스탈린이 이런 사실을 트로츠키 자신과 지노비예프, 카메네프에게 말한 적이 있다고 트로츠키는 진술했다.

트로츠키는 그 이야기를 하는 스탈린의 얼굴에 나타났던 기묘한 표정을 회상했다. 트로츠키는 그로부터 1년 뒤에 레닌이 '돌연사'했다는 점, 공교롭게도 그즈음 스탈린이 레닌과 심각한 갈등관계에 있었다는 점을 근거로 스탈린이 레닌의 죽음을 앞당기기로 "결심했던 게 틀림없다"고 주장했다. 트로츠키는 이렇게 썼다. "스탈린이 레닌에게 독을 보내면서 의사들이 그의 건강이 회복될 수 있다는 기대를 버렸다는 암시를 동시에 전달했는지, 아니면 그보다 더 직접적인 방법을 사용했는지는 나로서는 알지 못한다. 그러나 자신의 운명이 풍전등화와 같은데 자기 손가락을 조금만, 아주 조금만 움직이면 운명의 위기를 매듭지을 수 있는 상황에서 스탈린이 수동적으로 기다리고만 있을 수는 없었을 것이라고 나는 확신한다."[122] 여기서 트로츠키는 돌연 글의 맥락을 바꾸어, 예전에도 여러 차례 했던 이야기를 다시 한다. 그것은 레닌의 장례식이 진행되는 기간에 스탈린이 어떻게 해서 자기 자신과 트로츠키를 모스크바 밖에 있게 했는가에 관한 이야기다. "아마도 그는 내가 레닌의 죽음을 자기가 지난해에 독에 관해 한 말과 연결시키고, 의사들에게 독살 여부를 확인하고 특별 부검을 실시하도록 요구할지도 모른다고 생각해 두려워했을 수 있다." 트로츠키는 레닌의 장례식이 끝난 뒤에 자기가 모스크바로 돌아갔을 때 의사들이 레닌의 죽음에 대해 "제대로 설명하지 못했다"고 회상했다. 그는 또 그로부터 이삼 년 뒤에도 지노비예프와 카마네프가 레닌의 죽음에 대해 말하기를 회피했고, 자기가 질문을 던지면 "눈을 피하면서 짧은 말로 무뚝뚝하게" 대답하는 데 그쳤다고 회상했다. 그러나 트로츠키는 레닌의 죽음에 스탈린이 관여했다는 의심 또는 확신을 1924년부터 이미 가지고 있었는지, 아니면 숙청이 진행되는 과정에서, 특히 야고다와 크렘린의 의사들이 모종의 암살음모에서 독을 이용하려고 했다는 혐의를 받게 된 뒤에야 갖게 된 것인지에 대해서는 밝히지 않았다. 만약 트로츠키가 1924년에 이미 그런 생각을 했었다면, 왜 1939년 이전에는 그것에 대해 말하지 않았을까? 그리고 왜 레닌이 죽은 뒤에도 다른 사람도 아닌 맥스 이스트먼에게 스탈린을 "용감하고 진지한 혁명가"라고 말했을까? 스탈린에 대한 이 비난조의 전기에서도 트로츠키는 만약 당내 갈등이 유혈의 격변으로 귀결될 것이라고 예견했다면 스탈린은 당내 갈등을 일으키는 일을 결코 시작하지 않았을 것이라는 의견을 여전히 피력하고 있다.[123] 이처럼 트로츠키는 여전히 시야가 좁기는 하지만 기본적으로 정직해 레닌을 독살할 만한 사람은 아니라는 관점에서 1924년의 스탈린을 다루고 있다. 트로츠키의 글에서 이런 비일관성이 나타난다는 사실은, 스탈린이 레닌을 독살했다는 주장을 하는 과정에서 트로츠키가 대숙청의 경험을 1923~1924년으로 소급시켜 투영했음을 시사한다. 스탈린은 레닌을 따르던 사람들을 모두 죽였으니 분명히 레닌도 죽일 수 있는 사람이며, 실제로 그렇게 했다고 트로츠키는 결론을 내렸던 것이다. 그러나 레닌의 죽음을 둘러싼 수수께끼, 의혹, 부검을 피하기 위한 스탈린의 술수 등이 예컨대 료바의 죽음을 둘러싼 이야기들과 어쩌면 그렇게 비슷한가 하는 생각이 드는 것도 사실이다.

이런 점은 스탈린의 전기를 쓰려는 사람이라면 누구나 부닥치게 되는 난제다. 숙청의 과정에서 스탈린의 개인적 특성이 핵심적인 역할을 했음은 분명하다. 그렇다면 스탈린의 그런 개인적인 특성이 어떻게 형성됐는가를 추적하고 그런 특성이 얼마나 일찍, 어느 단계에서, 어느 정도로 그 모습을 드러내기 시작했는가를 보여주는 것은 전기작가의 임무에 속한다. 그런데 이 임무는 한 범죄자의 인생역정을 분석하는 연구자가 수행해야 할 임무와 다르지 않다. 범죄행위의 잠재적 가능성은 인생의 이른 시기에 형성될 수도 있지만, 그 잠재적 가능성이 현실화됐다는 걸 확인하기 전에는 그것이 현실화된 것처럼 서술해서는 안 된다. 스탈린이 권력을 쥐기 훨씬 전부터 타인에 대한 깊은 불신, 비밀스러운 처신, 권력에 대한 열망을 보였던 것은 분명하다. 그러나 이런 것들은 오랜 세월 그에게 부차적인 특성으로 머물러 있었다. 전기작가는 균형감각을 가지고 이런 특성들을 다뤄야 하고, 그 과정에서 개인의 특성이 역동적으로 변화하는 과정에, 그리고 무엇보다 중요한 것이지만 배경상황과 개인의 특성 사이의 상호작용에 주의를 기울여야 한다. 트로츠키가 그린 스탈린은 그 개인적 특성이 1936~1938년에나 1924년에나, 심지어는 1904년에도 본질적으로 동일하다는 점에서 설득력이 떨어진다. 트로츠키가 그린 스탈린이라는 괴물은 탄생한 뒤에 성장을 거쳐 부각된 것이 아니라 아예 처음부터 거의 완전한 형태를 갖추고 있다. 좀 나은 자질이나 감정, 예를 들어 지적인 야망이나 억압받는 사람들에 대한 어느 정도의 동정심과 같은, 박해받는 혁명정당 활동에 참여하는 젊은이들이 반드시 가지고 있는 자질이나 감정은 전혀 보이지 않는다. 당 안에서 스탈린이 부각된 것도 그 자신의 장점이나 업적 때문이 아닌 것으로 그려져 있고, 이로 인해 그의 경력상의 성취는 대부분 설명할 수 없는 것으로 돼있다. 그가 레닌의 정치국 위원으로 선출된 것, 볼셰비키의 내부 실력자 그룹에 포함된 것, 당 서기장에 임명된 것 등은 그저 우연하게 이루어진 것으로 비쳐진다. 즉, 그는 이렇게 짧게 요약했다. "스탈린이 부상하는 과정은 들여다볼 수 없는 정치적 장막 뒤의 어딘가에서 진행됐다. 어느 시점엔가 그는 권력으로 완전 무장한 상태로 크렘린의 담장을 뚫고 걸어 나왔다."[124] 그러나 트로츠키가 밝힌 사실들을 종합해 봐도 스탈린이 실제로 이런 식으로 전면에 부각된 것은 결코 아니었다. 스탈린은 레닌과 트로츠키에 버금가는 인물로서, 적어도

1918년 이후에는 당의 핵심 실력자 그룹에서 가장 영향력 있는 인물로 전면에 부각됐다. 레닌이 유언장에서 스탈린을 "중앙위원회에서 가장 능력이 있는 두 사람" 가운데 하나로 꼽은 것도 근거 없는 것이 아니었다.

트로츠키는 반대파의 지도자로서도 그랬지만 전기작가로서도 스탈린을 얕보았다. 그는 여러 가지 역관계와 상황이 스탈린에게 유리하게 작용했다고 생각했다. "지금 공식적으로 스탈린을 레닌과 비교하고 있는 것은 불손한 일일 뿐"이라고 했던 트로츠키의 지적은 옳다. 그런데 트로츠키는 이렇게 덧붙였다. "비교의 기준이 개인적 특성이라면 스탈린을 무솔리니나 히틀러의 옆에도 놓을 수 없다. 물론 파시즘은 형편없는 것이다. 그러나 그 승리한 반동의 두 악명 높은 지도자는 각각 이탈리아와 독일에서 운동의 출발점에서부터 주도력을 발휘했고, 대중을 행동에 나서도록 했고, 정치의 밀림 속에 새로운 길을 개척했다. 스탈린은 이 가운데 어떤 것도 하지 않았다." 트로츠키의 이 진술은 소련이 계획경제의 두 번째 10년에 막 들어설 때 씌어진 것으로, 그 당시에도 다소 비현실적으로 여겨졌는데, 그로부터 몇 년 뒤에 2차대전 및 전후의 상황을 배경으로 스탈린의 역할을 평가할 수 있게 됐을 때는 거의 공상의 산물인 것처럼 보이게 된다. 트로츠키는 계속해서 이렇게 썼다. "역사에서 스탈린과 유사한 인물을 찾을 때 크롬웰, 로베스피에르, 나폴레옹, 레닌은 물론 무솔리니와 히틀러도 비교대상에서 제외해야 한다. 무스타파 케말 파샤, 어쩌면 포르피리오 디아스(멕시코의 독재자—옮긴이)와 같은 인물로 스탈린을 바라봐야 그를 좀 더 실제 모습에 가깝게 이해할 수 있을 것이다."[125] 이런 진술은 역사적 척도와 관점의 결함을 두드러지게 드러내는 것이어서 우리를 당황하게 한다.

물론 트로츠키가 이런 글을 쓰는 동안 그의 펜을 움직이게 한 것은 스탈린 광신도들의 무도한 행위들에 대한 엄청난 분노와 혐오였다. 그는 인간을 넘어서는 존재로 자신의 크기를 부풀린 독재자를 인간보다 작은 존재로 축소시켰다. 이렇게 함으로써 트로츠키는 훗날 스탈린의 입상(立像)을 끌어내리고, '붉은 광장 묘지'에서 그의 주검을 끄집어내고, 심지어는 스탈린그라드라는 도시 이름을 볼고그라드로 바꾸는 인민들에게 선례가 되어준 셈이다. 트로츠키는 네로 황제도 생전에 신격화됐지만 죽은 뒤에는 그의 입상들이 파괴되고 도처에 새겨졌던 그의 이름이 지워졌음을 상기시켰다. "역사의 복수는 가장 강력한 서기장의 복수보다 더 강력하다. 나는 이런 생각을 위안으로 삼으려 한다."[126] 곧 스탈린의 마지막 반역행위로 인해 죽음을 맞게 될 트로츠키는 나중에 올 역사의 응징, 그리고 자기가 죽은 뒤에 성취할 승리를 이때 이미 예감하고 있었던 것이다. 트로츠키는 후손들의 판단에 도움이 되기에 충분할 정도로 무게감 있는 글에 그 같은 예감을 담았다. 그는 스탈린을 거대한 진공의 상징으로, 다시 말해 나이든 옛 세대의 도덕률은 해체됐지만 젊은 새 세대의 도덕률은 아직 제 모습을 갖추지 못한 시기의 산물로 다루었다.

> 스탈린의 전체주의 체제에 비교하면 "국가는 곧 짐"라는 말도 거의 자유주의적이라고 할 수 있는 공식이다. 루이 14세는 국가 및 교회와 자신을 동일시했지만, 그가 그렇게 할 수 있었던 것은 권력을 쥐었던 짧은 기간뿐이었다. 스탈린의 전체주의 국가 권력은 왕권과 교권을 통합한 권력을 능가한다. (…) 태양왕(루이 14세—옮긴이)과 달리 스탈린은 이렇게 말해도 좋을 것이다. "사회는 곧 나"라고.

또한 트로츠키는 스탈린과 옛 볼셰비키들 사이의 비극적 갈등 전체를 다음과 같은 짧은 구절로 전달했다.

> 예수의 열두 사도 가운데 오직 유다만 배신자가 됐다. 그러나 만약 그가 권력을 획득했다면 자기를 제외한 나머지 11명은 물론 〈누가복음〉에 70명으로 기록된 예수의 다른 제자들까지 모두 배신자로 몰아세웠을 것이다.[127)]

전쟁으로 이어지는 과정의 여러 사건들과 전쟁 및 혁명의 전망에 관한 트로츠키의 논평들은 별도로 논문을 쓸 수도 있을 만한 주제다. 트로츠키가 남긴 이런 논평의 글들을 읽어보면, 당시 세계의 상황이 지닌 전략적 외교적 요소들에 대한 그의 명쾌하고 거의 결함 없는 분석과, 혁명의 전망에 대한 그의 흐려진 관점이 뚜렷한 대조를 이룸을 발견하게 된다. 그가 보기에 2차대전은 기본적으로 1차대전의 연속, 즉 제국주의 열강들이 세계의 재분할을 겨냥해 벌이는 싸움이 계속되는 것이었다. 뮌헨 위기 때 그는 "히틀러의 강점(또는 약점)은 (…) 얼마든지 공갈협박을 하고 전쟁을 할 태세를 갖추었다는 데 있"지만, 이와 달리 옛 식민주의 국가들은 전쟁에서 질 이유는 많지만 이길 이유는 전혀 없는 상태이고 무력충돌을 두려워하고 있다고 지적했다. 그는 이렇게 썼다. "체임벌린(영국 총리―옮긴이)은 인도의 10분의 1이라도 유지할 수만 있다면 세계의 모든 민주주의 지역을 다 포기할 것 같은 태도를 보였다. 사실 세계의 민주주의 지역 중 남아있는 곳도 별로 없었다." 그가 보기에 뮌헨회담의 타결은 전쟁의 발발을 재촉하는 것이었다. 스페인에서 프랑코가 내란에 성공한 것도 마찬가지였다. 이 두 가지는 유럽에서 혁명이 발발할지도 모른다는 공포로부터 부르주아 정부들을 해방시켰다. 스탈린의 정책도 동일한 효과를 발휘했다. 스탈린은 노동운동을 "마치 석유나 망간석인 것처럼" 팔아넘겨서 자본주의가 자신감을 회복하도록 돕고 있다고 트로츠키는 생각했다.[128] 그러나 결정적으로 중요한 것은 미국의 태도였다. 왜냐하면 체임벌린도 스탈린도 미국이 히틀러에 대항하고 나서지 않는 상태에서 홀로 앞장서서 히틀러에 대항하게 되는 것을 원하지 않았기 때문이다. 마침 영국을 대신해 최강의 제국주의 국가로 떠오른 미국은 고립주의적인 태도를 취할 수 없었다. 미국의 입장에서는 독일과 일본의 제국주의적 세력확장을 중단시키는 것이 대단히 중요했다. 따라서 미국은 "1차대전에 참전했을 때에 비해 훨씬 더 이른 시점에 2차대전에 참여하게 될 것"이라고 트로츠키는 예상했다. 또한 미국은 전쟁을 중단시키는 강화의 과정에서도 결정적인 역할을 해야 할 입장이었다. 왜냐하면 "강화가 사회주의에 토대를 두는 형태로 이루어지지 않는다면 승리한 미국이 강화의 조건을 결정하게 될 것이기 때문"이었다.

트로츠키가 1939년 8월에 독일과 소련이 맺은 불가침조약을 얼마나 강력히 비난했을지는 누구나 쉽게 상상할 수 있을 것이다. 대숙청의 주도자는 이제 히틀러의 공모자로 나섰다. 1933년 이후 트로츠키는 히틀러와의 타협보다 스탈린에게 더 어울리는 것은 없다고 거듭 말해왔다. 적군(赤軍)의 지도부를 제거한 스탈린은 이제 자신의 취약함에 대한 두려움으로 인해 히틀러의 품 안으로 들어가야 했다. 트로츠키는 전쟁 초기에 "히틀러가 군사작전을 수행하는 동안 스탈린은 하수인으로 행동하고 있다"고 말했다.[129] 그러나 스탈린의 목적은 제3제국이 승리하도록 돕는 것이 아니라 가능한 한 오랫동안 소련을 전쟁의 소용돌이 밖에 유지하고, 그 사이에 발틱과 발칸 지역에 대한 영향력을 확보하는 것이었다. 스탈린과 히틀러가 코민테른의 찬양을 받는 가운데 폴란드의 분할을 진행시킬 때 트로츠키는 이렇게 논평했다. "폴란드는 되살아나겠지만 코민테른은 결코 되살아나지 못할 것이다." 그러나 트로츠키는 스탈린의 원칙 결여에 대해 맹렬히 비난하고 냉소를 보내면서도 스탈린에게 모든 책임을 다 돌리지는 않았다. 그는 "크렘린의 정책을 움직이는 열쇠는 워싱턴에 있다"고 거듭 말했다. 스탈린의 방향을 돌려 놓으려면 미국이 히틀러에 대항하는 태도를 취해야 한다는 것이었다. 그는 전쟁이 아직 본격화되기 전인 1939년과 1940년에 걸친 겨울에도 같은 생각을 밝혔다. 즉 프랑스와 영국이 독일과의 본격적인 군사적 충돌을 피하기 위해 미국을 대상으로 일종의 '군사적 스트라이크'를 벌이고 있다는 것이었다. 동쪽과 서쪽에서 똑같이 히틀러는 유럽 정복에 나서도록 부추김을 받았다. 폴란드와 체코슬로바키아 정부는 이미 프랑스로 도망가 버렸다. 프랑스가 함락되기 훨씬 전인 1939년 12월 4일에 트로츠키는 이렇게 썼다. "프랑스 정부가 벨기에, 네덜란드, 폴란드, 체코슬로바키아의 정부들과 함께 영국에서 피난처를 구해야 하는 처지가 되지 않을 것이라고 누가 장담할 수 있겠는가?" 그는 잠시잠깐이라도 나치가 승리할 가능성을 인정하지 않았다. 그러면서도 그는 이렇게 썼다. "그러나 히틀러가 패배하는 시간이 오기 전에 유럽에서 많은, 아주 많은 자들이 제거될 것이다. 스탈린은 그렇게 제거되는 자들 속에 포함되기를 원치 않을 것이며, 따라서 그는 일찌감치 히틀러에게서 떨어져 나올 것이다."[130)]

프랑스가 항복하고 유럽의 거의 전부가 히틀러의 무력에 굴복했을 때 트로츠키는 그러한 파국을 초래한 책임은 스탈린과 코민테른에 있다고 비난했다. "2차와 3차 인터내셔널은 (…) 노동계급을 기만하고 그들의 사기를 떨어뜨렸다. 민주주의와 집단안보의 동맹에 대한 선전이 5년간이나 이어진 뒤에, 그리고 스탈린이 돌연 히틀러의 진영으로 넘어간 뒤에 프랑스의 노동계급은 허를 찔린 셈이다. 전쟁은 엄청난 정신적 혼란과 수동적인 패배주의의 분위기를 가져왔다." 이제 소련은 벼랑 끝에 섰다. 동유럽에서 스탈린이 얻은 영토상의 이득은 히틀러가 장악한 자원과 힘에 비해서는 아무것도 아닌 게 돼버렸다. 히틀러는 이제 그 자원과 힘을 이용해 소련을 칠 기세였다.[131)]

트로츠키는 이런 말을 하고 나서 가장 단호한 어조로, 그래도 소련은 여전히 노동자들의 국가로서 파시스트 국가든 민주주의 국가든 모든 자본주의 적들에 대항해 무조건적으로 방어될 자격이 있다고 주장했다. 트로츠키는 독소조약이 소련에 가져다준 이익이 그리 크지 않다고 생각하면서도 스탈린이 히틀러와 교섭을 할 권한이 있음을 부인하지 않았다. 아마도 그는 소련이 서유럽과 동맹관계를 갖는 것을 지지했을 것이다. 그러나 그는 소련이 구체적으로 어느 나라와 동맹을 맺어야 하는가는 편의의 기준에 의해서만 결정돼야 하며, 그 선택에 정치적 또는 도덕적 원칙이 적용돼서는 안 된다고 생각했다. 왜냐하면 제3제국 못지않게 서구열강도 자신들의 제국주의적 이익을 위해서만 전쟁에 임하고 있다고 보았기 때문이다. 스탈린의 정책 중에서 트로츠키가 거부한 것은 어느 나라를 동맹 또는 제휴의 대상으로 삼느냐에 관한 선택이 아니라, 스탈린이 자신의 선택을 절대화하고 동맹을 맺은 상대가 어느 나라인가에 상관없이 그 나라와 이념적 연대를 선포하는 태도였다. 스탈린과 몰로토프는 이제 독일과 소련의 관계를 "피로 연결된" 친구의 관계가 됐다고 찬양했다. 그리고 그들의 하수인들은 히틀러의 만행을 묵인하면서 폴란드는 결코 다시 일어서지 못할 것이라고 선언했고, 울브리히트를 비롯한 그들의 선전가들은 자신들이 지닌 반제국주의의 열기를 오로지 서구열강에만 쏟아 부었다. 트로츠키는 바로 이런 모습들이 "스탈린주의가 국제영역에 어떻게 반혁명적 영향을 끼치는지"를 보여주는 것이며, 따라서 소련의 노동자들이 스탈린주의를 무력으로 전복해야 하는 또 하나의 이유가 된다고 결론지었다. 그러나 동시에 그는 스탈린의 지배 아래서도 노동자들의 국가는 여전히 실재하고 있고, 그 어떤 적국으로부터도 보호돼야 하며, 끝까지 그 국가를 지키기 위해 싸워야 한다고 다시금 주장했다.[132)]

트로츠키는 자신의 생각이 많은 사람들에게 또다시 모순된 것으로 비칠 것임을 잘 알고 있었다. 하지만 그가 그런 생각을 한 것은 현실 자체가 그만큼 모순되기 때문이 아니겠는가? 스탈린은 히틀러와 담합해 폴란드의 동쪽 국경지역을 병합하고는 그곳 대지주들의 땅을 몰수해 농민들에게 분배했고, 산업과 은행을 국유화했다. 스탈린은 새로이 자신의 '방어벽'이 된 병합지역들에 대한 군사적 통제권을 확고히 하려는 열망에서 병합지역들의 사회적, 정치적 체제를 전면적으로 소련의 체제에 맞게 바꾸었다. 이처럼 스탈린이 세계에서 가장 반혁명적인 세력과 한편으로는 협력하고 다른 한편으로는 경쟁하는 과정에서 혁명의 행동이 이루어졌다. 폴란드와 우크라이나의 사회주의자나 공산주의자들이 그들의 강령에 포함시켰지만 실현하지는 못했던 주된 희망사항들을 스탈린은 일거에 실현해버린 것이었다. 물론 병합된 지역에서 일어난 사회적 격변은 모두 점령군으로서 소련의 무력이 만들어낸 것이었지 폴란드나 우크라이나의 노동자들이 만들어낸 것이 아니었다. 이는 스탈린이 동유럽에 강요하게 되는 일련의 기나긴 '위로부터의 혁명'의 시작이었다. 그리고 스탈린은 유산계급을 상대로 경제적인 몰수를 집행하는 동시에 노동자와 농민들을 상대로 정치적인 몰수를 집행함으로써 그들로부터 표현과 결사의 자유를 박탈했다.[133)]

트로츠키는 스탈린의 '관료적 방식'과 '히틀러와의 약삭빠른 홍정'을 경멸하면서도 폴란드의 동쪽 국경지역에서 일어난 사회적 변화가 "기본적으로 진보적인 성격"을 띤다는 점은 인정했다. 트로츠키는 그곳에서 스탈린이 구질서를 전복시킬 수 있었던 것은 오로지 소련에 노동자들의 국가가 수립된 덕분이라고 주장했다. 소련에 노동자들의 국가가 실현돼 있기에 스탈린이 폴란드의 지주 및 자본가들과 타협하지 않을 수 있었다는 것이다. 달리 말하면, 스탈린주의 국가가 지닌 혁명의 힘이 국경을 넘어 밖으로 넘치게 됐다는 것이다. 그러나 트로츠키는 이런 주장을 하는 과정에서 모순에 빠졌다. 트로츠키는 그동안 스탈린은 소련 안에서만 진보적인 동시에 반동적인 이중의 역할을 해왔고, 국제영역에서는 오직 '반동적인 역할', 즉 자본주의 질서를 보존하는 방향의 역할만 해왔다고 주장해오지 않았던가? 바로 이런 주장이 4차 인터내셔널의 출범을 옹호하는 트로츠키의 주된 논거가 아니었던가? 여전히 트로츠키는 스탈린주의의 폭넓은 국제적 영향은 반혁명적이며, 폴란드의 동쪽 국경지역에서 전개된 사회적 격변은 단지 지역적 현상일 뿐이라고 생각하고 있었다. 스탈린주의가 프랑스 노동자들에게 초래한 사기저하, 스페인혁명에 대한 배반, 히틀러에게 준 도움에 비교한다면, 우크라이나의 서부지역에 이어 발트 해 연안 국가들에서 지주와 자본가들을 상대로 재산몰수를 집행한 것은 얼마나 작은 일이냐고 트로츠키는 지적했다. 그는 스탈린주의의 두 가지 면모, 즉 소련 내에서의 스탈린주의와 소련 밖에서의 스탈린주의 사이의 차이를 거듭해서 언급했다. 그가 말한 차이는 다음과 같다. 즉 소련 내에서는 '노동자들의 국가'의 요소들, 다시 말해 국가적 소유, 계획, 혁명의 전통이 스탈린의 관료적 독재에도 불구하고 굴절된 형태로나마 관철되면서 스탈린이 누릴 수 있는 행동의 자유를 제약하지만, '국제영역'에서는 스탈린주의가 단지 자신의 협소한 이익만 추구하고 자신의 기회주의적 성향을 따르기만 한다는 것이다.[134)]

그러나 이런 주장은 얼마간의 진실을 담고 있기는 하나 트로츠키가 이제 막 직면하게 된, 그리고 향후 10년간의 상황변화에 따라 더욱 거대하게 부각되는 난점을 풀어내지도 숨기지도 못하는 것이었다. 스탈린주의의 기능을 부분적으로는 아직 진보적인 '국내의 기능'과 전적으로 반혁명적인 '국제적 기능'으로 나눈 트로츠키의 구분은 과연 현실과 얼마나 들어맞는 것이었을까? 과연 어떤 정부나 지배집단이 일정 기간만이라도 국내에서는 어느 한 가지 성격을 갖고 나라 밖에서는 전혀 다른 성격을 가질 수 있었던가? '노동자들의 국가'라는 소련 정치체제의 특성은 왜 소련이 외부 세계와 갖는 관계에는 아무런 영향도 끼치지 않았을까? '노동자들의 국가'의 정부가 일관되게 반혁명의 한 요소일 수 있었던 이유는 무엇인가?

이런 문제에 직면해서 트로츠키와 그의 지지자들이 대응할 수 있는 방법은 두 가지밖에 없었다. 그중 하나는 소련은 더 이상 노동자들의 국가가 아니라고 선언하는 것이었다. 이는 곧 소련이 노동자들의 국가이기를 중단했다고 말하는 것을 통해 국내와 국외에서 스탈린의 정책들이 취하는 반혁명적 방향을 설명하는 것이었다. 따라서 이런 입장에서는 마르크스주의자들이 계속해서 소련을 옹호해줄 이유가 전혀 없다는 결론이 나올 수밖에 없다. 이런 결론을 받아들일 수 없다면, 남은 대응 방법은 하나다. 그것은 스탈린주의가 국내와 국외에서 진보적인 동시에 반동적이라는 이중의 역할, 또는 상반되는 역할을 계속 수행한다고 인정하는 것이다. 그래야만 관료적 독재 속에서 노동자들의 국가가 존속하는 가운데 소련 체제가 모순된 성격을 갖고 있다는 사실을 설명할 수 있었다. 그리고 이는 곧 마르크스주의자들이 스탈린주의에 반대하면서도 소련에 대해서는 옹호하는 태도를 취하는 것에 의해서만 당시의 미묘한 상황에 대응할 수 있음을 의미하는 것이었다.

트로츠키의 지지자들 가운데 일부는 소련의 관료집단이 하나의 새로운 계급이 되어 노동자와 농민들을 착취하고 억압한다는 점에서 소련은 더 이상 노동자들의 국가가 아니라고 선언함으로써 곤경에서 벗어날 탈출구를 찾고자 했다. 이런 생각은 노동자반대파가 1921년에 모스크바에서 처음으로 발설한 이후 유행하게 됐고, 트로츠키가 늘 반대했음에도 불구하고 그의 지지자들 가운데 일부에게는 부단히 호소력을 발휘해왔다. 1929년에 라코프스키는 소련이 관료적으로 일그러진 프롤레타리아 국가에서 프롤레타리아적 요소의 잔재만을 지닌 관료국가로 이미 바뀌었다는 글을 써서 트로츠키 지지자들을 놀라게 했다.[135] 트로츠키는 저서 《배반당한 혁명》에서 라코프스키의 이 경구를 긍정적으로 인용하긴 했지만, 그로부터 어떤 결론도 이끌어내지 않았다. 그의 지지자들 가운데 일부는 스탈린이 집권한 지 10년이나 지난 상황에서 여전히 남아있는 프롤레타리아적 요소가 과연 어떤 것이 있는가 하는 의문을 품었다. 그들은 노동자들의 국가에 관해 계속해서 이야기하는 것은 우스꽝스러운 일이 아니냐고 생각했다. 그들은 트로츠키의 추론, 암시, 지나가듯 하는 말 등에서 이런 자신들의 생각을 뒷받침할 만한 것을 찾았다. 트로츠키는 《배반당한 혁명》에서 소련의 산업계 관리자 집단은 산업을 탈국유화하고 자기들이 지분소유자가 될 준비를 하고 있다고, 다시 말해 스탈린의 관료집단이 새로운 자본가 계급을 양육하고 있다고 주장했다. 그러나 그 뒤로 여러 해가 지났지만, 그의 주장에 들어맞는 상황변화의 조짐은 나타나지 않았다. 그렇다면 트로츠키는 소련 사회를 파악하는 데서 오류를 저질렀던 것일까? 그는 스탈린의 관료집단이 새로운 부르주아 계급과 새로운 자본주의를 부화시키고 있다고 보았다. 그런데 스탈린의 관료집단

자체도 10월혁명으로 인해 부화된 뒤에 완전하게 자라난 새로운 계급이 아닌가?

이런 질문에 대해 이탈리아인으로서 한때 트로츠키주의자였던 브루노 리치가 전쟁이 일어나기 직전에 파리에서 펴낸, 그다지 알려지지는 않았지만 커다란 영향력을 발휘한 《세계의 관료화(La Bureaucratisation du Monde)》라는 저서를 통해 답변했다. 리치는 '관리자 혁명'이라는 개념의 원래 창시자였다. 버넘, 샤트먼, 질라스를 비롯한 다른 많은 사람들은 나중에야, 그것도 리치에 비해 조야한 수준에서 이 개념을 이용했다. 《배반당한 혁명》에 서술돼 있듯이 리치는 트로츠키의 논증에 기반을 두면서도 트로츠키의 주장을 모두 반박한다. 그는 러시아혁명이 프랑스혁명과 마찬가지로 애초에는 불평등을 폐지하려고 했지만 결국은 경제적 착취와 정치적 억압의 한 형태를 다른 형태로 바꾸었을 뿐이라고 주장했다. 트로츠키는 소련 내부의 자본주의 부활이라는 유령에 쫓긴 나머지 소련 내부에서 '관료적 집단주의'가 계급지배의 새로운 형태로 자리 잡은 것을 알아차리지 못했다는 것이다. 트로츠키는 관료집단이 생산수단을 소유하고 있지도 않고 이윤을 축적하지도 않는다는 이유로 그들을 '새로운 계급'으로 취급하기를 거부했다. 그러나 사실 관료집단은 생산수단을 소유하고 있고 이윤도 축적하며, 단지 과거의 자산계급처럼 개별적으로 그러는 것이 아니라 집단적으로 그렇게 할 뿐이라고 리치는 반박했다. "소련사회의 착취자들은 자본가들이 자기 소유의 기업에서 배당을 취할 때처럼 잉여가치를 직접적으로 취하지 않는다. 그들은 국가를 통해 간접적으로 잉여가치를 취하며, 국가의 잉여가치 전체를 현금화해 그들 관료끼리 분배한다."[136] 국가 및 국가 소유를 통한 사실상의 생산수단 소유가 부르주아의 법률상 소유를 대체했다는 것이다. 새로이 전개된 상황은 트로츠키가 말한 것처럼 막간의 관료적 기간이나 일시적 반동의 국면인 것이 아니라 사회발전의 새로운 단계, 더 나아가 역사적 필연의 단계라는 것이었다. 봉건주의에 이어 평등, 자유, 우애의 단계가 오지 않고 자본주의가 등장한 것처럼 자본주의의 뒤를 잇는 것은 사회주의가 아니라 관료적 집단주의라는 얘기였다. 자코뱅이 그들의 이상을 달성하지 못했던 것과 마찬가지로 볼셰비키들도 객관적으로는 그들의 이상을 달성할 수 없을 뿐이라는 것이었다. 그렇다면 사회주의는 여전히 유토피아였다! 사회주의에 의해 고무된 노동자들은 자기들이 이룬 혁명의 과실을 또다시 빼앗긴 것이다.

계속해서 리치는, 관료적 집단주의가 사회를 조직하고 그 경제가 자본주의보다 더 효율적이고 생산적이거나 그럴 능력이 있는 한에서는 관료적 집단주의의 승리가 역사의 진보가 된다고 했다. 그렇다면 관료적 집단주의가 자본주의를 대체하게 된다는 것이다. 국가적 통제와 계획은 스탈린주의 체제에서만이 아니라 히틀러와 무솔리니의 체제, 심지어는 루스벨트 정권에서도 지배적인 요소였다. 스탈린주의자, 나치주의자, 뉴딜주의자들은 각각 정도는 다를지 모르나 전 세계로 확산될, 새로운 형태의 동일한 착취를 의식적 또는 무의식적으로 대리시행하는 자들이라는 것이었다. 관료적 집단주의가 사회적 생산성을 촉진하는 한 그것은 난공불락일 것이라는 게 리치의 결론이었다. 노동자들은 초기 자본주의 아래서 했던 투쟁, 즉 자신들의 몫을 늘리고 새로운 착취자로 등장한 관료들로부터 양보와 개량을 얻어내기 위한 투쟁만 할 수 있다는 것이었다. 새로운 체제가 부패하기 시작하고 사회적 성장을 저해하기 시작한 뒤에야 비로소 노동자들이 사회주의를 향한 투쟁을 성공적으로 재개할 수 있다고 그는 주장했다. 이는 먼 훗날에 대한 전망이었지만 비현실적인 것은 아니었다. 관료적 집단주의는 인간에 의한 인간 지배의 마지막 형태이며 무계급 사회에 근접한 것이기에 마지막 착취계급인 관료집단이 스스로를 소유자 계급이라고 인정하기를 거부한다는 이야기는 그럴듯했다.[137)]

트로츠키주의자들 사이에 점점 확산되는 사고의 흐름을 리치가 표현했음을 잘 아는 트로츠키는 1939년 9월 중순에 쓴 글 〈전시의 소련〉에서 리치의 주장을 다루었다.[138)] 트로츠키는 이렇게 이야기를 시작했다. "소련의 사회적 성격에 대한 견해가 다르다는 이유로 정치적 과제에 대해 같은 생각을 갖고 있는 동지들과 결별하는 것은 터무니없는 일일 것이다." 소련이 노동자들의 국가냐 아니냐는 논쟁은 핵심을 벗어난 피상적인 수준에 그치는 경우가 많았지만, 리치는 적어도 "이 문제를 역사적 일반화의 수준으로 끌어올리는 장점을 보여주었다"고 트로츠키는 평가했다. 리치는 스탈린주의, 나치주의, 파시즘, 뉴딜 등 서로 다른 겉모습들의 배후에 관료적 집단주의라는, 본질적으로 동일한 새로운 사회질서가 존재한다고 파악했다. 히틀러와 스탈린이 조약을 맺고 있는 동안에는 스탈린주의와 나치주의를 동일시한 리치의 견해가 충분히 그럴듯하게 보일 수 있다고 트로츠키는 논평했다. 많은 사람들이 히틀러와 스탈린이 맺은 조약은 두 체제의 근접성을 부각시켰고, 그 근접성은 두 체제의 정부가 구사하는 수법에서 분명하게 드러난다고 주장했다. 그리고 리치의 견해에 따르면, 나치의 국가와 파시즘의 국가는 물론 루스벨트주의의 국가도 경제에 대한 통제를 그 논리적 결론으로 이어감으로써 결국은 모든 산업을 국유화하게 될 것이며, 이렇게 되는 것은 단지 시간문제일 뿐이었다. 이런 리치의 견해에 대해 트로츠키는 정부를 운영하는 방법에서 히틀러와 스탈린이 아무리 유사하다 하더라도 둘 사이의 경제적, 사회적 차이는 양적인 것이 아니라 질적인 것이며, 바로 이 점이 두 체제 사이에 깊고 넓은 간극을 만든다고 주장했다. 트로츠키가 보기에 히틀러와 루스벨트는 둘 다 '부분적인 국유화'를 넘어서려고 하지 않았고, 넘어설 수도 없었다. 히틀러와 루스벨트는 본질적으로 자본주의인 질서에 국가의 개입을 덧입히고 있을 뿐이었다. 스탈린만이 진정한 자본주의 이후의 경제를 운영하며 통제하고 있었다. 여러 다양한 나라들에서, 그리고 서로 다른 체제 속에서 관료집단이 뚜렷한 성장세를 보이는 것은 사실이었다. 그러나 하나의 독특한 사회질서로서의 관료적 집단주의는 단 하나의 국가에만 존재하고 있었다. 그 국가에서 관료적 집단주의는 사회주의 혁명에 의해 창출된 토대에 근거를 두고 있었다.

그러므로 관료적 집단주의가 진정으로 자본주의를 승계하는 후속체제임을 보장하는 그 어떤 '보편적 추세'를 말하는 것은 성급한 태도라고 트로츠키는 지적했다. 만약 그런 보편적 추세가 실제로 존재한다면 그 어떤 사회주의 혁명도, 심지어는 가장 발달된 선진 공업국들 전부 또는 일부에서 일어나는 사회주의 혁명도 필연적으로 스탈린주의 체제와 유사한 체제를 불러올 것이다. 이것이 바로 리치의 견해였다. 이런 견해에 대응해 트로츠키는 러시아의 후진성, 빈곤, 그리고 고립이 스탈린주의의 득세에 얼마나 결정적으로 기여했는지를 보여주는 경험적 증거를 들이댔다. 러시아혁명은 특수한 상황의 부담에 짓눌려 퇴화됐는데, 모든 사회주의 혁명이 상황의 차이와 상관없이 러시아혁명과 마찬가지로 반드시 퇴화될 것이라고 가정할 이유가 없다는 것이었다. 스탈린주의는 리치가 생각한 것처럼 새로운 사회의 표준이 아니라 역사적 기형이며, 혁명의 궁극적 귀결이 아니라 혁명의 경로로부터 일탈된 것이라는 얘기였다. 소련의 관료집단은 노동계급 위에 자라난 기생조직이고, 그런 기생조직이 흔히 그렇듯 위험하며, 결코 독립적인 몸체가 아니라는 것이었다. 리치의 견해와는 반대로 관료적 집단주의는 역사적 진보를 표현하는 것이 결코 아니라고 트로츠키는 생각했다. 소련이 진보하는 것은 관료주의 덕분이 아니라 집단주의 덕분이다. 소련이 서구의 기술을 빌리고 모방하고 수용하기만 하는 동안에는 스탈린주의가 존속할 수 있다. 이런 단계를 넘어선 뒤에는 사회적 삶에 필요한 조건들이 더 복잡해지고, 새로운 사회운동이 일어날 수밖에 없다. 그러면 관료주의와 새로운 사회운동 사이에 큰 갈등이 나타나게 되고, 소련에서 그 갈등은 시간이 흐를수록 더 깊어질 것이라고 트로츠키는 보았다. 프랑스혁명이 일어난 뒤의 프랑스 부르주아와 달리 소련의 관료집단은 자신들 없이는 작동될 수 없는 '새로운 경제체제'의 담지자가 아니었다. 오히려 소련의 새로운 체제가 적절히 작동되기 위해서는 우선 관료집단의 손아귀에서 벗어나야 했다.

마르크스주의는 노동계급이 사회주의 혁명을 완수하리라고 기대했지만 실제로는 노동계급이 사회주의 혁명을 완수할 능력이 없음을 보여주었다는 생각이 관료적 집단주의에 관한 모든 이론의 바탕에 깔려 있었다. 그러나 자본주의 역시 스스로 제대로 작동하고 존속할 수 없음을 드러냈다. 따라서 일정한 형태의 집단주의가 자본주의를 대체하게 될 것이다. 그런데 노동계급은 이런 과제를 수행하는 데 실패했으므로 관료집단이 대신 그 과제를 수행하는 것이며, 사회주의가 아닌 관료적 집단주의가 구질서를 대체하게 된다는 것이었다. 바로 여기에 이 논쟁의 핵심적인 난제가 존재한다는 사실을 트로츠키는 인정했다.[139] 소련이 노동자들의 국가냐 아니냐는 문제나 소련의 체제가 관료적 집단주의 체제냐 아니냐는 문제는 부차적이라는 것이었다. 트로츠키가 '노동자들의 국가'를 거론할 때 말하고자 했던 것은 '노동자들의 국가'의 가능성과 그 요소들이 소련의 사회구조 안에 보존돼 있다는 점이었다. 트로츠키는 '노동자들의 국가'라는 말의 일반적인 의미나 정치적인 의미에서 스탈린의 체제가 바로 그런 국가라고 주장할 생각은 조금도 없었다. 그러나 소련의 관료적 집단주의를 말하면서 그 안에 '노동자들의 국가'의 가능성이 들어있다고 생각할 수는 있었다. 훨씬 더 중요한 점은 노동계급이 원래부터 사회주의를 달성할 능력이 없기 때문에 관료적 집단주의가 정착하게 됐다고 생각하는지 여부였다.

노동운동의 실제 궤적 속에 실패와 실망스러운 결과들이 섞인 것은 부인할 수 없었다. 노동자들은 무솔리니, 히틀러, 프랑코의 집권을 막지 못했고, 인민전선을 운영하는 과정에서 자신들의 패배를 허용했으며, 두 차례의 세계대전을 예방하지 못했다. 그러나 이런 패배들을 과연 어떻게 진단해야 하는가? 그것을 지도력의 실패로 보고, 치유될 수 있는 것이라고 진단해야 하나? 아니면 노동계급의 역사적 파산이며, 노동계급은 사회를 지배하고 변혁할 능력이 없는 증거라고 진단해야 하나? 지도력이 문제라면 새로운 마르크스주의 정당과 새로운 인터내셔널에서 새로운 지도력을 창출하는 것이 해법일 것이다. 그러나 노동계급 자체가 문제라면 자본주의 사회와 사회주의에 관한 마르크스주의의 견해는 잘못된 것임을 인정해야 했다. 왜냐하면 마르크스주의는 사회주의가 프롤레타리아의 작품이라고, 그렇지 않은 사회주의는 아무것도 아니라고 선언했기 때문이다. 이렇듯 노동계급 자체가 문제라면 마르크스주의는 또 하나의 이데올로기이거나 또 하나의 허위의식이었던 것인가? 그래서 마르크스주의가 피억압 계급들과 그들의 정당들로 하여금 자신들의 목표를 달성하기 위해 스스로 투쟁하고 있다고 믿게 만들지만, 실제로 그들의 투쟁은 단지 새로운 지배계급, 심지어는 옛 지배계급의 이익만 증진시키는 것일까? 이런 각도에서 본다면 원래의 순수한 볼셰비즘이 패배한 것은 유토피아와 새로운 사회질서가 충돌한 결과라는 점에서 자코뱅의 패배와 같은 의미를 갖는 것이고, 스탈린의 승리는 환상에 대한 현실의 승리로서 역사의 진보에 필요한 것이 된다.

이처럼 말년의 트로츠키는 자신의 모든 삶과 투쟁의 의미와 목적에 관해 자신을 심문했다. 그의 삶과 투쟁의 의미와 목적은 여러 세대에 걸친 투사, 공산주의자, 사회주의자들의 모든 삶과 투쟁의 의미와 목적이기도 했다. 한 세기에 걸친 혁명적 노력들이 아무것도 아닌 것이 돼버린 것이었을까? 트로츠키는 거듭해서 러시아 밖에서는 어디에서도 노동자들이 자본주의를 무너뜨리지 못했다는 사실을 머릿속에 떠올렸다. 그는 두 번의 세계대전 사이 기간에 혁명이 겪은 길고 참담한 일련의 패배들을 거듭해서 다시 조사했다. 그러면서 그는 무엇이든 새로운 큰 패배들이 추가된다면 마르크스주의에 의해 그려진 역사적 전망이 의문시될 것이라는 결론으로 이끌리는 자신을 자각했다. 이 지점에서 그는 지나치게 단정적이고 대담한 진술을 하게 된다. 그 진술은 논쟁가들과 활동가들이 거듭해서 거론하게 되지만, 그들을 말 그대로 끝없는 혼돈으로만 치닫게 한다. 트로츠키는 노동계급에 대한, 사회주의에 대한, 마르크스주의에 대한 마지막 시험이 임박했다고 선언했다. 그리고 그 시험은 2차대전과 더불어 닥칠 것이라고 말했다. 2차대전이 서구의 프롤레타리아 혁명으로 이어지지 않는다면 퇴화하는 자본주의의 자리를 사회주의가 대신 차지하는 것이 아니라 새로운 관료적이고 전체주의적인 착취의 체제가 차지하게 될 것이라는 주장이었다. 그는 또 서구의 노동계급이 권력을 장악하더라도 러시아의 노동자들처럼 그 권력을 유지하지 못하고 특권 관료집단에 넘겨주게 된다면, 프롤레타리아에 대해 마르크스주의가 가졌던 기대는 오류였다고 인정해야 한다고 했다. 실제로 그렇게 된다면 러시아에서 스탈린주의의 부상을 바라보는 관점이 달라질 것이라고 그는 생각했다. 트로츠키는 이렇게 썼다. "우리는 (…) (스탈린주의가) 나라의 후진성이나 제국주의적 환경에 뿌리를 두고 있는 것이 아니라 프롤레타리아가 선천적으로 지배계급이 될 능력이 없다는 데 뿌리를 두고 있음을 인정하도록 강요받을 것이다. 이렇게 된다면 과거로 소급해서 (…) 지금의 소련은 새로운 하나의 보편적인 착취체제를 예고하는 것이라고 (…) 판단해야 할 필요가 있을 것이다. (…) 세계의 프롤레타리아가 자신들의 임무를 수행할 능력이 없음이 실제로 입증되고 (…) 자본주의 사회의 내부 모순에 근거한 사회주의의 강령이 단지 유토피아일 뿐인 것이 돼버렸다고 공개적으로 인정하는 일밖에 할 일이 없게 된다면 (…) 이 얼마나 견딜 수 없는 전망인가?"[140)]

트로츠키의 이런 말이 얼마나 비극적인 심각성을 갖는지는 오직 마르크스주의자들만이 알 것이다. 물론 트로츠키는 자신의 주장을 펴는 논증의 일부로서 이런 말을 했을 뿐이다. 그러나 논증을 위한 발언이었다 해도, 그가 사회주의의 완전한 좌절의 가능성을 이처럼 직접적으로 생각해본 적은 없었다. 트로츠키는 마지막 '시험'이 불과 몇 년 안에 닥칠 것이라고 주장했고, 그 시험의 내용을 고통스러울 정도로 자세하게 규정했다. 그는 이렇게 진술했다. "(만약 마르크스주의 강령의 실천이 불가능한 것으로 드러난다면) 최소한의 강령, 다시 말해 전체주의 관료체제 노예들의 이익을 보호하기 위한 최소한의 강령이 새로이 요구될 것이 분명하다." 이는 트로츠키다운 진술이었다. 미래가 인류를 위해 예비해 놓은 것이 관료적 노예제일 뿐이라면, 새로운 착취가 아무리 역사적 필연이라 하더라도 그와 그의 지지자들은 새로운 착취자들의 편이 아니라 노예들의 편에 설 것임이 분명했다. 사회주의의 도래는 과학적 확실성이며 역사는 피착취자와 피억압자의 해방을 위해 투쟁하는 자들의 편이라는 신념을 갖고 평생을 살아온 그는, 이제 자기의 지지자들에게 비록 역사와 모든 과학적 확실성이 신념에 반대되는 방향으로 돌아선다 하더라도 피착취자와 피억압자의 편에 남아있어야 한다고 절박하게 요구하고 있었다. 어떤 일이 있어도 그는 스파르타쿠스(고대 로마에서 노예들의 반란을 주도한 노예—옮긴이)의 편에 서지 폼페이우스(스파르타쿠스의 반란을 진압한 장군—옮긴이)나 카이사르의 편에 서지는 않을 사람이었다.

트로츠키는 이런 암울한 전망을 탐색해본 뒤에도 포기하는 태도를 취하지 않았다. 그는 이렇게 자문해보았다. 노동계급이 자본주의를 무너뜨리고 사회를 변혁할 능력이 없다는 견해를 뒷받침할 충분한 증거가 있는가? 자기의 지지자들을 포함해 이런 견해를 갖고 있는 사람들은 혁명적 행동을 하고 있는 노동계급을 결코 본 적이 없었다. 그들은 단지 파시즘, 나치주의, 스탈린주의의 승리만을, 즉 부르주아 민주주의가 퇴화하는 모습만을 보았을 뿐이었다. 그들의 정치적 경험은 패배와 좌절에 찌들어 있었다. 그런 그들이 프롤레타리아의 정치적 능력을 의심하게 된 것은 놀랄 일이 아니었다. 그러나 트로츠키 자신, 1917년에 러시아의 노동자들을 지켜보고 인도했던 트로츠키 자신이 그런 프롤레타리아의 능력을 어떻게 의심할 수 있겠는가? 그는 이렇게 썼다. "세계적으로 반동이 휩쓰는 지금과 같은 시기에 우리는 1917년에 러시아의 프롤레타리아가 보여주었던 가능성에서부터 출발해 앞으로 나아가야 한다." 당시에 러시아 노동자들이 보여주었던 혁명적 지능과 에너지는 분명 독일, 프랑스, 영국, 그리고 미국의 노동자들에게도 잠재돼 있을 것이다. 따라서 10월혁명은 여전히 "거대한 자산"이며 "미래를 위한 값진 담보물"이었다. 그 뒤에 이어진 패배는 노동자들을 탓할 일이 아니라 "보수적이고 철저하게 부르주아적인 지도자들"을 탓해야 할 일이었다. 트로츠키는 이렇게 썼다. "역사과정의 변증법이 바로 그러하기에 가장 후진적인 나라인 러시아의 프롤레타리아가 가장 선견지명 있고 용기 있는 지도력을 발휘한 반면, 가장 오래된 자본주의 문명을 가진 영국의 프롤레타리아는 오늘날까지도 가장 우둔하고 타협적인 지도력밖에 갖지 못하고 있다." 그러나 지도자들은 바뀌지만 사회적 계급은 유지된다. 앞으로도 마르크스주의자들은 지도력을 갱신하기 위해 노력해야만 하고, "노동대중이 유기적이고 심오하며 억압되지 않는 자신들의 충동으로 스스로 자본주의의 처참한 혼란으로부터 벗어나도록" 하는 데 모든 것을 걸어야 한다고 트로츠키는 생각했다.

그는 젊은 시절에 보였던 현란한 낙관주의에서가 아니라 가혹하게 시험되고 단련된 믿음, 즉 마르크스주의자로서 자신의 신념을 다시 피력했다.

> 우리 시대의 기본적 과제가 아직 풀리지 않았다고 해서 과제가 변한 것은 아니다. (…) 마르크스주의자들은 프롤레타리아가 자신들의 혁명적 가능성을 이미 박탈당했으니 모든 열망을 포기해야 한다는 결론을 내릴 권리를 전혀 갖고 있지 않다. 물론 환멸과 피로를 권리로 간주하지 않는 한 그렇다는 말이다. (…) 경제적, 문화적 체제에 일어나는 가장 심대한 변화에 대해 말할 때, 역사의 척도에서 25년이란 세월이 갖는 비중은 한 인간의 삶에서 한 시간이 갖는 비중보다도 작다. 한 시간 또는 하루에 겪은 후퇴 때문에 자기 인생의 모든 경험에 근거해 스스로 설정한 목표를 포기한다면 그게 무슨 의미가 있겠는가?
>
> 우리가 굳게 믿는 바이지만 이번 전쟁이 프롤레타리아 혁명을 촉발시킨다

면 그 혁명은 필연적으로 소련의 관료체제를 무너뜨리게 될 것이고, 1918년 당시보다 더 높은 수준의 경제적, 문화적 토대 위에서 소련의 민주주의를 부활시킬 것이다. 이렇게 된다면 스탈린의 관료집단이 '새로운 계급'인가, 아니면 노동자들의 국가에 생겨난 악성 조직인가 하는 문제는 바로 풀리고 (…) 전 세계적으로 혁명이 이루어지는 과정에서 소련의 관료체제는 단지 '삽화적인 퇴보'라는 사실이 누구의 눈에도 분명해질 것이다.

그런 '삽화적인 퇴보'를 이유로 소련에 사망선고를 하고 그럼으로써 모든 역사적 전망을 잃는 행위는 용서될 수 없다는 것이었다. 소련은, 당장은 오직 소련만이 다시 태어날 사회주의적 민주주의를 위한 사회경제적 틀을 내포하고 있으며, 이것은 지켜져야 한다고 트로츠키는 생각했다. "소련에서 우리는 무엇을 지켜내고 있는가? 그것은 소련이 자본주의 국가들과 닮은 특징들이 아니라 다른 특징들이다." 특권과 억압이 아닌 사회주의의 요소들이 소련에서 지켜지고 있다는 것이었다. 이런 자신의 태도에 대해 트로츠키는 이렇게 설명했다. "크렘린의 관료집단과 화해를 하려는 것도, 그들의 정책을 수용한다는 것도, 스탈린의 동맹자들의 정책을 용인한다는 것도 아니다. (…) 우리는 집권 정당이 아니다. 우리는 비타협적인 반대파의 정당이다. (…) 우리는 전적으로 노동자들에 대한 교육을 통해 (…) 노동자들에게 그들 스스로가 무엇을 지켜내고 무엇을 전복시켜야 하는지를 설명해주는 것을 통해 (…) 우리의 과제를 실현한다."

트로츠키는 폴란드 동부지역에 대한 스탈린의 정책에 대해 언급하면서 만약 스탈린이 그곳의 사유재산을 손대지 않고 그대로 놔둔다면 소련이라는 국가의 성격을 완전히 재평가해야 할 필요가 있을 것이라고 지적했다. 그런데 스탈린은 소련 국내에서 혁명을 길들인 뒤에 총검을 앞세워 나라 밖으로 혁명을 이식하는 과정에서 과거에 나폴레옹이 했던 방식을 그대로 되풀이했다고 트로츠키는 보았다. 이 대목에서 트로츠키는 스탈린의 외교정책이 '전적으로 반혁명적인 성격'을 갖고 있다는 생각을 조용히 수정했다. 그러나 그것은 분명 마르크스주의 혁명의 방식이 아니었다. 트로츠키는 이렇게 썼다. "우리는 크렘린의 영토 확장에 대해 그동안에도 반대해왔고 지금도 반대하고 있다. 우리는 소비에트 우크라이나와 소비에트 벨로루시의 독립을 지지한다. 동시에 적군에 의해 점령된 폴란드에서 4차 인터내셔널의 지지자들은 지주와 자본가들의 재산을 몰수하고 토지를 농민들에게 나눠주며 소비에트와 노동자평의회 등을 창설하는 활동을 가장 적극적으로 펼쳐야 한다. 이렇게 함으로써 자신들의 정치적 독립성을 보존하고, 선거에서 관료집단에 대항해 소비에트와 공장위원회의 완전한 독립을 실현하기 위해 싸우고, 크렘린과 그 지역별 대리자들을 불신임하면서 혁명적 선전을 수행해야 한다."

트로츠키는 폴란드와 우크라이나에 있는 자기의 지지자들에게 이런 조언 외에는 다른 어떤 조언도 해줄 것이 없었으며, 내내 자기 신념에 충실한 태도를 취했다. 그러나 그들은 트로츠키의 조언에 따라 행동할 기회를 가질 수가 없었다. 그들은 허약했고, 패배자의 입장이었으며, 늘 게페우의 탄압을 받고 있었다. 그들도 트로츠키와 마찬가지로 해야 할 과제와 행동할 수 없는 처지 사이에 갇혀 있었다.

이런 논쟁은 1940년 5월 말까지, 즉 트로츠키의 집이 무장급습을 당하기 전까지 계속된다. 제임스 버넘, 맥스 샤트먼을 비롯한 미국의 트로츠키주의자들과 사회주의노동자당의 당원들도 리치만큼 분명하게는 아니지만 리치의 견해와 비슷한 생각을 하고 있었다. 전쟁이 발발하고 스탈린과 히틀러 간 조약이 체결되자 그들의 견해는 더욱 빠른 속도로 구체화되고 분명해졌다. 1939년 9월 초에 버넘은 사회주의노동자당의 전국위원회에 "그 어떤 의미에서도 소련을 노동자들의 국가로 간주할 수 없다"는 내용의 진술서를 제출했다.[141] 9월 말이 되기도 전에 샤트먼은 소련이 우크라이나 서부와 벨로루시를 점령한 것은 '제국주의'적 행위라고 비난하고, 이 점령은 트로츠키가 말한 바 있는 진보적 결과를 전혀 가져오지 못할 것이며, 따라서 당은 소련을 옹호한다는 결의를 폐기해야 한다는 내용의 동의안을 제출했다. 버넘은 뉴욕대학의 철학 교수였고, 샤트먼은 대중을 상대로 하는 당의 대변인이었기에 두 사람의 이런 행동은 트로츠키주의 지식인들에게 큰 영향을 끼쳤다. 그때까지만 해도 트로츠키주의 지식인들은 전쟁이 부르주아 정부에 의해 수행된다면 그 정부가 민주주의 정부라 하더라도 혁명적 패배주의의 입장에서 전쟁에 단호하게 반대하는 동시에 소련이 그 어떤 제국주의 진영과 동맹관계를 맺더라도 소련을 옹호할 것이라는 입장을 취해왔다. 소련이 서구 민주주의 국가들과 동맹관계를 맺을 것이라고 보편적으로 간주되던 전쟁발발 이전의 시기에는 버넘이나 샤트먼과 같은 사람들이 그런 견해를 논리적으로 개진하기가 어렵지 않았다. 그러나 스탈린과 히틀러 사이에 조약이 체결되고, 적대적 충돌이 시작된 뒤에는 상황이 많이 달라졌다. 중립의 입장을 취하고 있는 동안에도 미국의 여론은 영국과 프랑스 쪽에 조심스럽게 동조하는 반면 독소조약에 대해서는 격노하는 분위기였다. 트로츠키주의자들조차도 이런 분위기를 거스르기가 어려웠다. 버넘과 샤트먼은 만약 자신들이 소련을 계속 옹호한다면 감내할 수 없는 비난을 당할 것이라고 느끼지 않을 수 없었다. 그런데 소련을 옹호하는 태도를 버리기 위해서는 마르크스주의의 용어로써 소련은 더 이상 노동자들의 국가가 아니며 단지 제국주의적 확장을 위해 전쟁을 하는 또 하나의 반혁명 세력일 뿐이라고 선언해야 했다. 리치는 여전히 관료적 집단주의가 역사적 필연이며 어느 정도는 진보적인 것이라고 주장하고 있었던 반면, 버넘과 샤트먼은 관료적 집단주의가 그런 성격을 갖고 있음을 부인했다. 논리적 결과로 두 사람은 소련의 경제도 진보적인 면을 전혀 갖고 있지 않다는 입장으로 나아갔다. 암시적 또는 명시적으로 두 사람은 산업에 대한 국가적 소유와 국가적 계획도 관료적 집단주의와 전체주의적 노예제의 토대로 기능하고 있다고 말하면서 공격하고 나섰다. 점차로 변증법과 품성론을 비롯한 마르크스-레닌주의 강령의 모든 원칙들이 논쟁의 대상이 되어갔다. 버넘과 샤트먼, 그리고 이 두 사람의 지지자들은 마르크스-레닌주의 강령의 내용을 하나하나 부정해갔다. 얼마 전까지만 해도 그들은 〈더 뉴 인터내셔널〉을 통해 이스트먼과 후크 등을 공격하면서 "지식인들의 퇴각"이라는 표현을 사용했는데, 이번에는 그들 자신이 퇴각하는 지식인이 된 것이다.

트로츠키는 리치에 대해 비판하는 과정에서 이런 논쟁에 대해 자신이 해야 할 이야기를 다했다. 버넘 및 샤트먼과의 논쟁은 정치사상의 측면에서나 표현방식의 측면에서나 낮은 수준에서 진행됐다. 이 논쟁이 주목받는 것은 그것이 트로츠키의 지지자들 사이에 팽배해 있던 환멸감과 비관주의의 폭발이며, 그런 흐름에 대해 트로츠키가 마지막 대항을 했다는 점에서다. 말하자면 이 논쟁은 트로츠키가 벌여온 모든 논쟁을 마감하는 마지막 논쟁이었다.[142]

논쟁의 대상이 된 쟁점들은 1939년 연말에 스탈린이 군에 핀란드를 공격하라는 명령을 내리기 전에 모두 전면에 부각됐다. 트로츠키는 세계적인 분노를 일으키고 결국은 적군을 수치스런 패배에 직면하게 한 이 핀란드 전쟁과 관련해 스탈린의 "어리석고 무능한" 전쟁수행 행위를 비난했다.[143] 그러면서도 그는 스탈린이 핀란드에서 해야 할 일은 히틀러가 공격해올 가능성에 대비해 소련의 전초 보루를 확고히 설치하는 것이라고 주장했다. 이렇게 하는 것이 최선이었다. 어느 정도는 스탈린 스스로가 만들어낸 상황이기는 했지만, 스탈린이 처한 상황 속에서 움직여야 했다면 그 누가 집권자였든 간에 소련 정부는 핀란드를 희생시켜 소련의 국경을 지키라는 압력을 받았을 것이다. 노동자들의 국가에 전략적 이익이 되는 것이라면 그것은 핀란드의 자결권보다 앞서는 것이었다.[144] 스탈린의 핀란드 침공에 대해 연합국 측이 '전쟁 전환'으로 대응하고 핀란드를 돕기 위한 무력개입에 나서자 트로츠키는 '소련 방어'를 더욱더 강조했다. 이런 트로츠키의 태도에 대해 그의 옛 지지자들이 이렇게 아우성쳤다. "트로츠키는 스탈린의 변호인이 됐는가?" "그는 우리가 스탈린의 꼭두각시가 되기를 바라는가?" 버넘은 이렇게 대답했다. "아니오, 트로츠키 동지. 우리는 크렘린의 반혁명 세력을 구호하기 위해 게페우 편에서 싸우지는 않을 것입니다."[145]

이런 말들은 바로 대숙청과 관련해 트로츠키 자신이 했던 말들 그대로였다. 대숙청과 관련해 트로츠키는 "모든 정직한 사람들"에게 게페우의 살인적 음모를 폭로하고, 스탈린주의라는 암세포를 뜨겁게 달군 쇠로 태워 버리라고 촉구했고, 노동자들의 국가라는 신성한 이름을 내세워 스탈린의 범죄를 용인하는 "소련의 친구들"을 비난했다. 물론 가장 격노에 찬 주장을 하면서도 트로츠키는 그 무엇에도 불구하고 자기와 자기의 지지자들은 모든 적국에 대항해 무조건 소련을 지킬 것이라고 거듭 강조했다. 트로츠키의 지지자들 가운데 일부는 이런 그의 선언들이 단지 수사일 뿐이라고 생각했다가 나중에야 그것이 그의 진심을 그대로 드러낸 말들이었음을 알고 당황했다. 이런 지지자들은 트로츠키에게 비일관성, 이중성, 심지어는 배신이라는 비난의 말들을 퍼부었다. 이들은 트로츠키의 말들 속에서 느슨한 실마리를 끄집어내어 그의 논리와 주장을 추리해보고는 자신들 나름의 이론을 만들어냈다. '국제적으로는' 스탈린주의가 단지 반동과 반혁명의 한 요소일 뿐이라고 트로츠키는 말하지 않았던가? 그랬던 그가 동유럽으로 스탈린주의가 확장하는 것이 가져오는 '진보적이고 혁명적인 영향'을 어떻게 말할 수 있는가? 이들이 소련의 '새로운 계급'과 관료적 집단주의에 대해 이야기할 때 트로츠키는 이들이 마르크스주의를 버리려고 한다고 책망하면서 생산수단이 국유화된 나라에서 새로운 착취양식을 말하는 것은 터무니없는 일이라고 말했다. 게다가 트로츠키는 몇 년 안에 서구에서 사회주의가 실패한다면 관료적 집단주의가 자본주의를 대신해 새로운 보편적 착취체제가 될 것이라고 선언하지 않았던가? 관료적 집단주의가 새로운 보편적 착취체제가 될 수 있다고 생각한다면 왜 그것이 소련의 국가체제가 될 수는 없다고 생각해야 하는가? 트로츠키는 서구의 노동계급이 2차대전이 끝날 때까지 자본주의를 무너뜨리지 않는다면 마르크스주의와 사회주의는 파탄날 것이라고 말함으로써 자기의 지지자들 모두를 경악하게 했다.[146] 지지자들은 트로츠키의 예언이 결국 실현되는 것을 많이 보아왔기 때문에 이번 예언도 가볍게 흘려듣지 못했다. 그의 지지자들 가운데 가장 충직하고 순진한 사람들은 그 후 몇 년간에 걸쳐 서구에서 혁명의 조짐을 발견하려고 노력하면서 혁명의 전망을 유지했다. 그러나 지지자들 가운데 회의적이거나 냉소적인 성향의 사람들은 즉각 또는 조금 뒤에 트로츠키가 직접 한 발언으로만 판단해도 마르크스주의와 사회주의 이론은 이미 파탄이 났고 관료적 집단주의의 시대가 도래했다는 결론을 내렸다. 이런 결론을 가장 먼저 구체적으로 표명한 사람은 버넘이었다. 버넘은 훌륭한 볼셰비키이자 레닌주의자였고, 미국 제국주의의 맹렬한 적이었다. 적어도 그가 스스로 역사의 조류를 타고 있다고 느끼는 동안에는 그랬다. 그러나 그는 트로츠키의 의도하지 않은 도움을 받아 관리자 계급이 역사의 조류에 올라탔다고 확신하게 됐고, 그런 확신을 가지자마자 마르크스주의의 이념적 근거들을 다 내던져버리고 관리자 혁명의 도래를 선언했다.[147] 샤트먼은 버넘의 진단을 받아들이긴 했으나, 마르크스주의를 보다 강하게 믿었기에 버넘이 제시한 전망에 환희하기보다는 비통해하면서 그동안 자신이 갖고 있던 신념의 잔해를 그 전망과 조화시켜보려고 했다.[148]

버넘과 샤트먼은 트로츠키의 《배반당한 혁명》에서 끄집어낸 새로운 트로츠키주의의 관점에서 나름의 주장을 강력히 펼쳤고, 트로츠키에 대항해 트로츠키주의를 지키고 있다고 주장했다. 이에 대해 트로츠키는 마르크스의 말을 본떠 "그렇다면 나는 트로츠키주의자가 아니다"라고 응수했다.[149] 하지만 버넘과 샤트먼의 주장을 반박하기 위해서는 자신이 그동안 펼쳐온 주장 중 과장된 요소들을 비록 명시적으로는 아니더라도 부정해야 했다. 트로츠키는 한 편지에 이렇게 썼다. "동지들은 스탈린과 히틀러가 조약을 맺은 것에 매우 분개하고 있다. 이해할 만하다. 그들은 스탈린에게 보복할 수 있게 되기를 원한다. 그건 좋은 일이다. 그러나 오늘날 우리는 허약하고, 크렘린을 당장에 전복할 수가 없다. 일부 동지들은 순전히 말로만 위안을 구하려고 소련으로부터 노동자들의 국가라는 이름을 박탈한다. 이는 마치 스탈린이 실각한 관리들로부터 레닌훈장을 박탈하는 것과 같다. 친애하는 동지들이여, 이런 행동은 좀 유치하다고 나는 생각한다. 마르크스주의 사회학과 히스테리는 절대로 화합할 수 없다."[150] 본인이 직접 스탈린에 의해 고통을 당하고 있는 트로츠키로서는 자기 지지자들의 판단력이 스탈린에 대한 공포감 때문에 흐려지는 것을 보는 것보다 더 낙담스런 일이 없었다. 그래서 그는 죽을 때까지 지지자들에게 히스테리를 경계하고 객관적인 마르크스주의에 입각해 사고할 것을 촉구했다.

미국의 트로츠키주의자들은 한편으로는 제임스 캐넌이 주도하고 트로츠키의 견해를 수용하는 '다수파', 다른 한편으로는 버넘과 샤트먼을 따르는 '소수파'로 분열됐다. 트로츠키는 다수파와 소수파 모두에게 쓸데없는 충돌을 일으키지 말고 서로 관용적인 태도를 취하라고 요구했다. 그는 캐넌주의자들에게 버넘과 샤트먼에 대한 강력한 반박에 나서도록 촉구하면서도, 그들 내부에서 스탈린의 첩사들이 이간질을 해 분쟁을 악화시키려 할 것이라고 경고하면서 '소수파'에게도 자유로운 의사표시를 할 수 있게 하고 사회주의노동자당 안에서 하나의 조직적 분파로 활동할 수 있도록 허용하라고 권고했다. 트로츠키는 "만약 누군가가 버넘 동지를 축출해야 한다고 제안한다면, 나는 그 제안에 강력히 반대할 것"이라고 밝혔다.[151] 심지어는 그 소수파가 그들만의 전당대회를 연 뒤에도 트로츠키는 이를 소수파 축출의 빌미로 삼지 말라고 다수파에 조언했다.

그럼에도 소수파는 그들 나름의 새로운 당을 결성했고, 사회주의노동자당의 월간 이론지인 〈더 뉴 인터내셔널〉을 가져가버렸다. 하지만 이 새로운 당도 얼마 지나지 않아 버넘의 결별선언으로 인해 다시 분열됐다. 버넘은 이렇게 선언했다. "수정주의, 레닌주의, 스탈린주의, 트로츠키주의를 비롯해 어떤 종류든 마르크스주의 운동과 연관성이 있는 대부분의 주요 신념들 가운데 그 전통적 형태 그대로 내가 수용할 수 있는 것은 사실상 전혀 없다. 나는 그런 신념들이 오류이거나 진부하거나 무의미하다고 생각한다." 이는 최근 몇 년간 트로츠키주의를 선도하던 사람의 입에서 나온 고백으로는 충격적인 것이었다. 불과 몇 주일 전만 해도 버넘과 그의 친구들은 트로츠키로부터 '비마르크스주의적' 사고를 한다는 비판만을 들었다. 그러나 이제 버넘은 이렇게 말하고 있었다. "신념과 관심이라는 관점에서 돌아봤을 때, 최근 여러 해 동안 나는 마르크스주의 당에서는 진정한 나의 자리를 찾을 수 없었다."[152] 이런 버넘의 진술이 사실이든 아니든, 나중에 《관리자 혁명》의 저자가 되는 그가 자신의 이념적 변신이 돌발적인 것이 아니라 그럴 만한 이유가 있는 것으로 보이게 하려고 했던 것이든 아니든, 또는 그가 그동안 단지 겉으로만 열광적인 마르크스-레닌주의자인 것처럼 행세했을 뿐이든 아니든, 트로츠키가 버넘에 대해 비판적으로 했던 그 어떤 말도 이때 버넘이 스스로 그린 자화상만큼 그에게 파괴적이지 않았다. 트로츠키는 버넘의 결별선언을 전혀 안타까워하지 않았다. 그는 이미 버넘을 '이중성'을 지닌 지지자로 보았고, 사적인 편지에서는 '지적 속물'이라는 말은 가장 온건한 편일 정도로 심한 형용어구로 그를 지칭하곤 했다.[153] 트로츠키는 자기의 다른 지지자들도 버넘의 선례를 따를 것으로 예상했다. 트로츠키는 이렇게 썼다. "드와이트 맥도널드는 속물은 아니지만 조금 아둔하다. (…) 그는 버넘처럼 당을 버릴 것이다. 하지만 그는 좀 게으르기 때문에 당을 버리더라도 나중에 버릴 것이다." 하지만 트로츠키는 샤트먼이 떠난 것에 대해서는 진정으로 슬퍼했다. 트로츠키는 샤트먼의 얼뜨고 깊이가 없는 점 등에 대해 화를 내기는 했지만 기본적으로 그를 좋아했다. 둘 사이의 관계는 샤트먼이 1929년 초에 프린키포를 찾아왔을 때부터 시작됐고, 그 뒤에 서로 만나거나 편지를 주고받는 과정에서 샤트먼의 헌신성이 입증되면서 더욱더 깊어졌다. 트로츠키는 지금의 분파 간 다툼에서는 비록 캐넌을 지지하고 있었지만, 개인적으로는 샤트먼을 더 가깝게 느끼고 있었다. 분파 간 논쟁이 한창일 때 트로츠키는 샤트먼에게 보낸 편지에 이렇게 썼다. "가능만

하다면 나는 곧바로 비행기를 타고 뉴욕으로 날아가 48시간이고 72시간이고 자네와 중단 없이 토론을 하고 싶네. 자네가 이곳에 와서 나와 토론을 해야 할 필요를 느끼지 않고 있다는 것은 대단히 유감스럽네. 내 생각과 달리 만약 자네가 토론의 필요를 느끼고 있다면 나로서는 반가울 걸세."[154)]

만약 4차 인터내셔널이라는 희미한 조직이 파괴될 수 있을 정도이기나 했다면, 이런 분열은 4차 인터내셔널을 파괴했을지도 모를 일이었다. 트로츠키는 '프티부르주아와 출세주의자들'이 빠져나가고 나면 사회주의노동자당은 미국의 노동계급 속에 더욱 깊숙한 뿌리를 내릴 수 있을 것이라고 믿었다. 그러나 그런 일은 일어나지 않았다. 사회주의노동자당은 계속 소규모 집단으로 남았고, 그 구성원들은 트로츠키의 가르침, 나중에는 그에 대한 기억을 곧이곧대로 열렬히 신봉했지만 그 어떤 정치적인 무게도 갖지 못했다. 그리고 그 경쟁자인 샤트먼 그룹은 가장 허약한 구성원이나마 몇십 년간 유지할 수 있을 정도의 결속력도 갖지 못한 상태에서 자신들이 지닌 트로츠키주의적인 요소들을 벗어던지다가 결국은 무너져 사라져버렸다.[155)] 다른 나라들의 트로츠키주의자 그룹들도 영향을 받았다. 특히 프랑스의 트로츠키주의자 그룹들이 가장 큰 영향을 받았다. 프랑스의 트로츠키주의자들 가운데 일부가 버넘이나 샤트먼의 견해를 받아들였기 때문이다.

이처럼 말년에 트로츠키는 자기가 황량한 산 위로 밀어 올려놓은 바위가 마침내 다시 산 아래로 굴러 떨어지는 모습을 지켜봐야 했다.

1940년 2월 27일에 트로츠키는 유언장을 썼다. 트로츠키는 전에도 여러 차례 유언장 초안을 작성한 적이 있었다. 그러나 그 초안들은 자기가 쓴 책들의 저작권을 나탈랴나 료바가 상속받을 수 있도록 보장하기 위한 것일 뿐이었다. 이와 달리 이번에 트로츠키가 쓴 것은 실제로 그의 마지막 유언장으로 작성됐다. 이 유언장의 한 줄 한 줄에는 다가오는 죽음에 대한 트로츠키의 예감이 스며있다. 하지만 이 유언장을 쓰면서 트로츠키는 자기가 자연사하거나 자살할 것이라고 생각했지, 암살자의 손에 의해 죽게 되리라고는 생각하지 않았다. 이때 그는 이렇게 썼다. "이미 높은 수준인데다 계속 오르고 있는 나의 혈압이 주위 사람들로 하여금 내 몸의 실제 상태를 잘못 알게 하고 있다. 지금 나는 활력이 넘치고 일도 할 수 있다. 그러나 분명히 죽음은 가까이 와있다." 그러나 그가 앞으로 더 살게 되는 6개월 동안, 비록 기복이 있긴 했지만 그의 건강은 이런 불길한 예감을 현실화할 정도로 나쁘지는 않았다. 유언장 내용 중 3월 3일이라고 날짜가 적힌 한 추기(追記)에 트로츠키는 이렇게 썼다. "지금 나는 (…) 고혈압으로 인해 영적 에너지가 고조됨을 느낀다. 그러나 이것은 오래가지 않을 것이다." 그는 자기가 동맥경화증이 상당히 진행된 상태에 있는데 의사들이 사실대로 말해주지 않는다고 생각했다. 그는 레닌이 말년에 병에 걸려 오랫동안 마비된 상태로 지냈던 기억을 떠올렸다. 그래서 그는 그런 고통을 겪느니 차라리 자살하겠다거나, 보다 정확하게는 "너무도 천천히 진행되는 죽음의 과정을 단축시키겠다"고 선언했다. 그는 죽음이 뇌출혈의 형태로 갑작스럽게 닥쳐오기를 원했다. "그것이 내가 기대할 수 있는 최선의 죽음일 것"이라고 그는 썼다.[156)]

트로츠키는 유언장을 쓰면서 알게 모르게 레닌의 유언장을 어느 정도는 본받았다. 두 유언장 모두 본문과 며칠 뒤에 덧붙여진 추기들로 구성돼 있다. 그러나 내용을 들여다보면 두 사람의 개성과 죽음을 앞둔 상황의 측면에서는 두 유언장이 뚜렷한 대조를 이룬다. 레닌의 유언장에는 개인적인 요소가 전혀 들어 있지 않다. 레닌은 다가오는 당대회에 보내는 편지의 형식으로 유언장을 썼다. 그리고 그는 자기의 임박한 죽음을 의식하고 유언장을 쓴다고 밝히지도 않았고, 그렇게 의식한 낌새도 전혀 보이지 않았다. 레닌 역시 극심한 딜레마에 짓눌려 있었지만 자기의 원칙과 신념이 당연한 것으로 받아들여질 것임을 잘 알고 있었기에 유언장을 사도신경과 같은 것으로 만들 필요가 없었다. 레닌은 자기의 죽음으로 인해 더욱 촉진될 것으로 보이는 볼셰비즘의 내적 위기에 대한 염려로 마음이 가득 차있었고, 그런 위기를 막는 데 모든 수단을 다 동원했다. 유언장을 통해 레닌은 당의 수뇌부에 있는 지도자들 각 개인의 강점과 단점에 대해 자기가 생각하는 바를 당에 알렸고, 당 중앙위원회의 재구성에 대한 자신의 구상을 당에 제출했고, 서기장의 자리에서 스탈린을 밀어내라고 중앙위원회에 조언했다. 레닌은 죽음을 맞을 때까지도 자기의 전 존재를 다해, 한 위대한 운동의 최고지도자로 남았다. 이에 비해 트로츠키의 유언장은 매우 개인적인 색채를 띠고 있다. 트로츠키는 자기의 혁명적 영예에는 단 하나의 오점도 없으니 스탈린의 어리석고 비열한 중상을 반박할 필요성이 없다고 간략히 진술했고, 새로운 혁명적 세대가 자기를 비롯한 수천 명의 희생자들의 명예를 회복시켜줄 것이라고 썼다. 단 하나의 문장에서 그는 자기가 가장 어려웠던 시기에 자기에게 충실했던 친구와 지지자들에게 감사를 표했다. 하지만 그는 그들에게 아무런 조언도 남기지 않았다. 트로츠키의 유언장에는 4차 인터내셔널에 대해서는 단 한 마디의 언급도 들어있지 않다. 그리고 유언장의 절반은 나탈랴에게 전하는 내용으로 채워져 있다. 그중에 다음과 같은 구절도 있다.

사회주의의 대의를 위한 투사가 되는 행복 외에도 운명은 내게 그녀의 남편이 되는 행복을 주었다. 우리가 40여 년 동안 같이 생활하는 동안 그녀는 내내 사랑, 관용, 상냥함이 마르지 않는 샘이었다. 그녀는 커다란 고통을 겪었다. (…) 그러나 나는 그녀에게 행복한 시절도 있었다는 데서 얼마간의 위안을 얻는다.

여기서 그는 나탈랴에 대한 헌사를 잠시 멈추고 자기의 신념에 대한 고백을 한다.

의식을 깨친 이래 나는 43년을 혁명가로 살아왔다. 특히 그중 42년은 마르크스주의의 기치 아래 투쟁해왔다. 만약 모든 것을 다시 시작한다 하더라도 (…) 이런저런 오류는 피하려고 하겠지만 내 삶의 큰 줄기는 달라지지 않을 것이다. 나는 프롤레타리아 혁명가요, 마르크스주의자요, 변증법적 유물론자다. 따라서 나는 결코 타협하지 않는 무신론자로 죽을 것이다. 인류의 공산주의적 미래에 대한 내 신념은 조금도 식지 않았다. 오히려 오늘날 그것은 내 젊은 시절보다 더욱 확고해졌다.

이 구절을 쓰던 그는 눈을 들어 창밖을 내다보았고, 나탈랴가 집으로 다가오는 모습을 보았다. 그녀의 모습이 눈에 들어오자 감정이 복받친 그는 다음과 같은 시적인 구절로 결론을 대신한다.

나타샤가 정원에서 창문으로 바짝 다가서더니 그 창문을 더 넓게 열어 공기가 내 방 안으로 좀 더 자유롭게 들어올 수 있게 했다. 나는 담장 아래로 밝은 녹색의 풀들, 담장 위로 맑고 푸른 하늘, 그리고 도처에 반짝이는 햇빛을 본다. 인생은 아름답다. 미래 세대는 모든 악과 억압, 폭력을 씻어내고 이 아름다운 인생을 마음껏 향유하게 하자.

첨부된 글에서 그는 자기의 저작권을 나탈랴에게 증여한다고 밝히고 나서 그 다음 구절을 이렇게 시작했다. "우리 둘 다 죽게 되면…." 그러나 그는 이 문장을 끝내지 않고 빈 칸으로 놔두었다. 3월 3일의 추기에서 그는 자기가 앓고 있는 병의 성격에 대해 언급하고는, 자기와 나탈랴는 노년이 육체를 파괴하도록 놔두기보다는 자살을 하는 것이 더 낫다는 데 대해 여러 차례 동의했다고 밝혔다. 그는 이렇게 이어나갔다. "내가 죽는 시간을 나 스스로 결정할 권리를 행사하는 시점을 뒤로 미룬다. (…) 그러나 상황이 어떻게 변하더라도 (…) 나는 공산주의적 미래에 대한 흔들림 없는 신념을 가진 채 죽을 것이다. 사람과 사람의 미래에 대한 이 신념은 지금도 나에게 그 어떤 종교도 줄 수 없는 저항의 힘을 준다."[157]

이때 이미 스탈린은 트로츠키에게 더 이상의 삶을 허용하지 않기로 결정한 상태였다. 이런 스탈린의 결정은 기이하게 여겨질 수 있다. 이런 질문이 나옴직하다. 스탈린이 아직도 두려워할 것이 남았는가? 스탈린은 트로츠키의 지지자들은 물론 그의 가족까지 다 제거함으로써 복수를 당할 위험을 없애지 않았던가? 지구의 반대편에 있는 트로츠키가 혼자서 스탈린에 대항해 할 수 있는 일이 무엇이었을까? 몇 년 전이라면 트로츠키가 해외에서 새로운 공산주의 운동의 최고지도자 위치에 오를 수 있다는 데 대한 두려움을 스탈린이 가질 수 있었다. 그러나 이제 스탈린도 4차 인터내셔널은 아무것도 아닌 게 됐다는 사실을 알게 되지 않았는가?

하지만 스탈린은 안심할 수 없었다. 스탈린은 자기가 휘두른 폭력과 테러로 자기가 원했던 것을 모두 달성했다고 믿을 수 없었다. 옛 볼세비키라는 아틀란티스가 실제로 사라졌다고 믿을 수 없었던 것이다. 스탈린은 자기를 찬양하는 대중의 얼굴들을 자세히 들여다보았고, 자기에 대한 그들의 아부 속에 엄청난 증오가 숨겨져 있다고 추측했다. 그렇게 많은 사람들의 삶이 파괴되고 주위에 그렇게 많은 불만과 절망이 퍼져 있는데, 전쟁의 충격이 예측하지 못한 결과를 가져올 수 있음을 그 누가 부인할 수 있겠는가? 아틀란티스가 예전에 거기에 살았던 사람들과 똑같은 반항 기질을 가진 새로운 사람들이 사는 섬으로 다시 떠오르지는 않을까? 4차 인터내셔널이 지금은 비록 무기력하다 하더라도 전쟁이 일으키는 지각변동이 정치적 지형을 어떻게 변화시킬지 누가 알겠는가? 그 지각변동 속에서 어느 산이 무너지지 않고, 어느 언덕이 높은 봉우리로 솟아오를지를 누가 말할 수 있겠는가? 트로츠키의 희망 속에 생생하게 살아있는 모든 전망이 스탈린의 두려움 속에서도 똑같이 생생했다. 그리고 살아있는 한 트로츠키는 그런 전망을 대변하는 최고의 쉼 없는 전위요원이었다. 트로츠키는 여전히 아틀란티스의 대변자로서 아틀란티스 사람들의 식지 않는 열정을 대신 뿜어내고 그들의 모든 슬로건을 대신 외치고 있었다. 모든 중요한 계기마다, 즉 수치스러운 핀란드의 선거가 끝났을 때, 히틀러가 노르웨이와 덴마크를 점령했을 때, 프랑스가 함락됐을 때 트로츠키의 목소리가 바다를 건너와 그런 재앙의 결과에, 그런 재앙이 닥치도록 한 스탈린의 실책에, 소련을 위협하는 치명적 위험요소를 후려쳤다. 트로츠키가 책임추궁하고 비난하고 경고하는 목소리가 소련의 인민들에게까지가 닿지는 않았다. 그러나 그 목소리는 미국과 영국을 비롯한 세계 각국의 신문에 실렸고, 전쟁이 동양으로도 번져가는 상황이었으므로 군사적 패배와 퇴각의 격동과 혼란 속에서 동양에도 그의 목소리가 퍼져나갈 것으로 보였다.

1940년 4월 말에 트로츠키는 소련의 노동자, 농민, 병사, 수병들에게 '여러분은 기만당하고 있다'는 제목의 메시지를 띄웠다. 이 메시지가 들어있는 전단은 트로츠키에게 동조하는 수병들에 의해 소련 국내로 몰래 반입된 것으로 알려졌지만, 그것이 실제로 목적지에 도착했는지는 의문이다.[158] 여하튼 이 메시지의 모든 문장이 다이너마이트나 마찬가지였다. 이 메시지에서 트로츠키는 소련의 노동자와 병사들에게 이렇게 말했다. "신문들은 여러분에게 살인마 스탈린과 그의 타락한 인민위원들에게, 비서국원들에게, 게페우의 하수인들에게 이익이 되는 거짓말을 하고 있다." "여러분의 관료들은 국내에서는 피에 굶주린 모습으로 잔혹하게 굴지만 제국주의 열강들 앞에서는 비겁하게 처신하고 있다." 스탈린의 파렴치한 행위들에 대한 악평이 해외에서 소련에 대한 동조적 반응을 제거하고, 소련을 고립시키며, 소련의 적들을 강화시키고 있다는 것이었다. "소련을 위협하는 요소들의 주된 원천"은 바로 여기에 있다고 트로츠키는 지적했다. 그는 노동자와 병사들에게 이렇게 호소했다. "국유화된 산업과 집산화된 경제를 결코 세계 부르주아들에게 헌납하지 말라. 왜냐하면 아직도 바로 그것을 기반으로 더 행복한 사회를 새로이 건설할 수 있기 때문이다." "노동계급이 획득한 모든 것들, 즉 민주적 권리, 임금체계, 그리고 생산수단의 국유화와 계획경제와 같은 대단한 성취들을 결사적으로 수호하는 것이 혁명가들의 임무다." 그러나 10월혁명의 이런 성취들은 과거에 차르의 관료집단에 타격을 가했듯이 스탈린의 관료집단에 타격을 가할 수 있음을 입증해야만 인민들을 이롭게 할 수 있었다. 그러나 그렇지 못했다. 스탈린은 트로츠키의 외침이 관료집단에 대항한 봉기로 이어지는 것을 허용할 수 없었다.

트로츠키에 대한 마지막 공격이 어떻게 준비됐는지에 대해 그동안 몇몇 게페우 관료 출신들과 해외 공산주의자들이 진술해 놓은 게 있다.[159] 스페인 내전의 끝 무렵에 '트로츠키주의 청산' 작업을 전담한 게페우 요원들이 멕시코로 파견됐다. 멕시코의 스탈린주의자들은 '코요아칸에 피신해 있는 반역자'에 대한 대중의 히스테리를 부추기기 위해 최선을 다했다. 이들은 트로츠키가 스탈린에 대한 반역의 음모를 꾸미고 있을 뿐 아니라 카르데나스에 대항해 미국 석유재벌들을 돕는 일도 모의하고 있으며, 멕시코 안에서 총파업과 파시즘 쿠데타도 준비하고 있다고 매일같이 비난했다. 그럼에도 불구하고 1940년 초에 모스크바 당국은 멕시코 공산당의 지도자들이 "트로츠키주의에 대해 유화적인 태도를 취하고 있다"고 비난했고, 이런 비난을 받은 멕시코 공산당 지도자들은 좌천됐다. 반트로츠키주의 운동이 최고조에 이르렀다. 트로츠키의 적들은 그가 저지른 실수라면 그것이 아무리 작은 것이라도 활용했다. 1939년 연말에 트로츠키는 미국 의회의 이른바 '다이즈(Dies) 위원회'에 증언자로 참석해 달라는 미국 쪽 요구를 받아들였다. 이 위원회는 '비미국적 활동(un-American activities)에 대한 조사'를 벌이고 있었는데, 그 방식은 1950년대에 매카시 상원의원에 의해 이루어진 마녀사냥을 예고하는 듯했다. 다이즈 위원회의 위원장인 다이즈 상원의원은 미국 공산당은 해외 권력의 대리조직이라면서 그 활동을 정지시킬 것을 요구했다. 트로츠키는 자기와 지지자들에게 겨눠진 게페우의 살인적 활동들을 폭로하는 공개토론장으로 이 위원회를 이용하려고 했다. 이와 동시에 그는 위원회에서 공산당에 대한 탄압에 항의하고 세계전쟁을 세계혁명으로 바꿔내자고 노동자들에게 호소할 것임을 사전에 분명히 밝혔다. 그러나 트로츠키의 이런 계획은 실현되지 못했다. 그 이유는 부분적으로는 트로츠키의 지지자들, 특히 버넘이 그의 계획에 강력히 반대한 데 있지만, 다른 한편으로는 트로츠키가 하려는 증언이 어떤 종류의 것인지에 관해 예고를 받은 다이즈 위원회가 그 증언을 듣지 않으려 했다는 데 있다. 게다가 미국 정부는 트로츠키에게 입국비자를 내주지 않았다. 하지만 트로츠키가 다이즈 위원회에 출석해 증언하려고 했다는 사실 자체만으로도 스탈린주의자들로서는 그에게 "다이즈 및 석유재벌들과 함께 멕시코 인민들을 겨냥한 음모를 꾸미고 있다"는 혐의를 씌우기가 훨씬 쉬워졌다. 트로츠키가 다이즈 위원회에 출석하기에 앞서 그 조건으로 내건 것들은 중요하지 않았다. 사정을 모르는 공산주의자들 2만 명이 1940년 5월 1일에 "트로츠키를 추방하라"는 구호가 쓰인 깃발을 들고 멕시코시티 시내에서 시위를 벌였다. 트로츠키는 자기에게 씌워진 혐의를 부인했고, 다이즈 위원회와 관련된 자기의 서신들을 공개했으며, 이 문제에 대해 멕시코 정부가 조사해줄 것을 요구했다.[160] 카르데나스 대통령은 트로츠키에 대한 스탈린주의자들의 비난을 일축했다. 이런 일련의 사태로 인해 트로츠키에 호의적인 사람들은 다가오는 선거에서 카르데나스가 패한다면 트로츠키에 대한 멕시코 정부의 망명 허가가 취소될 수도 있다는 우려를 하게 됐다.

이즈음 암살자는 이미 아베니다 비에나에 있는 트로츠키의 집 대문 앞에서 있었다. 그는 1938년 여름에 4차 인터내셔널 창립대회에 참석한 미국인 트로츠키주의자 실비아 아겔로프에게 벨기에 외교관의 아들인 자크 모르나르라고 자기소개를 한 사람이었다. 그의 진짜 이름이 무엇인지는 아직도 공식적으로 확인되지 않았다. 하지만 그는 스페인 내전 기간에 게페우와 밀접한 관계를 갖고 있었던 것으로 알려진 스페인의 여성 공산주의자 카리다드 메르카데르의 아들인 라몬 메르카데르였던 게 분명해 보인다. 모르나르가 파리에서 실비아 아겔로프를 만난 것은 우연이 아니라 사전에 치밀하게 준비된 것이었다. 게페우 요원들이 얼마동안 실비아 자매 두 사람을 관찰했다. 두 자매는 모두 트로츠키주의자였다. 실비아 자매는 때때로 전령의 임무를 띠고 코요아칸을 방문했고, 거기서 트로츠키의 비서 일을 해주기도 했다. 실비아는 시드니 후크 밑에서 철학을, 컬럼비아대학에서 심리학을 공부했다. 그녀는 러시아어, 프랑스어, 스페인어를 구사할 줄 알았고, 러시아인 비서가 없어 "일이 진척되지 않는다"고 종종 불평해대던 '노대가' 트로츠키에게 각별한 도움을 주었다. 그다지 매력적이지 않은 외로운 노처녀였던 그녀는 갑자기 멋지고 용모 단정한 모르나르로부터 열렬한 구애를 받게 됐다. 그녀는 그의 구애에 넘어가 프랑스에서 그와 함께 꿈같은 몇 달을 보냈다. 때때로 그의 행동이 그녀를 당황하게 했다. 그는 정치에 대해서는 완전히 무관심한 태도를 보였다. 그것은 교육받은 '외교관 아들'로서는 매우 놀라운, 일종의 정신적 나태였다. 그는 업계와 언론계 쪽에 뭔지 알 수 없는 인맥을 갖고 있었고, 그의 가족배경도 수수께끼 같았다. 그가 그녀에게 자기에 관해 해준 이야기들은 아귀가 맞지 않고 일관성이 없었다. 게다가 그는 마치 대단한 부잣집 자손인 것처럼 연회와 유흥에 돈을 마구 썼다.[161]

1939년 2월에 실비아 아겔로프는 미국으로 돌아갔고, 9월에 모르나르가 뉴욕으로 그녀를 찾아왔다. 이때 그녀는 그의 행동과 태도에 다시 혼란을 느꼈다. 그는 한 벨기에 신문사의 특파원으로 미국에 올 것이라고 했다. 그러나 그는 프랭크 잭슨이라는 이름으로 위조된 캐나다 여권을 들고 미국에 도착했다. 그는 벨기에에서 징집당하지 않기 위해 그렇게 한 것이라고 말했다. 그는 뉴욕에는 와본 적이 없다고 했는데도 그 도시에 익숙한 사람처럼 시내를 돌아다녔다. 이런 점들을 궁금하게 여긴 그녀의 질문에 그는 그럴듯한 대답을 해주었다. 게다가 그는 플레이보이와 미식가의 면모를 결코 버리지 않았기에 정치적인 의심을 전혀 불러일으키지 않았다. 그녀가 그에게 책망할 수 있는 것이라고 해봐야 그의 경박한 태도와 허풍을 떠는 경향 정도가 고작이었다. 그녀는 그를 개선시켜보려 했고, 그가 트로츠키주의에 흥미를 갖게 하려고 노력했다. 그러나 그는 이런 그녀의 노력에는 마음을 닫아건 채 지루해하는 듯한 표정을 지었다. 그는 뉴욕에 도착한 지 얼마 되지 않아 한 무역업체의 판매대리인이나 매니저 일을 하기 위해 곧 멕시코로 갈 계획이라고 그녀에게 말했고, 그녀는 이런 그의 말에서 별달리 이상한 기미를 느끼지 못했다. 그는 그녀에게 멕시코로 같이 가자고 요구했고, 그녀는 기꺼이 동의했다.

모르나르가 멕시코에 도착한 것은 10월 중순이었고, 실비아는 다음해 1월에 멕시코로 왔다. 실비아는 멕시코에 도착하자마자 곧바로 아베니다 비에나의 성지(트로츠키의 집－옮긴이)로 달려가 예를 다 갖췄다. 이때 분명히 그녀는 미국 트로츠키주의자들의 메시지를 전달했을 것이다. 곧바로 그녀는 트로츠키를 위해 그의 비서 역할을 하기 시작했다. '잭슨'은 늘 자기의 고급 승용차로 그녀를 아베니다 비에나로 태워주었다. 그리고 그녀가 일을 마칠 때쯤에는 문밖에서 기다리고 있었다. 경호원들도 그와 친하게 되어 서로 환담을 나누는 사이가 됐다. 그러나 여러 달이 지나도록 그는 트로츠키의 집 안으로는 들어갈 생각도 하지 않는 듯했다. 그는 그동안에는 실비아의 정치적 활동에 대해 그저 미소로써 용인하는 듯한 태도만 보였지만, 어느 순간부터 그녀를 즐겁게 해주려는 듯 그곳에 있는 사람들에 대한 호기심을 좀 더 많이 나타내기 시작했다. 그는 문 앞에서 알프레드 로스메와 마르게리트 로스메 부부를 만났다. 얼마 지나지 않아 로스메 부부도 그와 친숙해졌다. 그들은 그를 겸손한 청년, 실비아의 남편으로 대했다. 그는 로스메 부부를 멕시코시티로 초대해 식사를 같이 했고, 교외로 여행안내를 해주기도 했다.

그는 일하는 것으로 알려진 시간에 사실은 게페우 요원들을 만나 지령을 받거나 당시 멕시코에 있었던 자기 어머니를 만났다. 그의 어머니가 이때 멕시코에 있었다는 사실은 여러 정보 소스에 의해 확인된다. 그가 이런 사람들을 만난다는 사실을 실비아는 조금도 눈치 채지 못했다. 그는 자기의 어머니와 아내를 만나게 해준 적도 없었다. 잠깐씩 실비아에게 경계심을 불러일으킬 만한 부주의한 실수를 저지르기도 했지만, 그런 일은 그리 흔치 않았다. 그가 그녀에게 자기의 사무실 주소를 알려준 적이 있었는데, 알고 보니 그것은 있지도 않은 허구의 주소였다. 그는 자기의 실수를 사과하고 다른 주소를 알려주었다. 파리에서도 그가 한 번 비슷한 실수를 저질렀던 일을 기억하고 있던 실비아는 걱정이 되어, 신중하고 관찰력이 뛰어난 마르게리트 로스메에게 이 문제를 조사해줄 것을 부탁했다. 그러나 그가 새로 알려준 주소는 진짜였다. 로스메 부부는 의심을 지우고 잭슨에게 조금이라도 미심쩍은 것이 있다 하더라도 그것은 정치와는 무관한 것일 거라고 생각했다. 이후 그들은 그의 '사무실'이 어떤 성격의 것인지에 대해 더 이상 파고들지 않았다. 아주 먼 훗날에야 비로소 그의 '사무실'이 그 지역의 다양한 거물 스탈린주의자들에 의해 사용되고 있었음이 밝혀졌다. 실비아는 조심성이 있었기에 결코 잭슨을 트로츠키의 집 안으로 들이지 않았다. 그녀는 트로츠키에게 자기의 남편이 위조여권으로 멕시코에 왔으니 그의 방문을 받는 것은 불필요한 말썽을 일으킬 수 있다고 말했을 정도였다. 그녀는 3월에 뉴욕에 갈 때도 자기가 없는 동안 아베니다 비에나의 집에 들어가지 않는다는 공식 약속을 잭슨으로부터 받아놓고 떠났다.

그러나 실비아가 뉴욕으로 떠난 직후에 잭슨은 트로츠키의 집에 들어가게 됐다. 때마침 로스메가 병에 걸렸고, '잭슨'은 로스메를 프랑스인이 멕시코시티에서 운영하는 병원에 데리고 가달라, 다시 데리고 와달라, 약을 사달라는 등의 부탁을 받았다. 이처럼 우연이 그의 일을 수월하게 해주는 동안에도 그는 실비아에게 편지를 보내 자기가 왜 약속을 어겼는지를 설명하고 용서를 구하는 신중한 처신을 하는 걸 잊지 않았다. 이때 이미 그는 트로츠키의 집 내부에 차츰 익숙해져갔지만, 그가 트로츠키와 직접 대면하기까지는 3개월이 더 걸렸다.

이때까지만 해도 잭슨에게 암살 임무가 맡겨진 상태는 아니었던 것으로 보인다. 그의 임무는 오히려 트로츠키의 집을 정찰해 그 집의 구조와 경호 상태를 살피고, 트로츠키의 하루 일정을 자세히 알아내며, 그 밖의 유용한 정보들을 수집하는 것이었다. 이런 정보들은 그가 아닌 다른 사람들이 대규모 무장습격을 수행할 경우에 도움이 되는 것들이었다.

그리고 이런 무장습격의 임무를 맡은 사람은 리베라의 옛 친구이자 유명한 화가이며 멕시코 광부들의 지도자이기도 한 공산주의자 다비드 알파로 시케이로스였다. 그는 지난해에 스페인에서 돌아왔다. 스페인 내전에서 여러 민병대를 지휘했던 그는 생존 부대원 수가 50명 안팎으로 줄어들 때까지 싸움을 계속했다. 그처럼 걸출하고 영웅적이기까지 했던 예술가가 트로츠키의 암살자가 되는 데 동의했거나 자발적으로 참여했다는 사실은 이 시기 스탈린주의의 도덕성에 대해 많은 이야기를 해준다. 물론 정치적인 문제를 총으로 해결하는 것이 멕시코의 국가적 습관이기는 했다. 시케이로스의 예술작품 속에도 예술과 혁명, 조직폭력이 불가분하게 섞여있다. 그의 몸속에는 과거에 중남미 연안을 휩쓸던 해적의 피가 흐르고 있었다. 그는 스페인에 있을 때 이미 게페우와 밀접한 관계를 맺었고, 그때 메르카데르의 집안과도 가까워졌다고 말하는 이들도 있다. 어쨌든 그는 스페인에서 열정적인 활동을 했음에도 공산당은 당 자금의 관리와 관련해 그가 비행을 저질렀다는 이유로 그에게 견책 조치를 내렸다. 그는 이 일로 마음에 상처를 입었고, 뭔가 위험하면서도 눈에 띄는 헌신 행위를 통해 명예회복을 할 수 있기를 바랐다. 그는 트로츠키의 집을 무장급습한다는 계획을 세웠고, 이 계획을 실행하기 위해 스페인에서 함께 싸웠던 사람들과 멕시코 광부들에게 지원을 요청했다.[162)]

아베니다 비에나의 집에 거주하는 사람들은 모두가 언제든지 그와 같은 습격을 당할 수 있다는 생각을 하면서 살고 있었다. 트로츠키는 자기를 비난하는 멕시코의 스탈린주의 신문들을 읽다가 "이런 글을 쓸 수 있는 것은 펜을 버리고 기관총을 집어들 준비가 돼있을 때뿐"이라고 말하기도 했다. 물론 미국인 트로츠키주의자들의 요구로 트로츠키의 집은 요새화된 상태였다. 습격에 대비해 문에는 단단한 빗장이 걸렸고, 전류가 흐르는 철조망, 자동경보 장치, 기관총도 설치됐으며, 경호원 수도 늘어났다. 집 밖에서는 10명의 멕시코 경찰들이 경계근무를 섰고, 집 안에서도 초병들이 밤낮으로 돌아가며 현관에서 보초를 서는 동시에 4~5명이 경호실에서 비상대기 상태를 유지했다. 경호원들 가운데 몇몇은 미국 중산계급 집안 출신으로 갓 대학을 나온 애송이들이어서 맡은 임무에 걸맞지 않았지만 어쩔 도리가 없었다. 트로츠키주의자들의 조직에 소속된 몇 안 되는 노동자들은 언제라도 직업을 버리고 가족을 떠나 코요아칸으로 달려올 태세가 돼있었다. 경호원의 역할을 맡는 사람들이 계속 바뀌었다. 경호원으로서 매일 똑같은 단조로운 일정을 몇 달간 계속하다보면 지치고 규율에서 벗어나기 쉬웠고, 그렇게 된 경호원은 교체해야 했다. 따라서 경험 없는 신참이 현관에서 보초를 서는 일이 흔하게 된 것도 불가피했다. 시케이로스가 습격해온 밤에 마침 보초를 서고 있었던 로버트 셸던 하트는 뉴욕을 떠나 4월 7일에 도착한 사람이었다. 그가 코요아칸에 온 지 6주일이 지나는 동안 그의 동료 경호원들과 트로츠키는 그가 인정 많고 헌신적이지만 남에게 속아 넘어가기 쉽고 무책임한 성격의 인물임을 알아차렸다.[163] 이때 그의 동료 경호원이었던 사람들은 그와 '잭슨', 즉 모르나르가 아주 빨리 친구가 됐으며, 둘이 같이 외출하는 모습이 자주 목격됐다고 훗날 회상했다. 이때쯤에는 트로츠키의 안전이 극소수의 우연적인 상황에도 좌우되는 상태였다. 그러나 우연적으로 보이는 상황도 사실은 우연이 아닌 경우가 많았다. 어차피 전반적인 여건이 그에게 심히 불리한 상태였고, 그를 지지하는 사람들의 세력도 극히 미약한 수준이었다.

5월 23일에 트로츠키는 하루 종일 일한 뒤 밤늦게 침대에 몸을 뉘었지만 잠이 오지 않아 수면제를 먹었다. 새벽 4시경 기관총이 덜그럭거리는 듯한 소리가 잠든 그를 깨웠다. 피곤하고 졸린 상태에서 그는, 밖에서 멕시코인들이 축포를 쏘며 그들의 떠들썩한 종교적 기념일이나 국경일을 자축하고 있는 것이라고 생각했다. "그러나 폭발음이 너무 가까이에서, 바로 방 안에서, 바로 내 곁과 머리 위에서 나는 것 같았다. 화약 냄새도 점점 더 매캐해졌다. (…) 우리는 기습을 당한 것이었다."[164] 트로츠키는 나중에 이렇게 회상했다. 나탈랴는 이미 침대에서 일어나 자기 몸으로 트로츠키를 감쌌다. 곧바로 총탄이 쏟아지는 가운데 나탈랴가 그를 침대에서 방바닥으로 밀어냈다. 침대와 벽 사이의 틈새로 떨어진 그가 나탈랴를 끌어당겼다. 방바닥에 쓰러진 나탈랴가 자기 몸으로 트로츠키를 덮었다. 두 사람은 숨을 죽인 채 미동도 하지 않고 어둠 속에 누워 있었다. 보이지 않는 습격자들이 두 사람이 있는 방의 창과 문을 통해 계속 집중사격을 가해왔다. 아마도 200발가량의 총탄이 쏟아졌을 것이고, 그 가운데

100발 정도는 침대의 위나 근처에 떨어졌다. 나중에 세어보니 그 방의 벽과 문에 생긴 총탄 구멍이 70개가 넘었다. 나탈랴가 몸을 조금 일으키자 트로츠키가 그녀를 끌어당겨 다시 몸을 낮추도록 했다. 두 사람은 다시 누운 상태에서 꼼짝도 하지 않았다. 화약 냄새가 코를 찔렀다. 두 사람은 밖에 있는 경호원들과 경찰들에게 어떤 일이 일어났는지 궁금했다.

갑자기 "할아버지!" 하고 고음으로 외치는 소리가 벽 뒤로부터, 아니 문 밖에서부터 들려왔다. 습격자들이 세바의 방으로 들어간 것이었다. 나중에 트로츠키는 이렇게 회상했다. "그 아이의 목소리가 그 밤에 대한 가장 비극적인 기억으로 남아있다." 나탈랴의 회상은 이렇다. "그 외침은 우리를 뼛속까지 오싹하게 만들었다." 그러고는 조용해졌다. 트로츠키는 "저들이 세바를 납치했다"고 숨죽여 말했다. 나탈랴는 세바의 방에서 소이탄이 터지면서 낸 불꽃을 받아 한 남자의 몸 윤곽이 실루엣으로 드러나는 것을 보았다. "철모의 둥근 선, 반짝이는 옷 단추, 길쭉한 얼굴"을 보았다는 것이다. 그 남자는 세바의 방과 트로츠키의 방 사이에 있는 계단참 사이에 멈춰 섰다. 마치 아직도 살아있는 자가 있는지를 살피는 것 같았다. 살아남은 생명이 더 이상 없는 듯한데도 그는 두 방의 침대를 향해 다시 총격을 가한 뒤 사라졌다. 이 마지막 총격 소리가 집 마당으로 울려 퍼졌고, 세바의 방에 불이 붙었다. 세바는 그 방 안에 있지 않았다. 화염 속에서 가느다란 핏자국이 마당 쪽으로 나 있는 것이 보였다. 나탈랴는 나중에 이렇게 회고했다. "그러고는 사방이 온통 고요해졌다. 견딜 수 없는 정적이었다. (…) '트로츠키를 어디에 숨겨야 안전할까?' 하고 생각했다. 극도의 긴장과 무기력감으로 온몸에서 힘이 빠져나가고 있었다. 언제라도 그들이 다시 돌아와 남편을 끝장내려 할 것 같았다." 집에 있던 사람들은 다 어디에 있을까? 로스메 부부, 비서들, 경호원들, 그리고 경찰은? 그들은 모두 사살된 걸까? "(…) 우리는 밤의 정적을 느꼈다. 그 정적은 무덤 속의 정적, 죽음 그 자체의 정적과 같았다. (…) 그러고는 갑자기 앞서 들려온 것과 같은 외침이 들려왔다. 손자 세바의 목소리였다. 그러나 이번엔 그 목소리가 마당 쪽에서 들려왔고, 아까와는 아주 다른 분위기였다. 이번엔 스타카토로 이어지는 음악의 한 구절처럼 울렸고, 용감하고 쾌활하기까지 했다. "알프레드! 마르게리트!"라고 부르는 목소리였다. 그의 목소리가 우리에게 살아 돌아온 것이었다!" 세바 역시 침대 밑으로 몸을 숨긴 덕분에 살아났다. 세바는 사격이 멈추기도 전에 할아버지와 할머니가 이미 죽은 것으로 생각하고 발가락에 상처를 입은 채로 로스메 부부를 찾아 밖으로 나갔던 것이다.[165]

몇 분 뒤에 집 안의 사람들 모두가 마당에 모였다. 죽거나 중상을 입은 사람은 아무도 없었다. 경호원들은 아직도 정신이 없는 상태여서 집 밖에 있던 경찰들이 어찌 되었는지를 확인해보지도 않았다. 트로츠키가 집 밖으로 뛰어나가 보았더니 보초들이 무장해제당한 채 결박돼있었다. 그들은 흥분한 목소리로 간략하고 빠르게 경위를 설명했다. 새벽 4시 직전에 경찰복 또는 군복을 입은 20여 명이 기습해 총 한 방도 쏘지 않고 그들을 제압했다. 그런 다음 습격자들은 소령 계급장을 단 사람의 인솔하에 문 앞으로 가서 안에 있는 로버트 셸던 하트에게 누가 보초를 서고 있느냐고 물었다. 하트는 곧바로 문을 열어주었다. 습격자들은 문 안으로 뛰어 들어가 거기 있던 다른 경호원들을 덮치고 위협을 가했다. 그러고 나서 트로츠키의 방 맞은편에 있는 나무들 뒤 여기저기에 기관총을 내려놓고 사격을 시작했다. 그들은 트로츠키와 그의 가족을 죽이려고 작정한 것이 분명했지만, 특정한 누군가를 겨냥해 조준사격을 하지는 않았다. 사격은 20분간 계속됐다. 트로츠키와 그의 아내, 손자 중 누구도 살아남지 못했을 것이라고 확신한 그들은 철수하면서 집 안에는 소이탄을, 마당에는 강력한 폭탄을 던졌지만, 폭탄은 터지지 않았다. 그들 중 몇 명은 집 마당에 세워져 있던 트로츠키의 차량 두 대 안에 남아있었다. 이 차량은 언제라도 즉각 출발할 수 있도록 늘 키가 꽂혀진 상태로 세워져 있었다. 셸던은 습격자들과 함께 사라졌다. 그를 목격했다는 경찰관들은 그가 끌려가면서 아무런 저항도 하지 않았고, 습격자들 가운데 두 명이 그의 두 팔을 꽉 붙잡고 데리고 갔다고 증언했다.

'기적적으로 살아났다'는 안도감과 환희가 가장 먼저 찾아왔다. 이어 아이러니에 대한 트로츠키의 감각이 되살아났다. 습격자들이 그토록 열심히 집중적으로 퍼부은 공격이 이렇게 비참한 실패로 끝난 이유는 단지 자기와 나탈랴, 그리고 손자가 완전한 고립무원의 무기력한 상태에서 할 수 있는 유일한 행동, 즉 침대 밑으로 들어가 숨는 행동을 했기 때문이라는 것에 트로츠키는 흥미를 느꼈다. 스탈린과 그의 앞잡이들이 본색을 드러내자마자 조롱의 대상이 되어버린 셈이었다. 습격이 누구의 이익을 위해, 누구의 사주와 누구의 명령에 따라 이루어졌는가는 의문의 여지가 없었다. 그러나 흥분과 승리감이 배인 아이러니 속에 혼란스러운 당혹감이 섞여들었다. 어떻게 습격자들이 작은 요새와 같은 이 집의 내부구조와 방어물들에 대해 그토록 잘 알고 있었을까? 심지어 그들은 자기들이 습격한 상대의 차량을 집어타고 도주할 수 있다는 사실까지 알고 있었다! 어째서 셸던은 아무런 주저 없이 그들을 집 안에 들였을까? 그는 무책임하고 잘 속아 넘어가는 사람이긴 했다. 하지만 그가 문을 열어주었다면 분명 그가 믿고, 그가 잘 아는 목소리를 가진 누군가가 문을 열어달라고 했던 게 분명하다. 그는 누구였을까? 어쩌면 습격자들이 문을 통해 들어온 게 아니라 높은 담과 전기철선을 넘어 마당으로 몰래 들어왔을 수도 있다. 그렇다면 그들은 왜 셸던을 납치해 갔을까? 분명 그들은 셸던을 죽이려 할 것이다.

멕시코 비밀경찰의 수장인 살라자르 대령이 30분도 되지 않아 도착했다. 후에 그는 이때 자기가 목격한 광경에 대해 이렇게 전했다.[166] "나는 트로츠키의 이름을 불렀다. 트로츠키가 아내와 함께 곧바로 내게 왔다. (…) 그는 잠옷 위에 실내용 가운을 걸치고 있었다. 트로츠키 부부는 나를 반갑게 맞아주었다. (…) 그런데 그들은 놀라울 정도로 침착한 태도를 유지하고 있었다. 아무 일도 일어나지 않았다고 생각하게 할 정도였다. (…) 트로츠키는 거북껍질 테의 안경 속에서 맑은 두 눈을 반짝이며 미소를 지었다. 그의 두 눈은 언제나 예리하고 날카로웠는데 이날도 그랬고, 익살맞고 빈정대는 듯하며 약간은 메피스토펠레스적인 분위기를 풍겼다. 그의 흰 머리카락은 (…) 좀 엉클어진 채 이마에서 머리 뒤쪽으로 넘겨져 있었고, 흐트러진 머리타래가 양 옆으로 흘러내린 상태였다." 트로츠키와 나탈랴는 서로 크게 대조되는 모습이었다. "트로츠키는 활력과 권위를 갖추고 있었으며 아직 젊고 단단해 보였다. 그런가 하면 나탈랴는 부드럽고 조용하며 거의 순종적인 모습이었다." 그러나 둘 다 냉정함과 완벽한 자기통제력을 잃지 않고 있었다. 비밀경찰의 수장에게는 트로츠키 부부의 이런 태도가 매우 부자연스럽게 보였다. 그의 마음속에 곧바로 의심이 일었다. "진짜로 저들을 죽이려는 시도였을까? 서로 짜고 한 짓은 아닐까?" 그는 트로츠키가 하는 말에 귀를 기울였다. 트로츠키는 생각에 잠긴 모습으로 "조금의 심적 동요도 없이" 자기가 방금 겪은 일을 모두 다 자세하게 설명했다. 살라자르는 트로츠키의 설명을 들으면서 다시 이렇게 생각했다. "그렇게 많은 수의 습격자들이 그렇게 많은 화기와 심지어는 폭탄까지 갖고 와 공격했는데 무사하다니! 너무 이상하다!" 살라자르와 트로츠키 부부는 정원으로 가보았다. 잘 다듬어진 선인장들이 늘어서 있는 정원은 언제나처럼 평화로웠다. 살라자르가 트로츠키에게 '습격의 주모자'로 의심되는 자가 있느냐고 물었다.

> 그는 "확실히 그런 자가 있소!"라고 매우 단호한 어조로 대답했다. "이리로…." 그는 자기의 오른손을 내 어깨 위에 올려놓고 천천히 나를 토끼장 앞으로 데리고 갔다. (…) 그는 걸음을 멈추더니 주위를 둘러보았다. 우리 외에 다른 사람이 없음을 확인하려는 듯했다. 그러고 나서는 마치 비밀이 더 확실하게 유지되기를 원한다는 듯이 오른손을 자기 입 근처에 올려놓은 채 낮은 목소리로, 그러나 확신에 찬 태도로 이렇게 말했다. "습격의 주모자는 요제프 스탈린이고, 그가 게페우를 통해 이런 일을 벌인 거요."

이때 살라자르는 트로츠키가 자기를 놀리는 것이라고 확신했다. "나는 멍하니 그를 바라보았다. (…) 내 마음속에 일었던 의심이 확신으로 바뀌었다. 나는 속으로 되뇌었다. '이건 짜고 한 짓이야! 조금도 의심할 나위가 없어.'" 이어 트로츠키는 인근 지역에서 '가장 두각을 나타내는' 스탈린주의자들을 조사해 보면 습격에 관한 많은 사실들을 알아낼 수 있을 거라고 말했고, 이 말을 들은 살라자르는 '이 혁명가 노인이 진실을 숨기기 위해 내 주의를 흩뜨리려고 하는군'이라고 결론 내렸다. 그는 세 명의 집안 일꾼들 가운데 한 명과 요리사, 가정부, 잡역부, 그리고 오토 쉬슬러와 찰스 코넬 등 두 명의 비서를 체포했다. 이 습격사건에 대한 조사는 갖은 소문을 불러일으켰다. 그중에는 디에고 리베라가 습격을 조직했고, 습격자들이 트로츠키의 집을 덮치면서 "알마자르여 영원하라"라고 외쳤다는 소문도 있었다. 알마자르는 수구적인 장군으로, 대통령 선거 때 카르데나스에 대항해 리베라가 밀어준 후보였다. 그런가 하면 트로츠키 또는 그의 지지자들이 스탈린주의자들에 대한 의심을 불러일으켜 그들의 신뢰도를 떨어뜨릴 심산으로 습격사건을 꾸몄다는 소문도 있었다.[167)]

기이한 것은 비밀경찰의 수장인 살라자르가 트로츠키에 대해 아무런 적개심도 갖지 않았고, 딴 마음을 품지도 않았다는 사실이다. 그러나 이 습격사건이 결국 종식시키게 되는 끔찍한 싸움의 쟁점, 인물, 분위기를 잘 모르는 멕시코의 직업군인과 경찰들에게는 사건 전체가 온통 수수께끼 같았다. 살라자르는 트로츠키의 침대 위쪽 벽에 73발의 총탄구멍이 난 것을 확인했고, 그럼에도 트로츠키가 '기적적으로 살아난 것'에 대해 대단히 신기하다고 생각했다. 그는 트로츠키와 나탈랴의 침착한 태도를 보고는, 여러 차례에 걸쳐 멕시코 내전을 경험한 베테랑인 자기로서도 그와 같은 위험에 처한 직후에 그처럼 태평한 모습을 보인 사람을 만난 적이 없다고 생각했다.[168)] 트로츠키가 한 말의 엄밀성과 유머감각은 엉뚱해 보였고, 그럴수록 더 의심이 갔다. 자기가 맡은 임무 때문에 그 후 몇 개월간 트로츠키를 자주 만난 뒤에야 그는 트로츠키의 '자연스럽지 않은' 평정심, 용기, 유머감각이 그의 천성임을 비로소 알게 됐다. 어쨌든 습격 자체가 멕시코의 기준에 비춰도 터무니없는 사건이었기에 살라자르는 그 배후에 스탈린주의자들 또는 자기도 모르는 카르데나스의 지지자들이 있을 것이라고는 믿기 어려웠다. 트로츠키의 경호원들이 보여준 행태도 그에게 불신감을 갖게 했다. 그들은 왜 그렇게 이상할 정도로 소극적이었나? 경호원들 가운데 어느 누구도 총에 맞지 않은 이유는 뭔가? 살라자르는 셸던이 습격자들과 공모했고, 그래서 자발적으로 그들과 같이 갔다고 확신했다. 트로츠키는 셸던은 그들에게 당한 것이지 결코 그들의 공모자가 아니라고 강력히 주장했다. 그러나 그는 그 증거를 댈 수 없었다.

그리고 살라자르의 추론에는 진실의 요소가 들어있었다. 그것은 트로츠키의 측근 중 누군가, 또는 적어도 트로츠키의 집에서 지내던 사람들과 가까운 관계에 있는 누군가의 협조 없이는 그런 습격이 가능하지 않다는 것이었다. 그는 과연 누구인가? 살라자르도 트로츠키도 이제는 이런 의문에 사로잡혔고, 그 대답을 찾는 데 온통 신경이 쓰였다.

습격사건이 일어난 지 일주일 뒤에 트로츠키는 자기와 리베라에게 겨눠지는 의심에 분개한 나머지 카르데나스 대통령에게 자기의 두 비서를 체포한 데 대해 항의했다.[169] 트로츠키는 많은 나라들에서 게페우가 하는 활동에 관해 자기가 알고 있는 것들, 특히 레이스와 크리비츠키로부터 들어 알고 있는 것들을 이야기하면서, 치안판사나 경찰로 하여금 멕시코 공산당의 전현직 서기장과 시케이로스, 그리고 롬바르도 톨레다노(멕시코의 사회주의자, 노동운동가 — 옮긴이)를 심문하게 할 것을 요구했다. 카르데나스 대통령은 트로츠키의 두 비서를 즉각 석방하라는 명령을 내렸다. 그러나 그 뒤에도 얼마 동안은 수사가 계속 엉뚱한 방향으로 진행됐다. 트로츠키는 자기에게 덮어씌워지는 혐의에 대해 반박하고, 동료들을 변호하고, 로버트 셸던 하트의 결백함을 증언해주느라 바쁘게 시간을 보냈다. 그는 "만약 하트가 진짜로 게페우 요원이었다면 은밀하게 칼로 나를 찔렀을 것"이라고 말했다. 굳이 그렇게 세상을 떠들썩하게 할 대규모 습격 소동을 벌일 필요가 없었을 것이라는 얘기였다. 그러던 중 경찰이 습격자들 가운데 몇 명을 붙잡았다. 그들은 시케이로스가 자기들을 지휘했다고 자백했지만, 시케이로스는 이미 잠적해버린 상태였다.[170] 마침내 6월 25일 살라자르의 부하들이 멕시코시티 외곽에 있는 한 작은 농장의 땅 속에서 셸던 하트의 시체를 파냈다. 그 농장의 임차인은 스탈린주의자인 유명 화가 두 명이었다.

습격사건이 일어난 뒤 한 달 하고도 하루가 더 지난 날 새벽 4시에 살라자르가 하트의 시체를 발견했다는 소식을 갖고 트로츠키의 집으로 찾아왔다. 경호원들이 트로츠키를 깨우지 않으려 하자 살라자르는 시체의 신원 확인을 하도록 트로츠키의 경호원 한 명만 데리고 그 농장으로 다시 갔다.

> 우리는 동틀 무렵 산기슭에 도착했다. 땅이 축축해 산을 올라가기가 어려웠다. 시체는 내가 놓아두었던 그대로 들것에 눕혀진 채 집 밖에 놓여 있었다. (…) 오토는 그것이 동지의 시체임을 곧바로 알아보았다. 우리가 산앙겔(San Angel)에 도착했을 때는 훤한 대낮이었다. 그곳의 어느 집 안마당에 시체를 내려놓았다. 조금 뒤에 도착한 누네즈 장군이 시체를 물로 씻으라고 지시했다. 그런 다음 그는 경비병력을 더 많이 배치했다. 소문이 퍼지면서 호기심을 느낀 많은 사람들이 몰려들기 시작했기 때문이다. 시체 확인을 위한 공식 절차가 끝나자 치안판사는 돌아갔다. 모여 있던 사람들 속에서 돌연 웅성거림이 일어났다. "트로츠키다! 트로츠키다!" 진짜로 트로츠키였다. 시계바늘은 10시를 가리키고 있었다. 러시아에서 망명 온 노대가는 시체 앞으로 다가갔다. 그는 슬프고 낙담한 듯이 보였다. 그는 비서의 주검을 내려다보며 잠시 그대로 서 있었다. 그의 두 눈에 눈물이 가득 고였다. 그는 위대한 혁명을 지도했고, 유혈의 전투에서 여러 차례 살아남았고, 친구와 가족들이 하나둘 사라지는 경험을 했고, 자기의 목숨뿐 아니라 아내와 손자의 목숨까지 거의 앗아갈 뻔했던 습격에도 흔들리지 않고 평정심을 유지했다. 그런 그가 조용히 울고 있었다.[171)]

하트가 했던 역할이 무엇이냐는 수수께끼는 확실하게 풀리지 않았다. 살라자르는 하트가 게페우의 요원이었지만 멕시코 경찰의 손에 넘어가 너무 많은 이야기를 털어놓을지도 모른다고 걱정하게 된 게페우가 그를 죽였다고 계속 주장했다. 이런 살라자르의 가설은 하트가 죽기 전에 그 농장 주위를 자유롭게 돌아다녔을 뿐 아니라 감시자나 호위병 없이 혼자서 산책을 나가기도 했다는 몇몇 주민들의 증언에 의해 일부 뒷받침됐다. 이에 대해 트로츠키는 하트는 자기의 비서 중 여덟 번째 희생자이며, 자기와 자기의 친구들이 하트에 대해 알고 있는 것들은 그와 같은 가설과 상반된다고 주장했다.[172] 트로츠키는 희생된 하트의 부모에게 감동적인 위로의 편지를 보냈고, '봅(Bob, 하트의 생전 애칭—옮긴이)'을 기리는 추념판을 만들어 붙였다. 바로 이 추념판의 맞은편에 머지않아 트로츠키 자신의 묘비가 세워지게 된다.

5월 24일 이후에는 아베니다 비에나의 '작은 요새'가 고요하고 숨이 막힐 듯한 어두운 운명의 안개에 휩싸였다. 매일같이, 그리고 매주 또 다른 습격이 예상되곤 했다. 트로츠키에게는 자기가 죽지 않고 살아남아 있다는 것이 운명의 장난과도 같았다. 그는 아침에 일어나면 나탈랴에게 이렇게 말하곤 했다. "보시오, 간밤에도 그들은 나를 죽이지 않았소. 당신은 아직도 안심을 못 하는 거요?" 한두 번은 시름에 잠긴 표정을 지으며 이런 말을 덧붙이기도 했다. "그래요, 나탈랴. 우리는 집행유예를 받은 거요."[173] 트로츠키는 여느 때와 마찬가지로 활력에 넘쳐 경찰에서 벌이는 조사의 모든 단계에 관여하고 법정에 출석하면서 끝없이 이어지는 중상모략에 대응하는 동시에 프랑스의 항복과 제3제국에 대한 몰로토프의 지지선언과 같은 사건들에 대해 견해를 밝혔고, 미국 내 흑인들의 지위나 혁명적 패배주의 전술 등에 관한 논쟁에도 참여했다. 6월 중순이 되기 전에 트로츠키를 방문한 미국인 친구들은 그에게 '지하'로 들어가 가명을 쓰고 지내다가 미국으로 잠입할 것을 권했다. 미국으로 오면 자기들이 안전하고 은밀한 거처를 마련해줄 수 있다는 것이었다. 트로츠키는 그들의 요청을 귀담아 듣지 않았다. 그는 살아남기 위해 숨어 다니거나 일을 은밀하게 할 수는 없다고 말했다. 자기는 적이든 동지든 공개적으로 만나야 하고, 가리지 않은 맨몸으로 칠흑 같은 밤을 견뎌내야 한다는 것이었다.[174] 대신 그는 콘크리트 벽을 더 높이 올리고, 망루를 몇 개 더 설치하고, 문에 철갑을 씌우고, 창에 철제 덧문을 달아 집의 방호태세를 강화해야 한다는, 친구들과 멕시코 당국의 권고는 받아들였다. 그는 '요새보강 작업'을 성실하게 감독하면서 공사의 내용 변경을 요구하기도 했고, 불만을 드러내는 몸짓을 하기도 했다. 그는 비서인 조지프 한센에게 이렇게 말했다. "이건 내가 처음 수감됐던 감옥을 생각하게 하는군. 문에서 나는 소리도 똑같아. (…) 이건 집이 아니야. 중세의 감옥이야." 한센은 이렇게 써놓았다. "하루는 트로츠키가 새 망루들을 쳐다보는 나를 발견했다. 그는 따뜻하고 친근한 미소를 지으며 두 눈을 반짝였다. (…) '고도로 발전된 문명일세. 우리는 아직도 저런 구조물을 만들어야 하네.' "[175] 그는 마치 사형수의 감방에서 운명의 날을 기다리는 사람 같았다. 그는 단지 남은 시간을 현명하게 사용하려고 작정한 것 같았고, 풍자와 유머 감각을 잃지 않았다.

트로츠키는 커다란 둥근 돌들이 여기저기 널려 있는 시골 진창길을 차로 달렸다. 그러는 동안 그의 마음은 내전 시기의 러시아로 돌아갔다. 그의 마지막 여행이었던 이때의 시골길 드라이브에 대해 한센은 이렇게 기록했다. "그는 여느 때보다 많은 시간을 잠으로 보냈다. 그로서는 아주 오랜만에 갖게 된 휴식의 시간이었다. 그는 내 뒤의 좌석에 앉아 편안하게 휴식을 취했고, 쿠에르나바카에서부터 거의 아메카메카에 이르기까지 계속 잠만 잤다. 아메카메카에 들어서기 직전에 보니 포포카타페틀 화산과 '잠자는 여자'로 불리는 이스탁시우아틀 화산이 흰색의 정상에 커다란 양털구름을 이고 서 있었다. (…) 우리는 하늘을 찌를 듯한 높은 담장으로 완강하게 둘러싸인 오래된 농장 옆에 차를 세웠다. 영감이 그 담장을 흥미로운 듯 살펴보면서 이렇게 말했다. '아름다운 담장이긴 한데 중세적이야, 마치 우리의 감옥처럼 말이야.'"[176] 트로츠키는 '중세적'이란 말을 자주 입에 올렸는데, 이 말로 그는 자기의 유폐상태에 대한 거부감뿐 아니라 세계가 진보와 인류애의 승리가 가능한 시대로부터 중세와 같은 잔인한 야만의 시대로 퇴보하고 있다는 생각도 표현한 것이었다. 그리고 망루, 철책, 담장으로 스스로를 둘러싸는 것을 통해 자기도 전반적인 퇴보에 어느 정도는 가담하고 있는 것이라고 생각했다. 습격사건 이후 친구들은 그에게 방탄조끼를 선물했다. 그는 이 선물에 대해 고맙다고 말하면서도 불쾌감을 감추지 못했다. 그는 그 방탄조끼를 입지 않았고, 그런 것은 망루에서 근무하는 보초나 입어야 할 것이라고 말했다. 비서들은 그에게 방문자들이 무기를 숨기고 있지 않은지를 확인하기 위한 몸수색을 할 수 있게 해달라고 요청했고, 그가 자기의 서재에서 낯선 사람을 홀로 접견하는 것을 반대했다. 한센은 이렇게 썼다. "그는 자기 친구들이 몸수색당하는 것을 참을 수 없었다. 분명 그는 어떤 경우에도 몸수색은 불필요하다고 생각했고, 심지어는 우리에게 안전에 대한 잘못된 인식을 드러내 보이기까지 했다. (…) 게페우 요원이라면 누구나 우리가 실시하는 몸수색을 무력화시킬 방법을 찾아낼 것이라고(…)." 트로츠키는 자기가 방문자와 이야기를 나누고 있는 동안에 경호원이 그 옆을 지키고 서 있으면 눈살을 찌푸리곤 했다. 그 방문자들 가운데는 "사적인 용무로 방문을 했기 때문에 경호원이 옆에 서 있는 상태에서는 자유로운 대화를 할 수

없는 사람들" 도 있었다.[177)]

암살자가 트로츠키와 처음으로 대면한 날은 습격사건이 일어난 지 며칠 뒤인 5월 28일이었다. 이 대면은 아주 자연스럽고 우연한 조우인 것처럼 이뤄졌다. 로스메 부부가 멕시코를 떠나게 되어, 베라크루즈 항구로 가서 배를 타야 했다. 이때 잭슨이 자기도 정기적인 사업여행의 하나로 베라크루즈로 가야 하는 척하면서 로스메 부부에게 자기 차로 모시겠다고 제의했다. 그는 아침 일찍 트로츠키 집에 도착해 차를 대 놓고, 자기는 로스메 부부가 떠날 준비가 다 될 때까지 정원에서 기다리겠다고 말했다. 그가 정원에 들어섰을 때 거기에 트로츠키가 있었다. 트로츠키는 토끼장에서 토끼들에게 먹이를 주고 있었다. 트로츠키는 하던 일을 잠깐 멈추고 그 방문자와 악수를 나눴다. 잭슨은 모범적으로 보일 정도로 신중하고 친근하게 처신했다. 잭슨은 노대가 트로츠키의 눈을 빤히 들여다보지 않았고, 그와 억지로 대화를 하려 하거나 그의 곁에 붙어 있으려고 하지도 않았다. 대신 그는 세바의 방으로 가서 그 아이에게 장난감 비행기를 주면서 그것이 어떻게 작동되는지를 설명했다. 트로츠키의 신호를 받아 나탈랴가 그에게 로스메 부부와 아침식사를 같이 하자고 권했다.[178)]

잭슨은 베라크루즈에 다녀온 2주 동안 아베니다 비에나에 모습을 나타내지 않았다. 그가 다시 아베니다 비에나를 찾아온 날은 6월 12일이었다. 그것도 몇 분간 머물면서 자기가 뉴욕에 다녀와야 하니 그동안 자기 차를 경호원들이 쓸 수 있도록 맡겨 놓겠다고 말했을 뿐이었다. 그는 한 달 뒤에 멕시코로 돌아왔지만, 그 후 3주일 동안은 아베니다 비에나에 나타나지 않았다. 7월 29일 트로츠키는 그와 실비아에게 차나 한 잔 같이 하자면서 초청했다. 이날 그는 한 시간 좀 넘게 아베니다 비에나에 머물렀다. 그로서는 가장 오래 그곳에 머문 기록이었다. 경호원들이 보관한 자세한 기록에 따르면 5월 28일부터 8월 20일 사이에 그가 아베니다 비에나의 문 안으로 들어온 것은 단지 열 번뿐이었고, 그가 트로츠키를 직접 본 것은 두 번인가 세 번뿐이었다. 그에게는 이것만으로도 그 집의 상태와 표적이 된 인물의 특징을 파악해 자기의 계획을 마무리하는 데 충분했다. 그는 더할 나위 없이 온순하고 겸손하며 악의가 없는 것처럼 행동했다. 그는 수수한 꽃다발이나 사탕이 든 상자를 들고 와 실비아의 선물이라며 건네주었다. 그는 자기가 경험 많은 등반가이니 트로츠키가 등산할 때 동행해줄 수도 있다고 말했다. 그러나 그는 이 제안에 집착하거나 실행에 옮기려 하지는 않았다. 경호원들과 이야기를 할 때 그는 여러 나라의 유명한 트로츠키주의자들의 이름을 잘 아는 듯이 들먹여 마치 자기가 트로츠키주의 운동과 밀접한 관련이 있는 듯한 인상을 주었다. 그런가 하면 지나가는 말로 자기가 당에 기부를 했다고도 했다. 그러나 트로츠키나 나탈랴 앞에서는 이제 막 '동조자'가 되려는 외부자에게 걸맞은, 거의 수줍어하는 듯한 태도를 취했다. 이때는 미국인 트로츠키주의자들 사이에 분열이 일어나던 시기였다. 실비아는 버넘과 샤트먼의 편을 들었다. 그럼에도 아베니다 비에나에서는 그녀의 방문을 여전히 반겼다. 그녀와 잭슨이 아베니다 비에나에 같이 와 차를 마실 때에만 열띤 논쟁이 벌어졌다. 잭슨은 이 논쟁에 뛰어들지 않으면서 단지 자기는 트로츠키의 편이며, 소련은 노동자들의 국가이니 무조건 방어돼야 한다는 데 동의한다는 입장임을 그 자리에 있는 모든 사람이 다 알게 했다. 그는 따로 비서들과 같이 있는 자리에서는 말을 좀 더 많이 했고, 자기가 실비아와 나눈 열띤 논쟁에 대한 이야기를 그들에게 해주었다. 하지만 그는 자기의 신념을 과도하게 고집하는 자로 비치지 않도록 조심했다. 트로츠키도 지지자들에게 그들 속에 잠입해 있는 밀정들이 과도한 신념을 열정적으로 주장하면서 분쟁을 더욱 악화시키려고 할 것이라고 경고하지 않았던가. 어쨌든 잭슨'은 그런 종류의 행동은 전혀 하지 않았다. 그는 단지 실비아가 올바른 관점으로 돌아가도록 하기 위해 조심스럽게 노력하는 듯한 태도를 보였을 뿐이다.

그는 나중에 투옥돼 있는 20년 동안 자기의 실제 신원이나 인적 관계를 캐내려고 한 조사관들, 판사들, 의사들, 심리분석가들의 노력을 모두 좌절시켰을 정도로 가장의 대가였다. 하지만 그런 그도 자기에게 주어진 시간이 다 되어가자 안절부절못했다. 뉴욕에서 돌아왔을 때 그는 뭔가 생각에 잠긴 분위기였다. 아마도 뉴욕에서 그는 누군가로부터 자기가 해야 할 임무에 관해 마지막 설명을 들었을 것이다. 평소에 활기차고 쾌활하던 그가 초조하고 침울하게 변했다. 안색이 창백하고 얼굴에 경련이 일어나는가 하면 두 손이 떨리기도 했다. 그는 매일같이 침대 속에서 시간을 보내면서 자기 안에 갇혀 있었고, 실비아에게 말을 걸지도 않았다. 그러다가 갑자기 쾌활해지고 수다스러워져 트로츠키의 비서들을 놀라게 했다. 그는 등산가로서의 무용담을 자랑스럽게 늘어놓았고, "등산 도중에 커다란 얼음덩어리를 피켈로 단번에 쪼갰다"면서 자기의 육체적 힘을 과시하기도 했다. 언젠가 한 번은 식사시간에 그가 닭 요리를 탁월한 칼질로 썰어 나눠줌으로써 '외과의사와 같은 칼솜씨'를 갖고 있음을 보여주었다. 이 '시연'을 목격한 사람들이 몇 달 뒤에 증언한 바에 따르면, 이때 그는 클레멘트를 잘 안다는 말도 했다. 클레멘트는 바로 이때 그가 보여준 외과의사와 같은 칼솜씨를 가진 누군가에 의해 사지가 절단된 상태의 시체로 발견된 사람이었다. 잭슨은 자기의 사업상 상관이 지닌 천재적인 금융의 재능에 관해 이야기하고는 4차 인터내셔널의 재정에 도움이 되기 위해 자기가 그와 함께 주식거래를 좀 해주겠다고 제안하기도 했다. 하루는 그가 트로츠키 및 한센과 함께 아베니다 비에나의 '요새화 작업'을 지켜보다가 "게페우가 다음번에 공격해올 때는 아주 다른 방법을 사용할 것"이기 때문에 그런 작업을 해봐야 소용이 없다고 말하기도 했다. 그렇다면 어떻게 해야 다음번 공격을 막을 수 있겠느냐고 묻자 그는 어깨를 으쓱할 뿐이었다.

아베니다 비에나의 집에서 트로츠키와 같이 살던 사람들은 불과 서너 달 뒤에 잭슨과 관련된 이런 일들을 회상하면서 그게 얼마나 불길한 전조였는지를 깨닫게 된다. 그러나 이때만 해도 그들은 이런 일들에서 잭슨의 별난 기질을 내비치는 징조 이상의 것을 보지 못했다. 다만 잭슨에 대해 아는 게 거의 없는 트로츠키만이 불안감을 느꼈다. 그러나 잭슨이 뉴욕에 가 있을 때 그곳 트로츠키주의자들의 본부를 방문하지도 않았다고 누군가가 화를 내며 말했을 때는 트로츠키도 내키지 않아 하면서도 잭슨을 변호해주었다. 트로츠키는 "괜찮아, 괜찮아, 실비아의 남편이 비록 경박한 친구이고 동지로서는 그다지 쓸모가 없을 수도 있지만, 앞으로는 나아지겠지. 정당을 결성하려면 모든 종류의 사람들이 더 필요한 걸세"라고 답변했다. 그러나 자기의 '상관', 그가 지닌 '금융적 재능', '운동'을 위해 자기가 해보겠다는 증권투자에 관한 잭슨의 발언은 트로츠키를 격분시켰다. 나탈랴는 이렇게 말했다. "그런 대화는 나를 불쾌하게 했다. 다비도비치도 그의 그런 발언에 충격을 받았고, '도대체 그 돈 많은 상관이란 자가 누구야?'라고 내게 말했다." 트로츠키는 계속해서 이렇게 말했다. "알아내야 하오. 어쨌든 그런 사람이라면 부당이득을 노리는 파시스트 유형의 인물일 거요. 더 이상 실비아의 남편을 믿지 않는 게 좋겠소." 트로츠키는 잭슨처럼 자기 나름의 '금융적 계획'을 갖고 있던 몰리니에와 결별한 바 있었지만, 그의 정치적 진정성에 대해서는 조금도 의심한 적이 없었고 이제라도 그의 무례함을 얼마든지 용서할 준비가 돼있었다. 그러나 잭슨에게서는 뭔가 사악함을 느꼈고, 그가 파시스트들과 관계를 맺고 있는 게 아니냐는 생각까지 했다. 이런 흐릿한 직관에도 불구하고 트로츠키는 그에 대한 불신의 근거를 입증하지 못하는 한 그를 불쾌하게 할 행동은 하지 않으려 했다.[179)]

잭슨은 8월 17일에 돌아와서는, 자기가 독일에 의해 점령된 프랑스의 상황도 일부 언급해가면서 버넘과 샤트먼을 비판하는 글을 하나 썼는데 한 번 살펴보고 수정해야 할 것이 있는지 조언해달라고 트로츠키에게 부탁했다. 이는 자기에 의해 희생당할 트로츠키의 민감한 정서, 즉 동지와 지지자들을 가르치고 개선시키고자 하는 충동을 교묘하게 건드리는 것이었다. 트로츠키는 마지못해, 그러나 의무감에서 잭슨을 서재로 데리고 들어갔다. 서재에서 트로츠키는 잭슨과 단 둘이서 그가 쓴 글에 대해 토론했다. 그러나 불과 10분 만에 트로츠키는 뒤숭숭하고 걱정스러운 마음으로 서재에서 나왔다. 갑자기 의심이 몰려들었다. 트로츠키는 나탈랴에게 더 이상 잭슨과 같이 있고 싶지 않다고 말했다. 트로츠키를 화나게 한 것은 서투르고 혼란스러운 상투적 표현들도 일부 포함된 잭슨의 글이 아니라 그의 태도였다. 트로츠키가 책상 앞에 앉아 글을 들여다보고 있는 동안 잭슨은 책상 위에 걸터앉아 트로츠키의 머리 위에서 내려다보는 자세를 계속 유지했다! 게다가 그는 머리에 쓴 모자도 벗지 않았고, 두 팔로 외투도 꽉 붙잡고 있었다! 트로츠키는 그 방문자의 무례함에 화가 났을 뿐 아니라 그런 그의 태도에서 또다시 사기성을 느꼈다. 그가 협잡꾼이라는 느낌이 들었던 것이다. 트로츠키는 나탈랴에게 잭슨이 하는 행동을 보면 그는 "전혀 프랑스 사람답지 않다"고 말했다. 그러나 그는 벨기에에서 태어나 프랑스에서 성장한 사람으로 행세하고 있었다. 그는 도대체 어떤 사람인가? 이런 의문에 대한 답을 찾아야 한다고 트로츠키는 말했다. 나탈랴는 소스라치게 놀랐다. 나탈랴가 보기에 트로츠키는 잭슨에 관해 뭔가 새로운 것을 알게 됐지만 아직은 그것으로부터 어떤 결론에 도달하지 못했거나 서둘러 결론을 낼 생각은 없는 듯했다. 그렇지만 트로츠키가 한 말에 함축된 의미는 놀라운 것이었다. 만약 잭슨이 자기의 국적을 속이고 있는 것이라면 왜 그러는 것인가? 그는 다른 것들에 대해서도 속이고 있는 것이 아닐까? 그렇다면 무엇을 속이고 있는 것인가? 이런 의문들이 트로츠키의 마음속에 계속 머물러 있었던 것이 틀림없다. 왜냐하면 이틀 뒤에 그는 자기 말고 다른 사람도 비슷한 의심을 품는가를 확인하려는 듯이 자기가 관찰한 것들을 다시 한센에게 말했다. 그러나 암살자는 희생양의 직관과 자기보존 본능보다 더 빨리 움직였다. 트로츠키가 한센에게 자기가 품게 된 모호한 의심을 털어놓은 것은 그의 생명을 앗아가기 위한 시도가 이루어지기 하루 전이었다.[180)]

8월 17일의 면담은 잭슨에게는 최종 예행연습이었다. 그는 트로츠키를 꼬여 서재에서 둘만의 면담을 허용하게 했고, 트로츠키로 하여금 원고를 읽도록 했으며, 자기 몸의 위치를 트로츠키의 머리 위에 두었다. 그는 두 팔로 꽉 붙잡고 있었던 외투 속에 피켈, 칼, 권총을 숨긴 채 최종 예행연습을 했다. 그의 호주머니 속에는 자기가 트로츠키를 살해하기로 한 동기를 설명하기 위한 편지가 들어 있었는지도 모른다. 이 편지는 그전에 이미 깨끗하게 타자되어 있었고, 진짜로 살해 시도를 하는 날에 그 말의 날짜를 써넣고 서명을 하기만 하면 되는 상태였다. 이 편지에서 그는 트로츠키를 위해서라면 "마지막 피 한 방울"까지도 흘릴 준비가 돼 있는 "헌신적인 지지자"로서 4차 인터내셔널의 지시를 받고 멕시코로 왔으며,

트로츠키를 만나는 것을 "꿈의 실현"으로 여기는 사람으로 자기를 설명했다. 그러나 멕시코에 와서 보니 "거대한 환멸"이 자기를 기다리고 있었다는 것이다. 자기가 노동계급의 지도자라고 상상했던 사람이 반혁명 범죄자의 본모습을 드러내면서 자기에게 "러시아로 가서 여러 인물들, 특히 1차적으로 스탈린에 대한 일련의 암살시도를 조직하라"고 재촉했다는 것이다. 그는 트로츠키가 "자본주의 국가의 특정 지도자들"과 소련 및 멕시코를 겨냥한 공모를 하는 것을 알게 됐다면서 "어느 한 큰 나라의 영사가 트로츠키를 자주 방문했다"고 주장하기도 했다.[181] 이 편지의 목적은 트로츠키의 죽음조차도 스탈린주의자들이 수장하는 트로츠키의 혐의들을 모두 입증하는 것으로 만들려는 것이었다. 단 하나의 예외는 스탈린과 히틀러 사이의 조약 체결을 고려한 듯 트로츠키가 히틀러와 공모했다는 혐의가 미국 제국주의를 위해 봉사했다는 암시로 바뀐 점이었다. 환멸을 느낀 트로츠키의 지지자가 스탈린주의자들이 주장하는 트로츠키의 혐의들을 확인한다는 술수도 새로운 것은 아니었다. 클레멘트를 살해한 자도 '환멸을 느낀 트로츠키주의자의 폭로'를 내용으로 하는 글을 클레멘트의 이름으로 써놓았다. 잭슨의 사실 날조가 더욱 비열하게 보이는 대목은 트로츠키가 자기에게 아내를 버리라는 요구까지 했다는 부분이다. 잭슨은 트로츠키가 샤트먼의 그룹에 가담한 아내 실비아를 버리라고 요구했지만, 자기는 그녀 없이는 살아갈 수 없었고 러시아로 돌아갈 수도 없었다고 말했다. 이런 사실 날조는 조잡한 것이었지만, 속아 넘어가기 쉬운 사람들에게는 그렇게 조잡하게 보이기만 한 것은 아니었다. 게다가 프랑스의 항복과 브리튼의 전투(1940년 가을에 영국 공군이 독일 공군을 영국 상공에서 격추시킨 사건으로 인해 벌어진 일련의 전투—옮긴이) 사이 기간, 즉 수많은 사람들의 생존과 수많은 나라들의 토대가 온통 뒤흔들리던 기간에 과연 누가 잭슨의 편지 내용을 꼼꼼하게 살펴볼 시간여유와 인내심을 가질 수 있었겠는가?

이런 상황에서 운명의 마지막 날인 8월 20일 화요일이 왔다. 훗날 이날을 회상한 사람은 누구나 운명의 시간까지 아베니다 비에나의 집을 감싸고 있던 예외적인 평온함과 정적을 이야기했다. 태양은 밝게 빛나고 있었다. 노대가는 차분함, 자신감, 에너지를 뿜어내고 있었다. 그는 아침 7시에 일어나자마자 아내를 바라보았다. 그러면서 그는 "여보, 간밤에도 그들이 우리를 죽이지 않았소"하는 오싹한, 그러나 습관화된 농담을 하지 않고, 대신 몸 상태가 좋음을 내비치는 말을 건넸다. 그는 아내에게 "지금처럼 기분이 좋기도 오랜만이군"이라고 말한 뒤 수면제를 먹은 게 좋은 효과를 내준 것 같다고 덧붙였다. 이에 나탈랴는 "당신에게 좋은 효과를 내준 것은 수면제가 아니라 깊은 잠과 완전한 휴식이에요"라고 대답했다. "그렇소. 그건 물론이요." 트로츠키도 만족스러운 듯 화답했다. 그는 '정말로 좋은 날의 하루일과'를 내다보면서 재빨리 옷을 입고, 토끼들에게 먹이를 주기 위해 마당으로 나갔다. 며칠간 그는 토끼들을 돌보는 일을 좀 게을리 했다. 의사의 지시에 따라 일요일에는 침대에 누워만 있기도 했던 것이다. 그래서 그는 이날 꼬박 두 시간 동안 토끼들을 돌보았다. 아침식사를 할 때 그는 나탈랴에게 자기의 건강과 기분이 아주 좋다고 다시 한 번 말했다. 그는 5월에 습격당한 사건 이후 경찰의 조사에 응하고 정치현안에 관한 논쟁에 참여하는 데 시간을 들이다 보니 제쳐둘 수밖에 없었던 집필작업, 즉 그가 "나의 가엾은 책"이라고 부르곤 했던 스탈린 전기를 집필하는 작업을 다시 시작하고 싶어 했다. 그는 5월 습격 사건에 대해 자기가 말해야 할 것들을 이미 다 말했다. 이 사건에 대한 수

사는 올바른 방향으로 진행되고 있었고, 그는 이 사건과 관련해서는 더 이상 신경을 쓰고 싶지 않았다. 그러나 스탈린 전기 집필을 재개하기 전에 먼저 써야 할 '중요한 글'이 하나 있었다. 그는 대규모 부르주아 언론이 아닌 소규모 트로츠키주의 간행물들에 보내기 위해 그 '중요한 글'을 쓰고 싶었다. 그래서 그는 다소 흥분된 어조로 그 글에 관해 말하면서 서재로 들어갔다.

그는 아침에 온 전보를 들여다보고 만족스러워했다. 그동안 모은 자료들이 안전한 보관처를 찾아갔기 때문이다. 전보는 하버드대학 도서관이 그 자료들을 무사히 잘 수령했음을 알리는 내용이었다. 전보를 받기 전까지 그는 약간 불안해했었다. 게페우나 미국의 연방수사국(FBI)에서 도중에 문제를 일으킬 수 있었기 때문이다. 이삼일 전에 트로츠키는 미국인 동지로 변호사인 앨버트 골드먼에게 만약 FBI가 자료들을 들춰보려고 하면 법적 조치를 취해달라고 말해 놓았다. 트로츠키는 골드먼에게 보낸 편지에 "숨길 것은 전혀 없지만, 내 편지들에는 제3자의 이름이 많이 언급돼 있다"고 썼다. 트로츠키는 자료들 가운데 일부는 1980년까지는 공개하지 말고 보관만 한다는 조건 아래 자료들을 하버드대학 도서관에 맡기기로 했다.[182] 그런데 그 자료들이 하버드대학 도서관에 안전하게 보관되기까지 중간에 특별히 심각한 문제없이 잘 해결된 것이었다. 이어 트로츠키는 영어로 짧고 친절하고 유쾌한 편지를 몇 통 썼다. 미국의 트로츠키주의자들에게 보내는 편지였다.[183] 이 편지에서 트로츠키는 코요아칸에서 자기의 비서 일을 얼마간 하다가 미국으로 돌아간 한 동지가 건강하게 잘 지내는지를 묻고는, 그 동지와 그의 아내가 자기에게 미국 속어 사전을 보내준 데 대해 감사의 뜻을 전하면서 식사시간 때 듣게 되는 경호원들의 대화를 이해하기 위해 그 사전으로 미국의 속어를 열심히 공부하겠노라고 약속했다. 트로츠키는 또한 파업활동으로 투옥됐다가 곧 풀려나게 된 두 명의 동지에게 안부를 묻는 편지를 썼다. 그런 다음 자신의 마지막이 될 글을 속기사용 구술녹음기에 녹음하기 시작했다.[184)]

이 글의 문맥이 어수선하고 엉성하다는 사실은 당시 트로츠키의 정신이 복잡했고, 그가 그전에 갖고 있던 생각을 수정하거나 어떤 새로운 사고를 하려고 애쓰고 있었음을 보여준다. 아주 최근까지도 그는 1차대전 때 레닌이 그랬던 것처럼 '혁명적 패배주의'를 내세웠다. 노동자들의 과제는 민주주의 국가이든 파시즘 국가이든 자기 나라라고 해서 제국주의 국가를 옹호하는 것이 아니라 전쟁을 혁명으로 전환시키는 것이라고 그는 말했다. 그러나 이제는 나치가 사실상 유럽 전역을 정복한 뒤인데다가 영국과 미국의 노동계급이 전투적인 반파시즘 행동에 나서고 있는 상황이었다. 트로츠키는 이런 상황에서 옛 공식을 그대로 반복하는 것은 아무런 소용이 없다고 느끼고 있었다. 그는 이렇게 말했다. "우리가 여러 차례 말해 왔듯이 지금의 전쟁은 지난번 전쟁의 연속이다. 그러나 연속이란 단순한 반복이 아니라 발전, 심화, 격화다." 이와 비슷하게 1914~1917년 레닌주의 정책의 연속도 단순한 반복이 아닌 '발전, 심화'여야 했다. 레닌의 혁명적 패배주의는 볼셰비키 당이 부르주아적 애국주의의 맹목적 절대화에 대한 면역력을 갖추도록 했다. 그러나 널리 퍼진 믿음과는 반대로 "그것(혁명적 패배주의 — 옮긴이)은 외국인 정복자를 받아들이길 원치 않는 대중을 설득할 수 없었다." 볼셰비키들은 "부르주아적 고국을 방어하기를 거부"하는 것에 의해서 만큼이나 그들의 혁명적인 선동과 행동이라는 적극적인 측면에 의해서 대중의 지지를 얻었던 것이다. 이번 전쟁에서 마르크스주의자들과 레닌주의자들은 바로 이 점을 깨달아야 한다고 트로츠키는 결론을 내렸다. 이리하여 그는 미국의 트로츠키주의자들 가운데 징병에 반대하는 샤트먼의 그룹과 평화주의자들에 대해 반박하고 나섰다. 며칠 전에 쓴 편지에서 트로츠키는 미국의 노동자들 가운데 70퍼센트가 징병에 찬성함을 보여주는 한 대중 여론조사 결과에 대해 논평했다. "우리는 70퍼센트의 노동자들과 같은 입장에 선다. 노동자인 당신들은 (…) 민주주의를 방어하기를 원한다. 우리는 (…) 거기서 더 나아가기를 원한다. 그렇지만 우리는 민주주의 방어가 페탱(1940년 6월 파리가 함락되자 총리가 되어 독일에 항복하고 휴전협정을 체결한 데 이어 독일에 협력하는 비시정부를 세운 프랑스의 군인이자 정치인—옮긴이) 식의 배반이 아닌 진정한 방어여야 한다는 조건만 충족된다면 당신들과 함께 민주주의를 방어하는 일에 나설 준비가 돼있다." 구술된 이 글에서 트로츠키의 사고는, 한편으로는 굴욕을 당한데다 '노쇠하고 배신적인 보나파르티즘'에 짓눌린 프랑스의 상황과 다른 한편으로는 이런 프랑스와 크게 다른 미국의 상황을 넘나들었다. 그러나 새로이 형성된 이런 생각들을 발전시킬 시간이 그에게 주어지지 않았다. 새로운 방향의 모색을 한 그의 마지막 노력은 속기사용 구술녹음기에 녹음된 그의 음성 속에 유일한 흔적을 남겼을 뿐이다.

1시에 트로츠키의 멕시코 변호사인 리고가 찾아왔다. 트로츠키가 멕시코 노조를 모욕했다고 비난하는 글이 톨레다노(멕시코의 사회주의자이자 노동운동가—옮긴이)의 신문인 〈엘 포풀라르〉에 실렸으니 곧바로 이 글에 대한 반박을 하는 게 좋겠다고 조언하기 위해서였다. 트로츠키는 그렇게 할 경우 멕시코 스탈린주의자들과의 신랄한 논쟁에 말려들 가능성이 있다고 우려하면서도 〈엘 포풀라르〉의 글을 곧바로 반박해야 한다는 데 동의했다. 그래서 그는 혁명적 패배주의에 관한 글을 쓰는 일을 이삼일 연기하기로 했다. 그는 나탈랴에게 "내가 공세를 취해서 그들에게 험한 말을 해댈 거요"라고 말했다. 그는 단호하면서도 홍겨운 태도였다. 그는 나탈랴에게 다시 한 번 자기의 건강이 대단히 좋다고 장담했다. 그는 잠깐 낮잠을 잔 뒤 다시 책상 앞에 앉아 〈엘 포풀라르〉의 글에서 몇 구절을 옮겨 적었다. 이때 "그는 좋아 보였고, 차분한 모습이었다"고 나탈랴는 나중에 전했다. 조금 전에 나탈랴는 그가 타는 듯한 태양 아래 모자도 쓰지 않고 마당에 서 있는 것을 보고는 그의 머리를 보호해야 한다는 생각에서 서둘러 흰색 모자를 갖다 주었다. 이제 그녀는 가끔씩 트로츠키의 서재로 들어가는 문을 살짝 열고 들여다보곤 했다. 그가 일하는 것을 방해하지 않기 위해서였다. 그녀는 트로츠키가 서재에서 "손에 펜을 들고 책상 위로 몸을 굽힌, 평소 그의 자세대로" 앉아서 일하고 있는 모습을 보았다. 이 현대판 니오베(그리스신화에 나오는 인물로 자식 자랑을 하다가 14명의 자식들이 모두 살해당하고 자신도 제우스에 의해 돌이 된다—옮긴이)는 문틈으로 자기에게 유일하게 남은 사랑하는 사람에게 마지막으로 다정한 시선을 던졌다.

오후 5시가 지나자마자 트로츠키는 토끼장으로 다시 가서 토끼들에게 먹이를 주었다. 나탈랴가 발코니로 나가 내려다보니, 트로츠키 바로 옆에 '익숙하지 않은 모습의 사람'이 서 있었다. 그 사람은 트로츠키에게 다가서더니 모자를 벗어 들었다. 그제야 나탈랴는 그가 잭슨임을 알아차렸다. "'저 사람이 또 왔군' 하는 생각이 머릿속을 스쳤고, '저 사람은 왜 이렇게 자주 오기 시작한 거지?' 하는 의문이 들었다"고 나중에 나탈랴는 말했다. 그의 외모가 나탈랴의 불길한 예감을 더욱 증폭시켰다. 그의 얼굴은 녹회색이었고, 거동은 초조한 기색을 드러내며 돌발적인 움직임을 보였으며, 외투를 자기 몸에 꽉 조이도록 밀착시키고 있었다. 나탈랴는 잭슨이 겨울에도 모자를 쓰지 않고 외투도 입지 않는다고 자랑했던 것이 갑자기 기억났다. 그래서 그녀는 잭슨에게 오늘처럼 화창한 날에 왜 모자를 쓰고 외투를 입었느냐고 물었다. 잭슨은 "비가 올지도 모른다"고 대답하고는 "엄청나게 목이 마르다"면서 물을 한 잔 달라고 했다. 나탈랴가 물 대신 차를 마시는 게 어떻겠느냐고 하자 그는 손가락으로 자기 목을 가리키며 "아니, 아닙니다. 식사를 너무 늦게 해서 먹은 음식이 아직도 여기까지 가득 차 있는 것 같아요. 숨이 막힐 지경입니다"라고 말했다. 그는 정신이 오락가락하는 듯했다. 그는 나탈랴가 한 말이 무슨 뜻인지 알아듣지 못한 게 분명했다. 나탈랴는 그에게 글을 고쳐 썼느냐고 물었고, 그는 한 손으로 외투를 꽉 붙잡은 상태에서 다른 한 손으로 나탈랴에게 깨끗하게 타자된 몇 장의 원고를 꺼내어 보여주었다. 나탈랴는 타자된 원고를 가져왔으니 남편이 읽어내기 어려운 그의 자필 원고를 읽느라 눈을 긴장시킬 필요가 없게 되어 다행이라고 생각하면서 잭슨과 함께 토끼장 쪽으로 갔다. 두 사람이 다가오자 트로츠키는 나탈랴에게 잭슨과 실비아는 내일 같이 뉴욕으로 떠날 예정이고, 지금 잭슨은 실비아가 이곳으로 오기를 기다리고 있다면서 환송의 저녁식사를 준비해야 할 것 같다고 말했다. 이에 나탈랴는 방금 차를 주려 했는데 잭슨이 속이 좋지 않다며 거절했다고 대답했다. 그러자 트로츠키는 잭슨을 주의 깊게 바라보고는 가볍게 책망하는 어조로 "자네 건강이 다시 나빠졌나 보군. 몸이 아픈 것처럼 보이네"라고 말했다.[185] 잠시 어색한 침묵이 흘렀다. 이상한 분위기의 잭슨은 타이핑된 원고를 손에 들고 기다리는 자세로 서 있었다. 그에게 글을 다시 작성하라고 충고했던 트로츠키는 그가 새로 노력해 써온 글을 봐줘야 한다는 의무감을 느꼈다.

나탈랴는 나중에 이렇게 말했다. "레프 다비도비치는 토끼들 곁을 떠나기 싫어했고, 잭슨이 새로 써온 글에는 전혀 흥미를 느끼지 않았다. 그러나 그는 스스로에 대해 통제력을 발휘하면서 '자 그럼, 자네 글을 같이 검토해볼까?'라고 말했다. 그는 서두르지 않는 태도로 토끼장 문을 닫아걸고 작업용 장갑을 벗었다. (…) 그는 입고 있는 푸른색 재킷을 툭툭 털어내고는 나와 잭슨과 함께 집으로 천천히, 그리고 조용히 걸어갔다. 서재로 들어가는 문 앞까지 나는 두 사람과 같이 갔다. 두 사람이 서재로 들어가 문을 닫은 뒤에 나는 옆방으로 들어갔다." 서재로 들어갈 때 트로츠키의 머릿속에 '이 친구가 나를 죽일 수도 있다'는 생각이 스쳤다고 한다. 이는 그가 몇 분 뒤 서재 바닥에 쓰러져 피를 흘리면서 나탈랴에게 한 말이다. 그러나 이런 종류의 생각은 전에도 낯선 사람이 혼자 또는 여럿이 함께 그를 방문했을 때 종종 그의 머릿속을 스쳤고, 그때마다 그는 곧 그런 생각을 버렸다. 그는 자기의 삶이 두려움이나 인간혐오에 의해 짓눌리게 하지 못하게 하겠다는 결의를 갖고 있었다. 그래서 이때도 자기보호 본능의 희미한 마지막 반사작용마저 억눌렀다. 그는 책상 앞으로 가서 의자에 앉은 다음 타자된 잭슨의 원고를 보려고 고개를 숙였다.

트로츠키가 원고의 첫 페이지를 거의 다 읽었을 때 그의 머리에 엄청난 타격이 가해졌다. 잭슨은 뒤에 이렇게 증언했다. "나는 비올 때 입는 외투를 (…) 가구 위에 올려놓고 피켈을 꺼내 들었다. 그러고는 두 눈을 감고 온힘을 다해 그의 머리에 피켈을 내리쳤다." 그는 이 강력한 타격으로 인해 희생자가 신음소리 한번 내지 못하고 죽을 것이며, 그 시체가 발견되기 전에 자기는 서재를 빠져나가 사라질 수 있으리라고 기대했다. 그러나 희생자는 "끔찍하고 날카로운 고함소리"를 냈다. 암살자는 뒤에 "그 고함소리를 평생 들으며 살아가게 됐다"고 진술했다.[186] 두개골이 부수어지고 얼굴에 피가 흐르는 상태에서 트로츠키가 벌떡 일어나 책, 잉크

병, 심지어는 속기사용 구술녹음기까지 손으로 잡을 수 있는 것이면 무엇이든 집어 올려 살인자에게 던지고는 몸으로 그를 덮쳤다. 이 모든 상황이 벌어지는 데는 단지 3~4분이 걸렸을 뿐이다. 트로츠키의 날카롭고 오싹한 고함소리에 나탈랴와 경호원들이 깜짝 놀라 벌떡 일어섰다. 그러나 그 고함소리가 어디서 들려오는 것인지를 알아차리고 그 방향으로 달려가기까지는 조금 시간이 걸렸다. 그러는 동안 서재 안에서는 격렬한 투쟁이 벌어지고 있었다. 그것은 트로츠키의 마지막 투쟁이었다. 그는 호랑이처럼 싸웠다. 트로츠키는 살인자를 붙잡고 그의 손을 물어뜯으면서 피켈을 빼앗으려 했다. 살인자는 너무 당황한 나머지 트로츠키에게 또 한 번의 타격을 가하지 못했고, 권총이나 칼을 사용하지도 못했다. 트로츠키는 더 이상 서서 버틸 수 없는 상태에 이르렀다. 그는 적의 발 앞에 무너지지 않기 위해 자기의 모든 의지를 다 짜내면서 천천히 휘청거리며 뒷걸음질했다. 서재에 뛰어 들어온 나탈랴는 그가 식당과 발코니 사이에 있는 문간에서 문틀에 몸을 기대고 서 있는 것을 보았다. 그의 얼굴은 피투성이였고, 피 속에서 안경을 쓰지 않은 그의 두 눈이 어느 때보다도 예리하게 빛을 내며 그녀를 건너보고 있었으며, 그의 두 팔은 흐느적거리며 흔들리고 있었다. 나중에 나탈랴는 이렇게 회상했다. "나는 '무슨 일이 일어난 거예요'라고 거듭 물었다. 나는 두 팔로 그를 껴안았다. (…) 그는 바로 대답하지 않았다. 잠시 나는 천장에서 뭔가가 그에게 떨어진 게 아닌가 하고 생각했다. 마침 서재가 수선 중이었기 때문이다. 그리고 나는 그가 왜 그곳에 서 있는지 의아했다. 분노, 비통함, 슬픔이 섞이지 않은 목소리로 조용히 그가 말했다. '잭슨이오.' 이 말을 할 때 그는 마치 '예상했던 일이 마침내 벌어졌소'라고 말하고 싶은 듯했다. 우리는 (그를 서재에서 데리고 나와) 몇 가지 필요한 조치를 취했고, 나의 부축을 받으며 그가 천천히 바닥의 요 위에 드러누웠다."[187]

"'나타샤, 당신을 사랑하오.' 그가 워낙 돌발적으로, 진지하게, 거의 엄숙하다고 할 수 있는 목소리로 이렇게 말했기에, 이미 내적 충격으로 마음이 약해진 나는 그의 몸 위로 쓰러지다시피 했다." 그리고 그녀는 트로츠키에게 이렇게 속삭였다. "그 누구도, 그 누구도, 그 누구도 몸수색을 받지 않고는 당신을 만나지 못하게 할 거예요." 그녀는 두개골이 부수어진 그의 머리 밑으로 조심스럽게 쿠션을 받쳤고, 그의 머리에 난 상처에 얼음덩어리를 갖다 댔으며, 그의 이마와 양 볼에서 피를 닦아냈다. 트로츠키는 "세바는 이번 일을 전혀 알지 못하게 해야 하오"라고 말했다. 그는 말하는 걸 힘들어했다. 그의 말은 점점 더 흐릿해졌으나, 그는 그런 사실을 알지 못하는 듯했다. 그는 서재의 문 쪽으로 시선을 돌리며 이렇게 말했다. "당신도 이제 알겠지만 저 안에서 … 그가 무엇을 하기를 원하는지를 나는 알아차렸소. … 그는 … 나를 … 또다시 … 그렇지만 나는 그가 하려는 짓을 하지 못하게 했소." 그는 '조용히, 부드럽게, 끊어지곤 하는 목소리로' 말을 이었다. 그러고는 마치 만족감을 과시하는 듯한 어조로 끝말을 다시 한 번 반복했다. "그러나 나는 그가 하려는 짓을 하지 못하게 했소." 나탈랴와 한센은 누워있는 그의 양쪽에서 무릎을 꿇고 있었다. 그는 한센 쪽으로 시선을 돌리더니 영어로 무언가를 말했고, 그러는 동안 나탈랴는 온 신경을 곤두세워 그가 하는 말이 무슨 의미인지를 파악해보려고 했으나 그렇게 되지 않았다.

"이제 끝났어." 그는 비서에게 영어로 이렇게 말했다. 그는 정확하게 무슨 일이 벌어진 것인지를 알고 싶어 했다. 그는 잭슨이 자기에게 총을 쏜 것이라고 확신했다. 비서가 사실은 피켈로 얻어맞은 것이며 상처가 깊지 않다고 말해주었지만 그는 믿으려고 하지 않았다. 그는 자기 가슴을 손가락으로 가리키며 이렇게 대답했다. "아냐, 아냐, 아닐세. 이번에는 그들이 성공했다는 걸 나는 여기 가슴에서 느끼고 있네." 상처가 대단히 위험한 정도는 아니라고 다시 이야기해주자 그는 희미하게 눈웃음을 지었다. 마치 자기를 안심시키기 위해 사실을 숨기려고 애쓰는 다른 사람의 모습을 보는 것이 재미있다는 표정이었다. 그는 나탈랴의 두 손을 자기 입술에 댄 채 꾹 누르고 있었다. 그는 영어로 말을 이어갔다. "나탈랴를 돌봐주게. 그녀는 아주 긴 세월을 나와 함께 했네." 한센은 "그렇게 하겠습니다"라고 약속했다. "노대가가 갑자기 우리의 손을 꽉 잡았다. 그의 두 눈에 눈물이 가득 고였다. 나탈랴는 울음을 터뜨리면서 고개를 숙여 그의 상처에 키스를 했다."[188)]

그러는 사이에 서재에서는 경호원들이 암살자를 덮친 뒤 권총 손잡이로 그를 두들겨 팼다. 암살자의 신음소리가 밖에서도 들렸다. "그를 죽이지 말라고 이야기해주게." 트로츠키는 또렷하게 발음하려고 애쓰면서 말했다. "절대로 그를 죽여서는 안 되네. 그가 말을 하게 해야 하네." 경호원들에 따르면 잭슨은 경호원들에게 얻어맞으면서 이렇게 말했다. "그들이 내 약점을 쥐고 있다. 그들은 내 어머니를 감금해 놓고 있다. (…) 실비아는 이번 일과 아무런 관계도 없다." 경호원들이 그로부터 그의 어머니를 감금한 자들이 누구인지를 알아내려고 하자 그는 그자들이 게페우는 아니며, 자기도 "게페우와는 아무 상관도 없다"고 주장했다.

의사가 도착했을 때 트로츠키의 왼쪽 팔과 다리는 이미 마비된 상태였다. 들것을 든 사람들과 함께 경찰들이 들어오자 나탈랴는 뒷걸음질쳤다. 그녀는 료바가 병원에서 죽었다는 사실을 떠올렸던 것이다. 그녀는 남편을 병원으로 옮기는 것을 원치 않았다. 트로츠키 자신도 다른 곳으로 옮겨지는 것을 바라지 않았다. 경호원들이 동행할 것이라고 한센이 약속하자 그제야 그는 "그렇다면 자네 결정에 맡기겠네"라고 말했다. 마치 '내가 의사결정을 하던 시절은 다 지나갔다'고 생각하게 된 듯한 태도였다. 들것에 뉘어지면서 그는 이렇게 속삭였다. "내가 가진 것은 모두 나탈랴에게 주고 싶네. … 그녀를 돌봐주게."[189]

문을 지키는 경호원들이 뒤늦게 경계를 하면서 들것이 나가는 것을 막았다. 또다시 습격을 당할 것을 염려한 그들은 경찰청장인 누네즈 장군이 와서 호송의 책임을 맡고 지휘하기 전에는 트로츠키를 다른 곳으로 보낼 수 없다고 버텼다. 멕시코 경찰 관계자는 이런 기록을 남겼다. "몸을 다친 남자의 부인이 흰색 숄로 남편의 몸을 덮었다고 앰뷸런스에 탑승한 병원 노동자가 말해주었다. 그 신사는 고르지 못한 숨을 내쉬며 신음하고 있었고, 부인의 두 손이 피가 흐르는 그의 머리를 감싸고 있었다. 트로츠키 부인은 말도 하지 않았고 신음소리도 내지 않았다. 조금 뒤 우리는 그가 죽었다고 생각했다. (…) 그러나 그는 여전히 숨을 쉬고 있었다."[190] 그들은 트로츠키를 들것에 싣고 두 줄로 늘어선 경찰들 사이로 앰뷸런스까지 옮겼다. 그리고 그들이 막 출발하려 할 때쯤 또 하나의 앰뷸런스가 암살자를 데리고 가기 위해 도착했다.

"웅성거리는 도시의 거리로, 그 헛된 혼잡과 소란을 뚫고, 그 눈부신 저녁 불빛들 사이로 앰뷸런스는 속도를 높여 다른 차들을 추월하며 거리를 질주했다. 사이렌이 끊임없이 울렸고, 앞길을 터주기 위해 경찰들이 오토바이를 타고 거리를 차단하며 날카로운 호각을 불었다. 우리는 가슴속에 견디기 어려운 고통을 안은 채, 점점 더 커지는 두려움 속에서, 중상을 입은 그분을 옮기고 있었다. 그는 아직 의식을 잃지 않았다." 그의 오른쪽 손은 마치 안식할 곳을 찾지 못한 듯 허공에 대고 계속 원을 그렸다. 그 손은 몸을 덮고 있는 담요 위에서 방황하더니 머리 위쪽에 있는 물 대야를 건드린 다음에야 마침내 나탈랴를 찾아갔다. 그를 내려다보고 있던 그녀가 그에게 괜찮으냐고 물었다. "좀 나아졌소." 그러더니 그는 한센에게 손짓한 뒤 목소리를 낮춰 이번 사건을 어떻게 조사할 것인지를 지시했다. "그는 정치적 암살범 … 게페우 요원 … 그게 아니면 파시스트겠지. 게페우 요원일 가능성이 더 높아. … 그렇지만 아마 게슈타포의 지원을 받았을 걸세." 거의 동시에 또 다른 앰뷸런스에서는 암살범이 범행동기를 설명하고, 게슈타포는 적어도 이번 일과는 아무 관계도 없음을 확실히 주장하는 내용의 편지를 호송대원에게 건네고 있었다.

트로츠키가 병원에 도착해 앰뷸런스에서 내려질 때는 이미 수많은 사람들이 그 병원 앞에 모여 있었다. "저들 사이에 적들이 있을 수 있어요." 나탈랴는 걱정이 되어 이렇게 말했다. "우리의 친구들은 어디에 있나요? 그들이 들것을 둘러싸야 해요." 몇 분 뒤 트로츠키는 좁은 병원 침대에 누웠고, 의사들이 그의 상처를 살펴보았다. 한 간호사가 그의 머리카락을 자르기 시작했다. 그러자 그는 침대 머리맡에 서 있는 나탈랴에게 쓴웃음을 지어 보이면서 바로 이틀 전에 머리를 깎기 위해 이발사를 불렀던 일을 이야기했다. 그는 눈을 찡긋하면서 말했다. "당신도 기억하겠지만 이발사가 왔었지." 그러더니 그는 거의 감긴 눈을 하고 한센 쪽으로 고개를 돌리고는, 그동안 수도 없이 그렇게 한센에게 시선을 돌리면서 던지곤 하던 질문을 이번에도 던졌다. "조(한센 — 옮긴이), 지금 수첩 … 갖고 있나?" 그는 한센이 러시아어를 모른다는 점을 고려해 한센에게 받아쓰게 할 말을 적절한 영어로 하느라 애를 썼다. 그의 목소리를 거의 들리지 않을 정도였고, 그나마 들리는 말도 무슨 뜻인지 분간하기 어려웠다. 한센이 이때 받아쓴 트로츠키의 말은 이렇다. "나는 정치적 암살범에 의해 가격을 당한 탓에 이제 거의 죽음에 가까워졌다. … 그는 내 방에서 나를 때려눕혔다. 나는 그와 싸웠다. … 우리가 … 프랑스의 통계들에 관해 이야기하기 시작했는데 … 그가 나를 가격했다. … 동지들에게 전해 주시오. … 나는 … 4차 인터내셔널의 … 승리를 … 확신하니 … 전진해 나가기를….” 이 구술을 시작했을 때만 해도 그는 자기의 목숨을 노린 이번 시도에 대해 설명하고 정치적 메시지도 남길 수 있을 것이라고 기대했던 것이 분명하다. 그러나 그는 갑자기 생명이 몸에서 빠져나가는 것을 느꼈다. 그래서 그는 자기의 목숨을 노린 시도에 대한 설명을 생략하고 서둘러 지지자들에게 보내는 격려의 말을 했던 것이다.

간호사들이 수술에 앞서 그의 옷을 벗기기 시작했다. 그녀들은 가위로 그의 재킷, 웃옷, 속옷을 차례로 잘라냈고, 그의 손목에서 시계를 끌러냈다. 그녀들이 그의 몸에서 마지막 옷을 벗기려고 하자, 그는 나탈랴에게 또렷하지만 매우 슬프고 침울한 어조로 “간호사들이 이 옷을 벗기기를 원하지 않소. … 당신이 벗겨주시오.” 이것이 그녀가 들은 그의 마지막 말이었다. 그녀는 그의 옷을 다 벗긴 뒤 그에게 고개를 숙여 자기 입술을 그의 입술에 갖다 댔다. “그는 그 키스를 돌려주었다. 또 한 번, 그리고 또 한 번 그가 키스로 응답했다. 그리고 한 번 더. 이것이 우리의 마지막 작별 인사였다.”[191]

같은 날 저녁 7시 30분에 그는 혼수상태에 빠져들었다. 다섯 명의 의사들이 두개골을 떼어내는 개두수술을 했다. 상처 깊이는 7센티미터가량이었다. 박살난 오른쪽 두정골(頭頂骨)의 파편이 뇌 속에 박혀 있었다. 뇌수막(腦髓幕)도 손상을 입었고, 뇌 자체도 터지고 파괴된 상태였다. 그는 대단한 강인함으로 수술을 견뎌냈지만 의식을 되찾지는 못했다. 수술이 끝난 뒤에도 그는 22시간 동안 더 죽음에 맞서 싸웠다. 나탈랴는 눈물도 마른 채 두 손을 꽉 쥐고 그가 깨어나기를 기다리며 밤낮으로 그를 지켜보았다. 이때 그의 모습은 그녀가 간직하게 된 그의 마지막 모습이 됐다.

사람들이 그의 상체를 들어 올렸다. 그의 머리가 어깨로 축 처졌다. 그의 두 팔도 마치 티치아노(16세기의 이탈리아 화가－옮긴이)가 그린 '십자가에서 내려지는 예수'라는 그림에서처럼 축 늘어졌다. 그러나 죽어가는 트로츠키의 머리에는 가시면류관 대신 붕대가 감겨져 있었다. 그의 얼굴은 순수성과 자부심을 간직하고 있었다. 당장이라도 몸을 곧추세우고 일어나 다시 당당하게 살아나갈 수 있을 것처럼 보였다.[192)]

1940년 8월 21일 저녁 7시 25분에 죽음이 찾아왔다. 검시 결과 그의 뇌는 이례적으로 컸고, 무게는 2.55킬로그램이었다. 그의 심장도 매우 컸다.[193)]

8월 22일에 멕시코 관습에 따라 장례가 치러졌다. 트로츠키의 주검이 들어있는 관 뒤로 거대한 장례행렬이 도시의 간선도로를 통해 천천히 움직였다. 장례행렬은 노동계급이 사는 도시외곽 지역도 거쳐 갔다. 누더기를 걸치고 맨발을 한 군중이 침묵한 채 도로를 가득 채우고 있었다. 미국의 트로츠키주의자들은 트로츠키의 주검을 미국으로 옮겨가려고 했다. 그러나 미국 국무부는 트로츠키의 주검에도 비자를 발급해주지 않았다. 주검은 닷새 동안 장례식장에 안치돼 있었다. 30만 명가량이 그의 관 옆으로 줄지어 지나가며 애도했다. 그러는 동안 익명의 한 음유시인이 지은 민요 '레온 트로츠키의 대서사시'가 거리에 울려 퍼졌다.[194)]

8월 27일에 트로츠키의 주검이 화장됐고, 유해는 코요아칸에 있는 '작은 요새(트로츠키가 거처하던 집을 가리킴－옮긴이)'의 마당에 묻혔다. 무덤 위에 직사각형의 흰색 비석이 세워졌고, 그 위로 적색 깃발이 휘날렸다.

나탈랴는 그 집에서 20년을 더 살았다. 매일 아침 잠에서 깰 때마다 그녀의 눈은 마당에 서 있는 흰색 비석으로 향하곤 했다.

6장__ 후기: 패배 속의 승리

러시아혁명사 전체에서, 그리고 노동운동과 마르크스주의의 역사에서 트로츠키가 마지막 망명을 하던 시기만큼 어렵고 음울했던 적은 없었다. 마르크스의 표현을 빌려 말하면, 이 시기는 '사상이 현실로 돌진'했으나 현실이 그 사상에 부응하지 못해 둘 사이에 틈이 생겼고, 그 틈은 어느 때보다 좁으면서도 깊었다. 세계는 커다란 모순들에 휩싸여 있었다. 1930년대의 경기침체와 불황 때만큼 자본주의가 파국에 가까웠던 적이 없고, 그러면서도 이때만큼 자본주의가 야성적 탄력성을 보인 적이 없다. 계급투쟁이 그토록 맹렬하게 혁명적 절정으로 치달았던 적도 없고, 그토록 그 절정에 오를 힘을 갖고 있지 못했던 적도 없다. 그토록 거대한 대중이 사회주의에 고무됐던 적도 없고, 그 대중이 그토록 무기력하고 활력이 없었던 적도 없다. 현대 인류의 경험 전체에서 '노동자들의 국가'를 처음으로 세우고 그 국가를 통해 '사회주의 건설'의 첫 시도를 했던 과정만큼 숭고한 동시에 역겨운 것도 없었다. 그리고 트로츠키만큼 억압당하는 사람들의 고통 및 노고와 긴밀한 교감 속에 살았던 사람도 결코 없을 것이다.

그가 한 일의 의미와 그의 패배가 주는 교훈은 무엇인가?

그 어떤 대답도 잠정적인 것일 수밖에 없다. 왜냐하면 우리는 아직도 길게 내다볼 수 있는 역사적 관점을 갖고 있지 못하며, 트로츠키에 대한 우리의 평가는 주로 러시아혁명에 대한 우리의 판단에서 나올 수밖에 없기 때문이다. 볼셰비키들이 목표로 삼았던 사회주의가 신기루에 불과했으며, 혁명이 단지 한 종류의 착취와 억압을 또 다른 종류의 착취와 억압으로 대체했을 뿐 다른 결과를 만들어낼 수 없었다는 관점에 선다면 트로츠키는 실패하게 돼 있는 신을 섬긴 대사제, 또는 자기 자신의 꿈과 환상에 치명적으로 말려든 유토피아의 종복이었던 것으로 보일 것이다. 그렇더라도 그는 이상주의자나 몽상가들 중에서 가장 뛰어난 사람일 것이니, 그런 이들로부터 존경을 받고 공감을 얻을 것이다. 패배를 거듭하다 보면 고통을 겪고 피를 흘리면서 비틀거리게 되고, 다른 사람에게 굴복해야만 자기에게 씌워진 멍에를 벗을 수 있는 게 사실이라 하더라도, 저 너머에 약속된 땅이 있다는 보장도 없이 끝없는 사막을 방황해야 하는 인간이 그래도 지금과 다른 운명에 대한 갈망을 지니고 있다면 그 갈망이 마치 불기둥처럼 그의 어둠과 암울함을 완화시켜줄 것이다. 그리고 우리 시대에는 트로츠키만큼 그런 갈망을 생생하고 희생적으로 표현해낸 사람이 없었다.

하지만 러시아혁명은 민중에게 하나의 멍에를 또 다른 멍에로 바꿔 씌운 것뿐이었던 게 아닌가? 이것이 러시아혁명의 최종적인 결과가 아닌가? 트로츠키의 말년에 해당하는 시기와 그 이후의 스탈린주의를 바라보는 사람들에게는 이런 견해가 그럴듯하게 들릴 것이다. 이런 사람들에 대항해 트로츠키는 미래에는, 즉 소련 사회가 사회주의로 발전한 뒤에는 스탈린주의가 단지 '일시적인 퇴보'였던 것으로만 보이게 될 것이라고 주장했다. 그의 낙관주의는 그의 지지자들에게조차 뜬금없는 것으로 여겨졌다. 그러나 대략 25년 뒤에는 그의 예언이 여전히 대담한 것으로 들리긴 했지만 뜬금없는 것으로 여겨지기는 어려웠다. 스탈린주의 아래에서도 소련 사회는 많은 분야에서 대단한 발전을 이루었다. 국유화 및 계획경제와 분리할 수 없는 소련 사회의 발전은 스탈린주의를 그 내부로부터 해체시키거나 잠식하고 있었다. 트로츠키가 살아있던 시기는 이런 상황 변화를 평가하기에는 아직 이른 시기였고, 트로츠키의 평가도 완전무결하지 않았다. 게다가 소련 사회가 성립한 지 사반세기가 지난 뒤에도 그 공과에 대한 평가를 명쾌하게 내리기 어려웠다. 그러나 소련 사회는 스탈린 시대로부터 물려받은 무거운 부채를 털어내고 위대한 자산을 더욱 발전시키려고 노력해 왔고, 이런 노력의 성과가 전혀 없지는 않았다. 소련의 1960년대를 1930년대는 물론이고 1950년대 초에 비교해도 빈곤, 불평등, 억압이 훨씬 줄어들었다. 이런 변화는 대단히 괄목할 만한 것이어서 '관료적 집단주의에 의해 수립된 새로운 전체주의적 노예제'라는 말을 시대착오적인 것으로 만들었다. 트로츠키가 지지자들과 마지막 논쟁을 벌이던 쟁점들은 지금도 여전히 토론되고 있다. 그것도 소규모 분파 안에서가 아니라 전 세계의 청중 앞에서. 소련의 관료집단이 '하나의 새로운 계급'인지 여부와 그 자의적인 지배를 종식시키기 위해 개혁이나 혁명이 필요한지 여부는 지금도 여전히 논란거리다. 스탈린 이후 첫 10년간의 개혁이 아무리 부적절하고 자기모순적이었다 하더라도 그 개혁이 관료적 독재를 크게 완화시키고 제약했다는 점, 그리고 새로이 형성된 대중적 열망의 조류가 소련 사회를 훨씬 더, 그리고 더욱 근본적으로 변혁시키는 작용을 하고 있다는 점에는 의문의 여지가 없다.

그럼에도 불구하고, 언젠가는 스탈린주의가 초래한 모든 공포가 단지 '일시적 퇴보'일 뿐이었던 것으로 여겨질 것이라는 트로츠키의 신념은 오늘날의 감각에 맞지 않을 수 있다. 하지만 그는 그런 거대한 역사적 척도를 자기가 살던 시기의 여러 사건들과 자신의 운명에 적용했다. "경제적, 문화적 체제에 일어나는 가장 깊이 있는 변화를 이야기하는 것이라면, 역사에서 25년의 세월이 차지하는 비중은 한 인간의 생애 전체에서 한 시간이 차지하는 비중보다도 작다"는 것이다. 역사적으로 길게 내다보는 관점을 취하려는 그의 성향은 당대의 정의에 어긋나는 것과 잔혹함에 대한 그의 감수성을 무디게 하기는커녕 오히려 예리하게 만들었다. 그는 진정으로 인간적인 사회주의의 미래에 대한 전망을 잃지 않았기에 스탈린주의의 사회주의 왜곡을 격렬하게 비난할 수 있었다. 그의 역사적 척도로 측정하면 그가 살아있던 때 이래로 소련 사회가 이루어낸 발전은 단지 미미한, 아주 미미한 시작에 지나지 않을 것이다. 그러나 이 시작은 혁명의 정당성과 그것에 대한 트로츠키 자신의 기본적인 낙관주의를 입증해주는 것이며, 환멸과 절망의 짙은 안개를 걷어내는 것이다.

트로츠키의 거대한 삶과 거대한 작업은 러시아혁명이라는 경험, 그리고 현대 문명의 얼개를 구성하는 요소로서 아주 중요하다. 그의 운명이 지닌 고유한 성격 및 그가 애써 한 작업의 이례적인 도덕성과 미학적 성격은 스스로 빛을 발하면서 그가 얼마나 중요한 인물이었는지를 증언한다. 그토록 드높은 지적 에너지, 그토록 장엄한 활동, 그토록 고귀한 순교는 궁극적으로 완전한 파급영향을 일으키지 않을 수 없다. 그런 파급영향이 일어나지 않는다면 그것은 일체의 역사적 감각에 반하는 것이다. 그런 파급영향이 바로 대부분의 숭고한, 우리의 정신을 자극하는 전설들의 기본 바탕이다. 그리고 그런 전설들 가운데 오직 트로츠키의 전설만이 시종일관 기록된 사실들과 확인이 가능한 진실들로 구성돼 있다. 트로츠키의 전설에는 현실을 넘어 허공에 떠있는 신화가 전혀 들어있지 않다. 현실 그 자체가 스스로 신화의 높이까지 솟아오른 것이다.

트로츠키의 인생역정은 워낙 양적으로 풍부하고 눈부셔서 그 가운데 한 부분이나 한 조각만으로는 걸출한 역사적 인물인 그의 삶을 다 보여주지 못한다. 그가 만약 1917년 이전에 서른이나 서른다섯의 나이로 죽었다면 벨린스키, 헤르첸, 바쿠닌과 같은 러시아의 사상가나 혁명가들과 같은 반열에서 그들의 마르크스주의적 후계자나 그들과 동등한 인물로 평가됐을 것이다. 만약 그가 1921년이나 그 뒤 레닌이 죽을 즈음에 같이 죽었다면 10월혁명의 지도자로, 적군의 창설자이자 내전 시기 적군의 지도자로, 그리고 마르크스를 상기시키는 힘과 명석함에다 《공산당 선언》 이래 들어보지 못한 어투로 전 세계 노동자들에게 말하는 공산주의 인터내셔널의 지도자이자 스승으로 기억됐을 것이다. 두 세대에 걸친 대중의 기억 속에 남은 그의 이런 이미지를 흐리게 만들고 지워버리는 데는 수십 년에 걸친 스탈린주의자들의 사실날조와 비방이 필요했다. 1923년부터 1929년 사이에 그가 주창한 사상과 반대파의 지도자로서 그가 수행한 작업은 볼셰비즘과 공산주의의 연대기에서 가장 중요하고도 극적인 부분의 핵심을 이룬다. 그는 20세기의 거대한 이념적 논쟁을 이끈 주역이었고, 공업화와 계획경제의 지적 창시자였으며, 나중에는 볼셰비키 당 안에서 스탈린주의의 등장에 저항한 모든 사람들의 대변자였다. 그가 1927년 이후까지 살지 못하고 죽었다 해도 파괴되거나 영원히 망각될 수 없는 사상의 유산을 남겼을 것이다. 그의 수많은 지지자들이 바로 그 사상의 유산을 보존하기 위해 총살대 앞에 서서도 그의 이름을 입에 올렸고, 세월은 그 사상의 유산에 타당성과 무게감을 더해주고 있으며, 소련의 새로운 세대는 그 사상의 유산으로 다시 다가가는 길을 찾기 위한 암중모색을 하고 있다.

이 모든 것들이 전제된 상태에서 이 책에 서술된 그의 사상, 저작, 투쟁, 망명을 봐야 한다. 이 책에서 우리는 그의 파탄, 오류, 계산착오를 비판적으로 검토했다. 다시 말해 우리는 4차 인터내셔널과 관련된 그의 파탄, 서구에서의 혁명의 전망에 관한 그의 판단착오, 소련에서의 개혁과 혁명에 관한 그의 설부른 생각, 그가 말년에 보여준 '새로운 트로츠키주의'의 모순을 검토했다. 또한 우리는 이제는 명백하고 반박될 수 없을 정도로 그 타당성이 입증됐지만 당시에는 그가 고군분투하며 밀고나가야 했던 운동들, 즉 히틀러의 집권이 가져올 치명적인 위험을 막기 위해 독일의 노동자들, 국제 좌파진영, 그리고 소련으로 하여금 들고일어나게 하려던 그의 장엄하고도 멀리 내다본, 그러나 성과를 올리지 못하고 실패한 노력을 살펴보았고, 특히 집단화를 비롯한 경제문제 등을 다루는 데 있어서 스탈린이 보여준 혐오스러운 권력남용에 대한 그의 지속적인 비판과 대숙청에 대항한 그의 마지막 거대한 투쟁도 살펴보았다. 훗날 트로츠키의 유령을 계속 잠재우기 위해 할 수 있는 모든 일을 다 한 아류 스탈린주의자들조차도 암묵적으로는 이런 큰 문제들에 대해서는 트로츠키의 생각이 옳았다고 인정했다. 긴 세월이 지난 뒤 스탈린이 죽고 나서야 갖게 된 용기를 모두 짜내어 그들이 해낼 수 있었던 작업은 트로츠키의 항의, 비난, 그리고 스탈린 비판을 다른 형태로 반복한 것이었을 뿐이다.

트로츠키의 강점과 약점은 똑같이 끝까지 고전적 마르크스주의에 근거를 두고 있었다는 사실을 다시 한 번 강조해야겠다. 그의 패배는 교의이자 운동으로서 고전적 마르크스주의가 늘 직면한 근본적인 곤경을 전형적으로 보여준다. 그것은 바로 '혁명의 발전에 관한 마르크스주의의 비전'과 '계급투쟁과 혁명의 실제 경로' 사이의 괴리였다.

사회주의 혁명은 서구 선진국이 아닌 동쪽의 후진국에서, 공업 노동자가 아닌 농민이 압도적인 나라에서 최초의 거대한 승리를 쟁취했다. 그 즉각적인 과제는 사회주의 사회를 수립하는 것이 아니라 '사회주의적 원시축적'을 추진하는 것이었다. 고전적 마르크스주의의 도식에서는 옛 사회의 생산력이 그 소유관계를 뛰어넘는 수준으로 성장해 옛 사회구조의 틀을 깨뜨릴 정도가 됐을 때 혁명이 일어나고, 혁명은 새로운 소유관계를 창출하는 동시에 완전히 성장하고 앞선 역동적 생산력이 발현될 수 있는 새로운 사회적 틀을 실현시키게 돼있다. 그러나 실제로 벌어진 상황은 혁명이 가장 발전된 형태의 사회조직을 창출해 가장 후진적인 경제에 덮어씌웠고, 사회적 소유와 계획경제를 창출해 저개발 상태인데다 구태의연한 생산력에 덮어씌우거나 부분적으로는 아무것도 없는 진공의 공간에 갖다놓았다. 이에 따라 혁명에 대한 이론적 마르크스주의의 개념이 거꾸로 뒤집혔다. 기존의 생산력 위에 덮어씌워진 새로운 '생산관계'는 대부분의 민중이 이해기 힘든 것이었다. 이 때문에 혁명정부는 다수의 의지에 상치되는 방향으로 그 '생산관계'를 옹호하고 발전시켰다. 관료적 독재가 소비에트 민주주의를 밀어냈다. 국가는 소멸되기는커녕 전례 없는 흉포한 힘을 획득했다. 마르크스주의의 규준과 혁명의 현실 사이의 갈등은 지배정당의 사고와 활동의 구석구석에 스며들기에 이르렀다. 스탈린주의는 마르크스주의의 규준을 왜곡하거나 버리는 것을 통해 이런 갈등을 극복하려고 했다. 트로츠키주의는 마르크스주의의 규준을 보존하거나, 서구에서 혁명이 일어나 이런 갈등을 해소하고 이론과 실천의 조화를 회복시킬 때까지 규준과 현실 사이에서 임시적으로 균형을 잡으려고 했다. 트로츠키의 패배는 서구에서 혁명이 실패했음을 축약해 보여주는 상징이었다.

트로츠키의 패배는 얼마나 확정적이고 돌이킬 수 없는 것이었을까?

우리는 트로츠키가 살아있는 한 스탈린은 결코 그가 최종적으로 굴복한 것이라고 생각하지 않았음을 보았다. 스탈린의 두려움이 단지 편집증이었던 것만은 아니다. 당시 정치무대에서 활동하던 다른 지도자급 인물들도 마찬가지 두려움을 갖고 있었다. 독일 제3제국에 주재하던 로베르 쿨롱드르 프랑스 대사는 2차대전이 발발하기 직전에 히틀러와 가진 마지막 면담을 묘사한 글에서 눈에 띄는 증언을 했다. 그에 따르면 히틀러는 스탈린과 막 체결한 조약을 통해 자기가 얻게 된 이점을 자랑하면서 미래의 군사적 승리에 대한 거대한 전망을 이야기했다. 이에 대해 프랑스 대사는 그의 '이성'에 호소하는 입장에서, 길고 끔찍한 전쟁에 이어 사회적 격동과 혁명이 뒤따라 일어나 모든 교전국 정부들을 집어삼킬 가능성에 대해 이야기했다. 대사는 이렇게 말했다. "당신은 자신이 승리자가 될 것이라고 생각하는 것 같은데, 다른 가능성, 즉 트로츠키가 승리자가 될 수도 있다는 생각은 해보지 않았습니까?" 이 말에 히틀러는 마치 '명치를 가격당한 듯' 소스라치며 벌떡 일어나서 바로 그런 가능성, 즉 트로츠키가 승리할 위험이야말로 프랑스와 영국이 독일 제3제국을 상대로 전쟁을 벌여서는 안 되는 또 하나의 이유라고 외쳤다. 이처럼 독일 제3제국의 지배자와 프랑스 제3공화정의 대사가 평화의 시기가 종료되기 직전에 마지막 외교전을 펼칠 때, 세계에서 가장 먼 곳에 추방되어 유폐된 고독한 방랑자의 이름을 끄집어내는 것을 통해 서로 상대방을, 그리고 상대방의 정부를 협박하려 했던 것이다. 나중에 트로츠키는 두 사람의 이 대화를 기록해 놓은 글을 읽다가 이렇게 말했다. "그들은 혁명의 유령에 쫓기고 있으면서 그 유령에 한 사람의 이름을 갖다 붙이는군."

히틀러와 프랑스 대사가 혁명의 유령에 트로츠키의 이름을 갖다 붙인 것이 전적으로 잘못된 것이었을까? 그들의 두려움이 충분한 근거가 있는 것이었다 해도 그 유령에는 트로츠키가 아닌 스탈린의 이름을 갖다 붙여야 했다는 주장이 있을 수 있다. 어쨌든 히틀러를 상대로 승리를 거두게 되는 사람은 스탈린이기 때문이다. 그러나 역사에서 흔히 그렇듯이 여기서도 저변의 현실은 겉으로 드러나는 사건들의 외면보다 훨씬 더 복잡하고 모호하다. 트로츠키에 대한 스탈린의 승리는 커다란 패배의 요소를 숨기고 있었던 반면에 트로츠키의 패배는 승리를 잉태하고 있었다.

트로츠키와 스탈린 사이의 '이념적' 쟁점 가운데 가장 중심적인 것은 일국사회주의였다. 이는 소련이 고립된 상태에서, 국가적 자립의 토대 위에서 사회주의를 달성해야 하는가 또는 달성할 수 있는가, 아니면 사회주의는 오직 하나의 국제적 사회질서로만 생각할 수 있는 것인가 하는 문제였다. 실제의 역사적 상황전개가 준 답변은 이론적 주장들보다 덜 명쾌하긴 했지만, 스탈린의 견해보다는 트로츠키의 견해에 훨씬 더 가까웠다. 소련이 사회주의와 어느 정도 가까운 지점에 도달하기 훨씬 전에 혁명이 다른 나라들로 퍼지기 시작했다. 역사는 어느 한 나라에서만 시도된 사회주의가 완성되는 것은 말할 것도 없거니와 어느 정도 발전된 단계에 도달할 수 있는지라도 확인해볼 실험이 이루어질 만큼의 충분한 시간조차 소련에 허용하지 않았다고 말할 수 있다. 트로츠키주의와 스탈린주의 사이의 갈등에서 혁명적 국제주의가 볼셰비키의 고립주의와 충돌하는 경우에 승리의 깃발을 들고 나타나는 쪽은 분명 스탈린주의가 아니었다. 볼셰비키의 고립주의는 오랜 세월에 걸쳐 되살아나지 못했다. 그러나 다른 한편으로는, 고립된 상태에서도 소련의 생존능력은 트로츠키가 종종 가정했던 것보다 훨씬 더 강했다. 그리고 트로츠키가 기대했던 바와 달리 러시아혁명을 고립상태에서 해방시킨 것은 서구의 프롤레타리아가 아니었다. 역사의 조화로 인해 스탈린주의는 자기도 모르는 사이에 스스로 국가의 껍질을 깨고 그 밖으로 나왔다.

트로츠키는 마지막으로 전개한 논쟁에서 2차대전에 연이은 상황에 마르크스주의와 사회주의의 미래를 모두 걸었다. 전쟁이 혁명, 즉 고전적 마르크스주의 혁명으로 이어질 것이라고 확신한 그는 만약 전쟁의 후속 상황이 그렇게 되지 않는다면 마르크스주의는 부정당할 것이고, 사회주의는 시도해볼 기회도 가져보지 못한 채 완전히 좌절될 것이며, 관료적 집단주의의 시대가 자리 잡을 것이라고 주장했다. 이런 주장은 아무리 보아도 성급하고 독단적이며 과도한 견해였다. 역사적 현실은 이론가의 구도보다는 훨씬 더 복잡하고 미묘함을 다시 한 번 입증해줬다. 전쟁이 일련의 새로운 혁명들을 촉발했던 것은 사실이다. 그러나 또다시 그 과정은 고전적인 형태에 부합하지 않았다. 서구의 프롤레타리아는 옛 질서의 성채를 공격하고 정복하는 데 또다시 실패했고, 동유럽에서 옛 질서가 무너진 것은 주로 엘베 강까지 승리의 진군을 한 러시아 군사력이 가한 충격 때문이었다. 이론과 실천의 괴리, 또는 규준과 사실의 괴리가 훨씬 더 심화됐다.

이런 상황전개는 우연적인 것이 아니었다. 그것은 적군이 바르샤바에 진군해 들어가고 그루지야를 점령한 1920~1921년에 시작된 추세의 연장선이었다.[1] 그와 같은 군사적 행동과 더불어 1차대전이 발동을 건 혁명의 주기(週期)는 종말에 이르렀다. 볼셰비즘은 이 주기가 시작됐을 때 곧바로 진정한 혁명의 절정에 올랐고, 이 주기가 끝날 무렵에는 '정복에 의한 혁명'을 확산시키기 시작했다. 그런 다음 20년이라는 긴 막간의 기간이 이어졌고, 이 기간에는 볼셰비즘이 확대되지 않았다. 그 다음번 혁명의 주기가 2차대전에 의해 발동됐다. 이번 주기는 첫 번째 주기가 끝난 지점, 다시 말해 '정복에 의한 혁명'에서 출발했다. 군사의 역사에는 어느 한 전쟁이 종결되는 국면과 그 다음 전쟁이 시작되는 국면 사이에 하나의 규칙처럼 연속성이 존재한다. 어느 한 무장충돌의 끝 무렵에 발명된 무기와 그때 형성된 전쟁에 관한 사상은 그 다음번 무장충돌의 시작국면을 지배한다. 혁명의 주기에도 이와 비슷한 연속성이 존재한다. 1920~1921년에 볼셰비즘은 고립상태에서 벗어나기 위해 전력을 다하면서 총검을 앞세워 혁명을 해외로 확산시키려는 시도에 나서곤 했다. 20~30년 뒤에 스탈린주의는 전쟁을 통해 국가의 껍질을 깨고 그 밖으로 나가게 되면서 동유럽 전역에 혁명을 전파했다.

트로츠키는 두 번째 혁명의 주기가 첫 번째 혁명의 주기가 시작된 형태로 시작되기를 기대했다. 그것은 계급투쟁 및 프롤레타리아의 봉기를 수반하되 그 결과는 주요 국가들 각각의 내부에 존재하는 사회적 세력들의 역관계와 국가별로 존재하는 혁명적 지도력의 수준에 주로 의존하는 형태였다. 그러나 새로운 혁명의 주기는 이전의 혁명의 주기가 시작됐던 지점이 아니라 끝난 지점에서 시작됐고, 아래로부터의 혁명이 아니라 위로부터의 혁명, 정복에 의한 혁명으로 시작됐다. 그리고 이런 형태의 혁명은 거대권력이 1차적으로 자기 주위에 압력을 행사하는 방식으로 이루어질 수밖에 없었기에 새로운 혁명의 주기는 소련의 주변 지역에서 진행됐다. 혁명의 주역은 해당 국가의 노동자들과 그들의 정당이 아니라 소련의 적군이 맡았다. 혁명의 성패는 각국 내부의 사회적 역관계에 의존한 게 아니라 국제적 역관계와 외교적 조약이나 동맹, 그리고 군사작전에 주로 의존했다. 강대국들 사이의 싸움이나 협력이 계급투쟁을 압도하면서 그 양상을 변화시키고 왜곡시켰다. 어느 한 나라가 혁명이 일어날 여건이라는 측면에서 성숙했는지 아직 성숙하지 않았는지를 판단할 때 마르크스주의자들이 이용하던 기준들은 모두 잊혀졌다. 스탈린이 히틀러와 조약을 체결한 것과 둘 사이에 영향력을 행사할 수 있는 권역을 분할한 것이 폴란드의 동부와 발트 해 연안국들에서 사회적 격변의 시발점을 제공했다. 폴란드, 발칸 국가들, 그리고 독일 동부에서의 혁명은 모두 테헤란과 얄타에서 스탈린, 루스벨트, 처칠 사이에 합의된 권역분할의 토대 위에서 수행됐다. 이런 권역분할 덕분에 서구열강은 스탈린의 묵인 아래 서유럽과 그리스에서 영향력을 행사함으로써 각국의 국내 사회적 역관계와 상관없이 혁명을 억눌렀다. 테헤란 협정과 얄타 협정이 없었다면 동유럽보다는 서유럽이 혁명의 무대가 됐을 수도 있다. 특히 옛 지배계급의 권위가 파괴된 상태에서 노동계급이 봉기하고 있었고 나치에 저항하는 지하활동의 상당부분을 공산당이 주도했던 프랑스와 이탈리아가 그렇게 될 가능성이 높았다. 자기가 한 외교적 약속에 따라 움직이고 있었던 스탈린은 프랑스와 이탈리아의 공산주의자들을 설득해 두 나라에서 사실상 붕괴된 상태였던 자본주의의 복구를 받아들이도록 했을 뿐 아니라 더 나아가 자본주의의 복구에 협조까지 하도록 했다. 이와 동시에 처칠과 루스벨트는 동유럽의 부르주아 지배집단들로 하여금 러시아의 우월한 힘을 인정하고 받아들이도록 유도함으로써 결과적으로 혁명에 굴복하게 했다. 이런 거대한 분할로 생겨난 두 권역 모두에서 국제적 역관계가 계급투쟁을 삼켜버렸다. 나폴레옹의 시대처럼 혁명과 반혁명이 모두 똑같이 무기와 외교의 부산물일 뿐이었다.

트로츠키는 이렇게 거대한 일련의 상황변화의 시작만을 보았다. 그는 그것이 무엇을 예고하는 것인지를 깨닫지 못했다. 그는 한 시대 전체에 걸쳐 강대국 세 나라가 군사력과 외교력으로 자신들의 의지를 옛 유럽의 모든 사회계급에 부과할 수 있게 되고, 전통적으로 전개돼온 수준에 억눌린 계급투쟁이 예전과는 다른 수준과 다른 형태로, 예를 들어 세력권

간 경쟁 또는 냉전의 틀에 얽매이는 방식으로 전개될 것이라고 상상하지 못했다. 그의 모든 사고습관이 그런 상상을 하는 것을 불가능하게 만들었기 때문이다.

트로츠키는 이론적 확신에서도 그렇지만 정치적 본능에서도 정복에 의한 혁명에 대해서는 혐오감밖에 느끼지 못했다. 1920~1921년에 레닌이 폴란드와 그루지야를 침공하고자 했을 때 트로츠키는 반대했다. 전쟁인민위원으로서 그는 다른 나라들로 혁명을 이전시키는 신나폴레옹적 방식의 초기 주창자인 투하체프스키에 대해서도 단연코 반대했다. 2차대전이 일어나기 20년 전에 그는 무장한 볼셰비즘의 전도사라 할 만한 투하체프스키를 가리켜 "그의 목에 맷돌을 매달고 그를 바다에 던져 넣는 게 낫겠다"고 혹평했다. 1940년에 트로츠키가 보여준 태도는 1920년의 태도와 똑같았다. 그는 여전히 정복에 의한 혁명에서 가장 위험한 혁명의 이탈을 보았다. 그는 서구의 노동자들이 그들이 처한 상황에 의해 권력과 사회주의를 향한 투쟁에 나서도록 다그침을 받을 것이며, 소련 정부 측에서 그들을 위해 혁명을 만들어서 가져다주는 것은 그들의 혁명적 이익에 정반대되는 활동을 하는 것과 같은 범죄적인 행위라고 확신하고 있었다. 그는 세계가 여전히 사회주의를 잉태하고 있다고 생각했고, 잉태의 기간이 오래 계속되지 않을 것이라고 믿었으며, 그 어떤 인위적인 간섭도 잉태된 사회주의를 유산시키는 결과를 초래할 수 있다고 우려했다. 그의 생각은 그다지 틀리지 않았다. 스탈린의 무장간섭은 하나의 혁명을 사산시켰고, 기형의 혁명들을 적잖이 낳았다.

그럼에도 정복에 의한 혁명에 맞닥뜨리면서 트로츠키는 다시 궁지에 몰렸다. 그는 혁명을 지지하지만 정복에는 반대하는 입장이었다. 그러나 혁명이 정복으로 이어지거나 정복이 혁명을 촉진하는 시기에 그가 회복이 불가능할 정도의 공개적인 분열을 초래할 수준 이상으로 정복에 대한 반대의 목소리를 높일 수는 없었다. 그는 1920~1921년에 그루지야와 폴란드 문제에 대해 그 정도 수준까지 반대를 계속하지 않았고, 1939~1940년에 폴란드와 핀란드 문제가 대두됐을 때도 마찬가지였다. 만약 그가 2차대전 이후의 상황도 목격할 수 있을 정도로만이라도 더 살았다면, 자신의 딜레마가 더 악화되고 거대해지면서 해결이 불가능해졌음을 알았을 것이다. 스탈린이 서구 공산주의의 이익을 팔아치운 것에 대해 그가 비난을 가했을 것이라는 데 대해서는 의심할 여지가 없다. 또한 자신의 태도에 내재했던 논리로 인해 트로츠키는 동유럽에서 전개된 혁명의 현실을 받아들였을 것이고, 스탈린주의자들이 취하는 방식에 혐오감을 느낌에도 불구하고 동유럽에 세워진 '인민민주주의 국가'들을 노동자들의 국가로 인정할 수밖에 없었을 것이라는 데 대해서도 의심할 필요가 없다. 좀 더 오래 살았을 경우 트로츠키가 보여주었을 것으로 추정되는 이런 태도들은 그 나름의 장점과 원칙성을 가졌을지는 모르지만 실천 차원의 정치적 행동에는 아무런 지침도 될 수 없었을 것이다. 그렇다면 원래부터 실천적 행동가인 트로츠키는 2차대전 종전 이후 전개된 드라마 속에서 자기가 맡을 유효한 역할을 찾아내기 어려웠을 것이라고 봐야 한다. 이 시기 혁명의 주기에서는 고전적 마르크스주의가 끼어들 여지가 없었다.

그러나 그 이전 혁명의 주기와 마찬가지로 이번 혁명의 주기도 시작된 형태와는 다른 형태로 끝나게 된다. 이번 혁명의 주기는 중국의 혁명에서 절정에 이르렀다. 하지만 중국의 혁명은 위로부터 이루어진 것도 아니었고, 해외 세력이 총검을 앞세워 끌고 들어온 것도 아니었다. 스탈린은 1925~1926년과 마찬가지로 1945~1948년에도 중국의 국민당 및 장제스와 타협하려 했다. 하지만 마오쩌둥과 그의 당은 스탈린의 이런 태도에도 불구하고 권력을 장악하기 위한 투쟁을 벌였고, 권력을 장악한 뒤에는 '부르주아 민주주의'의 단계에서 멈추지 않고 '영속혁명'의 논리에 따라 더 밀어붙여 반(反)부르주아적 결과에까지 도달했다. 이 '중국판 10월혁명'은 어떤 의미에서는 트로츠키가 사후에 이룬 또 하나의 승리였다.

그러나 여기서 또다시 '모든 이론은 회색이고, 삶의 나무는 늘 푸르다'라는 말이 떠오른다. 중국의 혁명에서는 공업 프롤레타리아가 추동세력이 아니었다. 마오의 농민군이 도시 노동자들을 '대체'했고, 혁명을 농촌에서 도시로 확산시켰다. 트로츠키는 마오의 농민군이 농촌지역에 오랜 기간 머물게 되면 일반 농민들과 다시 동화됨으로써 도시 노동자와 사회주의에 대항해 농민의 개인적 이해관계를 내세우게 되어 새로운 반동세력의 주축이 될 것이라고 확신했다. 사실 과거의 중국 역사에서 농민들이 반란을 일으켜 하나의 왕조를 무너뜨렸지만 결과적으로는 그 왕조를 또 다른 왕조로 대체했을 뿐이었던 사례가 한두 번이었던가? 이런 분석은 고전적 마르크스주의의 맥락에서는 옳다. 고전적 마르크스주의는 사회주의 혁명의 당은 도시 노동자들을 '대표'해야 할 뿐 아니라 반드시 그들과 더불어 살고 그들을 통해 활동을 해야 할 필요가 있다고 본다. 이렇게 하지 않으면 사회주의 혁명의 당도 사회적으로 딛고 설 땅을 잃게 되고, 엉뚱한 다른 계급의 이익을 대변하게 된다는 것이다. 그리고 중국의 혁명이 중국 안의 사회질서에만 의존했다면 마오의 농민군은 옌안시절(중국공산당이 옌안에 중앙당을 두었던 1937~1947년을 가리킴-옮긴이)에 일반 농민들과 거의 동화됨으로써 설령 그들이 공산주의에 뿌리를 둔 세력이었다 해도 농민반란과 프롤레타리아 혁명 사이에 존재하는 간극을 메우지 못했을 것이다. 그러나 중국에서도 투쟁의 결과는 국내 요인들에 좌우된 만큼이나 국제적 요인들에도 좌우됐다. 냉전의 와중에 적대적인 미국의 개입에 직면한 마오의 당은 소련에 밀착하고 소련의 선례에 따라 중국의 사회구조를 변혁하는 것을 통해 중국 내 지배권을 확보했다. 이리하여 소련의 혁명적 헤게모니는 마오의 당이 그렇게 하지 않았다면 중국의 노동자들만이 달성할 수 있었을 것을, 그것도 처음에는 스탈린이 방해했음에도 불구하고 달성할 수 있었다. 다시 말해 소련의 혁명적 헤게모니는 중국의 혁명이 반부르주아적이고 사회주의적인 방향으로 가도록 압박할 수 있었던 것이다. 중국의 프롤레타리아가 지리적으로 분산돼 있는 동시에 정치무대에는 전혀 존재하지 않는 상태에서 소련의 힘은 마오의 농민군을 집단주의의 행동대원으로 전환시켰다.

이와 함께 혁명의 조류는 '선진' 서구에서 더 멀어져 동쪽으로 이동했으며, 또다시 원시적이고 빈곤한 공업화 이전 사회로 흘러가게 됐다. 고전적 마르크스주의는 그 어느 때보다도 동서를 막론하고 당대의 문제들에 대해 실천적인 적절성이 없는 것으로 보였다. 하지만 현실 상황의 변증법이 그러했기에 예기치 못한 방식으로 고전적 마르크스주의에 새로운 타당성을 부여하는 과정들도 동시에 작동했다. 낙후된 상태였던 동쪽 나라들이 집약적인 공업화 덕분에 차츰 발전하기 시작했다. 소련은 세계 2위의 공업국가가 됐고, 그 과정에서 사회가 근본적으로 변혁되는 동시에 수적으로 규모가 커진 노동계급이 현대적인 삶의 방식을 추구함에 따라 불균등하긴 했지만 빠른 속도로 생활수준이 높아지고 대중교육이 확대됐다. 고전적 마르크스주의가 오로지 서구의 고도로 공업화된 나라들에만 존재한다고 보았던 사회주의의 예비조건들이 소련 사회 안에서 창출되고 서로 조합됐다. 사회의 이런 새로운 수요라는 측면에서 스탈린주의는 마르크스주의와 야만성이 혼합된 그 성격과 더불어 시대착오적인 것이었다. 스탈린주의의 원시적 축적 방법은 너무나 원시적이었고, 그 반평등주의는 충격적일 정도였으며, 그 독재체제는 우스꽝스러운 불합리였다. 동면 상태로 명맥을 유지한 마르크스주의의 전통과 10월혁명의 전통은 수많은 사람들의 마음속에서 깨어나 관료집단의 특권, 스탈린주의의 타성, 획일적 도그마의 하중에 대항하기 시작했다. 스탈린주의는 사회구조를 강제적으로 현대화하는 것을 통해 자기 자신의 파멸을 향해 스스로 움직여 가는 동시에 고전적 마르크스주의가 복귀하는 데 필요한 토대를 스스로 마련해 준 셈이 됐다.

고전적 마르크스주의의 복귀는 그 속도가 느렸고, 혼란과 끝없는 모호함을 수반했다. 스탈린 사후 10년간의 세월이 스탈린주의 또는 스탈린주의의 잔류물과 부활한 사회주의 의식 사이의 갈등으로 채워졌다. 트로츠키주의반대파, 지노비예프주의반대파, 부하린주의반대파 사람들이 1950년대까지도 살아남았다면 탈스탈린화라는 과제는 바로 그들의 몫이 됐을 것이고, 그들은 그 과제를 성실하게, 전심전력을 다해, 일관성 있게 해냈을 것이다. 하지만 그들은 옛 볼셰비키라는 아틀란티스와 함께 모두 침몰했기에, 그리고 탈스탈린화는 피해갈 수 없는 필연의 과제였기에 스탈린의 하수인이나 공모자였던 사람들이 그 일을 해야 했다. 이들은 떨리는 손과 마음으로, 스탈린의 범죄 속에는 자기들이 감당해야 할 부분도 있음을 결코 잊지 못한 채, 자기들이 시동을 걸어야 했던 충격적인 폭로와 개혁을 중단시킬 수 있기를 끝없이 갈망하면서, 어쩔 수 없이 마지못해 한다는 심정으로밖에는 그 일을 해나갈 수 없었다. 과거의 모든 유령들 가운데 트로츠키의 유령만큼 이들을 끈질기게 쫓아다니며 조롱하고 위협하는 유령은 없었다. 이들에게 트로츠키는 최대의 숙적이지만, 이들의 모든 폭로와 개혁조치가 그에게 찬사가 되는, 의도하지 않은 결과로 이어지고 있었다. 스탈린 시대의 공포정치에 대해 책임이 있는 흐루시초프는 자유로운 젊은이들이 자기의 둘러대기와 얼버무리기를 더 이상 참지 못하고 공개적으로 트로츠키를 변호하고 나서게 될 수도 있다는 두려움에 매우 곤혹스러워했다.

그 같은 공개적 변호는 스탈린의 늙어가는 하수인들이 무대를 떠나기 전에는 아마도 일어나지 않겠지만, 여하튼 언젠가는 일어나게 돼 있다. 그런 일이 실제로 일어난다면, 그것은 한 위대한 인물에 대한 기억을 뒤늦게나마 공정하게 바로잡는 것 이상의 의미를 갖게 될 것이다. 그런 행동은 노동자들의 국가가 마침내 스스로 성숙한 사회가 됐고, 관료주의의 족쇄를 벗어버렸으며, 트로츠키와 더불어 추방한 고전적 마르크스주의를 다시 끌어안았음을 선포하는 것이나 다름없을 것이다.

이런 일들이 실제로 벌어질 경우 전 세계에 어떤 영향을 끼칠 것인가는 이 책과 같은 전기의 후기에서 논의하기에는 너무 큰 문제다. 여기서는 단지 역사의 발전이 후진국 러시아와 서구 선진국 사이에 존재하던 안티테제(반정립—옮긴이)의 관계를 제거해가면서 트로츠키의 패배를 이미 상쇄시키고 있다고 말해두는 것만으로 충분할 것이다. 트로츠키의 패배는 후진국 러시아와 서구 선진국 사이의 안티테제 관계에서 유래된 것이었고, 러시아 혁명이 회생하는 것은 그와 같은 안티테제 관계가 완전히 제거되도록 하는 힘으로 작용할 게 틀림없다. 러시아에 의해 스탈린주의로 퇴락된 마르크스주의가 서구에 혐오감과 두려움을 불러일으켰다. 그러나 덧붙여진 야만적 요소들이 깨끗하게 제거된 마르크스주의에 대해서는 서구가 아주 다른 태도로 반응할 것이 분명하다. 서구는 그런 마르크스주의에서 마침내 인류의 운명에 관한 그 자신의 창조성과 그 자신의 비전을 확인하게 될 것이기 때문이다. 그러면 역사는 한 바퀴 돌아 다시

제자리로 돌아갈 수 있을 것이며, 그때가 되면

> 희망이 그 자신의 잔해로부터
> 자신이 숙고해온 것을 창출해내리라.

트로츠키는 맨발로 한 번에 두어 걸음만 앞으로 나아간 뒤 뒷걸음질하거나 옆으로 비켜서고, 다시 앞으로 나아가다가 비켜서거나 뒷걸음질하는 일을 반복하면서 서서히 성지로 다가가는 순례자들의 맨발 행진에 인류의 진보를 비교하곤 했다. 순례자들은 줄곧 그런 식으로 갈짓자 행진을 하면서 자기들의 목적지까지 힘들여 나아간다. 트로츠키는 진보의 '순례' 를 촉진하는 게 자기의 역할이라고 생각했다. 그러나 얼마간의 진보가 이루어지자 진보의 순례행렬이 지리멸렬하게 흩어졌고, 그러는 가운데 그 행렬을 앞으로 나아가도록 촉진하던 사람들은 모욕의 대상이 되고, 악당 취급을 당하고, 죽도록 짓밟히는 것이 인류의 현실이었다. 그러다가 전진하는 방향의 운동이 재개된 뒤에야 비로소 인류는 희생자들을 위해 구슬픈 애도를 바치고, 그들에 대한 기억을 다시 마음속에 간직하고, 그들의 유품을 경건하게 수집하리라. 그때는 인류가 희생자들이 흘린 피 한 방울 한 방울에 대해 감사하리라. 그들이야말로 자기가 흘린 피를 거름으로 해서 미래의 씨앗을 길러낸 이들임을 인류는 알기 때문이다.

| 주석 |

1장

1) The Prophet Unarmed, pp. 393 이하 참조. 리코프는 레닌으로부터 이어받은 인민위원회 의장, 즉 소련의 총리 직을 여전히 유지하고 있었다.
2) 앞의 책, p. 393.
3) Humanite, 1929년 2월.
4) 트로츠키가 중앙위원회, 코민테른 집행위원회, 그리고 '게페우로부터 전권을 위임받은 시민 포킨(Citizen Fokin, plenipotentiary of G.P.U.)' 앞으로 보낸 1929년 2월 7~12일자 메시지들. 트로츠키 자료실(The Trotsky Archives, 하버드대학 소장); Moya Zhizn, 2권, p. 318.
5) The Prophet Armed, p. 205.
6) Hegel, Philosophie der Weltgeschichte, p. 78.
7) 트로츠키 자료실; Moya Zhizn, 2권, p. 317.
8) 1929년 2월 18일 케말의 지시에 따라 콘스탄티노플의 행정책임자가 트로츠키에게 써 보낸 편지에서 인용. 트로츠키 자료실의 비공개 부분.
9) 로스메 부부와 트로츠키가 주고받은 편지들, 같은 출처.
10) 수바린이 트로츠키에게 보낸 편지, 1929년 2월 15일자, 같은 출처.
11) 모리스 파즈가 트로츠키에게 보낸 편지, 1929년 2월 18일, 같은 출처.
12) 원문은 1929년 2월 25일자로 돼 있다. 트로츠키 자료실; Ecrits, 1권, pp. 19~52.
13) 트로츠키가 게페우의 콘스탄티노플 주재원과 주고받은 3월 5일과 8일자 서신. 트로츠키 자료실.
14) Écrits, 1권, p. 47.
15) Moya Zhizn, 2권, p. 336.
16) Max Eastman, Great Companions, p. 117.
17) 트로츠키의 미발간 일기(1933년 7월)에서 인용. 트로츠키 자료실.
18) The Manchester Guardian 1931년 3월 17일자. 트로츠키의 자서전 《나의 일생》의 부록으로 실린 로스메의 글도 참조하라. Trotsky, Ma Vie, p. 592.
19) Eastman, 위에 인용한 부분.
20) Moya Zhizn, 2권, pp, 318~333, 트로츠키 자료실.
21) 웨브 부부가 트로츠키와 주고받은 편지들은 트로츠키 자료실의 비공개 부분에 들어있다. 웨브 부부가 트로츠키에게 면담을 요청한 편지에는 날짜가 1929년 4월 29일로 적혀 있다.
22) 여기에 언급된 비자신청 서류, 전보, 편지들의 사본이 트로츠키 자료실의 비공개 부분에 남

아있다. 비어트리스 웨브에게 보낸 편지는 트로츠키가 로스메의 도움을 받아 프랑스어로 썼다. 이 편지에서 특히 눈길을 끄는 부분은 다음과 같다. "나는 당신네 부부의 방문을 즐겁게 회상합니다. 당신네 부부의 방문은 내게 유쾌한 놀라움을 가져다주었습니다. 우리는 서로 관점이 일치하지 않았고, 그러하다는 것을 이미 알고 있었지요. 그럼에도 당신네 부부와 대화를 하는 과정에서 나는 이미 고전이 된《노동조합운동사》의 독자는 그 저자인 당신네 부부와 이야기를 나눠보면 많은 것을 얻을 수 있음을 깨달았습니다." 트로츠키는 자기가 느낀 영국의 매력과 관련해서는 이런 표현을 남겼다. "대영박물관에 대해 이미 오래전부터 느껴온 공감."

23) 트로츠키 자료실 비공개 부분의 영국 자료철. 트로츠키가 이런 상황을 잘 알도록 영국에서 소식을 전해준 사람은 허버트 새뮤얼의 사촌이었다. 그는 새뮤얼의 말도 인용했다.

24) 쇼가 클라인스(Clynes) 내무장관에게 보낸 편지의 사본에서 인용. 이 사본은 트로츠키 자료실의 비공개 부분 중 영국 자료철에 들어 있다. 쇼는 '간섭하기를 거부'한 헨더슨(Henderson) 외무장관에 대해서도 이의를 제기했다.

25) 트로츠키가 체코슬로바키아의 내무장관 체크 박사(Dr. Chekh)와 주고받은 서신. 트로츠키 자료실의 비공개 부분.

26) 같은 서신.

27) Moya Zhizn, 2권, p. 333.

28) 트로츠키가 쓴 글 중에 이런 것도 있다. "신문 보도에 따르면 (…) 오스틴 체임벌린 경(외무장관)은 (영국과 소련 사이의) 정상적인 관계는 (…) 트로츠키가 감금된 뒤에야 완전히 가능해질 것이다. 이런 간명한 공식은 토리당 소속 장관(체임벌린-옮긴이)의 기질에 부합한다. (…) 하지만 (…) 자유롭게 그에게 조언하자면 (…) 그런 조건을 고집하지 말아야 한다. (…) 스탈린은 체임벌린 경을 만나러 가기 위해 나를 소련에서 추방할 준비가 얼마나 잘 돼있는가는 이미 충분히 보여주었다. 그가 여기서 더 나아가야 하는데 그렇게 하지 않았다 해도 그것이 그가 선의를 갖고 있지 않기 때문이었던 것은 아니다. 이런 이유에서 소련의 경제와 영국의 공업을 벌한다는 것은 얼토당토않다." Écrits, 1권, p. 27.

29) Winston S. Churchill, Great Contemporaries, p. 197. 이 글은 원래 처칠이 트로츠키의 글에 대한 대응으로 써서 John O' London's Weekly라는 주간지에 발표했던 것이다. 트로츠키는 레닌에 관한 처칠의 글에 대해 논평하면서 처칠이 적어놓은 날짜들은 대부분 잘못된 것이며, 그와 볼셰비즘의 창설자 사이에 가로놓인 깊은 간극으로 인해 그는 레닌의 개인적 특성에 대한 통찰력을 전혀 보여주지 못했다고 지적했다. "레닌은 시대와 대륙의 차원에서 사고했지만, 처칠은 의회의 불꽃놀이와 대중신문 문예란의 차원에서 사고하고 있다."

30) The Times, 1929년 5월 10일.

31) Morning Post, 1929년 7월 6~8일. 이 글은 많은 유럽 신문들에 게재됐다. 한 예로 7월 8~9일자 Intransigeant를 보라.

32) Daily Express, 1929년 6월 19일.

33) 예를 들면 1929년 2월 27일자 The New York American과 The New York World를 보라. The

New York World는 "지적인 러시아인인 스탈린은 돈 없는 권력은 그림자에 불과하다는 것을 알고 있으며, 따라서 그는 돈 쪽으로 기울고 있다"고 지적하고, 이런 점은 "미국의 보수적 정부에 이익"이 될 것이라고 보도했다.

34) Berliner Börsenzeitung, 1929년 2월 1일.

35) 1929년 2월 9일. 이보다 '품격 있는' 신문인 〈함부르거 나하리히텐(Hamburger Nachrichten)〉의 1929년 1월 25일자 기사에는 이런 구절이 들어 있다. "스탈린은 트로츠키와 그를 따르는 무리를 저승으로 보내지 않았던 데서 저지른 실수의 결과를 거두고 있다."

36) 이 정보를 제공해준 사람은 랜즈버리(Lansbury)였다. 그는 이 정보를 트로츠키의 영국 통신원에게 말해주면서, 자기는 내각의 결정에 대해 반대하는 입장을 유지할 것이며 "막후에서 당신에게 조언을 해주기 위해 할 수 있는 일이 있다면 그게 무엇이든 할 것"이라고 확언했다. 트로츠키 자료실의 비공개 부분.

37) 비어트리스 웨브는 1930년 4월 30일 트로츠키에게 《나의 일생》의 증정본을 보내준 데 대해 감사하는 편지를 써 보냈다. 그녀는 이 편지의 끝 부분에서 책과 정기간행물, 문서 등에 관한 정보를 일러주는 방식으로 '전복적 선전기'에게 도움을 주었다.

38) Magdeleine Paz가 트로츠키에게 보낸 1929년 6월 14일자 편지. 트로츠키 자료실 비공개 부분.

39) 이 편지는 1929년 6월 1일에 씌어졌다. 트로츠키 자료실의 비공개 부분.

40) 알렉산드라 람(Alexandra Ramm)은 러시아 출생으로, 급진적 주간지 〈악치온(Aktion)〉의 편집자인 프란츠 펨페르트(Franz Pfemfert)의 아내였다. 펨페르트는 코민테른의 3차 대회 이후, 즉 트로츠키의 영향력이 가장 컸던 시기에 '과격파'로 지목돼 공산당에서 축출됐다. 그러나 그와 그의 아내는 트로츠키에 대해서는 정치적인 입장 차이를 무시하고 끝까지 따뜻한 우정을 유지했다.

41) Eastman, 위에 인용한 부분.

42) 파리자닌(M. Parijanine, 트로츠키의 저작을 프랑스어로 옮긴 번역가—옮긴이)은 소아시아 지역 연해에서 트로츠키와 함께 고기잡이를 하던 일을 생생하게 기록해 놓았다. "(…) 그는 자기의 기록으로 남을 만큼 물고기를 잡기 위해 전력을 다했다. (…) 그가 내밀한 행복감을 느끼고 있음을 알 수 있었다. (…) 그는 기본요령을 터득하는 중이었다." 어둠이 내리면서 거대한 폭풍이 몰아쳤다. 배가 거의 뒤집힐 지경이었다. 두 사람과 함께 배에 타고 있던 터키 헌병은 두려움에 울음을 터뜨렸다. 트로츠키는 노를 잡더니 힘을 내어 파도에 맞서 싸우기 시작했다. 그는 아주 침착한 태도로 동료들을 걱정해주고 유머를 잃지 않았다. 그 모습을 보고 파리자닌은 '두려워하지 말라 (…) 케사르와 그의 운이 너와 함께 있다'고 생각했다. 그들 일행은 버려진 작은 섬의 한 비어있는 오두막을 피난처로 삼았다. 다음 날 아침, 먹을 것이 없었던 그들은 총으로 토끼 두 마리를 잡았다. 파리자닌이 잡은 토끼는 총을 맞고도 죽지 않고 상처만 입은 상태였다. 파리자닌은 그 토끼를 죽였다. 트로츠키는 "그건 사냥꾼의 태도가 아니야. 사냥꾼은 상처 입은 짐승은 죽이지 않네"라고 말했다. 그러는 동안 터키의 당국에서는 수색에 나섰고, 몇몇 농부들이 그들을 구조하러 왔다. 트로츠키는 그들의 도움을 받으면서 자기 모순을 느꼈다. 낯선 땅에서 길을 잃은 상태에서 최소한의 먹을 것도 구할 수 없게 된 두 명의

러시아 장군에 관한 시체드린(러시아의 작가—옮긴이)의 소설이 생각났기 때문이다. 그 소설에서는 한 장군이 한숨을 쉬면서 "아, 여기서 무지크(제정러시아 시대의 농민—옮긴이)를 한 명만이라도 발견할 수 있다면 얼마나 좋을까!"라고 말했다. 그러자 그 즉시 무지크가 나타나 필요한 일을 모두 순식간에 해주었다. 'A Leon Trotsky', Les Humbles, 1934년 5~6월.

43) Serge, Vie et Mort de Trotsky, pp. 201~202.

44) 1957년 11월 21일 미국 상원의 '국내안전법 등의 집행에 대해 조사하기 위한 소위원회'가 개최한 청문회의 속기록 중 pp. 4875~4876 참조. 여기서 소볼레비시우스는 잭 소블(Jack Soble)이라는 이름으로 등장한다. 그는 트로츠키와 편지를 주고받을 때는 세닌(Senin)이라는 가명을 사용했다. 그의 형제인 소블렌 박사(Dr. Soblen)도 유죄선고를 받았고, 1962년에 미국을 빠져나간 뒤 이스라엘로 피신하려 했지만 이스라엘은 그를 거부했다. 영국을 거쳐 다시 미국으로 돌아온 그는 두 번의 자살 시도를 했고, 영국 런던에서 생을 마감했다.

45) 트로츠키, 소볼레비시우스, 그의 형제인 웰(R. Well, Dr. Soblen)이 서로 주고받은 편지들이 트로츠키 자료실의 비공개 부분에 두 파일이나 들어 있다.

46) 1930년 4월 펨페르트가 트로츠키와 주고받은 편지들. 트로츠키 자료실의 비공개 부분. 올베르크(Olberg)는 독일 반대파 지도부의 일원이었다. 그는 트로츠키가 소련 내 지지자들과 가진 접촉에 대해 집요하게 질문해대어 의심을 샀다(올베르크와 세도프 사이에 오고간 편지들도 참조). 그가 1930년에 이미 밀정이었는지, 아니면 그 뒤에 밀정이 됐는지는 아직 명확하게 밝혀지지 않았으며, 이 점은 소볼레비시우스의 경우와 같다. 나치즘이 부상한 뒤인 1933~1934년에 올베르크는 체코슬로바키아에서 정치적 망명자로서 매우 빈곤하게 살았다고 한다. 물론 그는 그 어떤 보상도 받지 않으면서, '이념적' 인 이유로 스탈린주의자들을 위한 밀고자로 활동했을 수 있다. 그는 1936년에 열린 지노비예프 재판에서 피고인 중 한 명인 동시에 검찰 측이 신청한 주요 증인이었다. 그는 사형 선고를 받았다.

47) Eastman, 앞의 책.

48) 여기서 언급된 금액들은 트로츠키가 출판사나 저작권 중개업자들과 주고받은 금전거래에 관한 기록과 편지들로부터 뽑아낸 것이다. 트로츠키 자료실의 비공개 부분.

49) 소볼레비시우스와 그의 형제 웰에게 보낸 1929년 11월 4일자 편지에서 트로츠키는, 독일의 레닌동맹(Leninbund)은 돈을 벌기 위한 활동을 계속했고, 퍄타코프가 항복하기 전에 레닌동맹의 지도자들이 퍄타코프로부터 돈을 받았다고 주장했다. 레닌동맹의 활동은 미미한 수준이었고, 따라서 소액의 돈만 전달돼도 그들은 활동을 계속할 수 있었다.

50) 쇼(Shaw)는 여러 차례 트로츠키에 대한 존경심을 각별히 열정적으로 표현했다. 예를 들어 몰리 톰킨스(Molly Tompkins)에게 보낸 한 편지에 그는 이렇게 썼다. "어제 (…) 나는 우리의 위대하신 당 지도자들의 연설에 관한 한 뭉치의 기사들과 트로츠키가 쓴 2실링 6펜스짜리 책을 곁에 두고 읽었다. (…) 전적으로 조잡하고 거칠고 잔인한 심술에 있어서는 누구도 버켄헤드, 로이드 조지, 처칠의 연설을 넘어서기 어려울 것으로 보였다. 반면에 분별력, 가장하지 않은 솔직함, 교육으로 길러진 지적 능력에 있어서는 트로츠키가 시종일관 앞섰다. 당신의 나라에서 진행되는 대통령 선거 운동과 이곳 영국의 총선에서 눈을 돌려 트로츠키의 글을 보는 것

은 지구를 떠나 다른 행성으로 옮겨가는 것과 같다." G. B. Shaw, To a Young Actress, p. 78. 문필가로서의 트로츠키를 레싱과 처음으로 비교한 사람도 쇼였다. 그는 하이네(Heine)의 '독일의 철학 및 종교의 역사에 대해' 라는 글에서 따온 표현을 이용해 트로츠키를 레싱에 비교했다. 《무장한 예언자》의 머리말 참조.

51) Th. Draper, American Communism and Soviet Russia, p. 358; and Roots of American Communism, p. 129. 이 밖에 J. Freeman, An American Testament, pp. 383~384도 참조하라.

52) The Prophet Unarmed, p. 116. 1926년에 퍄타코프는 파리의 소련 대사관에서 참모로 일하면서, 프랑스 공산당에서 축출된 다양한 반스탈린주의자들을 결집시켜보려 했다. 모스크바에서는 트로츠키와 지노비예프가 통합반대파(Joint Opposition)를 결성하고 있었고, 퍄타코프의 과제는 이 통합반대파에 대응하는 프랑스의 조직을 구성해내는 것이었다. 그는 로스메, A. 뒤누아, 로리오, 수바린, 모나트, 파즈 등과 만났고, Contre le Courant의 발행 준비를 주도했다. 그러나 트로츠키주의자들과 지노비예프주의자들 사이의 '동맹(bloc)'에 관한 그 어떤 구상에 대해서도 적대적이었던 로스메와 모나트가 협력하기를 거부했다. 이에 따라 Contre le Courant은 파즈 부부와 로리오가 편집하는 통합반대파의 프랑스 내 기관시로 발행되기 시작했다. 로스메와 모나트는 따로 독립적으로 반스탈린주의 활동을 계속했다.

53) 〈반대파 회보(B.O., Bulletin Oppozitsii)〉, 17~18호, 1930년. 로스메가 트로츠키에게 보낸 1930년 4월 10일자 편지도 참조. 트로츠키 자료실의 비공개 부분. 이 시기를 즈음해 라바졸리(Ravazzoli), 레오네티(Leonetti), 트레소(Tresso) 등 세 명의 이탈리아 정치국 위원이 트로츠키주의반대파로 넘어왔다. 이들은 그람시(Gramsci)의 친구이자 지지자였다. 이들 중 한 명이 그람시의 편지가 톨리아티(Togliatti)의 손에 들어갔다가 도중에 차단당했다는 정보를 로스메에게 전했다. 1961년에 나는 〈이탈리안 프레스(Italian Press)〉에 게재된 글을 통해 공개적으로 이 일에 대해 해명하라고 톨리아티에게 요구했다. 톨리아티는 자기 친구를 통해 해명했다. 1926년에 그람시가 자기에게 러시아의 당내 갈등에 이탈리아 공산주의를 관여시키지 말라고 촉구했다는 것이다(톨리아티는 트로츠키에 대항해 부하린과 스탈린을 지지했다). 톨리아티는 러시아의 당내 갈등이 잠잠해진 시기에 그람시의 편지가 모스크바에 도착했고, 부하린과 논의한 뒤에 '그런 상황에서는 그람시의 편지가 현실적으로 별 의미가 없다'고 판단했다고 주장했다. 스탈린과 트로츠키 사이의 갈등이 다시 불거진 뒤에도 코민테른과 이탈리아 공산당은 그람시의 입장이 어떠한지에 대해 계속 모르고 있었다. 스탈린 시대에 그람시에 대한 기억이 망각됐던 데는 바로 이런 사정이 작용했다. 스탈린이 죽고 난 뒤에야 그람시의 업적이 '재발견'됐다. 이런 점에서 톨리아티는 그람시가 죽고 난 뒤에 이탈리아 공산당에 그람시 숭배의 분위기가 형성되도록 하는 역할을 했다.

54) 닌(Nin)은 트로츠키가 알마아타에 체류하는 기간에 트로츠키와 편지를 주고받았다. 트로츠키 자료실.

55) 그 같은 상황에서도 트로츠키는 중국인 지지자들과 긴밀한 접촉을 유지했고, 중국에 대한 관심을 계속 유지했다. 1929년 여름 또는 가을에 모스크바를 출발해 중국으로 가던 린체(Lin Tse)라는 이름의 한 중국인 반대파 인사가 도중에 프린키포에 들러 트로츠키를 만났다. 트로

츠키는 그 뒤 1940년까지 중국 내 반대파의 여러 정파들을 각각 대표하는 몇 개의 그룹들과 거의 정기적으로 연락을 주고받았다. 1929~1931년에 이미 트로츠키의 중국인 지지자들이 그에게 당시 공식적인 당 지도자였던 리리산(李立三)과 주더(朱德), 그리고 마오쩌둥의 경쟁적 갈등관계에 관해 보고하면서 리리산과 주더를 '기회주의자'로 부르며 제쳐놓고 마오에 대해서만 큰 희망을 건다는 의견을 전했다. 트로츠키의 지지자들 가운데 일부는 천두슈가 '트로츠키주의로 전환'한 것에 대해 달가워하지 않았다. 이들은 천두슈를 '청산파'로 간주했고, 그가 그런 자기의 역할을 한 것이라고 생각했다. 당시 트로츠키에게는 마오쩌둥이라는 이름이 그다지 큰 의미를 갖지 않았다. 트로츠키는 오히려 중국 마르크스주의의 '노대가'인 천두슈에 큰 의미를 부여했고, 그와 중국의 트로츠키주의자들을 화합시키려고 애썼다. 천두슈는 트로츠키에게 보낸 1930년 12월 1일자 편지에서 자기는 1929년 여름에 중국의 혁명에 관한 트로츠키의 견해를 처음으로 접했는데 즉시 그 견해가 옳다고 확신하게 됐다고 밝혔다. 트로츠키 자료실의 비공개 부분. 1925~1927년의 혁명에서 천두슈가 한 역할은 The Prophet Unarmed, pp. 266 이하에 서술돼 있다.

56) 〈반대파 회보〉, 1~2호, 1929년 7월. 아래에서 B.O.는 〈반대파 회보(Bulletin Oppozitsii)〉를 가리킨다.

57) 트로츠키는 일국사회주의의 원조는 독일의 유명한 개혁주의자였던 폴마르(G. Vollmar)라고 보았다. 20년 전에 베른슈타인이 '수정주의' 운동을 펼 때 폴마르는 '격리된 사회주의 국가(isolated socialist state)'라는 개념을 주창했다(이 개념은 리스트의 경제학에 기본이 되는 개념의 사회주의적 변종이라고 말할 수도 있다). 폴마르의 개념은 스탈린이나 부하린의 개념보다 더 정교하다고 트로츠키는 지적했다. 왜냐하면 그가 말한 '격리된 사회주의 국가'는 저개발 농업사회가 아니라 기술발전을 누리는 독일과 같은 국가이기 때문이라는 것이었다. 폴마르는 격리된 사회주의 국가가 이웃한 자본주의 국가들에 비해 기술적 우위에 있어야만 사회주의 국가의 안전과 성공이 보장된다고 보았다. 이와 달리 부하린과 스탈린은 1928년까지는 공업적으로 낙후된 나라도 사회주의 국가로 발전할 수 있다고 생각했다(Trotsky, The Third International After Lenin, pp. 43~44 참조). 폴마르는 독일이 사회주의 국가가 되면 우월한 기술과 계획경제의 이점을 활용하면서 평화로운 경제적 경쟁을 통해 이웃한 자본주의 국가들을 이겨낼 수 있을 것이며, 그렇게 되면 다른 나라들에서는 정도의 차이는 있겠지만 혁명이 불필요해질 것이라고 상상하기도 했다. 이런 생각을 통해 폴마르는 1920년대의 스탈린주의-부하린주의를 예고했을 뿐 아니라 더 나아가 1956년 2월 20차 소련 공산당 대회에서 채택된 '경제적 경쟁'과 '사회주의로의 평화적 이행'이라는 흐루시초프주의 테제까지 예고했다.

58) 《비무장의 예언자》의 2장과 5장을 보라.

59) Kommunisticheskii Internatsional v Dokumentakh, (ed. B. Kun), pp. 769~784.

60) 앞의 책, pp. 876~888, 915~925, 957~966.

61) 앞의 책, pp. 946, 957~966, 그 외 여기저기.

62) 트로츠키는 〈반대파 회보〉 8호(1930년 1월) 전체를 제3시기 정책 비판에 바쳤고, 그 뒤에 발간된 〈반대파 회보〉의 많은 호들에서 이 주제를 거듭해서 다루었다.

63) 폴란드의 바르스키(Warski) 그룹과 코스트르제바(Kostrzewa) 그룹(이들은 1929년에 당에서 지위가 강등됐으나 아직 당에서 쫓겨나지는 않은 상태였다), 스위스의 훔베르트 드로즈(Humbert Droz) 그룹, 미국의 러브스톤(Lovestone) 그룹이 브란틀러파(Brandlerites)와 비슷한 그룹들이었다.

64) 브란틀러파의 신문 〈아르바이터폴리티크(Arbeiterpolitik)〉는 트로츠키주의에 대해 일관되게 적대적인 태도를 유지했고, 트로츠키도 똑같은 태도로 대응했다. 한번은 트로츠키가 이렇게 말했다. "교회 앞을 지나갈 때 성호를 긋는 사람과는 그가 누구든 유물론의 다양한 경향들에 관해 토론하지 않는 것과 마찬가지로 나는 브란틀러나 탈하이머와는 논쟁하지 않을 것이다."

65) 〈반대파 회보〉, 3-4, 5호, 그 외 여기저기; Ecrits, vol I, pp. 213~274; Militant, 1929년 12월.

66) 로스메가 트로츠키에게 보낸 1929년 4월 16일자 편지.

67) 트로츠키와 수바린이 주고받은 편지들. 트로츠키 자료실의 비공개 부분.

68) 같은 자료.

69) 트로츠키와 파즈가 주고받은 편지들. 트로츠키 자료실의 비공개 부분.

70) 몰리니에 집안은 파리의 레퓌블리크 거리에서 작은 은행을 하나 운영하고 있었다.

71) 이 부분의 서술은 1930년대에 트로츠키, 몰리니에, 나빌, 세르게, 세도프를 비롯한 여러 사람들 사이에 오간 편지들에 근거한 것이다. 트로츠키 자료실의 비공개 부분.

72) Écrits, 위에 인용한 부분; 〈반대파 회보〉, 위에 인용한 부분.

73) 1926년에 무엇보다 만주지역에 대한 소련의 영향력 확보에 관심을 갖고 있었던 정치국 중국위원회의 의장으로서 트로츠키가 했던 역할은 The Prophet Unarmed, p. 270에 서술돼 있다.

74) 1935년에 스탈린은 소련에 대한 일본의 공격을 막아내기 위해 전쟁을 해야 할 상황이 다가오고 있다는 우려에서 만주철도를 일본이 세운 괴뢰정부인 만주국에 팔아버렸다. 소련은 1945년에 이 철도에 대한 통제권을 되찾았고, 1952년 9월에 이르러서야 스탈린이 얼마간 주저하다가 마오쩌둥의 정부에 이 철도를 양보했다. 이것은 스탈린이 마지막으로 취한 몇 가지 중요한 정책들 가운데 하나였다. 이는 그동안 스탈린이 중국에 대해 취해온 경제적 침투의 정책노선을 그의 후계자들이 나중에 완전히 폐기할 것임을 예고한 것이었다. 스탈린과 그의 후계자들은 다른 많은 경우에도 그랬지만 중국에 대한 경제적 침투 노선의 폐기에 있어서도 트로츠키가 거의 사반세기 전에 이미 윤곽을 그려놓은 정책을 내키지 않아 하면서도 마지못해 집행한 셈이었다.

75) 1930년 6~7월에 트로츠키와 로스메가 주고받은 편지, 1930년 8월 18일자로 트로츠키가 샤트먼에게 보낸 편지, 1931년 1~2월에 트로츠키가 몰리니에에게 보낸 편지, 1931년 6월 28일자로 트로츠키가 'Federation of Charleroi'에 보낸 편지 참조. 트로츠키 자료실의 비공개 부분.

76) 국제국은 1930년 4월 여러 나라의 트로츠키주의자들이 모인 회의에서 결성됐으며, 그 구성원은 로스메(나빌이 대리)를 비롯해 미국의 샤트먼, 독일의 란다우, 스페인의 닌, 러시아의 마르킨 등이었다. 마르킨(N. Markin)은 세도프(료바)가 사용한 가명으로, 그는 이 가명으로 러시아 반대파를 대표했다(그러나 그는 국제국을 결성한 회의에 직접 참석하지는 않았다). 국제국은 결성되긴 했으나 제대로 기능하지는 못했다. 샤트먼이 미국으로 돌아갔고, 닌은 곧바

로 스페인에서 투옥됐으며, 마르킨은 프린키포에서 빠져나가지 못했기 때문이다. 그 뒤 국제비서국이 파리에서 결성됐다. 국제비서국은 나빌을 주축으로 이탈리아인인 수조(Suzo)와 미국인인 밀(Mill)이 참여했다. 밀은 얼마 지나지 않아 스탈린주의자임이 드러났다. 국제비서국도 국제국과 마찬가지로 효과적이지 못했다. 그래서 트로츠키는 세닌-소볼레비시우스(Senin-Sobolevicius)와 웰(Well)의 도움을 받아 국제비서국을 전면적으로 재구성하려고 했다. 트로츠키가 웰에게 보낸 1931년 12월 15일자 편지 참조.

77) 트로츠키 자료실의 비공개 부분에 소장된 300여 개의 파일들에는 2만 건 정도의 문서가 들어 있으며, 이 가운데 약 90퍼센트는 트로츠키가 지지자들과 주고받은 편지들이다. 트로츠키 자료실의 공개 부분에 보관돼 있는 문서 중 상당 부분도 여러 트로츠키주의 그룹들의 정책, 전술, 조직에 관한 트로츠키의 글로 이루어져 있다.

78) 〈반대파 회보〉, 19호, 1931년 3월.

79) 《비무장의 예언자》 중 '알마아타에서의 일 년' 에 관한 장을 보라.

80) 〈반대파 회보〉 1호에 실린 1929년 3월 20일자 글을 보라.

81) 〈반대파 회보〉, 7호, 1929년 11~12월.

82) V.K.P. (b)., Profsoyuzakh, p. 414. 이 당대회의 결의문에는 사회주의적 경쟁에 대해 트로츠키가 10년 전부터 주장해온 내용이 그대로, 그러나 물론 트로츠키의 이름은 밝히지 않은 채 반영됐다. K.P.S.S. v. Rezolutsyakh, 2권, pp. 496~497; 필자가 쓴 책 《소련의 노동조합(Soviet Trade Unions)》, pp. 95~97도 참조.

83) Stalin, Sochinenya, 12권, pp. 118 이하.

84) Preobrazhensky, 'Ko Vsem Tovarishcham po Oppozitsii' , 트로츠키 자료실. 이 자료는 뒤에도 인용된다. 〈반대파 회보〉에 게재된 라코프스키의 글 중 위에 인용한 부분도 참조하라.

85) 위에 인용한 부분.

86) 영국과 미국에서는 대규모 자본주의 농업이 공업화의 농촌 쪽 배경이 됐다. 독일에서 공업이 발달할 때도 융커(Junker, 토지귀족—옮긴이)의 대농장과 대규모 농업이 지배적이었다. 이런 나라들에서는 공업화의 초기 단계에 대규모 농업이 존재했던 반면, 1920년대의 러시아에서는 그렇지 않았다. 자본주의적 경쟁의 일반적 과정에 의해 농업의 집중화가 이루어졌다면 시간이 더 많이 걸렸을 것이고, 그 과정에서 더 많은 자유방임적 상태가 초래됐을 것이다.

87) 트로츠키 자료실.

88) 트로츠키는 종종 이런 비난에 대항해 자기방어를 해야 했다. 로스메가 1929년 2월 24일자 편지로 트로츠키에게 알려준 대로, 처음에는 프랑스인 지지자들조차 트로츠키를 이런 식으로 비난했다. 이에 대해 로스메와 트로츠키는 마르크스도 부르주아 매체에 기고하는 것으로 생계를 이었던 적이 있다고 대답했다. 트로츠키는 〈반대파 회보〉의 첫 호에 특별히 집어넣은 주석에서 자기의 입장을 소련의 독자들에게 설명하고, 부르주아 매체를 통해서도 자기는 혁명을 수호하면서 볼셰비키이자 레닌주의자로서 발언하고 있다고 강조했다.

89) 트로츠키 자료실; 〈반대파 회보〉, 6호, 1929년.

90) Pravda, 1929년 7월 13일.

91) Écrits, 1권, pp. 157~163.

92) 1929년에 발간된 〈반대파 회보〉 7호에 게재된 라코프스키(Vide Rakovsky)의 설명.

93) 트로츠키 자료실.

94) 〈반대파 회보〉, 6호, 1929년.

95) 1929년 9월 25일자 'Pismo druzyam(비공개 문서)'. 트로츠키 자료실; 〈반대파 회보〉, 위에 인용한 부분.

96) 1929년 11월 26일자로 돼있는 이 편지는 항복자들의 대열에 끼어드는 쪽으로 마음이 기울어진 게 분명한 한 반대파 인사가 전해준 소식이 계기가 되어 씌어졌다. 트로츠키 자료실.

97) The Prophet Unarmed, p. 320 참조.

98) 이런 논란은 필자가 모스크바에 갔던 1931년까지도 계속되고 있었다.

99) 필자는 중앙위원회가 있는 건물의 복도에서 이런 속삭임을 거듭 들으며 놀라워했다.

100) 이 메시지의 내용은 날짜가 명기되지 않은 채 트로츠키 자료실 비공개 부분의 러시아 자료철에 들어 있다. 나는 블룸킨이 방문한 정확한 날짜를 확인할 수 없었다. 메시지의 내용으로 추측해보건대 그 날은 1929년 7월 또는 8월의 어느 날이었던 것으로 보인다. 트로츠키의 메시지에는 추가로 다음과 같은 조직적 '지시'들도 들어 있었다. 우선 그는 지지자들에게 독일 레닌동맹의 지도자이자 자기와 정치적 논쟁을 벌이고 있는 우르반스(Urbahns)를 통해서는 자기에게 연락하지 말라고 했다. 또한 그는 파리의 소련 대사관에 근무하는 하린(Kharin)이라는 이름의 관리는 스탈린주의자들의 밀정이니 그를 경계하라는 주의를 주었다(트로츠키는 추방당한 직후에 부분적으로는 하린을 통해 러시아 내 지지자들과의 연락을 유지했던 것으로 보인다). 이런 '지시'들에도 공모의 요소는 전혀 들어 있지 않았다. 또 사실 그런 '지시'들은 은밀한 것도 아니었다. 이런 종류의 운동에서는 일반적으로 밀정에 대한 경고가 매우 폭넓게 전해진다. 이는 가능한 한 많은 사람들이 경계를 하도록 하기 위해서다.

101) 트로츠키가 로스메에게 보낸 1930년 1월 5일자 편지; 〈반대파 회보〉, 9호와 10호, 1930년; Serge, Mémoires d'un Révolutionnaire, pp. 277~279.

102) A. Orlov, The Secret History of Stalin's Crimes, p. 202.

103) 이 소식은 몰리니에가 보낸 1929년 12월 10일자 편지를 통해 트로츠키에게 전달됐다. 이 편지에서 몰리니에는 반대파의 와해에 관한 상당히 우울한 소식도 전했다. 트로츠키 자료실의 비공개 부분.

104) 트로츠키는 처형당한 두 명의 이름이 실로프(Silov)와 라비노비치(Rabinovich)이며, 이들은 '철도수송을 사보타주'한 혐의로 처형됐다고 〈반대파 회보〉 10호에 썼다. 오를로프(Orlov)에 따르면(앞의 책, 위에 인용한 부분) 라비노비치는 게페우 소속 장교였고, 그의 진짜 '죄목'은 모스크바에 있는 트로츠키주의자들의 비밀 서클들에 블룸킨의 처형을 알려주었다는 것이었다.

105) See K.P.S.S.v Rezolutsyakh, 2권, pp. 449~469, 593 이하; Stalin, Sochinenya 12권, pp. 118~135; Pravda, 6 January 1930; Deutscher, Stalin, pp. 317~322.

106) 〈반대파 회보〉, 7호, 1929년.

107) Écrits, 1권, p. 76.

108) 이 글은 1930년 2월에 씌어졌고, 〈반대파 회보〉 9호에 게재됐다.

109) 당원들에게 보내는 트로츠키의 '공개편지'(〈반대파 회보〉, 10호, 1930년 4월), 16차 당대회에 관한 트로츠키의 논평(〈반대파 회보〉, 12~13호, 1930년 6~7월), '사회주의의 성공과 무모함의 위험'(〈반대파 회보〉, 17~18호, 1930년 11~12월)도 참조하라.

110) 〈프라우다〉는 1930년 1월 15일자에서 소련의 농업을 완전히 집단화하는 데는 150만 대의 트랙터가 필요하다고 추정했다. 이 정도의 기계화는 1956년에야 달성됐다. 이해에 15마력 단위로 계산된 트랙터 수가 150만 대를 넘어섰다. 실제로 사용된 30마력 가까운 동력의 트랙터로 환산하면 87만 대 정도였던 셈이다. 15마력 기준으로 본 연간 트랙터 생산량은 1929년에는 3천 대를 조금 넘는 수준에 지나지 않았고, 1932년에는 5만 대로 생산량이 늘어났다. 트랙터 이외에 농가에서 사용할 수 있었던 다른 농업기계는 거의 무시해도 좋을 정도였다. 예를 들어 농촌에서 사용된 운반차량의 수는 1차 5개년 계획의 시작연도인 1928년에 1천 대에도 미치지 못했고, 1932년에도 1만 4천 대에 불과했다. Narodnoe Khozvaistvo S.S.S.R. v 1958 g., Soviet Statistical Yearbook; 1959, pp. 243, 487.

111) 트로츠키는 "소하스(sokhas, 나무로 만들어진 쟁기)의 집단화라니 (…) 그것은 사기다"라고 썼다. 트로츠키의 주장은 몇몇 트로츠키주의 경제학자들(예를 들면 집단화와 과잉인구에 관한 Ya. Gref의 연구. 이 연구의 내용은 〈반대파 회보〉 11호에 게재됐다)에 의해 반박당했고, 당연히 스탈린주의자들에 의해서도 반박 당했다. 이들은 기술이 원시적인 상태이더라도 기존의 소규모 영농보다는 집단농장이 더 생산적일 것이라고 주장했다. 이들은 영국의 제조업을 예로 들어 트로츠키를 비판했다. 영국의 제조업은 산업혁명 이전('제조업'이 여전히 어원(제조업을 의미하는 영어단어 'manufacture'는 'manu(손)'와 'facture(제조)'가 합쳐진 것이다—옮긴이)의 뜻 그대로인 상태였을 때)에도 개인적인 수공업보다 더 생산적이었다는 것이었다. 그 이유로 이들은 마르크스가 《자본론》에서 지적했듯이 산업혁명 이전에도 영국의 제조업은 우선 '단순한 협업'의 이점을 누렸고, 그 다음에는 육체노동의 분업에 따른 이점을 누렸다는 점을 들었다. 엄밀한 이론의 관점에서는 트로츠키를 비판한 사람들이 옳았다. 집단화는 그것에 상응하는 기술적 토대가 전제되지 않더라도 더 높은 생산성을 가져다줄 수 있다. 1950년대 중반의 일정 시기에 중국에서 바로 그런 현상이 나타났다. 그러나 실제로는, 적어도 1929~1932년의 집단화의 경우에는 트로츠키가 옳았다. 노동에 대해 농민들이 분개하는 태도와 초기에 농산물 재고가 파괴된 상태였던 현실이 협업과 육체노동의 분업으로부터 집단농장이 얻을 수 있는 모든 이점을 상쇄시켜버렸던 것이다.

112) 〈반대파 회보〉, 9호, 1930년.

113) The Prophet Unarmed, p. 82.

114) 1930년대에 소련의 도시인구는 약 3천만 명에서 약 6천만 명으로 증가했다. 특히 1930년대 전반에 소련의 도시인구가 가장 집중적으로 증가했다. 총 농업생산은, 1913년에 100이었다고 보면 1928년에 124였던 것이 1933년에는 101로 줄어들었고 1936년에도 109에 머물렀다. 축산업 생산도 1928년의 137에서 1933년에 65로 줄어들었다가 1936년에 96으로 늘어났다.

1930년대 내내 곡물 생산은 1913년 이전 수준을 넘지 못하고 그보다 다소 낮은 수준에 머물렀다(Narodnoe Khozyaistvo S.S.S.R., pp. 350~352). 농장에서 내다 팔 수 있는 잉여 생산물의 양이 1928년에 혁명 이전 수준의 절반에 지나지 않았고, 1929~1932년에 실시된 징발 덕분에 도시의 수요를 충족시키는 데 이용될 수 있는 곡물 재고는 대략 두 배로 늘어났다. 설탕, 육류, 유지류의 공급은 1차 5개년 계획 기간에 매우 급격히 줄어들었다(같은 책 p. 302). 무명옷의 생산량은 1928년부터 1935년까지 줄어들거나 정체된 상태였다(같은 책 p. 274). 신발과 양말도 마찬가지였다. 가내 수공업이 사라지면서 그렇지 않아도 부족한 신발과 양말이 더욱 부족해졌다(같은 책 p. 293). 1930년대는 노동과 물자의 부족이 두드러진 연대였다. 이 시기에는 노동과 물자가 최우선적으로 중공업에 배분됐다. 도시의 과잉인구는 이미 심화될 대로 심화되어 이 시기에 재난에 가까운 수준에 이르렀다. 추가로 지어지는 건물은 추가로 도시에 거주하게 된 사람 1명당 평균 1평 정도밖에 거주공간을 제공하지 못했다.

115) The Prophet Unarmed, p. 84.

116) 1933년 1월 10일의 중앙위원회 결의(K.P.S.S. v Rezolutsyakh, 2권, p. 723)에 따르면 1차 5개년 계획 기간에 노동자와 농민의 소득이 평균 85퍼센트 증가하는 것으로 돼 있었다. 같은 기간에 국유 상점이나 협동조합 상점들의 소매판매 총액은 120억 루블 이하에서 400억 루블 이상으로 늘어날 것으로 전망됐다(Narodnoe Khozyaistvo v S.S.S.R., p. 698). 고정된 가격으로 배급되던 빵과 감자를 제외하면, 판매되는 재화의 양이 이 기간에 정체됐거나 늘어났더라도 조금만 늘어나는 데 그쳤다. 이에 따라 통제되는 가격으로 측정하더라도 이 기간에 루블의 구매력은 1928년 수준의 4분의 1 내지 3분의 1 정도였다. 통제되지 않은 가격으로 측정하면 루블의 구매력은 이보다 더 많이 떨어졌을 것이다. 따라서 1928년에서 1932년까지 평균 명목임금은 두 배가 되었지만 평균 실질임금은 절반으로 떨어졌다. 이에 비춰보면 스탈린은 인플레이션을 이용해 노동자들의 임금 중 절반을 떼어내어 공업화 자금으로 댄 것이라고 말할 수 있다.

117) 이런 흥분된 분위기는 2~3년 안에 소련이 서구 공업국들을 '따라잡거나 능가' 함으로써 '일국사회주의 주위에 무장된 장벽' 을 구축할 수 있을 것이라는 환상에 의해 생겨났다. 〈반대파 회보〉, 17~18호, 1930년.

118) 〈반대파 회보〉, 23호, 1931년 8월과 27호, 1932년 3월.

119) 앞에 인용한 부분.

120) 카가노비치는 "트로츠키가 우리에게 자본주의 세계에 더 많이 의존하라고 재촉하고 있다" 고 말했다. 이에 대해 트로츠키는 "폐쇄적 자급경제는 마르크스나 레닌의 이상이 아니라 히틀러의 이상" 이라고 대꾸했다. 1932년 11월 〈반대파 회보〉 31호에 실린 'Sovetskoe Khozyaistvo v Opasnosti' 참조. 1930년부터 1935년까지 소련의 수출액은 3분의 1로, 수입액은 4분의 1로 각각 줄어들었다. 이런 수출입액 감소 중 일부는 무역조건의 악화 탓이었다.

121) 예를 들어 K.P.S.S. v Rezolutsyakh, 2권, pp. 717~724를 보라. 〈프라우다〉, 〈볼셰비크〉를 비롯해 1930년대에 간행된 소련의 모든 언론매체가 이런 대비를 하는 글로 넘쳐났다.

122) 〈반대파 회보〉, 위에 인용한 부분과 여기저기.

123) 예를 들어 The Revolution Betrayed, pp. 128~135에 실린 '집단마을의 사회적 모순'에 관한 장(章)을 보라.

124) 〈반대파 회보〉, 29~30호, 1932년.

125) 처칠은 이렇게 썼다. "자정을 넘긴 시간이었다. 나는 '내게 말해주시오. 이 전쟁이 주는 압박이 개인적으로 당신에게 집단농장 정책을 수행하는 것만큼이나 끔찍합니까?'라고 물었다. 이 주제는 즉각 그의 반응을 이끌어냈다. 그는 '아, 아니오. 집단농장 정책은 끔찍한 싸움이었소'라고 말했다. 그는 '천만 명(의 농민들)이(…)'라며 두 손을 들어 올리더니 '그건 두려운 일이었소. 4년이나 계속됐지요. 그건 러시아에 절대적으로 필요한 것이었소' 라고 말했다." Winston S. Churchill, The Second World War, 4권, p. 447.

126) 프레오브라젠스키의 '신경제학'이 내린 결론은 The Prophet Unarmed, p. 197에 요약돼 있다.

127) Deutscher, Stalin의 8장 참조.

128) The Prophet Armed의 pp. 151 이하와 여기저기.

129) Narodnoe Khozyaistvo S.S.S.R., pp. 656~657. 이 숫자는 육체노동자 외에 사무직 노동자도 포함한 것이다.

130) 1930년 〈반대파 회보〉 11호에 실린 '집단화와 과잉인구'에 관한 글에서 Ya. Gref가 한 말이다. 다소 교조적이긴 하지만 격변기의 소련사회에 대한 가장 독창적인 분석을 담고 있다.

131) Ya. Gref, 위의 글.

132) The Prophet Unarmed의 1장 참조.

2장

1) 〈반대파 회보(B.O.)〉, 11호, 1930년.

2) The Prophet Unarmed, p. 187.

3) 이 코민테른 집행위원회는 1931년 4월에 열렸다. 이 회의에서 마누일스키가 국제상황에 관해 보고했다. 그는 제3시기 정책(the Third Period policy)에 대한 억제되지 않은 열정을 내보이며 장황하게 설명했는데, 이런 그의 태도는 오히려 제3시기 정책이 불합리함을 부각시키는 효과만 냈다. Kommunistische Internationale, 17~18호, 1931년 참조.

4) 〈반대파 회보〉, 10호, 1930년 4월. '코민테른이 저지른 실수의 제3시기' 를 가차 없이 비판한 그의 글도 참조하라. 이 글은 1930년 1~2월에 Verite, Permanente Revolution, Militant를 비롯한 트로츠키주의 매체들에 게재됐다.

5) Trotsky, Écrits, 3권, pp. 25~46. 트로츠키 자료실.

6) 이 주제에 관한 그의 가장 중요한 글로는 'Nemetskaya Revolutsia i Stalinskaya Burokratiya' (독일어로는 'Nun?', 영어로는 'What Next?'라는 제목으로 발표됐다), 'Edinstvennyi Put'(독일어로는 'Der einzige Weg')이 있다. 이 밖에도 〈반대파 회보〉를 비롯한 트로츠키주의 매체들에 이 주제에 관한 글이 많이 실렸다. Ecrits, 3권.

7) 1931년 내내, 그리고 1932년 상반기에 걸쳐 이런 심도 있는 진단과 예측의 글이 거의 매일 Rote Fahne에 실렸고 Internationale Presse Korrespondenz와 Kommunistische Internationale가 그런 글들을 권위 있게 뒷받침하고 지지했다(XI Plenum IKKI, and Kommunisticheskii International, 1932, nos. 27~30도 참조). 몰로토프, 마누일스키, 퍄트니츠키를 비롯한 러시아 지도자들뿐 아니라 톨리아티(에르콜리), 토레즈, 카생, 렌스키, 쿠시넨과 같은 유럽 공산주의의 대변자들도 유일한 구원의 길은 텔만이 독일 공산당을 인도하는 것이라고 스스로 확신했고 지지자들에게도 그렇게 장담했다.

8) Trotsky, What Next? Preface and Chapters I-II; Écrits, 3권, pp, 109~113.

9) 독일 국민의회(Reichstag)에서 사회민주당을 이끌었던 Otto Wels는 의회 연단에서 마지막으로 연설하게 된 기회를 활용해 사회민주당은 외교정책 분야에서는 히틀러의 정부를 지지할 자세가 돼있다는 입장을 밝혔다. 그는 그 대가로 사회민주당이 나치에 의해 파괴되지 않고 살아남을 수 있기를 기대했다. 그러나 히틀러는 그의 제안을 받아들이지 않았다.

10) Trotsky, What Next? pp. 38~39; Écrits, 3권, pp. 129~130.

11) Trotsky, What Next? pp. 60-62; Écrits, 3권, pp. 143~145.

12) Trotsky, Germany, the Key to the International Situation, p. 41; 〈반대파 회보〉, no. 27.

13) What Next?, pp. 147~148.

14) 트로츠키에 반대하는 독일 스탈린주의자들의 글을 읽는 것은 못 견딜 정도로 따분한 일이기는 하나 도움은 된다. 뮌첸베르크(W. Munzenberg)도 이렇게 썼다. "트로츠키는 (…) 공산당과 사회민주당의 동맹을 제안했다. 그런 범죄적인 제안이 실현되는 것은 독일 노동계급과 공산주의에 가장 해로울뿐더러 파시즘을 가장 강화시키는 것이다. (…) 그런 동맹을 제안한 그는 (…) 사회적 파시즘을 주도하는 자들을 돕고 있을 뿐이다. 그야말로 (…) 순전한 파시스트의 역할을 하고 있다."(Rote Aufbau, 1932년 2월 15일자.) 뮌첸베르크는 망명 중에 자살을 함으로써 이런 논쟁에서 벗어났다.

15) 앞에 인용한 Rote Aufbau의 글을 XII Plenum IKKI의 3부 및 Kommunistichesky International, 1932년 28~29호의 pp. 102~103, III 등과 비교해보라. 텔만은 "독일은 물론 파시즘으로 가지 않을 것이다. 선거에서 우리가 승리한 것이 그것을 보증하고 (…) 공산주의가 거역할 수 없는 전진을 하는 것이 그것을 보증한다"고 은근히 확신했다.

16) Trotsky, Germany, the Key, etc., p. 44.

17) 이곳과 이어지는 몇 페이지에 걸쳐 트로츠키 부자 간 관계의 특성이 드러난다. 이 부분의 서술은 트로츠키 자료실 내 비공개 부분의 40개 자료철을 가득 채우고 있는 가족 사이의 편지들을 토대로 한 것이다. 이 자료는 모두 1244건에 이른다.

18) 이때 료바가 문항마다 촘촘하고 깨끗하게 기입하고 학교 선생님이 일일이 날짜와 평점을 적어 넣은 수학 연습장이 훗날인 1937년에 멕시코에서 열린 반대재판에서 그의 알리바이를 입증해주는 자료가 돼준다. 이 연습장은 트로츠키 자료실에 보존돼있다. 료바는 소블렌 박사(웰, Well)에게 보낸 날짜 미상의 편지에서 자기를 베를린으로 가도록 재촉한 조직상의 이유를 설명했다. 그가 독일 비자를 받는 데는 7~8개월이 걸렸다.

19) 이 부분은 지나가 죽은 뒤에 소콜롭스카야가 트로츠키에게 보낸 편지에서 인용된 것이다. 트로츠키 자료실의 비공개 부분.

20) The Prophet Armed, p. 47.

21) 이런 자세한 사실들은 지나의 편지에서 얻어낸 것이다. 트로츠키 자료실의 비공개 부분. 나는 트로츠키 자료실에서 "귀신에게(To the ogre)"라고 써넣은 지나의 사진을 발견했다. 이 사진은 그녀가 아버지에게 보낸 것이었다.

22) Jan Fraenkel이 1932년 1월 2일자 Militant에 이렇게 썼다. 1931년 4월 8일자 Journal d' Orient도 참조하라.

23) 지나가 쓴 1932년 2월 26일자 편지.

24) 러시아어로는 'Bez viny vinovata'라고 표현돼 있다. 이 편지에는 날짜가 적혀있지 않다.

25) 'Protiv Natsjonal-Kommunizma (Uroki Krasnovo Referenduma)', 〈반대파 회보〉, 24호. 이 글은 독일에서 팸플릿으로 발간됐다.

26) Écrits, 3권, pp 391~399. 'Qu'est-ce que c'est le national-socialisme?'

27) 앞의 책, pp. 100~101.

28) 위에 인용한 부분.

29) 위에 인용한 부분, p. 95.

30) 앞의 책, p. 101.

31) 앞의 책, pp. 104~105.

32) 이런 내용의 글은 1932년 4월 15일자 American Forum에 처음 등장했다. Écrits, 3권, pp. 233~240. 'Hitler i Krasnaya Armija', 〈반대파 회보〉, 34호, 1933년 5월도 참조.

33) W. L. Shirer, The Rise and Fall of the Third Reich, pp. 158~160, 170~172와 여기저기.

34) Der Einzige Weg; 〈반대파 회보〉, 29~30호, 1932년 9월도 참조.

35) 그러나 그해의 나중에 코민테른 집행위원회에서 스페인 공산주의자들이 그러한 사건의 혁명적 의미를 놓쳤다고 질책했다. Kommunisticheskii International, 1930, 34~35호 참조.

36) Écrits, 3권, pp. 451-71과 여기저기; 〈반대파 회보〉, 21~22호, 1931년.

37) 정치국에 보낸 이 편지는 나중에 〈반대파 회보〉에 게재됐다. Écrits, 3권, pp. 447~448 참조.

38) 검찰은 피고인들이 망명 중인 멘셰비키 지도자인 R. 아브라모비치의 지시를 받았으며, 아브라모비치는 모의조직을 감찰하기 위해 비밀리에 러시아로 잠입했다고 주장했다. 아브라모비치는 자기가 러시아에 잠입해 활동하고 있었다고 검찰이 주장한 시기에 사실은 브뤼셀에서 열린 2차 인터내셔널의 집행위원회 회의에 참석했고, 그때 공개석상에서 레옹 블룸(Leon Blum), 반데르벨데(Vanderwelde) 등과 더불어 연설을 했음을 입증할 수 있었다.

39) 트로츠키가 멘셰비키에 대한 재판을 처음에 어떻게 보았는지는 1931년에 간행된 〈반대파 회보〉 21~22호에 나와 있다. 30년 뒤인 1961년 7~9월 Menshevik Sotsialisticheskii Vestnik는 그로만(Groman)에 대한 야스니(N. Jasny)의 회고담을 게재했다. 이 회고담은 그로만이 뒤집어쓴 범죄혐의가 사실이 아니었다 하더라도 볼셰비키 내 분파갈등에서 그가 어떤 역할을 했는가는 트로츠키가 서술한 바와 같았음을 확인시켜준다.

40) 〈반대파 회보〉, 51호, 1936년 7~8월 참조. 트로츠키는 료바의 채근을 받고 자기의 실수를 인정했다. 이는 지노비예프-카메네프 재판이 열리기 직전의 일이었다.

41) 이 성명서는 모스크바로 은밀하게 배달됐다. 트로츠키는 소련 국적을 박탈당한 뒤에야 이 성명서를 공개했다. 〈반대파 회보〉, 27호, 1932년 3월.

42) 이 답변은 코민테른 집행위원회가 모든 공산당의 중앙위원회에 보내는 비밀회람 문건의 형식으로 이루어졌다. 이 비밀회람 문건의 사본은 트로츠키의 손에 들어갔고, 트로츠키 자료실의 비공개 부분에 보존돼 있다.

43) 이 부분의 서술은 료바가 자기 아버지와 주고받은 편지들과 그가 프랑스 조사위원회(Commission of Inquiry)에서 한 진술을 근거로 한 것이다. 프랑스 조사위원회는 1937년에 멕시코의 반대재판에 대비한 예비조사를 실시했다. 트로츠키 자료실의 비공개 부분.

44) The Red Army, p. 278에 게재된 글을 보면 Rote Fahne의 전 편집자이자 Rotfrontbund의 지도자인 에리히 볼렌베르크(E. Wollenberg)는 이렇게 썼다. "1933년 초에 지노비예프는 '독일 사회민주당을 제외하면 히틀러의 승리와 관련해 역사에 주된 책임이 있는 사람은 스탈린' 이라고 나한테 말했다."

45) 〈반대파 회보〉, 27호, 1932년 3월.

46) Deutscher, Stalin, p. 332.

47) 이 저자는 그 당시에 모스크바에 있었고, 거기서 대부분의 '정통' 당원들로부터 그러한 당황함을 표현하는 말을 많이 들었다.

48) 랴자노프에 대한 트로츠키의 변호는 1931년 5~6월의 〈반대파 회보〉 21~22호에서 볼 수 있다. 랴자노프는 마르크스엥겔스연구소의 소장으로서 마르크스와 엥겔스의 글들이 이 연구소에 수집되는 데 그 누구보다 많은 기여를 했다. 그는 무엇보다도 마르크스가 카우츠키에게 보낸 다수의 편지들을 입수했다. 카우츠키는 자기에 대한 혹평이 들어있는 것을 포함한 일부 편지들은 자기가 죽기 전에는 공개하지 않는다는 조건으로 마르크스의 편지들을 랴자노프에게 건네주었다. 랴자노프는 이런 조건에 대한 약속을 지키느라 마르크스의 편지들을 공개하지 않았고, 스탈린에게 그를 연구소에서 밀어내고 그의 평판을 깎아내릴 필요가 생기기 전에는 이런 그의 태도에 대해 누구도 문제 삼지 않았다.

49) Stalin, Sochinenya, 13권, pp. 98~99.

50) Popov, N., Outline History of the C.P.S.U. (b), 2권, pp. 391, 399, 418~419, 434; KP.S.S. v Rezolutsyakh, 2권, p. 742. 이같은 불만세력의 사례들은 1937~1938년 모스크바 재판에서 이루어진 여러 '고백'들의 주제였다. 이 재판에 관한 Verbatim Reports 참조. Serge, Mémoires d'un Révolutionnaire, pp. 280~281 및 〈반대파 회보〉, 31호 등도 참조하라.

51) 흐루시초프는 20차 당대회에서 한 '비밀' 연설에서 스탈린과 즈다노프가 1936년 9월 25일에 정치국에 보낸 전보를 공개하면서 트로츠키주의자와 지노비예프주의자 간의 공모관계를 알아내는 데 게페우는 "4년이나 늦었다"고 질책했다. N. Khrushchev, The Dethronement of Stalin, p. 12.

52) 〈반대파 회보〉 33호에 실린 '모스크바로부터 온 편지' 참조.

53) 〈반대파 회보〉 27호. 1932년에 트로츠키는 료바에게 보낸 편지에서 이 주제를 거듭 언급했다.
54) 료바에게 보낸 트로츠키의 1932년 10월 17, 24, 30일자 편지.
55) 〈반대파 회보〉 33호.
56) 트로츠키 자료실의 비공개 부분.
57) 〈반대파 회보〉, 같은 출처. 트로츠키가 이처럼 '스탈린을 타도하자'라는 슬로건에 대한 부정적인 견해를 밝히고 나선 것이 부분적으로는 료바의 권고에 따른 것이었다는 점은 주목할 만한 흥미로운 사실이다.
58) 예를 들어 1932년 2월 26일, 5월 30일, 6월 7일에 지나가 아버지에게 보낸 서신을 보라.
59) 1932년 3월에 트로츠키가 자식들과 주고받은 편지들 참조.
60) 그녀의 1932년 2월 26일자 편지 참조.
61) 5월 30일자 편지.
62) 1932년 6월 7일과 8월 17일자 편지.
63) 같은 편지.
64) 료바가 아버지에게 보낸 1932년 11월 26일자 편지에서 그녀의 상태를 바로 이렇게 묘사했다.
65) 지나가 트로츠키에게 보낸 1932년 10월 5, 24일자 편지.
66) 예를 들어 트로츠키의 1932년 5월 11일자 편지를 보라.
67) 이런 묘사는 나탈랴의 편지들, 특히 료바에게 보낸 그녀의 1932년 7월 27일자 편지에 근거한 것이다. 이 편지는 트로츠키 자료실의 비공개 부분에 보존돼 있다.
68) 이런 뜻을 담은 그녀의 편지는 트로츠키 자료실의 비공개 부분에 보존돼 있는 가족 간 편지들 속에 들어 있다.
69) 나탈랴의 편지에는 날짜가 적혀 있지 않은 경우가 많다.
70) 트로츠키가 프린키포에 머물던 동안에 콘스탄티노플에 갔던 것은 한 번 또는 두 번뿐이었다. 성 소피아 성당을 가보고 치과 진료를 받기 위해서였다.
71) 특히 에든버러의 학생들이 자기네 대학의 총장 선거에 그를 후보자로 등록하려고 하니 허락해달라고 요청한 적이 있었다. 그는 이 요청을 정중하게 거절했다. 트로츠키 자료실.
72) 1932년 11월 21일과 22일에 프랑스 언론에 한 말. 트로츠키 자료실.
73) 1932년 11월 24일자 Politiken; 같은 날짜의 Barlingske Tidende와 Information도 참조.
74) 필자는 1956년에 코펜하겐에서 강연을 한 적이 있다. 그때 청중 중 몇 명이 1932년에 트로츠키가 강연한 자리에 자기들도 있었다면서 그 강연회의 분위기를 내게 이야기해주었다.
75) 그는 컬럼비아 방송에서 이런 진술을 했다. Danish Radio는 그의 강연을 방송하기를 거부했다. 트로츠키 자료실.
76) 같은 출처.
77) The Case of Leon Trotsky, pp. 135~173과 트로츠키 자료실의 비공개 부분.
78) 자기가 받은 이런 인상을 내게 전해준 영국인은 해리 윅스(Harry Wicks)다. 당시에 그는 영국의 항구에 기착하는 러시아 수병들을 통해 트로츠키가 쓴 글을 소련으로 전송해 보려고 애를 썼다. 트로츠키는 그에게 편지 한 통을 건네주면서 그렇게 하라고 했다.

79) The Case of Leon Trotsky, p. 147. 지노비예프의 죽음에 관한 소문은 바로 그 다음 날 사실이 아닌 것으로 드러났다.

80) 미국 기자들에게 한 말. 트로츠키 자료실.

81) 이 편지에는 날짜가 적혀 있지 않다. 그러나 편지 내용을 살펴보면 1932년 11월에 씌어졌음을 알 수 있다.

82) 료바가 부모에게 보낸 1932년 11월 26일자 편지에서 인용.

83) 〈반대파 회보〉, 32호, 1932년 12월.

84) 나탈랴가 료바에게 보낸 1932년 12월 16일자 편지. 트로츠키 자료실의 비공개 부분. 12월 8일 브린디시(Brindisi)에서 트로츠키가 기자들에게 한 말도 참조. 트로츠키 자료실.

85) 트로츠키가 세닌, 소블렌-소볼레비시우스 형제와 주고받은 1932년 12월 15, 16, 18, 22일자 편지 참조. 그들이 반대한, 스탈린에 대한 트로츠키의 공격('Obeimi rukami')은 같은 달에 발간된 〈반대파 회보〉 32호에 게재된 글에 들어 있다. 이 글에서 트로츠키는 미국 자본주의에 대해 무원칙한 구애를 하고 있다고 스탈린을 비난했다. 이런 비난은 스탈린이 미국의 공학 전문가이자 러시아에 관한 책의 저자인 토머스 캠벨(Thomas Campbell)이란 사람과 한 인터뷰의 내용을 근거로 한 것이었다. 스탈린은 자기가 트로츠키와 갈라선 가장 큰 이유로 자기는 모든 노력을 고국에만 바치고자 하는 반면 트로츠키는 혁명을 다른 나라들로 확산시키려고 하기 때문이라고 말했다고 캠벨은 인용했다. 나중에 스탈린은 그런 말을 한 적이 없다고 부인했지만, 그 부인은 신빙성이 없었다. 소볼레비시우스 형제는 트로츠키의 공격이 불공정하고 극좌적이라고 생각했다.

86) 트로츠키 자료실의 비공개 부분.

87) 이런 내용은 7월 15일자 일기에 들어 있다. 이 일기는 트로츠키 자료실에 보존돼 있다.

88) 독일어로 씌어진 이 메모 글에는 날짜가 적혀 있지 않다.

89) 프란츠 펨페르트가 트로츠키에게 보낸 1933년 1월 20일자 편지에 지나의 죽음과 장례에 관한 감동적인 묘사가 들어 있다. 트로츠키 자료실의 비공개 부분. 료바의 전보, 같은 출처.

90) 6년 뒤에 트로츠키가 료바를 추념하며 쓴 글에서 인용. 〈반대파 회보〉, 64호, 1938년 3월.

91) 〈반대파 회보〉, 33호, 1933년 3월.

92) 알렉산드라 소콜롭스카야가 쓴 1933년 1월 31일자 편지. 트로츠키 자료실의 비공개 부분에 보존돼 있다.

93) 트로츠키가 프란츠 펨페르트에게 보낸 1933년 2월 5일자 편지, 같은 출처. 당시 뷔위크아다에 있었던 피에르 프랑크(Pierre Frank)에 따르면 트로츠키는 며칠간 자기 방에 틀어박힌 채 나오지 않았고, 그의 곁에 있었던 나탈랴만이 이따금씩 방 밖으로 나왔다가 들어가곤 했다. 마침내 그가 방 밖으로 나왔을 때 비서들은 그의 머리카락이 그새 더 많이 희어진 것을 보았다.

94) 〈반대파 회보〉, 33호, 1933년.

95) A. Bullock, Hitler, pp. 229~233 이하.

96) 〈반대파 회보〉 위에 인용한 부분.

97) 트로츠키 자료실의 비공개 부분.

98) 〈반대파 회보〉 5월호(34호)에 실린 '독일 프롤레타리아의 비극'. 글의 작성 날짜는 3월 14일로 돼 있다.

99) 같은 글.

100) Kommunisticheskii Internatsional, 1933년, 36호, p. 17; 〈반대파 회보〉, 36~37호, 1993년.

101) 〈반대파 회보〉, 앞에 인용한 부분.

102) 같은 출처. 트로츠키는 몇 주, 몇 달간 이런 점들에 관해 자기 입장을 정리하려고 노력했고, 그 기간에 비서들은 그가 딜레마에 빠져 조용하나 긴장된 표정으로 매일같이 방 안에서 몇 시간이고 왔다 갔다 하는 모습을 보아야 했다고 피에르 프랑크는 전했다. "그의 얼굴은 온통 땀에 젖어 있었다. 그의 사색과 망설임이 육체에 끼치는 부담이 상당함을 알 수 있었다."

103) 앞에 인용한 부분. 트로츠키는 수정된 자기의 견해를 '소련 국가의 계급성'이라는 글에 담았다. 트로츠키 자료실의 자료에 따르면 그는 이 글을 1933년 10월 1일에 완성했다. 〈반대파 회보〉 36~37호에는 이 글의 작성 날짜가 1932년 10월로 잘못 기재됐다.

104) 〈반대파 회보〉, 앞에 인용한 부분.

105) 〈반대파 회보〉, 앞에 인용한 부분. 트로츠키는 이렇게 결론을 내렸다. "이런 행운의 역사적 특이상황 속에서도 관료제는 단지 사회주의 국가의 한 도구일 뿐이며, 그것도 형편없으면서도 비용은 많이 드는 도구일 뿐이라는 사실이 판명될 것이다." 그는 '역사적 특이상황'이 현실화되는 것을 당연시하지는 않았다.

106) 〈반대파 회보〉, 앞에 인용한 부분.

107) 같은 자료.

108) 세닌-소볼레비시우스에게 보낸 1932년 3월 6일자 편지. 트로츠키 자료실의 비공개 부분.

109) 〈반대파 회보〉, 35호, 1933년.

110) 〈반대파 회보〉, 36호, 1933년.

111) 그들 스스로가 긴 세월이 지난 훗날에 더 자유롭게 말할 수 있게 되자 이 당시에 '몰래 스며들던 존경심'이 있었다고 인정했다. 몇몇 사람들은 자기가 처한 입장을 떠나 트로츠키의 이 전기를 쓰는 나에게 그런 마음속의 존경심에 관해 말해주기도 했다.

112) 이런 논점의 연장선에 있는 주장, 특히 4차 인터내셔널의 창립에 대해 폴란드 트로츠키주의자들이 제기한 반대의 논리에 대해서는 5장을 보라.

113) 〈반대파 회보〉, 35호, 1933년. 이 글은 씌어진 지 3주일 뒤인 1933년 6월 21~22일 Manchester Guardian에 실렸다. 스탈린 정권의 외무장관이었던 리트비노프(Litvinov)는 이 글에서 "동쪽을 향해 쏠 수 있는 총은 서쪽을 향해서도 쏠 수 있다"라는 문장을 차용한 바 있다. 이 문장은 그 뒤 자주 인용됐다.

114) 예를 들어 1933년 7월 4일 트로츠키가 The New York World Telegram과 한 인터뷰를 보라.

115) 〈반대파 회보〉, 35호, 1933년.

116) 트로츠키 자료실의 비공개 부분.

117) 트로츠키 자료실의 비공개 부분.

118) 'Pered Otyezdom', 1933년 7월 15일, 트로츠키 자료실.

119) 이 추모사에는 7월 15일이라는 날짜가 적혀 있다. 〈반대파 회보〉는 10월에 발간된 36~37호에 이 추모사를 실었다.

3장

1) 트로츠키는 특히 루이 마들렝(L. Madelin)을 가리켜 "반동적이고, 그래서 유행을 타는" 프랑스의 역사가라고 지적했다. 《러시아혁명사(History of the Russian Revolution)》 제1권의 서문.
2) A. L Rowse, End of an Epoch, pp. 282~283.
3) 그러나 이 말은 스탈린과 흐루시초프 정권 아래서의 공산주의 운동도 마르크스주의에 부합한다고 인정할 수 있는 경우에만 진실이다.
4) Moya Zhizn, 2권, p. 338.
5) 앞의 책, 2권, p. 247.
6) 앞의 책, pp. 227~234.
7) F. Mauriac, Mémoires Intérieures, pp. 128~132.
8) Moya Zhizn, 1권, pp. 67~71.
9) 앞의 책, 1권, chapter II.
10) 앞의 책, 1권, pp. 175~176.
11) 앞의 책, 1권, p. 189.
12) 앞의 책, 1권, p. 165.
13) 앞의 책, 2권, pp. 36~37.
14) The Prophet Armed, 6장 참조.
15) 《러시아혁명사》 제1권의 서문과 제2권, 제3권의 도입부.
16) 그러나 밀류코프도 자기의 저작이 부적절한 역사적 관점에서 나온 것이라면서 그중 일부를 폐기했다. Miliukov, Istorya Vtoroi Russkoi Revolutsii의 서문. 케렌스키는 레닌과 볼셰비키 당이 독일에 고용된 스파이라는 말을 되풀이했으며, 이것이 그가 트로츠키를 반박하려고 할 때 주로, 아니 유일하게 내세운 근거였다. Kerensky, Crucifixion of Liberty, pp. 285 이하.
17) Trotsky, 앞의 책, 1권, p. 71.
18) 앞의 책, pp. 108~118.
19) 앞의 책, pp. 197~198.
20) Trotsky, 앞의 책, 1권, p. 243.
21) 앞의 책, pp. 244~246.
22) 앞의 책, 3권, p. 131.
23) 앞의 책, 1권, pp. 341~342.
24) 트로츠키의 Diary in Exile, pp. 53~54. 1928년에 프레오브라젠스키에게 보낸 편지는 트로츠키 자료실에 있다.

25) G. Plekhanov, Izbrannye Filosofskie Proizvedenya, 2권, p. 325. 영역본은 The Role of the Individual in History, pp. 46~47.

26) Plekhanov, 앞의 책, pp. 325~326. 영역본은 앞에 인용한 부분.

27) Trotsky, The Revolution Betrayed, pp. 87~88. 시드니 후크는 그답게도 트로츠키주의를 포함한 전체 마르크스주의를 거론할 때면 트로츠키가 레닌에 대해 이야기할 때 보인 주관적 논평에 과도하게 기댄 나머지 10월혁명은 "러시아 역사의 과거 전체의 산물이라기보다는 모든 시대를 통틀어 가장 파란만장한 인물에 의해 일어난 사건"이라는 결론을 내렸다. Hook, The Hero in History, pp. 150~151.

28) History of the Russian Revolution, 1권, p. 342. 그러나 이런 교훈적 언명은 논리적 모순을 내포하고 있다. 왜냐하면 지도자가 '우발적으로 창출되지 않는다'고 한다면, 지도자는 우발적으로나 '자의적으로' 제거되지 않는다고 말할 수도 있기 때문이다.

29) Diary in Exile, p. 54.

30) Lunacharsky, Revolutsionnye Siluety.

31) Memoirs of Michael Karolyi, p. 265.

32) Trotsky, Lenine, pp. 211~218.

33) 앞의 책, pp. 205~210.

34) 앞의 책.

35) The Prophet Armed, p. 76. 언젠가 필자는 나탈랴 세도바에게 레닌과 트로츠키의 관계에 개인적인 친밀함의 요소가 없다고 지적하면서 혁명 이전에 트로츠키가 논쟁을 할 때 다른 사람들의 감정을 상하게 하는 성향이 있었던 점이 두 사람 사이에 개인적 친밀함이 생겨날 소지를 없애버린 것 같다고 말했다. 그러자 나탈랴는 자기는 결코 그런 식으로 생각해본 적이 없다고 대답했다. 그러나 그녀는 곰곰 생각해본 뒤에 이렇게 덧붙였다. "레닌 쪽에서 일정하게 조심하는 태도를 취한 데에는 아마도 그런 이유가 작용했을 수 있다. 이제 오래된 이야기이지만 그 당시의 분파갈등은 잔혹한 방식으로 전개됐다." Eto byla zverinnriya borba.

36) Diary in Exile, pp. 130~131.

37) History, 2권, p. 347.

38) Lunacharsky, 앞의 책.

39) 예를 들어 History 3권의 pp. 301, 305, 313, 315.16, 377~378을 비교해보라.

40) History, 1권, pp. 122~123.

41) 앞의 책, p. 143.

42) 앞의 책, 1권, p. 273.

43) Moya Zhizn, 1권, p. 315.

4장

1) Diary in Exile, p. 21.

2) 유럽에서의 혁명이 좌절된 것이 확실해진 뒤인 1851년 2월에 엥겔스는 마르크스에게 이런 내용의 편지를 써 보냈다. "이제 마침내 우리는 (…) 우리가 아무런 대중적 인기도 필요로 하지 않고, 그 어떤 나라의 어떤 당의 '지지'도 필요로 하지 않으며, 우리의 입장은 그런 사소한 것들과는 완전히 독립적임을 보여줄 기회를 다시 갖게 됐습니다. (…) 실제로 우리는 그런 소영웅들(여러 사회주의 정당과 분파들)이 우리를 두려워하지 않는다는 불평조차 해서는 안 됩니다. 왜냐하면 그 오랜 세월 동안 우리는 사실은 당을 갖고 있지 못했으면서도 어중이떠중이들의 집합이 우리의 당인 듯이 행동해왔고, 우리가 적어도 공식적으로는 우리의 당에 속한다고 간주했던 사람들도 (…) 우리가 지닌 문제의 기초도 파악하지 못했기 때문입니다." "이제부터 우리는 우리 자신에 대해서만 책임지면 됩니다. 그리고 그런 분들이 우리를 필요로 하는 때가 오면 우리는 우리의 요구조건을 관철할 수 있는 입장에 서게 될 것입니다. 그때까지 우리는 적어도 평화를 누릴 수 있습니다. 물론 그 과정에 얼마간의 고독이 수반되겠지요. (…) (그렇지만) 그 어떤 공적인 자리도 철저히 피해온 우리와 같은 사람들이 어떻게 하나의 '당' 에 (…) 다시 말해 우리가 자기들과 같은 부류라고 생각하기 때문에 우리를 믿는 얼간이들의 무리에 끼워 맞춰질 수 있겠습니까? (…) 다음 기회가 오면 우리는 이런 태도를 취할 수 있고, 또 그래야만 합니다. 즉 우리는 국가의 그 어떤 공적인 자리에도 앉지 않을 것이고, 가능하다면 그 어떤 당의 공적인 자리와 그 어떤 위원회의 위원 자리에도 앉지 않을 것이며, 얼간이들에 대한 책임도 지지 않을 것이라고. (그러나 그 대신 우리는) 모든 것에 대한 가차 없는 비판을 수행하고 그에 따르는 즐거움을 누릴 것이며, 그 어떤 멍청이들의 음모도 우리에게서 그런 즐거움을 박탈하지 못할 것입니다. (…) 지금 당장 긴요한 것은 우리가 쓰는 글을 발간할 수 있어야 한다는 것입니다. (…) 계간지도 좋고, 두꺼운 단행본도 좋습니다. (…) 당신이 답변으로 당신이 쓴 경제학 논문을 들고 나타난다면, 망명자 무리 전체가 당신을 희생시키면서 빠져든 그 모든 헛소리 중에 남아날 것이 무엇이 있겠습니까?" Marx-Engels Briefwechsel, 1권, pp. 179~182.

3) 트로츠키가 이스트먼에게 보낸 1933년 11월 6일자 편지, 골란츠(Gollancz)에게 보낸 1933년 9월 28일자 편지. 트로츠키 자료실의 비공개 부분. 골란츠에게 보낸 편지에서 트로츠키는 이 책(레닌의 전기—옮긴이)의 영어판 편집을 아서 랜섬(Arthur Ransome)에게 맡기고 싶다는 뜻을 밝혔다.

4) 트로츠키는 이미 나치화된 〈포시셰 차이퉁(Vossische Zeitung)〉이 히틀러의 지시를 받고 이 같은 요구를 했다고 의심했다. 그리고 스탈린은 히틀러를 안심시키기 위해 '소련 정부가 히틀러의 권력장악에 대해 적군을 동원해 대응해야 한다'고 제의한 사람과의 화해는 전혀 생각하고 있지 않다는 입장을 서둘러 밝혔다고 트로츠키는 생각했다. 트로츠키 자료실에 있는 1933년 7월 19일자 메모 '스탈린이 히틀러를 안심시키다' 참조.

5) 트로츠키 자료실, 〈반대파 회보〉, 36~37호, 1933년.

6) 의학사전(Black' s Medical Dictionary, p. 731)은 이렇게 설명한다. "요통의 발작은 등의 근육에

질병이 있기 때문이 아니라 말 그대로 일어서서 삶의 압박과 긴장에 맞서지 못하게 하는 정서 불안 때문에 발생할 수도 있다."

7) 트로츠키 자료실.

8) 예를 들어 1933년 7월 24일, 25일, 26일자 Le Matin과 Le Journal 참조.

9) 나탈랴가 듀이위원회에서 한 증언(1937년 3월 1일)과 클레멘트와 에르데의 진술서(1937년 3월 31일) 참조. 트로츠키 자료실의 비공개 부분.

10) 〈반대파 회보〉, 36~37호, 1933년. 트로츠키는 이 회의에 제출하기 위해 'G. Gurov'라는 필명으로 작성한 몇몇 결의안과 테제에 서명했다.

11) 트로츠키 자료실의 비공개 부분.

12) 같은 출처.

13) 골란츠에게 보낸 1933년 10월 25일자 편지. 이런 장담에 따라 골란츠는 트로츠키에게 레닌의 전기에 대해 1500파운드의 선불금을 지급하겠다고 제의했다. 같은 출처.

14) 래스키가 트로츠키에게 보낸 1933년 11월 15일자 편지. 같은 출처.

15) 이 글에는 1933년 5월 10일이라는 날짜가 적혀 있다. 그러나 트로츠키는 프랑스로 갔을 때도 여전히 이 글을 쓰고 있었다.

16) 트로츠키가 뉴욕의 출판사 사이먼 앤드 슈스터에 보낸 1933년 11월 9일자 편지. 트로츠키 자료실의 비공개 부분.

17) 트로츠키가 말로(Malraux)에 관한 글을 처음 쓴 것은 1931년이었다. 〈반대파 회보〉, 21~22호. 트로츠키가 프랑스에 도착하고 얼마 뒤에 말로는 '레온 트로츠키의 안전에 기여하기 위한 위원회'의 위원이 됐다. 이 위원회는 트로츠키에게 경호원을 붙이는 데 드는 비용을 조달하기 위해 모금활동을 벌였고, 특히 '삶 전체에 걸쳐 반동의 총탄에 유리한 사회가 생성되도록 하는 조치를 거부하는 모든 분들'에게 보내는 호소문을 발표했다. 말로는 이 호소문에도 서명했다. 로맹 롤랑도 이 호소문을 지지했으나, 나중에는 스탈린의 숙청작업을 정당화하는 태도를 취하게 된다. Les Humbles, May~June 1934에서 인용.

18) 〈반대파 회보〉, 38~39호, 1934년.

19) 이는 나중에 트로츠키가 세르게에게 써 보낸 편지(1936년 4월 29일자)와 부합한다. "한 부차적인 쟁점에 관해 내 의견에 동의하지 않았던 로스메는 지나치게 흥분한 상태였다. (…) 이 때문에 내가 프랑스에 머물던 기간에 우리는 서로 만나지 않았다. 그러나 알프레드와 마르게리트(로스메 부부—옮긴이)에 대한 우리의 존경심과 공감대는 여느 때와 마찬가지로 높다. 로스메는 곤경 속에서도 언제나 믿을 수 있는 사람이다." 트로츠키 자료실의 비공개 부분.

20) 트로츠키가 료바에게 보낸 1935년 12월 27일자 편지, 트로츠키 자료실의 비공개 부분. 그는 또 한 명의 프랑스인 지지자인 루세(David Rousset)에 대해 "기회주의와 아나키즘의 혼합과 같은 사람"이라고 규정했다. 같은 출처.

21) 트로츠키가 세르게에게 보낸 1936년 7월 30일자 편지. 같은 출처.

22) 이런 행동에 대해 트로츠키주의자들은 30년 뒤에도 'Entrism(가입전술—옮긴이)'이라는 용어를 써가며 토론을 계속했다. 이때도 여전히 트로츠키주의자들은 다른 당에 가입했다가 떠

나거나 재가입하는 일을 반복했고, 그 과정에서 자신들의 조직은 분열되고 흩어져갔다. 그러면서도 그들은 '4차 인터내셔널'을 구축하는 작업을 계속했다.

23) Diary in Exile, p. 104.

24) 앞의 책, pp. 37, 92와 여기저기. Pierre Naville, Trotsky Vivant도 참조.

25) 트로츠키는 그가 살던 시대에 파시즘에 대해 정확한 정의를 내린 정치이론가였다. 그러나 어떤 경우에는 그가 그 정의를 다소 부정확하게 구사하기도 했다. 그는 프랑스에 곧 파시즘이 도래할 것이라고 보았고, 폴란드를 통치한 피우수츠키의 준(準)보나파르티즘적 독재를 파시즘으로 부르기를 고수했다. 하지만 피우수츠키는 전체주의적 방식으로 통치하지 않았고, 다당제의 존재를 용인해야 했다. 한편 트로츠키는 얼마 지속되지 못한 슐라이허와 파펜의 정부(1930년대 초에 독일에서 잇달아 성립한 정권—옮긴이)와 1934년에 집권한 두메르그(프랑스 제3공화정의 12대 대통령—옮긴이)의 연약한 정부에 대해서는 보나파르티즘으로 규정했으나, 이것도 설득력이 약하다(1940년에야 마침내 트로츠키는 페탱 정권을 파시즘이 아닌 준(準)보나파르티즘으로 규정했다). 필자는 1930년대에 트로츠키와 이 문제에 대해 논쟁을 벌였다. 그러나 여기서 논의하기에는 이 문제가 역사적 의미는 별로 크지 않으면서도 너무 복잡하다.

26) Diary in Exile, p. 48.

27) 앞의 책, pp. 41, 53; also 〈반대파 회보〉, 40호, 1934년.

28) 〈반대파 회보〉, 41호(1935년 1월호)는 키로프 사건에 대한 트로츠키의 논평으로 가득 차 있다.

29) 트로츠키 자료실에 있는 1935년 1월 26일자 '미국인 친구들에게 보내는 편지' 참조. 1935년 2월에 발간된 〈반대파 회보〉, 42호도 참조하라.

30) Diary in Exile, p. 79.

31) 트로츠키 자료실의 비공개 부분.

32) Diary in Exile, pp. 61~72.

33) 앞의 책, pp. 66~67.

34) 앞의 책, p. 82.

35) 앞의 책, pp. 51, 109와 여기저기.

36) 앞의 책, p. 54.

37) 앞의 책, pp. 51, 56.

38) 앞의 책, pp. 51, 71, 121~122.

39) 〈반대파 회보〉, 44호, 1935년 7월.

40) 아바쿰 사제의 자서전은 1960년 모스크바에서 새로운 판본으로 출간됐다. 이 새로운 판본에는 출간 당시의 사적인 문제와 관련된 내용이 담긴 흥미로운 서문이 들어갔다.

41) Diary in Exile, p. 121.

42) Jacques Duclos는 1934년 12월 Humanité에 게재된 글에서 '키로프의 피로 뒤덮인 트로츠키의 두 손'에 대해 언급했고, M.O.P.R.(정치범과 망명자들을 보호하기 위한 국제조직)의 프랑

스 지부 격인 Secours Rouge International은 트로츠키를 프랑스에서 추방하라고 촉구했다.

43) 트로츠키가 노르웨이 총리에게 보낸 1935년 6월 12일자 전보에서. 트로츠키 자료실의 비공개 부분.

44) Diary in Exile, pp. 125~126.

45) 〈반대파 회보〉, 44호, 1935년 7월.

46) H. Krog, Meninger, p. 220(이 책의 일부 대목과, 뒤에 인용되는 그 밖의 다른 노르웨이어 문서들을 영어로 번역해준 크로그(Krog)와 달(N. K. Dahl)에게 감사한다); Diary in Exile, pp. 128~129.

47) 이는 콘라드 크누센이 나한테 해준 이야기 그대로다.

48) 이 부분도 크누센이 나한테 해준 이야기와 《나의 일생(My Life)》의 노르웨이어 판에 그가 쓴 서문에서 인용한 것이다.

49) 트로츠키가 프랑스, 독일, 벨기에, 네덜란드, 오스트리아, 미국, 그리스를 비롯한 여러 나라의 지지자들과 주고받은 편지의 양이 엄청나게 많아졌다는 사실은 트로츠키 자료실의 비공개 부분에 그대로 반영돼있다. 중국에 관한 해럴드 아이작스(Harold Isaacs)의 보고, 같은 출처.

50) 《나의 일생》의 노르웨이어 판에 트로츠키가 쓴 서문과 트로츠키 자료실에서 인용.

51) 날짜가 1935년 12월 27일, 수신처는 료바로 돼있는 이 편지는 국제비서국 소속의 다른 한 사람에게도 전달된 것으로 보인다. 트로츠키 자료실의 비공개 부분.

52) 1936년 1월 14일자와 3월 22일자 편지. 같은 출처.

53) 해럴드 아이작스과 주고받은 편지들. 같은 출처.

54) 이는 트로츠키의 여행에 동행했던 달 부부가 전해준 그대로다. The Case of Leon Trotsky, pp. 204~223도 보라.

55) The Revolution Betrayed, pp. 57~59.

56) 특히 앞의 책 2장 '사회주의와 국가'를 보라.

57) 앞의 책, p. 111.

58) 앞의 책, pp. 240, 257과 여기저기.

59) 앞의 책, pp. 236~237.

60) 앞의 책, pp. 241~242, 269~270.

61) 앞의 책, pp. 231~232.

62) 앞의 책, pp. 271~272.

63) 앞의 책, p. 273.

64) 필자는 저서 《스탈린 이후의 러시아(Russia After Stalin)》(1953)와 스탈린 시대 말엽에 발표한 많은 글들에서 이런 상황을 부각시켰다. 당시 미국의 트로츠키주의자들은 그들의 이론적 기관지인 The Fourth International 1954년 겨울호 전체를 '트로츠키가 맞는가, 아니면 도이처가 맞는가(Trotsky or Deutscher)'라는 주제에 할애했다. 그리고 그들의 지도자인 캐넌(James P. Cannon)은 "수정주의자"라거나 "트로츠키주의의 베른슈타인"이라고 필자를 격렬하게 비난했다. 향후 몇 년간 소련에서 '정치혁명'이 일어날 가능성이 없으며 '위로부터의 개혁'의 시

대가 열리고 있다고 예언했다는 것이 필자의 죄목이었다(이런 상황은 스탈린 이후 10년간의 주된 정치적 특징이었던 게 사실이다). 필자는 무엇보다도 모든 반대파, 특히 트로츠키주의 반대파가 전멸당한 것이 소련 사회를 정치적으로 무정형하고 불분명하며 '아래로부터의 주도력' 발휘가 불가능한 사회로 만들어버렸다는 사실에 근거해 주장을 전개했다. 서방의 트로츠키주의자들이 소련 내 트로츠키주의자들(그리고 다른 반스탈린주의 볼셰비키들)의 전멸이 초래한 이런 결과에 대해 그토록 완전히 인식하지 못했다는 것은 역설적인 일이다.

65) The Prophet Unarmed, pp. 261 이하.

66) 트로츠키는 프랑스에 체류하던 시기의 후반기에 써서 1935년 4월에 발간된 〈반대파 회보〉 43호에 게재한 글 '노동자들의 국가, 테르미도르반동, 그리고 보나파르티즘'에서 자기의 테르미도르반동 비유를 처음으로 '수정'했다. 이 글에는 The Revolution Betrayed의 주장이 집약적으로 담겨 있다.

67) The Eighteenth Brumaire of Louis Bonaparte.

68) Trotsky, Between Red and White, p. 77. 트로츠키는 이 책의 저술을 1922년 2월에 끝냈다.

69) The Prophet Armed, pp. 75 이하 참조.

70) The Revolution Betrayed, pp. 196~197.

71) 앞의 책, p. 216.

72) 앞의 책, pp. 219~220.

73) 이 주장은 이 책의 후기에서 좀 더 자세히 서술된다.

74) The Prophet Outcast, pp. 399 이하를 보라.

75) 1961년에 미국 정부기관이 The Revolution Betrayed라는 제목의 팸플릿을 간행했다. 그 목적은 쿠바에 대한 미국의 군사작전을 정당화하는 것이었다. 미국의 국무부와 국방부, 쿠바 내 사탕수수 농장의 전 주인들, 그리고 일부 '과격파'들이 '혁명에 대한 반역자'라고 비난한 대상은 피델 카스트로였다. 쿠바 혁명의 애초 순수성을 회복시키기 위해 미국은 쿠바를 침공해야 한다는 주장도 나왔다.

76) Trotsky, The Revolution Betrayed, p. 173.

77) 앞의 책, p. 125.

78) 1935년 12월 12일자 Arbeideren과 같은 해 12월 16일자 Soerlandet.

79) 이 시기에 트로츠키가 가장 자주 사용한 필명은 'Crux'였다. 그는 파리와 암스테르담에 있는 자기의 지지자들과 편지를 주고받을 때 암호를 사용하기도 했다. 이 암호를 푸는 열쇠가 트로츠키 자료실의 비공개 부분에 보존돼있다. Krog, 앞의 책, pp. 245~246도 참조.

80) 이는 크누센이 내게 해준 이야기다.

81) 코트(Koht) 교수가 1937년 초에 한 이야기다. 내가 1956년에 오슬로를 방문했을 때 그는 내게 이 이야기를 힘주어 다시 말했다.

82) Trotsky, Stalin's Verbrechen; The Case of Leon Trotsky, p. 33; Knudsen's statement to the writer.

83) 코트가 자기의 의도에 대해 한 말이다. 그는 러시아와 노르웨이 간 관계의 초기 역사에 대한

자기의 연구와 관련해 모스크바의 학계 인사들과 오랫동안 접촉해왔다는 말을 덧붙였다.

84) 트로츠키 자료실의 비공개 부분. 타로프(Tarov)가 쓴 '도피한 한 볼셰비키 레닌주의자의 편지' 라는 글이 1935년에 간행된 〈반대파 회보〉 45호에 실렸다. 스탈린주의의 테러에 대해 설명한 실리가의 글은 〈반대파 회보〉 47, 48, 49호에 실렸다. 스탈린에 대해 아직 우호적인 입장으로 기울어져 있던 지드에게 스탈린 체제의 실상을 폭로하는 내용을 담은 빅토르 세르게의 글 '앙드레 지드에게 보내는 공개편지'는 1936년의 〈반대파 회보〉 51호에 실렸다. 〈반대파 회보〉는 이들 호에 소련으로부터 나온 새로운 정보를 많이 담았다. 1936년 4월에 료바와 세르게가 주고받은 편지들(트로츠키 자료실의 비공개 부분)도 참조하라.

85) Tarov, 앞에 인용한 부분.

86) 얼마 뒤 실리가는 소련의 상황에 대한 전면적인 묘사를 담은 저서(Au pays du grand mensonge)를 펴낸다. 세르게는 료바에게 보낸 편지에서 반대파의 와해를 이야기했다. 세르게가 인용한 저명한 트로츠키주의자 엘친에 따르면 혼란이 워낙 심해서 "그 어떤 두 명의 동지도 서로 동일한 견해를 갖고 있지 않았으며, 우리를 서로 통합시켜주는 것은 게페우뿐" 이라는 것이었다.

87) The Prophet Unarmed, p. 308.

88) 〈반대파 회보〉, 48호, 1936년.

89) Trotsky, Stalin's Verbrechen; Krog, 위의 책: 트로츠키 자료실; 크누센과 노르웨이의 여러 공적 인물들의 진술.

90) 트로츠키 자료실에 있는 원자료들로부터 인용.

91) Sudebnyi Otchet po Delu Trotskistkovo-Zinovievskovo Terroristskovo Tsentra; 인용의 출처는 심문과정 기록의 공식 영어본, pp. 68, 169~170.

92) 같은 자료, p. 170.

93) 같은 자료, pp. 171~172.

94) 같은 자료, p. 165.

95) 같은 자료, p. 168.

96) 같은 자료, pp. 120, 164.

97) 같은 자료, p. 180.

98) 1937년 2월 18일 트리그베 리가 노르웨이의 법무경찰부 명의로 제출한 의회보고서 19호; Krog, 앞의 책; Trotsky, 'Ich fordere ein Gerichtsverfahren uber mich!', 트로츠키 자료실; Stalin's Verbrechen.

99) 이 통첩은 노르웨이 의회 보고서(Storting Report) 19호에 부록으로 첨부돼 있다. 1936년 8월 30일자 Izvestya는 소련 대사의 진술에 대해서만 언급했다.

100) 필자에게 코트 교수가 한 말.

101) 같은 출처.

102) Krog, 앞의 책, p. 220.

103) Storting Report 19호.

104) 코트 교수는 전쟁에 관한 자신의 회고록에서 이 장면을 다음과 같이 묘사했다. "(왕 및 독일 대사와의) 만남 후 나는 의원들을 불러 모아놓고 (…) 그들에게 독일의 새로운 요구사항들을 설명해주었다. (…) 나는 정부가 그 요구사항들에 불응할 것이고 (…) 우리는 다시 도피해야 하며 (…) 나라 밖으로 쫓겨나게 될 것임을 의심할 수 없었다. 트로츠키가 트리그베 리에게 했던 말이 기억났다. (…) '몇 년 뒤에는 당신과 당신의 정부가 지금의 나처럼 정치적 난민이 될 것이오.' 우리는 그의 이 말을 일축했다. 우리는 그런 일이 절대로 일어나지 않을 것이라고 여겼었다. (…) 나는 몇 번이나 눈물을 억누르기 위해 말을 멈춰야 했다." Barricade to Barricade(노르웨이어 판), p. 47. 이 장면을 목격한 노르웨이 의원들도 똑같이 내게 말해주었다. 그들 중 한 명은 트리그베 리에게 '트로츠키의 저주'를 상기시킨 사람은 하콘(Haakon) 왕이었다고 주장했다.

105) 이는 크누센이 내게 한 말을 인용한 것이다.

106) Bolshevik, 1936년 9월 15일자. 아버지에게 보낸 10월 26일자 편지에서 료바가 분개하면서 이렇게 보고했다.

107) Storting Report 19호; Krog, 위의 책; 트로츠키가 Gerard Rosenthal에게 보낸 11월 19일, 22일자 편지; Stalin's Verbrechen.

108) 트로츠키 자료실의 비공개 부분.

109) 〈반대파 회보〉, 52~53호, 1936년 10월; Livre Rouge sur le procès de Moscou.

110) 같은 자료.

111) 〈반대파 회보〉, 64호, 1938년 3월.

112) 에티엔(Etienne, Mark Zborowski)은 그 뒤에 고백을 했고, 1955년 12월에 미국 법원에서 위증죄로 5년 징역형을 선고받았다. 에티엔과 료바 사이의 관계에 관한 나의 서술은 두 사람이 트로츠키와 주고받은 편지와 프랑스의 경찰과 지방법원에 각각 제출한 진술서에 근거한 것이다. 에티엔에 관한 이야기는 New Leader에 실렸다. 1955년 11월 21일에는 카슨(H. Kasson)이, 1956년 3월 19일과 26일에는 댈린(David J. Dallin)이 각각 New Leader를 통해 에티엔 이야기를 했다. 미국 상원 국내안보소위원회의 청문회 속기록 Part 51, 1957년 2월 14~15일, pp. 3423~3429 참조. Isaac Don Levine, The Mind of an Assassin도 참조하라.

113) 료바의 'Memoire pour l'Instruction', 1936년 11월 19일. 트로츠키 자료실의 비공개 부분.

114) 같은 자료.

115) 료바가 부모에게 보낸 1936년 12월 7일자 편지. 트로츠키 자료실의 비공개 부분.

116) Trotsky, Stalin's Verbrechen, pp. 37 이하. (그는 독일어로 말했다.)

117) 이 부분의 자세한 내용 가운데 일부는 경찰간부 아스크비크(Askvik)의 미망인 덕분에 알게 됐다. 그녀는 1956년 4월에 내가 오슬로에 있다는 말을 듣고는 남편의 회고록 원고를 크누센에게 갖다 주면서 그것을 내게 전달해달라고 요청했다. 크누센은 나를 위해 필요한 부분들을 번역해주는 과정에서 트로츠키의 노르웨이어 구사능력을 알게 되어 놀랐다고 한다. 호네포스에서 같이 지낼 때 트로츠키와 크누센은 보통 독일어로 대화했다.

118) Trotsky, Stalin's Verbrechen, pp. 77~78. 이 부분의 구체적인 내용들은 모두 다른 자료들에

의해서도 확인되는 것이다.

119) 앞의 책, 그리고 트로츠키 자료실의 비공개 부분에 있는 트로츠키의 일기들; Krog, 위의 책.

120) 앞의 책.

121) 이 편지는 트로츠키가 노르웨이에서 추방된 뒤로는 처음으로 간행된 〈반대파 회보〉(1937년 3월 54~55호)에 게재됐다.

122) 이 편지는 날짜가 1936년 12월 18일자로 돼있고, 프랑스어로 씌어졌다.

123) 트로츠키 자료실의 비공개 부분.

124) The Prophet Armed, p. 199.

125) 이때의 일기 중 일부는 Stalin's Verbrechen에 들어 있다. 일기의 나머지 부분은 트로츠키 자료실에 있으나, 아직 출간된 바 없다.

5장

1) 이는 트로츠키가 멕시코에 도착한 지 얼마 안 된 시기에 료바에게 보낸 편지들을 보면 알 수 있다. 이 시기의 편지에서 트로츠키는 자기의 새로운 피난처가 된 나라, 그 나라의 기후, 더 나아가 그 나라의 과일과 채소에 대해서도 흡족한 느낌을 표현했다.

2) 나중에 카르데나스는 이런 암시를 한 것을 공개적으로 부인해야 할 필요가 있음을 알게 됐다(La Prensa, 1938년 11월 12일자). 트로츠키는 자기를 카르데나스를 나쁜 길로 이끈다고 심하게 공격해온 미국의 한 신문(The New York Daily News)을 고소하겠다고 생각했다. 그러나 그에게는 그런 조처를 취할 법률적 근거가 없다고 앨버트 골드먼(Albert Goldman)이 말해주었고, 이런 말을 듣고서야 그는 고소를 단념했다. 1938년 12월에 트로츠키가 골드먼과 주고받은 편지들 참조. 트로츠키 자료실의 비공개 부분.

3) 'Aux Representants de la Presse Mexicaine', 1937년 1월 12일. 트로츠키 자료실.

4) 닌(Andres Nin)이 리베라의 그림과 조각 작품들을 수록한 책을 알마아타에 있는 트로츠키에게 보내주었다. 트로츠키는 닌에게 편지를 보내어 그 책을 보내준 데 대해 사례하고 예술가 리베라를 높이 평가하는 의견을 전했다. 트로츠키 자료실.

5) 트로츠키 자료실의 비공개 부분.

6) Sudebnyi Otohet po Delu Anti-Sovietskovo Trotskistskovo Tsentra.

7) Serge, Vie et Mort de Leon Trotsky, p. 258.

8) 〈반대파 회보〉, 54~55호, 1937년.

9) 'Trebovanie Moei Vidachy', 1937년 1월 24일. 트로츠키 자료실.

10) 'I Stake my Life', Appendix II, The Revolution Betrayed.

11) 〈반대파 회보〉, 54~55호.

12) Serge, 앞의 책, p. 266.

13) 당시 뉴욕에서 망명자로 거주하던 발라바노프(A. Balabanoff)에게 트로츠키가 써 보낸 1937

년 2월 3일자 편지. 트로츠키 자료실의 비공개 부분.

14) 버나드 쇼의 견해에 대해서는 The Prophet Outcast, pp. 311 이하도 참조하라. 료바는 어머니에게 보낸 1937년 3월 8일자 편지에서 자기가 품게 된 의구심에 대해 알렸다. 트로츠키 자료실의 비공개 부분.

15) 트로츠키 자료실의 비공개 부분. 1937년 2월 1일자와 15일자 편지.

16) 트로츠키가 료바에게 보낸 1937년 2월 24일자와 3월 5, 16일자 편지. 같은 출처.

17) 료바가 트로츠키에게 보낸 1937년 3월 8일자 편지. 같은 출처.

18) 〈반대파 회보〉, 56~57호, 1937년; 1936년에 료바가 아들러와 주고받은 편지들. 트로츠키 자료실의 비공개 부분.

19) 1940년 3~4월에 S.W.P.(미국의 트로츠키주의 당)가 발간한 Internal Bulletin 참조. 트로츠키가 샤트먼 및 버넘과 토론하던 중에 이런 문제가 제기됐다.

20) 예를 들어 Soviet Russia To-day의 1937년 3월호에 게재된 선언문을 보라.

21) "오늘날, 그(트로츠키)의 주관적 의도가 무엇이든 간에, 그리고 나는 그 의도가 뭔지를 판단해보려고 하지 않겠지만, 그의 객관적 역할은 소련에 대항하도록 노동자들의 정서를 부추기는 것이다. 그는 프랑스에 있는 자기의 지지자들에게 사회주의 인터내셔널(Socialist International)에 가담하라는 지령을 내렸다. 그는 공산주의의 근본에서 점점 더 멀어져갔다. (…) 그는 소련 안에서의 내전을 지지하고 나서기까지 했다. 이리하여 그는 한때 자기가 그토록 충성스럽게 봉사했던 계급과 나라의 공개적인 적이 됐다." 울프(Bertram D. Wolfe)는 1936년에 트로츠키에 대해 이렇게 썼다! '우리가 알고 싶은 것들', Workers' Age Publications. 대숙청이 끝나갈 즈음 부하린이 피고석에 나타나기 직전에야 비로소 '공산주의 근본주의자'인 울프가 대숙청을 정신적으로 지지했던 것에 대한 후회의 뜻을 The New Republic(1937년 11월 24일자)을 통해 밝혔다. 이를 알게 된 트로츠키는 울프가 미래에 중대한 실수를 저지르지 않기 위해서는 아직 배워야 할 것도 많지만, 이미 배웠으나 잊어버려야 할 것도 많다고 논평했다. 훗날 울프는 스탈린주의자들의 숙청을 비난하는 글만 썼던 사람들을 오히려 '스탈린의 옹호자들'이라고 공격했다.

22) 1937년 1월 26~27일 New York Tag에 게재된 골드버그(B. Z. Goldberg)의 글. 이때 트로츠키는 유대인 문제에 대한 자기 견해를 재정립했다. 또 다른 미국의 유태계 신문인 Forwarts와의 인터뷰에서 그는 최근 독일 제3제국에서의 반유태주의는 물론이고 소련에서의 반유대주의 경험조차도 유대인들이 그들이 사는 나라에 '동화'하리라던 자기의 오랜 희망을 포기하게 했다고 인정했다. 그는 사회주의 아래에서도 유대인 문제는 '영토적 해법'을 필요로 하게 될 것이라는, 즉 유대인들은 자신들의 조국 땅에 정착해야 할 필요가 있을 것이라는 견해에 도달한 것이었다. 그러나 그는 그들이 정착해야 할 땅이 팔레스타인이라거나, 시오니즘이 유대인 문제를 해결할 수 있을 것이라거나, 자본주의 아래에서 유대인 문제가 풀릴 수 있을 것이라고는 믿지 않았다. 그는 쇠락하고 있는 부르주아 사회가 오래 존속하면 할수록 반유대주의는 전 세계적으로 더 사악하고 야만적인 모습을 띨 것이라고 주장했다. 1937년 1월 28일. 트로츠키 자료실.

23) The Case of Leon Trotsky, p. 464에서 인용.

24) 버나드 쇼가 영국의 트로츠키 변호위원회 사무국장에게 보낸 1937년 6월 20일과 7월 21일자 편지. 이 위원회의 트로츠키 관련 자료실과 하버드대학 트로츠키 자료실의 비공개 부분.

25) The Nation의 편집진이 말로(Malraux)를 위해 베푼 연회에서 말로가 한 연설의 요약문에서 인용. 이 요약문은 트로츠키의 한 지지자가 트로츠키에게 보내주었고, 트로츠키 자료실의 비공개 부분에 보존돼있다. 말로는 스탈린주의자들의 후원 아래 미국으로 갔고, 스페인에서 싸우고 있는 국제여단(International Brigades, 스페인 내전 당시 공화정부를 위해 싸우기 위해 세계 각국에서 온 지원병들의 부대－옮긴이)에 대한 지지를 모으려 했다. 이보다 조금 전에 트로츠키는 소련의 대숙청에 대한 말로의 태도를 문제 삼아 그를 공격했다.

26) 브레히트는 대숙청이 한창일 때인 1937~1938년에 《갈릴레오 갈릴레이(Galileo Galilei)》의 원고를 썼다.

27) 버넘이 트로츠키에게 보낸 1937년 4월 1일자 편지. 트로츠키 자료실의 비공개 부분.

28) 이 부분의 서술은 1950년에 듀이 본인과 그의 비서인 라트너 박사(Dr. Ratner)가 나한테 한 말에 근거한 것이다.

29) The Case of Leon Trotsky, appendix III; James Farrell in John Dewey, A Symposium, edited by Sidney Hook, p. 361도 참조.

30) The Case of Leon Trotsky, pp. 411~417.

31) 앞의 책, pp. 459~585.

32) 듀이는 위원회가 추가로 해야 할 일들에 관해 몇 건의 형식적인 발표를 더 하는 데 그쳤다.

33) 영국과 프랑스의 트로츠키 변호 위원회는 각각 자기 나라의 신문들이 반대재판을 거의 완전히 무시하고 있다고 코요아칸에 알려왔다.

34) 료바가 트로츠키에게 보낸 1937년 4월 27일자 편지와 트로츠키가 료바에게 보낸 같은 해 5월 29일자 편지. 트로츠키 자료실의 비공개 부분. 20여 년 뒤에 나탈랴는 트로츠키가 "그 모든 오해를 해소해주는, 매우 길고 대단히 간곡한 내용의 편지를 썼다"고 필자에게 말했다. 그녀는 그 편지가 분실돼 없어졌을지도 모른다고 우려하면서도 반드시 그것을 찾아서 건네주겠다고 약속했다. 그녀가 마음에 두고 있었던 편지는 아마도 여기에 요약된 편지였던 것 같다. 이 편지는 그러나 '오해를 해소'하는 데는 역부족이었다.

35) 료바가 어머니에게 보낸 1937년 6월 29, 30일자 편지.

36) 1937년 7월 7일자 편지. 트로츠키 자료실의 비공개 부분.

37) 1937년 7월에 둘 사이에 오고간 편지를 보라. 트로츠키 자료실의 비공개 부분.

38) 나탈랴의 이 '해명' 편지에는 날짜가 적혀 있지 않다. 그 내용 자체의 증거에 따르면 이 편지는 7월 15일 전후에 씌어졌다. 트로츠키는 7월 19일 두 개의 답장을 보냈다. 또한 그는 이즈음에 (그가 거듭 강조했듯이) 나탈랴가 보게 하려는 목적의 특별한 일기를 쓰기도 했다.

39) 트로츠키가 나탈랴에게 보낸 1937년 7월 18일자 편지. 트로츠키 자료실의 비공개 부분.

40) 〈반대파 회보〉, 56~57호, 1937년.

41) 'Zapiski Ignatya Reissa', 〈반대파 회보〉, 60~61호, 1937년 12월.

42) I. Reiss, 'Pismo v Ts.K. V.K.P.', 〈반대파 회보〉, 58~59호, 1937년 9~10월.

43) 료바가 1937년 9월 16일 코요아칸으로 보낸 전보와 같은 해 10월 4일자와 12일자로 트로츠키에게 보낸 편지 참조. 트로츠키 자료실의 비공개 부분. 〈반대파 회보〉 58~59호에 실린, 암살에 관한 마르킨(료바의 필명)의 설명도 참조하라.

44) 앞에 인용한 료바의 편지들 외에 그의 1937년 8월 7일자 편지도 참조.

45) 〈반대파 회보〉, 58~59호.

46) 〈반대파 회보〉, 60~61호, 1937년 12월.

47) 료바가 트로츠키에게 보낸 1937년 11월 19일자 편지와 트로츠키가 료바에게 보낸 1938년 1월 22일자 편지. 트로츠키 자료실의 비공개 부분.

48) Trotsky, 'Tragicheskii Urok', 〈반대파 회보〉, 같은 출처. 료바의 1937년 11월 16일자와 19일자, 12월 17일자 편지.

49) 바로 앞에서 언급한 료바의 편지들 외에 에티엔이 트로츠키와 주고받은 편지들(트로츠키 자료실의 비공개 부분)에도 그 자세한 내용이 들어 있다.

50) 료바가 트로츠키에게 보낸 1937년 11월 1, 5일자 편지.

51) 이 편지는 독일어로 작성됐고, 날짜는 1937년 11월 5일로 돼있으며, A라는 이니셜만으로 서명돼있다. 이 이니셜은 아돌프(Adolf)를 가리키는 것으로 보인다. 트로츠키 자료실의 비공개 부분.

52) 1937년 11월 18일자 편지, 같은 출처.

53) Not Guilty!(모스크바 재판에서 레온 트로츠키에게 씌워진 혐의들에 대한 조사위원회의 보고서). 트로츠키가 료바에게 보낸 1938년 1월 21일자 편지도 참조.

54) Serge, Mémoires d'un Révolutionnaire, p. 375.

55) 경찰의 조사가 진행되는 동안 에스트린 부인, 엘자 리스, 루, 잔 마르틴, 그리고 에티엔 자신이 제출한 진술서 참조. 관할 경찰청의 보고서도 참조. 트로츠키 자료실의 비공개 부분.

56) 이 부분에서 인용된 진술서, 목격담, 의사들의 소견서, 트로츠키의 편지들 가운데 일부는 트로츠키 자료실의 비공개 부분에서, 일부는 잔 마르틴이 피에르 프랑크의 승낙을 얻어 나에게 보내준 Lev Sedov's Papers에 들어 있다.

57) Fourth International(1941년 8월)과 《레온 트로츠키의 삶과 죽음(Vie et Mort de Leon Trotsky)》에 실린 나탈랴 세도바의 글 '아버지와 아들'을 보라.

58) 트로츠키가 잔(Jeanne)에게 보낸 1938년 3월 10일자 편지. 트로츠키 자료실의 비공개 부분.

59) Lea Sedov, Syn, Drug, Borets', 〈반대파 회보〉, 64호, 1938년 3월. (영어 팸플릿 판은 Leon Sedoff, Son, Friend, Fighter.)

60) 세르게이가 옥중에서 보여준 태도에 관한 이 부분의 서술은 베르거(Joseph Berger)의 증언에 근거한 것이다. 그는 팔레스타인 공산당의 창설을 도왔고, 코민테른의 중동 지부에서 일했으며, 스탈린의 감옥과 강제수용소에서 23년간의 세월을 보냈다. 그는 1956년에 석방되고 복권됐다.

61) The Prophet Outcast, p. 416를 보라.

62) 트로츠키 자료실의 비공개 부분.

63) 트로츠키가 잔에게 보낸 1938년 3월 10일자 편지. 트로츠키 자료실의 비공개 부분.

64) 트로츠키가 로스메, 잔, 루, 카밀에게 보낸 3월 12일자 편지.

65) 트로츠키가 로장탈(G. Rosenthal)과 주고받은 편지들 참조. 트로츠키 자료실의 비공개 부분.

66) 트로츠키가 로스메에게 보낸 1938년 9월 19일자 편지, 로장탈에게 보낸 같은 해 10월 27일자 편지, 로장탈이 트로츠키에게 보낸 같은 해 10월 7일자 편지. 언론매체들 가운데 특히 〈파리 수아르(Paris-Soir)〉는 1939년 3월 26일의 일을 보도했고, 몰리니에의 〈베리테(Vérité)〉(4호, 1939년 4월 4일)는 '모든 수단을 다해'라는 제목으로 이 일을 다룬 특별부록에서 잔의 주장을 전하면서 아이를 데려갈 권리를 주장하는 트로츠키를 비판했다.

67) 1939년 2월 7일 트로츠키가 공식 수탁인인 하멜(M. Hamel)에게 전달한 진술서; 재판 관련 서류 및 트로츠키가 비서, 변호인들과 주고받은 법률적인 서신들, 특히 1939년 3월 22, 27, 29일자와 4월 17, 29일자 편지, 트로츠키 자료실의 비공개 부분. 트로츠키가 로스메 부부에게 보낸 1939년 5월 26일자 편지도 참조하라.

68) 1938년 9월 19일자로 돼 있는 이 편지는 트로츠키 자료실의 비공개 부분에 들어 있다.

69) 에티엔은 트로츠키와 편지를 주고받을 때 발신자 또는 수신자로서의 자기 명의를 어떤 때는 자기 이름으로, 어떤 때는 '국제비서국'으로, 또 어떤 때는 〈반대파 회보〉의 편집자로 했다. 예를 들어 1938년 2월 22일자 편지의 발신자는 국제비서국으로 표시됐다. 그리고 거기에 에티엔과 폴슨의 서명이 추가돼 있다.

70) 트로츠키가 국제비서국 앞으로 보낸 1938년 3월 12일자 편지. 트로츠키 자료실 비공개 부분.

71) 에티엔이 경찰의 조사 과정에서 제출한, 위에 인용된 바 있는 진술서; 에티엔이 트로츠키에게 보낸 1938년 6월 6일자 편지; 트로츠키가 '롤라(Lola)와 에티엔 동지'에게 보낸 1939년 2월 17일자 편지. 트로츠키의 비서인 반 헤이예노르트(Van Heijenoort)가 나빌에게 보낸 1938년 4월 29일자 편지에는 이런 구절이 들어 있다. "선생님이 처한 상황에 대해 걱정하면서 안부를 묻는 편지를 여러 프랑스인 친구분들(특히 에티엔)로부터 받았습니다." 트로츠키 자료실의 비공개 부분. 〈반대파 회보〉, 1938년 66~67호, 68~69호, 70호, 1939년 74호 참조.

72) 〈반대파 회보〉, 68~69호, 1938년.

73) 〈반대파 회보〉, 68~69호, 1938년.

74) 트로츠키가 에티엔에게 보낸 1938년 12월 2일자 편지. 이 편지는 겉으로는 〈반대파 회보〉의 편집자들에게 보내는 것으로 돼있다. 트로츠키 자료실의 비공개 부분. 트로츠키는 스네블리트가 에티엔에 대해 제기한 의문점에 대해 언급하면서 '의문점'이라고 인용부호를 붙였다.

75) 1950년 초에 필자와 필자의 아내는 트로츠키 자료실의 '공개' 부분에 소장된 트로츠키의 문서들 속에서 이 편지를 발견하고 그것을 그대로 필사해 두었다. 그 이래 게페우 간부 출신인 알렉산더 오를로프(Alexander Orlov)가 그것은 자기가 쓴 편지라고 주장해왔다. 소련이 미국에서 벌이는 활동의 범위에 대한 미국 상원 법사위원회 소위의 청문회에서 그가 한 진술을 보라. 이 청문회의 속기록 51부, pp. 3423~3429. 게페우에서 오를로프가 한 역할, 특히 그가 스페인의 숙청 기간에 한 역할에 대해서는 Jesus Hernandez, La Grande Trahison과 오를로프

가 쓴 Stalin's Crimes를 보라.

76) 릴리아 달렝 부인(Mrs. Lilia Dallin, 1930년대 후반에 파리 국제비서국의 러시아부에서 일하며 '롤라 동지'로 불리던 사람)은 자기가 1939년 여름에 코요아칸으로 갔을 때 트로츠키가 그에게 에티엔을 경계하라고 권하는 편지들을 자기에게 보여주었다고 미국에서 증언했다. 그녀는 이렇게 말했다. "그 구체적인 내용들이 매우 불유쾌한 것들이어서 나는 조금 불편한 느낌을 가졌다. (…) 나는 '당신에게서 당신과 협력하는 사람들을 박탈하려는 엔카베데(소련 내무인민위원회, 게페우 조직을 흡수해 1934년부터 가동되기 시작한 소련의 비밀경찰 기능 및 대외첩보 담당 기구 – 옮긴이)의 협잡인 게 분명하다'고 말했다. (…) 그러자 그(트로츠키)는 다른 익명의 편지를 또 하나 보여주었다. 거기에는 나를 의미하는 것이 분명한 '한 여자'가 그를 방문할 것이며, 그 여자가 그를 독살할 것이라고 경고하는 내용이 들어 있었다. 그래서 우리 둘은 (…) 그것은 엔카베데의 협잡이라는 결론을 내렸다. (…) 그리고 (파리로 돌아가자마자) 맨 처음으로 내가 한 일은 그 일에 관해 에티엔에게 말해준 것이었다. (…). 나는 그를 신뢰했다." 에티엔은 큰 웃음을 터뜨렸다. Isaac Don Levine, The Mind of an Assassin, p. 60.

77) Sudebnyi Otchet po Delu anti-Sovietskovo i Pravo Trotskistskovo Bloka.

78) 〈반대파 회보〉, 65호, 1938년.

79) 〈반대파 회보〉 같은 호의 주된 글.

80) 《소비에트 지배하의 스몰렌스크(Smolensk Under Soviet Rule)》에서 M. Fainsod는 입수된 게페우의 문서들에서 몇몇 사례들을 인용했다. 이 사례들에 따르면 숙청이 한창이던 1936~1937년에도 노동자들은 누구를 모범적인 볼셰비키로 봐야 하느냐는 질문을 받으면 "트로츠키와 지노비예프"라거나 "트로츠키 또는 지노비예프"라고 답변했고, 키로프를 기리기 위해 소집된 회의에서 학생들이 트로츠키도 명예간부회에 포함시키자고 제의했다(p. 302와 여기저기). 트로츠키주의가 스몰렌스크 지역에서만 유달리 대중적인 인기를 누린 것은 아니었고, 위와 같은 사례들은 러시아의 다른 지역들에서 오히려 더 흔했다. 그러나 모든 범죄인들, 심지어는 잘못을 저지른 어린아이들까지도 '트로츠키주의자'라는 이름으로 추방당하고 있었다. 스몰렌스크 지역에서 한바탕 벌어진 '트로츠키주의자 비방'에 대한 묘사는 같은 책 pp. 232~237에서 볼 수 있다.

81) 이 전언('Trotskisiy na Vorkute')에는 'M.B.'라는 서명이 돼 있고, 망명한 멘셰비키들이 1961년에 펴낸 Sotsialisticheskii Vestnik 10~11호에 게재됐다.

82) 앞의 1장과 비교해보라.

83) 보르쿠타 수용소에서의 삶에 관해 이처럼 자세하게 묘사할 수 있었던 것은 2차대전 초에 추방돼 그곳에서 살았던 유명한 폴란드 언론인인 베르나르트 싱에르(Bernard Singer) 덕이다.

84) 이 부분의 서술은 1938년 9월 3일 열린 4차 인터내셔널의 세계대회 속기록에 근거한 것이다. 트로츠키 자료실의 비공개 부분. 나는 이 속기록의 사본을 예전의 영국인 트로츠키주의자에게서 넘겨받아 보관하고 있다. 1938년에 나는 이 세계대회에 참석했던 폴란드 사람들이 보다 자세하면서도 비판적으로 이 대회에 관해 보고한 문서를 읽어본 적이 있다.

85) 크누센의 사위로 노르웨이에서 트로츠키의 비서 역할을 한 어윈 울프(Erwin Wolf)는 1936년

에 스페인에 갔다가 그곳에서 게페우의 손에 희생당했다.

86) P.O.U.M.과 Parti Socialiste Ouvrier et Paysan(Marceau Pivert가 주도했던, 규모는 작지만 활력이 넘치던 프랑스의 당)은 둘 다 트로츠키주의에 '동조' 했으나 이견도 갖고 있었다.

87) 〈미국 트로츠키주의자들의 회보(Internal Bulletins of the American Trotskyists)〉는 독자회원 수가 1천 명이라고 했지만, 드와이트 맥도널드(Dwight Macdonald)는 《한 혁명가에 관한 비망록(Memoirs of a Revolutionist)》의 17쪽에서 "우리는 약 800명의 회원을 갖고 있었다"고 밝혔다.

88) 두 명의 폴란드 대표 중 스테판(Stephen)은 청소년기에 정치적 활동을 했다는 이유로 폴란드의 청소년교도소에서 몇 년간 수감생활을 했고, 이 당시에는 프랑스에서 공부하는 젊은 과학자였다. 또 한 명의 폴란드 대표인 카를(Karl)은 나이든 유태계 노동자였다. 그는 차르와 피우수츠키 치하에서 12년간 감옥생활을 했고, 모스크바에서 10월혁명에 가담했으며, 러시아 내전의 초기 전쟁에 참가했다가 폴란드로 돌아갔다. 그는 폴란드에서 혁명활동을 했다는 이유로 사형선고를 받고 처형장으로 가던 도중에 탈출했다. 두 폴란드 대표가 이때 회의에서 4차 인터내셔널 창립에 반대하기 위해 전개한 진술은 필자가 작성한 문건에 근거를 둔 것이었다.

89) 트로츠키가 1938년 2월 5일자와 6월 25일자로 '글래스(Glass) 동지'에게 보낸 편지와 플리트먼(H. Fleetman)이 중국을 여행하고 그곳에서 중국인 트로츠키주의자들과 만나면서 받은 인상을 담은 1940년 2월 19일자 기록을 보라. 트로츠키가 중국의 지지자들과 수많은 편지를 교환했다는 것은 중국 혁명의 전망에 대한 그의 관심이 계속 식지 않았음을 보여준다. 내가 인용한 천두슈의 견해는 1938년 11월 3일이라는 날짜가 적혀 있는 그의 긴 논문에서 가져온 것이다. 이 논문은 스촨성에서 작성됐다. 트로츠키 자료실의 비공개 부분.

90) James P. Cannon, The History of American Trotskyism; M. Pablo, 'Vingt ans de la Quatrieme Internationale' in Quatrième Internationale, 1958~1959; M. Shachtman, 'Twentyfive Years of American Trotskyism' in The New International, 1954.

91) 〈반대파 회보〉, 71호, 1938년 11월, '창립총회'에 관한 영어 연설문.

92) 〈반대파 회보〉, 위에 인용한 부분과 66~67, 71호, 1938. 킹슬리 마틴(Kingsley Martin)이 트로츠키와의 만남에 관해 쓴 글이 1937년 4월 10일자 The New Statesman에 실렸다. 이 만남은 우호적이지 못했다. 왜냐하면 마틴이 자기의 친구인 프리트(D. N. Pritt)의 '명예'를 '보호'하고자 했기 때문이다. 프리트는 영국의 왕실 변호사(King's Counsel)이자 하원의원이었고, 영국의 대중 앞에서 법률적 관점에서 모스크바 재판을 정당화하는 일에 몰두하고 있었다. 킹슬리 마틴이 프리트의 명예에 대해서는 민감한 반면 모스크바 재판의 피고인들 모두와 트로츠키 자신의 명예에 대해서는 둔감한 태도를 보인 것이 트로츠키를 분개시킨 나머지 그로 하여금 성급한 내용의 진술을 하도록 자극했을 수도 있다. 트로츠키는 파리의 국제비서국에 보낸 편지에서 마틴의 코요아칸 방문에 대해 통렬하게 묘사한 바 있다.

93) Living Thoughts of Karl Marx, p. 38.

94) '선진 서구', 특히 미국에 관한 트로츠키의 예언이 20세기의 중반에 비현실적으로 들리듯이 20세기 말에도 비현실적으로 들릴 것인지는 물론 두고 봐야 알 일이다.

95) Dwight Macdonald, 앞의 책, pp. 12~15.

96) 트로츠키가 맥도널드에게 보낸 1938년 1월 20일자 편지. 〈파티전 리뷰(Partisan Review)〉의 편집진은 해롤드 래스키, 시드니 후크, 이그나지오 실로네, 에드먼드 윌슨, 아우구스트 탈하이머, 존 스트래치, 페너 브로크웨이 등이 참가하기로 한 '마르크스주의에 관한 심포지엄'에 글을 기고해줄 것을 트로츠키에게 요청했다. 이 심포지엄의 주제는 '마르크스주의에서 살아있는 것은 무엇이고, 죽은 것은 무엇인가?'였다. 트로츠키에게는 〈파티전 리뷰〉가 마르크스주의의 타당성에 의문을 제기하는 것을 통해 새 출발을 하려고 한다는 사실이 마땅찮게 여겨졌다. 트로츠키가 〈파티전 리뷰의 편집자들과 주고받은 편지들을 보라. 이 편지들은 트로츠키 자료실의 비공개 부분에 보관돼있다. 〈파티전 리뷰〉의 편집진은 결국 이 심포지엄 계획을 포기했다.

97) 트로츠키가 라브(Rahv)에게 보낸 1938년 3월 21일자 편지, 같은 출처.

98) 〈파티전 리뷰〉, 1938년 가을호; 트로츠키가 라브에게 보낸 1938년 5월 12일자 및 7월 30일자 편지. 〈파티전 리뷰〉의 구성원들에 대해 제임스 버넘(James Burnham)이 가십거리를 곁들여 신랄하게 인물평을 가한 편지가 트로츠키 자료실의 비공개 부분에 들어있다(버넘이 트로츠키에게 보낸 1938년 4월 12일자 편지).

99) 브르통(Breton)이 트로츠키에게 보낸 1938년 8월 9일자 편지와 트로츠키의 8월 31일자 답신, 트로츠키 자료실의 비공개 부분. Breton La cle des champs, pp. 142~154; Entretiens, pp. 118~119, pp. 187~190; M. Nadeau, Histoire du Surrealisme, pp. 242~244도 참조.

100) 〈파티전 리뷰〉 1938년 가을호. 브르통의 주장에 따르면, 리베라는 '선언' 에 서명만 했을 뿐이고, '선언' 을 주로 쓴 사람은 트로츠키였지만 그는 자기가 서명하는 것은 적절하지 않다고 생각했다.

101) 〈반대파 회보〉, 74호, 1939년.

102) 〈반대파 회보〉, 70호, 1938년. 트로츠키는 료바에게 보낸 1937년 11월 19일자 편지에서 이 문제가 정치국에서 제기됐을 때 자기는 크론슈타트에 대한 공격에 찬성했지만 스탈린은 그냥 놔두어도 반란자들이 이삼 주 안에 항복하게 될 것이라면서 공격에 반대했다고 밝혔다. 트로츠키는 스탈린에 대항한 대중적 논쟁과 자기가 쓴 스탈린 전기에서는 이런 사실을 전혀 언급하지 않았다. 이런 사실은 스탈린이 정치적으로 '온건한 태도'를 보이거나 레닌 노선으로부터 이탈한 점에 대해서는 그가 빼놓지 않고 스탈린 비판에 이용했던 것에 비추어 볼 때 흥미로운 대목이다. 이 경우에는 '온건한 태도'가 스탈린에게 유리하게 작용할 수 있다는 생각을 트로츠키가 했던 것일까? 크론슈타트에 관한 논쟁은 The New International의 지면(트로츠키, '크론슈타트에 관한 시끄러운 비난', 1938년 4월; 세르게, '편집진에게 보내는 편지', 1939년 2월 등)과 책(실리가의 Au pays du Grand Mensonge와 세르게의 Mémoires d'un Révolutionnaire)을 통해서도 계속 이어졌다. 트로츠키의 미국인 비서 중 한 명으로 1937년에 코요아칸에서 몇 달을 지낸 버나드 울프(Bernard Wolfe)는 나중에 The Great Prince Died 라는 제목의 소설을 썼는데, 이 소설의 주제는 크론슈타트에 대한 트로츠키의 죄가 그의 양심과 삶을 침해했다는 것이었다. 그러나 유감스럽게도 이 소설은 역사적 현실성을 결여했

을 뿐 아니라 문학적으로도 조잡한 삼류 작품이었다.

103) 트로츠키가 이 글의 초고를 완성할 즈음에 리베라가 그에게 료바의 죽음에 관한 소식을 전해왔다. 그래서 트로츠키는 이 글을 료바의 영전에 헌정했다. 〈반대파 회보〉, 68~69호, 1938년; The New International, 1938년 6월. 이 글은 여러 언어의 팸플릿으로도 발행됐다.

104) John Dewey, 'Means and Ends', New International, August 1938.

105) Max Eastman, Marxism, is it Science?, pp. 275~297; Sidney Hook, Political Power and Personal Freedom.

106) 〈반대파 회보〉, 77~78호, 1939년; New International, 1939년 8월호.

107) New International, 1939년 1월호.

108) 트로츠키가 파리의 국제비서국에 보낸 1938년 6월 12일자 편지.

109) 1939년 1월 11일 멕시코 언론에 보도된 트로츠키의 진술, 트로츠키 자료실. 반 헤이예노르트가 브르통에게 보낸 1939년 1월 11일자 편지도 보라. 이 편지에서 반 헤이예노르트는 트로츠키의 지시에 따라 브르통에게 이런 관계악화에 관해 알렸다. 브르통은 트로츠키에게 보낸 6월 2일자 답장에서 트로츠키와 리베라 사이에서 어느 쪽이든 편들기를 거부했다.

110) 트로츠키가 1939년 1월 30일에 써서 Trinchera Aprista에 기고한 글 '무지는 혁명의 무기가 아니다'. 트로츠키 자료실.

111) 필자는 러시아 출신이고 러시아 혁명가 집안의 후손이며 멕시코의 출판업자이자 서적판매상인 사람이 이때를 비롯해 여러 번 트로츠키에게 돈을 빌려주었다는 이야기를 들은 적이 있다. 이 밖에도 트로츠키의 망명생활 중 '금전적 측면'에 관한 그럴듯한 이야기들을 듣기도 했다. 한 유명한 미국 잡지의 편집자가 내게 사실임을 장담한다면서 해준 이야기에 따르면, 트로츠키는 레닌이 트로츠키와 그의 가족 명의로 미국의 한 대형 은행에 개설해 놓은 계좌에서 돈을 인출해 사용했으며, 그 계좌는 레닌이 내전 기간에 볼셰비키가 패배할 가능성을 고려할 상황이 됐을 때 장차 해외에서 혁명투쟁을 재개해야 할 필요성을 감안해서 미국 은행에 개설해 놓았다는 것이다. 이 이야기가 사실이라면 흥미로운 일이겠지만, 사실이 아니다.

112) 트로츠키가 출판사들과 주고받은 편지, 자세한 인세 계산과 관련된 서류 등이 트로츠키 자료실의 비공개 부분에 보관돼 있다. 이런 자료들은 1939년에 트로츠키가 겪은 금전적 곤경을 분명히 보여준다. 트로츠키가 쓰겠다고 한 레닌 전기에 대한 인세 선불금 5천 달러를 1936년에 이미 지급한 더블데이(Doubleday)는 이때 원고를 조속히 보내달라고 재촉하고 있었다. 출판사들은 《배반당한 혁명(The Revolution Betrayed)》에 대해서도 이미 1936년에 1800달러, 그 뒤에도 이보다 적은 금액의 돈을 트로츠키에게 지급했지만, 이 책의 판매에 따른 출판사들의 수입은 1939년까지도 트로츠키에게 선지급한 금액에 미달했다. 트로츠키는 1938년 전반에 뉴욕의 하퍼스(Harpers) 및 런던의 니콜슨 앤드 와트슨(Nicholson and Watson)과 스탈린 전기에 관한 출판계약을 맺었다. 하지만 그해가 다 가기도 전에 하퍼스는 이미 트로츠키가 원고를 완성된 부분부터 우선 넘겨주기로 해놓고 제때 넘겨주지 않고 지연시킨다는 이유로 그에게 인세 선불금을 지급하기를 거절했다.

113) 트로츠키가 앨버트 골드먼에게 보낸 1940년 1월 11일자 편지. 1940년 3월에야 하버드대학이 6천 달러 이하의 금액을 제시했다. 하버드대학은 결국은 1만 5천 달러에 트로츠키의 자료들을 구입했지만, 이 금액도 그 자료들의 '가치'에 비하면 적은 돈이었다.

114) 미국이나 영국의 매체 편집자들이 '뉴스 가치'가 없다고 판단한 트로츠키의 글 중에는 스탈린이 히틀러와 조약을 체결하려고 한다는 내용으로 1939년 초여름에 쓴 원고도 있었다(독소 불가침 조약은 1939년 8월 23일에 실제로 체결됐다-옮긴이).

115) 트로츠키가 버넘에게 보낸 1939년 9월 30일자 편지와 그가 잡지 〈라이프〉와 주고받은 편지들을 보라. 트로츠키 자료실의 비공개 부분.

116) Karl Mayer, 'Lev Davidovich' in Fourth International, August 1941; Charles Cornell, 'With Trotsky in Mexico,' ibid., August 1944; A. Rosmer in Appendix II to the French edition of Trotsky's My Life.

117) Natalya Sedova in 'Father and Son', Fourth International, August 1941 and in Vie et Mort de Leon Trotsky.

118) 트로츠키는 마르크스의 전기를 쓴 바 있는 륄레를 이 책의 단독 저자로 내세우라고 미국 출판사인 Longmans, Green and Co.에 권고했다. 그러면서 그는 출판사 쪽에 랴자노프 이후에는 륄레가 "살아있는 마르크스 연구자 중 가장 훌륭한 사람"이라고 장담했다. 이에 출판사는 마르크스주의의 글을 선별하고 편집하는 일을 륄레에게 맡기기로 했지만, 책의 서문은 반드시 트로츠키가 써야 한다고 고집했다.

119) A. Rosmer, 'Une Mise au Point sur L'Assassinat de Leon Trotsky' in La Révolution Proletarienne, Nr. 20, November 1948 참조. 'Jacson's' statement in A. Goldman, The Assassination of Leon Trotsky, pp. 11, 15 and 25도 참조하라.

120) 트로츠키가 출판 에이전시인 커티스 브라운(Curtis Brown)과 주고받은 편지들을 참조하라. 트로츠키 자료실의 비공개 부분.

121) Trotsky, Stalin, pp. 11~12, 53, 100, 116, 120과 여기저기.

122) 앞의 책, pp. 372~382.

123) 앞의 책, p. 393과 M. Eastman, Since Lenin Died, p. 55.

124) Trotsky, 위의 책, p. 336.

125) 앞의 책, p. 413

126) 앞의 책, p. 383.

127) 앞의 책, pp. 416, 121.

128) 1938년 9월 22일자 글(〈반대파 회보〉, 70호)에 트로츠키는 이렇게 썼다. "소련의 외교가 독일과 화해친선의 관계를 맺기를 시도하리라는 것은 이제 누구나 확신할 것이다." "체코슬로바키아의 주검 위에서 이루어진 타협은 (…) 히틀러에게 전쟁 개시를 위한 좀 더 편리한 근거를 제공하고 있다. 체임벌린이 비행기를 타고 뮌헨으로 가는 것은 이 세계에 곧 닥칠 새로운 유혈극의 전야에 분열되고 탐욕스러우며 무기력한 제국주의 유럽이 거쳐 간 외교적 격동의 상징으로 역사에 기록될 것이다." 〈반대파 회보〉, 71, 74호와 75~76호 참조.

129) '스탈린, 히틀러의 지방관리(Stalin, Hitler's Intendant)' 라는 제목의 이 글에는 '1939년 9월 2일 오전 3시' 라는 일시가 적혀 있다. 트로츠키 자료실.

130) '쌍둥이 별: 히틀러-스탈린(The twin stars: Hitler-Stalin)' , 트로츠키 자료실에서 인용.

131) 언론에 보낸 성명('유럽의 파국에서 크렘린이 수행하는 역할'), 1940년 6월 17일. 같은 출처.

132) '소련의 참전(The U.S.S.R. in war)', New International, 1939년 11월; 이 매체의 그 다음 호들에 실린 글들; In Defence of Marxism.

133) New International, 위에 인용한 부분.

134) 같은 자료.

135) 〈반대파 회보〉, 15~16호, 1930년과 소련으로부터 온 편지들을 참조하라.

136) Rizzi, B., La Bureaucratisation du Monde

137) 같은 책.

138) New International, 1939년 11월과 In Defence of Marxism, pp. 8.11.

139) 앞에 인용한 부분.

140) 앞에 인용한 부분과 여기저기.

141) S.W.P.의 Internal Bulletin과 1939년의 마지막 몇 달간의 The New International; Dwight Macdonald, Memoirs of A Revolutionist, pp. 17~19.

142) 이 논쟁에서 트로츠키가 한 가장 그다운 진술들이 In Defence of Marxism에 수집돼 있다.

143) 핀란드전쟁에 대한 트로츠키의 논평들이 미국과 영국 신문들에 실렸다. 트로츠키는 1940년 3월에 작성한 글 '핀란드의 경험 이후의 스탈린'이라는 글에서 이 문제에 대한 자기의 견해를 요약해 놓았다. 트로츠키 자료실

144) In Defence of Marxism, pp. 56~59와 여기저기.

145) 이와 관련된 논쟁은 S.W.P. 내부에서 Internal Bulletin(이 매체는 1939년 12월에 다수파의 결의문과 소수파의 결의문을 게재했다)을 통해 전개됐고, 나중에는 The New International을 통해서도 이루어졌다.

146) 트로츠키는 이렇게 말했다. "일부 동지들은 '관료적 집단주의' 체제가 이론적으로 가능하다고 서술한 나의 글을 읽고 놀랐을 것이 분명하다. 그런 동지들은 내가 마르크스주의를 완전히 수정해버린 것으로 생각하기까지 했을 것이다." In Defence of Marxism, p. 30.

147) 버넘의 'Science and Style (A Reply to Comrade Trotsky)' 를 보라. 이 글은 트로츠키의 In Defence of Marxism의 부록에 실렸다. 'The Politics of Desperation', New International, 1940년 3~4월과 The Managerial Revolution도 참조.

148) 샤트먼의 글 '미국 당의 위기-트로츠키에게 보내는 공개편지' 및 '소련과 전쟁' 도 처음에는 Internal Bulletin에 게재된 다음에 1940년 3~4월 New International에도 게재됐다.

149) Trotsky, 앞의 책, p. 168.

150) 앞의 책, p. 23.

151) 앞의 책, pp. 97, 101, 148과 여기저기.

152) 버넘이 사퇴의 뜻을 밝힌 편지가 In Defence of Marxism의 부록(pp. 207~211)에 실려 있다.

153) 이런 형용어구는 In Defence of Marxism, p. 181에서도 볼 수 있다.

154) 앞의 책, p. 64.

155) 이후 샤트먼과 그의 그룹은 트로츠키주의 및 레닌주의와의 연관성을 공식적으로 단호하게 부인했고, 노먼 토머스(Norman Thomas)가 이끄는 사회민주주의 그룹에 가담했다. 그러나 노먼 토머스 그룹이 미국 정치에 미친 영향은 무시해도 좋을 정도였다.

156) 트로츠키 자료실과 Trotsky's Diary in Exile, pp. 139~141.

157) 같은 출처.

158) 이 부분의 서술은 트로츠키 자료실에 보관돼 있는 1940년 4월 23일자 문서에서 인용한 것이다. 이때는 독일이 노르웨이를 침공하기 직전이었다. 이즈음 독일의 트로츠키주의자인 발터 헬트(Walter Held)가 소련과 일본을 거쳐 미국으로 갈 수 있기를 기대하면서 독일을 떠났다. 그러나 도중에 그는 아무런 흔적도 남기지 않고 사라져버렸다. 그는 소련에서 체포되어 처형된 것이 거의 분명하다. 그가 트로츠키의 메시지를 소련의 인민들에게 전달하려고 했을 가능성도 그리 높지는 않지만 있긴 하다.

159) Budenz, This is my Story, pp. 257~263과 위에 인용된 오를로프의 진술을 참조하라.

160) '나는 왜 다이즈 위원회에 출석하기로 동의했는가?', 1939년 12월 11일과 12일에 미국 언론에 보낸 트로츠키의 성명. 트로츠키 자료실.

161) M. Craipeau, 'J'ai connu l'assassin de Trotsky', France-Observateur, 1960년 5월 19일.

162) General L. A. S. Salazar, Murder in Mexico. 필자는 1930년대에 시케이로스를 잘 아는 한 미국인 작가에게서 시케이로스의 성격과 배경에 관한 자세한 정보를 얻었다.

163) 트로츠키는 셸던이 도착한 직후에 그가 집 정문 열쇠를 그곳에서 일하고 있던 건축노동자 중 한 사람에게 건네는 것을 보았다고 한다. 트로츠키는 그에게 그렇게 하지 말라고 경고하면서 이렇게 말했다. "그런 식으로 하면, 습격을 받을 경우 당신이 첫 번째 희생자가 될 거요." 셸던에 관한 트로츠키의 진술, 1940년 7월 15일, 트로츠키 자료실.

164) 트로츠키가 이때의 사건에 대해 1940년 6월 8일에 작성한 글이 그가 죽은 뒤인 1941년 8월 Fourth International에 '스탈린이 나를 죽이려 한다(Stalin Seeks My Death)'라는 제목으로 게재됐다.

165) Natalya Sedova in Vie et Mort de Leon Trotsky, pp. 309~310.

166) Salazar, Murder in Mexico, pp. 6~10.

167) 앞의 책, pp. 18~25. 멕시코의 친스탈린주의 신문들만이 아니라 뉴욕의 〈네이션(The Nation)〉조차도 트로츠키 자신이나 집 안의 사람들이 습격을 꾸며냈다고 암시하는 글을 게재했다. 이에 대해 트로츠키는 이렇게 논평했다. "〈네이션〉의 저 '급진파들'은 참으로 '비열한 부류'로군." 1940년 6월 18일. 트로츠키 자료실.

168) Salazar, Murder in Mexico, pp. 10~11, 100.

169) 트로츠키가 카르데나스 대통령에게 보낸 1940년 5월 31일자 편지. 트로츠키 자료실.

170) Salazar, Murder in Mexico, p. 184. 트로츠키가 암살된 뒤인 1940년 10월 4일 체포된 시케이로스는 5월의 습격사건에 자기가 참여했다는 혐의를 부인하지 않았다. 하지만 그는 공산당

은 그 일과 아무런 관련이 없으며, 자기의 목적은 트로츠키를 죽이는 것이 아니라 '심리적 충격'을 일으키고 트로츠키가 그곳에 거주하고 있는 데 대해 항의하는 것이었다고 주장했다. 보석으로 석방된 시케이로스는 몇 년간 멕시코에서 사라져 모습을 드러내지 않았다.

171) Salazar, Murder in Mexico, pp. 76~77.

172) 트로츠키가 자기의 비서나 조수 중에서 스탈린주의자의 보복에 의해 희생당한 사람들로 열거한 명단은 글라즈만(Glazman), 부토프(Butov), 블룸킨(Blumkin), 세르무크스(Sermuks), 포스난스키(Posnansky), 클레멘트(Klement), 울프(Wolf)다. 1940년 6월 25일자 성명. 트로츠키 자료실.

173) Natalya Sedova, 'Tak eto bylo', 〈반대파 회보〉, 85호, 1941년 3월; 'How it happened', Fourth International, 1941년 5월.

174) 트로츠키에게 이런 제안을 한 사람들 가운데 한 명이 나한테 이야기해준 것이다.

175) Joseph Hansen, 'With Trotsky to the End', Fourth International, 1940년 10월.

176) Hansen, 앞에 인용한 부분.

177) 같은 글.

178) 같은 글.

179) Natalya Sedova in Vie et Mort de Leon Trotsky, p. 319.

180) Natalya Sedova; 앞의 글과 〈반대파 회보〉, 85호, 1941년; Fourth International, 1941년 5월.

181) '잭슨의 고백' 전문은 앨버트 골드먼의 The Assassination of Leon Trotsky, pp. 5~8에 수록돼 있다.

182) 트로츠키가 골드먼에게 보낸 1940년 8월 17일자 편지. 트로츠키 자료실의 비공개 부분. 트로츠키 자료실의 비공개 부분에는 트로츠키가 지지자들과 주고받은 편지들이 보관돼 있다. 유럽의 거의 전부가 게슈타포나 게페우에 의해 통제되던 시기에 그는 이런 식으로 그 편지들을 보존하는 것이 자기의 의무라고 생각했다.

183) '트로츠키의 마지막 편지들(Trotsky's Last Letters)', Fourth International, 1940년 10월을 보라.

184) Trotsky's 'Last Article', 같은 매체.

185) Natalya Sedova, 앞의 글.

186) Salazar, Murder in Mexico, p. 160.

187) Natalya Sedova, 앞에 인용한 부분.

188) Hansen, 앞에 인용한 부분.

189) Hansen, 앞에 인용한 부분.

190) Salazar, Murder in Mexico, pp. 102~103.

191) Natalya Sedova, 앞에 인용한 부분.

192) 같은 글.

193) Salazar, Murder in Mexico, p. 110.

194) Salazar, 위에 인용한 부분. 이 민요에서 몇 줄을 인용하면 아래와 같다. '교활하고 비겁한'

암살자에 대한 진정 서민적인 경멸감이 배어나는 대목이다.

트로츠키가 암살당했네
간밤 지나고 새벽에.
조만간 보복하리라고
미리 모의한 자들에 의해.
화요일 오후에야
이 끔찍한 비극이
나라 전체에 퍼지고
수도 전체에 알려졌네.

〈프라우다〉는 트로츠키가 '환멸을 느낀 지지자'에 의해 살해됐다며, 트로츠키 암살 사건을 단 몇 줄로 보도하는 데 그쳤다.

6장

1) The Prophet Armed, pp. 384 이하를 보라.

| 참고 문헌 |

《무장한 예언자》와 《비무장의 예언자》에 수록된 참고 문헌도 참조하라.

AVAKUM, PETROV, *Zhizn Protopopa Avakuma*. Moscow, 1960.

BRECHT, B., *Galileo Galilei*.

BRETON, A., *La clé des champs*. Paris, 1953.

——— *Entretiens*. Paris, 1960.

——— Correspondence with Trotsky in *The Trotsky Archives*, Closed Section.

BUDENZ, L. F., *This is My Story*. New York, 1947.

BULLOCK, A., *Hitler - A Study in Tyranny*. London, 1953.

BURNHAM, J., articles and essays in *New International and Internal Bulletin* of the S.W.P.(the American Trotskyist organization).

——— Correspondence with Trotsky in The Trotsky Archives, Closed Section.

——— *Managerial Revolution*. New York, 1941.

——— *The Coming Defeat of Communism*. New York, 1950.

CANNON, J. P., *History of American Trotskyism*. New York, 1944.

——— Articles in *Fourth International, and Internal Bulletin* of the S.W.P.

——— Correspondence in *The Trotsky Archives*, Closed Section.

CÉLINE, L. F., *Voyage au bout de la nuit*.

CHEN Tu-Hsiu, unpublished memoranda, essays, and correspondence in *The Trotsky Archives*, Closed Section.

CHURCHILL, W. S., *Great Contemporaries*. London, 1939.

——— *The Second World War* (vol. iv). London, 1951.

CILIGA, A., *Au pays du grand mensonge*. Paris, 1937.

——— Articles in *Bulletin Oppozitsii* and *Sotsialisticheskii Vestnik*.

COULONDRE, R., *De Staline à Hitler, Souvenir de deux Ambassades*. Paris, 1950. (Trotsky commented on Coulondre's report of his last meeting with Hitler on the basis of Coulondre's article in Paris-Soir.)

M. CRAIPEAU, 'J' ai connu l'assassin de Trotsky', *France-Observateur*, 19 May 1960.

DEWEY, JOHN, 'Means and Ends', in *New International,* 1938. (See also *The Case of Leon Trotsky, and John Dewey, Philosopher of Science and Freedom, A symposium,* ed. S. Hook.)

DRAPER, TH., *American Communism and Soiviet Russia.* New York, 1960.

——— *Roots of American Communism.* New York, 1957.

EASTMAN, MAX, *Since Lenin Died.* London, 1925.

——— *The End of Socialism in Russia,* London, 1937.

——— *Marxism, is it Science?* London, 1941.

——— *Stalin's Russia and the Crisis in Socialism.* London, 1940.

——— *Great Companions.* London, 1959.

——— Correspondence with Trotsky in *The Trotsky Archives*, Closed Section.

ENGELS, F., and MARX, K., *Briefwechsel.* Berlin, 1949~1950.

FAINSOD, M., *Smolensk under Soviet Rule.* London, 1959.

FARRELL, J. T., 'Dewey in Mexico' in *John Dewey, A Symposium*, ed. Hook, S.

FREEMAN, J., *An American Testament.* London, 1938.

GIDE, ANDRÉ, *Retour de l' U.R.S.S.* Paris, 1936.

GOLDMAN, A., *The Assassination of Leon Trotsky.* New York, n.d.

GREF, YA., Contributions in *Bulletin Oppozitsii.*

GUERIN, D., *Jeunesse du Socialisme Libertaire.* Paris, 1959.

——— *Fascisme et Grand Capital.* Paris, 1936.

HANSEN, J., Reminiscences about Trotsky in *Fourth International.*

HEGEL, G. W. F., *Philosophie der Weltgeschichte.*

HERNANDEZ, J., *La Grande Trahison.* Paris, 1953.

HOOK, S., *The Hero in History.* London, 1945.

——— *Political Power and Personal Freedom.* New York, 1955.

——— ed. *John Dewey, Philosopher of Science and Freedom, A Symposium.* New York, 1950.

LES HUMBLES, Cahiers 5~6, *A Leon Trotsky.* Paris, 1934.

ISAACS, H., *The Tragedy of the Chinese Revolution* (Preface by Trotsky). London, 1938.

——— Reports on China and correspondence with Trotsky in *The Trotsky Archives*, Closed Section.

KAGANOVICH, L., speeches in Reports of Party Congresses.

KAROLYI, M., *Memoirs.* London, 1956.
KERENSKY, A., *The Crucifixion of Liberty.* London, 1934.
KHRUSHCHEV, N., *The Dethronement of Stalin.* (Manchester Guardian publication June 1956.)
——— Speeches in 22 *Syézd* K.P.S.S. Moscow, 1962.
KNUDSEN, K., Preface to Norwegian edition of Trotsky' s *My Life*, Oslo.
KOHT, H., *Barricade to Barricade.* (Norwegian edition.) Oslo.
KROG, H., *Meninger.* Oslo, 1947.
KUN, BELA, (ed.) *Kommunisticheskii International v Dokumentakh*, 1919~1932. Moscow, 1933.

LENIN, V. I., *Sochinenya.* Moscow, 1941~1950.
LEVINE, I. DON, *The Mind of an Assassin.* New York, 1959.
LIE, TRYGVE (On behalf of the Norwegian Ministry of Justice and Police), *Storting Report*, nr. 19 (concerning Trotsky's internment and deportation from Norway), submitted on 18 February 1937.
LUNACHARSKY, A., *Revolutsionnye Siluety.* Moscow, 1923.

MACDONALD, DWIGHT, *Memoirs of a Revolutionist.* New York, 1958.
MALRAUX, A., *La Condition Humaine.*
MANUILSKY, D., *The Communist Parties and the Crisis of Capitalism.* Report at II Plenum of Comintern Executive, March-April 1931. London, n.d.
——— Other articles and speeches quoted from Reports of Party Congresses and *Kommunisticheskii International.*
MARX, K., *Das Kapital.*
——— and ENGELS, F., *Das Kommunistische Manifest.*
——— *Der 18 Brumaire des Louis Bonaparte.*
——— and ENGELS, F., *Briefwechsel.* Berlin, 1949~1950.
——— *Living Thoughts of Karl Marx* (ed. by L. Trotsky and O. Ruhle) London, 1946.
MAURICE, F., *Mémoirs Interieures.* Paris, 1959.
M. B. 'Trotskisty na Vorkute', *Sotsialisticheskii Vestnik,* 1961. (An eye-witness's report on the extermination of the Trotskyists at the Vorkuta concentration camp in 1938.)
MERLEAU-PONTY, M., *Les Aventures de la Dialectique.* Paris, 1955.
——— *Humanisme et terreur.* Paris, 1947.
MILIUKOV, P. N., *Istorya Vtoroi Russkoi Revolutsii.* Sofia, 1921.
MOLINIER, RAYMOND and HENRI, Correspondence with Trotsky and Leon Sedov quoted from *The Trotsky Archives*, Closed Section, and Leon Sedov's Papers.
MOLOTOV, V., speeches and reports in Reports of Party Congresses.

NADEAU, M., *Histoire du Surréalisme*. Paris, 1945.
NAVILLE, P., *Trotsky Vivant*. Paris, 1962.
——— Correspondence in *The Trotsky Archives*, Closed Section.
NIN, A., Correspondence in *The Trotsky Archives*, Closed Section.

ORLOV, A., *The Secret History of Stalin's Crimes*. London, 1953.
ORWELL, G., *Homage to Catolonia*.
——— *1984*.

PABLO, M., 'Vingt Ans de la Quartrieme Internationale' in *Quatrième Internationale*, 1958~1959.
PARIJANINE, M., 'Léon Trotsky ou la Revolution Bannie' in *Les Humbles*, Paris, 1934.
——— Correspondence in *The Trotsky Archives*, Closed Section.
PAZ, MAURICE and MAGDELEINE, Correspondence with Trotsky, in *The Trotsky Archives*, Closed Section.
PFEMFERT, FRANZ, Correspondence with Trotsky, *The Trotsky Archives*, Closed Section.
PLEKHANOV, G., *Izbrannye Filosofskie Proizvedenya* (vol. ii). Moscow, 1956.
——— *The Role of the Individual in History*. London, 1940.
POPOV, N., *Outline History of the C.P.S.U.*(b) (vols, i-ii). English translation from the 16th Russian edition. London, n.d.
PREOBRAZHENSKY, E., *Novaya Ekonomika,* vol. i, part i. Moscow, 1926.
——— Essays and memoranda (including Manifesto 'Ko Vsem Tovarishcham po Oppozitsii') are quoted from *The Trotsky Archives*.
PRITT, D. N., *The Zinoviev Trial*. London, 1936.

RADEK, K., 'Ot Oppozitsii v Kloaku Kontrrevolutsii' in *Partiya v Borbe z Oppozitsijami*. Moscow, 1936.
——— Articles in *Izvestya* and other Soviet newspapers. His 'Confession' at his trial is in *Sudebnyi Otchet po Delu Antisovietskovo Trotskistskovo Tsentra*. Moscow, 1937.
RAHV, PH., Correspondence with Trotsky. *The Trotsky Archives*, Closed Section.
RAKOVSKY, CH., Essays, articles, and correspondence in *Bulletin Oppozitsii* and *The Trotsky Archives*.
RAMM, A., Correspondence in *The Trotsky Archives,* Closed Section.
REISS, I., 'Letter to Central Committee' and 'Zapiski' in *Bulletin Oppozitsii*, 1937.
R(IZZI), BRUNO, *La Bureaucratisation du Monde*. Paris, 1939.
ROSMER, A., *Moscou sous Lénine*. Paris, 1953.
——— Introduction and Appendixes in Trotsky's *Ma Vie*, Paris, 1953.

———Articles in Trotskyist periodicals and *La Révolution Proletarienne.*

———Correspondence with Trotsky in *The Trotsky Archives*, Closed Section.

———Correspondence with the author.

ROWSE, A. L., *End of an Epoch.* London.

RÜHLE, O. (and L. TROTSKY), *Living Thoughts of Karl Marx.* London, 1946.

SALAZAR, L. A. S. *Murder in Mexico.* London, 1950.

SAYERS, M., and KAHN, A. E., *The Great Conspiracy.* New York, 1947.

SEDOV, LEON, *Livre Rouge sur le procès de Moscou.* Paris, 1936. The Russian text of this appeared simultaneously as a special issue of the *Bulletin Oppozitsii.* Articles and essays in *Bulletin Oppozitsii* (sometimes signed N. Markin), *Manchester Guardian* and other papers.

———Correspondence with Trotsky, Natalya, and other members of the family, *The Trotsky Archives,* Closed Section.

———L. Sedov papers transmitted to the author by Jeanne Martin des Paillères.

SEDOVA, NATALYA, (with V. SERGE), Vie et Mort de Trotsky.

———Reminiscences about Trotsky and Lev Sedov in *Bulletin Oppozitsii* and *Fourth International*, 1941.

———Family correspondence in *The Trotsky Archives*, Closed Section.

———Correspondence with the author.

———*Hommage à Natalia Sedova-Trotsky.* (Funeral orations and reminiscences) Paris, 1962.

SERGE, V., (and NATALYA SEDOVA) *Vie et Mort de Trotsky*, Paris, 1951.

———*Mémoires d'un Révolutionnaire*, Paris, 1951.

———Articles and letters in *The New International*, and other Trotskyist or near Trotskyist papers. Correspondence in *The Trotsky Archives*, Closed Section.

SHACHTMAN, M., Articles and essays in *New International*, Militant, *Internal Bulletin* of S.W.P. etc.

———Correspondence in *The Trotsky Archives*, Closed Section.

SHAW, G. B., *Saint Joan.*

———*To a Young Actress.* London, 1960.

———Correspondence quoted from The Archives of the British Committee for the Defence of Leon Trotsky and from *The Trotsky Archives,* Closed Section.

SHIRER, W. L., *The Rise and Fall of the Third Reich*, London, 1960.

SMIRNOV, IVAN, Memoranda and correspondence quoted from *Bulletin Oppozitsii* and *The Trotsky Archives.*

SOBOLEVICIUS-SENIN, *alias* JACK SOBLE, and his brother, DR. SOBLEN (*alias* ROBERT WELL), correspondence with Trotsky and Leon Sedov in The Trotsky Archives, Closed Section.

SOKOLOVSKAYA, (BRONSTEIN) ALEXANDRA, correspondence with Trotsky and Leon Sedov,

The Trotsky Archives, Closed Section.

SOUVARINE, B., *Stalin*, London, n.d.

——— Correspondence in *The Trotsky Archives*, Closed Section.

STALIN. J., *Sochinenya* (vols. ?-XIII). Moscow, 1949~1951.

TAROV, A., Contributions in *Bulletin Oppozitsii*.

TOGLIATTI (ERGOLI), P., Speeches and articles in *Kommunisticheskii International* and Reports of Comintern Congresses and Conferences.

THAELMANN, E., speeches, reports, and articles quoted from II *Plenum IKKI, 12 Plenum IKKI, Rote Fahne, Internationale, and Kommunistiche Internationale* (or the Russian edition of the latter).

TROTSKY, L., *Chto i Kak Proizoshlo?* Paris, 1929.

——— *Moya Zhizn*, vols. i-ii. Berlin, 1930. (The English edition, *My Life*, London, 1930; the French, *Ma Vie*, with Introduction and Appendix by Alfred Rosmer, Paris 1953; the German *Mein Leben*, Berlin, 1929.)

——— *The History of the Russian Revolution*, vols. i-iii. Translated by Max Eastman. London, 1932~1933.

——— *Écrits*, 1928~1940. vols. i-iii, with Introductions by Pierre Frank. Paris, 1955~1959.

——— *O Lenine*. Moscow, 1924. (프랑스어 판은 *Lénine*. Paris, 1925), 레닌에 관한 인물묘사 모음. 트로츠키가 맨 앞의 일부분만 완성한 레닌 전기와 혼동하면 안 됨. 이 레닌 전기는 그동안 프랑스에서만 발간(*Vie de Lénine*, Jeunesse. Paris 1936)됐다.

——— *The Third International after Lenin*. New York, 1936.

——— *Nemetskaya Revolutsia i Stalinskaya Burokratiya*. Berlin 1932. (In German: *Was Nun?* Berlin, 1932; in English *What Next?* New York, 1932; French version *Écrits*, vol. iii.)

——— *Edinstvennyi Put'* (in German: *Der einzige Weg*). Berlin, 1932.

——— *Germany, the Key to the International Situation*. London, 1931.

——— *Où va la France? and Encore une Fois, Où va la France?* Paris, 1936. (Reproduced in *Écrits*, vol. ii.)

——— *The Revolution Betrayed*. London, 1937.

——— *Permanent Revolution*. Calcutta, 1947.

——— *Problems of the Chinese Revolution*. New York, 1932.

——— *Trotsky's Diary in Exile*. London, 1958.

——— *Stalin's Verbrechen*. Zürich, 1937.

——— *The Real Situation in Russia*. London, n.d.

——— *Stalinskaya Shkola Falsifikatsii*. Berlin, 1932. (미국 판은 The Stalin School of Falsification. New York, 1937.)

——— *Between Red and White*. London, 1922.

——— *Stalin*. New York, 1946.

——— *Their Morals and Ours*. New York, 1939.

——— *Leon Sedov, Son, Friend, Fighter*. New York, 1938.

——— Articles, essays, treatises, and theses in *Bulletin Oppozitsii*, 1929~1940, *New International*, and other Trotskyist periodicals.

The Trotsky Archives, Houghton Library, Harvard University. 필자는 《무장한 예언자》의 참고문헌 부분에서 이 자료실(하버드대학의 트로츠키 자료실)에 관한 설명을 한 바 있다. 그런데 그 뒤에 이 자료실의 분류체계가 바뀌었다. 자료들이 이제는 A부, B부, C부로 구분돼 있지 않고, 연대순으로 배열돼 있다. 이 자료실의 '공개' 부분을 살펴보려는 학생들은 두 권으로 된 색인집을 이용할 수 있다. 《무장한 예언자》와 《비무장의 예언자》에 인용된 자료들은 모두 이 자료실의 '공개' 부분에 속하는 것들이다.

《무장한 예언자》에서 'D부(Section D)'로 표현된 부분이 지금은 '비공개 부분(The Closed Section)'으로 불린다. 트로츠키 자료실의 이 부분에는 1929년부터 1940년까지의 자료들만 보관돼있고, 이 시기에 트로츠키가 4차 인터내셔널의 각 그룹과 그 구성원들, 그의 지지자 및 친구들, 가족 등과 주고받은 편지, 집안의 일에 관련된 문서, 출판사들과 주고받은 편지, 듀이위원회에 제출하기 위해 작성된 문서, 4차 인터내셔널과 관련된 문서 등이 이 부분에 들어있다. 트로츠키의 희망에 따라 자료실의 이 부분은 1980년 이전에는 공개되지 않게 돼있었다. 그러나 하버드대학은 트로츠키의 부인인 나탈랴 세도바의 특별한 허락에 근거해 필자에게 이 부분을 들여다볼 수 있게 해주었다. 그냥 '트로츠키 자료실'이라고 할 때는 이 자료실의 공개 부분을 의미한다.

트로츠키 자료실의 비공개 부분에는 문서나 편지들로 이루어진 309개의 자료철이 45개의 상자에 보관돼있다. 자료철 1~16에는 트로츠키와 가족들 사이에 오고간 편지들, 자료철 17~25에는 집안일과 관련된 문서들, 자료철 26~33에는 출판사나 출판 에이전시들과 주고받은 편지들, 자료철 34~35에는 멕시코 반대재판과 관련된 문서들, 자료철 36~40에는 4차 인터내셔널과 관련된 문서들이 들어있다. 그밖의 자료들은 국가별로 정리돼있다. 자료철 65~70에는 중국에 관해 트로츠키가 주고받은 편지들이 들어있고, 자료철 90~121에는 프랑스와 관련된 자료들이 들어있다. 독일과 관련된 편지들은 자료철 122~126에, 영국과 관련된 편지들은 자료철 165~175에, 미국과 관련된 편지들은 자료철 214~286에, 소련과 관련된 편지들은 자료철 287~292에, 그리고 소련을 떠나 다른 나라들에서 망명생활을 하던 소련 사람들과 주고받은 편지들은 자료철 293~309에 보관돼 있다. 트로츠키의 부인은 1953년에 트로츠키 자료실의 비공개 부분에 일부 문서들을 추가로 맡겨 보관하도록 했다.

The Case of Leon Trotsky, London, 1937 (멕시코에서 열린 듀이위원회 회의에서 트로츠키가 한 진술과 반대심문.)

——— *Not Guilty*, Report of the Dewey Commission, London, 1938.

VOLKOV, ZINAIDA (ZINA, 트로츠키의 딸), correspondence in *The Trotsky Archives*, Closed

Section.

WEBB, SIDNEY and BEATRICE, *Soviet Communism, a New Civilization.* London, 1944.

——— Correspondence with Trotsky. *The Trotsky Archives*, Closed Section.

WEIL, SIMONE, *Oppression et Liberté.* Paris 1955.

WILSON, E. *To the Finland Station.* London, 1941.

WOLFE, B., *The Great Prince Died.* New York, 1959.

WOLFE, BERTRAM D., Articles in *Things we Want to Know.* Workers' Age Publication, New York, 1936, and *The New Republic*, 1937.

WOLLENBERG, E., *The Red Army.* London, 1940.

YAROSLAVSKY, E., *Partiya v Borbe z Oppozitsiami*, with contributions by K. Radek, A. Pankratova, and others. Moscow, 1936.

——— *O Noveishei Evolutsii Trotskizma.* Moscow, 1930.

——— *Vcherashny i Zavtrashny Den Trotskizma.* Moscow, 1929.

ZBOROWSKI, MARK, (ÉTIENNE) 그가 트로츠키와 주고받은 편지 및 그와 레온 세도프의 관계에 관한 다른 자료들이 트로츠키 자료실의 비공개 부분에 보관돼 있다.

모스크바 재판에 관한 공식 보고서는 다음과 같다.

Sudebnyi Otchet po Delu Trotskistskovo-Zinovievskovo Terroristskovo Tsentra. Moscow, 1936.

Sudebnyi Otchet po Delu Anti-Sovietskovo Trotskistskovo Tsentra. Moscow, 1937.

Sudebnyi Otchet po Delu Anti-Sovietskovo i Pravo-Trotskistskovo Bloka. Moscow, 1938.

(재판과정에 관한 공식 영문 보고서가 모스크바 법사인민위원회에서 동시에 발행됐다.)

다음의 공식 문서, 일차 보고서, 문서집들이 이 책에서 인용됐다.

16 Syezd V.K.P.(b). Moscow, 1931.

17 Syezd V.K.P.(b). Moscow, 1934.

20 Syezd K.P.S.S. Moscow, 1956.

22 Syezd K.P.S.S. Moscow, 1962.

11 Plenum IKKI. Moscow, 1932.

12 Plenum IKKI. Moscow, 1933.

Kommunisticheskii Internatsional v Dokumentakh. Moscow, 1933.

K.P.S.S. v Rezolutsyakh, vols. i-ii. Moscow, 1953.

V.K.P.(b) o Profsoyuzakh. Moscow, 1940.

Narodnoe Khozyaistvo S.S.S.R. Moscow, 1959.

Hearing before the Subcommittee to Investigate the Administration of the Internal Security Act, U.S. Senate (14~15 February 1957), part 51, Washington, 1957.

Hearing before the Subcommittee to Investigate the Administration of the Internal Security Act, U.S. Senate (21 November 1957), part 87. Washington, 1958.

신문과 정기간행물:

Bolshevik, Bulletin Oppozitsii, Izvestya, Pravda, Proletarskaya Revolutsia, Sotsialisticheskii Vestnik, Komunisticheskii Internatsional(소련 안에서 유형지로 보내지거나 감옥에 수감된 트로츠키주의자들이 돌려가며 읽던 정기간행물의 등사본 또는 필사본들이 트로츠키 자료실에 보관돼 있다).

Internationale, Internationale Presse Korrespondenz, Kommunistische Internationale, Rote Fahne, Roter Aufbau, Rundschau Unser Wort, Permanente Revolution, Arbeiterpolitik, Aktion, Berliner Börsenzeitung, Hamburger Nachrichten, Vorssische zeitung.

Militant, New International, Fourth International, Partisan Review, Internal Bulletin Fourth International (International Secretariat), The Times, Manchester Guardian, Daily Express, The Observer, Morning Post, The New Statesman and Nation, The New York Times, The New York American, The New York Daily News, The New York World Telegram, Life, The Nation, The New Republic, The New Leader, Soviet Russia To-day.

New York Tag, and Vorwärts (Yiddish-U.S.A.).

Verite Quatrième Internationale France-Observateur, Intransigeant, Paris-Soir, Le Matin, Le Journal, Le Temps, Humanité, Journal d'Orient.

Politiken, Berlingske Tidende, Information, Arbeiderbladet, Dagbladet, Arbeideren, Soerlandet.

La Prensa, Trinchera Aprista.